BIBLIOGRAPHIA PATRISTICA
XXX – XXXII

PATRISTISCHE KOMMISSION
DER AKADEMIEN
DER WISSENSCHAFTEN IN DER
BUNDESREPUBLIK DEUTSCHLAND

BIBLIOGRAPHIA PATRISTICA

XXX – XXXII

WALTER DE GRUYTER · BERLIN · NEW YORK

1994

BIBLIOGRAPHIA PATRISTICA

INTERNATIONALE PATRISTISCHE BIBLIOGRAPHIE

In Verbindung mit vielen Fachgenossen

herausgegeben von

Knut Schäferdiek

XXX – XXXII

Die Erscheinungen der Jahre

1985–1987

WALTER DE GRUYTER · BERLIN · NEW YORK

1994

♾ Gedruckt auf säurefreiem Papier
das die US-ANSI-Norm über Haltbarkeit erfüllt.

ISBN 3 11 012642 7   ·   ISSN 0523-2252

Printed in Germany
Diskettenkonvertierung: Knipp, Dortmund
Druck: Mercedes-Druck, GmbH, Berlin
Buchbinderische Verarbeitung: Dieter Mikolai, Berlin

VORWORT

Weit länger als von allen Beteiligten erwartet hat es gedauert, bis der umfangreiche Band XXX-XXXII mit den Erscheinungen der Jahre 1985-1987 der fachlichen Öffentlichkeit vorgelegt werden konnte. Es ist der erste Band, der von der Titelaufnahme bis zum Satz über EDV erstellt worden ist. Dabei ist es leider in verschiedenen Stadien der Arbeit zu Anlaufschwierigkeiten gekommen, die nun aber überwunden sind, so daß in Zukunft eine zügigere Berichterstattung erwartet werden kann.

Verbindlicher Dank gebührt erneut den zahlreichen Fachkollegen und -kolleginnen, die das Berichtswerk mit der Beisteuerung bibliographischer Informationen wesentlich gefördert haben:

G. Bartelink – Nijmegen; A. Bastiaensen – Nijmegen; J.B. Bauer – Graz; H.Chr. Brennecke – Heidelberg; P.C. Christou – Thessaloniki; A. Davids – Nijmegen; E.A. Livingstone – Oxford; W. Myszor – Piastów; D.I. Rankin – Melbourne; N. Rejchrtová – Prag; W. Rordorf – Peseux; M.A. Schatkin – New York; R. Trevijano Etcheverría – Salamanca; H. Villadsen – Nakskov; I. Zonewski – Sofia.

Hervorzuheben ist auch der unermüdliche Einsatz der mit der Bibliographie befaßten Mitarbeiter der Patristischen Arbeitsstelle Bonn: Herr Dr. Bernhard Maier hat die Hauptverantwortung für die Titelaufnahme und die Erstellung der Druckvorlage getragen und sich dabei energisch den auftretenden Schwierigkeiten gestellt; zur Seite standen ihm dabei als studentische Hilfskräfte zunächst Herr Johannes Becker, Herr Thomas Hauptmann, der auch nach seinem Ausscheiden aus der Tätigkeit bei der Arbeitsstelle noch bereitwillig seine Sachkunde auf dem Gebiet der EDV zur Verfügung gestellt hat, und Herr Martin Conitzer; an ihre Stelle traten im weiteren Verlauf der Arbeit Frau Sibylle Feßenmayer und Frau Bettina Finkel.

Die Bitte um eine freundliche Aufnahme des Bandes geht wie stets einher mit dem Wunsch nach tätiger Unterstützung. Hinweise auf einschlägige Veröffentlichungen, zumal solche, die an entlegener Stelle erscheinen, und auf Fehler und Lücken sind eine stets willkommene Hilfe.

Bonn, am 20. Juni 1994
Evangelisch-theologisches Seminar
der Universität

Prof. Dr. Knut Schäferdiek

HINWEISE FÜR DEN BENUTZER

1. Zeitraum. Die obere zeitliche Grenze ist für den Osten das 2. Nicänische Konzil (787), für den Westen Ildefons von Toledo (+ 667).
2. Die Aufnahme der Titel erfolgt nach den im Bibliothekswesen üblichen Normen. Slawischen, rumänischen und ungarischen Titeln ist eine Übersetzung beigefügt.
3. Die Verfasservornamen sind im allgemeinen so angeführt, wie sie bei den Veröffentlichungen angegeben sind. Lediglich in Abschnitt IX (Recensiones) und im Register werden grundsätzlich nur die Anfangsbuchstaben genannt.
4. In Abschnitt III 2, der die Kirchenschriftsteller in alphabetischer Reihenfolge aufführt, finden sich alle Arbeiten, die sich mit einzelnen Kirchenschriftstellern befassen, einschließlich der Textausgaben.
5. Verweise. Kommt ein Titel für mehrere Abschnitte in Frage, so ist er lediglich unter einem Abschnitt vollständig angegeben, während sich unter den anderen nur der Autorenname findet und in eckigen Klammern auf die Nummer verwiesen wird, unter welcher der vollständige Titel zu suchen ist. Bei Verweisen nach Abschnitt I 10b ist das Wort und bei Verweisen nach III 2 oder III 3b der Kirchenschriftsteller bzw. Heilige angegeben, unter dem der entsprechende Titel zu finden ist. Aus drucktechnischen Gründen erscheinen die (durch eckige Klammern kenntlich gemachten) Verweise in diesem Band erstmals nicht mehr zwischen den Haupteinträgen, sondern in einem eigenen Abschnitt, der ihnen nachgestellt ist.
6. Bei Rezensionen ist stets auf den Jahrgang unserer Bibliographie und die Nummer des rezensierten Werkes verwiesen. Kurze Buchanzeigen bleiben unberücksichtigt.

INHALTSVERZEICHNIS

ABKÜRZUNGSVERZEICHNIS

AA	Antike und Abendland. Beiträge zum Verständnis der Griechen und Römer und ihres Nachlebens. Berlin
AAASzeged	Acta antiqua et archaeologica. Acta Univ. Szegediensis de Attila József nominatae. Szeged
AALig	Atti dell'Accademia Ligure di Scienze e Lettere. Genova
AAP	Atti dell'Accademia Pontaniana. Napoli
AAPal	Atti dell'Accademia di Scienze, Lettere ed Arti di Palermo. Palermo
AAPat	Atti e Memorie dell'Accademia Patavina di Scienze, Lettere ed Arti, Classe di Sc. mor., Lett. ed Arti. Padova
AAPel	Atti della Accademia Peloritana dei Pericolanti. Classe di Lettere, Filosofia e Belle Arti. Messina
AAPh	Arctos. Acta philologica Fennica. Nova series. Helsinki
AArchHung	Acta Archaeologica Academiae Scientiarum Hungaricae. Budapest
AArchSlov	Acta Archaeologica. Arheološki Vestnik. Ljubljana
AARov	Atti della Accademia Roveretana degli Agiati, Classe di Scienze umane, Lettere ed Arti. Rovereto
AASN	Atti della Accademia di Scienze morali e politiche della Società nazionale di Scienze, Lettere ed Arti di Napoli. Napoli
AASOR	The Annual of the American Schools of Oriental Research. New Haven, Conn.
AAT	Atti della Accademia delle Scienze di Torino. Classe di Scienze morali, storiche e filologiche. Torino
AAug	Analecta Augustiniana. Roma
AAWM	Abhandlungen der Akademie der Wissenschaften in Mainz, Geistes- und sozialwissenschaftliche Klasse. Wiesbaden
AB	Analecta Bollandiana. Bruxelles
ABG	Archiv für Begriffsgeschichte. Bonn
ABo	Archivum Bobiense. Bobbio
ABourg	Annales de Bourgogne. Dijon
ABret	Annales de Bretagne. Faculté des lettres de l'université de Rennes. Rennes
AcAbo	Acta academiae Aboensis. Ser. A: Humaniora. Åbo
AcAl	Acta classica Universitatis Scientiarum Debreceniensis. Debrecen
AcAnt	Acta Antiqua Academiae Scientiarum Hungaricae. Budapest

AcArO	Acta ad archaeologiam et artium historiam pertinentia. Oslo; Roma
AcIt	Accademie e Biblioteche d'Italia. Roma
ACl	L'antiquité classique. Louvain-la-Neuve
AClass	Acta Classica. Proceedings of the Classical Association of South Africa. Cape Town
Acme	Acme. Università degli Studi di Milano. Milano
AcOK	Acta Orientalia. København
ACPAP	American Catholic Philosophical Association Proceedings. Washington, D.C.
ACW	Ancient Christian Writers. Ramsey, N.J.
AE	Annales de L'Est. Faculté des lettres de l'université de Nancy. Nancy
AEAls	Archives de l'Église d'Alsace. Strasbourg
AEB	Analytical and Enumerative Bibliography. Bibliographical Society of Northern Illinois. Northern Illinois University. DeKalb, Ill.
Aeg	Aegyptus. Rivista Italiana di Egittologia e di Papirologia. Milano
AEHESHP	Annuaire de l'École pratique des Hautes Études, IVe section, Sciences historiques et philologiques. Paris
AEHESR	Annuaire de l'École pratique des Hautes Études, Ve section, Sciences religieuses. Paris
AEKD	Ἀρχεῖον Ἐκκλησιαστικοῦ καὶ Κανονικοῦ Δικαίου. Ἀθῆναι
AEM	Anuario de Estudios medievales. Barcelona
Aevum	Aevum. Rassegna di Scienze Storiche, Linguistiche e Filologiche. Milano
AFC	Anales de Filología Clásica. Buenos Aires
AFFB	Anuario de Filología. Facultad de Filología. Universidad de Barcelona. Barcelona
AFGG	Annali della Facoltà di Giurisprudenza. Univ. di Genova. Milano
AFH	Archivum Franciscanum Historicum. Ad Claras Aquas, Florentiae-Firenze
AFLB	Annali della Facoltà di Lettere e Filosofia di Bari. Bari
AFLC	Annali della Facoltà di Lettere, Filosofia e Magistero dell'Università di Cagliari. Cagliari
AFLF	Annali della Facoltà di Lettere e Filosofia della Università di Napoli. Napoli
AFLL	Annali della Facoltà di Lettere di Lecce. Lecce
AFLM	Annali della Facoltà di Lettere e Filosofia, Università di Macerata. Padova
AFLNice	Annales de la Faculté des Lettres et Sciences humaines de Nice. Nice
AFLP	Annali della Facoltà di Lettere e Filosofia, Università di Perugia. Rimini

AFLS	Annali della Facoltà di Lettere e Filosofia dell'Università di Siena. Firenze
AfO	Archiv für Orientforschung. Horn (Austria)
AFP	Archivum Fratrum Praedicatorum. Roma
AfricaThJ	Africa Theological Journal. Usa River, Tanzania; Makumira
AG	Analecta Gregoriana. Roma
AGLB	Aus der Geschichte der lateinischen Bibel. Freiburg i.Br.
AGPh	Archiv für Geschichte der Philosophie. Berlin
AHAMed	Anales de Historia antigua y medieval. Facultad de Filosofía. Universidad de Buenos Aires. Buenos Aires
AHAW	Abhandlungen der Heidelberger Akademie der Wissenschaften, Philos.-Hist. Klasse. Heidelberg
AHC	Annuarium historiae conciliorum. Paderborn; Amsterdam
AHD	Archives d'histoire doctrinale et littéraire du moyen âge. Paris
AHDE	Anuario de Historia del Derecho español. Madrid
AHES	Archive for history of exact sciences. Berlin
AHP	Archivum historiae pontificae. Roma
AHR	The American Historical Review. Washington, D.C.; New York, N.Y.; Richmond, Va.
AHSI	Archivum historicum Societatis Iesu. Roma
AIA	Archivo ibero-americano. Madrid
AION	Annali dell'Istituto universitario orientale di Napoli. Seminario di studi del mondo classico. Sezione Linguistica. Pisa
AIONF	Annali dell'Istituto universitario orientale di Napoli. Seminario di studi del mondo classico. Sezione filologico-letteraria. Napoli
AIPh	Annuaire de l'Institut de Philologie et d'Histoire Orientales et Slaves de l'Université Libre de Bruxelles. Bruxelles
AJ	The Archaeological Journal. London
AJBI	Annual of the Japanese Biblical Institute. Tokyo
AJC	American Jewish Committee. Annual Report. New York, N.Y.
AJPh	American Journal of Philology. Baltimore, Md.
AKG	Archiv für Kulturgeschichte. Münster; Köln
AKK	Archiv für katholisches Kirchenrecht. Mainz
Akroterion	Akroterion. Quarterly for the Classics in South Africa. Dept. of Classics, Univ. of Stellenbosch. Stellenbosch
AktAthen	Ἀκτῖνες. Ἀθῆναι
ALBO	Analecta Lovaniensia Biblica et Orientalia. Bruges
Alfa	Alfa. Marília (Brasil)
ALGHJ	Arbeiten zur Literatur und Geschichte des hellenistischen Judentums. Leiden
ALGP	Annali del Liceo classico G. Garibaldi di Palermo. Palermo
ALMA	Archivum latinitatis medii aevi. Leiden; Bruxelles
Altamira	Altamira. Santander (España)
Altt	Das Altertum. Berlin (DDR)
Alvernia	Alvernia. Calpan (México)

ALW	Archiv für Liturgiewissenschaft. Regensburg
AM	Annales du Midi. Revue archéologique, historique et philologique de la France méridionale. Toulouse
AMATosc	Atti e Memorie dell'Accad. Toscana di Scienze e Lettere La Colombaria. Firenze
AMAV	Atti e Memorie delle Accademie di Agricoltura, Scienze e Lettere di Verona. Verona
AmBaptQ	American Baptist Quarterly. Rochester, N.Y.
AmBenR	The American Benedictine Review. Atchison, Kans.
Ambr	Ambrosius. Milano
Ampurias	Ampurias. Revista de Arqueología, Prehistoria y Etnología. Barcelona
AMSI	Atti e Memorie della Società Istriana di archeologia e storia patria. Trieste
AmSlav	The American Slavic review. American Assoc. for the Advancement of Slavic Studies. Washington, D.C.; New York, N.Y.
AMSM	Atti e Memorie della Deputazione di Storia Patria per le Marche. Ancona
AMSPR	Atti e Memorie Regia della Deputazione di Storia Patria per le Provincie di Romagna. Bologna
AMW	Archiv für Musikwissenschaft. Wiesbaden
An	Antiquitas, Reihe I: Abhandlungen zur alten Geschichte. Bonn
AN	Aquileia nostra. Bollettino dell'Associazione nazionale per Aquileia. Aquileia
AnAcBel	Annuaire de l'Académie Royale de Belgique. Bruxelles
AnAl	Antichità altoadriatiche. Udine
AnAlic	Anales de la Universidad de Alicante. Facultad de Derecho. Alicante
AnAmHist	Annual Report of the American Historical Association. Washington, D.C.
AnAnk	Annales de l'Université d'Ankara. Ankara
Anazetesis	Anazetesis. Quaderni di ricerca. Gruppo di Studio Carlo Cattaneo. Pistoia
AnBib	Analecta Biblica. Roma
AnBodl	Annual Report of the Curators of the Bodleian Library. Oxford
AnCal	Analecta Calasanctiana. Revista del Colegio Teologado «Felipe Scio». Salamanca
AnCan	L'Annee canonique. Paris
AnColFr	Annuaire du Collège de France. Paris
AncPhil	Ancient Philosophy. Pittsburgh, Penna.
AnCra	Analecta Cracoviensia. Kraków
AncSoc	Ancient Society. Louvain
AnDomingo	Anales de la Universidad Autónoma de Santo Domingo. Santo Domingo (República Dominicana)
AnFen	Annales Academiae Scientiarum Fennicae. Helsinki
AnFil	Anuario Filosófico. Universidad de Navarra. Pamplona

AnFilE	Anuario de Estudios Filológicos. Universidad de Extremadura. Cáceres
Ang	Angelicum. Roma
AnGir	Annals de l'Institut d'Estudis Gironins. Girona (España)
AnglThR	Anglican Theological Review. Evanston, Ill.
AnMal	Analecta Malacitana. Málaga
AnMont	Analecta Montserratensia. Montserrat, Barcelona
AnMurcia	Anales de la Universidad de Murcia. Murcia
AnMus	Anuario musical. Barcelona
Annales (ESC)	Annales (Économie, Sociétés, Civilisations). Paris
AnnFLGen	Annali della Facoltà di Lettere e Filosofia di Genova. Genova
ANRW	Aufstieg und Niedergang der römischen Welt. Geschichte und Kultur Roms im Spiegel der neueren Forschung. Berlin
AnS	Anatolian Studies. London
AnSaar	Annales Universitatis Saraviensis. Reihe Philosoph. Fak. Saarbrücken
AnSan	Anales de la Facultad de Teología. Santiago de Chile
AnSEse	Annali di storia dell'esegesi. Bologna
Ant	Antonianum. Roma
AntAfr	Antiquités africaines. Paris
Anthol	Anthologica annua. Roma; Madrid
AnthropBarc	Anthropologica. Barcelona
Anthropos	Anthropos. Revue internationale d'ethnologie et de linguistique. Fribourg (Suisse)
AnthrVen	Anthropos. Instituto Superior Salesiano di Filosofía y Educación. Los Teques (Venezuela)
Antichthon	Antichthon. Journal of the Australian Society for Classical Studies. Sydney
Antiqua	Antiqua. Rivista di archeologia, architettura, urbanistica, dalle origini al medioevo. Roma
Antiquity	Antiquity. A quarterly Review of Archaeology. Newbury, Berks.
AntJ	The Antiquaries Journal, being the Journal of the Society of Antiquaries of London. London
AnTo	Anales Toledanos. Toledo
AntRev	The Antioch Review. Yellow Springs, O.
ANTT	Arbeiten zur neutestamentlichen Textforschung. Berlin; Stuttgart
AnVal	Anales Valentinos. Revista de Filosofía y Teología. Valencia
AnVlat	Analecta Vlatadon. Thessaloniki
AnW	Antiquitas. Wrocław
AnzAlt	Anzeiger für die Altertumswissenschaft. Innsbruck
AOAW	Anzeiger der österreichischen Akademie der Wissenschaften in Wien. Philos.-hist. Klasse. Wien
AOS	American Oriental Series. New Haven, Conn.
AP	᾽Αρχεῖον τοῦ Πόντου. ᾽Αθῆναι
Apollinaris	Apollinaris. Commentarium iuridico-canonicum. Roma
Apollonia	Apollonia. Johannesburg; Alexandria

APQ	American Philosophical Quarterly. Pittsburgh, Penna.
APraem	Analecta Praemonstratensia. Abdij Tongerloo, Prov. Antwerpen
Arabica	Arabica. Revue des études arabes. Leiden
ArAm	Archivio ambrosiano. Milano
ARBB	Académie Royale des sciences, des lettres et des beaux-arts de Belgique. Bulletin de la classe des lettres et des sciences morales et politiques. Bruxelles
ArBiBe	Archives et Bibliothèques de Belgique. Archief- en Bibliotheekwezen in Belgie. Bruxelles-Brussel
Arbor	Arbor. Revista general de Investigación y Cultura. Madrid
ArBu	The Art Bulletin. New York, N.Y.
Arch	Der Archivar. Düsseldorf; Siegburg
Archaeology	Archaeology. New York, N.Y.
ArchClass	Archeologia Classica. Rivista della Scuola naz. di Archeologia, pubbl. a cura degli Ist. di Archeologia e Storia dell'arte greca e romana e di Etruscologia e antichità italiche dell' Univ. di Roma. Roma
Archeion	Archeion. Archives internationales d'histoire de sciences. Roma
Archeologia	Archeologia. Rocznik Instytutu Historii Kultury materialnej Polskiej Akademii Nauk., Zakł. Narod. Im. Ossolińskich. Warszawa
Archivum	Archivum. Revue internationale des archives. Paris; Munich
ArchPal	Archivio Paleografico Italiano. Roma
ArchPhilos	Archives de Philosophie. Recherches et documentation. Paris
ArEArq	Archivo español de Arqueología. Madrid
ArEArt	Archivo español de Arte. Madrid
Arethusa	Arethusa. A journal of the wellsprings of Western man. Buffalo, N.Y.
Argensola	Argensola. Huesca (España)
ArGran	Archivo teológico granadino. Granada; Madrid
ArHisp	Archivo hispalense. Sevilla
ARID	Analecta Romana Instituti Danici. Odense; København
ÅrKob	Årbog for Københavns universitet. København
ArLeón	Archivos leoneses. León
ArLing	Archivum Linguisticum. Menston, Yorks.; London
ArOr	Archiv Orientální. Praha
ArOviedo	Archivum. Oviedo
ArPap	Archiv für Papyrusforschung und verwandte Gebiete. Leipzig
ArPh	Archiv für Philosophie. Stuttgart
ArR	Archeologické rozhledy. Praha
ARSP	Archiv für Rechts- und Sozialphilosophie. Meisenheim am Glan; Wiesbaden; Stuttgart
ArSR	Archives de sciences sociales des religions. Paris
ArSS	Archivio Storico Siciliano. Palermo
ArSSO	Archivio Storico per la Sicilia Orientale. Catania
ArStoria	Archivio della Società Romana di Storia Patria. Roma

AS	Archaeologica Slovaca. Bratislava
ASCL	Archivio Storico per la Calabria e la Lucania. Roma
ASE	Anglo-Saxon England. Cambridge
ASI	Archivio Storico Italiano. Firenze
ASL	Archivio Storico Lombardo. Milano
ASNSP	Annali della Scuola Normale Superiore di Pisa. Lettere, Storia e Filosofia. Pisa; Firenze
ASPN	Archivio Storico per le Provincie Napoletane. Napoli
ASPP	Archivio Storico per le Provincie Parmensi. Parma
Asprenas	Asprenas. Napoli
ASPugl	Archivio Storico Pugliese. Bari
ASSPh	Annuaire de la Société Suisse de Philosophie (Studia Philosophica). Bâle
AST	Analecta Sacra Tarraconensia. Barcelona
ASTI	Annual of the Swedish Theological Institute in Jerusalem. Leiden
ASUA	Academia Regia Scientiarum Upsaliensis. Acta. Uppsala
ASUAn	Academia Regia Scientiarum Upsaliensis. Annales. Uppsala
ATCA	Arxiu des textos catalans antics. Barcelona
AteRo	Atene e Roma. Firenze
AThD	Acta Theologica Danica. København; Leiden
Athena	Ἀθηνᾶ. Ἀθῆναι
AThGlThAthen	Ἀρχεῖον τοῦ Θρακικοῦ Λαογραφικοῦ καὶ Γλωσσικοῦ Θησαυροῦ. Ἀθῆναι
AThijmG	Annalen van het Thijmgenootschap. Baarn; Hilversum
AtKap	Ateneum Kapłańskie. Włocławek
AtPavia	Athenaeum. Studi Periodici di Letteratura e Storia dell'Antichità. Pavia
AtVen	Atti dell'Istituto Veneto di Scienze, Lettere ed Arti. Classe di Scienze Morali, Lettere ed Arti. Venezia
AU	Der altsprachliche Unterricht. Arbeitshefte zu seiner wissenschaftlichen Begründung und praktischen Gestalt. Stuttgart
AUB	Annales Universitatis Budapestinensis. Budapest
AUC	Acta Universitatis Carolinae. Praha
AUG	Acta Universitatis Gothoburgensis (Göteborgs Universitets årsskrift). Göteborg
AugR	Augustinianum. Roma
AugSt	Augustinian Studies. Villanova University. Villanova, Penna.
Augustiniana	Augustiniana. Tijdschrift voor de studie van Sint Augustinus en de Augustijnenorde. Leuven
Augustinus	Augustinus. Madrid
AusBR	Australian Biblical Review. Melbourne
AusCRec	Australasian Catholic Record. Sydney
AUSS	Andrews University Seminary Studies. Berrien Springs, Mich.
AustinSemBul	Austin Seminary Bulletin. Faculty Edition. Austin, Tex.
AUU	Acta Universitatis Upsaliensis. Uppsala
AUW	Acta Universitatis Wratislaviensis. Wrocław; Warszawa
AV	Archivio Veneto. Venezia

AvOslo	Avhandlinger utgitt av det Norske Videnskaps-Akademi i Oslo. Historisk-Filosofisk Klasse. Oslo
AVTRW	Aufsätze und Vorträge zur Theologie und Religionswissenschaft. Berlin
AW	Antike Welt. Zürich
AWR	Aus der Welt der Religion. Gießen; Berlin
Axerquia	Axerquia. Revista de Estudios Cordobeses. Córdoba
AZ	Archivalische Zeitschrift. München
AzTh	Arbeiten zur Theologie. Reihe I. Stuttgart
BAB	Bulletin de la Classe des Lettres de l'Académie Royale de Belgique. Bruxelles
BAC	Biblioteca de Autores Cristianos. Madrid
BACTH	Bulletin Archéologique du Comité des Travaux Historiques. Paris
BALux	Bulletin des antiquités luxembourgeoises. Luxembourg
BaptQ	Baptist Quarterly. London
BaptRefR	Baptist Reformation Review. Malin, Oreg.
BASOR	Bulletin of the American Schools of Oriental Research. Jerusalem e. a.
BASP	Bulletin of the American Society of Papyrologists. New York, N.Y.
BAug	Bibliothèque Augustinienne. Paris
BBA	Berliner byzantinische Arbeiten. Berlin
BBB	Bonner biblische Beiträge. Bonn
BBEr	Bulletin de la Bibliothèque d'Erevan (Banber Matenadarani). Erevan
BBF	Bulletin des Bibiliothèques de France. Paris
BBGG	Bolletino della Badia Greca di Grottaferrata. Grottaferrata, Roma
BBMP	Boletín de la Biblioteca de Menéndez Pelayo. Madrid
BBR	Bulletin de l'Institut Historique Belge de Rome. Roma; Bruxelles
BCNHT	Bibliothèque copte de Nag Hammadi Textes. Québec
BCPE	Bollettino del Centro internazionale per lo studio dei Papiri Ercolanesi. Napoli
BCRH	Bulletin de la Commission Royale d'Histoire. Académie Royale des Sciences, des Lettres et des Beaux arts. Bruxelles
BEC	Bibliothèque de l'école des chartes. Genève; Paris
Belfagor	Belfagor. Rassegna di varia umanità. Firenze
Benedictina	Benedictina. Roma
BEPB	Bulletin des études portugaises et brésiliennes. Coimbre; Paris
Berceo	Berceo. Logroño (España)
BEThL	Bibliotheca ephemeridum theologicarum Lovaniensium. Louvain
BEU	Bibliotheca Ekmaniana Universitatis Regiae Upsaliensis. Uppsala; Stockholm
BGBE	Beiträge zur Geschichte der biblischen Exegese. Tübingen

BGDST	Beiträge zur Geschichte der deutschen Sprache und Literatur. Tübingen
BGL	Bibliothek der griechischen Literatur. Stuttgart
BHisp	Bulletin hispanique. Bordeaux
BHTh	Beiträge zur historischen Theologie. Tübingen
BibArch	Biblical Archaeologist. Cambridge, Mass.; Philadelphia, Penna.
BibArchR	Biblical Archeological Review. Washington, D.C.
BibbOr	Bibbia e Oriente. Bornato in Franciacorte, Brescia; Fossano; Milano
BiBe	Biblische Beiträge. Einsiedeln; Köln
BibHR	Bibliothèque d'Humanisme et Renaissance. Genève
Bibl	Biblica. Roma
BiblOr	Bibliotheca Orientalis. Leiden
Biblos	Biblos. Coimbra
BiblSacr	Bibliotheca Sacra. Dallas, Tex.
BibRes	Biblical Research. Chicago, Ill.
BibThBul	Biblical Theology Bulletin. New York; Albany, N.Y.
BICS	Bulletin of the Institute of Classical Studies of the University of London. London
BIDR	Bollettino dell'Istituto di Diritto romano. Milano
BIFAO	Bulletin de l'Institut Français d'Archéologie Orientale. Le Caire
BIFG	Boletín de la Institución Fernán González. Burgos (España)
BIHR	Bulletin of the Institute of Historical Research. London
BijFTh	Bijdragen. Tijdschrift voor filosofie en theologie. Meppel; Nijmegen
BiKi	Bibel und Kirche. Bad Cannstatt, Stuttgart
BILPatr	Bulletin d'information et de liaison de l'Association internationale des Études patristiques. Turnhout
BISIAM	Bollettino dell'Istituto Storico Italiano per il Medio Evo e Archivio Muratoriano. Roma
BiTransl	The Bible Translator. London
BiZ	Biblische Zeitschrift (N.F.). Paderborn
BJ	Bonner Jahrbücher des Rheinischen Landesmuseums in Bonn und des Vereins von Altertumsfreunden im Rheinland. Bonn
BJRL	Bulletin of the John Rylands Library Manchester. Manchester
BK	Bedi Kartlisa (Revue de Kartvélologie). Paris
BKA	Bibliothek der klassischen Altertumswissenschaften. Heidelberg
BKM	Βυζαντινὰ Κείμενα καὶ Μελέται. Θεσσαλονίκη
BKP	Beiträge zur klassischen Philologie. Meisenheim
BL	Bibel und Liturgie. Wien; Klosterneuburg
BLE	Bulletin de littérature ecclésiastique. Toulouse
BLSCR	Bollettino Ligustico per la Storia e la Cultura Regionale. Genova
BMGS	Byzantine and modern greek studies. London

BMm	Bulletin monumental. Paris
BMRAH	Bulletin des musées royaux d'art et d'histoire. Bruxelles
BMZ	Boletín Museo de Zaragoza de Bellas Artes. Zaragoza
BN	Beiträge zur Namenforschung. Heidelberg
BNJ	Byzantinisch-Neugriechische Jahrbücher. Athen
BodlR	Bodleian Library Record. Oxford
Bogoslovl'e	Bogoslovl'e. Beograd
BogTr	Bogoslovskije Trudy. Moskva
BolArq	Boletín arqueológico. Tarragona
BolAst	Boletín del Instituto de Estudios Asturianos. Oviedo (España)
BolBarc	Boletín de la Real Academia de Buenas Letras de Barcelona. Barcelona
BolComp	Boletín de la Universidad Compostelana. Santiago de Compostela
BolCórd	Boletín de la Real Academia de Córdoba, de Ciencias, Bellas Letras y Nobles. Córdoba
BolFilChile	Boletín de Filología. Universidad de Chile. Santiago de Chile
BolGien	Boletín del Instituto de Estudios Giennenses. Jaén (España)
BolGranada	Boletín de la Universidad de Granada. Granada
BollClass	Bollettino dei classici, a cura del Comitato per la preparazione dell'Edizione nazionale dei Classici greci e latini. Roma
BolPaís	Boletín de la Real Sociedad Vascongada de Amigos del País. San Sebastián
BolPiacentino	Bollettino Storico Piacentino. Piacenza
BolSiena	Bollettino Senese di Storia Patria. Siena
BonnBK	Bonner Beiträge zur Kirchengeschichte. Köln
BOR	Biserica Ortodoxă Română. Bucureşti
BPatr	Biblioteca Patristica. Firenze
BPhM	Bulletin de philosophie médiévale. Louvain-la-Neuve
BPHP	Bulletin philologique et historique du Comité des Travaux Historiques et Scientifiques. Paris
BracAug	Bracara Augusta. Braga (Portugal)
BRAE	Boletín de la Real Academia española. Madrid
BRAH	Boletín de la Real Academia de la Historia. Madrid
BrethLife	Brethren Life and Thought. Oak Brook; Chicago, Ill.
Britannia	Britannia. A Journal of Romano-British and kindred studies. London
Brotéria	Brotéria. Cultura e informação. Série mensal, Fé, sciências, letras. Lisboa
BSAF	Bulletin de la Société nationale des Antiquaires de France. Paris
BSAL	Boletín de la Sociedad Arqueológica Luliana. Palma de Mallorca (España)
BSAN	Bulletin de la Société des antiquaires de Normandie. Caen
BSAO	Bulletins de la Société des Antiquaires de l'Ouest et des Musées de Poitiers. Poitiers
BSAP	Bulletins trimestriels de la Société des Antiquaires de Picardie. Amiens

BSCC	Boletín de la Sociedad Castellonense de Cultura. Castellón de la Plana (España)
BSEAA	Boletín del Seminario de Estudios de Arte y Arqueología. Universidad de Valladolid. Valladolid (España)
BSEB	Byzantines Studies – Études Byzantines. Tempe, Ariz; Pittsburgh, Penna.
BSFN	Bulletin de la Société française de Numismatique. Paris
BSL	Bulletin de la Société de Linguistique de Paris. Paris
BSNES	Bulletin of the Society for Near Eastern Studies in Japan (Oriento), Tokyo Tenrikyokan. Tokyo
BSOAS	Bulletin of the School of Oriental and African Studies. London
BSRel	Biblioteca di scienze religiose. Roma; Brescia; Zurigo
BStudLat	Bollettino di Studi latini. Periodico quadrimestrale d'informazione bibliografica. Napoli
BT	Benediktijns Tijdschrift voor evangeliese bezinning. Sint-Adelbertabdij, Egmond-Binnen
BTAM	Bulletin de théologie ancienne et médiévale. Gembloux; Abbaye du Mont César, Louvain
BTSAAM	Bulletin trimestriel de la Société Académique des Antiquaires de la Morinie. Saint-Omer (France)
BulArchCopte	Bulletin de la Société d'Archéologie Copte. Le Caire; Alexandrie
BulBudé	Bulletin de l'association Guillaume Budé. Paris
BulHel	Bulletin de correspondance hellénique. Paris
BulOr	Bulletin d'études orientales. Beyrouth
Burgense	Burgense. Seminario metropolitano. Burgos
BurlM	Burlington Magazine. London
BWG	Berichte zur Wissenschaftsgeschichte. Wiesbaden
ByFo	Byzantinistische Forschungen. Internationale Zeitschrift für Byzantinistik. Amsterdam
ByN	Byzantina Neerlandica. Leiden
Byslav	Byzantinoslavica. Praha
ByZ	Byzantinische Zeitschrift. München
Byzan	Byzantion. Bruxelles
Byzantina	Βυζαντινά. Θεσσαλονίκη
BZG	Basler Zeitschrift für Geschichte und Altertumskunde. Basel
BZNW	Beihefte zur Zeitschrift für die neutestamantliche Wissenschaft. Berlin
CaAr	Cahiers archéologiques. Paris
Caesarodunum	Caesarodunum. Tours
CahEA	Cahiers des Études anciennes. Montréal
CaHist	Cahiers d'histoire. Lyon
CaJos	Cahiers de Joséphologie. Montréal
CalTJ	Calvin Theological Journal. Grand Rapids, Mich.
CanHR	Canadian Historical Review. Toronto
CărkV	Cărkoven vestnik. Sofija

Carmelus	Carmelus. Commentarii ab Instituto Carmelitano editi. Roma
Carth	Carthaginensia. Murcia
CaSion	Cahiers sioniens. Paris
Cass	Cassiciacum. Eine Sammlung wissenschaftlicher Forschungen über den heiligen Augustinus und den Augustinerorden, sowie wissenschaftlicher Arbeiten von Augustinern aus anderen Wissensgebieten. Würzburg
Cath	Catholica. Vierteljahresschrift für Kontroverstheologie. Münster
CathSt	Catholic Studies (Katorikku Kenkyu). Tokyo
CB	The Classical Bulletin. Department of Classical Languages at Saint Louis University. Saint Louis, Mo.
CBNT	Coniectanea biblica. New Testament Series. Lund
CBQ	The Catholic Biblical Quarterly. Washington, D.C.
CC	La Civiltà Cattolica. Roma
CCAB	Corsi di cultura sull'arte ravennate e bizantina. Bologna
CCC	Civiltà classica e cristiana. Genova
CCER	Cahiers du cercle Ernest-Renan pour Libres Recherches d'Histoire du Christianisme. Paris
CCH	Československý časopis historický. Praha
CChr	Corpus Christianorum. Turnhout
CCM	Cahiers de civilisation médiévale. Poitiers
CD	La Ciudad de Dios. Madrid
CdR	Classici delle religioni. Torino
CE	Chronique d'Égypte. Bulletin périodique de la Fondation égyptologique Reine Elisabeth. Bruxelles
Celtiberia	Celtiberia. Soria
Celtica	Celtica. Dublin
Centaurus	Centaurus. København
CF	Collectanea Franciscana. Roma
CFC	Cuadernos de Filología Clásica. Facultad de Filosofía y Letras. Universitas Complutensis. Madrid
CFilos	Cuadernos de Filosofía. Buenos Aires
CFR	Cuadernos Franciscanos de Renovación. Santiago de Chile
CHE	Cuadernos de Historia de España. Buenos Aires
ChH	Church History. Chicago, Ill.
ChicS	Chicago Studies. Mundelein, Ill.
Chiron	Chiron. Mitteilungen der Kommission für alte Geschichte und Epigraphik des Deutschen Archäologischen Instituts. München
CHR	The Catholic Historical Review. Washington, D.C.
ChrCent	Christian Century. Chicago, Ill.
ChrCris	Christianity and Crisis. New York, N.Y.
Christus	Christus. Paris
ChrLit	Christianity and Literature. Grand Rapids, Mich.
ChrM	Christliche Meister. Einsiedeln
ChrToday	Christianity Today. Washington, D.C.

CHS	Church in History Series. London
Cias	Cias. Buenos Aires
Ciencias	Las Ciencias. Madrid
CIH	Cuadernos de Investigación Histórica. Fundación Universitaria Española. Seminario «Cisneros». Madrid
CIMA	Cahiers de l'Institut du moyen âge grec e latin. Copenhague
CISA	Contributi dell'Istituto di Storia antica dell'Univ. del Sacro Cuore. Milano
Cistercium	Cistercium. Revista monástica. Revista española de espiritualidad, historia y doctrina. Abadía de La Oliva. Carcastillo, Navarra
CistStud	Cistercian Studies. Spencer, Mass.
Cithara	Cithara. St. Bonaventure, N.Y.
CîtNed	Cîteaux. Commentarii Cistercienses. Westmalle (Belgie)
CJ	Classical Journal. Athens, Ga.
CL	Corolla Londiniensis. Amsterdam
ClAnt	Classical antiquity. Berkeley, Calif.
Claretianum	Claretianum. Commentaria Theologica. Pontificia Universitas Lateranensis: Institutum Theologiae Vitae Religiosae. Roma
Classica	Classica. Boletim de pedagogia e cultura. Lisboa
Clergy	The Clergy Review. London
ClO	The Classical Outlook. Journal of the American Classical League. Oxford, O.; Miami, Fla.
ClPh	Classical Philology. Chicago, Ill.
CM	Classica et mediaevalia. København
CMCS	Cambridge Mediaeval Celtic Studies. Cambridge
CO	Het christelijk Oosten. Nijmegen
CodMan	Codices manuscripti. Zeitschrift für Handschriftenkunde. Wien
ColCist	Collectanea Cisterciensia. Abbaye de la Paix, Chimay (Belgique)
Collationes	Collationes. Vlaams Tijdschrift voor Theologie en Pastoraal. Gent
Colloquium	Colloquium. Sydney (Australia)
CollSR	Collection de sociologie religieuse. Paris
ColSal	Colloquium salutis. Wrocław
Commentary	Commentary. American Jewish Committee. New York, N.Y.
Communio	Communio. Commentarii Internationales de Ecclesia et Theologia. Studium Generale, O.P. Sevilla (España)
Communio (US)	Communio. International Catholic Review. Spokane, Wash.
Communion	Communion. Taizé (France)
Compostellanum	Compostellanum. Instituto de Estudios Jacobeos. Santiago de Compostela
Concilium	Concilium. Internationale Zeitschrift für Theologie. Mainz; Einsiedeln; Zürich; Wien
ConciliumM	Concilium. Revista Internacional de Teología. Madrid
ConciliumP	Concilium. Revue internationale de théologie. Paris

ConcorJ	Concordia Journal. St. Louis, Mo.
ConcorThQ	Concordia Theological Quarterly. Ft. Wayne, Ind.
Confer	Confer. Revista de vida religiosa. Conferencia Española de Religiosos. Madrid
ConferS	Communidades. Suplemento Confer. Boletín bibliográfico de vida religiosa y espiritualidad. Madrid
Conimbriga	Conimbriga. Revista do Instiuto de Arqueologia da Faculdade de Letras. Coimbra
ConvSPaulo	Convivium. São Paulo (Brasil)
CopticChurchR	Coptic Church Review. Lebanon, Penna.
COr	Cahiers d'Orientalisme. Genève
COS	Cambridge Oriental Series. London
CoTh	Collectanea Theologica. Warszawa
CovQ	Covenant Quarterly. Chicago, Ill.
CP	Corona Patrum. Torino
CQ	The Classical Quarterly. Oxford
CR	Classical Review (N.S.). Oxford
CRAI	Comptes rendus des séances de l'Académie des inscriptions et belles lettres. Paris
CRDAC	Centro ricerche e documentatione sull'antichità classica. Atti. Roma
Crisis	Crisis. Revista española de Filosofía. Madrid
Criterio	Criterio. Buenos Aires
Cross	Cross Currents. New York, N.Y.
CrossCr	Cross and Crown. St. Louis, Mo; West Nyack, N.Y.
CRScR	Cahiers de Recherches en Sciences de la Religion. Québec
CrSt	Cristianesimo nella storia. Ricerche storiche esegetiche teologiche. Bologna
CS	Critica storica. Firenze
CSC	Cistercian studies series. Kalamazoo, Mich
CSCO	Corpus scriptorum Christianorum orientalium. Leuven
CSEL	Corpus scriptorum ecclesiasticorum Latinorum. Wien
CSF	Cuadernos Salmantinos de Filosofía. Universidad Pontificia. Salamanca
CSG	Collana di Studi greci. Napoli
CSR	Christian Scholar's Review. Grand Rapids, Mich.
CStR	Collana di storia religiosa. Napoli
CStT	Częstochowskie Studia Teologiczne. Częstochowa
CT	La Ciencia Tomista. Salamanca
CThM	Calwer theologische Monographien. Stuttgart
CTM	Cuestiones Teológicas. Medellín (Colombia)
CTP	Collana di testi patristici. Roma
CTSA	Catholic Theological Society of America. Proceedings of the annual convention. Bronx, N.Y.
CTu	Les Cahiers de Tunisie. Tunis
CuadGal	Cuadernos de Estudios gallegos. Santiago de Compostela

CuadMon	Cuadernos Monásticos. Conferencia de Comunidades Monásticas del Cono Sur. Abadía de Santa Escolástica. Victoria, Buenos Aires (R. Argentina)
CUAPS	Catholic University of America Patristic Studies. Washington, D.C.
CUC	Cahiers universitaires catholiques. Paris
CultBib	Cultura Bíblica. Madrid; Segovia
CultLisb	Cultura. História e Filosofia. Lisboa
CultNeolat	Cultura neolatina. Modena
CuSc	Cultura e Scuola. Ist. dell'Enciclopedia Italiana. Roma
CV	Communio viatorum. Praha
CW	The Classical World. Pittsburgh, Penna.
DA	Deutsches Archiv für Erforschung des Mittelalters. Köln; Graz
DArch	Dialoghi di Archeologia. Roma
Davar	Davar. Buenos Aires
DC	Doctor Communis. Roma
DChrArHet	Δελτίον τῆς Χριστιανικῆς Ἀρχαιολογικῆς Ἑταιρείας. Ἀθῆναι
DE	Il Diritto Ecclesiastico e rassegna di diritto matrimoniale. Milano
DHA	Dialogues d'histoire ancienne. Paris
Diak	Diakonia. Scranton, Penna.
Diakon	Diakonia. Der Seelsorger. Internationale Zeitschrift für praktische Theologie. Mainz
Dial	Dialog. Minneapolis; St. Paul, Minn.
DialEc	Diálogo Ecuménico. Centro de Estudios Orientales y Ecuménicos Juan XXIII. Universidad Pontificia. Salamanca
Dialogue	Dialogue. Revue canadienne de philosophie. Kingston; Montreal
Did	Didascalia. Rosario (República Argentina)
Didaskalia	Didaskalia. Revista da Faculdade de Teologia de Lisboa. Universidade Católica Portuguesa. Lisboa
Dioniso	Dioniso. Rivista trimestrale di studi sul teatro antico. Siracusa
Dionysius	Dionysius. Dept. of Classics, Dalhousie University. Halifax, Nova Scotia
Diotima	Diotima. Revue de recherche philosophique. Athènes
DipOrthAth	Δίπτυχα Ὀρθοδοξίας. Ἀθῆναι
Dipt	Δίπτυχα. Ἀθῆναι
DissAbstr	Dissertation Abstracts. A Guide to Dissertations and Monographs available in microfilm. Ann Arbor, Mich.
Divinitas	Divinitas. Roma
DLZ	Deutsche Literaturzeitung für Kritik der internationalen Wissenschaft. Berlin
DocLife	Doctrine and Life. Dublin

Dodone	Δωδώνη. Ἐπιστημονικὴ Ἐπετηρὶς τῆς Φιλοσοφικῆς Σχολῆς τοῦ Πανεπιστημίου Ἰωαννίνων. Ioannina
Dom	Dominicana. Washington, D.C.
DR	Downside Review. Downside Abbey, Bath; Exeter
DrewG	Drew Gateway. Madison, N.J.
DThP	Divus Thomas. Commentarium de Philosophia et Theologia. Piacenza (Italia)
DtPfrBl	Deutsches Pfarrerblatt. Essen
DTT	Dansk teologisk tidsskrift. København
DuchKult	Duchovna Kultura. Sofija
DuchPast	Duchovní pastýř. Praha
DukeDivR	The Duke Divinity School Review. Durham, N.C.
DumPap	Dumbarton Oaks Papers. Washington, D.C.
DurhamUni	The Durham University Journal. Durham, N.C.
Durius	Durius. Valladolid
DVM	Δελτίον Βιβλικῶν Μελετῶν. Ἀθῆναι
DVSHFM	Det kgl. danske Videnskabernes Selskab. Hist.-Filol. Medd. København
DZPh	Deutsche Zeitschrift für Philosophie. Berlin
EA	Erbe und Auftrag. Beuron
EAg	Estudio Agustiniano. Valladolid
EAJTh	East Asia Journal of Theology. Tokyo
EarlyAmLit	Early American Literature. Amherst, Mass.
EBib	Estudios Bíblicos. Madrid
ECA	Estudios centroamericanos. San Salvador
EcclOra	Ecclesia Orans. Periodica de Scientiis Liturgicis cura Athenaeo Anselmiano de Urbe. Roma
ECelt	Etudes celtiques. Paris
ECl	Estudios Clásicos. Madrid
EcumR	The Ecumenical Review. Geneva
EDeusto	Estudios de Deusto. Bilbao (España)
EE	Estudios Eclesiásticos. Madrid
EF	Estudios Franciscanos. Barcelona
EFil	Estudios Filosóficos. Revista de Investigación y Crítica publicada por los Estudios de Filosofía de los Dominicos Españoles. Valladolid
EgliseTh	Église et Théologie. Ottawa
EHBS	Ἐπετηρὶς Ἑταιρείας Βυζαντινῶν Σπουδῶν. Ἀθῆναι
EHR	English Historical Review. London
EHRel	Études d'histoire des Religions. Strasbourg
EHTheol	Europäische Hochschulschriften. Reihe 23: Theologie. Bern; Frankfurt a.M.
EIC	Ephemerides iuris canonici. Roma
Eidos	Eidos. Madrid
Eirene	Eirene. Studia Graeca et Latina. Praha
EJos	Estudios Josefinos. Valladolid
EkklAthen	Ἐκκλησία. Ἀθῆναι

EkTh	Ἐκκλησία καὶ Θεολογία. London
EL	Ephemerides liturgicae. Roma
Elenchos	Elenchos. Rivista di studi sul pensiero antico. Roma
ELul	Estudios Lulianos. Palma de Mallorca (España)
EMaria	Estudios marianos. Madrid
EMC	Échos du Monde classique. Classical News and Views. Calgary, Alberta
EMerced	Estudios. Estudios, Notas y Bibliografía especialmente sobre la Orden de la Merced en España y América. Madrid
Emérita	Emérita. Boletín de Lingüistica y Filología Clásica. Madrid
EMSlVD	Editiones Monumentorum Slavicorum Veteris Dialecti. Graz
Enc	Encounter. Indianapolis, Ind.
Enchoria	Enchoria. Zeitschrift für Demotistik und Koptologie. Wiesbaden
Encrucillada	Encrucillada. Revista galega de pensamento cristián. El Ferrol
Enrahonar	Enrahonar. Barcelona
Eos	Eos. Commentarii Societatis Philologae Polonorum. Wrocław
EP	Ἕλληνες Πατέρες τῆς Ἐκκλησίας. Θεσσαλονίκη
EpAn	Epigraphica Anatolica. Zeitschrift für Epigraphik und historische Geographie Anatoliens. Bonn
EpAth	Ἐπιστημονικὴ Ἐπετηρὶς τῆς φιλοσοφικῆς Σχολῆς τοῦ Πανεπιστημίου Ἀθηνῶν. Ἀθῆναι
EPh	Ἐκκλησιαστικὸς Φάρος. Ἀλεξάνδρεια
EphAthen	Ὁ Ἐφημέριος. Ἀθῆναι
EphMariol	Ephemerides mariologicae. Madrid
Epiphany	Epiphany. A Journal of Faith and Insight. San Francisco, Calif.
EPRO	Études préliminaires aux religions orientales dans l'Empire romain. Leiden
EpThAth	Ἐπιστημονικὴ Ἐπετηρὶς τῆς θεολογικῆς Σχολῆς τοῦ Πανεπιστημίου Ἀθηνῶν. Ἀθῆναι
EpThes	Ἐπιστημονικὴ Ἐπετηρίδα τῆς φιλοσοφικῆς Σχολῆς τοῦ Πανεπιστημίου Θεσσαλονίκης. Θεσσαλονίκη
EpThThes	Ἐπιστημονικὴ Ἐπετηρίδα τῆς θεολογικῆς Σχολῆς τοῦ Πανεπιστημίου Θεσσαλονίκης. Θεσσαλονίκη
Eranos	Eranos. Acta philologica Suecana. Uppsala
ErJb	Eranos-Jahrbuch. Leiden
Erytheia	Erytheia. Madrid
ES	Economia e storia. Rivista italiana di storia economica e sociale. Milano
EscrVedat	Escritos del Vedat. Anuario. Instituto Pontificio de Teología. PP. Dominicos. Valencia (España)
ESeg	Estudios Segovianos. Segovia (España)
ESH	Ecumenical Studies in History. Richmond, Va.
Espíritu	Espíritu, Conocimiento, Actualidad. Barcelona
Esprit	Esprit et vie. Langres

EstRo	Estudis romànics. Barcelona
EstT	Estudos Teológicos. São Leopoldo (Brasil)
Et	Études. Paris
EtGreg	Études grégoriennes. Solesmes
ETGuatemala	Estudios teológicos. Instituto Teológico Salesiano. Guatemala
EThL	Ephemerides theologicae Lovanienses. Leuven
EtPh	Les Études Philosophiques. Paris
ETrin	Estudios Trinitarios. Publicación del Secretariado Trinitario. Salamanca
EtThR	Études théologiques et religieuses. Montpellier
Euhemer	Euhemer. Przegląd religioznawczy. Warszawa
EuntDoc	Euntes Docete. Roma
Euphorion	Euphorion. Zeitschrift für Literaturgeschichte. Heidelberg
Euphrosyne	Euphrosyne. Revista de Filologia clássica. Lisboa
EvangQ	Evangelical Quarterly. London
EVO	Egitto e Vicino Oriente. Rivista della Sezione orientalistica dell'Ist. di Storia antica dell'Univ. di Pisa. Pisa
EvTh	Evangelische Theologie. München
Explor	Explor. A Journal of Theology. Evanston, Ill.
ExpT	The Expository Times. Edinburgh
Fabula	Fabula. Zeitschrift für Erzählforschung. Berlin
FaCh	Fathers of the Church. Washington, D.C.
FaithTh	Faith and Thought. London
Faventia	Faventia. Publicació del Departament de Filologia classica de la Univ. autònoma de Barcelona. Barcelona
FBMEC	Fundació Bernat Metge. Escriptors cristians. Barcelona
FBogotá	Filosofía. Bogotá
FC	Filosofický časopis. Praha
FDA	Freiburger Diözesan-Archiv. Freiburg i. Br.
FilBuenosA	Filología. Buenos Aires
FilNau	Filosofija i naučnyj kommunizm. Minsk
Filos	Filosofia. Torino
FilVit	Filosofia e Vita. Torino; L'Aquila
FKDG	Forschungen zur Kirchen- und Dogmengeschichte. Göttingen
Florilegium	Florilegium. Carleton Univ. Annual papers on classical antiquity and the middle ages. Ottawa
FLVSGL	Fondazione Lorenzo Valla. Scrittori greci e latini. Milano
FMSt	Frühmittelalterliche Studien. Berlin
Foi	Foi et vie. Paris
FoiTemps	La Foi et le Temps. Tournai
ForumTheo	Forum theologicum. Härnösand; Stockholm
FR	Felix Ravenna. Faenza
Franc	Franciscana. Sint-Truiden (Belgie)
Francia	Francia. München; Sigmaringen
FrBogotá	Franciscanum. Revista de las ciencias del espíritu. Universidad de San Buenaventura. Bogotá (Colombia)

FRLANT	Forschungen zur Religion und Literatur des Alten und Neuen Testaments. Göttingen
FrSt	French Studies. Oxford
FS	Franziskanische Studien. Werl; Münster
FSt	Franciscan Studies. St. Bonaventure, N.Y.
FThSt	Freiburger theologische Studien. Freiburg i. Br.
FTS	Frankfurter Theologische Studien. Frankfurt a.M.
FZPT	Freiburger Zeitschrift für Philosophie und Theologie. Freiburg (Schweiz)
GB	Grazer Beiträge. Horn (Austria)
GBA	Gazette des beaux arts. Paris
GCFI	Giornale Critico della Filosofia Italiana. Firenze
GCS	Die griechischen christlichen Schriftsteller der ersten Jahrhunderte. Berlin
GDA	Godišnik na duchovnata akademija. Sofija
GeiLeb	Geist und Leben. Zeitschrift für Askese und Mystik. Würzburg
Gerión	Gerión. Madrid
GGA	Göttingische Gelehrte Anzeigen. Göttingen
GiorFil	Giornale Italiano di Filologia. Roma
GJ	The Geographical Journal. London
GlB	Glasul Bisericii. Bucureşti
Glotta	Glotta. Göttingen
GM	Giornale di Metafisica. Genova
Gn	Gnomon. München
GNS	Gazette Numismatique Suisse. Bâle
GöO	Göttinger Orientforschungen. Göttingen
GöThA	Göttinger theologische Arbeiten. Göttingen
GR	Greece and Rome. Oxford
GraceThJ	Grace Theological Journal. Winona Lake, Ind.
Greg	Gregorianum. Roma
GregPalThes	Γρηγόριος ὁ Παλαμᾶς. Θεσσαλονίκη
GrOrthThR	The Greek Orthodox Theological Review. Brookline, Mass.
GrRoBySt	Greek, Roman and Byzantine Studies. Durham, N.C.
GrTS	Grazer Theologische Studien. Graz
GTT	Gereformeerd theologisch tijdschrift. Kampen
GWU	Geschichte in Wissenschaft und Unterricht. Stuttgart
Gy	Gymnasium. Zeitschrift für Kultur der Antike und humanistische Bildung. Heidelberg
Ha	Hermathena. A Series of Papers on Literature, Science and Philosophy. Dublin
HA	Handes Amsorya. Zeitschrift für armenische Philologie. Wien˙
Habis	Habis. Universidad de Sevilla. Arqueología, Filología clásica. Sevilla
HarvAsia	Harvard Journal of Asiatic Studies. Cambridge, Mass.
HarvClassPhil	Harvard Studies in Classical Philology. Cambridge, Mass.

HarvDB	Harvard Divinity Bulletin. Cambridge, Mass.
HC	Historicky časopis. Slovenskej Akadémie Vied a Umeni. Bratislava
Helikon	Helikon. Rivista di tradizione e cultura classica. Roma
Helios	Helios. Journal of the Classical Association of the Southwestern United States. Lubbock, Tex.
Hell	Ἑλληνικά. Θεσσαλονίκη
HellAgAthen	Ἑλληνο-Χριστιανικὴ Ἀγωγή. Ἀθῆναι
Helmántica	Helmántica. Universidad Pontificia. Salamanca
Hephaistos	Hephaistos. Kritische Zeitschrift zur Theorie und Praxis der Archäologie, Kunstwissenschaft und angrenzender Gebiete. Bremen
Her	Hermes. Zeitschrift für klassische Philologie. Wiesbaden
HerE	Hermes. Zeitschrift für klassische Philologie – Einzelschriften. Wiesbaden
Hermeneus	Hermeneus. Tijdschrift voor de antieke Cultuur. Culemburg
HervTSt	Hervormde teologiese studies. Pretoria
Hesp	Hesperia. Journal of the American School of Classical Studies at Athens. Athens
Hespéris	Hespéris-Tamuda. Paris
HeythropJ	The Heythrop Journal. Heythrop College. University of London. London; Oxen; Oxford
Hispania	Hispania. Revista española de Historia. Madrid
HispAnt	Hispania Antiqua. Valladolid
HistIud	Historia Iudaica. New York, N.Y.
HistJ	Historical Journal. Cambridge
HistMag	Historical Magazine of the Protestant Episcopal Church. Austin, Tex.
Historia	Historia. Zeitschrift für alte Geschichte. Wiesbaden
History	History. London
HistoryT	History Today. London
HistPolB	Das Historisch-politische Buch: ein Wegweiser durch das Schrifttum. Göttingen
HistReli	History of Religions. Chicago, Ill.
HistRevNB	History: reviews of new books. Washington, D.C.
HistTh	History and Theory. Middletown, Conn.
HJ	Historisches Jahrbuch. München; Freiburg i. Br.
HKZMTL	Handelingen der Koninklijke Zuidnederlandse Maatschappij voor Taal- en Letterkunde en Geschiedenis. Brussel; Langemark
HlasPrav	Hlas pravoslaví. Praha
HlD	Heiliger Dienst. Salzburg
Horizon	Horizon. New York, N.Y.
Horizons	Horizons: the journal of the College Theology Society. Villanova, Penna.
Horizontes	Horizontes. Revista de la Universidad Católica de Puerto Rico. Ponce (Puerto Rico)
HPR	Homiletic and Pastoral Review. New York, N.Y.

HR	Hispanic Review. Philadelphia, Penna.
HS	Hispania Sacra. Madrid
HSHT	Historica. Les sciences historiques en Tchécoslovaquie. Prague
HSt	Historické štúdie. Bratislava
HThR	Harvard Theological Review. Cambridge, Mass.
HThSt	Harvard Theological Studies. Cambridge, Mass.; Philadelphia, Penna.
HTK	Historisk tidsskrift. København
HUCA	Hebrew Union College Annual. Cincinnati, O.
Humanitas	Humanitas. Revista de la Facultad de Filosofía y Letras. Tucumán (R. Argentina)
HumanitasBr	Humanitas. Brescia (Italia)
HumanitasCoim	Humanitas. Coimbra (Portugal)
HumTeol	Humanística e Teologia. Instituto de Ciências Humanas e Teológicas do Porto. Porto (Portugal)
HVF	Handelingen van de Vlaams Filologencongressen. Gent; Leuven
HVSLA	Kungliga Humanistiska vetenskapssamfundet i Lund. Årsberättelse. Lund
HVSUA	Kungliga Humanistiska vetenskapssamfundet i Uppsala. Årsbok. Uppsala
Hymn	The Hymn. Springfield, O.
Hyp	Hypomnemata. Göttingen
HZ	Historische Zeitschrift. München
IBK	Innsbrucker Beiträge zur Kulturwissenschaft. Innsbruck
IBS	Irish Biblical Studies. Belfast
IBSibiu	Îndrumător Bisericesc. Sibiu
IC	Ius Canonicum. Universidad de Navarra. Pamplona
IClSt	Illinois Classical Studies. Chico, Calif.
IH	Information historique. Paris
IHS	Irish Historical Studies. Dublin
IKaZComm	Internationale Katholische Zeitschrift «Communio». Rodenkirchen
IKZ	Internationale kirchliche Zeitschrift. Bern
IL	L'Information littéraire. Paris
Ilerda	Ilerda. Lérida
IliffR	The Iliff Review. Denver, Col.
ILLA	Instrumenta Lexicologica Latina. Series A: Formae. Turnhout
ILLB	Instrumenta Lexicologica Latina. Series B: Lemmata. Turnhout
IM	Imago mundi. Leiden; München; Paderborn
IMU	Italia medioevale e umanistica. Padova
IndCultEsp	Indice cultural español. Madrid
IndHistEsp	Indice histórico español. Barcelona
InFil	Inozema filolohija. Lvov

Interp	Interpretation. A journal of Bible and Theology. Richmond, Va.
Interpretation	Interpretation. A journal of political philosophy. New York, N.Y.
IntJPhRel	International Journal for Philosophy of Religion. Athens, Ga.
IntRMiss	International Review of Mission. Geneva; New York, N.Y.
InvLuc	Invigilata lucernis. Rivista dell'Istituto di Latino. Università di Bari. Bari
IPAlbaIulia	Îndrumător pastoral. Alba Iulia
IPhQ	International Philosophical Quarterly. New York, N.Y.
Irénikon	Irénikon. Chevetogne (Belgique)
IRSH	International Review of Social History. Assen
IsExJ	Israel Exploration Journal. Jerusalem
Isis	Isis. Washington, D.C.
Islam	Der Islam. Berlin
ISPh	International Studies in Philosophy. Torino
Istina	Istina. Paris; Boulogne
Itinerarium	Itinerarium. Braga (Portugal)
ITQ	The Irish Theological Quarterly. Maynooth (Ireland)
ITS	Innsbrucker Theologische Studien. Innsbruck; München
Iura	Iura. Rivista Internazionale di Diritto Romano e Antico. Napoli
Iz	Izvestija. Akademii Nauk Gruzinskoj SSR, ser. filos. i psichol. Tbilisi
JA	Journal asiatique. Paris
JAACr	The Journal of Aesthetics and Art Criticism. Baltimore, Md.
JAAR	Journal of the American Academy of Religion. Waterloo, Ontario; Missoula, Mont.
JAC	Jahrbuch für Antike und Christentum. Münster
JACE	Jahrbuch für Antike und Christentum. Ergänzungsband. Münster
Janus	Janus. Revue internationale de l'histoire des sciences, de la médecine, de la pharmacie et de la technique. Amsterdam
JAOS	Journal of the American Oriental Society. New Haven, Conn.
JARCE	Journal of the American Research Center in Egypt. Boston, Mass.
JBAA	The Journal of the British Archaeological Association. London
JBAW	Jahrbuch der Bayerischen Akademie der Wissenschaften. München
JbBerlin	Akademie der Wissenschaften der DDR. Jahrbuch. Berlin
JbGö	Jahrbuch der Akademie der Wissenschaften in Göttingen. Göttingen
JBL	Journal of Biblical Literature. Philadelphia, Penna.
JBMainz	Akademie der Wissenschaften und der Literatur. Jahrbuch. Mainz

JbrPK	Jahresbericht. Staatsbibliothek Preußischer Kulturbesitz. Berlin
JChSt	Journal of Church and State. Waco, Tex.
JCS	Journal of Classical Studies. Kyoto; Tokyo (Japan)
JDAI	Jahrbuch des deutschen archäologischen Instituts. Berlin
JEA	Journal of Egyptian Archaeology. London
JEcclH	Journal of Ecclesiastical History. London
JEGP	The journal of English and German philology. Urbana, Ill.
JEOL	Jaarbericht van het Vooraziatisch-Egyptisch Genootschap «Ex Oriente Lux». Leiden
JES	Journal of Ecumenical Studies. Pittsburgh; Philadelphia, Penna.
JETS	Journal of the Evangelical Theological Society. Wheaton, Ill.
JGO	Jahrbücher für Geschichte Osteuropas. München; Stuttgart
JHAW	Jahrbuch der Heidelberger Akademie der Wissenschaften. Heidelberg
JHI	Journal of the History of Ideas. Philadelphia, Penna.
JHPh	Journal of the History of Philosophy. Berkeley, Los Angeles, Calif.
JHS	Journal of Hellenic Studies. London
JHSCW	Journal of the Historical Society of the Church in Wales. Cardiff
JIES	Journal of Indo-European Studies. Hattiesburg, Miss.
JJur	The Journal of Juristic Papyrology. Warsaw
JKGV	Jahrbuch des Kölnischen Geschichtsvereins. Köln
JLH	Jahrbuch für Liturgik und Hymnologie. Kassel
JMH	Journal of Medieval History. Amsterdam
JMP	Journal of the Moscow Patriarchate. Moscow
JNAW	Jaarboek van de Koninklijke Nederlandse Akademie van Wetenschappen. Amsterdam
JNES	Journal of Near Eastern Studies. Chicago, Ill.
JÖB	Jahrbuch der Österreichischen Byzantinistik. Wien
JPastCare	Journal of Pastoral Care. Kutztown, Penna.; New York, N.Y.
JPh	Journal of Philosophy. New York, N.Y.
JQR	The Jewish Quarterly Review. Philadelphia, Penna.
JR	The Journal of Religion. Chicago, Ill.
JRAS	Journal of the Royal Asiatic Society of Great Britain and Ireland. London
JRelEthics	Journal of Religious Ethics. Knoxville, Tenn.
JRelPsychRes	The Journal of Religion and Psychical Research. Bloomfield, Conn.
JRelSt (Ohio)	Journal of Religious Studies. Cleveland, O.
JReSt	Journal of Religious Studies (Shukyo Kenkyo). University of Tokyo. Tokyo
JRH	The Journal of religious history. Sydney
JRS	Journal of Roman Studies. London
JRTh	Journal of Religious Thought. Washington, D.C.
JS	Journal des savants. Paris

JSAS	Journal of the Society for Armenian Studies. Los Angeles, Calif.
JSb	Jazykovedný časopis. Bratislava
JSNT	Journal for the study of the New Testament. Sheffield
JSOT	Journal for the Study of the Old Testament. Sheffield
JSS	Journal of Semitic Studies. Manchester
JSSR	Journal for the Scientific Study of Religion. New Haven; Storrs, Conn.
JStJ	Journal for the study of Judaism in the Persian, Hellenistic and Roman period. Leiden
JTGG	Jahres- und Tagungsbericht der Görres-Gesellschaft. Köln
JTh	Journal of Theology (Shingaku). Tokyo
JThS	Journal of Theological Studies. Oxford
Jud	Judaism. New York, N.Y.
Judaica	Judaica. Beiträge zum Verständnis des jüdischen Schicksals in Vergangenheit und Gegenwart. Basel; Zürich
JuFi	Južnoslovenski Filolog. Beograd
JWCI	Journal of the Warburg and Courtauld Institutes. London
JWG	Jahrbuch für Wirtschftsgeschichte. Berlin (DDR)
KÅ	Kyrkohistorisk årsskrift. Stockholm
Kairos	Kairos. Zeitschrift für Religionswissenschaft und Theologie. Salzburg
Kanon	Kanon. Jahrbuch der Gesellschaft für das Recht der Ostkirchen. Wien
KBANT	Kommentare und Beiträge zum Alten und Neuen Testament. Düsseldorf
KerkComm	Kerkvaderteksten met commentaar. Bonheiden
Klearchos	Klearchos. Bollettino dell'Assoc. Amici del Museo Nazionale di Reggio Calabria. Napoli
Kleio	Kleio. Tijdschrift voor oude Talen en antieke Kultuur. Leuven
Kleronomia	Κληρονομιά. Θεσσαλονίκη
Klio	Klio. Beiträge zur alten Geschichte. Berlin
KlT	Kleine Texte für Vorlesungen und Übungen. Begründet von H. Lietzmann. Berlin
KoinAthen	Κοινωνία. ᾿Αθῆναι
KoinNapoli	Κοινωνία. Organo dell'Associazione di studi tardoantichi. Portici, Napoli
KoSt	Koptische Studien. Würzburg
KrR	Křest'anská revue. Praha
KRS	Kirchenblatt für die reformierte Schweiz. Basel
KT	Kerk en theologie. 's-Gravenhage; Wageningen
Ktèma	Ktèma. Strasbourg
KuD	Kerygma und Dogma. Göttingen
Labeo	Labeo. Napoli
Lampas	Lampas. Muiderberg
Langages	Langages. Paris

Language	Language. Journal of the Linguistic Society of America. Baltimore, Md.
Lateranum	Lateranum. Città del Vaticano
Latinitas	Latinitas. Roma
Latomus	Latomus. Revue d'études latines. Bruxelles
Lau	Laurentianum. Roma
Laval	Laval théologique et philosophique. Québec
LCC	The Library of Christian Classics. London
LCM	Liverpool Classical Monthly. University of Liverpool. Liverpool
LCO	Letture cristiane delle origini. Roma
LebS	Lebendige Seelsorge. Karlsruhe; Freiburg i. Br.
LEC	Les Études Classiques. Namur
Leodium	Leodium. Liège
Leopold	Leopoldianum. São Paulo (Brasil)
LeV	Liturgia e Vida. Rio de Janeiro
LexThQ	Lexington Theological Quarterly. Lexington, Ky.
LFilol	Listy filologické. Praha
LG	Latina et Graeca. Zagreb
LibriRiv	Libri e Riviste d'Italia. Roma
LinBibl	Linguistica Biblica. Bonn
Liturgia	Liturgia. Monasterio de Sto. Domingo. Silos, Burgos
LJ	Liturgisches Jahrbuch. Münster
LL	Lettre de Ligugé. Nantes
LO	Lex Orandi. Paris
Logos	Logos. Revista de Filosofía. Universidad La Salle. México
LQF	Liturgiewissenschaftliche Quellen und Forschungen. Münster
LR	Lettres romanes. Louvain
LS	Lingua e Stile. Milano
LSD	Litteraria. Štúdie a dokumenty. Bratislava
LSt	Louvain Studies. Louvain
LUÅ	Acta Universitatis Lundensis. Sectio I. Theologica, iuridica, humaniora. Lund
Lum	Lumen. Lisboa
Lumen	Lumen. Facultad de Teologia del Norte de España – Sede de Vitoria. Vitoria
Lumenvitae	Lumen vitae. Revue internationale de la formation religieuse. Bruxelles
LumVi	Lumière et vie. St. Alban-Leysse
LusSac	Lusitania sacra. Lisboa
Lustrum	Lustrum. Internationale Forschungsberichte aus dem Bereich des klassischen Altertums. Göttingen
Lychnos	Lychnos. Uppsala
MA	Moyen-âge. Bruxelles
MAAL	Mededelingen der Koninklijke Nederlandse Akademie van Wetenschappen. Afdeling Letterkunde. Amsterdam

MAB	Mededelingen van de koninklijke Academie voor Weten- schappen, Letteren en Schone Kunsten van België. Klasse de Letteren. Brussel
MAb	Misión Abierta al servicio de la fe. Madrid
MAev	Medium aevum. Oxford
Maia	Maia. Bologna
MaisonDieu	Le Maison-Dieu. Paris
MakThes	Μακεδονικά. Σύγγραμμα περιοδικὸν τῆς Ἑταιρείας Μακεδονικῶν Σπουδῶν. Θεσσαλονίκη
MAL	Memorie dell'Accademia Nazionale dei Lincei. Classe di Scienze Morali, Storiche e Filologiche. Roma
Manresa	Manresa. Revista de Información e Investigación ascética y mística. Barcelona; Madrid
Manuscripta	Manuscripta. St. Louis, Mo.
Marianum	Marianum. Roma
MarSt	Marian Studies. Washington, D.C.; Paterson, N.Y.
MAT	Memorie dell'Accademia delle Scienze di Torino. Torino
Mayeútica	Mayeútica. Publicación cuatrimestral de los Padres Agustinos Recoletos. Marcilla, Navarra
MayR	Maynooth Review. Maynooth
MBTh	Münsterische Beiträge zur Theologie. Münster
MCM	Miscellanea classico-medievale. Quaderni predipartimento di civiltà classica e del medioevo. Università di Lecce. Lecce
MCom	Miscelánea Comillas. Madrid
MCSN	Materiali e contributi per la storia della narrative greco- latina. Perugia
MD	Materiali e Discussioni per l'analisi dei testi classici. Pisa
MDOG	Mitteilungen der Deutschen Orient-Gesellschaft zu Berlin. Berlin
MEAH	Miscelánea de Estudios Arabes y Hebraicos. Granada
Meander	Meander. Revue de civilisation du monde antique. Varsovie
Medellín	Medellín. Teología y Pastoral para América Latina. Instituto Teológico Pastoral del CELAM. Medellín (Colombia)
Mediterraneus	Mediterraneus. Annual Report of the Collegium Mediterrani- starum. Tokyo
MEFR	Mélanges d'Archéologie et d'Histoire de l'École Française de Rome. Paris
MelitaTh	Melita theologica. Valetta, Malta
MennQR	Mennonite Quarterly Review. Goshen, Ind.
MF	Miscellanea francescana. Roma
MFCh	Message of the Fathers of the Church. Wilmington, Del.
MGH	Monumenta Germaniae historica. Köln et al.
MH	Museum Helveticum. Basel
MHA	Memorias de Historia antigua. Oviedo
MHisp	Missionalia Hispanica. Madrid
MHum	Medi(a)evalia et Humanistica. Studies in Medieval and Re- naissance Society. North Texas State University. Totowa, N.J.

MIDEO	Mélanges de l'Institut Dominicain d'Études Orientales du Caire. Dar Al-Maaref
Mid-stream	Mid-stream. Indianapolis, Ind.
Mikael	Mikael. Paraná (República Argentina)
MIL	Memorie dell'Ist. Lombardo, Accademia di Scienze e Lettere, Cl. di Lett., Sc. morali e storiche. Milano
MIÖGF	Mitteilungen des Instituts für österreichische Geschichtsforschung. Wien
Missio	Missiology. South Pasadena, Calif.
MitrArd	Mitropolia Ardealului. Sibiu
MitrBan	Mitropolia Banatului. Timişoara
MitrMold	Mitropolia Moldovei şi Sucevei. Iaşi
MitrOlt	Mitropolia Olteniei. Craiova
MLatJB	Mittellateinisches Jahrbuch. Köln; Stuttgart
MLS	Monumenta Linguae Slavicae Dialecti Veteris. Freiburg i. Br.
MM	Miscellanea mediaevalia. Berlin
MmFor	Memorie Storiche Forogiuliesi. Udine
Mn	Mnemosyne. Bibliotheca classica Batava. Leiden
MNHIR	Mededelingen van het Nederlands Historisch Instituut te Rome. 's-Gravenhage
ModCh	Modern Churchman. London; Oxford
ModS	The Modern Schoolman. St. Louis, Mo.
MonStud	Monastic Studies. Montreal
Montalbán	Montalbán. Universidad Católica Andrés Bello. Caracas
MontCarm	El Monte Carmelo. Burgos (España)
Month	The Month. London notes. Baltimore, Md.
Moralia	Moralia. Revista de Ciencias Morales. Instituto Superior de Ciencias Morales. Madrid
MPhL	Museum Philologum Londiniense. Amsterdam
MR	The Minnesota Review. Minneapolis, Minn.
Mravalt'avi	Mravalt'avi. T'bilisi
MRSt	Mediaeval and Renaissance Studies. London
MS	Mediaeval Studies. Toronto
MSAHC	Mémoires de la société archéologique et historique de la Charente. Angoulême
MSHDI	Mémoires de la société pour l'histoire du droit et des institutions des anciens pays bourguignons, comtois et romands. Dijon
MSR	Mélanges de science religieuse. Lille
MSSNTS	Monograph series. Society for New Testament Studies. Cambridge
MT	Museum Tusculanum. København
MThSt	Münchener Theologische Studien. München
MThZ	Münchener theologische Zeitschrift. München
Mu	Le Muséon. Revue d'études orientales. Louvain
MuAfr	Museum Africum. Ibadan (Nigeria)
MüBPR	Münchener Beiträge zur Papyrusforschung und antiken Rechtsgeschichte. München

MüStSpr	Münchener Studien zur Sprachwissenschaft. München
MusCan	Museo canario. Madrid; Las Palmas, Gran Canaria
MusCrit	Museum Criticum. Quaderni dell'Ist. di Filologia classica dell'Università di Bologna. Bologna
MUSJ	Mélanges de l'Université Saint-Joseph. Beyrouth
Musl	The Muslim World. Hartford, Conn.
MusPat	Museum Patavinum. Rivista semestrale della Facoltà di Lettere e Filosofia di Padova. Firenze
MVVEG	Mededelingen en verhandelingen van het Vooraziatisch-Egyptisch Genootschap «Ex oriente Lux». Leiden
NAA	Narody Azii i Afriki. Moskva
NAFM	Nuovi Annali della Facoltà di Magistero dell'Università di Messina. Roma
NAG	Nachrichten der Akademie der Wissenschaften in Göttingen. Göttingen
NAKG	Nederlands archief voor kerkgeschiedenis. Leiden
Namurcum	Namurcum. Namur
NatGrac	Naturaleza y Gracia. Salamanca
NDid	Nuovo Didaskaleion. Catania (Italia)
NedThT	Nederlands theologisch tijdschrift. 's-Gravenhage
NEThR	The Near East School of Theology Theological Review. Beirut
NetV	Nova et Vetera. Temas de vida cristiana. Monasterio de Benedictinas. Zamora
NiceHist	Nice historique. Nice
Nicolaus	Nicolaus. Bari
NMES	Near and Middle East Series. Toronto
NMS	Nottingham Mediaeval Studies. Nottingham
Norba	Norba. Revista de Arte, Geografía e Historia. Universidade de Extremadura. Cáceres
NotreDameEngJ	Notre Dame English Journal. A Journal of Religion in Literature. Notre Dame, Ind.
NovaVet	Nova et vetera. Genf; Freiburg (Schweiz)
NovTest	Novum Testamentum. Leiden
NPh	Neophilologus. Groningen
NPM	Neuphilologische Mitteilungen. Helsinki
NPNF	A select library of the Nicene and post-Nicene Fathers of the Christian Church. Grand Rapids, Mich.
NRiSt	Nuova Rivista Storica. Roma
NRTh	Nouvelle revue théologique. Tournai
NS	The New Scholasticism. Washington, D.C.
NTA	Neutestamentliche Abhandlungen. Münster
NTS	New Testament Studies. Cambridge
NTT	Norsk teologisk tidsskrift. Oslo
Numen	Numen. International Review for the History of Religions. Leiden

NVA	Det norske videnskaps-akademi. Avhandlinger. Hist.-filos. klasse. Oslo
NYRB	New York Review of Books. Milford, Conn.
NZMW	Neue Zeitschrift für Missionswissenschaft. Schöneck-Beckenried
NZSTh	Neue Zeitschrift für systematische Theologie und Religionsphilosophie. Berlin
OBO	Orbis biblicus et orientalis. Freiburg (Schweiz)
OCA	Orientalia Christiana Analecta. Roma
ÖAKR	Österreichisches Archiv für Kirchenrecht. Wien
ÖAW	Österreichische Akademie der Wissenschaften. Philos.-hist. Klasse. Wien
OECT	Oxford Early Christian Texts. Oxford
ÖT	Ökumenische Theologie. Zürich; Köln
OHM	Oxford Historical Monographs. Oxford
OiC	One in Christ. Catholic Ecumenical Review. London
Oikumene	Oikumene. Studia ad historiam antiquam classicam et Orientalem spectantia. Budapest
Oliv	El Olivo. Documentación y estudios para el Diálogo entre Judíos y Cristianos. Madrid
OLP	Orientalia Lovaniensia Periodica. Louvain
OLZ	Orientalistische Literaturzeitung. Berlin
OneChurch	One Church. Youngstown, O.; New York, N.Y.
OP	Opuscula Patrum. Roma
Opus	Opus. Rivista internazionale per la storia economica e sociale dell'antichità. Roma
OrAnc	L'orient ancien illustré. Paris
OrCath	Orbis catholicus. Barcelona
OrChr	Oriens Christianus. Wiesbaden
OrChrP	Orientalia Christiana Periodica. Roma
Oriens	Oriens. Journal of the International Society for Oriental Research. Leiden
Orient	Orient. Bulletin of the Society of Near Eastern studies in Japan. Tokyo
Orientalia	Orientalia. Roma
OrLab	Ora et Labora. Revista litúrgico-pastoral e beneditina. Mosteiro de Singeverga. Roriz; Santo Tirso (Portugal)
OrOcc	Oriente-Occidente. Revista de Investigaciones Comparadas. Buenos Aires
Orpheus	Orpheus. Catania (Italia)
OrSuec	Orientalia suecana. Uppsala
OrtBuc	Ortodoxia. Bucureşti
OrthL	Orthodox Life. Jordanville, N.Y.
OstkiSt	Ostkirchliche Studien. Würzburg
OTM	Oxford Theological Monographs. Oxford
OTS	Oudtestamentische studien. Leiden
PA	Památky archeologické. Praha

PAA	Πρακτικὰ τῆς ᾿Ακαδημίας ᾿Αθηνῶν. ᾿Αθῆναι
PACPA	Proceedings of the American Catholic Philosophical Association. Washington, D.C.
Paid	Paideuma. Mitteilungen zur Kulturkunde. Frankfurt a.M.; Wiesbaden
Paideia	Paideia. Brescia
Pal	Palestra del Clero. Rovigo (Italia)
PalBul	Paleobulgarica (Starobălgaristika). Sofija
PalExQ	Palestine Exploration Quarterly. London
Pallas	Pallas. Fasc. 3 des Annales, publiées par la Faculté des Lettres de Toulouse. Toulouse
Pan	Pan. Studi dell'Istituto di Filologia latina dell'Università di Palermo. Palermo
PapyBrux	Papyrologica Bruxellensia. Bruxelles-Brussel
PapyCast	Papyrologica Castroctaviana. Roma; Barcelona
Par	La Parola del Passato. Rivista di Studi Antichi. Napoli
ParOr	Parole de l'Orient. Kaslik (Liban)
Parr	La Parrochia. Quaderno di presenza culturale. Ed. del Seminario. Caltanisetta
ParSB	Părinţi şi scriitori bisericeşti. Bucureşti
Past	Past and Present. London
Pastbl	Pastoralblätter. Stuttgart
PatrMediaev	Patristica et Mediaevalia. Buenos Aires
Pazmaveb	Pazmaveb. Venezia
PBH	Patma-banasirakan handes. Jerevan
PBR	Patristic and Byzantine Review. Devoted to Patristic Theology and Eastern Church History. Kingston, N.Y.
PBrSchRome	Papers of the British School at Rome. London
PC	Pensée catholique. Paris
PeI	Le Parole e le idee. Napoli
Pelop	Πελοποννησισκά. ᾿Αθῆναι
Pensamiento	Pensamiento. Madrid
Perficit	Perficit. Salamanca
PerkinsJ	Perkins School of Theology Journal. Dallas, Tex.
PerRelSt	Perspectives in Religious Studies. Macon, Ga.; Mufreesboro, N.C.
PersTeol	Perspectiva Teológica. Faculdade de Teologia. Universidade de Vale do Rio dos Sinos. São Leopoldo (Brasil)
Phase	Phase. Centro de Pastoral Litúrgica. Barcelona
Phil	Philologus. Zeitschrift für das klassische Altertum. Berlin; Wiesbaden
Philol	Philologica Pragensia. Praha
Philosophia	Φιλοσοφία. ᾿Επετηρὶς τοῦ Κέντρου ἐρεύνης τῆς ἑλληνικῆς φιλοσοφίας. ᾿Αθῆναι
Philosophy	Philosophy. The Journal of the Royal Institute of Philosophy. London
PhilosQ	The Philosophical Quarterly. University of St. Andrews. Scots Philos. Club. St. Andrews

PhilTo	Philosophy Today. Celina; Carthagena, O.
PhJB	Philosophisches Jahrbuch der Görresgesellschaft. München; Freiburg i. Br.
PhLit	Philosophischer Literaturanzeiger. Meisenheim; München; Basel
PhMendoza	Philosophia. Universidad nacional de Cuyo. Mendoza
PhNat	Philosophia naturalis. Meisenheim am Glan
Phoenix	The Phoenix. The Journal of the Classical Association of Canada. Toronto
PhoenixL	Phoenix. Bulletin uitgegeven door het Vooraziatisch-Egyptisch genootschaap «Ex Oriente Lux». Leiden; Rotterdam
PhP	Philosophia Patrum. Interpretation of Patristic texts. Leiden
PhPhenRes	Philosophy and Phenomenological Research. Buffalo, N.Y.
PhR	Philosophical Review. New York, N.Y.
PhrCórd	Phronesis. Córdoba (R. Argentina)
PhRef	Philosophia reformata. Kampen
PhRh	Philosophy and Rhetoric. University Park, Pa.
Phronesis	Phronesis. A Journal for Ancient Philosophy. Assen
PhRu	Philosophische Rundschau. Tübingen
PHum	Przegląd Humanistyczny. Warszawa
PhValparaíso	Philosophica. Universidad Católica de Valparaíso (Chile)
Physis	Physis. Rivista internazionale di Storia della scienza. Firenze
PILLParma	Pubblicazioni dell'Istituto di Lingua e Lettere latine dell'Università di Parma. Roma
Pirineos	Pirineos. Zaragoza (España)
Platon	Πλάτων. Δελτίον τῆς Ἑταιρείας Ἑλλήνων Φιλολόγων. Ἀθῆναι
PLu	Positions Luthériennes. Paris
PMAPA	Philological Monographs of the American Philological Association. Cleveland, O.; New York, N.Y.
PMS	Patristic Monograph Series. Cambridge, Mass.
Pneuma	Pneuma. The journal of the society for pentecostal studies. Springfield, Mo.
PO	Patrologia Orientalis. Paris; Turnhout
POK	Pisma Ojców Kościoła. Poznań
PolKnig	Polata Knigopisnaja. An Information Bulletin devoted to the Study of Early Slavic Books, Texts and Literatures. Nijmegen
POr	Przegląd Orientalistyczny. Warszawa
POrth	La Pensée Orthodoxe. Institut de théologie orthodoxe St. Serge. Paris
PPh	Perspektiven der Philosophie. Neues Jahrbuch. Amsterdam
PPMRC	Proceedings of the Patristic, Mediaeval and Renaissance Conference. Villanova, Pa.
PPol	Il pensiero politico. Rivista di Storia delle idee politiche e sociali. Firenze
PQ	Philological Quarterly. Iowa City, Ia.
PraKan	Prawo Kanoniczne. Warszawa
PravS	Pravoslavný sborník. Praha

PrincBul	The Princeton Seminary Bulletin. Princeton, N.J.
ProcAmJewish	Proceedings of the American Academy for Jewish Research. New York, N.Y.; Jerusalem
ProcAmPhS	Proceedings of the American Philosophical Society. Philadelphia, Penna.
ProcBritAc	Proceedings of the British Academy. London
ProcIrAc	Proceedings of the Royal Irish Academy. Sect. C. Dublin
ProCTS	Proceedings of the College Theology Society. Waterloo, Ontario
ProcVS	Proceedings of the Virgil Society. London
Prometheus	Prometheus. Rivista quadrimestrale di studi classici. Firenze
PrOrChr	Proche orient chrétien. Jérusalem
Protest	Protestantesimo. Roma
Proteus	Proteus. Rivista di filosofia. Roma
ProvHist	Provence historique. Marseille
Proyección	Proyección. Granada
Prudentia	Prudentia. Auckland (New Zealand)
PrViana	Príncipe de Viana. Pamplona
PrzHi	Przegląd Historyczny. Warszawa
PS	Palestinskij Sbornik. Leningrad; Moskva
PSIL	Publications de la section historique de l'Institut Grand-Ducal de Luxembourg. Luxembourg
PSP	Pisma Starochrześcijańskich Pisarzy. Warszawa
PST	Poznańskie Studia Teologiczne. Poznań
PSV	Parola spirito e vita. Bologna
PTA	Papyrologische Texte und Abhandlungen. Bonn
PThSt	Pretoria theological studies. Leiden
PTS	Patristische Texte und Studien. Berlin
PublIOL	Publications de l'Institut Orientaliste de Louvain. Louvain
PublMen	Publicaciones del Instituto Tello Téllez de Meneses. Palencia
Pyrenae	Pyrenae. Crónica arqueológica. Barcelona
QC	Quaderni Catanesi di Studi classici e medievali. Catania
QFIAB	Quellen und Forschungen aus italienischen Archiven und Bibliotheken. Tübingen
QILCl	Quaderni dell'Istituto di Lingue e Letterature classiche. Bari
QILL	Quaderni dell'Istituto di Lingua e Letteratura latina. Roma
QJS	Quarterly Journal of Speech. New York, N.Y.
QL	Les Questions liturgiques. Louvain
QM	Quaderni medievali. Bari
QR (Methodist)	Quarterly Review. A Scholarly Journal for Reflection on Ministry. Nashville, Tenn.
QS	Quaderni di Storia. Rassegna di antichità redatta nell'Ist. di Storia greca e romana dell'Univ. di Bari. Bari
QSt	Quaderni Storici. Bologna
QuadFoggia	Quaderni dell'Associazione italiana di Cultura classica, Deleg. di Foggia. Foggia

Quaerendo	Quaerendo. A quarterly journal from the Low Countries devoted to manuscripts and printed books. Amsterdam
QuatFleuv	Les Quatre Fleuves. Paris
QUCC	Quaderni Urbinati di Cultura Classica. Roma
QVChr	Quaderni di «Vetera Christianorum». Bari
RA	Revue archéologique. Paris
RaAcSant	Revista de la Academia Superior de Ciencias pedagógicas de Santiago de Chile. Santiago de Chile
RAAN	Rendiconti dell'Accademia di Archeologia, Lettere e Belle Arti di Napoli. Napoli
RaBi	Revista bíblica. Buenos Aires
RABM	Revista de Archivos, Bibliotecas y Museos. Madrid
RaBol	Revista de la Sociedad Bolivariana de Venezuela. Caracas
RaBrFilos	Revista brasileira de Filosofia. São Paulo
RaBuenosA	Revista de la Universidad de Buenos Aires. Buenos Aires
RAC	Reallexikon für Antike und Christentum. Stuttgart
RaCa	La Revista Católica. Santiago de Chile
RaCórdoba	Revista de la Universidad nacional de Córdoba. Córdoba (República Argentina)
RaCuzco	Revista universitaria. Universidad de Cuzco. Cuzco (Perú)
RaEduc	Revista de Educación. Madrid
RaExtr	Revista de estudios extremeños. Badajoz (España)
RaFMex	Revista de Filosofía. Departamento de Filosofía. Universidad iberoamericana. México
RAgEsp	Revista agustiniana. Madrid
RaHist	Revista de Historia. São Paulo
RAIB	Rendiconti dell'Accademia delle Scienze dell'Istituto di Bologna. Bologna
RaInd	Revista de Indias. Madrid
RAL	Rendiconti della Reale Accademia Nazionale dei Lincei. Classe di Scienze Morali, Storiche e Filologiche. Roma
Ramus	Ramus. Critical studies in Greek and Latin Literature. Monash Univ. Clayton, Victoria (Australia)
RaNCult	Revista nacional de Cultura. Caracas
RaOviedo	Revista de la Universidad de Oviedo. Oviedo
RaPlata	Revista de Teología. La Plata (República Argentina)
RaPol	Revista de Estudios políticos. Madrid
RaPortFilog	Revista portuguesa de Filologia. Coimbra
RaPortFilos	Revista portuguesa de Filosofia. Braga (Portugal)
RaPortHist	Revista portuguesa de História. Coimbra
RArch	Rivista di Archeologia. Roma
RAS	Rassegna degli Archivi di Stato. Roma
RasIsr	Rassegna Mensile di Israel. Roma
RaUCR	Revista de la Universidad de Costa Rica. San José de Costa Rica
RaUSPaulo	Revista da Pontificia Universidade Católica de São Paulo. São Paulo

RaVenFilos	Revista Venezolana de Filosofía. Caracas
RBen	Revue bénédictine. Abbaye de Maredsous (Belgique)
RBi	Revue biblique. Paris
RBL	Ruch Biblijny i Liturgiczny. Kraków
RBPh	Revue belge de philologie et d'histoire. Mechelen
RBR	Ricerche bibliche e religiose. Genova
RBS	Regulae Benedicti Studia. Annuarium internationale. St. Ottilien
RC	Religión y Cultura. Madrid
RCA	Rozpravy Československé Akademie Věd. Řada společenských věd. Praha
RCatT	Revista Catalana de Teología. Barcelona
RCCM	Rivista di Cultura Classica e Medioevale. Roma
RCEduc	Revista de Ciencias de la Educación. Madrid
RDC	Revue de droit canonique. Strasbourg
REA	Revue des études augustiniennes. Paris
REAnc	Revue des études anciennes. Domaine Univ., Sect. d'histoire. Talence
REArm	Revue des études arméniennes. Paris
REB	Revue des études byzantines. Paris; Bucarest
REBras	Revista eclesiástica brasileira. Petrópolis
ReC	Religioni e Civiltà. Bari
REC	Revista de Estudios Clásicos. Mendoza (República Argentina)
REccDoc	Rerum ecclesiasticarum documenta. Roma
RechAug	Recherches augustiniennes. Paris
RecHist	Recusant History. Bognor Regis, Sussex
RechSR	Recherches de science religieuse. Paris
Recollectio	Recollectio. Institutum Historicum Augustinorum Recollectorum. Roma
REDC	Revista española de Derecho canónico. Madrid
REDI	Revista española de Derecho internacional. Madrid
ReEg	Revue d'égyptologie. Paris
ReExp	Review and Expositor. Louisville, Ky.
RefR	Reformed Review. New Brunswick, N.J.; Holland, Mich.
REG	Revue des études grecques. Paris
REI	Revue des études islamiques. Paris
REJ	Revue des études juives. Paris
REL	Revue des études latines. Paris
RelEd	Religious Education. New Haven, Conn.
Religion	Religion. Journal of Religion and Religions, publ. by the Dept. of Religious Studies, Univ. of Lancaster. London
RelSoAfrica	Religion in Southern Africa. Durban; Pietermaritzburg
RelStR	Religious Studies Review. Waterloo, Ontario
RelStud	Religious Studies. Cambridge
ReMet	The Review of Metaphysics. Washington, D.C.; New York, N.Y.
REP	Revista española de Pedagogía. Madrid

RESE	Revue des Études sud-est européennes. Bucarest
Réseaux	Réseaux. Revue interdisciplinaire de philosophie morale et politique. Mons
REspir	Revista de Espiritualidad. Madrid
ResPL	Res publica litterarum. Studies in the classical tradition. Univ. of Kansas. Laurence, Kans.
ReSR	Revue des sciences religieuses. Strasbourg
RestQ	Restoration Quarterly. Abilene, Tex.
RET	Revista española de Teología. Madrid
RF	Razón y Fe. Madrid
RFacDMadrid	Revista de la Facultad de Derecho de la Universidad complutense de Madrid. Madrid
RFC	Rivista di Filologia e d'Istruzione classica. Torino
RFCRica	Revista de Filosofía. Universidad de Costa Rica. Costa Rica
RFE	Revista de Filología española. Madrid
RFil	Revista de Filosofía. Madrid
RFN	Rivista de Filosofia Neoscolastica. Milano
RGuimeraes	Revista de Guimerães. Guimerães
RH	Revue historique. Paris
RHD	Revue d'histoire du droit. Tijdschrift voor Rechtsgeschiedenis. Groningen
RHDFE	Revue historique de droit français et étranger. Paris
RHE	Revue d'histoire ecclésiastique. Louvain
RHEF	Revue d'histoire de l'église de France. Paris
Rhetorica	Rhetorica. International Society for the history of rhetoric. Berkeley, Calif.
RHLag	Revista de historia canaria. La Laguna, Tenerife (Canarias)
RHLF	Revue d'histoire littéraire de la France. Paris
RhM	Rheinisches Museum für Philologie. Frankfurt a.M.
RHPhR	Revue d'histoire et de philosophie religieuses. Paris
RHR	Revue de l'histoire des religions. Paris
RHS	Revue d'histoire des sciences et de leurs applications. Paris
RHSpir	Revue d'histoire de la spiritualité. Bruxelles; Paris
RHT	Revue d'Histoire des Textes. Paris
RhV	Rheinische Vierteljahrsblätter. Bonn
RiAC	Rivista di Archeologia Cristiana. Roma
RiAsc	Rivista di Ascetica e Mistica. Firenze
RiBi	Rivista Biblica. Brescia
RIDA	Revue internationale des droits de l'antiquité. Gembloux; Bruxelles
RIEAl	Revista de investigación y ensayos del Instituto de Estudios Alicantinos. Alicante
RIFD	Rivista internazionale di filosofia del diritto. Milano; Roma
RiFil	Rivista di Filosofia. Torino
RiLit	Rivista Liturgica. Finalpia; Torino
RILSL	Rendiconti. Istituto Lombardo di Scienze e Lettere. Classe di Lettere e Scienze Morali e Storiche. Milano
Rinascimento	Rinascimento. Firenze

RIP	Revue internationale de philosophie. Paris
RiStor	Rivista di Storia, Arte, Archeologia per le provincie di Alessandrie ed Asti. Alessandria
RivCist	Rivista Cistercense. Abbazia di Casamari
RivRos	Rivista Rosminiana di filosofia e di cultura. Stresa
RiVSp	Rivista di Vita Spirituale. Roma
RJaver	Revista Javeriana, Signos de los Tiempos. Bogotá (Colombia)
RJC	Revista juridica de Cataluña. Barcelona
RKZ	Reformierte Kirchenzeitung. Neukirchen-Vluyn
RLC	Revue de littérature comparée. Paris
RM	Revue Mabillon. Ligugé
RMAL	Revue du moyen-âge latin. Strasbourg
RMM	Revue de métaphysique et de morale. Paris
RN	Revue du nord. Lille
ROB	Religion och Bibel. Nathan Söderblom-Sällskapets årsbok. Lund; Stockholm
RoczFil	Roczniki Filozoficzne. Lublin
RoczH	Roczniki humanistyczne (Katol. Uniw. Lubelskiego). Lublin
RoczTK	Roczniki Teologiczno-Kanoniczne. Lublin
RÖ	Römisches Österreich. Jahresschrift der österreichischen Gesellschaft für Archäologie. Wien
RöHM	Römische Historische Mitteilungen. Graz; Köln; Wien
ROIELA	Revue de l'Organisation internationale pour l'étude des langues anciennes par ordinateur. Liège
Roma	Roma. Buenos Aires (República Argentina)
Romania	Romania. Paris
RomBarb	Romanobarbarica. Contributi allo studio dei rapporti culturali tra mondo latino e mondo barbarico. Roma
RomForsch	Romanische Forschungen. Vierteljahresschrift für romanische Sprachen und Literaturen. Frankfurt a.M.
RPAA	Rendiconti della Pontificia Accademia di Archeologia. Roma
RPFE	Revue philosophique de la France et de l'étranger. Paris
RPh	Revue de philologie, de littérature et d'histoire anciennes. Paris
RPL	Revue philosophique de Louvain. Louvain
RQ	Römische Quartalsschrift für christliche Altertumskunde und Kirchengeschichte. Freiburg i. Br.
RQS	Revue des questions scientifiques. Namur
RREl	Review for Religious. St. Mary's, Kans.; St. Louis, Mo.
RSA	Rivista storica dell'Antichità. Bologna
RSAA	Revue Suisse d'Art et d'Archéologie. Zurich
RSB	Rivista di Studi Bizantini e Neoellenici. Roma
RSCI	Rivista di Storia della Chiesa in Italia. Roma
RSF	Rivista Critica di Storia della filosofia. Firenze
RSH	Revue des sciences humaines. Lille
RSI	Rivista Storica Italiana. Napoli
RSLR	Rivista di storia e letteratura religiosa. Firenze
RSO	Rivista degli Studi Orientali. Roma

RSPhTh	Revue des Sciences philosophiques et théologiques. Paris
RStudFen	Rivista di studi fenici. Roma
RT	Rassegna di Teologia. Roma
RThAM	Recherches de théologie ancienne et médiévale. Abbaye du Mont César. Louvain
RThL	Revue théologique de Louvain. Collège Albert-Descamps. Louvain-la-Neuve
RThom	Revue thomiste. Paris
RThPh	Revue de théologie et de philosophie. Lausanne
RThR	The Reformed Theological Review. Melbourne (Australia)
RTLim	Revista Teológica Limense. Lima
RUO	Revue de l'université d'Ottawa. Ottawa
RWAW-G	Rheinisch-Westfälische Akademie der Wissenschaften. Vorträge G (Geisteswissenschaften). Opladen
SAC	Studi di antichità Cristiana. Roma
SacD	Sacra Doctrina. Bologna
SADDR	Sitzungsberichte der Akademie der Wissenschaften der Deutschen Demokratischen Republik. Berlin
Saeculum	Saeculum. Jahrbuch für Universalgeschichte. München; Freiburg i. Br.
SAH	Sitzungsberichte der Heidelberger Akademie der Wissenschaften. Philos.-hist. Klasse. Heidelberg
SAL	Sitzungsberichte der sächsischen Akademie der Wissenschaften zu Leipzig. Philologisch-historische Klasse. Leipzig; Berlin
Salesianum	Salesianum. Roma
Salmant	Salmanticensis. Salamanca
SALS	Saint Augustine Lecture Series. New York, N.Y.
SalTerrae	Sal Terrae. Santander
SAM	Sitzungsberichte der bayrischen Akademie der Wissenschaften in München. Philosoph.-philol. und hist. Klasse. München
Sandalion	Sandalion. Quaderni di cultura classica, cristiana e medievale. Sassari
SAP	Sborník archivních prací. Praha
Sapientia	Sapientia. Buenos Aires
Sapienza	Sapienza. Rivista internazionale di Filosofia e di Teologia. Milano; Napoli
SAW	Sitzungsberichte der österreichischen Akademie der Wissenschaften. Phil.-hist. Klasse. Wien
SBLDS	Society of Biblical Literature. Dissertation Series. Chico, Calif.
SBLMS	Society of Biblical Literature. Monograph Series. Chico, Calif.
SBLSemPap	Society of Biblical Literature. Seminary Papers. Chico, Calif.
SBR	Sociedad brasiliera de Romanistas. Rio de Janeiro
SBS	Sources for Biblical Study. Missoula, Mont.
SBT	Studies in Biblical Theology. London

Sc	Scriptorium. Revue internationale des Études relatives aux manuscrits. Florence
SC	Sources chrétiennes. Paris
SCA	Studies in Christian Antiquity. Catholic University of America. Washington, D.C.
ScCat	La Scuola Cattolica. Milano; Venegono Inferiore
ScEs	Science et Esprit. Montréal; Bruges
SCH	Studies in Church History. American Society of Church History. Chicago, Ill.; London
SCHNT	Studia ad Corpus Hellenisticum Novi Testamenti. Leiden
SCO	Studi classici e orientali. Pisa
ScrCiv	Scrittura e Civiltà. Torino
ScrMar	Scripta de Maria. Centro de Estudios Marianos. Zaragoza
ScrPhil	Scripta Philologa. Milano
ScTh	Scripta Theologica. Universidad de Navarra. Pamplona
SD	Scripta et documenta. Montserrat, Barcelona
SDHI	Studia et documenta historiae et iuris. Roma
SE	Sacris erudiri. St. Pietersabdij, Steenbrugge
SEÅ	Svensk exegetisk årsbok. Uppsala
SearchTogether	Searching Together. Malin, Oreg.
SecCent	The Second Century. A Journal of Early Christian Studies. Abilene, Tex.
SEF	Semanas españolas de Filosofía. Madrid
Sefarad	Sefarad. Revista de la Escuela de Estudios hebraicos. Madrid
SelFr	Selecciones de Franciscanismo. Valencia
SelLib	Selecciones de Libros. Actualidad bibliográfica de filosofía y teologia. Facultades de Filosofía y Teologia S. Francisco de Borja. San Cugat de Vallés, Barcelona
Semeia	Semeia. An experimental journal for biblical criticism. Missoula, Mont.
Seminarium	Seminarium. Città del Vaticano
Semitica	Semitica. Institut d'Études Sémitiques de l'Université de Paris. Paris
SG	Siculorum gymnasium. Facoltà di Lettere e Filosofía dell'Università. Catania, Sicilia
SGM	Sources gnostiques et manichéennes. Paris
SHCSR	Spicilegium historicum congregationis SSmi. Redemptoris. Roma
SHG	Subsidia Hagiographica. Bruxelles
SHR	Scottish Historical Review. Edinburgh; Aberdeen
SHVL	Skrifter utgivna av kungl. humanistiska vetenskapssamfundet i Lund. Lund
SHVSU	Skrifter utgivna av kungl. humanistiska vetenskapssamfundet i Uppsala. Uppsala
SIF	Studi Italiani di Filologia Classica. Firenze
Sigma	Sigma. Rivista quadrimestrale. Napoli
Sileno	Sileno. Rivista di studi classici e cristiani. Roma
Sinite	Sinite. Tejares-Salamanca; Madrid

SJTh	Scottish Journal of Theology. Edinburgh
SK	Schriften der Kirchenväter. München
Slavia	Slavia. Praha
SLH	Scriptores Latini Hiberniae. Dublin
Slovo	Slovo. Zagreb
SM	Studien und Mitteilungen zur Geschichte des Benediktinerordens und seiner Zweige. München; Augsburg
SMEA	Studi micenei ed egeo-anatolici. Roma
SMed	Schede medievali. Rassegna a cura dell'officina di studi medievali. Palermo
SMLV	Studi Mediolatini e Volgari. Bologna; Pisa
SNMP	Sborník Národního Musea v Praze (Acta Musei Nationalis Pragae). Praha
SNVAO	Skrifter utgitt av det norske videnskapsakademi i Oslo. Historisk-Filosofisk Klasse. Oslo
So	Sophia. Rassegna critica di Filosofia e Storia della Filosofia. Padova; Napoli
SO	Symbolae Osloenses. Oslo
Sob	Sobornost. London
SOCC	Studia orientalia christiana. Collectanea. Cairo
Sodalitas	Sodalitas. Sección de Granada de la Soc. española de Est. clás. Universidad de Granada. Dept. de Derecho romano. Granada
Sp	Speculum. A Journal of Mediaeval Studies. Cambridge, Mass.
SPC	Studia philosophiae Christianae. Warszawa
SPFFBU	Sborník prací filosofické fakulty brněnské university. Brno
SPGAP	Studien zur Problemgeschichte der antiken und mittelalterlichen Philosophie. Leiden
SPh	Studies in Philology. University of North Carolina. Chapel Hill, N.C.
SPhS	Studia philologica Salmanticensia. Salamanca
Spic	Spicilegium sacrum Lovaniense. Leuven
Spiritus	Spiritus. Cahiers de spiritualité missionaire. Paris
SpirLife	Spiritual Life. Washington, D.C.; Brookline, Mass.
SPLi	Studia patristica et liturgica. Regensburg
SPMe	Studia Patristica mediolanensia. Milano
SpOVM. Sp	Spiritualité orientale et vie monastique. Spiritualité orientale. Bégrolles-en-Mauges
SpOVM.VM	Spiritualité orientale et vie monastique. Vie monastique. Bégrolles-en-Mauges
Sprache	Die Sprache. Zeitschrift für Sprachwissenschaft. Wiesbaden; Wien
SQS	Sammlung ausgewählter kirchen- und dogmengeschichtlicher Quellenschriften. Tübingen
SR	Studies in Religion/Sciences Religieuses. Revue canadienne. Waterloo; Ontario

SSF	Societas scientiarum Fennica. Commentationes humanarum litterarum. Helsinki
SSHT	Ślaskie studia historyczno-teologiczne. Katowice
SST	Studies in Sacred Theology. Catholic University of America. Washington, D.C.
ST	Studi e Testi. Città del Vaticano
StAC	Studia Antiquitatis Christianae. Warszawa
StAcOr	Studia et acta orientalia. Bucureşti
StAns	Studia Anselmiana. Roma
StANT	Studien zum Alten und Neuen Testament. München
StaroLit	Starobălgarska literatura. Sofija
StBibF	Studii Biblici Franciscani Liber Annuus. Jerusalem
StBibFA	Studium Biblicum Franciscanum. Analecta. Jerusalem
StBibFCMaior	Studium Biblicum Franciscanum. Collectio Maior. Jerusalem
StBibFCMin	Studium Biblicum Franciscanum. Collectio Minor. Jerusalem
StBuc	Studii teologice. Bucureşti
StChrRe	Studies in the Christian Religion (Kirisutokyo Kenkyu). Kyoto
StEA	Studia Ephemeridis «Augustinianum». Roma
StFr	Studi Francescani. Firenze
StFrancesi	Studi Francesi. Torino
StGnes	Studia Gnesnensia. Gniezno
StHHA	Studia historica historia antigua. Salamanca
StHHM	Studia historica historia medieval. Salamanca
StHS	Studia z historii semiotyki. Wrocław
StIR	Studies. An Irish Quarterly Review. Dublin
StJCA	Studies in Judaism and Christianity in antiquity. University of Notre Dame. Notre Dame, Ind.
StLeg	Studium legionense. León
StLit	Studia Liturgica. Rotterdam
StLukeJ	St. Luke's Journal of Theology. Sewanee, Tenn.
StMC	Studies in Mediaeval Culture. Kalamazoo, Mich.
StMe	Studi medievali. Spoleto
StMiss	Studia missionalia. Roma
StMon	Studia Monastica. Abadía de Montserrat, Barcelona
StMor	Studia Moralia. Roma; Paris; Tournai; New York, N.Y.
StMy	Studia Mystica. Sacramento, Calif.
StOr	Studia Orientalia. Helsinki
StOv	Studium Ovetense. Oviedo
StPap	Studia papyrologica. San Cugat del Vallés, Barcelona
StPat	Studia Patavina. Padova
StPB	Studia post-biblica. Leiden
StPel	Studia Pelplińskie. Pelplin
StPic	Studia Picena. Fano
STPIMS	Studies and Texts. Pontifical Institute of Mediaeval Studies. Toronto
Streven	Streven. Maandblad voor geestesleven en cultuur. Brussel
StRo	Studi Romani. Roma

StROC	Studi e Ricerche sull'Oriente Cristiano. Rivista quadrimestrale. Roma
Stromata	Stromata – Ciencia y Fe. Buenos Aires
StrPat	Stromata patristica et mediaevalia. Utrecht
StSR	Studi storico-religiosi. Roma
StTBiał	Studia Teologiczne. Białystok
StTh	Studia theologica. Lund
StudClas	Studii Clasice. Bucureşti
StudFilos	Studi filosofici. Annali dell'Istituto universitario orientale. Firenze
Studie o rukopisech	Studie o rukopisech. Praha
StudIs	Studia Islamica. Paris
Studium	Studium. Roma
StudiumM	Studium. Institutos Pontificios de Teología y de Filosofía. O.P. Madrid
StudMagr	Studi Magrebini. Napoli
StudRomagn	Studi Romagnoli. Faenza
StudSan	Studia Sandomierskie. Sandomierz
StudStor	Studi storici. Rivista trimestrale dell'Ist. Gramsci. Roma
StudWarm	Studia Warmińskie. Olsztyn
StUrbino	Studi Urbinati di Storia, Filosofia e Letteratura. Urbino
STV	Studia Theologica Varsaviensia. Warszawa
StVlThQ	St. Vladimir's Theological Quarterly. Crestwood, N.Y.
SVict	Scriptorium Victoriense. Seminario diocesano. Vitória
SVSL	Skrifter utgivna av vetenskapssocieteten i Lund. Lund
SvTK	Svensk teologisk kvartalskrift. Lund
SWJTh	Southwestern Journal of Theology. Fort Worth, Tex.
SyBU	Symbolae biblicae Upsalienses (Supplementhäften till SEÅ). Uppsala
Symbolon	Symbolon. Jahrbuch für Symbolforschung. Köln
Syria	Syria. Paris
SZ	Stimmen der Zeit. Freiburg i. Br.
SZG	Schweizerische Zeitschrift für Geschichte. Zürich
Tabona	Tabona. Revista de prehistoria y de arqueología y filología clásicas. La Laguna, Tenerife (Canarias)
TAik	Teologinen Aikakauskirja. Helsinki
Talanta	Talanta. Amsterdam
TAPhA	Transactions and Proceedings of the American Philological Association. Chico, Calif.
TB	Theologische Bücherei. Neudrucke und Berichte aus dem 20. Jhd. München
TBT	Theologische Bibliothek Töpelmann. Berlin
TC	Traditio Christiana. Texte und Kommentare zur patristischen Theologie. Zürich; Bern
Temenos	Temenos. Studies in comparative religion presented by scholars in Denmark, Finland, Norway and Sweden. Helsinki
Teoc	Teocomunicaçao. Porto Alegre (Brasil)

Teología	Teología. Revista de la Facultad de Teología de la Pontificia Universidad Católica Argentina. Buenos Aires
TeologiaB	Teologia. Brescia
TEsp	Teología espiritual. Valencia
TF	Tijdschrift voor Filosofie. Utrecht
TG	Tijdschrift voor geschiedenis. Groningen
TGL	Tijdschrift voor geestelijk leven. Borgerhout-Antwerpen
ThA	Theologische Arbeiten. Berlin
ThAthen	Θεολογία. ᾿Αθῆναι
ThBraga	Theologica. Braga
ThDi	Theology Digest. St. Louis, Mo.; St. Mary, Kans.
TheBibleToday	The Bible Today. Collegeville, Minn.
Them	Themelios. Leicester
Theokratia	Theokratia. Jahrbuch des Institutum Iudaicum Delitzschianum. Leiden
Theology	Theology. London
Theoph	Theophaneia. Beiträge zur Religions- und Kirchengeschichte des Altertums. Bonn; Köln
Theoria	Theoria. Lund
ThEv	Theologica Evangelica. Faculty of Theology, University of South Africa. Pretoria
ThGl	Theologie und Glaube. Paderborn
ThH	Théologie historique. Paris
ThLZ	Theologische Literaturzeitung. Berlin
Thom	The Thomist. Washington, D.C.
Thought	Thought. New York, N.Y.
ThPh	Theologie und Philosophie. Freiburg i. Br.
ThQ	Theologische Quartalschrift. München
THR	Travaux d'humanisme et Renaissance. Genève
ThR (Near East)	Theological Review. Beirut
ThRe	Theologische Revue. Münster
ThRu	Theologische Rundschau. Tübingen
ThSt	Theological Studies. Theol. Faculties of the Society of Jesus in the U.S. Baltimore, Md.
ThT	Theology Today. Princeton, N.J.
ThTS	Theology Today Series. Cork
ThXaver	Theologica Xaveriana. Revista de la Facultad de Teología. Pontificia Universidad Javeriana. Bogotá (Colombia)
ThZ	Theologische Zeitschrift. Basel
TLit	Tijdschrift voor liturgie. Affligem; Hekelgem
TLS	The Times Literary Supplement. London
TM	Travaux et Mémoires. Paris
TMLT	Toronto medieval Latin Texts. Toronto
TNTL	Tijdschrift voor Nederlandse taal- en letterkunde. Leiden
TP	Teološki Pogledi (Revue du Patriarcat serbe). Beograd
TPL	Textus patristici et liturgici. Regensburg
TPQS	Theologisch-praktische Quartalsschrift. Linz a.d.D.

Tr	Traditio. Studies in Ancient and Mediaeval History, Thought and Religion. New York, N.Y.
TrAmPhilos	Transactions of the American Philosophical Society. Philadelphia, Penna.
TrConnec	Transactions of the Connecticut Academy of Arts and Sciences. New Haven, Conn.
TRE	Theologische Realenzyklopädie. Berlin; New York
TRG	Tijdschrift voor rechtsgeschiedenis. Haarlem; Groningen
TRHS	Transactions of the Royal Historical Society. London
TrinityJ	Trinity Journal. Deerfield, Ill.
TrPhilol	Transactions of the Philological Society. Oxford
TS	La Terra Santa. Gerusalemme
TST	Tarnowskie Studia Teologiczne. Tarnów
TTh	Tijdschrift voor Theologie. Nijmegen
TTK	Tidsskrift for teologi og kirke. Oslo
TTS	Tübinger Theologische Studien. Mainz
TTZ	Trierer Theologische Zeitschrift. Trier
TU	Texte und Untersuchungen zur Geschichte der altchristlichen Literatur. Berlin
TWAS	Twayne's world authors series. Boston, Mass.
TyV	Teología y Vida. Facultad de Teología. Universidad Católica de Chile. Santiago de Chile
UBA	Universitas. Buenos Aires
UCalifClass	University of California Publications in Classical Philology. Berkeley, Calif.
UMC	Xerox University Microfilms. National Library of Canada. Ottawa
UMI	University Microfilms International. Ann Arbor, Mich.
UnHumJav	Universitas Humanistica. Pontificia Universidad Javeriana. Bogotá
UnionSQR	Union Seminary Quarterly Review. New York, N.Y.
UnitasManila	Unitas. Manila
UniTor	Universtà di Torino. Pubblicazioni della Facoltà di Lettere e Filosofia. Torino
UnitUnivChr	Unitarian Universalist Christian. Boston, Mass.
Universitas	Universitas. Stuttgart
URAM	Ultimate reality and meaning: interdisciplinary studies in philosophy of understanding. Assen
USa	Una Sancta. Rundbriefe für interkonfessionelle Begegnung. Meitingen b. Augsburg
UToronto	University of Toronto Quarterly. Toronto
VAA	Verhandelingen der Koninklijke Nederlandse Akademie van Wetenschappen, Afdeling letterkunde. Amsterdam
Vallesia	Vallesia. Bulletin annuel de la Bibliothèque et des Archives cantonales du Valais et du Musée de Valère. Sion
VaQR	Virginia Quarterly Review. Charlettesville, Va.
VBen	Vox Benedictina. Saskatoon

VbSal	Verbum salutis. Paris
VD	Verbum Domini. Roma
VDI	Vestnik drevnej istorii. Moskva
Veltro	Il Veltro. Rivista di civiltà italiana. Roma
Verbum	Verbum. Pontificia Universidade Católica. Rio de Janeiro (Brasil)
Vergilius	Vergilius. The Vergilian Society of America. Vancouver; Waterdown, Ontario
Veritas	Veritas. Rio Grande; Porto Alegre (Brasil)
VetChr	Vetera Christianorum. Bari
VF	Verkündigung und Forschung. München
Via	Viator. Mediaeval and Renaissance Studies. Berkeley, Calif.
Vichiana	Vichiana. Rassegna di Studi Classici. Napoli
VigChr	Vigiliae Christianae. Amsterdam
Vivarium	Vivarium. Leiden
ViVrem	Vizantijskij Vremennik. Leningrad; Moskva
VL	Vita Latina. Avignon
VMUfilos	Vestnik Moskovskogo Universiteta (filos. sekcija). Moskva
VopFilos	Voprosy filosofii. Moskva
VopIst	Voprosy istorii. Moskva
VoprJaz	Voprosy jazykoznanija. Moskva
VoxLat	Vox Latina. Commentarii periodici. Univ. des Saarlandes. Saarbrücken
VoxP	Vox Patrum. Lublin
VR	Visible Religion. Leiden
VS	La vie spirituelle. Paris
VSLA	Vetenskaps-societeten i Lund. Årsbok. Lund
VSSuppl	La vie spirituelle. Supplément. Paris
VT	Vetus Testamentum. Leiden
VyV	Verdad y Vida. Madrid
Wending	Wending. 's-Gravenhage
WesleyThJ	Wesleyan Theological Journal. Marion, Ind.
WestThJ	Westminster Theological Journal. Philadelphia, Penna.
WiWh	Wissenschaft und Weisheit. Düsseldorf
WJA	Würzburger Jahrbücher für die Altertumswissenschaft. Neue Folge. Würzburg
WLL	Werkschrift voor leerhuis en liturgie. Amsterdam
Word	Word. Journal of the Linguistic Circle of New York. New York, N.Y.
WordWorld	Word and World: Theology for Christian Ministry. St. Paul, Minn.
Worship	Worship. Collegeville, Minn.
WSlJb	Wiener slawistisches Jahrbuch. Wien; Köln
WSp	Word and Spirit. A monastic review. Petersham, Mass.
WSt	Wiener Studien. Zeitschrift für klassische Philologie und Patristik. Wien
WStT	Warszawskie Studia Teologiczne. Warszawa

WuD	Wort und Dienst. Jahrbuch der kirchlichen Hochschule Bethel. Bielefeld
WUNT	Wissenschaftliche Untersuchungen zum Neuen Testament. Tübingen
WZBerlin	Wissenschaftliche Zeitschrift der Humboldt-Universität. Gesellschafts- und sprachwissenschftliche Reihe. Berlin
WZGreifswald	Wissenschaftliche Zeitschrift der E.-M.-Arndt-Universität Greifswald. Gesellschafts- und sprachwissenschaftliche Reihe. Greifswald
WZHalle	Wissenschaftliche Zeitschrift der M.-Luther Universität Halle – Wittenberg. Halle a.d.S.
WZJena	Wissenschaftliche Zeitschrift der Fr.-Schiller-Universität Jena. Gesellschafts- und sprachwissenschaftliche Reihe. Jena
WZKM	Wiener Zeitschrift für die Kunde des Morgenlandes. Wien
WZLeipzig	Wissenschaftliche Zeitschrift der K.-Marx-Universität Leipzig. Gesellschafts- und sprachwissenschaftliche Reihe. Leipzig
WZRostock	Wissenschaftliche Zeitschrift der Wilhelm-Pieck-Universität Rostock. Gesellschafts- und sprachwissenschaftliche Reihe. Rostock
YClSt	Yale Classical Studies. New Haven, Conn.
Yermo	Yermo. El Paular. Madrid
YJS	Yale Judaica Series. New Haven, Conn.
YULG	Yale University Library Gazetta. New Haven, Conn.
ŽA	Živa antika. Skopje
ZÄA	Zeitschrift für ägyptische Sprache und Altertumskunde. Berlin
ZAGV	Zeitschrift des Aachener Geschichtsvereins. Aachen
ZAW	Zeitschrift für die alttestamentliche Wissenschaft. Berlin
ZB	Zeitschrift für Balkanologie. Wiesbaden
ZBB	Zeitschrift für Bibliothekswesen und Bibliographie. Frankfurt a.M.
ZBW	Zentralblatt für Bibliothekswesen. Leipzig
ZČ	Zgodovinski Časopis. Ljubljana
ZDMG	Zeitschrift der Deutschen Morgenländischen Gesellschaft. Wiesbaden
ZDPV	Zeitschrift des deutschen Palästinavereins. Stuttgart; Wiesbaden
ZEE	Zeitschrift für evangelische Ethik. Gütersloh
Zetesis	Zetesis. Bollettino d'informazione e collegamento tra studiosi e insegnanti di discipline classiche. Milano
ZEvKR	Zeitschrift für evangelisches Kirchenrecht. Tübingen
ZGesch	Zeitschrift für Geschichtswissenschaft. Berlin
ZJKF	Zprávy Jednoty klasických Filologu. Praha
ZKG	Zeitschrift für Kirchengeschichte. Stuttgart
ZKTh	Zeitschrift für katholische Theologie. Wien
ŽM	Życie i Myśl. Warszawa

ZMRW	Zeitschrift für Missionswissenschaft und Religionswissenschaft. Münster
ZNKUL	Zeszyty Naukowe Katolickiego Uniwersytetu Lubelskiego. Lublin
ZNUJ	Zeszyty Naukowe Uniwersytetu Jagiellońskiego. Kraków
ZNW	Zeitschrift für die neutestamentliche Wissenschaft und die Kunde der älteren Kirche. Berlin
ZPE	Zeitschrift für Papyrologie und Epigraphik. Bonn
ZPhF	Zeitschrift für philosophische Forschung. Bonn; Meisenheim
ZRBl	Zbornik Radova Vizantološkog Instituta. Beograd
ZRGG	Zeitschrift für Religions- und Geistesgeschichte. Köln
ZRPh	Zeitschrift für Romanische Philologie. Tübingen
ZSavG	Zeitschrift der Savigny-Stiftung für Rechtsgeschichte. Germanistische Abteilung. Weimar; Graz
ZSavK	Zeitschrift der Savigny-Stiftung für Rechtsgeschichte. Kanonistische Abteilung. Weimar; Graz
ZSavR	Zeitschrift der Savigny-Stiftung für Rechtsgeschichte. Romanistische Abteilung. Weimar; Graz
ZSKG	Zeitschrift für schweizerische Kirchengeschichte. Freiburg (Schweiz)
ZSl	Zeitschrift für Slawistik. Berlin
ZSP	Zeitschrift für slavische Philologie. Heidelberg
ZThK	Zeitschrift für Theologie und Kirche. Tübingen
ŽurMP	Žurnal Moskovskoj Patriarchi (Revue du Patriarcat de Moscou). Moskva
ZVSp	Zeitschrift für vergleichende Sprachforschung auf dem Gebiete der indogermanischen Sprache. Göttingen
ZWG	Sudhoffs Archiv. Zeitschrift für Wissenschaftsgeschichte. Wiesbaden
Zygon	Zygon. Journal of Science and Religion. Chicago, Ill.

HAUPTEINTRÄGE

I. Generalia

I.1. Historia patrologiae

1 BACKUS, IRENA *Deux traductions latines du De spiritu sancto de saint Basile. L'inédit de Georges de Trébizonde (1442-1467?) comparé à la version d'Érasme (1532)* – REA 31 (1985) 258-269

2 BACKUS, IRENA *John of Damascus, De Fide Orthodoxa: Translations by Burgundio (1153/54), Grosseteste (1235/40) and Lefèvre d'Etaples (1507)* – JWCI 49 (1986) 211-217

3 BALEA MÉNDEZ, DARIO *La Biblioteca del Seminario Diocesano de Mondoñedo. Impresos del siglo XVI (1501-1530)* – EMind 2 (1986) 309-408

4 BALEA MÉNDEZ, DARIO *La Biblioteca del Seminario Diocesano de Mondoñedo. Impresos del siglo XVI (1531-1560)* – EMind 3 (1987) 373-451

5 BERG, C.H.W. VAN DEN *Die Glossen von Anton Engelbrecht in der Hieronymusausgabe des Erasmus und ihre Bedeutung* – NAKG 67 (1987) 15-48

6 BOLGIANI, F. *Michele Pellegrino e l'apologetica cristiana antica* – RSLR 23 (1987) 363-376

7 BRATOŽ, R. *Lo sviluppo degli studi di antichità cristiana nella odierna Slovenia dagli inizi ai nostri giorni* – AMSI 34 (1986) 21-47

8 BRATOŽ, R. *Razvoj zgodnjekrščanskih raziskav v Sloveniji in Istri v letih 1976-1987 (= Die Entwicklung frühchristlicher Forschungen in Slowenien und Istrien in den Jahren 1976-1986)* [slowenisch mit deutscher Zusammenfassung] – Zgodovinski časopis 41/4 (1987) 681-697

9 CALATI, B. *Ambrogio Traversari nel VI centenario della nascita (1386-1986)* – ASI 145 (1987) 117-124

10 CAMPOS Y FERNANDEZ DE SEVILLA, F.J. *Institución, mentalidad e historia. Cien años de presencia agustiniana en el Monasterio del Escorial, vistos a través de la revista «La Ciudad de Dios»* – CD 198 (1985) 553-632

11 *La carrière scientifique de Dom Germain Morin (1861-1946)*. Edd. GISBERT GHYSENS; PIERRE PATRICK VERBRAKEN [Instrumenta patristica 15]. Den Haag: Nijhoff 1986. 245 pp.

12 CATRICE, PAUL *L'orientaliste Paul Drach collaborateur de l'Abbé Migne*. In: *Migne et le renouveau des études patristiques* (cf. 1985-87, 303) 211-224

13 CHAUSSY, YVES *Dom Louvard et l'édition de saint Grégoire de Nazianze* – REA 31 (1985) 71-81

14 CLOSA FARRÉS, J. *Lectura critica de los autores latinos por los humanistas del siglo de oro* – AFFB 11 (1985) 7-17

15 COLLETT, BARRY *A Benedictine Scholar and Greek Patristic Thought in Pre-Tridentine Italy: A monastic Commentary of 1538 on Chrysostom* – JEcclH 36 (1985) 66-81

16 CORSINI, E. *Michele Pellegrino e la poesia cristiana antica* – RSLR 23 (1987) 377-384

17 CROCE, G.M. *Alle origini della Congregazione Orientale e del Pontificio Istituto Orientale. Il contributo di Mons. Louis Petit* – OrChrP 53 (1987) 257-333

18 CROUZEL, HENRI, SJ *L'édition Delarue d'Origène, rééditée par J.-P. Migne*. In: *Migne et le renouveau des études patristiques* (cf. 1985-87, 303) 225-253

19 *Darrer inventari de la biblioteca papal de Peníscola (1423)*. Edició a cura de J. SERRANO I CALDERO i J. PERARNAU I ESPELT – ATCA 6 (1987) 49-183

20 *Darrer inventari de la biblioteca privada de Benet XIII (1423)*. Edició a cura de J. PERARNAU I ESPELT – ATCA 6 (1987) 185-226

21 DEICHMANN, F.W. *Theodor Klauser, 25. Februar 1894 – 24. Juli 1984* – Mitteilungen des Deutschen Archäologischen Instituts, Römische Abteilung 92 (1985) 1-8

22 DÖBERTIN, WINFRIED *Adolf von Harnack: Theologe, Pädagoge, Wissenschaftspolitiker* [EHTheol 258]. Frankfurt a.M.; Bern; New York: Lang 1985. 214 pp.

23 DOREN, R. VAN *Franz Joseph Dölger* – QL 66 (1985) 96-98

24 ECCLES, ROBERT S. *Erwin Ramsdell Goodenough, a personal pilgrimage* [SBL Biblical scholarship in North America]. Decatur, Ga.: Scholars Pr. 1985. X, 189 pp.

25 FELD, M.D. *The Sibyls of Subiaco: Sweynheym and Pannartz and the Editio Princeps of Lactantius*. In: *Renaissance Studies in Honor of Craigh Hugh Smyth*. Edd. ANDREW MORROGH et al. Firenze: Giunti Barbera (1985) I 301-316

26 FORCE, P. *La traduction latine proposée par Migne au regard de son édition de la Vie d'Antoine par Athanase d'Alexandrie*. In:

Migne et le renouveau des études patristiques (cf. 1985-87, 303) 255-317

27 FREDOUILLE, JEAN-CLAUDE *Beatus Rhenanus commentateur de Tertullien* – Annuaire des amis de la Bibliothèque de Sélestat (Sélestat) 35 (1985) 287-295

28 GAIN, B. *Ambroise Traversari (1386-1439), lecteur et traducteur de saint Basile* – RSLR 21 (1985) 56-76

29 GALLICET, E. *Michele Pellegrino studioso di Sant'Agostino* – RSLR 23 (1987) 385-402

30 GLÉNISSON J.; VIELLIARD (†), JEANNE *L'Abbé Richard à l'Institut de Recherche et d'Histoire des Textes. Bibliographie de M. Richard.* In: *Texte und Textkritik* (cf. 1985-87, 372) 11-22

31 HAMMAN, ADALBERT G. *Jacques-Paul Migne und das christliche Altertum.* In: *Antikerezeption, Antikeverhältnis, Antikebegegnung in Vergangenheit und Gegenwart* (cf. 1985-87, 205) 693-721

32 HAMMAN, ADALBERT G. *Les principaux collaborateurs des deux Patrologies de Migne.* In: *Migne et le renouveau des études patristiques* (cf. 1985-87, 303) 179-191

33 HØEG, KRISTIAN *En «helleniseret» kristendom eller en «kristen hellenisme»?* – DTT 49 (1986) 268-278

34 *In memoriam Cardinal Michele Pellegrino (1903-1986)* – REA 32 (1986) 205-206

35 IRMSCHER, J. *Spätantike und Christentum. Forschungen und Forschungsstätten in der DDR* – Sileno 12 (1986) 5-9

36 IRMSCHER, JOHANNES *Die griechischen christlichen Schriftsteller (GCS). Texte und Untersuchungen zur Geschichte der altchristlichen Literatur (TU)* – ByZ 80 (1987) 27-28

37 IRMSCHER, JOHANNES *Die griechischen christlichen Schriftsteller 1945-1985* – GB 14 (1987) 261-279

38 KANTZENBACH, FRIEDRICH WILHELM *Harnack, Adolf von (1851-1930)* – TRE 14 (1985) 450-458

39 LACKNER, WOLFGANG *Erasmus von Rotterdam als Editor und Übersetzer des Johannes Chrysostomos* – JÖB 37 (1987) 293-311

40 LANGE VAN RAVENSWAAY, JAN MARIUS J. *Augustinus totus noster. Das Augustinverständnis bei Johannes Calvin* [Diss.]. Tübingen: Univ., Fachbereich Ev. Theol. 1986. V, 269 Bl. 4° [Mschr. vervielf.]

41 LIES, LOTHAR *Origenes' Eucharistielehre im Streit der Konfessionen. Die Auslegungsgeschichte seit der Reformation* [ITS 15]. Innsbruck; Wien: Tyrolia 1985. 421 pp.

42 LINAGE CONDE, A. *La Sociedad de Estudios Monásticos* – StMon 27 (1985) 405-413

43 LINAGE CONDE, A. *Un centro europeo para la historia monástica: el «C.E.R.C.O.M.»* – StMon 27 (1985) 167-172

44 LINAGE CONDE, ANTONIO *Un estudioso para la «Regula Benedicti»: Bernd Jaspert y sus empresas* – StMon 27 (1985) 157-165

45 LÖSER, W. P. *Heinrich Bacht, S.J., gestorben am 25. Januar 1986 in Frankfurt/M.* – Cath 40 (1986) 246-252

46 LOPEZ PEREIRA, J.E. *La Sociedad Española de Estudios Clásicos (SEEC)* – Euphrosyne 13 (1985) 231-235

47 LUCIANI, EVELYNE *Théodose, idéal du prince chrétien dans la correspondance de Pétrarque. Sources augustiniennes* – REA 31 (1985) 242-257

48 MARA, MARIA GRAZIA *Note sulle fonti patristiche dell'Argumentum erasmiano alla Lettera ai Romani* – AFLC 6 (1985) [1987] 227-239

49 MATHON, G. *In memoriam: Monsieur le chanoine J. Liébaert* – MSR 44 (1987) 3-6

50 *Max Webers Sicht des antiken Christentums.* Hrsg. von W. SCHLUCHTER [Suhrkamp-Tb Wiss. 548]. Frankfurt a.M.: Suhrkamp 1985. 568 pp.

51 MCCUE, J. *«Ortodoxia y herejía». La obra del Walter Bauer* – ConciliumM 23/2 (1987) 43-52

52 MEIJERING, EGINHARD PETER *Die Hellenisierung des Christentums im Urteil Adolf von Harnacks* [VAA Nieuwe Reeks, deel 128]. Amsterdam; Oxford; New York: North-Holland Publishing Company 1985. 150 pp.

53 MEIJERING, EGINHARD PETER *F.C. Baur als Patristiker. Die Bedeutung seiner Geschichtsphilosophie und Quellenforschung.* Amsterdam: Gieben 1986. IX, 183 pp.

54 MOFFITT WATTS, PAULINE *Pseudo-Dionysius the Areopagite and Three Renaissance Neoplatonists: Cusanus, Ficino and Pico on Mind and Cosmos.* In: *Supplementum Festivum* (cf. 1985-87, 365) 179-298

55 MONDÉSERT, CLAUDE *Sources chrétiennes: une aventure de quarante-cinq années.* In: *Alle sorgenti della cultura cristiana* (cf. 1985-87, 86) 19-46

56 MONFASANI, J. *Pseudo-Dionysius the Areopagite in Mid-Quattrocento Rome.* In: *Supplementum Festivum* (cf. 1985-87, 365) 189-219

57 MONTEVERDE, FRANCO P. *Agostino Trapè* – AugR 25 (1985) 11-17

58 MOUTSOULAS, E.D. *Dom Jean Gribomont* – ThAthen 57 (1986) 897-898

59 NEIRYNCK, F. *Albert van Roey. Patrologieprofessor te Leuven 1949-1883.* In: *After Chalcedon* (cf. 1985-87, 194) IX-XX

60 NOEL, BERNARD *Mathurin Gaultier, ami de Jacques-Paul Migne et la lutte contre les idées gallicanes.* In: *Migne et le renouveau des études patristiques* (cf. 1985-87, 303) 119-144

61 OLIVE, LOUIS *Modeste hommage d'un Newmanien aux Pères de l'Église et à leurs éditeurs.* In: *Migne et le renouveau des études patristiques* (cf. 1985-87, 303) 321-338

62 OLIVER, ANTONI *José María Tomasi y sus ediciones litúrgicas* – Phase 26 (1986) 403-419

63 OMMESLAEGHE, F. VAN *Un jubilé. 150 ans de nouveau bollandisme* – AB 105 (1987) I-XII

64 OROZ RETA, JOSÉ *En torno al centenario de Egeria* – Helmántica 36 (1985) 5-8

65 PARENTE, FAUSTO *L'idea di conversione da Nock ad oggi* – AugR 27 (1987) 7-25

66 PASQUATO, OTTORINO *'Osmosi culturale' tra ellenismo e cristianesimo nella storiografia di H.I. Marrou* – Salesianum 49 (1987) 105-128

67 PERARNAU I ESPELT, J. *Els inventaris de la biblioteca papal de Peníscola a la mort de Benet XIII* – ATCA 6 (1987) 7-48

68 *Carl Johann Perl. Augustinus-Kenner, Augustinus-Übersetzer.* Ed. FRANZ LOIDL [Wiener Katholische Akademie. Miscellanea. Reihe 3, 134]. Wien: 1986. 42 pp.

69 PETITMENGIN, PIERRE *Les patrologies avant Migne.* In: *Migne et le renouveau des études patristiques* (cf. 1985-87, 303) 15-38

70 PIERRARD, PIERRE *L'Abbé Migne journaliste.* In: *Migne et le renouveau des études patristiques* (cf. 1985-87, 303) 93-118

71 PRATO, C. *Ezechiele Spanheim e la fallita edizione di Giuliano imperatore.* In: *Filologia e forme letterarie* (cf. 1985-87, 263) V 579-587

72 QUACQUARELLI, ANTONIO *La filosofia neopatristica al tempo di Rosmini* – VetChr 24 (1987) 237-252

73 QUISPEL, GILLES *The study of encratism: A historical survey.* In: *La tradizione dell'enkrateia* (cf. 1985-87, 374) 35-81

74 REYNOLDS, R.E. *J. Joseph Ryan (1906-1984)* – MS 47 (1985) VII-XI

75 RIETBERGEN, PETER J.A.N. *Lucas Holstenius (1596-1661), seventeenth-century scholar, librarian and book-collector. A preliminary note* – Quaerendo 17 (1987) 205-231

76 RIVERA DE VENTOSA, ENRIQUE *El agustinismo de Juan Luis Vives* – CSF 13 (1986) 99-111

77 ROMILLY, JACQUELINE DE *Notice sur la vie et les travaux du R.P. André-Jean Festugière* – CRAI (1985) 406-419

78 ROUGÉ, JEAN *Sources chrétiennes, 1973-1982. Du N° 200 au N° 300* – CaHist 31 (1986) 53-58

79 RUGGIERO, ANDREA *Nola e San Paolino nei Carmi di Gennaro Aspreno Galante.* In: *Disce Paulinum* (cf. 1985-87, 253) 51-87

80 RUMMEL, ERIKA *Erasmus' Annotations on the New Testament: from philologist to theologian* [Erasmus studies 8]. Toronto: Univ. of Toronto Press 1986. XI, 234 pp.

81 SABUGAL, E., OSA *El Colegio Internacional y el Instituto Patrístico (Historia e importancia)* – AAug 48 (1985) 391-401

82 SAVART, CLAUDE *Un éditeur revolutionnaire au service de la tradition.* In: *Migne et le renouveau des études patristiques* (cf. 1985-87, 303) 145-158

83 SAXER, VICTOR *Baronio e il martirologio romano.* In: *Antichità paleocristiane e altomedievali del Sorano* (cf. 1985-87, 203) 115-126

84 SINISCALCO, P. *Gli studi di Michele Pellegrino concernenti la biografia e la letteratura sul martirio* – RSLR 23 (1987) 403-420

85 SOLTNER, LOUIS *Migne, Dom Guéranger et Dom Pitra. La collaboration solesmienne aux entreprises de Migne.* In: *Migne et le renouveau des études patristiques* (cf. 1985-87, 303) 193-209

86 *Alle sorgenti della cultura cristiana: Omaggio a Sources chrétiennes.* Cur. HENRI DE LUBAC; CLAUDE MONDÉSERT; CLAUDIO MORESCHINI; ANTONIO V. NAZZARO. Napoli: Collana Radici D'Auria 1987. 103 pp.

87 THOMPSON, CRAIG R. *Jerome and the testimony of Erasmus in disputes over the vernacular bible* – PPMRC 6 (1981) [1985] 1-36

88 UÑA JUAREZ, AGUSTIN *«La Ciudad de Dios», un siglo de cultura en El Escorial* – CD 198 (1985) 513-551

89 VAGGIONE, RICHARD PAUL *The other half of controversy: rediscovery of one of Basil's opponents in renaissance Italy* – PPMRC 6 (1981) [1985] 101-116

90 WINKELMANN, F. *Ivar August Heikels Korrespondenz mit Hermann Diels, Adolf Harnack und Ulrich von Wilamowitz-Moellendorff* – Klio 67 (1985) 568-587

91 ZUMKELLER, A. *Prof. P. Dr. Hermenegild M. Biedermann OSA – 75 Jahre alt* – OstkiSt 35 (1986) 281-288

I.2. Opera ad patrologiam universalem pertinentia

92 AZKOUL, MICHAEL *The Relevance of the Church Fathers for the Modern World* – PBR 4 (1985) 39-50

93 BARBERO, G. *La patristica.* In: *Storia delle idee politiche, economiche e sociali. Vol. II,1: Ebraismo e cristianesimo.* Ed. L. FIRPO. Torino: UTET (1985) 479-540

94 CHRESTOU, P. Ἑλληνικὴ Πατρολογία. Τόμος Γ' Περίοδος θεολογικῆς ἀκμῆς δ' καὶ ε' αἰῶνες [Πατριαρχικὸν Ἵδρυμα Πατερικῶν Μελετῶν]. Thessalonike: 1987. 560 pp.

95 COMAN, I.G. Patrologie [in rumänischer Sprache] [Editions de l'Institut Biblique et de Missions de l'Eglise Orthodoxe Roumaine 2]. Bucureşti: 1985. 570 pp.

96 CORNEANU, NICOLAE Patristica mirabilia. Pagini din literatura primelor veacuri crestine. Timişoara: 1987. 432 pp.

97 L'enseignement de la patristique = The Teaching of Patristics [Bulletin de Saint-Sulpice 13]. Paris: Bulletin de Saint-Sulpice 1987. 289 pp.

98 EVANS, G.R. Patristic and Medieval Theology. In: The History of Christian Theology, I: The Science of Theology. Ed. P. Avis. Basingstoke; Grand Rapids, Mich.: Marshall Pickering; Wm. B. Eerdmans Publishing Co. (1986) 1-103

99 FREND, W.H.C. Archaeology and Patristic Studies. In: Studia Patristica 18,1 (cf. 1985-87, 360) 9-21

100 Initiation aux Pères de l'Église IV: Du concile de Nicée (325) au concile de Chalcédoine (451). Les Pères latins. Sous la dir. de A. DI BERARDINO, avec une présent. de J. QUASTEN, trad. de l'ital. par J.P. BAGOT, rév. par A.G. HAMMAN. Paris: Éd. du Cerf 1986. 803 pp.

101 Judendom och kristendom under de första århundradena: nordiskt patristikerprojekt 1982-1985. I-II. Medarb. BIRGER GERHARDSSON; PER BESKOW et al. Stavanger: Universitetsforlaget AS 1986. 308; 304 pp.

102 KANNENGIESSER, CHARLES, SJ L'essor actuel de la patristique – FoiTemps 16 (1986) 156-162

103 KRONHOLM, TRYGGVE Nordiskt Patristikerprojekt: Judendom och kristendom under de första sex århundradena – TTK 56 (1985) 67-68

104 LIÉBAERT, J. Patrologie – Catholicisme (Paris) 47 (1985) 829-858

105 Patrology, IV: The golden age of Latin patristic literature from the Council of Nicaea to the Council of Chalcedon. Ed. by ANGELO DI BERARDINO, with an introd. by JOHANNES QUASTEN, transl. by PLACIDO SOLARI. Westminster, Md.: Christian Classics 1986. XXVIII, 667 pp.

106 PETERS, G. I Padri della Chiesa. II Dal Concilio di Nicea a Gregorio Magno († 604). Roma: Borla 1985. 374 pp.

107 RAMSEY, BONIFACE Beginning to Read the Fathers: an Introduction to the Classic Preachers and Theologians of the Ancient Church. Mahwah, N.J.: Paulist Pr. 1985. 288 pp.

108 REXINE, JOHN E. *The Church Fathers and Modern Man* – PBR
4,1 (1985) 9-13
109 VILANOVA, EVANGELISTA *Historia de la teología cristiana, I.
De los orígenes al siglo XV.* Versión castellana de J. LLOPIS.
Barcelona: Editorial Herder 1987. 1052 pp.
110 ZONEWSKI, I. *Patrologija. Život, săčinenija i učenie na cărkov-
nite otci, učiteli i pisateli (= Patrologie. Leben, Schriften und Lehre
der Kirchenväter, Kirchenlehrer und Kirchenschriftsteller).* Sofia:
1986. 557 pp.

I.3. Bibliographica

111 ALWAN, P. KHALIL *Bibliographie générale raisonnée de Jacques
de Saroug († 521)* – ParOr 13 (1986) 313-382
112 ANESTIDES, A. Ἑλληνική θεολογική βιβλιογραφία τοῦ
ἔτους 1982 καί παραλειπόμενα ἀπό τοῦ 1977 [Παράρτημα
ΘΕΟΛΟΓΙΑΣ]. Athenai: 1987.
113 *Annuaire de l'Association internationale d'études patristiques* –
BILPatr 11 (1985). 63 pp.
114 *Annuaire de l'Association internationale d'études patristiques* –
BILPatr 12 (1986). 62 pp.
115 *Annuaire de l'Association internationale d'études patristiques* –
BILPatr 14 (1987). 94 pp.
116 ATHANASIOS (PAPAS) Βιβλιογραφία ἱερατικῶν καὶ λειτουρ-
γικῶν ἀμφίων τοῦ βυζαντινοῦ τύπου – ThAthen 57 (1986)
343-369
117 AZEVEDO, CARLOS A. MOREIRA *Bibliografia para a História
da Igreja em Portugal IV. Apêndice à década (1961-70). V
1971-74* – HumTeol 6 (1985) 230-248
118 BAUCKHAM, RICHARD *A Bibliography of Recent Work on
Gospel Traditions Outside the Canonical Gospels* [Gospel Perspectives 5] – JSOT (1985) 405-419
119 *Bibliografia di Antonio Garzya.* In: ταλαρίσκος (cf. 1985-87,
368) 457-475
120 *Bibliographia Patristica. Internationale patristische Bibliographie
26-27: Die Erscheinungen der Jahre 1981 und 1982.* In Verbindung mit vielen Fachgenossen hrsg. von KNUT SCHÄFERDIEK.
Berlin: de Gruyter 1986. LIV, 370 pp.
121 *Bibliographia Patristica. Internationale patristische Bibliographie
28: Die Erscheinungen des Jahres 1983.* In Verbindung mit vielen
Fachgenossen hrsg. von KNUT SCHÄFERDIEK. Berlin: de Gruyter 1987. L, 274 pp.

122 *Bibliographie der Werke von Tomás Špidlík.* In: *Geist und Erkenntnis* (cf. 1985-87, 270) 335 ss.

123 *Bibliographie Johannes B. Bauer.* In: *Anfänge der Theologie* (cf. 1985-87, 202) 411-429

124 *Bibliographie der deutschsprachigen Benediktiner: 1880-1980.* Ed. BAYERISCHE BENEDIKTINER-AKADEMIE e.V. [SM: Erg.-Bd. 29]. St. Ottilien: EOS-Verlag 1985. XXIII, 415 pp.

125 *Bibliographie de J. Liébaert* – MSR 44 (1987) 7-14

126 *Bibliographie de C. Mondésert.* In: *Alexandrina* (cf. 1985-87, 200) XV-XVIII

127 BOGAERT, PIERRE-MAURICE *Bulletin d'ancienne littérature chrétienne latine, VI* – RBen 96 (1986) [197]-[220]

128 *Boletín bibliográfico de historia de la teología en España. 1984* [Humanismo, Reforma y Teología. Cuadernos de História de la Teología 60. Serie Repertorios 26]. Madrid: Centro de Estudios Históricos del CSIC 1986. 82 pp.

129 *Bollettino Bibliografico* – RiLit 72 (1985) 643-865

130 *Bollettino Bibliografico* – RiLit 73 (1986) 715-932

131 BRAUN, RENÉ; DELÉANI, S.; DOLBEAU, F.; FREDOUILLE, J.-C.; PETITMENGIN, P. *Chronica Tertullianea et Cyprianea 1985* – REA 32 (1986) 255-283

132 BRAUN, RENÉ; FREDOUILLE, JEAN-CLAUDE; PETIT-MENGIN, PIERRE *Chronica Tertullianea 1984* – REA 31 (1985) 293-312

133 BROCK, SEBASTIAN P. *Syriac Studies 1981-1985, a classified Bibliography* – ParOr 14 (1987) 289 ss.

134 *Bulletin augustinien pour 1984 et compléments d'années antérieures* – REA 31 (1985) 313-401

135 *Bulletin augustinien pour 1985-1986 et compléments d'années antérieures* – REA 32 (1986) 284-292

136 *Bulletin augustinien pour 1986-1987 et compléments d'années antérieures* – REA 33 (1987) 322-413

137 *Bulletin des publications hagiographiques* – AB 104 (1986) 456-482

138 BUONOCORE, M. *Bibliografia dei fondi manoscritti della Biblioteca Vaticana 1968-1980* [Studi e testi 318-319]. Città del Vaticano: Biblioteca Apostolica Vaticana 1986. XLVII, 1414 pp.

139 BURINI, C. *Nuove pubblicazioni nella «Biblioteca patristica»* – Benedictina 34 (1987) 559-572

140 *Chronica Tertullianea et Cyprianea 1986* – REA 33 (1987) 302-321

141 *Chronique d'Antiquité tardive et de christianisme ancien et médiéval* – REAnc 87 (1985) 375-393

142 *Chronique d'Antiquité tardive et de christianisme ancien et médiéval* – REAnc 89 (1987) 119-138
143 DUBOIS, J.-D. *Chronique patristique IV* – EtThR 62 (1987) 97-111
144 DULLES, AVERY; GRANFIELD, PATRICK *The Church: A Bibliography*. Wilmington, Del.: Michael Glazier 1985. 166 pp.
145 DURAND, GEORGES-MATHIEU DE, OP *Bulletin de patrologie* – RSPhTh 69 (1985) 577-609; 70 (1986) 591-623; 71 (1987) 565-589
146 ERBA, A. *Bibliografia degli scritti del cardinale Michele Pellegrino riguardanti il suo magisterio e il suo governo episcopale* – RSLR 23 (1987) 421-433
147 FONTAINE, JACQUES; CAZIER, P.; GUERREIRO, R. *Chronique des latinités hispaniques du IVe au Xe siècle (1982-1984)* – REA 31 (1985) 82-125
148 FUERTES LANERO, M. *Edición bilingüe de las obras completas de san Agustín* – RC 33 (1987) 269-273
149 GATTI PERER, MARIA LUISA *Massimo il confessore: saggio di bibliografia generale ragionata e contributi per una ricostruzione scientifica del suo pensiero metafisico e religioso*. Introd. di GIOVANNI REALE [Pubblicazioni del Centro di Ricerche di Metafisica del Università Cattolica del Sacro Cuore. Sezione di Metafisica del Platonismo nel suo sviluppo storico e nella filosofia patristica: Studi e testi 2]. Milano: Vita e Pensiero 1987. 430 pp.
150 GRANADO BELLIDO, CARMELO *Boletín de literatura antigua cristiana* – EE 61 (1986) 435-445
151 GRANADO BELLIDO, CARMELO *Boletín de literatura antigua cristiana* – EE 60 (1985) 361-370
152 GRYSON, R. *Éditions récentes des Pères latins* – RHE 80 (1985) 760-771
153 HAENDLER, G. *Zur Kirchenväterausgabe Corpus Christianorum* – ThLZ 111 (1986) 778-782
154 HALTON, T.P.; O'LEARY, STELLA *Classical Scholarship. An Annotated Bibliography*. White Plains, N.Y.: Kraus International Publications 1986. 396 pp.
155 IGLESIAS TAIS, M.; FLORES MUÑOZ, A. *Catálogo de Incunables e Impresos del siglo XVI de la Biblioteca Pública de Córdoba*. Córdoba: Consejería de Cultura. Junta de Andalucía 1986. XIV, 463 pp.
156 KAHLE, WILHELM *Die Erforschung der orthodoxen Kirchen und der Kirchen des Ostens* – ThRu 52 (1987) 59-86
157 KANNENGIESSER, CHARLES, SJ *Bulletin de théologie patristique* – RechSR 73 (1985) 603-627

158 KANNENGIESSER, CHARLES, SJ *Bulletin de théologie patristique* – RechSR 74 (1986) 575-614

159 KANNENGIESSER, CHARLES, SJ *The Athanasian Decade 1974-1984: A Bibliographical Report* – ThSt 46 (1985) 524-541

160 LAPIDGE, MICHAEL; SHARPE, RICHARD *A Bibliography of Celtic-Latin Literature, 400-1200* [Royal Irish Academy. Dictionary of Medieval Latin from Celtic Sources. Ancillary Publications 1]. Dublin: Royal Irish Academy 1985. XXII, 361 pp.

161 LATTKE, MICHAEL *Die Oden Salomos in ihrer Bedeutung für Neues Testament und Gnosis, III: Forschungsgeschichtliche Bibliographie 1799-1984 mit kritischen Anmerkungen* [OBO 25]. Göttingen: Vandenhoeck und Ruprecht 1986. XXXIII, 478 pp.

162 LEDOYEN, HENRI *Bulletin d'histoire bénédictine XI* – RBen 95 (1985) 1*-60*; RBen 96 (1986) 61*-168*; RBen 97 (1987) 169*-272*

163 LINAGE CONDE, A. *Bibliografía monastica de Charles Julian Bishko* – StMon 28 (1986) 187-194

164 MATANIC, A. *Lo spirito dei tempi. Saggio bibliografico sulla spiritualità nei secoli cristiani* – Analecta Tertii Ordinis Regularis S. Francisci de Paenitentia (Roma) 19 (1986) 153-187

165 MEIJER, A. DE *Bibliographie historique de l'Ordre de Saint Augustin, 1980-1984. V. Hagiographie. Saint Augustin (354-430)* – Augustiniana 35 (1985) 158-159

166 MEIJER, A. DE *Bibliographie historique de l'Ordre de Saint Augustin, 1980-1984. V. Hagiographie. Sainte Monique (332-387)* – Augustiniana 35 (1985) 159

167 MILINKOVIC, BOSILJKA *Bibliografija radova o religiji, crkvi i ateizmu, 1945-1985* [Bibliographie zu Religion, Kirche und Atheismus, 1945-1985]. Zagreb: Stvarnost 1986. 420 pp.

168 MODA, A. *Bollettino di patrologia* – Nicolaus 12 (1985) 377-440

169 MUSCO, ALESSANDRO; MESSANA, VINCENZO *La patristica postagostinana*. In: *Grande antologia filosofica* (cf. 1985-87, 206) 511-526

170 MUSCO, ALESSANDRO; MESSANA, VINCENZO *La patristica preagostiniana*. In: *Grande antologia filosofica* (cf. 1985-87, 206) 437-478

171 *The New Testament Apocrypha and Pseudepigrapha: a guide to publications, with excursuses on apocalypses*. Edd. JAMES H. CHARLESWORTH; JAMES R. MUELLER et al. [American Theological Library Association Bibliography Series 17]. Metuchen, N.J.: Scarecrow Pr. 1987. XVI, 450 pp.

172 OROZ RETA, JOSÉ *Bibliografía del P. Victorino Capánaga* – Augustinus 30 (1985) 5-96

173 OSTER, RICHARD E. *A Bibliography of Ancient Ephesus* [American Theological Library Association Bibliography Series 19]. Metuchen, N.J.; London: American Theological Library Association; Scarecrow Pr. 1987. 181 pp.

174 PANI ERMINI, LETIZIA *Antichità cristiane e altomedievali* – StRo 35 (1987) 117-126

175 POGGI, V., SJ *P. Ignacio Ortiz de Urbina S.J. Nota bio-bibliografica* – OrChrP 51 (1985) 5-32

176 *Religious periodicals directory.* Ed. GRAHAM CORNISH. Santa Barbara, Calif.: ABC-Clio 1986. XI, 330 pp.

177 *Religious periodicals of the United States: academic and scholarly journals.* Ed. CHARLES H. LIPPY [Historical guides to the world's periodicals and newspapers]. New York: Greenwood Pr. 1986. XIX, 607 pp.

178 *Répertoire bio-bibliographique des auteurs latins, patristiques et médiévaux.* Paris; Cambridge: Institut de Recherche et d'Histoire des Textes-Chadwyck-Healey 1987. 492 microfiches

179 RIVERA DE VENTOSA, ENRIQUE *Nota bibliográfica agustiniana* – Augustinus 31 (1986) 391-401

180 ROCHAIS, H.; MADEC, G. *Tables de la Revue des études augustiniennes I-XXX (1954-1984).* En annexe: Table de la Bibliothèque augustinienne. Paris: Ét. augustin. 1986. 250 pp.

181 RODRIGUEZ SOMOLINOS, JUAN *Ediciones de autores griegos en los últimos años* – ECl 28 (1986) 139-159

182 ROMPAY, L. VAN *Bibliografie – Bibliography.* In: *After Chalcedon* (cf. 1985-87, 194) XXI-XXVIII

183 RONCAGLIA, MARTINIANO P. *Ausgewählte Bibliographie über den christlichen Orient aus den libanesischen Druckereien (1980-1985)* – OrChr 71 (1987) 201-207

184 SAMIR, KHALIL, SJ *Bulletin critique de littérature arabe chrétienne* – ParOr 14 (1987) 263-288

185 SCHIEFFER, R. *Literaturbericht. Frühes Mittelalter (476-911)* – GWU 36 (1985) 510-533

186 SORABJI, RICHARD *Works of Philoponus and secondary literature* – Bollettino del Centro intern. di storia dello spazio e del tempo (Brugine) (1986) N°5 71-76

187 STUEHRENBERG, P.F. *The Study of Acts before the Reformation. A Bibliographic Introduction* – NT 29 (1987) 100-136

188 TREVIJANO ETCHEVERRIA, R. *Bibliografía patrística hispano-luso-americana, IV (1983-1984)* – Salmant 33 (1986) 87-112

189 VALLIN, P. *Bibliographie d'histoire de l'Eglise et l'ecclésiologie* – RechSR 73 (1985) 401-426

190 *Verzeichnis der gedruckten Werke von Bernhard Wyss.* In: *Catalepton* (cf. 1985-87, 231) 1-3

191 WEISMANN, F.J. *Bibliografía selecta de iniciación – San Agustín* – CuadMon 22 (1987) 139-143

I.5. Collectanea et miscellanea

192 *Actes du deuxième Congrès international d'études arabes chrétiennes (Oosterhesselen, septembre 1984).* Éd. par KHALIL SAMIR [OCA 226] Roma: Pont. Inst. Stud. Orient. 1986. 274 pp.

193 *Acts of the Second International Congress of Coptic Studies. Roma, 22-26 September 1980.* Ed. by T. ORLANDI and F. WISSE. Roma: C.I.M. 1985. VI, 371 pp.

194 *After Chalcedon. Studies in Theology and Church History offered to Professor Albert van Roey for his seventieth birthday.* Edd. C. LAGA; J.A. MUNITIZ; L. VAN ROMPAY [Orientalia Lovaniensia Analecta 18]. Leuven: Departement Oriëntalistiek; Uitgeverij Peeters 1985. XXIX, 505 pp.

195 *Agostino e la conversione cristiana.* A cura di ADRIANO CAPRIOLI e LUCIANO VACCARO [Augustiniana. Testi et Studi 1]. Palermo: Ed. Augustinus 1987. 96 pp.

196 *Agostino e Lutero. Il tormento per l'uomo.* Collana diretta da GINO CIOLINI [Convegni di S. Spirito 1]. Palermo: Edizioni Augustinus 1985. 124 pp.

197 *San Agustín y la liberación. Reflexiones desde Latinoamérica.* Simposio de la Organización de Agustinos de Latinoamérica, Lima, diciembre 1985; XVI centenario de la conversión de San Agustín. Lima; Iquitos (Perú): CEP; CETA 1986. 400 pp.

198 *San Agustín: meditación de un centenario.* Ed. y prólogo de JOSÉ OROZ RETA [Bibliotheca Salmanticensis. Estudios 99]. Salamanca: Univ. Pontificia 1987. 213 pp.

199 *Aksum-Thyateira: A Festschrift for Archbishop Methodios of Thyateira and Great Britain.* Ed. GEORGE DION DRAGAS. London: Thyateira House 1985. 702 pp.

200 *Alexandrina: hellénisme, judaisme et christianisme à Alexandrie. Mélanges offerts à Claude Mondésert.* Paris: Ed. du Cerf 1987. XVIII, 436 pp.

201 *Die Anfänge des Christentums. Alte Welt und neue Hoffnung.* Edd. J. BECKER et al. Stuttgart: Kohlhammer 1987. 278 pp.

202 *Anfänge der Theologie. ΧΑΡΙΣΤΕΙΟΝ Johannes B. Bauer zum Jänner 1987.* Edd. NORBERT BROX; ANNELIESE FELBER; WOLFGANG L. GOMBOCZ; MANFRED KERTSCH. Graz; Wien; Köln: Styria 1987. XVIII, 449 pp.

203 *Antichità paleocristiane e altomedievali del Sorano: Atti del convegno di Studi, Sora 1-2 dicembre 1984.* A cura di LUIGI GULIA e

ANTONIO QUACQUARELLI. Sora: Centro di Studi Sorani «V. Patriarca» 1985. 242 pp.

204 *Anti-Judaism in Early Christianity II. Separation and Polemic.* Ed. STEPHEN G. WILSON [Canadian Society of Biblical Studies: Studies in Christianity and Judaism 2]. Waterloo, Ontario: Wilfrid Laurier University 1986. XI, 185 pp.

205 *Antikerezeption, Antikeverhältnis, Antikebegegnung in Vergangenheit und Gegenwart. Eine Aufsatzsammlung.* Edd. JÜRGEN DUMMER; MAX KUNZE. 3 voll. [Schr. der Winckelmann-Ges. 6]. Stendal 1983 [1988]. 829 pp.

206 *Grande antologia filosofica, XXXII.* Aggiornamento bibliografico, ed. ANTIMO NEGRI. Milano: Marzorati 1984. XVI, 836 pp.

207 *Apocalypses et voyages dans l'au-delà.* Edd. CLAUDE KAPPLER et al. Paris: Éd. du Cerf. 1987. 532 pp.

208 *Da Aquileia a Venezia. Una mediazione tra l'Europa e l'Oriente dal II secolo a.C. al VI secolo d.C.* [Antica Madre 3]. Milano: Scheiwiller 1980. 775 pp.

209 *Arianism. Historical and theological reassessments. Papers from the ninth international conference on patristic studies, September 5-10, 1983, Oxford, England.* Ed. by ROBERT C. GREGG [PMS 11]. Cambridge, Mass.; Philadelphia, Penna.: Patristic Foundation 1985. VI, 380 pp.

210 *Aristoteles, Werk und Wirkung. Paul Moraux gewidmet. II: Kommentierung, Überlieferung, Nachleben.* Hrsg. J. WIESNER. Berlin; New York: W. de Gruyter 1987. X, 693 pp.

211 *Athlon. Satura grammatica in honorem Francisci Rodríguez Adrados, II.* Edd. P. BADENAS DE LA PEÑA; A. MARTINEZ DIEZ; M.E. MARTINEZ-FRESNEDA; E. RODRIGUEZ MONESCILLO. Madrid: Editorial Gredos 1987. 899 pp.

212 *Atti dell'Accademia Romanistica Costantiniana. VI Convegno internazionale* [Univ. degli studi di Perugia. Facoltà di Giurisprudenza]. Napoli: Ediz. Scient. Ital. 1986. X, 453 pp.

213 *Atti del I Convegno internazionale di studi fenici e punici (Roma, 5-10 novembre 1979),* 3 voll. [Coll. di studi fenici 16]. Roma: CNR 1983. XXVI, 929 pp.

214 *Atti del Convegno Nazionale di Studi su La Città Ideale nella Tradizione Classica e Biblico-Cristiana. Torino 2-3-4 maggio 1985.* A cura di RENATO UGLIONE. Torino: Associazione Italiana di Cultura Classica. Delegazione di Torino 1987. 308 pp.

215 *Atti della settimana di studi su Flavio Magno Aurelio Cassiodoro (Cosenza-Squillace 19-24 settembre 1983).* A cura di SANDRO LEANZA. Soveria Mannelli: Rubbettino Editore 1986. 478 pp.

216 *L'attitude des premiers chrétiens face au service militaire* [Publication des Séminaires Théologie et Non-violence, 3ème session, Pâques, 1977 à Orsay]. Massy-Villaine: Gothie 1986. 112 pp.

217 *Augustiniana Traiectina. Communications présentées au Colloque International d'Utrecht 13-14 novembre 1986.* Edd. JAN DEN BOEFT; JOHANNES VAN OORT. Paris: Etudes Augustiniennes 1987. 204 pp.

218 *L'aveu. Antiquité et Moyen Âge. Actes de la table ronde organisée par l'École française de Rome, avec le concours du Centre National de la Recherche Scientifique et de l'Université de Trieste, Rome 28-30 mars 1984* [Collection de l'École française de Rome 88]. Paris: Boccard 1986. 436 pp.

219 BALBONI, DANTE *Anecdota archaeologica. 2. Studi petrini e paolini e studi di agiografia e di archeologia cristiana.* Pref. di PAUL POUPARD e premessa di ANTONIO FERRUA. Città del Vaticano: Libr. Ed. Vaticana 1986. XXIV, 252 pp.

220 *Basilius Steidle 1903-1982. Beiträge zum alten Mönchtum und zur Benediktusregel.* Mit einem Vorwort und einer Einführung hrsg. von URSMAR ENGELMANN. Sigmaringen: Thorbecke 1986. 314 pp.

221 *Die Bayern und ihre Nachbarn, I. Berichte des Symposions der Kommission für Frühmittelalterforschung, 25. bis 28. Oktober 1982, Stift Zwettl, Niederösterreich.* Herausgegeben von HERWIG WOLFRAM und ANDREAS SCHWARCZ [ÖAW Denkschriften 179]. Wien: Verlag der Österreichischen Akademie der Wissenschaften 1985. 375 pp.

222 *La Bibbia «Vulgata» dalle origini ai nostri giorni. Atti del simposio internazionale in onore di Sisto V, Grottammare, 29-31 agosto 1985.* A cura di TARCISIO STRAMARE [Collectanea Biblica Lat. 16]. Roma: Abbazia San Girolamo; Città del Vaticano: Libr. Vaticana 1987. 199 pp.

223 *Bibliotheca Palatina. Katalog zur Ausstellung vom 8. Juli bis 2. November 1986, Heiliggeistkirche Heidelberg.* Textband hrsg. von E. MITTLER in Zusammenarbeit mit W. BERSCHIN et alii. Bildband hrsg. von E. MITTLER in Zusammenarbeit mit VERA TROST; M. WEIS [Heidelberger Bibliotheksschriften 24]. Heidelberg 1986. XVI, 544; 328 pp.

224 BIELER, LUDWIG *Ireland and the Culture of Early Medieval Europe.* Ed. RICHARD SHARPE [Collected Studies Series CS 263]. London: Variorum Reprints 1987. 330 pp.

225 BIELER, LUDWIG *Studies on the Life and Legend of St. Patrick.* Edited by RICHARD SHARPE [Collected Studies Series CS 244]. London: Variorum Reprints 1986. 342 pp.

226   ...*kein Bildnis machen. Kunst und Theologie im Gespräch*. Hrsg.
      von C. DOHMEN und T. STERNBERG. Würzburg: Echter 1987.
      221 pp.

227   BONNER, GERALD *God's decree and man's destiny: studies on
      the thought of Augustine of Hippo* [Collected Studies Series CS
      255]. London: Variorum Reprints 1987. 310 pp.

228   *BYZANTION. Ἀφιέρωμα στὸν Ἀνδρέα Ν. Στράτο. Τόμος Ι:
      Ἱστορία – Τέχνη καὶ Ἀρχαιολογία. Τόμος ΙΙ: Θεολογία
      καὶ Φιλολογία* [Mit franz. und engl. Paralleltitel]. Athenai: Νία
      Α. Στράτου 1986. CX, 798 pp.

229   CAMERON, ALAN *Literature and Society in the Early Byzantine
      World* [Collected Studies Series CS 209]. London: Variorum
      Reprints 1985. 350 pp.

230   *Caring and Curing. Health and Medicine in the Western Religious
      Traditions*. Edd. R.L. NUMBERS; D.W. AMUNDSEN. New
      York; London: MacMillan Publishing Company; Collier MacMil-
      lan Publishers 1986. XX, 601 pp.

231   *Catalepton. Festschrift für Bernhard Wyss zum 80. Geburtstag*.
      Hrsg. von CHRISTOPH SCHÄUBLIN. Basel: Seminar für Klassi-
      sche Philologie der Universität 1985. 212 pp.

232   *La celebrazione cristiana del matrimonio. Simboli e testi. Atti del II
      congresso internazionale di liturgia, Roma, 27-31 maggio 1985*. A
      cura di GIUSTINO FARNEDI [StAns 93, Analecta Liturgica 11].
      Roma: Benedictina, Edizioni Abbazia S. Paolo 1986. 387 pp.

233   CHATILLON, J. *D'Isidore de Seville à saint Thomas d'Aquin.
      Etudes d'histoire et de théologie* [Collected Studies 225]. London:
      Variorum Reprints 1985. X, 336 pp.

234   *Dalla Chiesa antica alla Chiesa moderna. Miscellanea per il 50°
      della Facoltà di storia ecclesiastica della Pontificia Università
      Gregoriana*. Cur. M. FOIS; V. MONACHINO; F. LITVA [Miscel-
      lanea historiae pontificiae 50]. Roma: Pontificia Università Grego-
      riana 1983. 533 pp.

235   *Chiesa e società. Appunti per una storia delle diocesi lombarde*.
      Cur. A. CAPRIOLI; A. RIMOLDI; L. VACCARO [Storia religiosa
      della Lombardia 1]. Brescia; Gazzada: La Scuola-Fondazione
      ambrosiana Paolo VI 1986. 410 pp.

236   *Christ in East and West*. Edited by PAUL FRIES and TIRAN
      NERSOYAN. Macon, Ga.: Mercer University Press 1987. XVII,
      223 pp.

237   *Das Christentum in Bulgarien und auf der übrigen Balkanhalbinsel
      in der Spätantike und im frühen Mittelalter. II. internationales
      Symposium, Haskovo (Bulgarien), 10.-13. Juni 1986*. Ed. VASSIL
      GJUZELEV und RENATE PILLINGER [Miscellanea Bulgarica 5].
      Wien: Verein «Freunde des Hauses Wittgenstein» 1987. 336 pp.

238 «*To see ourselves as others see us*»: *Christians, Jews, «others» in late antiquity.* Ed. by JACOB NEUSNER and ERNEST S. FRE-RICHS. Literary editor, CAROLINE MCCRACKEN-FLESHER. Chico, Calif.: Scholars Press 1985. XX, 522 pp.

239 *The Church in the Roman Empire.* Ed. by KARL FREDERICK MORRISON [Univ. of Chicago Readings in Western Civilization 3]. Chicago, Ill.: University of Chicago Press 1986. VIII, 248 pp.

240 *Codex Manichaicus Coloniensis. Atti del Simposio Internazionale (Rende-Amantea, 3-7 sett. 1984).* A cura di LUIGI CIRILLO [Università degli Studi della Calabria, Centro interdipartimentale di scienze religiose. Studi e ricerche 4]. Cosenza: Marra Ed. 1986. 390 pp.

241 *Colloque Gènevois sur Symmaque à l'occasion du mille-six-centième anniversaire du conflit de l'autel de la Victoire.* Douze exposés suivis de discussions. Vol. publié par F. PASCHOUD en collab. avec G. FRY et Y. RUETSCHE. Paris: Les Belles Lettres 1986. VII, 332 pp.

242 *La Dixième conférence des auteurs et lecteurs du Vestnik Drevnej Istorii de l'Académie des Sciences de l'URSS* [in russischer Sprache]. Moskva: Inst. vseob. ist. 1987. 193 pp.

243 *Sixth International Conference for Nubian Studies. Abstracts of Communications.* Edd. RITA DEHLIN; TOMAS HÄGG. Bergen: Klassisk Institutt, Universitetet i Bergen 1986. 141 pp.

244 *The 17th International Byzantine Congress. Major Papers. Dumbarton Oaks/Georgetown University, Washington, D.C., August 3-8, 1986.* New Rochelle, N.Y.: Caratzas 1986. 736 pp.

245 *Congresso Internazionale su San Agostino nel XVI Centenario della Conversione. Roma, 15-20 settembre 1986. 1. Cronaca del Congresso. Sessioni generali 1987. 2. Sezioni di studio II-IV. 3. Sezioni di studio V-VI* [StEA 24-26]. Roma: Institutum Patristicum «Augustinianum» 1987. 574; 618; 495 pp.

246 *Del Conventus Carthaginiensis a la Chora de Tudmir. Perspectivas de la historia de Murcia entre los siglos III-VIII* [Antigüedad y Cristianismo. Monografías históricas sobre la Antigüedad tardía 2]. Madrid: Universidad de Murcia 1985. 387 pp.

247 *Crescita dell'uomo nella catechesi dei Padri (età prenicena). Convegno di studi e aggiornamento, Facoltà di Lettere cristiane e classiche (Pontificium Institutum Altioris Latinitatis), Roma 14-16 marzo 1986.* A cura di SERGIO FELICI [BSRel 78]. Roma: Libreria Ateneo Salesiano 1987. 292 pp.

248 *Il cristianesimo in Sicilia dalle origini a Gregorio Magno. Atti del Convento di Studi, Caltanisetta 28-29 ottobre 1985.* A cura di VINCENZO MESSANA e SALVATORE PRICOCO, premessa di SALVATORE PRICOCO [Quad. di presenza culturale Sez. Ric.

dell'Ist.teol.-pastorale G. Guttadauro 26]. Caltanisetta: Ed. del Semin. 1987. 254 pp.

249   *La cristologia nei Padri della Chiesa*. Roma: Herder 1985. 286 pp.

250   *La critica dei testi latini medievali e umanistici*. Ed. A. D'AGO-STINO. Roma: Jouvance 1984. 215 pp.

251   *Culto delle immagini e crisi iconoclasta. Atti del Convegno di studi (Catania 16-17 Maggio 1984)* [Quaderni di Synaxis 2]. Palermo: Edi Oftes 1986. 176 pp.

252   *Diakonia: Studies in honor of Robert T. Meyer*. Edd. THOMAS HALTON; JOSEPH P. WILLIMAN. Washington, D.C.: The Catholic University of America Press 1986. XIII, 348 pp.

253   *Disce Paulinum. Ricerche e studi paoliniani*. A cura di SERAFINO PRETE; TERESA PISCITELLI CARPINO; ANDREA RUGGIERO. Nola: Biblioteca Diocesana «S. Paolino» 1985. 87 pp.

254   *Écritures et traditions dans la littérature copte. Journée d'Études Coptes. Strasbourg 28 mai 1982* [Cahiers de la Bibliothèque Copte 1]. Louvain; Paris: Éd. Peeters 1983. 170 pp.

255   *L'Église et l'empire au IVe siècle. Sept exposés suivis de discussions*. Prép. et prés. par ALBRECHT DIHLE [Entretiens sur l'antiquité classique 34]. Vandoeuvres; Genève: Fondation Hardt 1987 [1989]. 365 pp.

256   *Église et pouvoir politique. Actes des Journées Internationales d'Histoire du Droit d'Angers, 30 mai – 1er juin 1985*. Angers: Presse de l'Université 1987. 480 pp.

257   *L'eredità classica nelle lingue orientali*. Edd. MASSIMILIANO PAVAN; UMBERTO COZZOLI [Acta encyclopaedica 5]. Roma: Istituto della Enciclopedia Italiana 1986. 194 pp.

258   *Dall'eremio al cenobio. La civiltà monastica in Italia dalle origini all'età di Dante*. Pref. di GIOVANNI PUGLIESE CARRATELLI [Collana antica madre]. Milano: Libri Scheiwiller 1987. XIV, 745 pp.

259   *Eschatologie et liturgie. Conférences Saint-Serge, XXXIe Semaine d'Études liturgiques. Paris 26-29 juin 1984*. Edd. ACHILLE M. TRIACCA; ALESSANDRO PISTOIA [EL Subsidia 35]. Roma: CLV-Edizioni Liturgiche 1985. 384 pp.

260   *Essays on war and peace: Bible and early Church*. Ed. WILLARD M. SWARTLEY [Institute of Mennonite Studies, Occasional Papers 9]. Elkhart, Ind.: 1986. 154 pp.

261   *Exempla historica. Epochen der Weltgeschichte in Biographien. Römisches Imperium und frühes Mittelalter, VII: Religionsstifter, Kirchenväter, Ordensgründer*. Bearb. von M. SCHMID. Frankfurt: Fischer Taschenbuch-Verlag 1985. 235 pp.

262 *Fede e sapere nella conversione di Agostino* [Pubblicazioni del Dipartimento di Archeologia, Filologia Classica e Loro Tradizioni, N.S. 102]. Genova: Università, Facoltà di Lettere 1986. 113 pp.

263 *Filologia e forme letterarie. Studi offerti a Francesco della Corte*. 5 voll. Urbino: Ed. Quattro Venti 1987. LXXXIV, 485; 545; 432; 422; 677 pp.

264 FONTAINE, JACQUES *Culture et spiritualité en Espagne du IVe au VIIe siècle* [Collected Studies Series CS 234]. London: Variorum Reprints 1986. 352 pp.

265 *Frauen in der Geschichte, VII: Interdisziplinäre Studien zur Geschichte der Frauen im frühen Mittelalter. Methoden, Probleme, Ergebnisse*. Edd. WERNER AFFELDT; ANNETTE KUHN [Geschichtsdidakt. Stud. Material 39]. Düsseldorf: Schwann 1986. 296 pp.

266 *From Late Antiquity to Early Byzantium. Proceedings of the Byzantinological Symposium in the 16th International Eirene Conference*. Ed. by V. VAVRINEK. Praha: Czechoslovak Acad. of Sciences 1986. 256 pp.

267 GAMBER, KLAUS *Das Patriarchat von Aquileja und die bairische Kirche: Gesammelte Studien* [SPLi 17]. Regensburg: Pustet 1987. 112 pp.

268 GARSOIAN, NINA G. *Armenia between Byzantium and the Sasanians* [Collected Studies Series CS 218]. London: Variorum Reprints 1985. 340 pp.

269 GARZYA, A. *Il mandarino e il quotidiano. Saggi sulla letteratura tardoantica a bizantina* [Saggi Bibliopolis 14]. Napoli: Bibliopolis 1983 [1985]. 386 pp.

270 *Geist und Erkenntnis: zu spirituellen Grundlagen Europas. Festschrift zum 65. Geburtstag von Prof. Dr. Tomás Špidlík*. Hrsg. von KAREL MACHA. München: Minerva 1985. II, 350 pp.

271 *Im Gespräch mit dem dreieinen Gott. Elemente einer trinitarischen Theologie. Festschrift zum 65. Geburtstag von Wilhelm Breuning, dargebracht von Kollegen, Freunden und Schülern*. Edd. MICHAEL BÖHNKE; HANSPETER HEINZ. Düsseldorf: Patmos Verlag 1985. 559 pp.

272 *Giuliano Imperatore. Atti del Convegno della S.I.S.A.C. (Messina 3 aprile 1984)*. A cura di B. GENTILI [Soc. Ital. per lo studio dell'antichità. Atti di Convegni 3]. Urbino: Quattro-Venti 1986. 135 pp.

273 *The glory of Christ in the New Testament. Studies in christology in Memory of George Bradford Caird*. Edd. L.D. HURST; N.D. WRIGHT. Oxford: Clarendon 1987. XXVII, 311 pp.

274 *Grafia e interpunzione del latino nel Medioevo. Seminario interna-*
     zionale, Roma 27-29 Settembre 1984. Cur. A. MAIERU [Lessico
     intellettuale europeo 41]. Roma: Ed. dell'Ateneo 1987. 224 pp.

275 *Grégoire le Grand. Chantilly, Centre culturel Les Fontaines, 15-19*
     septembre 1982. Actes. Publ. par J. FONTAINE; R. GILLET;
     S. PELLISTRANDI. Préf. de C. DAGENS; J. FONTAINE [Collo-
     ques Internationaux du Centre National de la Recherche Scientifi-
     que]. Paris: Éd. du Centre National de la Recherche Scientifique
     1986. 690 pp.

276 *Griechenland, Byzanz, Europa. Ein Studienband.* Edd. J. HERR-
     MANN; HELGA KÖPSTEIN; R. MÜLLER [BBA 52]. Berlin:
     Akademie-Verlag 1985. 310 pp.

277 *Grundfragen christlicher Mystik. Wissenschaftliche Studientagung*
     Theologia Mystica in Weingarten vom 7.-10. November 1985.
     Edd. MARGOT SCHMIDT; DIETER R. BAUER [Mystik in
     Geschichte und Gegenwart, Abt. I: Christliche Mystik 5]. Stuttgart;
     Bad Cannstatt: Frommann-Holzboog 1987. VIII, 284 pp.

278 *Hellenica et Judaica. Hommage à Valentin Nikiprowetzky.* Éd. par
     A. CAQUOT, M. HADAS-LEBEL et J. RIAUD. Leuven; Paris:
     Peeters 1986. 519 pp.

279 *Hestíasis. Studi di tarda antichità offerti a Salvatore Calderone, 2*
     voll. [Studi tardoantichi 1/2]. Messina: Ed. Sicania 1986 [1988]. L,
     385; 435 pp.

280 HILLGARTH, J.N. *Visigothic Spain, Byzantium and the Irish*
     [Collected Studies Series CS 216]. London: Variorum Reprints
     1985. 334 pp.

281 *Homenaje a Pedro Sáinz Rodríguez, II. Estudios de lengua y*
     literatura. Madrid: Fundación Universitaria Española 1986. X,
     676 pp.

282 *Homo spiritalis. Festgabe für Luc Verheijen zu seinem 70. Geburts-*
     tag. Hrsg. von CORNELIUS MAYER unter Mitwirkung von
     KARL HEINZ CHELIUS [Cass 38]. Würzburg: Augustinus-Verlag
     1987. XXXVI, 459 pp.

283 *Homo viator. Classical essays for John Bramble.* Ed. by MI-
     CHAEL WHITBY, PHILIP HARDIE, MARY WHITBY. Bristol:
     Class. Pr. 1987. XII, 332 pp.

284 HUGHES, KATHLEEN *Church and Society in Ireland, A.D.*
     400-1200. Ed. DAVID DUMVILLE [Collected Studies Series CS
     258]. London: Variorum Reprints 1987. 380 pp.

285 *Idékonfrontation under senantiken. Mötet mellan kristendomen*
     och antikens idétradition. Platonselskabet, symposium i Göteborg
     8.-11. juni 1983. København: Institut for Klassisk Filologi, Køben-
     havns Universitet 1985. 206 pp.

286 *The Inheritance of Historiography: 350-900.* Edd. CHRISTO-
PHER HOLDSWORTH; TIMOTHY PETER WISEMAN [Exeter
Studies in history 12]. Exeter: Department of History and Archaeo-
logy of the University 1986. 138 pp.

287 *Gli interscambi culturali e socio-economici fra l'Africa settentrio-
nale e l'Europa mediterranea. Atti del Congresso internazionale di
Amalfi, 5-8 dicembre 1983.* 2 voll. Napoli: Istituto Universitario
Orientale 1986. 989 pp.

288 *Investigations in Areopoagitica.* Ed. by D. SUMBADZE [in georgischer und in russischer Sprache mit russischen und englischen
Zusammenfassungen]. Tbilisi: Univ. 1986. 225 pp.

289 *Irland und die Christenheit: Bibelstudien und Mission.* Hrsg. von
PROINSÉAS NI CHATHAIN und MICHAEL RICHTER [Veröf-
fentlichungen des Europa-Zentrums Tübingen: Kulturwissenschaft-
liche Reihe]. Stuttgart: Klett-Cotta 1987. XII, 523 pp.

290 *Josephus, Judaism, and Christianity.* Edd. LOUIS H. FELDMAN;
GOHEI HATA. Detroit, Mich.: Wayne State Univ. Pr. 1987. 448
pp.

291 *Deuxième Journée d'Études Coptes. Strasbourg 25 mai 1984*
[Cahiers de la Bibliothèque Copte 3]. Louvain; Paris: Éd. Peeters
1986. 186 pp.

292 *Kirchengemeinschaft – Anspruch und Wirklichkeit. Festschrift für
Georg Kretschmar zum 60. Geburtstag.* Hrsg. von WOLF-
DIETER HAUSCHILD, C. NICOLAISEN und D. WENDE-
BOURG. Stuttgart: Calwer Verlag 1986. 335 pp.

293 *Kontinuität und Wandel. Lateinische Poesie von Naevius bis
Baudelaire. Franco Munari zum 65. Geburtstag.* Edd. U.J. STA-
CHE; W. MAAZ; F. WAGNER. Hildesheim: Weidmann 1986.
XV, 714 pp.

294 *Die Kraft der Hoffnung. Gemeinde und Evangelium. Festschrift
für Alterzbischof DDr. J. Schneider zum 80. Geburtstag.* Edd. A.E.
HIEROLD; V. EID; I. ESCRIBANO-ALBERCA et al. Bamberg: St.
Otto-Verlag GmbH 1986. 322 pp.

295 *Kulturhistorische und archäologische Probleme des Südostalpenraumes in der Spätantike. Referate des Symposions an der Universität Klagenfurt vom 24.-26. September 1981.* Ed. H. GRASSL.
Wien: Böhlau 1985. 133 pp.

296 *Latin vulgaire-Latin tardif. Actes du Ier Colloque international sur
le latin vulgaire et tardif (Pécs, 2-5 septembre 1985).* Ed. JOZSEF
HERMAN. Tübingen: Niemeyer 1987. VIII, 262 pp.

297 *Lectures anciennes de la Bible.* Cahiers de Biblia Patristica I.
Strasbourg: Centre d'Analyse et de Documentation patristiques
1987. 330 pp.

298 *Människouppfatningen i den senare antiken. Platonselskabet, symposium på Hanaholmen 3-5 juni 1985.* Red. HOLGER THESLEFF. Helsingfors: Klassisk-filologiska institutionen, Helsingfors universitet 1985. VI, 238 pp.

299 *The Majority Text: essays and reviews in the continuing debate.* Ed. by THEODORE P. LETIS. Fort Wayne, Ind.: Inst. for Reformation Biblical Studies 1987. XVI, 210 pp.

300 *I martiri della Val di Non e la reazione pagana alla fine del IV secolo. Atti del Convegno tenuto a Trento il 27-28 marzo 1984.* A cura di A. QUACQUARELLI; I. ROGGER [Pubblicazioni dell'Istituto di Scienze Religiose in Trento 9]. Bologna: Edit. Dehoniane 1985. 225 pp.

301 *The medieval Boethius. Studies in the vernacular translations of De Consolatione Philosophiae.* Ed. A.J. MINNIS. Cambridge: Brewer 1987. 196 pp.

302 *La Mère de Jésus-Christ et la communion des Saints dans la liturgie. Conférences Saint Serge. XXXIIe Semaine d'Études Liturgiques. Paris, 25-28 juin 1985.* Edd. A.M. TRIACCA; A. PISTOIA [EL Subsidia 37]. Roma: Edizioni Liturgiche 1986. 361 pp.

303 *Migne et le renouveau des études patristiques. Actes du colloque de Saint-Flour, 7-8 juillet 1975.* Edd. A. MANDOUZE; J. FOUILHERON [ThH 66]. Paris: Beauchesne 1985. 444 pp.

304 *Miscelánea Augusto Segovia* [Biblioteca Teológica Granadina 21]. Granada: Facultad de Teología 1986. 439 pp.

305 *Miscellanea historiae ecclesiasticae, VIII: Colloque de Strasbourg, septembre 1983, sur l'institution et les pouvoirs dans l'Église de l'Antiquité à nos jours.* Éd. par BERNARD VOGLER [Bibl. de la RHE 72]. Louvain: Bibl. de l'Univ.; Bruxelles: Nauwelaerts 1987. 563 pp.

306 *Miscellània papirològica Ramon Roca-Puig en el seu vuitantè aniversari.* Ed. SEBASTIA JANERAS. Barcelona: Fundació Salvador Vives Casajuana 1987. 349 pp.

307 *La misión del laico en la Iglesia y en el mundo. VIII Simposio Internacional de Teología.* Pamplona: Eunsa 1987.

308 *Monachisme d'Orient et d'Occident. La vie monastique en Occident de St. Benoit à St. Bernard.* Gordes: Association des Amis de Sénanque 1986. 115 pp.

309 *Le monde latin antique et la Bible.* Sous la direction de JACQUES FONTAINE; CHARLES PIETRI [Bible de tous les temps 2]. Paris: Beauchesne 1985. 672 pp.

310 *Monks, Hermits and the Ascetic Tradition. Papers read at the 1984 summer meeting and the 1985 winter meeting of the Ecclesiastical History Society.* Ed. by W.J. SHEILS [SCH 22]. Oxford: Blackwell 1985. XIII, 460 pp.

311 *Morte e immortalità nella catechesi dei Padri del III-IV secolo.* Convegno di studi e aggiornamento, Facoltà di Lettere cristiane e classiche, Pontificium Institutum Altioris Latinitatis, Roma, 16-18 marzo 1984. A cura di S. FELICI [BSRel 66]. Roma: Libreria Ateneo Salesiano 1985. 292 pp.

312 *La mujer en el mundo antiguo. Actas de las quintas jornadas de investigación interdisciplinaria.* Organizada por el Seminario de Estudios de la Mujer. Universidad Autónoma de Madrid. Ed. ELISA GARRIDO GONZALEZ. Madrid: Universidad Autónoma 1986. 438 pp.

313 *Mujeres del absoluto. El monacato femenino. Historia, instituciones, actualidad.* XX Semana de Estudios Monásticos. Ed. CLEMENTE DE LA SERNA GONZALEZ [Studia Silensia 12]. Silos: Abadía de Silos 1986. 478 pp.

314 MUNIER, CHARLES *Vie conciliaire et collections canoniques en Occident, IVe-XIIe siècles* [Collected Studies Series CS 265]. London: Variorum Reprints 1987. 318 pp.

315 *Mystik in den Traditionen des kirchlichen Ostens und Westens. Systematisch-theologische Referate des VIII. Theologischen Südosteuropaseminares in Budapest (24.-31.8.1986).* Ed. ADOLF MARTIN RITTER. Heidelberg: Wiss.-Theol. Seminar der Universität 1987. 179 pp.

316 *Nag Hammadi, Gnosticism, and early Christianity. A working seminar on Gnosticism and early christianity, Springfield, Missouri, 1983.* Edd. CHARLES W. HEDRICK; ROBERT HODGSON, Jr. Peabody, Mass.: Hendrickson 1987. XLIV, 332 pp.

317 *Nicée II, 787-1987. Douze siècles d'images religieuses. Actes du colloque international tenu au Collège de France 2-4 octobre 1986.* Ed. par F. BOESPFLUG et N. LOSSKY [Coll. Histoire]. Paris: Ed. du Cerf 1987. 526 pp.

318 *Noctes Noviomagenses J.C.F. Nuchelmans XIII lustris pr. kal. sept. anno Domini MCMLXXXV feliciter peractis rude donato ab amicis oblatae.* Editores G.J.M. BARTELINK et J.H. BROUWERS. Weesp: 1985. 175 pp.

319 *Nubian Culture: Past and Present. Main Papers presented at the Sixth International Conference for Nubian Studies in Uppsala, 11-16 August, 1986.* Ed. TOMAS HÄGG [Kungl. Vitterhets Historie och Antikvitets Akademien, Konferenser 17]. Stockholm: Almquist & Wiksell 1987. 438 pp.

320 *Nubische Studien. Tagungsakten der 5. internationalen Konferenz der International Society for Nubian Studies, Heidelberg, 22.-25. September 1982.* Hrsg. von MARTIN KRAUSE. Mainz: von Zabern 1986. XLII, 421 pp.

321 *Oorspronge in oënskou: opstelle oor die vroeë kerk ter ere van J.A.A. Stoop op sy 60. verjaardag.* Red. C. LANDMAN [Studia theologica 3]. Pretoria 1985. XII, 193 pp.

322 *L'opera letteraria di Agostino tra Cassiciacum e Milano. Agostino nelle terre di Ambrogio (1-4 ottobre 1986)* [Augustiniana. Testi e Studi 2]. Palermo: Edizioni Augustinus 1987. 221 pp.

323 *Origeniana Tertia: the Third International Colloquium for Origen Studies, University of Manchester September 7th-11th, 1981: papers.* Edd. RICHARD HANSON; HENRI CROUZEL. Roma: Edizioni dell'Ateneo 1985. 320 pp.

324 *Origeniana Quarta. Die Referate des 4. Internationalen Origeneskongresses (Innsbruck, 2.-6. September 1985).* Hrsg. von LOTHAR LIES [ITS 19]. Innsbruck; Wien: Tyrolia 1987. 505 pp.

325 *Patristica Nordica 2. Föreläsningar hållna vid det andra Nordiska patristikermötet i Lund 19-22 augusti 1986* [Religio 25]. Lund: Teologiska Institutionen i Lund 1987. 138 pp.

326 PÉPIN, JEAN *De la philosophie ancienne à la théologie patristique* [Collected Studies Series CS 233]. London: Variorum Reprints 1986. 348 pp.

327 *Per foramen acus. Il cristianesimo antico di fronte alla pericope evangelica del 'giovane ricco'* [SPMe 14]. Milano: Pubblicazioni della Università Cattolica del Sacro Cuore 1986. VIII, 565 pp.

328 PFLIGERSDORFFER, GEORG *Augustino praeceptori. Gesammelte Aufsätze zu Augustinus. Zum 1600-Jahre-Jubiläum der Taufe Augustins 387-1987.* Hrsg. von KARL FORSTNER und MAXIMILIAN FUSSL [Veröffentlich. des Intern. Forschungszentrums für Grundfragen der Wiss. N.F. 27, Salzburger patr. Studien 4]. Salzburg: Abakus-Verlag 1987. XIX, 308 pp.

329 *Pline l'Ancien Temoin de son Temps. Conventus Pliniani Internationalis Nanneti 22-26 Oct. 1985 habiti. Acta.* Edd. J. PIGEAUD; J. OROZ RETA [Bibliotheca Salmanticensis. Estudios 87]. Salamanca; Nantes: Universidad Pontificia de Salamanca 1987. 642 pp.

330 *Popoli e paesi nella cultura altomedievale, 23-29 aprile 1981* [Sett. di studi del Centro ital. di studi sull'alto medioevo 29]. Spoleto: 1983. 840 pp.

331 *Popoli e spazio romano tra diritto e profezia. Atti del III Seminario internazionale di studi storici Da Roma alla terza Roma, 21-23 aprile 1983* [Da Roma alla terza Roma. Docum. e studi 3]. Napoli: Ed. Scientifiche Italiane 1986. XXXIV, 684 pp.

332 *Das Priestertum in der Einen Kirche. Diakonat, Presbyterat und Episkopat. Regensburger Ökumenisches Symposion 1985, 15.7. bis 21.7.1985.* Edd. ALBERT RAUCH; PAUL IMHOF [Koinonia 4]. Aschaffenburg: Kaffke 1987. 255 pp.

333 *Problèmes d'histoire du christianisme, I: Propagande et contre-propagande religieuses.* Éd. par JACQUES MARX [Coll. internat. Bruxelles 14-15 mai 1986]. Bruxelles: Éd. de l'Université 1987. 238 pp.

334 *Problémy Křesťanství.* Sborník referátu z konference problémy křesťanství (Liblice 4.-7. června 1985). Praha: Kabinet pro studia řecká, římská a latinská ČSAV 1986. 306 pp.

335 *Proceedings of the PMR Conference (Patristic, Medieval and Renaissance) XI.* Villanova, Penna.: Augustinian Historical Institute of Villanova University 1986. II, 186 pp.

336 *Recherches sur l'histoire de la Bible Latine. Colloque organisé à Louvain-la-Neuve pour la promotion de H.J. Frede au doctorat honoris causa en théologie le 18 avril 1986.* Sous la dir. de ROGER GRYSON et PIERRE-MAURICE BOGAERT [Cahiers de la RThL 19]. Louvain-la-Neuve: Publ. de la Fac. de Théologie 1987. 157 pp.

337 *Les règles de l'interpretation.* Ed. par M. TARDIEU [Coll. Patrimoines]. Paris: Éd. du Cerf 1987. 232 pp.

338 *Vierter Internationaler Regula Benedicti-Kongreß. 4th International Congess on the Rule of St. Benedict. 4. Congrès International sur la Règle de S. Benoît. Ampleforth Abbey, York, 4.-10. 10. 1982* [RBS 12]. Hildesheim: Gerstenberg 1985. 248 pp.

339 *Fünfter Internationaler Regula Benedicti-Kongreß, St. Benoît de Fleury, 16.-21.9.1984. Emmanuel von Severus OSB zum 80. Geburtstag, 24.8.1988.* Ed. BERND JASPERT [RBS 14/15]. St. Ottilien: EOS-Verlag 1985/86 [1988]. VIII, 370 pp.

340 *Religion, Culture, and Society in the Early Middle Ages. Studies in Honor of Richard E. Sullivan.* Edd. THOMAS F.X. NOBLE; JOHN CONTRENI [Studies in Medieval Culture 23]. Kalamazoo, Mich.: Medieval Institute Publications, Western Michigan University 1987. 256 pp.

341 RIGGI, C. *Epistrophe. Tensione verso la Divina Armonia. Scritti di filologia patristica raccolti in occasione del LXX genetliaco.* A cura di B. AMATA [BSRel 70]. Roma: Libreria Ateneo Salesiano 1985. XXVI, 959 pp.

342 RIST, JOHN M. *Platonism and its Christian heritage* [Collected Studies Series CS 221]. London: Variorum Reprints 1985. 318 pp.

343 *The Roots of Egyptian Christianity.* Edd. BIRGER A. PEARSON; JAMES E. GOEHRING [Studies in Antiquity and Christianity]. Philadelphia, Penna.: Fortress Press 1986. XXIX, 319 pp.

344 RORDORF, WILLY *Liturgie, foi et vie des premiers chrétiens. Études patristiques* [ThH 75]. Paris: Beauchesne 1986. 520 pp.

345 *Saints et sainteté dans la liturgie.* Conférence Saint-Serge. XXXIIIe Semaine d'Etudes Liturgiques. Paris, 22-26 juin 1986. Edd. A.M.

TRIACCA; A. PISTOIA. [Bibliotheca «Ephemerides Liturgicae». Subsidia 40]. Roma: C.L.V. – Editiones Liturgiche 1987. 371 pp.

346   *Sangue e antropologia, V: Riti e culto. Atti della V Settimana, Roma, 26 nov. – 1 dic. 1984 (Centro Studi Sanguis Christi 5).* A cura di FRANCESCO VATTIONI, 3 voll. Roma: Ed. Pia Unione Preziosissimo Sangue 1987. 1853 pp.

347   *Seele. Problembegriff christlicher Eschatologie.* Hrsg. von WILHELM BREUNING [Quaestiones disputatae 106]. Freiburg: Herder 1986. 224 pp.

348   *Segni e riti nella Chiesa altomedievale, 11-17 aprile 1985* [Settimane di studio del Centro ital. di studi sull'alto medioevo 33]. Spoleto: Centro ital. di studi sull'alto medioevo 1987. 988 pp.

349   *Semanas de estudios romanos, III y IV 1986. Homenaje a Carlos A. Disandro.* Valparaíso: Ed. Univ. de Valparaíso 1987. 321 pp.

350   *Società romana e impero tardoantico, I: Istituzioni, ceti, economie; II: Roma, Politica, economia, paesaggio urbano; III: Le merci, gli insediamenti; IV: Tradizione dei classici, trasformazioni della cultura.* A cura di A. GIARDINA [Ist. Gramsci Semin. di antichistica Coll. storica] Roma; Bari: Laterza 1986. 824; 509; 641; 283 pp.

351   *Spätantike und frühbyzantinische Kultur Bulgariens zwischen Orient und Okzident. Arbeitsgespräch vom 8.-10. November 1983.* Ed. RENATE PILLINGER [Schriften der Balkankommission. Antiquarische Abteilung 16]. Wien: Verlag der Österr. Akademie der Wissenschaften 1986. 121 pp.

352   *Spiritualità del lavoro nella catechesi dei Padri del III-IV secolo. Atti del Convegno, Roma, 15-17 marzo 1985.* A cura di SERGIO FELICI [BSRel 75]. Roma: Libreria Ateneo Salesiano 1986. 284 pp.

353   *Christian Spirituality. Origins to the twelfth century.* Edd. BERNARD MCGINN; JOHN MEYENDORFF in collaboration with JEAN LECLERCQ [World Spirituality: An Encyclopedic History of the Religious Quest 16]. New York: Crossroad; Continuum 1985. XXV, 502 pp.; London: Routledge & Kegan Paul 1986. XIV, 502 pp.

354   *Sprachwissenschaftliche Forschungen. Festschrift für Johann Knobloch. Zum 65 Geburtstag am 5. Januar 1984 dargebracht von Freunden und Kollegen.* Hrsg. von H.M. OELBERG und GERNOT SCHMIDT unter Mitarbeit von H. BOTHIEN [IBK 23]. Innsbruck: Institut für Sprachwissenschaft 1985. XLI, 502 pp.

355   STEAD, CHRISTOPHER *Substance and Illusion in the Christian Fathers* [Collected Studies Series CS 224]. London: Variorum Reprints 1985. 330 pp.

356 *Le strade del testo*. A cura di GUGLIELMO CAVALLO [Studi e commenti 5]. Bari: Adriatica Ed. 1987. 159 pp.

357 STRAUB, J. *Regeneratio Imperii. Aufsätze über Roms Kaisertum und Reich im Spiegel der heidnischen und christlichen Publizistik, II.* Darmstadt: Wissenschaftliche Buchgesellschaft 1986. IX, 320 pp.

358 *Studi in onore di Adelmo Barigazzi, I, II* – Sileno 10/11 (1984/85) XI, 377; VIII, 273 pp.

359 *Studia Patristica 16: Papers presented to the 7th International Conference on Patristic Studies held in Oxford 1975,2: Monastica et Ascetica, Orientalia, E Saeculo Secundo, Origen, Athanasius, Cappadocian Fathers, Chrysostom, Augustine.* Edited by ELIZABETH A. LIVINGSTONE. With a Cumulative Index of Contributors to Studia Patristica, Vols. 1-16 [TU 129]. Berlin: Akademie-Verlag 1985. VIII, 614 pp.

360 *Studia Patristica 18,1: Historica, Theologica, Gnostica, Biblica. Papers of the 9th international Conference on patristic studies, Oxford 1983.* Ed. by E.A. LIVINGSTONE. Kalamazoo, Mich.: Cistercian Publ. 1986. XVI, 358 pp.

361 *Studia Virgiliana. Actes del VIè simposi d'estudis clàssics, 11-13 de febrer de 1981.* Estudis de liter. compar. I Bellatera (Barcelona) Servei de Publ. de la Univ. Autònoma de Barcelona 1985. 268 pp.

362 *Studien zur spätantiken und byzantinischen Kunst, Friedrich Wilhelm Deichmann gewidmet, I-III.* Hrsg. von OTTO FELD und URS PESCHLOW [Monogr. Römisch-German. Zentralmus. Forschungsinst. für Vor- und Frühgesch. 10]. Bonn: Habelt 1986. VII, 285 pp.; VI, 183 pp.; VI, 143 pp.

363 *Studien zum Text und zur Ethik des Neuen Testaments. Festschrift zum 80. Geburtstag von Heinrich Greeven.* Hrsg. von WOLFGANG SCHRAGE [BZNW 47]. Berlin: de Gruyter 1986. IX, 456 pp.

364 *The Study of Spirituality.* Edd. C. JONES; G. WAINWRIGHT; E. YARNOLD. New York; Oxford: Oxford University Press 1986, XXIX, 634 pp.

365 *Supplementum Festivum. Studies in Honor of Paul Oskar Kristeller.* Hrsg. von J. HANKINS, J. MONFASANI und F. PURNELL [Medieval and Renaissance Texts and Studies 49]. Binghampton, N.Y.: Medieval and Renaissance Texts and Studies 1987. XXXVIII, 630 pp.

366 *Le Symbolisme dans le culte des grandes religions.* Actes du Colloque de Louvain-la-Neuve, 4-5 octobre 1983. Ed. J. RIES. Louvain-la-Neuve: Centre d'Histoire des Religions 1985. 380 pp.

367 *IV Symposium Syriacum 1984. Literary Genres in Syriac Literature (Groningen-Oosterhesselen, 10-12 September).* Edd. HAN

J.W. DRIJVERS; RENÉ LAVENANT; C. MOLENBERG; G.J. REININK [OCA 229]. Roma: Pont. Inst. Stud. Orient. 1987. 485 pp.

368 ταλαρίσκος. *Studia Graeca Antonio Garzya sexagenario a discipulis oblata.* Ed. UGO CRISCUOLO. Napoli: D'Auria 1987. 481 pp.

369 *La terminologia esegetica nell'antichità. Atti del 1. Seminario di Antichità Cristiane, Bari, 25 ottobre 1984.* Edd. C. CURTI; J. GRIBOMONT; M. MARIN; G. OTRANTO; J. PEPIN; M. SIMONETTI; P. SINISCALCO [QVChr 20]. Bari: Edipuglia 1987. 178 pp.

370 *Testimonium Christi. Scritti in onore di Jacques Dupont.* Brescia: Paideia 1985. LXIII, 494 pp.

371 *Text and Testimony. Essays on New Testament and Apocryphal Literature in Honour of A.F.J. Klijn.* Edd. T. BAARDA; A. HILHORST; G.P. LUTTIKHUIZEN; A.S. VAN DE WOUDE. Kampen: Kok 1985. 286 pp.

372 *Texte und Textkritik. Eine Aufsatzsammlung.* In Zusammenarbeit mit JOHANNES IRMSCHER, FRANZ PASCHKE und KURT TREU hrsg. von JÜRGEN DUMMER [TU 133]. Berlin: Akademie-Verlag 1987. 638 pp.

373 *Tradition and re-interpretation in Jewish and early Christian literature: essays in honour of Jürgen C.H. Lebram.* Edd. J.W. VAN HENTEN; H.J. DE JONGE; P.T. VAN ROODEN; J.W. WESSELIUS [Studia post-biblica 36]. Leiden: Brill 1986. VIII, 313 pp.

374 *La tradizione dell'enkrateia. Motivazioni ontologiche e protologiche. Atti del colloquio internazionale, Milano, 20-23 aprile 1982.* Pubbl. a cura di UGO BIANCHI. Roma: Ed. dell'Ateneo 1985. XXXI, 800 pp.

375 *Le trasformazioni della cultura nella tarda antichità. Atti del convegno tenuto a Catania, Università degli Studi, 27 sett.-2 ott. 1982* [Coll. Storia 19]. Roma: Jouvence 1985. 993 pp.

376 *Varia studia in honorem W.J. Richards.* Coll. L. CILLIERS et A.H. SNYMAN. Univ. van die Oranje-Vrystaat Acta Acad. Reeks B XXII Bloemfontein 1987. XII, 449 pp.

377 *Los Visigodos. Historia y civilización.* Actas de la Semana Internacional de Estudios Visigóticos (Madrid-Toledo-Alcalá de Henares, 21-25 octubre 1985). Ed. A. GONZALEZ BLANCO [Antigüedad y Cristianismo. Monografías históricas sobre la Antigüedad tardía 3]. Madrid: Universidad de Murcia 1986. 558 pp.

378 *Weisheit Gottes – Weisheit der Welt. Festschrift für Joseph Kardinal Ratzinger zum 60. Geburtstag.* Im Auftag des Schülerkreises herausgegeben von WALTER BAIER et al. [mit einer Bibliographie

Kardinal Ratzingers]. St. Ottilien: EOS-Verlag 1987. 2 voll. XXVI, 1415 pp.

379 WENDLAND, P. *La cultura hellenistico-romana nei suoi rapporti con giudaismo e cristianesimo.* Ed. a cura di H. DOERRIE. Trad. dal tedesco con appendice bibliografica a cura di G. FIRPO [Biblioteca di storia e storiografia dei tempi biblici 2]. Brescia: Paideia Ed. 1986. 421 pp.

380 *Women of the medieval world. Essays in honour of John H. Mundy.* Ed. by J. KIRSHNER and S. WEMPLE. Oxford: Blackwell 1985. X, 380 pp.

381 *Die antike Zivilisation und die moderne Wissenschaft.* Edd. B.B. PIOTROVSKIJ et al. [in russischer Sprache]. Moskva: Nauka 1985. 344 pp.

I.6. Methodologica

382 ALDAMA, ANNA MARIA *Novedades en la edición de textos latinos* – ECl 28 (1986) 171-190

383 AMAND DE MENDIETA (†), E. *Un problème d'ecdotique. Comment manier la tradition manuscrite surabondante d'un ouvrage patristique.* In: *Texte und Textkritik* (cf. 1985-87, 372) 29-42

384 BROOTEN, BERNADETTE J. *Early Christian Women and their Cultural Context: Issues of Method in Historical Reconstruction.* In: *Feminist Perspectives in Biblical Scholarship.* Ed. A.Y. COLLINS [SBL Centennial Publications 10]. Chico, Calif. (1985) 65-91

385 COLPE, CARSTEN *Heilige Schriften* – RAC 14 (1987) Lief. 106, 184-223

386 DESREUMAUX, A. *Editer et étudier la littérature apocryphe. Un appel aux syriacisants et aux arabisants.* In: *IV Symposium Syriacum* (cf. 1985-87, 367) 457-463

387 KANNENGIESSER, CHARLES, SJ *Begriff und Ziel historischer Theologie heute* – Kairos 28 (1986) 1-10

388 KEE, HOWARD CLARK *Miracle in the early Christian world: a study in sociohistorical method.* New Haven, Conn.: Yale Univ. 1986.

389 MONDÉSERT, CLAUDE *Comment publier aujourd'hui les Pères de l'Église?* In: *Migne et le renouveau des études patristiques* (cf. 1985-87, 303) 339-347

390 SEELIGER, HANS REINHARD *Christliche Archäologie oder Spätantike Kunstgeschichte? Aktuelle Grundlagenfragen aus der Sicht der Kirchengeschichte* – RiAC 61 (1985) 167-187

391 SEELIGER, H.R. *Christliche Archäologie und Mentalitätsgeschichte* – RiAC 62 (1986) 299-313

I.7. Subsidia

392 *Argumente für Gott. Gott-Denker von der Antike bis zur Gegenwart. Ein Autoren-Lexikon.* Hrsg. von KARL-HEINZ WEGER unter Mitarbeit von KLEMENS BOSSONG. Freiburg i.Br.; Basel; Wien: Herder 1987. 430 pp.

393 *Atlas du christianisme.* Publ. par HENRY CHADWICK et G.R. EVANS, trad. par C. CANNUYER et R.P. POSWICK. Turnhout: Brepols 1987. 240 pp.

394 *Atlas zur Kirchengeschichte: Die christlichen Kirchen in Geschichte und Gegenwart.* Ed. HUBERT JEDIN, bearbeitet von JOCHEN MARTIN. Freiburg: Herder 1987. XXXVIII, 83, 152 pp.

395 *Tübinger Atlas des Vorderen Orients (TAVO). B VI,1: Östlicher Mittelmeerraum und Mesopotamien. Die Neuordnung des Orients in diokletianisch-konstantinischer Zeit (284-337 n. Chr.).* Hrsg. vom Sonderforschungsbereich der Universität Tübingen. Wiesbaden: Reichert 1984.

396 *Tübinger Atlas des Vorderen Orients (TAVO). B VI,2: Östlicher Mittelmeerraum. Das Christentum bis zum Konzil von Nikaia (325 n. Chr.).* Hrsg. vom Sonderforschungsbereich der Universität Tübingen. Wiesbaden: Reichert 1984.

397 *Tübinger Atlas des Vorderen Orients (TAVO). B VI,14: Armenien und Georgien. Christentum und Territorialentwicklung vom 4. bis 7. Jh..* Hrsg. vom Sonderforschungsbereich der Universität Tübingen. Wiesbaden: Reichert 1987.

398 *Tübinger Atlas des Vorderen Orients (TAVO). B VI,15: Ägypten. Das Christentum bis zur Araberzeit (bis zum 7. Jahrhundert).* Hrsg. vom Sonderforschungsbereich der Universität Tübingen. Wiesbaden: Reichert 1983.

399 *Augustinus-Lexikon.* Hrsg. von CORNELIUS MAYER, in Verbindung mit E. FELDMANN et al., red. K.H. CHELIUS. I,1-2: Aaron – Anima, animus. Basel: Schwabe 1986. LI, 320 col.

400 BEESON, C.H. *A Primer of Medieval Latin. An Anthology of Prose and Poetry.* With Notes, Vocabulary, and a brief Primer of Medieval Latin. Reprint of the 1925 edition. Washington: Catholic University of America Press 1986. 389 pp.

401 BERKOWITZ, L.; SQUITIER, K.A. *Thesaurus Linguae Graecae. Canon of Greek Authors and Works.* 2nd ed. New York; Oxford: Oxford University Press 1986. XLI, 341 pp.

402 *Biblia patristica. Index des citations et allusions bibliques dans la littérature patristique, IV: Eusèbe de Césarée, Cyrille de Jérusalem, Épiphane de Salamine.* Paris: Éd. du Centre National de la Recherche Scientifique 1987. 332 pp.

403 *Bibliotheca hagiographica Latina antiquae et mediae aetatis. Novum supplementum.* Ed. H. FROS [SHG 70]. Bruxelles: Société des Bollandistes 1986. 961 pp.

404 *Bibliotheca Sanctorum. Prima Appendice.* Roma: Cittá Nuova 1987. XXIX, 1482 col.

405 BLAISE, ALBERT *Manuel du latin chrétien.* Réimpr. anastatique. Turnhout: Brepols 1986. 209 pp.

406 BROSSE, O. DE LA *Chronologie universelle. Eglise et culture occidentale.* Paris: Hachette 1987. 502 pp.

407 BRUNSCH, W. *Index der koptischen und griechischen Personennamen in W.E. Crums Coptic Dictionary* – Enchoria 13 (1985) 133-154

408 CARREZ, MAURICE; MOREL,FRANÇOIS *Dictionnaire grec-français du Nouveau Testament.* 3e éd. rev. Genève: Labor et Fides; Pierrefitte: Soc. bibl. franç. 1985. 270 pp.

409 *Catalogus Translationum et Commentariorum, vol. 6: Medieval and Renaissance Latin Translations and Commentaries, Annotated Lists and Guides.* Edd. F. EDWARD CRANZ; V. BROWN; PAUL OSKAR KRISTELLER. Washington, D.C.: Catholic University of America Press 1986. XX, 203 pp.

410 *The Christian Faith in the Doctrinal Documents of the Catholic Church.* Edd. J. NEUNER et al. [rev. ed. 3rd print]. London: Collins 1986. XXXV, 740 pp.

411 *Clavis Patrum Graecorum, V: Indices, initia, concordantiae.* Cura et studio M. GEERARD et F. GLORIE. Turnhout: Brepols 1987. 293 pp.

412 *A Comparative Greek Concordance of the Synoptic Gospels.* Coll. and comp. ELMAR CAMILLO DOSSANTOS; ROBERT LISLE LINDSEY. Jerusalem: Dugith Publ. 1985. 451 pp.

413 *The concordance to the Peshitta version of the Aramaic New Testament.* Ed. by The Way International Research Team. New Knoxville, O.: American Christian Pr. 1985. XXII, 494 pp.

414 *Concordantiae Bibliorum sacrorum vulgatae editionis, ad recognitionem Iussu Sixti V. Pontif. Max. bibliis adhibitam recensitae et emendatae ac plusquam viginti quinque millibus versiculis auctae insuper et notis historicis, geographicis, chronologicis locupletatae.* Cura et studio F.P. DUTRIPON. Paris 1880. 2. Reprint Hildesheim: Olms 1986. XXIII, 1484 pp.

415 COPPENS, CYPRIANUS *Handboek voor Kerklatijn. Grammatica en vocabularium.* Herzien door J. BOOGAARTS et al. Turnhout: Brepols, Vereniging voor Latijnse Liturgie 1985. 227 pp.

416 CORTE, FRANCESCO DELLA *Dizionario degli Scrittori Greci e Latini.* 3 voll. Milano: Marzorati Editore 1987. XII, 796 pp.

417 DALMAN, BERNABÉ *Lèxic d'espiritualitat benedictina.* Pròleg de JOSEP M. SOLER I CANALS [Subsidia Monastica 18]. Montserrat: Publ. de l'Abadia 1987. 250 pp.

418 *Dictionnaire d'histoire et de géographie ecclésiastiques, XXI, fasc. 120, Gisa – Gniezno.* Paris: Letouzey et Ané 1985. Col. 1-256

419 *Dictionnaire d'histoire et de géographie ecclésiastiques, XXI, fasc. 121, Gniezno – Gollmayr.* Paris: Letouzey et Ané 1985. Col. 257-512

420 *Dictionnaire d'histoire et de géographie ecclésiastiques, XXI, fasc. 122-123, Gollmayr – Grado.* Paris: Letouzey et Ané 1985. Col. 513-1024

421 *Dictionnaire d'histoire et de géographie ecclésiastiques, XXI, fasc. 124, Grado-Gravesend.* Paris: Letouzey et Ané 1986. Col. 1025-1280

422 *Dictionnaire d'histoire et de géographie ecclésiastiques, fasc. 125, Gravesend-Grégoire.* Paris: Letouzey et Ané 1986. Col. 1281-1520

423 *Dictionnaire d'histoire et de géographie ecclésiastique, XXII, fasc. 126, Grégoire-Grimani.* Paris: Letouzey et Ané 1987. Col. 1-256

424 *Dictionnaire d'histoire et de géographie ecclésiastique, XXII, fasc. 127, Grimani-Gualter.* Paris: Letouzey et Ané 1987. Col. 257-512

425 *Dictionnaire d'histoire et de géographie ecclésiastique, XXII, fasc. 128, Gualter-Guibert.* Paris: Letouzey et Ané 1987. Col. 513-768

426 *Dictionnaire de spiritualité ascétique et mystique, XII, fasc. 80-82, Piatti – Prêtres du Coeur de Jésus.* Paris: Beauchesne 1985. Col. 1409-2176

427 *Dictionnaire de spiritualité ascétique et mystique, XII, fasc. 83-85, Prêtres du Coeur de Jésus-Quodvultdeus.* Paris: Beauchesne 1986. 2177-2942

428 *Dictionnaire de spiritualité ascétique et mystique, XIII, fasc. 86-88, Raban Maur-Robert d'Arbrissel.* Paris: Beauchesne 1987. Col. 1-704

429 ELLIOTT, JAMES K. *A Survey of Manuscripts Used in Editions of the Greek New Testament* [Supplements to NovTest 57]. Leiden: Brill 1987. XXXVI, 280 pp.

430 *Enciclopedia di teologia fondamentale I Storia, progetto, autori, categorie.* Cur. G. RUGGIERI. Genova: Marietti 1987. XXXVI, 755 pp.

431 ÉVRARD, ÉTIENNE *Trois concordances récentes d'auteurs latins* – ROIELA 19 (1983) 222-225

432 FERRUA, ANTONIO *Carmina epigraphica christiana Romana. Un indice dopo il Diehl e il Peek* – RiAC 63 (1987) 91-106

433 FISCHER-WOLLPERT, RUDOLF *Lexikon der Päpste.* Regensburg: Pustet 1985. 321 pp.

434 FOLZ, ROBERT *Les saints rois du Moyen Age en Occident: VIe-XIIIe siècles* [SHG 68]. Bruxelles: Société des Bollandistes 1984. 248 pp.

435 FUCHS, ALBERT *Konkordanz zu Gespräch Jesu mit dem Teufel. Version A und B* [Studien zum Neuen Testament und seiner Umwelt, Serie B 7. Die griechischen Apokryphen zum Neuen Testament 4]. Linz: A. Fuchs 1983. 132 pp.

436 GORMAN, G.E.; GORMAN, LYN *Theological and Religious Reference Materials. Systematic Theology and Church History* [Bibliographies and Indexes in Religious Studies 2]. London: Greenwood Press 1985.

437 *Handbuch der Ostkirchenkunde I.* Neu erarb. Ausg., hrsg. von WILHELM NYSSEN et al. Düsseldorf: Patmos Verl. 1984. XXXIV, 392 pp.

438 HEWETT, JAMES A. *New Testament Greek: a Beginning and Intermediate Grammar.* 3rd. ed. Peabody, Mass.: Hendrickson Publ. 1986. XV, 234 pp.

439 HOFFMANN, ERNST G.; SIEBENTHAL, HEINRICH VON *Griechische Grammatik zum Neuen Testament.* Basel: Freie Evang. Theol. Akad.; Riehen: Immanuel-Verlag 1985. XXII, 707 pp.

440 JANIS, NORMAN *A grammar of the Biblical accents* [Diss.]. Cambridge, Mass.: Harvard Univ. 1987. 384 pp. [microfilm; cf. summary in DissAbstr 48 (1988) 2861A]

441 *Kʿartʿul ḥelnacʾertʿa ag̀cʾeriloba kʿopʿili saeklesio muzeumis (A) kolekʿciisa tomi II-1, Šeadgines da dasabecʾdad moamzades.* T. BREGADZEM; C. KAḤABRIŠVILMA; M. KʿAVTʿARIAM; C. CʾANKIEVMA; L. ḤEVSURIANMA; E. METREVELIS redakʿciitʿ. Tbilisi: 1986. 251 pp.

442 KELLER, H.L. *Reclams Lexikon der Heiligen und der biblischen Gestalten. Legende und Darstellung in der bildenden Kunst.* 6., durchgesehene Aufl. Stuttgart: Reclam 1987. 655 pp.

443 KELLY, JOHN NORMAN DAVIDSON *The Oxford Dictionary of Popes.* Oxford; New York: Oxford University Press 1986. XIV, 347 pp.

444 KÖBLER, G. *Wörterverzeichnis zu den Concilia aevi Merovingici* [Arbeiten zur Sprach- und Rechtswissenschaft 7]. Giessen: Distler 1987. 144 pp.

445 KUTTNER, S.; ELZE, R. *A Catalogue of Canon and Roman Law Manuscripts in the Vatican Library, I: Codices Vaticani Latini 541-2299* [Studi e Testi 322]. Città del Vaticano: Bibl. Apost. Vaticana 1986. XXI, 334 pp.

446 *Das grosse Lexikon der Antike.* Hrsg. J. IRMSCHER. München: Heyne 1987. 607 pp.

447 MINASSIAN, MARTIROS *Répertoire des verbes de l'arménien ancien.* Vaduz; Genève: Publications de la Fondation des Frères Ghoukassiantz 1985. 294 pp.

448 MINASSIAN, MARTIROS *Vollständige Konkordanz des Evangeliums nach Johannes* [in armenischer Sprache mit französischer Einleitung] – HA 99 (1985) 53-232

449 MINASSIAN, MARTIROS *Vollständige Konkordanz des Evangeliums nach Matthäus* [in armenischer Sprache mit französischer Einleitung] – HA 100 (1986) 27-280

450 MINET, PAULA; LOSSKY, A. *Vocabulaire théologique orthodoxe.* Paris: Éd. du Cerf 1985. 205 pp.

451 NEBENZAHL, KENNETH *Maps of the Bible Lands: Images of Terra Sancta through Two Millenia.* London: Times Books 1986. 164 pp.

452 NEIRYNCK, F. *New Testament Vocabulary. Corrections and Supplement* – EThL 62 (1986) 134-140

453 *A New Dictionary of Liturgy and Worship.* Ed. JOHN GORDON DAVIES. London: SCM Pr. 1986. 544 pp.

454 NORDEN, EDUARD *La prosa d'arte antica, del VI secolo a.C. all'età della Rinascenza, I: L'antichità; II: Il medioevo e l'umanesimo.* Ed. ital. a cura di B.HEINEMANN CAMPANA, con una nota di aggiorn. di G. CALBOLI e una premessa di S. MARIOTTI. Roma: Salerno ed. 1986. XII, 1206 pp.

455 *Nuovo dizionario di Mariologia.* Edd. S. DE FIORES; S. MEO. Milano: Edizioni Paoline 1985. XXVI, 1560 pp.

456 O'CARROLL, M. *Trinitas. A Theological Encyclopedia of the Holy Trinity.* Wilmington, Del.: Michael Glazier 1987. 220 pp.

457 *Reallexikon für Antike und Christentum. Sachwörterbuch zur Auseinandersetzung des Christentums mit der antiken Welt (RAC), Bd. XIII, Lief. 99: Hagel (Forts.) – Hand II.* Edd. THEODOR KLAUSER (†); ERNST DASSMANN et al. Stuttgart: Hiersemann 1985. Col. 321-480

458 *Reallexikon für Antike und Christentum. Sachwörterbuch zur Auseinandersetzung des Christentums mit der antiken Welt (RAC), Bd. XIII, Lief. 100: Hand II (Forts.) – Harran.* Edd. THEODOR KLAUSER (†); ERNST DASSMANN et al. Stuttgart: Hiersemann 1985. Col. 481-640

459 *Reallexikon für Antike und Christentum. Sachwörterbuch zur Auseinandersetzung des Christentums mit der antiken Welt (RAC), Bd. XIII, Lief. 101: Harran (Forts.) – Haus I.* Edd. THEODOR KLAUSER (†); ERNST DASSMANN et al. Stuttgart: Hiersemann 1985. Col. 641-800

460 *Reallexikon für Antike und Christentum. Sachwörterbuch zur Auseinandersetzung des Christentums mit der antiken Welt (RAC),*

Bd. XIII, Lief. 102: Haus I (Forts.) – Haus III. Edd. ERNST DASSMANN et al. Stuttgart: Hiersemann 1986. Col. 801-960

461 *Reallexikon für Antike und Christentum. Sachwörterbuch zur Auseinandersetzung des Christentums mit der antiken Welt (RAC), Bd. XIII, Lief. 103: Haus III (Forts.) – Heiden.* Edd. ERNST DASSMANN et al. Stuttgart: Hiersemann 1986. Col. 961-1120

462 *Reallexikon für Antike und Christentum. Sachwörterbuch zur Auseinandersetzung des Christentums mit der antiken Welt (RAC), Bd. XIII, Lief. 104: Heiden (Forts.) – Heilgötter.* Edd. ERNST DASSMANN et al. Stuttgart: Hiersemann 1986. Col. 1121-1244

463 *Reallexikon für Antike und Christentum. Sachwörterbuch zur Auseinandersetzung des Christentums mit der antiken Welt (RAC), Bd. XIV, Lief. 105: Heilig – Heiligenverehrung II.* Edd. ERNST DASSMANN et al. Stuttgart: Hiersemann 1987. Col. 1-160

464 *Reallexikon für Antike und Christentum. Sachwörterbuch zur Auseinandersetzung des Christentums mit der antiken Welt (RAC), Bd. XIV, Lief. 106: Heiligenverehrung II (Forts.) – Hekate.* Edd. ERNST DASSMANN et al. Stuttgart: Hiersemann 1987. Col. 161-320

465 *Reallexikon für Antike und Christentum. Sachwörterbuch zur Auseinandersetzung des Christentums mit der antiken Welt (RAC), Bd. XIV, Lief. 107: Hekate (Forts.) – Henoch.* Edd. ERNST DASSMANN et al. Stuttgart: Hiersemann 1987. Col. 321-480

466 *Reallexikon für Antike und Christentum. Sachwörterbuch zur Auseinandersetzung des Christentums mit der antiken Welt (RAC), Supplement-Lieferung 1/2: Aaron – Amen.* Edd. THEODOR KLAUSER (†); ERNST DASSMANN et al. Stuttgart: Hiersemann 1985. Col. 1-320

467 *Reallexikon für Antike und Christentum. Sachwörterbuch zur Auseinandersetzung des Christentums mit der antiken Welt (RAC), Supplement-Lieferung 3: Amen – Anredeformen.* Edd. ERNST DASSMANN et al. Stuttgart: Hiersemann 1985. Col. 321-480

468 *Reallexikon für Antike und Christentum. Sachwörterbuch zur Auseinandersetzung des Christentums mit der antiken Welt (RAC), Supplement-Lieferung 4: Anredeformen (Forts.) – Athen I.* Edd. ERNST DASSMANN et al. Stuttgart: Hiersemann 1986. Col. 481-640

469 *Répertoire d'incipit de sermons latins. Antiquité tardive et Moyen Age.* Paris: I.R.H.T.; Cambridge: Chadwyck-Healey 1987. 273 microfiches

470 SARTORE, D.; TRIACCA, A.M. *Nuevo Diccionario de Liturgia.* Cur. J.M. CANALS. Madrid: Paulinas 1987. 2140 pp.

471 *Theologenlexikon. Von den Kirchenvätern bis zur Gegenwart.* Hrsg. von WILFRIED HÄRLE und HARALD WAGNER. München: Beck 1987. XIV, 268 pp.

472 *Theological Dictionary of the New Testament.* Ed. GERHARD KITTEL and GERHARD FRIEDRICH, abridged in one volume by GEOFFREY W. BROMILEY. Grand Rapids, Mich.: Eerdmans 1985. XXXVI, 1356 pp.

473 *Theologische Realenzyklopädie (TRE), XIV: Gottesdienst – Heimat.* Edd. GERHARD MÜLLER et al. Berlin; New York: de Gruyter 1985. 804 pp.

474 *Theologische Realenzyklopädie (TRE), XV: Heinrich II. – Ibsen.* Edd. GERHARD MÜLLER et al. Berlin; New York: de Gruyter 1986. 808 pp.

475 *Theologische Realenzyklopädie (TRE), XVI: Idealismus – Jesus Christus IV.* Edd. GERHARD MÜLLER et al. Berlin; New York: de Gruyter 1987. 795 pp.

476 TIMM, S. *Das christlich-koptische Ägypten in arabischer Zeit. Eine Sammlung christlicher Stätten in Ägypten in arabischer Zeit, unter Ausschluß von Alexandria, Kairo, des Apa-Mena-Klosters(Dēr Abū Mina), der Skētis (Wādi n-Nāṭrūn) und der Sinai-Region. Teil I (A-C)* [Beihefte zum Tübinger Atlas des Vorderen Orients, Reihe B, 41/1]. Wiesbaden: Reichert 1984. VII, 485 pp.

477 TOWNSLEY, DAVID; BJORK, RUSSELL *Scripture Index to the New International Dictionary of New Testament Theology and Index to Selected Extrabiblical Literature.* Grand Rapids, Mich.: Zondervan 1985. 320 pp.

478 WENHAM, JOHN W. *Initiation au Grec du Nouveau Testament: grammaire – exercices – vocabulaire.* Trad. et adaption de l'anglais par C.B. AMPHOUX. Paris: Beauchesne 1986. XIX, 269 pp.

I.8. Opera ad historiam ecclesiasticam sive saecularem spectantia

479 AALDERS, GERHARD JEAN DANIEL *Synagoge, kerk en staat in de eerste vijf eeuwen.* Kampen: Kok 1985. 104 pp.

480 ACHTEMEIER, J.P. *An Elusive Unity: Paul, Acts and the Early Church* – CBQ 48 (1986) 1-26

481 ADŽINDŽAL, JE. K. *Sur un aspect de la diplomatie byzantine de haute époque au Caucase* [in russischer Sprache mit französischer Zusammenfassung] – VDI 182 (1987) 174-187

482 ALONSO CAMPOS, J.I. *Sunna, Masona y Nepopis. Las luchas religiosas durante la dinastía de Leovigildo.* In: *Los Visigodos* (cf. 1985-87, 377) 151-157

483 ALVAREZ GOMEZ, J. *Historia de la vida religiosa. I. Desde los orígenes hasta la reforma cluniacense.* Madrid: Instituto Teológico de Vida Religiosa 1987. 587 pp.

484 ALZATI, C. *Metropoli e sedi episcopali tra tarda antichità e alto medioevo.* In: *Chiesa e società. Appunti per una storia delle diocesi lombarde* (cf. 1985-87, 235) 47-78

485 AMENGUAL I BATLE, JOSEP *Origens del Cristianisme a les Balears i el seu desenvolupament fins a l'època musulmana.* Resum de Tesi doctoral. Ciutat de Mallorca: 1986. 38 pp.

486 ANASTOS, M.V. *The Emperor Justin I's Role in the Restoration of Chalcedonian Doctrine, 518-519* – Byzantina 13 (1985) 126-139

487 ANDERSON, GORDON L. *The legal basis for the treatment of Christianity, 30-312 C.E.* [Diss.]. University of Minnesota 1986. VIII, 535 pp.

488 ANTON, A. *El mistero de la Iglesia. Evolución histórica de las ideas eclesiológicas I En busca de una eclesiología y de la reforma* [BAC maior 26]. Madrid; Toledo: Ed. Catolica – Estudio Teologice de San Ildefonso 1986. XXXII, 893 pp.

489 ANTON, HANS HUBERT *Trier im frühen Mittelalter.* Paderborn; München; Wien; Zürich: F. Schöningh 1987. 237 pp.

490 ANTON, HANS HUBERT *Trier im Übergang von der römischen zur fränkischen Herrschaft* – Francia 12 (1984, ersch. 1985) 1-51

491 ARCHI, G.G. *Aspetti della libertà religiosa nel V e VI secolo. Legislazione teodosiana e giustinianea.* In: *Satura Roberto Feenstra LXV annum aetatis complenti ab alumnis collegis amicis oblata.* Cur. J.A. ANKUM et alii. Freiburg, Schweiz: Ed. Univ. (1985) 229-237

492 ARMSTRONG, ARTHUR HILARY *Expectations of Immortality in Late Antiquity* [Aquinas lecture 51]. Milwaukee, Wis.: Marquette Univ. Press 1987. 63 pp.

493 ARMSTRONG, ARTHUR HILARY *The Way and the Ways. Religious Tolerance and Intolerance in the Fourth Century A.D.* In: *Christians, Jews, «others» in the late antiquity* (cf. 1985-87, 238) 357-372

494 ARNALDI, G. *Alle origini del potere temporale dei papi: riferimenti dottrinali, contesti ideologici e pratiche politiche.* In: *La Chiesa e il potere politico dal Medioevo all'età contemporanea.* Edd. G. CHITTOLINI; G. MICCOLI. Torino: Einaudi (1986) 43-71

495 ARNALDI, G. *Gregorio Magno, i «patrimoni di S. Pietro» e le autorità imperiali in Italia e in Sicilia.* In: *Miscellanea in onore di Ruggero Moscati.* Napoli: Edizioni scientifiche italiane (1985) 39-46

496 ARNALDI, GIROLAMO *L'approvvigionamento di Roma e l'amministrazione dei «patrimoni di S. Pietro» al tempo di Gregorio Magno* – StRo 34 (1986) 25-39

497 ASDRUBALI PENTITI, GIOVANNA *Paganesimo e cristianesimo nell'Italia centrale* – Miscellanea greca e romana. Studi pubblicati dall'Ist. ital. per la storia antica (Roma) 12 (1987) 211-263

498 AUGELLO, GIUSEPPE *La donna dai Vangeli alla seconda età apostolica.* In: *Donna e società.* Ed. JANNE VIBAEK [Quad. del Circolo semiologico siciliano 26/27]. Palermo: Arte Grafiche Siciliane (1987) 133-139

499 AVERINCEV, SERGEJ SERGEEVIČ *Die Symbolik des frühen Mittelalters zu einem Problemkreis.* In: *Studien zur Geschichte der westlichen Philosophie: elf Arbeiten jüngerer sowjetischer Autoren.* Hrg. von MOTROŠILOVA NELLI VASIL'EVNA. Frankfurt, Main: Suhrkamp (1986) 72-104

500 AVERINCEV, SERGEJ SERGEEVIČ *Na granice civilizacij i epoch: vklad vostočnych okrain rimsko-vizantijskogo mira v potgotovku duchovnoj kul'tury evropejskogo srednevekov'ja* (= *Auf der Grenze von Zivilisationen und Epochen: der Beitrag der östlichen Randgebiete der römisch-byzantinischen Welt zur Vorbereitung der geistigen Kultur des europäischen Mittelalters).* In: *Vostok-Zapad. Issledovanija. Perevody. Publikacii.* Moskva: Nauka (1985) 5-20

501 AYDIN, M. *Hz. Muhammed devrinde Islâm-Hiristiyan münasebetlerine toplu bir bakiş* [Allgemeiner Überblick über die islamisch-christlichen Beziehungen zur Zeit Mohammeds] – Belleten (Ankara) 49 (1986) 53-64

502 AZIZA, C. *Quelques aspects de la polémique judéo-chrétienne dans l'Afrique romaine (IIe-VIe s.).* In: *Juifs et judaïsme en Afrique du Nord dans l'Antiquité et le haut Moyen Age.* Sous la dir. de C. IANCU et J.M. LASSERE. Montpellier: Univ. Paul-Valéry (1985) 49-56

503 BABCOCK, WILLIAM S. *MacMullen on Conversion: a Response* – SecCent 5 (1985/86) 82-89

504 BAGNALL, ROGER S. *Church, slate and divorce in late Roman Egypt.* In: *Florilegium Columbianum. Essays in honor of Paul Oscar Kristeller.* Ed. KARL LUDWIG SELIG; ROBERT SOMMERVILLE. New York, N.Y.: Italica Pr. (1987) 41-61

505 BAJO, F. *Las «viduae ecclesiae» de la Iglesia occidental (s.IV-V)* – HispAnt 11/12 (1981-85) 81-89

506 BALDINI, A. *Problemi della tradizione sulla «distruzione» del Serapeo di Alessandria* – RSA 15 (1985) 97-152

507 BALDŽIEV, P. *Das Patriarchat von Konstantinopel und die Pentarchie.* In: *Christentum in Bulgarien* (cf. 1985-87, 237) 215-219

508 BARBERO DE AGUILERA, ABILIO *El conflicto de los Tres Capítulos y las iglesias hispánicas en los siglos VI y VII* – StHHM 5 (1987) 123-144

509 BARNEA, I. *Le christianisme des prémiers six siècles au nord du Bas-Danube à la lumière des sources littéraires et des découvertes archéologiques.* In: *Christentum in Bulgarien* (cf. 1985-87, 237) 39-50

510 BARNES, T.D. *Christians and Pagans in the reign of Constantius.* In: *L'Église et l'empire au IVe siècle* (cf. 1985-87, 255) 301-343

511 BARNES, T.D. *Constantine and the Christians of Persia* – JRS 75 (1985) 126-136

512 BARNES, T.D. *The conversion of Constantine* – EMC 29 (1985) 371-391

513 BARNES, TIMOTHY D. *The Constantinian reformation.* In: *The Crake lectures 1984. A classical symposium held September 27-28 in conjunction with the opening of the Crake Reading Room, Mount Allison University.* Sackville (New Brunswick), Canada: The Crake Institute (1986) 39-57

514 BARTELINK, G.J.M. *Het vroege christendom en de antieke cultuur.* Muiderberg: Coutinho 1986. 188 pp.

515 BASSOLE, J.-Y. Ἡ ἀποποίηση τῆς ἐξουσίας ἀπό τον Μεγάλο Κωνσταντίνο το 306. Ἕνα «adulescentiae error». In: ΣΤ' Πανελλήνιο Ἱστορικό Συνέδριο. Πρακτικά. Thessalonike (1986) 7-17

516 BELTRAN TORREIRA, FEDERICO MARIO *El concepto de Barbarie en la Hispania visigoda.* In: *Los Visigodos* (cf. 1985-87, 377) 53-60

517 BENATI, A. *L'area esarcale del basso ferrarese dai bizantini ai longobardi: strutture civili e religiose.* In: *La civiltà comacchiese e pomposiana dalle origini preistoriche al tardo medioevo. Atti del convegno nazionale di studi storici (Comacchio, 17-19 maggio 1984).* Bologna: Nuova Alfa editoriale (1986) 401-442

518 BENKO, STEPHEN *Pagan Rome and the Early Christians.* 1. Midland Book ed. Bloomington, Ind.: Indiana Univ. Pr. 1986. XI, 180 pp.

519 BERARDINO, ANGELO DI *La catechesi per l'uomo nuovo attraverso le istituzioni del III secolo.* In: *Crescita dell'uomo nella catechesi dei Padri* (cf. 1985-87, 247) 73-86

520 BERG, HEINRICH *Bischöfe und Bischofssitze im Ostalpen- und Donauraum vom 4. bis zum 8. Jahrhundert.* In: *Die Bayern und ihre Nachbarn, I* (cf. 1985-87, 221) 61-108

521 BERNARDI, JEAN *Les premiers siècles de l'Église*. Paris: Éd. du Cerf 1987. 182 pp.

522 BERROUARD,MARIE-FRANÇOIS *Un tournant dans la vie de l'Église d'Afrique. Les deux missions d'Alypius en Italie à la lumière des Lettres 10*, 15*, 16*, 22* et 23*A de saint Augustin* – REA 31 (1985) 46-70

523 BERSCHIN, W. *Columban und Gallus in Bregenz* – Montfort. Zeitschrift für Geschichte, Heimat- und Volkskunde Voralbergs (Dornbirn) 38 (1986) 160-164

524 BESCHAOUCH, A. *De l'Africa latino-chrétienne à l'Ifriqiya arabo-musulmane. Questions de toponymie* – CRAI (1986) 530-549

525 BESKOW, PER *Judendom och kristendom i de östliga provinserna under det tredje århundradet*. In: *Judendom och kristendom under de första århundradena* (cf. 1985-87, 101) II 125-132

526 BIRLEY, A.R. *Some notes on the Donatist schism* – Libyan Studies (London) 18 (1987) 29-41

527 BISBEE, GARY ALLEN *Pre-Decian acts of martyrs and commentarii* [Diss.]. Cambridge, Mass.: Harvard Univ. 1986. X, 224 pp. [microfilm; cf. summary in DissAbstr 48 (1987) 384A]

528 BISCARDI, ARNALDO *Il culto cristiano e la sua esclusione dal Pantheon di Roma imperiale* – BIDR 89 (1986) 165-184

529 BLACHOPOULOS, P.T. Ὁ Μέγας Κωνσταντίνος καὶ ἡ διαμόρφωση του Βυζαντινού Κράτους. Μετάβαση ἀπό τον Ἀρχαῖο στο Μεσαιωνικό Κόσμο. Athenai: Βιβλιοπωλείο των βιβλιοφίλων 1986. 86 pp.

530 BLANCH, J. *Arxiepiscopologi de la santa esglesia metropolitana i primada de Tarragona*. Transcrip i prologació: JOAQUIM ICART. Edición facsimil de la Tarragona de 1951. Tarragona: Disputación Provincial, Istitut d'Estudis Tarragonenses Ramon Berenguer IV 1985. 192 pp.

531 BLANCHETIERE, FRANÇOIS *Judaïsmes et christianismes. Continuité par-delà les ruptures* – Ktèma 10 (1985) 37-42

532 BLOIS, L. DE *De christenen in het Romeinse Rijk van de tweede tot de vierde eeuw* – Hermeneus 58 (1986) 70-79

533 BOBER, O. *Autorzy pogańscy o chrzecijaństwie (Galen, Ammianus Marcellinus)* – VoxP 10 (1986) 311-332

534 BOEFT, J. DEN *Christendom en mysteriën* – Hermeneus 58 (1986) 98-105

535 BOISSIER, GASTON *La fin du paganisme. Etude sur les dernières luttes religieuses en occident au quatrième siècle*. 2 voll. Paris 1891. Reprint Hildesheim: Olms 1987. 978 pp.

536 BOJADŽIEV, D. *L'aspect linguistique de la christianisation de la Thrace: l'inscription latine de l'an 580 de Serdica.* In: *Christentum in Bulgarien* (cf. 1985-87, 237) 127-139

537 BOLGIANI, F. *Cristianesimo e potere. Spunti e riflessioni per i sec. II-VI.* In: *Cristianesimo e potere. Atti del seminario tenuto a Trento il 21-22 giugno 1985.* Edd. P. PRODI; L. SARTORI [Istituto Trentino di Cultura. Publ. d. Istituto di Scienze Religiose in Trento 10]. Bologna: Centro Ed. Dehoniano (1986) 83-100

538 BOLGIANI, FRANCO *Ortodossia ed eresia. Il problema storiografico nella storia del Cristianesimo e la situazione «Ortodossia – Eresia» agli inizi della storia cristiana.* Torino: Celid 1987. 127 pp.

539 BONNET, C. *Aoste aux premiers temps chrétiens.* Aoste: Musumeci 1986. 67 pp.

540 BONNET, C. *Genève aux premiers temps chrétiens* Genève: Fondation des Clèfs de Saint-Pierre 1986. 71 pp.

541 BOSSMAN, DAVID M. *Authority and Tradition in First Century Judaism and Christianity* – BibThBul 17 (1987) 3-9

542 BOSWELL, J. *Christianisme, tolérance sociale et homosexualité. Les homosexuels en Europe occidentale des débuts de l'ère chrétienne au XIVe s.* Paris: Bibl. des Histoires Gallimard 1985. 527 pp.

543 BOULOUIS, AGNES *Références pour la Conversion du Monde Païen aux VIIe-VIIIe siècles: Augustin, Césaire d'Arles, Grégoire le Grand* – REA 33 (1987) 90-112

544 BOUVET, M.-B. *Les relations entre les Eglises des Gaules et le Siège apostolique (440-604). Etudes de la correspondance et de sa reception jusqu'à Gratien* – Ecole nationale des Chartes ... Positions de thèses (1985) 23-29

545 BOWERSOCK, G. *From emperor to bishop. The self-conscious transformation of political power in the fourth century A.D.* – ClPh 81 (1986) 298-307

546 BOWMAN, ALAN K. *Egypt after the pharaohs, 332 B.C. – A.D. 642: from Alexander to the Arab conquest.* Oxford: University Pr. 1986. 268 pp.

547 BRADBURY, SCOTT ARLEN *Innovation and reaction in the age of Constantine and Julian* [Diss.]. Berkeley, Calif.: Univ. of California 1986. 223 pp. [microfilm; cf. summary in DissAbstr 48,5 (1987) 1286A-1287A]

548 BRÄNDLE, R. *Christen und Juden in Antiochien in den Jahren 386/87. Ein Beitrag zur Geschichte altkirchlicher Judenfeindschaft* – Judaica 43 (1987) 142-160

549 BRANDES, W. *Apokalyptisches in Pergamon* – Byslav 48 (1987) 1-11

550 BRATOŽ, R. *Das Christentum in Slowenien in der Spätantike. Ein geschichtlicher Abriß.* In: *Kulturhistorische und archäologische Probleme des Südostalpenraumes* (cf. 1985-87, 295) 32-54

551 BRATOŽ, R. *Krščanstvo v Ogleju in na vzhodnem uplivnem območju oglejske cerkve od začetkov do nastopa verske svobode (= Das Christentum in Aquileia und in dem östlichen Einflussgebiet der Kirche von Aquileia seit den Anfängen bis zur Einführung der Glaubensfreiheit)* [in slowenischer Sprache]. Ljubljana: Teološka fakulteta Znastveni institut Filosofske fakultete 1986. 395 pp.

552 BRATOŽ, R. *Razvoj organizacije zgodnjekrščanske cerkve na ozemlju Jugoslavije od 3. do 6. stoletja (= Entwicklung und Organisation der frühchristlichen Kirche auf dem Gebiet Jugoslawiens vom 3. bis zum 6. Jahrhundert)* [slowenisch mit deutscher Zusammenfassung] – Zgodovinski časopis 40/4 (1986) 363-395

553 BREENGAARD, CARSTEN *De tidligste kristenforfølgelser og de forfulgtes religion* – Fønix 11 (1987) 104-120

554 BREENGAARD, CARSTEN *Er du kristen? Romermagt og kristne fra Paulus til Ignatios af Antiokia. Et kristendomshistorisk essay.* København: G.E.C. Gad 1986. 150 pp.

555 BRENNAN, BRIAN *Senators and Social Mobility in Sixth-Centurya Gaul* – JMH 11 (1985) 145-161

556 BRENNAN, BRIAN *Sources for the reign of Constantius II* – Ancient society, Resources for Teachers (North Ryde, Australia) 16 (1986) 137-145

557 BRENNAN, BRIAN *The Conversion of the Jews of Clermont in AD 576* – JThS 36 (1985) 321-337

558 BRIERE, JEAN *Les racines bibliques du pèlerinage chrétien.* In: *Les chemins de Dieu. Histoire des pèlerinages chrétiens des origines à nos jours.* Éd. par JEAN CHELINI et HENRY BRANT-HOMME, préf. FRANÇOIS MARTY. Paris: Hachette (1982) 23-53

559 BROCKMEIER, BEATE *Der große Friede 332 n. Chr. Zur Außenpolitik Konstantins des Großen* – BJ 187 (1987) 79-100

560 BROWN, PETER *Die letzten Heiden. Eine kleine Geschichte der Spätantike.* Vorwort von PAUL VEYNE. Aus dem Englischen von H. FLIESSBACH. Berlin: Wagenbach-Verlag 1986. 156 pp.

561 BROWN, RAYMOND E. *L'Église héritée des Apôtres.* Trad. par M.-F. BRUNET [Coll. Lire la Bible 76] Paris: Éd. du Cerf 1987. 269 pp.

562 BROWNING, R. *Justinian and Theodora.* Revised edition. New York: Thames and Hudson 1987. 208 pp.

563 BROWNING, R. *The Greek World, Classical, Byzantine and Modern.* London: Thames & Hudson 1985. 328 pp.

564 BROX, NORBERT *Historia de la Iglesia primitiva*. Trad. del alemán. Barcelona: Herder 1986. 264 pp.

565 BROX, NORBERT *Zur christlichen Mission in der Spätantike* – Theologisches Jahrbuch (Leipzig) (1987) 389-421

566 BRUGGISSER, PHILIPPE *Orator disertissimus. A propos d'une lettre de Symmaque à Ambroise* – Her 115 (1987) 106-115

567 BRUUN, PATRICK *Den konstantinska teokratin*. In: *Idékonfrontation under senantiken* (cf. 1985-87, 285) 87-100

568 BUCCI, O. *La politica culturale di Cosroe Anusirvan (531-579) la chiusura delle scuole di Atene (529) e l'esilio degli ultimi maestri pagani in Persia*. In: *Studi in onore di Arnaldo Biscardi, VI*. Milano: La Goliardica (1987) 507-552

569 BUDANOVA, V.P. *Drevnie avtory o razmeščenii gotov na Balkanach nakanune ich pereselenija na territoriju imperii* – ViVrem 46 (1986) 52-58

570 BUONOCORE, M. *Munera e venationes: una risposta pagana all'infiltrazione del Cristianesimo nell'Abruzzo romano?* – VetChr 22 (1985) 91-104

571 BURIAN, J. *Diokletian, Konstantin und die Spätantike. Ein Diskussionsbeitrag*. In: *Studien zur alten Geschichte. Siegfried Lauffer zum 70. Geburtstag*. Edd. H. KALCYK; B. GULLATH; A. GRAEBER [Historica 2]. Roma: Giorgio Bretschneider (1986) 95-106

572 BURIAN, J. *Vztah křesťanskych obcí k římskému státu za raného císařství (= Die Beziehungen der frühchristlichen Gemeinden zum römischen Staat während des Prinzipates)* [mit deutscher Zusammenfassung]. In: *Problémy Křesťanství* (cf. 1985-87, 334) 17-31

573 BUSSE, HERIBERT; KRETSCHMAR, GEORG *Jerusalemer Heiligtumstraditionen in altkirchlicher und frühislamischer Zeit* [Abhandlungen des Deutschen Palästinavereins]. Wiesbaden: Harrassowitz 1987. 111 pp.

574 CALDERONE, SALVATORE *Comunità ebraiche e cristianesimo in Sicilia nei primi secoli dell'era volgare*. In: *Cristianesimo in Sicilia* (cf. 1985-87, 248) 41-61

575 CALLAN, T. *Forgetting the Root: The Emergence of Christianity from Judaism*. New York: Paulist Press 1986. VII, 131 pp.

576 CALTABIANO, M. *L'assassinio di Giorgio di Cappadocia (Alessandria, 361 d.Chr.)* – QC 7 (1985) 17-59

577 CAMERON, AVERIL *Herrscherkult III. Alte Kirche ab Konstantin* – TRE 15 (1986) 253-255

578 CARCEL ORTI, V. *Historia de la Iglesia en Valencia*. 2a. ed. Valencia: Arzobispado de Valencia 1987. 1091 pp.

579 CARCIONE, FILIPPO *La politica religiosa di Giustiniano nella fase conclusiva della seconda controversia origenista (543-553)*.

Gli intrecci con la controversia sui Tre Capitoli – StROC 9 (1986) 131-147

580 CARCIONE, FILIPPO *La politica religiosa di Giustiniano nella fase iniziale della «seconda controversia origenista» (536-543). Un nuovo fallimentare tentativo di integrazione tra monofisismo e calcedonianesimo alla vigilia della controversia sui Tre Capitoli* – StROC 8 (1985) 1-18

581 CARON, PIER GIOVANNI *«Non asperis, sed blandis verbis ad fidem sunt aliqui provocandi».* In: *I diritti fondamentali della persona umana e la libertà religiosa.* Roma: Libreria Editrice Lateranense – Libreria Editrice Vaticana 1985. 794 pp. 397-402

582 CARROLL, WARREN H. *A history of Christendom. Vol. 1: The founding of Christendom.* Front Royal: Christendom College Pr. 1985. 605 pp.

583 CASTELLO, CARLO *L'unione fra cattolici e donatisti disposta da Onorio nel 412 ed i suoi immediati precedenti storici.* In: *Atti dell'Accademia Romanistica Costantiniana* (cf. 1985-87, 212) 23-38

584 CAVALLO, GUGLIELMO *Culture et circulation des livres à l'époque de Justinien* – Faventia 9 (1987) 51-64

585 ČEŠKA, J. *Politika a teologie v pozdní římské říši (= Politik und Theologie im spätröm. Reich)* [mit deutscher Zusammenfassung]. In: *Problémy Křesťanství* (cf. 1985-87, 334) 48-61

586 ČEŠKA, J. *Zum Macht- und Einflußbereich der Kirche im spätrömischen und frühbyzantinischen Staat.* In: *From Late Antiquity to Early Byzantium* (cf. 1985-87, 266) 65-68

587 CHAHIN, M. *The Kingdom of Armenia.* London; New York; Sydney: Croom Helm 1987. XIX, 332 pp.

588 CHRISTENSEN, TORBEN *Kampen mellem kristendom og hedenskab i det 4. århundrede.* In: *Idékonfrontation under senantiken* (cf. 1985-87, 285) 5-25

589 *Christianity and paganism, 350-750: the conversion of Western Europe.* Edited by J.N. HILLGARTH. Rev. ed. Philadelphia, Penna.: University of Pennsylvania Press 1986. XVIII, 213 pp.

590 CHURRUCA, JUAN DE *El episodio cristiano de Peregrino Proteo* – EDeusto 35 (1987) 489-513

591 CHUVIN, P. *La date de la conversion de l'Égypte* – BulBudé (1986) 395-396

592 CICALA, VALERIA *Optimus princeps rerum humanarum. Ideologia imperiale ed ottica cristiana nella propaganda politica constantiniana* – RSA 16 (1986) 183-187

593 CLAUSS, M. *Mithras und Christus* – HZ 243 (1986) 265-285

594 CLAUSS, MANFRED *Heerwesen (Heeresreligion)* – RAC 13 (1986) Lief. 103, 1073-1113

595 CLÉVENOT, MICHEL *Von Jerusalem nach Rom: Geschichte des Christentums im ersten Jahrhundert.* Übers. von KUNO FUESSEL. Freiburg, Schweiz: Ed. Exodus 1987. 193 pp.

596 COLPE, CARSTEN *Die älteste judenchristliche Gemeinde.* In: *Die Anfänge des Christentums* (cf. 1985-87, 201) 61-87

597 COMBY, JEAN *Pour lire l'histoire de l'Église, I: Des origines au XVe siècle.* Paris: Éd. du Cerf 1986 1986. 202 pp.

598 CONSOLINO, FRANCA ELA *Modelli di comportamento e modi di santificazione per l'aristocrazia femminile d'Occidente.* In: *Società romana e impero tardoantico* (cf. 1985-87, 350) I 273-306

599 CORSI, P. *Comunità d'Oriente in Puglia: alcuni esempi* – Nicolaus 14 (1987) 159-210

600 CORTE, FRANCESCO DELLA *Il mecenatismo di Romaniano* – Maia 38 (1986) 3-12

601 COVOLO, ENRICO DAL *202 dopo Cristo: una persecuzione per editto?* – Salesianum 48 (1986) 363-369

602 COVOLO, ENRICO DAL *La politica religiosa di Alessandro Severo. Per una valutazione dei rapporti tra l'ultimo dei Severi e i Cristiani* – Salesianum 49 (1987) 359-375

603 CRACCO RUGGINI, LELLIA *Dal «civis» romano al «civis» cristiano.* In: *Storia vissuta del popolo cristiano.* Ed. J. DELU-MEAU. Torino: Società Editrice Internazionale (1985)

604 CRACCO RUGGINI, LELLIA *Felix temporum reparatio: Realtà socio-economiche in movimento durante un ventennio di regno (Costanzo II Augusto, 337-361 D.C.).* In: *L'Église et l'empire au IVe siècle* (cf. 1985-87, 255) 179-249

605 CRACCO RUGGINII, LELLIA *Il primo cristianesimo in Sicilia (III-VII secolo).* In: *Cristianesimo in Sicilia* (cf. 1985-87, 248) 85-125

606 CRAMER, WINFRIED *Harran* – RAC 13 (1985) Lief. 100/101, 634-650

607 CROWN, ALAN D. *The Samaritans in the Byzantine Orbit* – BJRL 69 (1986/87) 96-138

608 CULERRIER, P. *Les évêchés suffragants d'Ephèse aux 5e-13e siècles* – REB 45 (1987) 139-164

609 *Cultura classica e cristianesimo antico. Aspetti storici e filologico-letterari.* A cura di M. NALDINI – CCC 6 (1985) 95-153

610 CUOQ, J. *Islamisation de la Nubie chrétienne VII-XVIe siècle* [Bibliothèque d'études islamiques 9]. Paris: Libr. Geuthner 1986. 127 pp.

611 CUSCITO, GIUSEPPE *Fede e politica ad Aquileia: dibattito teologico e centri di potere (secoli IV-VI).* Udine: Del Bianco Ed. 1987. 150 pp.

612 CUSCITO, GIUSEPPE *Il primo cristianesimo nella Venetia et Histria. Indagini e ipotesi.* Udine: Chiandetti 1986. III, 83 pp.

613 CUSCITO, GIUSEPPE *Il primo cristianesimo nella Venetia et Histria. Ipotesi ed indagini* – AnAl 28 (1986) 259-309

614 CUSCITO, GIUSEPPE *La societas Christiana ad Aquileia nel IV sec* – AnAl 29 (1987) 183-210

615 CUSCITO, GIUSEPPE *L'antica comunità cristiana di Equilo.* In: *Le origini della Chiesa di Venezia.* Venezia: Edizioni per lo Studium cattolico veneziano (1987) 9-29

616 CUSCITO, GIUSEPPE *Rapporti fra Concordia e Aquileia in epoca tardoantica* – AnAl 31,2 (1987) 157-169

617 DAM, RAYMOND VAN *Emperor, bishops, and friends in late antique Cappadocia* – JThS 37 (1986) 53-76

618 DAM, RAYMOND VAN *From paganism to Christianity at late antique Gaza* – Via 16 (1985) 1-20

619 DAM, RAYMOND VAN *Leadership and Community in late antique Gaul* [The transformation of the classical heritage 8]. Berkeley: Univ. of California Pr. 1985. XII, 350 pp.

620 DATEMA, CORNELIS *New Evidence for the Encounter between Constantinople and «India».* In: *After Chalcedon* (cf. 1985-87, 194) 57-65

621 DEKKERS, E. *La disparition des lettres épiscopales de l'Église ancienne* – Civis, Suppl. (Erlangen) 2 (1986) 9-16

622 DELMAIRE, ROLAND *La date de l'ambassade d'Alexander à Carthage et l'élection del'évêque Eugenius* – REA 33 (1987) 85-89

623 DEMOUGEOT, EMILIENNE *Notes et Critiques: A propos des Goths (au sujet d'un livre de Suzanne Teillet)* – BLE 88 (1987) 128-144

624 DESBORDES, J.-M.; Lacotte, R. *Du «vicus» gallo-romain au village médiéval. L'exemple de Blotomagus-Blond (Haute Vienne)* – Caesarodunum 22 (1986) 291-296

625 DESCY, SERGE *Introduction à l'histoire et l'ecclésiologie de l'Église melkite. Histoire de l'Église en Orient.* Beyrouth-Jounieh: Ed. Saint Paul 1986. 126 pp.

626 DEVOE, RICHARD FRANKLIN *The Christians and the games. The relationship between Christianity and the Roman games from the first through the fifth centuries, A.D.* [Diss.]. Lubbock, Tex.: Texas Techn. Univ. 1987. 232 pp. [microfilm; cf. summary in DissAbstr 48 (1988) 2139A]

627 DIATROPTOV, P.D. *La propagation du christianisme à Chersonèse en Tauride aux IVe-VIe s. de n.è.* [in russischer Sprache]. In: *La communauté civile antique.* Edd. I.S. SVENCICKAJA et al. [in russischer Sprache]. Moskva: Gos. zaočn. ped. inst-t (1986) 127-151

628 DIATROPTOV, P.D. *Les particularités de la christianisation de Cheronèse* [in russischer Sprache]. In: *La Dixième conférence des auteurs et lecteurs du Vestnik Drevnej Istorii* (cf. 1985-87, 242) 160-161

629 DIERKENS, A. *Saint Amand et la fondation de l'abbaye de Nivelles* – RN 69 (1986) 273-534

630 DODDS, ERIC ROBERTSON *Heiden und Christen in einem Zeitalter der Angst. Aspekte religiöser Erfahrung von Mark Aurel bis Konstantin*. Übers. von HINRICH FINK-EITEL. Frankfurt: Suhrkamp 1985. 198 pp.

631 DÖPMANN, H.-D. *Bulgarien als Treffpunkt von östlichem und westlichem Christentum in frühbyzantinischer Zeit*. In: *Spätantike und frühbyzantinische Kultur Bulgariens* (cf. 1985-87, 351) 57-69

632 DÖPMANN, H.-D. *Zur Problematik von Justiniana Prima*. In: *Christentum in Bulgarien* (cf. 1985-87, 237) 221-232

633 DOLEŽALOVA, I. *Pronikání polyteistickych prvku do pokonstantinovského křesťanství* (= *Infiltration of the Polytheistic Elements into Christianity after Constantine*) [mit engl. Zusammenfassung]. In: *Problémy Křesťanství* (cf. 1985-87, 334) 62-74

634 *Le dossier du donatisme. 1. Des origines à la mort de Constance II (302-362)*. Ed. JEAN-LOUIS MAIER [TU 134]. Berlin: Akademie-Verlag 1987. 331 pp.

635 DRAGONETTI, MARIAPINA *Rapporti tra cultura greca e civiltà armena* – Zetesis 7,2-3 (1987) 29-34

636 DRAKE, H.A. *Athanasius' first exile* – GrRoBySt 27 (1986) 193-204

637 DREXHAGE, HANS-JOACHIM *Handel I (geschichtlich)* – RAC 13 (1985) Lief. 100, 519-561

638 DRIJVERS, HAN J.W. *Jews and Christians at Edessa* – Journal of Jewish Studies (London) 36 (1985) 88-102

639 DUJARIER, MICHEL *Breve historia del catecumenado*. Versión castellana de A.C.. Bilbao: Desclée de Brouwer 1986. 157 pp.

640 DUVAL, YVES-MARIE *Aquilée et Sirmium durant la crise arienne (325-400)* – AnAl 26 (1985) 331-379

641 DUVAL, YVES-MARIE *Invasions barbares et débuts du christianisme* – Histoire et archéologie. Les dossiers (Fontaine-Lès-Dijons) 95 (1985) 28-39

642 EFFENBERGER, ARNE *Frühchristliche Kunst und Kultur. Von den Anfängen bis zum 7. Jahrhundert*. München: Beck 1986. 383 pp.

643 ELBERN, STEPHAN *Kirche und Usurpation. Das Verhalten kirchlicher Würdenträger gegenüber illegitimen Herrschern in der Spätantike* – RQ 81 (1986) 26-38

644 ELLIOTT, JOHN H. *Patronage and Clientism in Early Christian Society. A Short Reading Guide* – Forum (Sonoma, Calif.) 3 (1987) 39-48

645 ELLIOTT, T.G. *Constantine's conversion. Do we really need it?* – Phoenix 41 (1987) 420-438

646 ENNABLI, LILIANE *Les régions ecclésiastiques de Carthage d'après l'étude des inscriptions chrétiennes* – RiAC 62 (1986) 319-320

647 ENRIGHT, M.J. *Iona, Tara and Soissons. The Origin of the Royal Anointing Ritual* [Arbeiten zur Frühmittelalterforschung 17]. Berlin; New York: De Gruyter 1985. VIII, 198 pp.

648 ERIKSEN, TROND BERG *Kristendommen og den antikke verden.* In: *Filosofi og vitenskap fra antikken til vår egen tid.* Edd. TROND BERG ERIKSEN; KNUT ERIK TRANØY; GUTTORM FLØISTAD. Oslo; Bergen; Stavanger; Tromsø : Universitetsforlaget (1985) 184-194

649 ESBROECK, MICHEL VAN *Albanien (in Kaukasien).* Übers. von HEINZGERD BRAKMANN – RAC Suppl.-Lief. 1/2 (1985) 257-266

650 ESCRIBANO PAÑO, M.V. *La iglesia calagurritana entre ca. 457 y 465. El caso del obispo Silvano.* In: *Calahorra* (cf. 1984, 121) 265-272

651 *Det europaeiske klostervaesen* [Acta Jutlandica 59, Teologisk serie 13]. Århus: 1985. 119 pp.

652 EVANS, C. *The Celtic Church in Anglo-Saxon Times.* In: *The Anglo-Saxons: Synthesis and Achievement.* Edd. J.D. WOODS; D.A.E. PELTERET. Waterloo, Ontario: Wilfrid Laurier University Press (1985) 77-92

653 FALCHI, G.L. *Legislazione e politica ecclesiastica nell'impero romano dal 380 d.C. al Codice Teodosiano.* In: *Atti dell'Accademia Romanistica Costantiniana* (cf. 1985-87, 212) 179-212

654 FEDALTO, G. *Dalla predicazione apostolica in Dalmazia ed Illirico alla tradizione marciana aquileiese. Considerazioni e problemi* – AnAl 26 (1985) 237-259

655 FERGUSON, EVERETT *Backgrounds of Early Christianity.* Grand Rapids, Mich.: Eerdmans 1987. XVII, 515 pp.

656 FERNANDEZ, G. *La consagración de Timoteo Eluro como patriarca de Alejandría y el pretendito nacimiento de la Iglesia monofisita egipcia* – Erytheia 7 (1986) 49-62

657 FERNANDEZ, GONZALO *Un nuevo testimonio sobre la pervivencia de la vida académica en la Atenas tardoantigua* – EHum 9 (1987) 51-55

658 FERNANDEZ HERNANDEZ, GONZALO *El edicto de Arlés de 353. Estudio de la política de Constancio II en relación a la Iglesia occidental* – MHA 7 (1986) 129-146

659 FERRARA, V. *La diocesi di Trivento e altre istituzioni ecclesiastiche del Molise nell'occhio del ciclone longobardo del VII secolo* – Almanacco del Molise (1985) 149-162

660 FERRO GAY, FEDERICO; BENAVIDES LEE, JORGE *El cristianismo y el imperio* – Nova Tellus. Anuario del Centro de Estudios clásicos (México, Inst. de investigaciones filologicas) 3 (1985) 127-148

661 FÉVRIER, PAUL-ALBERT *Aux origines du christianisme en Maurétanie Césarienne* – MEFR 98 (1986) 767-809

662 FILOSI, S. *L'ispirazione neoplatonica della persecuzione di Massimino Daia* – RSCI 41 (1987) 79-91

663 FINK-DENDORFER, ELISABETH *Conversio: Motive und Motivierung zur Bekehrung in der Alten Kirche* [Regensburger Studien zur Theologie 33]. Frankfurt am Main; Bern; New York: Lang 1986. 358 pp.

664 FISCHER, K.M. *Das Urchristentum* [Kirchengeschichte in Einzeldarstellungen I,1]. Berlin: Evangelische Verlagsanstalt: 1985. 200 pp.

665 FISHWICK, DUNCAN *Pliny and the Christians* – American Journal of Ancient History (Cambridge, Mass.) 9 (1984) 123-130

666 FOSS, CLIVE *Ankyra*. Übers. von HEINZGERD BRAKMANN – RAC Suppl.-Lief. 3 (1985) 448-465

667 FOX, ROBIN LANE *Pagans and Christians in the Mediterranean World from the Second Century A.D. to the Conversion of Constantine*. New York: Alfred A. Knopf; London: Viking 1986. 799 pp.

668 FREDOUILLE, JEAN-CLAUDE *Les chrétiens aux lions!* – BulBudé (1987) 329-349

669 FREIRE, JOSÉ GERALDES *Factores de individualidade do Ocidente Hispânico* – RaPortHist 22 (1985) [1987] 115-135

670 FRENCH, DOROTHEA R. *Christian emperors and pagan spectacles. The secularization of the «Ludi» A.D. 382-525* [Diss.]. Berkeley, Calif.: University of California 1985. XII, 238 pp. [microfilm; cf. DissAbstr 46 (1986) 2780A]

671 FREND, W.H.C. *Donatist and catholic. The organisation of Christian communities in the North African countryside*. In: *Popoli e paesi* (cf. 1985-87, 330) 601-634

672 FREND, W.H.C *Pagans and Christians* – DR 105 (1987) 224-231

673 FREND, W.H.C. *Prelude to the great persecution. The propaganda war* – JEcclH 38 (1987) 1-18

674   FREND, WILLIAM H.C. *The Church in the Reign of Constantius II (337-361). Mission – Monasticism – Worship.* In: *L'Église et l'empire au IVième siècle* (cf. 1985-87, 255) 73-112

675   FREND, WILLIAM H.C. *The Donatist Church. A movement of protest in Roman North Africa.* Rev. ed. Oxford: Clarendon Pr. 1985. XII, 361 pp.

676   FURIOLI, A. *I Patriarchi di Alessandria* – Nicolaus 13 (1986) 179-241

677   GABRA, G. *Bemerkungen zu den Aussagen des arabischen Synaxars der Kopten über Nabis, den Bischof von «Aidhab».* In: *Nubische Studien* (cf. 1985-87, 320) 231-236

678   GAHBAUER, F.R. *Die Teilung des Imperium Romanum als Ursache für die ost-westliche Kirchenspaltung* – OstkiSt 34 (1985) 105-127

679   GAIN, BENOÎT *L'Église de Cappadoce au IVe siècle d'après la correspondance de Basile de Césarée (330-379)* [OCA 225]. Roma: Pontif. Inst. Orient. 1985. XXXI, 464 pp.

680   GARCIA MORENO, LUIS A. *Historia Universal, Tomo II, Volumen 2. La Antigüedad clásica. El Imperio Romano 30 a. J.C. – 395 d. J.C.* Pamplona: Eunsa 1985. 559 pp.

681   GARCIA Y GARCIA, ANTONIO *Ecclesia Britoniensis* – EMind 2 (1986) 121-134

682   GAUDEMET, JEAN *Politique ecclésiastique et législation religieuse après l'édit de Théodose I de 380.* In: *Atti dell'Accademia Romanistica Costantiniana* (cf. 1985-87, 212) 1-22

683   GAUDEMET, JEAN *Un point de rencontre entre les pouvoirs politiques et l'Eglise: le choix des évêques (schéma pour une enquête).* In: *Etat et Eglise dans la genèse de l'Etat moderne.* Madrid: Casa de Velásquez (1986) 279-293

684   GAUTHIER, NANCY *Autun et les débuts du christianisme en Gaule.* In: *Sept siècles de civilisation gallo-romaine vus d'Autun.* Autun: Soc. Éduenne des Lettres, Sciences et Arts (1985) [1986] 101-109

685   GEERLINGS, WILHELM *«Stell dir vor ... «. Katechese im 4. Jh.* – Katechetische Blätter (München) 111 (1986) 219-220

686   GEJUŠEV, R.B. *Christianstvo v kavkazskoj Albanii (Po dannym archeologii i pis'mennych istočnikov)* (= *Das Christentum im kaukasischen Albanien nach den archäologischen Funden und den Schriftquellen*) [Russisch mit aserbaidschanischer und engl. Zusammenfassung]. Baku: Elm 1984. 191 pp.

687   GEOLTRAIN, PIERRE *Origines du christianisme* – AEHESR 95 (1986/87) 319-321

688 GERHARDSSON, BIRGER *Den historiska frågan om kristendo-mens uppkomst. En undersökningsmodell* – SEÅ 50 (1985) 116-134

689 GERÖ, STEPHEN *With Walter Bauer on the Tigris: Encratite Orthodoxy and Libertine Heresy in Syro-Mesopotamian Christianity.* In: *Nag Hammadi, Gnosticism, and Early Christianity* (cf. 1985-87, 316) 287-307

690 GIACCHERO, MARTA *Etnie religiose e chiese nazionali nell'Oriente cristiano fra IV e VI secolo* – QC 8 (1986) 5-58

691 GIACCHERO, MARTA *La chiesa armena come etnia religiosa da Diocleziano ad Eraclio.* In: *Atti dell'Accademia Romanistica Costantiniana* (cf. 1985-87, 212) 104-117

692 GILLES, ANTHONY E. *The people of the creed: the story behind the early Church.* Cincinnati, O.: St. Anthony Messenger Pr. 1985. XI, 170 pp.

693 GILLES, K.J. *Römische Bergheiligtümer im Trierer Land. Zu den Auswirkungen der spätantiken Religionspolitik* – Trierer Zeitschrift 50 (1987) 195-254

694 GINI, P. *Le origini del cristianesimo in Como (secc. IV-VI).* In: *Diocesi di Como.* Cur. A. CAPRIOLI; A. RIMOLDI; L. VACCARO [Storia religiosa della Lombardia 4]. Brescia: La Scuola (1986) 15-26

695 GLASER, FRANZ *Teurnia – Metropolis Norici: ein frühchristlicher Bischofssitz.* Wien: Merckle 1987. 16 pp.

696 GOČEVA, ZLATOZARA *Einige Besonderheiten des frühen Christentums in Thrakien.* In: *Christentum in Bulgarien* (cf. 1985-87, 237) 89-95

697 GODOY, C.; VILELLA, J. *De la Fides gothica a la Ortodoxia nicena: inicio de la Teología política visigótica.* In: *Los Visigodos* (cf. 1985-87, 377) 117-144

698 GOFFART, WALTER *Barbarians and Romans, A.D. 418-584: the techniques of accommodation.* Princeton, N.J.: Princeton University Press 1987. 296 pp.

699 GONZALEZ BLANCO, ANTONINO *El decreto de Gundemaro y la historia del siglo VII.* In: *Los Visigodos* (cf. 1985-87, 377) 159-169

700 GONZALEZ BLANCO, ANTONINO *Los origenes cristianos de la ciudad de Calahorra.* In: *Calahorra* (cf. 1984, 121) 231-245

701 GOPPELT, LEONARD *L'età apostolica e subapostolica* [N.T. Suppl. 5]. Brescia: Paideia 1986. 318 pp.

702 GOREMYKINA, V.I. *La place et le rôle de la miséricorde chrétienne dans la Rome antique* [in russischer Sprache]. In: *La Dixième conférence des auteurs et lecteurs du Vestnik Drevnej Istorii* (cf. 1985-87, 242) 115-116

703 GOTTLIEB, G. *Der Mailänder Kirchenstreit von 385-386. Datierung, Verlauf, Deutung* – MH 42 (1985) 37-55

704 GRABAR, ANDRÉ *L'iconoclasme byzantin: le dossier archéologique* (2e éd. rev. et augm.). Paris: Flammarion 1984. 398 pp.

705 GRANELLO, G. *Sviluppo del cristianesimo ed organizzazione ecclesiastica in Valsugana* – AARov 25 (1985) A 231-251

706 GRANT, ROBERT M. *Cristianesimo primitivo e Società*. Edizione italiana a cura di GIULIO FIRPO [Biblioteca di storia e storiografia dei tempi biblici 5]. Brescia: Paideia 1987. 210 pp.

707 GREEN, HENRY A. *The socio-economic background of Christianity in Egypt*. In: *The Roots of Egyptian Christianity* (cf. 1985-87, 343) 110-113

708 GREEN, MIRANDA JANE; FERGUSON, JOHN *Constantine, sun-symbols and the Labarum* – Durham University (Durham) 80 (1987) 9-17

709 GRISAR, H. *Geschichte Roms und der Päpste im Mittelalter, I. Rom beim Ausgang der antiken Welt*. Hildesheim: Olms 1985. 855 pp.

710 GROTZ, H. *Weitere Beobachtungen zu den zwei Briefen Papst Gregors II. an Kaiser Leo III.* – AHP 24 (1986) 365-375

711 GÜNTHER, R. *Das Verhältnis des Kaisertums zur Kirche im West- und im Oströmischen Reich während des 5./6. Jahrhunderts*. In: *Griechenland, Byzanz, Europa* (cf. 1985-87, 276) 131-141

712 GÜNTHER, RIGOBERT *Die sozialutopische Komponente im frühen Christentum bis zur Mitte des 2. Jhs.* [SAL 127,7]. Berlin: Akad.-Verlag 1987. 19 pp.

713 GUILLÉN PÉREZ, G.; GONZALEZ BLANCO, A. *Perspectivas de la geografía eclesiástica antigua del S.E. peninsular*. In: *Del Conventus Carthaginiensis a la Chora de Tudmir* (cf. 1985-87, 246) 131-141

714 GUIRGUIS, FOUAD *The difficult years of survival: a short account of the history of the Coptic Church*. New York: Vantage Press 1985. XI, 89 pp.

715 GUYON, JEAN *Arles*. Übers. von JOSEF ENGEMANN – RAC Suppl.-Lief. 4 (1986) 595-614

716 HÄLLSTRÖM, GUNNAR AF *Waltari ja vainot eli Mikan kanssa lähteitä tutkimassa (= The cause of the persecutions)* – TAik 91 (1986) 463-467

717 HAENDLER, G. *Die abendländische Kirche im Zeitalter der Völkerwanderung*. 3. Aufl. [Kirchengeschichte in Einzeldarstellungen I,5]. Berlin: Evangelische Verlagsanstalt 1987. 150 pp.

718 HÄRTEL, GOTTFRIED *Die Religionspolitik der römischen Kaiser von Diokletian bis Justinian I. anhand ausgewählter Beispiele*

aus dem Codex Theodosianus, dem Codex Justinianus und den Novellen Justinians I. – AcAl 22 (1986) 69-86

719 HAGE, WOLFGANG *Jakobitische Kirche* – TRE 16 (1987) 474-484

720 HAGENEDER, OTHMAR *Die kirchliche Organisation im Zentralalpenraum vom 6. bis zum 10. Jh.* In: *Frühmittelalterliche Ethnogenese im Alpenraum.* Edd. H. BEUMANN und W. SCHRÖDER. Sigmaringen: Thorbecke (1985) 201-235

721 HALL, STUART G. *The Sects under Constantine* – SCH 23 (1986) 1-14

722 HAMMAN, ADALBERT G. *Die ersten Christen.* Aus d. Franz. übers. von KATHARINA SCHMIDT. Stuttgart: Reclam 1985. 281 pp.

723 HAMMAN, ADALBERT G. *La vida cotidiana de los primeros cristianos* [Colección Arcaduz]. Madrid: Ediciones Palabra 1985. 293 pp.

724 HAMMAN, ADALBERT G. *La Vie quotidienne en Afrique du Nord au temps de Saint Augustin.* Nouv. éd. Paris: Hachette 1985. 474 pp.

725 HAMMOND, D.D. *Byzantine Northern Syria, A.D. 298-610: Integration and Disintegration* [Diss.]. Los Angeles, Calif.: Univ. of California 1987. 409 pp. [cf. DissAbstr 48,11 (1988) 1521]

726 *Handbuch der Kirchengeschichte.* Ed. HUBERT JEDIN. 10 Teilbände mit erweiterten Literaturangaben. Freiburg; Basel; Wien: Herder 1985. 6614 pp.

727 HANN, ROBERT R. *Judaism and Jewish Christianity in Antioch: Charisma and Conflict in the First Century* – JRH 14 (1987) 341-360

728 HANSON, RICHARD P.C. *Studies in Christian antiquity.* Edinburgh: Clark 1985. XI, 394 pp.

729 HARRIES, JILL *The rise of Christianity.* In: *The Roman world.* Ed. JOHN WACHER. London: Routledge; Kegan Paul (1987) 796-811

730 HARRISON, EVERETT FALCONER *The Apostolic Church.* Grand Rapids, Mich.: Eerdmanns 1985. XII, 251 pp.

731 HASTENTEUFEL, Z. *O Serviço dos Pobres na História da Igreja* – Teoc 75 (1987) 18-28

732 HAUPTFELD, GEORG *Die Gentes im Vorfeld von Ostgoten und Franken im 6. Jahrhundert.* In: *Die Bayern und ihre Nachbarn, I* (cf. 1985-87, 221) 121-134

733 HAUSSIG, H.W. *L'esarcato bizantino di Ravenna nella lotta con i Longobardi nell'Italia centrale durante gli ultimi due decenni del VI secolo, sulla base di una fonte finora sconosciuta, della prima metà del VII secolo* – CCAB 31 (1984) 137-189

734 HEATHER, P. *The crossing of the Danube and the Gothic conversion* – GrRoBySt 27 (1986) 289-318

735 HEIM, FRANÇOIS *L'expérience mystique des pèlerins occidentaux en Terre Sainte aux alentours de 400* – Ktèma 10 (1985) 193-208

736 HEINE, SUSANNE *Frauen der frühen Christenheit. Zur historischen Kritik einer feministischen Theologie*. Göttingen: Vandenhoeck und Ruprecht 1986. 194 pp.

737 HEINE, SUSANNE *Women and Early Christianity*. Tr. by JOHN BOWDEN. London: SCM Press 1987. 182 pp.

738 HELGELAND, J. *The Transformation of Christianity into Roman Religion*. In: *Religies in nieuw perspectief. Studies over interreligieuze dialoog en religiositeit op het grondvlak*. Kampen: Kok (1985) 337-345

739 HERRIN, JUDITH *The Formation of Christendom*. Princeton, N.J.: Princeton Univ. Pr. 1987. X, 530 pp.

740 HERRMANN, H.-W.; KOLLING, A.; PFISTER, M. *Das Testament des fränkischen Adligen Adalgisel Grimo. Ein Zeugnis merowingerzeitlichen Lebens an Saar, Mosel und Maas* – SM 96 (1985) 260-276

741 HERRMANN, JOHANNES *Kaiserliche Erlasse zum kirchlichen Asylschutz für Sklaven*. In: *Studi in onore di Cesare Sanfilippo IV*. [Pubbl. della Fac. di Giurispr. dell'Univ. di Catania 96]. Milano: Giuffrè (1983) 255-265

742 HILHORST, A. *De houding van de christenen ten opzichte van de profane cultuur* – Hermeneus 58 (1986) 82-89

743 HILLER, H. *Die Geschäftsführer Gottes. Eine kritische Geschichte der Päpste*. München: dtv 1986. 307 pp.

744 *Historia de España IV. Epoca visigoda (409-711)*. Ed. J. ORLANDIS. Madrid: Ed. Gredos 1987. 290 pp.

745 HOFFMANN, H. *Kirche und Sklaverei im frühen Mittelalter* – DA 42 (1986) 1-24

746 *Holy women of the Syrian Orient*. Introd. and transl. by SEBASTIAN P. BROCK and SUSAN ASHBROOK [The transformation of the classical heritage 13]. Berkeley, Calif.: Univ. of Calif. Pr. 1987. X, 197 pp.

747 HOOGENDIJK, F.A.J. *De eerste christenen in Egypte*. In: *Vreemdelingen in het land van Pharao. Een bundel artikelen samengesteld ter gelegenheid van het vijftig-jarig bestaan van het Papyrologisch Instituut van de Rijksuniversiteit van Leiden*. Door P.W. PESTMAN. Zutphen: Terra (1985) 68-85

748 HOORNAERT, EDUARDO *A memória do povo cristão* [Teologia e liberação I,3]. Petrópolis: Vozes 1986. 263 pp.

749 HOORNAERT, EDUARDO *Die Anfänge der Kirche in der Erinnerung des christlichen Volkes.* Übers. aus dem Portug. von JÜRGEN KUHLMANN. Düsseldorf: Patmos Verlag 1987. 239 pp.

750 HOORNAERT, EDUARDO *La memoria del pueblo cristiano. Una historia de la Iglesia en los tres primeros siglos* [Teologia y Liberación I,3]. Madrid; Buenos Aires: Ediciones Paulinas 1986. 305 pp.

751 HORN, STEPHAN OTTO, SDS *Die Auseinandersetzung um die Autorität der Kirche von Konstantinopel am Vorabend des acacianischen Schismas.* In: *Weisheit Gottes – Weisheit der Welt. Festschrift für Joseph Kardinal Ratzinger* (cf. 1985-87, 378) 697-712

752 HORST, P.W. VAN DER *Het christendom in het Romeinse Rijk in de eerste eeuw. Enkele sociale en godsdienst-historische aspecten* – Hermeneus 58 (1986) 58-67

753 HUGHES, FRANK *Feminism and Early Christian History* – AnglThR 69 (1987) 287 ss.

754 HUMMEL, GERT *Geschichte und Wesen der iroschottischen Mönchskirche* – SM 96 (1985) 299-326

755 HUNT, E.D. *Christians and Christianity in Ammianus Marcellinus* – CQ 35 (1985) 186-200

756 HUSSEY, JOAN M. *The Orthodox Church in the Byzantine Empire* [Oxford History of the Christian Church]. Oxford: Oxford University Press 1986. XX, 408 pp.

757 IDE, ARTHUR F. *God's girls: ordination of women in early Christian and Gnostic churches.* Garland, Tex.: Tangelwüld 1986. 131 pp.

758 *Iscrizioni cristiane di Roma: testimonianze di vita cristiana (secoli III – VII).* A cura di CARLO CARLETTI [BPatr 7]. Firenze: Nardini 1986. 181 pp.

759 ISON, DAVID Παῖς Θεοῦ *in the age of Constantine* – JThS 38 (1987) 412-419

760 JACOBS, MANFRED *Zugänge zur Kirchengeschichte 2: Das Christentum in der antiken Welt. Von der frühkatholischen Kirche bis zu Kaiser Konstantin.* Göttingen: Vandenhoeck und Ruprecht 1987. 202 pp.

761 JACOBS, MANFRED *Zugänge zur Kirchengeschichte 3: Die Reichskirche und ihre Dogmen. Von der Zeit Konstantins bis zum Niedergang des weströmischen Reiches (bis 476).* Göttingen: Vandenhoeck und Ruprecht 1987. 182 pp.

762 JAHN, W. *Zur wirtschaftlichen Basis der römischen Kirche. Die Entstehung und Verwaltung ihres Patrimonialbesitzes im vierten bis sechsten Jahrhundert* [Diss.]. Leipzig: 1985. 140 pp.

763 JAHN, WOLFGANG *Zur wirtschaftlichen Basis der römischen Kirche. Die Entstehung und Verwaltung ihres Patrimonialbesitzes*

im vierten bis sechsten Jahrhundert – Ethnographisch-archäologische Zeitschrift (Berlin) 28 (1987) 451-456

764 JENKINS, ROMILLY *Byzantium: the imperial centuries, A.D. 610-1071.* Orig. ed. 1966 [Medieval Academy reprints for teaching 18]. Toronto: University of Toronto Press 1987. XIII, 400 pp.

765 JIMENEZ GARNICA, ANA MARIA *El origen de la prohibición visigoda sobre los matrimonios mixtos: un problema de fundamento religioso.* In: *La mujer en el mundo antiguo* (cf. 1985-87, 312) 427-436

766 JONES, A.H.M. *The later Roman Empire: 284-602.* Reprint of the 1964 original. Baltimore, Md.: John Hopkins 1986. 1546 pp.

767 JORDAN, MARK D. *Philosophic «Conversion» and Christian Conversion: A Gloss on Professor MacMullen* – SecCent 5 (1985/86) 90-96

768 JOUBERT, J. *Hulle sal (julle) vervolg...ter wille van my naam (Luk. XXI,12).* In: *Varia studia* (cf. 1985-87, 376) 366-387

769 JOURJON, MAURICE *Le chrétien devant le pouvoir dans l'Église ancienne* – Le Supplément. Revue d'éthique et de théologie morale (Paris) 162 (1987) 57-66

770 KAMIL, JILL *Coptic Egypt: a history and guide.* Cairo: The American University in Cairo Press 1987. XIII, 149 pp.

771 KAMPLING, R. *«Haben wir dann nicht aus der Erde einen Himmel gemacht?» Arm und Reich in der Alten Kirche* – Concilium 22 (1986) 357-363

772 KAMPLING, R. *Pobres y ricos en la Iglesia Antigua* – ConciliumM 207 (1986 II) 221-234

773 KARTTUNEN, K. *On the contacts of South India with the Western world in ancient times and the mission of the apostle Thomas.* In: *South Asian religion and society, Nordic Res. course in Sipoo, Finland 10-18 Aug. 1981* [Stud. in Asian topics 11]. Curzon Pr. Riverdale C° (1986) 189-204

774 KATUNARICH, S.M. *Breve Storia dell'Ebraismo e dei suoi rapporti con la Cristianità.* Casale Monferrato: Edizioni Piemme 1987. 300 pp.

775 KEMPF, F. *Die mittelalterliche Kirche I Vom kirchlichen Frühmittelalter zur gregorianischen Reform* [Handbuch der Kirchengeschichte 3/1]. Freiburg/Br.: Herder 1985. XL, 567 pp.

776 KERESZTES, Paul *'Constantine: Called by Divine Providence'.* In: *Studia Patristica 18,1* (cf. 1985-87, 360) 47-53

777 KHAWAM, R.R. *L'univers culturel des chrétiens d'Orient.* Préface de I.-H. DALMAIS. Paris: Éd. du Cerf 1987. 234 pp.

778 KHINTIBIDZE, ELGUJA *Contactos literarios bizantino-georgianos* – Erytheia 8 (1987) 73-88

779   *Kirchen- und Theologiegeschichte in Quellen. Band I: Alte Kirche.*
      Ein Arbeitsbuch. Ausgewählt, übersetzt und kommentiert von
      ADOLF MARTIN RITTER. 3., überarbeitete Auflage. Neukir-
      chen: Neukirchener Verlag 1985. XX, 240 pp.

780   KLEIN, RICHARD *Die frühe Kirche und die Sklaverei* – RQ 80
      (1985) 259-283

781   KLIMKEIT, HANS-JOACHIM *Der Untergang des Manichäismus
      in West und Ost.* In: *Der Untergang von Religionen.* Ed. HART-
      MUT ZINSER. Berlin: Reimer (1986) 113-125

782   KLIMKEIT, H.-J. *Die Begegnung von Christentum, Gnosis und
      Buddhismus an der Seidenstrasse* [RWAW-G 283]. Opladen:
      Westdt. Verlag 1986. 54 pp.

783   KNEZEVICH, L.C. *The administration and management of the
      patriarchate of Antioch* [Diss.]. New York Univ. 1985. 157 pp.
      [microfilm; cf. DissAbstr 46 (1986) 3752A]

784   KÖNIGSBERGER, H.G. *Medieval Europe 400-1500. A History of
      Europe.* Essex: Longmann 1987. XIII, 401 pp.

785   KOEPF, HANS *Mithras oder Christus* [Kulturgeschichtliche Minia-
      turen]. Sigmaringen: Thorbecke 1987. 112 pp.

786   KOLTA, K.S. *Christentum im Land der Pharaonen. Geschichte
      und Gegenwart der Kopten in Ägypten.* München: J. Pfeiffer 1985.
      156 pp.

787   KRAUSE, MARTIN *Zur Kirchengeschichte Nubiens.* In: *Nubian
      Culture* (cf. 1985-87, 319) 293-308

788   KRETSCHMAR, GEORG *Anspruch auf Universalität in der alten
      Kirche und Praxis ihrer Mission* – Saeculum 38 (1987) 150-177

789   KRIEGBAUM, BERNHARD *Kirche der Traditoren oder Kirche
      der Märtyrer? Die Vorgeschichte des Donatismus* [ITS 16]. Inns-
      bruck: Tyrolia 1986. 186 pp.

790   KRIEGBAUM, BERNHARD, SJ *Die verfolgte Kirche der Frühzeit.
      Überlegungen zu einem nach wie vor aktuellen Thema* – IKaZ-
      Comm 16 (1987) 110-121

791   KRIVOV, M.V. *Nekotorye voprosy arabskogo zavoevanija Sirii i
      Palestiny (= Fragen über die arab. Eroberung Syriens und Palästi-
      nas).* – ViVrem 46 (1986) 88-99

792   KUBERSKI, JÜRGEN *Mohammed und das Christentum: das
      Christentum zur Zeit Mohammeds und die Folgen für die Entste-
      hung des Islam.* Zugl. Studienmaterial d. Theol. Fern- und Gemein-
      deseminars (TFG), Bonn [e. Veröff. d. Inst. für Weltmission u.
      Gemeindebau e.V., German Center for World Mission, Bonn].
      Bonn: Verlag für Kultur und Wissenschaft Schirrmacher 1987. 116
      pp.

793 KVARME, OLE C.M. *Jødekristendommen – fiksjon eller histo-risk realitet?* In: *Judendom och kristendom under de första århun-dradena* (cf. 1985-87, 101) II 13-35

794 KYRTATAS, DIMITRIS J. *The Social Structure of the Early Christian Communities.* New York; London: Verso 1987. XIV, 224 pp.

795 LÄPPLE, A. *Große illustrierte Geschichte der Päpste von Petrus bis heute.* Aschaffenburg: Pattloch 1985. 180 pp.

796 LAMBERIGTS, M. *Les évêques pélagiens déposés, Nestorius et Ephèse –* Augustiniana 35 (1985) 264-280

797 LAMPE, PETER *Die stadtrömischen Christen in den ersten beiden Jahrhunderten. Untersuchungen zur Sozialgeschichte* [WUNT 2,18]. Tübingen: Mohr 1987. XII, 441 pp.

798 LANCEL, S. *Études sur la Numidie d'Hippone au temps de saint Augustin. Recherches de topographie ecclésiastique –* MEFR 91 (1984) 1085-1113

799 LANCZKOWSKI, GÜNTER *Aethiopia –* RAC Suppl.-Lief. 1/2 (1985) 94-134

800 LAPIDGE, M. *Latin Learning in Dark Age Wales: Some Prolego-mena.* In: *Proceedings of the Seventh International Congress of Celtic Studies, Oxford, 10-15 July 1983.* Cur. D.E. EVANS; J.G. GRIFFITH; E.M. JOPE. Oxford: Oxbow Books (1986) 91-107

801 LARSSON, E. *Die Hellenisten und die Urgemeinde –* NTS 33 (1987) 205-225

802 LEANEY, A.R.C. *The Jewish and Christian World 200 BC to AD 200* [Cambridge Commentaries on Writings of the Jewish and Christian World 7]. Cambridge: Univ. Pr. 1984. XX, 259 pp.

803 LEGUAY, J.-P. *Le rôle des établissements religieux dans l'orga-nisme urbain –* IH 48 (1986) 89-95; 133-142

804 LEMERLE, PAUL *Byzantine Humanism: the First Phase: Notes and Remarks on Education and Culture in Byzantium from its Origins to the 10th Century.* Transl. by HELEN LINDSEY and ANN MOFFATT [Byzantina Australiensia 3]. Canberra: The Australian Association for Byzantine Studies 1986. XIII, 382 pp.

805 LENOX-CONYNGHAM, ANDREW *Juristic and Religious Aspects of the Basilica Conflict of AD 386.* In: *Studia Patristica 18,1* (cf. 1985-87, 360) 55-58

806 LESBAUPIN, IVO *Blessed are the persecuted: Christian life in the Roman Empire, A.D. 64-313.* Transl. ROBERT R. BARR. Mary-knoll, N.Y.: Orbis Books 1987. XIII, 98 pp.

807 LEVORATTI, A.J. *Materiales para la historia social del crista-nismo primitivo –* RaBi 46 (1985) 357-366

808 LEYSER, H. *Hermits and the New Monasticism. A Study of Religious Communities in Western Europe 100-1150* [New Studies in Medieval History 7]. London: Macmillan 1984. X, 136 pp.

809 LIEB, H. *Die Bistümer der Raetia prima und secunda* – Montfort 38 (1986) 121-125

810 LIEBS, D. *Unverhohlene Brutalität in den Gesetzen der ersten christlichen Kaiser.* In: *Römisches Recht in der europäischen Tradition. Symposion aus Anlaß des 75. Geburtstages von Franz Wieacker.* Ed. O. BEHRENDS. Ebelsbach: Gremer (1985) 89-116

811 LINDEMANN, A. *Christliche Gemeinden und das Römische Reich im ersten und zweiten Jahrhundert* – WuD 18 (1985) 105-133

812 LINDESKOG, GÖSTA *Das jüdisch-christliche Problem. Randglossen zu einer Forschungsepoche* [AUU 9]. Stockholm: Almquist och Wiksell 1986. 241 pp.

813 LIPPOLD, A. *Romanisierung und Christianisierung des Ostalpenraumes um 400 n. Chr.* In: *Kulturhistorische und archäologische Probleme des Südostalpenraumes* (cf. 1985-87, 295) 80-92

814 LIPPOLD, A. *Vzhodni Goti in rimski cesarji od 455 do 507 (= Die Ostgoten und die römischen Kaiser von 455 bis 507)* [slow. mit dt. Zusammenfassung] – Zgodovinski časopis 41/2 (1987) 205-215

815 LIVERMORE, HAROLD *The britones of Galicia* – Estudios Mindonienses (El Fenol) 3 (1987) 355-364

816 LOENING, KARL *Der Stephanuskreis und seine Mission.* In: *Die Anfänge des Christentums* (cf. 1985-87, 201) 80-101

817 LOMBARDI, GABRIO *Dall'editto di Milano del 313 alla Dignitatis humanae del Vaticano II* [mit Zusammenfassung in lat. Sprache] – SDHI 52 (1986) 1-60

818 LONIGAN, PAUL R. *The Early Irish Church: from the Beginnings to the two Doves.* Revised second ed. [History of Ireland 1]. Woodside, N.Y.: Celtic Heritage Press 1986. IV, 78 pp.

819 LOPEZ AMAT, A. *El seguimiento radical de Cristo. Esbozo histórico de la vida consagrada.* 2 voll. [Ensayos 35]. Madrid: Encuentro 1987.

820 LOPEZ PEREIRA, JOSÉ EDUARDO *Cultura y literatura latina en el NO peninsular en la latinidad tardía* – Minerva. Revista de filología clásica. Univ. de Valladolid 1 (1987) 129-143

821 LORENZEN, THORWALD *Die christliche Hauskirche* – ThZ 43 (1987) 333-352

822 LORING GARCIA, MARIA ISABEL *La difusión del cristianismo en los medios rurales de la Península Ibérica a fines del imperio romano* – StHHA 4/5 (1986/87) 195-204

823 LOTTER, FRIEDRICH *Die germanischen Stammesverbände im Umkreis des Ostalpen-Mitteldonau-Raumes nach der literarischen

Überlieferung zum Zeitalter Severins. In: *Die Bayern und ihre Nachbarn, I* (cf. 1985-87, 221) 29-59

824 LOUNGIS, T.K. *La conversion au christianisme de la classe dirigeante dans l'empire romain d'Orient durant la 2e moitié du Ve s.* [in russischer Sprache]. In: *From Late Antiquity to Early Byzantium* (cf. 1985-87, 266) 69-72

825 LOZITO, V. *Culti ed eresie nella religiosità campana tra IV e V sec.* – Quad. dell'Ist. di Sc. storico-politiche Fac. di Magistero. Univ. degli Studi (Bari) 4 (1985/86) 47-91

826 LUCAS, LEOPOLD *Zur Geschichte der Juden im vierten Jahrhundert: der Kampf zwischen Christentum und Judentum.* Nachdr. d. Ausg. Berlin 1910. Hildesheim; Zürich; New York: Olms 1985. 134 pp.

827 LUCK, G. *Two predictions of the end of Paganism* – Euphrosyne 14 (1986) 153-156

828 LÜHRMANN, DIETER *Superstitio – die Beurteilung des frühen Christentums durch die Römer* – ThZ 42 (1986) 193-213

829 MAAS, M. *Roman history and Christian ideology in Justinian reform legislation* – DumPap 40 (1986) 17-31

830 MACCOULL, LESLIE S.B. *Three cultures under Arab rule: The fate of the Coptic* – BulArchCopte 27 (1986) 61-70

831 MACMULLEN, RAMSAY *Conversion: A Historian's View* – SecCent 5 (1985/86) 67-81

832 MACMULLEN, RAMSAY *What difference did Christianity make?* – Historia 35 (1986) 322-343

833 MAGNOU-NORTIER, E. *Les évêques et la paix dans l'espace franc (VIe – XIe siècles).* In: *L'évêque dans l'histoire de l'Eglise. Actes de la 7e rencontre d'histoire religieuse tenue à Fontevraud les 14 et 15 octobre 1983* [Publ. du Centre de recherches d'histoire religieuse et d'histoire des idées 7]. Angers: Publications de l'Université (1984) 33-50

834 MAJO, ANGELO *Storia della Chiesa ambrosiana. 1. Dalle origini a san Galdino.* 3. ed. riveduta. Milano: NED 1985. 250 pp.

835 MALASPINA, E. *Gli albori della cultura latina in Irlanda* – StRo 33 (1985) 1-10

836 MALLARDO, DOMENICO *Storia antica della Chiesa di Napoli: le fonti* [Storie e testi 5]. Napoli: D'Auria 1987. 134 pp.

837 MANDOUZE, ANDRÉ *Les donatistes entre ville et campagne.* In: *Actes du IIe Colloque international sur l'histoire et l'archéolgie de l'Afrique du Nord, réunie dans le cadre du 108e Congrès national des Sociétés savantes (Grenoble, 5-9 avril 1983).* Ed. S. LANCEL [BACTH B 19]. Paris (1983) [1985] 193-216

838 MANDOUZE, ANDRÉ *Présence de la mer et ambivalence de la Méditerranée dans la conscience chrétienne et dans les relations*

ecclésiales à l'époque patristique. In: *L'homme méditerranéen et la mer. Actes du troisième Congrès international d'études des cultures de la Méditerranée occidentale (Jerba, avril 1981)*. Publ. par M. GALLEY; L. LADJMI SEBAI. Tunis: Editions Salammbo; Paris: Boccard (1985) 507-513

839 MANDOUZE, ANDRÉ *Prosopographie de l'Afrique chrétienne et monde mediterranéen (IV-VIe siècles)*. In: *Gli interscambi culturali e socio-economici fra l'Africa settentrionale e l'Europa mediterranea* (cf. 1985-87, 287) 333-338

840 MANFREDINI, ARRIGO D. *«Ad ecclesiam confugere», «ad statuas confugere» nell'età di Teodosio I*. In: *Atti dell'Accademia Romanistica Costantiniana* (cf. 1985-87, 212) 39-58

841 MANGO, CYRILL *Le développement urbain de Constantinople (IVe – VIIe siécle)* [Travaux et Mémoires du Centre de recherche d'histoire et civilisation de Byzance. Collège de France. Monographies 2]. Paris: Diffusion de Boccard 1985. 72 pp.

842 MANTRAN, R. *L'expansion musulmane (VIIe-XIe s.)*. Paris: P.U.F. 1986. 334 pp.

843 MA'OZ, ZVI U. *Comments on Jewish and Christian communities in Byzantine Palestine* – PalExQ 117 (1985) 59-68

844 MARANCA, A. *Prime manifestazioni di vita cristiana sulle isole Tremiti* – VetChr 24 (1987) 187-200

845 MARCONE, ARNALDO *Commento storico al libro IV dell'Epistolario di Q. Aurelio Simmaco. Introduzione, commento storico, testo, traduzione, indizi* [Biblioteca di studi antichi 55]. Pisa: Giardini 1987. 173 pp.

846 MARCONE, ARNALDO *La fine del paganesimo a Roma. Per un'interpretazione politica*. In: *Studi offerti a Anna Maria Quartiroli e Domenico Magnino. Storia e filologia classica, filologia e storia della letteratura moderna, storia dell'arte, scuola e società*. Como: New Press (1987) 53-59

847 MARCONE, ARNALDO *Stilicone «parens publicus»* – ZPE 70 (1987) 222-224

848 MARKOV, K. *Quelques aspects de la christianisation sur l'actuel territoire bulgare pendant la Basse Antiquité (IVe-VIe s.)*. In: *Christentum in Bulgarien* (cf. 1985-87, 237) 97-106

849 MARKUS, R.A. *La politica ecclesiastica di Giustiniano e la Chiesa di Occidente*. In: *Il mondo del diritto nell'epoca giustinianea, caratteri e problematiche. Congresso internazionale, Ravenna, 30.IX. – 1.X. 1983*. Cur. C.C. ARCHI. Ravenna: Edizioni del Girasole (1985) 113-124

850 MARROU, HENRI IRÉNÉE *Historia de la educación en la antigüedad*. Madrid: Akal 1985. 547 pp.

851 MARROU, HENRI-IRÉNÉE *L'Eglise de l'Antiquité tardive.* Paris: Seuil 1985. 313 pp.

852 MARTELLI, F. *Aspetti di cultura religiosa punica (il molk) negli autori cristiani.* In: *Atti del I Convegno internazionale di studi fenici e punici* (cf. 1985-87, 213) II 425-436

853 MARTIN MCLAUGHLIN, MARY *Looking for Medieval Women: An Interim Report on the Project «Women's Religious Life and Communities, A.D. 500-1500* – Medieval Prosopography (Kalamazoo, Mich.) 8 (1987) 61-91

854 MARTY, M.E. *A Short History of Christianity.* 2nd ed. Philadelphia, Penna.: Fortress Press 1987. 335 pp.

855 MATTHEWS, J.F. *Symmachus and his enemies.* In: *Colloque Genèvois sur Symmaque* (cf. 1985-87, 241) 163-175

856 MAZZOLENI, D. *Riferimenti epigrafici alle persecuzioni del IV-V secolo.* In: *I martiri della Val di Non* (cf. 1985-87, 300) 117-134

857 MAZZOLENI, G. *Il tempo ciclico riconsiderato.* In: *Transition rites. Cosmic, social and individual order. Proceedings of the Finnish-Swedish-Italian seminar held at the University of Rome «La Sapienza» 24th-28th March 1984.* Ed. U. BIANCHI [Storia delle religioni 2]. Roma: L'Erma (1986) 69-79

858 MEGIVERN, JAMES J. *Early Christianity and Military Service* – PerRelSt 12 (1985)

859 MEIMARIS, YIANNIS E. *Sacred names, saints, martyrs and church officials in the Greek inscriptions and papyri pertaining to the Christian Church of Palestine* [Meletemata 2]. Paris: Boccard 1986. XVIII, 292 pp.

860 MEIS WOERMER, ANNELIESE *Religiosidad popular y evangelización en la patrística* – TyV 28 (1987) 23-40

861 MELLEROS K., FOTIOS *El Imperio Bizantino. 395-1204.* 2. edición revisada, aumentada y actualizada. Santiago de Chile: Centro de Estudios Bizantinos y Neohelénicos de la Universidad de Chile 1987. 415 pp.

862 MERDINGER, J.E. *Africa vs. Rome. Ecclesiastical politics in the era of St. Augustine* [Diss.]. New Haven, Conn.: Yale Univ. 1985. 330 pp. [microfilm]

863 MERKELBACH, REINHOLD *Nikaia in der römischen Kaiserzeit* [RWAW-G 289]. Düsseldorf: Westdeutscher Verlag 1987. 41 pp.

864 MERLONE, R. *Cronotassi dei vescovi di Tortona (sec. IV-1202)* – Bollettino storico-bibliografico subalpino (Torino) 85 (1987) 503-541

865 MEULENBERG, LEONARDO *A discussão aberta na Igreja Antiga* – REBras 45 (1985) 16-31

866 MEULENBERG, LEONARDO *A Questão Social no Tempo da Igreja Antiga* – REBras 45 (1985) 663-677

867 MEYER, BEN F. *The early Christians: their world mission and self-discovery* [Good news studies 16]. Wilmington, Del.: Glazier 1986. 245 pp.

868 MICHAŁOWSKI, K. *La christianisation de la Nubie.* In: *Histoire générale de l'Afrique ancienne.* Paris: Jeune Afrique/UNESCO (1985) 429-453

869 MIKAT, P. *Doppelbesetzung oder Ehrentitulatur – Zur Stellung des westgotisch-arianischen Episkopates nach der Konversion von 587/89* [RWAW-G 268]. Opladen: Westdeutscher Verlag 1984. 37 pp.

870 MILES, MARGARET R. *'The Evidence of Our Eyes': Patristic Studies and Popular Christianity in the Fourth Century.* In: *Studia Patristica 18,1* (cf. 1985-87, 360) 59-63

871 MILLAR, FERGUS *Italy and the Roman empire. Augustus to Constantine* – Phoenix 40 (1986) 295-318

872 MILLER, JAMES *Measures of Wisdom: the Cosmic Dance in Classical and Christian Antiquity* [Visio 1]. Toronto: Univ. of Toronto Pr. 1986. XIII, 652 pp.

873 MILLETT, B. *Dioceses in Ireland up to the 15th Century* – Seanchas Ard Mhacha (Maynooth) 12,1 (1986) 1-42

874 MILLETT, B. *Les diocèses d'Irlande jusqu'au XVe siècle* – RHE 80 (1985) 5-50

875 MINČEV, A. *Das frühe Christentum in Odessos und Umgebung* [in bulgarischer Sprache mit deutscher Zusammenfassung] – Bulletin du Musée de Varna 22 (1986) 31-42

876 MINTSCHEV, A. *Das frühe Christentum in Odessos und seinem Territorium.* In: *Die bulgarische Schwarzmeerküste im Altertum.* Ed. W. SCHULLER [Xenia 16]. Konstanz: Universitäts-Verlag (1985) 51-74

877 MIRABELLA ROBERTI, M. *Una diocesi alpina nell'area metropolitica di Aquileia.* In: *Kulturhistorische und archäologische Probleme des Südostalpenraumes* (cf. 1985-87, 295) 106-112

878 MIRABELLA ROBERTI, MARIO *Testimonianze archeologiche a Milano nell'epoca di S. Ambrogio* – AMAV 36 (1984/85) 253-262

879 MOELLER, BERND *Das Jedinsche Handbuch der Kirchengeschichte* – ThRu 52 (1987) 410-419

880 MOMIGLIANO, ARNALDO *On Pagans, Jews, and Christians.* Middletown, Conn.: Wesleyan Univ. Pr. 1987. XII, 343 pp.

881 MOMIGLIANO, ARNALDO *Some preliminary remarks on the religious opposition to the Roman Empire.* In: *Opposition et résistance à l'Empire d'Auguste à Trajan.* Neuf exposés suivis de discussions prép. par ADALBERTO GIOVANNINI et prés. par

DENIS VAN BERCHEM [Entretiens sur l'ant. class. 33].
Vandœuvres-Genève: Fondation Hardt (1986) 103-133

882 MONTGOMERY, HUGO *Decurrions and the Clergy – Some Suggestions* – Opuscula Romana 15 (1985) 93-95

883 MONTGOMERY, HUGO *Kampen mellan judendom och kristendom i de latinska provinserna under 200- tallet.* In: *Judendom och kristendom under de första århundradena* (cf. 1985-87, 101) II 133-146

884 MONTGOMERY, HUGO *Konstantin, Cyprianus och makten i kyrkan* – KÅ (1986) 41-50

885 MOORHEAD, J. *Libertas and nomen Romanum in Ostrogothic Italy* – Latomus 46 (1987) 161-168

886 MOORHEAD, JOHN *Clovis' Motives for Becoming a Catholic Christian* – JRH 13 (1985) 329-339

887 MOOSA, M. *The Maronites in History.* Syracuse, N.Y.: Syracuse Univ. Pr. 1986. 391 pp.

888 MORALDI, LUIGI *Ricchezza perduta: quale cristianesimo? Ricerche sui primi due secoli dell'era cristiana.* Cosenza: Giordano 1986. 160 pp.

889 MOSSAY, JUSTIN *Mutations historiques dans l'Orient romain à la fin de l'Antiquité. De l'Antiquité à l'histoire byzantine* – LEC 55 (1987) 306-319

890 MÜLLER, C. DETLEF G. *Georgien und der christliche Orient* – OstkiSt 35 (1986) 168-175

891 MÜLLER, C.D.G. *Stellung und Haltung der koptischen Patriarchen des 7. Jahrhunderts gegenüber islamischer Obrigkeit und Islam.* In: *Acts of the Second Int. Congress of Coptic Studies* (cf. 1985-87, 193) 203-214

892 MÜLLER, C.D.G. *VI. Nubiologisches Colloqium in Uppsala* – OrChr 71 (1987) 216-222

893 MÜLLER, HERIBERT *Bischof Kunibert von Köln. Staatsmann im Übergang von der Merowinger- zur Karolingerzeit* – ZKG 98 (1987) 167-205

894 MUSSNER, FRANZ *Die Kraft der Wurzel. Judentum – Jesus – Kirche.* Freiburg; Basel; Wien: Herder 1987. 192 pp.

895 NASH, RONALD H. *Christianity and the Hellenistic World.* Grand Rapids, Mich.: Zonder-van-Academie 1984. 318 pp.

896 NATHANSON, BARBARA GELLER *Jews, Christians, and the Gallus Revolt in Fourth-Century Palestine* – BibArch 49 (1986) 26-36

897 NELSON, JANET L. *Politics and Ritual in Early Medieval Europe.* London; Ronceverte: Hambledon 1986. XI, 412 pp.

898 NERI, V. *Ammiano e il cristianesimo. Religione e politica nelle Res Gestae di Ammiano Marcellino* [Studi di storia antica 11]. Bologna: CLUEB 1985. 243 pp.

899 NERSESSIAN, VREJ *The Tondrakian movement: religious movements in the Armenian Church from the fourth to the tenth centuries.* London: Kahn & Averill 1987. 145 pp.

900 NEUSNER, JACOB *Judaism and Christianity in the Age of Constantine: History, Messiah, Israel, and the Initial Confrontation* [Chicago Studies in the History of Judaism]. Chicago, Ill.: Univ. of Chicago Pr. 1987. XV, 246 pp.

901 NEUSNER, JACOB *Judaism, Christianity and Zoroastrianism in talmudic Babylonia* [Studies in Judaism]. Lanham, Md.: University Press of America 1986. XI, 228 pp.

902 NEUSNER, JACOB *The Jewish-Christian Argument in the First Century* – Cross 35 (1985) 148-158

903 *A New Eusebius: documents illustrating the history of the Church to AD 337.* Ed. by J. STEVENSON. New ed. rev. with additional documents by W.H.C. FREND. London: SPCK 1987. XXII, 404 pp.

904 NOCERA, GUGLIELMO *«Cuius regio, eius religio».* In: *Atti dell'Accademia Romanistica Costantiniana* (cf. 1985-87, 212) 303-339

905 NOETHLICHS, KARL LEO *Heidenverfolgung* – RAC 13 (1986) Lief. 104, 1149-1190

906 NOETHLICHS, KARL LEO *Kirche, Recht und Gesellschaft in der Jahrhundertmitte.* In: *L'Église et l'empire au IVe siècle* (cf. 1985-87, 255) 252-299

907 NORMAND, HENRY *Les fondements du christianisme: l'esprit de la gnose.* Paris: Éd. du Félin 1987. 281 pp.

908 O'DWYER, P. *Celtic Christianity: A Review Article* – CistStud 20 (1985) 249-261

909 ORABONA, L. *Introduzione storica alla Chiesa dei primi secoli.* Aversa (CE): Fabozzi 1987. 205 pp.

910 *The origins of Christianity: a critical introduction.* Ed. R. JOSEPH HOFFMANN. Buffalo, N.Y.: Prometheus Books 1985. 326 pp.

911 ORIOLI, G. *Le origini della Chiesa di Antiochia e la sua fondazione petrina nella documentazione fino al secolo V* – Apollinaris 60 (1987) 645-649

912 ORLANDI, ANGELO *L'organizzazione ecclesiastica in Italia settentrionale nella seconda metà del IV secolo* – AMAV 36 (1984/85) 227-241

913 ORLANDI, GIOVANNI *Dati e problemi sull'organizzazione della Chiesa irlandese tra V e IX secolo.* In: *Popoli e paesi* (cf. 1985-87, 330) 713-757

914 ORLANDIS, J. *La misión evangelizadora de los laicos en el mundo antiguo.* In: *La misión del laico* (cf. 1985-87, 307) 269-278

915 ORLANDIS, JOSÉ *Historia Universal, Tomo III.* Del mundo Antiguo al Medieval (395 al s. VIII). Pamplona: Eunsa 1985. 388 pp.

916 *From Pagan Rome to Byzantium.* Edited by PAUL VEYNE. Translated by ARTHUR GOLDHAMMER [A History of Private Life 1]. Cambridge, Mass.: Harvard University Press 1987. XI, 670 pp.

917 PAPAGIANNE, E.S. *Die ökonomische Situation des verheirateten Klerus in Byzanz* [in griechischer Sprache] [Forsch. zur byz. Rechtsgesch., Athener R. 1]. Athen 1986. 352 pp.

918 PAPAMATHOPOULOS, M. *Byzantine Influence on North Africa. Three Little Known Sources: John of Biclar's Chronicon (ca. 590 A.D.), The Ecclesiastical Hierarchy in Africa (650-700 A.D.) and Thronos Alexandrinos (675-703). A Preliminary Report.* In: *Gli interscambi culturali e socio-economici fra l'Africa settentrionale e l'Europa mediterranea* (cf. 1985-87, 287) 339-341

919 PASCHOUD, FRANÇOIS *Il cristianesimo nell'impero romano* – AFLM 19 (1986) 25-44

920 PASQUATO, OTTORINO, SDB *Eretici e cattolici ad Antiochia in Giovanni Crisostomo* – AugR 25 (1985) 833-852

921 PATURA, SOPHIA Ἡ διάδοση τοῦ Χριστιανισμοῦ στὰ πλαίσια τῆς ἐξωτερικῆς πολιτικῆς τοῦ βυζαντινοῦ κράτους *(4ος-5ος αἰ.) (= Zur polit. Bedeutung der Christianisierung während der beiden ersten Jhh. des Byz. Reichs)* [mit französischer Zusammenfassung] – Symmeikta (Athenai) 7 (1987) 215-236

922 PATURA, SOPHIA Χριστιανισμός καὶ ἱεραποστολικὴ δράση στα Βαλκάνια κατά τον 4ο αἰώνα. In: ΣΤ' Πανελλήνιο Ἱστορικό Συνέδριο. Πρακτικά. Thessalonike (1986) 19-32

923 PAVAN, M. *Concordia tra IV e V secolo* – AnAl 31,2 (1987) 7-28

924 PAVAN, M. *Costantinopoli: da Roma a Mosca* – CS 24 (1987) 693-720

925 PAVAN, MASSIMILIANO *Romanesimo, cristianesimo e immigrazioni nei territori pannonici* – RomBarb 9 (1986/87) 161-227

926 PEARSON, BIRGER A. *Christians and Jews in First-Century Alexandria* – HThR 79 (1986) 206-216

927 PEARSON, BIRGER A. *Earliest Christianity in Egypt. Some observations.* In: *The Roots of Egyptian Christianity* (cf. 1985-87, 343) 132-159

928 PELIKAN, JAROSLAV *The Excellent Empire: The Fall of Rome and the Triumph of the Church* [The Rauschenbusch Lectures, n.s. 1]. San Francisco, Calif.: Harper and Row 1987. XIII, 133 pp.

929 PELIKAN, JAROSLAV JAN *The social triumph of the early church: Christian responses to the fall of Rome.* Minneapolis, Minn.: Winston-Seabury Press 1986. 250 pp.

930 PÉREZ DE GUEREÑU, G. *Pobreza y vida en las comunidades cristianas de los primeros siglos* – Pag 82 (1987) 1-16

931 PÉREZ SANCHEZ, DIONISIO *El ejército romano del Bajo Imperio y su relación con los pueblos bárbaros* – StZam (Hist) 6 (1985) 333-346

932 PERGOLA, P. *La conversione a Roma nel III secolo: Tentativo di una lettura delle testimonianze archeologiche nella Catacomba di Domitilla* – AugR 27 (1987) 79-84

933 PERRONE, L. *Per la storia della Palestina cristiana. La Storia della chiesa di Terra Santa di Friedrich Heyer* – CrSt 7 (1986) 141-165

934 PERVO, RICHARD I. *Wisdom and Power: Petronius' Satyricon and the Social World of Early Christianity* – AnglThR 67 (1985) 307-328

935 PESCH, R. *Voraussetzungen und Anfänge der urchristlichen Mission* – Theologisches Jahrbuch (Leipzig) (1987) 332-373

936 PETERS, F.E. *Jerusalem and Mecca. The Typology of the Holy City in the Near East* [New York University Studies in Near Eastern Civilization 11]. New York; London: New York University Press 1986. XI, 269 pp.

937 PETERSON, JOHN *Missionary methods of the religions in the early Roman Empire* [Diss.]. Chicago (Ill.): Dept of Photodupl., The Univ. of Chicago Library 1986.

938 PETIT, C. *Iglesia y justicia en el Reino de Toledo.* In: *Los Visigodos* (cf. 1985-87, 377) 261-274

939 PHILLIPS, CHARLES ROBERT, III *Magic and Politics in the Fourth Century: Parameters of Groupings.* In: *Studia Patristica 18,1* (cf. 1985-87, 360) 65-70

940 PIETRI, C. *La politique de Constance II: Un premier 'césaropapisme' ou l'imitatio Constantini?* In: *L'Église et l'empire au IVe siècle* (cf. 1985-87, 255) 113-172

941 PIETRI, CHARLES *Chiesa e communità locali nell'Occidente cristiano (IV-VI s.d.C.). L'esempio della Gallia.* In: *Società romana e impero tardoantico* (cf. 1985-87, 350) III 761-786

942 PIETRI, CHARLES *D'Alexandrie à Rome. Jean Talaïa, émule d'Athanase au Ve siècle.* In: *Alexandrina* (cf. 1985-87, 200) 277-295

943 PIETRZYKOWSKI, MICHAEL *Die Religionspolitik des Kaisers Elagabal* – ANRW II,16.3 (1986) 1806-1825

944 PILLINGER, R. *Preganjanje Kristjanov in uničevanje templev na ozemlje Avetrije v rimski dobi (= Christenverfolgungen und Tem-*

pelzerstörungen im römerzeitlichen Österreich) – Zgodovinski Časopis 39 (1985) 173-183

945 PILLINGER, RENATE *Der Ausgang des antiken Christentums am Unterlauf der Donau.* In: *Lebendige Altertumswissenschaft. Festgabe zur Vollendung des 70. Lebensjahres von Hermann Vetters.* Hrsg. vom «Kommitee Festschrift für Hermann Vetters». Redaktion MANFRED KANDLER. Wien: Verlag Adolf Holzhausens Nfg (1985) 265-269

946 PLÜMACHER, ECKHARD *Identitätsverlust und Identitätsgewinn. Studien zum Verhältnis von kaiserzeitlicher Stadt und frühem Christentum* [Biblisch-theologische Studien 11]. Neukirchen-Vluyn: Neukirchener Verlag 1987. 125 pp.

947 PÖHLMANN, WOLFGANG *Herrscherkult II. Neues Testament und Alte Kirche bis Konstantin* – TRE 15 (1986) 248-253

948 POHLSANDER, HANS A. *The Religious Policy of Decius* – ANRW II,16.3 (1986) 1826-1842

949 POPESCU, E. *La foi des chrétiens de l'Empire byzantin ancien à la lumière des inscriptions* – BOR 103 (1985) 143-159

950 *Premiers temps chrétiens en Gaule méridionale (Antiquité Tardive et Haut Moyen Age, IIIe-VIIIe siècles).* Catalogue collectif rédigé sous la direction de P.-A. FÉVRIER et F. LEYGE. Lyon: Association Lyonnaise de Sauvetage des Sites Archéologiques Médiévaux, avec le concours du Ministère de la Culture (Sous-Direction de l'Archéologie), de la région Rhône-Alpes, de la ville de Lyon, et du conseil général du Rhône 1986. 201 pp.

951 PRICOCO, SALVATORE *Da Fazello a Lancia di Brolo, Osservazioni sulla storiografia siciliana e le origini del cristianesimo in Sicilia.* In: *Cristianesimo in Sicilia* (cf. 1985-87, 248) 19-31

952 PROSDOCIMI, L. *Storia ecclesiastica locale e storia della società cristiana.* In: *Chiesa e società. Appunti per una storia delle diocesi lombarde* (cf. 1985-87, 235) 17-28

953 PUCCI BEN ZEEV, MARINA *Cosa pensavano i Romani degli Ebrei?* – AtPavia 65 (1987) 335-359

954 PUTRINO, G. *L'antico patrimonio della Chiesa di Roma in Sicilia. Studio storico-giuridico.* In: *Giustizia e servizio. Studi sul nuovo Codice di diritto canonico in onore di mon. Giuseppe De Rosa.* Napoli: D'Auria (1984) 245-280

955 QUACQUARELLI, A. *Conversione e reazione pagana in Italia alla fine del IV secolo* – VetChr 23 (1986) 219-230

956 QUACQUARELLI, A. *I presupposti giulianei della reazione pagana contro i martiri anauniesi.* In: *I martiri della Val di Non* (cf. 1985-87, 300) 13-47

957 QUACQUARELLI, ANTONIO *Reazione pagana e trasformazione della cultura (fine IV secolo d. C.)* [QVChr 19]. Bari: Edizioni Edipuglia 1986. 248 pp.

958 QUACQUARELLI, ANTONIO *Spigolature paleocristiane nel Salento* – VetChr 24 (1987) 159-185

959 RABELLO, ALFREDO M. *Giustiniano, Ebrei e Samaritani alla luce delle fonti storico-letterarie, ecclesiastiche e giuridiche, I* [Monogr. del Vocab. di Giustiniano I]. Milano: Giuffrè 1987. IX, 491 pp.

960 RAJAK, TESSA *Jews and Christians as groups in a pagan world.* In: *Christians, Jews, «others» in the late antiquity* (cf. 1985-87, 238) 247-262

961 *Readings in Church history.* Ed. COLMAN J. BARRY. Westminster, Md.: Christian Classics 1985. XXXIV, 1373 pp.

962 REBENICH, S. *Gratian, a son of Theodosius, and the birth of Galla Placidia* – Historia 34 (1985) 372-385

963 REININK, G.J. *Die Entstehung der syrischen Alexanderlegende als politisch-religiöse Propagandaschrift für Herakleios' Kirchenpolitik.* In: *After Chalcedon* (cf. 1985-87, 194) 263-281

964 REYNAUD, JEAN FRANÇOIS *Lugdunum Christianum. Lyon du IV au VII siècle. Topographie, nécropoles et édifices réligieux* [Diss.]. Paris: Univ. 1986. 1718 pp.; 22 microfiches

965 RICHÉ, PIERRE *VI-XI secolo. La pastorale popolare in occidente.* In: *Storia vissuta del popolo cristiano.* Ed. J. DELUMEAU. Torino: Società Editrice Internazionale (1985)

966 RIESCO TERRERO, L. *Valentín, obipso del siglo VII* – AnMal 8 (1985) 387-393

967 RIGGI, C. *Impatto culturale tra paganesimo e cristianesimo. Problematiche attuali sulla deellenizzazione.* In: *Cultura e lingue classiche.* Convegno di aggiornamento e di didattica. Roma 1-2 novembre 1985. Vol. 1. Roma: LAS (1986) 67-76

968 RIKE, R.L. *Apex Omnium: Religion in the Res Gestae of Ammianus Marcellinus* [The transformation of the classical heritage 15]. Berkeley, Calif.: University of California Press 1987. 150 pp.

969 RIZOU-COUROUPOS, STAMATINA *Un nouveau fragment de la κέλευσις d'Héraclius au pape Jean IV.* In: *Texte und Textkritik* (cf. 1985-87, 372) 531-532

970 RIZZO, FRANCESCO PAOLO *La storia della Sicilia paleocristiana. Revisioni e prospettive* – Κώκαλος (Palermo) 30-31 (1984/85) Nr.1, 257-275

971 RIZZO, FRANCESCO PAOLO *Problemi storici a proposito del paleocristianesimo del territorio agrigentino e di quello gelese* – Κώκαλος (Palermo) 32 (1986) 363-378

972 RIZZO, FRANCESCO PAOLO *Tensioni sociali ed economici nella Sicilia di Gregorio Magno. Un caso esemplificativo.* In: *Hestíasis* (cf. 1985-87, 279) II 137-174

973 ROBERTS, PETER *In search of early Christian unity. The Church United.* New York: Vantage Pr. 1985. XVIII, 250 pp.

974 ROBERTSON, R.G. *The Eastern Christian Churches. A Brief Survey.* Roma: 1986. 42 pp.

975 ROBLEDA, O. *Perché il mondo latino nel suo diritto si lascia influenzare dal Cristianesimo?* – Greg 66 (1985) 111-128

976 RODRIGUEZ NEILA, J.F. *Perfil histórico de Córdoba en la época visigoda (I)* – BolCórd 58 (1987) 141-153

977 ROGGER, I. *Contrasto di opinioni su un martirio singolare. Il caso di Anaunia del 29 maggio 397.* In: *I martiri della Val di Non* (cf. 1985-87, 300) 135-148

978 RONCAGLIA, MARTINIANO *Histoire de l'Église copte. I. Introduction générale: Les origines du Christianisme en Egypte. Du Judéo-Christianisme au Christianisme hellénistique (Ier et IIe siècles)* [Histoire de l'Église en Orient, Études et Materiaux]. Jounieh, Liban: St. Paul 1985. 312 pp.

979 ROOSENS, HELI *Traces de christianisation dans les centres urbains de l'ancienne Belgique* – RN 69 (1987) 5-15

980 ROUSSELLE, A. *Jeunesse de l'antiquité tardive. Les leçons de lecture de Peter Brown* – Annales (ESC) 40 (1985) 521-528

981 ROWLAND, CHRISTOPHER *Christian Origins. An Account of the Setting and Character of the Most Important Messianic Sect of Judaism.* London: SPCK 1985. XX, 428 pp.

982 RUETTIMANN, RENÉ JOSEF *Asclepius and Jesus. The form, character and status of the Asclepius cult in the second-century CE and its influence on early Christianity* [Diss.]. Cambridge, Mass.: Harvard Univ. 1987. 264 pp. [microfilm; cf. summary in DissAbstr 48 (1987) 1476A]

983 RUFFIN, BERNARD *The days of the martyrs: a history of the persecution of Christians from apostolic times to the time of Constantine.* Huntington, Ind.: Our Sunday Visitor 1985. 232 pp.

984 RUGGIERI, G. *Alcuni usi dell'Antico Testamento nella controversia gregoriana* – CrSt 8 (1987) 51-91

985 RUGGIERI, VINCENZO, SJ; NETHERCOTT, F. *The Metropolitan City of Syllion and its Churches* – JÖB 36 (1986) 133-156

986 RYCKMANS, J. *Les rapports des dépendances entre les récits hagiographiques relatifs à la persécution des Himyarites* – Mu 100 (1987) 297-305

987 SACHOT, M. *Comment le christianisme est-il devenu «religio»?* – ReSR 59 (1985) 95-118

988 SAFFREY, HENRI DOMINIQUE *Quelques aspects de la piété populaire dans l'Antiquité tardive* – REA 31 (1985) 3-19

989 SAITTA, B. *Società e potere nella Spagna visigotica* [Studi e ricerche dei QC]. Catania: Tringale 1987. 223 pp.

990 SAITTA, BIAGIO *Religionem imperare non possumus. Motivi e momenti della politica di Teodorico il Grande* – QC 8 (1986) 63-88

991 SAKO, LOUIS R.M. *Le rôle de la hiérarchie syriaque orientale dans les rapports diplomatiques entre la Perse et Byzance aux Ve-VIIe siècles.* Paris: 1986. 202 pp.

992 SALISBURY, JOYCE E. *Iberian Popular Religion, 600 BC to 700 AD: Celts, Romans and Visigoths* [Texts and Studies in Religion 20]. New York: Edwin Mellen Pr. 1985. 334 pp.

993 SAMBURSKY, S. *The physical world of late antiquity.* Princeton, N.J.: Princeton University Press 1987. 202 pp.

994 SANSTERRE, J.M. *Une mention peu connue d'un exarque d'Italie* – Byzan 55 (1985) 267-268

995 SANTIS, M. DE *Marco vescovo di Aeca tra III e IV sec.* – VetChr 23 (1986) 155-170

996 SANTOS YANGUAS, N. *Los rescriptos de Trajano y Adriano y la persecución de los cristianos* – StOv 10 (1982) 119-133

997 SANTOS YANGUAS, NARCISO *Los emperadores flavios y los cristianos* [mit Zusammenfassung in französischer Sprache] – Euphrosyne 15 (1987) 153-170

998 SANTOS YANGUAS, NARCISO *Relaciones entre cristianismo e imperio romano hasta el año 62* – Argos (Buenos Aires) 9/10 (1985/86) 51-65

999 SANTOVITO, F. *Ambrogio e Crisostomo coscienza critica della Chiesa del IV secolo di fronte al potere politico* – Nicolaus 12 (1985) 67-181

1000 SCHÄFERDIEK, KNUT *Zur Frage früher christlicher Einwirkungen auf den westgermanischen Raum* – ZKG 98 (1987) 149-166

1001 SCHICK, ROBERT *The fate of the Christians in Palestine during the Byzantine-Umayyad transition AD 600-750* [Diss.]. Chicago, Ill.: University of Chicago 1987.

1002 SCHIEFFER, R. *Der Bischof zwischen Civitas und Königshof (4. bis 9. Jahrhundert).* In: *Der Bischof in seiner Zeit. Bischofstypus und Bischofsideal im Spiegel der Kölner Kirche. Festgabe für Joseph Kardinal Höffner, Erzbischof von Köln.* Cur. P. BERGLAR; P. ENGELS. Köln: Bachem (1986) 17-39

1003 SCHIERA, P. *Politica e cristianesimo. Un caso storico del rapporto potere-religione.* In: *Cristianesimo e potere. Atti del seminario tenuto a Trento il 21-22 giugno 1985.* Edd. P. PRODI; L. SARTORI [Istituto Trentino di Cultura. Publ. d. Istituto di Scienze

Religiose in Trento 10]. Bologna: Centro Ed. Dehoniano (1986) 123-144

1004 SCHILLE, GOTTFRIED *Frei zu neuen Aufgaben: Beiträge zum Verständnis der dritten urchristlichen Generation.* Berlin: Evangelische Verlagsanstalt 1986. 111 pp.

1005 SCHIMMELPFENNIG, B. *Das Papsttum. Grundzüge seiner Geschichte von der Antike bis zur Renaissance* [Grundzüge 56] Darmstadt: Wissenschaftliche Buchgesellschaft 1987[2]. XI, 370 pp.

1006 SCHMIDT, MARGOT *IV. Symposium Syriacum in Groningen/Oosterhesselingen vom 9.-13. September 1984* – OrChr 69 (1985) 212-218

1007 SCHNEEMELCHER, WILHELM *Il cristianesimo delle origini.* Trad. di GABRIELLA MORATO [Universale Paperbacks Il Mulino 201]. Bologna: Il Mulino 1987. 235 pp.

1008 SCHOLZ, P. *Kusch – Meroë – Nubien* – Antike Welt 17-18 (1986; Sondernummer) pp. 1-76; 77-152

1009 SCHOLZ, PIOTR O. *Christlicher Orient und Irland.* In: *Nubia et Oriens Christianus. Festschrift für C. Detlef G. Müller zum 60. Geburtstag.* Edd. PIOTR O. SCHOLZ; REINHARD STEMPEL [Bibl. Nubica 1]. Köln: Dinter (1987) 387-443

1010 SCHOTTROFF, LUISE *Die Jesusbewegung.* In: *Kirchenkritische Bewegungen, vol. 1.* Ed. DIETRICH SCHIRMER. Stuttgart: Kohlhammer (1985) 10-27

1011 SCHREIBER, H. *Geschichte der Päpste.* Düsseldorf-Wien: Econ 1985. 384 pp.

1012 SCHREINER, P. *Das Christentum in Bulgarien vor 864.* In: *Christentum in Bulgarien* (cf. 1985-87, 237) 51-61

1013 SCHREINER, PETER *Byzanz* [Oldenbourg – Grundriß der Geschichte 22]. München: Oldenbourg 1986. X, 226 pp.

1014 SCHWAIGER, G. *Die konziliare Idee in der Geschichte der Kirche* – Rottenburger Jahrb. f. Kirchengeschichte 5 (1986) 11-23

1015 SCHWARCZ, A. *Die Anfänge des Christentums bei den Goten.* In: *Christentum in Bulgarien* (cf. 1985-87, 237) 107-118

1016 SCIUTO, F.E. *Da Nicea a Costantinopoli. Osservazioni sulla prima fase della stabilizzazione teologico-politica cristiana (325-381).* In: *Le trasformazioni della cultura* (cf. 1985-87, 375) I 479-490

1017 SEGAL, A.F. *Judaism, Christianity, and Gnosticism.* In: *Anti-Judaism in Early Christianity II* (cf. 1985-87, 204) 133-161

1018 SEGAL, ALAN F. *Rebecca's children. Judaism and Christianity in the Roman world.* Cambridge, Mass.: Harvard Univ.Pr. 1986. VIII, 207 pp.

1019 SEIDEL, ILONA *Das Verhältnis der christlichen Kirche zu den ausgebeuteten Klassen und Schichten in der weströmischen Spätantike im 4. und 5. Jahrhundert* [Diss.]. Leipzig: Univ., Sektion Geschichte. 141,9 Bl. 4° [Mschr. vervielf.]

1020 SELAND, TORREY *Jøderne og kristenforfølgelsene.* In: *Judendom och kristendom under de första århundradena* (cf. 1985-87, 101) II 147-172

1021 SIMON, M.; BENOIT, A. *Judaismo e Cristianismo Antigo: de Antioco Epifánio a Constantino.* Trad. de S.M.S. LACERDA [Nova Clio]. São Paulo: Libraria Pioneira 1987. 350 pp.

1022 SIMON, MARCEL *Verus Israel: a study of the relations between Christians and Jews in the Roman Empire (135-425).* Oxford: Oxford Univ. Pr. 1986. XVIII, 533 pp.

1023 SIMONETTI, M. *La politica religiosa di Giustiniano.* In: *Il mondo del diritto nell'epoca giustinianea, caratteri e problematiche. Congresso internazionale, Ravenna, 30.IX. – 1.X. 1983.* Cur. C.C. ARCHI. Ravenna: Edizioni del Girasole (1985) 91-111

1024 SINISCALCO, PAOLO *Lo sviluppo del cristianesimo e la Sicilia fino al IV secolo.* In: *Cristianesimo in Sicilia* (cf. 1985-87, 248) 61-84

1025 SIVAN, H. *On foederati, hospitalitas, and the settlement of the Goths in A.D. 418* – AJPh 108 (1987) 759-772

1026 SKARSAUNE, OSKAR *Et folk som er annerledes. Et synspunkt på misjonen i oldkirken* – Fast Grunn (Oslo) 38 (1985) 281-287

1027 SKARSAUNE, OSKAR *Kristendommen i en religionspluralistisk verden. Om møtet mellom kristendom og hedenskap i den eldste kirke* – Norsk Tidsskrift for Misjon (Oslo) 41 (1987) 158-176

1028 SNEE, R. *Valens' recall of the Nicene exiles and the anti-Arian propaganda* – GrRoBySt 26 (1985) 395-419

1029 SNYDER, GRAYDON F. *Ante Pacem: Archaeological Evidence of Church Life before Constantine.* Macon, Ga.: Mercer University Press 1985. XIV, 173 pp.

1030 SORDI, M. *Il cristianesimo nella cultura romana dell'età postflavia* – CCC 6 (1985) 99-117

1031 SORDI, MARTA *I cristiani e l'impero romano.* Milano: Jaca Book 1986. 213 pp.

1032 SORDI, MARTA *The Christians and the Roman Empire.* Transl. by ANABEL BEDINI. Norman, Okla.; London: University of Oklahoma Press; Croom Helm 1986. 215 pp.

1033 SOTOMAYOR, MANUEL *Penetración de la Iglesia en los medios rurales de la España tardorromana y visigoda.* In: *Popoli e paesi* (cf. 1985-87, 330) 639-670

1034 SPECK, PAUL *Artabasdos, Bonifatius und die drei Pallia* – ZKG 96 (1985) 179-195

1035 SPIESER, JEAN-MICHEL *La christianisation de la ville dans l'Antiquité tardive* – Ktèma 11 (1986) 49-55

1036 SPIESER, J.-M. *Thessalonique et ses monuments du IVe au VIe siècle.* Contribution à l'étude d'une ville paléochrétienne [Bibliothèque des Ecoles Françaises d'Athènes et de Rome 254]. Athènes; Paris: Ecole Française d'Athènes; Diffusion de Boccard 1984. 229 pp.

1037 SQUITIERI, G. *Cristianesimo e società II Tarda Antichità e avanguardia medievale.* Salerno: Dottrinari 1985. 582 pp.

1038 STEMBERGER, GÜNTER *Juden und Christen im Heiligen Land: Palästina unter Konstantin und Theodosius.* München: Beck 1987. 298 pp.

1039 STEVENSON, JAMES *The Catacombs: Life and Death in Early Christianity.* Nashville, Tenn.: Nelson 1985. 180 pp.

1040 STONE, M.E. *Holy Land Pilgrimage of Armenians before the Arab Conquest* – RBi 93 (1986) 93-110

1041 STORONI MAZZOLANI, LIDIA *Simmaco.* In: *Biblioteca di studi antichi. Dodici anni di attività. Cinquanta volumi pubblicati, Pisa, 30 ottobre 1986.* Interventi di LIDIA STORONI MAZZOLANI, DARIO DEL CORNO e ETTORE LEPORE. Pisa: Giardini (1987) 9-16

1042 STRITZKY, MARIA-BARBARA VON *Erwägungen zum Decischen Opferbefehl und seinen Folgen unter besonderer Berücksichtigung der Beurteilung durch Cyprian* – RQ 81 (1986) 1-25

1043 SUAREZ, LUIS *La conversión de Roma.* Madrid: Ed. Palabra 1987. 213 pp.

1044 SUERMANN, H. *Die Lage des Klosters Mar Maron* – ParOr 13 (1986) 197-223

1045 SUTTNER, E.C. *Das Patriarchat von Jerusalem* – Der christliche Osten (Würzburg) 42 (1987) 82-89 u. 92-97

1046 SVENCICKAJA, I.S. *Die Anfänge des Christentums: einige Seiten aus seiner Geschichte* [in russischer Sprache]. Moskva: Politizdat 1987. 336 pp.

1047 SZIDAT, J. *Konstantin 312 n. Chr.* – Gy 92 (1985) 514-525

1048 TABACCO, G. *Milano in età longobarda.* In: *Milano e i Milanesi prima del Mille (VIII-X secolo). Atti del 10° Congresso internazionale di studi sull'alto medioevo (Milano, 26-30 settembre 1983).* Spoleto: Centro italiano di studi sull'alto medioevo (1986) 19-43

1049 TABBERNEE, WILLIAM *Early Montanism and Voluntary Martyrdom* – Colloquium (Sydney) 17 (1985) 33-44

1050 TAČEVA, MARGARITA *Heidentum und Frühchristentum in Thracia: Mithraismus und Christentum.* In: *Christentum in Bulgarien* (cf. 1985-87, 237) 85-88

1051 TAFI, A. *I vescovi di Arezzo dalle origini della diocesi (sec. III) ad oggi.* Cortona: Calosci 1986. 207 pp.

1052 TAMM, DITLEV *Kejserdømmets antijødiske lovgivning i det 4. århundrede.* In: *Judendom och kristendom under de första århundradena* (cf. 1985-87, 101) II 173-189

1053 TAVANO, S. *Tensioni culturali e religiose in Aquileia.* In: *Vita sociale, artistica e commerciale di Aquileia Romana, Bd. I-II.* Hrsg. von M. MIRABELLA ROBERTI [AnAl 29]. Udine: Arti Grafiche Friulane (1987) 355-364

1054 TAVANO, SERGIO *Aquileia.* Übers. von JOSEF ENGEMANN – RAC Suppl.-Lief. 4 (1986) 522-553

1055 THOMAS, J.P. *Private Religious Foundations in the Byzantine Empire* [Dumbarton Oaks Studies 24]. Washington, D.C.: Dumbarton Oaks Research Library and Collection 1987. XIV, 308 pp.

1056 THOMSON, R.W. *Jerusalem and Armenia.* In: *Studia Patristica 18,1* (cf. 1985-87, 360) 77-91

1057 THRAEDE, KLAUS *Der Mündigen Zähmung. Frauen im Urchristentum.* In: *Die Frau in der Gesellschaft.* Ed. ECKART OLSHAUSEN [Humanist. Bildung 11]. Stuttgart: Historisches Institut der Universität (1987) 93-121

1058 TIBILETTI, G. *Tra paganesimo e cristianesimo. L'Egitto nel III secolo.* In: *Egitto e società antica. Atti del Convegno, Torino 8/9 VI – 23/24 XI 1984.* Milano: Vita e Pensiero (1985) 247-269

1059 *Topographie chrétienne des cités de la Gaule, des origines au milieu du VIIIe siècle.* Edd. N. GAUTHIER et al., vol I: Province ecclésiastique de Trèves (Belgica prima), par N. GAUTHIER. Paris: de Boccard 1986. 70 pp.

1060 *Topographie chrétienne des cités de la Gaule, des origines au milieu du VIIIe siècle.* Edd. N. GAUTHIER et al., vol. II: Provinces ecclésiastiques d'Aix et d'Embrun (Narbonensis Secunda et Alpes Maritimae), par Y.-M. DUVAL, P.-A. FÉVRIER et J. GUYON. Corse, par P. PERGOLA. Paris: de Boccard 1986. 110 pp.

1061 *Topographie chrétienne des cités de la Gaule, des origines au milieu du VIIIe siècle.* Edd. N. GAUTHIER et al., vol. III: Provinces ecclésiastiques de Vienne et d'Arles (Viennensis et Alpes Graiae et Poeninae), par J. BIARNE, R. COLARDELLE, P.-A. FÉVRIER, C. BONNET, F. DESCOMBES, N. GAUTHIER, J. GUYON et C. SANTSCHI. Paris: de Boccard 1986. 146 pp.

1062 *Topographie chrétienne des cités de la Gaule, des origines au milieu du VIIIe siècle.* Edd. N. GAUTHIER et al., vol. VI: Province ecclésiastique de Lyon (Lugdunensis prima), par B. BEAUJARD, P.-A. FÉVRIER, J.C. PICARD, C. PIÉTRI et J.F. REYNAUD. Paris: de Boccard 1986. 80 pp.

1063 *Topographie chrétienne des cités de la Gaule, des origines au milieu du VIIIe siècle.* Edd. N. GAUTHIER et al., vol. V: Province ecclésiastique de Tours (Lugdunensis Tertia), par LUCE PIETRI et J. BIARNE. Paris: de Boccard 1987. 100 pp.

1064 TREU, K. *Konflikte des 4. Jahrhunderts im Spiegel lateinischer Literatur* – Klio 68 (1986) 251-255

1065 TROMBLEY, FRANK R. *Paganism in the Greek World at the End of Antiquity: The Case of Rural Anatolia and Greece* – HThR 78 (1985) 327-352

1066 TROVABENE, GIORDANA *Le diocesi dell'Emilia occidentale nei rapporti con la chiesa di Milano.* In: *Atti del 10° Congresso internazionale di studi sull'Alto Medioevo, Milano 26-30 settembre 1983.* Spoleto: Centro ital. di studi sull'Alto Medioevo (1986) 511-523

1067 TSIRKIN, J.B. *The Crisis of Antique Society in Spain in the Third Century* – Gerión 5 (1987) 253-270

1068 TUBACH, J. *Im Schatten des Sonnengottes.* Wiesbaden: Harrassowitz 1986. XVIII, 546 pp.

1069 TURCHINI, A. *Roma e le strutture ecclesiastiche locali.* In: *Chiesa e società. Appunti per una storia delle diocesi lombarde* (cf. 1985-87, 235) 127-140

1070 VAKLINOVA, MARGERITA *Sur la topographie chrétienne (IVe-VIe siècle). Un centre paléochrétien dans les Rhodopes.* In: *Christentum in Bulgarien* (cf. 1985-87, 237) 119-125

1071 VALLIN, PIERRE *Les chrétiens et leur histoire. Le christianisme et la foi chrétienne* [Manuel de théologie 2]. Paris: Desclée 1985. 309 pp.

1072 VANTINI, GIOVANNI *Il cristianesimo nella Nubia antica* [Museum Combonianum 39]. Verona: Collegio delle Missioni Africane 1985. 334 pp.

1073 VAUCHEZ, A. *Les chrétiens face à la guerre de l'Antiquité à la Renaissance.* In: *Les laïcs au Moyen Age. Practiques et expériences religieuses.* Ed. A. VAUCHEZ. Paris: Éd. du Cerf (1987) 61-75

1074 VERA, DOMENICO *Teodosio I tra religione e politica. I riflessi della crisi gotica dopo Adrianopoli.* In: *Atti dell'Accademia Romanistica Costantiniana* (cf. 1985-87, 212) 223-239

1075 VERONESE, A. *Monasteri femminili in Italia settentrionale nell'alto Medioevo. Confronto con i monasteri maschili attraverso un tentativo di analisi statistica* – Benedictina 34 (1987) 355-416

1076 VIGNERON, B. *Metz antique. Divodurum Mediomatricorum.* Sainte-Ruffine: Maisonneuve 1986. 306 pp.

1077 VITTINGHOFF, FRIEDRICH *Staat, Kirche und Dynastie beim Tode Konstantins.* In: *L'Église et l'empire au IVe siècle* (cf. 1985-87, 255) 1-34

1078 VOUGA, FRANÇOIS *A l'aube du christianisme: une surprenante diversité.* Aubonne: Editions du Moulin 1986. 94 pp.

1079 VRUGT-LENTZ, JOHANNA TER *Haruspex* – RAC 13 (1985) Lief. 101, 651-662

1080 WALKER, WILLISTON *A history of the Christian church.* 4th ed. Edd. RICHARD A. NORRIS; DAVID W. LOTZ; ROBERT T. HANDY. New York: Charles Scribner's Sons 1985. XII, 756 pp.

1081 WALSH, MICHAEL J. *Roots of Christianity.* London: Grafton Books 1986. 256 pp.

1082 WALSH, MICHAEL J. *The triumph of the meek: why early Christianity succeeded.* San Francisco, Calif.: Harper and Row 1986. 256 pp.

1083 WEIDEMANN, MARGARETE *Das Testament des Bischofs Bertram von Le Mans vom 27. März 616. Untersuchungen zu Besitz und Geschichte einer fränkischen Familie im 6. und 7. Jahrhundert* [Römisch-Germanisches Zentralmuseum. Monographien 9]. Mainz: Verlag des Römisch-Germanischen Zentralmuseums in Kommission bei Dr. R. Habelt GmbH Bonn 1986. X, 184 pp.

1084 WEISS, G. *Byzanz. Kritischer Forschungs- und Literaturbericht 1968-1985* [HZ Sonderh. 14]. München: Oldenbourg 1986. IX, 351 pp.

1085 WELTIN, EDWARD G. *Athens and Jerusalem: an interpretative essay on christianity and classical culture* [American Academy of Religion studies in religion 49]. Atlanta, Ga.: Scholars Pr. 1987. 257 pp.

1086 WENGST, KLAUS *Pax Romana and the Peace of Jesus Christ.* Trans. JOHN BOWDEN. Philadelphia, Penna.: Fortress Pr.; London: SCM Pr. 1987. 245 pp.

1087 WENGST, KLAUS *Pax Romana. Anspruch und Wirklichkeit. Erfahrungen und Wahrnehmungen des Friedens bei Jesus und im Urchristentum.* München: Kaiser 1986. 292 pp.

1088 WERNER, K.F. *L'Impero romano cristiano e le origini della nobiltà in Occidente* – BISIAM 92 (1985/86) 381-408

1089 WHITE, L. MICHAEL *Adolf Harnack and the «Expansion» of Early Christianity: A Reappraisal of Social History* – SecCent 5 (1985/86) 97-127

1090 WHITTOCK, M.J. *The Origins of England 410-600.* Totowa, N.J.: Barnes and Noble 1986. XI, 273 pp.

1091 WIESINGER, PETER *Gotische Lehnwörter im Bairischen. Ein Beitrag zur sprachlichen Frühgeschichte des Bairischen.* In: *Frühmittelalterliche Ethnogenese im Alpenraum.* Edd. H. BEUMANN und W. SCHRÖDER. Sigmaringen: Thorbecke (1985) 153-200

1092 WILKEN, ROBERT LOUIS *Die frühen Christen. Wie die Römer sie sahen.* Aus dem Engl. übers. von GREGOR KIRSTEIN. Graz; Wien; Köln: Styria 1986. 232 pp.

1093 WILKINSON, JOHN *Jerusalem IV. Alte Kirche* – TRE 16 (1987) 617-624

1094 WILLIAMS, R. *Arius and the Melitian schism. The codex Veronensis LX* – JThS 37 (1986) 35-52

1095 WILLIAMS, STEPHEN *Diocletian and the Roman Recovery.* London: Batsford 1985. 264 pp.

1096 WILSDORF, H. *Zur Historia Christianorum ad metalla damnatorum.* In: *Studien zur alten Geschichte. Siegfried Lauffer zum 70. Geburtstag.* Edd. H. KALCYK; B. GULLATH; A. GRAEBER [Historica 2]. Roma: Giorgio Bretschneider (1986) 1031-1048

1097 WILSON, P.A. *St. Patrick and Irish Christian origins* – Studia Celtica (Cardiff) 14/15 (1979/1980) 344-379

1098 WINKELMANN, F. *Konzeptionen des Verhältnisses von Kirche und Staat im frühen Byzanz, untersucht am Beispiel der Apostasia Palästinas.* In: *From Late Antiquity to Early Byzantium* (cf. 1985-87, 266) 73-85

1099 WINKELMANN, F. *Položenie Egipta v vostočnorimskoj (vizantijskoj) imperii* [Die Lage Ägyptens im Oströmischen Byzantinischen Reiche] – ViVrem 46 (1986) 75-87

1100 WINKELMANN, F.; GOMOLKA-FUCHS, GUDRUN *Frühbyzantinische Kultur.* Leipzig: Edition Leipzig 1987. 219 pp.

1101 WINKLER, GABRIELE *An Obscure Chapter in Armenian Church History (428-439)* – REArm 19 (1985) 85-179

1102 WIPSZYCKA, E. *La valeur de l'onomastique dans l'histoire de la christianisation de l'Égypte. A propos d'une étude de R.S. Bagnall* – ZPE 62 (1986) 173-181

1103 WIPSZYCKA, EWA *Considérations sur les persécutions contre les Chrétiens. Qui frappaient-elles?* In: *Poikilia. Études offertes à Jean-Pierre Vernant.* Présentation de MARCEL DÉTIENNE, NICOLE LORAUX, CLAUDE MOSSÉ, PIERRE VIDAL-NAQUET [Rech. d'hist. et de sc. soc. 26]. Paris: Éd. de l'École des hautes études en sciences soc. (1987) 397-405

1104 WISCHMEYER, W.K. *Zur Sozialgeschichte der Kirche im 3. Jahrhundert. Sozialgeschichtliche Implikationen des Bischofsamtes.* In: *Studia Patristica 18,1* (cf. 1985-87, 360) 99-103

1105 WOLFRAM, H. *Storia dei Goti.* Edizione italiana rivista e ampliata dall'autore a cura di MARIA CESA. Roma: Salerno Editrice 1985. 650 pp.

1106 YARNOLD, EDWARD J., SJ *Who Planned the Churches at the Christian Holy Places in the Holy Land?* In: *Studia Patristica 18,1* (cf. 1985-87, 360) 105-109

1107 ZECCHINI, G. *Il 476 nella storiografia tardoantica* – Aevum 59 (1985) 3-23
1108 ZINNHOBLER, R. *Das Papsttum – Sein Weg durch die Geschichte* – TPQS 134 (1986) 290-295
1109 ZUCCA, R. *Un vescovo di Cornus (Sardinia) del VII sec.* In: *L'Africa romana. Atti del III convegno di studio, Sassari, 13-15 dicembre 1985.* A cura di ATTILO MASTINO [Pubbl. del Dip. di storia dell'Univ. di Sassari 7]. Sassari: Gallizzi (1986) 388-395

I.9. Philosophica

1110 BADAWI, A. *La transmission de la philosophie grecque au monde arabe.* 2. éd. [Etudes de Philosophie Médiévale 56]. Paris: Librairie Philosophique J. Vrin 1987. 213 pp.
1111 BEUCHOT, MAURICIO *La distinción entre esencia y existencia en la alta Edad Media: Mario Victorino, Severino Boecio, Gilberto Porretano y Hugo de San Victor* – Revista de filosofía (Mexiko) 18 (1985) 203-218
1112 BOEHNER, PHILOTEUS; GILSON, ETIENNE *História da Filosofia cristã.* Petropolis: Editora Vozes 1985. 582 pp.
1113 BORI, PIER CESARE *L'interpretazione infinita. L'ermeneutica cristiana antica e le sue trasformazioni (VIe-XVIe s.)* [Saggi 326]. Bologna: Il Mulino 1987. 173 pp.
1114 BRANCACCI, ALDO *Seconde sophistique, historiographie et philosophie (Philostrate, Eunape, Synésios).* In: *Le plaisir de parler. Études de sophistique comparée. Coll. Arguments Colloque de Cerisy.* Sous la dir. de B. CASSIN. Paris: Éd. de Minuit (1986) 87-110
1115 BROX, NORBERT *Zur Legitimität der Wissbegier (curiositas).* In: *Das antike Rom in Europa. Die Kaiserzeit und ihre Nachwirkungen. Vortragsreihe der Universität Regensburg.* Ed. H. BUNGERT [Schriftenreihe der Universität Regensburg 12]. Regensburg: Mittelbayer. Druckerei und Verlags-Gesellschaft (1985) 33-52
1116 BUCCI, O. *Il diritto naturale dalle origini a S. Tommaso d' Aquino: a proposito di una recente pubblicazione* – Apollinaris 58 (1985) 775-784
1117 CAMPELO, MOISÉS MARIA *El pensamiento filosófico de san Agustín. II encuentro de la sociedad Castellano-Leonesa* – EAg 22 (1987) 395-406
1118 CETL, J. *Novoplatónismus jako spojnice i předěl mezi antikou křesťanstvím (= Der Neuplatonismus als Scheide und Verbindung zwischen der Antike und dem Christentum).* In: *Problémy křesťanství* (cf. 1985-87, 334) 33-47

1119 *From cloister to classroom: monastic and scholastic approaches to the truth*. Ed. E. ROZANNE ELDER [CSC 90]. Kalamazoo, Mich.: Cistercian Publications 1986. 275 pp.

1120 COHEN, J. *The Bible, Man and Nature in the History of Western Thought. A Call for Reassessment* – JR 65 (1985) 155-172

1121 COLISH, MARCIA L. *The Stoic tradition from Antiquity to the early Middle Ages I. Stoicism and classical Latin literature II. Stoicism in Christian thought through the sixth century* [Studies in the History of Christian thought 34/35]. Leiden: Brill 1985. XII, 446; XII, 336 pp.

1122 COMPOSTA, D. *Storia della filosofia antica*. Roma: Pontif. Università Urbaniana 1985. 506 pp.

1123 CORRIGAN, K. *The Irreducible Opposition Between the Platonic and Aristotelian Conceptions of Soul and Body in Some Ancient and Mediaeval Thinkers* – Laval 41 (1985) 391-401

1124 DIHLE, ALBRECHT *Die Schicksalslehren der Philosophie in der Alten Kirche*. In: *Aristoteles, Werk und Wirkung* (cf. 1985-87, 210) 52-71

1125 DIHLE, ALBRECHT *Die Vorstellung vom Willen in der Antike*. Göttingen: Vandenhoeck und Ruprecht 1985. 178 pp.

1126 DIHLE, ALBRECHT *Philosophische Lehren von Schicksal und Freiheit in der frühchristlichen Theologie* – JAC 30 (1987) 14-28

1127 DUMONT, JEAN PAUL *Les modèles de conversion à la philosophie chez Diogène Laërce* – Augustinus 32 (1987) 79-97

1128 ERBESEN, STEN *Kirkefædrene og den aristotelske logik*. In: *Idékonfrontation under senantiken* (cf. 1985-87, 285) 71-85

1129 FERRANTE, DOMENICO *La conversión de Dion Crisóstomo* – Augustinus 32 (1987) 99-104

1130 FLASCH, K. *Das philosophische Denken im Mittelalter. Von Augustin zu Macchiavelli*. Stuttgart: Reclam 1986. 720 pp.

1131 FLASCH, K. *Einführung in die Philosophie des Mittelalters*. Darmstadt: Wissenschaftliche Buchgesellschaft 1987. XII, 225 pp.

1132 FORMENT GIRALT, EUDALDO *La certeza en la metafísica de la verdad en San Agustín* – RaFMex 20 (1987) 290-303

1133 FOUCAULT, MICHEL *Histoire des systèmes de pensée* – AnColFr 80 (1979/80) 449-452

1134 FREDE, MICHAEL *Numenius* – ANRW II,36.2 (1987) 1034-1075

1135 FROHNHOFEN, HERBERT *Apatheia tou theou: über die Affektlosigkeit Gottes in der griechischen Antike und bei den griechischsprachigen Kirchenvätern bis zu Gregorios Thaumaturgos* [EH-Theol Bd.318]. Frankfurt am Main; Bern; New York: Lang 1987. 251 pp.

1136 GAJDENKO, P.P. *Le concept de temps de l'Antiquité au christia-nisme (Aristote, Plotin, Augustin)*. In: *La philosophie grecque et sa portée culturelle et historique*. Moscou: Ed. du Progrès (1985) 158-175

1137 GARNCEV, M.A. *Das Problem der Selbsterkenntnis in der abend-ländischen Philosophie (von Aristoteles bis Descartes)* [in russi-scher Sprache]. Moskva: Univ. 1987. 215 pp.

1138 GARNCEV, M.A. *Das Problem der Selbsterkenntnis in der abend-ländischen Philosophie des Altertums und des frühen Mittelalters (Aristoteles, Plotin, Augustinus)* [in russischer Sprache] – Istoriko-filosofskij ježegodnik (Moskva) 1 (1986) 48-68

1139 GASCO LACALLE, FERNANDO *Cristianos y cínicos, una tipifi-cación del fenómeno cristiano durante el siglo II* – MHA 7 (1986) 111-119

1140 GASCO LACALLE, FERNANDO *Magia, religión o filosofía, una comparación entre el «Philopseudes» de Luciano y la «Vida de Apolonio de Tiana» de Filostrato* – Habis 17 (1986) 271-281

1141 GATTI, G. *Linguaggio e testimonianza. Un caso emblematico di fondazione deontologica della norma morale* – Salesianum 48 (1986) 281-306

1142 GERSH, S. *Middle Platonism and Neoplatonism: The Latin Tradition*. Notre Dame, Ind.: University Notre Dame Press 1986. XX, 939 pp.

1143 GIGLI PICCARDI, DARIA *Sul fr. 37 degli Oracoli Caldaici* – Prometheus 12 (1986) 267-281

1144 HADOT, I. *Arts libéraux et philosophie dans la pensée antique*. Paris: Etudes Augustiniennes 1984. 391 pp.

1145 HAMILTON, ROBERT *The Monodic Quest* – JThS 38 (1987) 58-94

1146 HAREN, MICHAEL *Medieval Thought: the Western Intellectual Tradition from Antiquity to the Thirteenth Century* [New Studies in Medieval History]. Basingstoke: Macmillan 1985. X, 269 pp.

1147 HÅRLEMAN, E. *Le néoplatonisme et son influence sur la doctrine chrétienne* – Eranos 83 (1985) 87-91

1148 HEIN, CHRISTEL *Definition und Einteilung der Philosophie. Von der spätantiken Einleitungsliteratur zur arabischen Enzyklopädie* [Europäische Hochschulschriften, Reihe 20: Philosophie 177]. Frankfurt; Bern; New York: Lang 1985. 482 pp.

1149 HOLTE, RAGNAR *Filosofiskt och bibliskt i senantikens kristna människosyn*. In: *Människouppfatningen i den senare antiken* (cf. 1985-87, 298) 1-12

1150 INSA TEU, VICENTE *Elementos aristotélicos en San Agustín* – RC 33 (1987) 93-116

1151 JORDAN, J.N. *Western Philosophy. From Antiquity to the Middle Ages.* New York: Macmillan 1987. 492 pp.

1152 KEIL, G. *Philosophiegeschichte I Von der Antike bis zur Renaissance.* Stuttgart: Kohlhammer 1985. 162 pp.

1153 KOBUSCH, THEO *Sein und Sprache. Historische Grundlegung einer Ontologie der Sprache* [Stud. zur Problemgesch. der antiken und mittelalterlichen Philos. 11]. Leiden: Brill 1987. XI, 603 pp.

1154 KREMER, KLAUS *Bonum est diffusivum sui. Ein Beitrag zum Verhältnis von Neuplatonismus und Christentum* – ANRW II,36,2 (1987) 994-1032

1155 KRESS, R.L. *Veritas rerum. Contrasting cosmic truth in Hellenistic and Christian thought* – Thom 50 (1986) 1-27

1156 LANDRON, B. *Les chrétiens arabes et les disciplines philosophiques* – PrOrChr 36 (1986) 23-45

1157 LECLERCQ, JEAN *Filosofia e teologia.* In: *Dall'eremio al cenobio* (cf. 1985-87, 258) 217-237

1158 LILLA, SALVATORE *La teologia negativa dal pensiero greco classico a quello patristico e bizantino, I* – Helikon 22-27 (1982-87) 211-279

1159 LINDBERG, D.C. *Science and the Early Church.* In: *God and Nature: Historical Essays on the Encounter between Christianity and Science.* Ed. DAVID C. LINDBERG and RONALD L. NUMBERS. Berkeley, Calif.: University of California Press (1986) 19-48

1160 LLOYD, GEOFFREY E.R. *Materia e moto.* In: *Il sapere degli antichi.* Ed. M. VEGETTI. Torino: Boringhieri (1985) 109-125

1161 *La logica stoica. Testimonianze e frammenti. Testi originali con introduzione e traduzione commentata, V B: Plotino. I Commentatori aristotelici tardi, Boezio.* A cura di MARIANO BALDASSARI. Como: Libreria Noseda 1987. 207 pp.

1162 MAGRIS, A. *L'idea di destino nel pensiero antico.* 2 voll. Trieste: Università degli Studi di Trieste. Facoltà di Magistero; Udine: Del Bianco Edit. 1984. 937 pp.

1163 MANN, W.E. *Immutability and predication: What Aristotle taught Philo and Augustine* – IntJPhRel 22 (1987) 21-40

1164 MEREDITH, A., SJ *Emanation in Plotinus and Athanasius.* In: *Studia Patristica 16* (cf. 1985-87, 359) 319-323

1165 MICHEL, ALAIN *La métanoia chez Philon d'Alexandrie. De Platon au Judéo-Christianisme en passant par Ciceron* – Augustinus 32 (1987) 105-120

1166 MONDIN, B. *Storia della filosofia medievale* [Subsidia Urbana 12]. Roma: Pontificia Università Urbaniana 1985. 425 pp.

1167 MONTOYA SAEZ, J. *La doctrina del Nous en los comentaristas griegos de Aristoteles* – ECl 27 (1985) N° 89 133-148

1168 MUSCO, ALESSANDRO; GIOIA, GIUSEPPE *La filosofia del cristianesimo*. In: *Grande antologia filosofica* (cf. 1985-87, 206) 427-436

1169 NEBELESICK, H.P. *Circles of God. Theology and Science from the Greeks to Copernicus* [Theology and Science at the Frontiers of Knowledge 2]. Edinburgh: Scottish Academic Press 1985. XXVIII, 284 pp.

1170 NEIDL, W.M. *Die philosophisch-religiöse Kosmos-Erfahrung der «Hellenen» als Gegensatz zur jüdisch-christlichen Schöpfungswirklichkeit* – Kairos 27 (1985) 192-206

1171 NEUHAUSEN, KARL AUGUST *Academicus sapiens. Zum Bild des Weisen in der Neuen Akademie* – Mn 40 (1987) 353-390

1172 O'MEARA, DOMINIC J. *Le problème de la métaphysique dans l'antiquité tardive* – FZPT 33 (1986) 3-22

1173 ORGIŠ, VJAČESLAV P. *Antičnaja filosofija i proischoždenie christianstva*. Minsk: Nauka i Technika 1986. 181 pp.

1174 PEGUEROLES, JUAN *Dios infinito en San Agustín* – RaFMex 18 (1985) 261-270

1175 PÉPIN, JEAN *Harmonie der Sphären*. Übers. von ALOIS KEHL – RAC 13 (1985) Lief. 100, 593-618

1176 PINCKAERS, S. *Les sources de la morale chrétienne. Sa méthode, son contenu, son histoire* [Etudes d'éthique chrétienne 14]. Fribourg; Paris: Éditions Universitaires; Éd. du Cerf (1985) 523 pp.

1177 PINTO, VALERIA *Storicità ed effettività dell'io ed esperienza cristiana originaria della vita. Paolo e Agostino nei corsi di Heidegger del 1920-21* – AASN 98 (1987) 165-193

1178 PIRIONI, P. *Il soggiorno siciliano di Porfirio e la composizione del* Κατὰ Χριστιανῶν – RSCI 39 (1985) 502-508

1179 PIZZORNI, R. *Il diritto naturale dalle origini a S. Tommaso d'Aquino*. Roma: Città Nuova 1985. 632 pp.

1180 RADDING, C.M. *A World Made by Men: Cognition and Society 400-1200*. Chapel Hill, N.C.: University of North Carolina Press 1985. XI, 286 pp.

1181 REYNOLDS, PHILIP LYNDON *God, cosmos and microcosm. Comparisons between the relation of God to the cosmos and the relation of the soul to man, from Greek philosophy to the 13th century* [Diss.]. Toronto, Ontario: Univ. of Toronto 1987 [cf. summary in DissAbstr 48 (1988) 3138A]

1182 STEAD, CHRISTOPHER *Die Aufnahme des philosophischen Gottesbegriffes in der frühchristlichen Theologie: W. Pannenbergs These neu bedacht* – ThRu 51 (1986) 349-371

1183 STEEL, CARLOS *Omnis corporis potentia est finita. L'interprétation d'un principe aristotélicien de Proclus à saint Thomas*. In:

Philosophie im Mittelalter. Entwicklung, Linien und Paradigmen.
Hamburg: Meiner (1987) 213-224

1184 TATAKIS, B. *Istorija vizantijske filozofije* [in serbokroatischer Sprache] – Letopis Matice Srpske (Novi Sad) 435/1 (1985) 68-82

1185 THEODOROU, EVANGELOS *Grundprinzipien christlicher Philosophie in Byzanz* – ThAthen 57 (1986) 712-722

1186 VOGEL, C.J. DE *Platonism and christianity: A mere antagonism or a profound common ground?* – VigChr 39 (1985) 1-62

1187 WEHRLI, F. *Zum Problem des Platonismus in der christlichen Antike* – MH 42 (1985) 183-190

1188 ZOLTAI, D. *Sui rapporti della teoria e della pratica dell'arte nella patristica e in S. Agostino* – SMed 10 (1986) 56-65

I.10. Philologia patristica (lexicalia atque linguistica)

I.10.a) Generalia

1189 ALBERT, MICHELINE *La langue syriaque: remarques stylistiques* – ParOr 13 (1986) 225-248

1190 ASCHOFF, DIETHARD *Studien zu zwei anonymen Kompilationen der Spätantike. Zeit, Ort und Verfasserschaft der Kompilationen* – SE 28 (1985) 35-154

1191 AVERINCEV, SERGEJ SERGEEVIČ *La rhétorique byzantine. La norme scolaire de la création littéraire dans la culture byzantine* [in russischer Sprache]. In: *Die Probleme der Literaturtheorie in Byzanz und bei den lateinischen Autoren des Mittelalters.* Ed. M.L. GASPAROV [in russischer Sprache]. Moskva: Nauka (1986) 19-90

1192 BARTELINK, G.J.M. *Adoption et rejet des topiques profanes chez les panégyristes et biographes chrétiens de langue grecque* – SG 39 (1986) 25-40

1193 BASTIAENSEN, A.A.R. *De termen psalmus – hymnus – canticum in de Latijnse oudchristelijke literatuur.* In: *Noctes Noviomagenses* (cf. 1985-87, 318) 19-28

1194 BASTIAENSEN, A.A.R. *Het oudchristelijk Latijn* – Hermeneus 58 (1986) 91-97

1195 BOLOGNESI, GIANCARLO *L'influsso lessicale greco sull'armeno.* In: *Studi linguistici e filologici per Carlo Alberto Mastrelli.* Pisa: Pacini Editore (1985) 87-99

1196 BRAUN, RENÉ *L'influence de la Bible sur la langue latine.* In: *Le monde latin antique et la Bible* (cf. 1985-87, 309) 129-142

1197 BROWNE, GERALD M. *Greek into Nubian.* In: *Nubian Culture* (cf. 1985-87, 319) 309-324

1197a BROWNE, G.M. *Old Nubian philology* – ZPE 60 (1985)
291-296

1198 *Catalogus verborum quae in operibus Sancti Augustini inveniun-*
tur, VIII: Sermones de Vetere Testamento 1-50 [CChr 41]. Gesta
Conlationis Carthaginiensis. Breviculus Conlationis cum Donati-
stis [CChr 149A]. Eindhoven: Thesaurus linguae Augustinianae
1985. 204 pp.

1199 *Catalogus verborum quae in operibus Sancti Augustini inveniun-*
tur, IX: Quaestiones in Heptateuchum libri VII. Locutionum in
Heptateuchum libri VII. De octo quaestionibus ex Veteri Testamento [CChr 33]. Eindhoven: Thesaurus linguae Augustinianae
1987. 162 pp.

1200 CAVENAILE, ROBERT *Le latin dans les milieux chrétiens*
d'Égypte. In: *Miscellànea papirològica Ramon Roca-Puig* (cf.
1985-87, 306) 103-110

1201 *Codex Manichaicus Coloniensis, Concordanze.* A cura di LUIGI
CIRILLO, ADELE CONCOLINO MANCINI e AMNERIS RO-
SELLI [Univ. degli studi della Calabria Centro interdipartim. di sc.
relig. Studi e ric. 3] Cosenza: Marra Ed. 1985. 232 pp.

1202 CODOÑER, CARMEN *Latín cristiano ¿lengua de grupo?* –
Nova Tellus. Anuario del Centro de Estudios clásicos (México,
Inst. de investigaciones filológicas) 3 (1985) 111-126

1203 COLEMAN, R. *Vulgar Latin and the diversity of Christian Latin.*
In: *Latin vulgaire – Latin tardif* (cf. 1985-87, 296) 37-52

1204 COLLINS, JOHN F. *A primer of ecclesiastical Latin.* Washington,
D.C.: Catholic Univ. of America Press 1985. XVIII, 451 pp.

1205 *Corpus Christianorum. Thesaurus Patrum Latinorum. Sanctus*
Hieronymus. Contra Rufinum. Digesserunt EDDY GOUDER et
PAUL TOMBEUR [ILLB 2]. Louvain-la-Neuve: Universitas Catho-
lica Lovaniensis; Turnhout: Brepols 1986. 29 pp.; 3 microfiches

1206 *Corpus Christianorum. Thesaurus Patrum Latinorum. Aponius*
Exegeta, In Canticum Canticorum expositio [ILLA 36]. Curante
CETEDOC. Louvain-la-Neuve: Universitas Catholica Lovaniensis;
Turnhout: Brepols 1986. 84 pp.; 13 microfiches

1207 *Corpus Christianorum. Thesaurus Patrum Latinorum. Sanctus*
Aurelius Augustinus. Contra aduersarium Legis et Prophetarum.
Contra Priscillianistas et Origenistas. Orosius. De errore Priscillia-
nistarum et Origenistarum [ILLA 29]. Curante CETEDOC.
Louvain-la-Neuve: Universitas Catholica Lovaniensis; Turnhout:
Brepols 1985. 43 pp.; 4 microfiches

1208 *Corpus Christianorum. Thesaurus Sancti Gregorii Magni. Enume-*
ratio formarum, Index formarum a tergo ordinatarum [ILLA].
Curante CETEDOC. Louvain-la-Neuve: Universitas Catholica

Lovaniensis; Turnhout: Brepols 1986. XXVII, 514 pp.; 99 microfiches

1209 *Corpus Christianorum. Thesaurus Patrum Latinorum. Leo Magnus, Tractatus* [ILLA 40]. Curante CETEDOC. Louvain-la-Neuve: Universitas Catholica Lovaniensis; Turnhout: Brepols 1987. 88 pp.; 10 microfiches

1210 *Corpus Christianorum. Thesaurus Patrum Latinorum. Leo Magnus. Tractatus* [ILLB 40]. Curante CETEDOC. Louvain-la-Neuve: Universitas Catholica Lovaniensis; Turnhout: Brepols 1987. 32 pp.; 6 microfiches

1211 *Corpus Christianorum. Thesaurus Patrum Latinorum. Scriptores minores Galliae s. IV-V* [ILLA 28]. Curante CETEDOC. Louvain-la-Neuve: Universitas Catholica Lovaniensis; Turnhout: Brepols 1985. 104 pp.; 7 microfiches

1212 *Corpus Christianorum. Thesaurus Patrum Latinorum. Primasius Episcopus Hadrumetinus, Commentarius in Apocalypsin* [ILLA 26]. Curante CETEDOC. Louvain-la-Neuve: Universitas Catholica Lovaniensis; Turnhout: Brepols 1985. 70 pp.; 7 microfiches

1213 CRISCUOLO, UGO *Note filologiche III*. In: *Filologia e forme letterarie* (cf. 1985-87, 263) V 191-205

1214 CURLETTO, S. *Il contesto mitico-religioso antenato/anima/uccello/strega nel mondo greco-latino* – Maia 39 (1987) 143-156

1215 DESREUMAUX, A. *La naissance d'une nouvelle écriture araméenne à l'époque byzantine* – Semitica 37 (1987) 95-107

1216 DYCK, A.R. *Notes on Platonic lexicography in antiquity* – HarvClassPhil 89 (1985) 75-88

1217 EDWARDS, MARK *Locus horridus and locus amoenus*. In: *Homo viator. Classical essays for John Bramble* (cf. 1985-87, 283) 267-276

1218 GANTAR, K. *Considerazioni sul bilinguismo in Roma antica* – MusPat 4 (1986) 251-265

1219 GARCIA DE LA FUENTE, O. *El latín bíblico y el latín cristiano en el marco del latín tardío* – AnMal 10 (1987) 3-64

1220 GARCIA DE LA FUENTE, O. *La reduplicación distributiva en el latín bíblico*. In: *Homenaje a Pedro Sáinz Rodríguez, II. Estudios de lengua y literatura* (cf. 1985-87, 281) 279-283

1221 GARCIA DE LA FUENTE, O. *Sobre el uso de los adverbios en el latín bíblico*. In: *Homenaje a A. Díez Macho*. Madrid: Ed. Cristiandad (1986) 135-156

1222 GARCIA DE LA FUENTE, O. *Sobre las preposiciones compuestas en el latín bíblico* – AnMal 9 (1986) 3-12

1223 GARZYA, A. *L'epistolografia letteraria tardoantica*. In: *Le trasformazioni della cultura* (cf. 1985-87, 375) I 347-373

1224 HAEBLER, C. *Genitivus forensis im Gotischen. Ein syntaktischer Beitrag zur Interpretation von Skeireins IIIb 23-24.* In: *Sprachwissenschaftliche Forschungen. Festschrift für Johann Knobloch* (cf. 1985-87, 354) 133-143

1225 HAMMAN, A.G. *L'épopée du livre. La transmission des textes anciens, du scribe à l'imprimerie* [Coll. Pour l'histoire]. Paris: Perrin 1985. 239 pp.

1226 HELTTULA, ANNE *Studies on the Latin accusative absolute* [Comment. Hum.Litt.81]. Helsinki: Soc. Sc. Fennica 1987. 137 pp.

1227 LUISELLI, BRUNO *Forme versificatorie e destinazione popolare in Ilario, Ambrogio e Agostino* – Helikon 22-27 (1982-87) 61-74

1228 MARIN, MARCELLO *Note di filologia patristica* – VetChr 22 (1985) 317-330

1229 MATINO, GIUSEPPINA *Lingua e pubblico nel tardo antico. Ricerche sul greco letterario dei secoli IV-VI.* Napoli: d'Auria 1986. 193 pp.

1230 MOMIGLIANO, ARNALDO *Ancient biography and the study of religion in the Roman Empire* – ASNSP 16 (1986) 25-44

1231 MORANI, M. *Situazioni e prospettive degli studi sulle versioni armene di testi greci con particolare riguardo agli storici.* In: *L'eredità classica nelle lingue orientali* (cf. 1985-87, 257) 39-46

1232 NAHMER, DIETER VON DER *«Dominici scola servitii». Über Schultermini in Klosterregeln* – RBS 12 (1983) [1985] 143-185

1233 NASCIMENTO, ARIES AUGUSTO *Filologia Médio-Latina em Portugal (Situação e Perspectivas)* – Euphrosyne 13 (1985) 111-138

1234 NAZZARO, ANTONIO V. *Sources chrétiennes et la filologia patristica.* In: *Alle sorgenti della cultura cristiana* (cf. 1985-87, 86) 77-101

1235 NERSOYAN, H.J. *The Why and When of the Armenian Alphabet* – Journal of the Society for Armenian Studies (Los Angeles: Univ. of California, Dept. of Near Eastern Languages and Cultures) 2 (1985/86) 51-71

1236 ORLANDI, TITO *Coptic literature.* In: *The Roots of Egyptian Christianity* (cf. 1985-87, 343) 51-81

1237 PANAGL, O. *Die Wiedergabe griechischer Komposita in der lateinischen Übersetzungsliteratur.* In: *O-o-pe-ro-si. Festschrift für Ernst Risch zum 75. Geburtstag.* Ed. A. ETTER. Berlin: de Gruyter (1986) 574-582

1238 PARKER, D.C. *The translation of οὖν in the Old Latin Gospels* – NTS 31 (1985) 252-276

1239 PARKES, M.B. *The contribution of insular scribes of the seventh and eighth centuries to the «grammar of legibility».* In: *Grafia e interpunzione del latino nel medioevo* (cf. 1985-87, 274) 15-30

1240 PETRUCCI, ARMANDO *Alfabetismo ed educazione grafica degli scribi altomedievali (secc. VII-X)*. In: *The role of the book in medieval culture. Proceedings of the Oxford international symposium, 26 September – 1 October 1982*. Ed. PETER GANZ [Bibliologia 3/4]. Turnhout: Brepols (1986) I 109-132

1241 PINES, S. *The collected works, II: Studies in Arabic versions of Greek texts and in medieval science*. Leiden: Brill 1986. IX, 468 pp.

1242 POLOTSKY, H. *Grundlagen des koptischen Satzbaus* [American Studies in Papyrology 28]. Decatur, Ga.: Scholars Press 1987. XI, 168 pp.

1243 POSCH, SEBASTIAN *Der «Seelenbräu» anders gedeutet. Zu den Begriffen Pfarrer-Pfarrei/ parochus-parochia*. In: *Im Bannkreis des Alten Orients. Studien zur Sprach- und Kulturgeschichte des Alten Orients und seines Ausstrahlungsraumes. Karl Oberhuber zum 70. Geburtstag gewidmet*. Edd. WOLFGANG MEID; HELGA TRENKWALDER [IBK 24]. Innsbruck: Institut für Sprachwissenschaft der Universität (1986) 203-212

1244 PRINZ, OTTO *Bemerkungen zum Wortschatz der lateinischen Übersetzung des Pseudo-Methodios*. In: *Variorum munera florum. Latinität als prägende Kraft mittelalterlicher Kultur. Festschrift für Hans F. Haefele zu seinem sechzigsten Geburtstag*. Edd. ADOLF REINLE et al. Sigmaringen: Jan Thorbecke Verlag (1985) 17-22

1245 QUACQUARELLI, A. *Fondamenti della retorica classica e cristiana*. In: *Cultura e lingue classiche*. Convegno di aggiornamento e di didattica. Roma 1-2 novembre 1985. Vol. 1. Roma: LAS (1986) 91-109

1246 SCHMIDT, DARYL *The Study of Hellenistic Greek Grammar in the Light of Contemporary Linguistics*. In: *Perspectives on the New Testament. Essays in Honor of Frank Stagg*. Ed. CHARLES H. TALBERT. Macon, Ga.: Mercer Univ. Press (1985) 27-38

1247 SMOLAK, K. *Lecta verba. Aspekte der Sprachästhetik im Latein der Spätantike und des Frühmittelalters* – Wiener humanistische Blätter (Wien) 27 (1985) 12-27

1248 SPIRA, ANDREAS *Volkstümlichkeit und Kunst in der griechischen Väterpredigt des 4. Jahrhunderts* – JÖB 35 (1985) 55-73

1249 STEPHENS, LAURENCE D. *Syllable quantity in late Latin clausulae* – Phoenix 40 (1986) 72-91

1250 THEODORIDIS, C. *Textkritische Bemerkungen zu drei byzantinischen Gedichten* – Byzantina 13 (1985) 1273-1278

1251 WIESINGER, PETER *Gotische Lehnwörter im Bairischen. Ein Beitrag zur sprachlichen Frühgeschichte des Bairischen*. In: *Frühmittelalterliche Ethnogenese im Alpenraum*. Edd. H. BEUMANN und W. SCHRÖDER. Sigmaringen: Thorbecke (1985) 153-200

1252 WINKLER, GABRIELE *Die spätere Überarbeitung der armenischen Quellen zu den Ereignissen der Jahre vor bis nach dem Ephesinum* – OrChr 70 (1986) 143-180
1253 WINTERBOTTOM, M. *Tot incassum fusos patiere labores?* – CQ 36 (1986) 545-546

I.10.b) Voces

ἀγανάκτησις

1255 BALDWIN, BARRY *A technical term for the wrath of God* – PBR 4 (1985) 109

ἀγάπη

1256 KAHANE, HENRY; KAHANE, RENÉE *Religious key terms in Hellenism and Byzantium. Three facets* – IClSt 12 (1987) 243-263
1257 PIETRAS, H. *De charitate ecclesia: il termine «agape» in Origene* – RT 26 (1985) 179-192

ἕν

1258 BEIERWALTES, WERNER *Hen (ἕν)* – RAC 14 (1987) Lief. 107, 445-472

καθολικός

1259 MOROZIUK, R.P. *Some Thoughts on the Meaning of καθολική in the Eighteenth Catechetical Lecture of Cyril of Jerusalem.* In: *Studia Patristica 18,1* (cf. 1985-87, 360) 169-178
1260 MOROZIUK, RUSSELL P. *The Meaning of καθολικός in the Greek Fathers and its Implications for Ecclesiology and Ecumenism* – PBR 4 (1985) 90-104

κεφαλή

1261 GRUDEM, WAYNE *Does κεφαλή mean «Source» or «Authority Over» in Greek Literature? A Survey of 2,336 Examples* – TrinityJ 6 (1985) 38-59

λαός/λαϊκός

1262 CHAPA, J. *Sobre la relación «laós – laikós».* In: *La misión del laico* (cf. 1985-87, 307) 197-212

λόγος/λογικός

1263 COULOUBARITSIS, L. *Transfigurations du Logos* – AIPh (1984) 9-44

νάρθηξ

1264 KNOBLOCH, J. *Die Entlehnungskette von gr. νάρθηξ, Kirchenvorplatz/-vorraum* – Glotta 63 (1985) 180-182

οἰκονομία

1265 HORN, H.J. *Oikonomia. Zur Adoption eines griechischen Gedankens durch das spätantike Christentum.* In: *Ökonomie. Sprachliche und literarische Aspekte eines 2000 Jahre alten Begriffs.* Ed. T. STEMMLER [Mannheimer Beiträge zur Sprach- und Literaturwissenschaft 6]. Tübingen: Narr (1985) 51-58

οὐσία

1266 TOLLESEN, TORSTEIN *Om en norsk oversettelse av det greske usia* – Norsk filologisk tidsskrift (Oslo) 21 (1986) 54-58

παιδεία

1267 STLOUKALOVA, K. *Vyznam pojmu ΠΑΙΔΕΙΑ v díle Basileia Velikého (= Signification du terme ΠΑΙΔΕΙΑ dans l'ouvrage de Basile le Grand)* [mit frz. Zusammenfassung]. In: *Problémy Křesťanství* (cf. 1985-87, 334) 269-280

πρωτότοκος

1268 THEOCHARIS, A.K. Ἡ ἔννοια τοῦ ὅρου «πρωτότοκος» ἐν Λουκᾷ 2,7 κατὰ τοὺς πατέρας τῆς Ἐκκλησίας, τοὺς ἐκκλησιστικοὺς συγγραφεῖς καὶ κατὰ μίαν ἰουδαικὴν ἐπιγραφὴν τοῦ Αʹ π.Χ. αἰῶνος – Kleronomia 19 (1987) 61-79

ὑπόκρισις

1269 AMORY, F. *Whited Sepulchres. The Semantic History of Hypocrisy to the High Middle Ages* – RThAM 53 (1986) 5-39

φιλία

1270 MAŁUNOWICZ (†), LEOKADIA *Le problème de l'amitié chez Basile, Grégoire de Nazianze et Jean Chrysostome.* In: *Studia Patristica 16* (cf. 1985-87, 359) 412-417

χαραδριός

1271 KEHL, ALOIS *Haradrius* – RAC 13 (1985) Lief. 100, 585-593

agape

1272 HAMMAN, ADALBERT G. *De l'agape à la diaconie, en Afrique chrétienne* – ThZ 42 (1986) 214-221

clementia

1273 BORGO, A. *Clementia. Studio di un campo semantico* – Vichiana 14 (1985) 25-73

conversio

1274 IRMSCHER, JOHANNES *Sul concetto di conversio e i corrispondenti termini greci* – AugR 27 (1987) 27-32

discretio

1275 DEKKERS, ELOI *«Discretio» en san Benito y san Gregorio* – CuadMon 21 (1986) 1-10

dispensatio/dispositio

1276 SARTORE, D. *I termini «dispensatio/dispositio» nel Sacramentario veronese* – EcclOra 3 (1986) 61-80

fides ecclesiae

1277 NADEAU, M.-T. *L'expression «fides ecclesiae» dans la littérature latine occidentale des treize premiers siècles*. 2 voll. [Diss.]. Paris: Sorbonne 1986. XIV, 313; 108 pp.

habere

1278 WEBER, C. *Three notes on habeo and ac in the Itinerarium Egeriae* – IClSt 10 (1985) 285-294

papa

1279 MOORHEAD, J. *«Papa» as «Bishop of Rome»* – JEcclH 36 (1985) 337-350

peccatum

1280 STÜRNER, W. *Peccatum und Potestas. Der Sündenfall und die Entstehung der herrscherlichen Gewalt im mittelalterlichen Staats-*

denken [Beiträge zur Geschichte und Quellenkunde des Mittelalters 11]. Sigmaringen: J. Thorbecke Verlag 1987. 276 pp.

placidus/placitus

1281 MÜLLER, I. *Ergänzungen der Disentiser Klostergeschichte* – SM 98 (1987) 257-271

prepositus

1282 BAUTIER, A.M. *De «Prepositus» à «prior», de «cella» à «prioratus»: évolution linguistique et genèse d'une institution (jusqu' à 1200).* In: *Prieurs et prieurés dans l'Occident médiéval. Actes du colloque organisé à Paris le 12 novembre 1984 par la IVe Section de l'Ecole pratique des Hautes Etudes et l'Institut de recherche et d'histoire des textes.* Cur. J.-L. Lemaître, praef. J. Dubois. Genève: Librairie Droz (1987) 1-21

purgare

1283 RIQUELME OTALORA, JOSÉ *Panorama semántico de purgare en los escritores cristianos de la antigua latinidad* – Faventia 8,2 (1986) 27-44; 9,2 (1987) 85-106

res et sacramentum

1284 LOPEZ GONZALEZ, PEDRO *Origen de la expresión «res et sacramentum»* – ScTh 17 (1985) 73-119

sentinaculum

1285 MUSSO, OLIMPIO *Nota sul Termine «sentinaculum»* – Faventia 7 (1985) 101-103

I.11. Palaeographica atque manuscripta

1286 ABRAMOWSKI, LUISE *Zur geplanten Ausgabe von Brit. Mus. add. 12156.* In: *Texte und Textkritik* (cf. 1985-87, 372) 23-28
1287 AGATI, MARIA LUISA *Il cod. Vat. gr. 2166. Per uno studio dello scriptorium di Efrem.* In: *Studi di filologia bizantina III* [Università di Catania. Quaderni del Siculorum Gymnasium 15]. Catania: Fac. di Lettere e Filosofia, Istituto di Studi Bizantini e Neoellenici (1985) 9-14

1288 AGATI, MARIA LUISA; VOICU, S.J. *Due manoscritti crisosto-mici gemelli rigati secondo il tipo Leroy K 20E2* – BollClass 7 (1986) 137-151

1289 AMIET, R. *Inventaire des manuscrits liturgiques conservés dans les bibliothèques et les archives de Rome* – Sc 39 (1985) 109-118

1290 ANDRÉS, GREGORIO DE *Catálogo de los códices griegos de la Biblioteca Nacional.* Madrid: Ministerio de Cultura 1987. XIV, 619 pp.

1291 BABCOCK, ROBERT G. *Two Unreported Uncial Fragments* – ScrCiv 9 (1985) 299-307

1292 BECKER, P.J.; BRANDIS, T. *Die theologischen lateinischen Hand-schriften in Folio der Staatsbibliothek Preußischer Kulturbesitz Berlin, II.* Mss. theol. lat. fol. 598-737. Wiesbaden: Harrassowitz 1985. 367 pp.

1293 BERSCHIN, W. *Zimelien.* In: *Bibliotheca Palatina* (cf. 1985-87, 223) 110-111; 123-126; 131-132

1294 BERSCHIN, W. [ET AL.] *Heidelberger Handschriften-Studien des Seminars für Lateinische Philologie des Mittelalters, II: Fragmenta Salemitana* – Bibliothek und Wissenschaft (Wiesbaden) 20 (1986) 1-48

1295 BIRDSALL, J. NEVILLE *The geographical and cultural origin of the Codex Bezae Cantabrigiensis: A survey of the status quaestio-nis, mainly from the palaeographical standpoint.* In: *Studien zum Text und zur Ethik des Neuen Testaments* (cf. 1985-87, 363) 102-114

1296 BISCHOFF, BERNHARD *Paläographie des römischen Altertums und des abendländischen Mittelalters.* 2. Aufl. [Grundlagen der Germanistik 24]. Berlin: E. Schmidt 1986. 377 pp.

1297 BISCHOFF, BERNHARD *Paléographie de l'Antiquité romaine et du Moyen Age occidental.* Trad. par H. ATSMA et J. VEZIN. Paris: Picard 1985. 326 pp.

1298 BRACKE, R.; BRACKE, ALICE *Kodikologische Rekonstruktion des Cod. Taurin. Gr. 35 (nunc C III 14)* – ByZ 78 (1985) 37-48

1299 BRACKE, RAPHAEL *Two fragments of a Greek manuscript containing a corpus Maximianum: MSS Genavensis gr. 30 and Leidensis Scaligeranus 33* – PBR 4,2 (1985) 110-114

1300 BRAGGION, G. *Un indice cinquecentesco della Biblioteca di S. Giovanni di Verdara a Padova* – IMU 29 (1986) 233-280

1301 BRAKMANN, HEINZGERD *Der Berliner Papyrus 13918 und das griechische Euchologion-Fragment von Deir el-Bala'izah* – OstkiSt 36 (1987) 31-38

1302 BROWNE, GERALD M. *Griffith's Old Nubian Lectionary. The revision revised* – BASP 24 (1987) 75-92

1303 BROWNE, GERALD M. *New Light on Old Nubian: the Serra East Codex.* In: *Nubische Studien* (cf. 1985-87, 320) 219-222

1304 BRUBAKER, L. *Politics, patronage, and art in 9th Century Byzantium. The Homilies of Gregorius Nazianzenus in Paris (B.N. GR. 510)* – DumPap 39 (1985) 1-13

1305 BRUN, P. DE; HERBERT, M. *Catalogue of Irish Manuscripts in Cambridge Libraries.* Cambridge: Cambridge University Press 1986. XXX, 188 pp.

1306 BRUNNER, T.F. *Computer-Früchte* – ZPE 66 (1986) 293-296

1307 CALLMER, C. *Die ältesten christlichen Bibliotheken in Rom* – Eranos 83 (1985) 48-60

1308 CATALDI PALAU, ANNACLARA *Catalogo dei manoscritti greci della Biblioteca Franzoniana (Genova). Parte seconda* – SIF 5 (1987) 232-290

1309 CAVALLO, GUGLIELMO *Conservazione e perdita dei testi greci. Fattori materiali, sociali, culturali.* In: *Società romana e impero tardoantico* (cf. 1985-87, 350) IV 83-172; 246-271

1310 CAVALLO, GUGLIELMO *Dallo «Scriptorium» senza biblioteca alla biblioteca senza «Scriptorium».* In: *Dall'eremio al cenobio* (cf. 1985-87, 258) 329-422

1311 CAVALLO, GUGLIELMO; MAEHLER, H. *Greek bookhands of the early Byzantine period A.D. 300-800* [BICS Suppl. 47]. London: Institute of Classical Studies 1987. XII, 153 pp.

1312 CHARTIER, Y. *Un papyrus musical du IIIe siècle* – Le monde de la Bible (Paris) 37 (1985) 38-39

1313 *Codices Vaticani Graeci, 2162-2254 (Codices Columnenses).* Ed. SALVATORE LILLA [Bibliothecae Apostolicae Vaticanae codices manuscripti recensiti]. Città del Vaticano: Bibliotheca Vaticana 1985. LXXX, 529 pp.

1314 CORSANO, KAREN *The first quire of the Codex Amiatinus [Florence, Bibl. Laur., Amiatino 1] and the Institutiones of Cassiodorus* – Sc 41 (1987) 3-34

1315 CURTI, CARMELO *I codici latini della Biblioteca Comunale di Noto. Codice nr. 2* – Orpheus 7 (1986) 338-344

1316 DEUN, P. VAN *Un recueil chrysostomien, le Patmiacus 165* – Byzan 56 (1986) 285-294

1317 DIETHART, JOHANNES M.; NIEDERWIMMER, KURT *Ein Psalm und ein christlicher Hymnus auf Papyrus. Mit zwei Tafeln* – JÖB 36 (1986) 61-66

1318 DOSTALOVA, RUŽENA *Der Bücherkatalog Pap. Wess. Gr. Prag. I 13 im Rahmen der Nachrichten über Bücher aus frühchristlicher Zeit* – Byzantina 13 (1985) 535-547

1319 ERMATINGER, C.J.; DALY, L.J.; TOLLES, T.G. *Check list of the Vatican library manuscript codices on microfilm in the Knights of*

Columbus Vatican Film Library, I-II – Manuscripta 29 (1985) 91-117; 166-197

1320 ÉTAIX, R. *L'ancienne collection de sermons attribués à saint Augustin. De quattuor virtutibus caritatis* – RBen 95 (1985) 44-59

1321 FIACCADORI, GIANFRANCO *Cristo all'Eufrate. P. Heid. G. 1101,8 ss.* – Par 41 (1986) 59-63

1322 GALLO, I. *Greek and Latin Papyrology.* Translated by MARIA ROSALIA FALIVENE and JENNIFER R. MARCH [Classical Handbook 1]. London: Univ. of London, Inst. of Classical Studies 1986.

1323 GAMBER, KLAUS *Teilstück einer Anaphora auf dem Pergamentblatt des 5./6. Jahrhunderts aus Ägypten* – OstkiSt 36 (1987) 186-192

1324 GNEUSS, H. *Anglo-Saxon Libraries from the Conversion to the Benedictine Reform.* In: *Angli e Sassoni al di qua e al di là del mare. 26 aprile – 1° maggio 1984.* [Settimane di studio 32]. Spoleto: Centro Italiano di Studi sull'Alto Medioevo (1986) 643-688

1325 GÖRGEMANNS, H. *Griechische Handschriften der Palatina.* In: *Bibliotheca Palatina* (cf. 1985-87, 223) 78-83; 84-86

1326 GORMAN, M.M. *Harvard's Oldest Latin Manuscript (Houghton Library, fMS TYP 495). A Patristic Miscellany from the Predestinarian Controversy of the Ninth Century* – Sc 39 (1985) 185-196

1327 GORMAN, M.M. *The Diffusion of the Manuscripts of Saint Augustine's De Doctrina Christiana in the Early Middle Ages* – RBen 95 (1985) 11-24

1328 GRIBOMONT, JEAN *Le vieux corpus monastique du Vatican. Syr. 123* – Mu 100 (1987) 131-141

1329 *Griechische Texte der Heidelberger Papyrus-Sammlung (P. Heid. IV).* Hrsg. von BÄRBEL KRAMER und D. HAGEDORN mit Beiträgen von CORNELIA RÖMER, BRUCE H. KRAUT und F. MONTANARI [Veröffentlichungen aus der Heidelberger Papyrus-Sammlung N.F. 5]. Heidelberg: C. Winter 1986. 290 pp.

1330 GRYSON, R.; OSBORNE, T.P. *Un faux témoin de la «Vetus latina»: la version latine du Commentaire pseudo-basilien sur Isaïe, avec une note sur le ms. 179 de la «Vetus latina»* – RBen 95 (1985) 280-292

1331 GRYSON, ROGER *Les pièges de la lecture des palimpsestes. L'exemple des fragments ariens sur Luc.* In: *Calames et cahiers. Mélanges de codicologie et de paléographie offerts à Leon Gilissen.* Sous la direction scientifique de JAQUES LEMAIRE; ÉMILE VANBALBERGHE. Bruxelles: Centre d'Étude des Manuscrits (1985) 55-59

1332   HALKIN, F. *Six inédits d'hagiologie byzantine* – AB 105 (1987)
24

1333   HALLEUX, ANDRÉ DE *Les manuscrits syriaques du CSCO* –
Mu 100 (1987) 35-48

1334   *Handschriften uit de abdij van Sint-Truiden. Tentoonstelling
ingericht door de Province Limburg, Museum voor Religieuze
Kunst, Sint-Truiden, met de Medewerking van het Centrum voor
de studie van het verluchte handschrift in de Nederlanden. Begijn-
hofkerk, Sint-Truiden 28 juni – 5 oktober.* Leuven: Uitgeverij
Peeters 1986. 303 pp.

1335   HARRAUER, CHRISTINE; HARRAUER, HERMANN *Ein jü-
disch-christliches Amulett, P. Vindob.* G 42406 – WSt 100 (1987)
185-199

1336   HORSLEY, G.H.R.; CONNOLLY, A.L. et al. *New Documents
Illustrating Early Christianity, vol. 4. A Review of the Greek
Inscriptions and Papyri published in 1979.* North Ryde, Australia:
Macquarie Univ., The Ancient History Documentary Research
Centre 1987. VI, 297 pp.

1337   JACOB, ANDRÉ *Une bibliothèque médiévale de Terre d'Otrante
(Parisinus Gr. 549)* – RSBN N.S. 22/23 (1985/86) 285-315

1338   JANERAS, SEBASTIA *Una oració per al ritu de la pau en els
papirs 21231 de Berlín i 249 de Londres.* In: *Miscellànea papiròlo-
gica Ramon Roca-Puig* (cf. 1985-87, 306) 149-157

1339   JANINI, JOSÉ *La investigación de manuscritos de España* –
AnVal 12 (1986) 205-222

1340   JORDAN, L.; WOOL, S. *Inventory of Western Manuscripts in the
Biblioteca Ambrosiana from the Medieval Institute of the Univer-
sity of Notre-Dame, the Frank M. Folson Microfilm Collection II
C-D Superior* [Publications in Medieval Studies 22,2]. Notre-
Dame, Ind.: University of Notre-Dame Press 1986. XX, 362 pp.

1341   KER, N.R. *Books, Collectors and Libraries. Studies in the Medieval Heritage.* Ed. A.G. WATSON. London: The Hambledon Press
1985. XIV, 528 pp.

1342   *Kölner Papyri (P. Köln) 5.* Bearb. von M. GRONEWALD; K.
MARESCH; W. SCHÄFER [Papyrologica Colonensia 7]. Opladen: Westdt. Verl. 1985. XV, 48 Taf.

1343   *Kölner Papyri (P. Köln) 6.* Bearbeitet von M. GRONEWALD;
BÄRBEL KRAMER; K. MARESCH; MARYLINE PARCA und C.
RÖMER. Mit Beiträgen von Z. BORKOWSKI; A. GEISSEN; H.
SCHAEFER; P.J. SIJPESTEIJN [Papyrologica Colonensia 7]. Opla-
den: Westdt. Verlag 1987. X, 287 pp.

1344   KRAUSE, M. *Zur Edition koptischer nichtliterarischer Texte. P.
Würzburg 43 neu bearbeitet* – ZÄA 112 (1985) 143-153

1345 LAYTON, B. *Catalogue of Coptic Literary Manuscripts in the British Library acquired since the Year 1906*. London: The British Library 1987. LVII, 444 pp.

1346 LEEMHUIS, F. *The Mount Sinai Arabic Version of the Apocalypse of Baruch*. In: *Actes du deuxième congrès international d'études arabes chrétiennes* (cf. 1985-87, 192) 73-79

1347 LUCCHESI, ENZO *Encore trois feuillets coptes du Quatrième livre des Macchabées*. In: *Écritures et traditions dans la littérature copte* (cf. 1985-87, 254) 21-22

1348 MACCOULL, LESLIE S.B. *Coptic Documentary Papyri from Aphrodito in the Chester Beatty Library* – BASP 22 (1985) 197-204

1349 MACCOULL, LESLIE S.B. *Coptic Documentary Papyri from the Beinecke Library (Yale University)*. Cairo: Société d'Archéologie Copte 1986. VIII, 63 pp.

1350 MACCOULL, LESLIE S.B. *Coptic Documentary Papyri in the Hyvernat Collection* – BulArchCopte 27 (1985) 53-60

1351 MACCOULL, LESLIE S.B. *Further notes on P. Vindob. G42377 R* – ZPE 69 (1987) 291-292

1352 MALINGREY, ANNE-MARIE *Quelques remarques sur le Cromwell 20*. In: *Studia Patristica 16* (cf. 1985-87, 359) 456-462

1353 MANDFREDI, MANFREDO *Alcune considerazioni su PSI I 65*. In: *Miscellànea papirològica Ramon Roca-Puig* (cf. 1985-87, 306) 181-187

1354 *Manoscritti danneggiati nell'incendio del 1904. Mostra di recuperi e restauri: Torino, febbraio-marzo 1986*. Cur. A. GIACCARIA. Torino: Biblioteca Nazionale Universitaria di Torino 1986. 95 pp.

1355 MAZAL, O. *Lehrbuch der Handschriftenkunde* [Elemente des Buch- und Bibliothekswesens 10]. Wiesbaden: L. Reichert 1986. XV, 388 pp.

1356 MAZAL, OTTO *Ein Unzialcodex mit Predigten des Johannes Chrysostomos. Der Cod. Guelf. 75 A Helmst. der Herzog August Bibliothek zu Wolfenbüttel* – Byzantina 13 (1985) 867-879

1357 MCCONAUGHY, DANIEL L. *An Update on the Syriac MSS Collections in South India* – OrChr 71 (1987) 208-212

1358 MCCONAUGHY, DANIEL L. *Syriac Manuscripts in South India: The Library of Saint Thomas Apostolic Seminary* – OrChrP 52 (1986) 432-434

1359 MCCONAUGHY, DANIEL L. *The Syriac Manuscripts in the Coptic Museum, Cairo* – OrChr 71 (1987) 213-215

1360 McCORMICK, M. *The Birth of the Codex and the Apostolic Life-Style* – Sc 39 (1985) 150-158

1361 MILDE, WOLFGANG *Paläographische Bemerkungen zu den Breslauer Unzialfragmenten der Dialoge Gregors des Großen*. In:

Probleme der Bearbeitung mittelalterlicher Handschriften. Vorträge gehalten anläßlich einer Tagung der Jagellonischen Universität Kraków, Mogilany vom 20.-24.6.1983. Ed. H. HAERTEL [Wolfenbütteler Forsch. 30]. Wiesbaden: Harrassowitz (1986) 145-165

1362 MUNDO, ANSCARI M. *Entorn dels papirs de la catedral de Barcelona.* In: *Miscellànea papirològica Ramon Roca-Puig* (cf. 1985-87, 306) 221-223

1363 MUZERELLE, D. *Vocabulaire codicologique. Répertoire méthodique des termes français relatifs aux manuscrits.* Paris: Editions CEMI 1985. 265 pp.

1364 NALDINI, MARIO *Un frammento «cristiano» del VI secolo. Note esegetiche* – AFLP 15,1 (1977/78) 5-12

1365 NEBBIAI DALLA GUARDIA, D. *Les listes médiévales de lectures monastiques. Contribution à la connaissance des anciennes bibliothèques bénédictines* – RBen 96 (1986) 271-326

1366 NEWHAUSER, RICHARD *Latin texts with material on the virtues and vices in manuscripts in Hungary. Catalogue, I* – Manuscripta 31 (1987) 102-115

1367 O'CALLAGHAN, J. *Dos papiros griegos del fondo Palau-Ribes.* In: *Studi in onore di Adelmo Barigazzi* (cf. 1985-87, 358) II 129-132

1368 ODORICO, P. *«...Alia nullius momenti». A proposito della letteratura dei marginalia* – ByZ 78 (1985) 23-36

1369 OLIVER, J. *Sacred and Secular Manuscripts from the Collections of Endowment for Biblical Research and Boston University.* Boston, Mass.: Endowment for Biblical Research 1985. XIII, 95 pp.

1370 PAGANO, S.M. *Nuove ricerche sul codice biblico latino purpureo di Sarezzano* – Benedictina 34 (1987) 25-165

1371 PALMA, MARCO *Membra disiecta Sessoriana, II* [in italienischer Sprache] – ScrCiv 10 (1986) 115-119

1372 PELLEGRIN, E. *Nouveaux fragments du lectionnaire hagiographique de Fleury, Paris, Bibl. Nat., Lat. 12606* – Sc 39 (1985) 269-274

1373 PERRIA, LIDIA *Il codice W di Platone e il Vat. Gr. 407* – RSB N.S. 20/21 (1983/84) 93-101

1374 PETITMENGIN, PIERRE *Les plus anciennes manuscrits de la Bible latine.* In: *Le monde latin antique et la Bible* (cf. 1985-87, 309) 89-127

1375 PIETERSMA, A. *New Greek fragments of biblical manuscripts in the Chester Beatty Library* – BASP 24 (1987) 37-61

1376 PILHOFER, PETER *Harnack and Goodspeed. Two Readers of Codex Parisinus Graecus 450* – SecCent 5 (1985/86) 233-242

1377 PISCOPO, MERCEDES *La tradizione manoscritta della Paraphrasis Christiana del manuale di Epitetto.* In: *Texte und Textkritik* (cf. 1985-87, 372) 501-508

1378 PRATO, GIANCARLO; SONDERKAMP, JOSEPH A.M. *Libro, testo, miniature. Il caso del cod. Sinait. gr. 2123* – ScrCiv 9 (1985) 309-323

1379 RENOUX, CHARLES *Le sceau de la Foi: Une lacune en partie comblée* – HA 101 (1987) 285-294

1380 REYNOLDS, L.D.; WILSON, N.G. *Copistas y filólogos. Las vías de transmisión de las literaturas griega y latina.* Versión española de M. SANCHEZ MARIANA. Madrid: Editorial Gredos 1986. 406 pp.

1381 RIUS-CAMPS, JOSEP *Un papir litúrgic inspirat en Ignasi d'Antioquia?* In: *Miscellània papirològica Ramon Roca-Puig* (cf. 1985-87, 306) 285-292

1382 ROBERTS, COLIN H. *An early Christian papyrus.* In: *Miscellània papirològica Ramon Roca-Puig* (cf. 1985-87, 306) 293-296

1383 ROBERTS, COLIN H.; SKEAT, T.C. *The Birth of the Codex.* Oxford: Oxford University Press 1987. 88 pp.

1384 ROBINSON, GEORGINA *International Photographic Archive of Greek Papyri. Photography of the Papyrus Collection of the Coptic Museum, Cairo* – ZPE 70 (1987) 65-72

1385 ROBINSON, GEORGINA *International Photographic Archive of Greek Papyri, 1987* – Enchoria 15 (1987) 47-54

1386 ROMERO TALLAFIGO, MANUEL *La escritura latina uncial: Latinidad, Cristianismo, Helenismo y Africanidad* – HID 13 (1986) 261-281

1387 SANTIS, M. DE *Codici, incunaboli e cinquecentine di argomento biblico, patristico e liturgico a Troia e Bovino* – VetChr 22 (1985) 197-213

1388 SAUGET, J.-M. *Le manuscrit Sachau 220. Son importance pour l'histoire des homéliaires syro-occidentaux* – AIONF 45 (1985) 367-397

1389 SAUGET, J.-M. *Le Paterikon arabe de la Bibliothèque Ambrosienne de Milan L 120 Sup. (SP II.161)* – MAL 29 (1987) 469-516

1390 SAUGET, J.-M. *Une ébauche d'homéliaire copte pour la semaine sainte: le manuscrit Borgia arabe 99* – ParOr 14 (1987) 167-202

1391 SCHUBA, L. *Etymologien des Isidor.* In: *Bibliotheca Palatina* (cf. 1985-87, 223) 17-18

1392 SHARPE, JOHN L. *The Kenneth Willis Clark Collection of Greek manuscripts* – Library Notes. A bulletin issued for the friends of Duke University (Durham, N.C.) 51-52 (1985) 51-67

1393 SIJPESTEIJN, P.J. *Eine außergewöhnliche Korrektur* – ZPE 65 (1986) 157-159

1394 SMOLAK, K. *Zwei Textprobleme bei lateinischen Kirchen-vätern* – WSt 19 N.F. = 98 (1985) 205-214

1395 SOTIROUDIS, P. *Fragments de codices en parchemin* [in griechischer Sprache mit französischer Zusammenfassung] – Hell 37 (1986) 339-348

1396 STEPHANOPOULOS, T.K. *Zum Marienhymnus P. Heid. 294* – ZPE 66 (1986) 77-78

1397 STEPHENS, SUSAN A. *Yale Papyri in the Reinecke Rare Book and Manuscript Library II (P. Yale II)* [American Studies in Papyrology 24]. Atlanta, Ga.: Scholars Press 1985. XXXVII, 167 pp.

1398 TANIELIAN, A. *Catalogue of the Armenian Manuscripts in the Collection of the Armenian Catholicosate of Cilicia.* Antelias: 1984. 652 pp.

1399 *Testi recentemente pubblicati.* A cura di CARLA BALCONI et al. – Aeg 66 (1986) 205-275; 67 (1987) 197-263

1400 *Kleine Texte aus dem Tura-Fund.* In Zusammenarbeit mit dem ägyptischen Museum zu Kairo hrsg., übers. und erl. von BÄRBEL KRAMER, mit einem Beitrag von M. GRONEWALD [PTA 34]. Bonn: Habelt 1985. 155 pp.

1401 THURN, HANS *Handschriftenstudien zu Cassiodors Institutiones* – CodMan 12 (1986) 142-144

1402 TREU, K. *Christliche Papyri, XII* – ArPap 32 (1986) 87-95

1403 TREU, K. *Varia Christiana, II* – ArPap 32 (1986) 23-31

1404 TREU, KURT *Antike Literatur im byzantinischen Ägypten im Lichte der Papyri* – Byslav 47 (1986) 1-7

1405 TREU, KURT *Christliche Papyri, XI* – ArPap 31 (1985) 59-71

1406 TREU, KURT *P. Berol. 6793. Patristischer Pergamentkodex* – ArPap 33 (1987) 87-89

1407 TREU, KURT *Papyrus Berolinensis 21277. Polemik gegen Origenes.* In: *Miscellànea papirològica Ramon Roca-Puig* (cf. 1985-87, 306) 319-326

1408 TRONCARELLI, FABIO *Decora correctio. Un codice emendato da Cassiodoro?* – ScrCiv 9 (1985) 147-168

1409 TURNER, E.G. *Greek Manuscripts of the Ancient World.* Second ed. revised and enlarged. Ed. by P.J. PARSONS [Institute of Classical Studies Bulletin. Supplem. 6]. London: Institute of Classical Studies 1987. XVI, 174 pp.

1410 UNTERKIRCHER, FRANZ *Der Wiener Froumund-Codex (Cod. 114 der Österreichischen Nationalbibliothek)* – CodMan 12 (1986) 27-40

1411 VÖÖBUS, A. *Außerordentliche Entdeckungen im Genre der syrischen Homiliarien* – OrChrP 53 (1987) 185-191

1412 WARTH, TERRY; THOMPSON, LAWRENCE S. *Bibliography of incunabula. Special collections. Margaret I. King Libraries, University of Kentucky* – Bibliothek und Wissenschaft (Wiesbaden) 21 (1987) 38-60

1413 WATSON, A.G. *Catalogue of dated and datable manuscripts c. 435-1600 in Oxford libraries.* 2 voll. Oxford: Clarendon Press 1984. 176, 818 pp.

1414 WIELAND, G.R. *The Latin Glosses on Arator and Prudentius in Cambridge University Library ms. Gg. 5.35* [Studies and Texts 61]. Toronto: Pontifical Institute of Mediaeval Studies 1983. X, 286 pp.

1415 WILLIAMS, M.A. *The scribes of the Nag Hammadi Codices* – American Research Letter in Egypt. Newsletter (Princeton, N.Y.) 139 (1987) 1-7

1416 WILSON, N. *Variant Readings With Poor Support in the Manuscript Tradition* – RHT 17 (1987) 1-13

1417 WORP, K.A. *Indictions and Dating Formulas in the Papyri from Byzantine Egypt A.D. 337-540* – ArPap 33 (1987) 91-96

1418 WRIGHT, DAVID F. *Apocryphal Gospels: The «Unknown Gospel» (Pap. Egerton 2) and the Gospel of Peter* [Gospel Perspectives 5] – JSOT (1985) 207-232

1419 WRIGHT, DAVID F. *Papyrus Egerton 2 (the Unknown Gospel) – Part of the Gospel of Peter?* – SecCent 5 (1985/86) 129-150

1420 ZANETTI, UGO *Les manuscrits d'Abû Maqâr. Inventaire* [COr 11]. Genf: Patrick Cramer 1986. 102 pp.

1421 ZELZER, MICHAELA *Zum Wert antiker Handschriften innerhalb der patristischen Überlieferung (am Beispiel von Augustinus- und Ambrosiushandschriften)* – AugR 25 (1985) 523-537

II. Novum Testamentum atque Apocrypha

II.1. Novum Testamentum

II.1.a) Editiones textus Novi Testamenti aut partium eius

II.1.a)aa) Editiones textus graeci

1422 COMFORT, P.W. *A study guide to translating the Gospel of John, with the Greek text of the Gospel of John compiled from the earliest papyrus manuscripts* [Stud. in the Greek N.T. for English Readers 1]. Grand Rapids, Mich.: Baker Book House 1986. 345 pp.

1423 *Erasmus von Rotterdam: Novum instrumentum*. Basel 1516. Faksimile-Neudruck mit einer historischen, textkritischen und bibliographischen Einleitung von HEINZ HOLECZEK. Stuttgart; Bad Cannstatt: Frommann-Holzboog 1986. XLI, 324; 625 pp.

1424 *Évangile de Jean*. Texte, trad. et annotations par ÉDOUARD DELEBECQUE, préf. de JEAN GUITTON [Cahiers de la RBi 23]. Paris: Gabalda 1987. 217 pp.

1425 *Les Évangiles, Évangile selon Luc*. Prés. du texte grec, trad. et notes par SOEUR JEANNE D'ARC [Nouv. coll. de textes et docum.]. Paris: Les Belles Lettres; ibid.: Desclée de Brouwer 1986. X, 221 pp.

1426 *Les Évangiles, Évangile selon Marc*. Prés. du texte grec, trad. et notes par SOEUR JEANNE D'ARC [Nouv. coll. de textes et docum.]. Paris: Les Belles Lettres; ibid.: Desclée de Brouwer 1986. XIV, 135 pp.

1427 *Les Évangiles, Évangile selon Mathieu*. Prés. du texte grec, trad. et notes par SOEUR JEANNE D'ARC [Nouv. coll. de textes et docum.]. Paris: Les Belles Lettres; ibid.: Desclée de Brouwer 1987. XIII, 200 pp.

1428 *Das Neue Testament Griechisch und Deutsch*. Nestle-Aland Griechisch/Deutsch. Hrsg. von KURT ALAND und BARBARA ALAND. Stuttgart: Deutsche Bibelgesellschaft 1986. XLIV, 779 pp.

1429 *Das Neue Testament.* Interlinearübersetzung griechisch-deutsch.
Griechischer Text nach der Ausg. von Nestle-Aland (26. Aufl.).
Übers. von ERNST DIETZFELBINGER. Neuhausen-Stuttgart:
Hänssler 1986, zweite vom Übersetzer durchges. Aufl. 1987.
XXVIII, 1139 pp.

1430 *Das Neue Testament auf Papyrus I: Epistolae catholicae. Die
katholischen Briefe.* In Verbindung mit K. JUNACK, bearbeitet
von W. GRUNEWALD, mit einem Vorwort von K. ALAND
[ANTT 6]. Berlin: de Gruyter 1986. IX, 171 pp.

1431 *The New Testament in Greek, III: The Gospel according to St.
Luke, 2. Chapters 13-24.* Ed. by the Amer. and British Comm. for
the internat. Greek New Testament project. Oxford: Clarendon Pr.
1987. 262 pp.

1432 PICKERING, S.R. *P. Macquarie inv. 360 (+ P. Mil. Vogl. inv.
1224); Acta Apostolorum 2.30-37, 2.46-3.2* – ZPE 65 (1986)
76-78

1433 *Synopsis van de eerste drie evangeliën.* Edd. A. DENAUX; M.
VERVENNE. Turnhout: Brepols 1986. LXV, 332 pp.

1434 *Synopsis graeca quattuor evangeliorum.* Edd. M.-E. BOISMARD;
A. LAMOUILLE. Leuven: Peeters 1986. LXVIII, 418 pp.

1435 *Synopsis Quattuor Evangeliorum.* Bearbeitet von KURT ALAND.
13., revidierte Auflage. Stuttgart: Deutsche Bibelgesellschaft 1985.
XXXII, 590 pp.

II.1.a)bb) Editiones versionum antiquarum

1436 FREDE, HERMANN JOSEF *Lateinische Texte und Texttypen im
Hebräerbrief.* In: *Recherches sur l'histoire de la Bible Latine* (cf.
1985-87, 336) 137-153

1437 *Das Neue Testament in syrischer Überlieferung.1: Die grossen
katholischen Briefe.* In Verbindung mit A. JUCKEL hrsg. und
unters. von BARBARA ALAND [ANTT 7]. Berlin; New York: de
Gruyter 1986. IX, 311 pp.

II.1.b) Quaestiones et dissertationes ad textum eiusque traditionem pertinentes

1438 ALAND, BARBARA *Entstehung, Charakter und Herkunft des
sog. westlichen Textes – untersucht an der Apostelgeschichte –*
EThL 62 (1986) 5-65

1439 ALAND, KURT *Alter und Entstehung des D-Textes im Neuen
Testament. Betrachtungen zu P 69 und 0171.* In: *Miscellànea
papirològica Ramon Roca-Puig* (cf. 1985-87, 306) 37-61

1440 ALAND, KURT *Das Neue Testament – zuverlässig überliefert:
die Geschichte des neutestamentlichen Textes und die Ergebnisse*

der modernen Textforschung. Stuttgart: Deutsche Bibelgesellschaft 1986. 32 pp.

1441 ALAND, KURT *Der Text des Johannesevangeliums im 2. Jahrhundert.* In: *Studien zum Text und zur Ethik des Neuen Testaments* (cf. 1985-87, 363) 1-10

1442 ALAND, KURT *The Text of the Church?* – TrinityJ 8 (1987) 131-144

1443 ALAND, KURT; ALAND, BARBARA *The text of the New Testament. An introduction to the critical editions and to the theory and practice of modern textual criticism.* Tr. by ERROLL F. RHODES. Grand Rapids, Mich.: Eerdmans 1987; Leiden: Brill. XVIII, 338 pp.

1444 BAARDA, T. *ΑΝΟΙΞΑΣ – ΑΝΑΠΤΥΞΑΣ. Over de vaststelling van de tekst van Lukas 4,17 in het Diatesseron* – NedThT 40 (1986) 199-208

1445 BAARDA, T. *«The flying Jesus»: Luke 4:29-30 in the Syriac Diatessaron* – VigChr 40 (1986) 313-341

1446 BAMMEL, ERNST *The Cambridge Pericope. The Addition to Luke 6.4 in Codex Bezae* – NTS 32 (1986) 404-426

1447 BAUER, JOHANNES B. *Was las Tertullian 1 Kor 7,39?* – ZNW 77 (1986) 284-287

1448 BELLE, GILBERT VAN *Les parenthèses dans l'Évangile de Jean. Aperçu historique et classification. Texte grec de Jean* [Studiorum NT auxilia 11]. Leuven: Univ. Pr.; Peeters 1985. XII, 384 pp.

1449 BENTLEY, JAMES *Secrets of Mount Sinai: The Story of the World's Oldest Bible* – *Codex Sinaiticus.* Garden City, N.Y.: Doubleday 1986. 272 pp.

1450 BIRDSALL, J. NEVILLE *Introductory Remarks on the Pauline Epistles in Georgian.* In: *Studia Patristica 18,1* (cf. 1985-87, 360) 281-285

1451 BOISMARD, MARIE-ÉMILE *Critique textuelle et problèmes d'histoire des origines chrétiennes.* In: *Recherches sur l'histoire de la Bible Latine* (cf. 1985-87, 336) 123-136

1452 BOISMARD, M.-E.; LAMOUILLE, A. *Le texte Occidental des Actes des Apôtres. A propos de Actes 27,1-13* – EThL 63 (1987) 48-58

1453 BOISMARD, M.-E.; LAMOUILLE, A. *Le texte occidental des Actes des Apôtres. Reconstitution et réhabilitation. I: Introduction et textes; II: Apparat critique. Index des caractéristiques stylistiques. Index des citations patristiques* [Coll. Synthèse 17]. Paris: Éditions Recherche sur les Civilisations 1985. XII, 232; 356 pp.

1454 BORGER, RYKLE *Das Comma Johanneum in der Peschitta* – NovTest 29 (1987) 280 ss.

1455 BORGER, RYKLE *NA26 und die neutestamentliche Textkritik* – ThRu 52 (1987) 1-58

1456 BROCK, SEBASTIAN P. *Hebrews 2:9b in Syriac Tradition* – NovTest 27 (1985) 236-244

1457 DELOBEL,JOEL *Luke 6,5 in Codex Bezae: The Man who worked on Sabbath.* In: *A cause de l'Évangile. Études sur les Synoptiques et les Actes offerts au P. Jacques Dupont, O.S.B. à l'occasion de son 70e anniversaire* [Lectio Divina 123]. Paris: Éd. du Cerf (1985) 453-477

1458 DUPLACY, JEAN *Etudes de critique textuelle du Nouveau Testament* [BEThL 78]. Leuven: Leuven Univ. Pr. 1987. XXVII, 431 pp.

1459 ELLIOTT, J. KEITH *The Purpose and Construction of a Critical Apparatus to a Greek New Testament.* In: *Studien zum Text und zur Ethik des Neuen Testaments* (cf. 1985-87, 363) 125-143

1460 ELLIOTT, J.K. *An Examination of the Text and Apparatus of Three Recent Greek Synopses* – NTS 32 (1986) 557-582

1461 ELLIOTT, J.K. *Keeping up with recent studies: XV. New Testament textual criticism* – ExpT 99 (1987) 40-44

1462 ELLIOTT, J.K. *The citation of Greek manuscripts in six printed texts of the New Testament* – RBi 92 (1985) 539-556

1463 FACKELMANN, A. *Präsentation christlicher Urtexte aus dem ersten Jahrhundert geschrieben auf Papyrus vermutlich Notizschriften des Evangelisten Markus?* – Anagennesis. A papyrological Journal (Athens) 4 (1986) 25-36

1464 FARKASFALVY, DENIS *The Ecclesial Setting of Pseudepigraphy in Second Peter and its Role in the Formation of the Canon* – SecCent 5 (1985/86) 3-29

1465 FARMER, WILLIAM R. *Some Critical Reflections on Second Peter: A Response to a Paper on Second Peter by Denis Farkasfalvy* – SecCent 5 (1985/86) 30-46

1466 FISCHER, B. *Beiträge zur Geschichte der lateinischen Bibeltexte* [Vetus Latina. Aus der Geschichte der lateinischen Bibel 12]. Freiburg: Herder 1986. 456 pp.

1467 FISCHER, BONIFATIUS *Bibelausgaben des frühen Mittelalters.* In: *FISCHER, B. Lateinische Bibelhandschriften im frühen Mittelalter* (cf. 1985-87, 1470) 35-100

1468 FISCHER, BONIFATIUS *Bibeltext und Bibelreform unter Karl dem Großen.* In: *FISCHER, B. Lateinische Bibelhandschriften im frühen Mittelalter* (cf. 1985-87, 1470) 101-202

1469 FISCHER, BONIFATIUS *Die Alkuin-Bibeln.* In: *FISCHER, B. Lateinische Bibelhandschriften im frühen Mittelalter* (cf. 1985-87, 1470) 203-403

1470 FISCHER, BONIFATIUS *Lateinische Bibelhandschriften im frühen Mittelalter* [Vetus Latina. Aus der Geschichte der lateinischen Bibel 11]. Freiburg: Herder 1985. VI, 455 pp.

1471 FISCHER, BONIFATIUS *Zur Überlieferung altlateinischer Bibeltexte im Mittelalter.* In: *FISCHER, B. Lateinische Bibelhandschriften im frühen Mittelalter* (cf. 1985-87, 1470) 404-421

1472 FISCHER, BONIFATIUS *Zur Überlieferung des lateinischen Textes der Evangelien.* In: *Recherches sur l'histoire de la Bible Latine* (cf. 1985-87, 336) 51-104

1473 FORNBERG, T. *Textual criticism and canon. Some problems* – StTh 40 (1986) 45-53

1474 FRASSINETTI, P. *Glosse in Marco* – CCC 6 (1985) 287-308

1475 GARCIA MORENO, ANTONIO *La Neovulgata. Precedentes y actualidad.* Barcelona: Editorial Herder 1987. 352 pp.

1476 GARNET, PAUL *Hebrews 2:9: χάριτι or χωρίς ?* In: *Studia Patristica 18,1* (cf. 1985-87, 360) 321-325

1477 GEER, T.C. *An investigation of a select group of so-called western cursives in Acts* [Diss.]. Boston, Mass.: Boston College 1985. 233 pp. [microfilm; cf. DissAbstr 46 (1986) 2324A]

1478 GLOVER, RICHARD *Patristic Quotations and Gospel Sources* – NTS 31 (1985) 234-251

1479 GREENLEE, JACOB HAROLD *Scribes, scrolls and scripture: a student's guide to New Testament textual criticism.* Grand Rapids, Mich.: W.B. Eerdmans Pub. Co. 1985. VIII, 102 pp.

1480 GRELOT, PIERRE *Problèmes critiques du IVe Évangile* – RBi 94 (1987) 519-573

1481 GRIBOMONT, J. *Les plus anciennes traductions latines.* In: *Le monde latin antique et la Bible* (cf. 1985-87, 309) 43-65

1482 GRIBOMONT, JEAN *Aux origines de la Vulgate.* In: *Bibbia Vulgata* (cf. 1985-87, 222) 11-20

1483 GRIBOMONT, JEAN *Les orthographica de la Bible latine. Éditions, manuscrits, fragments, instruments de travail.* In: *Grafia e interpunzione del latino nel medioevo* (cf. 1985-87, 274) 1-13

1484 GRIFFITH, SIDNEY H. *The Gospel in Arabic: an inquiry into its appearance in the first Abbasid century* – OrChr 69 (1985) 126-167

1485 GRYSON, R. *Une nouvelle édition grecque-latine du Nouveau Testament* – RThL 16 (1985) 65 ss.

1486 HAHN, FERDINAND *Ist das textkritische Problem von 2 Kor 1,17 lösbar?* In: *Studien zum Text und zur Ethik des Neuen Testaments* (cf. 1985-87, 363) 158-165

1487 HOLMES, MICHAEL W. *The text of Matthew 5,11* – NTS 32 (1986) 283-286

1488 HOWARD, GEORGE *The Textual Nature of an Old Hebrew Version of Matthew* – JBL 105 (1986) 49-63

1489 JACKSON, LESLIE ALLAN *The textual character of the Gospels of Luke and John in Codex ψ* [Diss.]. Fort Worth, Tex.: Southwestern Baptist Theological Seminary 1987. 295 pp. [microfilm; cf. summary in DissAbstr 48 (1987) 1480A]

1490 KILPATRICK, G.D. *Luke 24:42-43* – NovTest 28 (1986) 306-308

1491 KILPATRICK, G.D. *The Two Texts of Acts.* In: *Studien zum Text und zur Ethik des Neuen Testaments* (cf. 1985-87, 363) 188-195

1492 KONINGSVELD, P. VAN, SJ *The monastery of Bâqûqâ in Iraq and an old owner's entry in MS. Syr. 341 of the Bibliothèque Nationale in Paris* – VT 36 (1986) 235-240

1493 LAMPE, PETER *Zur Textgeschichte des Römerbriefs* – NovTest 27 (1985) 273-277

1494 LEHMANN, HENNING *Bygger det armeniske ny Testamente på syrisk eller græsk forlæg? I-II* – DTT 48 (1985) 25-50; 153-171

1495 LENAERTS, J. *Un papyrus de l'Évangile de Jean, PL II/31* – CE 60 (1985) 117-120

1496 *Liste der koptischen Handschriften des Neuen Testaments. Teil 1: Die sahidischen Handschriften der Evangelien.* Ed. FRANZ-JÜRGEN SCHMITZ [ANTT 8]. Berlin; New York: de Gruyter 1986. XXIII, 471 pp.

1497 LÖFSTEDT, B. *Lexikalisches zur Vulgata.* In: *Studia in honorem Iiro Kajanto* [Arctos Suppl. 2]. Helsinki: Class. Assoc. of Finland (1985) 99-107

1498 LÖFSTEDT, B. *Sprachliches zur Vulgata* – StudClas 23 (1985) 73-84

1499 MACKENZIE, R. SHELDON *The Western Text of Acts: Some Lucanisms in Selected Sermons* – JBL 104 (1985) 637-650

1500 MARUCCI, C. *Die implizite Christologie in der sogenannten Vollmachtsfrage (Mk 11,27-33)* – ZKTh 108 (1986) 292-300

1501 MCCONAUGHY, DANIEL L. *A Recently Discovered Folio of the Old Syriac (Syᶜ) Text of Luke 16,13-17,1* – Bibl 68 (1987) 85-88

1502 MCREYNOLDS, P.R. *Two New Members of Family One of the New Testament Text: 884 and 2542.* In: *Texte und Textkritik* (cf. 1985-87, 372) 397-403

1503 MEES, MICHAEL *Joh. 1,12.13 nach frühchristlicher Überlieferung* – BiZ 29 (1985) 107-115

1504 MEID, WOLFGANG *Die Auseinandersetzung germanischer mit orientalisch-griechischer Weltsicht am Beispiel der gotischen Bibelübersetzung.* In: *Im Bannkreis des Alten Orients. Studien zur Sprach- und Kulturgeschichte des Alten Orients und seines Ausstrahlungsraumes. Karl Oberhuber zum 70. Geburtstag gewidmet.*

Edd. WOLFGANG MEID; HELGA TRENKWALDER [Innsbrucker Beiträge zur Kulturwissenschaft 24]. Innsbruck: Institut für Sprachwissenschaft der Universität (1986) 159-170

1505 METZGER, BRUCE *History of Editing the Greek New Testament* – Proceedings of the American Philosophical Society (Philadelphia, Penna.) 131 (1987) 148-158; PrincBul 8 (1987) 33-45

1506 METZGER, BRUCE M. *The Canon of the New Testament: its origin, development, and significance.* Oxford: Clarendon 1987. X, 326 pp.

1507 MILLER, E.L. *p66 and p75 on John 1:3/4* – ThZ 41 (1985) 440-443

1508 MILLER, J.I. *Was Tischendorf really Wrong? Mark 8:26b Revisited* – NovTest 28 (1986) 97-103

1509 MONAT, PIERRE *Les testimonia bibliques de Cyprien à Lactance.* In: *Le monde latin antique et la Bible* (cf. 1985-87, 309) 499-507

1510 MÜLLER, KLAUS W. *AP EXEI (Mk 14,41) – absurda lectio?* – ZNW 77 (1986) 83-100

1511 MUSSIES, G. *A recent contribution to New Testament Lexicology* – NedThT 39 (1985) 332-338

1512 MUST, HILDEGARD *A Diatessaric Rendering in Luke 2.7* – NTS 32 (1986) 136-143

1513 NEIRYNCK, F. *Le texte des Évangiles dans la Synopse de Boismard-Lamouille* – EThL 63 (1987) 119-135

1514 NEIRYNCK, F. *Note sur les Actes des Apôtres* – EThL 62 (1986) 140

1515 NEIRYNCK, F. *Once more: The Making of a Synopsis* – EThL 62 (1986) 141-154

1516 NEIRYNCK, F. *Papyrus Egerton 2 and the Healing of the Leper* – EThL 61 (1985) 153-160

1517 NEIRYNCK, F.; SEGBROECK, F. VAN *Le texte des Actes des Apôtres et les caractéristiques stylistiques lucaniennes* – EThL 61 (1985) 304-339

1518 OBERHUBER, K. *Nochmals «Kamel» und Nadelöhr.* In: *Sprachwissenschaftliche Forschungen. Festschrift für Johann Knobloch* (cf. 1985-87, 354) 271-273

1519 O'CALLAGHAN, J. *Consideraciones críticas sobre Mt 15,35-36a* – Bibl 67 (1986) 360-362

1520 O'CALLAGHAN, J. *La variante ἐτέλεσεν/συν- en Mt. 7,28* – Emérita 54 (1986) 295-296

1521 O'CALLAGHAN, J. *La variante neotestamentaria levadura de los panes* – Bibl 67 (1986) 98-100

1522 O'CALLAGHAN, J. *Mt 17,7; revisión crítica* – Bibl 66 (1985) 422-423

1523 O'CALLAGHAN, JOSEP *Les abreviatures en els papirs grecs del N.T.* In: *Miscellània papirològica Ramon Roca-Puig* (cf. 1985-87, 306) 241-245

1524 ORENGO, A. *L'Itinerarium Antonini Placentini e la Bibbia* – Studi e saggi linguistici (Pisa, Ist. di Glottologia dell'Università) 25 (1985) 67-109

1525 PARSONS, M. *A christological tendency in P75* – JBL 105 (1986) 463-479

1526 PERRIER, PIERRE *Karozoutha. Annonce orale de la bonne nouvelle en araméen et Évangiles gréco-latins.* Paris: Médiaspaul & Éd. Paulines 1986. 700 pp.

1527 PILTZ, ELISABETH *Uppsala – Drei illuminierte Tetraevangelia in schwedischem Besitz* – Byslav 48 (1987) 203-209

1528 RALLO FRENI, R.A. *Alcune osservazioni sul testo neotestamentario utilizzato nelle Expositiunculae Arnobii episcopi in Evangelio Iohannis evangelistae, Matthaei et Lucae* – AAPel 62 (1986) [1988] 219-234

1529 RICE, GEORGE E. *Is Bezae a homogeneous Codex?* In: *Perspectives on the New Testament. Essays in Honor of Frank Stagg.* Ed. CHARLES H. TALBERT. Macon, Ga.: Mercer Univ. Press (1985) 39-54

1530 RITTER, ADOLF MARTIN *Die Entstehung des neutestamentlichen Kanons. Selbstdurchsetzung oder autoritative Entscheidung?* In: *Kanon und Zensur. Archäologie der literarischen Kommunikation, II.* Edd. ALEIDA ASSMANN; JAN ASSMANN. München: Fink (1987) 93-99

1531 ROSENBAUM, HANS UDO *Cave 7Q5! Gegen die erneute Inanspruchnahme des Qumran-Fragmentes 7Q5 als Bruchstück der ältesten Evangelien-Handschrift* – BiZ 31 (1987) 189-205

1532 SCHICK, EDUARD *Il codice di Fulda. Storia e significato di un manuscritto della Volgata del secolo VI.* In: *Bibbia Vulgata* (cf. 1985-87, 222) 21-29

1533 SCHLERATH, B. *«Gabe und Lohn» in den altgermanischen Bibelübersetzungen.* In: *Sprachwissenschaftliche Forschungen. Festschrift für Johann Knobloch* (cf. 1985-87, 354) 361-378

1534 SCHNEIDER, GERHARD *Die Bitte um das Kommen des Geistes im lukanischen Vaterunser.* In: *Studien zum Text und zur Ethik des Neuen Testaments* (cf. 1985-87, 363) 344-373

1535 SCHRAGE, WOLFGANG *Ethische Tendenzen in der Textüberlieferung des Neuen Testaments.* In: *Studien zum Text und zur Ethik des Neuen Testaments* (cf. 1985-87, 363) 374-396

1536 SHIELDS, DAVID D. *Recent attempts to defend the Byzantine text of the Greek New Testament* [Diss.]. Fort Worth, Tex.: Southwestern Baptist Theol. Seminary 1985. 217 pp. [microfilm; cf. DissAbstr 47 (1986) 949A]

1537 SIKER, JEFFREY S. *The Canonical Status of the Catholic Epistles in the Syriac New Testament* – JThS 38 (1987) 311-340

1538 SOROKIN, WLADIMIR *Der slawische Text des Neuen Testamentes und seine Bedeutung* – Stimme der Orthodoxie (Berlin) 8 (1986) 40-45

1539 SPOTTORNO, VITTORIA *El texto bizantino del Nuevo Testamento* – Erytheia 8 (1987) 233-240

1540 STRANGE, W.A. *The Sons of Sceva and the Text of Acts 19:14* – JThS 38 (1987) 97-106

1541 *Text und Textwert der griechischen Handschriften des Neuen Testaments, I: Die katholischen Briefe,1: Das Material.* In Verbindung mit ANNETTE BENDUHN-MERTZ und GERD MINK hrsg. von KURT ALAND [ANTT 9]. Berlin: de Gruyter 1987. XVIII, 430 pp.

1542 *Text und Textwert der griechischen Handschriften des Neuen Testaments, I: Die katholischen Briefe,2: Die Auswertung,1 (P 23-999).* In Verbindung mit ANNETTE BENDUHN-MERTZ und GERD MINK hrsg. von KURT ALAND [ANTT 10]. Berlin: de Gruyter 1987. XXIII, 598 pp; 118 pp.

1543 *Text und Textwert der griechischen Handschriften des Neuen Testaments, I: Die katholischen Briefe, 3: Die Einzelhandschriften.* In Verbindung mit ANNETTE BENDUHN-MERTZ und GERD MINK hrsg. von KURT ALAND [ANTT 11]. Berlin: de Gruyter 1987. XI, 410 pp.

1544 THIEDE, CARSTEN PETER *Die älteste Evangelien-Handschrift? Das Markus-Fragment von Qumran und die Anfänge der schriftlichen Überlieferung des Neuen Testaments.* Wuppertal: Brockhaus 1986. 80 pp.

1545 THIEDE, CARSTEN PETER *Il più antico manoscritto dei vangeli? Il frammento di Marco di Qumran e gli inizi della tradizione scritta del Nuovo Testamento* [Subsidia biblica 10]. Roma: Bibl. Inst. Pr. 1987. 62 pp.

1546 VAGANAY, LÉON *Initiation à la critique textuelle du Nouveau Testament.* 2e éd. entièrement rev. et actualisée par C.B. AMPHOUX. Paris: Éd. du Cerf 1986. 300 pp.

1547 VALGIGLIO, E. *Le antiche versioni latine del Nuovo Testamento. Fedeltà e aspetti grammaticali* [Koinonia Coll. di Studi e Testi 11, Assoc. di Studi tardoant.]. Napoli: D'Auria 1985. 337 pp.

1548 VATEISHVILI, J. LEVANOVICH *Origine e vicende editoriali della prima Bibbia in lingua georgiana* – Nicolaus 13 (1986) 85-130

1549 *Vetus Latina. Die Reste der altlateinischen Bibel, nach P. Sabatier neu ges. und in Verb. mit der Heidelberger Akad. der Wiss. hrsg. von der Erzabtei Beuron, XXV,2: Epistulae ad Thessalonicenses, Timotheum, Titum, Philemonem, Hebraeos.* Hrsg. von HERMANN JOSEF FREDE, Lief. 3: Hbr Vorbemerkungen und I,1. Freiburg i.Br.; Basel; Wien: Herder 1987. pp. 999-1076

1550 *Vetus Latina. Die Reste der altlateinischen Bibel, nach P. Sabatier neu ges. und in Verb. mit der Heidelberger Akad. der Wiss. hrsg. von der Erzabtei Beuron, XXV,2: Epistulae ad Thessalonicenses, Timotheum, Titum, Philemonem, Hebraeos.* Hrsg. von HERMANN JOSEF FREDE, Lief. 4: Hbr.1,2-2,16. Freiburg i.Br.; Basel; Wien: Herder 1987. pp. 1077-1156

1551 VEZIN, J. *Les divisions du texte dans les Evangiles jusqu'à l'apparition de l'imprimerie.* In: *Grafia e interpunzione del latino nel Medioevo* (cf. 1985-87, 274) 53-68

1552 VÖÖBUS, ARTHUR *Studies in the history of the gospel text in Syriac: new contributions to the sources elucidating the history of the traditions. 2. With an appendix: The discovery of new sources for the Archaic text of the Book of Acts* [CSCO 496: Subsidia 79]. Leuven: Peeters 1987. XXVI, 256 pp.

1553 WHEELER, FRANK *Textual criticism and the synoptic problem. A textual commentary on the minor agreements of Matthew and Luke against Mark* [Diss.]. Waco,Tex.: Baylor Univ. 1985. 487 pp.

1554 WRIGHT, BENJAMIN G. *A Previously Unnoticed Greek Variant of Matt 16:14 – «Some say John the Baptist ...»* – JBL 105 (1986) 694-697

1555 ZELLWEGER, EBERHARD *Das Neue Testament im Lichte der Papyrusfunde.* Bern; Frankfurt/M.; New York: Lang 1985. 176 pp.

II.2. Apocrypha

II.2.a) Editiones textus originalis

1556 *Epistolario apocrifo di Seneca e San Paolo.* Testo, trad. e comm. a cura di L. BOCCIOLINI PALAGI [BPatr 5]. Firenze: Nardini 1985. 174 pp.

1557 *Quatrième livres d'Esdras.* Trad., prés. et index par H. COUSIN. Lyon: Fac. de Théol. 1987. 81 pp.

1558 SOMERVILLE, R. *A fragment of the Passio Sanctorum Apostolorum Petri et Pauli* – VigChr 40 (1986) 302-303

II.2.b) Versiones modernae

1559 *Apocrifi del Nuovo Testamento.* Trad. L. MORALDI. Torino: UTET 1986². 2 voll., 2021 pp.

1560 *Apokriefen van het Nieuwe Testament, II: De Handelingen van Johannes. De Handelingen van Thomas. De Handelingen van Andreas. De Brief aan de Laodicenzen. De Briefwisseling van Paulus en Seneca. De Openbaring van Petrus. De Openbaring van Paulus.* Vertaald, ingeleid en toegelicht onder eindredactie van A.F.J. KLIJN. Kampen: Kok 1985. 253 pp.

1561 *Die Apokryphen. Verborgene Bücher der Bibel.* Ed. ERICH WEIDINGER. Wien: Himberg 1985. 572 pp.

1562 CORRINGTON, GAIL PATERSON *The «divine woman»? Propaganda and the power of chastity in the New Testament Apocrypha.* In: *Rescuing Creusa. New methodological approaches to women in antiquity.* Ed. by M. SKINNER [Helios 13,2]. (1986) 151-162

1563 *Écrits apocryphes sur les Apôtres. Traduction de l'édition arménienne de Venise, I: Pierre, Paul, André, Jacques, Jean.* Par LOUIS LELOIR [CChr Series Apocryphorum 3]. Turnhout: Brepols 1986. XXX, 418 pp.

1564 *Évangile selon Thomas.* Trad. et comm. par JEAN-YVES LELOUP [Coll. Spiritualités vivantes]. Paris: A.Michel 1986. 258 pp.

1565 HILLS, JULIAN V. *Tradition and composition in the «Epistula apostolorum»* [Diss.]. Cambridge, Mass.: Harvard Univ. 1985. VIII, 229, 4 pp. [microfilm]

1566 JONGE, M. DE *Textual criticism and the analysis of the composition of the Testament of Zebulun.* In: *Texte und Textkritik* (cf. 1985-87, 372) 271-282

1567 LAURENTIN, RENÉ *The truth of Christmas beyond the myths: the gospels of the infancy of Christ.* Transl. by MICHAEL J. WRENN and associates. Petersham, Mass.: St. Bede's Publications 1986. XX, 569 pp.

1568 *Neutestamentliche Apokryphen in deutscher Übersetzung. 1. Evangelien.* Von EDGAR HENNECKE begr. Sammlung. Hrsg. von WILHELM SCHNEEMELCHER. Tübingen: Mohr 1987. X, 442 pp.

1569 *Perlenlied und Thomasevangelium. Texte aus der Frühzeit des Christentums.* Komm. von OTTO BETZ und TIMM SCHRAMM. Mit Ill. von REGINE ELSNER. Zürich; Einsiedeln; Köln: Benzinger 1985. 136 pp.

II.2.c) Quaestiones et dissertationes

1570 AL-ASSIOUTY, SARWAT ANIS *Théories des sources. Évangiles et Corans apocryphes. Logia et hadiths forgés* [Rech. comparées sur le christianisme primitif et l'Islam premier 1]. Paris: Letouzey et Ané 1987. 84 pp.

1571 BAUCKHAM, RICHARD *The Apocalypses in the New Pseudepigrapha* – JSNT 8 (1986) 97-117

1572 BAUCKHAM, RICHARD *The Study of Gospel Traditions Outside the Canonical Gospel: Problems and Prospects* [Gospel Perspectives 5] – JSOT (1985) 369-403

1573 BAUCKHAM, RICHARD *The Two Fig Tree Parables in the Apocalypse of Peter* – JBL 104 (1985) 269-287

1574 BAUCKHAM, R.J. *Enoch and Elijah in the Coptic Apocalypse of Elijah.* In: *Studia Patristica* 16 (cf. 1985-87, 359) 69-76

1575 BELLINZONI, ARTHUR J. *Extra-Canonical Literature and the Synoptic Problem.* In: *Jesus, the Gospels and the Church. Essays in Honour of William R. Farmer.* Ed. by E.P. SANDERS. Macon, Ga.: Mercer Univ. Pr. (1987) 3-16

1576 BESKOW, PER *Strange tales about Jesus: a survey of unfamiliar gospels.* Philadelphia, Penna.: Fortress Pr. 1985. VIII, 136 pp.

1577 BLASZCZAK, GERALD R. *A Formcritical Study of Selected Odes of Solomon* [Harvard Semitic Monographs 36]. Atlanta, Ga.: Scholars Press 1985. IX, 155 pp.

1578 BLOMBERG, CRAIG L. *Tradition and Redaction in the Parables of the Gospel of Thomas* [Gospel Perspectives 5] – JSOT (1985) 177-205

1579 BOVON, FRANÇOIS; JUNOD, ERIC *Reading the Apocryphal Acts of the Apostles* – Semeia 38 (1986) 161-171

1580 BROWN, RAYMOND E. *The Gospel of Peter and Canonical Gospel Priority* – NTS 33 (1987) 321-343

1581 BUCKLEY, JORUNN JACOBSEN *An Interpretation of Logion 114 in The Gospel of Thomas* – NovTest 27 (1985) 245-272

1582 BURRUS, VIRGINIA *Chastity as Autonomy: Women in the Stories of Apocryphal Acts* [Studies in women and religion 23]. Lewiston, N.Y.: Edwin Mellen Press 1987. 136 pp.

1583 BURRUS, VIRGINIA *Chastity as Autonomy: Women in the Stories of the Apocryphal Acts* – Semeia 38 (1986) 101-117 [Response by Jean-Daniel Kaestli pp. 119-131; Response by V. Burrus pp. 133-135]

1584 CARTLIDGE, DAVID R. *Transfigurations of Metamorphosis. Traditions in the Acts of John, Thomas, and Peter* – Semeia 38 (1986) 53-66

1585 CHILTON, BRUCE *The Gospel according to Thomas as a source of Jesus' Teaching* [Gospel Perspectives 5] – JSOT (Sheffield) (1985) 155-175

1586 COWLEY, ROGER W. *The Ethiopic Work which is believed to contain the Material of the Ancient Greek Apocalypse of Peter* – JThS 36 (1985) 151-153

1587 COWLEY, ROGER W. *The so-called «Ethiopic Book of the cock» – Part of an Apocryphal Passion Gospel, The Homily and Teaching of Our Fathers, the Holy Apostles* – JRAS (1985) 16-22

1588 CROSSAN, JOHN DOMINIC *Four Other Gospels: Shadows on the Contours of the Canon.* Minneapolis, Minn.: Winston Press 1985. 208 pp.

1589 DAVIES, S. L. *Women, Tertullian and the Acts of Paul* – Semeia 38 (1986) 139-143 [Response by Thomas W. MacKay pp. 145-149]

1590 DEWEY, ARTHUR J. *The Hymn in the Acts of John: Dance as Hermeneutic* – Semeia 38 (1986) 67-80 [Response by Jean-Daniel Kaestli pp. 81-88]

1591 DUBOIS, JEAN-DANIEL *L'Apocalypse de Pierre (NHC VII,3) et le Nouveau Testament.* In: *Écritures et traditions dans la littérature copte* (cf. 1985-87, 254) 117-125

1592 ENGLEZAKIS, B. *Thomas Logion 30.* In: *Studia Patristica 16* (cf. 1985-87, 359) 152-162

1593 ESBROECK, M. VAN *Les actes apocryphes de Thomas en version arabe* – ParOr 14 (1987) 11-78

1594 GREEN, JOEL B. *The Gospel of Peter: Source for a Pre-Canonical Passion Narrative?* – ZNW 78 (1987) 293-301

1595 HÄGG, TOMAS *Eros und Tyche. Der Roman in der antiken Welt.* Übers. von KAI BRODERSEN [Kulturgeschichte der antiken Welt 36]. Mainz: Philipp von Zabern 1987. 311 pp.

1596 JANSSENS, YVONNE *L'Évangile des Égyptiens* – Mu 100 (1987) 181-197

1597 JOHNSON, B.A. *The Gospel of Peter: Between apocalypse and romance.* In: *Studia Patristica 16* (cf. 1985-87, 359) 170-174

1598 JONGE, M. DE *The Future of Israel in the Testaments of the Twelve Patriarchs* – JStJ 17 (1986) 196-211

1599 JONGE, M. DE *The Pre-Mosaic Servants of God in the Testaments of the Twelve Patriarchs and in the Writings of Justin and Irenaeus* – VigChr 39 (1985) 157-170

1600 JONGE, M. DE *The Testaments of the Twelve Patriarchs: Central Problems and Essential Viewpoints* – ANRW II,20.1 (1987) 359-420

1601 JONGE, M. DE *The Testaments of the Twelve Patriarchs: Christian and Jewish* – NedThT 39 (1985) 265-275

1602 JONGE, M. DE *Two Interesting Interpretations of the Rending of the Temple-veil in the Testaments of the Twelve Patriarchs* – BijFTh 46 (1985) 350-362

1603 JONGE, M. DE *Two Messiahs in the Testaments of the Twelve Patriarchs?* In: *Tradition and re-interpretation* (cf. 1985-87, 373) 150-162

1604 KAPPLER, CLAUDE *L'Apocalypse latine de Paul.* In: *Apocalypses et voyages dans l'au-delà* (cf. 1985-87, 207) 237-266

1605 KRAFT, ROBERT A. *Towards Assessing the Latin Text of «5 Ezra»* – HThR 79 (1986) 158-169

1606 KRUSE, HEINZ, SJ *Zwei Geist-Epiklesen der syrischen Thomasakten* – OrChr 69 (1985) 33-53

1607 LAFARGUE, M. *Language and Gnosis: The Opening Scenes of the Acts of Thomas* [Harvard Dissertations in Religion 18]. Philadelphia: Fortress Press 1985. XVII, 217 pp.

1608 LELOIR, LOUIS *La Prière dans les Actes Apocryphes* – HA 101 (1987) 295-302

1609 LUCCHESI, ENZO *Martyre de Zacharie et Protévangile de Jacques* – Mu 99 (1986) 65-76

1610 LUTTIKHUIZEN, GERARD P. *The revelation of Elchasai: investigations into the evidence for a Mesopotamian Jewish apocalypse of the 2. century and its reception by Judeo-Christian propagandists* [Texte und Studien zum antiken Judentum 8]. Tübingen: Mohr 1985. 252 pp.

1611 MACDONALD, DENNIS RONALD *The Forgotten Novels of the Early Church* – Semeia 38 (1986) 1-6

1612 MACDONALD, DENNIS R. *The Acts of Andrew and Matthias and the Acts of Andrew* – Semeia 38 (1986) 9-26 [Response by Jean-Marc Prieur pp. 27-33; Response by D.R. MacDonald pp. 35-39]

1613 MERKELBACH, REINHOLD *Logion 97 des Thomasevangeliums* – BASP 22 (1985) 227-230

1614 MEYER, MARVIN W. *Making Mary Male: The Categories «Male» and «Female» in the Gospel of Thomas* – NTS 31 (1985) 554-570

1615 MODA, A. *Atti apocrifi degli Apostoli. Su alcuni studi recenti* – StPat 34 (1987) 153-159

1616 MODA, ALDO *Per una biografia paolina. La Lettera di Clemente, il Canone Muratoriano, la letteratura Apocrifa.* In: *Testimonium Christi* (cf. 1985-87, 370) 289-317

1617 MORALDI, L. *Gli Atti apocrifi di Paolo* – RiBi 34 (1986) 599-613

1618 MORRICE, W.G. *The Parable of the Tenants and the Gospel of Thomas* – ExpT 98 (1986/87) 104-107

1619 OLSSON, BIRGER *Den petrinska traditionen och judarna.* In: *Judendom och kristendom under de första århundradena* (cf. 1985-87, 101) I 215-236

1620 PALMER, NIGEL F. *Himmelsbrief* – TRE 15 (1986) 344-346
1621 PERKINS, JUDITH *The apocryphal Acts of the Apostles and the early Christian martyrdom* – Arethusa 18 (1985) 211-230
1622 PIÑERO SAENZ, A. *Nota crítica al texto latino de las Acta Petri Apostoli apocrypha* – ECl 27 (1985) 219-222
1623 QUACQUARELLI, A. *La conoscenza della natività dalla iconografia dei primi secoli attraverso gli Apocrifi.* In: *Sponsa, mater, uirgo. La donna nel mondo biblico e patristico.* Genova: Pubbl. del'Ist. di filol. class. & med. (1985) 41-67
1624 RORDORF, W. *Tradition et composition dans les Actes de Thècle. Etat de la question* – ThZ 41 (1985) 272-283
1625 RORDORF, WILLY *Tradition and Composition in the Acts of Thecla. The State of the Question* – Semeia 38 (1986) 43-52
1626 ROSENSTHIEL, JEAN-MARC *C.M.C. 60,13-62,9. Contribution à l'étude de l'Apocalypse apocryphe de Paul.* In: *Codex Manichaicus Coloniensis. Proceedings of the international Symposium ...* (cf. 1985-87, 240) 345-353
1627 SCHENKE, HANS-MARTIN *Radikale sexuelle Enthaltsamkeit als hellenistisch-jüdisches Vollkommenheitsideal im Thomas-Buch (NHC II,7).* In: *La tradizione dell'enkrateia* (cf. 1985-87, 374) 263-291
1628 SCHWARTZ, DANIEL R. *Viewing the Holy Utensils (P. Ox. V, 840)* – NTS 32 (1986) 153-159
1629 SELLEW, PHILIP HARL *Early collections of Jesus' words. The development of dominical discourses* [Diss.]. Cambridge, Mass.: Harvard Univ. 1986. 296 pp. [microfilm; cf. summary in DissAbstr 47 (1987) 3453A]
1630 SEVRIN, JEAN-MARIE *Écriture et traditions dans l'Apocryphon de Jacques (NH I,2).* In: *Écritures et traditions dans la littérature copte* (cf. 1985-87, 254) 73-85
1631 SLINGERLAND, DIXON *The Nature of Nomos (Law) within the Testaments of the Twelve Patriarchs* – JBL 105 (1986) 39-48
1632 STOOPS, ROBERT F. *Patronage in the Acts of Peter* – Semeia 38 (1986) 91-100
1633 TARDIEU, MICHEL *Pourquoi l'Acte de Pierre a-t-il été inséré dans le papyrus de Berlin 8502?* In: *Écritures et traditions dans la littérature copte* (cf. 1985-87, 254) 140-144
1634 *The Testaments of the twelve patriarchs.* Comm. by HARM WOUTER HOLLANDER; MARINUS DE JONGE [Studia in VT Pseudepigrapha 8]. Leiden: Brill 1985. XXIV, 469 pp.
1635 WOSCHITZ, KARL MATTHÄUS *Das Theologoumenon «den Anfang entdecken» im koptischen «Evangelium nach Thomas». (Logion 18: NHC II 84,9-17).* In: *Anfänge der Theologie* (cf. 1985-87, 202) 139-153

1636 YUSSEFF, M.A. *The Dead Sea scrolls, the Gospel of Barnabas and the New Testament.* Indianapolis, Ind.: American Trust Publ. 1985. XV, 137 pp.

1637 ZERVOS, G.T. *Prolegomena to a Critical Edition of the Genesis Marias (Protevangelium Jacobi). The Greek Manuscripts* [Diss.]. Durham, N.C.: Duke Univ. 1986. 775 pp. [cf. DissAbstr 48 (1987) 672A]

III. Auctores (editiones, quaestiones, dissertationes, commentarii)

III.1. Generalia

1638 Τατιανοῦ, Πρός Ἕλληνας – Ἀθηναγόρα, Πρεσβεία Χριστιανῶν καί Περί Ἀναστάσεως νεκρῶν – Θεοφίλου Ἀντιοχείας, Πρός Αὐτόλυκον Βιβλία Α'-Γ' – Ἐπιστολή πρός Διόγνητον. Εἰσαγωγή – κείμενο – μετάφρασή ὑπό Π. ΧΡΗΣΤΟΥ [EP 83]. Thessalonike 1986. 592 pp.

1639 Catenae Graecae in Genesim et in Exodum, II : Collectio Coisliniana in Genesim. Edita a FRANCOISE PETIT [CChr Series Graeca 15] Turnhout: Brepols 1986. CXIX, 308 pp.

1640 Évagre le Pontique, Esquisse monastique, Chapitres sur le discernement des passions et des pensées, Chapitres neptiques, Chapitres sur la prière; Saint Nil, Discours ascétique; Diadoque de Photicé, Discours ascétique en cent chapitres. Introd., trad. et notes par LUCIEN REGNAULT et JACQUES TOURAILLE [Philocalie des Pères Neptiques 8]. Bégrolles-en-Mauges: Abbaye de Bellefontaine 1987. 179 pp.

1641 Evangeliets ljus. Homilier av kyrkofäder. Swensk översättning OLOF ANDRÉN. Uppsala: Pro Veritate 1987. 253 pp.

1642 Fathers talking: an invitation to serious spiritual browsing. Ed. AELRED SQUIRE, OSB [CSC 93]. Kalamazoo, Mich.: Cistercian Publications 1986. 76 pp.

1643 Foebadius, Victricius, Leporius, Vincentius Lerinensis, Euagrius, Ruricius. Cura et studio R. DEMEULENAERE [CChr Series Latina 64]. Turnhout: Brepols 1985. 523 pp.

1644 Joie de la transfiguration d'après les pères d'Orient. Textes prés. par MICHEL COUNE [Spiritualité orientale et vie monastique. Spiritualité orientale 39]. Bégrolles-en-Mauges: Abbaye de Bellefontaine 1985. XVI, 263 pp.

1645 Kerkvaders. Teksten met toelichting uit de vroege kerk. Edd. C. DATEMA et al. Brugge : Tabor's-Gravenhage: Boekencentrum 1984. 200 pp.

1646 Lettres des Pères du désert. Ammonas, Macaire, Arsène, Sérapion de Thmuis. Introd., trad. et notes par B. OUTTIER; A. LOUF; M.

VAN PARYS; C.A. ZIRNHELD [Spiritualité orientale 42]. Bégrol-les-en-Mauges: Abbaye de Bellefontaine 1985. VIII, 160 pp.

1647 *Moral exhortations. A Greco-Roman sourcebook.* Compiled by ABRAHAM J. MALHERBE, with a foreword by WAYNE A. MEEKS [Libr. of Early Christianity 4]. Philadelphia, Penna.: Westminster Press 1986. 178 pp.

1648 *Os Padres da Igreja e a Questão Social: Basilio Magno; Gregório de Nissa; Gregório de Nazianzo; João Crisóstomo.* Trad. de I.C. DE ANDRADE e introd. de F.A. FIGUEIREDO [Os Padres da Igreja 6]. Petropolis: Vozes 1987. 80 pp.

1649 *Pazifismus und Kriegsdienstverweigerung in der frühen Kirche: eine Quellensammlung.* Hrsg. von THOMAS GERHARDS. 5., überarb. Aufl. Uetersen: Versöhnungsbund 1986. 66 pp.

1650 *Retto uso delle ricchezze nella tradizione patristica.* Clemente d'Alessandria, Basilio di Cesarea, Gregorio di Nazianzo, Gregorio di Nissa, Giovanni Crisostomo, Ambrogio di Milano, Agostino d'Ippona, Cromazio d'Aquileia. Trad., introd. e note a cura di MAURO TODDE e ALIETO PIERI [Letture cristiane delle origini. Antologie 9]. Torino: Ed. Paoline 1985. 496 pp.

1651 *Spirito di Dio: Ireneo di Lione, Origine, Novaziano, Atanasio di Alessandria, Ilario di Poitiers, Basilio di Cesarea, Cirillo di Gerusalemme, Ambrogio di Milano, Girolamo di Stridone, Agostino di Ippona, Leone Magno, Gregorio Magno.* Introd., trad. e note a cura di MAURO TODDE [Letture cristiane del primo millennio 3]. Milano: Ed. Paoline 1987. 343 pp.

1652 *The Syriac Fathers on Prayer and the Spiritual Life.* Introd. and transl. by SEBASTIAN P. BROCK [CSC 101]. Kalamazoo, Mich.: Cistercian Publ. 1987. XLIII, 381 pp.

1653 *Twee Apologeten uit het vroege Christendom. Justinus en Athenagoras.* Vertaald, ingeleid en toegelicht door G.J.M. BARTELINK [Na de Schriften 1]. Kampen: Kok 1986. 167 pp.

1654 *Visioni dell'aldilà in Occidente. Fonti, modelli, testi.* A cura di MARIA PIA CICCARESE [BPatr 8]. Firenze: Nardini 1987. 480 pp.

1655 ALEXANDRE, MONIQUE *L'épée de flamme (Gen. 3,24). Textes chrétiens et traditions juives.* In: *Hellenica et Judaica* (cf. 1985-87, 278) 403-441

1656 AMATA, BIAGIO *Spiritualità del lavoro nella catechesi dei Padri del III-IV secolo* – StROC 8 (1985) 53-56

1657 ANDERSEN, ØIVIND *Trøsteskriftet i antikk og kristen tradisjon* – Kirke og Kultur (Oslo) 90 (1985) 153-165

1658 *Am Anfang war die Liebe: Dokumente, Briefe und Texte der Urchristen.* Hrsg. EBERHARD ARNOLD. Wiesbaden: Coprint 1986. 367 pp.

1659   *Gli apologeti greci.* Trad., introd. e note a cura di CLARA BURINI [CTP 59]. Roma: Città Nuova Ed. 1986. 498 pp.

1660   ARBEA, G. ANTONIO *Consideraciones en torno a la interpretación cristianizante de la égloga cuarta de Virgilio.* In: *Actas del VII Simposio nacional de estudios clásicos (Buenos Aires, 1982).* Buenos Aires: Asoc. argentina de Estud. clás. (1986) 59-69

1661   ASHANIN, C.B. *Christian Humanism of the Cappadocian Fathers* – PBR 6 (1987) 44-52

1662   AZOUVI, F. *Homo duplex* – Gesnerus (Aarau, Schweiz) 42 (1985) 229-244

1663   BAKAROS, D. ʽΗ ἱερωσύνη στήν ἐκκλησιαστική γραμματεία τῶν πέντε πρώτων αἰώνων. Thessalonike 1986.

1664   BARTELINK, G.J.M. *De christenen en de profane literatuur* – Kleio (Leuven) 16 (1986/87) 34-46

1665   BARTELINK, G.J.M. *Enkele opmerkingen over de Euripidescitaten bij christelijke schrijvers* – Hermeneus 58 (1986) 117-124

1666   BAUER, JOHANNES B. *Hase* – RAC 13 (1985) Lief. 101, 662-677

1667   BAUMEISTER, THEOFRIED *Das Theater in der Sicht der Alten Kirche.* In: *Theaterwesen und dramat. Lit. Beitr. zur Geschichte des Theaters.* Tübingen: Francke (1987) 109-125

1668   BEATRICE, PIER F. *Introduction aux Pères de l'Église. Les figures les plus significatives des Pères de l'Église présentées dans le contexte des premiers siècles chrétiens et dans leurs écrits.* Paris: Médiaspaul 1987. 350 pp.

1669   BECK, HANS-GEORG *Byzantinisches Erotikon. Orthodoxie – Literatur – Gesellschaft* [Bayerische Akademie der Wissenschaften, philos.-histor. Kl., Sitzungsber. 1984, 5]. München: Verlag der Bayerischen Akademie der Wissenschaften in Kommission bei C.H. Beck 1984. 174 pp.

1670   BERGADA, M.M. *La libertad en los primeros filósofos cristianos* – Cias 36 (1987) 213-222

1671   BERGER, KLAUS *Henoch* – RAC 14 (1987/88) Lief. 107; 108/109, 473-545

1672   BESKOW, PER *Pseudepigrafi och förfalskning – en genrebestämning.* In: *Patristica Nordica* 2 (cf. 1985-87, 325) 7-18

1673   BEULAY, ROBERT *La lumière sans forme: introduction à l'étude de la mystique chrétienne syro-orientale* [Collection L'Esprit et le Feu]. Chevetogne: Éd. de Chevetogne 1986. 356 pp.

1674   BOISSET, JEAN *La Réforme et les Pères de l'Église. Les références patristiques dans l'Institution de la Religion Chrétienne de Jean Calvin.* In: *Migne et le renouveau des études patristiques* (cf. 1985-87, 303) 39-51

1675 BONDI, ROBERTA C. *To love as God loves: conversations with the early church*. Philadelphia, Penna.: Fortress Press 1987. 111 pp.

1676 BOURGEOIS, HENRI; GIBERT, PIERRE; JOURJON, MAURICE *L'expérience chrétien du temps*. Paris: Éditions du Cerf 1986. 182 pp.

1677 BOUYER, LOUIS *Die mystische Kontemplation bei den Vätern*. In: *Weisheit Gottes – Weisheit der Welt. Festschrift für Joseph Kardinal Ratzinger* (cf. 1985-87, 378) 637-650

1678 BOUYER, LOUIS *La spiritualità dei Padri. B. III-VI secolo: monachesimo antico e Padri*. Nuova ed. italiana ampliata e aggiornata. Cur. L. DATTRINO; P. TAMBURINO [Storia della spiritualità 3/B]. Bologna: EDB 1986. 292 pp.

1679 BOWMAN, S. *Josephus in Byzantium*. In: *Josephus, Judaism, and Christianity* (cf. 1985-87, 290) 362-385

1680 BOYER, L. *The Theme of Divine Wisdom in the Fathers and Ancient Literature. The Discovery of the Theme of Holy Wisdom in Mediaeval and Modern Theology, Eastern and Western*. In: *Byzantium and the North II*. Helsinki (1986) 9-23

1681 BRAKMANN, HEINZGERD *Heilige Krankheit* – RAC 14 (1987) Lief. 105, 63-66

1682 BRANCACCI, ALDO *Filosofia e retorica nel dibattito tardoantico da Filostrato a Sinesio* – Elenchos 6 (1985) 379-408

1683 BREYDY, MICHEL *Geschichte der syro-arabischen Literatur der Maroniten vom VII. bis XVI. Jahrhundert* [Forschungsberichte des Landes Nordrhein-Westfalen 3194. Fachgruppe Geisteswissenschaften]. Opladen: Westdeutscher Verlag 1985. 272 pp.

1684 BROCK, SEBASTIAN P. *The Syriac Tradition*. In: *The Study of Spirituality* (cf. 1985-87, 364) 199-234

1685 BROX, NORBERT *Das «irdische Jerusalem» in der altchristlichen Theologie* – Kairos 28 (1986) 152-173

1686 BUBY, B. *Research on the Biblical Approach and the Method of Exegesis Appearing in the Greek Homiletic Texts of the Late Fourth and Early Fifth Centuries, Emphasizing the Incarnation Especially the Nativity and Mary's Place within It* [Diss.]. Dayton, O.: University Press 1986. 170 pp.

1687 BUCCI, O. *La genesi ellenistica dell'antigiudaismo romano: alle origini dell'antisemitismo cristiano* – Lateranum 52 (1986) 51-82

1688 BURROW, J.A. *The Ages of Man: A Study in Medieval Writing and Thought*. Oxford; New York: Oxford University Press 1986. XII, 211 pp.

1689 CAMPENHAUSEN, HANS VON *Griechische Kirchenväter*. 7. Auflage. Stuttgart: Kohlhammer 1986. 172 pp.

1690 CAMPENHAUSEN, HANS VON *Lateinische Kirchenväter*. 6. Auflage. Stuttgart: Kohlhammer 1986. 255 pp.

1691 CARLINI, ANTONIO *Tradizione testuale e prescrizioni canoniche. Erma, Sesto, Origene* – Orpheus 7 (1986) 40-52

1692 CASTAÑOS MOLLOR, MANUEL I. *La secularidad en los escritos cristianos de los primeros siglos*. Pamplona: Eunsa 1985. 208 pp.

1693 CHARALAMPIDIS, KONSTANTINOS P. *Οἱ δενδρίτες στην προχριστιανική καὶ χριστιανική ἱστορικοφιλολογική παράδοση καὶ εἰκονογραφία* [mit engl. Zusammenfassung]. Saloniki: Purnaras 1986. 112 pp.

1694 CHARLET, JEAN-LOUIS *L'inspiration et la forme biblique dans la poésie latine chrétienne du IIIe au VIe siècle*. In: *Le monde latin antique et la Bible* (cf. 1985-87, 309) 613-643

1695 CHESNUT, GLENN F. *The first Christian histories: Eusebius, Socrates, Sozomen, Theodoret, and Evagrius*. 2nd ed., rev. and enl. Macon, Ga.: Mercer University Press 1986. XIV, 296 pp.

1696 CHIESA, PAOLO *Ad verbum o ad sensum? Modelli e coscienza metodologica della traduzione tra tarda antichità e alto medioevo* – Medioevo e Rinascimento (Firenze) 1 (1987) 1-51

1697 CHRYSOSTOMOS (ARCHIMANDRITE) *Themes in Orthodox Patristic Psychology, III: Repentance*. Etna, Calif.: Center for Traditionalist Orthodox Studies 1986. 50 pp.

1698 CHRYSOSTOMOS (ARCHIMANDRITE); WILLIAMS, THEODORE MARTIN; PAULA (SISTER) *Themes in Patristic Psychology I: Humility*. Prologue by Mother ALEXANDRA. Etna, Calif.: Center for Traditionalist Orthodox Studies 1983. III, 85 pp.

1699 CLÉMENT, OLIVIER *Aproximación a la Oración. Los místicos cristianos de los orígenes*. Madrid: Ed. Narcea 1986. 153 pp.

1700 COHEN, S.J.D. *Pagan and Christian Evidence on the Ancient Synagogue*. In: *The Synagogue in Late Antiquity*. Ed. L.I. LEVINE. Philadelphia, Penna.: The American Schools of Oriental Research (1987) 183-188

1701 COLPE, CARSTEN *Die Ausbildung des Heidenbegriffs von Israel zur Apologetik und das Zweideutigwerden des Christentums*. In: *Die Restauration der Götter. Antike Religion und Neo-Paganismus*. Edd. RICHARD FABER; RENATE SCHLESIER. Würzburg: Königshausen und Neumann (1986) 61-87

1702 *I cristiani e il servizio militare. Testimonianze dei primi tre secoli*. A cura di ENRICO PUCCIARELLI [BPatr 9]. Firenze: Nardini 1987. 352 pp.

1703 CRUTCHFIELD, LARRY V. *Israel and the Church in the Anti-Nicene Fathers I* – BiblSacr 144 (1987) 254-276

1704 CUNNINGHAM, AGNES *Prayer, personal and liturgical* [MFCh 16]. Wilmington, Del.: Michael Glazier 1985. 147 pp.

1705 DAVIES, MALCOLM *Description by negation. History of a thought-pattern in ancient accounts of blissful life* – Prometheus 13 (1987) 265-284

1706 DELCOR, MATHIAS *La prophétie de Daniel (chap. 2 et 7) dans la littérature apocalyptique juive et chrétienne en référence spéciale à l'empire romain.* In: *Popoli e spazio romano* (cf. 1985-87, 331) 11-24

1707 DEVOTI, DOMENICO *Sogno e conversione nei Padri. Considerazioni preliminari* – AugR 27 (1987) 101-136

1708 DOIGNON, JEAN *Blessure d'affliction et blessure d'amour (Moralia 6,25,42). Une jonction de thèmes de la spiritualité patristique de Cyprien à Augustin.* In: *Grégoire le Grand* (cf. 1985-87, 275) 297-303

1709 DORIVAL, GILLES *Les chaines exégétiques grecques sur les Psaumes. Contribution à l'étude d'une forme littéraire* [Spic. Études et documents 43]. Louvain: Peeters 1986. XIII, 327 pp.

1710 DUVAL, YVES-MARIE *L'Ecriture au service de la catéchèse.* In: *Le monde latin antique et la Bible* (cf. 1985-87, 309) 261-288

1711 ESTIN, COLETTE *Les traductions du Psautier.* In: *Le monde latin antique et la Bible* (cf. 1985-87, 309) 67-88

1712 ÉTAIX, RAYMOND *Un ancien codex de Vérone et sa reprise par Pacificus de Vérone* – RBen 96 (1986) 225-249

1713 ETTLINGER, GERARD H., SJ *Jesus, Christ and Savior* [MFCh 2]. Wilmington, Del.: Glazier 1987. 214 pp.

1714 FABRICIUS, C. *Sokrates bei den Kirchenvätern* [schwed.]. In: *Sokrates i historiens lys.* Ed. E.A. WYLLER. Oslo (1985) 81-88

1715 FELICI, SERGIO *Paideia classica e paideia cristiana. Dimensione pedagogica della catechesi dei Padri nei primi tre secoli.* In: *Crescita dell'uomo nella catechesi dei Padri* (cf. 1985-87, 247) 9-12

1716 FERGUSON, E. *The Active and Contemplative Lives: The Patristic Interpretation of Some Musical Terms.* In: *Studia Patristica 16* (cf. 1985-87, 359) 15-23

1717 *Florilegia: Florilegium Frisingense, Testimonia divinae scripturae <et patrum>.* Ed. ALBERT LEHNER [CChr Series Latina 108D]. Turnhout: Brepols 1987. XL, 152 pp.

1718 FONTAINE, JACQUES; LANCEL, SERGE; LANGLOIS, PIERRE; MANDOUZE, ANDRÉ; BRAKMANN, HEINZGERD *Africa II (literaturgeschichtlich)* – RAC Suppl.-Lief. 1/2 (1985) 134-228

1719 FORLIN PATRUCCO, MARCELLA *Forme della tradizione nella grecità tarda: la citazione classica come linguaggio politico.* In: *Le trasformazioni della cultura* (cf. 1985-87, 375) I 185-203

1720 FRACEA, ILIE *Trei «lectii» patristice (= Drei patristische «Lektionen»)* – MitrBan 35 (1985) 598-612

1721 FRANK, KARL SUSO, OFM *«Adversus Judaeos» in der Alten Kirche.* In: *Die Juden als Minderheit in der Geschichte.* Hrg. von B. MARTIN u. E. SCHULIN. München: dtv (1985) 30-45

1722 FREDOUILLE, JEAN-CLAUDE *Bible et apologétique.* In: *Le monde latin antique et la Bible* (cf. 1985-87, 309) 479-497

1723 FREDOUILLE, JEAN-CLAUDE *Conversion personnelle et discours apologétique, de saint Paul à saint Augustin* – Augustinus 32 (1987) 121-131

1724 FREDOUILLE, JEAN-CLAUDE *Heiden.* Übers. von KARL HOHEISEL – RAC 13 (1986) Lief. 103/104, 1113-1149

1725 FREDOUILLE, JEAN-CLAUDE *Les lettrés chrétiens face à la Bible.* In: *Le monde latin antique et la Bible* (cf. 1985-87, 309) 25-42

1726 FUNKE, H. *Poesia e storiografia* – QS 12 (1986) Nr. 23, 71-93

1727 GABBA, E. *Lo spirito santo, il senato romano e Bossuet* – RSI 97 (1985) 785-809

1728 GALLICET, E. *Virgilio nel mondo cristiano dei primi secoli.* In: *Vaticanus Romanus, vol. II: Volume di commento all'edizione in facsimile del codice Val. Lat. 3867.* Cura di I. LANA [Codices e Vaticanis selecti quam simillime expressi 66]. Milano: Jaca Book (1986) 71-98

1729 GAMBLE, HARRY Y. *The New Testament Canon: Its making and meaning* [Guides to Biblical Scholarship]. Philadelphia, Penna.: Fortress Pr. 1985. 96 pp.

1730 GARZYA, A. *Visages d'hellénisme dans le monde byzantin (IVe-XIIe siècles)* – Byzan 55 (1985) 463-482

1731 GIANNARELLI, ELENA *Il tema del lavoro nella letteratura cristiana antica. Fra costruzione ideologica e prassi letteraria.* In: *Spiritualità* (cf. 1985-87, 352) 213-224

1732 GIARDINA, A. *La mercatura celeste. Valori pagani e valori cristiani nella tarda antichità* – Rivista di archeologia cristiana (Roma) 61 (1985) 383-387

1733 GIARDINA, A. *Le merci, il tempo, il silenzio. Ricerche su miti e valori sociali nel mondo greco e romano* – StudStor 27 (1986) 277-302

1734 GIGON, OLAF *Die Väter und die Kultur der Antike* – ThGl 76 (1986) 133ss

1735 GLAESER, P.P. *Die Lepra nach Texten der altchristlichen Literatur* [Diss.]. Kiel: Univ., Med. Fak., 1986. 91 pp.

1736 GÖRGEMANNS, HERWIG *Anfang* – RAC Suppl.-Lief. 3 (1985) 401-448

1737 GRANT, ROBERT M. *Forms and occasions of the Greek apologists* – StSR 10 (1986) 213-226

1738 GRATTAROLA, P. *Il concetto di Europa alla fine del mondo antico*. In: *L'Europa nel mondo antico*. Ed. M. SORDI. Milano: Vita e Pensiero (1986) 174-191

1739 GREER, ROWAN A. *Broken Lights and Mended Lives: Theology and Common Life in the Early Church*. University Park, Penna.: Pennsylvania State Univ. Pr. 1986. XIV, 237 pp.

1740 ḤABBĪ, J. *L'antica letteratura siriaca e la filosofia greca*. In: *L' eredità classica nelle lingue orientali* (cf. 1985-87, 257) 49-55

1741 HADOT, ILSETRAUT *Les introductions aux commentaires exégétiques chez les auteurs néo-platoniciens et les auteurs chrétiens*. In: *Les règles de l'interpretation* (cf. 1985-87, 337) 99-122

1742 HAMMAN, ADALBERT G. *Orações dos Primeiros Cristãos*. São Paulo: Edições Paulinas 1985. 272 pp.

1743 HAMMERSCHMIDT, G. *Staat und Staatstheorie in der alten Kirche* – IKZ 75 (1985) 237-256

1744 HANN, ROBERT R. *Post-Apostolic Christianity as a Revitalization Movement: Accounting for Innovation in Early Patristic Traditions* – JRelSt (Ohio) 14 (1986) 60-75

1745 HARAKAS, S.S. *The Teaching on Peace in the Fathers*. In: *Un regard sur la paix* [Études théologiques de Chambéry 7]. Genf: Editions du Centre Orthodoxe du Patriarcat Oecuménique (1986) 32-47

1746 ḤĀTIM, ǦĀD *Éthique chrétienne et révélation: études sur la spiritualité de l'Église d'Antioche* [Antioche chrétienne 1]. Paris: Cariscript 1987. 118 pp.

1747 HECK, EBERHARD *Μὴ θεομαχεῖν oder: die Bestrafung des Gottesverächters. Untersuchung zu Bekämpfung und Aneignung römischer religio bei Tertullian, Cyprian und Lactanz* [Studien zur Klassischen Philologie 24]. Frankfurt am Main; Bern; New York: Lang 1987. 257 pp.

1748 HENGEL, M. *La storiografia protocristiana*. Ed. ital. a cura di O. OFFRITTI [Studi biblici 73]. Brescia: Paideia 1985. 192 pp.

1749 HERR, WILLIAM A. *Catholic thinkers in the clear: giants of Catholic thought from Augustine to Rahner* [Basics of Christian thought 2]. Chicago, Ill.: Thomas More Pr. 1985. 276 pp.

1750 HERTER, HANS (†) *Harn* – RAC 13 (1985) Lief. 100, 618-634

1751 HØEG, K. *De græske kirkefædres kristendom* – DTT 49 (1986) 268-278

1752 HÖRANDNER, WOLFRAM *Éléments de rhétorique dans les siècles obscurs* – Oprheus 7 (1986) 293-305

1753 HORN, SABINE *Die Gabe der Tränen in der orthodoxen (mystischen) Theologie bis zum hlg. Symeon dem Neuen Theologen.* In: *Mystik in den Traditionen* (cf. 1985-87, 315) 13-28

1754 HOŠEK, R. *Der Delphin als Träger von Menschen in der christlichen Spätantike* – LFilol 110 (1987) 111-113

1755 HUNGER, H. Βυζαντινὴ Λογοτεχνία. Ἡ λόγια κοσμικὴ γραμματεῖα τῶν Βυζαντινῶν. Τόμ. Α' Φιλοσοφία, Ῥητοπρική, Ἐπιστολογραφία, Γεωγραφία. Μετάφραση A.G. MPENAKES; I.G. ANASTASIU; G.C. MAKRES. Athen: Μορφωτικὸ Ἵδρυμα Ἐθνικῆς Τραπέζης 1987. 442 pp.

1756 JUNOD, E. *La virginité de l'apôtre Jean: recherche sur les origines scriptuaires et patristiques de cette tradition.* In: *Lectures anciennes de la Bible* (cf. 1985-87, 297) 113-136

1757 KEHL, ALOIS *Hekate* – RAC 14 (1987) Lief. 106/107, 310-338

1758 KENNEDY, G.A. *Forms and Functions of Latin Speech, 400-800.* In: *Medieval and Renaissance Studies. Number 40. Proceedings of the South-Eastern Institute of Medieval and Renaissance Studies, Summer 1979.* Cur. G. MALLARY MASTERS. Chapel Hill; London: University of North Carolina Pr. (1984) 45-73

1759 KERTSCH, MANFRED *Zum Motiv «Ruderer (Schiff) gegen den Strom» in der nichtchristlichen und christlichen Latinität* – GB 14 (1987) 239-248

1760 KINNEAVY, JAMES L. *Greek Rhetorical Origins of Christian Faith: An Inquiry.* New York: Oxford University Press 1987. XI, 186 pp.

1761 KLOPSCH, P. *Die Christen und Ovid.* In: *Classica et Medievalia.* Cur. I. VASLEF; H. BUSCHAUSEN [Medieval Classics. Text and Studies 20]. Leiden; Washington: Brill (1986) 91-102

1762 KORZARŽEVSKIJ, A.C. *Quellenprobleme der altchristlichen Literatur* [in russischer Sprache]. Moskva: Univ. 1985. 143 pp.

1763 KRAUSE, MARTIN; HOHEISEL, KARL *Aegypten II (literaturgeschichtlich)* – RAC Suppl.-Lief. 1/2 (1985) 14-88

1764 LANATA, G. *Confessione o professione? Il dossier degli atti dei martiri.* In: *L'aveu* (cf. 1985-87, 218) 133-146

1765 LANGA, PEDRO *La teología náutica en la catequesis de los Padres* – TEsp 30 (1986) 107-117

1766 LARENTZAKIS, GRIGORIOS *Diachrone ekklesiale Koinonia. Zur Bedeutung der Kirchenväter in der orthodoxen Kirche.* In: *Anfänge der Theologie* (cf. 1985-87, 202) 355-373

1767 LATTKE, MICHAEL *Haggadah* – RAC 13 (1985) Lief. 99, 328-360

1768 LATTKE, MICHAEL *Halachah* – RAC 13 (1985) Lief. 99, 372-402

1769 LAUB, FRANZ *Sozialgeschichtlicher Hintergrund und ekklesiologische Relevanz der neutestamentlich-frühchristlichen Haus- und Gemeinde-Tafelparänese – ein Beitrag zur Soziologie des Frühchristentums* – MThZ 37 (1986) 249-272

1770 LE BOULLUEC, ALAIN *Moïse menacé de mort. L'enigme d'Exode 4,24-26 d'après la Septante et selon les Pères.* In: *Lectures anciennes de la Bible* (cf. 1985-87, 297) 75-103

1771 LIÉBAERT, JACQUES *Les Pères de l'Église, I: Du Ier au IVe siècle* [Bibliothèque d'histoire du christianisme 10]. Paris: Desclée 1987. 190 pp.

1772 LIEU, SAMUEL N.C. *Some Themes in Later Roman Anti-Manichaean Polemics, I* – BJRL 68 (1985/86) 434-472

1773 LIEU, SAMUEL N.C. *Some Themes in Later Roman Anti-Manichaean Polemics, II* – BJRL 69 (1986/87) 235-275

1774 ŁOMNICKI, E. *Argument skrypturystyczny w ujeciu apologetów starochrześcijańskich (=Das biblische Argument bei frühchristlichen Apologeten)* – TST 10 (1987) 198-227

1775 LOUTH, A. *The Cappadocians.* In: *The Study of Spirituality* (cf. 1985-87, 364) 161-168

1776 LOWRY, CHARLES WESLEY *The first theologians.* Chicago, Ill.: Gateway Editions 1986. 443 pp.

1777 LOZITO, VITO *Culti e ideologia politica negli autori cristiani (IV-VIII secolo).* Bari: Levante Ed. 1987. 206 pp.

1778 MACK, BURTON, L. *Anecdotes and arguments: the Chreia in antiquity and early Christianity* [The Claremont Graduate School, The Institute for Antiquity and Christianity, Occasional Papers 10]. Claremont, Calif.: Claremont Graduate School 1987. 48 pp.

1779 MADEC, GOULVEN *«Platonisme» des Pères* – Catholicisme (Paris) 50 (1986) 491-507

1780 MALSBARY, GERALD *Epic exegesis and the use of Vergil in the early Biblical poets* – Florilegium 7 (1985) 55-83

1781 MANAPHIS, K. *Idéologie chrétienne et tradition classique chez les écrivains du VIe s.* In: *From Late Antiquity to Early Byzantium* (cf. 1985-87, 266) 185-188

1782 MANDOUZE, ANDRÉ *Des Pères de l'Église aux fils de Vatican II.* In: *Migne et le renouveau des études patristiques* (cf. 1985-87, 303) 433-443

1783 MANNS, FRÉDÉRIC *La condescendance divine: racines juives et développements patristiques* – Ant 62 (1987) 404-422

1784 *Marc, commenté par Jérôme, et Jean Chrysostome, Homélies.* Trad. par M.H. STÉBÉ et M.O. GOUDET. Introd. de C. COULOT. Indications doctrinales par A.G. HAMMAN [Les Pères dans la foi]. Paris: Desclée de Brouwer 1986. 176 pp.

1785   MARKOPOULOS, A. *A la recherche des textes perdus. L'historio-graphie byzantine de la haute époque jusqu'au VIIIe s. Étude préliminaire*. In: *From Late Antiquity to Early Byzantium* (cf. 1985-87, 266) 203-207

1786   MARTANO, G. *La retorica dell'antiretorica nei primi secoli dell'èra volgare e dell'alto Medioevo* – Discorsi. Ricerche di storia della filosofia (Napoli) 7 (1987) 30-43

1787   MARTIN, ANNIK *La réconciliation des lapsi en Égypte. De Denys à Pierre d'Alexandrie, une querelle de clercs* – RSLR 22 (1986) 258-269

1788   MARTINEZ, F.J. *The Apocalyptic Genre in Syriac: The World of Pseudo-Methodius*. In: *IV Symposium Syriacum* (cf. 1985-87, 367) 337-352

1789   MARTINEZ PASTOR, MARCELO *Sobre el simbolismo en los autores latinos cristianos* – ECl 27 (1985) 223-239

1790   MASSARO, M. *La gioie della vita. Interpretazione e fortuna di un nesso lucreziano* – InvLuc 5-6 (1983/84) 43-75

1791   MASSAUX, ÉDOUARD *Influence de l'évangile de saint Matthieu sur la littérature chrétienne avant saint Irénée: réimpr. anastatique*. Supplément: Bibliographie 1950-1985 par B. DEHAND-SCHUTTER [BEThL 75]. Leuven: Leuven Univ. Pr. 1986. XXVII, 854 pp.

1792   MATHIEU, J.M. *L'égalité chez quelques Pères de l'Église grecs du IVe siècle* – Cahiers de Philosophie politique et juridique (Caen) N°8 (1985) 77-86

1793   MATSOUKAS, NIKAS *Holy Scripture and Tradition According to the Hermeneutical Principles of the Ancient Church* – DVM 14 (1985) 41-50

1794   MATTIOLI, UMBERTO *La donna nel pensiero patristico*. In: *Atti del Convegno nazionale di studi su La donna nel mondo antico, Torino 21-23 aprile 1986*. A cura di RENATO UGLIONE [Collana Atti dei Convegni della Deleg. torinese dell'Assoc. ital. di cult. class.]. Torino: Regione Piemonte Assess. alla Cult. (1987) 223-242

1795   MCGUCKIN, JOHN ANTHONY *The Vine and the Elm Tree: the Patristic Interpretation of Jesus' Teachings on Wealth* – SCH 24 (1987) 1-14

1796   MCKINNON, JAMES *Music in Early Christian Literature* [Cambridge Readings in the Literature of Music]. Cambridge: Cambridge University Press 1987. XI, 180 pp.

1797   MEES, M. *Das dritte Kapitel des Johannes-Evangeliums in früh-christlicher Sicht* – Lau 27 (1986) 121-137

1798 METHODIOS (ARCHBISHOP OF THYATEIRA) «*Oikonomia*» *as Doctrinal Leniency and Intercommunion in the Church Fathers* – PBR 6 (1987) 15-19

1799 METHODIOS (ARCHBISHOP OF THYATEIRA) *The Mind (Phronema) of the Fathers of the Church* – PBR 4 (1985) 14-19; EkTh 6 (1985) 611-618

1800 MEZOUGHI, NOUREDDINE «*Gallina significat sanctam Ecclesiam*» [in französischer Sprache] – CaAr 35 (1987) 53-63

1801 MILLER, DAVID L. *Through a looking-glass, the world as enigma* – ErJb 45 (1986) 349-402

1802 MILLER, PATRICIA COX «*A Dubious Twilight*». *Reflections on Dreams in Patristic Literature* – ChH 55 (1986) 153-164

1803 MINOIS, G. *La vieillesse dans la littérature du haut Moyen Age* – ABret 92 (1985) 389-401

1804 MIQUEL, P. *Histoire des Histoires de l'Eglise* – ColCist 48 (1986) 88-100

1805 MOLINÉ, ENRIQUE *Los Padres de la Iglesia: una guía introductoria I-II.* 2. ed. Madrid: Ed. Palabra 1986. 292; 313 pp.

1806 MOREIRA AZEVEDO, C.A. *O milagre de Caná na iconografia paleocristá, I: Estudo interdisciplinar: exegese, patrística, liturgia, iconografia e iconologia, II: Catálogo dos monumentos* [Diss.]. Pontif. Univ. Gregor. Porto 1986. 288, IX, 312 pp.

1807 MORESCHINI, CLAUDIO *La donna nell'antica poesia cristiana.* In: *Atti del Convegno nazionale di studi su La donna nel mondo antico, Torino 21-23 aprile 1986.* A cura di RENATO UGLIONE [Collana Atti dei Convegni della Deleg. torinese dell'Assoc. ital. di cult. class.]. Torino: Regione Piemonte Assess. alla Cult. (1987) 243-264

1808 MORTLEY, RAOUL *From word to silence. 1. the rise and fall of logos. 2. the way of negation, Christian and Greek* [Theophaneia 30/31]. Bonn: Hanstein 1986. 167; 292 pp.

1809 MURRAY, OSWYN *Aristeasbrief.* Übers. von JOSEF ENGEMANN – RAC Suppl.-Lief. 4 (1986) 573-587

1810 MUSCO, ALESSANDRO; MESSANA, VINCENZO *La polemica pagano-cristiana.* In: *Grande antologia filosofica* (cf. 1985-87, 206) 527-556

1811 NALDINI, M. *Catechesi patristica nel IV secolo. Originalità e sviluppi* – CCC 6 (1985) 57-76

1812 NALDINI, M. *Originalità e sviluppi nella catechesi patristica del IV secolo.* In: *Le trasformazioni della cultura* (cf. 1985-87, 375) I 413-429

1813 NAPEL, E. TEN *Some Remarks on the Hexaemeral Literature in Syriac.* In: *IV Symposium Syriacum* (cf. 1985-87, 367) 57-69

1814 NAZZARO, A.V. *La Collana di testi patristici. Città Nuova Ed., Roma 1976 ss.* – VetChr 24 (1987) 460-468

1815 NIELSEN, HELGE K. *Heilung und Verkündigung. Das Verständnis der Heilung und ihres Verhältnisses zur Verkündigung bei Jesus und in der ältesten Kirche* [AThD 22]. Leiden: E.J. Brill 1987. XII, 302 pp.

1816 OHLY, FRIEDRICH *Haus III (Metapher)* – RAC 13 (1986) Lief. 103, 905-1063

1817 OORT, J. VAN *Paroikia en diakonia. Weerstand en werfkracht van de christelijke gemeente vanaf de begintijd tot en met Augustinus* – KT 38 (1987) 178-190

1818 OPELT, ILONA *Aeneas* – RAC Suppl.-Lief. 1/2 (1985) 88-94

1819 OPELT, ILONA *Aischylos* – RAC Suppl.-Lief. 1/2 (1985) 248-257

1820 OPELT, ILONA *Aristophanes* – RAC Suppl.-Lief. 4 (1986) 587-595

1821 OSBORN, ERIC F. *Anfänge christlichen Denkens: Justin, Irenäus, Tertullian, Klemens.* Übers., bearb. und hrsg. von JOHANNES BERNARD. Leipzig: St.-Benno-Verlag 1986; Düsseldorf: Patmos 1987. 387 pp.

1822 PADOVESE, L. *Lo «scandalum incarnationis et crucis» nell'apologetica cristiana del secolo secondo e terzo* – Lau 27 (1986) 312-334

1823 PAGELS, ELAINE *Christian Apologists and «The Fall of the Angels». An Attack on Roman Imperial Power?* – HThR 78 (1985) 301-325

1824 PALMER, A. *Saints' Lives with a Difference: Elijah on John of Tella (d. 538) and Joseph on Theodotos of Amida (d. 698).* In: *IV Symposium Syriacum* (cf. 1985-87, 367) 203-216

1825 PASQUATO, OTTORINO *Evangelizzazione e cultura nei padri (sec. IV-V)* – Lateranum 52 (1986) 265-288

1826 PASSAFIUME, L. *Esegesi della critica estetico-letteraria nell'età medioevale* – ALGP 21/22 (1984/85) 347-388

1827 PASSONI DELL'ACQUA, A. *L'immagine del calpestrare dall'A.T. ai Padri della Chiesa* – Anagennesis. A papyrological Journal (Athens) 4 (1986) 63-129

1828 PASTORINO, A. *La condizione femminile nei Padri della Chiesa.* In: *Sponsa, mater, uirgo. La donna nel mondo biblico e patristico.* Genova: Pubbl. de l'Ist. di filol. class. & med. (1985) 109-112

1829 PAVAN, M. *Testi classici e cristiani nelle lingue orientali* – Par 40 (1985) 464-468

1830 PAVAN, MASSIMILIANO *Le profezie di Daniele e il destino di Roma negli scrittori latini cristiani dopo Costantino.* In: *Popoli e spazio romano* (cf. 1985-87, 331) 291-308

1831 PÉPIN, J. *Allégorie et auto-herméneutique* – Annales de l'Institut de philosophie (Bruxelles, Université libre) (1984) 51-56

1832 PÉPIN, JEAN *La tradition de l'allégorie. De Philon d'Alexandrie à Dante, II: Études historiques*. Paris: Études Augustiniennes 1987. 382 pp.

1833 PÉPIN, JEAN *Le conseiller de Dieu*. In: *Lectures anciennes de la Bible* (cf. 1985-87, 297) 53-73

1834 PÉRES, JACQUES-NOEL *L'opinion des Pères sur la fonction magistérielle du peuple de Dieu* – PLu 35 (1987) 18-31

1835 PÉRES, J.-N. *La théologie du pouvoir à l'époque patristique* – PLu 33 (1985) 245-264

1836 PETERS, F.E. *Jerusalem. The Holy City in the Eyes of Chroniclers, Visitors, Pilgrims, and Prophets from the Days of Abraham to the Beginnings of Modern Times*. Princeton, N.J.: Princeton Univ. Pr. 1985. XIV, 656 pp.

1837 PETEV, I. *Gnosseologičeskite vǎzgledi na kapadokijskite otci: Vassilij Veliki, Grigorij Bogoslov i Grigorij Nissijski (= Die gnoseologischen Anschauungen der kappadokischen Väter: Basilius der Große, Gregorius von Nazianz und Gregorius von Nyssa)* – DuchKult (1986) 18-27

1838 PFLIGERSDORFFER, GEORG *Die Antike in der Sicht christlicher Heilsgeschichte*. In: *Augustino praeceptori* (cf. 1985-87, 328) 1-14

1839 PHANOURGAKIS, B. Ἡ χριστιανικὴ γραμματεία μετὰ τὸ 450. Thessalonike 1986. 288 pp.

1840 PIETRI, C. *Épigraphie et culture. L'évolution de l'éloge funéraire dans les textes de l'Occident chrétien (IIIe-VIe siècles)*. In: *Le trasformazioni della cultura* (cf. 1985-87, 375) I 157-183

1841 PISI, PAOLA *La motivazione protologica della verginità: genesis, phthorá e aphtharsia nei Padri greci*. In: *La tradizione dell'enkrateia* (cf. 1985-87, 374) 625-635

1842 PIZZOLATO, L.F. *La «consolatio» cristiana per la morte nel sec. IV. Riflessioni metodologiche e tematiche* – CCC 6 (1985) 441-474

1843 PODSKALSKY, G. *Die Sicht der Barbarenvölker in der spätgriechischen Patristik (4.-8. Jh.). Zum 1100.-jährigen Todestag des hl. Methodius* – OrChrP 51 (1985) 330-351

1844 PODSKALSKY, GERHARD *La profezia di Daniele (cc. 2 e 7) negli scrittori dell'impero romano d'Oriente*. In: *Popoli e spazio romano* (cf. 1985-87, 331) 309-320

1845 *Polémica entre cristianos y paganos a través de los textos. Problemas existenciales y problemas vivenciales*. Ed. EUSTAQUIO SANCHEZ SALOR. Madrid: AKAL 1986. 486 pp.

1846 PRICOCO, S. *Gorgia e la sofistica nella tradizione latina da Cicerone ai cristiani* – SG 38 (1985) 459-477

1847 QUACQUARELLI, A. *Le nozze eterne nella concezione e nell'iconografia cristiana antica* – VetChr 22 (1985) 5-34

1848 QUACQUARELLI, ANTONIO *Ut rhetorica pictura nella sequenza degli schemi. Una riflessione interdisciplinare fra letteratura cristiana antica e iconologia.* In: *Filologia e forme letterarie* (cf. 1985-87, 263) IV 335-348

1849 RAMSEY, BONIFACE *Two Traditions on Lying and Deception in the Ancient Church* – Thom 49 (1985) 504-533

1850 RAY, ROGER *The Triumph of Greco-Roman Rhetorical Assumptions in Pre-Carolingian Historiography.* In: *The Inheritance of Historiography* (cf. 1985-87, 286) 67-84

1851 REGNAULT, L. *Des Pères toujours vivants* – VS 140 (1986) 183-203

1852 REYDELLET, MARC *La Bible miroir des princes du IVe au VIIe siècle.* In: *Le monde latin antique et la Bible* (cf. 1985-87, 309) 431-453

1853 RIES, J. *Les chrétiens parmi les religions. Des Actes des Apôtres à Vatican II. Première partie: Des Actes des Apôtres au De Civitate Dei de St. Augustin* [Le christianisme et la foi chrétienne. Manuel de Théologie 5]. Paris: Desclée 1984. 479 pp.

1854 RIGGI, C. *Messaggio di feda. Problematiche culturali patristiche e contemporanee.* A cura e con saggio introd. di V. MESSANA [Quad. di presenza culturale Sez. Ric. teol. XXIV]. Caltanissetta: Ed. del Semin. 1986. 98 pp.

1855 RITTER, ADOLF MARTIN *De Polycarpe à Clément. Aux origines d'Alexandrie chrétienne.* In: *Alexandrina* (cf. 1985-87, 200) 151-172

1856 ROBECK, CECIL M. *The role and function of prophetic gifts for the Church at Carthage: AD 202-258* [Diss.]. Fuller Theol. Sem. 1985. 2, XV, 428 pp.

1857 ROBERTS, MICHAEL *Biblical Epic and Rhetorical Paraphrase in Late Antiquity* [ARCA Classical and Medieval Texts, Papers and Monographs 16]. Liverpool: Francis Cairns 1985. X, 253 pp.

1858 ROBERTS, M.J. *The First Sighting Theme in the Old Testament Poetry of Late Antiquity* – IClSt 10 (1985) 139-155

1859 ROHLING, JOSEPH H. *Il Sangue di Cristo nella letteratura latina cristiana prima dell'anno 1000.* 2. ed. Roma: Primavera Missionaria 1986. 220 pp.

1860 ROLDANUS, JOHANNES *Références patristiques au chrétien-étranger dans les trois premiers siècles.* In: *Lectures anciennes de la Bible* (cf. 1985-87, 297) 27-52

1861 SAKO, L.R.M. *Les genres littéraires syriaques dans l'apologétique chrétienne vis-à-vis des musulmans.* In: *IV Symposium Syriacum* (cf. 1985-87, 367) 383-385

1862 SALANITRO, GIOVANNI *Omero, Virgilio e i centoni* – Sileno 13 (1987) 231-240

1863 SANCHEZ, M.D. *La catequesis y la espiritualidad de los Padres en su expresión simbólica* – REspir 44 (1985) 51-77

1864 SANCHEZ SALOR, E. *La oposición rerum actor / rerum scriptor en la historiografía cristiana.* In: *Athlon. Satura grammatica in honorem Francisci Rodríguez Adrados, II* (cf. 1985-87, 211) 807-815

1865 SAVON, HERVÉ *La théorie de la mission dans le christianisme des premiers siècles* – Problèmes d'Histoire du Christianisme (Bruxelles) 17 (1987) 33-50

1866 SAVON, HERVÉ *L'athéisme jugé par les chrétiens des premiers siècles* – Problèmes d'Histoire du Christianisme (Bruxelles) 16 (1986) 11-24

1867 SAXER, VICTOR *La Bible chez les Pères latins du IIIe siècle.* In: *Le monde latin antique et la Bible* (cf. 1985-87, 309) 239-369

1868 SCHÄUBLIN, C. *Konversionen in antiken Dialogen?* In: *Catalepton* (cf. 1985-87, 231) 117-131

1869 SCHLEUSENER-EICHHOLZ, GUDRUN *Das Auge im Mittelalter.* 2 voll. [Münstersche Mittelalter-Schriften 35]. München: Fink 1985. X, 1244 pp.

1870 SCHNEEMELCHER, W. *Dialoge in der alten Kirche.* In: *Les dialogues oecuméniques hier et aujourd'hui* [Etudes théologiques de Chambéry 5]. Chambéry: Centre Orthod. du Patriarchat Oecum. (1985) 57-77

1871 SCHOUWINK, WILFRIED *Der wilde Eber in Gottes Weinberg. Zur Darstellung des Schweins in Literatur und Kunst des Mittelalters* [mit Rückblick vor allem auf die Kirchenväter]. Sigmaringen: Thorbecke 1985. 123 pp.

1872 SCHRECKENBERG, HEINZ *The Work of Josephus and the Early Christian Church.* In: *Josephus, Judaism, and Christianity* (cf. 1985-87, 290) 315-324

1873 SCHREINER, PETER *Cristianesimo e paganesimo nella storiografia bizantina* – Orpheus 8 (1987) 310-321

1874 SCHWARTZ, JACQUES *Tradition et rupture dans l'apologétique chrétienne du Haut Empire* – Ktèma 10 (1985) 43-49

1875 SCOGNAMIGLIO, R. *La Bibbia letta nella tradizione* – Nicolaus 13 (1986) 303-309

1876 SFAMENI GASPARRO, GIULIA *Le motivazioni protologiche dell'enkrateia nel cristianesimo dei primi secoli e nello gnosticismo: osservazioni sulla loro specificità storico-religiosa.* In: *La tradizione dell'enkrateia* (cf. 1985-87, 374) 239-252

1877 SFAMENI GASPARRO, GIULIA *Le motivazioni protologiche dell'enkrateia nel cristianesimo dei primi secoli e nello gnosticismo.* In: *La tradizione dell'enkrateia* (cf. 1985-87, 374) 149-237

1878 SFAMENI GASPARRO, GIULIA *L'educazione all'enkrateia nei Padri del III secolo.* In: *Crescita dell'uomo nella catechesi dei Padri* (cf. 1985-87, 247) 161-180

1879 SIMONETTI, M. *Incontro e scontro fra cristianesimo antico e cultura greca in ambito letterario* – CCC 6 (1985) 119-136

1880 SIMONETTI, MANLIO *La produzione letteraria latina fra Romani e Barbari (sec. V-VIII)* [Sussidi patristici 3]. Roma: Istituto Patristico Augustinianum 1986. 246 pp.

1881 SIMONETTI, MANLIO *Quelques considérations sur l'influence et la destinée de l'Alexandrinisme en Occident.* In: *Alexandrina* (cf. 1985-87, 200) 381-402

1882 SINISCALCO, P. *Il termine «romanus» e i suoi significati in scrittori del V secolo.* In: *Hestíasis* (cf. 1985-87, 279) II 195-221

1883 SINISCALCO, PAOLO *I significati del termine Romanus in scrittori cristiani del V secolo.* In: *Popoli e spazio romano* (cf. 1985-87, 331) 631-647

1884 SMITH, TERENCE V. *Petrine Controversies in Early Christianity. Attitudes Towards Peter in Christian Writings of the First Two Centuries* [WUNT II,15]. Tübingen: J.C.B. Mohr 1985. X, 249 pp.

1885 SOLIN, H. *Petrus, der Fels. Über die Geschichte des Apostelnamens* [in finnischer Sprache] – Teolog. Aikakauskirja (Helsinki) 1985,2 89-96

1886 SPANNEUT, MICHEL *Horreur du sang et non-violence dans l'Église des premiers siècles.* In: *Studia Patristica 18,1* (cf. 1985-87, 360) 71-76

1887 SPEYER, WOLFGANG *Hagel* – RAC 13 (1984/85) Lief. 98/99, 314-328

1888 STAATS, REINHART *Väter der alten Kirche in der Evangelischen Kirche* – Monatshefte für Evangelische Kirchengeschichte des Rheinlandes (Düsseldorf) 34 (1985) 1-18

1889 STANDAERT, B. *Les trois colonnes du monde. Continuités et déplacements dans la tradition juive et chrétienne* – CrSt 7 (1986) 441-449

1890 STANDER, H.F. *A critical study of the patristic sources for the supernatural charisms in the worship of the early Christian church* [Diss.]. Pretoria 1985 [microfilm; cf. DissAbstr 46 (1986) 3023-3024A]

1891 STEAD, CHRISTOPHER *Philosophie und Theologie. Bd. I: Die Zeit der Alten Kirche* [Theologische Wissenschaft 14,4]. Stuttgart: Kohlhammer 1986. 182 pp.

1892 STEHLIKOVA, EVA *Centones christiani as a means of reception* – LFilol 110 (1987) 11-15

1893 STOCKMEIER, PETER *Die Natur im Glaubensbewußtsein der frühen Christen* – MThZ 37 (1986) 149-161

1894 STOCKMEIER, PETER *Weissagung und Wirklichkeit. Aspekte zu einem verdrängten Umgang mit der Geschichte im Christentum* – Gerión 5 (1987) 153-170

1895 STOWERS, STANLEY K. *Letter Writing in Greco-Roman Antiquity* [Library of Early Christianity 5]. Philadelphia, Penna.: Westminster Pr. 1986. 188 pp.

1896 STUHLHOFER, FRANZ *Der Gebrauch der Bibel von Jesus bis Euseb.* Eine statistische Untersuchung zur Kanonsgeschichte. Mit einem Vorwort von RAINER RIESNER [TVG-Monographien und Studienbücher 335]. Wuppertal: R. Brockhaus 1987. 160 pp.

1897 SUERMANN, H. *Einige Bemerkungen zu syrischen Apokalypsen des 7. Jahrhunderts.* In: *IV Symposium Syriacum* (cf. 1985-87, 367) 327-335

1898 SUERMANN, HARALD *Die geschichtstheologische Reaktion auf die einfallenden Muslime in der edessenischen Apokalyptik des 7. Jahrhunderts* [EHTheol Bd. 256]. Frankfurt am Main; Bern; New York: Lang 1985. 254 pp.

1899 TARANGUL, M.S. *Le dernier du monde* – Contacts (Paris) 38 (1986) 108-127

1900 TARVAINEN, OLAVI *Kaksioista kirkkoisää* [Zwölf Kirchenväter]. Helsingfors: Kirjancliö 1986. 214 pp.

1901 TEIXIDOR, JAVIER *L'apôtre marchand d'âmes dans la première littérature syriaque. Voies commerciales et voies de l'Évangile au Proche-Orient.* In: *Apocalypses et voyages dans l'au-delà* (cf. 1985-87, 207) 379-396

1902 TERPENING, R.H. *Charon and the Crossing: Ancient, Medieval and Renaissance Transformation of a Myth.* Lewisburg-London-Toronto: Bucknell University Press-Associated Univ. Presses 1985. 294 pp.

1903 THRAEDE, KLAUS *Abecedarius* – RAC Suppl.-Lief. 1/2 (1985) 11-13

1904 THÜMMEL, H.G. *Zur Tradition des aristotelischen Weltbildes in christlicher Zeit.* In: *Griechenland, Byzanz, Europa* (cf. 1985-87, 276) 73-80

1905 TIMPE, D. *Apologeti cristiani e storia sociale della Chiesa antica* – AFLS 7 (1986) 99-127

1906 TINNEFELD, F. *Selene an der Seite des Helios. Zur Geschichte eines Symbols in der höfischen und theologischen Literatur von Byzanz.* In: *From Late Antiquity to Early Byzantium* (cf. 1985-87, 266) 231-235

1907 TORJESEN, KAREN JO *The New Florilegia: Glazier's Message of the Fathers* – ThSt 47 (1986) 691-698

1908 TRAUTMANN, CATHERINE *Salomé l'incrédule. Récits d'une conversion.* In: *Écritures et traditions dans la littérature copte* (cf. 1985-87, 254) 61-72

1909 TRIACCA, ACHILLE M. *Confessio – professio – celebratio fidei. Pedagogia alla fede.* In: *Crescita dell'uomo nella catechesi dei Padri* (cf. 1985-87, 247) 229-258

1910 TRUZZI, CARLO *Zeno, Gaudenzio e Cromazio. Testi e contenuti della predicazione cristiana per le chiese di Verona, Brescia e Aquileia (360-410 ca.)* [Testi e ric. di Sc. relig. pubbl. a cura dell'Ist. per le Sc. relig. di Bologna 22]. Brescia: Paideia 1985. 349 pp.

1911 TSIRPANLIS, C.N. *Doctrinal «Oikonomia» and Sacramental Koinonia in Greek Patristic Theology and Contemporary Orthodox Ecumenism* – PBR 6 (1987) 31-44

1912 TUILIER, A. *Remarques sur les fraudes des Apollinaristes et des Monophysites. Notes de critique textuelle.* In: *Texte und Textkritik* (cf. 1985-87, 372) 581-590

1913 UDAL'COVA, ZINAIDA *Evoljucija ponjatija istoričeskogo vremeni v trudach rannevizantijskich avtorov (= Die Entwicklung des Begriffs der historischen Zeit in den Schriften der frühbyzantinischen Autoren).* In: *From Late Antiquity to Early Byzantium* (cf. 1985-87, 266) 199-202

1914 VALLÉE, GÉRARD *Une théologie-fiction: la gnose chez quelques Pères de l'Eglise* – CRScR 7 (1986) 167-180

1915 VIARRE, SIMONE *Ovide comme médiateur du baroquisme dans quelques poèmes du haut Moyen Age.* In: *Filologia e forme letterarie* (cf. 1985-87, 263) V 291-304

1916 VIDAL, JOSEP LLUIS *Christiana Vergiliana, I : Vergilius eucharistiae cantor.* In: *Studia Virgiliana* (cf. 1985-87, 361) 207-216

1917 VIDMAN, L. *Nejstarší zprávy mimokřesťanskych autoru o křesťanech (= Vetustissima auctorum non Christianorum de Christianis testimonia)* [mit lat. Zusammenfassung]. In: *Problémy Křesťanství* (cf. 1985-87, 334) 295-306

1918 WERNER, KARL FERDINAND *Les «structures» de l'histoire à l'âge du christianisme* – Storia della storiografia (Milano) (1986) N°10 36-47

1919 WERNER, K.F. *Gott, Herrscher und Historiograph. Der Geschichtsschreiber als Interpret des Wirkens Gottes in der Welt und Ratgeber der Könige (4.-12. Jh.).* In: *Deus qui mutat tempora. Menschen und Institutionen im Wandel des Mittelalters. Festschrift für A. Becker zu seinem fünfundsechzigsten Geburtstag.*

Edd. E.-D. HEHL; H. SEIBERT; F. STAAB. Sigmaringen: Thorbecke (1987) 1-31

1920 WES, M.A. *Gesellschaft und Literatur in der Spätantike* – AncSoc 18 (1987) 173-202

1921 WESCHE, KEN *God: Beyond Gender. Reflections on the Patristic Doctrine of God and Feminist Theology* – StVlThQ 30 (1986) 291-308

1922 WHITTAKER, J. *Studies in Platonism and Patristic Thought.* London: Variorum Reprints 1985.

1923 WILKEN, ROBERT L. *Religious Pluralism and Early Christian Theology* – Interp 40 (1986) 379-391

1924 WILL, WOLFGANG; KLEIN, RICHARD *Hellenen* – RAC 14 (1987) Lief. 107, 375-445

1925 WILLS, LAWRENCE *The form of the sermon in Hellenistic Judaism and early Christianity* – HThR 77 (1984) 277-299

1926 WILSON, N. *Tradizione classica e autori cristiani nel IV-V secolo* – CCC 6 (1985) 137-153

1927 WITEK, FRANZ *Amazonen* – RAC Suppl.-Lief. 1/2 (1985) 289-301

1928 WRIGHT, N. *Knowledge of Christian Latin Poets and Historians in Early Mediaeval Brittany* – ECelt 23 (1986) 163-185

1929 *Wurzeln unseres Glaubens. Glaube in der Bibel und in der Alten Kirche.* Hrsg. von HANS-GEORG LINK. Frankfurt am Main: Lembeck 1985. 124 pp.

1930 ZECCHINI, GIUSEPPE *La conoscenza di Diodoro nel tardoantico* – Aevum 61 (1987) 43-52

1931 ZIEGLER, I. *Iob 14,4-5a als wichtigster Schriftbeweis für die These «Neminem sine sorde et sine peccato esse» (Cyprian, test. 3,54) bei den lateinischen christlichen Schriftstellern* [SAM 1985,3]. München: Beck 1985. 43 pp.

1932 ZILLIACUS, HENRIK *Anredeformen* – RAC Suppl.-Lief. 3;4 (1985/86) 465-497

III.2. Auctores singuli (in ordine alphabetico auctorum)

III.2. Adomnanus Abbas Hiensis

1933 ENRIGHT, M.J. *Royal Succession and Abbatial Prerogative in Adomnán's Vita Columbae* – Peritia 4 (1985) 83-103

1934 HARVEY, A.J.R. *Early Literacy in Ireland: The Evidence from Ogam* – CMCS 14 (1987) 1-15

1935 MACDONALD, A.D.S. *Iona's Style of Government among the Picts and Scots: Toponymic Evidence of Adomnan's Life of Columba* – Peritia 4 (1985) 174-186

III.2. Aeneas Gazaeus

1936 AUFOULAT, NOEL *Le Théophraste d'Énée de Gaza. Problèmes de chronologie* – KoinNapoli 10 (1986) 67-80

1937 AUJOULAT, NOEL *Le De Providentia d'Hiéroclès d'Alexandrie et le Théophraste d'Énée de Gaza* – VigChr 41 (1987) 55-85

1938 MILAZZO, ANTONINO M. *La chiusa del Teofrasto di Enea di Gaza. Il meraviglioso come metafora* – SG 40 (1987) 39-70

III.2. Agapetus Diaconus

1939 FROHNE, R. *Agapetus Diaconus. Untersuchungen zu den Quellen und zur Wirkungsgeschichte des ersten byzantinischen Fürstenspiegels* [Diss.]. Tübingen: Selbstverlag 1985. 271 pp.

1940 FUSCO, FRANCA *Il codice Vind. theol. Gr. 325 della Scheda regia di Agapeto Diacono* – AFLM 19 (1986) 579-605

1941 LETSIOS, D.G. Ἡ Ἔκθεσις κεφαλαίων παραινετικῶν τοῦ Διακόνου Ἀγαπητοῦ. Μία σύνοψη τῆς ἰδεολογίας τῆς ἐποχῆς τοῦ Ἰουστινιανοῦ γιά τό αὐτοκρατορικό ἀξίομα [mit Zusammenfassung in engl. Sprache] – Dodone 14 (1985,1) 175-210

1942 ROMANO, ROBERTO *Retorica e cultura a Bisanzio. Due Fürstenspiegel a confronto* – Vichiana 14 (1985) 299-316

III.2. Agathangelus

1943 ESBROECK, MICHEL VAN *Agathangelos.* Übers. von HEINZ-GERD BRAKMANN – RAC Suppl.-Lief. 1/2 (1985) 239-248

1944 ESBROECK, MICHEL VAN *Iz istorii teksta Agafangela (= Textgeschichte des Agathangelos)* [armenisch mit russischer Zusammenfassung] – Ist.-filol. žurn. (Erewan) (1984) 28-34

III.2. Alexander Alexandrinus

1945 SKARSAUNE, OSKAR *A Neglected Detail in the Creed of Nicaea (325)* – VigChr 41 (1987) 34-54

III.2. Alexander Lycopolitanus

1946 *[Alexander Lycopolitanus] Contre la doctrine de Mani.* Ed., trad., comm. par A. VILLEY [SGM 2]. Paris: Éd. du Cerf 1985. 367 pp.

III.2. Ambrosius Mediolanensis

1947 *[Ambrosius Mediolanensis] Opere esegetiche VIII,1: Commento al Salmo CXVIII (Lettere I-XI).* Introd., trad., note e indici di LUIGI FRANCO PIZZOLATO. Milano: Bibl. Ambrosiana; Roma: Città Nuova 1987. 486 pp.

1948 *[Ambrosius Mediolanensis] Opere esegetiche, VI: Elia e il digiuno, Naboth, Tobia.* Introd., trad., note e indici di FRANCO GORI. Milano: Bibl. Ambrosiana; Roma: Città Nuova 1985. 328 pp.

1949 *[Ambrosius Mediolanensis] Sant'Ambrogio. Discorsi e lettere, I: Le orazioni funebri.* Introd., trad., note e indici di G. BANTERLE. Milano: Biblioteca Ambrosiana; Roma: Città Nuova Ed. 1985. 289 pp.

1950 *[Ambrosius Mediolanensis] St. Ambrose, Bishop of Milan. On virginity.* Transl. by DANIEL CALLAM. Saskatoon, Saskatchewan: Peregrina Publ. Co. 1987. 71 pp.

1951 *[Ambrosius Mediolanensis] Wybór pism.* Wstęp i oprac. J. JUNDZIŁŁ [PSP 35]. Warszawa: Akademia Teologii Katolickiej 1986. 258 pp.

1952 BANTERLE, GABRIELE *Due momenti di crisi nei rapporti tra Teodosio e S. Ambrogio* – AMAV 36 (1984/85) 243-252

1953 BASTERO DE ELEIZALDE, J.-L. *Paralelismo Eva – María en S. Ambrosio de Milán* – EMaria 50 (1985) 71-81

1954 BONATO, ANTONIO *L'idea del sacerdozio in S. Ambrogio* – AugR 27 (1987) 423-464

1955 BUCHHEIT, VINZENZ *Militia Christi und Triumph des Märtyrers (Ambr. Hymn. 10 Bulst-Prud. per. II 1-20).* In: *Kontinuität und Wandel* (cf. 1985-87, 293) 273-289

1956 CAPPONI, FILIPPO *Ambrosiana* [in ital. Sprache mit lat. Zusammenfassung] – KoinNapoli 8 (1984) 183-192

1957 CAPPONI, FILIPPO *Ambrosiana, II* – KoinNapoli 11 (1987) 53-67

1958 CASTRÉN, PAAVO *Kyrkofäderna Ambrosius och Hieronymus och 300-talets sociala tendenser i Italien.* In: *Idékonfrontation under senantiken* (cf. 1985-87, 285) 101-116

1959 DOIGNON, JEAN *Encore Ambroise de Milan, Lactance et la Consolation de Cicéron* – AFLC 6 (1985) [1987] 155-158

1960 FATTORINI, V.; PICENARDI, G. *La riconciliazione in Cipriano di Cartagine (ep. 55) e Ambrogio di Milano (De paenitentia)* – AugR 27 (1987) 377-406

1961 FAUST, ULRICH *Idee und Wirklichkeit des Friedens in den Briefen des Ambrosius.* In: *Anfänge der Theologie* (cf. 1985-87, 202) 227-241

1962 FELICI, LEA *Sangue e remissione dei peccati in sant'Ambrogio*. In: *Sangue e antropologia, V* (cf. 1985-87, 346) II 1157-1178

1963 GORI, F. *Emendazioni ambrosiane, II: De Helia, De Nabuthae, De Tobia* – VetChr 22 (1985) 121-140

1964 GORI, FRANCO *L'aquila di Ezechiele e il volo contemplativo dell'anima platonica nel De virginitate di Ambrogio* – StUrbino B3 59 (1986) 71-82

1965 GRASMÜCK, E.L. *Der Bischof und sein Klerus. Ambrosius von Mailand: De officiis ministrorum*. In: *Kraft der Hoffnung* (cf. 1985-87, 294) 84-97

1966 HAENDLER, G. *Ambrosius und Augustin in der Wiener Edition der Kirchenväter* – ThLZ 110 (1985) 76-78

1967 IACOANGELI, R. *Anima ed eternità nel De Isaac di Sant'Ambrogio*. In: *Morte e immortalità* (cf. 1985-87, 311) 103-137

1968 KAZAKOV, M.M. *Les lettres d'Ambroise de Milan en tant que document d'époque* [in russischer Sprache]. In: *La Dixième conférence des auteurs et lecteurs du Vestnik Drevnej Istorii* (cf. 1985-87, 242) 122-123

1969 KLEIN, RICHARD *Symmachus. Eine tragische Gestalt des ausgehenden Heidentums* [Impulse der Forschung 2]. Darmstadt: Wissenschaftliche Buchgesellschaft 1986. 171 pp.

1970 LIBERA, P. *Zarys antropologii w nauczaniu św. Ambrożego z Mediolanu* [Spunti antropologici nell'insegnamento di Sant'Ambrogio] – SSHT 19/20 (1986/87) 25-40

1971 MARIN, MARCELLO *Bibbia e filologia patristica. Note di lettura, I: Ambr. Nab. 9,43, CSEL 32,2,491,23s. constituite Nabuthae in principem populi* – VetChr 23 (1986) 73-80

1972 MERKELBACH, REINHOLD *Erronum cohors. Zum Hymnus des Ambrosius «Aeterne rerum conditor»* – VigChr 40 (1986) 390-391

1973 NAUROY, G. *La structure du De Isaac vel anima et la cohérence de l'allégorèse d'Ambroise de Milan* – REL 63 (1985) 210-236

1974 NAUROY, GÉRARD *L'Ecriture dans la pastorale d'Ambroise de Milan*. In: *Le monde latin antique et la Bible* (cf. 1985-87, 309) 371-408

1975 NAZZARO, A.V. *Ambrosiana III. Votorum tumultus e funera filiorum (vid. 15,87)*. In: *Hestíasis* (cf. 1985-87, 279) I 291-297

1976 NAZZARO, A.V. *Ambrosiana, V: Il duplice segno di Gedeone* – CCC 6 (1985) 425-439

1977 PAREDI, ANGELO *Sant'Ambrogio. L'uomo e il vescovo*. Milano: Rizzoli 1985. 341 pp.

1978 PIREDDA, A.M. *La veste del figlio prodigo nella tradizione patristica* – Sandalion 8/9 (1985/86) 203-242

1979 RAMIS MIQUEL, G. *La oración «Deus castorum corporum».*
      Teología sobre la virginidad consagrada – EL 100 (1986) 508-561
1980 SAVON, HERVÉ *La première édition critique de la correspon-*
      dance officielle d'Ambroise de Milan – REA 32 (1986) 249-254
1981 SAVON, HERVÉ *L'ordre et l'unité du De interpellatione Iob et*
      Dauid de saint Ambroise – Latomus 46 (1987) 338-355
1982 SERRA ZANETTI, PAOLO *Cispadana e letteratura della tarda*
      antichità, I: Note ambrosiane. In: *Cispadana e letteratura antica.*
      Atti del convegno di studi tenuto ad Imola nel maggio 1986
      [Deput. di storia patria per le prov. di Romagna Docum. e studi
      21]. Bologna: Deput. di storia patria (1987) 189-203
1983 STEIDLE, W. *Beobachtungen zum Gedankengang im 2. Buch von*
      Ambrosius, De officiis – VigChr 39 (1985) 280-298
1984 TESTARD, M. *Observations sur la rhétorique d'une harangue au*
      peuple dans le Sermo contra Auxentium de saint Ambroise – REL
      63 (1985) 193-209
1985 TSCHANG, IN-SAN BERNHARD *Octo beatitudines. Die acht*
      Seligpreisungen als Stufenleiter der Seele bei Ambrosius [Diss.].
      Bonn: 1986. XXXV, 351 pp.
1986 VISMARA, GIULIO *Ancora sulla episcopalis audientia. Ambrogio*
      arbitro o giudice [mit lateinischer Zusammenfassung] – SDHI 53
      (1987) 53-73
1987 WIEDEMANN, T. *An early Irish eunuch?* – LCM 11 (1986)
      139-140
1988 WYTZES, J. *Ambrosius en de Joden* – KT 37 (1986) 2-20
1989 ZELZER, MICHAELA *Ambrosius von Mailand und das Erbe der*
      klassischen Tradition – WSt 100 (1987) 201-226

III.2. Pseudo-Ambrosius Mediolanensis

1990 *[Pseudo-Ambrosius Mediolanensis] Commento alla lettera ai Ga-*
      lati. Trad., introd. e note a cura di LUIGI FATICA [CTP 61].
      Roma: Città Nuova Ed. 1986. 138 pp.
1991 CHAPA, J. *El comentario de Ambrosiaster a las Epístolas de San*
      Pablo. In: *Excerpta e dissertationibus in Sacra Theologia, X.*
      Pamplona: Eunsa (1986) 9-93
1992 FATICA, L. *L'Ambrosiaster: l'esegesi nei commentari alle Epistole*
      ai Corinzi – VetChr 24 (1987) 269-292
1993 NUVOLONE, FLAVIO G. *Il Sermo pastoralis pseudoambrosiano*
      e il Sermo Girberti philosophi papae urbis Romae qui cognomina-
      tus est Silvester de informatione Episcoporum. Riflessioni. In:
      Gerberto. Scienza, storia e mito. Atti del Gerberti Symposium
      (Bobbio 25-27 luglio 1983) [Archivum Bobiense Studia 2]. Bobbio:
      Ed. degli Amici di San Colombano (1985) 379-565

1994 SPELLER, LYDIA A. *A Note on Eusebius of Vercelli and the Council of Milan* – JThS 36 (1985) 157-165
1995 STUIBER, ALFRED (†) *Ambrosiaster* – RAC Suppl.-Lief. 1/2 (1985) 301-310

III.2. Ammon Episcopus

1996 GOEHRING, JAMES E. *The Letter of Ammon and Pachomian Monasticism* [PTS 27]. Berlin; New York: de Gruyter 1986. XII, 307 pp.

III.2. Amphilochius Iconiensis

1997 DROBNER, HUBERTUS R. *Bibliographia Amphilochiana. Teil 1* – ThGl 77 (1987) 14-35
1998 THIERRY, J.J. *Doxologies in Amphilochius*. In: *Texte und Textkritik* (cf. 1985-87, 372) 567-572

III.2. Anastasius I. Antiochenus

1999 WEISS, G. *Die Edition der Werke des Patriarchen Anastasius I. von Antiochien*. In: *Texte und Textkritik* (cf. 1985-87, 372) 595-597

III.2. Anastasius Sinaita

2000 *[Anastasius Sinaita] Anastasii Sinaitae Sermones duo in constitutionem hominis secundum imaginem Dei necnon Opuscula adversus monotheletas*. Ed. K.-H. UTHEMANN [CChr Series Graeca 12]. Turnhout: Brepols 1985. CLVIII, 202 pp.
2001 GRIFFITH, SIDNEY H. *Anastasios of Sinai, the Hodegos and the Muslims* – GrOrthThR 32 (1987) 341-358
2002 UTHEMANN, KARL-HEINZ *Sprache und Sein bei Anastasios Sinaites. Eine Semantik im Dienst der Kontroverstheologie*. In: *Studia Patristica 18,1* (cf. 1985-87, 360) 221-231

III.2. Andreas Cretensis

2003 *[Andreas Cretensis] Andrea di Creta. Omelie mariane*. Trad., introd. e note a cura di VITTORIO FAZZO [CTP 63]. Roma: Città Nuova Ed. 1987. 202 pp.
2004 BIRDSALL, J. NEVILLE *Homilies ascribed to Andreas Cretensis in MS. Halensis A 119*. In: *Texte und Textkritik* (cf. 1985-87, 372) 49-51
2005 DETORAKIS, THEOCHARIS *Le vocabulaire d'André de Crète. Mots non thésaurisés par G.W.H. Lampe* – JÖB 36 (1986) 45-60

2006 LEQUEUX, M. *Saint André de Crète: Septième Discours. Pour la Transfiguration de Notre Seigneur Christ* – Contacts (Paris) 37 (1985) 39-55

III.2. Antonius Eremita

2007 ROUSSEAU, P. *The Desert Father, Antony and Pachomius.* In: *The Study of Spirituality* (cf. 1985-87, 364) 119-130

2008 RUBENSON, SAMUEL *The Arabic version of Antony's Letters.* In: *Actes du deuxième congrès international d'études arabes chrétiennes* (cf. 1985-87, 192) 19-29

III.2. Aphraates

2009 CORBETT, JOHN H. *The Tradition in Aphrahat.* In: *IV Symposium Syriacum* (cf. 1985-87, 367) 13-32

2010 VÖÖBUS, ARTHUR *Aphrahat* – RAC Suppl.-Lief. 4 (1986) 497-506

2011 WOZNIAK, J. *Afrahats Metapherverständnis im Lichte der Theorie von Black und Reinhardt.* In: *IV Symposium Syriacum* (cf. 1985-87, 367) 275-287

2012 YOUSIF, B.; SAMIR, K. *La version arabe de la troisième démonstration d'Aphrahat (sur le jeûne).* In: *Actes du deuxième congrès international d'études arabes chrétiennes* (cf. 1985-87, 192) 31-66

III.2. Apollinarius Laodicensis

2013 GRIGORIAN, MESROP G. *Fragmente des Apollinaris in der armenischen theologischen Literatur* [in armenischer Sprache] – HA 101 (1987) 243-279

2014 MÜHLENBERG, EKKEHARD *Apollinaris von Laodicea und die origenistische Tradition* – ZNW 76 (1985) 270-283

III.2. Aponius

2015 *[Aponius] Apponii In Canticum Canticorum expositio.* Edd. B. DE VRÉGILLE; L. NEYSTRAND [CChr Series Latina 19]. Turnhout: Brepols 1986. CXX, 537 pp.

2016 DIDONE, M. *L'Explanatio di Apponio in relazione all'Expositio di Beda ed alle Enarrationes in Cantica di Angelomus* – CCC 7 (1986) 77-119

2017 FRANK, KARL SUSO, OFM *Aponius, In Canticum Canticorum explanatio* – VigChr 39 (1985) 370-383

2018 VRÉGILLE, B. DE *Autour du manuscrit 77 de Sélestat* – Annuaire des amis de la Bibliothèque de Sélestat 35 (1985) 176-182

2019 WITEK, FRANZ *Aponius* – RAC Suppl.-Lief. 4 (1986) 506-514

III.2. Apophthegmata Patrum

2020 *[Apophthegmata Patrum] Apoftegmaty Ojców Pustyni.* 2 voll. Ed. MAREK STAROWIEYSKI [PSP 33]. Warszawa: Akademia Teologii Katolickiej 1986. 292; 278 pp.

2021 *[Apophthegmata Patrum] Apogtegmas de los Padres del desierto* [Ichthys 2]. Salamanca: Ediciones Sígueme 1986. 206 pp.

2022 *[Apophthegmata Patrum] Detti inediti dei Padri del deserto.* Introd., trad. e note di LISA CREMASCHI. Magnano: Ed. Qiqajon 1986. 324 pp.

2023 *[Apophthegmata Patrum] Geronticon.* Ed. VICTEO ARRAS [CSCO 476/477: Scriptores Aethiopici 79/80]. Leuven: Peeters 1986. VI, 369; VIII, 252 pp.

2024 *[Apophthegmata Patrum] Les sentences des Pères du désert. Série des anonymes.* Trad. et prés. par L. REGNAULT [Spiritualité orient. 43]. Bégrolles-en-Mauges: Abbaye de Bellefontaine 1985. 367 pp.

2025 *[Apophthegmata Patrum] Los Dichos de los Padres del Desierto. Colección alfabética de los apotegmas.* Traducción e introducción de M. DE ELIZALDE. Buenos Aires: Ediciones Paulinas 1986. 270 pp.

2026 *[Apophthegmata Patrum] The wisdom of the Desert Fathers.* Systematic sayings from the anonymous series of the Apophthegmata Patrum. Translated with an introduction by BENEDICTA WARD. Foreword by ANTHONY BLOOM. New ed. Oxford: SLG Press 1986. XV, 66 pp.

2027 *[Apophthegmata Patrum] Weisheit aus der Wüste. Worte der frühen Christen.* Hrsg. von G. HEINZ-MOHR. Köln: Diederichs 1985. 128 pp.

2028 BREMOND, H. *Les Pères du Désert* – VS 140 (1986) 148-166

2029 DEVOS, PAUL *Nouveaux Apophthegmes en copte* – AB 104 (1986) 232-235

2030 DEVOS, PAUL *Olympios des Kellia et saint François d'Assise* – AB 103 (1985) 233-242

2031 GOULD, G. *A note on the Apophthegmata Patrum* – JThS 37 (1986) 133-138

2032 LELOIR, L. *L'édition des collections arméniennes des apophthegmes et leur base manuscrite.* In: *Texte und Textkritik* (cf. 1985-87, 372) 325-326

2033 LELOIR, LOUIS *Le message des Pères du Désert jadis et aujourd'-hui* – ColCist 49 (1987) 38-62

2034 LOUF, A. *La paternité spirituelle dans la littérature du Désert* – VS 140 (1986) 148-166

2035 PRAYS, M. VAN *Les paroles des anciens. Leur actualité dans le monde d'aujourd'hui* – VS 140 (1986) 204-219

2036 REGNAULT, LUCIEN *Les Pères du désert à travers leurs apophthegmes.* Sablé-sur-Sarthe: Éd. de Solesmes 1987. 236 pp.

2037 SAUGET, JOSEPH-MARIE *Une traduction arabe de la collection d'Apophthegmata Patrum de ʿEnānīšōʿ: étude du ms. Paris arabe 253 et des témoins parallèles* [CSCO 495: Subsidia 78]. Leuven: Peeters 1987. 203 pp.

2038 STEWART, COLUMBA *The Portrayal of Women in the Sayings and Stories of the Desert* – VBen 2 (1985) 5-23

2039 STEWART, COLUMBA *The World of the Desert Fathers.* Oxford: SLG Pr. 1986. XVII, 46 pp.

2040 TAFT, ROBERT FRANCIS, SJ *A pilgrimage to the origins of religious life: the fathers of the desert today* – AmBenR 36 (1985) 113-142

2041 WARD, BENEDICTA, SLG *Apophthegmata Matrum.* In: *Studia Patristica 16* (cf. 1985-87, 359) 63-66

III.2. Arator

2042 *[Arator] Arator's On the Acts of the Apostles (De Actibus Apostolorum).* Ed. and transl. by RICHARD J. SCHRADER [Classics in Religious Studies 6]. Atlanta, Ga.: Scholars Pr. 1987. 104 pp.

2043 ANGELUCCI, PAOLO *I modelli classici di Aratore. Per una tipologia dei rapporti poeta/fonte* – BStudLat 15 (1985) 40-50

2044 THRAEDE, KLAUS *Arator* – RAC Suppl.-Lief. 4 (1986) 553-573

III.2. Aristides

2045 ALPIGIANO, C. *L'Apologia di Aristide e la tradizione papiracea* – CCC 7 (1986) 333-357

2046 ALVES DE SOUSA, PIO GONCALO *Oração de Sapiência na abertura do ano acadêmico 1985/86 dos Seminários Arquidiocesanos* – ThBraga 20 (1985) 3-11

2047 ESSIG, KLAUS-GUNTHER *Erwägungen zum geschichtlichen Ort der Apologie des Aristides* – ZKG 97 (1986) 163-188

III.2. Arius

2048 KANNENGIESSER, CHARLES, SJ *Athanasius of Alexandria vs. Arius. The Alexandrian Crisis.* In: *The Roots of Egyptian Christianity* (cf. 1985-87, 343) 204-215

2049 NORDERVAL, ØYVIND *Arius redivivus? Tendenser innenfor Arius-forskningen* – NTT 86 (1985) 79-90

2050 STEAD, C. *Arius on God's 'many words'* – JThS 36 (1985) 153-157
2051 WILLIAMS, R.D. *The Quest of the historical Thalia.* In: *Arianism* (cf. 1985-87, 209) 1-35
2052 WILLIAMS, ROWAN *Arius. Heresy and tradition.* London : Darton, Longman and Todd 1987. XI, 348 pp.

III.2. Arnobius Maior

2053 AMATA, BIAGIO *Destino finale dell'uomo nell'opera di Arnobio di Sicca.* In: *Morte e immortalità* (cf. 1985-87, 311) 47-62
2054 AMATA, BIAGIO *La cristologia di Arnobio il Vecchio* – Bessarione 5 (1986) 55-94
2055 DUVAL, YVES-MARIE *Sur la biographie et les manuscrits d'Arnobe de Sicca. Les informations de Jérôme, leur sens et leurs sources possibles* – Latomus 45 (1986) 69-99
2056 GAISER, K. *Il paragone della caverna. Variazioni da Platone a oggi* [Mem. Ist. ital. per gli Studi filos. 13]. Napoli: Bibliopolis 1985. 97 pp.
2057 GIERLICH, GABRIELE *Arnobius von Sicca. Kommentar zu den ersten beiden Büchern seines Werkes Adversus nationes* [Diss.]. Mainz 1985. 415 pp.
2058 LAURENTI, RENATO *Spunti di teologia arnobiana* – Orpheus 6 (1985) 270-303
2059 LE BONNIEC, H. *Un témoignage d'Arnobe sur la cuisine du sacrifice romain* – REL 63 (1985) 183-192
2060 SANTINI, C. *Il lessico della spartizione nel sacrificio romano* – L'Uomo (Roma; Pisa) 9, 1-2 (1985) 63-73

III.2. Arnobius Minor

2061 RALLO FRENI, R.A. *Arnobio il Giovane, fonte di Cassiodoro.* In: *Settimana su Cassiodoro* (cf. 1985-87, 215) 421-433

III.2. Asterius Amasenus

2062 SPEYER, WOLFGANG *Asterios von Amaseia* – RAC Suppl.-Lief. 4 (1986) 626-639
2063 VASEY, V. *The Social Ideas of Asterius of Amasea* – AugR 26 (1986) 413-436

III.2. Asterius Sophista

2064 CICCARESE, MARIA PIA *Un retore esegeta: Asterio il Sofista nell'om. 13 sul Salmo 7* – AnSEse 2 (1985) 59-69

2065 WILES, M.F.; GREGG, R.C. *Asterius: A New Chapter in the History of Arianism?* In: *Arianism* (cf. 1985-87, 209) 111-151

III.2. Athanasius Alexandrinus

2066 [*Athanasius Alexandrinus*] *Atanasio. Lettere a Serapione lo Spirito Santo*. Traduzione, introduzione e note a cura di E. CATTANEO. Roma: Città nuova editr. 1986. 188 pp.

2067 [*Athanasius Alexandrinus*] *Athanase d'Alexandrie. Deux Apologies: A l'empereur Constance. Pour sa fuite*. Introd., texte critique, trad. et notes par JAN M. SZYMUSIAK [SC 56,2]. Paris: Éd. du Cerf 1987. 265 pp.

2068 [*Athanasius Alexandrinus*] *Athanasius. Vita Antonii*. Hrsg. u. mit e. Einl. vers. von ADOLF GOTTFRIED. Übers. von HEINRICH PRZYBYLA. Leipzig: St.-Benno-Verlag 1986; Graz: Styria-Verlag 1987. 119 pp.

2069 [*Athanasius Alexandrinus*] *Der zehnte Osterfestbrief des Athanasius von Alexandrien*. Text, Übersetzung und Erläuterungen von RUDOLF LORENZ [ZNW Beiheft 49]. Berlin; New York: de Gruyter 1986. 95 pp.

2070 [*Athanasius Alexandrinus*] *Histoire «acéphale» et index syriaque des lettres festales d'Athanase d'Alexandrie*. Introd., texte critique, trad. et notes par ANNIK MARTIN, avec la collab. pour l'éd. et la trad. du texte syriaque de MICHELINE ALBERT [SC 317]. Paris: Éd. du Cerf 1985. 378 pp.

2071 BARNARD, L.W. *Edward Gibbon on Athanasius*. In: *Arianism* (cf. 1985-87, 209) 361-370

2072 BARTELINK, G.J.M. *Eine Reminiszenz aus Platons Timaeus in der Vita Antonii* – Mn 40 (1987) 150

2073 BEBAWI, GEORGE *St. Athanasios: the dynamics of Salvation* – Sob 8,2 (1986) 24-41

2074 BERTRAM, ROBERT W. *Don't Confuse Athanasius – Or God* – Currents in Theology and Mission (Saint Louis, Mo.) 14 (1987) 200-244

2075 BLAISING, CRAIG ALAN *Athanasius of Alexandria. Studies in the theological contents and structure of the Contra Arianos, with special reference to method* [Diss.]. University of Aberdeen 1987. 481 pp. [microfilm; cf. summary in DissAbstr 50 (1989) 468A]

2076 BRENNAN, BRIAN *Athanasius' Vita Antonii. A sociological interpretation* – VigChr 39 (1985) 209-227

2077 CAMPLANI, ALBERTO *Sulla cronologia delle Lettere festali di Atanasio: La proposta di R. Lorenz* – AugR 27 (1987) 617-628

2078 CHADWICK, HENRY *Les deux Traités contre Apollinaire attribués à Athanase*. In: *Alexandrina* (cf. 1985-87, 200) 247-260

2079   CUNNINGHAM, AGNES *Athanasius gegen die griechische Weisheit* – IKaZComm 16 (1987) 491-494

2080   DRAGAS, GEORGE DION *Ἐνανθρώπησις, or ἐγένετο ἄνθρωπος. A neglected aspect of Athanasius' Christology*. In: *Studia Patristica 16* (cf. 1985-87, 359) 281-294

2081   DRAGAS, GEORGE DION *The ὁμοούσιον in Athanasius' Contra Apollinarem I*. In: *Arianism* (cf. 1985-87, 209) 233-242

2082   ESBROECK, MICHEL VAN *Athanase déguisé en Pseudo-Denys dans le Tonakan* – REArm 20 (1986/87) 167-173

2083   FERGUSON, E. *Athanasius' «Epistola ad Marcellinum in interpretationem Psalmorum»*. In: *Studia Patristica 16* (cf. 1985-87, 359) 295-308

2084   GIRARDI, MARIO *Sangue prezioso di Cristo, sangue dei cristiani in Atanasio di Alessandria*. In: *Sangue e antropologia*, V (cf. 1985-87, 346) II 1069-1091

2085   HALL, S.G. *The Thalia of Arius in Athanasius' Accounts*. In: *Arianism* (cf. 1985-87, 209) 37-58

2086   HART, ADDISON *An Underlying Theology for Christian Holiness in Athanasius's 'On the Incarnation of the Word'* – Anvil (Bristol) 4 (1987) 51-58

2087   KALOGEROPOULOU-METALLENOU, B. *«Ἡ αἵρεση καί ἡ ἀντιμετώπισή της» (μέ βάση τούς Λόγους «Κατά Ἀρειανῶν» τοῦ Μ. Ἀθανασίου)* – KoinAthen (1987) 183-208

2088   KANNENGIESSER, CHARLES, SJ *A propos du témoin syriaque (Cod. Vatic. syr. 104) du traité Περὶ τῆς ἐνανθρωπήσεως τοῦ Λόγου d'Athanase d'Alexandrie*. In: *Texte und Textkritik* (cf. 1985-87, 372) 283-286

2089   KANNENGIESSER, CHARLES, SJ *Athanasius von Alexandrien in heutiger Sicht* – ZKTh 109 (1987) 276-293

2090   KANNENGIESSER, CHARLES, SJ *L'énigme de la Lettre du philosophe Maxime d'Athanase d'Alexandrie*. In: *Alexandrina* (cf. 1985-87, 200) 261-276

2091   KANNENGIESSER, CHARLES, SJ *Literarische Leistung und geistiges Erbe des Athanasius von Alexandrien in heutiger Sicht* – WSt 100 (1987) 155-173

2092   KANNENGIESSER, CHARLES, SJ *The Blasphemies of Arius: Athanasius of Alexandria, De synodis 15*. In: *Arianism* (cf. 1985-87, 209) 59-78

2093   LOUTH, A. *Athanasius' Understanding of the Humanity of Christ*. In: *Studia Patristica 16* (cf. 1985-87, 359) 309-318

2094   MOUTSOULAS, E. *Le problème de la date des Trois Discours contre les Ariens d'Athanase d'Alexandrie*. In: *Studia Patristica 16* (cf. 1985-87, 359) 324-341

2095 PETTERSEN, A. *Did Athanasius Deny Christ's Fear?* – SJTh 39 (1986) 327-340

2096 PETTERSEN, A. *The Courage of Christ in the Theology of Athanasius* – SJTh 40 (1987) 363-378

2097 PETTERSEN, A.L. *The Questioning Jesus in Athanasius' Contra Arianos III.* In: *Arianism* (cf. 1985-87, 209) 243-255

2098 RIALL, ROBERT A. *Augustamnica in the Athanasian Festal Letter Index* – ZNW 78 (1987) 302-305

2099 RIALL, ROBERT ARCHIE *Athanasius Bishop of Alexandria. The politics of spirituality* [Diss.]. Cincinnati, O.: Univ. of Cincinnati 1987. 439 pp. [microfilm]

2100 RUSCH, W.G. *Some comments on Athanasius' Contra Arianos I,3.* In: *Arianism* (cf. 1985-87, 209) 223-232

2101 SANSBURY, C.J. *Athanasius, Marcellus, and Eusebius of Caesarea: Some Thoughts on their Resemblances and Disagreements.* In: *Arianism* (cf. 1985-87, 209) 281-286

2102 SLUSSER, M. *Athanasius, Contra Gentes and De Incarnatione: Place and Date of Composition* – JThS 37 (1986) 114-117

2103 STEAD, G.C. *St. Athanasius on the Psalms* – VigChr 39 (1985) 65-78

2104 STRANGE, C.R. *Athanasius on Divinization.* In: *Studia Patristica 16* (cf. 1985-87, 359) 342-346

2105 TELEPNEFF, G.; THORNTON, J. *Arian Transcendence and the Notion of Theosis in Saint Athanasios* – GrOrthThR 32 (1987) 271-277

2106 TORJESEN, K.J. *The Teaching Function of the Logos: Athanasius, De Incarnatione XX-XXXII.* In: *Arianism* (cf. 1985-87, 209) 213-221

2107 VALČANOV, S. *Sv. Atanassij Veliki – stălb na Pravoskavieto (= Der hl. Athanasius der Große als Pfeiler der Orthodoxie)* – CărkV (1985) 1-2

2108 WARMINGTON, B.H. *Did Athanasius Write History?* In: *The Inheritance of Historiography* (cf. 1985-87, 286) 7-16

III.2. Pseudo-Athanasius Alexandrinus

2109 DRAGAS, GEORGE DION *Athanasius, Contra Apollinarem (The Questions of Authorship and Christology)* [Church and Theology 6]. Athens 1985. 632 pp.

2110 HERON, A. *The Pseudo-Athanasian Works De trinitate et spiritu sancto and the De incarnatione et contra Arianos: a Comparison.* In: *Aksum-Thyateira* (cf. 1985-87, 199) 281-298

2111 HÜBNER, REINHARD M. *Ps.-Athanasius, Contra Sabellianos. Eine Schrift des Basilius von Caesarea oder des Apolinarius von Laodicea?* – VigChr 41 (1987) 386-395

2112 PARENTE, F. *Πτολεμαϊκά. Alcune osservazioni sul canone della Chiesa greca e sulla tradizione del testo di Flavio Giuseppe.* In: *Studi in onore di Edda Bresciani.* Pubbl. a cura di S.F. BONDI; S. PERNIGOTTI; F. SERRA; A. VIVIAN [EVO 8,1]. Pisa: Giardini (1985) 385-393

III.2. Athenagoras

2113 BARTELINK, G.J.M. *Athenagoras.* In: *Twee Apologeten uit het vroege Christendom* (cf. 1985-87, 1653) 103-163

2114 BURINI, CLARA *Un progetto culturale nella Supplica di Atenagora.* In: *Crescita dell'uomo nella catechesi dei Padri* (cf. 1985-87, 247) 41-49

2115 JONES, C.P. *Neryllinus* – ClPh 80 (1985) 40-45

2116 MARCOVICH, MIROSLAV *The transmission of Tatian and Athenagoras.* In: *Le strade del testo* (cf. 1985-87, 356) 125-137

2117 POUDERON, B. *L'authenticité du traité sur la résurrection attribué à l'apologiste Athénagore* – VigChr 40 (1986) 226-244

2118 POUDERON, B. *Public et adversaires du Traité sur la résurrection d'Athénagore d' Athènes* – VetChr 24 (1987) 315-336

III.2. Aurelius Augustinus

2119 *[Aurelius Augustinus] «We are your servants»: Augustine's homilies on ministry.* Transl. AUDREY FELLOWES. Ed. by JOHN E. ROTELLE, OSA. Villanova, Penna.: Augustinian Pr. 1986. IX, 155 pp.

2120 *[Aurelius Augustinus] Augustin: Om Guds Stad, 6.-10. bog.* Oversættelse med indledning og noter ved BENT DALSGAARD LARSEN [Bibel og historie 9]. København: G.E.C. Gad 1986. 307 pp.

2121 *[Aurelius Augustinus] Augustine. De fide et symbolo.* Introd., transl., comm. by E.P. MEIJERING. Amsterdam: Gieben 1987. 197 pp.

2122 *[Aurelius Augustinus] Augustinus. Unteilbar ist die Liebe. Predigten des heiligen Augustinus über den ersten Johannesbrief.* Eingel. und übers. von HERMENEGILD A. BIEDERMANN [Augustinus – heute 5]. Würzburg: Augustinus-Verlag 1986. 177 pp.

2123 *[Aurelius Augustinus] Aurelio Agostino, I principii della dialettica.* Testo latino e traduzione italiana con introduzione e commento di M.BALDASSARI [Quaderni del Liceo Classico Statale A. Volta 3]. Como: Libreria Noseda 1985. 93 pp.

2124 *[Aurelius Augustinus] Aurelius Augustinus. Belijdenissen.* Vertaald en ingeleid door GERARD WIJDEVELD. Baarn: Ambo; Amsterdam: Athenaeum; Polak & Van Gennep 1985. 373 pp.

2125 *[Aurelius Augustinus] Comentarios de San Agustín a las lecturas litúrgicas (N.T.).* Selección de textos e introducción por PIO DE LUIS, 2 voll. Valladolid: Estudio Agustiniano 1986. 1592 pp.

2126 *[Aurelius Augustinus] Commento ai Salmi di lode.* Introd., trad. e note a cura di C. BORGOGNO [LCO Testi 26]. Milano: Ed. Paoline 1986. 350 pp.

2127 *[Aurelius Augustinus] De libero arbitrio libri tres. Il De libero arbitrio di S. Agostino.* Studio introd., testo e comm. di FRANCO DE CAPITANI [Pubblicazioni del Centro di Ricerche di Metafisica del Università del Sacro Cuore]. Milano: Vita e Pensiero 1987. 544 pp.

2128 *[Aurelius Augustinus] Della fede in ciò che non si vede (De fide rerum quae non videntur).* In: *Luca: Sant'Agostino* (cf. 1985-87, 2527) 343-461

2129 *[Aurelius Augustinus] Die Bekenntnisse.* Übertragung, Einleitung und Anmerkungen von H.U. VON BALTHASAR [ChrM 25]. Einsiedeln: Johannes-Verlag 1985. 388 pp.

2130 *[Aurelius Augustinus] Die Unruhe zu Gott. Gesammelte Texte.* Ausgew.,übers. und eingel. von OTTO KARRER [Meister des Glaubens]. Würzburg: Echter- Verlag 1987. 189 pp.

2131 *[Aurelius Augustinus] Epístola 211: La «Obiurgatio» de san Agustín.* Introducción y texto por E. CONTRERAS – CuadMon 22 (1987) 496-498

2132 *[Aurelius Augustinus] La prima istruzione cristiana (De catechizandis rudibus).* In: *Luca: Sant'Agostino* (cf. 1985-87, 2527) 263-342

2133 *[Aurelius Augustinus] La regla de san Agustín.* Introducción y traducción de E. CONTRERAS – CuadMon 22 (1987) 115-137

2134 *[Aurelius Augustinus] La Regola di Agostino d'Ippona.* Introd., trad. e comm. di T.J. VAN BAVEL [Coll. Quaerere Deum 3]. Palermo: Ed. Augustinus 1986. 133 pp.

2135 *[Aurelius Augustinus] La Trinité.* Trad. par J.M. LAMARRE [Textes et contextes]. Paris: Magnard 1985. 125 pp.

2136 *[Aurelius Augustinus] La vera religione.* A cura di A. LAMACCHIA. Traduzione, introduzione, annotazioni a cura di P. PORRO. Bari: Adriatica Ed. 1986. 203 pp.

2137 *[Aurelius Augustinus] Las Confesiones.* Trad. de J. GARCIA SANCHEZ. Madrid: Centro de Estud. Teológ. 1986. 400 pp.

2138 *[Aurelius Augustinus] Le Confessioni.* Introd., trad. e note a cura di ALDO LANDI. 4a ed.riv. Torino: Ed. Paoline 1987. 475 pp.

2139 *[Aurelius Augustinus] Le Confessioni.* Trad., introd. e note a cura di C. CARENA. Roma: Città Nuova 1987. 434 pp.

2140 *[Aurelius Augustinus] Le confessioni di Agostino d' Ippona, Libri X – XIII.* Commento di AIMÉ SOLIGNAC, EUGENIO CORSINI, JEAN PÉPIN, ALBERTO DI GIOVANNI [Lectio Augustini, Settimana agostiniana pavese 4]. Palermo: Ed. Augustinus 1987. 114 pp.

2141 *[Aurelius Augustinus] Le confessioni di Agostino d'Ippona: Libri VI-IX.* Commento di JOSÉ M. RODRIGUEZ, GOULVEN MADEC, MARIA GRAZIA MARA, PAOLO SINISCALCO [Lectio Augustini, Settimana agostiniana pavese 3]. Palermo: Ed.Augustinus 1985. 112 pp.

2142 *[Aurelius Augustinus] Les plus beaux sermons de saint Augustin.* Réunis et trad. par G. HUMEAU. Nouvelle édition avec introduction de J.-P. BOUHOT. Paris: Ét. Augustiniennes 1986. 295, 391, 436 pp.

2143 *[Aurelius Augustinus] Luisteren naar Sint Augustinus.* Preken voor het liturgisch jaar, uit het latijn vertaald door F. VROMEN en ingeleid door T.J. VAN BAVEL [Kerkvaderteksten met commentaar 7]. Bonheiden (B.): Abdij Bethlehem; Brugge: Tabor. 160 pp.

2144 *[Aurelius Augustinus] œuvres 46B: Lettres *1-*29.* Nouv. éd. du texte critique et introd. par JOHANNES DIVJAK, trad. et comm. par divers auteurs [BAug]. Paris: Desclée de Brouwer 1987. 666 pp.

2145 *[Aurelius Augustinus] œuvres 4: Dialogues philosophiques, 1: De beata vita. La vie heureuse.* Introduction, texte critique, traduction, notes par J. DOIGNON [BAug]. Paris: Desclée de Brouwer 1986. 170 pp.

2146 *[Aurelius Augustinus] Ordo Monasterii – San Agustín.* Introducción y notas de E. CONTRERAS. Traducción de M.E. SUAREZ – CuadMon 22 (1987) 486-494

2147 *[Aurelius Augustinus] S. Agostino d'Ippona. La Vergine Maria.* Pagine scelte a cura di MICHELE PELLEGRINO [Letture cristiane del primo millennio 2]. Milano: Ed. Paoline 1987. 123 pp.

2148 *[Aurelius Augustinus] S. Aurelii Augustini Contra adversarium Legis et Prophetarum. Consultatio sive Commonitorium Orosii de errore Priscillianistarum et Origenistarum. S. Aurelii Augustini Contra Priscillianistas et Origenistas.* Ed. K.D. DAUR [CChr Series Latina 49]. Turnhout: Brepols 1985. 217 pp.

2149 *[Aurelius Augustinus] Saint Augustin commente la première lettre de saint Jean.* Introd. par I. DE LA POTTERIE; A.G. HAMMAN. Trad. des Soeurs Carmélites de Mazille [Les Pères dans la foi]. Paris: Desclée de Brouwer 1986. 207 pp.

2150 *[Aurelius Augustinus] San Agustín. Confesiones.* Edición especial por iniciativa de la Organización de Agustinos de América Latina. Iquitos (Perú): CETA 1986. 372 pp.

2151 *[Aurelius Augustinus] San Agustín. Confesiones.* Introducción de G. VIETTI y traducción de A. BRAMBILLA. Buenos Aires: Ediciones Paulinas 1986. 327 pp.

2152 *[Aurelius Augustinus] San Agustín. Confesiones.* Versión adaptada a Latinoamérica bajo la dirección de J. GARCIA, según la traducción de J. COSGAYA. Iquitos (Perú): CETA 1987. XXXIX, 371 pp.

2153 *[Aurelius Augustinus] San Agustín. Confesiones.* Traducción de JOSÉ COSGAYA [BAC Minor 70]. Madrid: Editorial Católica 1986. 506 pp.

2154 *[Aurelius Augustinus] San Agustín. Las Confesiones.* Traducción de P.A. URBINA. 7a. edición. Madrid: Ed. Palabra 1986. 238 pp.

2155 *[Aurelius Augustinus] San Agustín. Las Confesiones.* Traducción de O. GARCIA DE LA FUENTE. Madrid: AKAL 1986. 385 pp.

2156 *[Aurelius Augustinus] San Agustín. Obras Completas, XXX. Escritos antimaniqueos (1°).* Introducciones, traducción, notas e índices de PIO DE LUIS [BAC 487]. Madrid: Editorial Católica 1986. 639 pp.

2157 *[Aurelius Augustinus] San Agustín. Obras Completas, XXXVI. Escritos antipelagianos (4°). Réplica a Juliano (obra inacabada). Libros I-III.* Traducción, Introducción y Notas de L. ARIAS [BAC 462]. Madrid: Editorial Católica 1985. XX, 653 pp.

2158 *[Aurelius Augustinus] San Agustín. Obras Completas, XXXVII. Escritos antipelagianos (5°). Réplica a Juliano (obra inacabada). Libros IV-VI.* Traducción y Notas de L. ARIAS [BAC 470]. Madrid: Editorial Católica 1985. 605 pp.

2159 *[Aurelius Augustinus] San Agustín. Regla para la Comunidad.* Comentario de T.J. VAN BAVEL. Iquitos (Perú) : OALA 1986. 113 pp.

2160 *[Aurelius Augustinus] Sancti Aurelii Augustini opera. Sect. 1, Pars 4: Soliloquiorum libri duo. De immortalitate animae, De quantitate animae.* Rec. W. HÖRMANN [CSEL 89]. Wien: Hoelder-Pichler-Tempsky 1986. XXXI, 316 pp.

2161 *[Aurelius Augustinus] Sant'Agostino. Grazia e libertà.* Testo latino dell'ed. Maurina. Introd. e note di AGOSTINO TRAPE. Trad. di MARIA PALMIERI [Opere di Sant'Agostino 20]. Roma: Città Nuova Ed. 1987. CCIII, 448 pp.

2162 *[Aurelius Augustinus] Sant'Agostino. La regola.* Introd. e note a cura di AGOSTINO TRAPE. 2. ed. rifusa e aum. [Piccola biblioteca agostiniana 11]. Roma: Città Nuova Ed. 1986. 262 pp.

2163 *[Aurelius Augustinus] Selbstgespräche. Von der Unsterblichkeit der Seele.* Lat. und dt. von H. FUCHS. Einführung, Übertragung, Erläuterungen und Anmerkungen von HANSPETER MÜLLER. 2.

Auflage [Sammlung Tusculum]. Zürich: Artemis-Verlag 1986. 290 pp.

2164 *[Aurelius Augustinus] St. Agostinho. O Livre Arbítrio.* Tradução do original latino com introdução e notas por A.S. PINHERO. Braga: Faculdade de Filosofia 1986. 272 pp.

2165 *[Aurelius Augustinus] Sw. Augustyn: Objaśnienia Psalmów.* Tłumaczenie i wstęp JAN SULOWSKI. Opracowanie EMIL STA-NULA[PSP 37-42]. Warszawa: Akademia Teologii Katolickiej 1986.

2166 *[Aurelius Augustinus] Szent Agoston doctornac Elmelkedö, magan beszellö es naponkent valo imadsagit az keresztyen attyafiáknac.* Epületire magyarra fordeta PEECHI LUKACH [Faks.]. Nagy Szombatba 1591. S.l.: [ca. 1985] 181 pp.

2167 *[Aurelius Augustinus] The Rule of St. Augustine.* With introduction and commentary by T.J. VAN BAVEL, OSA. Transl. RAYMOND CANNING, OSA. Garden City, N.Y.: Doubleday 1986. 120 pp.

2168 *[Aurelius Augustinus] Twintig preken van Aurelius Augustinus.* Ingeleid, vertaald en toegelicht door GERARD WIJDEVELD. Baarn: Ambo 1986. 208 pp.

2169 *[Aurelius Augustinus] Vom ersten katechetischen Unterricht.* Neu übers. von WERNER STEINMANN, bearb. von OTTO WERME-LINGER [SK 7]. München: Kösel 1985. 135 pp.

2170 *[Aurelius Augustinus] Walking in the light. The Confessions of St. Augustine for the modern reader.* Paraphrased by D. WINTER. London: Collins; Fount Paperbacks 1986. 109 pp.

2171 ABRANCHES DE SOVERAL, EDUARDO *Algumas notas em torno da noção de pecado – recordando as Confissões de Sto. Agostinho –* RaFPorto 4 (1987) 151-176

2172 AGOSTINO, FRANCESCO D' *L'antigiuridismo di S. Agostino –* RIFD 64 (1987) 30-51

2173 ALDAZABAL, JOSÉ *Una carta de san Agustín sobre la liturgia –* Phase 27 (1987) 85-112

2174 ALEGRE, ATANASIO *La relación agustiniana en la postmodernidad –* Montalbán 18 (1987) 199-209

2175 ALESANCO, TIRSO *Sentido agustiniano de la obediencia, de la pobreza y de la castidad –* Confer 26 (1987) 151-174

2176 ALFECHE, M., OSA *The Basis of Hope in the Resurrection of the Body according to Augustine –* Augustiniana 36 (1986) 240-296

2177 ALFECHE, M., OSA *The use of some verses of 1 Cor.15 in Augustine's Theology of Resurrection –* Augustiniana 37 (1987) 122-186

2178 ALICI, LUIGI *Agostino tra fede e ricerca. La conversione dell'intelligenza.* In: *Agostino e la conversione cristiana* (cf. 1985-87, 195) 35-53

2179 ALVAREZ TURIENZO, SATURNIO «*Non aliam Philosophiam et aliam Religionem*». *San Agustín y el «oro de los egipcios»* – RET 47 (1987) 150-173

2180 ALVAREZ TURIENZO, SATURNIO «*Scholae dissentientes – templa communia*». *Sobre el carácter de la «philosophia» agustiniana* – CD 200 (1987) 177-199

2181 ALVAREZ TURIENZO, SATURNIO *Qué «philosophia» practica Agustín en los Diálogos de Casiciaco* – CSF 13 (1986) 5-33

2182 ALVAREZ TURIENZO, SATURNIO *San Agustín: utopía moral en los diálogos filosóficos de Casiciaco* – RC 33 (1987) 9-41

2183 AMENGUAL I BATLE, JOSEP *San Agustín, teólogo norteafricano, maestro en la Baleárica y en la Tarraconense.* In: *Congresso Internazionale su S. Agostino* (cf. 1985-87, 245) I 483-500

2184 ANGRISANI SANFILIPPO, MARIA LUISA *Il linguaggio della conversione in alcune opere di Agostino* – AugR 27 (1987) 281-296

2185 ANOZ, JOSÉ «*Redite ad cor*». *Una fórmula profética en la predicación agustiniana* – Augustinus 32 (1987) 205-229

2186 ANOZ, JOSÉ *Confesiones, temores y deseos de un neopresbítero. La Carta 21 de san Agustín* – Augustinus 30 (1985) 357-382

2187 ANOZ, JOSÉ *El Salmo 50 en los escritos agustinianos* – Augustinus 31 (1986) 293-342

2188 APARICIO, M. *Aspectos de la vocación a través de los salmos. Orientaciones de S. Agustín en las «Enarraciones a los salmos»* – Mayeútica 11 (1985) 231-243

2189 ARANGO, JOSÉ DAVID *Dos caminos y un solo fín: Platón y Agustín* – CTM 32 (1985) 57-63

2190 ARCHAMBAULT, PAUL J. *Shifts of Narrative Level in Saint Augustine's Confessions* – AugSt 17 (1986) 109-117

2191 ARMINJON, JEAN VICTOR SERGE *La lettre de saint Augustin à Casulanus.* In: *Homo spiritalis* (cf. 1985-87, 282) 185-191

2192 ARRANZ RODRIGO, MARCELINO *Semillas del futuro. Anotaciones a la teoría agustiniana de la creación virtual* – CSF 13 (1986) 35-60 = RC 33 (1987) 43-77

2193 ARROYABE, ESTANISLAO *Wittgenstein y San Agustín. Reflexiones sobre la comunicación* – Pensamiento 43 (1987) 281-301

2194 *Augustin: le message de la foi.* Causeries à Radio Notre Dame. Prés. de GOULVEN MADEC. Paris: Desclée de Brouwer 1987. 157 pp.

2195 Saint Augustin et la Bible. Sous la dir. de ANNE-MARIE DE LA
      BONNARDIERE [Bible de tous les temps 3]. Paris: Beauchesne
      1986. 462 pp.

2196 AVILÉS, MONTSERRAT Apéndice. Manuscritos del De Doctrina
      Christiana existentes en Europa – Augustinus 31 (1986) 379-390

2197 AVRAMIDES, STEPHEN A Summary of St. Augustine's Doctrine
      on Original Sin: An Orthodox Critique – ThAthen 58 (1987)
      891-900

2198 BABCOCK, ROBERT G. Augustine's De Genesi ad litteram and
      Horace's Satire 1.2 – REA 33 (1987) 265-268 .

2199 BABCOCK, WILLIAM S. Augustine and Paul: the case of Romans
      IX. In: Studia Patristica 16 (cf. 1985-87, 359) 473-479

2200 BADER, F. Transzendentalphilosophische Überlegungen zur «ne-
      gatio negationis» und zur mystischen Einigung. In: Grundfragen
      christlicher Mystik (cf. 1985-87, 277) 193-220

2201 BALLING, J.L. Et «augustinsk» tema i europaeisk poesi. In:
      Människouppfatningen i den senare antiken (cf. 1985-87, 298)
      13-26

2202 BALTHASAR, HANS URS VON Conversione. In: Agostino e la
      conversione cristiana (cf. 1985-87, 195) 17-21

2203 BARTELINK, GERARD J.M. Die Beeinflussung Augustins durch
      die griechischen Patres. In: Augustiniana Traiectina (cf. 1985-87,
      217) 9-24

2204 BASEVI, CLAUDIO La conversión como criterio hermenéutico de
      las obras de San Agustín – ScTh 18 (1986) 803-826

2205 BASTIAENSEN, A.A.R. Sur deux passages des Confessions. In:
      Homo spiritalis (cf. 1985-87, 282) 425-439

2206 BASTIAENSEN, ANTOON A.R. Augustin et ses prédécesseurs
      latins chrétiens. In: Augustiniana Traiectina (cf. 1985-87, 217)
      25-57

2207 BAVEL, T.J. VAN, OSA And honour God in one another (Rule of
      Augustine 1,8). In: Homo spiritalis (cf. 1985-87, 282) 195-206

2208 BAVEL, T.J. VAN, OSA Augustinus' denken over de vrouw –
      BijFTh 48 (1987) 362-396

2209 BAVEL, T.J. VAN, OSA Augustinus. Van liefde en vriendschap.
      Averbode (B.); Kampen: 1986. 168 pp.

2210 BAVEL, T.J. VAN, OSA De la Raison à la Foi. La Conversion
      d'Augustin – Augustiniana 36 (1986) 5-27

2211 BAVEL, T.J. VAN, OSA San Agustín, ¿un teólogo de la liberación?
      In: San Agustín y la liberación (cf. 1985-87, 197) 211-215

2212 BAVEL, T.J. VAN, OSA The Double Face of Love in Augustine –
      AugSt 17 (1986) 169-181 = LSt 12 (1987) 116-130

2213 BAVEL, T.J. VAN, OSA *The influence of Cicero's ideal of friendship on Augustine.* In: *Augustiniana Traiectina* (cf. 1985-87, 217) 59-72

2214 BAVEL, T.J. VAN, OSA *Van rationalisme naar geloof: de bekering van Augustinus* – TTh 25 (1985) 125-139

2215 BECKER, AIMÉ *Saint Augustin et Paul Claudel. La rencontre du Dieu vivant* – Augustinus 32 (1987) 455-474

2216 BERETTA, LUIGI *Rus Cassiciacum. Bilancio e aggiornamento della vexata quaestio.* In: *Agostino e la conversione cristiana* (cf. 1985-87, 195) 67-83

2217 BERROUARD,MARIE-FRANÇOIS *La première communauté de Jérusalem comme image de l'unité de la Trinité. Une des exégèses augustiniennes d'Act. 4,32a.* In: *Homo spiritalis* (cf. 1985-87, 282) 207-224

2218 BERROUARD,MARIE-FRANÇOIS *Le Tractatus 80,3 in Iohannis Euangelium de saint Augustin: La parole, le sacrement et la foi* – REA 33 (1987) 235-254

2219 BERROUARD, MARIE-FRANÇOIS *L'exégèse de saint Augustin prédicateur du quatrième Évangile. Le sens de l'unité des Ecritures* – FZPT 34 (1987) 311-338

2220 BERTOLA, ERMENEGILDO *Libertà e grazia nel pensiero di Agostino e di Bernardo di Chiaravalle* – DC 39 (1986) 339-358

2221 BEUCHOT, MAURICIO *Signo y lenguaje en San Agustín* – Dianoia. Anuario de Filosofía. Universidad Autónoma Nacional de México (México) 32 (1986) 13-26

2222 BIFFI, GIACOMO *Conversione di Agostino e vita di una chiesa.* In: *Agostino e la conversione cristiana* (cf. 1985-87, 195) 23-34

2223 BIOLO, SALVINO *L'interiore testimonianza del Tu assoluto in S. Agostino* – DC 39 (1986) 393-404

2224 BIOLO, SALVINO *Reciproco influsso tra la conversione morale e la conversione religiosa in S. Agostino* – AugR 27 (1987) 303-316

2225 BLANCO, DESIDERIO *Claves semióticas para una lectura del pensamiento de san Agustín. Introducción al discurso agustiniano.* In: *San Agustín y la liberación* (cf. 1985-87, 197) 345-400

2226 BLAZQUEZ, NICETO *San Agustín, intérprete de la filosofía griega* – Augustinus 30 (1985) 315-339

2227 BOEFT, JAN DEN *Augustine's letter to Pelagius.* In: *Augustiniana Traiectina* (cf. 1985-87, 217) 73-84

2228 BØRRESEN, KARI ELISABETH *Equivalencia y subordinación, según san Agustín. Naturaleza y papel de la mujer* – Augustinus 30 (1985) 97-197

2229 BØRRESEN, KARI ELISABETH *Imago Dei, privilège masculin? Interprétation augustinienne et pseudo-augustinienne de Gen 1,27 et 1 Cor 11,7* – AugR 25 (1985) 213-234

2230 BOGLIOLO, LUIGI *Dall'interiorità agostiniana all'interiorità tomistica* – DC 39 (1986) 292-314

2231 BONAFEDE, GIULIO *La ricerca agostiniana* – AAPal 5 (1984/85) 205-237

2232 BONNER, GERALD *«Perceperunt mercedem suam». Antecedentes e implicaciones teológicas del De civitate Dei 5, 15* – Augustinus 31 (1986) 9-14

2233 BONNER, GERALD *Augustine's attitude to women and amicitia.* In: *Homo spiritalis* (cf. 1985-87, 282) 259-275

2234 BONNER, GERALD *Augustine's conception of deification* – JThS 37 (1986) 369-386

2235 BONNER, GERALD *St. Augustine of Hippo. Life and controversies.* Rev. ed. Norwich: Canterbury Press 1986. 430 pp.

2236 BOOTH, E.G.T., OP *St. Augustine's De trinitate and Aristotelian and neo-Platonist Noetic.* In: *Studia Patristica 16* (cf. 1985-87, 359) 487-490

2237 BORDON, NELLIBE J. *La duda en el itinerario agustiniano. Semejanzas y diferencias con la experiencia escéptica* – PatrMediaev 8 (1987) 107-110

2238 BOUMAN, JOHAN *Glaubenskrise-Glaubensgewißheit im Christentum und im Islam,I: Augustinus. Lebensweg und Theologie.* Giessen: Brunnen-Verlag 1987. 349 pp.

2239 BOURKE, VERNON J. *A Millenium of Christian Platonism: Augustine, Anselm and Ficino* – PPMRC 10 (1985) 1-22

2240 BRÄNDLE, R. *Elementos de una psicohistoria en san Agustín* – Augustinus 31 (1986) 15-23

2241 BREZZI, PAOLO *Considerazioni sul cosidetto «Agostinismo politico» (alto) medievale* – AugR 25 (1985) 235-254

2242 BRIZZI, GIOVANNI *Nuove considerazioni sulla «leggenda» di Annibale* – RSA 16 (1986) 111-137

2243 BRUNS, BERNHARD *Die eherechtliche Auswertung von 1 Kor 7,4 durch Augustinus* – ÖAKR 35 (1985) 201-257

2244 BUBACZ, BRUCE S. *Destino y voluntad nacional de la ciudad terrena en el De civitate Dei* – Augustinus 31 (1986) 25-31

2245 BUBACZ, BRUCE S. *La teoría del lenguaje interior en san Agustín y en Guillermo de Occam* – Augustinus 30 (1985) 383-391

2246 BUHAY, R. *La humanidad, camino de conversión en las «Confesiones»* – Mayeútica 13 (1987) 3-27

2247 BURNS, J. PATOUT *A Change in Augustine's Doctrine of Operating Grace in 418.* In: *Studia Patristica 16* (cf. 1985-87, 359) 491-496

2248 BURNS, J. PATOUT *Grace. The Augustinian Foundation.* In: *Christian Spirituality* (cf. 1985-87, 353) 331-349

2249 BURNYEAT, M.F. *Wittgenstein and Augustine* – Proceedings of the Aristotelian Society (London) Suppl. 61 (1987) 1-24

2250 BURT, DONALD X., OSA *Augustine and Divine Voluntarism* – Ang 64 (1987) 424-436

2251 BURT, DONALD X., OSA *To kill or let live. Augustine on killing the innocent* – PACPA 58 (1984) 112-119

2252 CAGNETTA, M. *Il Sallustio di Agostino* – QS 11 (1985) N° 22, 151-160

2253 CALDERON BOUCHET, R. *San Agustín y la Ciudad de Dios* – PhValparaíso 9/10 (1986/87) 33-44

2254 CAMBRONNE, PATRICE *Imaginaire et théologie dans les Confessions de saint Augustin* – BLE 88 (1987) 206-228

2255 CAMBRONNE, PATRICE *La iustitia chez S. Augustin (Cité de Dieu, IV,4). Des philosophies classiques à la théologie, I* – Cahiers du Centre George-Radet (Talence) 5 (1986/87) 9-23

2256 CAMBRONNE, PATRICE *La prouidentia chez S. Augustin (Cité de Dieu, V,11). Des philosophies classiques à la théologie, II* – Cahiers du Centre George-Radet (Talence) 5 (1986/87) 25-48

2257 CAMBRONNE, PATRICE *Poétique du langage et théologie. La mer et l'amer dans les confessions de saint Augustin* – Orphea voce (Bordeaux) 2 (1985) 21-32

2258 CAMPELO, MOISÉS MARIA *Conversión de san Agustín: la vuelta de una vida* – NetV 11 (1986) 257-293

2259 CAMPELO, MOISÉS MARIA *Instalados en la teología de Pentecostés: pobreza agustiniana* – CD 200 (1987) 311-332

2260 CAMPELO, MOISÉS MARIA *La paradoja de Agustín* – NetV 12 (1987) 221-231

2261 CAMPELO, MOISÉS MARIA *Teología de Pentecostés en san Agustín* – EAg 22 (1987) 3-51

2262 CAMPO DEL PO, FERNANDO *El Derecho y el Estado según San Agustín* – Paramillo 6 (1987) 253-278

2263 CANCIK-LINDEMAIER, HILDEGARD *Opferphantasien. Zur imaginären Antike der Jahrhundertwende in Deutschland und Österreich* – AU 30,3 (1987) 90-104

2264 CANÉVET, MARIETTE *Le schéma de conversion dans le prologue du De Trinitate d'Hilaire de Poitiers et le livre VII des Confessions d'Augustin: Problématique d'un temps* – AugR 27 (1987) 165-174

2265 CANNING, R. *Augustine on the identity of the neighbour and the meaning of true love for him «as ourselves» (Matt. 22.39) and «as Christ has loved us» (Jn. 13.34)* – Augustiniana 36 (1986) 161-239

2266 CANNING, R. *The Unity of Love For God and Neighbour* –
      Augustiniana 37 (1987) 38-121

2267 CAPANAGA, VICTORINO *El sentimiento de la providencia en
      san Agustín y el cardenal Newman* – Augustinus 30 (1985)
      225-255

2268 CAPPS, DONALD E. *Augustine as Narcissist: Comments on Paul
      Rigby's «Paul Ricoeur, Freudianism and Augustine's Confessi-
      ons»* – JAAR 53 (1985) 115-127

2269 CASTELLANOS, NICOLAS *San Agustín. Maestro y testigo de
      fraternidad. Carta pastoral.* Madrid: 1986. 187 pp.

2270 CAVADINI, JOHN C. *Claudius of Turin and the Augustinian
      tradition* – PPMRC 11 (1986) 43-50

2271 CAVALCOLI, G. *Dio come Verità eterna in Sant'Agostino* –
      SacD 32 (1987) 590-620; 665-687

2272 CENACCHI, GIUSEPPE *Aspetti della filosofia di S. Agostino nel
      contesto della sensibilità contemporanea* – DC 38 (1985) 132-142

2273 CENACCHI, GIUSEPPE *Problemi linguistici in S. Agostino* –
      Sapienza 18 (1985) 279-318

2274 CENTI, TITO S. *Il pensiero di S. Agostino negli scritti di S. Cate-
      rina da Siena* – DC 39 (1986) 380-392

2275 CERESA-GASTALDO, ALDO *Fede e sapere nella conversione di
      Agostino* – Renovatio (Genova) 21 (1986) 487-496

2276 CERIOTTI, GIANCARLO *Sant'Agostino nelle terre di Ambro-
      gio* – Renovatio (Genova) 22 (1987) 291-296

2277 CERIOTTI, GIANCARLO *XVI centenario della conversione
      (386) e del battesimo (387) di S. Agostino* – Renovatio. Rivista di
      teologia e cultura (Genova) 21 (1986) 263-268

2278 CETVERNIN, V.A. *Die Transformation der altgriechischen rechts-
      politischen Ideen im christlichen Denken des Frühmittelalters
      (Heil. Augustinus).* In: *Problems of legal philosophy.* Moskva: Inst.
      of State (1987) 153-156

2279 CHADWICK, HENRY *Augustin.* Préf. de JACQUES FONTAI-
      NES, trad. par ALAIN SPIESS. Paris: Éd. du Cerf 1987. 169 pp.

2280 CHADWICK, HENRY *Augustin.* Aus dem Englischen übersetzt
      von MARIANNE MÜHLENBERG [Kleine Vandenhoeck-Reihe
      1526]. Göttingen: Vandenhoeck und Ruprecht 1987. 132 pp.

2281 CHADWICK, HENRY *Augustine* [Past Masters]. Oxford: Oxford
      University Press, 1986. VI, 122 pp.

2282 CHADWICK, HENRY *Augustine on pagans and christians: Reflec-
      tion on religious and social change.* In: *History, society and the
      churches. Essays in honour of Owen Chadwick.* Edd. DEREK
      BEALES; GEOFFREY BEST. Cambridge: Cambridge Univ. Press
      (1985) 9-28

2283 CHIDESTER, DAVID *The Symmetry of Word and Light: Perceptual Categories in Augustine's Confessions* – AugSt 17 (1986) 119-133

2284 CIARLANTINI, PRIMO *Mediator: Paganismo y cristianismo en «De Civitate Dei», VIII, 12-XI, 2 de San Agustín (V)* – RAgEsp 26 (1985) 5-47; 301-332

2285 CICCARESE, MARIA PIA *Agostino tra Plinio e Gregorio Magno: metamorfosi cristiana di un aneddoto.* In: *Congresso Internazionale su S. Agostino* (cf. 1985-87, 245) 133-138

2286 CICCARESE, MARIA PIA *Recentior deterior. A proposito di una nuova edizione del Contra aduersarium Legis et Prophetarum di Agostino* – RSLR 23 (1987) 115-127

2287 CILLERUELO, LOPE *Dinamismo evangelizador de la oración según S. Agustín* – NetV 11 (1986) 25-43 = EAgEsp 21 (1986) 3-31

2288 CILLERUELO, LOPE *El cristocentrismo de san Agustín* – EAg 22 (1987) 55-76

2289 CILLERUELO, LOPE *Fundamento teológico del dinamismo agustiniano* – EAg 20 (1985) 115-123

2290 CILLERUELO, LOPE *La amistad, san Agustín y la actualidad (Comentario amistoso)* – EAg 20 (1985) 79-104

2291 CIOLINI, GINO *Agostino nella Cultura Occidentale.* In: *Agostino e Lutero* (cf. 1985-87, 196) 93-122

2292 CLARK, ELISABETH A. *Adam's only companion. Augustine and the early Christian debate on marriage* – RechAug 21 (1986) 139-162

2293 CLARK, MARY T. *¿Fué san Agustín voluntarista?* – Augustinus 31 (1986) 33-39

2294 CLOEREN, HERMAN J. *St. Augustine's De Magistro, a Transcendental Investigation* – AugSt 16 (1985) 21-27

2295 CLOSA FARRÉS, J. *Lectura de san Agustín en los siglos XVI y XVII Hispanos. La «Rhetorica Ecclesiastica» de Fray Luis de Granada.* In: *Congresso Internazionale su S. Agostino* (cf. 1985-87, 245) III 309-314

2296 COLLEDGE, EDMUND, OSA *«Propositum» in seinem spezifisch christlichen und theologischen Verständnis bei Augustinus.* In: *Homo spiritalis* (cf. 1985-87, 282) 295-310

2297 COLLEDGE, EDMUND, OSA *Sixteen Centuries ago* – DR 105 (1987) 32-39

2298 COLLINGE, WILLIAM J. *De Trinitate and the Understanding of Religious Language* – AugSt 18 (1987) 125-150

2299 COLLINGE, WILLIAM J. *Developments in Augustine's Theology of Christian Community Life after A.D. 395* – AugSt 16 (1985) 49-63

2300 COLLINS, RAYMOND F. *Augustine of Hippo: Precursor of Modern Biblical Scholarship* – LSt 131-151

2301 COLOMBO, SILVANO *Ancora sul rus Cassiciacum di Agostino*. In: *Agostino e la conversione cristiana* (cf. 1985-87, 195) 85-92

2302 CONTRERAS, ENRIQUE, OSB *El diálogo «De Magistro» de San Agustín. Notas de lectura* – Stromata 43 (1987) 399-408

2303 CONTRERAS, ENRIQUE, OSB *Vida de san Agustín. Momentos de una evolución interior* – CuadMon 22 (1987) 3-9

2304 CORCORAN, GERVASE *Saint Augustine and His Influence* – Milltown Studies (Dublin) 19/20 (1987) 123-133

2305 CORCORAN, GERVASE *Saint Augustine on Slavery* [StEA 22]. Roma: Inst. Patristicum «Augustinianum» 1985. 102 pp.

2306 CORTE, FRANCESCO DELLA *Agostino catecumeno* – CuSc 25 (1986) 44-53

2307 CORTE, FRANCESCO DELLA *Augustinus orator urbis Mediolani* – Euphrosyne 14 (1986) 89-96

2308 CORTE, FRANCESCO DELLA *Le pagine milanesi delle «Confessiones»*. In: *Fede e sapere nella conversione di Agostino* (cf. 1985-87, 262) 9-25

2309 CORTÉS, J.L. *Agustín, el del corazón inquieto*. Madrid: Ediciones SM 1986. 156 pp.

2310 COSTA, AGUSTIN *El camino de la humildad en las Enarraciones sobre los Salmos de san Agustín* – CuadMon 22 (1987) 23-41

2311 COYLE, J. KEVIN *«Monastic» Terminology in Augustine's De moribus ecclesiae catholicae*. In: *Studia Patristica 16* (cf. 1985-87, 359) 497-500

2312 COYLE, J. KEVIN *Augustine and apocalyptic: thoughts on the fall of Rome, the Book of Revelation, and the end of the world* – Florilegium 9 (1987) 1-34

2313 CREMONA, CARLO *Agostino d'Ippona: la ragione e la fede*. 7. ed. Milano: Rusconi 1987. 327 pp.

2314 CREMONA, CARLO *Augustin d' Hippone. La raison et la foi*. Prés. par CARLO MARIA MARTINI ; trad. par DANIEL DE-MONGEOT. Paris: Téqui 1987. 308 pp.

2315 CROUSE, ROBERT D. *In aenigmate trinitas (Confessions XIII,5,6). The conversion of philosophy in St. Augustine's Confessions* – Dionysius 11 (1987) 53-62

2316 CROUSE, ROBERT D. *St. Augustine's De Trinitate: Philosophical Method*. In: *Studia Patristica 16* (cf. 1985-87, 359) 501-510

2317 CROUZEL, HENRI, SJ *La concupiscence charnelle dans le mariage selon saint Augustin* – BLE 88 (1987) 287-308

2318 CUENCA COLOMA, JUAN M. *El cristocentrismo de san Agustín*. Valladolid: Estudio Agustiniano 1986. 290 pp.

2319 DAGENS, CLAUDE *L'intériorité de l'homme selon saint Augustin. Philosophie, théologie et vie spirituelle* – BLE 88 (1987) 249-272

2320 DECAPITANI, FRANCO *«De libero arbitrio» di S. Agostino.* Studio introd., testo, trad. e comm. [Pubblicazioni del Centro di Ricerche di Metafisica del Università del Sacro Cuore. Scienze filosofiche 36]. Milano: Vita e Pensiero 1987. 543 pp.

2321 DECRET, F. *Augustin d'Hippone et l'esclavage. Problèmes posés par les positions d'un évêque de la Grande Église face à une réalité sociale dans l'Afrique de l'antiquité tardive* – DHA 11 (1985) 675-685

2322 DECRET, F. *Les Gentes Barbarae asservies par Rome dans l'Afrique du Ve siècle. Remarques d'Augustin d'Hippone sur un point d'histoire sociale et religieuse à la veille de l'invasion vandale.* In: *Actes du IIe Colloque international sur l'histoire et l'archéologie de l'Afrique du Nord, réunie dans le cadre du 108e Congrès national des Sociétés savantes (Grenoble, 5-9 avril 1983).* Ed. S. LANCEL [BACTH B 19]. Paris (1983) [1985]. 265-271

2323 DEKKERS, ELIGIUS *Sur la diffusion au moyen âge des oeuvres moins connues de saint Augustin.* In: *Homo spiritalis* (cf. 1985-87, 282) 446-459

2324 DEMOUGEOT, ÉMILIENNE *La symbolique du lion et du serpent sur les solidi des empereurs d'Occident de la première moitié du Ve s.* – RN 28 (1986) 94-118

2325 DERYCKE, HUGUES *Le vol des poires, parabole du péché originel* – BLE 88 (1987) 337-348

2326 DESCHAMPS, LUCIENNE *Une réminiscence du De uita populi Romani de Varron dans la Cité de Dieu?* In: *Congresso Internazionale su S. Agostino* (cf. 1985-87, 245) I 501-506

2327 DESIMONE, RUSSELL J., OSA *Augustine and the Anti-Life Mentality* – AugSt 18 (1987) 188-200

2328 DESIMONE, RUSSELL J., OSA *St. Augustine, On Being a Christian* – AugSt 17 (1986) 1-13

2329 DIDEBERG, DANY *Carità fraterna i amore di Dio in S. Agostino* – PSV 11 (1985) 253-264

2330 DIÉGUEZ MUÑOZ, MANUEL *La transinmanencia metafísica en San Agustín.* Santiago de Chile: Ed. Agustinianas 1987. 126 pp.

2331 DILORENZO, RAYMOND D. *«Divine Eloquence and the Spiritual World of the Praedicator»: Book III of St. Augustine's Confessions* – AugSt 16 (1985) 75-88

2332 DITTES, JAMES E. *Augustine's Search for a Fail-Safe God to Trust* – JSSR 25 (1986) 57-63

2333 DOIGNON, J. *L'extrait du fragment 10 (Müller) de la Consolation de Cicéron chez Augustin, Cité de Dieu 22,20. Sa transmission par Lactance.* In: *Homo spiritalis* (cf. 1985-87, 282) 400-408

2334 DOIGNON, JEAN *Clichés cicéroniens et sénéquiens dans le Contra Academicos de saint Augustin. Les égarements de la vie, le gouffre des passions, l'âme rendue à elle-même.* In: *Hommages à Henry Bardon.* Bruxelles: Éd. Latomus (1985) 139-146

2335 DOIGNON, JEAN *La fortuna y el hombre afortunado. Dos temas parenéticos del prólogo del libro I Contra academicos* – Augustinus 31 (1986) 79-85

2336 DOIGNON, JEAN *La praxis de l'admonitio dans les Dialogues de Cassiciacum de saint Augustin* – VetChr 23 (1986) 21-37

2337 DOIGNON, JEAN *La prière liminaire des Soliloquia dans la ligne philosophique des dialogues de Cassiciacum.* In: *Augustiniana Traiectina* (cf. 1985-87, 217) 85-105

2338 DOIGNON, JEAN *Le De ordine, son déroulement, ses thèmes.* In: *L'opera letteraria di Agostino* (cf. 1985-87, 322) 113-150

2339 DOIGNON, JEAN *Saint Augustin et sa culture philosophique face au problème du bonheur* – FZPT 34 (1987) 339-359

2340 DOIGNON, JEAN *Thèmes de l'éthique politique de Cicéron dans la lettre 15 d'Augustin sur la gestion des affaires de ce monde* – Orpheus 6 (1985) 36-43

2341 DOMBROWSKI, DANIEL A. *The Confessions of St. Augustine and DeQuincey* – AugSt 18 (1987) 152-165

2342 DOMINGO MORATALLA, AGUSTIN *Exégesis ontológica de la conversión de san Agustín. Finitud y seducción del ser* – Augustinus 32 (1987) 175-190

2343 DOMINGUEZ, BENITO *Agustín, modelo y maestro de oración* – EAg 22 (1987) 133-207

2344 DOMINGUEZ SANABRIA, JESUS *De la meditación a la contemplación ¿un método agustiniano de oración?* – RAgEsp 26 (1985) 451-474

2345 D'ONOFRIO, G. *La dialettica in Agostino e il metodo della teologia nell'alto medioevo.* In: *Congresso Internazionale su S. Agostino* (cf. 1985-87, 245) 251-282

2346 DOUCET, DOMINIQUE *L'Ars Memoriae dans les Confessions* – REA 33 (1987) 49-69

2347 DOUGHERTY, J. *Exiles in the earthly city: the heritage of St. Augustine.* In: *Civitas: religious interpretations of the city.* Ed. PETER S. HAWKINS. Decatur, Ga.: Scholars Press (1986)

2348 DOULL, F.A. *Si enim fallor, sum. La lógica de la certeza en san Agustín y Descartes* – Augustinus 31 (1986) 87-93

2349 DRAGONETTI, R. *L'image et l'irreprésentable dans l'écriture de Saint Augustin.* In: *Qu'est-ce que Dieu? Philosophie, théologie.*

Hommage à l'abbé Daniel Coppieters de Gibson. Bruxelles: Facultés Univ. Saint-Louis (1985) 393-413

2350 DROBNER, HUBERTUS R. *Exégesis gramatical y cristología en san Agustín* – Augustinus 31 (1986) 95-112

2351 DROBNER, HUBERTUS R. *Person-Exegese und Christologie bei Augustinus. Zur Herkunft der Formel una persona* [PhP 8]. Leiden: Brill 1986. XIII, 353 pp.

2352 DUMONT, JEAN-PAUL *L'idée de Dieu chez Pline (NH 2,1-5, 1-27).* In: *Pline l'Ancien* (cf. 1985-87, 329) 219-237

2353 DUVERNOY, J. *Un précurseur des cathares au Ve siècle: L'Adversaire de la Loi et des Prophètes* – Heresis (Villegly, Aude) 8 (1987) 7-13

2354 ECKERMANN, W., OSA *Die Augustinusrezeption bei Franz Xaver Vázquez (1703-1785)* – AAug 49 (1986) 155-171

2355 ECKMANN, AUGUSTYN *Dialog świętego Augustyna ze światem pogańskim w świetle jego korespondencji* [Zusammenfassungen in englischer und deutscher Sprache]. Lublin: Katolicki Uniwersytet 1987. 449 pp.

2356 ELDERS, LÉON *Les citations de Saint Augustin dans la Somme Théologique de Saint Thomas d'Aquin* – DC 40 (1987) 115-167

2357 ELIA, SALVATORE D' *La città ideale nel «De Civitate Dei». Dalla storia alla metastoria.* In: *Atti del Convegno Nazionale di Studi su La Città Ideale nella Tradizione Classica e Biblo-Cristiana* (cf. 1985-87, 214) 203-218

2358 ESTAL, GABRIEL DEL *Con San Agustín ante el desarme. «Construir la paz con la paz, no con la guerra»* – CD 200 (1987) 593-637

2359 ÉTAIX, RAYMOND *Débris d'un nouveau sermon de saint Augustin pour la fête de l'Épiphanie dans un lectionnaire de Jumièges* – RBen 97 (1987) 7-17

2360 EVANS, G.R. *Augustine and the Soul: The Legacy of the Unanswered Questions* – AugR 25 (1985) 283-294

2361 FABRO, CORNELIO *Partecipazione agostiniana e partecipazione tomistica* – DC 39 (1986) 282-291

2362 FELDMANN, C. *Las Confesiones de Agustín y su unidad. Reflexiones sobre su composición* – Augustinus 31 (1986) 113-122

2363 FELDMANN, ERICH *Augustins Bekehrung* – Religionsunterricht an höheren Schulen (Düsseldorf) 28 (1985) 352-357

2364 FELDMANN, ERICH *Sinn-Suche in der Konkurrenz der Angebote von Philosophien und Religionen. Exemplarische Darstellung ihrer Problematik beim jungen Augustinus.* In: *Homo spiritalis* (cf. 1985-87, 282) 100-117

2365 FENN, RICHARD *Magic in Language and Ritual: Notes on Augustine's Confessions* – JSSR 25 (1986) 77-91

2366 FERGUSON, DUNCAN S. *Augustine on History: A Perspective for our Time* – EvangQ 58 (1986) 39-52

2367 FERNANDEZ AGUADO, ALBERTO *Apuntes sobre Antropología Agustiniana* – Mayeútica 12 (1986) 187-207

2368 FERNANDEZ GOMEZ, LORENZO *Humanismo y Derecho Natural en San Agustín* – RFacDCaracas 37 (1987) 571-603 = Montalbán 18 (1987) 157-185

2369 FERRARI, LEO CHARLES *An Analysis of Augustine's Conversional Reading* – AugSt 18 (1987) 30-51

2370 FERRARO, GIUSEPPE *Lo Spirito Santo nel «De trinitate» di Sant'Agostino: meditazioni*. Casale Monferrato: Piemme 1987. 142 pp.

2371 FERRARO, GIUSEPPE, SJ *L'esegesi dei testi del IV vangelo sul «Paraclito» nel «De Trinitate» di Agostino* – AugR 26 (1986) 437-457

2372 FERRARO, GIUSEPPE, SJ *L'esegesi dei testi pneumatologici del quarto vangelo nell' «In Iohannis Evangelium Tractatus» e nel «De Trinitate» di Sant'Agostino* – Lateranum 52 (1986) 83-214

2373 FERREIRA, J.M. DOS SANTOS *Teologia do Espiritu Santo em Agostinho de Hipona* [Colecção «Fundamenta» 3]. Lisboa: Didaskala 1987. 115 pp.

2374 FERWERDA, R. *Plotinus' presence in Augustine*. In: *Augustiniana Traiectina* (cf. 1985-87, 217) 107-118

2375 FISCHER, BALTHASAR *Zur interpretatio christiana des Ps 51 in den Enarrationes in psalmos Augustins. Die Frage nach dem Adressaten* – TTZ 96 (1987) 199-206

2376 FISCHER, NORBERT *Augustins Philosophie der Endlichkeit: zur systematischen Entfaltung seines Denkens aus der Geschichte der Chorismos-Problematik* [Mainzer philosophische Forschungen 28]. Bonn: Bouvier 1987. 341 pp.

2377 FISCHER, NORBERT *Sein und Sinn der Zeitlichkeit im philosophischen Denken Augustins* – REA 33 (1987) 205-234

2378 FITZGERALD, A., OSA *Arise! A Scriptural Model for Augustine's Conversion* – Ang 64 (1987) 359-375

2379 FLASCHE, JUAN *Calderón y San Agustín*. In: *Homenaje a Pedro Sáinz Rodríguez, II. Estudios de lengua y literatura* (cf. 1985-87, 281) 195-207

2380 FLOR, FERNANDO R. DE LA *El «Palacio de la memoria». Las «Confesiones» (X,8) agustinianas y la tradición retórica española* – CSF 13 (1986) 113-122

2381 FLOREZ, RAMIRO *Versión antropológica de la conversión y su proyección educativa* – Augustinus 32 (1987) 149-174

2382 FLOREZ MIGUEL, CIRILO *Itinerario filosófico y arte de la memoria en San Agustín* – CD 200 (1987) 247-258

2383 FOLLIET, GEORGES *La correspondance entre Augustin et Nébridius.* In: *L'opera letteraria di Agostino* (cf. 1985-87, 322) 191-215
2384 FOLLIET, GEORGES *Trahere/contrahere peccatum. Observations sur la terminologie augustinienne du péché.* In: *Homo spiritalis* (cf. 1985-87, 282) 118-135
2385 FONTAINE, JACQUES *Une révolution littéraire dans l'Occident latin: Les Confessions de saint Augustin* – BLE 88 (1987) 173-193
2386 FONTAN, PIERRE *Une exégèse néo-platonicienne? Le livre XII des Confessions* – BLE 88 (1987) 316-322
2387 FRADES, EDUARDO *La Biblia y San Agustín* – Nuevo Mundo. Revista de Orientación Pastoral (Caracas, Venezuela) (1986) 340-365
2388 FRAHIER, LOUIS JEAN *L'interprétation du récit du jugement dernier (Mt 25,31-46) dans l'oeuvre d'Augustin* – REA 32 (1987) 70-84
2389 FRANCISCO, JOSEPH A.P. DE *Saint Augustine's mysticism. A critical reappraisal of Fulbert Cayre's 'La contemplation augustienne'* [Diss.]. Roma: Pontificia Universitas a S. Thoma Aquin. 1987. IX, 884 pp.
2390 FREDRIKSEN, PAULA *Paul and Augustine: Conversion narratives, orthodox traditions and the retrospective self* – JThS 37 (1986) 3-34
2391 FRIBERG, HANS DANIEL *Love and justice in political theory. A study of Augustine's definition of the commonwealth* [Univ. of Chicago, Diss. 1944]. Chicago, Ill.: Library Dept. of Photogr. Reprod., Univ. of Chicago 1986. Microfilm 35 mm; Aufn.Form. 28 x 20 mm
2392 FROHNHOFEN, HERBERT *Gottes relationales Sein und der Beginn der Gottesherrschaft. Augustins De Trin. V und De civ. Dei XII,16* – VigChr 40 (1986) 145-152
2393 FROHNHOFEN, HERBERT *Ser relacional de Dios. Para una inteligencia del De Trinitate 5 y del De civitate Dei 12, 16* – Augustinus 31 (1986) 123-130
2394 FROVA, C. *La musica nell'insegnamento delle arti liberali: i trattati di Sant'Agostino e di Boezio* – Benedictina 32 (1985) 377-388
2395 GABILLON, AIMÉ *Sur quelques passages du livre 7 des Confessions.* In: *Homo spiritalis* (cf. 1985-87, 282) 440-445
2396 GALENDE, F. *Grandes cuestiones del vivir humano a la luz de San Agustín.* Santiago de Chile: Ediciones Agustinianas 1985. 66 pp.
2397 GALENDE, FRANCISCO *San Agustín y los Agustinos.* Santiago de Chile: Ediciones Agustinianas 1986. 62 pp.
2398 GALENDE, FRANCISCO *San Agustín, educador del hombre.* Santiago de Chile: Ediciones Agustinianas 1986. 56 pp.

2399   GALINDO, JOSÉ A. *Libertad y libre albedrío en san Agustín* –
Augustinus 31 (1986) 342-355

2400   GALINDO, JOSÉ ANTONIO *La humildad en San Agustín* –
TEsp 30 (1986) 207-220

2401   GALINDO RODRIGO, JOSÉ ANTONIO *Del «sin-sentido» al
«sentido» en la conversión de san Agustín* – Augustinus 32 (1987)
261-311

2402   GALLICET, E. *Sallustius, nobilitatae veritatis historicus (August.
De civ. Dei 1,5)* – CCC 6 (1985) 309-330

2403   GAMBLE, R.C. *Augustinus contra Maximinus. An analysis of
Augustine's anti-Arian writings* [Diss. theol. Basel]. Ann Arbor,
Mich.: McNaughton and Gunn, Inc. 1985. II, 284 pp.

2404   GARCIA, CRISOGONO *Agustín* – RC 33 (1987) 79-91

2405   GARCIA, LEOVIGILDO *En torno a la Iluminación* – Montalbán
18 (1987) 187-198

2406   GARCIA ALVAREZ, JAIME *La conversión de San Agustín como
fundamento de su diálogo «De Magistro»* – CSF 13 (1986)
123-151

2407   GARCIA DE LA FUENTE, O.; POLENTINOS, V. *El texto del
«De Civitate Dei» de San Agustín según el manuscrito escurialense
s.I.XVI pars prima* – AnMal 10 (1987) 219-257

2408   GARCIA JUNCEDA, J.A. *La cultura cristiana y San Agustín*
[Historia de la Filosofía 7]. Madrid: Cincel 1986. 205 pp.

2409   GAUDEMET, JEAN *L'apport d'Augustin à la doctrine médiévale
du mariage* – AugR 27 (1987) 559-570

2410   GAUDOIN-PARKER, MICHAEL L. *The Beauty of the Eucharist.
St. Augustine's experience of the mystery of Faith* – Clergy 71
(1986) 438-444

2411   GAY, VOLNEY *Augustine: The Reader as Selfobject* – JSSR 25
(1986) 64-76

2412   GEBBIA, CLARA *Agostino e gli humiliores* – Seia: quaderni
dell'Istituto di storia antica dell'Università di Palermo 2 (1985)
[1988] 77-90

2413   GEBBIA, CLARA *Pueros uendere uel locare. Schiavitù e realtà
nelle nuove lettere di S. Agostino (Ep.10* et 24*).* In: *L'Africa
romana. Atti del IV convegno di studio, Sassari, 12-14 dicembre
1986.* A cura di ATTILO MASTINO [Pubbl. del Dip. di storia
dell'Univ. di Sassari 8]. Sassari: Gallizzi (1987) 215-227

2414   GEERLINGS, WILHELM *Augustinus und der Fall Roms* – Religionsunterricht an höheren Schulen (Düsseldorf) 28 (1986) 358-363

2415   GEERLINGS, WILHELM *Bekehrung durch Belehrung. Zur 1600.
Jahrfeier der Bekehrung Augustins* – ThQ 167 (1987) 195-208

2416   GEERLINGS, WILHELM *Das Weihnachtsfest in Theologie und
Frömmigkeit des hl. Augustinus* – GeiLeb 59 (1986) 405-413

2417 GEERLINGS, WILHELM *Jesaja 7,9b bei Augustinus. Die Geschichte eines fruchtbaren Mißverständnisses* – WiWh 50 (1987) 5-12

2418 GENN, FELIX *Trinität und Amt nach Augustinus* [Samml. Horizonte N.F. 23]. Einsiedeln: Johannes-Verlag 1986. 328 pp.

2419 GHERARDINI, BRUNERO *Per il XVI centenario della conversione di Sant'Agostino* – Divinitas 31 (1987) 233-235

2420 GIANNARELLI, E. *Agostino nell'»Exaemeron» di Egidio Romano.* In: *Congresso Internazionale su S. Agostino* (cf. 1985-87, 245) 179-187

2421 GIANNINI, GIORGIO *Il contributo del P. Boyer alla migliore conoscenza di S. Agostino* – DC 39 (1986) 448 ss.

2422 GIGLIO, P. DE S. *Agostino e S. Benedetto* – La Scala. Rivista ... di spiritualità e liturgia (Noci) 41 (1987) 74-88

2423 GIGON, OLOF *Augustinus De utilitate credendi.* In: *Catalepton* (cf. 1985-87, 231) 138-157

2424 GIOMINI, REMO *I Principia rhetorices di Agostino e il nuovo Bodmer 146 dei Rhetores Latini minores.* In: *Filologia e forme letterarie* (cf. 1985-87, 263) IV 281-297

2425 GIOVANNI PAOLO II [JOH. PAULUS II] *Lettera apostolica «Augustinum Hipponensem» nel XVI centenario della conversione di S. Agostino dottore della Chiesa e padre dell'Europa* – DC 39 (1986) 235-281

2426 GOETZ, ROLAND *Der Dämonenpakt bei Augustinus.* In: *Teufelsglaube und Hexenprozesse.* Ed. GEORG SCHWAIGER [Beck'sche Reihe 337]. München: Beck (1987) 57-84

2427 GONZALEZ, CARLOS IGNACIO *María en el comentario de San Agustín al Evangelio de San Juan* – EE 61 (1986) 395-419

2428 GONZALEZ, CARLOS IGNACIO *Vetas de la Soteriología Agustiniana* – Medellín 13 (1987) 48-73

2429 GONZALEZ, GABRIEL *Un programa latino de civilización cristiana.* In: *Dialéctica escolástica y lógica humanística de la Edad Media al Renacimiento* [Acta Salmanticensia. Biblioteca de Pensamiento y Sociedad 59]. Salamanca: Universidad de Salamanca (1987) 259-282

2430 GONZALEZ DE CARDEDAL, OLEGARIO *Inquietud, finitud, alabanza y teología (La Soteriología de San Agustín en Confesiones I,1,1 – I,5,5)* – CD 200 (1987) 273-290

2431 GONZALEZ G., SERGIO *Para una formación permanente. Textos agustinianos.* Bogotá: Indo American Press Service 1985. 71 pp.

2432 GONZALEZ MONTES, A. *Precomprensión y contexto. Visión y audición en la hermenéutica bíblica de San Agustín en relación con Martín Lutero* – CSF 13 (1986) 61-98

2433 GORMAN, M.M. *The manuscript Traditions of St. Augustin's Major Works.* In: *Congresso Internazionale su S. Agostino* (cf. 1985-87, 245) 381-412

2434 GORMAN, M.M. *The text of Saint Augustine's De Genesi ad litteram imperfectus liber* – RechAug 20 (1985) 65-86

2435 GRANADO, CARMELO *Diego Ruiz de Montoya (1562-1632), escriturîsta y patrólogo. Comentario a De Trinitate, diss. 66, s. 4, n. 6-11* – ArGran 49 (1986) 159-205

2436 GRILLMEIER, ALOIS, SJ *Die sieben Stufen zur Weisheit. Die Lehre des hl. Augustinus von den sieben geistlichen Lebensaltern.* In: *Weisheit Gottes – Weisheit der Welt. Festschrift für Joseph Kardinal Ratzinger* (cf. 1985-87, 378) 1355-1373

2437 GRIMAL, PIERRE *Anatomie d'une conversion* – Augustinus 32 (1987) 73-78

2438 GRØNKJAER, N. *Agostino e la retorica romana* – ARID 14 (1985) 149-161

2439 GROSSI, VITTORINO *Aspetti dell' Umanesimo Cristiano in Agostino, Pelagio, Lutero.* In: *Agostino e Lutero* (cf. 1985-87, 196) 21-32

2440 GROSSI, VITTORINO *Il termine «praedestinatio» tra il 420-435: Dalla linea agostiniana dei «salvati» a quella dei «salvati e dannati»* – AugR 25 (1985) 27-64

2441 GROSSI, VITTORINO *La ricerca della verità in S. Agostino: possibilità e modelli* – CD 200 (1987) 215-231

2442 GROSSI, VITTORINO *Las relaciones Iglesia-Mundo en el pensamiento agustiniano.* In: *San Agustín y la liberación* (cf. 1985-87, 197) 319-341

2443 GROSSI, VITTORINO *Per una rilettura di S. Agostino sulle relazioni Chiesa-mondo* – RT 27 (1986) 497-515

2444 GUÉROULT, MARTIAL *Les postulats de la philosophie de l'histoire. Le sens de l'histoire* – RMM 91 (1986) 435-444

2445 GUERRINI, M.R. *Tarde te amé. San Agustín, un hombre de Dios...* Madrid: Ediciones Paulinas 1985. 155 pp.

2446 GUILLOUX, PEDRO *El alma de San Agustín* [Collección Patmos 185]. Madrid: Rialp 1986. 332 pp.

2447 HALL, R.G.; OBERHELMAN, S.M. *Rhythmical clausulae in the letters of Saint Augustine* – Augustiniana 37 (1987) 258-278

2448 HAMMAN, ADALBERT G. *La transmission des sermons de saint Augustin: les authentiques et les apocryphes* – AugR 25 (1985) 311-327

2449 HAWKINS, ANNE HUNSAKER *Archetypes of conversion: the autobiographies of Augustine, Bunyan, and Merton.* Cranbury, N.J.: Bucknell Univ. Pr.; London: Associated University Presses 1985. 191 pp.

2450 HEBBLETHWAITE, P. *St. Augustine's Interpretation of Matthew 5,17.* In: *Studia Patristica 16* (cf. 1985-87, 359) 511-516

2451 HEINRICH, KARL *Leben und Werk des heiligen Augustinus* – Religionsunterricht an höheren Schulen (Düsseldorf) 28 (1985) 388-391

2452 HENDLEY, BRIAN *Saint Augustine and Cicero's dilemma.* In: *Plato, time and education: essays in honor of R. Brumbaugh.* Ed. by BRIAN P. HENDLEY. Albany, N.Y.: Albany State Univ. of New York Pr. (1987) 195-204

2453 HILLGARTH, J.N. *L'influence de la 'Cité de Dieu' de saint Augustin au Haut Moyen Age* – SE 28 (1985) 5-34

2454 HILPERT, KONRAD *Augustinus und die kirchliche Sexualethik* – Religionsunterricht an höheren Schulen (Düsseldorf) 28 (1985) 364-375

2455 HISCOE, D.W. *Concepto «equívoco» de naturaleza en san Agustín* – Augustinus 30 (1985) 295-314

2456 HÖLSCHER, LUDGER *The reality of mind: Augustine's philosophical arguments for the human soul as a spiritual substance* [Studies in phenomenological and classical realism]. London: Routledge and Kegan Paul 1986. VIII, 341 pp.

2457 HONNEFELDER, L. *Die Einmaligkeit des Geschichtlichen. Die philosophischen Voraussetzungen der Geschichtsdeutung Augustins* – ZPhF 40 (1986) 33-51

2458 HOUSE, D.K. *San Agustín y el platonismo de Virgilio* – Augustinus 31 (1986) 131-137

2459 HÜBNER, WOLFGANG *Der ordo der Realien in Augustins Frühdialog De ordine* – REA 33 (1987) 23-48

2460 HUERTA, ALBERTO *Jorge Luis Borges y San Agustín: Una conversación sobre el tiempo* – RC 31 (1985) 31-39

2461 IAMMARRONE, LUIGI *S. Agostino e S. Bonaventura* – DC 39 (1986) 359-366

2462 INTERDONATO, FRANCISCO *La Experiencia de Dios en las «Confesiones» de San Agustín* – Medellín 13 (1987) 102-119

2463 ISOLA, A. *L'esegesi biblica del sermo 286 di Agostino* – VetChr 23 (1986) 267-281

2464 JACKSON, M.G.S.A. *Formica Dei. Augustine's Enarratio in Psalmum 66,3* – VigChr 40 (1986) 153-168

2465 JACQUES, F. *Le défenseur de cité d'après la Lettre 22 de saint Augustin* – REA 32 (1986) 56-73

2466 JAMIESON, KATHLEEN *Jerome, Augustine and the Stesichoran palinode* – Rhetorica 5 (1987) 353-367

2467 JAÑEZ BARRIO, TARSICIO *Actitud sapiencial en «Los Diálogos de Casiciaco» (Origen de la primera filosofía cristiana)* – Montalbán 18 (1987) 15-55

2468 JAÑEZ BARRIO, TARSICIO *Conversión de san Agustín*. «*Via et sapientia Dei*». *Induite Dominum Jesum Christum* – Augustinus 32 (1987) 231-259

2469 JARDIM, TERESA *O Misterio Pascal no Sermão 121 de S. Agostinho* – Lum 46 (1985) 26-27

2470 JOAO PAULO II [JOHANNES PAULUS II. *,Augustinum Hipponensem. Carta Apostolica no XVI centenario da conversão de Santo Agostinho, Bispo e Doutor da Igreja* – Lum 47 (1986) 397-404; 425-435; 492-496

2471 JOURJON, MAURICE *Pour le 16e centenaire de son baptême: quelques réflexions sur le moine Augustin* – ColCist 49 (1987) 100 ss.

2472 JUAN PABLO II [JOH. PAULUS II.] *,Agustín de Hipona. Carta apostólica en el XVI centenario de su conversión.* Madrid: PPC 1986. 104 pp.

2473 JUAN PABLO II [JOH. PAULUS II.] *,Augustinum Hipponensem* – Augustinus 32 (1987) 9-71

2474 JUAN PABLO II [JOH. PAULUS II.] *,Carta Apostólica «Augustinum Hipponensem»* – Mayeútica 12 (1986) 7-39

2475 JULIO B., HOMERO *El bautismo de San Agustín: preparación y sacramento* – PhValparaíso 9/10 (1986/87) 45-54

2476 KANNENGIESSER, CHARLES, SJ *Augustine on Love: Response to Fr. Tarcisius van Bavel, The Double Face of Love in Augustine* – AugSt 17 (1986) 187-190

2477 KATAKA, LUVETE *De fidei ratione ac momento apud Augustinum contra academicos disserentem* [Diss.]. Roma: Pontificia Universitas Salesianum 1987. IV, 224 pp.

2478 KEISER, R. MELVIN *Inaugurating Postcritical Philosophy: A Polanyian Meditation on Creation and Conversion in Augustine's Confessions* – Zygon 22 (1987) 317-338

2479 KELLER, MIGUEL ANGEL *Pobres y pobreza: Aproximación al pensamiento agustiniano en torno a un tema central de la teología y la pastoral latinoamericana.* In: *San Agustín y la liberación* (cf. 1985-87, 197) 143-171

2480 KELLY, L.G. *St. Augustine's Theories of the Linguistic Sign and the grammatica speculativa of the Thirteenth Century.* In: *Studia Patristica 16* (cf. 1985-87, 359) 517-523

2481 KELLY, NEIL *San Agustín y la carta de Cipriano a Jubaiano. ¿Un desarrollo doctrinal?* – Augustinus 31 (1986) 139-146

2482 KEVANE, EUGENE *Christian Philosophy: The Intellectual Side of Augustine's Conversion* – AugSt 17 (1986) 47-83

2483 KLEIN, R. *Das spätantike Romverständnis vor Augustinus* – BJ 185 (1985) 97-142

2484 KLEINBERG, AVIAD M. *De agone christiano. The preacher and his audience* – JThS 38 (1987) 16-33

2485 KLIEVER, LONNIE D. *Confessions of Unbelief: In Quest of the Vital Lie* – JSSR 25 (1986) 102-115

2486 KNIGHT, N.E.H. *Interpretación escolástica de la teoría agustiniana de la iluminación* – Augustinus 31 (1986) 147-154

2487 KOBLER, G.; LEINSLE, U. *Gemeinschaft und Philosophie in den Frühschriften des Hl. Augustinus* – Analecta Praemonstratensia (Tongerloo) 62 (1986) 133-149

2488 KÖRLINGS, HERIBERT *Augustinus – ein Mann auf der Suche nach Gott und sich selbst* – Religionsunterricht an höheren Schulen (Düsseldorf) 28 (1985) 392-394

2489 KONDOLEON, THEODORE J. *Augustine and the Problem of Divine Foreknowledge and Free Will* – AugSt 18 (1987) 165-188

2490 KRAEMLING, GERHARD *Die praktische Dimension des Selbstbewußtseins. Zur Topik reflexiver Vergewisserung bei Augustinus und Descartes* – Allgemeine Zeitschrift für Philosophie (Stuttgart) 12,2 (1987) 17-33

2491 KREIDLER, MARY JANE *The pastoral theology of Augustine of Hippo as found in his letters* [Diss.]. Milwaukee, Wis.: Marquette Univ. 1987. 296 pp. [microfilm; cf. summary in DissAbstr 48 (1987) 1480A]

2492 KUNTZ, PAUL G. *Practice and Theory; Civic and Spiritual Virtues in Plotinus and Augustine.* In: *Arbeit, Muße, Meditation. Betrachtungen zur vita activa und vita contemplativa.* Ed. BRIAN VICKERS. Zürich: Verlag der Fachvereine (1985) 65-86

2493 KUNTZ, PAUL G. *The I-Thou Relation and Aretaic Divine Command Ethics: Augustine's Study of Virtues and Vices in the Confessions* – AugSt 16 (1985) 107-127

2494 LAMBERIGTS, M. *A short note on the Paterniani* – REA 31 (1985) 270-274

2495 LANGA, P. *San Agustín en nuestro tiempo* – RC 33 (1987) 117-142

2496 LANGA, PEDRO *San Agustin, teologo: conferencia-coloquio del jueves 24. 1. 1985.* Toledo: Estudio Teologico de San Ildefonso, Seminario Conciliar 1985. 30 pp.

2497 LANGA, PEDRO *Sobre la «primera crisis religiosa» de san Agustín* – EAg 22 (1987) 210-234

2498 LANGA, P., OSA *San Agustín y el ecumenismo cristiano* – Ang 64 (1987) 395-423

2499 LANGA, PEDRO, OSA *Reflexiones agustinianas sobre la riqueza* – AugSt 17 (1986) 85-108

2500 LANGFORD, J.M. *El hombre y la Iglesia en la Ciudad de Dios* – Augustinus 31 (1986) 155-160

2501 LARRABE, J.L. *Entre el XVI centenario de la conversión de San Agustín (1986) y el de su bautismo (1987)* – EAg 21 (1986) 619-626 = RC 33 (1987) 143-151

2502 LARRABE, J.L. *Naturaleza y gracia en la conversión de san Agustín (En el XVI centenario)* – NatGrac 33 (1986) 317-325

2503 LARRABE, JOSÉ LUIS *Conversión de San Agustín y mundo actual* – REspir 45 (1986) 631-640

2504 LARRINAGA, MANUEL *Rasgos fundamentales de «espiritualidad» en las «Confesiones» de San Agustín* – Confer 26 (1987) 49-59

2505 LARSEN, BENT DALSGAARD *Augustinus bibelbrug og fortolkningen af De ciuitate Dei.* In: *Patristica Nordica 2* (cf. 1985-87, 325) 19-32

2506 LAVERE, GEORGE J. *Camus' Plague and Augustine's Civitas Terrena* – PPMRC 10 (1985) 87-98

2507 LAWLESS, GEORGE P. *Augustine of Hippo and His Monastic Rule.* Oxford: Clarendon Pr. 1987. XIX, 185 pp.

2508 LAWLESS, GEORGE P. *El monasterio de san Agustín en Tagaste. Reconsideración del problema* – Augustinus 31 (1986) 161-167

2509 LAWLESS, GEORGE, P. *An Augustine glossary of monastic terms.* In: *Homo spiritalis* (cf. 1985-87, 282) 276-294

2510 LAWLESS, GEORGE P., OSA *Approaches to Christian Life in Augustine's Early Writings* – Ang 64 (1987) 376-394

2511 LAWLESS, GEORGE P., OSA *Augustine's First Monastery: Thagaste or Hippo?* – AugR 25 (1985) 65-78

2512 LE BOEUF, P. *La tradition manuscrite du «De musica» de saint Augustin et son influence sur la pensée et l'esthétique médiévales* – Ecole nationale des Chartes ... Positions de Thèses (1986) 107-115

2513 LE BOEUF, PATRICK *Un commentaire d'inspiration érigénienne du De musica de saint Augustin* – RechAug 22 (1987) 243-316

2514 LE BONNIEC, H. *Les livres IV et V de la Cité de Dieu. Notes de lectures* – VL 1986, N° 104 16-21

2515 LEBEK, W.D. *Neue Texte im Bereich der lateinischen Literatur.* In: *Klassische Antike und Gegenwart.* Hrsg. P. NEUKAM [Dialog Schule-Wissenschaft. Klass. Spr. und Lit. 19]. München: Bayer. Schulbuchverl. (1985) 50-67

2516 LEON GOMEZ, ADOLFO *La mentira para Santo Tomás y San Agustín* – Cuadernos de Filología Latinoamericana 32-33 (1987) 77-84

2517 LEPELLEY, CLAUDE *Un aspect de la conversion d'Augustin: la rupture avec ses ambitions sociales et politiques* – BLE 88 (1987) 229-246

2518 LETIZIA, FRANCISCO *Agustín, el peregrino de la verdad* – PhValparaíso 9/10 (1986/87) 55-62

2519 LETTIERI, GAETANO *A proposito del concetto di saeculum nel De civitate Dei* – AugR 26 (1986)481-498

2520 LEVENSON, CARL AVREN *Distance and presence in Augustine's Confessions* – JR 65 (1985) 500-512

2521 LILLA, SALVATORE *Un dubbio di S. Agostino su Porfirio* – NAFM 5 (1987) 319-329

2522 LLAMAS MARTINEZ, E. *San Agustín y la «conversión» de santa Teresa* – Augustinus 32 (1987) 385-415

2523 LLIN CHAFER, ARTURO *Presencia de san Agustín en santo Tomás de Villanueva* – CD 199 (1986) 367-391

2524 LOMBARDO, GREGORY *Introducción al De fide et operibus de san Agustín* – Augustinus 31 (1986) 169-178

2525 LORENZ, BERND *Apuntes para la imagen del mar en las Confesiones de san Agustín* – Augustinus 31 (1986) 179-184

2526 LOWE, JAMES VANDERMARK *Platonic recollection and Augustinian memory* [Diss.]. Madison, Wis.: Univ. of Wisconsin 1986. 268 pp. [microfilm; cf. summary in DissAbstr 47 (1987) 2572A]

2527 LUCA, GIUSEPPE DE *Sant'Agostino. Scritti d'occasione e traduzioni.* A cura di GUISEPPE SANDRI. Roma: Ed. di Storia e Letteratura 1986. 706 pp.

2528 LUIS, PIO DE *La conversión y sus etapas según san Agustín (Serm 96,2 y 330,2-3)* – CuadMon 22 (1987) 11-22

2529 LUIS VIZCAINO, PIO DE *«Virtus animae meae» (Confesiones X,1,1)* – EAg 22 (1987) 77-132

2530 LUIS VIZCAINO, PIO DE *La catequesis agustiniana práctica y teórica.* In: *San Agustín y la liberación* (cf. 1985-87, 197) 261-294

2531 LUIS VIZCAINO, PIO DE *La oración agustiniana* – Confer 26 (1987) 107-126

2532 LUIS VIZCAINO, PIO DE *Nuevas traducciones al castellano de Las Confesiones de san Agustín* – EAg 21 (1986) 475-519

2533 LUIS VIZCAINO, PIO DE *San Agustín. Historia de una inquietud* [Acanto. Colección de Espiritualidad 5]. Madrid: P.P.C. 1986. 158 pp.

2534 MADEC, GOULVEN *Augustin et le néo-platonisme* – Revue de l'Institut Catholique (Paris) 1986, N° 19 41-52

2535 MADEC, GOULVEN *Diagramme augustinien* – AugR 25 (1985) 79-94

2536 MADEC, GOULVEN *La notion augustinienne de philosophie* – Revue de l'Institut Catholique (Paris) 1986, N° 18 39-43

2537 MADEC, GOULVEN *Le communisme spirituel.* In: *Homo spiritalis* (cf. 1985-87, 282) 225-239

2538   MADEC, GOULVEN *Le Milieu Milanais. Philosophie et christianisme* – BLE 88 (1987) 194-205

2539   MADEC, GOULVEN *Le spiritualisme augustinien à la lumière du De immortalitate animae.* In: *L'opera letteraria di Agostino* (cf. 1985-87, 322) 179-190

2540   MADEC, GOULVEN *L'historicité des Dialogues de Cassiciacum* – REA 32 (1986) 207-231

2541   MADEC, GOULVEN *Philosophia christiana (Augustin, «Contra Iulianum», IV,14,72).* In: *L'art des confins. Mél. offerts à M. de Gandillac.* Edd. A. CAZENAVE; J.-F. LYOTARD. Paris: Presses univ. de France (1985) 585-598

2542   MAGNAVACA, S. *Antecedentes e innovación agustiniana en la noción de «pondus»* – PatrMediaev 6 (1985) 3-18

2543   MAIA, JOAO *O primeiro homem moderno* – Brotéria 124 (1987) 99-103

2544   MAINBERGER, G.K. *Rhetorica, I: Reden mit Vernunft. Aristoteles, Cicero, Augustinus.* Stuttgart; Bad Cannstatt: Frommann-Holzboog 1987. 383 pp.

2545   MARA, MARIA GRAZIA *Influssi polemici nella interpretazione agostiniana di Gal. 2,9* – CCC 6 (1985) 391-397

2546   MARA, MARIA GRAZIA *La conversione di S. Agostino e la fine del mondo antico.* In: *Conversione e storia.* A cura di GIUSEPPE CIOLINI [Convegni di Santo Spirito 3]. Palermo: Ed. Augustinus (1987) 37-48

2547   MARA, MARIA GRAZIA *Notas sobre el comentario de san Agustín a la Carta a los romanos. Exposición de algunas proposiciones de la Epist. ad Romanos* – Augustinus 31 (1986) 185-194

2548   MARA, MARIA GRAZIA *Note sul commento di Agostino alla Lettera ai Romani (Expositio quarundam propositionum ex epistula ad Romanos)* – AugR 25 (1985) 95-104

2549   MARA, MARIA GRAZIA *Riflessione sulla morte nell'epistolario agostiniano.* In: *Morte e immortalità* (cf. 1985-87, 311) 139-149

2550   MARAFIOTI, D. *La conversione di sant'Agostino: l'ora della grazia* – RT 27 (1986) 136-152

2551   MARCILLA CATALAN, FRANCISCO JAVIER *La «Confessio» en las Confesiones de San Agustín* – Mayeútica 12 (1986) 147-186

2552   MARGERIE, BERTRAND DE *Introduzione alla storia dell'esegesi, III: Agostino.* Trad. a cura di VITTORINO GROSSI [Collana Cultura cristiana antica]. Roma: Borla 1986. 200 pp.

2553   MARIN, MARCELLO *Agostino e l'interpretazione antica di Gal. 4,24. Note sulla fortuna di «allegoria» in ambito latino.* In: *Homo spiritalis* (cf. 1985-87, 282) 378-390 = VetChr 24 (1987) 5-21

2554 MARIN, MARCELLO *Allegoria in Agostino*. In: *La terminologia esegetica nell'antichità* (cf. 1985-87, 369) 135-161

2555 MARIN, MARCELLO *La definizione agostiniana di antifrasi e la sua fortuna* – AugR 25 (1985) 329-341

2556 MARIN, MARCELLO *Retorica ed esegesi in Sant'Agostino. Note introduttive* – VetChr 24 (1987) 253-268

2557 MARKUS, R.A. *The Sacred and the Secular: From Augustine to Gregory the Great* – JThS 36 (1985) 84-96

2558 MARQUINEZ, G.; ESTONILO, E. *La penitencia en el Enchiridion de San Agustín. Lectura de un texto* – Mayéutica 12 (1986) 208-224

2559 MARROU, HENRI-IRÉNÉE *Sant'Agostino e la fine della cultura antica*. Milano: Jaca Book 1987. 574 pp.

2560 MARSHALL, MICHAEL *The restless heart: The life and influence of St. Augustine*. Grand Rapids, Mich.: Eerdmans 1987. 151 pp.

2561 MARTINEZ, JESUS IVAN *El tiempo en San Agustín* – Universitas Philosophica. Pontificia Universidad Javeseana (Bogotá)

2562 MARTINHO, AVELINO *A Pascoa nos Sermões 231 e 232 de S. Agostinho* – Lum 46 (1985) 28-34

2563 MASCHIO, GIORGIO *L'argomentazione patristica di S. Agostino nella prima fase della controversia pelagiana (412-418)* – AugR 26 (1986) 459-479

2564 MASSONE, JUAN ANTONIO *65 años de bibliografía agustiniana en Chile*. Santiago de Chile: Ed. Agustinianas 1986. 170 pp.

2565 MASTANDREA, P. *Massimo di Madauros (Agostino, Epistulae 16 e 17)* [Saggi e Materiali universitari 3. Ser. di antichità e trad. class.]. Padova: Ed. Programma 1985. 91 pp.

2566 MAYER, CORNELIUS *«Pietas» und «vera pietas quae caritas est». Zwei Kernfragen der Auseinandersetzung Augustins mit der heidnischen Antike*. In: *Augustiniana Traiectina* (cf. 1985-87, 217) 119-136

2567 MAYER, CORNELIUS *Augustins Bekehrung im Lichte seiner 'Bekenntnisse': ein Exempel der kirchlichen Gnadenlehre* – AugSt 17 (1986) 31-45

2568 MAYER, CORNELIUS *Augustins Lehre vom homo spiritalis*. In: *Homo spiritalis* (cf. 1985-87, 282) 3-60

2569 MAYER, CORNELIUS *Die theozentrische Ethik Augustins* – CD 200 (1987) 233-245

2570 MAYER, CORNELIUS *Glaubensverkündigung und Kultur. Die Artikel 57 und 58 von «Gaudium et spes» im Lichte der Lehre Augustins vom «usus iustus»* – ThQ 167 (1987) 41-44

2571 MAYER, CORNELIUS *Hermenéutica agustiniana. Principios y problemas* – Augustinus 31 (1986) 195-212

2572 MCEVOY, J. *Anima una et cor unum: Friendship and Spiritual Unity in Augustine* – RThAM 53 (1986) 40-92

2573 MCGOWAN, RICHARD J. *Augustine's spiritual Equality. The Allegory of Man and Woman with Regard to Imago Dei* – REA 33 (1987) 255-264

2574 MCGUCKIN, JOHN ANTHONY *The Enigma of Augustine's Conversion: September 386 AD* – Clergy 71 (1986) 315-325

2575 MCWILLIAM DEWART, J.E. *La autobiografía de Casicíaco* – Augustinus 31 (1986) 41-78

2576 MENAUT, LÉON *Saint Augustin et le suicide des vierges consacrées* – BLE 88 (1987) 323-328

2577 MERINO, MARCELO *La pobreza de Cristo en los Sermones de san Agustín.* In: *Congresso Internazionale su S. Agostino* (cf. 1985-87, 245) II 295-311

2578 MERINO, MARCELO *Trazas agustinianas en el pensamiento europeo* – ScTh 18 (1986) 847-870

2579 MERKELBACH, REINHOLD *Die Zahl 9999 in der Magie und der Computus digitorum* – ZPE 63 (1986) 305-308

2580 MICAELLI, C. *Osservazioni sulla pneumatologia occidentale dopo Agostino.* In: *Congresso Internazionale su S. Agostino* (cf. 1985-87, 245) 187-204

2581 MICCOLI, PAOLO *La componente agostiniana nel pensiero di G.B. Vico* – CD 200 (1987) 577-592

2582 MICCOLI, PAOLO *La conversione al regno di Dio. Riflessioni sulla mistica ebraica di F. Rosenzweig (1887-1929) e su quella cristiana di S. Agostino* – RFN 78 (1986) 72-95

2583 MICCOLI, PAOLO *Storia e Profezia nel Pensiero di S. Agostino* – AugSt 16 (1985) 89-106 = EuntDoc 39 (1986) 45-66

2584 MIER, ANTONIO *Los Agustinos y San Agustín* – RC 33 (1987) 153-179

2585 MIYATANI, YOSHISHIKA *Significado de «memoria» en las Confesiones de san Agustín* – Augustinus 31 (1986) 213-220

2586 MONDIN, BATTISTA *Valenza filosofica della dottrina agostiniana sulla imago Dei* – DC 39 (1986) 405-422

2587 MORAN, CARLOS *Elementos para una Filosofía de la Religión en san Agustín* – EAg 22 (1987) 283-310

2588 MPASI LONDI, BOKA DI *Rôle médiateur du Saint Esprit dans la révélation du Christ chez Saint Augustin. Essai d'exégèse théologique dans une perspective pastorale* [Diss.]. Roma: Pontificia Universitas Gregoriana 1986. X, 129 pp.

2589 MUCCI, G. *Sant'Agostino: due centenari e un libro* – CC 137 (1986) 48-52

2590 MUNIER, C. *A propos d'un ouvrage récent* – RDC 35 (1985) 172-183

2591 MUSCO, ALESSANDRO; MESSANA, VINCENZO *Sant'Agostino*. In: *Grande antologia filosofica* (cf. 1985-87, 206) 493-510

2592 NAPOLITANO, ANTONIO *Comunicación e intersubjetividad en san Agustín* – Montalbán 18 (1987) 141-155

2593 NARDI, CARLO *Augustini verba apud Dantem (Par.33.82-90) expressa* – Prometheus 12 (1986) 283-284

2594 NASH, RONALD H. *Response to Snyder* [cf. CSR 14 (1985) 244-255] – CSR 14 (1985) 256-318

2595 NATAL, DOMINGO *Celebración del centenario de la conversión de San Agustín en el Estudio Teológico Agustiniano* – EAg 22 (1987) 407-422

2596 NATAL, DOMINGO *El pensamiento antiguo en san Agustín* – EAg 22 (1987) 423-451

2597 NATAL, DOMINGO *La lectura de san Agustín en Ortega y Gasset* – EAg 22 (1987) 311-345

2598 NEF, F. *La sémantique de S. Augustin est-elle vraiment mentaliste?* In: *Philosophie du langage et grammaire dans l'Antiquité* [Cahiers de philosophie ancienne 5]. Bruxelles: Éd. Ousia & Cahiers du Groupe de rech. sur la philos. et le langage VI-VII; Grenoble: Univ. de Sc. Sociales (1986) 377-400

2599 NESTEROVA, O.E. *Die geschichtsphilosophischen Voraussetzungen der Lehre Augustins über die Beziehung zwischen Zeit und Ewigkeit* [in russischer Sprache] – Istoriko-filosofskij ježegodnik (Moskva) 1 (1986) 35-48

2600 NEUMANN, WALTRAUD MARIA *Die Stellung des Gottesbeweises in Augustins De libero arbitrio*. Hildesheim: Olms 1986. XVI, 145 pp.

2601 NIARCHOS, C.G. *Aristotelian and Plotinian influences on St. Augustine's views of time* [mit Zusammenfassung in griechischer Sprache] – Philosophia 15/16 (1985/86) 332-351

2602 NICHOLS, A., OP *The Reception of St. Augustine and his Work in the Byzantine-Slav Tradition* – Ang 64 (1987) 437-452

2603 NICOLOSI, SALVATORE *La filosofia dell'amore in Sant'Agostino. Eternità dell'amore e amore dell'eternità* – Orpheus 6 (1985) 325-349

2604 NIÑO, ANDRÉS *La restauración del ser adulto en las Confesiones* – EAg 22 (1987) 347-371

2605 NORONHA GALVAO, HENRIQUE DE *Weisheitschristologie und Weisheitspneumatologie bei Augustinus. Eine Untersuchung der Tractatus in Iohannis Evangelium*. In: *Weisheit Gottes – Weisheit der Welt. Festschrift für Joseph Kardinal Ratzinger* (cf. 1985-87, 378) 651-666

2606 NOS MURO, LUIS *San Agustín de Hipona. Maestro de la conciencia de occidente*. Madrid: Ediciones Paulinas 1986. 132 pp.

2607 NÜRNBERG, ROSEMARIE *Mystagogische Theologie bei Augustinus und Karl Rahner. Voraussetzungen und Grundlagen. Ein Strukturvergleich* – WiWh 50 (1987) 93-125

2608 OBERTELLO, LUCA *Creazione e redenzione nel pensiero di Agostino.* In: *Fede e sapere nella conversione di Agostino* (cf. 1985-87, 262) 71-92

2609 O'BRIEN, D. *«Pondus meum amor meus»(Conf. XIII 9,10) : saint Augustin et Jamblique.* In: *Studia Patristica 16* (cf. 1985-87, 359) 524-527

2610 O'CONNELL, ROBERT J. *Imagination and metaphysics in St. Augustine* [The Aquinas Lecture 1986]. Milwaukee, Wis.: Marquette Univ. Pr. 1986. 70 pp.

2611 O'CONNELL, ROBERT J. *On Augustine's «First Conversion». Factus Erectior (De Beata Vita 4)* – AugSt 17 (1986) 15-29

2612 O'CONNELL, ROBERT J. *The origin of the soul in St. Augustine's later works.* New York: Fordham University Press 1987. XIII, 363 pp.

2613 O'DALY, GERARD *Augustine's Philosophy of Mind.* Berkeley: California Univ. Pr. 1987. XII, 241 pp.

2614 O'DALY, G.J.P. *Sensus interior in St. Augustine, De libero arbitrio 2.3.25-6.51.* In: *Studia Patristica 16* (cf. 1985-87, 359) 528-532

2615 O'DONNELL, J. *Gracia y oración en las Confesiones* – Augustinus 31 (1986) 221-231

2616 O'DONNELL, JAMES JOSEPH *Augustine* [TWAS, Latin Literature 759]. Boston, Mass.: Twayne Publishers 1985. XI, 152 pp.

2617 O'DONOVAN, OLIVER *Augustine's City of God XIX and Western political thought* – Dionysius 11 (1987) 89-110

2618 *Officina. Mitteilungen des Hauses Schwabe & Co AG.* Basel: Schwabe 1987. 32 pp.

2619 OORT, J. VAN *Jeruzalem en Babylon. Een onderzoek van Augustinus' De stad van God en de bronnen van zijn leer der twee steden (rijken)* [Diss. Univ. Utrecht]. S'Gravenhage: Uitgev. Boekencentrum 1986. X, 366 pp.

2620 OORT, JOHANNES VAN *Augustine and Mani on concupiscentia sexualis.* In: *Augustiniana Traiectina* (cf. 1985-87, 217) 137-152

2621 OPELT, ILONA *Augustins Epistula 20* (Divjak). Ein Zeugnis für lebendiges Punisch im 5. Jh. nach Christus* – AugR 25 (1985) 121-132

2622 O'ROURKE BOYLE, MARJORIE *The prudential Augustine. The virtuous structure and sense of his Confessions* – RechAug 22 (1987) 129-150

2623 OROZ RETA, J. *Agustín nuestro hermano.* Madrid: Augustinus 1986. 138 pp.

2624 OROZ RETA, J. *El combate cristiano según San Agustín.* In: *Congresso Internazionale su S. Agostino* (cf. 1985-87, 245) III 103-122

2625 OROZ RETA, J. *Por la conversión al ser. Un capítulo de ontología agustiniana.* In: *Homo spiritalis* (cf. 1985-87, 282) 61-75

2626 OROZ RETA, J. *Prière et recherche de Dieu dans les Confessions de Saint Augustin.* In: *Studia Patristica 16* (cf. 1985-87, 359) 533-550

2627 OROZ RETA, JOSÉ *Bautismo y conversión. Algunas reflexiones agustinianas* – Augustinus 31 (1986) 233-244

2628 OROZ RETA, JOSÉ *El agonismo cristiano. San Agustín y Unamuno* [Bibliotheca Salmanticensis. Estudios 84]. Salamanca: Biblioteca de la Caja de Ahorros; Universidad Pontificia 1986. 166 pp.

2629 OROZ RETA, JOSÉ *El conocimiento de Dios y del alma. En torno a los Soliloquios de San Agustín.* In: *L'opera letteraria di Agostino* (cf. 1985-87, 322) 151-178

2630 OROZ RETA, JOSÉ *La influencia de Ovidio en San Agustín* – CD 200 (1987) 639-647

2631 OROZ RETA, JOSÉ *Las Confesiones de san Agustín. Un paradigma de conversión* – Augustinus 32 (1987) 133-148

2632 OROZ RETA, JOSÉ *L'homme nouveau selon saint Augustin* – AugSt 17 (1986) 161-167

2633 OROZ RETA, JOSÉ *Paralelo de dos agonistas cristianos. Agustín de Hipona y Miguel de Unamuno* [Acta Salmanticensia. Ser. rectorado 9]. Salamanca: Ed. Univ. de Salamanca 1986. 49 pp.

2634 OSSANDON VALDÉS, J.C. *La conversión de un intelectual* – PhValparaíso 9/10 (1986/87) 9-19

2635 PACHECO, M.C. *Santo Agostinho ontem e hoje* – HumTeol 8 (1987) 9-21

2636 PARONETTO, VERA *Augustinus. Botschaft eines Lebens.* Aus dem Italienischen übers. von ARNULF HARTMANN [Augustinus – heute 4]. Würzburg: Augustinus-Verlag 1986. 252 pp.

2637 PASQUATO, OTTORINO *Evangelizzazione e cultura: Testimonianza di Agostino* – AugR 27 (1987) 539-558

2638 PASSOT, CHANTAL *Ut per eum adprehendam, in quo et adprehensus sum* – BLE 88 (1987) 329-336

2639 PASTORINO, A. *Cultura, scuola e insegnamento nel De cathechizandis rudibus di sant'Agostino.* In: *Studi in onore di Adelmo Barigazzi* (cf. 1985-87, 358) II 147-162

2640 PEGUEROLES, JUAN *Fragmentos de Filosofía* – Espíritu 34 (1985) 77-95; 145-156

2641 PEGUEROLES, JUAN *La «memoria Dei» en el libro X de Las confesiones* – Espíritu 35 (1986) 5-12

2642 PEGUEROLES, JUAN *La palabra interior. La filosofía del lenguaje en San Agustín* – Espíritu 35 (1986) 93-110

2643 PEGUEROLES, JUAN *San Agustín. Un platonismo cristiano* [Biblioteca Universitaria de Filosofía 5]. Barcelona: Promociones Publicaciones Univ. 1985. 279 pp.

2644 PEGUEROLES, JUAN *San Agustín y Kant. Dos notas* – Espíritu 34 (1985) 137-143

2645 PELIKAN, JAROSLAV *An Augustinian Dilemma: Augustine's Doctrine of Grace versus Augustine's Doctrine of the Church?* – AugSt 18 (1987) 1-29

2646 PELIKAN, JAROSLAV JAN *The Mystery of Continuity. Time and History, Memory and Eternity in the Thought of Saint Augustine* [Richard Lectures, University of Virginia, 1984]. Charlottesville, Va.: University Press of Virginia 1986. X, 187 pp.

2647 PENASKOVIC, RICHARD *The Fall of the Soul in Saint Augustine: a Quaestio Disputata* – AugSt 17 (1986) 135-145

2648 PÉREZ, RODOLFO *El itinerario de la conversión en las «Confesiones». Del reconocimiento del pecado al sacrificio de alabanza* – Mayeútica 13 (1987) 28-47

2649 PÉREZ DE GUEREÑU, GREGORIO *El caminar de san Agustín con el pueblo de Dios.* In: *San Agustín y la liberación* (cf. 1985-87, 197) 93-140

2650 PÉREZ RUIZ, FRANCISCO *Las «Ideas» en San Agustín* – Pensamiento 43 (1987) 129-150

2651 PETERS, E. *Aenigma Salomonis: Manichaean Anti-Genesis Polemic and the Vitium curiositatis in Confessions III.6* – Augustiniana 36 (1986) 48-64

2652 PETRUZZELLIS, NICOLA *Filosofia e teologia della storia nel pensiero di S. Agostino* – DC 39 (1986) 438-447

2653 PIACENZA, EDUARDO *«De Magistro» y la semántica contemporánea* – Montalbán 18 (1987) 75-140

2654 PIAZZA STORONI, ANNA MARIA *El concepto de espacio en san Agustín* – Augustinus 30 (1985) 341-355

2655 PINHEIRO, A. SOARES *Santo Agostinho contemporâneo nosso* – Brotéria 124 (1987) 82-85

2656 PINTARD, J. *Notes sur «Sedes Apostolica» selon St. Agustin.* In: *Studia Patristica 16* (cf. 1985-87, 359) 551-556

2657 PIZZANI, U. *Proposta di ricupero di una glossa punica nell'Ars breviata attribuita a S. Agostino.* In: *Atti del I Convegno internazionale di studi fenici e punici* (cf. 1985-87, 213) III 897-902

2658 PIZZOLATO, LUIGI FRANCO *Il De beata vita o la possibile felicità nel tempo.* In: *L'opera letteraria di Agostino* (cf. 1985-87, 322) 31-112

2659 POQUE, SUZANNE *Au sujet d'une singularité romaine de la «redditio symboli» (Confessions 8,2,5)* – AugR 25 (1985) 133-143

2660 POQUE, SUZANNE *L'écho des événements de l'été 413 à Carthage dans la prédication de saint Augustin.* In: *Homo spiritalis* (cf. 1985-87, 282) 391-399

2661 POQUE, SUZANNE *Les travaux du Père Cavallera sur Augustin d'Hippone* – BLE 88 (1987) 52-57

2662 POQUE, SUZANNE *Refléxion d'Augustin sur la conversion de son ami Marcianus (Ep. 258)* – AugR 27 (1987) 297-301

2663 POQUE, SUZANNE *Un souci pastoral d'Augustin: la persévérance des chrétiens baptisés dans leur enfance* – BLE 88 (1987) 273-286

2664 PREUS, MARY CATHERINE *Eloquence and Ignorance in Augustine's «On the Nature and Origin of the Soul»* [The American Academy of Religion, Academy Series 51]. Atlanta, Ga.: Scholars Pr. 1985. VIII, 179 pp.

2665 PRZYWARA, ERICH *Augustin. Passions et destins de l'Occident.* Trad. de l'all. par PHILIBERT SECRETAN [La nuit surveillée]. Paris: Ed. du Cerf 1987. 120 pp.

2666 QUINN, JOHN M. *Praise in St. Augustine: readings and reflections.* Norwell, Mass.: Christopher Publ. House 1987. XVII, 251 pp.

2667 RADERMACHER, H. *Zum Begriff der Parasubjektivität bei Augustinus* – PhJb 92 (1985) 266-272

2668 RAFFIN, PIERRE *Agustín, doctor de la caridad* – CuadMon 22 (1987) 43-49

2669 RAIKAS, KAUKO *Augustinuksen yhteiskunnallisen ajattelun probleemoja (= Priesthood in the thinking of St. Augustine)* – TAik 91 (1986) 477-482

2670 RAMIREZ LEAL, ALFREDO *En torno a la Carta «Augustinum Hipponensem»* – Mayeútica 13 (1987) 62-72

2671 RAMIREZ RUIZ, ESTEBAN *La conversión de San Agustín y la filosofía de la interioridad* – EfMex 3 (1985) 50-67

2672 RAMIREZ Z., A. *El influjo de San Agustín en el cristianismo occidental* – CTM 36 (1986) 103-115

2673 RAMOS, FRANCISCO M. *La idea del Estado en San Agustín a la luz de su epistolario.* In: *San Agustín y la liberación* (cf. 1985-87, 197) 295-316 = PersTeol 17 (1985) 63-76

2674 RANFT, PATRICIA *The Rule of St. Augustine in medieval monasticism* – PPMRC 11 (1986) 143-150

2675 RANKIN, D.I. *A Garden in Milan: Revisited* – Colloquium 19 (1987) 22-29

2676 RASCHINI, MARIA ADELAIDE *La problematica politica nel «De civitate Dei»*. In: *Fede e sapere nella conversione di Agostino* (cf. 1985-87, 262) 93-111

2677 RAVEAUX, THOMAS *Augustinus, Contra adversarium legis et prophetarum. Analyse des Inhaltes und Untersuchung des geistesgeschichtlichen Hintergrundes* [Cass: Suppl. 37]. Würzburg: Augustinus-Verlag 1987. XIX, 222 pp.

2678 RAY, R.D. *Augustine's De consensu evangelistarum and the Historical Education of the Venerable Bede*. In: *Studia Patristica 16* (cf. 1985-87, 359) 557-563

2679 RAY, ROGER *Bede and Cicero* – ASE 16 (1987) 1-16

2680 REALE, GIOVANNI *Agostino e il Contra Academicos*. In: *L'opera letteraria di Agostino* (cf. 1985-87, 322) 13-30

2681 RECCHIA, VINCENZO *«Similitudo» e metafora nel commento di Agostino e Gregorio Magno alla pesca miracolosa (Io. 21,1-14)*. In: *Filologia e forme letterarie* (cf. 1985-87, 263) V 241-262

2682 REID, MARTY LEATHERMAN *An analysis of Augustine's exegesis of Romans five. A hermeneutical investigation into the contributions of Augustine's exegesis for contemporary interpretation* [Diss.]. Fort Worth, Tex.: Southwestern Baptist Theological Seminary 1986. 244 pp. [microfilm; cf. summary in DissAbstr 47 (1987) 2623A]

2683 RELLEKE, WALBURGA *Augustinus – ein vergessener Kirchenlehrer* – Religionsunterricht an höheren Schulen (Düsseldorf) 28 (1985) 386-387

2684 RESINES, LUIS *El catecumenado en «De catechizandis rudibus»* – EAg 22 (1987) 373-393

2685 REY ALTUNA, LUIS *El amor a la verdad. Perfil íntimo de una andadura* – Augustinus 31 (1986) 357-377

2686 RIEF, JOSEF *Die Wahrheit der Weisheit als Movens der augustinischen Wahrheitssuche*. In: *Weisheit Gottes – Weisheit der Welt. Festschrift für Joseph Kardinal Ratzinger* (cf. 1985-87, 378) 667-688

2687 RIGA, FRANK P. *Augustinian Pride and the Work of C.S. Lewis* – AugSt 16 (1985) 129-136

2688 RIGBY, PAUL *Crítica a la interpretación de Paul Ricoeur sobre la doctrina agustiniana del pecado original* – Augustinus 31 (1986) 245-252

2689 RIGBY, PAUL *Original sin in Augustine's «Confessions»*. Ottawa: Univ. of Ottawa Pr. 1987. 137 pp.

2690 RIGBY, PAUL *Paul Ricoeur, Freudianism, and Augustine's Confessions* – JAAR 53 (1985) 115-128

2691 RINCON, ALFONSO *San Agustín y la utopía según Ernest Bloch* – IyV n° 73 (1987) 85-100

2692 RING, THOMAS GERHARD *Die pastorale Intention Augustins in Ad Simplicianum de diversis quaestionibus.* In: *Homo spiritalis* (cf. 1985/87, 282) 171-184

2693 RIVERA DE VENTOSA, E. *Comentario a la breve cuestión «De ideis» de San Agustín* – CD 200 (1987) 259-271

2694 RIVERA DE VENTOSA, E. *El agustinismo medieval en perspectiva histórica* – CD 200 (1987) 507-524

2695 RIVERA DE VENTOSA, ENRIQUE *Dialéctica platónica y encuentro personal en la conversión de san Agustín* – Augustinus 32 (1987) 191-203

2696 RIVINIUS, KARL JOSEF *Reflections on the Life and Work of St. Augustine* – Verbum SVD (Roma) 27 (1986) 3-21

2697 ROBLES, GABRIEL *La penitencia «en y desde» los Sermones 351 y 352 de San Agustín. Camino eclesial de conversión* – Mayéutica 13 (1987) 48-61

2698 RORDORF, WILLY *Die theologische Bedeutung des Sonntags bei Augustin. Tradition und Erneuerung.* In: *Der Sonntag. Anspruch, Wirklichkeit, Gestalt. Festschrift für Jakob Baumgartner.* Edd. A.M. ALTERMATT; THADDÄUS A. SCHNITZER. Würzburg: Echter (1986) 30-43

2699 ROSA, FABIO *Appunti sulla presenza di Terenzio nell'opera di S. Agostino.* In: *Teatro e pubblico nell'antichità. Atti del Convegno nazionale, Trento 25-27 Aprile 1986.* A cura di L. DE FINIS. Trento: Assoc. ital. di cultura class. Deleg. de Trento (1987) 114-131

2700 ROSALIA, ANTONINO DE *Propositi e realtà dei Disciplinarum libri di S. Agostino* – BStudLat 17 (1987) 5-18

2701 ROWLAND, T.J. *Escatología individual en san Agustín* – Augustinus 31 (1986) 253-262

2702 RUBIO, LUCIANO *Presencia de San Agustín en los Escritores de la España Romana y Visigoda* – CD 200 (1987) 477-506

2703 RUDOLPH, E. *Einheit und Differenz. Anmerkungen zu Augustins Zeitauffassung im XI. Buch der Confessiones.* In: *Einheit als Grundfrage der Philosophie.* Hrsg. von K. GLOY und E. RUDOLPH. Darmstadt: Wissenschaftliche Buchgesellschaft (1985) 102-119

2704 RUHBACH, GERHARD *Gnade und Freiheit bei Augustin* – Religionsunterricht an höheren Schulen (Düsseldorf) 28 (1985) 380-385

2705 RUOKANEN, MIIKKA *Näkökulma politiikan teologiaan: Augustinus ja Luther (= Political Theology of St. Augustine and Luther)* – TAik 92 (1987) 102-112

2706 RUSSELL, F.H. *Love and Hate in Medieval Warfare: The Contribution of Saint Augustine* – NMS 31 (1987) 108-124

2707 SABUGAL, S. *Diakonía. Teología agustiniana del servicio* – NetV 12 (1987) 209-219

2708 SALDARINI, GIOVANNI *La conversione di S. Agostino come cammino verso la bellezza.* In: *Agostino e la conversione cristiana* (cf. 1985-87, 195) 55-63

2709 SALVO, LIETTA DE *Nauiculariam nolui esse Ecclesiam Christi. A proposito di Aug., Serm.* 355,4 – Latomus 46 (1987) 146-160

2710 *San Agustín y la conversión. Antología agustino-recoleta* – Mayeútica 12 (1986) 235-271

2711 SANABRIA, JOSÉ RUBEN *Agustín de Hipona, filósofo de la interioridad y del amor* – RaFMex 20 (1987) 118-156

2712 SANCHEZ CARAZO, A. *El trabajo en el pensamiento de san Agustín* – Augustinus 30 (1985) 257-294

2713 SANCHEZ CARAZO, ANTONIO *La conversión de San Agustín y la vida monástica* – ScTh 18 (1986) 827-846

2714 SANCHEZ CARO, J.M. *Domingo y creación. Influencia agustiniana en el comentario al Génesis de Antonio de Honcala (1555)* – CD 200 (1987) 463-476

2715 SANCHEZ DEL BOSQUE, MANUEL *¿Qué significa «vivir» en los diálogos de Casiciaco?* – CD 200 (1987) 201-214

2716 SANTIAGO OTERO, HORACIO *«Quidquid habet Filius Dei per naturam habet filius hominis per gratiam»: ¿impronta agustiniana?* – CD 200 (1987) 463-476

2717 SANTOS, F.J.A. *A Pascoa nos Sermões Grielferbytanus III e V de S. Agostinho* – Lum 46 (1985) 35-38

2718 SAXER, VICTOR *Il vocabolario della benedizione in S. Agostino e le sue fonti* – AugR 25 (1985) 145-253

2719 SCARPAT, GIUSEPPE *I sibi placentes. Fortuna di un volgarismo da Orazio ad Agostino* – Paideia 42 (1987) 63-68

2720 SCHARR, PETER *Der Glaube an eine Reinigung nach dem Tod in der theologischen Fundierung durch Augustinus* – WiWh 49 (1986) 160-168

2721 SCHINDLER, ALFRED *Augustin und die römischen Historiker.* In: *Augustiniana Traiectina* (cf. 1985-87, 217) 153-168

2722 SCHINDLER, ALFRED *Augustins Ekklesiologie in den Spannungsfeldern seiner Zeit und heutiger Ökumene* – FZPT 34 (1987) 295-309

2723 SCHMIDT, ERNST A. *Augustins Geschichtsverständnis* – FZPT 34 (1987) 361-378

2724 SCHMIDT, ERNST A. *Zeit und Geschichte bei Augustin* [SAH 1985,3]. Heidelberg: Winter 1985. 116 pp.

2725 SCHOEDEL, WILLIAM R. *Tarcisius van Bavel on Augustine and Love: A Response* – AugSt 17 (1986) 183-185

2726 SCHÖNBERGER, O. *Zwei Bedingungssätze.* In: *Et scholae et vitae. Humanistische Beiträge zur Aktualität der Antike für Karl Bayer zu seinem 65. Geburtstag.* München: Bayer. Schulbuch-Verl. (1985) 67-72

2727 SCHRADER, WIEBKE *Die Erprobung der Mitte. Abbreviatur zu einem augustinischen Topos* – PPh 4 (1978) 215-231; 5 (1979) 135-168; 6 (1980) 237-268; 7 (1981) 277-288

2728 SCHWAN, G. *Der nichtutopische Frieden* – GWU 36 (1985) 1-22; 75-100

2729 SCIUTO, ITALO *Il significato dell'eudemonismo nei primi scritti di Agostino. Ricerca critica* – GM 9 (1987) 295-332; 495-513

2730 SCOTT, JOANNA VECCHIARELLI *Mediaeval sources of the theme of free will in Hannah Arendt's The life of the mind: Augustine, Aquinas, and Scotus* – AugSt 18 (1987) 107-124

2731 SEAGE, A. *«De catechizandis rudibus»: Tratado catequético de San Agustín* – Did 41 (1987) 4-9

2732 SEVE, RENÉ *La loi civile dans la pensée de saint Augustin* – Cahiers de Philosophie politique et juridique (Caen) N°12 (1987) 33-42

2733 SFAMENI GASPARRO, GIULIA *Il tema della concupiscentia in Agostino e la tradizione dell'enkrateia* – AugR 25 (1985) 155-183

2734 SHAW, BRENT D. *The family in the late antiquity. The experience of Augustine* – Past 115 (1987) 3-51

2735 SIMON, WERNER *Zeit und Zeitbewußtsein in den «Confessiones» des Augustinus* – Religionspädagogische Beiträge (Kaarst) 16 (1985) 75-89

2736 SIMONETTI, MANLIO *Sulla tecnica esegetica di Agostino in alcuni sermones veterotestamentari* – AugR 25 (1985) 185-203

2737 SIMPSON, DEAN *Epicureanism in the Confessions of St. Augustine* – AugSt 16 (1985) 39-48

2738 SINISCALCO, PAOLO *Due opere a confronto sulla creazione dell'uomo: Il De Genesi ad litteram libri XII di Agostino e i Libri IV in principium Genesis di Beda* – AugR 25 (1985) 435-452

2739 SKARICA, MIRKO *Noción de sabiduría en el cristianismo. San Agustín y la sabiduría cristiana. La razón y el auxilio de la fe.* In: *Semanas* (cf. 1985-87, 349) 229-239

2740 SMALBRUGGE, M.A. *Een misverstand. De afstand tussen God en mens in de Soliloquia van Augustinus* – NedThT 39 (1985) 21-30

2741 SMALBRUGGE, M.A. *L'argumentation probabiliste d'Augustin dans le Contra Academicos* – REA 32 (1986) 41-55

2742 SMALBRUGGE, M.A. *Les notions d'»enseignement» et de «parole» dans le De magistro et l'In Ioannis evang. tr. 29* – AugR 27 (1987) 523-538

2743 SMUTS, F. *Die Confessiones van Augustinus as 'n nuwe verskynsel in die Latynse letterkunde* – Akroterion 31 (1986) 37-50

2744 SNYDER, DAVID C. *Augustine's Concept of Justice and Civil Government* – CSR 14 (1985) 244-255

2745 SNYDER, DAVID C. *Response to Ronald Nash* [cf. CSR 14 (1985) 256-318] – CSR 14 (1985) 360-361

2746 SOLA, F. DE P. *La paternidad de San José en San Agustín* – EJos 39 (1985) 25-46

2747 SOLIGNAC, A. *La double tradition augustinienne* – Les Cahiers de Fontenay (Fontenay-aux-Roses) 39-40 (1985) 67-77

2748 SOLIGNAC, A. *Le texte biblique d'Augustin et les manuscrits de ses œuvres exégétiques.* In: *Texte und Textkritik* (cf. 1985-87, 372) 549-552

2749 SOLIGNAC, AIMÉ *Le monachisme et son role dans l'Église d'après l'Enarratio in Psalmum 132.* In: *Homo spiritalis* (cf. 1985-87, 282) 327-339

2750 SORDI, MARTA *Augustinus, De civ. Dei, V, 23 e i tentativi di restaurazione pagana durante l'invasione gotica del V. secolo* – AugR 25 (1985) 205-210

2751 SOTO POSADA, GONZALO *San Agustín y el problema del lenguaje* – CTM 13 (1986) 117-127

2752 *Specimina eines Lexicon Augustinianum.* Erstellt auf Grund sämtlicher Editionen des Corpus Scriptorum Ecclesiasticorum Latinorum von WERNER HENSELLEK und PETER SCHILLING, Lief. 1. Wien: Österr. Akad. d. Wiss. 1987. Losebl.-Ausg. 72 pp.

2753 SPIAZZI, RAIMONDO *«Conoscenza con amore» in Sant'Agostino e in San Tommaso* – DC 39 (1986) 315-328

2754 SPICER, M. *El Tao en el libro XI del De Trinitate* – Augustinus 31 (1986) 263-274

2755 SPRINGER, CARL P.E. *The Artistry of Augustine's Psalmus contra partem Donati* – AugSt 16 (1985) 65-74

2756 SPRINGER, CARL P.E. *The Prosopopoeia of Church as Mother in Augustine's Psalmus Contra Partem Donati* – AugSt 18 (1987) 52-65

2757 SQUIRE, A.K., OP *Personal integration in the latter books of Augustine's De Trinitate.* In: *Studia Patristica 16* (cf. 1985-87, 359) 564-569

2758 STAFFORST, ULRICH *Ein neuentdeckter Brief an den Kirchenvater Augustinus (ep.11* Consentii ad Augustinum, ed. Divjak).* In: *400 Jahre Gymnasium illustre. 1586-1986. Festschrift des Bismarck-Gymnasiums.* Karlsruhe: Bismarck-Gymnasium (1986) 67-79

2759 STARNES, C.J. *La unidad de las Confesiones* – Augustinus 31 (1986) 275-284

2760 STARNES, COLIN *Ad sensum. A translation of Augustine's Confessions; Book 1* – Dionysius 11 (1987) 63-87

2761 STEFANO, FRANCES *Lordship Over Weakness: Christ's Graced Humanity as Locus of Divine Power in Augustine's Tractates on the Gospel of John* – AugSt 16 (1985) 1-19

2762 STEVENSON, WILLIAM R. *Christian love and just war: moral paradox and political life in St. Augustine and his modern interpreters.* Foreword by INIS L. CLAUDE, Jr. Macon, Ga.: Mercer Univ. Pr. 1987. XV, 166 pp.

2763 STIELSTRA, D. *The Portrayal of Consciousness in Medieval Romance* [Diss.]. Bloomington, Ind.: Indiana Univ. 1985. 209 pp. [microfilm; cf. DissAbstr 46 (1986) 3715A]

2764 STOLAROV, A.A. *Recte honesteque vivere (Die Geschichte der geistigen Entwicklung Augustins)* [in russischer Sprache]. In: *Die antike Zivilisation und die moderne Wissenschaft* (cf. 1985-87, 381) 78-83

2765 STUDER, BASIL *Zur Gottesfrage bei Augustinus* – MThZ 38 (1987) 143-152

2766 STUDER, B., OSB *«Sacramentum et exemplum» chez Saint Augustin.* In: *Studia Patristica 16* (cf. 1985-87, 359) 570-588

2767 SUMRULD, WILLIAM A. *Augustine's theological opposition to the Gothic Arians A.D. 418-430* [Diss.]. Fort Worth, Tex.: Southwestern Baptist Theol. Sem. 1985.

2768 SUNDÉN, HJALMAR *Saint Augustine and the Psalter in the Light of Role-Psychology* – JSSR 26 (1987) 375-382

2769 SWIFT, LOUIS J. *Pagan and Christian Heroes in Augustine's City of God* – AugR 27 (1987) 509-522

2770 TARANCON, V. ENRIQUE *San Agustín, maestro para el hombre de hoy* – RC 33 (1987) 181-206

2771 TAYLOR, J.H. *A Note on Augustine's De Genesi ad litteram 1,20,40.* In: *Texte und Textkritik* (cf. 1985-87, 372) 563-566

2772 TEJEDOR, BASILIO *Semiótica y mentira literaria en san Agustín* – Montalbán 18 (1987) 57-73

2773 TESELLE, EUGENE *Augustine as Client and as Theorist* – JSSR 25 (1986) 92-101

2774 TESKE, R.J. *Augustine's use of 'substantia' in speaking about God* – ModS 62 (1985) 147-163

2775 TESKE, ROLAND J. *Divine immutability in Saint Augustine* – ModS 63 (1986) 233-249

2776 TESKE, ROLAND J. *The aim of Augustine's proof that God truly is* – IPhQ 26 (1986) 253-268

2777 TESKE, ROLAND J. *Vocans temporales, faciens aeternos. St. Augustine on liberation from time* – Tr 41 (1985) 29-47

2778   TESTARD, MAURICE *La superbia dans les Confessions de saint Augustin*. In: *Homo spiritalis* (cf. 1985-87, 282) 136-170

2779   THURN, HANS *Augustinus in der Diözese Würzburg im frühen und hohen Mittelalter* – ZKG 98 (1987) 233-237

2780   TIBILETTI, CARLO *Matrimonio e verginità in S. Agostino*. In: *Fede e sapere nella conversione di Agostino* (cf. 1985-87, 262) 27-42

2781   TILLIETTE, J.Y. *Saint Augustin entre Moïse et Jean-Jacques? L'aveu dans les Confessions*. In: *L'aveu* (cf. 1985-87, 218) 147-168

2782   TODOROV, TZVETAN *A propos de la conception augustinienne du signe* – REA 31 (1985) 209-214

2783   TOINET, PAUL *Le «De Civitate Dei» comme introduction à la théologie de l'histoire* – DC 39 (1986) 423-437

2784   TORCHIA, N. JOSEPH *St. Augustine's Treatment of Superbia and its Plotinian Affinities* – AugSt 18 (1987) 66-80

2785   TORIBIO, J.F. *«Dispensator Verbi et Sacramenti». El ministerio en S. Agustín* – Mayeútica 11 (1985) 207-229

2786   TORIO, ANTONIO *Camino hacia la luz. San Agustín y su conversión*. Santiago de Chile: Ed. Agustinianas 1986. 188 pp.

2787   TRAETS, COR *The Eucharist and Christian Community: Some Pauline and Augustinian Evidence* – LSt 12 (1987) 152-171

2788   TRANØY, KNUT ERIK *Augustin – menneskesyn, moral og statslære. Teologi og filosofi*. In: *Filosofi og vitenskap fra antikken til vår egen tid*. Edd. TROND BERG ERIKSEN; KNUT ERIK TRANØY; GUTTORM FLØISTAD. Oslo; Bergen; Stavanger; Tromsø: Universitetsforlaget (1985) 208-231

2789   TRAPE, AGOSTINO *Centenario della conversione di Sant'Agostino: da Ipponia ad Aquino* – DC 39 (1986) 367-379

2790   TRAPE, AGOSTINO *Lutero Interprete di S. Agostino sulla Libertà e la Grazia?* In: *Agostino e Lutero* (cf. 1985-87, 196) 11-19

2791   TRAPE, AGOSTINO *Nota sul giudizio di S. Agostino su Origene* – AugR 26 (1986) 223-227

2792   TRAPE, AGOSTINO *S. Agostino. Introduzione alla doctrina della grazia, I: Natura e grazia* [Collana di studi agostini]. Roma: Città Nuova 1987. 424 pp.

2793   TRAPE, AGOSTINO *San Agustín: El hombre, el pastor, el místico*. Trad. de R. GALLARDO GARCIA. México: Ed. Porrúa 1987. 269 pp.

2794   TRAPE, AGOSTINO *St. Augustine: man, pastor, mystic*. Translated by MATTHEW J. O'CONNELL. New York: Catholic Book Publishing Co. 1985. 384 pp.

2795 TRAPE, AGOSTINO, OSA *Un libro sulla nozione di eresia mai scritto da Sant'Agostino* – AugR 25 (1985) 853-865

2796 TURRADO, ARGIMIRO *La utopía y la dialéctica vital de Biblia como característica esencial de la mentalidad de S. Agustín.* In: *Homo spiritalis* (cf. 1985-87, 282) 76-99 = EAg 21 (1986) 451-473

2797 TURRADO, ARGIMIRO *Visión panorámica de una reelaboración de la teología a la luz de San Agustín en el marco de la «liberación integral» del hombre.* In: *San Agustín y la liberación* (cf. 1985-87, 197) 175-208 = RAgEsp 27 (1986) 555-586

2798 UÑA JUAREZ, A. *Vigencia medieval de San Agustín o las razones de un clásico* – CD 200 (1987) 525-575

2799 URCEY, F.P. *La Conversión Cristiana en los Tratados del Evangelio de San Juan* – VyE 4 (1986) 97-113

2800 VALGIGLIO, E. *L'ansia di verità, su sfondo autobiografico, centro unitario delle Confessioni di sant'Agostino.* In: *Studia Patristica* 16 (cf. 1985-87, 359) 589-597

2801 VALGIGLIO, ERNESTO *Sant'Agostino e Cicerone.* In: *Fede e sapere nella conversione di Agostino* (cf. 1985-87, 262) 43-70

2802 VAN HORNE, WINSTON A. *From Sinners to Saints: The Confessions of Saint Augustine and Malcolm X* – JRTh 43 (1986) 76-101

2803 VANNIER, MARIE-ANNE *La rencontre de Dieu Createur dans la Conversion d'Augustin: dialectique de la vie et la pensée* – RAgEsp (1985) 333-364

2804 VANNIER, MARIE-ANNE *Le rôle de l'Hexaéméron dans l'interprétation augustinienne de la création* – RsPhTh 71 (1987) 537-547

2805 VEGA, JOSÉ *La vocación agustiniana. El proyecto filosófico-monástico-sacerdotal de San Agustín.* Valladolid: Estudio Agustiniano 1987. 609 pp.

2806 VEGA, JOSÉ *La vocación agustiniana. El proyecto filosófico-monástico-sacerdotal de san Agustín* – EAg 20 (1985) 385-411; 21 (1986) 23-65

2807 VELASQUEZ, JORGE OSCAR *Gloriosissimam civitatem Dei. Algunas consideraciones en torno a «gloria»* – Augustinus 31 (1986) 285-290

2808 VERBRAKEN, PIERRE PATRICK *L'»Augustinus-Lexikon» de Wurtzbourg et Giessen* – RBen 97 (1987) 314-319

2809 VERBRAKEN, PIERRE PATRICK *L'authenticité augustinienne du sermon 350 De caritate est-elle douteuse?* – REA 31 (1985) 275-277

2810 VERBRAKEN, PIERRE PATRICK *Le Sermon 57 de saint Augustin pour la tradition de l'Oraison dominicale.* In: *Homo spiritalis* (cf. 1985-87, 282) 411-424

2811 VERBRAKEN, PIERRE PATRICK *Lire aujourd'hui les Sermons de saint Augustin. A l'occasion du XVIe centenaire de sa conversion* – NRTh 109 (1987) 829-839

2812 VERGOTE, ANTOON *Finding God: A Matter of Recovering or Discovering? Reflection on Augustine's Teaching* – LSt 12 (1987) 99-115

2813 VERHEIJEN, L.M.J., OSA *Éléments d'un commentaire de la Règle de saint Augustin* – Augustiniana 37 (1987) 5-37

2814 VERHEIJEN, L.M.J., OSA *La Règle de saint Augustin. L'état actuel des questions (début 1975)* – Augustiniana 35 (1985) 193-263

2815 VERHEIJEN, LUC M.J., OSA *Espiritualidad y vida monástica en san Agustín* – CuadMon 22 (1987) 75-101

2816 VERHEIJEN, LUC M.J., OSA *La Règle de saint Augustin. Complément bibliographique* – Augustiniana 36 (1986) 297-303

2817 VERHEIJEN, LUC M.J., OSA *La regola di S. Agostino. Studi e Ricerche*. Traduzione di BERNADETTE CARAVAGGI. Revisione di GIOVANNI SCANAVINO [Augustiniana. Testi e Studi 5]. Palermo: Edizioni Augustinus 1986. 331 pp.

2818 VERHEIJEN, LUC M.J., OSA *La tradition manuscrite de l'Obiurgatio d'Augustin (ep. CCXI) et de la Regularis Informatio*. In: *Texte und Textkritik* (cf. 1985-87, 372) 591-594

2819 VERHEIJEN, LUC M.J., OSA *Le premier livre du De doctrina christiana d'Augustin. Un traité de télicologie biblique*. In: *Augustiniana Traiectina* (cf. 1985-87, 217) 169-187

2820 VERHEIJEN, LUC M.J., OSA *Les confessions de Saint Augustin: deux grilles de composition et de lecture* [Cahiers «Lumen Gentium» 115]. Paris: Association Sacerdotale «Lumen Gentium» 1987. 28 pp.

2821 VERHEIJEN, LUC M.J., OSA *The Confessions of Saint Augustine: Two Grids of Composition and of Reading* – PPMRC 11 (1986) 1-18

2822 VERWILGHEN, ALBERT *Christologie et spiritualité selon saint Augustin. L'Hymne aux Philippiens* [ThH 72]. Paris: Beauchesne 1985. 556 pp.

2823 VICIANO, ALBERTO *Le bonheur et le travail dans la pensée de saint Augustin* – BLE 88 (1987) 309-315

2824 VIEILLARD-BARON, JEAN-LOUIS *Les images de Dieu comme théophanies chez saint Augustin* – Université saint Jean de Jerusalem. Cahiers de l'Université Saint Jean de Jerusalem (Paris) (1986) 35-51

2825 VILLALMONTE, ALEJANDRO DE *El pecado original en la polémica Agustín – Juliano de Eclana* – CD 200 (1987) 365-409

2826 VIÑAS ROMAN, TEOFILO «Koinonía» evangélica y «vera amicitia». Claves para una interpretación agustiniana – CD 200 (1987) 291-310

2827 VIÑAS ROMAN, TEOFILO Claves para una interpretación agustiniana de la «Koinonía» evangélica – VyE 6 (1987) 9-30

2828 VIÑAS ROMAN, TEOFILO La amistad, clave hermenéutica en el proceso de conversión de San Agustín – RC 33 (1987) 207-245

2829 VIÑAS ROMAN, TEOFILO La salvación y la conversión en San Agustín – VyV 45 (1987) 7-22

2830 VINEL, ALBERT Le rôle de la liturgie dans la réflexion doctrinale de saint Augustin contre les Pélagiens [Diss.]. Louvain: 1986. XXI, 301 pp. [dactyl.]

2831 VINEL, J.A. L'argument liturgique opposé par Saint Augustin aux Pélagiens – QL 68 (1987) 209-241

2832 VISCIDO, LORENZO Augustinian works available in the Vivarium library (6th century) – VetChr 23 (1986) 329-335

2833 VISCIDO, LORENZO Quae Sancti Augustini scripta Bibliotheca Vivariensis (saec. VI) continuerit – VoxLat 22 (1986) 48-52

2834 VOGÜÉ, ADALBERT DE L'horaire de l'Ordo monasterii. Ses rapports avec le monachisme égyptien. In: Homo spiritalis (cf. 1985-87, 282) 240-258

2835 WANKENNE, J. Une découverte importante, les lettres inédites de saint Augustin. In: Hommages à Jozef Veremans. Edd. F. DECREUS; C. DEROUX. Bruxelles: Éd. Latomus (1986) 373-382

2836 WASZINK, J.H. Augustinus over de geschiedenis – Lampas 18 (1985) 256-266

2837 WATSON, GERARD I doubt, therefore I am. St. Augustine and scepticism – MayR 12 (1985) 42-50

2838 WEHR, GERHARD Augustinus. In: Exempla historica VII (cf. 1985-87, 261) 121-141

2839 WEHR, GERHARD Aurelius Augustinus. Grandezza e tragicità del discusso Padre della Chiesa. A cura di MARCO VANNINI [Cristianesimo 4]. Palermo: Edizioni Augustinus 1986. 71 pp.

2840 WEISMANN, F.J. Cristo, Verbo creador y redentor, en la controversia antidonatista de los «Tractatus in Johannis Evangelium» I-XVI de San Agustín – Stromata 42 (1986) 301-328

2841 WEISMANN, F.J. Introducción a la lectura e interpretación de los «Tractatus in Iohannis Evangelium» de San Agustín – Stromata 43 (1987) 51-69

2842 WEISMANN, F.J. Tipología y simbolismo en «De Genesi adversus Manichaeos» de S. Agustín – Stromata 42 (1986) 217-226; RC 33 (1987) 247-258

2843 WELSCH, P.J. La foi au Verbe fait char dans le De Trinitate de saint Augustin [Diss.]. Louvain: Univ. 1986. 148; 81 pp. [dactyl.]

2844 WERMELINGER, OTTO *Augustins Einführungskatechese für Nichtchristen* – Religionsunterricht an höheren Schulen (Düsseldorf) 28 (1985) 376-397

2845 WETHEL, JAMES *The Recovery of Free Agency in the Theology of St. Augustine* – HThR 80 (1987) 101-125

2846 WISLØFF CARL F. *Augustin og Det kristne gamle Testamente*. In: *Judendom och kristendom under de första århundradena* (cf. 1985-87, 101) II 254-272

2847 WOOD, NEAL *Populares and circumcelliones. The vocabulary of «fallen man» in Cicero and St. Augustine* – History of political thought (Exeter, Engl.) 7 (1986) 33-51

2848 YACOBUCCI, G.J. *Formulación agustiniana del concepto católico de la paz* – PhValparaíso 9/10 (1986/87) 21-32

2849 ZUMKELLER, A. *Zu Augustins schriftstellerischer Arbeitsweise. Ergebnisse eines Vergleichs von zwei gleichzeitigen Abhandlungen des Kirchenvaters zu einem gleichen Thema (De pecc. orig. cap. 33-41 und De nupt. et concup. lib. I)*. In: *Studia Patristica 16* (cf. 1985-87, 359) 598-607

2850 ZUMKELLER, ADOLAR *Affekt und Gebet beim hl. Augustinus* – GeiLeb 60 (1987) 202-212

2851 ZUMKELLER, ADOLAR *Augustine's ideal of the religious life*. Transl. by EDMUND COLLEDGE. New York: Fordham Univ. Pr. 1986. X, 468 pp.

2852 ZUMKELLER, ADOLAR *Augustine's Rule: a commentary*. Villanova, Penna.: Augustinian Pr. 1987. 128 pp.

III.2. Pseudo-Aurelius Augustinus

2853 PIZZANI, UBALDO *Gli scritti grammaticali attribuiti a S. Agostino* – AugR 25 (1985) 361-383

2854 ZUMKELLER, A. *Die pseudo-augustinische Schrift «De praedestinatione Dei». Inhalt, Überlieferung und Verfasserfrage*. In: *Congresso Internazionale su S. Agostino* (cf. 1985-87, 245) 147-158

2855 ZUMKELLER, ADOLAR, OSA *Die pseudoaugustinische Schrift «De praedestinatione et gratia»: Inhalt, Überlieferung, Verfasserfrage und Nachwirkung* – AugR 25 (1985) 539-563

III.2. Ausonius

2856 *[Ausonius] Ausonius. Mosella 1-334 et 335-480*. Trad. MIECZYSŁAW BROŻEK – Meander 41 (1986) 85-95; 153-158

2857 BANTERLE, GABRIELE *Un documento letterario sugli insegnanti in Gallia nel corso del secolo IV* – AMAV 37 (1985) 93-104

2858 BONARIA, M. *Ausone, Technop., n. 349, 12 Bip = p. 137, 154 Prete* – Latomus 44 (1985) 882

2859 BONJOUR, MADELEINE *Diligo Burdigalam. La patrie d'Au-*
sone – Bulletin de la Faculté des Lettres de Mulhouse (Mulhouse)
15 (1987) 63-70

2860 BOWERSOCK, G.W. *Symmachus and Ausonius.* In: *Colloque*
Gènevois sur Symmaque (cf. 1985-87, 241) 1-15

2861 CAPPONI, FILIPPO *Note filologiche* – QCTC 2/3 (1984/85)
17-34

2862 COLTON, ROBERT E. *Horace's Sabine farm and Ausonius'*
estate near Bordeaux – CB 63 (1987) 41-42

2863 CORTE, FRANCESCO DELLA *L'Ordo urbium nobilium di*
Ausonio. In: *Hestíasis* (cf. 1985-87, 279) I 73-87

2864 CUTOLO, PAOLO *Due echi della Ciris in Anth. Lat. 715 R.* –
Vichiana 16 (1987) 271-279

2865 DESGRAVES, L. *Répertoire des éditions imprimées des oeuvres*
d'Ausone (1472-1785) – Revue française d'histoire du livre (Bordeaux) 46 (1986) 159-251

2866 DESGRAVES, LOUIS *Joseph Scaliger, Elie Vinet (1509-1587) et*
l'édition des oeuvres d'Ausone. In: *Acta Scaligeriana. Actes du*
colloque international organisé pour le cinquième centenaire de la
naissance de Jules-César Scaliger (Agen, 14-16 septembre 1984).
Réunis par CUBELIER DE BEYNAC et MICHEL MAGNIEN
[Rec. des trav. de la Soc. acad. d'Agen 3e sér. 6]. Agen (1986)
51-60

2867 ÉTIENNE, ROBERT *Ausone ou les ambitions d'un notable aqui-*
tain – Revue française d'histoire du livre (Bordeaux) 46 (1985)
7-98

2868 FERRERO, ANNA MARIA *Un'esercitazione di tecnica retorica.*
L'ecloga I di Ausonio (ed. Prete) – AAT 120 (1986) 173-204

2869 GRANUCCI, FIORENZA *Appunti di lessicologia gallica. Ausonio*
e il Grammaticomastix – RomBarb 9 (1986/87) 115-152

2870 GREEN, R.P.H. *Still Waters run Deep: A New Study of the*
Professores of Bordeaux – CQ 35 (1985) 491-506

2871 IJSEWIJN, I. *De Iulio Caesare Scaligero Ausonii iudice* – Latinitas
33 (1985) 27-46

2872 LEBEK, WOLFGANG DIETER *Das Versepitaph Syll. Eln. 2 (ZPE*
63,1986,83 ff) und Ausonius, besonders Epitaphia heroum 35 –
ZPE 69 (1987) 101-105

2873 MARTIN, RENÉ *La Moselle d'Ausone est-elle un poème politi-*
que? – REL 63 (1985) 237-253

2874 ÖNNERFORS, A. *Ausonius an Hesperius temporibus tyrannicis*
(Schenkl, epist. II; Peiper, epist. XX). In: *Kontinuität und Wandel*
(cf. 1985-87, 293) 264-272

2875 PERRELLI, RAFFAELE *Ausonio, Technopaegnion 13,25* –
QCTC 2/3 (1984/85) 79-88

2876 PERRELLI, RAFFAELE *Catullo nell'epistola a Probo di Ausonio (vv. 1-3)* – Orpheus 8 (1987) 337-339

2877 PRETE, S. *Per la storia del testo di Ausonio* – Phil 132 (1986) 196-209

2878 PRETE, SERAFINO *I «Bobienses» ausoniani (B) ed il codice Harleianus 2613 (h)*. In: *Texte und Textkritik* (cf. 1985-87, 372) 509-514

2879 PRETE, SESTO *La tradition textuelle et les manuscrits d'Ausone* – Revue française d'histoire du livre (Bordeaux) 46 (1985) 99-157

2880 SABBAH, GUY *Présence de la N.H. chez les auteurs de l'Antiquité tardive. L'Exemple d'Ammien Marcellin, de Symmaque et d'Ausone*. In: *Pline l'Ancien* (cf. 1985-87, 329) 519-537 = Helmántica 38 (1987) 203-221

2881 SZELLEST, HANNA *Die Mosella des Ausonius und ihre literarische Tradition* – Eos 75 (1987) 95-105

2882 TERNES, CHARLES-MARIE *Études ausoniennes, II*. Luxembourg: Centre Alexandre Wiltheim 1986. 97 pp.

2883 TERNES, CHARLES-MARIE *La sagesse grecque dans l'oeuvre d'Ausone* – CRAI (1986) 147-161

2884 TERNES, CHARLES-MARIE *Le lyrisme dans l'oeuvre d' Ausone* [mit Zusammenfassung in lateinischer Sprache] – REL 64 (1986) 196-210

III.2. Avitus Viennensis

2885 *[Avitus Viennensis] The Fall of Man. De Spiritalis Historiae Gestis Libri I-III*. Edited from Laon Bibliothèque Municipale, Ms. 273, by DANIEL J. NODES [TMLT 16]. Toronto: Pontifical Inst. of Mediaeval Studies 1985; Leiden: Brill 1986. VIII, 71 pp.

2886 EHLERS, W. *Bibelszenen in epischer Gestalt. Ein Beitrag zu Alcimus Avitus* – VigChr 39 (1985) 353-369

2887 NODES, D.J. *Further notes on the text of Avitus* – VigChr 39 (1985) 79-81

III.2. Bachiarius

2888 DOMINGUEZ DEL VAL, URSICINO *En torno al monje Baquiario. Iglesia y Pastoral*. In: *Homenaje a Pedro Sáinz Rodríguez, IV. Estudios teológicos, filosóficos y socio-económicos*. Madrid: Fundación Universitaria Española (1986) 19-34

III.2. Bardesanes

2889 KRUSE, HEINZ *Die «mythologischen Irrtümer» Bar-Daiṣāns* – OrChr 71 (1987) 24-52

2890 THOMAS, L. *Problème de rapports entre le monde indo-européen et le monde chinois soulevé par une famille de trois textes (grec, latin, syriaque) des II et III siècles* – Etudes indo-européennes (Lyon) 1985 N° 13, 19-32

III.2. Barnabae Epistula

2891 CAPPONI, FILIPPO *L'esperienza di un reale nel simbolismo di Barnaba.* In: *Filologia e forme letterarie* (cf. 1985-87, 263) I 445-454

2892 HVALVIK, REIDAR *Barnabas 9.7-9 and the Author's Supposed Use of Gematria* – NTS 33 (1987) 276-282

2893 SCHUKSTER, MARTIN; RICHARDSON, PETER *Temple and Bet Ha-midrash in the the Epistle of Barnabas.* In: *Anti-Judaism in early Christianity II* (cf. 1985-87, 204) 17-31

2894 SIMON, MARCEL *L'Epître de Barnabé et le Temple.* In: *Les Juifs au miroir de l'histoire. Mélanges en l'honneur de B. Blumenkranz.* Paris: Picard (1985) 31-36

III.2. Basilides

2895 THOMAS, LÉON *L'absolu dans deux pensées apophatiques. Basilide et le taoisme* – RHPhR 67 (1987) 181-191

III.2. Basilius Ancyranus

2896 STEENSON, J.N. *Basil of Ancyra on the meaning of ὁμοούσιος.* In: *Arianism* (cf. 1985-87, 209) 267-279

III.2. Basilius Caesariensis

2897 *[Basilius Caesariensis] Ad adolescentes, quomodo possint ex gentilium libris fructum capere.* Ed. prep. per J. O'CALLAGHAN [introd., texte, trad. en catalan] [Fund. Bernat Metge, Escript. grecs]. Barcelona: Tip. Emporium 1985. 66 pp.

2898 *[Basilius Caesariensis] Als joves la utilitat de la literatura grega.* Trad. de J. O'CALLAGHAN. Barcelona: Ed. Alpha 1985. 76 pp.

2899 *[Basilius Caesariensis] Basili Regula a Rufino Latine versa.* Ed. KLAUS ZELZER [CSEL 86]. Wien: Hoelder-Pichler-Tempsky 1986. XXXII, 330 pp.

2900 *[Basilius Caesariensis] San Basilio Magno. El tesoro espiritual.* Buenos Aires: Lumen 1987. 40 pp.

2901 ABRACHE, S. *Sentences arabes de S. Basile* – Mu 98 (1985) 315-329

2902 AMAND DE MENDIETA (†), E. *La préparation et la composition des neuf «Homélies sur l'Hexaéméron» de Basile de Césarée. Le problème des sources littéraires immédiates.* In: *Studia Patristica* 16 (cf. 1985-87, 359) 349-367

2903 ATTREP, A. *Wisdom from the Letters of Saint Basil* – PBR 6 (1987) 238-247

2904 BARLAS, MAKARIOS ʻΗ ʻΑγία Γπαφή καί ή ίερά Παράδοση κατά τό Μ. Βασίλειο – GregPalThes 711-712 (1986) 272-287

2905 BREYDY, MICHEL *Le Adversus Eunomium IV-V ou bien le Péri Arkhon de S. Basile?* – OrChr 70 (1986) 69-85

2906 BROCK, SEBASTIAN P. *Basil's Homily on Deut. XV 9: Some remarks on the Syriac manuscript tradition.* In: *Texte und Textkritik* (cf. 1985-87, 372) 57-66

2907 CATALDI PALAU, ANNACLARA *Complemento a Doxographica aus Basiliusscholien di G. Pasquali* – RHT 17 (1987) 347-351

2908 CAVALCANTI, ELENA *Basilio tra Scrittura e filosofia* – Compostellanum 30 (1985) 53-65

2909 CHORTATOS, TITOS ʻΗ γνῶσις καί ή ἀγνωσία τοῦ θεοῦ κατά τόν Μέγαν Βασίλειον – Nea Sion (Jerusalem) (1986) 375-388

2910 *Compendium constitutionum monasticarum divi Basilii Magni per Bessarionem Sanctae Romanae Ecclesiae Cardinalem.* Introduzione, trascrizione e note a cura di A. COCCIA – Bessarione 5 (1986) 283-348

2911 FORTIN, ERNEST L. *Basil the Great and the Choice of Hercules: a note on the Christianization of a pagan myth* – Journal of the Graduate Faculty Philosophy of the New School for Social Research (New York) 11,2 (1986) 65-81

2912 GAMBERO, L. *L'omelia sulla generazione di Cristo di Basilio di Cesarea. Il posto della Vergine Maria* [Marian Library Studies 13/14 (1981/82) 1-220; Dissertatio ad Lauream in Pont. Facultate Theol. Marianum 39]. Dayton, O.: University 1986. 220 pp.

2913 GEORGES (KHODR, METROPOLITAN) *Basil the Great: Bishop and Pastor* – StVlThQ 29 (1985) 5-27

2914 GOULD, GRAHAM *Basil of Caesarea and the Problem of the Wealth of Monasteries* – SCH 24 (1987) 15-24

2915 HALLEUX, A. DE *«Oikonomia» in the First Canon of St. Basil* – PBR 6 (1987) 53-64

2916 HALLEUX, A. DE *L'économie dans le premier canon de Basile* – EThL 62 (1986) 381-392

2917 HAYKIN, MICHAEL A.G. «*In the Cloud and in the Sea*»: *Basil of Caesarea and the Exegesis of 1 Cor 10:2* – VigChr 40 (1986) 135-144

2918 HAYKIN, MICHAEL A.G. *And Who is the Spirit? Basil of Caesarea's letters to the Church at Tarsus* – VigChr 41 (1987) 377-385

2919 HIERODIAKONOS, A. Οἱ ἀντιλήψεις τοῦ Μ. Βασιλείου γιά τή δημιουργία τοῦ κόσμου καί ἡ ἐπιστήμη – Apostolos Barnabas (Leukosia, Cypern) (1986) 323-330, (1987) 6-13

2920 KADŽAIA, N. *Les lectures du jeûne de Basile le Grand dans les recueils géorgiens anciens* – OrChrP 53 (1987) 431-434

2921 KARMIRES, I. Ἡ περὶ ἐκκλεσιαστικῶν παραδόσεων καὶ ἐθῶν διδασκαλία τοῦ Μεγάλου Βασιλείου – EkklAthen 62 (1985) 22-24

2922 KINDSTRAND, J.F. *Florilegium e Basilio Magno ineditum* [in englischer Sprache] – Eranos 83 (1985) 113-124

2923 KʿADJAIA, N. *Basili kapadokielis epistoletʿa dzveli kʿartʿuli tʿargmanebi* [Altgeorgische Übersetzungen der Briefe des Basilius von Caesarea] – Mravaltʿavi 12 (1986) 62-77

2924 LARENTZAKIS, GRIGORIOS «Στεφάνων καὶ ἀθλητῶν ἐμνήσθην». *Zum Siegeskranz bei Basilius dem Großen* – GB 14 (1987) 249-260

2925 LAVATORI, RENZO *Lo Spirito Santo e il suo mistero: esperienza e teologia nel trattato «Sullo spirito santo» di Basilio* [Spiritualità 4]. Città del Vaticano: Libr. Ed. Vaticana 1986. 187 pp.

2926 LIENHARD, J.T. *Ps-Athanasius, «Contra Sabellianos», and Basil of Caesarea, «Contra Sabellianos et Arium et Anomoeos»: Analysis and Comparison* – VigChr 40 (1986) 365-389

2927 MANIS, A.M. *The Principle of Lex Orandi Lex Credendi in Basil's Anti-Arian Struggle* – PBR 5 (1986) 33-47

2928 MAZZANTI, G. *Irrilevanza della cristologia di Basilio Magno nell'opinione corrente* – CrSt 7 (1986) 565-580

2929 NALDINI, MARIO *Nota ad una recensione* – Orpheus 8 (1987) 157-158

2930 NIKOPOULOS, B. Ἡ περὶ φόνου διδασκαλία τοῦ Μ. Βασιλείου. 5. Ἀρχαῖαι ἑλληνικαὶ πηγαί. Ἡ θεωρία τοῦ Πλάτωνος καὶ τοῦ Ἀριστοτέλους – GregPalThes 70 (1987) 126-156

2931 O'CONNELL, PATRICK F. *Degrees of spiritual maturity in St. Basil's Long Rules* – MonStud 16 (1985) 157-167

2932 PALLAS, P. Ἡ στάση τοῦ Μ. Βασιλείου ἔναντι τοῦ θανάτου βάσει τῶν παραμυθητικῶν ἐπιστολῶν του – EkklAthen 63 (1986) 219-221; 254-257

2933 PALLES, P. Ὁ Μέγας Βασίλειος ὡς Παιδαγωγός – KoinAthen (1985) 464-489

2934 PAPADOPOULOS, K. Ἀπηχήσεις τοῦ Ἐπικτήτου παρά τῷ Μεγάλῳ Βασιλείῳ – EpThAth (1986) 621-626

2935 PAVERD, F. VAN DE The Matter of Confession according to Basil of Caesarea and Gregory of Nyssa. In: Studi Albanologici, Balcanici, Bizantini e Orientali in onore di G. Valentini [Studi e Testi 6]. Florenz: Leo S. Olschki Ed. (1986) 285-294

2936 POUCHET, JEAN-ROBERT Les rapports de Basile de Césarée avec Diodore de Tarse – BLE 87 (1986) 243-272

2937 PRIVITERA, S. L'antropologia di San Basilio. La dignità dell'uomo e l'argomentazione etica nella teologia morale ortodossa. In: De dignitate hominis: Mélanges offerts à Carlos-Josaphat Pinto de Oliveira à l'occasion de son 65. anniversaire. Ed. ADRIAN HOLDEREGGER [Études d'éthique chrétienne 22]. Freiburg, Schweiz: Universitäts-Verlag (1987) 15-38

2938 PYYKKÖ, V. Mythos und Wahrheit bei Basileios von Kaisareia. In: Literatur und Philosophie in der Antike. Hrsg. von H. KOSKENNIEMI; S. JÄKEL; V. PYYKKÖ. Turku, Finnland: Turun Yliopisto (1986) 119-125

2939 RIGGI, C. San Basilio Magno e i martiri. In: I martiri della Val di Non (cf. 1985-87, 300) 49-68

2940 RUSU, E. Justice et charité chez saint Basile le Grand [Thèse de doct./Theol. catholique]. Strasbourg: Univ. des sciences humaines 1985. 350 pp. [Schreibmasch.]

2941 TORRES PRIETO, J.M. Discriminación de la mujer en las relaciones matrimoniales según S. Basilio de Cesarea. In: La mujer en el mundo antiguo (cf. 1985-87, 312) 323-327

2942 TORRES PRIETO, JUANA MARIA Tipología femenina en las Epístolas de San Basilio: principios teóricos y manifestación práctica – StHHA 4-5 (1986-1987) 227-234

2943 TROIANO, MARINA SILVIA Il concetto di numerazione delle ipostasi in Basilio di Cesarea – VetChr 24 (1987) 337-352

2944 TROIANO, MARINA SILVIA L'Omelia XXIII in Mamantem martyrem di Basilio di Cesarea – VetChr 24 (1987) 147-157

2945 ULUHOGIAN, GABRIELLA La tradizione manoscritta della versione armena dell'Asceticon di S. Basilio – Mu 100 (1987) 363-375

2946 VOGÜÉ, ADALBERT DE La Règle de saint Basile et l'Écriture sainte (Notes pour le bon usage de la nouvelle édition) – ColCist 49 (1987) 151-155

III.2. Pseudo-Basilius Caesariensis

2947 ESBROECK, MICHEL VAN *Un court traité pseudo-basilien de mouvance aaronite conservé en arménien* – Mu 100 (1987) 385-395

III.2. Basilius Seleuciensis

2948 *Basil of Seleucia's homily on Lazarus. A new edition. BHG 2225.* Introd., ed. and transl. by M.B. CUNNINGHAM – AB 104 (1986) 161-184

III.2. Benedictus Nursinus

2949 *[Benedictus Nursinus] De Regel van Sint Benedictus in de taal van onze tijd.* Ed. M. COUNE; trad. H. VRENSEN. Brugge: Berkel-Enschot 1986. 151 pp.

2950 *[Benedictus Nursinus] Regla del Gran Patriarca San Benito.* Silos: Abadía de Silos 1985. 173 pp.

2951 *[Benedictus Nursinus] Règle de Saint Benoît.* Texte latin, trad. et concordance par PHILIBERT SCHMITZ. Introd. par ANDRE BORIAS. 5. éd. entièrement rev. Turnhout: Brepols 1987. XXXVIII, 270 pp.

2952 *[Benedictus Nursinus] Regola di S. Benedetto.* Trad. I. GARGANO; Praef. B. CALATI. Camaldoni: Edizioni Camaldoni 1986. 126 pp.

2953 *[Benedictus Nursinus] St. Benedict's rule for monks: selected passages from the rule of St. Benedict.* Transl. and illustr. by PINOCCHIO [CSC 99]. Kalamazoo, Mich.: Cistercian Publ. 1987. Ca. 45 pp.

2954 ANGELA, COSIMO D' *S. Benedetto e Casinum tra paganismo e cristianismo.* In: *Antichità paleocristiane e altomedievali del Sorano* (cf. 1985-87, 203) 149-155

2955 BAUMSTEIN, PASCHAL, OSB *Benedict's God and the monk's God* – CistStud 22 (1987) 304-315

2956 BECKER, HANSJAKOB *Zur Struktur der «vespertina sinaxis» in der Regula Benedicti* – ALW 29 (1987) 177-188

2957 BELLONI, ANNALISA *La Translatio Benedicti a Fleury e gli antichi monasteri dell'Italia settentrionale* – IMU 27 (1984) 1-16

2958 BEYA Y ALONSO, E. *Prescripciones médicas y sanitarias en la Regla de San Benito* – Boletín de la Sociedad Española de Historia de la Farmacia (Madrid) 35 (1984) 61-67

2959 BÖCKMANN, AQUINATA *Openness to the world and separation from the world according to RB* – AmBenR 37 (1986) 304-322

2960 BÖCKMANN, AQUINATA *Perspektiven der Regula Benedicti; ein Kommentar zum Prolog und den Kapiteln 53, 58, 72, 73* [Münsterschwarzacher Stud. 37]. Münsterschwarzach: Vier-Türme-Verlag 1986. XL, 284 pp.

2961 BÖCKMANN, AQUINATA *Weltoffenheit und Weltdistanz nach der Regel Benedikts* – EA 63 (1987) 107-120

2962 BÖCKMANN, AQUINATA *Xeniteia-Philoxenia als Hilfe zur Interpretation von Regula Benedicti 53 im Zusammenhang mit Kapitel 58 und 66* – RBS 14/15 (1985/86) 131-144

2963 BORIAS, ANDRÉ *«Primus humilitatis gradus est ...» Recherches sur l'herméneutique de saint Benoît* – RBS 14/15 (1985/86) 59-67

2964 BORIAS, ANDRÉ *Die «misericordia» in der Regel des Magisters und in der Regel Benedikts* – EA 63 (1987) 269-281

2965 BORIAS, ANDRÉ *Le chiasme dans la Règle bénédictine* – RBen 95 (1985) 25-38

2966 BORIAS, ANDRÉ *L'utilité d'autrui* – LL 236 (1986) 17-26

2967 BORIAS, ANDRÉ *St. Benedict's Reverence for the Trinity* – MonStud 17 (1986) 155-165

2968 BORIAS, ANDRÉ *The Benedictine Cellarer and his Community* – AmBenR 35 (1984) 403-421

2969 BORKOWSKA, M. *A Post-tridentine Approach to the Rule of St. Benedict* – StMon 28 (1987) 343-358

2970 CAMPO, E.M. *San Benito y los postulados de la vida cenobítica* – Cistercium 39 (1987) 33-34

2971 CASEY, MICHAEL *Orthopraxy and interpretation. Reflections on Regula Benedicti 73,1* – RBS 14/15 (1985/86) 165-171

2972 CAWLEY, M. *Vocabula benedictina: Seniorship in the Rule of St. Benedict* – VBen 1 (1984) 134-139

2973 COUNE, MICHEL *Sint Benedictus' Regel dag aan dag* [Monastieke cahiers 32]. Bonheiden: Abdij Bethlehem 1985. 302 pp.

2974 CREMASCOLI, GIUSEPPE *Saeculi actibus se facere alienum (RB 4,20). Notes sur l'exégèse de ce passage dans les pincipaux commentaires de la Règle bénédictine* – RBS 14/15 (1985/86) 81-93

2975 DAMMERTZ, V. *Poverty in the Rule of St. Benedict and Today* – AmBenR 35 (1984) 1-16

2976 DELATTE, P. 1 *Comentario a la Regla de San Benito* [c. XXXIV-XXXVIII] – NetV 10 (1985) 69-87

2977 DELATTE, P. 2 *Comentario a la Regla de San Benito* [c. XLII-XLIII] – NetV 11 (1986) 57-70

2978 DELATTE, P. 3 *Comentario a la Regla de San Benito* [c. XLIV-XLVI] – NetV 11 (1986) 295-303

2979 DELATTE, P. 4 *Comentario a la Regla de San Benito* [c. XLVII-XLVIII] – NetV 12 (1987) 71-87

2980 DELATTE, P. 5 *Comentario a la Regla de San Benito* [c. XLIX] –
NetV 12 (1987) 233-238

2981 DOPPELFELD, BASILIUS *Das Kloster als Gemeinde nach der
Regula Benedicti und in seiner Bedeutung für heute* – EA 62
(1986) 190-200

2982 DUBOIS, J. *La vie réelle dans les monastères du Moyen Age* –
ColCist 49 (1987) 229-245

2983 DUMONT, CHARLES *A Phenomenological Approach to Humility: Chapter 7 of the Rule of St. Benedict* – CistStud 20 (1985)
283-302

2984 ENGELBERT, PIUS, OSB *Regeltext und Romverehrung. Zur
Frage der Verbreitung der Regula Benedicti im Frühmittelalter* –
RQ 81 (1986) 39-60

2985 FALCHINI, C. *Monachesimo: un cammino di unificazione. Saggio
di antropologia monastica nella Regola di Benedetto.* Magnano:
Ed. Qiqajon 1987. 255 pp.

2986 FALLETTI, M. *Osservanze monastiche ieri e oggi: il digiuno* –
RivCist 2 (1985) 55-69

2987 FATTORINI, V. *L'ospitalità nella Regola benedettina* – Inter
Fratres (Montefano) 37 (1987) 43-70

2988 FIGALA, K.; PFOHL, G. *Benediktinische Medizin* – SM 98
(1987) 239-256

2989 FRACHEBOUD, ANDRÉ *Saint Benoît et le vin, ou le tout dans la
partie* – ColCist 49 (1987) 327-338

2990 FRANQUESA, ADALBERT *Domingo y Pascua en la Regla benedictina* – Phase 26 (1986) 347-350

2991 GANTOY, ROBERT *Le service des malades dans la communauté
monastique* – Liturgie (Rennes) 62 (1987) 189-220

2992 GILL, P. *Work and Prayer in the Rule of St. Benedict* – VBen 2
(1985) 291-301

2993 GIURISTA, G. *Monaco: un progetto di vita.* Praglia: Ed. Scritti
Monastici 1987. 128 pp.

2994 GORDINI, G.D. *S. Benedetto e S. Pier Damiani.* In: *Atti del
Convegno di Bologna nel XV centenario della nascita di S. Benedetto.* Cesena: Badia di S. Maria del Monte (1981) 31-45

2995 GOUTAGNY, E. *Histoire de la Règle de saint Benoît.* In: *Quinze
siècles de présence bénédictineen Savoie et dans les pays de l'Ayn.*
Cur. L. TRÉNARD. Paris: Ed. Slatkine (1983) 15-28

2996 GRÉGOIRE, RÉGINALD *Benedetto di Aniane nella riforma
monastica carolingia* – StMe 26 (1985) 573-610

2997 HAGEMEYER, O. *«Memor quae praecepit Deus» (Regula Benedicti 7,11).* In: *Vierter Internationaler Regula Benedicti Kongress* – RBS 12 (1983, ersch. 1985) 43-47

2998 HAGEMEYER, O. *«Si melius aliter iudicaverit» (Regula Benedicti 18,22). Psalm 104 als Auswahlpsalm.* In: *Vierter Internationaler Regula Benedicti Kongress* – RBS 12 (1983) [1985] 49-58

2999 HAGEMEYER, O. *Ecce lex* – SM 96 (1985) 238-246

3000 HALFLANTS, A.-C. *«No anteponer nada al amor de Cristo» (RB 4, 21)* – CuadMon 21 (1986) 355-365

3001 HARDY, GILBERT G. *Fallenness and recovery in the monastic rules of Benedict of Nursia and Dōgen Zenji: parallels or contradictions* – AmBenR 38 (1987) 420-442

3002 HEIN, KENNETH *St. Benedict and the Second Coming of Christ* – AmBenR 36 (1985) 318-324

3003 HÖRNEMANN, D.W. *Leben – mit dem Ende im Blick. Eschatologische Existentialien als Lebensmotivation in der Regel des hl. Benedikt* – EA 63 (1987) 24-34

3004 JACOBS, UWE KAI *Die Aufnahmeordnung der Benediktsregel aus rechtshistorischer Sicht* – RBS 14/15 (1985/86) 115-130

3005 JACOBS, UWE KAI *Die Regula Benedicti als Rechtsbuch. Eine rechtshistorische und rechtstheologische Untersuchung* [Forsch. zur kirchl. Rechtsgesch. und zum Kirchenrecht 16]. Köln: Böhlau 1987. XI, 224 pp.

3006 JACOBS, UWE KAI *Die Regula Benedicti in der deutschen juristischen Literatur des 20. Jahrhunderts* – SM 98 (1987) 289-294

3007 JACOBS, UWE KAI *Inwieweit ist die Regula Benedicti noch heute rechtswirksam?* – EA 62 (1986) 96-101

3008 JACOBS, UWE KAI *Was versteht Benedikt von Nursia unter «lex»? Zu einer Studie von Oda Hagemeyer* – RBS 13 (1984) [1986] 69-71

3009 JASPERT, BERND *Existential Interpretation of the Rule of St. Benedict* – AmBenR 37 (1986) 160-172

3010 JONG, MAYKE DE *In Samuel's Image : Child Oblation and the Rule of St. Benedict in the Early Middle Ages (600-900)* – RBS 16 (1987) 69-79

3011 KARDONG, TERRENCE *Poverty in the Rule of Benedict: Chapters 33 and 34* – CistStud 20 (1985) 184-201

3012 KARDONG, TERRENCE G. *Commentaries on Benedict's Rule.* Richardton, N.Dak.: Assumption Abbey Pr. 1987. 174 pp.

3013 KLEINER, SIGHARD *In der Einheit des Heiligen Geistes: geistliche Gespräche über die Regel des hl. Benedikt.* Beuron: Beuroner Kunstverlag 1985. 193 pp.

3014 KLEINER, SIGHARD *Serving God first: insights on the Rule of St. Benedict.* Translated from the French by JAMES SCHARINGER [CSC 83]. Kalamazoo, Mich.: Cistercian Publications 1985. XII, 416 pp.

3015 KLINE, F. «*Regula Benedicti*», *73,8: A Rule for Beginners*. In: *Erudition at God's Service. Studies in Medieval Cistercian History. XI Papers from the 1985 and 1986 Cistercian Studies Conferences, Organized by the Institute of Cistercian Studies of Western Michigan University, and Held in Conjunction with the 20th and 21st International Congress of Medieval Studies in Kalamazoo, Michigan, on May 9-12, 1985 and May 8-11, 1986*. Ed. J.R. SOMMERFELDT. Kalamazoo, Mich.: Cistercian Publications (1987). 97-108

3016 KNOCH, O. *Das Bild der Urgemeinde in der Apostelgeschichte als kritisches Modell der benediktinischen Klostergemeinschaft* – EA 62 (1986) 354-362

3017 LANG, O. «*Operi Dei nihil praeponatur*». *Dem Gottesdienst werde nichts vorgezogen (Benediktinerregel, Kapitel 43,3)*. Einsiedeln: Stiftsbibliothek 1986. 28 pp.

3018 LECLERCQ, J. *Traditions of Spiritual Guidance: Spiritual Direction in the Benedictine Tradition* – The Way 27 (1987) 54-64

3019 LINAGE CONDE, A. *Trascendencia doctrinal de una expresión literaria: las metáforas en la Regula Benedicti*. In: *Vierter Internationaler Regula Benedicti Kongress* – RBS 12 (1983) [1985] 59-82

3020 LINAGE CONDE, A. *¿Conversión en la Regla de san Benito? «Conversio» versus «conversatio»* – Augustinus 32 (1987) 313-323

3021 LINAGE CONDE, ANTONIO *San Benito y el Maestro a la luz de sus procedimientos literarios* – RBS 14/15 (1985/86) 173-192

3022 LOJENDIO, L.M. *San Benito, ayer y hoy* [Espiritualidad Monástica. Fuentes y Estudios 14]. Zamora: Editorial Monte Casino 1985. 124 pp.

3023 LOUF, ANDRÉ *La oración en la Regla de San Benito* – CuadMon 21 (1986) 163-175

3024 MARRION, M. *Unsullied Waters: The Buddha and Saint Benedict. A Comparison* – StMon 28 (1986) 265-296

3025 MIQUEL, P. *The Gifts of the Holy Spirit and the Rule of St. Benedict* – Tjurunga. An Australian Benedictine Review (Arcadi, NSW) 33 (1987) 77-80

3026 MIQUEL, PIERRE *Los dones del Espíritu Santo y la Regla de san Benito* – CuadMon 22 (1987) 458-460

3027 NEUMANN, M. *The Benedictine Prayer of Beauty* – RRel 43 (1984) 862-878

3028 NOISETTE, PATRICE *Usages et représentations de l'espace dans la Regula Benedicti. Une nouvelle approche des significations historiques de la Règle* – RBS 14/15 (1985/86) 69-80

3029 PARRONI, PIERGIORGIO *Sui Versus in Benedicti laudem*. In: *Filologia e forme letterarie* (cf. 1985-87, 263) V 279-289

3030 PARYS, M. VAN *Saint Benoît et les Pères du désert* – VS 140 (1986) 314-333
3031 PARYS, MICHEL VAN *Der heilige Benedikt und die Wüstenväter* – EA 62 (1986) 332-345
3032 PASCUAL, AUGUSTO *«El buen celo que han de tener los monjes». Comentario espiritual al capítulo 72 de la Regla de San Benito* – NetV 10 (1985) 47-68
3033 POMEDLI, MICHAEL *Rule of Benedict: lessons in practical wisdom* – AmBenR 37 (1986) 96-108
3034 ROLLASON, D.W. *The Miracles of St. Benedict: A Window on Early Medieval France.* In: *Studies in Medieval History Presented to R.H.C. Davis.* Cur. H. MAYR-HARTING, R.I. MOORE. London: Hambledon Press (1985) 73-90
3035 SCHMIEDER, L. *Dimensionen der Umkehr in der Benediktusregel. Geistliche Impulse aus einer existentialen Interpretation.* In: *Vierter Internationaler Regula Benedicti Kongress* = RBS 12 *(1983 ersch. 1985)* 9-140 – RBS 12 (1983 ersch.1985) 9-140
3036 SCHÜTZEICHEL, HARALD *Die Regel Benedikts als Leitfaden für ein christliches Leben. Benedikts Verständnis von Arbeit, Gebet und Gemeinschaft und seine Bedeutung für den Christen heute* – EA 61 (1985) 329-349, 434-459
3037 SEILHAC, LAZARE DE *La Règle de saint Benoît dans la tradition au féminin* – RBS 16 (1987) 57-68
3038 SENGER, B. *Benedikt von Nursia.* In: *Exempla historica VII* (cf. 1985-87, 261) 155-182
3039 SERNA GONZALEZ, CLEMENTE DE LA *La Cuaresma Benedictina. Aproximación al problema de sus fuentes literarias.* Silos: Abadía de Silos 1985. 93 pp.
3040 SEVERUS, E. VON *Stimmen aus der monastischen Überlieferung zur meditatio mortis.* In: *Zeit, Tod und Ewigkeit in der Renaissanceliteratur.* Edd. E.A. STÜRZL; J. PFAFFEL; J. HOGG. Salzburg (1986/87) I 5-11
3041 SIMMLER, FRANZ *Macrostrukturen in lateinischen und deutschen Textüberlieferungen der Regula Benedicti* – RBS 14/15 (1985/86) 213-305
3042 STANDAERT, B. *Christologie in de Regel van Benedictus* – BT 46 (1985) 42-61
3043 THOMAS, R. *... Que nadie se entristezca en la casa de Dios* – Cistercium 39 (1987) 47-53
3044 VERGOTE, A. *Aclaraciones. A propósito de una lectura del capítulo 7 de la humildad de la Regla de san Benito* – CuadMon 19 (1984) 173-175
3045 VOGÜÉ, A. DE *«Avoir la mort devant les yeux chaque jour comme un événement imminent»* – ColCist 48 (1986) 267-278

3046 VOGÜÉ, A. DE *La Regla de S. Benito y la vida contemplativa* – CuadMon 20 (1985) 270-284; 21 (1986) 75-84

3047 VOGÜÉ, A. DE *Perseverar en el monasterio hasta la muerte. La estabilidad en san Benito y a su alrededor* – CuadMon 20 (1985) 1-26

3048 VOGÜÉ, ADALBERT DE *«Keep death daily before your eyes»* – MonStud 16 (1985) 25-38

3049 VOGÜÉ, ADALBERT DE *Silence, reading, and prayer in St. Benedict* – WSp 7 (1985) 87-107

3050 VOGÜÉ, ADALBERT DE *The meaning of Benedictine hospitality* – CistStud 21 (1986) 186-194

3051 VOGÜÉ, ADALBERT DE *Twenty-five Years of Benedictine Hermeneutics: An Examination of Conscience* – AmBenR 36 (1985) 402-452

3052 VOGÜÉ, ADALBERT DE *Vingt-cinq ans d'herméneutique bénédictine. Un examen de conscience* – RBS 14/15 (1985/86) 5-40

3053 VOGÜÉ A. DE *La Regla de san Benito. Comentario doctrinal y espiritual* [Espiritualidad Monástica. Fuentes y Estudios 15]. Zamora: Ed. Monte Casino 1985. 460 pp.

3054 WAAL, E. DE *La vie du chrétien dans le monde. Le chemin de saint Benoît.* Paris: Éd. du Cerf 1986. 147 pp.

3055 WAAL, E. DE *La voie du chrétien dans le monde. A la poursuite de Dieu selon la Règle de saint Benoit.* Paris: Cerf 1986. 152 pp.

3056 WAAL, E. DE *Seeking God. The Way of St. Benedict.* London: 1984. 160 pp.

3057 WATHEN, AMBROSE *«Licet omni tempore vita monachi quadragesimae debet observationem habere»* – AmBenR 38 (1987) 71-83

3058 WATHEN, AMBROSE *De la Poésie à la Règle de S. Benoît. Une relecture du chapitre 49* – ColCist 47 (1985) 301-315

3059 YAÑEZ, D. *San Benito en la espiritualidad de nuestros primeros Padres* – Cistercium 39 (1987) 55-73

3060 ZEGVELD, A. *A Guide: the Rule of Saint Benedict* – AmBenR 36 (1985) 372-393

3061 ZELZER, KLAUS *Von Benedikt zu Hildemar. Die Regula Benedicti auf dem Weg zur Alleingeltung im Blickfeld der Textgeschichte* – RBS 16 (1987) 1-22

3062 ZELZER, MICHAELA *Die Regula Donati, der älteste Textzeuge der Regula Benedicti* – RBS 16 (1987) 23-36

III.2. Boethius

3063 *[Boethius] Boëthius, Filosofins tröst.* Inledning, översättning och kommentar av BERTIL CAVALLIN. Stockholm: Atlantis 1987. 193 pp.

3064 *[Boethius] Consolación de la filosofía.* Ed. G. BARDY. México: Porrúa 1986. 192 pp.

3065 *[Boethius] La Consolatione di filosofia.* A cura di ALESSANDRO CARETTA e LUIGI SAMARITI. Brescia: Ed. La Scuola 1985. 159 pp.

3066 *[Boethius] Trost der Philosophie.* Edd. K. BÜCHNER; F. KLINGNER. Stuttgart: Reclam 1986. 188 pp.

3067 *[Boethius] Trost der Philosophie.* Edd. O. GIGON; E. GEGENSCHATZ. Zürich; München: Artemis 1986. LXIII, 305 pp.

3068 ANDREWS, ROBERT *Boethius on Relation in De Trinitate.* In: *The Editing of Theological and Philosophical Texts from the Middle Ages. Acts of the conference arranged by the department of classical languages, University of Stockholm, 29-31 August 1984.* Ed. MONIKA ASZTALOS. Stockholm: Almqvist en Wiksell International (1986) 281-292

3069 ATKINSON, J. KEITH; CROPP, GLYNNIS M. *Trois traductions [françaises médiévales] de la Consolatio Philosophiae de Boèce* – Romania 106 (1985) 198-232

3070 ATKINSON, J.K. *A Fourteenth-Century Picard Translation-Commentary of the «Consolatio Philosophiae».* In: *The Medieval Boethius* (cf. 1985-87, 301) 32-62

3071 BEIERWALTES, W. *Trost im Begriff. Zu Boethius Hymnus «O qui perpetua mundum ratione gubernas».* In: W. Beierwaltes, *Denken des Einen. Studien zur neuplatonischen Philosophie und ihrer Wirkungsgeschichte.* Frankfurt: Klostermann (1985) 319-336

3072 BURROWS, MARK S. *Another Look at the Sources of De consolatione philosophiae: Boethius' Echo of Augustine's Doctrine of 'Providentia'* – PPMRC 11 (1986) 27-41

3073 CASEY, GERARD *An Explication of the De hebdomadibus of Boethius in the Light of St. Thomas' Commentary* – Thom 51 (1987) 419-434

3074 CHADWICK, HENRY *Boezio. La consolazione della musica, della logica, della teologia e della filosofia* [Coll. di testi e studi Ser. Filos.]. Bologna: Il Mulino 1986. 358 pp.

3075 CHIESA, C. *Les origines de la «révolution linguistique»* – RThPh 117 (1985) 261-284

3076 CHORAMAT, J. *Sur l'interprétation des «Hymnes naturels» de Marulle* – REL 65 (1987) 228-243

3077 CROPP, GLYNNIS M. «*Le Livre de Boece de Consolacion*»: *From Translation to Glossed Text*. In: *The Medieval Boethius* (cf. 1985-87, 301) 63-88

3078 CURLEY, THOMAS F. *How to read the Consolation of Philosophy* – Interpretation 14 (1986) 211-263

3079 CURLEY, THOMAS F. *The Consolation of Philosophy as a work of literature* – AJPh 108 (1987) 343-367

3080 DISANDRO, CARLOS *La semántica lírica de Boecio y el fin de la antigüedad*. In: *Semanas* (cf. 1985-87, 349) 209-222

3081 DONOGHUE, D. *Word Order and Poetic Style: Auxiliary and Verbal in* «*The Metres of Boethius*» – ASE 15 (1987) 167-196

3082 EBBESEN, STEN *Boethius as an Aristotelian Scholar*. In: *Aristoteles, Werk und Wirkung* (cf. 1985-87, 210) 286-311

3083 FRAKES, JEROLD C. *The knowledge of Greek in the early middle ages. The commentaries on Boethius' Consolatio* – StMe 27 (1986) 23-43

3084 GARZYA, A. *Euripide e Boezio*. In: *Il mandarino e il quotidiano* (cf. 1985-87, 269)

3085 GIANNETTO, N. *Bernardo Bembo umanista e politico veneziano*. Firenze: Olschki 1985. 455 pp.

3086 GLEI, R. *Dichtung und Philosophie in der* «*Consolatio philosophiae*» *des Boethius* – WJA 11 (1985) 225-238

3087 HADOT, P. *Les commentaires de Boèce et de Porphyre sur les Catégories d'Aristote* – AEHESR 93 (1984/85) 335-337

3088 HOLZ, H.H. *Boethius*. In: *Exempla historica. Epochen der Weltgeschichte in Biographien. Römisches Imperium und frühes Mittelalter, XI: Philosophen*. Bearb. von M. SCHMID. Frankfurt: Fischer Taschenbuch-Verlag (1986) 105-125

3089 JOHNSON, I.R. *Walton's Sapient Orpheus*. In: *The Medieval Boethius* (cf. 1985-87, 301) 139-168

3090 KEIGHTLEY, R.G. *Boethius in Spain: A Classified Checklist of Early Translations*. In: *The Medieval Boethius* (cf. 1985-87, 301) 169-187

3091 KERLOUÉGAN, FRANÇOIS *Une citation de la Philosophiae Consolatio (III, mètre 9) de Boèce dans la Vita Pauli [chap. V] d' Uurmonoc* – ECelt 24 (1987) 309-314

3092 KLIMSKI, T. *La définition de la personne. Trois étapes dans l'histoire: Boèce, Thomas d'Aquin, Kant* – Journal philosophique (Paris) 1 (1985) 170-180

3093 KRETZMANN, N. «*Nos ipsi principia sumus*». *Boethius and the Basis of Contingency*. In: *Divine Omniscience and Omnipotence in Medieval Philosophy. Islamic, Jewish and Christian Perspectives*. Ed. T. RADAWSKY. Dordrecht: Reidel (1985) 23-50

3094 LERER, SETH *Boethius and Dialogue. Literary Method in «The Consolation of Philosophy»*. Princeton, N.J.: Princeton Univ. Pr. 1985. X, 264 pp.

3095 MACHAN, T.W. *A Note on De consolatione philosophiae* – ClPh 81 (1986) 328-329

3096 MACHAN, T.W. *Glosses in the Manuscripts of Chaucer's «Boece»*. In: *The Medieval Boethius* (cf. 1985-87, 301) 125-138

3098 MAGEE, JOHN CORNELL *The Boethian Wheels of Fortune and Fate* – MS 49 (1987) 524-533

3099 MAGEE, JOHN CORNELL *Truth, discourse and mind in Boethius* [Diss.]. Toronto: Univ. of Toronto 1986 [cf. summary in DissAbstr 48 (1988) 2864A]

3100 MAJEWSKI, M. *Term-Logic and Propositional Logic in Boethius's Treatise «De syllogismo hypothetico libri duo»* – Studia Philosophiae Christianae (Warschau) 21 (1985) 55-76

3101 MALCOLM, J. *Some Consolation for Boethius* – NS 60 (1986) 35-45

3102 MARIA, G. DI *Progetto di lessico delle opere logiche di Boezio* – BphM 29 (1987) 150-151

3103 MASI, M. *La dialettica del paradosso nella «Consolatio Philosophiae» di Boezio* – Sapienza 40 (1987) 179-190

3104 MERLE, H. *Etude critique: travaux sur Boèce, sa vie, sa pensée, son influence* – EPh 4 (1986) 541-551

3105 MICAELLI, CLAUDIO *Studi sui trattati teologici di Boezio* [Speculum. Contrib. di filol. class. 6]. Napoli: D'Auria 1987. 132 pp.

3106 MILANESE, G. *«Vertatur in beluam». Animals and Human Passions in Boethius' «Consolation of Philosophy»*. In: *Atti del V Colloquio della International Beast Epic, Fable and Fabliau Society (Torino-St-Vincent, 5.-9. Sept. 1983)*. Edd. A. VITALE-BROBARONE; G. MOMBELLO. Alexandria: Ediz. dell' Orso 1987. 356 pp.; 45 tab. 273-282

3107 MILANESE, G. *Alcune utilizzazioni della «Consolatio Philosophiae» nell'Umanesimo* – RPL 10 (1987) 221-226

3108 MINNIS, A.J. *«Glosynge Is a Glorious Thyng»: Chaucer at Work on the «Boece»*. In: *The Medieval Boethius* (cf. 1985-87, 301) 106-124

3109 NIKETAS, D.Z. *Boethius, De differentiis topicis. Eine Pachymeres- Weiterbearbeitung der Holobolos-Übersetzung* – CM 38 (1987) 267-286

3110 NOEL, G. *Un fragment d'un manuscrit inconnu (XIe s.) de l'»Introductio ad Syllogismos categoricos» de Boèce* – Sc 40 (1986) 81-82

3111 ONOFRIO, GIULIO D' *Dialectic and Theology. Boethius' «Opuscula sacra» and Their Early Medieval Readers* – StMe 27 (1986) 45-67

3112 PIZZANI, U. *I metri di Boezio nell'interpretazione di Niccolò Perotti* – ResPL 8 (1985) 245-253

3113 PIZZANI, UBALDO *Plinio, Boezio e la teoria pitagorica dell'armonia delle sfere.* In: *Pline l'Ancien* (cf. 1985-87, 329) 185-199 = Helmántica 37 (1986) 185-199

3114 SEIDL, H. *Metaphysische Erörterungen zu Boethius' Person-Definition und ihrer Auslegung bei Thomas von Aquin* – Das Jahrbuch für Philosophie (Salzburg) 39 (1985) 7-27

3115 SHANZER, D. *The late antique tradition of Varro's Onos Lyras* – RhM 129 (1986) 272-285

3116 SHIEL, JAMES *The Greek copy of Porphyrius' Isagoge used by Boethius.* In: *Aristoteles, Werk und Wirkung* (cf. 1985-87, 210) 312-340

3117 STOTZ, PETER *Spuren boethianischen Einflusses in der Tropendichtung.* In: *Liturgische Tropen. Zwei Colloquien des Corpus Troporum: München, 13. bis 15. Oktober 1983 (Literarische und ästhetische Aspekte der Tropen). Canterbury, 31. Juli bis 3. August 1984 (Tropics and their music).* Ed. GABRIEL SILAGI [Münchener Beiträge zur Mediävistik und Renaissance-Forschung 36]. München: Arbeo-Gesellschaft (1985) 25-30

3118 STUMP, ELEONORE *Boethius's In Ciceronis Topica and Stoic Logic.* In: *Studies in medieval philosophy.* Ed. by JOHN F. WIPPEL. Washington, D.C.: Catholic University of America Press (1987) 1-22

3119 TAX, P.W. *Notker der Deutsche: Boethius, De consolatione Philosophiae.* Tübingen: Niemeyer 1986. LVIII, 109 pp.

3120 TRONCARELLI, F. *Tradizioni ritrovate? Risposta ad alcune obiezioni ad un libro recente* – REA 31 (1985) 215-226

3121 TRONCARELLI, FABIO *Boethiana aetas. Modelli grafici e fortuna manoscritta della «Consolatio Philosophiae» tra IX e XII secolo.* Alessandria: Edizioni dell'Orso 1987. 360 pp.

3122 TRONCARELLI, FABIO *Una nuova edizione della «Consolatio Philosophiae» di Boezio nel Corpus Christianorum* – Sc 41 (1987) 133-150

3123 UKOLOVA, V.I. *Boethius, der «letzte Römer»* [in russischer Sprache]. Moskva: Nauka 1987. 161 pp.

3124 UKOLOVA, V.I. *Zeit und Ewigkeit in der Philosophie des Boethius* [in russischer Sprache]. In: *Die antike Zivilisation und die moderne Wissenschaft* (cf. 1985-87, 381) 83-86

3125 VARVIS, STEPHEN L. *The Consolation of Boethius* [Diss.].
Claremont, Calif.: Claremont Graduate School 1986. 324 pp.
[microfilm; cf. DissAbstr 47 (1986) 628A]

III.2. Pseudo-Boethius

3126 MARIA, GIORGIO DI *Pseudo-Boethiana* – SMed (1986) 87-90

III.2. Bonosus Naissenus

3127 SCHÄFERDIEK, KNUT *Bonosus von Naissus, Bonosus von
Serdika und die Bonosianer* – ZKG 96 (1985) 162-178

III.2. Braulio

3128 ROBLES, ADOLFO *Braulio de Zaragoza, testigo de una espiritualidad hispana* – TEsp 30 (1986) 119-140

III.2. Caesarius Arelatensis

3129 *[Caesarius Arelatensis] Césaire d'Arles. Sermons au peuple, III:
Sermons 56-80.* Trad., notes et index par M.J. DELAGE [SC 330].
Paris: Ed. du Cerf 1986. 324 pp.
3130 FERREIRO, ALBERTO *Job in the Sermons of Caesarius of
Arles* – RThAM 54 (1987) 13-25
3131 GUREVIČ, A.J. *Contadini e santi. Problemi della cultura popolare nel Medioevo.* Torino: Einaudi 1986. XVI, 383 pp.
3132 HOCHSTETLER, D. *The Meaning of Monastic Cloister for
Women According to Caesarius of Arles* – SMC 23 (1987) 27-40
3133 KLINGSHIRN, WILLIAM E. *Authority, Consensus and Dissent.
Caesarius of Arles and the Making of a Christian Community in
Late Antique Gaul* [Diss.]. Palo Alto, Calif.: Stanford Univ. 1985.
255 pp. [microfilm; cf. summary in DissAbstr 46 (1986) 3831A]
3134 KLINGSHIRN, WILLIAM E. *Charity and Power. Caesarius of
Arles and the Ransoming of Captives in sub-Roman Gaul* – JRS
75 (1985) 183-203
3135 MUNIER, C. *La pastorale pénitentielle de saint Césaire d'Arles
(503-543)* – RDC 34 (1985) 235-244
3136 NOLTE, CORDULA *Klosterleben von Frauen in der frühen
Merowingerzeit. Überlegungen zur Regula ad virgines des Caesarius von Arles.* In: *Frauen in der Geschichte VII* (cf. 1985-87, 265)
257-271
3137 VOGÜÉ, A. DE *Cesáreo de Arles y los orígenes de la clausura de
las monjas.* In: *Mujeres del absoluto* (cf. 1985-87, 313) 183-195
3138 VOGÜÉ, ADALBERT DE *Deux sentences de Sextus dans les
œuvres de Césaire d'Arles* – SE 29 (1986) 19-24

3139 ZUREK, A. *L'etica coniugale in Cesario d'Arles: rapporti con Agostino e nuovi orientamenti* – AugR 25 (1985) 565-578

III.2. Calcidius

3140 WASZINK, J.H. *Calcidio, la retorica nella traduzione dal greco al latino* – SG 39 (1986) 51-58

III.2. Cassiodorus

3141 *[Cassiodorus] Dal libro XII delle Variae di Cassiodoro.* A cura di PIETRO KANDLER e ANGELO DE NICOLA. In: *Da Aquileia a Venezia* (cf. 1985-87, 208) 753-754

3142 ARICO, G. *Cassiodoro e la cultura latina.* In: *Settimana su Cassiodoro* (cf. 1985-87, 215) 154-178

3143 BERTINI, F. *Il De orthographia di Cassiodoro.* In: *Settimana su Cassiodoro* (cf. 1985-87, 215) 92-104

3144 BRIESEMEISTER, D. *Cassiodor.* In: *Exempla historica. Epochen der Weltgeschichte in Biographien. Römisches Imperium und frühes Mittelalter, XI: Philosophen.* Bearb. von M. SCHMID. Frankfurt: Fischer Taschenbuch-Verlag (1986) 127-145

3145 CORTE, FRANCESCO DELLA *La posizione di Cassiodoro nella storia dell'enciclopedia.* In: *Settimana su Cassiodoro* (cf. 1985-87, 215) 29-48

3146 CRACCO RUGGINI, LELLIA *Società provinciale, società romana, società bizantina in Cassiodoro.* In: *Settimana su Cassiodoro* (cf. 1985-87, 215) 245-261

3147 CSAKI, LUCIANA CUPPO *Variarum I.X of Cassiodorus as a programm of monetary policy* – Florilegium 9 (1987) 53-64

3148 CURTI, CARMELO *L'Expositio Psalmorum di Magno Aurelio Cassiodoro. La praefatio e la teoria esegetica dell'autore.* In: *Settimana su Cassiodoro* (cf. 1985-87, 215) 105-117

3149 DUVAL, YVES-MARIE *Cassiodore et Jérôme. De Bethléem à Vivarium.* In: *Settimana su Cassiodoro* (cf. 1985-87, 215) 335-356

3150 ELIA, FRANCESCO D' *L'antropologia di Cassiodoro tra ispirazione agostiniana e suggestioni del mondo classico. Note teoretiche e filologiche sul «De anima».* Roma: Gesualdi 1987. 104 pp.

3151 FIACCADORI, GIANFRANCO *Cassiodorus and the school of Nisibis* – DumPap 39 (1985) 135-137

3152 FISCHER, BONIFATIUS *Codex Amiatinus und Cassiodor.* In: *FISCHER, B. Lateinische Bibelhandschriften im frühen Mittelalter* (cf. 1985-87, 1470) 9-34

3153 FONTAINE, JACQUES *Cassiodore et Isidore. L'évolution de l'encyclopédisme latin du VIe au VIIe siècle.* In: *Settimana su Cassiodoro* (cf. 1985-87, 215) 72-91

3154 GARZYA, A. *Cassiodoro e la grecità*. In: *Settimana su Cassiodoro* (cf. 1985-87, 215) 118-134

3155 GRIBOMONT, J. *Cassiodore et ses bibles latines*. In: *Settimana su Cassiodoro* (cf. 1985-87, 215) 262-280

3156 GRIBOMONT, JEAN *Cassiodore et la transmission de l'héritage biblique antique*. In: *Le monde latin antique et la Bible* (cf. 1985-87, 309) 143-152

3157 GUARINO, A. *Note su Cassiodoro e il ius privatum*. In: *Settimana su Cassiodoro* (cf. 1985-87, 215) 206-209

3158 GUILLAUMIN, J.Y. *La christianisation du thème de l'oeil de l'âme chez Cassiodore (Institutions, II,3,22)* – RPh 59 (1985) 247-254

3159 HALPORN, J.W. *Cassiodorus' Citations from the Canticum Canticorum and the Composition of the Expositio Psalmorum* – RBen 95 (1985) 169-184

3160 HALPORN, J.W. *Cassiodorus' Commentary on Psalms 20 and 21: Text and Context* – REA 32 (1986) 92-102

3161 HALPORN, J.W. *Further on the Early English Manuscripts of Cassiodorus' Expositio Psalmorum* – ClPh 80 (1985) 46-50

3162 HALPORN, J.W. *The Modern Edition of Cassiodorus' Psalm Commentary*. In: *Texte und Textkritik* (cf. 1985-87, 372) 239-247

3163 HOLTZ, L. *Quelques aspects de la tradition et de la diffusion des Institutions*. In: *Settimana su Cassiodoro* (cf. 1985-87, 215) 281-312

3164 KRAUTSCHICK, S. *Bemerkungen zu PLRE II* – Historia 35 (1986) 121-124

3165 KRAUTSCHICK, S. *Zwei Aspekte des Jahres 476* – Historia 35 (1986) 344-371

3166 LEOPOLD, J.W. *Consolando per edicta. Cassiodorus, Variae, 4,50 and Imperial Consolations for Natural Catastrophes* – Latomus 45 (1986) 816-836

3167 MARCO, M. DI *Scelta ed utilizzazione delle fonti nel «De anima» di Cassiodoro* – StSR 9 (1985) 93-117

3168 MARIN, MARCELLO *Saecularis elocutio e caelestis auctoritas nelle Institutiones di Cassiodoro*. In: *Settimana su Cassiodoro* (cf. 1985-87, 215) 442-452

3169 MAZZA, M. *La Historia tripartita di Flavio Magno Aurelio Cassiodoro senatore. Metodi e scopo*. In: *Settimana su Cassiodoro* (cf. 1985-87, 215) 210-244

3170 O'DONNELL, JAMES J. *The making of the liberal arts* – American Philological Association. Abstracts (Ithaca, N.Y.) (1987) 120

3171 ORLANDI, G. *Testi cassiodorei e moderni editori*. In: *Settimana su Cassiodoro* (cf. 1985-87, 215) 135-153

3172 PAVAN, M. *I valori della tradizione classica nell'insegnamento del Vivarium*. In: *Settimana su Cassiodoro* (cf. 1985-87, 215) 392-405

3173 PFERSCHY, B. *Cassiodors Variae. Individuelle Ausgestaltung eines spätrömischen Urkundenformulars* – Archiv für Diplomatik (Köln-Graz) 32 (1986) 1-127

3174 PIZZANI, U. *Cassiodoro e le discipline del quadrivio.* In: *Settimana su Cassiodoro* (cf. 1985-87, 215) 49-71

3175 POLARA, G. *Potere e contrapotere nell'antica Roma.* Roma: Reggio C. 1986. 138 pp.

3176 PRICOCO, S. *Spiritualità monastica e attività culturale nel cenobio di Vivarium.* In: *Settimana su Cassiodoro* (cf. 1985-87, 215) 357-377

3177 QUACQUARELLI, A. *Riflessioni di Cassiodoro sugli schemi della retorica attraverso i Salmi.* In: *Settimana su Cassiodoro* (cf. 1985-87, 215) 313-334

3178 QUACQUARELLI, ANTONIO *La «elocutio» di S. Agostino nelle riflessioni di Cassiodoro* – AugR 25 (1985) 385-403

3179 RAPISARDA LO MENZO, G. *Il tema dei quattro cavalieri in Cassiodoro, Apoc. 6,1-8.* In: *Settimana su Cassiodoro* (cf. 1985-87, 215) 434-441

3180 SALVO, LIETTA DE *Rifornimenti alimentari e trasporti marittimi nelle Variae di Cassiodoro.* In: *Settimana su Cassiodoro* (cf. 1985-87, 215) 409-420

3181 SCIVOLETTO, N. *Cassiodoro e la «Retorica della città»* – GiorFil 38 (1986) 3-24

3182 SIRAGO, VITO ANTONIO *Gli Ostrogoti in Gallia secondo le Variae di Cassiodoro* – REAnc 89 (1987) 63-77

3183 SIRAGO, VITO ANTONIO *I Goti nelle Variae di Cassiodoro.* In: *Settimana su Cassiodoro* (cf. 1985-87, 215) 179-205

3184 SIRAGO, VITO ANTONIO *Il Sannio nelle Variae di Cassiodoro* – Studi storici meridionali (Cavallino) 6 (1986) 275-300

3185 SIRAGO, VITO ANTONIO *La Campania nelle Variae di Cassiodoro* – Studi storici meridionali (Cavallino) 7 (1987) 3-22

3186 SIRAGO, VITO ANTONIO *La Puglia nelle Variae di Cassiodoro* – Studi storici meridionali (Cavallino) 6 (1986) 131-157

3187 SIRAGO, VITO ANTONIO *Puglia e Sud Italia nelle Variae di Cassiodoro.* Bari: Levante Ed. 1987. 246 pp.

3188 STONE, H. *The Polemics of Toleration: The Scholars and Publishers of Cassiodorus' Variae* – JHI 46 (1985) 147-165

3189 TRONCARELLI, F. *«Con la mano del cuore». L'arte della memoria nei codici di Cassiodoro* – QM 22 (1986) 22-58

3190 VISCIDO, LORENZO *De ordinis generis Cassiodororum excerptis ab Alfredo Holder inventis* – Hermes Americanus 3 (1985) 6-14

3191 VISCIDO, LORENZO *De textus critici Ordinis generis Cassiodorum excerptorum quaestione quadam* – VL 104 (1986) 32-34

3192 VISCIDO, LORENZO *Studi sulle «Variae» di Cassiodoro*. Pref. di
      GIOVANNI POLARA. Soveria Mannelli (CZ): Calabria Letteraria
      Ed. 1987. 81 pp.

3193 VISCIDO, LORENZO *Sull'uso del termine barbarus nelle «Va-
      riae» di Cassiodoro* – Orpheus 7 (1986) 338-344

3194 WALSH, PATRICK GERARD *Why did Cassiodorus write his
      Expositio Psalmorum?* In: *Laurea corona. Studies in honour of
      Edward Coleiro*. Ed. by ANTHONY BONANNO and H.C.R.
      VELLA. Amsterdam: Grüner (1987) 178-180

3195 WEISSENGRUBER, FRANZ *Zu Cassiodors utrasque doctrinas*.
      In: *Consuetudines Monasticae. Festgabe für K. Hallinger* [StAns
      85]. Roma (1982) 33-47

3196 ZELZER, KLAUS *Cassiodor, Benedikt und die monastische Tradi-
      tion* – WSt 98 (1985) 215-237

3197 ZELZER, KLAUS *Cassiodor, Benedikt von Nursia und die mona-
      stische Tradition* – RBS 14/15 (1985/86) 99-114

3198 ZINZI, E. *Linee e problemi nella letteratura sui luoghi cassiodorei
      in Calabria*. In: *Settimana su Cassiodoro* (cf. 1985-87, 215)
      453-468

III.2. Celsus Philosophus

3199 *[Celsus Philosophus] Il discorso vero*. A cura di GIULIANA
      LANATA [Piccola biblioteca Adelphi 206]. Milano: Adelphi 1987.
      253 pp.

3200 *[Celsus Philosophus] On the true doctrine. A defense against the
      Christians*. Transl. with a gen. introd. by R. JOSEPH HOFF-
      MANN. Oxford: Univ. Pr. 1987. XIII, 146 pp.

3201 BURKE, GARY T. *Celsus and Justin. Carl Andresen revisited* –
      ZNW 76 (1985) 107-116

3202 BURKE, GARY T. *Celsus and the Old Testament* – VT 36 (1986)
      241-245

3203 EDSMAN, CARL-MARTIN *Kristendomskritik under antiken.
      Om Kelsos och Origenes* – Gnosis (Stockholm) Nr. 3-4 10-18

3204 FERNANDEZ UBINA, JOSÉ *Celso, la religión y la defensa del
      Estado* – MHA 7 (1986) 97-110

3205 HAUCK, ROBERT J. *Omnes contra Celsum?* – SecCent 5
      (1985/86) 211-225

3206 PUIGGALI, JACQUES *La démonologie de Celse, penseur médio-
      platonicien* – LEC 55 (1987) 17-40

3207 RUBEŠOVA, K. *Ideová vychodiska a metodologie Kelsovy a
      Iulianovy protikřestanské polemiky (= Les principes idéologiques
      et la polémique antichrétienne de Celse et de l'empereur Julien)*

[mit frz. Zusammenfassung]. In: *Problémy Křesťanství* (cf. 1985-87, 334) 257-268

3208 SCHWARZ, FRANZ FERDINAND *Die Krankheit zum Glauben. Spätantike Noten zur ideologischen Verfügbarkeit bei Kelsos und Hans Erich Nossack* – GB 12/13 (1985/1986) 295-336

III.2. Choricius Gazaeus

3209 CRESCI, LIA RAFFAELLA *Imitatio e realia nella polemica di Coricio sul mimo (or. 32 Förster-Richtsteig)* [mit Zusammenfassung in deutscher Sprache] – KoinNapoli 10 (1986) 49-66

III.2. Chromatius Aquileiensis

3210 *[Chromatius Aquileiensis] Dai Sermoni di Cromazio di Aquileia.* A cura di GIUSEPPE CUSCITO. In: *Da Aquileia a Venezia* (cf. 1985-87, 208) 755-756
3211 STIVAL, G. *L'Eucaristia in San Cromazio di Aquileia* – SacD 30 (1985) 132-154
3212 VECCHI, ALBERTO *Il sermone XXVI di Cromazio* – AnAl 31,2 (1987) 135-155

III.2. Claudianus Mamertus

3213 IORDACHE, ROXANA *Tendances originales dans l'emploi de certains éléments du latin scientifique et de chancellerie à la basse époque, chez Claudien Mamertus* – Linguistica (Ljubljana) 26 (1986) 131-147

III.2. Claudius Claudianus

3214 *[Claudius Claudianus] Carmen. XXXIII-XXXVII; A.P.IX, 753 et 754.* «Le poème inépuisable». Traduction et commentaire de neuf épigrammes de Claudien de P. LAURENS. In: *Hommages à Henry Bardon.* Bruxelles: Éd. Latomus (1985) 244-261
3215 *[Claudius Claudianus] Carmina.* Ed. J.B. HALL. Leipzig: Teubner 1985. XXVIII, 454 pp.
3216 *[Claudius Claudianus] De raptu Proserpinae Buch I.* Claudian. Kommentar zu De raptu Proserpinae Buch I. Mit Übers. B. I und Einleit. von E. POTZ [Diss. Karl-Franzens-Univ. Graz 65]. Graz: Verl. für die Techn. Univ. 1985. 171 pp.
3217 *[Claudius Claudianus] Elogio di Serena.* Introd., testo e trad., note a cura di F.E. CONSOLINO [Il convivio, Coll. di class. greci e lat.]. Venezia: Marsilio 1986. 124 pp.
3218 BASSON, W.P. *Claudianus se Ou Man van Verona* [in Afrikaans] – Akroterion 30 (1985) 97-99

3219 BOZZI, ANDREA; NIKOLOVA, ANNA; CAPPELLI, GIUSEPPE; GIULIANI, GIULIANA *Il trattamento delle varianti nello spoglio elettronico di un testo. Una prova sui Carmina di Claudiano* – MD 16 (1986) 155-179

3220 CAPPONI, FILIPPO *Le fonti del carme 49 di Claudiano* [mit Zusammenfassung in lat. Sprache] – KoinNapoli 10 (1986) 159-173

3221 CHARLET, JEAN-LOUIS *L'Etna, la rose et le sang. Critique textuelle et symbolisme dans le De raptu Proserpinae de Claudien* – InvLuc 9 (1987) 25-44

3222 CHRISTIANSEN, P.G.; SEBESTA, J.L. *Claudian's Phoenix. Themes of imperium* – ACl 54 (1985) 204-224

3223 CITRONI, MARIO *Giovenale e Virgilio in Claudiano, Eutr. I,66-77.* In: *Filologia e forme letterarie* (cf. 1985-87, 263) IV 253-259

3224 CITTI, VITTORIO *Claudiano, A.P. 1.19.3* – Prometheus 13 (1987) 179-181

3225 ELBERN, STEPHAN *Die vier Flüsse Phrygiens. Zu Claudian, In Eutr. 2, 259-269* – RFC 115 (1987) 50-53

3226 ERNEST, WILFRIED *Die Laudes Honorii Claudians. Die Beispiele poetischer Konsulatspanegyrik im Vergleich* [Diss.]. Regensburg: 1987. 167 pp.

3227 EVRARD, E. *Réflexions sur un passage de Claudien, In Rufinum. Les modes d'insertion d'un texte dans une tradition.* In: *Hommages à Jozef Veremans.* Edd. F. DECREUS; C. DEROUX. Bruxelles: Éd. Latomus (1986) 121-127

3228 FUNKE, H. *The universe of Claudian. Its Greek sources.* In: *Papers of the Liverpool Latin Seminar, V 1985.* Edd. by F. CAIRNS et al. Liverpool: F. Cairns (1986) 357-366

3229 GAGLIARDI, D. *Il Phoenix di Claudiano spia dell'apporto greco-latino al sincretismo culturale nordafricano.* In: *Gli interscambi culturali e socio-economici fra l'Africa settentrionale e l'Europa mediterranea* (cf. 1985-87, 287) 391-401

3230 GALAND, PERRINE *Les «fleurs» de l'ecphrasis. Autour du rapt de Proserpine (Ovide, Claudien, Politien)* – Latomus 46 (1987) 87-122

3231 GRUZELIER, CLAIRE E. *A literary commentary on Claudian's De raptu Proserpinae* [Thesis]. Oxford: Balliol College 1985. XVIII, 387 pp. [microfilm]

3232 HALL, J.B. *Prolegomena to Claudian* [BICS Suppl. 45]. London: Institute of Classical Studies 1986. XI, 281 pp.

3233 HAYWOOD, MARK S. *Some geographical etymologising in Claudian (B.G.I, 504-526)* – Mn 40 (1987) 425-427

3234 HERRERA CAJAS, HÉCTOR *Temas de Claudiano.* In: *Semanas* (cf. 1985-87, 349) 187-208

3235 KLEIN, R. *Die Romidee bei Symmachus, Claudian und Prudentius.* In: *Colloque Gènevois sur Symmaque* (cf. 1985-87, 241) 119-144

3236 LAURENS, P. *Poétique et histoire: étude de neuf épigrammes de Claudien* – BulBudé (1986) 345-367

3237 MORONI, B. *Tituli Serenae. Motivi di un encomio femminile in Claudiano, C.m. 30.* In: *Graeco-Latina Mediolanensia* [Quad. di Acme 5]. Milano (1985) 137-160

3238 NEWBOLD, R.F. *Sensitivity to shame in Greek and Roman epic, with particular reference to Claudian and Nonnus* – Ramus 14 (1985) 30-45

3239 PERRELLI, RAFFAELE *Claudiano e il Carmen contra paganos* – Vichiana 16 (1987) 135-150

3240 PERRELLI, RAFFAELE *Sulla praefatio all'Epithalamium de nuptiis Honorii Augusti di Claudiano* – KoinNapoli 9 (1985) 121-130

3241 POTZ, E. *Claudian, Kommentar zu De raptu Proserpinae. Buch 1.* Graz: dbv-Verlag TU Graz 1985.

3242 RICCI, MARIA LISA *Il poeta e i funzionari. (Claudiano carm. min. 19 e 3 Hall)* – InvLuc 9 (1987) 175-193

3243 RICCI, M.L. *Elementi descrittivi ed elementi narrativi nel carme sui fratelli catanesi di Claudiano (carm. min. 17 Birt).* In: *Munus amicitiae. Scritti in memoria di Alessandro Ronconi, I* [Quad. di filol. lat.]. Firenze: Le Monnier (1986) 221-232

3244 RICCI, M.L. *Per il commento del Carme minore di Claudiano sui fratelli di Catania (C.m. 17 Hall)* – InvLuc 7/8 (1985/86) 175-191

3245 ROMANO, DOMENICO *Claudiano a Catania* – Orpheus 7 (1986) 85-93

3246 VANDERSPOEL, J. *Claudian, Christ and the cult of the saints* – CQ 36 (1986) 244-255

III.2. Clemens Alexandrinus

3247 *[Clemens Alexandrinus] Estratti profetici. Eclogae propheticae.* A cura di C. NARDI [BPatr 4]. Firenze: Nardini 1985. 158 pp.

3248 *[Clemens Alexandrinus] Stromata, Buch I-VI.* Hrsg. von O. STÄHLIN, neu hrsg. von L. FRÜCHTEL. 4. Aufl. mit Nachtr. von U. TREU [GCS 52]. Berlin: Akad.-Verl. 1985. XIX, 544 pp.

3249 *[Clemens Alexandrinus] Stromati. Note di vera filosofia.* Introd., trad. e note a cura di G. PINI [LCO Testi 20]. Roma: Ed. Paoline 1985. 913 pp.

3250 BIANCO, M.G. *Clemente Alessandrino. Il farmaco dell'immortalità (Protr. X 106,2)*. In: *Morte e immortalità* (cf. 1985-87, 311) 63-73

3251 BLAIR, HAROLD *The Kaleidoscope of Truth: Types and Archetypes in Clement of Alexandria*. Worthing: Churchman Pub. 1986. 171 pp.

3252 BRACKETT, JOHN KNOX *An analysis of the literary structure and forms in the Protrepticus and Paidagogus of Clement of Alexandria* [Diss.]. Atlanta, Ga.: Emory Univ. 1986. 221 pp. [microfilm; cf. summary in DissAbstr 47 (1987) 3455A]

3253 BUILES U., M.A. *El matrimonio en Clemente Alejandrino* – FrBogotá 29 (1987) 159-221

3254 CALLEJA, JOSEPH *The use of Daniel 3 in the Eclogae propheticae (chs. 1-9) of Clement of Alexandria* – AugR 26 (1986) 401-411

3255 CONDE GUERRI, ELENA *La mujer «ideal» en el Pedagogo de Clemente Alejandrino*. In: *La mujer en el mundo antiguo* (cf. 1985-87, 312) 329-341 = Helmántica 37 (1986) 337-354

3256 CRIMI, CARMELO Ή έξάς – Orpheus 6 (1985) 468-470

3257 DUCKWORTH, COLIN; OSBORN, ERIC *Clement of Alexandria's Hypotyposeis: A French Eighteenth-Century Sighting* – JThS 36 (1985) 67-83

3258 FERRARESE, GIANFRANCO *Sapienzialità, parenesi e vera gnosi. La pericope del concilio apostolico in Clemente Alessandrino* – KoinNapoli 11 (1987) 7-26

3259 FINNEY, PAUL C. *Images of finger rings and early Christian art* – DumPap 41 (1987) 181-186

3260 GALLONI, MATTEO *Cultura, evangelizzazione e fede nel «Protrettico» di Clemente Alessandrino* [Verba seniorum N.S. 10]. Roma: Edizioni Studium 1986. XVI, 166 pp.

3261 GUILLAUMONT, ANTOINE *Le gnostique chez Clément d'Alexandrie et chez Évagre le Pontique*. In: *Alexandrina* (cf. 1985-87, 200) 195-201

3262 HOEK, ANNEWIES VAN DEN *Mistress and Servant. An Allegorical Theme in Philo, Clement and Origen*. In: *Origeniana Quarta* (cf. 1985-87, 324) 344-348

3263 KNAUBER (†), A. *Der «Didaskalos» des Clemens von Alexandrien*. In: *Studia Patristica 16* (cf. 1985-87, 359) 175-185

3264 LAUHA, RISTO *Klemens Aleksandrialaisen kirje ja Markuksen salainen evankeliumi (= Clement of Alexandria and the secret Gospel of St. Mark)* – TAik 92 (1987) 205-210

3265 MARCOVICH, MIROSLAV *Demeter, Baubo, Iacchus, and a redactor* – VigChr 40 (1986) 294-301

3266 MEES, M. *Rechtgläubigkeit und Häresie nach Klemens von Alexandrien* – AugR 25 (1985) 723-734

3267 MEES, MICHAEL *Jesu Bussruf und die Bekehrung bei Clemens von Alexandrien* – AugR 27 (1987) 45-56

3268 MEES, MICHAEL *Textkritische Probleme um den Paidagogos des Clemens von Alexandrien.* In: *Texte und Textkritik* (cf. 1985-87, 372) 405-409

3269 MERKELBACH, REINHOLD *Un petit ainigma dans le prologue du Protreptique de Clément d'Alexandrie.* In: *Alexandrina* (cf. 1985-87, 200) 191-194

3270 MURRAY, GREGORY *Did Luke use Mark?* – DR 104 (1986) 268-271

3271 NARDI, C. *Il seme eletto e la maternità di Dio nel Quis dives salvetur di Clemente Alessandrino* – Prometheus 11 (1985) 271-286

3272 NARDI, C. *Tradizione subapostolica e motivi platonici in Clemente Alessandrino, Ecl. Proph. 27.* In: *Studi in onore di Adelmo Barigazzi* (cf. 1985-87, 358) II 91-100

3273 OSBORN, E. *Clément, Plotin et l'un.* In: *Alexandrina* (cf. 1985-87, 200) 173-190

3274 OSBORN, ERIC *Logique et exégèse chez Clément d'Alexandrie.* In: *Lectures anciennes de la Bible* (cf. 1985-87, 297) 169-190

3275 OSBORN, ERIC *Philo and Clement* – Prudentia 19,1 (1987) 34-49

3276 PASQUATO, OTTORINO *Crescita del cristiano in Clemente Alessandrino. Tra ellenismo e cristianismo. Interpretazione storiografia di H.I. Marrou.* In: *Crescita dell'uomo nella catechesi dei Padri* (cf. 1985-87, 247) 57-72

3277 PLACES, É. DES *Les citations profanes de Clément d'Alexandrie dans la IIIe Stromate* – REG 99 (1986) 54-62

3278 PRATT, ANDREW L. *Clement of Alexandria: Eucharist as Gnosis* – GrOrthThR 32 (1987) 163-178

3279 RIEDWEG, CHRISTOPH *Mysterienterminologie bei Platon, Philon und Klemens von Alexandrien* [Unters. zur antiken Lit. und Gesch. 26]. Berlin: de Gruyter 1987. XII, 192 pp.

3280 RIZZERIO, L. *Considerazioni sulla nozione di fede in Clemente Alessandrino; un esempio di sintesi tra cultura classica e pensiero cristiano (Str. II 8,4-9,7)* – Sandalion 8/9 (1985/86) 147-179

3281 RIZZERIO, LAURA *La nozione di «akolouthia» come logica della verità in Clemente di Alessandria* – RFN 79 (1987) 175-195

3282 SCOTT, D. *Christian responses to Buddhism in pre-medieval times* – Numen 32 (1985) 88-100

3283 SENZASONO, L. *Un passo di Clemente Alessandrino ed Eraclito* – CCC 7 (1986) 185-192

3284 STRASSER, MICHAEL W. *Faith and reason revisited in Clement of Alexandria* – PPMRC 7 (1982) [1985] 57-65

3285 VIDYALAKSHMI *Clemens von Alexandrien, Christliche Gnostik und Advaita Vedanta.* Winterthur: DLZ-Verlag. 1985. 36 pp.

3286 WEISSENGRUBER, FRANZ *«Samenkörner der Wahrheit» bei Clemens Alexandrinus.* In: *Ecclesia peregrinans. Josef Lenzenweger zum 70. Geburtstag.* Edd. KARL AMON et al. Wien: Verband der Wissenschaftlichen Gesellschaften Österreichs (1986) 5-15

3287 ZOUMPOS, A.N. Ἀνάλεκτα [teilweise in deutscher Sprache] – Platon 39 (1987) 114-122

III.2. Clemens Romanus

3288 ALFONSI, L. *La grande preghiera di Clemente Romano. Un esame stilistico* – CCC 6 (1985) 225-230

3289 ALVES DE SOUSA, PIO GONÇALO *A conversão em Clemente de Roma. Metanoia uma palavra chave* – AugR 27 (1987) 33-44

3290 BOWE, BARBARA E. *A church in crisis. Ecclesiology and paraenesis in Clement of Rome* [Diss.]. Cambridge, Mass. 1986. 241 pp. [microfilm; cf. DissAbstr 47 (1986) 1765 A]

3291 PAPATZANAKIS, GEORG *Der Sinn des Friedens im ersten Clemensbrief an die Korinther* [Neugr.] – EkklAthen (1985) 308a-309b. 425a-427b

3292 SPACCAPELO, NATALINO *Nella fraternità e nella concordia (1 Clemente)* – PSV 11 (1985) 233-244

3293 WILHELM-HOOIJBERGH, A.E. *Clemens Romanus imitating the seditious Corinthians?* In: *Studia Patristica* 16 (cf. 1985-87, 359) 206-208

III.2. Pseudo-Clemens Romanus

3294 BAARDA, TJITZE *Jesus and Mary (John 20,16 f.) in the Second Epistle on Virginity Ascribed to Clement.* In: *Studien zum Text und zur Ethik des Neuen Testaments* (cf. 1985-87, 363) 11-34

3295 COCCI, N. *Il sangue nelle Pseudoclementine.* In: *Sangue e antropologia, V* (cf. 1985-87, 346) II 1009-1068

3296 CUENCA MOLINA, JUAN FERNANDO *El judeo-cristianismo y la ley. A propósito del nomismo de las «Homilías Clementinas»* – Carth 2 (1986) 35-54

3297 FUHRMANN, H. *Eine Fälschung im Stil der Pseudo-Clemens-Briefe.* In: *Variorum munera florum. Latinität als prägende Kraft mittelalterlicher Kultur. Festschrift für Hans F. Haefele zu seinem sechzigsten Geburtstag.* Edd. ADOLF REINLE et al. Sigmaringen: Jan Thorbecke Verlag (1985) 157-167

3298 MEES, MICHELE *Strutture ellenistiche a servizio della catechesi cristiana nelle Ps. Clementine.* In: *Crescita dell'uomo nella catechesi dei Padri* (cf. 1985-87, 247) 51-55

3299 *Die Pseudoklementinen, III: Konkordanz zu den Pseudoklementinen, I: Lateinisches Wortregister.* Von G. STRECKER [GCS]. Berlin: Akademie-Verlag 1986. XV, 581 pp.

3300 SALVADORI, L. P. Mil. Vogl. *III 126: una fonte delle Recognitiones pseudo-clementine?* – RFC 113 (1985) 174-181

3301 TARDIEU, MICHEL *Une diatribe antignostique dans l'interpolation eunomienne des Recognitiones.* In: *Alexandrina* (cf. 1985-87, 200) 325-337

3302 TOSOLINI, FABRIZIO *Paolo in Atti e nelle Pseudoclementine (Recognitiones I,33-71)* – AugR 26 (1986) 369-400

3303 WARNS, RÜDIGER *Untersuchungen zum 2. Clemens-Brief* [Diss.]. Marburg 1987. X, 697 pp.

III.2. Columbanus Abbas Bobiensis

3304 TODDE, P. *Le metafore del mare nelle lettere di san Columbano: in vista di una traduzione* – ABo 8-9 (1986-87) 151-174

3305 VOGÜÉ, ADALBERT DE *Bourgogne, Angleterre, Alémanie: sur trois étapes du cheminement de la Règle* – RBS 16 (1987) 123-135

III.2. Commodianus

3306 GÜNTHER, J. *Geschichtskonzeptionelles und soziales Denken des christlich-lateinischen Schriftstellers Kommodian. Spätantikes Christentum im Spannungsfeld von sozialer Utopie und historisch Möglichem* [Resümee] – Ethnographisch-archäologische Zeitschrift (Berlin) 26 (1985) 681-687

3307 SALVATORE, ANTONIO *Seneca e Commodiano.* In: *Filologia e forme letterarie* (cf. 1985-87, 263) III 327-339

III.2. Consentius Balearicus

3308 *[Consentius Balearicus] Consenci. Correspondència amb sant Agustí.* Text revisat, traducció i notes per JOSEP AMENGUAL I BATLE, Vol. 1 [FBMEC 244]. Barcelona: Fundació Bernat Metge 1987. 138 pp.

3309 DAM, RAYMOND VAN *'Sheep in Wolves' Clothing': The Letters of Consentius to Augustine* – JEcclH 37 (1986) 515-535

III.2. Constantinus Imperator

3310 DRAKE, H.A. *Suggestions of date in Constantine's Oration to the Saints* – AJPh 106 (1985) 335-349

3311 FRASCHETTI, A. *Costantino e l'abbandono del Campidoglio.* In: *Società romana e impero tardoantico* (cf. 1985-87, 350) II 59-98

3312 HARRIES, J. *Towards a new Constantine?* – Ancient society, Resources for Teachers (North Ryde, Australia) 15 (1985) 71-83

3313 HORST, EBERHARD *Costantino il Grande.* Trad. di UMBERTO GANDINI. Milano: Rusconi 1987. 430 pp.

3314 HORST, EBERHARD *Konstantin der Grosse, eine Biographie.* Zürich: Buchclub Ex Libris 1986. 386 pp.

3315 KERESZTES, PAUL *The Phenomenon of Constantine the Great's Conversion* – AugR 27 (1987) 85-100

3316 KÖNIG, I. *Origo Constantini. Anonymus Valesianus* [Trierer Hist. Forsch. 11]. Trier: Verlag Trierer Hist. Forsch. 1987. 210 pp.

3317 LITZEN, V. *Keisari Konstantinus ja valkeuden juhla (= Kaiser Konstantin und das Fest des Lichts)* [finnisch] – TAik 92 (1987) 471-475

3318 LUCREZI, F. *Costantino e gli haruspici* – AASN 97 (1986) 171-198

3319 MACMULLEN, RAMSAY *Constantine.* London; New York; Sydney: Croom Helm 1987. 263 pp.

3320 MACMULLEN, RAMSAY *The Meaning of A.D. 312: The Difficulty of Converting the Empire.* In: *The 17th International Byzantine Congress. Major Papers* (cf. 1985-87, 244) 1-15

3321 RODRIGUEZ GERVAS, MANUEL JOSÉ *Constantino en los panegíricos* – StZam (Hist) 7 (1986) 423-428

3322 VITTINGHOFF, F. *Konstantin der Grosse.* In: *Exempla historica. Epochen der Weltgeschichte in Biographien. Römisches Imperium und frühes Mittelalter, VIII: Herrscher des Imperium Romanum.* Bearb. von M. SCHMID. Frankfurt: Fischer Taschenbuch-Verlag (1985) 165-193

3323 WRIGHT, DAVID H. *The true face of Constantine the Great* – DumPap 41 (1987) 493-507

3324 ZIOŁKOWSKI, A. *Das Problem der Taufe Konstantins des Großen in der zeitgenössischen Geschichtsschreibung* [in polnischer Sprache] – PrzHi 77 (1986) 525-534

III.2. Constitutiones Apostolorum

3325 *[Constitutiones Apostolorum] Les constitutions apostoliques, I: Livres I et II.* Introd., texte crit., trad. et notes par MARCEL METZGER [SC 320]. Paris: Éd. du Cerf 1985. 363 pp.

3326 *[Constitutiones Apostolorum] Les constitutions apostoliques, II: Livres III-VI.* Introduction, texte critique, traduction et notes par MARCEL METZGER [SC 329]. Paris: Éd. du Cerf 1986. 422 pp.

3327 *[Constitutiones Apostolorum] Les constitutions apostoliques, III: Livres VII-VIII.* Introd., texte crit., trad. et notes par MARCEL METZGER [SC 336]. Paris: Éd. du Cerf 1987. 368 pp.

3328 FIENSY, DAVID A. *Prayers alleged to be Jewish: An examination of the Constitutiones Apostolorum* [Brown Judaic Studies 65]. Chico, Calif.: Scholar Press 1985. XI, 249 pp.

3329 KOPECEK, T.A. *Neo-Arian religion: The Evidence of the Apostolic Constitutions.* In: *Arianism* (cf. 1985-87, 209) 153-179

III.2. Cosmas Indicopleustes

3330 GUKOVA, S.N. *Les sources de la carte du monde de Cosmas Indicopleustès* [in russischer Sprache]. In: *Problèmes d'histoire sociale et de la culture du Moyen Âge.* Leningrad: Univ. (1986) 62-75

3331 MOHAY, A. *Mihirakula-Gollas* – AcAnt 30 (1982-84) [1987] 417-428

3332 WADA, HIROSHI *Aus der Beschreibung der Insel Ceylon in der frühbyzantinischen und chinesischen Historiographie.* In: *Antikerezeption, Antikeverhältnis, Antikebegegnung in Vergangenheit und Gegenwart* (cf. 1985-87, 205) 129-136

III.2. Cummineus Longus

3333 ARNOLD, JOHN *Usus Sacrae Scripturae in Paenitentiali Cummeani* – Periodica De Re Morali Canonica Liturgica (Roma) 75 (1986) 447-466

III.2. Cyprianus Carthaginiensis

3334 *[Cyprianus Carthaginiensis] Cristiani con coraggio. Il nostro essere cristiani oggi secondo san Cipriano* [LCO Antologie 10]. Roma: Ed. Paoline 1985. 556 pp.

3335 *[Cyprianus Carthaginiensis] Cyprien. Traités. Concordance. Documentation lexicale et grammaticale.* Edd. P. BOUET et al. [AlphaOmega 67]. Hildesheim; Zürich; New York: Olms; Weidmann 1986. XLIV, 1399 pp.

3336 *[Cyprianus Carthaginiensis] The Letters of St. Cyprian of Carthage, II: Letters 28-54 ;III: Letters 55-66.* Translated and annotated by G.W. CLARKE [ACW 44/46]. New York, N.Y.; Ramsey, N.J.: Newman Press 1986. VI, 313 pp; VI, 345 pp.

3337 AMATA, BIAGIO *Educare alla pazienza in S. Cipriano.* In: *Crescita dell'uomo nella catechesi dei Padri* (cf. 1985-87, 247) 145-160

3338 BLAZQUEZ, JOSÉ MARIA *La carta 67 de Cipriano y el origen africano del cristianismo hispano.* In: *Homenaje a Pedro Sáinz Rodríguez, III. Estudios históricos.* Madrid: Fundación Universitaria Española (1986) 93-102

3339 BUCHHEIT, VINZENZ *Non agnitione sed gratia (Cypr. Don. 2)* – Her 115 (1987) 318-334

3340 BURINI, CLARA *La «comunione di cuori e di spirito» (Atti 2;4) nella testimonianza di Cipriano.* In: *Testimonium Christi* (cf. 1985-87, 370) 91-109

3341 GALLICET, EZIO *Cipriano e la Chiesa.* In: *La concezione della Chiesa nell'antica letteratura cristiana* [Pubblicazioni dell'Istituto di filologia classica e medievale 100]. Genova: Facoltà di Lettere dell'Università di Genova (1986) 27-43

3342 KAKOSY, LASZLO *«Cyprien» en Égypte.* In: *Mélanges Adolphe Gutbub.* Montpellier: Institut d'Égyptologie de l'Univ. Paul Valéry (1984) 109-114

3343 LANA, I. *La condizione dei cristiani condannati alle miniere secondo San Cipriano* – CCC 6 (1985) 349-355

3344 LOSADA, JOAQUIN *La colegialidad en San Cipriano.* In: *Miscelánea Auriense en honor de Monseñor D. Angel Temiño Saiz, Obipso de Orense.* Orense: Disputacíon Provincial de Orense (1985) 105-113

3345 MEULENBERG, LEO F.J. *Cyprianus. De ene bron en de vele stromen.* Kampen: Kok 1987. 102 pp.

3346 QUACQUARELLI, A. *S. Cipriano. La pestilenza e la Lettera ai Tibariti sulla preparazione al martirio.* In: *Morte e immortalità* (cf. 1985-87, 311) 29-40

3347 RAMOS-LISSON, DOMINGO *La conversión de san Cipriano* – RAgEsp 27 (1986) 147-168

3348 SCORZA BARCELLONA, FRANCESCO *Dono dello Spirito e istanze morali nell'Ad Donatum di Cipriano.* In: *Crescita dell' uomo nella catechesi dei Padri* (cf. 1985-87, 247) 181-187

3349 VERWILGHEN, ALBERT *Ph 2,5-11 dans l'oeuvre de Cyprien et dans les écrits d'auteurs anonymes africains du IIIème siècle* – Salesianum 47 (1985) 707-734

III.2. Pseudo-Cyprianus Carthaginiensis

3350 BREEN, AIDAN *The Evidence of Antique Irish Exegesis in Pseudo-Cyprian «De Duodecim Abusivis Saeculi»* – ProcIrAc 87 C (1987) 71-101

3351 DEHANDSCHUTTER, B. *Pseudo-Cyprian, Jude and Enoch. Some notes on 1 Enoch 1:9.* In: *Tradition and re-interpretation* (cf. 1985-87, 373) 114-120

III.2. Cyprianus Gallus

3352 PABST, W. *Zur Satire vom lächerlichen Mahl. Konstanz eines antiken Schemas durch Perspektivenwechsel* – AA 32 (1986) 136-158

III.2. Cyrillus Alexandrinus

3353 *[Cyrillus Alexandrinus] Cirillo di Alessandria: Commento ai profeti minori Zaccaria e Malachia.* Trad., introd. e note a cura di ANTONIO CATALDO [CTP 60]. Roma: Città Nuova Ed. 1986. 378 pp.

3354 *[Cyrillus Alexandrinus] Cyrille d'Alexandrie. Contre Julien, I: Livres I et II.* Introd., texte crit., trad. et notes par P. BURGUIERE; P. EVIEUX [SC 322]. Paris: Ed. du Cerf 1985. 335 pp.

3355 *[Cyrillus Alexandrinus] St. Cyril of Alexandria: Letters 1-50.* Transl. by JOHN I. MCENERNEY [FaCh 76]. Washington, D.C.: Catholic University of America Press 1987. XVI, 237 pp.

3356 *[Cyrillus Alexandrinus] St. Cyril of Alexandria: Letters 51-110.* Transl. by JOHN I. MCENERNEY [FaCh 77]. Washington, D.C.: Catholic University of America Press 1987. XIII, 204 pp.

3357 AUBINEAU, MICHEL *Les «Catenae in Lucam» de J. Reuss et Cyrille d'Alexandrie* – ByZ 80 (1987) 29-47

3358 DURAND, GEORGES-MATHIEU DE, OP *Une lettre méconnue de S. Cyrille d'Alexandrie.* In: *Alexandrina* (cf. 1985-87, 200) 351-363

3359 GEBREMEDHIN, EZRA *Cyrillus av Alexandria Kommentar till Johannes' Evangelium. «En läromässig kommentar».* In: *Patristica Nordica 2* (cf. 1985-87, 325) 33-48

3360 IZBICKI, THOMAS M. *Petrus de Monte and Cyril of Alexandria* – AHC 18 (1986) 293-300

3361 ROUGÉ, JEAN *Les débuts de l'épiscopat de Cyrille d'Alexandrie et le Code Théodosien.* In: *Alexandrina* (cf. 1985-87, 200) 339-349

3362 SIDDALS, RUTH M. *Logic and christology in Cyril of Alexandria* – JThS 38 (1987) 341-367

III.2. Cyrillus Hierosolymitanus

3363 *[Cyrillus Hierosolymitanus] S. Cirilo de Jerusalén. Catequesis.* Introducción y traducción de L.H. RIVAS [Orígenes Cristianos]. Buenos Aires: Ediciones Paulinas 1985. 312 pp.

3364 AUBINEAU, MICHEL *Un sermo acephalus ineditus* – CPG 4272: *Sévérien de Gabala? – restitué à Cyrille de Jérusalem* – VigChr 41 (1987) 285-289

3365   GREGG, R.C. *Cyril of Jerusalem and the Arians.* In: *Arianism* (cf. 1985-87, 209) 85-109

3366   JANERAS, SEBASTIA *A propos de la catéchèse XIVe de Cyrille de Jérusalem* – EcclOra 3 (1986) 307-318

3367   OLCINA FERRANDIS, JORGE *Exigencias de la Preparación al bautismo en San Cirilo de Jerusalén* – AnVal 12 (1986) 177-204

3368   WAINWRIGHT, P. *The Authenticity of the Recently Discovered Letter Attributed to Cyril of Jerusalem* – VigChr 40 (1986) 286-293

III.2. Cyrillus Scythopolitanus

3369   ESBROECK, MICHEL VAN *Le codex rescriptus Tischendorf 2 à Leipzig et Cyrille de Scythopolis en version arabe.* In: *Actes du deuxième congrès international d'études arabes chrétiennes* (cf. 1985-87, 192) 81-91

III.2. Damasus Papa

3370   *Damasus und die römischen Märtyrer.* Anno Damasi Saeculari XVI. Hrsg. d. lat. Texte A. FERRUA; Übersetzung aus dem Lat. und Ital. J.G. DECKERS, Einleitung und Komm. C. CARLETTI. Città del Vaticano: Pontif. commissione di archeologia sacra 1986. 48 pp.

3371   FONTAINE, JACQUES *Damase poète théodosien. L'imaginaire poétique des Epigrammata.* In: *Saecularia Damasiana* (cf. 1985-87, 3373) 113-145

3372   GUARNIERI, CARMELA *Occidente e Oriente nell'epigramma «In Basilica apostolorum» di Damaso (Ferrua, Ep. 20)* – VetChr 24 (1987) 411-421

3373   *Saecularia Damasiana. Atti del Convegno internazionale per il XVI centenario della morte di papa Damaso I (11.12.384 – 10/11.12.1984).* Promosso dal Pontif. Ist. di Archeol. crist. [Stud. di ant. crist. 39]. Città del Vaticano: Pontif. ist. di archeol. crist. 1986. 387 pp.

3374   SAXER, V. *Damase et le calendrier des fêtes de martyrs de l'église romaine.* In: *Saecularia Damasiana* (cf. 1985-87, 3373) 59-88

III.2. Damianus ep. Alexandrensis

3375   MÜLLER, CASPAR DETLEF GUSTAV *Damian, Papst und Patriarch von Alexandria* – OrChr 70 (1986) 118-142

III.2. David Invictus

3376 ANASTOS, M.V. *On David's Neoplatonism.* In: *David Anhaghtᶜ* (cf. 1985-87, 3378) 111-117

3377 BRUTJAN, G.A. *Un vrai virtuose de la pensée philosophique* [in russischer Sprache]. In: *Die antike Zivilisation und die moderne Wissenschaft* (cf. 1985-87, 381) 87-90

3378 *David Anhaghtᶜ. The 'Invincible' Philosopher.* Ed. A.K. SANJIAN [Studies in Near Eastern Culture and Society 7]. Atlanta, Ga: Scholars Press 1986. XV, 150 pp.

3379 KHATCHADOURIAN, H. *Universals in David, Boethius, and al-Farabi's Summary of Porphyry's Isagoge.* In: *David Anhaghtᶜ* (cf. 1985-87, 3378) 47-63

3380 NAKHNIKIAN, G. *David on the Definitions of Philosophy.* In: *David Anhaghtᶜ* (cf. 1985-87, 3378) 17-25

3381 NERSOYAN, H.J. *«An Encomium of the Holy Cross of God» by David the Invincible Philosopher.* In: *David Anhaghtᶜ* (cf. 1985-87, 3378) 81-100

3382 NERSOYAN, H.J. *The Cross of God: The Religious Philosophy of David the Invincible.* In: *David Anhaghtᶜ* (cf. 1985-87, 3378) 65-79

3383 SANJIAN, A.K. *David Anhaghtᶜ (the Invincible): an Introduction.* In: *David Anhaghtᶜ* (cf. 1985-87, 3378) 1-16

3384 SANJIAN, A.K. *The Ethical Concepts in the Philosophy of David the Invincible.* In: *David Anhaghtᶜ* (cf. 1985-87, 3378) 101-110

3385 TERIAN, A. *Plato in David's Prolegomena Philosophiae.* In: *David Anhaghtᶜ* (cf. 1985-87, 3378) 27-35

3386 THOMSON, R.W. *The Armenian Version of David's Definitions of Philosophy.* In: *David Anhaghtᶜ* (cf. 1985-87, 3378) 37-46

III.2. Diadochus Photicensis

3387 POLYZOGOPOULOS, THEODORITUS *Life and writings of Diadochus of Photic* – ThAthen 56 (1985) 174-221

3388 WARE, K. *The Origins of the Jesus Prayer: Diadochus, Gaza, Sinai.* In: *The Study of Spirituality* (cf. 1985-87, 364) 175-184

III.2. Didache

3389 DRAPER, JONATHAN *The Jesus Tradition in the Didache* [Gospel Perspectives 5] – JSOT (1985) 269-287

3390 FLUSSER, DAVID *Paul's Jewish-Christian opponents in the Didache.* In: *Gilgul. Essays on Transformation, Revolution and Permanence in the History of Religions. Dedicated to R.J. Zwi Werblow-*

sky. Ed. by S. SHAKED et al. [Studies in the History of Religions 50]. Leiden: Brill (1987) 71-90

3391 GAMBER, K. *Die «Eucharistia» der Didache* – EL 101 (1987) 3-32

3392 SALVARANI, B. *L'eucaristica di Didachè IX-X alla luce della teologia giovannea: un'ipotesi* – RiBi 34 (1986) 369-390

3393 SCHÖLLGEN, GEORG *Die Didache – ein frühes Zeugnis für Landgemeinden?* – ZNW 76 (1985) 140-143

3394 SCHÖLLGEN, GEORG *Die Didache als Kirchenordnung. Zur Frage des Abfassungszweckes und seinen Konsequenzen für die Interpretation* – JAC 29 (1986) 5-26

III.2. Didascalia Apostolorum

3395 COX, J.J.C. *Some Prolegomena and Addenda to a Study of the Dominical Logoi as cited in the Didascalia Apostolorum.* In: *Studia Patristica 16* (cf. 1985-87, 359) 82-87

3396 SCHÖLLGEN, G. *Die literarische Gattung der syrischen Didaskalie.* In: *IV Symposium Syriacum* (cf. 1985-87, 367) 149-159

III.2. Didymus Alexandrinus

3397 *[Didymus Alexandrinus] Didymus der Blinde. Kommentar zu Hiob (Tura-Papyrus), IV,1: Kap. 12,1 – 16,8a.* Einleitung, Text, Übersetzung von URSULA HAGEDORN; DIETER HAGEDORN; L. KOENEN [PTA 33,1]. Bonn: Habelt 1985. 199 pp.

3398 *[Didymus Alexandrinus] Didymus der Blinde. Kommentar zum Johannes-Evangelium (IoT), Kap. 6,3-33.* Hrsg., übers. und erl. von B. KRAMER. In: *Kleine Texte aus dem Tura-Fund.* In Zusammenarbeit mit dem Ägyptischen Museum zu Kairo hrsg., übers. und erl. von B. KRAMER [Papyrologische Texte und Abhandlungen 34]. Bonn: Habelt (1985) 58-103

3399 ADORNO, FRANCESCO *Protagora nel IV secolo d. C. Da Platone a Didimo Cieco.* In: *Protagora, Antifonte, Posidonio, Aristotele, Saggi su frammenti inediti e nuove testimonianze da papiri* [Accad. Toscana La Colombaria Studi 83: Studi e testi per il Corpus dei filosofi greci e latini 2]. Firenze: Olschki (1986) 9-60

3400 EHRMAN, BART D. *Didymus the Blind and the Text of the Gospels* [The New Testament in the Greek Fathers 1]. Atlanta, Ga.: Scholars Press 1986. XII, 288 pp.

3401 EHRMAN, BART D. *The Gospel Text of Didymus: A Contribution of the Study of the Alexandrian Text* [Diss.]. Princeton, N.J.: Princeton Theol. Seminary 1985. 385 pp.

3402 HAGEDORN, DIETER; HAGEDORN, URSULA *Kritisches zum Hiobkommentar Didymos' des Blinden* – ZPE 67 (1987) 59-78

3403 HAGEDORN, DIETER; HAGEDORN, URSULA *Zur Katenen-überlieferung des Hiobkommentars von Didymos dem Blinden* – BASP 22 (1985) 55-78

3404 KRAMER, BÄRBEL; KRAMER, JOHANNES *Les éléments linguistiques hébreux chez Didyme l'Aveugle.* In: *Alexandrina* (cf. 1985-87, 200) 313-323

3405 LÜHRMANN, DIETER *Das Bruchstück aus dem Hebräerevangelium bei Didymos von Alexandrien* – NovTest 29 (1987) 265-279

3406 SWENSSON, GERD I. *God's Ikon in Man's History. A Study of Exegesis, Doctrine and Spiritual Teaching in the Commentary on Genesis by Didymus of Alexandria, I-II* [Thesis]. London 1985. 244; 69 pp.

3407 WOODRUFF, P. *Didymus on Protagoras and the Protagoreans* – JHPh 23 (1985) 483-497

III.2. Diodorus Tarsensis

3408 SIMONETTI, M. *Interpretazione delle rubriche e destinazione dei salmi nei Commentarii in Psalmos di Diodoro* – AnSEse 2 (1985) 79-92

III.2. Ad Diognetum

3409 *[Ad Diognetum] A Diogneto: alle sorgenti dell'esistenza cristiana; una risposta del II secolo alla domanda «In quale Dio i cristiani ripongono la loro fede».* A cura di MATTEO PERRINI. 2. ed. Brescia: Ed. La Scuola 1986. 128 pp.

3410 GILMOUR, CALUM *Diognetus' faith* – Prudentia 19,2 (1987) 34-43

3411 LE ROUX, L.V. *'n stilistiese analyse van hoofstuk i van die Ad Diognetum.* In: *Varia studia* (cf. 1985-87, 376) 231-241

3412 MESSANA, VINCENZO *Il didáskalos cristiano secondo l'Ad Diognetum.* In: *Crescita dell'uomo nella catechesi dei Padri* (cf. 1985-87, 247) 87-102

3413 POIRIER, P.-H. *Élements de polémique anti-juive dans l'Ad Diognetum* – VigChr 40 (1986) 218-225

3414 RAMOS-LISSON, DOMINGO *La secularidad en la «Epístola a Diogneto», V-VII.* In: *La misión del laico* (cf. 1985-87, 307) 269-278

3415 RIGGI, C. *Lettura dell'Ad Diognetum secondo il codice F.* In: *Texte und Textkritik* (cf. 1985-87, 372) 521-529

3416 SNYMAN, A. *Propriety (τὸ πρέπον) and its application in Ad Diognetum III,3 and 5* – EPh 66/67 (1984/85) 73-79

III.2. Dionysius Alexandrinus

3417 BIENERT, WOLFGANG A. *Dionysius der Große und Origenes.*
       In: *Studia Patristica 16* (cf. 1985-87, 359) 219-223

3418 LEANZA, SANDRO *Due novi frammenti dionisiani sull'Ecclesia-*
       ste – Orpheus 6 (1985) 156-161

3419 LEANZA, SANDRO *Pour une réédition des Scolies à l'Ecclesiaste*
       de Denys d'Alexandrie. In: *Alexandrina* (cf. 1985-87, 200)
       239-246

III.2. Pseudo-Dionysius Areopagita

3420 *[Pseudo-Dionysius Areopagita] Διονυσίου Ἀρεοπαγίτου, Περί*
       θείων ὀνομάτων, περί Οὐρανίου ἱεραρχίας, περί
       ἐκκλησιαστικῆς ἱεραρχίας, περί μυστικῆς θεολογίας.
       Εἰσαγωγή, κείμενο, μετάφραση ὑπό Π. ΧΡΗΣΤΟΥ [EP Φ 3].
       Thessalonike 1986. 592 pp.

3421 *[Pseudo-Dionysius Areopagita] Dionisi Areopagita. Dels noms*
       divins. De la teología mística. Traducció i edició a cura de JOSEP
       BATALLA [Textos Filosófics 39]. Barcelona: Ed. Laia 1986. 164
       pp.

3422 *[Pseudo-Dionysius Areopagita] Dionysius Areopagita. Ich schaute*
       Gott im Schweigen. Mystische Texte der Gotteserfahrung. Übers.
       von V. KEIL [Texte zum Nachdenken]. Basel: Herder 1985. 126
       pp.

3423 *[Pseudo-Dionysius Areopagita] The Armenian version of the*
       works attributed to Dionysius the Areopagite. Ed. and transl. by
       ROBERT W. THOMSON [CSCO 488/489: Scriptores Armeniaci
       17/18]. Leuven: Peeters 1987. XV, 258; XI, 190 pp.

3424 *[Pseudo-Dionysius Areopagita] The Complete Works.* Transl. by
       COLM LUIBHEID. Foreword, notes and transl. collab. by PAUL
       ROREM. Preface by RENÉ ROQUES. Introductions by JA-
       ROSLAV PELIKAN, JEAN LECLERCQ, and KARLFRIED
       FROEHLICH [The Classics of Western Spirituality 54]. New
       York: Paulist Pr.; London: SPCK 1987. IX, 312 pp.

3425 *[Pseudo-Dionysius Areopagita] Über die himmlische Hierarchie.*
       Über die kirchliche Hierarchie. Eingeleitet, übersetzt und mit
       Anmerkungen versehen von GÜNTER HEIL [BGL 22]. Stuttgart:
       Hiersemann 1986. XI, 200 pp.

3426 ANDEREGGEN, IGNACIO E.M. *Las uniones y las discreciones*
       divinas. Sobre un texto del «De divinis nominibus», de Dionisio
       Areopagita – Sapientia 42 (1987) 309-326

3427 ANDIA, YSABEL DE *Beauté, Lumière et Amour chez le Pseudo-*
       Denys l'Aréopagite – Carmel (Tilburg) 46 (1987) 112-123

3428 BERNARD, CHARLES ANDRÉ *La doctrine mystique de Denys l'Aréopagite* [mit Zusammenfassung in engl. Sprache] – Greg 68 (1987) 523-566

3429 BLACK, DEBORAH L. *The influence of the De divinis nominibus on the Epistemology of St. Thomas Aquinas* – PPMRC 10 (1985) 41-52

3430 CORBIN, M. *Négation et transcendance dans l'oeuvre de Denys* – RSPhTh 69 (1985) 41-76

3431 DIDI-HUBERMAN, GEORGES *La dissemblance des figures selon Fra Angelico* – MEFR 98 (1986) 709-802

3432 GAMBA, U. *«Il lume di quel cero ...». Dionigi Areopagita fu l'ispiratore di Dante?* – StPat 32 (1985) 101-114

3433 GHISALBERTI, ALESSANDRO *Conoscere negando. Immobilità di Dio e fondamento in Dionigi Areopagita.* In: *La differenza e l'origine* [Pubblicazioni del Centro di Ricerche di Metafisica del Università Cattolica del Sacro Cuore]. Milano: Vita e Pensiero (1987) 20-40

3434 GONZALEZ PÉREZ, M.A. *La «Teología Mística» de Dionisio Areopagita y su influjo en místicos españoles del siglo XVI* – TyV 27 (1986) 291-311

3435 HALLET, CARLOS, SJ *El modo filosófico de conocer a Dios, según el Pseudo Dionisio Areopagita, su valor y sus límites* – TyV 27 (1986) 277-290

3436 KAPITANFFY, I. *Pseudo-Dionysios Areopagita latin forditásának töredéke a budapesti Egyetemi Könyvtárban* [Fragment der lateinischen Übersetzung von Pseudo-Dionysios Areopagita in der Universitätsbibliothek zu Budapest] – Magyar Könyvszemle 101 (1985) 133-137

3437 LILLA, S. *Note sulla Gerarchia Celeste dello Ps. Dionigi l'Areopagita* – AugR 26 (1986) 519-573

3438 LOLAŠVILI, I.A. *Altgeorgische philosophische Denkmäler. Texte und Untersuchungen, 8. Das Corpus Areopagiticum. Dionysius Areopagites und Petros der Iberer in der altgeorgischen Literatur* [Georg. mit russ. Zusammenfassung]. Tbilisi: 1983. 193 pp.

3439 LOLAŠVILI, I.A. *Deux informations géorgiennes anciennes sur la personne et la conception du monde de l'auteur des Aréopagitiques* [in georgischer Sprache mit russischer und englischer Zusammenfassung]. In: *Investigations* (cf. 1985-87, 288) 57-68

3440 LOSEV, A.F. *Le sens constructif du premier principe aréopagitique* [in russischer Sprache mit georgischer und englischer Zusammenfassung]. In: *Investigations* (cf. 1985-87, 288) 24-30

3441 LOUTH, ANDREW *Pagan Theurgy and Christian Sacramentalism in Denys the Areopagite* – JThS 37 (1986) 432-438

3442 LUSCOMBE, D. *The reception of the writings of Denis the pseudo-Areopagite into England. Tradition and Change.* In: *Essays in honour of Marjorie Chibnall.* London; New York; New Rochelle: Cambridge Univ. Press (1985) 115-143

3443 MANNO, A.G. *Il problema di Dio nei grandi pensatori, I: Plotino, Proclo, Ps. Dionigi Areopagita.* Cassino: Sangermano Ed. 1986. 260 pp.

3444 PARSONS, S.C. *The 'Hierarch' in the Pseudo-Dionysius and its Place in the History of Christian Priesthood.* In: *Studia Patristica 18,1* (cf. 1985-87, 360) 187-190

3445 PERRONE, LORENZO *Sulla traducibilità dello Pseudo-Dionigi Areopagita. Annotazioni in margine alla nuova versione italiana* – StMe 28 (1987) 405-456

3446 PLAZAOLA, JUAN *Influjo de la iconología del Seudo-Dionisio en la iconografía medieval* – EE 61 (1986) 151-171

3447 PUECH, H.-C. *La tenebra mistica nello Pseudo-Dionigi Areopagita e nella tradizione patristica.* In: *Sulle tracce della Gnosi.* Cur. F. ZAMBON. Milano: Adelphi (1985) 149-170

3448 RIESENHUBER, KLAUS *Reine Erfahrung. Im Gespräch zwischen Aristoteles, Nishida und Pseudo-Dionysius.* In: *Fernöstliche Weisheit und christlicher Glaube. Festgabe für Heinrich Dumoulin SJ zur Vollendung des 80. Lebensjahres.* Edd. HANS WALDENFELS; THOMAS IMMOOS. Mainz: Matthias-Grünewald-Verlag (1985) 106-118

3449 ROREM, PAUL *The uplifting spirituality of Pseudo-Dionysius.* In: *Christian Spirituality* (cf. 1985-87, 353) 132-151

3450 RUH, KURT *Die mystische Gotteslehre des Dionysius Areopagita* [SAM 1987,2]. München: Verl. d. Bayer. Akad. d. Wiss. 1987. 63 pp.

3451 RUH, KURT *Dionysius Areopagita im deutschen Predigtwerk Meister Eckharts.* In: *Agora, zu Ehren von Rudolf Berlinger* [PPh 13]. Amsterdam: Rodopi; Würzburg: Königshausen-Neumann (1987) 207-223

3452 SUCHLA, BEATE REGINA *Eine Redaktion des griechischen Corpus Dionysiacum Areopagiticum im Umkreis des Johannes von Skythopolis, des Verfassers von Prolog und Scholien. Ein dritter Beitrag zur Überlieferungsgeschichte des CD* [NAG 1985,4]. Göttingen: Vandenhoeck und Ruprecht 1985. 25 pp.

3453 TAKHO-GODI, A.A. *L'exaltation du Verbe dans le traité De divinis nominibus* [in russischer Sprache mit georgischer und englischer Zusammenfassung]. In: *Investigations* (cf. 1985-87, 288) 31-47

3454 TEASDALE, WAYNE *Dionysian and Eckhartian mysticism* – CistStud 21 (1986) 228-258

3455 THIVIERGE, G.-R. *Le commentaire des Noms divins de Denys l'Aréopagite: l'occasion d'une rencontre entre platonisme et aristotélisme chez Thomas d'Aquin* [Diss.]. Roma: Pont. Studiorum Univ. a S. Thomas Aq. in Urbe 1986. 107 pp.

3456 TWARADZE, R. *K voprosu ob otnošenii Davida Nepobedimogo k Pseydo-Dionisiju Areopagitu (= Zur Frage der Beziehung des David Anachta zu Pseudo-Dionysius Areopagites)* [in russischer Sprache]. In: *Filosofija Davida Nepobedimogo.* Moskva: Nauka (1984) 222-226

III.2. Dionysius Exiguus

3457 DRAGULIN, G.I. *Ein berühmter Schüler des Erzbischofs von Tomis, der im 6. Jh. in Rom lebte* [in rumänischer Sprache] – StBuc 38 (1986) 92-111

3458 DRAGULIN, G.I. *Il pio Dionigi il Piccolo. Due epistole sui problemi della data della Pasqua e «Gli elementi del calcolo del calendario e della data della Paqua»* [in rumänischer Sprache] – MitrOlt 39 (1987) 27-70

3459 DRAGULIN, G.I. *Lo ieromonaco Dionigi l'umile, «Exiguus» o «il Piccolo» (ca. 470-550)* [in rumänischer Sprache] – StBuc 37 (1987) 521-539

3460 KALKA, R. *La théorie de la présence dans «Les noms divins» du Pseudo-Denys* – Journal philosophique (Paris) 9 (1986) 209-243

3461 LIMOURIS, G. *L'oeuvre canonique de Denys le Petit (VIième s.)* – RDC 37 (1987) 127-142

3462 MARINI, F. DE *Secular and Clerical Culture in Dionysius Exiguus's Rome.* In: *Proceedings of the Sixth International Congress of Medieval Canon Law: Berkeley, California, 28 July – 2 August 1980.* Cur. S. KUTTNER, K. PENNINGTON. Città del Vaticano: Biblioteca Apostolica Vaticana (1985) 83-92

III.2. Dioscorus Aphroditopolitanus

3463 BALDWIN, BARRY *Dioscorus of Aphrodito and the Anacreontea* – MPhL 8 (1987) 13-14

3464 MACCOULL, LESLIE S.B. *A Coptic cession of land by Dioscorus of Aphrodito: Alexandria meets Cairo.* In: *Acts of the Second Int. Congress of Coptic Studies* (cf. 1985-87, 193) 159-166

3465 MACCOULL, LESLIE S.B. *An Isopsephistic Encomium on Saint Senas by Dioscorus of Aphrodito* – ZPE 62 (1986) 51-53

3466 MACCOULL, LESLIE S.B. *Dioscorus of Aphrodito and John Philoponus.* In: *Studia Patristica 18,1* (cf. 1985-87, 360) 163-168

3467 MACCOULL, LESLIE S.B. *Further notes on the Greek-Coptic glossary of Dioscorus of Aphrodito* – Glotta 64 (1986) 253-257

3468 MACCOULL, LESLIE S.B. *P. Cair. Masp. II 67188 Verso 1-5. The Gnostica of Dioscorus of Aphrodito* – Tyche . Beiträge zur Alten Geschichte, Papyrologie und Epigraphik (Wien) 2 (1987) 95-97

III.2. Dorotheus Gazaeus

3469 *[Dorotheus Gazaeus] Dorotheos van Gaza. Geestelijke werken* [Monastieke cahiers 30]. Bonheiden (B.): Abdij Bethlehem 1986. 195 pp.

3470 CASTELLANO, JESUS *El cuerpo y el círculo. Dos simbolismos comunitarios de Doroteo de Gaza* – REspir 44 (1985) 111-120

III.2. Dracontius

3471 *[Dracontius] œuvres, I: Louanges de Dieu, I et II.* Texte établi, trad. et comm. par C. MOUSSY; C. CAMUS [Coll. G. Budé]. Paris: Les Belles Lettres 1985. 385 pp.

3472 ARDUINI, PAOLO *Alcuni esempi di tecnica allusiva nel proemio dell'Orestis tragoedia di Draconzio* – Orpheus 8 (1987) 366-380

3473 BRIGHT, DAVID F. *The Miniature Epic in Vandal Africa.* Norman, Okla.: Univ. of Oklahoma Pr. 1987. XIII, 296 pp.

3474 GRILLONE, ANTONINO *Purgandus Orestes. Bravura avvocatizia e cammino spirituale di Draconzio nell'Orestis tragoedia* – QC 9 (1987) 77-102

3475 GRILLONE, ANTONINO *Un passo da riconsiderare. Il discorso di Agamennone ad Oreste e Pilade il [sic; zu lesen «in»] Drac. Orest. 527-551* – AAPal 5 (1984/85) 131-146

3476 LIEBERG, G. *Poeta creator. Some religious aspects.* In: *Papers of the Liverpool Latin Seminar, V 1985.* Liverpool: F. Cairns (1986) 23-32

3477 MARINO, ROSANNA *Sull'Hylas di Draconzio* – QCTC 2/3 (1984/85) 111-122

3478 MOREAU, ALAIN *Introduction à la mythologie, XVI-XIX: Les mille et une facettes de Médée, 7-10: Étude diachronique. Médée d'Hésiode à Dracontius. Diodore le rationaliste. Jason, Médée et Vladimir Propp* – Connaissance hellénique (Aix-en-Provence) 30 (1987) 69-80; (31) 71-82; (32) 30-41; (33) 28-43

3479 SCHETTER, W. *Über Erfindung und Komposition des Orestes des Dracontius. Zur spätantiken Neugestaltung eines klassischen Mythos* – FMSt 19 (1985) 48-74

3480 STELLA, F. *Per una teoria dell'imitazione poetica cristiana; saggio di analisi sulle Laudes Dei di Draconzio* – InvLuc 7/8 (1985/86) 193-224

3481 STELLA, FRANCESCO *Epiteti di Dio in Draconzio fra tradizione classica e cristiana* – CCC 8 (1987) 91-123

III.2. Egeria

3482 *[Egeria] Egeria, Pellegrinaggio in Terra Santa.* Trad., introd. e note a cura di P. SINISCALCO; L. SCARAMPI [CTP 48]. Roma: Città Nuova Ed. 1985. 215 pp.

3483 *[Egeria] Itinerarium Egeriae (Peregrinatio Aetheriae).* Ed. R. FISCHER [Texte lateinischer Schriftsteller]. Oberdorf: SO Ed. Piscator 1986. 28 pp.

3484 *[Egeria] Pelegrinatge.* Pròleg, Bibliografia, Introducció, Text, Traducció i Notes por S. JANERAS, 2 voll. [FBMEC 237/238]. Barcelona: Fundació Bernat Metge 1986. 112; 240 pp.

3485 ARCE, AUGUSTIN *Egeria. Peregrina y reportera del siglo IV* – NetV 10 (1985) 37-46

3486 AUGÉ, M. *Una liturgia del peregrinaje* – ECl 2 (1985) 113-125

3487 BASEVI, CLAUDIO *Vocabulario litúrgico del «Itinerarium Egeriae». El campo semántico de la oración y del tiempo* – Helmántica 36 (1985) 9-38

3488 CAMPBELL, MARY BAINE *The rhetoric of exotic travel literature, 400-1600* [Diss.]. Boston, Mass.: Univ. 1985. 420 pp. [microfilm; cf. DissAbstr 50 (1989) 1652A]

3489 CORTÉS ARRESE, M. *Símbolos y formas artísticas del Itinerario de la Virgen Egeria* – Erytheia 8 (1987) 89-98

3490 DEVOS, PAUL *Egeriana. Nouvelle édition catalane et commentaires divers* – AB 105 (1987) 159-166

3491 DEVOS, PAUL *Egeriana, II: Études linguistiques et autres* – AB 105 (1987) 415-424

3492 DEVOS, PAUL *L'année de la dédicace de Saint-Étienne à Jérusalem, 439* – AB 105 (1987) 265-278

3493 FREIRE, JOSÉ GERALDES *A proximidade de um texto – Três notas sobre a origem de Egéria: accedere, collum, pullus.* In: *Colóquio sobre o Ensino do Latim. Actas.* Coimbra (1987) 273-282

3494 GELSOMINO, REMO *Egeria, 381-384 d. C. Dalle radici romane alle radici bibliche* – Helikon 22-27 (1982-87) 437-453

3495 GETE CARPIO, OLGA *Sobre el sentido de «occurrere», Egeria 43,7* – Helmántica 36 (1985) 417-421

3496 HINOJO ANDRÉS, GREGORIO *El orden de palabras en la «Peregrinatio Aetheriae»* – StZam (Philologica) 7 (1986) 79-87

3497 JANERAS, SEBASTIA *Interpretació de quatre passatges de l'»Itinerarium Egeriae» (X 7, XXXVII 1, XLVI 1 i XXIV 5)* – RCatT 10 (1985) 53-66

3498 LAMIRANDE, E. *La peregrina Egeria. Una gran señora de la Antigüedad tardía* – NetV 10 (1985) 3-36

3499 MARAVAL, PIERRE *Liturgie et pèlerinage durant les premiers siècles du christianisme* – MaisonDieu 170 (1987) 7-28
3500 SCHWARTZ, JACQUES *L' Histoire Auguste et Égérie*. In: *Bonner Historia-Augusta Colloquium 1984/1985*. Ed. JOHANNES STRAUB [Antiquitas R.4, 19]. Bonn: Habelt (1987) 203-206
3501 VÄÄNÄNEN, V. *Aspects littéraires/ code scriptural vs aspects populaires/ code oral. Diasystème éclairé par L'Itinerarium Egeriae*. In: *Latin vulgaire – Latin tardif* (cf. 1985-87, 296) 207-214
3502 VÄÄNÄNEN, VEIKKO *Algunos rasgos lingüísticos y estilísticos del «Itinerarium Egeriae»* – Verba 13 (1986) 5-14
3503 VÄÄNÄNEN, VEIKKO *Itinerarium Egeriae 3,6. Une méprise consacrée* – AAPh 19 (1985) 251-253
3504 VÄÄNÄNEN, VEIKKO *Le journal-épître d'Égérie (Itinerarium Egeriae): étude linguistique* [AnFen ser. B 230]. Helsinki: Suomalainen tiedeakatemia 1987. 177 pp.

III.2. Elijā

3505 [*Elijā*] *Egartā⁾ de-mapaqrūḥā⁾. Eliae Epistula apologetica ad Leonem, syncellum Harranensem (aram./lat.)*. Ed. et interpretatus est ALBERT VAN ROEY [CSCO 469/470: Scriptores Syri 201/202]. Leuven: Peeters 1985. VIII, 106 pp.; IX, 79 pp.

III.2. Ennodius

3506 CARINI, MARIO *L'Itinerarium Brigantionis castelli di Ennodio. Una nota preliminare* – QC 9 (1987) 313-325
3507 CARINI, MARIO *Recenti contributi alla critica ennodiana (1960-1983)* – QC 9 (1987) 327-342
3508 CESA, M. *Integrazioni prosopografiche tardo-imperiali* – AtPavia 64 (1986) 236-240
3509 FINI, G. *Le fonti delle Dictiones di Ennodio* – AcAnt 30 (1982/84) [1987] 387-393
3510 MAURACH, GREGOR *«Mit neuen Blumen will ich meine Lieder malen»*. In: *Augen-Blicke. Festschrift Martin Gosebruch*. Göttingen: Goltze (1986) 37-40
3511 SCHETTER, W. *Zu Ennodius carm. 2,1 Hartel* – Her 114 (1986) 500-502

III.2. Ephraem Syrus

3512 [*Ephraem Syrus*] *Efraim Syriern. Hymnerna om paradiset*. Översatta med inledning och kommentar av STEN HIDAL. Skellefteå: Artos 1985. 115 pp.

3513 *[Ephraem Syrus] Textes arméniens relatifs à Saint Éphrem.* Ed. LEVON TER-PETROSSIAN, trad. par BERNARD OUTTIER [CSCO 473/474: Scriptores Armeniaci 15/16]. Leuven: Peeters 1985. XX, 122; VIII, 84 pp.

3514 BECK, EDMUND *Besrâ (sarx) und pagrâ (sōma) bei Ephräm dem Syrer* – OrChr 70 (1986) 1-22

3515 BECK, EDMUND *Grammatisch-syntaktische Studien zur Sprache Ephräms des Syrers (Schluß)* – OrChr 69 (1985) 1-32

3516 BECK, EDMUND *Zwei ephrämische Bilder* – OrChr 71 (1987) 1-23

3517 BOU MANSOUR, T. *Étude de la terminologie symbolique chez Saint Éphrem* – ParOr 14 (1987) 221-262

3518 BROCK, SEBASTIAN P. *The luminous eye. The spiritual world vision of St. Ephrem* [Placid Lectures 6]. Roma: Center for Indian and Inter-Religious Studies 1985. VIII, 166 pp.

3519 BUNDY, DAVID D. *Language and the knowledge of Greek in Ephrem Syrus* – PBR 5 (1986) 91-103

3520 DARLING, R.A. *The «Church from the Nations» in the Exegesis of Ephrem.* In: *IV Symposium Syriacum* (cf. 1985-87, 367) 111-121

3521 EL-KHOURY, NABIL *Hermeneutics in the works of Ephraim the Syrian.* In: *IV Symposium Syriacum* (cf. 1985-87, 367) 93-100

3522 EL-KHOURY, NABIL *The Use of Language by Ephraim the Syrian.* In: *Studia Patristica* 16 (cf. 1985-87, 359) 93-99

3523 FÉGHALI, PAUL *Influence des Targums sur la pensée exégétique d'Ephrem?* In: *IV Symposium Syriacum* (cf. 1985-87, 367) 71-82

3524 FÉGHALI, PAUL *Le Messie de Juda. Gn 49,8-10 dans saint Ephrem et les traditions judaïques.* In: *La vie de la Parole: de l'Ancien au Nouveau Testament. Études d'exégèse et d'herméneutique bibliques offertes à Pierre Grelot, professeur à l'Institut Catholique de Paris.* Paris: Desclée (1987) 165-174

3525 FÉGHALI, PAUL *Les premiers jours de la Création. Commentaire de Gn 1,1-2,4 par Saint Éphrem* – ParOr 13 (1986) 3-30

3526 GRIFFITH, SIDNEY H. *Ephraem the Syrian's Hymns 'Against Julian'. Meditations on History and Imperial Power* – VigChr 41 (1987) 238-266

3527 GRIFFITH, SIDNEY H. *Ephraem, the Deacon of Edessa, and the Church of the Empire.* In: *Diakonia* (cf. 1985-87, 252) 22-52

3528 KOWALSKI, A. *Szata chwały Adama i Ewy. Egzegeza św. Efrema i jej zródla* [mit deutscher Zusammenfassung] – StAC 7 (1986) 159-172

3529 LELOIR, LOUIS, OSB *Le commentaire d'Éphrem sur le Diatessaron. Quarante et un folios retrouvés* – RBi 94 (1987) 481-518

3530 MARTINEZ F., F.J. *Cuatro himnos de S. Efrén sobre el aceite, el olivo y los misterios de Nuestro Señor (De Virginitate, IV-VII)* – Compostellanum 32 (1987) 65-91

3531 PATTIE, T.S. *Ephraem the Syrian and the Latin Manuscripts of «De Paenitentia»* – British Library Journal (London) 13 (1987) 1-24

3532 PERENTIDIS, S. *La jonction de l'apocalypse de Sedrach avec l'Homélie sur l'amour d'Éphrem* – JThS 36 (1985) 393-396

3533 PERNIOLA, ERASMO *Sant'Efrem Siro: dottore della Chiesa e cantore della Vergine.* Santeramo in Colle: Ed. Partecipare 1986. 157 pp.

3534 PIERRE, M.-J. *Éphrem de Nisibe, Hymnes sur la virginité. Sur Éphraïm* – PrOrChr 35 (1985) 258-263

3535 ROUWHORST, G.A.M. *De passhymnen van Efrem de Syriër* – CO 37 (1985) 73-92

3536 ROUWHORST, G.A.M. *Les Hymnes pascales d'Ephrem de Nisibe. Analyse théologique et recherche sur l'évolution de la fête pascale chrétienne à Nisibe et à Edesse et dans quelques églises voisines au quatrième siècle.* 2. voll. [Diss. Utrecht]. G. Rouwhorst, Van Eysingalaan 40, NL-3527 VL Utrecht 1985. 451; 161 pp.

3537 ROUWHORST, G.A.M. *L'évocation du mois de Nisan dans les Hymnes sur la Résurrection d'Ephrem de Nisibe.* In: *IV Symposium Syriacum* (cf. 1985-87, 367) 101-110

3538 SCHAMP, J. *Éphrem de Nisibe et Photios. Pour une chasse aux textes à travers la Bibliothèque* – Mu 98 (1985) 293-314

3539 SIMS-WILLIAMS, PATRICK *Thoughts on Ephrem the Syrian in Anglo-Saxon England.* In: *Learning and Literature in Anglo-Saxon England. Studies presented to Peter Clemoes on the occasion of his sixty-fifth birthday.* Edd. MICHAEL LAPIDGE; HELMUT GNEUSS. Cambridge: University Press (1985) 205-226

3540 YOUSIF, PIERRE *Il sangue del costato del Salvatore in sant'Efrem di Nisibi.* In: *Sangue e antropologia,* V (cf. 1985-87, 346) II 985-1007

3541 YOUSIF, PIERRE *Les formes littéraires du commentaire du Diatessaron de saint Ephrem de Nisibe.* In: *IV Symposium Syriacum* (cf. 1985-87, 367) 83-92

3542 YOUSIF, PIERRE *L'Eucharistie chez saint Éphrem de Nisibe* [OCA 224]. Roma: Pontificium Institutum Orientale s.a. 437 pp.

III.2. Epiphanius Constantiensis

3543 *[Epiphanius Constantiensis] Epiphanius III: Panarion haer. 65-80. De fide.* Hrsg. von KARL HOLL. 2., bearb. Aufl. hrsg. von

JÜRGEN DUMMER [GCS 37]. Berlin: Akademie-Verlag 1985. XV, 543 pp.

3544 [Epiphanius Constantiensis] The Panarion of Epiphanius of Salamis. 1. Book 1 (Sects 1-46). Transl. by FRANK WILLIAMS [Nag Hammadi Studies 35]. Leiden: Brill 1987. XXX, 359 pp.

3545 BERTRAND, DANIEL A. L'argumentation scriptuaire de Théodote le Corroyeur (Épiphane,Panarion 54). In: Lectures anciennes de la Bible (cf. 1985-87, 297) 153-168

3546 DUMMER, J. Zur Epiphanius-Ausgabe der 'Griechischen Christlichen Schriftsteller'. In: Texte und Textkritik (cf. 1985-87, 372) 119-125

3547 ENGLEZAKIS, B. Ἐπιφάνιος Σαλαμῖνος, πατήρ τοῦ Κυπριακοῦ αὐτοκεφάλου. In: Praktika B' Diethnous Kypriologikou Synedriou II. Lefkossia (1986) 303-312

3548 FIACCADORI, G. ΛΙΒΑ, non ΔΙΒΑ – Par 217 (1984) 276-279

3549 HAUSCHILD, W.-D. Epiphanios, Bischof von Constantia/ Cypern – Lexikon des Mittelalters 3 (1986) 2068

3550 IRMSCHER, JOHANNES Die Epiphaniosausgabe der Griechischen Christlichen Schriftsteller – Helikon 22/27 (1982/87) 535-541

3551 MOUTSOULAS, E. La tradition manuscrite de l'œuvre d'Epiphane de Salamine De mensuris et ponderibus. In: Texte und Textkritik (cf. 1985-87, 372) 429-440

3552 POPESCU, E. The City of Tomis as an Autocephalous archbishopric of Scythia Minor (Dobrudja). Remarks on the Chronology of Epiphanius' Notitia – Byzantiaka (Thessalonike) 6 (1986) 121-148

3553 RIGGI, CALOGERO Origene e origenisti secondo Epifanio (Haer. 64) – AugR 26 (1986) 115-142

3554 RIGGI, CALOGERO, SDB Différence semantique et théologique entre μεταμέλεια et μετάνοια en Epiphane de Salamine, Haer. 59. In: Studia Patristica 18,1 (cf. 1985-87, 360) 201-206

3555 SCHULTZE, B., SJ Das Filioque bei Epiphanius von Cypern – OstkiSt 35 (1986) 105-134; 36 (1987) 281-300

3556 THORNTON, T.C.G. Christian Understandings of the birkath ha-minim in the Eastern Roman Empire – JThS 38 (1987) 419-431

3557 THÜMMEL, HANS GEORG Die bilderfeindlichen Schriften des Epiphanios von Salamis – Byslav 47 (1986) 169-188

III.2. Pseudo-Epiphanius Constantiensis

3558 [Pseudo-Epiphanius Constantiensis] El Fisiólogo atribuido a San Epifanio, seguido de El Bestiario Toscano. Ed. SANTIAGO SEBA-

STIAN. [Colección Investigación y Crítica]. Madrid: Ediciones Tucro 1986. XIX, 130; 57 pp.

III.2. Eudocia

3559 ALFIERI, ANNA MARIA *Eudocia e il testo di Omero* – Sileno 13 (1987) 197-219

3560 PIGNANI, ADRIANA *Εὐδοκία del Padre, ἀποστολή ed ὑπακοή del Figlio nel Homerocento di Eudocia Imperatrice*. In: *ταλαρίσκος* (cf. 1985-87, 368) 209-223

3561 PIGNANI, ADRIANA *Il modello omerico e la fonte biblica nel centone di Eudocia imperatrice* [mit Zusammenfassung in französischer Sprache] – KoinNapoli 9 (1985) 33-41

III.2. Eugippius

3562 *[Eugippius] Das Leben des heiligen Severin*. Nach der Übers. von CARL RODENBERG neu hrsg. von ALEXANDER HEINE. Essen: Phaidon 1986. 127 pp.

3563 *[Eugippius] Eugipiusz. Dziela*. 2 voll. Tr. K. OLBRYCKI [PSP 32]. Warszawa: Akademia Teologii Katolickiej 1985. 264; 278 pp.

3564 *[Eugippius] Vita Sancti Severini*. Mit einer Einführung, Übersetzungshilfen, Erl. und Anh. hrsg. von T. NÜSSLEIN. Bamberg: Bayer. Verlagsanstalt 1985. 178 pp.

3565 *[Eugippius] Vita Sancti Severini: Das Leben des heiligen Severin*. Hrsg. u. übers. von T. NÜSSLEIN. Stuttgart: Reclam 1986. 157 pp.

3566 FRANSEN, PAUL-IRÉNÉE *D'Eugippius à Bède le Vénérable. A propos de leurs florilèges augustiniens* – RBen 97 (1987) 187-194

3567 JACOBSEN, O.L. *Fragment d'un manuscrit du IXe siècle des «Excerpta ex operibus sancti Augustini», par Eugippius* – Le Livre et l'estampe 31 (1985) 115-125

III.2. Eugnostus Gnosticus

3568 GOOD, D. *Divine noetic faculties in Eugnostos the Blessed and related documents* – Mu 99 (1986) 5-14

III.2. Eunomius Cyzicenus

3569 *[Eunomius Cyzicenus] Eunomius, The Extant Works*. Text and Translation by RICHARD PAUL VAGGIONE [Oxford Early Christian Texts]. Oxford: Clarendon Pres. 1987. XVII, 209 pp.

3570 VAGGIONE, RICHARD PAUL *An Appeal to Antiquity: the Seventeenth and Eighteenth Century Manuscripts of the Heretic Eunomius*. In: *Arianism* (cf. 1985-87, 209) 335-360

III.2. Pseudo-Eusebius Alexandrinus

3571 MGALOBIŠVILI, T. *Evsevi Alek⁵sandrielis saḥelit⁵ cnobili ert⁵i t⁵ḥzulebis c'qaros sakit⁵ḥi (= Die Schwierigkeit bei einem dem Eusebius von Alexandria zugeschriebenen literarischen Werk)* [georgisch mit russischer Zusammenfassung] – Mravalt⁵avi 12 (1986) 13-23

III.2. Eusebius Caesariensis

3572 *[Eusebius Caesariensis] Eusèbe de Césarée. Contre Hiéroclès.* Introd., trad. et notes par MARGUERITE FORRAT. Texte grec établi par EDOUARD DES PLACES [SC 333]. Paris: Éd. du Cerf 1986. 236 pp.

3573 *[Eusebius Caesariensis] Histoire ecclésiastique, IV.* Introd. de GUSTAVE BARDY, index de PIERRE PÉRICHON. Nouv. éd. rev. et corr. [SC 73]. Paris: Ed. du Cerf 1987. 340 pp.

3574 *[Eusebius Caesariensis] La préparation évangélique, livres XIV-XV.* Introd., texte, trad. et annot. par EDOUARD DES PLACES [SC 338]. Paris: Ed. du Cerf 1987. 460 pp.

3575 ALLEN, PAULINE *Some aspects of Hellenism in the early Greek church historians* – Tr 43 (1987) 368-381

3576 CALDERONE, SALVATORE *Eusebio e l'ideologia imperiale.* In: *Le trasformazioni della cultura* (cf. 1985-87, 375) I 1-26

3577 CHAVASSE, ANTOINE *A Rome, l'envoi de l'eucharistie, rite unificateur de l'église locale* – RBen 97 (1987) 7-12

3578 CONOMIS, N.C. *Notes critiques, I* [in griechischer Sprache mit französischer Zusammenfassung] – Hell 38 (1987) 138-143

3579 CURTI, CARMELO *Eusebiana I: Commentarii in Psalmos* [Saggi e testi classici, cristiani e medievali 1]. Catania: Università, Centro di studi sull'antico Cristianesimo 1987. X, 266 pp.

3580 CURTI, CARMELO *La terminologia esegetica nei Commentarii in Psalmos di Eusebio di Cesarea.* In: *La terminologia esegetica nell'antichità* (cf. 1985-87, 369) 79-99

3581 CURTI, CARMELO *L'esegesi di Eusebio di Cesarea. Caratteri e sviluppo.* In: *Le trasformazioni della cultura* (cf. 1985-87, 375) I 459-478

3582 CURTI, CARMELO *Sono di Eusebio alcuni frammenti dei Selecta in Psalmos attribuiti ad Origene?* In: *Eusebiana I* (cf. 1985-87, 3579) 19-32

3583 CURTI, CARMELO *Sono di Eusebio due frammenti esegetici di Ps. 132,3 attribuiti ad Atanasio.* In: *Filologia e forme letterarie* (cf. 1985-87, 263) I 455-463

3584 DRAKE, H.A. *Eusebius on the True Cross* – JEcclH 36 (1985) 1-22

3585 ESBROECK, MICHEL VAN *Version géorgienne de l'homélie eusébienne CPG 5528 sur l'Ascension* – OrChrP 51 (1985) 277-306

3586 FARINA, RAFFAELLO *Eusebio di Cesarea e la «svolta costantiniana»* – AugR 26 (1986) 313-322

3587 FRANK, KARL SUSO, OFM *Eusebius of Caesarea and the beginnings of christian monasticism* – AmBenR 38 (1987) 50-64

3588 GARCIA, A.A. *Eusebius' Theophany: A Christian Neoplatonist Response* – PBR 6 (1987) 230-237

3589 GERACI, GIUSEPPINA *L'utilizzazione dell'Antico testamento nelle Quaestiones et responsiones di Eusebio di Cesarea* – AnSEse 2 (1985) 251-255

3590 GÖDECKE, MONIKA *Geschichte als Mythos. Eusebs «Kirchengeschichte»* [EHTheol 307]. Frankfurt am Main; Bern; New York; Paris: Lang 1987. 305 pp.

3591 GRANT, ROBERT M. *The Transmission of Eusebius, H.E. VIII 17, 3-5*. In: *Texte und Textkritik* (cf. 1985-87, 372) 179-185

3592 GROH, DENNIS E. *The Onomasticon of Eusebius and the Rise of Christian Palestine*. In: *Studia Patristica 18,1* (cf. 1985-87, 360) 23-31

3593 HÄGG, TOMAS *Eusebios vs. Hierokles. En senantik polemik kring Apollonios från Tyana och Jesus från Nasaret* – ROB 44 (1985) [1987] 25-35

3594 HARDWICK, MICHAEL EUGENE *Josephus as a historical source in patristic literature through Eusebius* [Diss.]. Cincinnati, O.: Hebrew Union College-Jewish Institute of Religion 1987. 199 pp. [microfilm; cf. summary in DissAbstr 48 (1987) 1227A]

3595 HOORNAERT, E. *Eusebio de Cesarea y la historia de la Iglesia. Para una historia de la Iglesia a partir de los pobres* – RLAT 2 (1985) 185-194

3596 JOHNSON, ALLAN E. *Rhetorical Criticism in Eusebius' Gospel Questions*. In: *Studia Patristica 18,1* (cf. 1985-87, 360) 33-39

3597 KOHLBACHER, M. *Zu BHGa 143Ir* – AB 105 (1987) 412

3598 LEVEN, KARL-HEINZ *Medizinisches bei Eusebios von Kaisareia* [Düsseldorfer Arbeiten zur Geschichte der Medizin 62]. Düsseldorf: Triltsch 1987. XI, 196 pp.

3599 LO CASCIO, F. *Una allusione ad Apollonio di Tiana in Eusebio (Vita di Costantino III,56)* – Maia 37 (1985) 271-272

3600 LYMAN, J.R. *Substance Language in Origen and Eusebius*. In: *Arianism* (cf. 1985-87, 209) 257-266

3601 MAZZUCCO, CLEMENTINA *Gli «apostoli del diavolo»: gli eretici nella «Storia Ecclesiastica» di Eusebio di Cesarea* – AugR 25 (1985) 749-781

3602 NEMIROVSKIJ, A.I. *Osnovy antičnoj chronografii (Die Grundlagen der antiken Chronographie)* [in russischer Sprache] – VopIst 5 (1987) 72-90

3603 PLACES, E. DES *La seconde sophistique au service de l'apologétique chrétienne: Le Contre Hiéroclès d'Eusèbe de Césarée* – CRAI (1985) 423-427

3604 ROBBINS, G.A. *Peri tōn endiathēkōn graphōn: Eusebius and the Formation of the Christian Bible* [Diss.]. Durham, N.C.: Duke Univ. 1986. 288 pp. [cf. DissAbstr 47,12 (1987) 4419f]

3605 SAGE, MICHAEL M. *Eusebius and the rain miracle. Some observations* – Historia 36 (1987) 96-113

3606 SCHWARTZ, JOSHUA *The Encaenia of the Church of the Holy Sepulcre, the Temple of Solomon and the Jews* – ThZ 43 (1987) 265-281

3607 SIMONETTI, MANLIO *Eusebio e Origene. Per una storia dell' Origenismo* – AugR 26 (1986) 323-334

3608 TARTAGLIA, LUIGI *Sul prologo del De laudibus Constantini di Eusebio di Cesarea* [mit Zusammenfassung in englischer Sprache] – KoinNapoli 9 (1985) 67-73

3609 THIELMAN, FRANK S. *Another look at the eschatology of Eusebius of Caesarea* – VigChr 41 (1987) 226-237

3610 TORTI, GIOVANNI *Eusebio di Cesarea fonte di Giambattista Vico* – Renovatio (Genova) 22 (1987) 545-550; 22,4 (1987) 3-7

3611 WARMINGTON, B.H. *The Sources of Some Constantinian Documents in Eusebius' Ecclesiastical History and Life of Constantine.* In: *Studia Patristica 18,1* (cf. 1985-87, 360) 93-98

3612 WARMINGTON, B.H. *Virgil, Eusebius of Caesarea and an imperial ceremony.* In: *Studies in Latin literature and Roman history, IV.* Ed. C. DEROUX. Bruxelles: Éd. Latomus (1986) 451-460

III.2. Eusebius Emesenus

3613 LEHMANN, HENNING *Den jødiske hellige skrift og jødiske traditioner hos en kristen syrisk forfatter i 4. årh.* In: *Judendom och kristendom under de första århundradena* (cf. 1985-87, 101) II 220-228

3614 LEHMANN, HENNING *The Syriac Translation of the Old Testament – as Evidenced around the Middle of the Fourth Century (in Eusebius of Emesa)* – Scandinavian Journal of the Old Testament (Aarhus) 1 (1987) 66-86

3615 TRIACCA, ACHILLE M. *Cultus in Eusebio Gallicano* – AFLC 6 (1985) [1987] 207-226

III.2. Pseudo-Eusebius Emesenus

3616 TRIACCA, A.M. *La maternità feconda di Maria Vergine e della Chiesa. Una riconferma delle omelie di Eusebio «Gallicano»* – EL 101 (1987) 354-406

III.2. Eusebius Vercellensis

3617 MILANO, ELENA *Eusebio di Vercelli, vescovo metropolita. Leggenda o realtà storica?* – IMU 30 (1987) 313-322

III.2. Eustathius Antiochenus

3618 DECHOW, JON F. *Origen's «Heresy»: from Eustathius to Epiphanius.* In: *Origeniana Quarta* (cf. 1985-87, 324) 405-409

III.2. Eustratius Constantinopolitanus

3619 MARAVAL, PIERRE *Un lecteur ancien de la Vie de Macrine de Grégoire de Nysse* – AB 104 (1986) 187-190

III.2. Eutropius Presbyter

3620 EYMANN, HUGO S. *Ein Trost-Traktat des Eutropius von Aquitanien* – EA 63 (1987) 260-268
3621 EYMANN, HUGO S. *Eutropius aus Aquitanien. Ein wiederentdeckter Kirchenschriftsteller des 5. Jahrhunderts* – Kairos 28 (1986) 61-74
3622 EYMANN, HUGO S. *Eutropius Presbyter und sein Traktat «De similitudine carnis peccati»* [Regensburger Studien zur Theologie 30]. Frankfurt a. M.; Bern; New York: P. Lang 1985. 276 pp.

III.2. Evagrius Ponticus

3623 *[Evagrius Ponticus] Évagre. Esquisse monastique enseignant comment il faut s'exercer à l'ascèse et à l'hésychia.* Introd., trad. et notes par LUCIEN REGNAULT [Philocalie des pères neptiques 8]. Bégrolles-en-Mauges: Abbaye de Bellefontaine 1987. 178 pp.
3624 *[Evagrius Ponticus] Évagre le Pontique. Scholies aux Proverbes.* Introd., texte crit., trad., notes, append. et index par PAUL GÉHIN [SC 340]. Paris: Éd. du Cerf 1987. 526 pp.
3625 *[Evagrius Ponticus] Evagrios Pontikos, Briefe aus der Wüste.* Eingel., übers. und komm. von GABRIEL BUNGE [Sophia. Quellen östlicher Theologie 24]. Trier: Paulinus-Verlag 1986. 432 pp.
3626 *[Evagrius Ponticus] Evagrius van Pontus. Geestelijke geschriften,* I-II. Uit het Grieks vertaald en ingeleid door CHRISTOFOOR

WAGENAAR [Monastieke cahiers 34-35]. Bonheiden: Uitg. Abdij Bethlehem 1987. 226; 251 pp.

3627 *[Evagrius Ponticus] Praktikos. Über das Gebet.* Übers. und Einl. von J.E. BAMBERGER [Schriften zur Kontemplation 2]. Münsterschwarzach: Vier-Türme-Verlag 1986. 128 pp.

3628 BERTHOLD, GEORGE C. *History and Exegesis in Evagrius and Maximus.* In: *Origeniana Quarta* (cf. 1985-87, 324) 390-404

3629 BUNGE, GABRIEL *Das Geistgebet: Studien zum Traktat De Oratione des Evagrios Pontikos* [Schriftenreihe des Zentrums patristischer Spiritualität KOINONIA ORIENS im Erzbistum Köln 25]. Köln: Luthe-Verlag 1987. 136 pp.

3630 BUNGE, GABRIEL *The «spiritual prayer»: on the trinitarian mysticism of Evagrius of Pontus* – MonStud 17 (1986) 191-208

3631 BUNGE, J.G. *Origenismus – Gnostizismus. Zum geistesgeschichtlichen Standort des Evagrios Pontikos* – VigChr 40 (1986) 24-54

3632 CONTRERAS, ENRIQUE, OSB *Evagrio Póntico en los catálogos de varones ilustres* – Salmant 33 (1986) 333-343

3633 GENDLE, N. *Cappadocian elements in the mystical theology of Evagrius Ponticus.* In: *Studia Patristica* 16 (cf. 1985-87, 359) 371-384

3634 GUILLAUMONT, A. *Le rôle des versions orientales dans la récupération de l'oeuvre d'Évagre le Pontique* – CRAI (1985) 64-74

3635 GUILLAUMONT, ANTOINE *Une nouvelle version syriaque du Gnostique d'Évagre le Pontique* – Mu 100 (1987) 161-169

3636 GUILLAUMONT, CLAIRE *Fragments grecs inédits d'Evagre le Pontique.* In: *Texte und Textkritik* (cf. 1985-87, 372) 209-221

3637 KLINE, FRANCIS *The Christology of Evagrius and the parent system of Origen* – CistStud 20 (1985) 155 ss.

3638 O'LAUGHLIN, MICHAEL WALLACE *Origenism in the Desert. Anthropology and Integration in Evagrius Ponticus* [Diss.]. Cambridge, Mass.: Harvard Univ. 1987. 274 pp. [microfilm; cf. summary in DissAbstr 48 (1987) 1476A]

3639 PARMENTIER, M. *Evagrius of Pontus' «Letter to Melania»* – BijFTh 46 (1985) 2-38

3640 SCHENKE, H.-M. *Das Berliner Evagrius-Ostrakon* – ZÄA 116 (1986) 90-107

3641 TUGWELL, S. *Evagrius and Macarius.* In: *The Study of Spirituality* (cf. 1985-87, 364) 168-175

3642 WARE, KALLISTOS *Nous and noesis in Plato, Aristotle and Evagrius of Pontus* – Diotima 13 (1985) 158-163

III.2. Evodius Uzaliensis

3643 BALTES, M. *Platonisches Gedankengut im Brief des Evodius an Augustin (Ep. 158)* – VigChr 40 (1986) 251-260

III.2. Eznik Kolbiensis

3644 MINASSIAN, MARTIROS *Bemerkungen zum Erscheinen des Artikels «Das Problem der Wiederherstellung des Textes von Eznik»* [in armenischer Sprache] – HA 100 (1986) 295-324

3645 MINASSIAN, MARTIROS *Eznik von Kolb, «Gegen die Sekten»* [in armenischer Sprache] – HA 101 (1987) 367-469

III.2. Faustus Reiensis

3646 CARLE, PAUL-LAURENT, OP *L'enseignement eucharistique du sermon «Magnitudo» de S. Fauste de Riez* – Divinitas 29 (1985) 19-61

3647 CARLE, PAUL-LAURENT, OP *Sermon de S. Fauste de Riez (ou de Lérins) pour la fête de Pentecôte sur la confirmation* – NovaVet 61 (1986) 90-105

III.2. Pseudo-Ferrandus Carthaginiensis

3648 *[Pseudo-Ferrandus Carthaginiensis] Pseudo-Ferrando di Cartagine. Vita di San Fulgenzio.* Trad., introd. e note a cura di ANTONIO ISOLA [CTP 65]. Roma: Città Nuova Ed. 1987. 136 pp.

3649 ISOLA, A. *Sulla paternità della Vita Fulgentii* – VetChr 23 (1986) 63-71

III.2. Firmicus Maternus

3650 OPELT, ILONA *Firmico Materno, il convertito convertitore* – AugR 27 (1987) 71-78

3651 QUACQUARELLI, ANTONIO *La sicilianità di Firmico Materno, i suoi Matheseos libri e la cultura cristiana delle scienze nel IV secolo.* In: *Cristianesimo in Sicilia* (cf. 1985-87, 248) 127-167

III.2. Fulgentius Mythographus

3652 RELIHAN, J.C. *Satyra in the prologue of Fulgentius' Mythologies.* In: *Studies in Latin literature and Roman history, IV.* Ed. C. DEROUX. Bruxelles: Éd. Latomus (1986) 537-548

3653 ROOIJ, MARC VAN *Notes sur les mss. Wolfenbüttel, Herz. Aug. Bibl., 23-24 Gudiani Latini (=4328-4329)* – Sc 41 (1987) 127-128

3654 ZINTZEN, C. *Zur Aeneis-Interpretation des Cristoforo Landino* – MLatJb 20 (1985) 193-215

III.2. Fulgentius Ruspensis

3655 *[Fulgentius Ruspensis] Le condizioni della penitenza. La fede.* Trad., introd. e note a cura di MARIA GRAZIA BIANCO [CTP 57]. Roma: Città Nuova Ed. 1986. 204 pp.
3656 MAPWAR, B. *La polémique antiarienne d'Augustin d'Hippone en Afrique romaine et de Fulgence de Ruspe en Afrique vandale* [Diss.]. Roma: Pont. Univ. Greg. 1985. 410 pp.
3657 MICAELLI, CLAUDIO *Osservazioni sulla cristologia di Fulgenzio di Ruspe* – AugR 25 (1985) 343-360
3658 TIBILETTI, CARLO *Polemiche in Africa contro i teologi Provenzali* – AugR 26 (1986) 499-517
3659 TINKLE, T. *Saturn of the Several Faces: A Survey of the Medieval Mythographic Traditions* – Via 18 (1987) 289-307

III.2. Gelasius Caesariensis

3660 SCHAMP, J. *The Lost Ecclesiastical History of Gelasius of Caesarea (CPG 3521): Towards a Reconsideration* – PBR 6 (1987) 146-152
3661 SCHAMP, JACQUES *Gélase ou Rufin. Un fait nouveau sur des fragments oubliés de Gélase de Césarée (CPG N° 3521)* – Byzan 57 (1987) 360-390

III.2. Georgius Pisida

3662 CRESCI, LIA RAFFAELLA *Note a Giorgio di Pisidia, Exp. Pers. I* – Orpheus 8 (1987) 149-154
3663 DIETEN, J.L. VAN *Zum «Bellum Avaricum» des Georgios Pisides. Bemerkungen zu einer Studie von Paul Speck* – ByFo 9 (1985) 149-178
3664 FRENDO, J.D. *Classical and Christian influences in the Heracliad of George of Pisidia* – CB 62 (1986) 53-62
3665 *Michael Psellus. The Essays on Euripides and George of Pisidia and on Heliodorus and Achilles Tatius.* Ed. A.R. DYCK [Byzantina Vindobonensia 16]. Wien: Verlag der Österreichischen Akademie der Wissenschaften 1986. 124 pp.
3666 ROMANO, R. *Teoria e prassi della versificazione: il dodecasillabo nei Panegirici epici di Giorgio de Pisidia* – ByZ 78 (1985) 1-22

III.2. Germanus I Constantinopolitanus

3667 *[Germanus Constantinopolitanus] Germano di Costantinopoli: Omelie mariologiche*. Trad., introd. e note a cura di VITTORIO FAZZO [CTP 49]. Roma: Città Nuova Ed. 1985. 203 pp.
3668 DARROUZES, J. *Deux textes inédits du patriarche Germain* – REB 45 (1987) 5-13
3669 PLANK, P. *Der heilige Germanos I., Patriarch von Konstantinopel (715-730). Leben und Werk* – Der christliche Osten (Würzburg) 40 (1985) 16-21

III.2. Gildas Sapiens

3670 BRAIDOTTI, C. *Gildas fra Roma e i Barbari* – RomBarb 9 (1986-1987) 25-45
3671 DARLING, M.J. *The Caistor-by-Norwich Massacre Reconsidered* – Britannia 18 (1987) 263-272
3672 DUMVILLE, D.N. *Gildas and Maelgwyn: Problems of Dating*. In: *Gildas: New Approaches* (cf. 1984, 1718) 51-59
3673 DUMVILLE, D.N. *Gildas and Uinnian*. In: *Gildas: New Approaches* (cf. 1984, 1718) 207-214
3674 DUMVILLE, D.N. *The Chronology of «De excidio Britanniae», Book 1*. In: *Gildas: New Approaches* (cf. 1984, 1718) 61-84
3675 JAMES, E. *Interpreting Gildas* – NMS 30 (1986) 101-105
3676 KERLOUÉGAN, F. *Le «De Excidio Britanniae» de Gildas. Les destinées de la culture latine dans l'Ile de Bretagne au VIième siècle*. Paris: Publications de la Sorbonne 1987. LXVIII, 603, 225 pp.
3677 LAPIDGE, M. *Gildas's Education and the Latin Culture of Sub-Roman Britain*. In: *Gildas: New Approaches* (cf. 1984, 1718) 27-50
3678 ORLANDI, G. *Clausulae in Gildas's De Excidio Britanniae*. In: *Gildas: New Approaches* (cf. 1984, 1718) 129-149
3679 SCHAFFNER, P. *Britain's iudices*. In: *Gildas: New Approaches* (cf. 1984, 1718) 151-155
3680 SHARPE, R. *Gildas as a Father of the Church*. In: *Gildas: New Approaches* (cf. 1984, 1718) 193-205
3681 SIMS-WILLIAMS, P. *Gildas and Vernacular Poetry*. In: *Gildas: New Approaches* (cf. 1984, 1718) 169-192
3682 STEPHENS, G.R. *Caerleon and the Martyrdom of SS. Aaron and Julius* – The Bulletin of the Board of Celtic Studies (Cardiff) 32 (1985) 326-335
3683 SUTHERLAND, A.C. *The Imagery of Gildas's De Excidio Britanniae*. In: *Gildas: New Approaches* (cf. 1984, 1718) 157-168

3684 WOOD, I. *The End of Roman Britain: Continental Evidence and Parallels.* In: *Gildas: New Approaches* (cf. 1984, 1718) 1-25
3685 WRIGHT, N. *Did Gildas read Orosius?* – CMCS 9 (1985) 31-42
3686 WRIGHT, N. *Gildas's Geographical Perspective: Some Problems.* In: *Gildas: New Approaches* (cf. 1984, 1718) 85-105
3687 WRIGHT, N. *Gildas's Prose Style and its Origins.* In: *Gildas: New Approaches* (cf. 1984, 1718) 107-128

III.2. Gregorius Agrigentinus

3688 ETTLINGER, GERARD H., SJ *The Form and Method of the Commentary on Ecclesiastes by Gregory of Agrigentum.* In: *Studia Patristica 18,1* (cf. 1985-87, 360) 317-320
3689 LEANZA, SANDRO *Sul Commentario all' Ecclesiaste di Gregorio di Agrigento.* In: *Cristianesimo in Sicilia* (cf. 1985-87, 248) 191-220

III.2. Gregorius Illiberitanus

3690 GRANADO BELLIDO, CARMELO *Cristo, Espíritu, Iglesia. En torno a Gregorio de Elvira. Tractatus XX 9-12.* In: *Miscelánea Augusto Segovia* (cf. 1985-87, 304) 51-64
3691 SIMONETTI, MANLIO *La tipologia di Abramo in Gregorio di Elvira* – AFLC 6 (1985) [1987] 141-153

III.2. Gregorius Magnus

3692 *[Gregorius Magnus] Grégoire le Grand. Homélies sur Ézéchiel I Livre I.* Texte critique, introduction, traduction et notes par CHARLES MOREL [SC 327]. Paris: Éd. du Cerf 1986. 543 pp.
3693 *[Gregorius Magnus] Gregor der Große. Regula pastoralis. Wie der Seelsorger, der ein untadeliges Leben führt, die ihm anvertrauten Gläubigen belehren und anleiten soll.* Hrsg., übers. und mit einer Einleitung versehen von GEORG KUBIS. Graz; Wien; Köln: Styria; Leipzig: St.-Benno-Verlag 1986. 191 pp.
3694 *[Gregorius Magnus] Gregorius Magnus. Moralia in Iob. Libri XXIII-XXXV.* Cura et studio M. ADRIAEN [CChr Series Latina 143B]. Turnhout: Brepols 1985. 1880 pp.
3695 ALTENDORF, H.D. *Gregor der Große.* In: *Exempla historica VII* (cf. 1985-87, 261) 183-195
3696 ALTURO I PERUCHO, JESUS *Fragment d'una traducció catalana medieval dels Moralia in Job de Sant Gregori el Gran* – Faventia 7/2 (1985) 35-51

3697 BAASTEN, MATTHEW *Pride According to Gregory the Great: a Study of the Moralia* [Studies in the Bible and Early Christianity 7]. Lewiston, N.Y.: E. Mellen Press 1986. 206 pp.

3698 BANNIARD, M. *Iuxta uniuscuiusque qualitatem. L'écriture médiatrice chez Grégoire le Grand.* In: *Grégoire le Grand* (cf. 1985-87, 275) 477-488

3699 BARTELINK, G.J.M. *De kennis van het Grieks bij Gregorius de Grote.* In: *Noctes Noviomagenses* (cf. 1985-87, 318) 3-18

3700 BATANY, J. *Le vocabulaire des fonctions sociales et ecclésiastiques chez Grégoire le Grand.* In: *Grégoire le Grand* (cf. 1985-87, 275) 171-180

3701 BÉLANGER, RODRIGUE *Anthropologie et parole de Dieu dans le commentaire de Grégoire le Grand sur le Cantique des Cantiques.* In: *Grégoire le Grand* (cf. 1985-87, 275) 245-254

3702 BÉLANGER, RODRIGUE *Ecclesia ab exordio mundi: modèles et degrés d'appartenance à l'Eglise chez Grégoire le Grand* – SR 16 (1987) 265-274

3703 BENVENUTO, R. *S. Gregorio Magno e la Calabria. Un nuovo regesto* – Rivista storica calabrese (Reggio Calabria) 7 (1986) 177-196

3704 BOESCH GAJANO, SOFIA *Teoria e pratica pastorale nelle opere di Gregorio Magno.* In: *Grégoire le Grand* (cf. 1985-87, 275) 181-189

3705 BORI, PIER CESARE *Attualità di un detto antico? «La sacra scrittura cresce con chi la legge»* – Intersezioni. Rivista di Storia delle Idee (Bologna) 6 (1986) 15-49

3706 BORI, PIER CESARE *Circolarità e sviluppo nell'interpretazione spirituale: «Divina eloquia cum legente crescunt» (Gregorio M., In Hiez. I, VII, 8)* – AnSEse 2 (1985) 263-274

3707 BRAGA, G. *Moralia in Iob. Epitomi dei secoli VII-X e loro evoluzione.* In: *Grégoire le Grand* (cf. 1985-87, 275) 561-568

3708 CALATI, B. *La «lectio divina» nel pensiero di Gregorio Magno.* In: *Ascolto della Parola e preghiera. La «lectio divina».* Cur. S.A. PANIMOLLE. Città del Vaticano: Libreria Editrice Vaticana (1987) 159-168

3709 CALATI, B. *La «lectio divina»: un metodo di lettura globale della scrittura* – Vita Monastica (Arezzo) 39 (1985) 90-108

3710 CALATI, B. *Saint Gregory the Great and «lectio divina»* – Tjurunga. An Australian Benedictine Review (Arcadi, NSW) 31 (1986) 15-31

3711 CATRY, P. *Les voies de l'Esprit chez Grégoire.* In: *Grégoire le Grand* (cf. 1985-87, 275) 207-214

3712 CAVALLERO, PABLO *La adaptación poética de los Moralia in Job de San Gregorio en el Rimado de Palacio del Canciller Ayala* – HS 38 (1986) 401-518

3713 CAZIER, P. *Analogies entre l'encyclopédie chrétienne des Moralia et l'enseignement du grammaticus. L'exemple de l'angélologie.* In: *Grégoire le Grand* (cf. 1985-87, 275) 419-429

3714 CLARK, F. *The authenticity of the Gregorian Dialogues. A reopening of the question?* In: *Grégoire le Grand* (cf. 1985-87, 275) 429-443

3715 CLEMENT, R.W. *Two contemporary Gregorian editions of Pope Gregory the Great's Regula pastoralis in Troyes MS 504* – Sc 39 (1985) 89-97

3716 COMAN, I. *Grégoire le Grand et les Églises illyro-thraco-daco-romaines.* In: *Grégoire le Grand* (cf. 1985-87, 275) 95-105

3717 COMAN, I.G. *Din izvoarele credintei noastre: Sfintul Grigorie cel Mare in teologia romanesca* – StBuc 37 (1985) 258-276

3718 CRACCO, G. *Gregorio e l'oltretomba.* In: *Grégoire le Grand* (cf. 1985-87, 275) 255-266

3719 CRACCO RUGGINI, LELLIA *Grégoire le Grand et le monde byzantin.* In: *Grégoire le Grand* (cf. 1985-87, 275) 83-94

3720 CRACCO RUGGINI, LELLIA *Gregorio Magno, Agostino e i quattro Vangeli* – AugR 25 (1985) 255-263

3721 CREMASCOLI, G. *Le symbolisme des nombres dans les oeuvres de Grégoire le Grand.* In: *Grégoire le Grand* (cf. 1985-87, 275) 445-454

3722 CRISTIANI, M. *«Tempus prophetiae». Temporalité et savoir dans l'exégèse biblique de Grégoire le Grand* – Archivio di filosofia (Roma) 53 (1985) 327-350

3723 CRISTIANI, M. *Ars artium. La psicologia di Gregorio Magno.* In: *Le trasformazioni della cultura* (cf. 1985-87, 375) I 309-331

3724 DEKKERS, ELIGIUS; BARTELINK, G.J.M. *Voordrachten over de heilige Gregorius de Grote.* Met een keuze uit zijn werken [Monastieke Cahiers – Bron en Studie 31]. Bonheiden: Abdij Bethlehem 1986. 196 pp.

3725 DELEEUW, PATRICIA ALLWIN *Gregory the Great's Homilies on the Gospel in the early middle ages* – StMe 26 (1985) 855-869

3726 DEMOUGEOT, E. *Grégoire le Grand et la conversion du roi germain au VIe siècle.* In: *Grégoire le Grand* (cf. 1985-87, 275) 191-203

3727 DESHUSSES, J. *Grégoire et le sacramentaire grégorien.* In: *Grégoire le Grand* (cf. 1985-87, 275) 637-644

3728 DESMULLIEZ, JANINE *Note de topographie napolitaine* – MEFR 98 (1986) 873-879

3729 DOUCET, M. *Ontologie et économie dans la théologie de Grégoire le Grand. L'épisode du Buisson ardent (Exode 3,1-14).* In: *Grégoire le Grand* (cf. 1985-87, 275) 227-234

3730 DUREIL, M.-M. «*Ad mensam Domini*»: *de sancto Gregorio apud Thomam.* In: *Grégoire le Grand* (cf. 1985-87, 275) 607-619

3731 DUVAL, YVES-MARIE *La discussion entre l'apocrisiaire Grégoire et le patriarche Eutychios au sujet de la résurrection de la chair. L'arrière-plan doctrinal oriental et occidental.* In: *Grégoire le Grand* (cf. 1985-87, 275) 347-366

3732 ETAIX, R. *Note sur la tradition manuscrite des Homélies sur l'Evangile de saint Grégoire le Grand.* In: *Grégoire le Grand* (cf. 1985-87, 275) 551-559

3733 EVANS, GILLIAN R. *The Thought of Gregory the Great* [Cambridge Studies in medieval life and thought IV,2]. Cambridge: Univ. Press 1986. XI, 164 pp.

3734 EVANS, G.R. *Guibert of Nogent and Gregory the Great on Preaching and Exegesis* – Thom 49 (1985) 534-550

3735 FISCHER, B. *Die Lesungen der römischen Ostervigil unter Gregor dem Gr.* In: *FISCHER, B. Beiträge zur Geschichte der lateinischen Bibeltexte* (cf. 1985-87, 1466) 18-50

3736 FONTAINE, JACQUES *Augustin, Grégoire et Isidore. Esquisse d'une recherche sur le style des Moralia in Iob.* In: *Grégoire le Grand* (cf. 1985-87, 275) 499-509

3737 FORLIN PATRUCCO, M. *La vie quotidienne dans la correspondance de Grégoire le Grand.* In: *Grégoire le Grand* (cf. 1985-87, 275) 59-68

3738 GATIER, PIERRE-LOUIS *Une lettre du pape Grégoire le Grand à Marianus évêque de Gerasa* – Syria 64 (1987) 131-135

3739 GILLET, R. *Grégoire Ier le Grand* – Dict. Hist. Géogr. Eccl. 21 (1986) 1387-1420

3740 GIORDANO, LISANIA *L'antico testamento nelle omelie sui vangeli di Gregorio Magno* – AnSEse 2 (1985) 257-262

3741 GRÉGOIRE, RÉGINALD *La riflessione di Gregorio Magno sulla tipologia del sangue.* In: *Sangue e antropologia,* V (cf. 1985-87, 346) II 1233-1244

3742 GRIBOMONT, J. *Le texte biblique de Grégoire.* In: *Grégoire le Grand* (cf. 1985-87, 275) 467-475

3743 HEITZ, C. *Les monuments de Rome à l'époque de Grégoire le Grand.* In: *Grégoire le Grand* (cf. 1985-87, 275) 31-39

3744 HESBERT, R.J. *Le bestiaire de Grégoire.* In: *Grégoire le Grand* (cf. 1985-87, 275) 455-466

3745 HOLTZ, L. *Le contexte grammatical du défi à la grammaire. Grégoire et Cassiodore.* In: *Grégoire le Grand* (cf. 1985-87, 275) 531-540

3746 JENAL, G. *Grégoire le Grand et la vie monastique dans l'Italie de son temps.* In: *Grégoire le Grand* (cf. 1985-87, 275) 147-157

3747 JENAL, G. *Gregor der Grosse und die Anfänge der Angelsachsenmission, 596-604.* In: *Angli e Sassoni al di qua e al di là del mare. 26 aprile – 1° maggio 1984* [Settimane di studio 32]. Spoleto: Centro Italiano di Studi sull'Alto Medioevo (1986) 793-849

3748 JUDIC, B. *Confessio chez Grégoire le Grand, entre l'intériorité et l'extériorité. L'aveu de l'âme et l'aveu du corps.* In: *L'aveu* (cf. 1985-87, 218) 169-190

3749 JUDIC, B. *Structure et fonction de la Regula Pastoralis.* In: *Grégoire le Grand* (cf. 1985-87, 275) 409-417

3750 JUDIC, BRUNO *La Bible miroir des pasteurs dans la Règle pastorale de Grégoire le Grand.* In: *Le monde latin antique et la Bible* (cf. 1985-87, 309) 455-473

3751 KARDONG, TERRENCE *A New Look at Gregory's Dialogues* – AmBenR 36 (1985) 44-63

3752 KERLOUÉGAN, F. *Grégoire le Grand et les pays celtiques.* In: *Grégoire le Grand* (cf. 1985-87, 275) 589-596

3753 LA PIANA, CALOGERO *La teologia della predicazione in San Gregorio Magno* [Diss.]. Roma: Pontificia Universitas Gregoriana 1985. 327 pp. Extr. 1986. 134 pp.

3754 LA PIANA, LILLO *Teologia e ministero della parola in San Gregorio Magno* [Contributi e studi Istituto Teologico «S. Tommaso», Messina aggregato alla Facoltà di Teologia della Università Pontificia Salesiana (Roma) 1]. Palermo: Edi Oftes 1987. 208 pp.

3755 LAPORTE, J. *Une théologie systématique chez Grégoire?* In: *Grégoire le Grand* (cf. 1985-87, 275) 235-243

3756 LECLERCQ, J. *Actualité de Grégoire le Grand.* In: *Grégoire le Grand* (cf. 1985-87, 275) 681-684

3757 LECOUTEUX, C. *Fantômes et revenants au Moyen Age.* Paris: Ed. Image 1986. 259 pp.

3758 LEONARDI, C. *Censimento dei manoscritti di Gregorio Magno.* In: *Grégoire le Grand* (cf. 1985-87, 275) 575-577

3759 LEOTTA, R. *Un motivo narratologico nei Dialogi di Gregorio Magno* – GiorFil 38 (1986) 111-117

3760 MARC'HADOUR, G. *Grégoire le Grand et saint Thomas More.* In: *Grégoire le Grand* (cf. 1985-87, 275) 621-634

3761 MAREŠ, F.V. *De S. Gregori Magni Dialogorum uersione paleoslouenica.* In: *Grégoire le Grand* (cf. 1985-87, 275) 569-574

3762 MARKUS, R.A. *Gregory the Great's rector and his genesis.* In: *Grégoire le Grand* (cf. 1985-87, 275) 137-146

3763 MARKUS, ROBERT AUSTIN *Gregor I., der Große (ca. 540-604)* – TRE 14 (1985) 135-145

3764 MEYVAERT, P. *Le Libellus responsionum à Augustin de Cantor-béry, une oeuvre authentique de saint Grégoire le Grand.* In: *Grégoire le Grand* (cf. 1985-87, 275) 543-550

3765 MOFFA, S. *Il grave delitto di Venafro in una lettera di san Gregorio Magno* – Almanacco del Molise (1985) 271-276

3766 MOREL, C. *La rectitudo dans les Homélies de Grégoire le Grand sur Ézéchiel (livre I).* In: *Grégoire le Grand* (cf. 1985-87, 275) 288-295

3767 MORESCHINI, C. *Gregorio Magno e le eresie.* In: *Grégoire le Grand* (cf. 1985-87, 275) 337-346

3768 NAHMER, DIETER VON DER *Gregor der Grosse und der heilige Benedikt* – RBS 16 (1987) 81-103

3769 NASCIMENTO, A.A. *Un Testemunho de tradição hispânica dos «Moralia in Job»: Lisboa, BN, Alc. 349 subsídios para o seu enquadramento* – ArLeón 40 (1986) 313-331

3770 NICOLA, A. *Il dramma dell'uomo cristiano in S. Gregorio Magno* [Diss.]. Roma: Univ. S. Thomae in Urbe 1987. XXXIV, 216 pp.

3771 NORBERG, D. *Style personnel et style administratif dans le Registrum epistularum de Grégoire le Grand.* In: *Grégoire le Grand* (cf. 1985-87, 275) 489-497

3772 PAPPALARDO, SALVATORE *«Communio» e disciplina peniten-ziale nel «Registrum epistolarum» di san Gregorio Magno* – Synaxis. Annale dell'Istituto per la Documentazione e la Ricerca S. Paolo (Catania) 4 (1986) 77-122

3773 PAPPALARDO, SALVATORE *La tutela della 'communio' nel Registrum epistolarum di San Gregorio Magno* [Diss.]. Roma: Pontificia Universitas Lateranensis 1986. 63 pp.

3774 PARONETTO, V. *Gregorio Magno tra Romani e «Barbari»* – VetChr 23 (1986) 183-190

3775 PARONETTO, V. *La funzione del «pastor» in Gregorio Magno. Ascendenze agostiniane.* In: *Congresso Internazionale su S. Agosti-no* (cf. 1985-87, 245) 125-134

3776 PARONETTO, V. *Une présence augustinienne chez Grégoire le Grand. Le De cathechizandis rudibus dans la Regula Pastoralis.* In: *Grégoire le Grand* (cf. 1985-87, 275) 511-519

3777 PARONETTO, VERA *Gregorio Magno. Un maestro alle origini cristiane d'Europa.* Introd. di J. LECLERCQ [Nuova Universale Studium 46]. Roma: Edizioni Studium 1985. VI, 177 pp.

3778 PENCO, G. *Sulla struttura dialogica dei Dialoghi di s. Gregorio* – Benedictina 33 (1986) 329-335

3779 PETERSEN, J.M. *Greek influences upon Gregory the Great's exegesis of Luke 15,1-10 in Homelia in Euang. II,34.* In: *Grégoire le Grand* (cf. 1985-87, 275) 521-529

3780 PETERSEN, JOAN M. «Homo omnino Latinus»? The Theological and Cultural Background of Pope Gregory the Great – Sp 62 (1987) 529-551

3781 PETERSEN, JOAN M. The Influence of Origen upon Gregory the Great's Exegesis on the Song of Songs. In: Studia Patristica 18,1 (cf. 1985-87, 360) 343-347

3782 PORTALUPI, E. Gregorio Magno nelle Quaestiones disputatae de ueritate di Tommaso d'Aquino – RFN 77 (1985) 556-598

3783 PUGLISI, G. Aspetti della trasmissione della proprietà fondiaria in Sicilia. La massa ecclesiastica nell'epistolario di Gregorio Magno. In: Società romana e impero tardoantico (cf. 1985-87, 350) III 521-529

3784 RAPISARDA LO MENZO, G. L'Écriture Sainte comme guide de la vie quotidienne dans la correspondance de Grégoire le Grand. In: Grégoire le Grand (cf. 1985-87, 275) 215-225

3785 RAPISARDA LO MENZO, GRAZIA Gregorio Magno e l'»Apocalisse» – Orpheus 6 (1985) 449-467

3786 RECCHIA, V. I protagonisti dell'offensiva romana antimonofisita tra la fine del quinto e i primi decenni del sesto secolo dai Dialoghi di Gregorio Magno. In: Grégoire le Grand (cf. 1985-87, 275) 159-169

3787 RECCHIA, V. Il metodo esegetico di Gregorio Magno nei Moralia in Iob (ll. 1;2;4,1-47) – InvLuc 7/8 (1985/86) 13-62

3788 RECCHIA, VINCENZO La memoria di Agostino nella esegesi biblica di Gregorio Magno – AugR 25 (1985) 405-434

3789 REINHART, J. Une figure stylistique dans la traduction vieuxslave des «Homilies sur les Evangiles» de Grégoire le Grand en comparaison avec les textes scripturaires. In: Grégoire le Grand (cf. 1985-87, 275) 597-606

3790 RIZZO, FRANCESCO PAOLO Una polemica fra Siciliani e Gregorio Magno su questioni liturgiche. In: Cristianesimo in Sicilia (cf. 1985-87, 248) 169-190

3791 ROSENTHAL, ANSELM «Ich weiß, daß heute Ostern ist.» Eine Betrachtung zum Osterfest nach dem zweiten Buch der Dialoge des hl. Gregor des Großen – EA 62 (1986) 5-11

3792 ROUCHE, M. Grégoire le Grand face à la situation économique de son temps. In: Grégoire le Grand (cf. 1985-87, 275) 41-57

3793 SAVON, H. L'Antéchrist dans l'oeuvre de Grégoire le Grand. In: Grégoire le Grand (cf. 1985-87, 275) 389-405

3794 SERNA GONZALEZ, C. DE LA Magisterio del espíritu e iglesia institucional (S. Gregorio Magno, I Dial. 4) – Cistercium 37 (1985) 27-47

3795 SINISCALCO, P. Le età del mondo in Gregorio Magno. In: Grégoire le Grand (cf. 1985-87, 275) 377-387

3796   SOJKA, S. «*Actio*» *und* «*contemplatio*» *in vorchristlicher Zeit und* «*vita activa*» *und* «*vita centemplativa*» *bei Gregor dem Großen* [in polnischer Sprache] – VoxP 10 (1986) 17-39

3797   SOJKA, S. *Kapłan jako sługa Słowa Bożego w świetle pism św. Grzegorza Wielkiego (= Priester als Diener des Wortes im Lichte der Schriften des hl. Gregor des Großen)* – TST 10 (1987) 274-294

3798   STRAW, C.E. *Aduersitas et prosperitas. Une illustration du motif structurel de la complémentarité.* In: *Grégoire le Grand* (cf. 1985-87, 275) 277-288

3799   TUILIER, A. *Grégoire le Grand et le titre de patriarche oecuménique.* In: *Grégoire le Grand* (cf. 1985-87, 275) 69-82

3800   UYTFANGHE, M. VAN *Scepticisme doctrinal au seuil du Moyen Age? Les objections du diacre Pierre dans les Dialogues de Grégoire le Grand.* In: *Grégoire le Grand* (cf. 1985-87, 275) 315-326

3801   VERBRAKEN, P.P. *Bibliographie sélective de Grégoire le Grand (jusqu'en 1982).* In: *Grégoire le Grand* (cf. 1985-87, 275) 685-690

3802   VOGEL, C. *Deux conséquences de l'eschatologie grégorienne, la multiplication des messes privées et les moines-prêtres.* In: *Grégoire le Grand* (cf. 1985-87, 275) 267-276

3803   VOGÜÉ, A. DE *De la crise aux résolutions. Les Dialogues comme histoire d'une âme.* In: *Grégoire le Grand* (cf. 1985-87, 275) 305-314

3804   VOGÜÉ, ADALBERT DE «*Materia*» *et ses dérivés dans le Commentaire de Grégoire le Grand sur le Premier Livre des Rois* – RBen 96 (1986) 219-224

3805   VOGÜÉ, ADALBERT DE *Renounciation and Desire: the Definition of the Monk in Gregory the Great's Commentary on the First Book of Kings* – CistStud 22 (1987) 221-238

3806   VOGÜÉ, ADALBERT DE *Renoncement et désir: la définition du moine dans le Commentaire de Grégoire le Grand sur le Premier Livre des Rois* – ColCist 48 (1986) 54-70

3807   WARD, B. *Gregory the Great.* In: *The Study of Spirituality.* (cf. 1985-87, 364) 277-279

3808   ZIMDARS-SWARTZ, S. *A confluence of imagery. Exegesis and christology according to Gregory the Great.* In: *Grégoire le Grand* (cf. 1985-87, 275) 327-335

3809   ZINN, G.A. *Sound, silence and word in the spirituality of Gregory the Great.* In: *Grégoire le Grand* (cf. 1985-87, 275) 367-375

3810   ZINNHOBLER, RUDOLF *Die pastorale Klugheit Gregors des Großen* – TPQS 135 (1987) 260-261

III.2. Pseudo-Gregorius Magnus

3811 CLARK, FRANCIS *The Pseudo-Gregorian Dialogues*. 2 voll. [Studies in the History of Christian Thought 37/38]. Leiden: Brill 1987. XII, 773 pp.

III.2. Gregorius Nazianzenus

3812 *[Gregorius Nazianzenus] Fuga e autobiografia*. Trad., introd. e note a cura di LUIGI VISCANTI [CTP 62]. Roma: Città Nuova Ed. 1987. 240 pp.

3813 *[Gregorius Nazianzenus] Grégoire de Nazianze. Discours 32-37*. Introd., texte critique et notes de C. MORESCHINI, trad. de P. GALLAY [SC 318]. Paris: Éd. du Cerf 1985. 346 pp.

3814 *[Gregorius Nazianzenus] Gregor von Nazianz. Carmina de virtute Ia/Ib*. Ediert von ROBERTO PALLA, übers. und kommentiert von MANFRED KERTSCH [GrTS 10]. Graz: Eigenverlag des Instituts für Ökumenische Theologie und Patrologie an der Universität Graz 1985. 239 pp.

3815 *[Gregorius Nazianzenus] Gregorio Nacianceno. Homilías sobre la Natividad*. Introducción y notas de C. MORESCHINI. Traducción de I. GARZON [Biblioteca de Patrística 2]. Madrid: Editorial Ciudad Nueva 1986. 147 pp.

3816 *[Gregorius Nazianzenus] Gregorio Nazianzeno. I cinque discorsi teologici. Lettere teologiche, Il misterio cristiano. Poesie (carmina arcana)*. Trad., intr. e note a cura di CLAUDIO MORESCHINI. Roma: Città nuova ed. 1986. 297 pp.

3817 *[Gregorius Nazianzenus] Saint Gregory of Nazianzus. Three poems: Concerning his own affairs, Concerning himself and the bishops, Concerning his own life*. Transl. by DENIS MOLAISE MEEHAN [FaCh 75]. Washington, D.C.: Catholic University of America Press 1987. XII, 142 pp.

3818 *[Gregorius Nazianzenus] St. Gregory Nazianzen: Selected Poems*. Transl. with an introd. by J.A. MCGUCKIN [Fairacres Publ. 94]. Oxford: SLG Pr. 1986. 44 pp.

3819 *[Gregorius Nazianzenus] Γρηγορίου τοῦ θεολόγου, Προσωπικές σχέσεις καί Ἐκκλησιαστική Διακονία, Β' Λόγοι ΛΒ'-ΛΣΤ' ΚΣΤ' ΜΒ'*. Εἰσαγωγή, κείμενο, μετάφραση ὑπό Π. ΧΡΗΣΤΟΥ [ΕΡ 73]. Thessalonike 1985. 320 pp.

3820 *[Gregorius Nazianzenus] Γρηγορίου τοῦ θεολόγου, Ἔπη Ἠθικά*. Εἰσαγωγή, κείμενο, μετάφραση ὑπό Ι. ΣΑΚΑΛΗΣ [ΕΡ 74]. Thessalonike 1985. 460 pp.

3821 *[Gregorius Nazianzenus] Γρηγορίου τοῦ θεολόγου, Ἔπη Ἱστορικά*. Εἰσαγωγή, κείμενο, μετάφραση ὑπό Ι. ΣΑΚΑΛΗΣ [ΕΡ 80]. Thessalonike 1986. 440 pp.

3822 *[Gregorius Nazianzenus]* Γρηγορίου τοῦ Θεολόγου, Ἔπη εἰς ἑτέρους, Ἐπιτάφια *(Α'-ΡΚΘ')*, Ἐπιγράμματα *(Α'-Δ').* Εἰσαγωγή, κείμενο, μετάφραση ὑπό Ι. ΣΑΚΑΛΗΣ [EP 82]. Thessalonike 1986. 360 pp.

3823 *[Gregorius Nazianzenus]* Γρηγορίου τοῦ Θεολόγου, Ἐπιστολές *Α'-ΣΜΔ'.* Εἰσαγωγή, κείμενο, μετάφραση ὑπό Ι. ΣΑΚΑΛΗΣ [EP 84]. Thessalonike 1986. 424 pp.

3824 BALDWIN, B. *Gregory Nazianzenus, Ammianus, scurrae, and the Historia Augusta* – Gy 93 (1986) 178-180

3825 BERNARDI, J. *Grégoire de Nazianze et le poète comique Anaxilas* – Pallas 31 (1985) 157-161

3826 BERNARDI, J. *Saint Grégoire de Nazianze observateur du milieu ecclésiastique et théoricien de la fonction sacerdotale.* In: *Migne et le renouveau des études patristiques* (cf. 1985-87, 303) 349-357

3827 CONSOLINO, FRANCA ELA Σωφίης ἀμφοτέρης πρύτανιν. *Gli epigrammi funerari di Gregorio Nazianzeno (AP VIII)* – AtPavia 65 (1987) 407-425

3828 COULIE, BERNARD *Les richesses dans l'œuvre de S. Grégoire de Nazianze: Etude littéraire et historique* [PublIOL 32]. Louvain-la-Neuve: Institut Orientaliste 1985. 252 pp.

3829 CRISCUOLO, UGO *A proposito di Gregorio di Nazianzo, or. 4.96* – KoinNapoli 11 (1987) 43-52

3830 CRISCUOLO, UGO *Gregorio di Nazianzo e Giuliano.* In: ταλαρίσκος (cf. 1985-87, 368) 165-208

3831 CRISCUOLO, UGO *Sull'Epistola 10 di Gregorio di Nazianzo* – KoinNapoli 9 (1985) 115-120

3832 DENNIS, G.T. *Gregory of Nazianzus and the Byzantine Letter.* In: *Diakonia* (cf. 1985-87, 252) 3-13

3833 DOSTALOVA, R. *Τινὸς τὸ ἑλληνίζειν. Controverse au sujet du legs de l'Antiquité au IVe siècle.* In: *From Late Antiquity to Early Byzantium* (cf. 1985-87, 266) 179-183

3834 ESBROECK, MICHEL VAN *Un palimpsest géorgien de l'homélie 38 de Grégoire de Nazianze* – Mu 99 (1986) 309-317

3835 ETTLINGER, G.H., SJ Θεὸς δὲ οὐχ οὕτως *(Gregory of Nazianzus, Oratio XXXVII): The Dignity of the Human Person according to the Greek Fathers.* In: *Studia Patristica* 16 (cf. 1985-87, 359) 368-372

3836 FRANGESKOU, V.A. *Gregory Nazianzen's Usage of the Homeric Simile* – Hell 36 (1985) 12-26

3837 GALLO, PAOLO *Apologeticus de fuga di San Gregorio Nazianzeno. Studio sul sacerdozio e traduzione in italiano* [Diss.]. Roma: Pont. Univ. Lateranensis 1985. 166 pp.

3838 GERTZ, N. *Die handschriftliche Überlieferung der Gedichte Gregors von Nazianz. II: Die Gedichtgruppe I.* Mit Beitr. von M.

SICHERL [Studien zu Geschichte und Kultur des Altertums N.F. 2.R.: Forschungen zu Gregor von Nazianz 4]. Paderborn: Schöningh 1986. XVI, 188 pp.

3839 GRAND'HENRY, JACQUES *Du grec à l'arabe dans les homélies de Grégoire de Nazianze* – Mu 100 (1987) 121-129

3840 GRAND'HENRY, JACQUES *Les versions arabes de Grégoire de Nazianze. État de la recherche.* In: *Actes du deuxième congrès international d'études arabes chrétiennes* (cf. 1985-87, 192) 67-72

3841 GRAND'HENRY, JACQUES *Répertoire des manuscrits de la version arabe de Grégoire de Nazianze. Deuxième partie: Italie, Royaume-Uni* – Mu 98 (1985) 197-229

3842 GRAND'HENRY, JACQUES *Répertoire des manuscrits de la version arabe de Grégoire de Nazianze. Troisième partie: France, Liban, Jérusalem, Allemagne occidentale, Hollande, U.R.S.S.* – Mu 99 (1986) 145-170

3843 HALLEUX, A. DE *Les commentaires syriaques des Discours de Grégoire de Nazianze. Un premier sondage* – Mu 98 (1985) 103-147

3844 HÖLLGER, WINFRIED *Die handschriftliche Überlieferung der Gedichte Gregors von Nazianz. I: Die Gedichtgruppen XX und XI.* Mit Beiträgen von MARTIN SICHERL und den Übersichtstabellen von HEINZ MARTIN WERHAHN [Studien zur Geschichte und Kultur des Altertums N.F., 2. Reihe: Forschungen zu Gregor von Nazianz 3]. Paderborn; München; Wien; Zürich: Schöningh 1985. 174 pp.

3845 IPPOLITO, G. D' *L'approccio intertestuale alla poesia. Sondaggi da Virgilio e dalla poesia cristiana greca di Gregorio e di Sinesio* [Quad. dell' Ist. di filol. greca dell'Univ. di Palermo 14]. Palermo: 1985. 83 pp.

3846 KONDOTHRA, G. *The Word – Human and Divine: An Approach of Gregory Nazianzen.* In: *Studia Patristica 16* (cf. 1985-87, 359) 385-388

3847 LIALIU, D. *Ἡ Ἑρμηνεία τῆς Ἁγίας Γραφῆς στή θεολογία τοῦ Ἁγίου Γρηγορίου τοῦ θεολόγου.* Athenai 1985.

3848 LIALIU, D. *Ὁ χαρακτήρας τῶν σπουδῶν τοῦ Ἁγ. Γρηγορίου τοῦ Θεολόγου, περὶ τὰ μέσα τοῦ 4ου μ.Χ. αἰ.* In: *Aksum-Thyateira* (cf. 1985-87, 199) 393-400

3849 MORESCHINI, C. *Gregorio Nazianzeno e la persecuzione anticristiana di Giuliano l'Apostata.* In: *I martiri della Val di Non* (cf. 1985-87, 300) 85-115

3850 MORESCHINI, C. *La meditatio mortis e la spiritualità di Gregorio Nazianzeno.* In: *Morte e immortalità* (cf. 1985-87, 311) 151-160

3851 MORESCHINI, CLAUDIO *La parafrasi di Niceta David ai Carmina arcana di Gregorio Nazianzeno* [mit Zusammenfassung in englischer Sprache] – KoinNapoli 9 (1985) 101-114

3852 MORESCHINI, CLAUDIO *Ricerche sulla tradizione greca di alcune Omelie del Nazianzeno* – SCO 37 (1987) 267-291

3853 MOSSAY, JUSTIN *Gregor von Nazianz (gest. 390)* – TRE 14 (1985) 164-173

3854 MOSSAY, JUSTIN *Pour un corpus des annotations adventices des manuscrits byzantins et orientaux* – Mu 100 (1987) 259-267

3855 MOSSAY, JUSTIN *Repertorium Nazianzenum, Orationes, Textus Graecus, II: Codices Americae, Angliae, Austriae.* Adiuv. XAVERIO LEQUEUX [Stud. zur Gesch. und Kultur des Altertums 2. R. Forsch. zu Gregor von Nazianz V]. Paderborn: Schöningh 1987. 152 pp.

3856 NEUMANN, CHRISTIAN *Le Christus patiens de saint Grégoire de Nazianze à la lumière des Bacchantes d'Euripide* – Connaissance hellénique (Aix-en-Provence) 31 (1987) 63-65

3857 NIMMO SMITH, JENNIFER *A revised list of the manuscripts of the Pseudo-Nonnos Mythological Commentaries on four Sermons by Gregory of Nazianzus* – Byzan 57 (1987) 93-113

3858 NORRIS, F.W. *Gregory Nazianzen's Opponents in Oration 31.* In: *Arianism* (cf. 1985-87, 209) 321-326

3859 NORRIS, F.W. *The authenticity of Gregory Nazianzen's five theological orations* – VigChr 39 (1985) 331-339

3860 OOSTHOUT, HENRI F. *Wijsgerig taalgebruik in de redevoeringen van Gregorius van Nazianze tegen de achtergrond van de neoplatoonse metafysica* [Nijmegen: Kathol. Univ. Diss. 1987]. Boxmeer: Schooth 1986.

3861 PAPABASILEIOU, A. *Γρηγορίου τοῦ Θεολόγου «Λόγος πρὼς Ἀστρονόμους»* – Apostolos Barnabas (Leukosia, Cypern) (1986) 5-8

3862 PETEV, I. *Učenieto na sv. Grigorij Bogoslov za tainstvoto krăštenie (= Die Lehre des hl. Gregorius von Nazianz vom Sakrament der Taufe)* – DuchKult (1985) 5-16

3863 PETZL, GEORG *Die Epigramme des Gregor von Nazianz über Grabräuberei und das Hierothesion des kommagenischen Königs Antiochus I* – EpAn 10 (1987) 117-130

3864 ŠPIDLIK, T., SJ *Y a-t-il un pluralisme théologique en Grégoire de Nazianze? La théologie est-elle une poésie ou une science?* In: *Studia Patristica 16* (cf. 1985-87, 359) 428-432

3865 SYKES, D.A. *Gregory Nazianzen as Didactic Poet.* In: *Studia Patristica 16* (cf. 1985-87, 359) 433-437

3866 TELEPNEFF, GREGORY *Theopascite Language in the Soteriology of Saint Gregory the Theologian* – GrOrthThR 32 (1987) 403-416

3867 TRISOGLIO, FRANCESCO *Figurae sententiae e ornatus nei Discorsi di Gregorio di Nazianzo* – Orpheus 8 (1987) 71-86

3868 TRISOGLIO, FRANCESCO *La conversione in S. Gregorio di Nazianzo* – AugR 27 (1987) 185-217

3869 TRISOGLIO, FRANCESCO *La figura dell'eretico in Gregorio di Nazianzo* – AugR 25 (1985) 793-832

3870 TRISOGLIO, FRANCESCO *La pace in S. Gregorio di Nazianzo* – CCC 7 (1986) 193-229

3871 TRISOGLIO, FRANCESCO *Quando il Nazianzeno nelle sue orazioni sonnecchia* – CCC 6 (1985) 541-564

3872 TRISOGLIO, FRANCESCO *S. Gregorio di Nazianzo, l'uomo attraverso all'oratore.* Genova: Quadrivium 1987. 94 pp.

3873 TRISOGLIO, FRANCESCO *S. Gregorio di Nazianzo: l'uomo attraverso all'oratore* – Renovatio (Genova) 21 (1986) 185-208; 473-486; 623-638; 22 (1987) 89-111; 241-256

3874 TRISOGLIO, FRANCESCO *Uso ed effetti delle figurae elocutionis nei discorsi di Gregorio di Nazianzo* – Orpheus 7 (1986) 254-271

3875 TSIRPANLIS, C.N. *Saint Gregory the Theologian on Marriage and Family* – PBR 4 (1985) 33-38; EkTh 6 (1985) 619-626

3876 WILLIAMS, FREDERICK *Acrobats and geometry. Unwelcome intruders in the text of Gregory Nazianzen* – Glotta 65 (1987) 96-103

3877 WITTIG, A. *Theologie als Erfahrung* – OstkiSt 35 (1986) 176-179

3878 ZEHLES, FRANK ERICH *Kommentar zu den «Mahnungen an die Jungfrauen» (carmen 1,2,2) Gregors von Nazianz, V. 1-354* [Phil. Diss.]. Münster: 1987. 190 pp.

3879 ZINCONE, S. *L'anima come immagine di Dio nell'opera di Gregorio Nazianzeno* – CCC 6 (1985) 565-571

III.2. Gregorius Nyssenus

3880 *[Gregorius Nyssenus] Γρηγοριος Νυσσης II.* Γενικη ἐπιστασια και ἐπιμελεια ῾Η.Δ. Μουτσουλα [Βιβλιοθηκη ἑλληνων πατερων και ἐκκλησιαστικων συγγραφεων 66]. Athenai: 1987. 495 pp.

3881 *[Gregorius Nyssenus] Γρηγορίου Νύσσης, Δογματικά Β'.* Εἰσαγωγή, κείμενο, μετάφραση ὑπό I. ΣΑΚΑΛΗΣ [ΕΡ 91]. Thessalonike 1987. 640 pp.

3882 *[Gregorius Nyssenus] Γρηγορίου Νύσσης, Ἑρμηνευτικά Α'.* Εἰσαγωγή, κείμενο, μετάφραση ὑπό Π. ΧΡΗΣΤΟΥ [ΕΡ 91]. Thessalonike 1987. 606 pp.

3883 *[Gregorius Nyssenus] Gregorii Nysseni opera dogmatica minora, II.* Edd. J. KENNETH DOWNING; JACOBUS A. MCDO-NOUGH; S.J. HADWIGA HÖRNER. Leiden: Brill 1987. CLXX-VIII, 122 pp.

3884 *[Gregorius Nyssenus] Gregorio di Nissa. Omelie sull'Ecclesiaste.* A cura di ALBERTO SICLARI [Università di Parma, Istituto di Scienze Religiose, Saggi e testi 1]. Parma: Ed. Zara 1987. 164 pp.

3885 *[Gregorius Nyssenus] Gregorius van Nyssa. Vijftien homilieën over het Hooglied.* Brugge (B.): Abdij Zevenkerken s.a. 213 pp.

3886 *[Gregorius Nyssenus] Le but divin.* Trad. sur l'éd. critique de W. JAEGER [Les maîtres de vie spirituelle]. Paris: Ed. Téqui 1986. 76 pp.

3887 *[Gregorius Nyssenus] Saint Gregory of Nyssa. Commentary on the song of songs.* Translated with an introduction by CASIMIR MCCAMBLEY, OCSO. Preface by PANAGIOTES CHRESTOU [The Archbishop Iakovos library of ecclesiastical historical sources 12]. Brookline, Mass.: Hellenic College Pr. 1987. 295 pp.

3888 *[Gregorius Nyssenus] The life of Saint Macrina.* Transl. with introduction and notes by KEVIN CORRIGAN [Peregrina transla-tions series; 10: Matrologia Graeca]. Saskatoon, Saskatchewan: Peregrina Publ. Co. 1987. XV, 57 pp.

3889 APOSTOLOPOULOS, C. *Phaedo Christianus. Studien zur Verbin-dung und Abwägung des Verhältnisses zwischen dem platonischen Phaidon und dem Dialog Gregors von Nyssa Über die Seele und die Auferstehung* [Europäische Hochschulschriften Reihe 20, 188]. Frankfurt a.M.; Bern; New York: Lang 1986. XI, 416 pp.

3890 APOSTOLOPOULOU, G. *Das Problem der Willensfreiheit bei Gregor von Nyssa.* In: *L'homme et son univers au Moyen Age. Actes du septième congrès de philosophie médiévale (30 août – 4 septembre 1982).* Ed. C. WENIN [Philosophes médiévaux 26/27]. Louvain-la-Neuve: Éd. de l'Inst. Sup. de Philosophie (1986) II 719-725

3891 ASTRUC, C. *Deux fragments anciens (en minuscule de type Anastase) du De hominis opificio de Grégoire de Nysse* – Sc 39 (1985) 265-269

3892 BALAS, DAVID L. *Gregor von Nyssa (331/40 – ca. 395)* – TRE 14 (1985) 173-181

3893 BARNES, M.R. *Δύναμις and the anti-monistic ontology of Nyssen's Contra Eunomium.* In: *Arianism* (cf. 1985-87, 209) 327-334

3894 BARROIS, G. *The Alleged Origenism of St. Gregory of Nyssa* – StVlThQ 30 (1986) 7-16

3895 *Bibliographie zu Gregor von Nyssa. Editionen, Übersetzungen, Literatur.* Bearbeitet von MARGARETE ALTENBURGER und FRIEDHELM MANN. Leiden: Brill 1987. XXIII, 363 pp.

3896 BLANK, D.L. *The Etymology of Salvation in Gregory of Nyssa's De Virginitate* – JThS 37 (1986) 77-90

3897 BONANNI, ANNA *La versione siriaca del «De opificio hominis» di Gregorio di Nissa. Capitolo XXIII (greco XXII)* – StROC 10 (1987) 149-170

3898 BROWN WICHER, HELEN *Gregorius Nyssenus.* In: *Catalogus Translationum et Commentariorum, vol. 5* (cf. 1984, 218) 1-250

3899 CALLAHAN, V.W. *The Life of St. Macrina by St. Gregory of Nyssa.* In: *Medieval Women's Visionary Literature.* Ed. ELIZABETH AVILDA PETROFF. New York, N.Y.; Oxford: Oxford University Press (1986) 77-82

3900 CARLINI, ANTONIO *Platone e le interpolazioni dottrinali in Gregorio di Nissa.* In: *Filologia e forme letterarie* (cf. 1985-87, 263) I 465-473

3901 DEI, H.D. *En torno al problema de la libertad y el mal según el tratado «Acerca de la creación del Hombre» de Gregorio de Nyssa* – Revista de la Universidad de Morón (Morón, República Argentina) 13 (1986) 57-79

3902 FIGURA, MICHAEL *Mystische Gotteserkenntnis bei Gregor von Nyssa.* In: *Grundfragen christlicher Mystik* (cf. 1985-87, 277) 25-38

3903 GREER, R.A. *The Leaven and the Lamb: Christ and Gregory of Nyssa's Vision of Human Destiny.* In: *Jesus in History and Myth.* Buffalo, N.Y.: Prometheus Books (1986) 169-180

3904 GUSTAFSON, S.W. *Gregory of Nyssa's Reformulation of Christian Thought: Some Paradigmatic Implications of his Doctrine of Divine Infinity* [Ph. D. Diss.]. Madison, N.J.: Drew Univ. 1985. 221 pp. [cf. DissAbstr 46,5 (1985) 1321A]

3905 HARRISON, VERNA E.F. *Grace and human freedom according to St. Gregory of Nyssa* [Diss.]. Berkeley, Calif.: Graduate Theol. Union Berkeley 1986. 315 pp. [microfilm; cf. DissAbstr 47 (1986) 1775A]

3906 HART, MARK DORSEY *Marriage, celibacy, and the life of virtue. An interpretation of Gregory of Nyssa's De virginitate* [Diss.]. Boston, Mass.: Boston College 1987. 401 pp. [microfilm; cf. summary in DissAbstr 49 (1988) 278A]

3907 HUTTUNEN, HEIKKI *Tiedosta rakkanteen. Kristityn mystinen nounsu pyhän Gregorios Nyssalaisen mukaan.* Joensu: Ortodiksissen kulttuurin säätiö 1986. 81 pp.

3908 KIROV, D. *Vŭzgledŭt na sv. Gregorij Nisijski za čoveka sled grechopadenieto (= Die Vorstellung des Hl. Gregorios von Nyssa*

über den Menschen nach dem Sündenfall) – DuchKult 65 (1985)
16-24

3909 KLOCK, CHRISTOPH *Untersuchungen zu Stil und Rhythmus bei Gregor von Nyssa. Ein Beitrag zum Rhetorikverständnis der griechischen Väter* [BKP 173]. Frankfurt am Main: Athenäum 1987. X, 334 pp.

3910 KRIVOCHEINE, B. *Simplicité de la nature divine et les distinctions en Dieu selon S. Grégoire de Nysse.* In: *Studia Patristica 16* (cf. 1985-87, 359) 389-411

3911 KUSTAS, GEORGE L. *Philosophy and Rhetoric in Gregory of Nyssa* – Kleronomia 18 (1986) 101-146

3912 LATORRE, R.J.A. *Trinitarian doctrine and the divinity of the Son in St. Gregory of Nissa's «Refutatio Confessionis Eunomii».* In: *Excerpta e dissertationibus in Sacra Theologia, X.* Pamplona: Eunsa (1986) 95-169

3913 LE BOULLUEC, ALAIN *L'unité du texte. La visée du Psautier selon Grégoire de Nysse.* In: *Le texte et ses représentations* [Études de litt. anc. 3]. Paris: Pr. de l'École normale supérieure (1987) 159-166

3914 LOZZA, G. *Due note al De infantibus praemature abreptis di Gregorio Nisseno.* In: *Graeco-Latina Mediolanensia* [Quad. di Acme 5]. Milano (1985) 127-135

3915 LOZZA, GIUSEPPE *Il De mortuis di Gregorio Nisseno fra retorica e filosofia* – Acme 39,3 (1986) 41-48

3916 MARAVAL, PIERRE *La lettre 3 de Grégoire de Nysse dans le débat christologique* – ReSR 61 (1987) 74-89

3917 MARAVAL, PIERRE *Le De Pythonissa de Grégoire de Nysse. Trad. commentée.* In: *Lectures anciennes de la Bible* (cf. 1985-87, 297) 283-294

3918 MARAVAL, PIERRE *Une querelle sur les pèlerinages autour d'un texte patristique (Grégoire de Nysse, Lettre 2)* – RHPhR 66 (1986) 131-146

3919 MCCAMBLEY, CASIMIR, OCSO *On the Profession of a Christian: Τὶ τὸ τοῦ Χριστιανοῦ Ἐπάγγελμα by Saint Gregory of Nyssa* – GrOrthThR 30 (1985) 433-445

3920 MCCAMBLEY, CASIMIR, OCSO *On the Sixth Psalm, Concerning the Octave by Saint Gregory of Nyssa* – GrOrthThR 32 (1987) 39-50

3921 MEREDITH, A., SJ *Allegory in Porphyry and Gregory of Nyssa.* In: *Studia Patristica 16* (cf. 1985-87, 359) 423-427

3922 MURADYAN, K.M. *La traduction en arménien classique de l'épitaphe de l'évêque Meletios écrite par Grégoire de Nysse et Moïse de Chorène* [in armenischer Sprache mit russischer Zusammenfassung] – PBH 117 (1987) 139-149

3923 OESTERLE, H.J. *Probleme der Anthropologie bei Gregor von Nyssa. Zur Interpretation seiner Schrift De hominis opificio* – Hermes 113 (1985) 101-114

3924 PIETRELLA, EGIDIO *L'antiorigenismo di Gregorio di Nissa (de hom. op., 28, ed. Forbes, pp. 276-282)* – AugR 26 (1986) 143-176

3925 PLANTINGA, CORNELIUS *Gregory of Nyssa and the Social Analogy of the Trinity* – Thom 50 (1986) 325-352

3926 RADUCA, V. Ἀλλοτρίωσις. *La chute et la restructuration de l'homme selon saint Grégoire de Nysse* [Thèse théol.]. Fribourg en Suisse 1985. 81 pp.

3927 RANSDORF, M. *Pojetí času u kappadockych otcu (= Die Zeitauffassung der Kappadokier)* [mit deutscher Zusammenfassung]. In: *Problémy Křesłanství* (cf. 1985-87, 334) 239-256

3928 SALMONA, B. *Gregorio di Nissa e la cultura «laica»* – CCC 6 (1985) 489-506

3929 SALMONA, BRUNO *La dimensione ecclesiale in Gregorio di Nissa.* In: *La concezione della Chiesa nell'antica letteratura cristiana* [Pubblicazioni dell'Istituto di filologia classica e medievale 100]. Genova: Facoltà di Lettere dell'Università di Genova (1986) 9-26

3930 SALMONA, BRUNO *Logos divino e logos umano. Metafisica della parola in Gregorio di Nissa* – Renovatio. Rivista di teologia e cultura (Genova) 21 (1986) 235-250

3931 SAUGET, JOSEPH-MARIE *L'étrange périple d'une sentence de Grégoire de Nysse retrouvée dans des Paterika arabes* – Mu 100 (1987) 307-313

3932 SIMONETTI, MANLIO *Ancora sul testo della Vita di Mosé di Gregorio di Nissa.* In: *Filologia e forme letterarie* (cf. 1985-87, 263) I 475-482

3933 ŠPIDLIK, T., SJ *La mistica del martirio secondo Gregorio di Nissa.* In: *I martiri della Val di Non* (cf. 1985-87, 300) 69-84

3934 STAATS, R. *Basilius als lebende Mönchsregel in Gregors von Nyssa De virginitate* – VigChr 39 (1985) 228-255

3935 ULLMANN, W. *Der logische und der theologische Sinn des Unendlichkeitsbegriffes in der Gotteslehre Gregors von Nyssa* – BijFTh 48 (1987) 150-171

3936 VICIANO, ALBERTO *Cuarto y quinto coloquios internacionales sobre San Gregorio de Nisa* – ScTh 17 (1985) 637-643

3937 WATSON, GERARD *Gregory of Nyssa's Use of Philosophy in the Life of Moses* – ITQ 53 (1987) 100-112

III.2. Pseudo-Gregorius Nyssenus

3938   DATEMA, CORNELIS *The Acrostic Homily of Ps. Gregory of Nyssa on the Annunciation. Sources and Structure* – OrChrP 53 (1987) 41-58

3939   MACCOULL, LESLIE S.B. *Egyptian Elements in the Christus Patiens* – BulArchCopte 27 (1985) 45-51

III.2. Gregorius Thaumaturgus

3940   *[Gregorius Thaumaturgus] Quelques extraits des Homélies de saint Grégoire le Thaumaturge.* Trad. LOUIS PEYSSARD-MIL-LIEX – Connaissance hellénique (Aix-en-Provence) 31 (1987) 47-54

3941   MERINO, MARCELO *Teología y filosofía en S. Gregorio el Taumaturgo. Aspectos conceptuales en el Discurso de Agradecimiento a Orígenes* – ScTh 17 (1985) 227-243

3942   RIGGI, CALOGERO *Elementi costitutivi della paideia nel Panegirico del Taumaturgo.* In: *Crescita dell'uomo nella catechesi dei Padri* (cf. 1985-87, 247) 211-227

3943   SLUSSER, MICHAEL *Gregor der Wundertäter (ca. 210 – ca. 270)* – TRE 14 (1985) 188-191

3944   VINEL, FRANÇOISE *La Metaphrasis in Ecclesiasten de Grégoire le Thaumaturge. Entre traduction et interprétation, une explication de texte.* In: *Lectures anciennes de la Bible* (cf. 1985-87, 297) 191-216

III.2. Gregorius Turonensis

3945   *[Gregorius Turonensis] Grégoire de Tours, Vie des Pères.* Traduction par HENRY-LEONARD BORDIER, introduction et notes par PIERRE PASQUIER [Coll. L'Échelle de Jacob]. Paris: O.E.I.L. et YMCA-Press 1985. 192 pp.

3946   *[Gregorius Turonensis] Gregor von Tours, Istorija frankov.* Ins Russ. übers. von V.D. SAVUKOVA. Moskau: Nauka 1987. 462 pp.

3947   *[Gregorius Turonensis] Life of the Fathers.* Translated by E. JAMES [Translated Texts for Historians. Latin Series 1]. Liverpool: Univ. Press 1985. X, 163 pp.

3948   *[Gregorius Turonensis] O boji králu a údělu spravedlivych.* Přel. JAROMIR KINCL. Praha: Odeon 1986. 661 pp.

3949   AFFELDT, WERNER; REITER, SABINE *Die «Historiae» Gregors von Tours als Quelle für die Lebenssituation von Frauen im Frankenreich des sechsten Jahrhunderts.* In: *Frauen in der Geschichte VII* (cf. 1985-87, 265) 192-208

3950 ANTON, HANS HUBERT *Verfassungsgeschichtliche Kontinuität und Wandlungen von der Spätantike bis zum hohen Mittelalter: Das Beispiel Trier* – Francia 14 (1986) 1-25

3951 BASSOLE, J.-Y. *Observations sur les pauvres de l'église dans les libri historiarum de Grégoire de Tours* – Byzantiaka (Thessalonike) 7 (1987) 119-139

3952 BERGMANN, WERNER; SCHLOSSER, WOLFHARD *Gregor von Tours und der «rote Sirius». Untersuchungen zu den astronomischen Angaben in De cursu stellarum ratio* – Francia 15 (1987) 43-74

3953 BREUKELAAR, ADRIAAN *Christliche Herrscherlegitimation. Das Darstellungsinteresse bei Gregor von Tours, Hist. II 9* – ZKG 98 (1987) 321-337

3954 CORBETT, JOHN H. *Hagiography and the experience of the holy in the work of Gregory of Tours* – Florilegium 7 (1985) 40-54

3955 GERBERDING, RICHARD A. *Paris, Bibliothèque Nationale, Latin 7906. An unnoticed very early fragment of the Liber Historiae Francorum* – Tr 43 (1987) 381-386

3956 GOFFART, W. *From «Historiae» to «Historia Francorum» and Back Again: Aspects of the Textual History of Gregory of Tours.* In: *Religion, Culture, and Society in the Early Middle Ages* (cf. 1985-87, 340) 55-76

3957 GOFFART, WALTER *The conversion of Avitus of Clermont, and similar passages in Gregory of Tours.* In: *Christians, Jews, «others» in the late antiquity* (cf. 1985-87, 238) 473-493

3958 LE PENNEC-HENRY, M. *Étude de la création lexicale en latin: le verbe. D'après les cinq premiers livres d l'Histoire des Francs de Grégoire de Tours* – L'Information grammaticale (Paris) 29 (1986) 37-40

3959 MITCHELL, KATHLEEN *Saints and Public Christianity in the Historiae of Gregory of Tours.* In: *Religion, Culture, and Society in the Early Middle Ages* (cf. 1985-87, 340) 77-94

3960 NIE, GISELLE DE *The Spring, the Seed and the Tree: Gregory of Tours on the Wonders of Nature* – JMH 11 (1985) 89-135

3961 NIE, GISELLE DE *Views from a Many-Windowed Tower: Studies of Imagination in the Works of Gregory of Tours* [Studies in Classical Antiquity 7]. Amsterdam: Ed. Rodopi 1987. 347 pp.

3962 PIETRI, LUCE *Gregor von Tours (ca. 538-594)* – TRE 14 (1985) 184-188

3963 REYNOLDS, B.W. *Familia Sancti Martini: Domus Ecclesiae on Earth as It Is in Heaven* – JMH 11 (1985) 137-143

3964 REYNOLDS, B.W. *The Mind of Baddo: Assassination in Merovingian Politics* – JMH 13 (1987) 117-124

3965 SAITTA, B. *I visigotici nella visione historica di Gregorio di Tours.*
In: *Los Visigodos* (cf. 1985-87, 377) 75-101

3966 SAITTA, BIAGIO *I Visigoti negli Historiarum libri di Gregorio di Tours* – QC 7 (1985) 391-432

3967 SONNTAG, REGINE *Studien zur Bewertung von Zahlenangaben in der Geschichtsschreibung des früheren Mittelalters: Die Decem Libri Historiarum Gregors von Tours und die Chronica Reginos von Prüm* [Münchener historische Studien: Abteilung Mittelalterliche Geschichte 4]. Kallmünz/Opf,: Lassleben 1987. IX, 181 pp.

3968 URSO, CARMELA *Brunechilde prudens consilio et blanda colloquio (A proposito della regina d'Austrasia in Gregorio di Tours)* – QC 8 (1986) 89-112

3969 WOOD, I.N. *Gregory of Tours and Clovis* – RBPh 63 (1985) 249-272

III.2. Hegesippus

3970 HALTON, THOMAS *Hegesipp (ca. 110 – 180)* – TRE 14 (1985) 560-562

III.2. Pseudo-Hegesippus

3971 BELL, ALBERT A. *Josephus and Pseudo-Hegesippus.* In: *Josephus, Judaism, and Christianity* (cf. 1985-87, 290) 349-361

3972 CALLU, JEAN PIERRE *Le De Bello Iudaico du Pseudo-Hégésippe. Essai de datation.* In: *Bonner Historia-Augusta Colloquium 1984/1985.* Ed. JOHANNES STRAUB [Antiquitas R.4, 19]. Bonn: Habelt (1987) 117-142

III.2. Heracleon Gnosticus

3973 BAMMEL, CAROLINE *Herakleon* – TRE 15 (1986) 54-57

3974 DEVOTI, D. *Remarques sur l'anthropologie d'Héracléon: les psychiques.* In: *Studia Patristica 16* (cf. 1985-87, 359) 143-151

III.2. Hermae Pastor

3975 BROX, NORBERT *Die unverschämten Fragen des Hermas.* In: *Anfänge der Theologie* (cf. 1985-87, 202) 175-188

3976 CARLINI, A. *Due estratti del Pastore di Erma nella versione palatina in Par. Lat. 3182* – SCO 35 (1985) 311-312

3977 CARLINI, ANTONIO Μετανοεῖν ε μεταμελέσθαι *nelle Visioni di Erma.* In: *Miscellànea papirològica Ramon Roca-Puig* (cf. 1985-87, 306) 97-102

3978 CARLINI, ANTONIO *Erma (Vis.II 3,1) testimone testuale di Paolo?* – SCO 37 (1987) 235-239

3979 CARLINI, ANTONIO *La tradizione testuale del Pastore di Erma e i nuovi papiri*. In: *Le strade del testo* (cf. 1985-87, 356) 21-43

3980 CARLINI, ANTONIO *Le passeggiate di Erma verso Cuma (su due luoghi controversi del Pastore)*. In: *Studi in onore di Edda Bresciani*. Pubbl. a cura di S.F. BONDI; S. PERNIGOTTI; F. SERRA; A. VIVIAN [EVO 8,1]. Pisa: Giardini (1985) 105-109

3981 CARLINI, ANTONIO *Un nuovo testimone delle Visioni di Erma* – AteRo 30 (1985) 197-202

3982 MAIER, HARRY OTTO *The social setting of the ministry as reflected in the writings of Hermas, Clement and Ignatius* [Diss.]. Oxford: Univ. of Oxford 1987. 444 pp. [microfilm; summary in DA L 1989/1990 2106A]

3983 NIJENDIJK, LAMBARTUS WILHELMUS *Die Christologie des Hirten des Hermas. Exegetisch, religions- und dogmengeschichtlich untersucht* [Diss.]. Utrecht: Rijksuniv. 1986. 239 pp.

3984 PHILONENKO, MARC *De l'habitation des deux esprits en nous* – CRAI (1987) 388-400

3985 SANZ VALDIVIELSU, RAFAEL *Hermas y la trasformación de la Apocalíptica* – Carth 2 (1986) 145-160

3986 STAATS, REINHART *Hermas* – TRE 15 (1986) 100-108

3987 VEZZONI, ANNA *Un testimone testuale inedito della versione Palatina del Pastore di Erma* – SCO 37 (1987) 241-265

3988 VIOLANTE, MARIA *Il 'casto pastore' dell'»iscrizione» di Abercio e il «Pastore» di Erma* – Orpheus 8 (1987) 355-365

III.2. Hieronymus

3989 *[Hieronymus] Biografías literarias latinas. Suetonio, Valerio Probo, Servio, Focas, Vacca, Jerónimo*. Introd. por Y. GARCIA, trad. y notas J. ABEAL LOPEZ; P. ADRIO FERNANDEZ et al. Madrid: Editorial Gredos 1985. 310 pp.

3990 *[Hieronymus] Saint Jérôme. Commentaire sur Jonas*. Introd., texte crit., trad. et comm. de Y.-M. DUVAL [SC 323]. Paris: Éd. du Cerf 1985. 467 pp.

3991 *[Hieronymus] San Jerónimo. La vida de san Malco*. Introducción y traducción de E. CONTRERAS – CuadMon 21 (1986) 101-113

3992 BAIESI, P. *Catechesi escatologica nell'epistolario di Girolamo*. In: *Morte e immortalità* (cf. 1985-87, 311) 93-101

3993 BANCHICH, T.M. *Eunapius and Jerome* – GrRoBySt 27 (1986) 319-324

3994 BARTELINK, GERARD *Hieronymus über die Schwäche der conditio humana* – Kairos 28 (1986) 23-32

3995 BAUER, JOHANNES B. *Heinrich von Langenstein über die Vulgata des Hieronymus.* In: *Für Kirche und Heimat. FS Franz Loidl zum 80. Geburtstag.* Wien; München: Herold (1985) 15-29

3996 BEJARANO, V. *Las proposiciones completivas y causales en el evangelio de san Lucas de la Vulgata latina.* In: *Homenaje a Pedro Sáinz Rodríguez, II. Estudios de lengua y literatura* (cf. 1985-87, 281) 81-88

3997 BESKOW, PER *Hieronymus och judarna.* In: *Judendom och kristendom under de första århundradena* (cf. 1985-87, 101) II 243-253

3998 *Biblia Sacra iuxta Latinam Vulgatam versionem ad codicum fidem iussu Ioannis Pauli PP. II cura studio monachorum Abbatiae Pontificiae edita 17: Liber Duodecim Prophetarum ex interpretatione Sancti Hieronymi cum praefationibus et variis capitulorum seriebus.* Roma: Libreria ed. Vaticana 1987. XLVII, 290 pp.

3999 BRAUN, RENÉ *Une nouvelle lettre de saint Jérôme* – Nikaia-Cemenelum (Nice Univ.) 4 (1985) 17-25

4000 BYRNE, RICHARD, OCSO *The Cenobitic Life: A Digression in Jerome's Letter Twenty-two to Eustochium* – DR 105 (1987) 277-293

4001 CAPPONI, FILIPPO *Cruces Hieronymianae* – InvLuc 7/8 (1985/86) 161-173

4002 CLARK, ELIZABETH A. *The Place of Jerome's Commentary on Ephesians in the Origenist Controversy: the Apokatastasis and Ascetic Ideals* – VigChr 41 (1987) 154-171

4003 CORSARO, FRANCESCO *Seneca nel «Catalogo dei Santi» di Gerolamo (Vir. Ill. 12)* – Orpheus 8 (1987) 264-282

4004 DOUTRELEAU, LOUIS *Le Prologue de Jérôme au De Spiritu Sanctu de Didyme* In: *Alexandrina* (cf. 1985-87, 200) 297-311

4005 DUVAL, YVES-MARIE *Jérôme et les prophètes: Histoire, prophétie, actualité et actualisation dans les commentaires de Nahum, Michée, Abdias et Joel* [Supplements to Vetus Testamentum 36]. Leiden: Brill (1985) 108-131

4006 DUVAL, YVES-MARIE *Le 'Liber Hieronymi ad Gaudentium': Rufin d'Aquilée, Gaudence de Brescia et Eusèbe de Crémone* – RBen 97 (1987) 163-186

4007 DUVAL, YVES-MARIE *Un nouveau témoin de la recension de Clairvaux de l'In Prophetas Minores de Jérôme. Le manuscrit 338 de Lisbonne (Alcobaça, XIV)* – Euphrosyne 13 (1985) 51-77

4008 FODOR, I. *Le lieu d'origine de S. Jérôme. Reconsidération d'une vieille controverse* – RHE 81 (1986) 498-500

4009 GERA, D. *Ptolemy son of Thraseas and the fifth Syrian war* – AncSoc 18 (1987) 63-73

4010 GILBERT, MAURICE *Jérôme et l'œuvre de Ben Sira* – Mu 100 (1987) 109-120

4011 GÖSSMANN, ELISABETH *Die Frauen im Umkreis des Kirchenvaters Hieronymus in der Rezeption des 17./18. Jahrhunderts.* In: *Anfänge der Theologie* (cf. 1985-87, 202) 311-326

4012 GONZALEZ MARIN, SUSANA *Análisis literario de tres «Vitae» de San Jerónimo* – ECl 28 (1986) 105-120

4013 GRIBOMONT, JEAN *Critique des lettrés et des philologues.* In: *Bibbia Vulgata* (cf. 1985-87, 222) 137-143

4014 GRIBOMONT, JEAN *La terminologie exégétique de saint Jérôme.* In: *La terminologia esegetica nell'antichità* (cf. 1985-87, 369) 123-134

4015 GRILLI, A. *San Gerolamo. Un dalmata e i suoi corrispondenti* – AnAl 26 (1985) 297-314

4016 HARRISON, REBECCA R. *Jerome's revision of the gospels* [Diss.]. Philiadelphia, Penna.: Univ. of Pennsylvania 1986. 355 pp. [microfilm; cf. DissAbstr 47 (1986) 1311A]

4017 HAYWARD, C.T.R. *Jewish Traditions in Jerome's Commentary of Jeremiah* – Proceedings of the Irish Biblical Association (Dublin) 9 (1985) 100-120

4018 JAY, PIERRE *Jérôme et la pratique de l'exégèse.* In: *Le monde latin antique et la Bible* (cf. 1985-87, 309) 523-542

4019 JAY, PIERRE *L'exégèse de saint Jérôme d'après son Commentaire sur Isaïe.* Paris: Ét. augustiniennes 1985. 496 pp.

4020 JEFFREYS, R. *The date of Messalla's death* – CQ 35 (1985) 140-148

4021 KLIJN, A.F.J. *Jérôme, Isaïe 6 et l'Évangile des Nazoréens* – VigChr 40 (1986) 245-250

4022 LEANZA, S. *Un capitolo sulla fortuna del Commentario all'Ecclesiaste di Girolamo. Il Commentario dello Ps. Ruperto di Deutz* – CCC 6 (1985) 357-389

4023 LÖFSTEDT, BENGT *Übersetzungstechnisches zur Vulgata.* In: *Filologia e forme letterarie* (cf. 1985-87, 263) IV 327-334

4024 LUCIANI, F. *Ex. 12,16b secondo la Vetus Latina e la Volgata* – RiBi 33 (1985) 461-464

4025 LUCIANI, F. *Lev. 23,8b secondo la Vetus Latina e la Volgata* – RiBi 33 (1985) 465-468

4026 MADAS, EDIT *Das Fragment des Hieronymus-Briefes an Presbyter Cyprianus in der Kathedralbibliothek zu Esztergom (Gran)* – CodMan 11 (1985) 87-89

4027 MAGGIULLI, GIGLIOLA *L'ombra del ginepro* – Maia 38 (1986) 217-221

4028 MARCOS SANCHEZ, MARIA DEL MAR *La visión de la mujer en San Jerónimo a través de su correspondencia.* In: *La mujer en el mundo antiguo* (cf. 1985-87, 312) 315-321

4029 MARCOS SANCHEZ, MARIA DEL MAR *Mulier sancta et venerabilis, mulier ancilla diaboli en la correspondencia de San Jerónimo* – StHHA 4-5 (1986-87) 235-244

4030 MCMANAMON, JOHN M. *Pier Paolo Vergerio (The Elder) and the Beginnings of the Humanist Cult of Jerome* – CHR 71 (1985) 353-371

4031 MEYVAERT, P. *Excerpts from an unknown treatise of Jerome to Gaudentius of Brescia* – RBen 96 (1986) 203-218

4032 MONTELLA, CLARA *Et verborum ordo mysterium est. Dialettica e paradosso nel De optimo genere interpretandi di Girolamo* – AION 9 (1987) 253-267

4033 MORENO, F. *San Jerónimo. La espiritualidad del desierto* [BAC Popular 74]. Madrid: Editorial Católica 1986. 227 pp.

4034 MORESCHINI, CLAUDIO *Gerolamo tra Pelagio e Origene* – AugR 26 (1986) 207-216

4035 NAUTIN, PIERRE *Hieronymus (347 o. 348 – 420)* – TRE 15 (1986) 304-315

4036 NEES, LAWRENCE *Image and Text. Excerpts from Jerome's De Trinitate and the Maiestas Domini Miniature of the Gundohinus Gospels* – Via 18 (1987) 1-22

4037 OPELT, ILONA *Origene visto da San Girolamo* – AugR 26 (1986) 217-222

4038 PALLA, ROBERTO *Formonsae nolunt uidere (nota testuale a Hier. Epist. 45,4)* [mit Zusammenfassung in englischer Sprache] – SCO 36 (1986) 181-187

4039 PENNA, A. *Vocaboli punici in S. Girolamo e S. Agostino.* In: *Atti del I Convegno internazionale di studi fenici e punici* (cf. 1985-87, 213) III 885-895

4040 PERI, I. *Zur Frage der Echtheit von Origenes' 9. Jesajahomilie und ihrer Übersetzung durch Hieronymus* – RBen 95 (1985) 7-10

4041 RICE JR., EUGENE F. *Saint Jerome in the Renaissance* [The John Hopkins Symposia in Comparative History 13]. Baltimore, Md.: John Hopkins Univ. Pr. 1985. XIII, 289 pp.

4042 RIUS-CAMPS, JOSEP *Localisation à l'intérieur du De principiis d'Origène-Rufin de certains extraits sur les êtres raisonnables conservés par Jérôme* – VigChr 41 (1987) 209-225

4043 ROBINSON, BERNARD P. *Jonah's Qiqayon Plant* – ZAW 97 (1985) 390-403

4044 ROUSE, R.H.; ROUSE, M.A. *Bibliography before print. The medieval De viris illustribus.* In: *The role of the book in medieval culture. Proceedings of the Oxford international symposium, 26*

September – 1 October 1982. Ed. PETER GANZ [Bibliologia 3/4]. Turnhout: Brepols (1986) I 133-154

4045 SCHWARZ, F.F. *Hieronymus flagellatus. Überlegungen zum literarischen Schlagschatten Ciceros* – AcAnt 30 (1982-84) [1987] 363-378

4046 SCOURFIELD, J.H.D. *Jerome, Antioch, and the desert. A note on chronology* – JThS 37 (1986) 117-121

4047 SCOURFIELD, J.H.D. *Notes on the text of Jerome, Letters 1 and 107* – CQ 37 (1987) 487-497

4048 SERRA ZANETTI, P. *Una nota sul mysterium dell'ordo verborum nelle Scritture* – CCC 6 (1985) 507-520

4049 TAYLOR, JOAN E. *The Cave at Bethany* – RBi 94 (1987) 120-123

4050 WISSEMANN, M. *«Taube»? Zu vier Vulgataproblemen* – Glotta 64 (1986) 36-48

III.2. Hilarius Arelatensis

4051 BIANCO, M.G. *I versi sulla fonte prodigiosa di Grenoble*. In: *Disiecti membra poetae*. A cura di V. TANDOI. Foggia: Atlantica Ed. (1985) II 298-316

III.2. Hilarius Pictaviensis

4052 *[Hilarius Pictaviensis] Hilaire de Poitiers. Contre Constance*. Introduction, texte critique, traduction, notes et index par ANDRÉ ROCHER [SC 334]. Paris: Éd. du Cerf 1987. 275 pp.

4053 *[Hilarius Pictaviensis] San Hilario de Poitiers. La Trinidad*. Edición bilingüe preparada por LUIS LADARIA [BAC 481]. Madrid: Editorial Católica 1986. XXXII, 711 pp.

4054 BRENNECKE, HANNS CHRISTOF *Hilarius von Poitiers* – TRE 15 (1986) 315-322

4055 BRÉSARD, LUC *Hilaire de Poitiers et le mystère de la naissance* – BLE 86 (1985) 83-100

4056 BURNS, P.C. *Hilary of Poitiers' Confrontation with Arianism in 356 and 357*. In: *Arianism* (cf. 1985-87, 209) 287-302

4057 DOIGNON, JEAN *Deux approches de la Résurrection dans l'exégèse d'Hilaire de Poitiers* – RThAM 54 (1987) 5-12

4058 DOIGNON, JEAN *Hilaire de Poitiers Kirchenpolitiker?* – RHE 80 (1985) 441-454

4059 DOIGNON, JEAN *Hilaire lecteur du commentaire d'Origène sur le Cantique des Cantiques? A propos de l'image psalmique du filet tendu à l'âme* – AugR 26 (1986) 251-260

4060 DOIGNON, JEAN *Les Capitula de l'In Matthaeum d'Hilaire de Poitiers. Edition critique et commentaire.* In: *Texte und Textkritik* (cf. 1985-87, 372) 87-96

4061 DOIGNON, JEAN *Les premiers commentateurs latins de l'Ecriture et l'œuvre exégétique d'Hilaire de Poitiers.* In: *Le monde latin antique et la Bible* (cf. 1985-87, 309) 509-521

4062 DOIGNON, JEAN *L'hapax sapientifico chez Hilaire de Poitiers (In psalm.145,8). Un vestige des Vieilles latines du Psautier ou un calque de la Septante d'Origène.* In: *Lectures anciennes de la Bible* (cf. 1985-87, 297) 253-260

4063 DOIGNON, JEAN *Scepticisme, lassitude et conversion chez Hilaire de Poitiers* – AugR 27 (1987) 175-184

4064 DURST, MICHAEL *Die Eschatologie des Hilarius von Poitiers. Ein Beitrag zur Dogmengeschichte des 4. Jh.* [Hereditas. Studien zur Alten Kirchengeschichte Bd. 1]. Bonn: Verlag Norbert M. Borengässer 1987. XLVI, 386 pp.

4065 DURST, MICHAEL *In medios iudicium est. Zu einem Aspekt der Vorstellung vom Weltgericht bei Hilarius von Poitiers und in der lateinischen Patristik* – JAC 30 (1987) 29-57

4066 LADARIA, LUIS F. *«Dispensatio» en S. Hilario de Poitiers* [mit französischer Zusammenfassung] – Greg 66 (1985) 429-455

4067 ORAZZO, ANTONIO *La salvezza in Ilario di Poitiers. Cristo salvatore dell'uomo nei «Tractatus super Psalmos».* Napoli: D'Auria 1986. 196 pp.

4068 ROMEO, L. *Giudei e pagani nella storia della salvezza secondo il Commento a Matteo di Ilario di Poitiers* – StSR 9 (1985) 314-352

4069 SMULDERS, PIETER *En marge de l'In Matthaeum de S. Hilaire de Poitiers. Principes et méthodes herméneutiques.* In: *Lectures anciennes de la Bible* (cf. 1985-87, 297) 217-252

4070 SMULDERS, PIETER *Hilarius von Poitiers, ein unverlässlicher Zeuge?* – BijFTh 46 (1985) 430-433

4071 SMULDERS, PIETER *Two passages of Hilary's Apologetica Responsa rediscovered.* In: *Texte und Textkritik* (cf. 1985-87, 372) 539-547

III.2. Pseudo-Hilarius Pictaviensis

4072 BAUER, JOHANNES B. *Le texte bibilique et son interprétation chez le Pseudo-Hilaire (Libellus).* In: *Lectures anciennes de la Bible* (cf. 1985-87, 297) 261-282

III.2. Hippolytus Romanus

4073 [Hippolytus Romanus] Hipólito de Roma. La Tradición de Hipólito [Ichthys 1]. Salamanca: Sígueme; Buenos Aires: Lumen 1986. 124 pp.

4074 [Hippolytus Romanus] Ippolito. L'Anticristo. A cura di ENRICO NORELLI [BPatr 10]. Firenze: Nardini 1987. 287 pp.

4075 [Hippolytus Romanus] Refutatio omnium haeresium. Ed. MIROSLAV MARCOVICH [PTS 25]. Berlin; New York: de Gruyter 1986. XVI, 541 pp.

4076 BAKAROS, D. Ἡ ἐπισκοπικὴ ἐξουσία στὴν ἀποστολικὴ παράδοση τοῦ Ἱππολύτου. Thessalonike 1987.

4077 GALLAVOTTI, C. Nuovi appunti sul testo di Empedocle – BollClass 6 (1985) 3-27

4078 GUTIERREZ DE RUCANDIO, ARSENIO De la Anáfora de la «Tradición Apostólica» de San Hipólito de Roma a la «II Plegaria Eucarística» del Misal Romano actual – NatGrac 32 (1985) 135-231

4079 JONGE, M. DE Hippolytus' «Benedictions of Isaac, Jacob and Moses» and the Testament of the Twelve Patriarchs – BijFTh 46 (1985) 245-260

4080 KÜPPERS, KURT Die literarisch-theologische Einheit von Eucharistiegebet und Bischofsweihegebet bei Hippolyt – ALW 29 (1987) 19-30

4081 LABATE, A. Sui due frammenti di Ippolito all'Ecclesiaste – VetChr 23 (1986) 177-181

4082 MARCOVICH, MIROSLAV Hippolyt von Rom – TRE 15 (1986) 381-387

4083 MARCOVICH, MIROSLAV Hippolytus plagiarizes the gnostics. In: Athlon. Satura grammatica in honorem Francisci Rodríguez Adrados, II (cf. 1985-87, 211) 587-592

4084 MARCOVICH, MIROSLAV The Text of Hippolytus' Elenchos (Book X). In: Texte und Textkritik (cf. 1985-87, 372) 379-396

4085 MARTIMORT, AIMÉ-GEORGES Nouvel examen de la Tradition Apostolique d' Hippolyte – BLE 88 (1987) 5-25

4086 OSBORNE, CATHERINE Rethinking early Greek philosophy: Hippolytus of Rome and the Presocratics. Ithaca, N.Y.: Cornell University Pr.; London: Duckworth 1987. VIII, 383 pp.

4087 PRINZIVALLI, EMANUELA Eresia ed eretici nel Corpus Ippolitiano – AugR 25 (1985) 711-722

4088 SCALIA, GIUSEPPE Gozo di Malta e Gozo di Creta. Riflessi di una omonimia nella tradizione di Ippolito e dell'Anonimo Ravennate. In: Filologia e forme letterarie (cf. 1985-87, 263) V 263-277

4089 SIMONETTI, MANLIO *Un falso Ippolito nella polemica monote-lita* – VetChr 24 (1987) 113-146

4090 ZOUMAS, E. *Ἐπιδράσεις τῆς διδασκαλίας τοῦ Ἱππολύτου Ῥώμης στήν Πνευματολογία τῆς Β' Οἰκουμενικῆς Συνόδου* – GregPalThes (1986) 386-400

III.2. Pseudo-Hippolytus Romanus

4091 FRICKEL, JOSEF *Ein armenisch erhaltener Traktat Hippolyts über die Trinität?* In: *Anfänge der Theologie* (cf. 1985-87, 202) 189-210

4092 PETIT CARO, ADOLFO JOSÉ «*In Sanctum Pascha*». *La homilía del Pseudo Hipólito de Roma. Su cristología y soteriología* – Burgense 28 (1987) 29-84

4093 VISONA, G. *L'interpretazione sacramentale di Io., XIX,34 nello Ps. Ippolito, In S. Pascha, 53* – RSLR 21 (1985) 357-382

4094 VISONA, G. *Pseudo-Ippolito In S. Pascha 53 e la tradizione dell'enkráteia* – CrSt 6 (1985) 445-488

4095 VISONA, G. *Pseudo-Ippolito, In S. Pascha. Note di storia e di critica del testo* – Aevum 59 (1985) 107-123

III.2. Historia Patriarchum Alexandriae

4096 HEIJER, J. DEN *L'histoire des Patriarches d'Alexandrie: recension primitive et vulgate* – BulArchCopte 27 (1985) 1-29

4097 MARTIN, M.P., SJ *Une lecture de l'Histoire des Patriarches d'Alexandrie* – PrOrChr 35 (1985) 15-36

III.2. Honorius Papa

4098 SCHWAIGER, GEORG *Honorius I, Papst (27.10. [30.10., 3.11.?] 625 – 12.10. 638)* – TRE 15 (1986) 566-568

4099 ZOCCA, ELENA *Onorio I e la tradizione occidentale* – AugR 27 (1987) 571-616

III.2. Hydatius Lemicensis

4100 BREEN, AIDAN *A new Irish fragment of the Continuatio to Rufinus-Eusebius Historia ecclesiastica* – Sc 41 (1987) 185-204

4101 SENAY, P.; BEAUREGARD, M. *L'Aedes memoriae. Un té-moignage antique sur le monument circulaire de Carthage* – CahEA 19 (1986) 78-85

III.2. Iacobus Edessenus

4102 DRIJVERS, HENDRIK J.W. *Jakob von Edessa (633-708)* – TRE 16 (1987) 468-470

III.2. Iacobus Sarugensis

4103 *[Iacobus Sarugensis] Jacques de Saroug: Six homélies festales en prose.* Ed. critique du texte syr., introd. et trad. franç. par FRÉDÉRIC RILLIET [PO 43, fasc. 4]. Turnhout: Brepols 1986. 151 pp.

4104 ALWAN, P. KHALIL *L'homme, le «microcosme» chez Jacques de Saroug (+521)* – ParOr 13 (1986) 51-78

4105 GRILL (†), S.M. *Der doppelte Stammbaum Christi nach Jakob von Sarug, Brief 23,6.* In: *Texte und Textkritik* (cf. 1985-87, 372) 203-207

4106 HAGE, WOLFGANG *Jakob von Sarug (ca. 450 – 520/21)* – TRE 16 (1987) 470-474

4107 RILLIET, F. *Rhétorique e style à l'époque de Jacques de Sarouq.* In: *IV Symposium Syriacum* (cf. 1985-87, 367) 289-295

III.2. Ibas Edessenus

4108 ESBROECK, MICHEL VAN *Who is Mari, the addressee of Ibas' Letter?* – JThS 38 (1987) 129-135

III.2. Ignatius Antiochenus

4109 AYAN CALVO, JUAN JOSÉ *El tema del mal en el pensamiento de Antioquía: en torno al capítulo 19 de su carta a los Efesios* – RAgEsp 27 (1986) 607-622

4110 BALDWIN, B. *Leopards, Roman soldiers and the Historia Augusta* – IClSt 10 (1985) 281-283

4111 BERGAMELLI, F. *Nel Sangue di Cristo: la vita nuova del cristiano secondo il martire S. Ignazio di Antiochia* – EL 100 (1986) 152-170

4112 ESSIG, K.-G. *Mutmaßungen über den Anlass des Martyriums von Ignatius von Antiochien* – VigChr 40 (1986) 105-117

4113 GASTON, LLOYD *Judaism of the uncircumcized in Ignatius and related writers.* In: *Anti-Judaism in early Christianity II* (cf. 1985-87, 204) 33-44

4114 HOFFMAN, DANIEL *The Authority of Scripture and Apostolic Doctrine in Ignatius of Antioch* – JETS 28 (1985) 71-79

4115 LONA, HORACIO E., SDB *Der Sprachgebrauch von σάρξ, σαρκικός bei Ignatius von Antiochien* – ZKTh 108 (1986) 383-408

4116 REBELL, WALTER *Das Leidensverständnis bei Paulus und Igna-tius von Antiochien* – NTS 32 (1986) 457-465

4117 SADDINGTON, D.B. *St. Ignatius, leopards, and the Roman army* – JThS 38 (1987) 411-412

4118 SCHOEDEL, WILLIAM R. *Ignatius of Antioch. A commentary on the letters of Ignatius of Antiochia.* Ed. HELMUT KOESTER [Hermeneia. A Critical and Historical Commentary on the Bible]. Philadelphia, Penna.: Fortress Pr. 1985. XXII, 305 pp.

4119 SCHOEDEL, WILLIAM R. *Ignatius von Antiochien* – TRE 16 (1987) 40-45

4120 SMITH, JAMES D. *The Ignatian long recension and Christian communities in fourth century Syrian Antioch* [Diss.]. Cambridge, Mass.: Harvard Univ. 1986. 181 pp. [microfilm; cf. DissAbstr 47 (1986) 1781A]

4121 SPEIGL, JAKOB *Ignatius in Philadelphia. Ereignisse und Anliegen in den Ignatiusbriefen* – VigChr 41 (1987) 360-376

4122 STAATS, REINHART *Die katholische Kirche des Ignatius von Antiochien und das Problem ihrer Normativität im zweiten Jahrhundert* – ZNW 77 (1986) 126-145; 242-254

4123 STOOPS, ROBERT F. *If I suffer ... Epistolary Authority in Ignatius of Antioch* – HThR 80 (1987) 161-178

4124 TANNER, R.G. *Martyrdom in Saint Ignatius of Antioch and the Stoic View of Suicide.* In: *Studia Patristica 16* (cf. 1985-87, 359) 201-205

4125 WEHR, LOTHAR *Arznei der Unsterblichkeit. Die Eucharistie bei Ignatius von Antiochien und im Johannesevangelium* [NTA 18]. Münster: Aschendorff 1987. 399 pp.

III.2. Ildefonsus Toletanus

4126 BALLEROS MATEOS, JUANA *El tratado «De virginitate Sanctae Mariae» de San Ildefonso de Toledo: estudios sobre el estilo sinonímico latino.* Toledo: Estudio Teológico de S. Ildefonso 1985. 324 pp.

4127 RIVERA RECIO, JUAN FRANCISCO *San Ildefonso de Toledo. Biografía, época y posteridad* [BAC 466]. Madrid: Editorial Católica; Toledo: Estudio Teologico de San Ildefonso 1985. XXVII, 291 pp.

III.2. Iohannes IV. papa

4128 O CROININ, D. *«New Heresy for Old»: Pelagianism in Ireland and the Papal Letter of 640* – Sp 60 (1985) 505-516

III.2. Iohannes III. Patr. Antiochenus

4129   SAMIR, K. *Qui est l'interlocuteur musulman du patriarche syrien Jean III. (631-648)?* In: *IV Symposium Syriacum* (cf. 1985-87, 367) 387-400

III.2. Iohannes Apamensis

4130   MARTIKAINEN, J. *Johannes von Apamea und die Entwicklung der syrischen Theologie.* In: *IV Symposium Syriacum* (cf. 1985-87, 367) 257-263

III.2. Iohannes Bar Qūrsūs

4131   MAR GRIGORIOS (ḤANNĀ IBRĀHĪM); POGGI, V., SJ *Il commento al Trisagio di Giovanni Bar Qūrsūs* – OrChrP 52 (1986) 202-210

III.2. Iohannes Biclarensis

4132   FERREIRO, A. *The Sueves in the «Chronica» of John of Biclaro* – Latomus 46 (1986) 201-203

III.2. Iohannes Cassianus

4133   *[Iohannes Cassianus] John Cassian: Conferences.* Preface and translation by COLM LUIBHEID. Introduction by OWEN CHADWICK [The Classics of Western Spirituality]. Mahwah, N.J.: Paulist Press. XIV, 201 pp.

4134   BYRNE, RICHARD, OCSO *Cassian and the goals of monastic life* – CistStud 22 (1987) 3 ss.

4135   CHADWICK, OWEN *Johannes Cassianus.* Vertaling van de tweede druk door MARCELLA TROOSTERS en HADEWIJCH VAN KLEEF. Brecht (B.): Abdij Nazareth 1985. 161 pp.

4136   CHITESCU, N. *Saint Jean Cassien a-t-il eté Semi-Pelagien?* In: *Aksum-Thyateira* (cf. 1985-87, 199) 579-589

4137   DEVOS, PAUL *Saint Jean Cassien et Saint Moïse l'Éthiopien* – AB 103 (1985) 61-74

4138   ISETTA, S. *Lo spirito della tristezza e dell'accidia in Giovanni Cassiano; una sintesi filosofica, teologica e scientifica* – CCC 6 (1985) 331-347

4139   KARDONG, TERRENCE, OSB *Aiming for the mark: Cassian's metaphor for the monastic quest* – CistStud 22 (1987) 213-220

4140   MESSANA, VINCENZO *Postulatio nel contesto eucologico delle Conlationes di Giovanni Cassiano* – QCTC 2/3 (1984/85) [1987] 89-110

4141 MESSANA, VINCENZO *Povertà e lavoro nella paideia ascetica di Giovanni Cassiano* [Quad. di presenza culturale Sez. Ric. dell'Accad. di S. Tommaso d'Aquino 19]. Caltanisetta: Ed. del Seminario 1985. 93 pp.

4142 RUH, K. *Die 'Conlationes' des Johannes Cassianus. Ein Grundbuch monastischer Vollkommenheit.* In: *Mystik och verklighet. En festskrift till Hans Hof.* Delsbo: Åsak (1987) 203-219

4143 VOGÜÉ, A. DE *Un morceau célèbre de Cassien parmi des extraits d'Évagre* – StMon 27 (1985) 7-12

4144 VOGÜÉ, ADALBERT DE *Les sources des quatre premiers livres des Institutions de Jean Cassien. Introduction aux recherches sur les anciennes règles monastiques latines* – StMon 27 (1985) 241-311

III.2. Iohannes Chrysostomus

4145 *[Iohannes Chrysostomus]* Ἰωάννου Χρυσοστόμου, Ὁμιλίες Κατηχητικές-Ἠθικές. Εἰσαγωγή, κείμενο, μετάφραση ὑπό E. ΜΕΡΕΤΑΚΗΣ [EP 89]. Thessalonike 1987. 670 pp.

4146 *[Iohannes Chrysostomus]* Ἰωάννου Χρυσοστόμου, Ὁμιλίες περιστατικές, μέρος Γ'. Εἰσαγωγή, κείμενο, μετάφραση ὑπό Σ. ΜΟΥΣΤΑΚΑΣ [EP 78]. Thessalonike 1985. 656 pp.

4147 *[Iohannes Chrysostomus]* Ἰωάννου Χρυσοστόμου, Ὁμιλίες Ἠθικές-Ἁγιογραφικές. Εἰσαγωγή, κείμενο, μετάφραση ὑπό Σ. ΜΟΥΣΤΑΚΑΣ [EP 86]. Thessalonike 1986. 680 pp.

4148 *[Iohannes Chrysostomus]* Ἰωάννου Χρυσοστόμου, Ὁμιλίες Ἁγιογραφικές-Ἑρμενευτικές. Εἰσαγωγή, κείμενο, μετάφραση ὑπό Σ. ΜΟΥΣΤΑΚΑΣ [EP 90]. Thessalonike 1987. 656 pp.

4149 *[Iohannes Chrysostomus]* Ἰωάννου Χρυσοστόμου, Ὑπόμνημα στή Β' πρός Κορινθίους, ὁμιλίες Α'-ΚΔ'. Εἰσαγωγή, κείμενο, μετάφραση ὑπό E. ΜΕΡΕΤΑΚΗΣ, N. ΤΣΙΚΗΣ [EP 81]. Thessalonike 1986. 752 pp.

4150 *[Iohannes Chrysostomus]* Ἰωάννου Χρυσοστόμου, Ὑπόμνημα στή Β' πρός Θεσσαλονικεῖς, ὁμιλίες Α'-Ε', Ὑπόμνημα στήν Α' πρός Τιμόθεον, ὁμιλίες Α'-ΙΗ' καί Β' πρός Τιμόθεον, ὁμιλίες Α'-Γ'. Εἰσαγωγή, κείμενο, μετάφραση ὑπό E. ΜΕΡΕΤΑΚΗΣ; Z. ΚΑΤΣΑΝΕΒΑΚΗ-ΜΠΙΡΔΑ [EP 85]. Thessalonike 1986. 688 pp.

4151 *[Iohannes Chrysostomus]* Ἰωάννου Χρυσοστόμου, Ὑπόμνημα στήν πρός Ρωμαίους, ὁμιλίες ΙΑ'-ΛΓ'. Εἰσαγωγή, κείμενο, μετάφραση ὑπό Σ. ΜΟΥΣΤΑΚΑΣ [EP 75]. Thessalonike 1985. 752 pp.

4152 *[Iohannes Chrysostomus] John Chrysostom: Commentary on Isaiah 1-8.* Trans. DUANE A. GARRETT [Studies in the Bible and Early Christianity 12]. Lewiston, N.Y.: Edwin Mellen Press 1987.

4153 *[Iohannes Chrysostomus] La divine liturgie de S. Jean Chrysostome.* Roma: Diaconie Apostolique 1986. 72 pp.

4154 *[Iohannes Chrysostomus] La Divine Liturgie de Saint Jean Chrysostome.* Présentée sous la direction de l'Archevêché de Suisse. Avant-Propos de S.E. le Métropolite DAMASKINOS de Suisse. Introduction, commentaires par l'archim. V. KARAYIANNIS, B. BOBRINSKOY. Katerine: Editions Tertios 1986. 326; 173 pp.

4155 *[Iohannes Chrysostomus] Omelie per Eutropio.* Introd.,trad. e note a cura di FERRUCCIO CONTI BIZZARRO e ROBERTO ROMANO [Quad. di Koinonia 9]. Napoli: D'Auria 1987. 76 pp.

4156 *[Iohannes Chrysostomus] S. Juan Crisóstomo. El Sacerdocio.* Introducción y traducción de L.H. RIVAS [Orígenes Cristianos]. Buenos Aires: Ediciones Paulinas 1985. 159 pp.

4157 *[Iohannes Chrysostomus] San Juan Crisóstomo. Homilía después del terremoto.* Textos griego y español por A. GONZALEZ ROBLEDO – Nova Tellus. Anuario del Centro de Estudios clásicos (México, Inst. de investigaciones filologicas) 4 (1986) 183-197

4158 *[Iohannes Chrysostomus] St. John Chrysostom apologist. Discourse on Blessed Babylas and against the Greeks. Demonstration against the Pagans that Christ is God.* Transl. by MARGARET A. SCHATKIN and PAUL W. HARKINS [FaCh 73]. Washington, D.C.: Catholic University of America Press 1985. XII, 298 pp.

4159 *[Iohannes Chrysostomus] St. John Chrysostom. Homilies on Genesis 1-17.* Transl. by ROBERT C. HILL [FaCh 74]. Washington D.C.: Catholic University of Amererica Press 1986. VIII, 256 pp.

4160 *[Iohannes Chrysostomus] St. John Chrysostom. On Marriage and Family Life.* Transl. CATHERINE P. ROTH and DAVID ANDERSON. Introduction by CATHERINE P. ROTH. Crestwood, N.Y.: St. Vladimir's Seminary Press 1986. 114 pp.

4161 *[Iohannes Chrysostomus] The divine liturgy of Saint John Chrysostom.* A new translation by members of the Faculty of Hellenic College/Holy Cross Greek Orthodox School of Theology. Preface by Fr. N. MICHAEL VAPORIS. Introduction to the divine liturgy by Fr. ALKIVIADES CALIVAS. Brookline, Mass.: Holy Cross Orthodox Pr. 1985. XXVIII, 172 pp.

4162 ANDRÉN, OLOF *On works of Charity in the Homilies of St. John Chrysostom.* In: *Kyrkorna och diakonien. Några Ekumeniska och Internationelle Perspektiv (The Churches and the Diaconate).*

Festskrift till diakonissan Inga Bengtzon. Ed. GERD SWENSSON. Uppsala: Pro Veritate (1985) 39-52

4163   AUBINEAU, MICHEL; SÉD, N. *Une citation retrouvée de Jean Chrysostome, Catechesis de iuramento, chez Sévère d'Antioche, Contra additiones Iuliani* – VigChr 39 (1985) 340-352

4164   BACHMANN, ULRIKE *Medizinisches in den Schriften des griechischen Kirchenvaters Johannes Chrysostomos* [Diss.]. Düsseldorf 1984. 130 pp.

4165   BARDOLLE, M.-A. *Tristesse (Athumia) et thérapeutique spirituelle dans l'exhortation à Stagire de Chrysostome* – LL 241 (1987) 6-19

4166   BARTELINK, G.J.M. *Παρρησία dans les œuvres de Jean Chrysostome.* In: *Studia Patristica 16* (cf. 1985-87, 359) 441-448

4167   BEBIS, G.S. *Saint John Chrysostom: On Materialism and Christian Virtue* – GrOrthThR 32 (1987) 227-237

4168   BICHLER, R. *Die «Hellenisten» im 9. Kapitel der Apostelgeschichte. Eine Studie zur antiken Begriffsgeschichte* – Tyche 1 (1986) 12-29

4169   BOUCHET, J.-R. *Jean Chrysostome. Le Christ, les pauvres et la prédication* – VS 140 (1986) 89-100

4170   CAMERON, ALAN *Earthquake 400* – Chiron 17 (1987) 343-360

4171   CIOFFI, A. *Un témoignage de συγκατάβασις pastorale: l'usage de la maxime (γνώμη) dans «Quod nemo laeditur nisi a seipso» de Jean Chrysostome.* In: *Studia Patristica 16* (cf. 1985-87, 359) 449-455

4172   DEUN, P. VAN *Un début de traduction italienne pour un texte chrysostomien* – SE 29 (1986) 13-17

4173   ESTRADA BARBIER, B. *La autoridad del Espíritu Santo en las Homilías de S. Juan Crisóstomo a los Hechos de los Apóstoles.* In: *Excerpta e dissertationibus in Sacra Theologia, IX.* Pamplona: Eunsa (1985) 175-252

4174   FERRARO, G. *San Giovanni Crisostomo come fonte di San Tommaso. La sua esposizione dei testi pneumatologici nel commento del quarto vangelo* – Ang 62 (1985) 194-244

4175   GIGNAC, F.T. *Codex Monacensis Graecus 147 and the Text of Chrysostom's Homilies on Acts.* In: *Diakonia* (cf. 1985-87, 252) 14-21

4176   GIGNAC, F.T. *The New Critical Edition of Chrysostom's Homilies on Acts: A Progress Report.* In: *Texte und Textkritik* (cf. 1985-87, 372) 165-168

4177   GONZALEZ BLANCO, ANTONINO *El pensamiento heresiológico de san Juan Crisóstomo.* In: *Homenaje a Pedro Sáinz Rodrí-*

guez, III. Estudios históricos. Madrid: Fundación Universitaria Española (1986) 305-319

4178 HALTON, T. *The Kairos of the mass and the Deacon in John Chrysostom.* In: *Diakonia* (cf. 1985-87, 252) 53-59

4179 HUNTER, DAVID G. *John Chrysostom's Adversus oppugnatores vitae monasticae. Ethics and apologetics in the late fourth century* [Diss.]. South Bend., Ind.: Univ. of Notre Dame 1986. 277 pp. [microfilm; cf. DissAbstr 47 (1986) 947A-948A]

4180 KANIA, W. *Problematyka pasterska w pismach egzegetycznych św. Jana Chryzostoma w świetle współczesnej hermeneutyki (= Die Seelsorge in den exegetischen Schriften des Johannes Chrysostomos und die moderne Hermeneutik)* – TST 10 (1987) 234-253

4181 KRUPP, R.A. *Saint John Chrysostom. A Scripture Index.* Lanham, Md.: University Press of America 1985. 270 pp.

4182 LAWRENZ, MELVIN EDWARD *The christology of John Chrysostom* [Diss.]. Milwaukee, Wis.: Marquette Univ. 1987. 225 pp. [microfilm; cf. summary in DissAbstr 48 (1987) 1236A]

4183 LIEBESCHÜTZ, J.H.W.G. *The fall of John Chrysostom* – NMS 29 (1985) 1-31

4184 LUPIERI, E. *I due Giovanni. La figura di Giovanni Battista nell'esegesi, nella vita e nella leggenda di Giovanni Crisostomo* – AnSEse 2 (1985) 175-199

4185 MALINGREY, ANNE-MARIE *Fragments du commentaire de Jean Chrysostome sur les psaumes 103 à 106.* In: *Texte und Textkritik* (cf. 1985-87, 372) 351-376

4186 MALINGREY, ANNE-MARIE *Une méthode de catéchèse pour les enfants d'après Jean Chrysostome* – PrOrChr 37 (1987) 52-57

4187 MÉHAT, ANDRÉ *L'exégèse des chapitres 12 et 14 de la Première aux Corinthiens dans les homélies de saint Jean Chrysostome.* In: *Lectures anciennes de la Bible* (cf. 1985-87, 297) 295-318

4188 MILITELLO, CETINNA *Donna e Chiesa: La testimonianza di Giovanni Crisostomo* [Facolta Teologica di Sicilia, Studi 3]. Palermo: Edi Oftes 1986. 254 pp.

4189 MONDET, JEAN-PIERRE *Le sacerdoce dans le Commentaire sur l'Épitre aux Hébreux de saint Jean Chrysostome* [Diss.]. Louvain: 1986. XX,277 pp. [dactyl.]

4190 NATALI, A. *Tradition ludique et sociabilité dans la pratique religieuse à Antioche d'après Jean Chrysostome.* In: *Studia Patristica 16* (cf. 1985-87, 359) 463-470

4191 PASQUATO, OTTORINO *Catechesi dottrinale e catechesi morale in Giovanni Crisostome. Croce e iniziazione cristiana.* In: *Sangue e antropologia, V* (cf. 1985-87, 346) II 1093-1111

4192 QUANTIN, J.L. *A propos de la traduction de philosophia dans l'Adversus oppugnatores vitae monasticae de Saint Jean Chrysostome* – ReSR 111 (1987) 187-197

4193 ROMANO, ROBERTO *Contributo al testo delle omelie per Eutropio di Giovanni Crisostomo* [mit Zusammenfassung in lateinischer Sprache] – KoinNapoli 9 (1985) 15-32

4194 SARTORE, D. *La Chiesa dal costato di Cristo, nel pensiero di S. Giovanni Crisostomo*. In: *Paschale mysterium. Studi in memoria di S. Marsili (1910-1983)* [StAns 91; Analecta Liturgica 10]. Rom: Pont. Ateneo S. Anselmo (1986) 169-176

4195 SCHATKIN, MARGARET AMY *John Chrysostom as apologist: with special reference to «De incomprehensibili», «Quod nemo laeditur», «Ad eos qui scandalizati sunt», and «Adversus oppugnatores vitae monasticae»* [AnVlat 50]. Thessaloniki: Patriarchikon Hidryma Paterikon Meleton 1987. 299 pp.

4196 SMELIK, K.A.D. *John Chrysostom's homilies against the Jews. Some comments* – NedThT 39 (1985) 194-200

4197 SOTIROUDIS, P. *Fragments des homélies de saint Jean Chrysostome* [in griechischer Sprache mit französischer Zusammenfassung] – Hell 38 (1987) 149-151

4198 SOTO RABANOS, JOSÉ MARIA *La cópula en la doctrina matrimonial de san Juan Crisóstomo*. In: *Homenaje a Pedro Sáinz Rodríguez, IV. Estudios teológicos, filosóficos y socio-económicos*. Madrid: Fundación Universitaria Española (1986) 3-18

4199 STEVENSON, KENNETH W. *The Byzantine Liturgy of Baptism* – StLit 17 (1987) 176-189

4200 TAFT, R. *The Inclination Prayer Before Communion in the Byzantine Liturgy of St. John Chrysostom. A Study in Comparative Liturgy* – EcclOra 3 (1986) 29-60

4201 UCIECHA, A. *Rodzina miejscem wychowania w traktacie pedagogicznym o wychowaniu dzieci Jana Chryzostoma (= The family as the place of upbringing in the treatise on Pedagogy De educandis liberis by St. John Chrysostom)* – SSHT 19/20 (1986/87) 65-92

4202 VALANTASIS, RICHARD *Body, Hierarchy, and Leadership in Chrysostom's On the Priesthood* – GrOrthThR 30 (1985) 455-471

4203 VANDER MEIREN, W. *Essai de reconstitution d'une collection homilétique chrysostomienne. Remarques sur le Bodleianus Holkhamicus gr. 30* – Sc 39 (1985) 105-109

4204 WAKEFIELD, GORDON *The liturgy of St. John*. London: Epworth Pr. 1985. IX,102 pp.

4205 WENGER, A. *Restauration de l'Homélie de Chrysostome sur Éléazar et les sept frères Macchabées (PG 63, 523-530)*. In: *Texte und Textkritik* (cf. 1985-87, 372) 599-604

4206 WITTIG, A. *Die Stellung des Johannes Chrysostomus zum Staat* –
OstkiSt 34 (1985) 187-191

III.2. Pseudo-Iohannes Chrysostomus

4207 AUBINEAU, MICHEL; LEMARIÉ, J. *Une adaptation latine
inédite et une version arménienne, attribuée à Proclus, du Ps.-
Chrysostome, In Christi natalem diem (PG 61, 737-738. CPG
4650)* – VetChr 22 (1985) 35-89; 259-260

4208 BROWNE, GERALD M. *Pseudo-Chrysostom, In uenerabilem
crucem sermo, the Syriac version* – Mu 99 (1986) 39-59

4209 DATEMA, CORNELIS *A Supposed Narratio on Job (BHG
939t)* – AB 103 (1985) 303-304

4210 DATEMA, CORNELIS; ALLEN, P. *BHG 1841s. An unedited
homily of Ps. Chrysostom on Thomas* – Byzan 56 (1986) 28-53

4211 GAMBERO, L., SM *Un'omelia pseudo-crisostomica sul Vangelo
dell'Annunciazione* – Marianum 47 (1986) 517-535

4212 MGALOBIŠVILI, T. *Ertʻi pseudo-okʻropiruli tʻhzulebis cʻqaros
sakitʻhi (= Über eine Homelie des Pseudo-Chrysostomus)* [geor-
gisch mit russischer Zusammenfassung] – Mravaltʻavi 12 (1986)
69-82

4213 SAUGET, J.-M. *Le traitement subi par l'homélie pseudochrysosto-
mienne sur le Fils prodigue dans la traduction syriaque* – OrChrP
51 (1985) 307-329

4214 TORRACA, LUIGI *L'omelia pseudo-crisostomica Sul profeta Elia
e la vedova* – Vichiana 15 (1986) 169-175

4215 VOICU, SEVER J. *Uno pseudocrisostomo (Cappadoce?) lettore di
Origene alla fine del sec. IV* – AugR 26 (1986) 281-293

4216 VOICU, S.J. *Trentatré omelie pseudocrisostomiche e il loro autore* – Lexikon philosophicum. Quaderni di terminologia filosofica e storia delle idee 2 (1986) 73-141

III.2. Iohannes Climacus

4217 *[Iohannes Climacus] Pyhittäjä Johannes Siinailainen: Portaat.*
Suom. JOHANNES SEPPÄLÄ. Pieksämäki: Ortodoksisen kirjallisuuden julkaisuneuvosto 1986. 284 pp.

4218 CHRYSSAVGIS, JOHN Κατάνυξις. *Compunction as the context
for the theology of tears in St. John Climacus* – Kleronomia 17
(1986) 131-136

4219 CHRYSSAVGIS, JOHN Χαρμολύπη. *Joyful sorrow in the Ladder
of S. John Climacus* – Kleronomia 17 (1985) 137-142

4220 CHRYSSAVGIS, JOHN *John Climacus: a biographical note* –
PBR 4,3 (1985) 209-218

4221 CHRYSSAVGIS, JOHN *The Jesus prayer in the «Ladder» of St. John Climacus* – OstkiSt 35 (1986) 30-33

4222 CHRYSSAVGIS, JOHN *The Notion of «Divine Eros» in the Ladder of St. John Climacus* – StVlThQ 29 (1985) 191-200

4223 CHRYSSAVGIS, JOHN *The Resurrection of the Body according to Saint John of the Ladder* – GrOrthThR 30 (1985) 447-453

4224 COUILLEAU, G. *La pénitence chez saint Jean Climaque.* In: *Monachisme d'Orient et d'Occident* (cf. 1985-87, 308) 53-78

4225 GOUILLARD, J. *Un ravissement de Jean Climaque extase ou artifice didactique?* In: BYZANTION (cf. 1985-87, 228) II 445-459

4226 HAUSHERR, IRÉNÉE *The monastic theology of saint John Climacus* – AmBenR 38 (1987) 381-407

4227 SAVVOPOULOS, PHILIPPOS *Ekstatische Person als Bildungsziel bei Johannes Klimakos. Ein Beitrag zur griechisch-orthodoxen Pädagogik* [Europäische Hochschulschriften Reihe 11, 278]. Frankfurt am Main; Bern; New York: Lang 1986. XIII, 101 pp.

III.2. Iohannes Damascenus

4228 *[Iohannes Damascenus] Die Dogmatik des Johannes von Damaskus in der kirchenslavischen Übersetzung des 14. Jahrhunderts.* Hrsg. von ECKHARD WEIHER unter Mitarbeit von F. KELLER und H. MIKLAS [Monumenta linguae Slavicae dialecti veteris 25]. Freiburg i. Br.: Weiher 1987. LX, 816, 23 pp.

4229 *[Iohannes Damascenus] Pyhä isäme Johannes Damaskolainen: Ikoneista. Kolme puhetta ikonien syyttäjiä vastaan.* Suom. JO-HANNES SEPPÄLÄ. Pieksämäki: Ortodoksisen kirjallisuuden julkaisuneuvosto 1986. 142 pp.

4230 BELTZ, W. *Die Bedeutung des Islam für den byzantinischen Bilderstreit* – ZRGG 37 (1985) 256-257

4231 CAMELOT, P. *Jean de Damas défenseur des Saintes Images* – VS 140 (1986) 638-651

4232 ČANTLADZE, A.T. *Les rapports entre les textes grecs, géorgiens et arméniens des traités antinestoriens de Jean Damascène* [in georgischer Sprache mit russischer Zusammenfassung] – Iz (1987,3) 129-137

4233 CESARETTI, PAOLO *Interpretazioni aristofanee nel commento di Eustazio all'inno pentecostale attribuito a Giovanni Damasceno (PL XCVI, 832-840).* In: *Ricerche di filologia classica, III: Interpretazioni antiche e moderne di testi greci.* [Biblioteca di studi antichi 53]. Pisa: Giardini (1987) 169-213

4234 DETORAKIS, T. *La main coupée de Jean Damascène (BHG 885c)* – AB 104 (1986) 371-381

4235 FAUCON, P. *Infrastructures philosophiques de la théodicée de Jean Damascène* – RSPhTh 69 (1985) 361-387

4236 GENDLE, N. *Creation and Incarnation in the Iconology of St. John of Damscus.* In: *Aksum-Thyateira* (cf. 1985-87, 199) 639-645

4237 GONZALEZ, C.I. *La dormición de María en la predicación del Damasceno* – Medellín 13 (1987) 314-342

4238 HIMMERICH, M.F. *Deification in John of Damascus* [Diss.]. Milwaukee, Wis.: Marquette Univ. 1985. 208 pp. [cf. DissAbstr 46,6 (1985) 1664A]

4239 HUXLEY, G. *The new Doēk* – AB 105 (1987) 288

4240 KALLIS, A. *Johannes von Damaskus.* In: *Gestalten der Kirchengeschichte 2, Alte Kirche 2.* Stuttgart: Kohlhammer (1984) 289-300

4241 KOLLER, REINHOLD *Johannes von Damaskus. Über die editorische Arbeit am Byzantinischen Institut des Klosters Scheyern.* In: *Festschrift für Franz Egermann zu seinem 80. Geburtstag am 13. Februar 1985.* Edd. WERNER SUERBAUM; FRIEDRICH MAIER. München: Institut für Klassische Philologie, Universität München (1985) 163-170

4242 LÜLING, G. *Sprache und archaisches Denken. Neun Aufsätze zur Geistes- und Religionsgeschichte.* Erlangen: Lüling 1985. III, 239 pp.

4243 NOBLE, T.F.X. *John Damascene and the History of the Iconoclastic Controversy.* In: *Religion, Culture, and Society in the Early Middle Ages* (cf. 1985-87, 340) 95-116

4244 *Der Proverbien- und Kohelet-Text der Sacra Parallela.* Hrsg. von O. WAHL [Forschungen zur Bibel 51]. Würzburg: Echter-Verlag 1985. 175 pp.

4245 QUACQUARELLI, A. *La parola e l'immagine nei discorsi di Giovanni Damasceno contro gli Iconoclasti* – Bessarione 5 (1986) 5-22

4246 SBORONOS, N. *Παρατηρήσεις γιά τή συμβολή τοῦ Βυζαντίου στήν πνευματική ἐξέλιξη τῆς δυτικῆς Εὐρώπης. Ἡ περίπτωση τοῦ Ἰωάννου Δαμασκηνοῦ.* In: *Βυζάντιο καί Εὐρώπη. Α´Διεθνής Βυζαντινολογική Συνάντηση. Δελφοί, 20-24 Ἰοθλίου 1985. Byzantium and Europe. First International Byzantine Conference. Delphi, 20-24 July 1984.* Athen: Εὐρωπαϊκό Κέντρο Δελφῶν (1987) 115-152

4247 SIMONNET, A. *La place du logos chez Jean Damascène* – Connaissance hellénique (Aix-en-Provence) 1986 N° 29 57-68

4248 SPINELLI, MARIO *L'immagine della passione e del sangue di Cristo in Giovanni Damasceno iconofilo.* In: *Sangue e antropologia, V* (cf. 1985-87, 346) II 1113-1126

4249 THEMELIS, CHRYSOSTOMOS Λεκτικαὶ ἐπιδράσεις ἀρχαίων τραγῳδιῶν εἰς τροπάρια Ἰαμβικῶν Κανόνων – Platon 39 (1987) 3-38

4250 WEATHERBY, HAROLD L. *Homily of the Transfiguration of Our Lord Jesus Christ by Saint John of Damascus* – GrOrthThR 32 (1987) 1-30

III.2. Iohannes Malalas

4251 *[Iohannes Malalas] The Chronicle of John Malalas. A Translation.* Edd. ELIZABETH JEFFREYS; M. JEFFREYS; R. SCOTT et al. [Byzantina Australiensia 4]. Melbourne: Australian Association for Byzantine Studies 1986. XLIV, 371 pp.

4252 BALDWIN, BARRY *Dio Cassius and John Malalas; two readings of Vergil* – Emérita 55 (1987) 85-86

4253 CARRARA, PAOLO *A line from Euripides quoted in John Malalas' Chronographia* – ZPE 69 (1987) 20-24

4254 HUXLEY, G. *Automedon in the Slavonic Malalas* – RFC 113 (1985) 304-306

4255 HUXLEY, GEORGE *A Theban kinglist in Malalas* – Phil 131 (1987) 159-161

4256 REINERT, S.W. *The Image of Dionysus in Malalas' Chronicle* – Byzantina kai Metabyzantina (Malibu, Calif.) 4 (1985) 1-41

4257 SCOTT, R.D. *Malalas, The Secret History, and Justinian's Propaganda* – DumPap 39 (1985) 99-109

4258 THURN, HANS *Textkritisches zu Malalas, Buch II-VIII* – Byzantina 13 (1985) 415-423

III.2. Iohannes Moschus

4259 MAISANO, R. *Tradizione orale e sviluppi narrativi nel Prato di Giovanni Mosco.* In: *Le trasformazioni della cultura* (cf. 1985-87, 375) II 663-677

4260 MUNITIZ, JOSEPH A. *Two Stories from the Monidia.* In: *After Chalcedon* (cf. 1985-87, 194) 233-253

4261 PASINI, G. *Il monachesimo nel Prato di Giovanni Moscho e i suoi aspetti popolari* – VetChr 22 (1985) 331-379

III.2. Iohannes Niciensis

4262 CARILE, A. *Giovanni di Nikius Cronista bizantino-copto del VII secolo.* In: *BYZANTION* (cf. 1985-87, 228) II 353-398

III.2. Iohannes Philoponus

4263 *[Iohannes Philoponus] John Philoponus: Against Aristotle, On the eternity of the world.* Fragments assembled and translated into English by CHRISTIAN WILDBERG [Ancient commentators on Aristotle 1]. Ithaca, N.Y.: Cornell Univ. Pr. 1987. II, 182 pp.

4264 *Philoponus and the Rejection of Aristotelian Science.* Ed. RICHARD SORABJI. Ithaca, N.Y.: Cornell University Press; London: Duckworth 1987. IX, 253 pp.

4265 BÄCK, ALLEN *Philoponus on the fallacy of accident* – AncPhil 7 (1987) 131-146

4266 BERNARD, W. *Philoponus on Self-Awareness.* In: *Philoponus* (cf. 1985-87, 4264) 154-163

4267 BLUMENTHAL, H.J. *Body and Soul in Philoponus* – The Monist. A Quarterly Magazine of Philosophy, Religion, Science and Sociology (Chicago, Ill.) 69 (1986)

4268 BLUMENTHAL, H.J. *John Philoponus: Alexandrian Platonist?* – Her 114 (1986) 314-335

4269 BRAVO GARCIA, A. *Varia lexicographica Graeca manuscripta, V: Iohannis Philoponi collectio vocum* [in spanischer Sprache] – ECl 27 (1985) N° 89 149-156

4270 CHADWICK, HENRY *Philoponus the Christian Theologian.* In: *Philoponus* (cf. 1985-87, 4264) 41-56

4271 EVRARD, E. *Philopon, la ténèbre originelle et la création du monde.* In: *Aristotelica. Mélanges offerts à Marcel de Corte* [Cahiers de philosophie ancienne 3]. Bruxelles: Éd. Ousia; Liège: Pr. Univ. (1985) 177-188

4272 FURLEY, D. *Summary of Philoponus' Collaries on Place and Void.* In: *Philoponus* (cf. 1985-87, 4264) 130-139

4273 GUTAS, D. *Philoponus and Avicenna on the Separability of the Intellect: A Case of Orthodox Christian-Muslim Agreement* – GrOrthThR 31 (1986) 121-130

4274 HOFFMANN, P. *Simplicius' Polemics. Some aspects of Simplicius' polemical Writings against John Philoponus: from invective to a reaffirmation of the transcendency of heavens.* In: *Philoponus* (cf. 1985-87, 4264) 57-83

4275 HOFFMANN, PHILIPPE *Sur quelques aspects de la polémique de Simplicius contre Jean Philopon; de l'invective à la réaffirmation de la transcendance du ciel.* In: *Simplicius, sa vie, son œuvre, sa survie; actes du colloque international de Paris (28 sept. – 1er oct. 1985).* Ed. ILSETRAUT HADOT [Peripatoi 15]. Berlin: de Gruyter (1987) 183-221

4276 JUDSON, L. *God or Nature? Philoponus on Generability and Perishability.* In: *Philoponus* (cf. 1985-87, 4264) 179-196

4277 MAROTH, M. *Der erste Beweis des Proklos für die Ewigkeit der Welt* – AcAnt 30 (1982-84) [1987] 181-189

4278 MCGUIRE, J.G. *Philoponus on Physics II,1. φύσις, δύναμις, and the motion of the simple bodies* – Ancient Philosophy (Pittsburgh, Penna.) 5 (1985) 241-267

4279 MCKENNA, JOHN EMORY *The life-setting of The Arbiter by John Philoponos* [Diss.]. Pasadena, Calif.: Fuller Theological Seminary 1987. 167 pp. [microfilm; cf. summary in DissAbstr 48 (1987) 1481A]

4280 SCHMITT, CH. *Philoponus' Commentary on Aristotele's Physics in the Sixteenth Century.* In: *Philoponus* (cf. 1985-87, 4264) 210-230

4281 SEDLEY, D. *Philoponus' Conception of Space.* In: *Philoponus* (cf. 1985-87, 4264) 140-153

4282 SORABJI, R. *Infinity and the Creation.* In: *Philoponus* (cf. 1985-87, 4264) 164-178

4283 SORABJI, R. *John Philoponus.* In: *Philoponus* (cf. 1985-87, 4264) 1-40

4284 VERBEKE, G. *Levels of Human Thinking in Philoponus.* In: *After Chalcedon* (cf. 1985-87, 194) 451-470

4285 WILDBERG, CHR. *Prolegomena to the Study of Philoponus' Contra Aristotelem.* In: *Philoponus* (cf. 1985-87, 4264) 197-209

4286 WOLFF, M. *Philoponus and the Rise of Preclassical Dynamics.* In: *Philoponus* (cf. 1985-87, 4264) 84-120

4287 ZIMMERMANN, F. *Philoponus' Impetus Theory in the Arabic Tradition.* In: *Philoponus* (cf. 1985-87, 4264) 121-129

III.2. Iohannes Scythopolitanus

4288 FRANK, R.M. *The use of the Enneads by John of Scythopolis* – Mu 100 (1987) 101-108

III.2. Iordanes

4289 ALONSO-NUÑEZ, JOSÉ MIGUEL *Jordanes and Procopius on Northern Europe* – NMS 31 (1987) 1-16

4290 ALONSO-NUÑEZ, JOSÉ MIGUEL *Jordanes on Britain* – Oxford Journal of Archeology (Oxford) 6 (1987) 127-129

4291 CASTRITIUS, HELMUT *Namenkundliche Argumentation am Beispiel der Amalersippe* – BN 20 (1985) 257-271

4292 CROKE, BRIAN *Cassiodorus and the Getica of Jordanes* – ClPh 82 (1987) 117-134

4293 IORDACHE, R. *Habitats gothiques aux bords du Pont-Euxin selon l'historien Jordanes* – Noi Tracii. Centro europeo di studi traci (Roma) 14, 128-129 (1985) 8-15

4294 IORDACHE, R. *Le portrait des empereurs Gallien, Claude II, Aurélien et Dioclétien dans les oeuvres de Jordanes* – ZA 35 (1985)

4295 IORDACHE, ROXANA *L'emploi des adverbes quatenus, hactenus, protinus et tenus dans les oeuvres de Jordanès, ou sur certains éléments du style de chancellerie à l'époque tardive* – AAPal 5 (1984/85) 329-352

4296 TRAINA, G. *Fra antico e medioevo: il posto delle isole* – QC 8 (1986) 113-125

III.2. Iovinianus

4297 HUNTER, DAVID G. *Resistance to the Virginal Ideal in Late Fourth-Century Rome: The Case of Jovinian* – ThSt 48 (1987) 45-64

III.2. Irenaeus Lugdunensis

4298 *[Irenaeus Lugdunensis] St. Irenaios' The preaching of the apostles.* Prep. by JACK N. SPARKS [FaCh 78]. Brookline, Mass.: Holy Cross Orthodox Press 1987. 101 pp.

4299 ANDIA, YSABEL DE *Homo vivens. Incorruptibilité et divinisation de l'homme selon Irénée de Lyon.* Paris: Études augustiniennes 1986. 395 pp.

4300 ANDIA, YSABEL DE *Irénée, théologien de l'unité* – NRTh 109 (1987) 31-48

4301 ANDIA, YSABEL DE *L'hérésie et sa réfutation selon Irénée de Lyon* – AugR 25 (1985) 609-644

4302 BALWIERZ, MARIAN *The Holy Spirit and the Church as a subject of evangelization according to St. Irenaeus* [Studia antiquitatis Christianae 6]. Warszawa: Akad. Teologii Katol. 1985. 236 pp.

4303 DOUTRELEAU, L. *Quel crédit accorder au Salmanticensis 202 pour établir le texte latin d'Irénée?* In: *Texte und Textkritik* (cf. 1985-87, 372) 97-117

4304 FANTINO, J. *L'homme image de Dieu chez saint Irénée de Lyon* [Coll. Thèses]. Paris: Éd du Cerf 1985. 264 pp.

4305 GIANOTTI, DANIELE *La versione italiana di Ireneo nella «Liturgia delle Ore». Contributi per una revisione* – RiLit 73 (1986) 404-412

4306 GRANE, LEIF *Om at læse Irenæus. Et lærestykke om forholdet mellem genstand og metode i teologien* – Fønix 10 (1986) 86-95

4307 HENGEL, MARTIN *The Interpretation of the wine miracle at Cana: Joh 2: 1-11.* In: *The glory of Christ in the New Testament* (cf. 1985-87, 273) 83-112

4308   JASCHKE, HANS-JOCHEN *Irenäus von Lyon* – TRE 16 (1987) 258-268

4309   LANNE, E. *Liturgie et eschatologie dans l'oeuvre de Saint-Irénée de Lyon.* In: *Eschatologie et liturgie* (cf. 1985-87, 259) 155-170

4310   LETHEL,FRANÇOIS-MARIE *La crescita dell'uomo nella visione di Dio secondo S. Ireneo di Lione.* In: *Crescita dell'uomo nella catechesi dei Padri* (cf. 1985-87, 247) 127-131

4311   LEVESQUE, G. *Consonance chrétienne et dissonance gnostique dans Irénée «Adversus Haereses» IV 18,4 à 19,3.* In: *Studia Patristica 16* (cf. 1985-87, 359) 193-196

4312   LOEWE, WILLIAM *Irenaeus' Soteriology: Transposing the Question.* In: *Religion and Culture: Essays in Honor of Bernard Lonergan, S.J. (Papers from the Internat. Lonergan Symposium on Religion and Culture, held in March, 1984, at the Univ. of Santa Clara).* Ed. by TIMOTHY P. FALLON. Albany, N.Y.: State Univ. of New York Pr. (1987) 167-180

4313   LUNDSTRÖM, SVEN *Die Überlieferung der lateinischen Irenaeusübersetzung* [AUU Studia Latina Upsaliensia 18]. Uppsala: Almqvist och Wiksell 1985. 166 pp.

4314   MAY, GERHARD *Die Einheit der Kirche bei Irenäus.* In: *Kirchengemeinschaft – Anspruch und Wirklichkeit* (cf. 1985-87, 292) 69-82

4315   MENVIELLE, LOUIS *Marie, mère de vie. Approche du mystère marial à partir d'Irénée de Lyon* [Coll. Centre Notre-Dame-de-Vie. Sér. théol. 1] Venasque: Éd. du Carmel 1986. 148 pp.

4316   MYSZOR, W. *Eucharystia w wypowiedziach Ireneusza z Lyonu (= Aussagen des hl. Irenäus von Lyon über die Eucharistie)* – SSHT 19/20 (1986/87) 13-23

4317   ORBE, ANTONIO *Cristo, sacrificio y manjar* [mit Zusammenfassung in englischer Sprache] – Greg 66 (1985) 185-239

4318   ORBE, ANTONIO *Del hombre imperfecto al perfecto en san Ireneo.* In: *Crescita dell'uomo nella catechesi dei Padri* (cf. 1985-87, 247) 103-125

4319   ORBE, ANTONIO *El «Descensus ad inferos» y san Ireneo* – Greg 68 (1987) 485-522

4320   ORBE, ANTONIO *El sacrificio de la Nueva Ley según S. Ireneo (Adv. haer. IV 17-18)* – Compostellanum 31 (1986) 7-62

4321   ORBE, ANTONIO *San Ireneo adopcionista? En torno a Adv. haer. III,19,1* – Greg 65 (1984) 5-52

4322   ORBE, ANTONIO *Teología de San Ireneo, I. Comentario al Libro V del «Adversus haereses»* [BAC Maior 25]. Madrid; Toledo: Editorial Católica; Estudio Teológico de S. Ildefonso 1985. XLVIII, 704 pp.

4323 ORBE, ANTONIO *Teología de San Ireneo, II. Comentario al Libro V del «Adversus Haereses»* [BAC Maior 29]. Madrid; Toledo: Editorial Católica; Estudio Teológico de San Ildefonso 1987. XI, 559 pp.

4324 PERETTO, ELIO *Criteri di ortodossia e di eresia nella Epideixis di Ireneo* – AugR 25 (1985) 645-666

4325 PERETTO, ELIO *La conversione in Ireneo di Lione: Ambiti semantici* – AugR 27 (1987) 137-164

4326 ROBERT, R. *Le témoignage d'Irénée sur la formation des évangiles* – RThom 87 (1987) 243-259

4327 ROLDANUS, J. *L'héritage d'Abraham d'après Irénée.* In: *Text and Testimony* (cf. 1985-87, 371) 212-224

4328 ROUGÉ, J. *Irénée de Lyon* – Bulletin de la Société des Amis de la Bibliothèque Salomon Reinach (Lyon) 3 (1985) 55-59

4329 SIEBEN, HERMANN-JOSEF, SJ *Irenäus im Mittelalter* – ThPh 62 (1987) 73 ss.

4330 VICIANO, ALBERTO *El trabajo profesional en el pensamiento teológico de S. Ireneo y S. Justino.* In: *La misión del laico* (cf. 1985-87, 307) 893-904

III.2. Isaac Antiochenus

4331 KLUGKIST, A.C. *Die beiden Homilien des Isaak von Antiocheia über die Eroberung von Bet Hur durch die Araber.* In: *IV Symposium Syriacum* (cf. 1985-87, 367) 237-256

III.2. Isaac Ninivita

4332 *[Isaac Ninivita] Isacco di Ninive. Discorsi spirituali.* Introduzione, traduzione e note a cura di P. BETTIOLO. Magnano, Communità di Bose: Ediz. Qiqajon 1985. 250 pp.

4333 *[Isaac Ninivita] The ascetical homilies of saint Isaac the Syrian.* Translated by the Holy Transfiguration Monastery. Brookline, Mass.: Holy Transfiguration Monastery 1986. CXV, 568 pp.

4334 BROCK, SEBASTIAN P. *Isaac of Nineveh: some newly-discovered works* – Sob 8,1 (1986) 28-33

4335 BUNGE, GABRIEL *Mar Isaak von Ninive und sein «Buch der Gnade»* – OstkiSt 34 (1985) 3-22

4336 TREU, KURT *Remnants of a Majuscule Codex of Isaac Syrus from Damascus.* In: *Studia Patristica 16* (cf. 1985-87, 359) 114-120

4337 TSIRPANLIS, C.N. *Praxis and Theoria: The Heart Love and Light Mysticism in Saint Isaac the Syrian* – PBR 6 (1987) 93-120

III.2. Isidorus Hispalensis

4338 *[Isidorus Hispalensis] Agricoltura dei Romani. Isidoro di Siviglia, Etymologiae l. XVII, De agricultura.* Introd., testo (ed. J. ANDRÉ), trad. e note a cura di G. GASPAROTTO. Verona: Libr. Universitaria 1986. 211 pp.

4339 *[Isidorus Hispalensis] Etymologiarum sive originum libri XX.* Ed. comm. W.M. LINDSAY [Scriptorum Classicorum Bibliotheca Oxoniensis]. Oxford: Oxford University Press 1985. voll II, XVI, 424, 426 pp.

4340 *[Isidorus Hispalensis] Isidor, Geschichte der Goten, Vandalen und Sueven. Nebst Auszügen aus der Kirchengeschichte des Beda Venerabilis.* Übers. von DAVID COSTE, hrsg. von ALEXANDER HEINE [Historiker des Dt. Altertums]. Essen: Phaidon 1986. 144 pp.

4341 *[Isidorus Hispalensis] Isidore de Séville. Étymologies, Livre XII. Des animaux.* Texte établi, trad. et comm. par J. ANDRÉ [Auteurs latins du Moyen Age]. Paris: Les Belles Lettres 1986. 312 pp.

4342 *[Isidorus Hispalensis] San Isidoro de Sevilla. De ortu et obitu patrum. Vida y muerte de los santos.* Introducción, edición crítica y traducción por CÉSAR CHAPARRO GOMEZ [Auteurs latins du Moyen Age]. Paris: Les Belles Lettres 1985. VI, 233 pp.

4343 BELTRAN TORREIRA, FEDERICO MARIO *La herejía y sus imágenes en las obras exegéticas y pedagógicas de San Isidoro de Sevilla* – AEM 17 (1987) 15-28

4344 CANTO, J. *Servio, los scholia Danielis e Isidoro (Etym. 18).* In: *Symbolae Ludovico Mitxelena septuagenario oblatae I.* Ed. J.L. MELENA. Vitoria: Inst. de Ciencias de la Antigüedad de la Univ. del País Vasco (1985) 307-316

4345 CANTO LLORCA, J. *La distribución del material en la segunda mitad de las Etimologías de Isidoro de Sevilla.* In: *Los Visigodos* (cf. 1985-87, 377) 331-335

4346 CAZIER, P. *Les Sentences d'Isidore de Seville et le IVe concile de Tolède. Réflexions sur les rapports entre l'Église et le pouvoir politique en Espagne autour des années 630.* In: *Los Visigodos* (cf. 1985-87, 377) 373-386

4347 CHAPARRO GOMEZ, CÉSAR *Observaciones sobre el título y capitulación del libro sexto de las «Etimologías» de Isidoro de Sevilla* – AnFilE 8 (1985) 61-66

4348 CODOÑER, C. *La etimología en Isidoro de Sevilla.* In: *Symbolae Ludovico Mitxelena septuagenario oblatae I.* Ed. J.L. MELENA. Vitoria: Inst. de Ciencias de la Antigüedad de la Univ. del País Vasco (1985) 275-286

4349 CODOÑER, C. *Les plus anciennes compilations de «Differentiae»: formation et évolution d'un genre littéraire grammatical* – RPh 59 (1985) 201-219

4350 CODOÑER MERINO, C. *Antecedentes del diccionario. El libro X de «Etymologiae».* In: *Los Visigodos* (cf. 1985-87, 377) 351-371

4351 CODOÑER MERINO, CARMEN *Historia del texto del libro I de las Differentiae de Isidoro de Sevilla* – RHT 14/15 (1984/85) 77-95

4352 CODOÑER MERINO, CARMEN *La conception de la differentia dans le recueil Inter aptum d'Isidore de Séville* – RPh 60 (1986) 187-196

4353 COLLINS, ROGER JOHN HOWARD *Isidor von Sevilla (gest. 636)* – TRE 16 (1987) 310-315

4354 DELBONO, F. *L'»Isidoro» e le origini della letteratura tedesca* – NAFM 4 (1986) 159-182

4355 DIESNER, H.J. *Einige Aspekte über Isidor von Sevilla. Isidors Herrscherauffassung im Zwielicht.* In: *Los Visigodos* (cf. 1985-87, 377) 303-309

4356 DOLBEAU, FRANÇOIS *Deux opuscules latins relatifs aux personnages de la Bible et antérieurs à Isidore de Séville* – RHT 16 (1986) 83-139

4357 FERNANDEZ VALVERDE, J. *De laude et deploratione Spanie (estructura y fuentes literarias).* In: *Los Visigodos* (cf. 1985-87, 377) 457-462

4358 FONTAINE, JACQUES *Grammaire sacrée et grammaire profane: Isidore de Seville devant l'exégèse biblique.* In: *Los Visigodos* (cf. 1985-87, 377) 311-329

4359 GAUTIER-DALCHÉ, PATRICK *Isidorus Hispalensis, De gentium vocabulis (Etym. IX,2): quelques sources non repérées* – REA 31 (1985) 278-286

4360 GUTIÉRREZ, MARCO ANTONIO *Isidore de Séville, Orig. I,12. Syntaxe vs. sémantique* – RCCM 29 (1987) 177-184

4361 HILLGARTH, J.N. *The Position of Isidorian Studies: a Critical Review of the Literature 1936-1975.* In: *Visigothic Spain, Byzantium and the Irish.* London: Variorum Reprints (1985)

4362 HOWE NICHOLAS *Aldhelm's Enigmata and Isidorian etymology* – ASE 14 (1985) 37-59

4363 LAGORIO, VALERIE M. *The Text of Isidore's Etymologies in Codex Vat. Reg. lat. 1587.* In: *Texte und Textkritik* (cf. 1985-87, 372) 295-297

4364 LEIJBOWICZ, M. *Théorie et pratiques astronomiques chez Isidore de Séville.* In: *L'homme et son univers au Moyen Age. Actes du septième congrès de philosophie médiévale (30 août – 4 septembre 1982).* Ed. CHR. WENIN [Philosophes médiévaux

26/27]. Louvain-la-Neuve: Éd. de l'Inst. Sup. de Philosophie (1986) II 622-630

4365 LEISCHING, P. *«Consuetudo» und «ratio» im Werk des Isidor von Sevilla.* In: *Recht im Dienste des Menschen. Eine Festgabe. Hugo Schendenwein zum 60. Geburtstag.* Edd. K. LÜDICKE; H. PAARHAMMER; D. A. BINDER. Graz: Styria (1987) 191-199

4366 MAIOLI, G. *Ramenta Patristica (RP)* – Teresianum (Firenze) 36 (1985) 509-510

4367 MOYA, F. *Isidoro y Fernández de Córdoba: alguna precisión.* In: *Los Visigodos* (cf. 1985-87, 377) 405-413

4368 MOYA DEL BAÑO, F. *Nota a Lucano VI,490* – Myrtia (Murcia) 1,1 (1986) 121-126

4369 OROZ RETA, J. *Présence de Pline dans les Etymologies de saint Isidore de Seville.* In: *Pline l'Ancien* (cf. 1985-87, 329) 611-622 = Helmántica 38 (1987) 295-306

4370 ORSELLI, ALBA MARIA *Antica e nuova Roma nella storiografia del primo medioevo latino. Isidoro e Beda.* In: *Popoli e spazio romano* (cf. 1985-87, 331) 231-245

4371 POIREL, D. *Les «Allegoriae» d'Isidore de Séville. Edition critique, traduction et commentaire* – Ecole nationale des Chartes ... Positions de thèses (1986) 151-157

4372 POLARA, G. *La tradizione medievale della novella petroniana del vetro infrangibile.* In: *Semiotica della novella latina. Atti del seminario interdisciplinare «La novella latina», Perugia 11-13 aprile 1985.* Roma: (1986) 131-142

4373 REYDELLET, M. *La signification du Livre IX des Étymologies (érudition et actualité).* In: *Los Visigodos* (cf. 1985-87, 377) 337-350

4374 ROBLES SIERRA, ADOLFO *La conversión en los tratados hispanos de «Norma vitae». Sugerencias e hipótesis* – Augustinus 32 (1987) 325-367

4375 SANCHEZ TELLEZ, M. DEL C. *La doctrina de la Farmacía en San Isidoro de Sevilla (c. 570-636)* – Ars Pharmaceutica (Granada) 25 (1984) 145-156

4376 SCHWEICKARD, WOLFGANG *«Etymologia est origo vocabularum ...». Zum Verständnis der Etymologiedefinition Isidors von Sevilla* – Historiographia linguistica (Amsterdam) 12 (1985) 1-25

4377 *Scriptores Latini de re metrica. Concordantiae. Indices, IV: Isidorus Hispalensis. Introducción. Concordancia. Indices de ejemplos. Indices de fuentes.* Por F. FUENTES MORENO. Granada: Departamento de Filología lat. de la Univ. 1987. XXV, 246 pp.

4378 SERNA GONZALEZ, C. DE LA *Regula Benedicti 73 y el prólogo de Regula Isidori. A propósito de las fuentes literarias de las reglas monásticas.* In: *Los Visigodos* (cf. 1985-87, 377) 387-395

4379 SMYTH, M. *Isidore of Seville and the Early Irish Cosmography* – CMCS 14 (1987) 69-102

4380 VILLA, CLAUDIA *Una schedario di Paolo Diacono. Festo e Grauso di Ceneda* – IMU 27 (1984) 56-80

III.2. Pseudo-Isidorus Hispalensis

4381 CHAPARRO GOMEZ, CÉSAR *Notas sobre el De ortu et obitu patrum seudoisidoriano.* In: *Los Visigodos* (cf. 1985-87, 377) 397-404

III.2. Isidorus Pelusiota

4382 DURAND, GEORGES-MATTHIEU DE, OP *Textes triadologiques dans la Correspondance d'Isidore de Péluse.* In: *Studia Patristica 18,1* (cf. 1985-87, 360) 119-125

4383 KERTSCH, MANFRED *Isidor von Pelusion als Nachahmer Gregors von Nazianz* – JÖB 35 (1985) 113-122

III.2. Itinerarium Anonymi Placentini

4384 SCHMEJA, HANS *«ad breve missi» beim Pilger von Piacenza (Antonini Placentini Itinerarium, Recensio prior 1,6).* In: *Sprachwissenschaftliche Forschungen. Festschrift für Johann Knobloch* (cf. 1985-87, 354) 379-383

III.2. Iulianus Aeclanensis

4385 LAMBERIGTS, M. *Some remarks on the critical edition of the preserved fragments of Julian of Aeclanum* – RThAM 54 (1987) 238-239

4386 MARANDINO, ROMUALDO *Giuliano di Aeclanum.* Pres. di GERARDO BIANCO. San Angelo dei Lombardi: Desanctisiana Ed. 1987. 94 pp.

III.2. Iulianus Imperator

4387 *[Iulianus Imperator] Alla madre degli dei e altri discorsi.* Introduzione di JACQUES FONTAINE, testo critico a cura di CARLO PRATO, traduzione e commento di ARNALDO MARCONE [FLVSGL]. Milano: Mondadori 1987. CX, 355 pp.

4388 *[Iulianus Imperator] Giuliano Imperatore Epistola a Temistio.* Ed. critica, trad. e commento a cura di C. PRATO e A. FORNARO [Testi e Studi Latini e Greci 2] Lecce: Milella 1984. XXII, 79 pp.

4389 ANASTASI, R. *Su due passi del Misopogon* – KoinNapoli 11 (1987) 131-132

4390 BONAMENTE, GIORGIO *Giuliano l'Apostata e il Breviario di Eutropio.* Roma: Giorgio Bretschneider 1986. 223 pp.

4391 BRADBURY, SCOTT *The Date of Julian's Letter to Themistius* – GrRoBySt 28 (1987) 235-251

4392 CAIAZZO, CARLA *L'imitatio della poesia antica nell'opera di Giuliano* – KoinNapoli 10 (1986) 151-158

4393 CANDAU MORON, JOSÉ Maria *La filosofía política de Juliano* – Habis 17 (1986) 87-96

4394 CANDAU MORON, JOSÉ MARIA *Retórica y filosofía en Juliano* – Emérita 55 (1987) 313-328

4395 COSI, D.M. *Casta Mater Idaea. Giuliano l'Apostata e l'etica della sessualità.* Venezia: Marsilio 1986. 136 pp.

4396 CRISCUOLO, UGO *Giuliano e l'Ellenismo: conservazione e riforma* – Orpheus 7 (1986) 272-292

4397 DEMAROLLE, JEANNE-MARIE *Le Contre les Galiléens: continuité et rupture dans la démarche polémique de l'empereur Julien* – Ktèma 11 (1986) 39-47

4398 *The emperor Julian. Panegyric and polemic (Claudius Mamertinus, John Chrysostom, Ephrem the Syrian).* Ed. by S.N.C. LIEU [Transl. Texts for Historians, Greek Ser. 1]. Liverpool: University Press 1986. VII, 146 pp.

4399 ESBROECK, MICHEL VAN *Le soi-disant roman de Julien l'Apostat.* In: *IV Symposium Syriacum* (cf. 1985-87, 367) 191-202

4400 FAUTH, WOLFGANG *Pythagoras, Jesus von Nazareth und der Helios-Apollon des Julianus-Apostata. Zu einigen Eigentümlichkeiten der spätantiken Pythagoras-Aretalogie im Vergleich mit der thaumasiologischen Tradition der Evangelien* – ZNW 78 (1987) 26-48

4401 FILIPPO, A. *Giuliano, Inno a Helios Re. Rilettura dei codici* – Prometheus 12 (1986) 85A-92

4402 FOUQUET, C. *Julien, la mort du monde antique.* Préf. de P. GRIMAL. Paris: Les Belles Lettres 1985. 384 pp.

4403 GAUTHIER, NANCY *L'expérience religieuse de Julien dit l'Apostat* – AugR 27 (1987) 227-235

4404 GLEASON, M. *Festive satire. Julian's Misopogon and the new year at Antioch* – JRS 76 (1986) 106-119

4405 GUIDA, A. *La rinunzia evangelica ai beni. La polemica di Giuliano e la replica di Teodoro di Mopsuestia.* In: *Studi in onore di Adelmo Barigazzi* (cf. 1985-87, 358) I 277-287

4406 JERPHAGNON, LUCIEN *Julien dit l'Apostat. Histoire naturelle d'une famille sous le bas empire.* Paris: Éd. du Seuil 1986. 312 pp.

4407 KLEIN, R. *Julian Apostata. Ein Lebensbild* – Gy 93 (1986) 273-292

4408 LABRIOLA, I. *In margine al Secondo Panegirico a Costanzo*. In: *Giuliano Imperatore* (cf. 1985-87, 272) 121-126

4409 MASARACCHIA, E. *Sul testo del Contra Galileos*. In: *Giuliano Imperatore* (cf. 1985-87, 272) 109-120

4410 MAZZA, M. *Filosofia religiosa ed imperium in Giuliano*. In: *Giuliano Imperatore* (cf. 1985-87, 272) 39-108

4411 MICAELLA, DINA *La Politica di Aristotele in Giuliano Imperatore*. In: *Ricerche di filologia classica, III: Interpretazioni antiche e moderne di testi greci* [Biblioteca di studi antichi 53]. Pisa: Giardini (1987) 67-81

4412 PACK, E. *Städte und Steuern in der Politik Julians. Untersuchungen zu den Quellen eines Kaiserbildes*. Bruxelles: Éd. Latomus 1986. 420 pp.

4413 PERGUEROLES, JUAN *Libertad como posibilidad, libertad como necesidad. Juliano y San Agustín* – Espíritu 36 (1987) 109-124

4414 PRATO, C. *Note al testo dell'Epistola a Temistio di Giuliano imperatore*. In: *Studi in onore di Adelmo Barigazzi* (cf. 1985-87, 358) II 169-176

4415 PRATO, C. *Note critiche al testo dell'opusculo di Giuliano Imperatore «Contro i Cinici ignoranti»*. In: *Munus amicitiae. Scritti in memoria di Alessandro Ronconi, I* [Quad. di filol. lat.]. Firenze: Le Monnier (1986) 201-209

4416 PRATO, C. *Per la storia del testo e delle edizioni di Giuliano Imperatore*. In: *Giuliano Imperatore* (cf. 1985-87, 272) 7-37

4417 RADICI COLACE, P. *Giuliano, Selene e l'autore del Περὶ καταρχῶν*. In: *Giuliano Imperatore* (cf. 1985-87, 272) 127-133

4418 SALAMON, W. *Criteria for the eminent personality appraisal by historiography, Julian Apostata* [in polnischer Sprache mit russischer und englischer Zusammenfassung] – Prace Nauk. Uniw. Śląskiego Nr 695 Wybyteri i przec. a lud i spolecz. w dziejach Katowice (1985) 28-37

4419 SCOTT, STAN *L'empereur Julien: transcendance et subjectivité* – RHPhR 67 (1987) 345-362

4420 VITTINGHOFF, F. *Julian Apostata*. In: *Exempla historica. Epochen der Weltgeschichte in Biographien. Römisches Imperium und frühes Mittelalter, VIII: Herrscher des Imperium Romanum*. Bearb. von M. SCHMID. Frankfurt: Fischer Taschenbuch-Verlag (1985) 195-220

III.2. Iulianus Pomerius

4421 *[Iulianus Pomerius]* *Giuliano Pomerio. La vita contemplativa*. Trad., introd. e note a cura di MARIO SPINELLI [CTP 64]. Roma: Città Nuova Ed. 1987. 337 pp.

4422 TIBILETTI, CARLO *La teologia della grazia in Giuliano Pomerio. Alle origini dell'agostinismo provenzale* – AugR 25 (1985) 489-506

III.2. Iustinianus Imperator

4423 *Studio sui «notabilia» del codice Assisi 220.* Ed. G. SPECIALE – QC 9 (1987) 157-214

4424 AMELOTTI, M.; MIGLIARDI ZINGALE, L. *Le costituzioni giustinianee nei papiri e nelle epigrafi* [Legum Iustiniani imperatoris vocabularium. Subsidia 1] Milano: Giuffre 1985/2. XII, 171 pp.

4425 ARCHI, G.G. *Nuovi valori e ambiguità nella legislazione di Giustiniano.* In: *Il mondo del diritto nell'epoca giustinianea: caratteri e problematiche. Convegno internazionale, Ravenna, 30 settembre-1 ottobre 1983* [Biblioteca di «Felix Ravenna» 2]. Cur. C.C. ARCHI. Edizioni del Girasole (1985)

4426 BONINI, R. *L'ultima legislazione pubblicistica di Giustiniano (543-565).* In: *Il mondo del diritto nell'epoca giustinianea: caratteri e problematiche. Convegno internazionale, Ravenna, 30 settembre – 1 ottobre 1983* Cur. C.C. ARCHI. Ravenna: Edizioni del Girasole (1985)

4427 CHRYSOS, E. *Zur Reichsideologie und Westpositik Justinians. Der Friedensplan des Jahres 540.* In: *From Late Antiquity to Early Byzantium* (cf. 1985-87, 266) 41-48

4428 CRACCO RUGGINI, LELLIA *Giustiniano e la società italiana.* In: *Il mondo del diritto nell'epoca giustinianea: caratteri e problematiche. Convegno internazionale, Ravenna, 30 settembre – 1 ottobre* Cur. C.C. ARCHI. Ravenna: Edizioni del Girasole (1985)

4429 HOHLWEG, A. *Justinian.* In: *Exempla historica XII* ed. M. Schmid (Frankfurt: Fischer) 1986 39-76

4430 IRMSCHER, J. *Heidnische Kontinuität im justinianischen Staat.* In: *The 17th International Byzantine Congress. Major Papers* (cf. 1985-87, 244) 17-30

4431 LANATA, G. *La nature et la loi dans les Novelles de Justinien.* In: *Tradition und Fortschritt in den modernen Rechtskulturen.* Stuttgart; Wiesbaden: Steiner 1985 32-38

4432 PRINZING, G. *Das Bild Justinians I. in der Überlieferung der Byzantiner vom 7. bis 15. Jh.* In: *Fontes Minores VII* [Forschungen zur byzantinischen Rechtsgeschichte 14]. Frankfurt am Main: Löwenklau-Gesellschaft (1986) 1-99

4433 SCHMITZ, W. *Appendix 1 der justinianischen Novellen, eine Wende der Politik Justinians gegenüber adscripticii und coloni?* – Historia 35 (1986) 381-386

4434 SORRENTI, L. *Tra «lecturae» e «quaestiones» in un esemplare del «Codex». Il manoscritto Lucca, Biblioteca Capitolare, 322* – QC 9 (1987) 103-133

III.2. Iustinus Martyr

4435 *[Iustinus Martyr]* Ἰουστίνου, Ἀπολογίες Α'-Β', Λόγος περί Ἀναστάσεως, Διάλογος πρός Τρύφωνα. Εἰσαγωγή, κείμενο, μετάφραση ὑπό Π. ΧΡΗΣΤΟΥ [EP 77]. Thessalonike 1985. 680 pp.

4436 *[Iustinus Martyr] Apologies.* Intod., texte crit., trad., commentaire et index par ANDRÉ WARTELLE. Paris: Études Augustiniennes 1987. 390 pp.

4437 AGRELO, SANTIAGO, OFM *El «Logos», potencia divina que hace la Eucaristía. Testimonio de san Justino* [mit Zusammenfassung in engl. Sprache] – Ant 60 (1985) 602-663

4438 BARTELINK, G.J.M. *Justinus Martyr.* In: *Twee Apologeten uit het vroege Christendom* (cf. 1985-87, 1653) 9-102

4439 DENNING-BOLLE, SARA *Christian Dialogue as Apologetic: The Case of Justin Martyr seen in historical context* – BJRL 69 (1986/87) 492-510

4440 DROGE, ARTHUR J. *Justin Martyr and the Restoration of Philosophy* – ChH 56 (1987) 303-319

4441 GARGANO, GUIDO-INNOCENZO *L'anziano incontrato da Giustino: Un amico del Logos? O il Logos stesso?* In: *Geist und Erkenntnis* (cf. 1985-87, 270) 41-65

4442 GRANT, ROBERT M. *A Woman of Rome. The Matron in Justin, 2 Apology 2.1-9* – ChH 54 (1985) 461-472

4443 JOLY, ROBERT *Parallèles païens pour Justin, Apologie I, XIX.* In: *Hellenica et Judaica* (cf. 1985-87, 278) 473-481

4444 KERESZTES, P. *Justin, Roman law and the Logos* – Latomus 45 (1986) 339-346

4445 MARSHALL, G.L. *Some observations on Justin Martyr's use of testimonies.* In: *Studia Patristica 16* (cf. 1985-87, 359) 197-200

4446 MERINO, MARCELO *Condicionantes espacio-temporales de la conversión cristiana en san Justino Mártir* – ScTh 19 (1987) 831-840

4447 MERINO RODRIGUEZ, MARCELO *Los caminos de la conversión cristiana en el pensamiento de san Justino Mártir* – RAgEsp 27 (1986) 117-146

4448 MONTINI, PIERINO *Elementi di filosofia stoica in S. Giustino* – Aquinas (Roma) 28 (1985) 457-476

4449 MUNIER, C. *La structure littéraire de l'Apologie de Justin* – ReSR 60 (1986) 34-54

4450 MUNIER, CHARLES *A propos des Apologies de Justin* – ReSR 61 (1987) 177-186

4451 OTRANTO, GIORGIO *La terminologia esegetica in Giustino*. In: *La terminologia esegetica nell'antichità* (cf. 1985-87, 369) 61-77 = VetChr 24 (1987) 23-41

4452 OTRANTO, GIORGIO *Note sull'itinerario spirituale di Giustino. Fede e cultura in Dialogo 1-9*. In: *Crescita dell'uomo nella catechesi dei Padri* (cf. 1985-87, 247) 29-39

4453 PAPADEMETRIOU, G.C. *Σχέσεις Φιλοσοφίας καὶ Χριστιανισμοῦ παρὰ τῷ Ἰουστίνῳ* – ThAthen 58 (1987) 260-274

4454 PETEV, I. *Sveti măčenik Justin Filossof (= Der hl. Märtyrer Justinus der Philosoph)* – CărkV 25 (1987) 4-6

4455 PRIGENT, PIERRE *Les citations des Évangiles chez Justin (Apologie 14-17)*. In: *Lectures anciennes de la Bible* (cf. 1985-87, 297) 137-152

4456 REMUS, HAROLD *Justin Martyr's argument with Judaism*. In: *Anti-Judaism in early Christianity II* (cf. 1985-87, 204) 59-80

4457 SKARSAUNE, OSKAR *The Proof from Prophecy. A Study in Justin Martyr's Proof-Text Tradition: Text-Type, Provenance, Theological Profile* [Diss.] [Supplements to NovTest 56]. Leiden: Brill 1987. XIV, 508 pp.

4458 STANDER, H.F. *Is Justin really a bad Stylist?* – SecCent 5 (1985/86) 226-232

4459 THEODOROU, E. *Λειτουργικὰ στοιχεῖα ἐν τοῖς ἔργοις τοῦ Ἁγίου Ἰουστίνου* – ThAthen 56 (1985) 519-528

4460 TRAKATELLIS, DEMETRIOS *Justin Martyr's Trypho* – HThR 79 (1986) 289-297

4461 VERWEYEN, HANSJÜRGEN *Frühchristliche Theologie in der Herausforderung durch die antike Welt* – ZKTh 109 (1987) 385-399

4462 VERWEYEN, HANSJÜRGEN *Weltweisheit und Gottesweisheit bei Justin dem Märtyrer*. In: *Weisheit Gottes – Weisheit der Welt. Festschrift für Joseph Kardinal Ratzinger* (cf. 1985-87, 378) 603-613

4463 WAEGEMAN, M. *Les traités Adversus Judaeos. Aspects des relations judéo-chrétiennes dans le monde grec* – Byzan 56 (1986) 295-313

4464 WARTELLE, A. *Une bibliographie de saint Justin, philosophe et martyr* – REA 32 (1986) 138-141

4465 WINDEN, J.C.M. VAN *Justinus dialoog met Trypho. De eerste confrontatie tussen Griekse wijsbegeerte en christelijk geloof* – Hermeneus 58 (1986) 136-143

4466 YOUNG, M.O. *Justin Martyr and the Death of Souls.* In: *Studia Patristica 16* (cf. 1985-87, 359) 209-215

III.2. Pseudo-Iustinus Martyr

4467 *Greek and Latin Authors on Jews and Judaism.* Ed. with Instructions, Translations and Commentary by MENAHEM STERN. Jerusalem: The Israel Academy of Sciences and Humanities 1984. XIII, 159 pp.

III.2. Iuvencus

4468 BORRELL, ESPERANZA *Virgilio en Juvenco.* In: *Studia Virgiliana* (cf. 1985-87, 361) 137-145
4469 COSTANZA, S. *Da Giovenco a Sedulio. I proemi degli Evangeliorum libri e del Carmen Paschale* – CCC 6 (1985) 253-286
4470 RATKOWITSCH, CHRISTINE *Vergils Seesturm bei Iuvencus und Sedulius* – JAC 29 (1986) 40-58
4471 SANTORELLI, PAOLA *Nota a Giovenco IV,809* – AFLF 29 (1986/87) 17-20
4472 SCHICHO, JOHANN *Vettius Aquilinus Juvencus. Untersuchungen zur poetischen Kunst des ersten christlichen Epikers* [Diss.]. Graz 1987. 149 pp. [Zusammenfassung in: Sprachkunst. Beiträge zur Literaturwissenschaft (Wien) 19 (1988) 170]
4473 SIMONETTI ABBOLITO, GIUSEPPINA *I termini tecnici nella parafrasi di Giovenco* – Orpheus 7 (1986) 53-84
4474 SIMONETTI ABBOLITO, GIUSEPPINA *Osservazioni su alcuni procedimenti compositivi della tecnica parafrastica di Giovenco* – Orpheus 6 (1985) 304-324

III.2. Lactantius

4475 *[Lactantius] Lactance. Épitomé des Institutions divines.* Introd., texte crit., trad., notes et index par MICHEL PERRIN [SC 335]. Paris: Ed. du Cerf 1987. 299 pp.
4476 *[Lactantius] Lactance. Institutions divines, livre I.* Introduction, texte critique, traduction et notes par PIERRE MONAT [SC 326]. Paris: Éd. du Cerf 1986. 270 pp.
4477 *[Lactantius] Institutions divines, livre II.* Introd., texte crit., trad. et notes par PIERRE MONAT [SC 337]. Paris: Éd. du Cerf 1987. 240 pp.
4478 BÉLIS, A. *La théorie de l'âme chez Aristoxène de Tarente* – RPh 59 (1985) 239-246

4479   CALLEJAS BERDONÉS, M.T. *Confrontación del «De Ave Phoe-nice» de Lactancio y el «Phoenix» de Claudiano* – CFC 20 (1986/87) 113-120

4480   FERRERES, LAMBERT *Presència de Virgili a Lactanci.* In: *Studia Virgiliana* (cf. 1985-87, 361) 147-152

4481   GONZALEZ VEGA, FELIPE *Léxico e ideología en el De Mortibus Persecutorum de Lactancio: el caso de Valeria y Prisca* – StHHA 2-3 (1984/1985) 199-214

4482   HECK, EBERHARD *Ein Cicerozitat über den Nutzen der Philoso-phie bei Lactanz, Div. inst. 3,16,5* – Eos 75 (1987) 335-351

4483   KIRSCH, W. *Textimmanenz und Texttranszendenz bei Interpreta-tion literarischer Kunstwerke, am Beispiel des Phoenix-Gedichts von Laktanz* – WZRostock 34,1 (1985) 26-28

4484   KÖNIG, INGEMAR *Lactanz und das «System» der Tetrarchie* – Labeo 32 (1986) 180-193

4485   MCGUCKIN, JOHN ANTHONY *Lactantius as Theologian: an Angelic Christology on the Eve of Nicaea* – RSLR 22 (1986) 492-497

4486   MONAT, PIERRE *Notes sur le texte de Lactance: Institutions Divines 4,21,1 et Epitomé 42(47),3.* In: *Texte und Textkritik* (cf. 1985-87, 372) 417-425

4487   NICHOLSON, O.P. *The Source of the Dates in Lactantius' Divine Institutes* – JThS 36 (1985) 291-310

4488   OCKER, C. *Unius arbitrio mundum regi necesse est. Lactantius' concern for the preservation of Roman society* – VigChr 40 (1986) 348-364

4489   OGILVIE, R.M. *Vergil and Lactantius.* In: *Atti del Convegno mondiale scientifico di studi su Virgilio. Mantova, Roma, Napoli 19-24 settembre 1981.* A cura dell'Accademia Nazionale Virgi-liana. Milano: Mondadori (1985) I 263-268

4490   PERRIN, M. *L'authenticité lactancienne de l'Épitomé des Instituti-ons divines* – REA 32 (1986) 22-40

4491   PERRIN, M. *L'exemple de Lactance (250-325).* In: *Le Pardon.* Actes du Colloque organisé par le Centre Histoire des Idées, Université de Picardie [Le Point théologique 45]. Paris: Beauchesne (1987) 61-80

4492   PERRIN, M. *Quelques observations sur la conception de la mort et de l'eschatologie chez Lactance (250-325 ap. J.C.)* [résumé]. In: *Mort et fécondité dans les mythologies. Actes du colloque de Poitiers, 13-14 mai 1983.* Publ. par F. JOUAN [Centre de rech. mythologiques de l'Univ. de Paris 10]. Paris: Les Belles Lettres (1986) 117-118

4493 PERRIN, MICHAEL *Quelques observations sur la conception de la mort et de l'eschatologie chez Lactance (250-325 ap. J.C.)* – BulBudé (1987) 12-24

4494 ROOTS, PETER A. *The De Opificio Dei: The Workmanship of God and Lactantius* – CQ 37 (1987) 466-486

4495 RUNCHINA, GIOVANNI *Polemica filosofica e dottrinale nel De ira Dei di Lattanzio* – AFLC 6 (1985) [1987] 159-181

III.2. Leander Hispalensis

4496 *[Leander Hispalensis] Leandro di Siviglia. Lettera alla sorella Fiorentina: sulla verginità e la fuga dal mondo.* Introd., trad. e note di ORONZO GIORDANO [CTP 66]. Roma: Città Nuova Ed. 1987. 143 pp.

4497 DOMINGUEZ DEL VAL, U. *Algunos temas monásticos de San Leandro de Sevilla.* In: *Studia Patristica 16* (cf. 1985-87, 359) 1-14

4498 GIORDANO, ORONZO *Leandro di Siviglia: lettera alla sorella Fiorentina sulla verginità e fuga dal mondo* – VetChr 22 (1985) 105-119

4499 NAVARRA, LEANDRO *In margine a due citazioni di Isaia nell'Homilia in laudem Ecclesiae di Leandro di Siviglia* – StSR 11 (1987) 199-204

4500 NAVARRA, LEANDRO *Leandro di Siviglia: profilo storico-letterario* [Collana di testi storici 17]. L'Aquila; Roma: L. U. Japadre Editore 1987. 159 pp.

4501 YELO TEMPLADO, ANTONIO *Monacato femenino y plegaria de intercesión. Un texto de San Leandro.* In: *Mujeres del absoluto* (cf. 1985-87, 313) 63-65

III.2. Leo Magnus

4502 *[Leo Magnus] Dalle Lettere di S. Leone Magno.* A cura di GIUSEPPE CUSCITO. In: *Da Aquileia a Venezia* (cf. 1985-87, 208) 757-758

4503 *[Leo Magnus] Saint Léon le Grand. Le mystère de l'incarnation.* Textes choisis et prés. par PIERRE FAUCON DE BOYLESVE [Foi vivante 222]. Paris: Ed. du Cerf 1987. 93 pp.

4504 ALTENDORF, H.D. *Leo I.* In: *Exempla historica VII* (cf. 1985-87, 261) 143-153

4505 HUDON, GERMAIN, OMI *Le concept d''assumptio' dans l'écclésiologie de Léon le Grand.* In: *Studia Patristica 18,1* (cf. 1985-87, 360) 155-162

4506 LANG, ARTHUR PAUL *Anklänge an Orationen der Ostervigil in Sermonen Leos des Grossen* – SE 28 (1985) 155-381

4507 PEPKA, EDWARD PAUL *The theology of St. Peter's presence in his successors according to St. Leo the Great* [Diss.]. Washington, D.C.: Catholic Univ. of America 1986. V, 326 pp. [microfilm; cf. DissAbstr 47 (1986) 1371A-1372A]

4508 SIEGER, JOANNE DEANE *Visual metaphor as theology: Leo the Great's sermons on the incarnation and the arch mosaics at S. Maria Maggiore* – Gesta (New York) 26 (1987) 83-91

4509 STOCKMEIER, PETER *Dreifaltigkeit und Erlösung bei Leo dem Großen.* In: *Im Gespräch mit dem dreieinen Gott. Festschrift für Wilhelm Breuning* (cf. 1985-87, 271) 197-208

4510 STOCKMEIER, PETER *Universalis ecclesia. Papst Leo der Große und der Osten.* In: *Kirchengemeinschaft – Anspruch und Wirklichkeit* (cf. 1985-87, 292) 83-92

4511 STUDER, BASIL, OSB *Una persona in Christo. Ein augustinisches Thema bei Leo dem Grossen* – AugR 25 (1985) 453-487

III.2. Leontius pr. Constantinopolitanus

4512 *[Leontius Constantinopolitanus] Homiliae.* Edd. CORNELIS DATEMA et PAULINE ALLEN [CChr Series Graeca 17]. Turnhout: Brepols 1987. 470 pp.

4513 DATEMA, CORNELIS; ALLEN, PAULINE *Leontius, Presbyter of Constantinople, the Author of Ps. Chrysostom, In psalmum 92 (CPG 4548)?* – VigChr 40 (1986) 169-182

III.2. Pseudo-Leontius Byzantinus

4514 ESBROECK, MICHEL VAN *La date et l'auteur du De Sectis attribué à Léonce de Byzance.* In: *After Chalcedon* (cf. 1985-87, 194) 415-424

4515 GALLI CALDERINI, IRENE GINEVRA *Un epigrammista del ciclo di Agazia, Leonzio Scolastico.* In: ταλαρίσκος (cf. 1985-87, 368) 283-310

III.2. Leontius Hierosolymitanus

4516 GRAY, PATRICK T.R. *Leontius of Jerusalem's Case for a 'Synthetic' Union in Christ.* In: *Studia Patristica 18,1* (cf. 1985-87, 360) 151-154

4517 WESCHE, K.P. *The Christology of Leontius of Jerusalem: Monophysite or Chalcedonian?* – StVlThQ 31 (1987) 65-95

4518 WESCHE, K.W. *The Defense of Chalcedon in the 6th Century: The Doctrine of «Hypostasis» and Deification in the Christology of Leontius of Jerusalem* [Diss.]. Fordham Univ. 1986. 283 pp. [cf. DissAbstr 47,4 (1986) 1375A]

III.2. Leontius Neapolitanus

4519 DÉROCHE, V. *L'authenticité de l'Apologie contre les Juifs de Léontios de Néapolis* – BulHel 110 (1986) 655-669

4520 GENDLE, NICHOLAS *Leontius of Neapolis: A Seventh-century Defender of Holy Images*. In: *Studia Patristica 18,1* (cf. 1985-87, 360) 135-139

III.2. Liber Graduum

4521 AVETA, M. *Ad instar angelorum. Per un analisi storico-religiosa del Liber graduum* – CrSt 8 (1987) 481-500

4522 BÖHLIG, ALEXANDER *Zur Rhetorik im Liber Graduum*. In: *IV Symposium Syriacum* (cf. 1985-87, 367) 297-305

III.2. Liber Pontificalis

4523 GEERTMAN, HERMAN *Le capacità di metretae, amae e scyphi nel Liber Pontificalis* – RiAC 63 (1987) 193-201

4524 NOBLE, T.F.X. *A New Look at the «Liber pontificalis»* – AHP 23 (1985) 347-358

4525 ROUCHE, M. *La crise de l'Europe au cours de la deuxième moitié du VIIe siècle et la naissance des régionalismes* – Annales (ESC) 41 (1986) 347-360

4526 VERRANDO, G.N. *L'attività edilizia di papa Giulio I e la basilica al III miglio della via Aurelia «ad Callistum»* – MEFR (1985) 1021-1061

III.2. Liberius Papa

4527 FERNANDEZ, G. *Athanasius of Alexandria and Liberius of Rome. Analysis of the Letter Pro deifico timore of Liberius in the Light of the Edict of Arles of 353*. In: *Arianism* (cf. 1985-87, 209) 303-311

III.2. Licinianus Carthaginiensis

4528 AGUILAR AMAT, MANUEL J. *Liciniana Gallicana. Notas para la historia de las ediciones francesas de Liciniano de Cartagena* – Carth 3 (1987) 305 ss.

4529 SANCHEZ FERRA, A. *Aspectos de la cultura del siglo VI en el Sureste peninsular según la obra de Liciniano*. In: *Del Conventus Carthaginiensis a la Chora de Tudmir* (cf. 1985-87, 246) 123-128

III.2. Lucianus Antiochenus

4530 BUSTO SAIZ, J.R. *The biblical text of Malachias Monachus to the Book of Wisdom.* In: *La Septuaginta en la investigación contemporánea (V Congreso de la IOSCS).* Ed. N.F. MARCOS [Testos y estudios Cardenal Cisneros 34]. Madrid: Inst. Arias Montano (1985) 257-269

III.2. Lucifer Calaritanus

4531 DIERCKS, G.F. *Enige bijzonderheden van het taaleigen van Lucifer Calaritanus.* In: *Noctes Noviomagenses* (cf. 1985-87, 318) 75-82

III.2. Macarius Magnes

4532 BOUCHET, J.-R. *Les homélies de Saint Macaire. Une mystique du coeur –* VS 140 (1986) 221-231

III.2. Macarius/Symeon

4533 *[Macarius/Symeon] Μακαρίου τοῦ Αἰγυπτίου, 50 Πνευματικές Ὁμιλίες.* Εἰσαγωγή, κείμενο, μετάφραση ὑπό Ν. ΤΣΙΟΜΕ-ΣΙΔΗΣ [EP Φ 7]. Thessalonike 1985. 688 pp.

4534 IHNKEN, THOMAS *Zum 13. Kapitel des Großen Briefes des Makarios/Symeon – eine Anmerkung –* ZKG 97 (1986) 79-84

4535 PANAGOPOULOS, D.B. *Πνευματική ἀνάβαση. Θέματα χριστιανικῆς ὀρθόδοξης ἠθικῆς καί θεολογίας ἐμπνευσμένα ἐκ τῆς μελέτης τῶν «Πνευματικῶν Ὁμιλιῶν» Μακαρίου τοῦ Αἰγυπτίου.* Thessalonike 1985.

4536 ZANETTI, U. *Deux lettres de Macaire conservées en arabe et en géorgien –* Mu 99 (1986) 319-333

III.2. Macrobius

4537 GRANADOS FERNANDEZ, M.C. *Macrobio y la Biblia –* Eremita 53 (1985) 115-125

4538 GRANADOS FERNANDEZ, M.C. *Séneca en Macrobio –* CFC 20 (1986/87) 339-347

III.2. Mar Abā II.

4539 REININK, G.J. *Rhetorik in der Homilie zu Jes. 52,13-53,12 des Katholikos Mar Aba II. von Kaskar.* In: *IV Symposium Syriacum* (cf. 1985-87, 367) 307-316

III.2. Marcellus Ancyranus

4540 HÜBNER, REINHARD M. *Soteriologie, Trinität , Christologie. Von Markell von Ankyra zu Apollinaris von Laodicea.* In: *Im Gespräch mit dem dreieinen Gott. Festschrift für Wilhelm Breuning* (cf. 1985-87, 271) 175-196

III.2. Marcianus Constantinopolitanus

4541 SAUGET, J.-M. *Un épisode de la Vie de Marcianos de Constantinople accueilli dans les Paterika arabes* – OrChrP 52 (1986) 271-298

III.2. Marcion

4542 AMPHOUX, CHRISTIAN-BERNARD *La révision marcionite du Notre Père de Luc (11,2-4) et sa place dans l'histoire du texte.* In: *Recherches sur l'histoire de la Bible Latine* (cf. 1985-87, 336) 105-121

4543 HOOGEVEEN, PIET *Marcion als gevaarlijke herinnering* – WLL 6 (1985/86) 48-50

4544 KNOX, JOHN *Marcion's Gospel and the Synoptic Problem.* In: *Jesus, the Gospels and the Church. Essays in Honour of William R. Farmer.* Ed. by E.P. SANDERS. Macon, Ga.: Mercer Univ. Pr. (1987) 25-32

4545 MAY, GERHARD *Ein neues Markionbild?* – ThRu 51 (1986) 404-413

4546 NORELLI, E. *La funzione di Paolo nel pensiero di Marcione* – RiBi 34 (1986) 543-597

4547 NORELLI, ENRICO *Una restituzione di Marcione?* – CrSt 8 (1987) 609-631

4548 ORBE, ANTONIO *Doctrina de Marción en torno a la Pasión y muerte de Jesús* – Compostellanum 33 (1987) 7-24

4549 WILSON, STEPHEN G. *Marcion and the Jews.* In: *Anti-Judaism in Early Christianity II* (cf. 1985-87, 204) 45-58

III.2. Marcus Eremita

4550 *[Marcus Eremita] Asketische und dogmatische Schriften.* Eingeleitet, übersetzt und mit Anmerkungen versehen von OTMAR HESSE [BGL 19]. Stuttgart: Hiersemann 1985. X, 373 pp.

4551 *[Marcus Eremita] Marc le Moine: Traités spirituels et théologiques.* Introd. par KALLISTOS WARE; trad. et notes par CLAIRE-AGNES ZIRNHELD [Spiritualité orientale 41]. Bégrolles-en-Mauge: Abbaye de Bellefontaine 1985. LI, 288 pp.

4552 [Marcus Eremita] Marco L'Asceta. Discorsi sulla vita cristiana: tre opuscoli spirituali. A cura di FRANCESCO DI ROSSI. Torino: Gribaudi 1986. 128 pp.

4553 DURAND, GEORGES-MATTHIEU DE, OP Études sur Marc le Moine. II: Le Traité sur l'Incarnation – BLE 86 (1985) 5-23

4554 DURAND, GEORGES-MATTHIEU DE, OP Etudes sur Marc le Moine, III: Marc et les controverses orientales – BLE 87 (1986) 163-188

III.2. Marius Victorinus

4555 [Marius Victorinus] Marii Victorini opera. Pars 2: Opera exegetica. Rec. F. GORI [CSEL 83]. Wien: Hoelder-Pichler-Tempsky 1986. XVI, 290 pp.

4556 CLARK, MARY T. Victorinus and Augustine: Some Differences – AugSt 17 (1986) 147-159

4557 STEFANI, MASSIMO Sull'antropologia di Mario Vittorino (La «discesa» vivificante dell'anima in prospettiva cosmologica) – ScTh 19 (1987) 63-111

III.2. Martinus Bracarensis

4558 CARBAJAL SOBRAL, JOSÉ El catecismo que forjo al pueblo gallego. De correctione rusticorum de S. Martín de Braga. Tuy: JUM 1985. 125 pp.

4559 FONTAN, A. San Martín de Braga, una luz en la penumbra – CFC 20 (1986/87) 185-199

4560 STAROWIEYSKI, M. Marcin z Bragi (Brakary): Teksty prawnicze – WStT 2 (1984) 79-121

III.2. Maximus Confessor

4561 [Maximus Confessor] Μαξίμου Ὁμολογητοῦ, Μυσταγωγία, 400 κεφάλαια περί Ἀγάπης, Λόγος Ἀσκητικός, 200 κεφάλαια περί θεολογίας. Εἰσαγωγή, κείμενο, μετάφραση ὑπό I. ΣΑΚΑΛΗΣ [EP Φ 14]. Thessalonike 1985. 606 pp.

4562 [Maximus Confessor] Maxime le Confesseur. Centuries sur l'amour. Centuries sur la théologie et l'économie de l'Incarnation du Fils de Dieu. Brève interprétation du «Notre Père». Introduction et traduction par JACQUES TOURAILLE [Philocalie des Pères neptiques 6]. Bégrolles-en-Mauges: Abbaye de Bellefontaine 1985. 286 pp.

4563 [Maximus Confessor] Selected Writings. Translation and notes by GEORGE C. BERTHOLD. Introduction by JAROSLAV PELIKAN, preface by IRENEE-HENRI DALMAIS [The Classics of

Western Spirituality 45]. Mahwah, N.J.: Paulist Press; London: SPCK 1985. XVI, 240 pp.

4564 *[Maximus Confessor] Vie de la vierge.* Ed. MICHEL-JEAN VAN ESBROECK [CSCO 478/479: Scriptores Iberici 21/22]. Leuven: Peeters 1986. XVII, 188; XXXVIII, 144 pp.

4565 BERTHOLD, GEORGE C. *Maximus the Confessor and the Filioque.* In: *Studia Patristica 18,1* (cf. 1985-87, 360) 113-117

4566 DECLERCK, J.H. *Les citations de S. Maxime le Confesseur chez Paul de l'Évergétis* – Byzan 55 (1985) 91-117

4567 DEKKERS, E. *Maxime le Confesseur dans la tradition latine.* In: *After Chalcedon* (cf. 1985-87, 194) 83-97

4568 DEUN, PETER VAN *Les citations de Maxime le Confesseur dans le florilège palamite de l'Athenensis, Bibliothèque Nationale 2583* – Byzan 57 (1987) 127-157

4569 DRAGAS, GEORGE DION *The Church in St. Maximus' Mystagogy* – ThAthen 56 (1985) 385-408; ITQ 53 (1987) 113-129

4570 FARRELL, J.P. *Free Choice in St. Maximus the Confessor* [Phil. Diss.]. Oxford: University of Oxford 1987. 244 pp. [microfilm; cf. DissAbstr 49,8 (1989) 2275A]

4571 GARRIGUES, JUAN MIGUEL *Maximus Confessor und das Ende des christlichen Imperium Romanum* – IKaZComm 16 (1987) 495-497

4572 GARRIGUES, JUAN MIGUEL *San Máximo el Confesor frente a la crisis final de la romanidad cristiana del s. VII* – RaComm 9 (1987) 532-535

4573 HALDON, J.F. *Ideology and the Byzantine state in the seventh century. The trial of Maximus Confessor.* In: *From Late Antiquity to Early Byzantium* (cf. 1985-87, 266) 87-91

4574 LAGA, C. *Maximi Confessoris Ad Thalassium Quaestio 64. Essai de lecture.* In: *After Chalcedon* (cf. 1985-87, 194) 203-215

4575 LOUTH, A. *Maximus the Confessor.* In: *The Study of Spirituality* (cf. 1985-87, 364) 190-195

4576 ONOFRIO, G. D' *Natura e scrittura. Due nuove edizioni di testi eriugeniani* – StSR 50 (1984) 155-172

4577 PRATESI, MARCO *Filautia, piacere e dolore nella Questione 58 a Talassio di S. Massimo il Confessore* – Prometheus 13 (1987) 72-90

4578 PRIVITERA, G.A. *Una nuova testimonianza su Laso di Ermione.* In: *Studi in onore di Adelmo Barigazzi* (cf. 1985-87, 358) II 177-179

4579 SFAMENI GASPARRO, GIULIA *Aspetti di 'doppia creazione' nell'antropologia di Massimo il Confessore.* In: *Studia Patristica 18,1* (cf. 1985-87, 360) 127-134

4580 SIDOROV, A.I. *Nekotorye zamečanija k biografii Maksima Ipsovednika (= Bemerkungen zur Biographie von Maximus Confessor)* – ViVrem 47 (1986) 109-124

4581 STOENESCU, NACU-DANIIL *Învătătura Sfîntului Maxim Mărturisitorul despre ratiunile divine (= Die Lehre des hlg. Maximus Confessor von den göttlichen Vorstellungen)* – MitrBan 35 (1985) 418-431

4582 THUNBERG, LARS *Kristi två naturer som försoningens grundval, I-II. Theandrisk försoning enligt Maximus Confessor* – Svensk Pastoraltidskrift (Stockholm) 29 (1987) 284-290; 308-313

4583 THUNBERG, LARS *Man and the Cosmos. The Vision of St. Maximus the Confessor.* Foreword by A.M. ALLCHIN. Crestwood, N.Y.: St. Vladimir's Seminary Pr. 1985. 184 pp.

4584 VOCHT, CONSTANT DE *Un nouvel opuscule de Maxime le Confesseur, source des chapitres non encore identifiés des cinq Centuries théologiques (CPG 7715)* – Byzan 57 (1987) 415-420

4585 ŽELEV, I. *Sv. Maxsim Izpovednik – zaštitnik na Provoslavieto (= Der hl. Maximus Confessor als Verteidiger der Orthodoxie)* – CărkV (1987) 4-6

4586 ŽIVOV, V.M. *The Mystagogia of Maximus the Confessor and the Development of the Byzantine Theory of the Image* – StVlThQ 31 (1987) 349-376

III.2. Maximus Taurinensis

4587 *[Maximus Taurinensis] Sermoni di S. Massimo di Torino, I: Sermoni liturgici sul Natale e sull'Epifania; II: Sermoni liturgici su Quaresima, Pasqua e Pentecoste.* Introd., trad. e note a cura di L. PADOVESE [Classici cristiani]. Monferrato: PIEMME 1985. 61; 76 pp.

4588 FITZGERALD, ALAN, OSA *The Relationship of Maximus of Turin to Rome and Milan: A Study of Penance and Pardon at the Turn of the Fifth Century* – AugR 27 (1987) 465-486

III.2. Pseudo-Maximus Taurinensis

4589 ÉTAIX, RAYMOND *Trois nouveaux sermons à restituer à la collection du pseudo-Maxime* – RBen 97 (1987) 28-41

III.2. Melito Sardensis

4590 ANGERSTORFER, INGEBORG *Melito und das Judentum* [Diss.]. Regensburg 1985. XXXV, 301 pp.

4591 GROSSI, VITTORINO, OSA *Melitone di Sardi, Peri Pascha 9,63-64.* In: *Studia Patristica 16* (cf. 1985-87, 359) 163-169

4592 HALL, S.G. *New readings in the text of Melito.* In: *Texte und Textkritik* (cf. 1985-87, 372) 231-237

4593 LUCCHESI, ENZO *Encore un témoin copte du Peri Pascha de Méliton de Sardes* – VigChr 41 (1987) 290-292

4594 MANIS, ANDREW MICHAEL *Melito of Sardis: Hermeneutic and Context* – GrOrthThR 32 (1987) 387-402

4595 MAUR, H.J. AUF DER *De paaspreek van Meliton van Sardes. Joodse wortels – christelijke interpretatie – anti-joodse polemiek* – AThijmG 73 (1985) 64-80

4596 NORRIS, FREDERICK W. *Melito's Motivation* – AnglThR 68 (1986) 16-26

4597 SCHÄFERDIEK, KNUT *Die «Passio Johannis» des Melito von Laodikeia und die «Virtutes Johannis»* – AB 103 (1985) 367-382

4598 WIILSON, S.G. *Passover, Easter and anti-Judaism. Melito of Sardis and others.* In: *Christians, Jews, «others» in the late antiquity* (cf. 1985-87, 238) 337-355

III.2. Menander Laodicensis

4599 CAIRNS, FRANCIS *A note on the editio princeps of Menander Rhetor* – Eranos 85 (1987) 138-139

4600 HEIM, FRANÇOIS *Les panégyriques des martyrs ou l'impossible conversion d'un genre littéraire* – ReSR 61 (1987) 105-128

III.2. Merobaudes

4601 NAUDÉ, C.P.T. *Flavius Merobaudes and the death of the elder Theodosius.* In: *Varia studia* (cf. 1985-87, 376) 388-401

III.2. Mešīḫāʾ-Zeḫāʾ

4602 [*Mešīḫāʾ-Zeḫāʾ*] *Die Chronik von Arbela.* Hrsg. und übers. von PETER KAWERAU [CSCO 467/468: Scriptores Syri 199/200]. Leuven: Peeters 1985.

III.2. Methodius Olympius

4603 FERRARESE, GIANFRANCO *Valore della legge ed autorità degli Apostoli. Act. 15,1-29 in Metodio di Olimpo* [mit Zusammenfassung in deutscher Sprache] – KoinNapoli 8 (1984) 173-181

4604 MAZZUCCO, C. *Tra l'ombra e la realtà. L'Apocalisse nel Simposio di Metodio di Olimpo* – CCC 6 (1985) 399-423

4605 MAZZUCCO, CLEMENTINA *Il millenarismo di Metodio di Olimpo di fronte a Origene: Polemica o continuità?* – AugR 26 (1986) 73-87

4606 MONTSERRAT-TORRENTS, J. *Origenismo y gnosis: Los «per-fectos» de Metodio de Olimpo* – AugR 26 (1986) 89-101
4607 PRINZIVALLI, EMANUELA *L'esegesi biblica di Metodio di Olimpo* [StEA 21]. Roma: Institutum Patristicum Augustinianum 1985. 138 pp.
4608 RIGGI, C. *La forma del corpo risorto secondo Metodio in Epifanio (Haer. 64)*. In: *Morte e immortalità* (cf. 1985-87, 311) 75-92
4609 TIBILETTI, CARLO *Metodio d'Olimpo: verginità e platonismo* – Orpheus 8 (1987) 127-137

III.2. Pseudo-Methodius Olympius

4610 FRENZ, T. *Textkritische Untersuchungen zu «Pseudo-Metho-dios»: Das Verhältnis der griechischen zur ältesten lateinischen Fassung* – ByZ 80 (1987) 50-58
4611 KEDAR, B.Z. *The Arab Conquests and Agriculture: A Seventh-Century Apocalypse, Satellite Imagery, and Palynology* – Asian and African Studies (Jerusalem) 19 (1985) 1-15
4612 SUERMANN, HARALD *Der byzantinische Endkaiser bei Pseudo-Methodios* – OrChr 71 (1987) 140-155

III.2. Minucius Felix

4613 ALBRECHT, MICHAEL VON M. *Minucius Felix as a Christian Humanist* – IClSt 12 (1987) 157-168
4614 ALDAMA, ANNA MARIA *El Octavius de Minucius Felix: puntos discutidos* – ECl 29 (1987) 91 55-64
4615 BALDWIN, BARRY *A joke in Minucius Felix (Oct. 14.1)* – LCM 12 (1987) 23
4616 BUCHHEIT, VINZENZ *Die Wahrheit im Heilsplan Gottes bei Minucius Felix (Oct. 38,7)* – VigChr 39 (1985) 105-109
4617 CAPPELLETTI, A. *Minucio Félix y su filosofía de la religión* – RaVenFilos 19 (1985) 7-62
4618 FERRARINO, P. *Il problema artistico e cronologico dell'Octavius*. In: *P. FERRARINO, Scritti scelti*. Firenze: Olschki (1986) 222-273
4619 GALLICET, EZIO *Intorno a qualche passo dell'Octavius di Minucio Felice*. In: *Filologia e forme letterarie* (cf. 1985-87, 263) IV 123-133
4620 GRAZIA BIANCO, M. *Consuetudo-synétheia in Minucio Felice e Clemente Alessandrino*. In: *Crescita dell'uomo nella catechesi dei Padri* (cf. 1985-87, 247) 189-202
4621 HÅKANSON, L. *Miscellanea critica* – Eranos 83 (1985) 82-86

4622 THIEDE, CARSTEN PETER *A Pagan Reader of 2 Peter: Cosmic Conflagration in 2 Peter 3 and the Octavius of Minucius Felix* – JSNT 8 (1986) 79-96

III.2. Nemesius Emesenus

4623 *[Nemesius Emesenus] De natura hominis.* Ed. MORENO MORANI. Leipzig: BSB Teubner 1987. XIX, 183 pp.

4624 BROWN WICHER, HELEN *Nemesius Emesenus.* In: *Catalogus Translationum et Commentariorum, vol. 6* (cf. 1985-87, 409) 31-72

4625 MORANI, MORENO *Linguistica, filologia e traduzioni.* In: *Linguistica e filologia. Atti del VII Convegno internazionale di linguisti, tenuto a Milano nei giorni 12-14 settembre 1984.* Edd. GIANCARLO BOLOGNESI; VITTORIO PISANI. Brescia: Paideia (1987) 397-403

4626 MORANI, MORENO *Nemesiana parva* [in italienischer Sprache] – Orpheus 8 (1987) 144-148

4627 SAMIR, KHALIL *Les versions arabes de Némésius de Homṣ.* In: *L'eredità classica nelle lingue orientali* (cf. 1985-87, 257) 99-151

III.2. Nestorius

4628 MOUSALIMAS, T. *The Consequences of Nestorios' Metaphysics* – GrOrthThR 32 (1987) 279-284

4629 O'KEEFE, JOHN JAMES *A historic-systematic study of the christology of Nestorius. A reexamination based on a new evaluation of the literary remains in his 'Liber Heraclidis'* [Diss.]. Münster: Univ., Kathol.-Theol. Fak. 1987. VII, 339 pp.

III.2. Nicetas Remesianensis

4630 *[Nicetas Remesianensis] Niceta di Remesiana: Catechesi preparatorie al battesimo.* Trad., introd. e note a cura di CALOGERO RIGGI [CTP 53]. Roma: Città Nuova Ed. 1985. 139 pp.

4631 GAMBER, K. *Nicetas von Remesiana als Katechet und Hymnendichter.* In: *Spätantike und frühbyzantinische Kultur Bulgariens* (cf. 1985-87, 351) 71-83

4632 PASKOVSKI, V. *Sveti Nikita Remessianski (= Der hl. Nicetas von Remesiana)* – CărkV (1987) 4-5

4633 RIGGI, CALOGERO *Sangue e redenzione dei peccati in Niceta di Remesiana.* In: *Sangue e antropologia, V* (cf. 1985-87, 346) II 1179-1201

III.2. Nilus Ancyranus

4634 BIRKEL, MICHAEL L. *The contemplative as prophet. Monastic authority in the works of Nilus of Ancyra* [Diss.]. Cambridge, Mass.: Harvard Univ. 1986. 252 pp. [microfilm; cf. DissAbstr 47 (1986) 2193A]

4635 GRIBOMONT, J. *L'édition romaine (1673) des Tractatus de S. Nil et l'Ottobonianus gr. 25.* In: *Texte und Textkritik* (cf. 1985-87, 372) 187-202

III.2. Nonnus Panopolitanus

4636 *[Nonnus Panopolitanus] Werke in zwei Bänden. I: Leben und Taten des Dionysos I-XXXII. II: Leben und Taten des Dionysos XXXIII-XLVIII; Nachdichtung des Johannesevangeliums.* Übertragen von D. EBENER [Bibliothek der Antike. Griechische Reihe]. Berlin; Weimar: Aufbau-Verlag 1985. XXXV, 472; 502 pp.

4637 ACCORINTI, DOMENICO *Una crux nella Parafrasi nonniana* – Prometheus 12 (1986) 182-188

4638 BALDWIN, B. *Nonnus and Agathias. Two problems in literary chronology* – Eranos 84 (1986) 60-61

4639 CHUVIN, P. *Nonnos de Panopolis entre paganisme et christianisme* – BulBudé (1986) 387-396

4640 CYBENKO, O.P. *Eine lydische Sage in griechischer Überlieferung (Nonn., Dion. XXV, 451-552)* [in russischer Sprache mit italienischer Zusammenfassung] – InFil 80 = Pytann'a klasyčnoji filolohiji (Lwów) 21 (1985) 104-110

4641 CYBENKO, O.P. *Funkcija mifa v «Dionisiach» Nonna Panopolitanskogo* [Die Funktion des Mythos in den Schriften von Nonnos von Panopolis]. In: *From Late Antiquity to Early Byzantium* (cf. 1985-87, 266) 225-230

4642 FERABOLI, SIMONETTA *Astrologica in Nonno* – CL 4 (1985) 43-55

4643 GIGLI PICCARDI, DARIA *Metafora e poetica in Nonno di Panopoli.* Firenze: Univ. degli Studi Distrib. Licosa 1985. 299 pp.

4644 GIGLI PICCARDI, DARIA *OMIXLH. Un'immagine da salvare in Nonno, Dion. 25, 460* – ResPL 10 (1987) 137-141

4645 GIGLI PICCARDI, DARIA *Poesia oraculare e motivi neoplatonici.* In: *Metafora e poetica in Nonno di Panopoli* (cf. 1985-87, 4643) 209-245

4646 LIVREA, E. *Nonno interprete di Ev. Jo. 18,4-7* – Prometheus 11 (1985) 183-188

4647 LIVREA, ENRICO *Il poeta ed il vescovo. La questione nonniana e la storia* – Prometheus 13 (1987) 97-123

4648 NARDELLI, MARIA LUISA *L'esametro di Museo* [mit Zusammenfassung in englischer Sprache] – KoinNapoli 9 (1985) 153-166
4649 SCHULZE, J.-F. *Nonnos' Dionysiaka II,356-359 und Ovids Remedia 483-486* – WZHalle 34,6 (1985) 78-82
4650 TSIBENKO, O.P. *Die Funktion des Mythos in den Dionysiaka des Nonnus von Panopolis* [in russischer Sprache]. In: *From Late Antiquity to Early Byzantium* (cf. 1985-87, 266) 225-229
4651 VIAN, F. Χορεύειν, «*Aller*», *chez Nonnos?* – RPh 61 (1987) 13-17
4652 VIAN, F. *L'épopée grecque de Quintus de Smyrne à Nonnos de Panopolis* – BulBudé (1986) 333-343

III.2. Novatianus

4653 PELLAND, G. *Un passage difficile de Novatien sur 1 Cor 15,27-28* – Greg 66 (1985) 25-52
4654 STECZKO, J.K. *Wystąpienie Nowacjana w Kościele Rzymskin w III wieku* (= *The Role of Novatian in the Roman Church in the Third Century*) – Euhemer 31 (1987) 23-37

III.2. Opus Imperfectum in Matthaeum

4655 SCHLATTER, FREDERIC W. *The Opus Imperfectum in Matthaeum and the Fragmenta in Lucam* – VigChr 39 (1985) 384-392

III.2. Oracula Sibyllina

4656 BARTLETT, J.R. *Jews in the Hellenistic World. Josephus, Aristeas, the Sibylline Oracles, Eupolemus* [Cambridge Commentaries on Writings of the Jewish and Christian World I,1]. Cambridge: Univ. Pr. 1985. X, 209 pp.
4657 COLLINS, JOHN J. *The Development of the Sibylline Tradition* – ANRW II,20.1 (1987) 421-459
4658 HARTMAN, LARS *Vad säger Sibyllan? Byggnad och budskab i de sibyllinska oraklens fjärde bok*. In: *Context. Festskrift til Peder Johan Borgen*. Edd. PETER WILHELM BØCKMANN; ROALD E. KRISTIANSEN [Relief, Publikasjoner utgitt av Religionsvitenskapelig institutt, Universitetet i Trondheim 24]. Trondheim: Tapir (1987) 61-74
4659 LE MERRER, M. *Des sibylles à la sapience dans la tradition médiévale* – Mélanges de l'Ecole française de Rome. Moyen Age – Temps modernes (Paris; Roma) 98 (1986) 13-33

4660 MCGINN, B. *Teste David cum Sibylla. The significance of the Sibylline tradition in the Middle Ages.* In: *Women of the medieval world* (cf. 1985-87, 380) 7-36

4661 MOMIGLIANO, ARNALDO *Dalla Sibilla pagana alla Sibilla cristiana. Profezia come storia della religione* – ASNSP 17 (1987) 407-428

4662 PANAYIOTOU, GEORGE *Addenda to the LSJ Greek-English Lexicon. Lexicographical notes on the vocabulary of the Oracula Sibyllina* [mit Zusammenfassung in griechischer Sprache] – Hell 38 (1987) 46-66; 296-317

III.2. Orientius

4663 BIANCO, MARIA GRAZIA *Il Commonitorium di Orienzio. Un protrettico alla conversione nella Gallia del V secolo* – AFLM 20 (1987) 33-68

4664 VILLAREAL, JUAN *De S. Orientius, poeta* – AragS 1 (1986) 97-124

III.2. Origenes

4665 *[Origenes] Commento alla Lettera ai Romani, I: Libri I-VII.* Introd., trad. e note di FRANCESCA COCCHINI [Commenti alle Scritture delle tradizioni ebraice e cristiane 2]. Casale Monferrato: Marietti Ed. 1985. XXXVIII, 423 pp.

4666 *[Origenes] Esortazione al Martirio.* Introduzione, traduzione, note di CELESTINO NOCE [Studia Urbaniana 27]. Roma: Pontificia Universitas Urbaniana 1985. 204 pp.

4667 *[Origenes] Esortazione al martirio. Omelie sul Cantico dei Cantici.* Trad. di NORMANDO ANTONIONO [Testi di Spiritualità]. Milano: Rusconi Ed. 1985. 179 pp.

4668 *[Origenes] Gegen Kelsos.* Dt. Übers. von P. KOETSCHAU, ausgew. und bearb. von K. PICHLER [SK 6]. München: Kösel 1986. 228 pp.

4669 *[Origenes] Homélies sur Samuel.* Édition critique, introduction, traduction et notes de PIERRE NAUTIN et MARIE-THÉRESE NAUTIN [SC 328]. Paris: Éd. du Cerf 1986. 247 pp.

4670 *[Origenes] Kokoelma pyhien kilvoittelijaisien kirjoituksia, koonneet pyhät Makarios Notaras ja Nikodeemos Athosvuorelainen.* Toim. IRINJA NIKKANEN. 2. osa. [Finn. Übers. der Philokalia, II]. Helsinki: Valamon ystävät 1986. 304 pp.

4671 *[Origenes] Origene. Apologia del cristianesimo.* Introd., trad. e note di LORENZO DATTRINO [Classici dello Spirito 36]. Padova: Edizioni Messaggero 1987. 347 pp.

4672 *[Origenes] Origène. Homélies sur l'Exode.* Texte latin, introduction, trad. et notes de MARCEL BORRET [SC 321]. Paris: Éd. du Cerf 1985. 492 pp.

4673 *[Origenes] Origene. Omelie su Ezechiele.* Trad., introd. e note a cura di NORMANDO ANTONIONO [CTP 67]. Roma: Città Nuova Ed. 1987. 235 pp.

4674 *[Origenes] Origene: Omelie sul Levitico.* Trad., introd. e note a cura di MARIA IGNAZIA DANIELI [CTP 51]. Roma: Città Nuova Ed. 1985. 349 pp.

4675 *[Origenes] Orígenes. Comentario al Cantar de los Cantares.* Introducción y notas de M. SIMONETTI. Traducción de A. VELASCO [Biblioteca de Patrística 1]. Madrid: Editorial Ciudad Nueva 1986. 296 pp.

4676 *[Origenes] Orygenes. Homilie o Ksiegach Liczb, Jozuego, Sedziów.* 2 voll. Tr. S. KALINKOWSKI. Warszawa: Akademia Teologii Katolickiej 1986. 452 pp.

4677 *[Origenes] Orygenes, Homilie o Ewangelii św. Łukasza.* Przekład i oprac. STANISŁAW KALINKOWSKI [PSP 36]. Warszawa: Akademia Teologii Katolickiej 1986. 202 pp.

4678 *[Origenes] Orygenes: Przeciw Celsusowi (= Contra Celsum).* Wyd. 2. Z jezyka greckiego przełożył, wstepem, objasnieniami i indeksami opatrzył STANISŁAW KALINKOWSKI [in polnischer Sprache]. Warszawa: Akad. Teol. Katol. 1986. 451 pp.

4679 *[Origenes] Von den Prinzipien.* Hrsg., übers., mit krit. u. erl. Anm. vers. von H. GOERGEMANNS u. H. KARPP. 2., verb. u. um einen Nachtr. erw. Aufl. [Texte zur Forschung 24]. Darmstadt: Wissenschaftliche Buchgesellschaft 1985. X, 888 pp.

4680 *[Origenes] La Filocalia. A cura di Nicodimo Aghiorita e Macario di Corinto.* Traduzione, introduzione e note di BENEDETTA ARTIOLI e FRANCESCA LOVATO, 3 voll. Torino: P. Gribaudi 1982; 1983; 1985

4681 AVETA, MICAELA *Alcune osservazioni sulla valutazione origeniana della corporeità e del coniugio.* In: *Origeniana Quarta* (cf. 1985-87, 324) 336-343

4682 BAMBERGER, JOHN EUDES *The Personality of Origen: probings in psychohistory* – MonStud 16 (1985) 51-62

4683 BAMMEL, CAROLINE P. HAMMOND *Die fehlenden Bände des Römerbriefkommentars des Origenes.* In: *Origeniana Quarta* (cf. 1985-87, 324) 16-20

4684 BAMMEL, ERNST *Die Zitate in Origenes' Schrift wider Celsus.* In: *Origeniana Quarta* (cf. 1985-87, 324) 2-6

4685 BERNARDI, JEAN *L'étymologie du nom d'Origène* – BLE 87 (1986) 83-91

4686   BERNER, ULRICH *Origenes und das Synkretismusproblem.* In: *Origeniana Quarta* (cf. 1985-87, 324) 447-458

4687   BIANCHI, UGO *L'anima in Origene e la questione della metensomatosi* – AugR 26 (1986) 33-50

4688   BIANCHI, UGO *Origen's Treatment of the Soul and the Debate over Metensomatosis.* In: *Origeniana Quarta* (cf. 1985-87, 324) 270-281

4689   BLANC, CÉCILE *Dieu et Pneuma. Le sens de cette expression d'après Origène.* In: *Studia Patristica 16* (cf. 1985-87, 359) 224-241

4690   BOSTOCK, GERALD *Allegory and the Interpretation of the Bible in Origen* – Literature and Theology (Oxford) 1 (1987) 39-53

4691   BOSTOCK, GERALD *The Sources of Origen's Doctrine of Pre-Existence.* In: *Origeniana Quarta* (cf. 1985-87, 324) 259-264

4692   CALIANDRO, DOMENICO *Il Logos e l'uomo nella visione cosmica di Origene nel Contro Celso* [Diss.]. Roma: Pontificia Univ. Lateranense 1987 [1988]. 107 pp.

4693   COMOTH, KATHARINA *Hegemonikon. Meister Eckharts Rückgriff auf Origenes.* In: *Origeniana Quarta* (cf. 1985-87, 324) 265-269

4694   COX, CLAUDE E. *Hexaplaric materials preserved in the Armenian version* [SBL Septuagint and cognate studies 21]. Atlanta, Ga.: Scholars Press 1986. XV, 236 pp.

4695   CROUZEL, HENRI, SJ *Cultura e fede nella scuola di Cesarea con Origene.* In: *Crescita dell'uomo nella catechesi dei Padri* (cf. 1985-87, 247) 203-209

4696   CROUZEL, HENRI, SJ *Il «Logos» di Origine e il «Nous» di Plotino* – Bessarione 5 (1986) 95-106

4697   CROUZEL, HENRI, SJ *L'apocatastase chez Origène.* In: *Origeniana Quarta* (cf. 1985-87, 324) 282-290

4698   CROUZEL, HENRI, SJ *Morte e immortalità nel pensiero di Origene.* In: *Morte e immortalità* (cf. 1985-87, 311) 41-46

4699   CROUZEL, HENRI, SJ *Origène* [Coll. Le Sycomore]. Paris: Lethielleux 1985. 349 pp.

4700   CROUZEL, HENRI, SJ *Origene.* Trad. e indici di LUIGI FATICA [Cultura cristiana antica]. Roma: Borla 1986. 376 pp.

4701   CROUZEL, HENRI, SJ *Origène a-t-il tenu que le règne du Christ prendrait fin?* – AugR 26 (1986) 51-61

4702   CROUZEL, HENRI, SJ *Origene e l'origenismo: Le condanne di Origene* – AugR 26 (1986) 295-303

4703   CROUZEL, HENRI, SJ *Qu'est-ce qui correspond chez Origène à la troisième hypostase plotinienne, l'âme du monde?* In: *Alexandrina* (cf. 1985-87, 200) 203-220

4704 CROUZEL, HENRI, SJ *Seminar III: Origène et Plotin.* In: *Origeniana Quarta* (cf. 1985-87, 324) 430-435

4705 CROUZEL, HENRY, SJ *Die Spiritualität des Origenes. Ihre Bedeutung für die Gegenwart* – ThQ 165 (1985) 132-142

4706 CROUZEL, HENRY, SJ; BOULARAND, E. *Chronique origénienne* – BLE 86 (1985) 127-138; 87 (1986) 125-142; 88 (1987) 104-127

4707 CZESZ, B. *Wykształcenie a doskonałośc chrześcijańska według Orygenesa (=Ausbildung und christliche Vollkommenheit nach Origenes)* – PST 6 (1986) 27-32

4708 DAHAN, G. *Origène et Jean Cassien dans un Liber de philosophia Salomonis* – AHD 55 (1985) 135-162

4709 DANIÉLOU, JEAN *Pères de l'Église au IIIe siècle: Origène.* Cours donné à la Faculté de Théologie de l'Institut Catholique de Paris. Rééd. Paris: Assoc. André Robert 1986. 380 pp.

4710 DECHOW, JON F. *Seminar II: The Heresy Charges Against Origen.* In: *Origeniana Quarta* (cf. 1985-87, 324) 112-122

4711 DILLON, JOHN M. *Aisthêsis Noêtê: A Doctrine of Spiritual Senses in Origen and in Plotinus.* In: *Hellenica et Judaica* (cf. 1985-87, 278) 443-455

4712 DORIVAL, GILLES *Nouvelles remarques sur la forme du Traité des Principes d'Origène* – RechAug 22 (1987) 67-108

4713 DORIVAL, GILLES *Origène et la résurrection de la chair.* In: *Origeniana Quarta* (cf. 1985-87, 324) 291-321

4714 DUVAL, YVES-MARIE *Vers le Commentaire sur Aggée d'Origène.* In: *Origeniana Quarta* (cf. 1985-87, 324) 7-15

4715 FRÜCHTEL, E. *Das Problem der παρακαταθήκη im Herakleidesdialog des Origenes.* In: *Studia Patristica 16* (cf. 1985-87, 359) 248-251

4716 GILOT, FERNANDO RUY DOS SANTOS *Do significado de Origenes na teologia do séc. III ou a marginalização da teologia da marginalidade* – Itinerarium 33 (1987) 281-310

4717 GÖGLER, ROLF *Inkarnationsglaube und Bibeltheologie bei Origenes* – ThQ 165 (1985) 82-94

4718 GÖGLER, ROLF *Origenes als Glaubender und als Theologe.* In: *Origeniana Quarta* (cf. 1985-87, 324) 352-357

4719 GRONEWALD, MICHAEL *Origenes, Comm. in Gen. 1,14* – ZPE 67 (1987) 56-58

4720 HÄLLSTRÖM, GUNNAR AF *Δόξα hos Platon og πίστις hos Origenes.* In: *Idékonfrontation under senantiken* (cf. 1985-87, 285) 57-69

4721 HÄLLSTRÖM, GUNNAR AF *Celsus och Origenes syn på förhållandet mellan judendom och kristendom.* In: *Judendom och kristendom under de första århundradena* (cf. 1985-87, 101) II 113-124

4722 HÄLLSTRÖM, GUNNAR AF *Charismatic Succession. A Study on Origen's Concept of Prophecy* [Publications of the Finnish Exegetical Society 42]. Helsinki: The Finnish Exegetical Society 1986. VI, 76 pp.

4723 HANSON, RICHARD P.C. *Did Origen teach that the Son is ek tes ousias of the Father?* In: *Origeniana Quarta* (cf. 1985-87, 324) 201-202

4724 HARL, MARGUERITE *La préexistence des âmes dans l'oeuvre d'Origène.* In: *Origeniana Quarta* (cf. 1985-87, 324) 238-258

4725 HAUCK, ROBERT J. *Inspiration as apologetic. The debate over true prophecy in the Contra Celsum of Origen* [Diss.]. Durham, N.C.: Duke Univ. 1985. 203 pp. [microfilm; cf. DissAbstr 47 (1986) 1364A]

4726 HEINE, R.E. *Can the Catena Fragments of Origen's Commentary on John Be Trusted?* – VigChr 40 (1986) 118-134

4727 HOFRICHTER, PETER *Das Verständnis des christologischen Titels «Eingeborener» bei Origenes.* In: *Origeniana Quarta* (cf. 1985-87, 324) 187-193

4728 IRMSCHER, JOHANNES *L'edizione di Origene nei «Griechische christliche Schriftsteller»* – AugR 26 (1986) 575-578

4729 JOHANSEN, KARSTEN FRIIS *Origenes' gudsbegreb – Origenes og Platonismen.* In: *Idékonfrontation under senantiken* (cf. 1985-87, 285) 27-55

4730 KANNENGIESSER, CHARLES, SJ *Origenes im christlichen Abendland bis zur Zeit der Reformation.* In: *Origeniana Quarta* (cf. 1985-87, 324) 465-470

4731 KELLY, JOSEPH F.T. *Early Medieval Evidence for Twelve Homilies by Origen on the Apocalypse* – VigChr 39 (1985) 273-279

4732 KOBUSCH, THEO *Das Christentum als die wahre Philosophie. Zum Verhältnis zwischen Platonismus und Christentum bei Origenes.* In: *Origeniana Quarta* (cf. 1985-87, 324) 442-446

4733 KOBUSCH, THEO *Die philosophische Bedeutung des Kirchenvaters Origenes. Zur christlichen Kritik an der Einseitigkeit der griechischen Wesensphilosophie* – ThQ 165 (1985) 94-105

4734 LANGE, N.R.M. DE *The Letter to Africanus: Origen's recantation?* In: *Studia Patristica* 16 (cf. 1985-87, 359) 242-247

4735 LAPORTE, JEAN *Philonic models of eucharistia in the eucharist of Origen* – Laval 42 (1986) 71-91

4736 LE BOULLUEC, ALAIN *Controverses au sujet de la doctrine d'Origène sur l'âme du Christ.* In: *Origeniana Quarta* (cf. 1985-87, 324) 223-237

4737 LE BOULLUEC, ALAIN *Y a-t-il des traces de la polémique antignostique d'Irénée dans le Péri Archon d'Origène?* In: *Studia Patristica* 16 (cf. 1985-87, 359) 252-259

4738 The lectionary of the monastery of 'Azīzā'ēl in Ṭūr 'Abdīn, Mesopotamia. A startling depository of the Syro-Hexapla texts. A facs. ed. of Ms. Mardin Orth. 47 ed. ARTHUR VÖÖBUS [CSCO 466]. Leuven: Peeters 1985. XIII, 340 pp.

4739 LOGAN, ALASTAIR H.B. Origen and the Development of Trinitarian Theology. In: Origeniana Quarta (cf. 1985-87, 324) 424-429

4740 MALI, FRANZ Zum Verhältnis von Matthäuskommentar des Origenes und Opus Imperfectum in Matthaeum. Mt 19, 3-11: Die Frage der Ehescheidung. In: Anfänge der Theologie (cf. 1985-87, 202) 243-255

4741 MATTER, E.A. «Cantico dei Cantici» nel contesto del cristianesimo medievale – Aevum 61 (1987) 303-312

4742 MCCARTNEY, DAN G. Literal and Allegorical Interpretation in Origen's Contra Celsum – WestThJ 48 (1986) 281-301

4743 MCGUCKIN, JOHN ANTHONY Origen's Doctrine of Priesthood – Clergy 70 (1985) 277-286. 318-325

4744 MCGUCKIN, JOHN ANTHONY The Changing Forms of Jesus. In: Origeniana Quarta (cf. 1985-87, 324) 215-222

4745 MÉHAT, A. Notes sur quelques manuscrits latins des Homélies sur les Nombres d'Origène. In: Texte und Textkritik (cf. 1985-87, 372) 411-416

4746 MÉHAT, ANDRÉ Divination païenne et prophétie chrétienne. La Pythie, Origène et Saint Jean Chrysostome. In: Origeniana Quarta (cf. 1985-87, 324) 436-441

4747 MEIS WOERMER, ANNELIESE El problema del mal en Orígenes. Importancia y significado teológico del tiempo en la argumentación sobre el mal del Peri Archon III I, 1-24 – AnSan 37 (1986) [1988] 136 pp.

4748 MEIS WOERMER, ANNELIESE El problema del mal, según Orígenes (Peri Archon III 1, 1-24) – TyV 26 (1985) 175-195

4749 MEREDITH, ANTHONY, SJ Origen, Plotinus and the Gnostics – HeythropJ 26 (1985) 383-398

4750 MICAELLI, CLAUDIO Osservazioni su alcuni problemi teologici e filosofici del commento di Origene all'Epistola ai Romani. In: Origeniana Quarta (cf. 1985-87, 324) 26-35

4751 MILLER, PATRICIA COX «Pleasure of the Text, Text of Pleasure»: Eros and Language in Origen's Commentary on the Song of Songs – JAAR 54 (1986) 241-256

4752 MIZUGAKI, WATARU Origen and Josephus. In: Josephus, Judaism, and Christianity (cf. 1985-87, 290) 325-337

4753 MONACI CASTAGNO, ADELE Origene predicatore e il suo pubblico. Milano: Angeli Ed. 1987. 281 pp.

4754 MORESCHINI, CLAUDIO Note ai perduti stromata di Origene. In: Origeniana Quarta (cf. 1985-87, 324) 36-43

4755 MOSETTO, FRANCESCO *I miracoli evangelici nel dibattito tra Celso e Origene* [BSRel 76]. Roma: Libreria Ateneo Salesiano 1986. 172 pp.

4756 MÜHLENBERG, E. *Zur Überlieferung des Psalmenkommentars von Origenens.* In: *Texte und Textkritik* (cf. 1985-87, 372) 441-451

4757 NALDINI, MARIO *Note sul De Pascha di Origene e la tradizione origeniana in Egitto* – AugR 26 (1986) 63-71

4758 NARDI, C. *Attualità teologica del senso psichico origeniano della Scrittura* – Nicolaus 12 (1985) 349-355

4759 NASIŁOWSKI, K. *De potestatis sacerdotalis apud Origenem distinctione* – Apollinaris 58 (1985) 692-699

4760 NAUTIN, P. *Notes critiques sur l'In Iohannem d'Origène (livres XIII, XIX et XX)* – RPh 59 (1985) 63-75

4761 NEUSCHÄFER, BERNHARD *Origenes als Philologe* [Schweizer Beiträge zur Altertumswissenschaft 18] Basel: Reinhardt 1987. 500 pp.[2 Voll.]

4762 NORDERVAL, ØYVIND *Origenes som teologisk utfordring?* – NTT 87 (1986) 219-243

4763 O'CLEIRIGH, PADRAIG M. *Knowledge of this World in Origen.* In: *Origeniana Quarta* (cf. 1985-87, 324) 349-351

4764 O'CLEIRIGH, PADRAIG M. *Prime Matter in Origen's World Picture.* In: *Studia Patristica 16* (cf. 1985-87, 359) 260-263

4765 O'LEARY, JOSEPH S. *How to read Origen.* In: *Origeniana Quarta* (cf. 1985-87, 324) 358-360

4766 OSBORN, ERIC *Causality in Plato and Origen.* In: *Origeniana Quarta* (cf. 1985-87, 324) 362-369

4767 PAZZINI, D. *Il Quarto Colloquio Origeniano Internazionale di Innsbruck, 2-7 settembre 1985* – StPat 33 (1986) 491-502

4768 PISI, PAOLA *Peccato di Adamo e caduta dei NOES nell'esegesi origeniana.* In: *Origeniana Quarta* (cf. 1985-87, 324) 322-335

4769 POFFET, J.M. *La méthode exégétique d'Héracléon et d'Origène commentateurs de Jn 4. Jésus, la Samaritaine et les Samaritains* [Paradosis 28]. Fribourg: Ed. Univ. 1985. XXIX, 304 pp.

4770 REJMER, J. *De Alexandria Aegyptia eiusque civitate temporibus Origenis florente* [in polnischer Sprache mit lateinischer Zusammenfassung] – Meander 41 (1986) 443-458

4771 RIUS-CAMPS, JOSEP *El Peri Archon d'Origenes. Radiografia del primer tractat de teologia dogmatico-sapiencial.* Lliçó inaugural del curs acadèmic 1985-1986. Barcelona: Facultat de Teología de Barcelona 1985. 90 pp.

4772 RIUS-CAMPS, JOSEP *Fonts i formes del pensament origenià* – Enrahonar 13 (1986) 57-83

4773   RIUS-CAMPS, JOSEP *Los diversos estratos redaccionales del Peri archon de Origenes* – RechAug 22 (1987) 5-65

4774   RIUS-CAMPS, JOSEP *Subordinacianismo en Origenes?* In: *Origeniana Quarta* (cf. 1985-87, 324) 154-186

4775   ROUKEMA, RIEMER *Jews and Gentiles in Origen's Commentary on Romans III 19-22.* In: *Origeniana Quarta* (cf. 1985-87, 324) 21-25

4776   ROWE, J. NIGEL *Origen's doctrine of subordination: a study in Origen's christology* [EHTheol 272]. Frankfurt a.M.; Bern: Lang 1987. XXIV, 315 pp.

4777   SAUSER, EKKART *Von Bild und Schatten. Gedanken aus Origenes und Bernhard von Clairvaux.* In: *Für Kirche und Heimat. FS Franz Loidl zum 80. Geburtstag.* Wien; München: Herold (1985) 291-301

4778   SCALISE, CHARLES J. *Allegorical Flights of Fancy. The Problem of Origen's Exegesis* – GrOrthThR 32 (1987) 69 ss.

4779   SCHADEL, ERWIN *Sobre el concepto de «Trinidad» en Orígenes* – ETrin 20 (1986) 163-176

4780   SCHADEL, ERWIN *Zum Trinitätskonzept des Origenes.* In: *Origeniana Quarta* (cf. 1985-87, 324) 203-214

4781   SCOGNAMIGLIO, ROSARIO *«Anthropos apodemon» (Mt 25,14): Problema e stimoli per la Cristologia di Origene.* In: *Origeniana Quarta* (cf. 1985-87, 324) 194-200

4782   SENG, HELMUT *Die Geschaffenheit der Materie bei Origenes* [mit Zusammenfassung in spanischer Sprache] – Seminarium. Revista de educación (Buenos Aires) 1 (1987) 15-19

4783   SFAMENI GASPARRO, GIULIA *Aspetti della controversia origeniana: Le traduzioni latine del Peri archon* – AugR 26 (1986) 191-205

4784   SFAMENI GASPARRO, GIULIA *Il problema delle citazioni del Peri Archon nella Lettera a Mena di Giustiniano.* In: *Origeniana Quarta* (cf. 1985-87, 324) 54-76

4785   SICLARI, A. *Limiti dell'amore nel Commento al Cantico dei Cantici di Origene.* In: *Sapienza antica. Studi in onore di Domenico Pesce.* A cura della Fac. di Magistero dell'Univ. di Parma, pres. di A. SCIVOLETTO. Milano: Angeli (1985) 269-298

4786   SIMONETTI, MANLIO *Eresia ed eretici in Origene* – AugR 25 (1985) 735-748

4787   SIMONETTI, MANLIO *La controversia origeniana: Caratteri e significato* – AugR 26 (1986) 7-31

4788   SIMONETTI, MANLIO *Origene e lo scriba di Matteo 13,52* – VetChr 22 (1985) 181-196

4789   SPADA, CONCETTA ALOE *Origene e gli Apocrifi del Nuovo Testamento.* In: *Origeniana Quarta* (cf. 1985-87, 324) 44-53

4790 SPYRA, M. *Elementy teologii chrzcielnej w czwartej i piatej homilii Orygenesa do Kniegi Jozuego* (= *Les éléments de la quatrième et cinquième homélie d'Origène pour le Livre de Josué*) – SSHT 19/20 (1986/87) 41-64

4791 STRÄULI, ROBERT *Origenes, der Diamantene.* Zürich: ABZ Verlag 1987. 475 pp.

4792 TORJESEN, KAREN J. *Hermeneutical Procedure and Theological Method in Origen's Exegesis* [PTS 28]. Berlin; New York: de Gruyter 1986. XI, 183 pp.

4793 TREVIJANO ETCHEVERRIA, RAMON *A propos de l'eschatologie d'Origène.* In: *Studia Patristica 16* (cf. 1985-87, 359) 264-270

4794 TRIPOLITIS, ANTONIA *Origen. A critical reading* [American University Studies series 7,8]. New York, N.Y.: Lang 1985. XI, 150 pp.

4795 TZAMALIKOS, PANAYIOTIS *The concept of time in Origen* [Diss.]. Glasgow: University of Glasgow 1987. XV, 834 pp.

4796 ULLMANN, W. *Die Sophia-Lehre des Origenes im 1. Buch seines Johanneskommentars.* In: *Studia Patristica 16* (cf. 1985-87, 359) 271-278

4797 VIGNE, D. *Origène, la XVIIe homélie sur les Nombres* – BLE 86 (1985) 243-266; 87 (1986) 5-28

4798 VOGT, HERMANN-JOSEF *Die Witwe als Bild der Seele in der Exegese des Origenes* – ThQ 165 (1985) 105-118

4799 VOGT, HERMANN-JOSEF *Seminar I: Texte zum Hauptreferat.* In: *Origeniana Quarta* (cf. 1985-87, 324) 100-111

4800 VOGT, HERMANN-JOSEF *Warum wurde Origenes zum Häretiker erklärt? Kirchliche Vergangenheitsbewältigung in der Vergangenheit.* In: *Origeniana Quarta* (cf. 1985-87, 324) 78-99

4801 VOGÜÉ, ADALBERT DE *Les plus anciens exégètes du Premier livre des Rois. Origène, Augustin et leurs épigones* – SE 29 (1986) 5-12

4802 WALDMANN, HELMUT *Ansätze zur Integration östlichen Gedankenguts bei Origenes (Mazdaismus, Zurvanismus).* In: *Origeniana Quarta* (cf. 1985-87, 324) 459-464

4803 WILKINS, WILLIAM DONALD *A commentary on selected passages from Origen's Peri archon which are essential to his theory of preexistence* [Diss.]. Los Angeles, Calif.: Univ. of California 1986. 361 pp. [microfilm; cf. summary in DissAbstr 48 (1987) 384A]

4804 WILLIAMS, ROWAN D. *The Son's Knowledge of the Father in Origen.* In: *Origeniana Quarta* (cf. 1985-87, 324) 146-153

III.2. Orosius

4805 *[Orosius] Paulo Orosio. História contra os pagaõs.* Intr. da L. CRAVEIRO DA SILVA. Trad. da J. CARDOSO. Ind. da M.C.D. LUMIAR RAMOS. Braga: Universidade do Minho 1986. 577 pp.

4806 *[Orosius] Paulus Orosius. Die antike Weltgeschichte in christlicher Sicht. Buch I-IV.* Übersetzt und erläutert von ADOLF LIPPOLD, eingeleitet von CARL ANDRESEN. Zürich; München: Artemis Verlag 1985. 304 pp.

4807 *[Orosius] Paulus Orosius. Die antike Weltgeschichte in christlicher Sicht. Buch V-VII.* Übersetzt und erläutert von ADOLF LIPPOLD. Zürich; München: Artemis Verlag 1986. 367 pp.

4808 CITTI, V. *Tranione, Giulia e Semiramide* – GFF 9 (1986) 7

4809 CRAVEIRO DA SILVA, LUCIO *Paulo Orosio finalmente traduzido* – Brotéria 124 (1987) 563-566

4810 DAIBER, HANS *Orosius' Historiae adversus paganos in arabischer Überlieferung.* In: *Tradition and re-interpretation* (cf. 1985-87, 373) 202-249

4811 FORLIN PATRUCCO, MARCELLA *Regnasse mortem avidam sanguinis. La memoria del passato pagano nelle Historiae di Orosio.* In: *Sangue e antropologia,* V (cf. 1985-87, 346) III 1701-1718

4812 JANVIER, YVES *La géographie de l'Afrique du Nord chez Orose* – BACTH B 43 (1982) 135-151

4813 LIPPOLD, A. *Orosius und seine Gegner.* In: *Hestíasis* (cf. 1985-87, 279) I 163-182

4814 MARCHETTA, ANTONIO *Orosio ed Ataulfo nell'ideologia dei rapporti romano-barbarici* [Studi storici 174/177]. Roma: Istituto Storico Italiano per il Medio Evo 1987. 420 pp.

4815 OLIMON NOLASCO, MANUEL *De lo Romano a lo Universal. El sentido de la historia en Pablo Orosio* – EfMex 5 (1987) 453-471

4816 ONICA, PAUL ANTHONY *Orosius* [Diss.]. Toronto: Univ. of Toronto 1987 [cf. summary in DissAbstr 48 (1988) 2864A-2865A]

4817 TORRES, AMADEU *Paulo Orosio cidadão Romano-Bracarense e a su História contra os Pagãos. A propósito da primeira versão portuguesa de José Cardoso* – ThBraga 20 (1985) 317-322

4818 TORRES RODRIGUEZ, CASIMIRO *Paulo Orosio. Su vida y sus obras* [Galicia Histórica]. La Coruña Fundación Pedro Barrie de la Maza, Conde de Fenosa 1985. 921 pp.

III.2. Orsiesius

4819 VOGÜÉ, A. DE *Les nouvelles lettres d'Horsièse et Théodore. Analyse et commentaire* – StMon 28 (1986) 7-50

III.2. Pachomius Tabennensis

4820 GOULD, GRAHAM *Pachomios of Tabennesi and the Foundation of an Independent Monastic Community* – SCH 23 (1986) 15-24
4821 GRAHAM, WILLIAM A. *Beyond the written word: oral aspects of scripture in the history of religion.* New York: Cambridge University Pr. 1987. XIV, 309 pp.
4822 KUREK, R. *Sw. Pachomiusz – człowiek i dzieło (= Der hl. Pachomius – Mensch und Werk)* – TST 10 (1987) 254-273
4823 ROUSSEAU, PHILIP *Pachomius: The Making of a Community in Fourth-Century Egypt* [The transformation of the classical heritage 6]. Berkeley, Calif.: University of California Press 1985. XVI, 217 pp.

III.2. Pacianus

4824 ANGLADA, ANGEL «*Orationis ornatus*» *en Paciano: la longitud de los miembros del período* – CFC 20 (1986/87) 41-57
4825 ANGLADA, ANGEL *Estudiant amb peu de rei. Pacià Paen V,3,121* – ATCA 5 (1986) 271-276
4826 ANGLADA, ANGEL *Las apostillas de Latino Latini al texto de Paciano de Barcelona* – VetChr 23 (1986) 231-266
4827 ANGLADA ANFRUNS, ANGEL *El texto de Paciano en la Bibliotheca Patrum de Marguerin de la Bigne.* In: *Homenaje a Pedro Sáinz Rodríguez, I. Repertorios, Textos y Comentarios.* Madrid: Fundación Universitaria Española (1986) 309-337
4828 ANGLADA ANFRUNS, ANGEL *Unas notas críticas del texto de Paciano de Barcelona (Paen. I,2; III,2; Ep. II,2,3; III,3; IV,4; V,1; VII,1).* In: *Athlon. Satura grammatica in honorem Francisci Rodríguez Adrados, II* (cf. 1985-87, 211) 23-28
4829 ANGLADA ANFRUNS, ANGEL *Unes suposades cites de Virgili en Pacià.* In: *Studia Virgiliana* (cf. 1985-87, 361) 265-268
4830 PERARNAU I ESPELT, JOSEP *Entorn del «... sed omnem ... dissipauerint ...» de Pacià de Barcelona* – ATCA 5 (1986) 277-280

III.2. Palladius Helenopolitanus

4831 [*Palladius Helenopolitanus*] *Dialogue on the Life of St. John Chrysostom.* Ed. and tr. by ROBERT T. MEYER [ACW 45]. New York: Paulist Pr.; Newman Pr. 1985. VI, 249 pp.

4832 *[Palladius Helenopolitanus] Historia Lausiaca. Die frühen Heiligen in der Wüste.* Hrsg. und aus dem Griech. übers. von DOROTHEA SCHUETZ. Freiburg i.Br.; Basel; Wien: Herder 1987. 92 pp.

4833 *[Palladius Helenopolitanus] Historia Lausiaca: Die frühen Heiligen in der Wüste.* Hrsg. und aus dem Griechischen übers. von JACQUES LAAGER [Manesse-Bibliothek der Weltliteratur]. Zürich: Manesse-Verlag 1987. 348 pp.

4834 *[Palladius Helenopolitanus] La autobiografía de Paladio.* Introducción y traducción de E. CONTRERAS – CuadMon 21 (1986) 301-305

4835 MEYER, R.T. *Holy Orders in the Eastern Church in the Early Fifth Century as seen in Palladius.* In: *Studia Patristica 16* (cf. 1985-87, 359) 38-49

4836 VOGT, KARI *La moniale folle du monastère des Tabennésiotes. Une interprétation du chapitre 34 de l'Historia Lausiaca de Pallade* – SO 62 (1987) 95-108

III.2. Pamphilus Berytensis

4837 JUNOD, ERIC *Origène vu par Pamphile dans la Lettre-Préface de l'Apologie.* In: *Origeniana Quarta* (cf. 1985-87, 324) 128-135

4838 REYMOND, ANTOINE *«Apologie pour Origène»: un état de la question.* In: *Origeniana Quarta* (cf. 1985-87, 324) 136-145

III.2. Pamphilus Caesariensis

4839 BIENERT, WOLFGANG A. *Die älteste Apologie für Origenes? Zur Frage nach dem Verhältnis zwischen Photius, cod. 117 und der Apologie des Pamphilus.* In: *Origeniana Quarta* (cf. 1985-87, 324) 123-127

III.2. Pantaleon monachus

4840 HALKIN, F. *Un discours inédit du moine Pantaléon sur l'élévation de la Croix. BGH 427p* – OrChrP 52 (1986) 257-270

III.2. Papias Hierapolitanus

4841 CIRILLO, LUIGI *Un recente volume su Papia* – CrSt 7 (1986) 553-563

III.2. Papias Historicus

4842 NIKETAS, D.Z. *Παπ(π)ίας. Βυζαντινὸς συγγραφέας ἐκκλησιαστικῆς ἱστορίας* – Byzantina 13 (1985) 1267-1272

III.2. Patres Apostolici

4843 *[Patres Apostolici] De apostolske Fædre i dansk oversættelse med indledning og noter.* Edd. NIELS JØRGEN CAPPELØRN; NIELS HYLDAHL; BERTIL WIBERG. København: Det danske Bibelselskab 1985. 352 pp.

4844 *[Patres Apostolici] De apostolske Fædre i oversættelse med inledning og noter ved SØREN GIVERSEN, I-II.* København: Museum Tusculanums Forlag 1985. 276; 328 pp.

4845 *[Patres Apostolici] Early Christian writings: the Apostolic Fathers.* Transl. by MAXWELL STANIFORTH. With introductions and new editorial material by ANDREW LOUTH. Repr. Harmondsworth: Penguin 1987. 199 pp.

4846 *[Patres Apostolici] I padri apostolici.* Trad., introd. e note a cura di ANTONIO QUACQUARELLI. Roma: Città Nuova 1986. 418 pp.

4847 GIVERSEN,S. *Mattæusevangeliet og De apostolske Fædre.* In: *Teologi og kirke. Festskrift til Poul Nepper-Christensen.* Edd. JOHANNES NISSEN; HEJNE SIMONSEN. Valby: Unitas Forlag (1986) 104-117

4848 HAGNER, DONALD A. *The Sayings of Jesus in the Apostolic Fathers and Justin Martyr* [Gospel Perspectives 5] – JSOT (1985) 233-268

4849 PAULSEN, H. *Die Briefe des Ignatius von Antiochia und der Brief des Polykarp von Smyrna.* 2., neubearb. Aufl. der Auslegung von W. BAUER [Handbuch zum Neuen Testament 18: Die apostolischen Väter 2]. Tübingen: Mohr 1985. V, 126 pp.

4850 QUACQUARELLI, ANTONIO *Il senso della cultura nei Padri apostolici.* In: *Crescita dell'uomo nella catechesi dei Padri* (cf. 1985-87, 247) 13-28

4851 TROBAJO DIAZ, ANTONIO *Ministerios jerárquicos en los Padres Apostólicos* – StLeg 27 (1986) 249-277

III.2. Patricius ep. Hibernorum

4853 KELLY, JOSEPH F.T. *Christianity and the Latin Tradition in Early Medieval Ireland* – BJRL 68 (1985/86) 410-433

4854 KELLY, JOSEPH F.T. *The Escape of St. Patrick from Ireland.* In: *Studia Patristica 18,1* (cf. 1985-87, 360) 41-45

4855 MALASPINA, E. *Gli scritti di San Patrizio: alle origini del cristianesimo irlandese* [Cultura cristiana antica. Collana di testi e studi]. Roma: Edizioni Borla 1985. 199 pp.

4856 O RAIFEARTAIGH, T. *St. Patrick and the 'Defensio'* – Seanchas Ard Mhacha (Maynooth) 11 (1983-1985) 22-31

4857 O'DONOGHUE, NOEL DERMOT *Aristocracy of Soul: Patrick of Ireland* [The way of the Christian mystics 1]. Wilmington, Del.: Michael Glazier; London: Darton, Longman and Todd 1987. 131 pp.

4858 THOMPSON, E.A. *Who was St. Patrick?* Woodbridge: Boydell Press 1985. XV, 190 pp.

III.2. Paulinus Nolanus

4859 CATTANEO, ENRICO *Il Christus patiens nel giusto perseguitato. Reminiscenze melitoniane in s. Paolino di Nola* [mit französischer Zusammenfassung] – KoinNapoli 9 (1985) 141-152

4860 CILLIERS, J.F.G. *Paulinus van Nola en die vroeg-christelike literatuurteorie.* In: *Varia studia* (cf. 1985-87, 376) 189-202

4861 COSTANZA, S. *Pax romana – pax cristiana in Paolino di Nola.* In: *Hestíasis* (cf. 1985-87, 279) I 55-71

4862 DESMULLIEZ, J. *Paulin de Nole. Études chronologiques (393-397)* – RechAug 20 (1985) 35-64

4863 ERRICHIELLO, M. *Espressioni dell'interiorità «affettiva» nell'epistolario paoliniano* – Vichiana 14 (1985) 107-116

4864 FOERSTER, F.; PASCUAL, R. *El naufragio de Valgius. Comentarios a la parte náutica de la epístola 49 de San Paulino de Nola.* In: *El naufragio de Valgius.* Por F. FOERSTER; R. PASCUAL. Barcelona: Ed. de Nuevo arte Thor (1985) 7-22

4865 GUTTILLA, GIUSEPPE *Dottrina e arte nell'Obitus Baebiani di S. Paolino di Nola* – ALGP 23/24 (1986/87) 131-157

4866 GUTTILLA, GIUSEPPE *Una nuova lettura del carme 31 di S. Paolino di Nola* – KoinNapoli 11 (1987) 69-97

4867 KIRSCH, W. *Paulinus von Nola und Nicetas von Remesiana. Zur Literaturauffassung zweier Christen des 4. Jahrhunderts.* In: *From Late Antiquity to Early Byzantium* (cf. 1985-87, 266) 189-193

4868 KIRSCH, W. *Zum Verhältnis von Poetologie und Poetik bei Paulinus von Nola* – MLatJB 20 (1985) 103-111

4869 LEANZA, SANDRO *Una precisazione a proposito di due recenti articoli su Melitone di Sardi e Paolino di Nola* – KoinNapoli 10 (1986) 89-90

4870 LIENHARD, J.T., SJ *Paulinus of Nola and Monasticism.* In: *Studia Patristica 16* (cf. 1985-87, 359) 29-31

4871 MAYER, M. *A propósito de Paulino de Nola y su época. Paulino, Ausonio y Barcelona.* In: *El naufragio di Valgius.* Por F. FOERSTER; R. PASCUAL. Barcelona: Ed. de Nuevo arte Thor (1985) 31-46

4872   *Il messaggio di San Paolino Vescovo di Nola dall'Epistolario.* Trad. e note di ANTONIO ESPOSITO. Napoli; Roma: LER 1986. 338 pp.

4873   PISCITELLO CARPINO, TERESA *Tra classicismo e cristianesimo: le epistole di Paolino di Nola ad Agostino.* In: *Disce Paulinum* (cf. 1985-87, 253) 23-49

4874   PRETE, SERAFINO *La povertà in Paolino: estetismo letterario o sincerità di convertito?* In: *Disce Paulinum* (cf. 1985-87, 253) 5-22

4875   PRETE, SERAFINO *Motivi ascetici e letterari in Paolino di Nola* [Strenae Nolanae Collana di Studi e Testi 1]. Napoli: LER 1987. 165 pp.

4876   ROBERTS, MICHAEL *Paulinus Poem II, Virgil's First Eclogue, and the limits of amicitia* – ThPhA 115 (1985) 271-282

4877   ROUGÉ, J. *Periculum Maris et transports d'état: la lettre 49 de Pauline de Nolan.* In: *Hestíasis* (cf. 1985-87, 279) II 119-136

4878   ROUGÉ, J. *Un drame maritime à la fin du IVe siècle. Le voyage de Martinien de Narbonne à Nole (Paulin de Nole, poème 24).* In: *Mélanges offerts à Michel Labrousse.* Éd. par J.M. PAILLER. Pallas N° hors série (1986) 93-103

4879   TESTINI, P. *Paolino e le costruzioni di Cimitile (Nola). Basiliche o tombe privilegiate?* In: *L'inhumation privilégiée du IVe au VIIIe s. en Occident. Actes du colloque tenu à Créteil les 16-18 mars 1984.* Éd. par Y. DUVAL et J.C. PICARD. Paris: Boccard (1986) 213-220

III.2. Paulinus Petricordiensis

4880   BROOKE, MARTIN *Interpretatio christiana: imitation and polemic in late antique epic.* In: *Homo viator. Classical essays for John Bramble* (cf. 1985-87, 283) 285-295

4881   DAM, RAYMOND VAN *Paulinus of Périgueux and Perpetuus of Tours* – Francia 14 (1986) 567-573

III.2. Paulus Silentiarius

4882   WHITBY, M. *Paul the Silentiary and Claudian* – CQ 35 (1985) 507-516

4883   WHITBY, M. *The Occasion of Paul the Silentiary's Ekphrasis of S. Sophia* – CQ 35 (1985) 215-228

4884   WHITBY, MARY *Eutychius patriarch of Constantinoble: an epic holy man.* In: *Homo viator. Classical essays for John Bramble* (cf. 1985-87, 283) 297-308

4885   WHITBY, MARY *On the omission of a ceremony in mid-sixth century Constantinople; candidati, curopalatus, silentiarii, excubitores and others* – Historia 36 (1987) 462-488

4886 ZANETTO, G. *Imitatio e variatio negli epigrammi erotici di Paolo Silenziario* – Prometheus 11 (1985) 258-270

III.2. Pelagius

4887 BASEVI, CLAUDIO *La justificación en los comentarios de Pelagio, Lutero y Santo Tomás a la epístola a los Romanos* – ScTh 19 (1987) 113-176

4888 DUMVILLE, D.N. *Late-seventh or eighth-century evidence for the British transmission of Pelagius* – CMCS 10 (1985) 39-52

4889 FLEURIOT, LÉON *Les rois Héliseus et Salamon et le role de la Bretagne armoricaine dans la transmission du texte de Pélage* – ECelt 24 (1987) 279-283

4890 SCHLATTER, FREDERIC W. *The Pelagianism of the Opus Imperfectum in Matthaeum* – VigChr 41 (1987) 267-284

4891 TIBILETTI, CARLO *Moduli stoici in Pelagio (A Demetriade).* In: *Filologia e forme letterarie* (cf. 1985-87, 263) V 109-119

4892 WINTERBOTTOM, MICHAEL *Pelagiana* – JThS 38 (1987) 106-129

III.2. Pentadius

4893 CRISTOBAL, VICENTE *Los versos ecoicos de Pentadio y sus implicaciones métricas* – CFC 19 (1985) 157-167

III.2. Petronius Veronensis

4894 DOLBEAU, FRANÇOIS *Une ancienne édition et un manuscrit oubliés des sermons del'évêque Petronius* – RBen 96 (1986) 27-29

III.2. Petrus Alexandrinus

4895 LUCCHESI, E. *Le sort d'un feuillet copte relatif à une homélie inédite attribuée à Pierre d'Alexandrie* – AB 103 (1985) 94

4896 VIVIAN, TIM *Saint Peter of Alexandria. Bishop and martyr* [Diss.]. Santa Barbara, Calif.: Univ. of California 1985. 526 pp. [microfilm; cf. DissAbstr 47 (1986) 212A]

III.2. Petrus Chrysologus

4897 *[Petrus Chrysologus] Sermones, I: Sermones I-XXVII.* Texte crit. et introd. de ALEXANDRE OLIVAR, trad. en catalan et notes de JAUME FABREGAS I BAQUÉ [FBMEC]. Barcelona: Tip. Emporium 1985. 171 pp.

4898 *[Petrus Chrysologus] Sermones, II: Sermones XXVIII-LXII bis.* Text. rev. per ALEXANDRE OLIVAR , trad. i notes de JAUME

FABREGAS I BAQUÉ [FBMEC]. Barcelona: Tip. Emporium 1987.
193 pp.
4899 CORTESI, G. *Cinque note su San Pier Crisologo* – FR 4. ser.
127-130 (1984/85) 117-132
4900 OLIVAR, A. *Die Textüberlieferung der Predigten des Petrus
Chrysologus.* In: *Texte und Textkritik* (cf. 1985-87, 372) 469-487

III.2. Petrus Hierosolymitanus

4901 ESBROECK, MICHEL VAN *L'homélie de Pierre de Jérusalem et
la fin de l'origénisme palestinien en 551* – OrChrP 51 (1985)
33-59

III.2. Philostorgius

4902 FERNANDEZ HERNANDEZ, G. *La elección episcopal de Atanasio de Alejandría según Filostorgio* – Gerión 3 (1985) 211-229
4903 MARKOPOULOS, A. *Kedrenos, Pseudo-Symeon, and the last
oracle at Delphi* – GrRoBySt 26 (1985) 207-210

III.2. Philoxenus Mabbugensis

4904 FRAFFIN, F. *Quelques aspects de la doctrine monastique de
Philoxène de Maboug et sa Lettre à Patricius.* In: *Monachisme
d'Orient et d'Occident* (cf. 1985-87, 308) 1-18
4905 LARDREAU, GUY *Discours philosophique et discours spirituel:
autour de la philosophie spirituelle de Philoxène de Mabboug.*
Paris: Editions du Seuil 1985. 187 pp.

III.2. Physiologus

4906 ALEXANDRE, M. *Bestiaire chrétien. Mort, rénovation, résurrection dans le Physiologus.* In: *Mort et fécondité dans les mythologies. Actes du colloque de Poitiers, 13-14 mai 1983.* Publ. par F.
JOUAN [Centre de rech. mythologiques de l'Univ. de Paris 10].
Paris: Les Belles Lettres (1886) 119-137
4907 *Der Physiologus. Tiere und ihre Symbolik.* Übertragen und erläutert von OTTO SEEL. 5. Aufl. Zürich; Stuttgart: Artemis-Verlag
1987. 128 pp.
4908 ZOTTO TOZZOLI, CARLA DEL *Il Physiologus nella tradizione
nordica* [mit Zusammenfassung in englischer Sprache] – Quaderni
linguistici e filologici. Ricerche svolte presso l'Univ. degli Studi di
Macerata 3 (1985) 339-366

III.2. Polycarpus Smyrnensis

4909 NIELSEN, CHARLES M. *Polycarp and Marcion: A Note* – ThSt 47 (1986) 297-299

4910 SCHOEDEL, WILLIAM R. *Polycarp's witness to Ignatius of Antioch* – VigChr 41 (1987) 1-10

III.2. Possidius

4911 GRÉGOIRE, RÉGINALD, OSB *Riflessioni sulla tipologia agiografica della «Vita Augustini» di Possidio* – AugR 25 (1985) 21-26

4912 KARDONG, TERRENCE G. *Monastic issues in Possidius' Life of Augustine* – AmBenR 38 (1987) 159-177

4913 MUTZENBECHER, ALMUT *Bemerkungen zum Indiculum des Possidius. Eine Rezension* – REA 33 (1987) 128-131

III.2. Primasius Hadrumetinus

4914 *[Primasius Hadrumetinus] Primasius Episcopus Hadrumetinus, Commentarius in Apocalypsin.* Cura et studio ARTHUR WHITE ADAMS [CChr Series Latina 92]. Turnhout: Brepols 1985. XXXVI, 366 pp.

III.2. Priscillianus

4915 LOPEZ PEREIRA, J.E. *Prisciliano de Avila y el priscilianismo desde el siglo IV a nuestros dias. Rutas bibliograficas* – Cuadernos Abulenses (Avila) 3 (1985) 13-77

III.2. Proba

4916 BRUGNOLI, GIORGIO *Due note probiane.* In: *Filologia e forme letterarie* (cf. 1985-87, 263) IV 217-230

4917 SHANZER, DANUTA *The Anonymous Carmen contra paganos and the Date and Identity of the Centonist Proba* – REA 32 (1986) 232-248

III.2. Proclus Constantinopolitanus

4918 AUBINEAU, MICHEL *Emprunts de Proclus de Constantinople à Cyrille d'Alexandrie dans son Homélie XXII, In illud: «Et postquam consummati sunt dies octo...» (Lc 2,21).* In: *After Chalcedon* (cf. 1985-87, 194) 23-34

4919 ESBROECK, MICHEL VAN *Jalons pour l'histoire de la transmission manuscrite de l'homélie de Proclus sur la Vierge (BHG 1129).* In: *Texte und Textkritik* (cf. 1985-87, 372) 149-160

4920 ESBROECK, MICHEL VAN *L'homélie de Proclus CPG 5800 dans l'ancien Tōnakan arménien* – REArm N.S. 19 (1985) 49-53
4921 ROMPAY, LUCAS VAN *Proclus of Constantinople's «Tomus ad Armenios» in the Post-Chalcedonian Tradition*. In: *After Chalcedon* (cf. 1985-87, 194) 425-449

III.2. Procopius Caesariensis

4922 *[Procopius Caesariensis] Der Vandalenkrieg. Der Gotenkrieg.* Nach der Übers. von D. COSTA bearb. u. erg. von A. HEINE u. A. SCHÄFER. Essen: Phaidon-Verlag 1985. 385 pp.
4923 BALDWIN, BARRY *Sexual rhetoric in Procopius* – Mn 40 (1987) 151-153
4924 BECK, HANS-GEORG *Kaiserin Theodora und Prokop. Der Historiker und sein Opfer*. München: Piper 1986. 166 pp.
4925 CAMERON, AVERIL *History as text. Coping with Procopius*. In: *The Inheritance of Historiography* (cf. 1985-87, 286) 53-66
4926 CAMERON, AVERIL *Procopius and the sixth century* [The transformation of the classical heritage 6]. Berkeley, Calif.: Univ. of California Pr.; London: Duckworth 1985. XIII, 297 pp.
4927 CRESCI, LIA RAFFAELLA *Ancora sulla μίμησις in Procopio* – RFC 114 (1986) 449-457
4928 CRESCI, LIA RAFFAELLA *Lineamenti strutturali e ideologici della figura di Belisario nei Bella procopiani*. In: *Serta historica antiqua*. [Pubbl. dell'Ist. di storia ant. e scienze ausiliarie dell'Univ. degli studi di Genova 15]. Roma: Giorgio Bretschneider (1986) 247-276
4929 GOLDSTEIN, I. *Historiografija o Prokopiju iz Cezareje (= Historiographie über Prokopios von Caesarea)* – Historijski Zbornik (Bratislava) 38 (1985) 167-190
4930 GOLDSTEIN, I. *Historiografski kriteriji Prokopija iz Cezareje (= Les critères historiographiques de Procope de Césarée)* [in serbokroatischer Sprache mit französischer Zusammenfassung] – ZRBl 24/25 (1986) 25-101
4931 IVANOV, S.A. *Eine Anleihe des Fortsetzers des Theophanes bei Prokop von Caesarea* [in russischer Sprache] – ViVrem 48 (1987) 156-157
4932 IVANOV, S.A. *Prokopij i predstavlenija drevnich Slavjan o sud'be* [Prokopios und die Vorstellungen der alten Slaven über das Schicksal] – Byzantinobulgarica (Sofia) 8 (1986) 175-182
4933 LITAVRIN, G.G. *O dvuch Chilbudach Prokopija Kesarijskogo* [Über die beiden Namen «Chilbudios» bei Prokop von Kaisareia] – ViVrem 47 (1986) 24-30

4934 MANNUCCI, VANNI *Osservazioni sulla cartografia portuense* – Bollettino d'Arte del Ministerio della Pubblica Istruzione (Roma) 72 (1987) N°41 71-86

4935 MANTKE, JOZEF *De Vesuvio apud scriptores antiquos, imprimis Romanos efficto eiusque munere q.d. repraesentandi* [in polnischer Sprache mit lateinischer Zusammenfassung] – Eos 74 (1986) 91-102

4936 SCOTT, R. *Justinian's coinage and Easter Reforms and the Date of the Secret History* – BMGS 11 (1987) 215-222

4937 WHITBY, M. *Jusinian's Bridge over the Sangarius and the Date of Procopius' «De aedificiis»* – JHS 105 (1985) 129-148

III.2. Procopius Gazaeus

4938 *[Procopius Gazaeus] Procope de Gaza, Priscien de Césarée, Panégiriques de l'empereur Anastase Ier.* Textes, trad. et comm. par A. CHAUVOT [Antiquitas R.1, 35]. Bonn: Habelt 1986. XIII, 323 pp.

4939 GARZYA, A. *Per la storia della tradizione delle Epistole di Procopio di Gaza.* In: *Texte und Textkritik* (cf. 1985-87, 372) 161-164

4940 MINNITI COLONNA, MARIA *L'ideologia imperiale nel Panegirico di Procopio di Gaza.* In: *Le trasformazioni della cultura* (cf. 1985-87, 375) I 119-132

III.2. Prosper Aquitanus

4941 JEUDY, COLETTE *Nouveaux fragments de textes grammaticaux* – RHT 14-15 (1984/1985) 131-141

4942 MARKUS, R.A. *Chronicle and Theology. Prosper of Aquitaine.* In: *The Inheritance of Historiography* (cf. 1985-87, 286) 31-43

4943 MUHLBERGER, S. *Prosper's Ἐπιτομὴ χρονικῶν. Was there an edition of 443?* – ClPh 81 (1986) 240-244

III.2. Prudentius

4944 *[Prudentius] Aureliusz Prudencjusz Klemens. Poezje.* Przekład, wstep i oprac. MIECZYSŁAW BROŻEK [PSP 43]. Warszawa: Akademia Teologii Katolickiej 1987. 362 pp.

4945 BEATO, J. *O combate da «Ira» contra a «Patientia» na «Psychomachia» dePrudêncio* – Didaskalia 17 (1987) 429-436

4946 BEIKIRCHER, HUGO *Spezereien aus dem Paradies (zu Prud., cath. 5,120 und Alc. Avit., carm. 1,292 f.)* – WSt 20 N.F. = 99 (1986) 261-266

4947 BUCHHEIT, VINZENZ *Prudentius über Gesittung durch Eroberung und Bekehrung* – WJA 11 (1985) 189-223

4948 BUCHHEIT, VINZENZ *Resurrectio carnis bei Prudentius* –
VigChr 40 (1986) 261-285

4949 BUCHHEIT, VINZENZ *Sonnenwende – Geburt des Sol verus
(Prud., cath. 11,1-12)* – WSt 20 N.F. = 99 (1986) 245-259

4950 CHARLET, JEAN-LOUIS *La poésie de Prudence dans l'esthétique
de son temps* – BulBudé (1986) 368-386

4951 CHARLET, JEAN-LOUIS *Sit deuota Deo Roma. Rome dans le
Contra Symmachum de Prudence.* In: *Commemoratio. Studi di
filologia in ricordo di Riccardo Ribuoli.* A cura di SESTO PRETE
[Didascaliae 2]. Sassoferrato: Ist. Intern. di Studi Piceni (1986)
33-41

4952 DAVIS-WEYES, CAECILIA *Komposition und Szenenwahl im
Dittochaeum des Prudentius.* In: *Studien zur spätantiken und
byzantinischen Kunst* (cf. 1985-87, 362) III 19-29

4953 DÖPP, S. *Prudentius' Contra Symmachum eine Einheit?* – VigChr
40 (1986) 66-82

4954 EVENEPOEL, W. *Some literary and liturgical problems in Prudentius' Liber Cathemerinon. On Jean-Louis Charlet* – RBPh 64
(1986) 79-85

4955 FONTANIER, JEAN MICHEL *Christus imago Dei. Art et christologie dans l'oeuvre de Prudence* – RechAug 21 (1986) 117-137

4956 FONTANIER, JEAN MICHEL *La création et le Christ créateur
dans l'œuvre de Prudence* – RechAug 22 (1987) 109-128

4957 GNILKA, C. *Zwei Binneninterpolamente und ihre Bedeutung für
die Geschichte des Prudentiustextes* – Her 114 (1986) 88-98

4958 GNILKA, CHRISTIAN *Ein Zeugnis doppelchörigen Gesangs bei
Prudentius* – JAC 30 (1987) 58-73

4959 GNILKA, CHRISTIAN *Theologie und Textgeschichte. Zwei Dop-
pelfassungen bei Prudentius, psychom. praef. 38ff* – WSt 19 N.F.
= 98 (1985) 179-203

4960 GNILKA, CHRISTIAN *Zur Praefatio des Prudentius.* In: *Filologia
e forme letterarie* (cf. 1985-87, 263) IV 231-251

4961 GONZALEZ BLANCO, ANTONINO *Prudencio y la historia del
valle medio del Ebro a comienzos del siglo V d.C. Notas a
propósito de un debate planteado* – Gerión 5 (1987) 359-368

4962 HENKE, R. *Der Romanushymnus des Prudentius und die griechische Prosapassio* – JAC 29 (1986) 59-65

4963 HENKE, RAINER *Die Nutzung von Senecas (Ps.-Senecas) Tragö-
dien im Romanus-Hymnus des Prudentius* – WJA 11 (1985)
135-149

4964 MALAMUD, M.A. *Prudentius and Roman mythology* [Diss.]. Ithaca, N.Y.: Cornell Univ. 1985. 204 pp. [microfilm; cf. DissAbstr 46 (1986) 2684A]

4965 MICAELLI, C. *Consolazione cristiana e motivi didascalici nel decimo inno del Cathemerinon di Prudenzio* – VetChr 24 (1987) 293-314

4966 MICAELLI, C. *Problemi esegetici dell'Inno XI del Cathemerinon di Prudenzio* – SCO 35 (1985) 171-184

4967 NUGENT, S.G. *Allegory and poetics; the structure and imagery of Prudentius' Psychomachia* [Stud. zur klass. Philol. 14]. Frankfurt a.M.: Lang 1985. 109 pp.

4968 PARATORE, E. *La poetica di Prudenzio.* In: *Le trasformazioni della cultura* (cf. 1985-87, 375) I 333-345

4969 PÉREZ RODRIGUEZ, ANTONIO *La organización de la enseñanza en la Calahorra romana a través de los datos biográficos de M.F. Quintiliano y de Aurelio Prudencio Clemente.* In: *Calahorra* (cf. 1984, 121) 311-315

4970 PETRUCIONE, J.F. *Prudentius' use of martyrological topoi in Peristephanon* [Diss.]. Ann Arbor, Mich.: Univ. of Michigan 1985. 176 pp. [microfilm; cf. DissAbstr 46 (1986) 3343A]

4971 RADEMEYER, J.C. *Prudentius se aanwendig van metrum in Cathemerinon XII* – Akroterion 32 (1987) 56-65

4972 SCHETTER, W. *Inter dispersa reperies. Zu einigen metrischen Definitionen der Prudentiusüberlieferung.* In: *Kontinuität und Wandel* (cf. 1985-87, 293) 320-334

4973 SCHROEDER, ALFREDO JUAN *Del Eliseo de Vergilio al Paraíso de Prudencio.* In: *Actas del VII Simposio nacional de estudios clásicos (Buenos Aires, 1982).* Buenos Aires: Asoc. argentina de Estud. clás. (1986) 401-416

4974 SEMENOV, L.J. *Le nouveau patriotisme romain de Prudence et la lutte idéologique dans l'Empire romain du IVe s.* [in russischer Sprache]. In: *La Dixième conférence des auteurs et lecteurs du Vestnik Drevnej Istorii* (cf. 1985-87, 242) 146-147

4975 SHANZER, D. *De Iovis exterminatione* – Her 114 (1986) 382-383

4976 SHANZER, DANUTA *De Tagetis exaratione* – Her 115 (1987) 127-128

4977 SPEIDEL, M.P. *The master of the dragon standards and the golden torc. An inscription from Prusias and Prudentius' Peristephanon* – TAPhA 115 (1985) 283-287

4978 TENOROVA, D. *Addenda et corrigenda zum Artikel «Ein Kommentar zur Psychomachie des Prudentius»* [in tschechischer Sprache] – LFilol 109 (1986) 187-188

4979 WIELAND, GERNOT R. *The Anglo-Saxon manuscripts of Prudentius' Psychomachia* – ASE 16 (1987) 213-231

III.2. Quodvultdeus

4980 *[Quodvultdeus] Vénus et la possédée de Carthage*. Texte, traduction et commentaire par GILBERT PICARD – BSAF (1986) 59-70
4981 DESIMONE, RUSSELL J. *The Baptismal and Christological Catechesis of Quodvultdeus* – AugR 25 (1985) 265-282
4982 GLASS, D.F. *Pseudo-Augustine, Prophets, and Pulpits in Campania* – DumPap 41 (1987) 215-226
4983 ISOLA, A. *Temi di impegno civile nell'omiletica africana di età vandalica* – VetChr 22 (1985) 273-289
4984 ISOLA, ANTONINO *La tipologia dell'Agnello Pasquale in Quodvultdeus.* In: *Sangue e antropologia*, V (cf. 1985-87, 346) II 1203-1211

III.2. Regula Magistri

4985 CORBETT, PHILIP B. *Does MS. E show an earlier state of the Regula Magistri than MS. P?* – RBS 14/15 (1985/86) 95-97
4986 GRÉGOIRE, R. *La «Regula Magistri» tra san Benedetto e Cassiodoro* – Inter Fratres (Montefano) 37 (1987) 71-104
4987 PENCO, G. *S. Benedetto può essere l'autore della Regula Magistri?* – Benedictina 34 (1987) 521-528
4988 *La Regla del Maestro* – Cistercium 37 (1985) 91-137
4989 VOGÜÉ, ADALBERT DE *The Son, the Holy Spirit and the Father in the Rule of the Master* – MonStud 17 (1986) 45-67

III.2. Romanus Melodus

4990 *[Romanus Melodus] Inni di Romano il Melode*. A cura di P.R. SCOGNAMIGLIO [Studi e Testi 1]. Bari: Centro Studi Nicolaiani 1985. 79 pp.
4991 BARKHUIZEN, J.H. *Narrative apostrophe in the Kontakia of Romanos the Melodist with special reference to his hymn On Judas* – AClass 29 (1986) 19-27
4992 BARKHUIZEN, J.H. *Romanos Melodos: Essay on the Poetics of his Kontakion «Resurrection of Christ» (Maas-Trypanis 24)* – ByZ 79 (1986) 17-28; 268-281
4993 BUSSAGLI, MARCO *Ancora sul contacio della Natività di Romano il Melodo. Una nota* – RSB N.S. 24 (1987) 3-6
4994 BUSSAGLI, MARCO *Sul contacio della Natività di Romano il Melodo. A proposito dell'Angelo-stella* – RSB N.S. 22/23 (1985/86) 3-49

4995 CRACIUN, C. *L'originalité de l'illustration de l'Hymne Akathiste en Moldavie*. In: *La Mère de Jésus-Christ* (cf. 1985-87, 302) 75-89

4997 MARIA, SUOR *Romano il Melode; un santo d'Oriente del VI secolo. Evangelizzava col canto* – EphMariol 35 (1985) 197-200

4998 PETERSEN, WILLIAM L. *The Diatesseron and Ephrem Syrus as sources of Romanos the Melodist* [CSCO 475: Subsidia 74]. Leuven: Peeters 1985. XXXIII, 216 pp.

4999 PETERSEN, W.L. *The Dependence of Romanos the Melodist upon the Syriac Ephrem: Its Importance for the Origin of the Kontakion* – VigChr 39 (1985) 171-187

5000 SZÖVÉRFFY, J. *Marianische Motivik der Hymnen. Ein Beitrag zur Geschichte der marianischen Lyrik im Mittelalter* [Medieval Classics. Texts and Studies 18]. Leiden: Brill 1985. 382 pp.

III.2. Rufinus Aquileiensis

5001 *[Rufinus Aquileiensis] Sant Rufí Prevera. Les vides dels Sants Pares*. Edició, pròleg, notes i glossari a cura di C.M. BATLLE [Subsidia Monastica 16]. Publicacions de l'Abadia de Montserrat 1986. 114 pp.

5002 BAMMEL, CAROLINE P. HAMMOND *Der Römerbrieftext des Rufin und seine Origenes-Übersetzung* [Vetus Latina. Aus der Geschichte der lateinischen Bibel 10]. Freiburg: Herder 1985. XVII, 551 pp.

5003 BATLLE, COLUMBA M. *«Sent Rufí Prevera: Les Vides del Sants Pares»* – StMon 27 (1985) 313-404

5004 CARLINI, ANTONIO *Rufino traduttore e i papiri* – AnAl 31,1 (1987) 99-114

5005 CORTE, FRANCESCO DELLA *L'Anulus Sexti di Rufino* – AnAl 31,1 (1987) 195-205

5006 CROUZEL, HENRI, SJ *Rufino traduttore del Peri archon di Origene* – AnAl 31,1 (1987) 29-39

5007 DATTRINO, LORENZO *La conversione al cristianesimo secondo la Historia Ecclesiastica di Rufino (345-410/411)* – AugR 27 (1987) 247-280

5008 DATTRINO, LORENZO *Rufino di Concordia agiografo* – AnAl 31,1 (1987) 125-165

5009 ERA, ANTONIO DELL' *La famiglia a nella tradizione dell'Apologeticus Pamphili pro Origene Rufino interprete*. In: *Filologia e forme letterarie* (cf. 1985-87, 263) IV 261-262

5010 FEDALTO, GIORGIO *La «Ecclesia spiritalis» in Rufino* – AnAl 31 (1987) 83-98

5011 MARTI, H. *Rufinus' Translation of St. Basil's Sermon on Fasting*. In: *Studia Patristica 16* (cf. 1985-87, 359) 418-422

5012   MEES, MICHAEL *Rufin und die Pseudoklementinen* – AnAl 31,1 (1987) 207-214

5013   MORESCHINI, CLAUDIO *Rufino traduttore di Gregorio Nazianzeno* – AnAl 31,1 (1987) 227-285

5014   MURPHY, F.X. *Magistros meos nec muto nec accuso: Rufinus on Origen* – AugR 26 (1986) 241-249

5015   PIZZANI, UBALDO *Persistenza di una variante al testo di Origene (Comm. in Cant. Cantic. p. 75,8 Baehrens).* In: *Filologia e forme letterarie* (cf. 1985-87, 263) IV 263-279

5016   RIGGI, CALOGERO *Rufino catecheta* – AnAl 31,1 (1987) 169-193

5017   SIMONETTI, MANLIO *Gli orientamenti esegetici di Rufino* – AnAl 31,1 (1987) 61-81

5018   ŠPIDLIK, TOMAŠ *Rufino e l'Oriente* – AnAl 31,1 (1987) 115-124

5019   THELAMON, FRANÇOISE *Rufin historien de son temps* – AnAl 31,1 (1987) 41-59

5020   TRETTEL, GIULIO *Rufino e la Historia Monachorum (paternità dell'opera: tentativo di soluzione)* – AnAl 31,1 (1987) 215-226

5021   ZECCHINI, GIUSEPPE *Barbari e Romani in Rufino di Aquileia* – AnAl 31,2 (1987) 29-60

III.2. Sabinus Heracleensis

5022   LÖHR, WINRICH ALFRIED *Beobachtungen zu Sabinos von Herakleia* – ZKG 98 (1987) 386-391

III.2. Salvianus Massiliensis

5023   AMARGIER, PAUL *Salvien de Marseille* – ColCist 49 (1987) 63-76

5024   BLAZQUEZ MARTINEZ, JOSÉ MARIA *La crisis del Bajo Imperio en Occidente en la obra de Salviano de Marsella. Problemas económicos y sociales* – Gerión 3 (1985) 157-182

5025   BROX, NORBERT *Quis ille auctor? Pseudonymität und Anonymität bei Salvian* – VigChr 40 (1986) 55-65

III.2. Sedulius

5026   SMALL, C.D. *Rhetoric and exegesis in Sedulius' Carmen Paschale* – CM 37 (1986) 223-244

5027   SPRINGER, C.P.E. *Sedulius' «A solis ortus cardine». The Hymn and its Tradition* – EL 101 (1987) 69-75

III.2. Sergius Constantinopolitanus

5028 CARCIONE, FILIPPO *Enérgheia, Thélema e Theokínetos nella lettera di Sergio, patriarca di Costantinopoli, a papa Onorio Primo* – OrChrP 51 (1985) 263-276

5029 CARCIONE, FILIPPO *Sergio di Costantinopoli ed Onorio I nella controversia monotelita del VII secolo.* Alcuni chiarimenti sulla loro dottrina e sul loro ruolo nella vicenda. Prefazione di M. BORDONI [Collana «Ecclesia Mater» 4]. Roma: Pontificia Università Lateranense 1985. 112 pp.

III.2. Severianus Gabalensis

5030 LEHMANN, HENNING J. *Severian of Gabala: Fragments of the Aucher Collection in Galata MS 54.* In: *Armenian Studies (Études arméniennes) in memoriam Haïg Barbérian.* Ed. DICKRAN KOUYMJIAN. Lisboa: Calouste Gulbenkian Foundation (1986) 477-487

5031 VOICU, SEVER J. *In illud: Quando ipsi subiciet omnia (CPG 4761). Una omilia di Severiano di Gabala?* – RSB N.S. 17/19 (1980/82) 5-11

III.2. Severus Antiochenus

5032 CARRARA, P. *I frammenti greci del Contra Additiones Iuliani di Severo di Antiochia* – Prometheus 11 (1985) 89-92

5033 MARTIN, ALAIN-GEORGES *Prédication de Sévère d'Antioche sur la sécheresse* – Revue réformée (Saint-Germain-en-Laye) 36 (1985) 49-54

5034 POGGI, VINCENZO *Severo d'Antiochia alla scuola di Beirut.* In: *L'eredità classica nelle lingue orientali* (cf. 1985-87, 257) 55-71

III.2. Severus Minoricensis

5035 WANKENNE, LUDOVIC-JULES; HAMBENNE, BAUDOUIN *La lettre-encyclique de Sévérus, évêque de Minorque au début du Ve siècle. Authenticité de l'écrit et présentation de l'auteur* – RBen 97 (1987) 13-27

III.2. Sexti Sententiae

5036 CARLINI, ANTONIO *Il più antico testimone greco di Sesto Pitagorico. P. Palau Rib. inv. 225v* – RFC 113 (1985) 5-26

III.2. Sextus Iulius Africanus

5037   NEUGEBAUER, O. *Byzantine chronography. A critical note* – ByZ 80 (1987) 330-333

III.2. Sidonius Apollinaris

5038   COLTON, ROBERT E. *Some echoes of Martial in the Letters of Sidonius Apollinaris* – ACl 54 (1985) 277-284
5039   COLTON, ROBERT E. *Some echoes of Martial in the poems of Sidonius Apollinaris* – ResPL 8 (1985) 21-33
5040   DALY, WILLIAM N. *Christianitas eclipses Romanitas in the Life of Sidonius Apollinaris.* In: *Religion, Culture, and Society in the Early Middle Ages* (cf. 1985-87, 340) 7-26
5041   GÜNTHER, RIGOBERT *Probleme der Darstellung des Eigentums in den Schriften von Apollinaris Sidonius.* In: *Eigentum. Beiträge zu seiner Entwicklung in politischen Gesellschaften. Werner Sellnow zum 70. Geburtstag.* Edd. JENS KOEHN; BURKHARD RODE. Weimar: Böhlau (1987) 161-168
5042   HOLLAND HELLER, KATHERINE; REBUFFAT, RENÉ *De Sidoine Apollinaire à l'Odyssée. Les ouvrières du manoir* – MEFR 99 (1987) 339-352
5043   MAMINA, O.N. *L'idéologie et la psychologie sociale de la noblesse de la basse Antiquité d'après les œuvres de Sidoine Apollinaire* [in russischer Sprache]. In: *La Dixième conférence des auteurs et lecteurs du Vestnik Drevnej Istorii* (cf. 1985-87, 242) 132
5044   NEWBOLD, R.F. *Power motivation in Sidonius Apollinaris, Eugippius, and Nonnus* – Florilegium 7 (1985) 1-16

III.2. Silvani Praecepta

5045   BROEK, ROELOF VAN DEN *The Theology of the Teachings of Silvanus* – VigChr 40 (1986) 1-23
5046   POEHLMANN, WILLIAM RIEHL *Addressed wisdom teaching in the Teachings of Silvanus. A form critical study* [Diss.]. Cambridge, Mass.: Harvard Univ. Library Microreprod. Dept. 1985.
5047   SCOPELLO, MADELEINE *Le Temple et son grand prêtre dans les Enseignements de Silvanos (Nag Hammadi VII,4).* In: *Écritures et traditions dans la littérature copte* (cf. 1985-87, 254) 145-152

III.2. Sinuthius

5048   *[Sinuthius] Shenute contra Origenistas.* Testo con introd. e trad. a cura di TITO ORLANDI [Corpus dei manoscritti copti letterari]. Roma: CIM 1985. 143 pp.

5049 BELL, DAVID N. *Shenoute the Great and the Passion of Christ* –
CistStud 22 (1987) 291-303
5050 BELL, DAVID N. *Shenoute the Great: the struggle with Satan* –
CistStud 21 (1986) 177-185
5051 SHISHA-HALEVY, ARIEL *Coptic Grammatical Categories* –
Structural Studies in the Syntax of Shenoutian Sahidic [Analecta
Orientalia 53]. Roma: Pontificium Institutum Biblicum 1986. IX,
264 pp.

III.2. Socrates Scholasticus

5052 ALLAN, NIGEL *Syriac Fragments in the Wellcome Institute
Library* – JRAS (1987) 43-47
5053 ANASTASIU, I.E. Ὁ ἱστορικὸς Σωκράτης ὁ σχολαστικὸς
περιγράφει διαφορὲς ἀνάμεσα στὶς Ἐκκλεσίες. In: Τιμητικό
Ἀφιέρωμα στὸν Ὁμότιμο καθηγητὴ Κωνσταντῖνο
Καλοκύρη. Thessalonike (1985) 127-138
5054 NOBBS, A.E. *Digressions in the ecclesiastical histories of Socrates,
Sozomen and Theodoret* – JHR 14 (1986) 1-11
5055 TSIRPANLIS, CONSTANTINE N. *The Origenistic Controversy
in the Historians of the Fourth, Fifth and Sixth Centuries* – PBR 4
(1985) 85-89 = AugR 26 (1986) 177-184

III.2. Sophronius Hierosolymitanus

5056 DUFFY, JOHN *The Miracles of Cyrus and John. New old readings
from the manuscript* – IClSt 12 (1987) 169-177

III.2. Sozomenus

5057 BONIS, KONSTANTINOS Ἑρμίου (ἢ Ἑρμείου) φιλοσόφου
Διασυρμὸς τῶν ἔξω φιλοσόφων (Ιρρισιο γεντιλιθμ πηιλο-
σοπηορθμ). In: Φίλια ἔπη εἰς Γεώργιον Ε. Μυλωνᾶν διὰ τὰ
60 ἔτη τοῦ ἀνασκαφικοῦ του ἔργου [Βιβλιοθ. τῆς ἐν
Ἀθήναις ἀρχαιολ. Ἑταιρείας 103]. Athenai (1986-89) II
364-379
5058 COULIE, BERNARD *Mutations historiques dans l'Orient romain
à la fin de l'Antiquité. De l'Empire romain à l'Empire byzantin. Le
choix d'une capitale et d'une identité* – LEC 55 (1987) 320-327
5059 HARRIES, JILL *Sozomen and Eusebius. The Lawyer as Church
Historian in the Fifth Century.* In: *The Inheritance of Historiography* (cf. 1985-87, 286) 45-52
5060 ROUECHÉ, C. *Theodosius II, the cities, and the date of the
Church History of Sozomen* – JThS 37 (1986) 130-132

III.2. Spelunca Thesaurorum

5061 *[Spelunca Thesaurorum] La caverne des trésors. Les deux recensions syriaques.* Éd. et trad. par SU-MIN RI [CSCO 486/487: Scriptores Syri 207/208]. Leuven: Peeters 1987. XXX, 464; XXVII, 208 pp.

III.2. Stephanus Bar Sudaili

5062 BUNDY, DAVID D. *The Book of the Holy Hierotheos and Manichaeism* – AugR 26 (1986) 273-279

III.2. Sulpicius Severus

5063 *[Sulpicius Severus] Obras completas.* Trad. por CARMEN CODOÑER [Col. Clás. del pensamiento]. Madrid: Ed. Tecnos 1987. 336 pp.

5064 BOBER, A. *Kronika Sulpicjusza Sewera. Żywot świetego Marcina* [Fragmente aus den Schriften des Sulpicius Severus ins Polnische übersetzt und kommentiert] – SSHT 19/20 (1986/87) 183-211

5065 STANCLIFFE, C. *Martin, le Martin de Sulpice et sa renommée posthume* – LL 234 (1985) 23-44

III.2. Synesius Cyrenensis

5066 *[Synesius Cyrenensis] In praise of baldness.* Transl. with introd. and notes by G.H. KENDAL. Ill. by J. KAMINS. Vancouver: Pharmakon Pr. 1985. XV, 44 pp.

5067 *[Synesius Cyrenensis] Savastos Kyminitis, Metafrasi del «De Regno» di Sinesio di Cirene.* Testo edito per la prima volta con Introduzione e Indici di nomi a cura di ADRIANA PIGNANI [Speculum. Contributi di filologia classica 5]. Napoli: D'Auria 1987. 120 pp.

5068 BARNES, T.D. *Synesius in Constantinople* – GrRoBySt 27 (1986) 93-112

5069 BARNES, T.D. *When did Synesius become bishop of Ptolemais?* – GrRoBySt 27 (1986) 325-329

5070 CAPUTO, G. *Sinesio di Cirene tra Costatinopoli e i Libii* – Quad. di Archeol. della Libia (Roma) 12 (1987) 523-528

5071 CASSON, LIONEL *Comment on «The ship of Bishop Synesius» (IJNA XV,67-69)* – International Journal of Nautical Archaeology and Underwater Exploration (London: Inst. of Archaeology) 16 (1987) 67

5072 CHRISTIDIS, D.A. *Varia Graeca, I* [in griechischer Sprache mit französischer Zusammenfassung] – Hell 38 (1987) 283-295

5073 COMAN, J. *Synésius de Cyrène fut-il un converti véritable?* –
AugR 27 (1987) 237-245

5074 HANSEN, GÜNTHER CHRISTIAN *Zu Synesios Epist. 130* –
Phil 131 (1987) 158

5075 LACOMBRADE, CHRISTIAN *Retour à Synésios de Cyrène. A
propos d'un livre récent* – KoinNapoli 9 (1985) 75-79

5076 LIEBESCHÜTZ, J.H.W.G. *Synesius and municipal politics of
Cyrenaica in the 5th century A.D.* – Byzan 55 (1985) 146-164

5077 LIEBESCHÜTZ, J.H.W.G. *The identity of Typhos in Synesius' De
providentia* – Latomus 46 (1987) 419-431

5078 LIEBESCHÜTZ, J.H.W.G. *Why did Synesius become bishop of
Ptolemais?* – Byzan 56 (1986) 180-195

5079 LONG, JACQUELINE *The Wolf and the Lion. Synesius' Egyptian
Sources* – GrRoBySt 28 (1987) 103-115

5080 MEIJER, F.J. *De ongelukkige zeereis von Synesius von Cyrene* –
Hermeneus 57 (1985) 76-83

5081 MEIJER, F.J. *The Ship of Bishop Synesius* – International Journal
of Nautical Archaeology and Underwater Exploration (London,
Inst. of Archaeology) 15 (1986) 67-68

5082 ROQUES, D. *Synésios de Cyrène et la Cyrénaique du Bas-Empire*
[Études d'Antiquités Africaines]. Paris: Centre National de la
Recherche Scientifique 1987. 492 pp.

5083 VOGT, J. *Begegnung mit Synesios, dem Philosophen, Priester und
Feldherrn.* Gesammelte Beiträge. Darmstadt: Wissenschaftliche
Buchgesellschaft 1985. VII, 133 pp.

5084 VOLLENWEIDER, SAMUEL *Neuplatonische und christliche
Theologie bei Synesios von Kyrene* [FKDG 35]. Göttingen: Vandenhoeck und Ruprecht 1985. 234 pp.

5085 VOLLENWEIDER, SAMUEL *Synesios von Kyrene über das Bischofsamt.* In: *Studia Patristica 18,1* (cf. 1985-87, 360) 233-237

III.2. Tatianus Syrus

5086 BERNARD, P. *Le catalogue des statues dans le Discours aux Grecs
de Tatien. Rhétorique ou réalité?* [résumé] – REG 99 (1986)
XXI-XXII

5087 DRIJVERS, H.J.W.; REININK, G.J. *Taufe und Licht. Tatian,
Ebionäerevengelium und Thomasakten.* In: *Text and Testimony*
(cf. 1985-87, 371) 91-110

5088 EDWARDS, O.C. *Diatesseron or Diatessera?* In: *Studia Patristica
16* (cf. 1985-87, 359) 88-92

5089 ELLIOTT, J.K. *The Arabic Diatessaron in the New Oxford edition
of the Gospel according to St. Luke in Greek* – JThS 38 (1987)
135

5090 HIGGINS, A.J.B. *The Arabic Diatessaron in the New Oxford edition of the Gospel according to St. Luke in Greek* – JThS 37 (1986) 415-419

5091 MARTIN, JOSE PABLO *Taciano de Siria y el origen de la oposición de materia y espíritu* – Stromata 43 (1987) 71-107

5092 PETERSEN, WILLIAM L. *New Evidence for the Question of the Original Language of the Diatessaron.* In: *Studien zum Text und zur Ethik des Neuen Testaments* (cf. 1985-87, 363) 325-343

5093 YOUSIF, PIERRE *Il patrimonio culturale greco secondo Taziano.* In: *L'eredità classica nelle lingue orientali* (cf. 1985-87, 257) 73-95

III.2. Tertullianus

5094 *[Tertullianus] Concordance verbale du De cultu feminarum de Tertullien.* Ed. HENRI QUELLET [Alpha-Omega, Reihe A 60]. Hildesheim: Olms; Weidmann 1986. IV, 386 pp.

5095 *[Tertullianus] De idololatria.* Critical text, transl. and commentary by JAN H. WASZINK and J.C.M. VAN WINDEN [Supplements to VigChr 1]. Leiden: Brill 1987. XII, 317 pp.

5096 *[Tertullianus] Gli ornamenti delle donne.* A cura di MARIA TASINATO. Parma: Pratiche E. 1987. 78 pp.

5097 *[Tertullianus] L'eleganza delle donne. De cultu feminarum.* Testo, trad. e comm. a cura di SANDRA ISETTA [BPatr 6]. Firenze: Nardini 1986. 223 pp.

5098 *[Tertullianus] Q.S.F. Tertulliano. Contra Prassea.* Ediz. critica con introd., traduz. ital., note e indici a cura di GIUSEPPE SCARPAT [CTP 12]. Torino: Soc. Ed. Internaz. 1985. 384 pp.

5099 *[Tertullianus] Tertullien. Des spectacles (De spectaculis).* Introduction, texte critique, traduction et commentaire de MARIE TUR-CAN [SC 332]. Paris: Éd. du Cerf 1986. 367 pp.

5100 *[Tertullianus] Tertullien. Exhortation à la chasteté.* Introd., texte crit. et comm. par CLAUDIO MORESCHINI, trad. de J.-C. FREDOUILLE [SC 319]. Paris: Éd. du Cerf 1985. 224 pp.

5101 AZZALI BERNARDELII, GIOVANNA *Ecclesiae sanguis. Spunti di ecclesiologia tertullianea.* In: *Sangue e antropologia, V* (cf. 1985-87, 346) II 1127-1155

5102 AZZALI BERNARDELLI, GIOVANNA *Sintassi e stile di Tertulliano* – Paideia 42 (1987) 69-75

5103 BALFOUR, I.L.S. *The Fate of the Soul in Induced Abortion in the Writings of Tertullian.* In: *Studia Patristica 16* (cf. 1985-87, 359) 127-131

5104 BARNES, T.D. *Tertullian. A historical and literary study.* Reissued with corr. and a postscript. Oxford: Clarendon Press 1985. XI, 339 pp.

5105 BÉLANGER, RODRIGUE *Le plaidoyer de Tertullien pour la liberté religieuse* – SR 14 (1985) 281-291

5106 BENEDEN, PIERRE VAN *Haben Laien die Eucharistie ohne Ordinierte gefeiert? Zu Tertullians «De exhortatione castitatis» 7,3* – ALW 29 (1987) 31-46

5107 BRAUN, RENÉ *De quelques corrections au texte d'Aduersus Marcionem I-III* – RSLR 21 (1985) 49-55

5108 BRAUN, RENÉ *Les païens juges des chrétiens. Un thème parénétique de Tertullien* – AFLNice (1985) Nr. 50, 407-414

5109 BRAUN, RENÉ *Tertullien et le montanisme. Église institutionelle et église spirituelle* – RSLR 21 (1985) 245-257

5110 BRAUN, RENÉ *Une crux philologorum: Tertullien, De monogamia 11,11.* In: *Texte und Textkritik* (cf. 1985-87, 372) 53-56

5111 BRAY, G.L. *The Relationship between Holiness and Chastity in Tertullian.* In: *Studia Patristica 16* (cf. 1985-87, 359) 132-135

5112 BURINI, CLARA *«Vedi ... come si amato tra di loro» (Tertulliano, Apologeticum 39,7)* – PSV 11 (1985) 245-252

5113 CARDMAN, F. *Tertullian on Doctrine and the Development of Discipline.* In: *Studia Patristica 16* (cf. 1985-87, 359) 136-142

5114 DANIEL, R.W. *A note on Tertullian's De idololatria* – VigChr 39 (1985) 63-64

5115 FELBER, ANNELIESE *Schöpfung und Sündenfall bei Tertullian. Bemerkungen zur Wertung der Frau.* In: *Anfänge der Theologie* (cf. 1985-87, 202) 211-225

5116 GRAMAGLIA, PIER ANGELO *Il linguaggio eresiologico in Tertulliano. L'approccio cattolico all'eresia* – AugR 25 (1985) 667-710

5117 GROSSI, VITTORINO *A proposito della conversione di Tertulliano al montanismo (De pudicitia I,10-13)* – AugR 27 (1987) 57-70

5118 HÄLLSTRÖM, GUNNAR AF *Hednisk och kristen antropologi i Tertullianus De anima.* In: *Människouppfatningen i den senare antiken* (cf. 1985-87, 298) 73-101

5119 HAENDLER, G. *Tertullianforschung in Nordeuropa* – ThLZ 111 (1986) 1-10

5120 HALLONSTEN, GÖSTA *Meritum bei Tertullian. Überprüfung einer Forschungstradition, II* [StTh 40]. Malmö: Gleerup 1985. 340 pp.

5121 HILBERATH, BERND JOCHEN *Der Personbegriff der Trinitätstheologie in Rückfrage von Karl Rahner zu Tertullians «Adversus Praxean»* [ITS 17]. Innsbruck; Wien: Tyrolia 1986. 365 pp.

5122 HOBLAJ, ALOJZIJE *Catechesi ai catecumeni negli scritti di Tertulliano* [Diss.]. Roma: Università Pontificia Salesiana 1987. VIII, 140 pp.

5123 HOPPE, HEINRICH *Sintassi e stile di Tertulliano*. Ed. ital. a cura di G. ALLEGRI [Antichità class. e crist. 26]. Brescia: Paideia 1985. 392 pp.

5124 LAMIRANDE, É. *Tertullien misogyne? Pour une relecture du «De cultu feminarum»* – ScEs 39 (1987) 5-25

5125 MATTEI, PAUL *Habere ius sacerdotis. Sacerdoce et laïcat au témoignage de Tertullien De exhortatione castitatis et De monogamia* – ReSR 59 (1985) 200-221

5126 MATTEI, PAUL *Le divorce chez Tertullien. Examen de la question à la lumière des développements que le De monogamia consacre à ce sujet* – ReSr 60 (1986) 207-234

5127 MATTEI, PAUL *Tertullien, De monogamia. Critique textuelle et contenu doctrinal* – RSLR 22 (1986) 68-88

5128 MICAELLI, CLAUDIO *Ricerche sulla fortuna di Tertulliano* – Orpheus 6 (1985) 118-135

5129 MUNIER, CHARLES *Analyse du traité de Tertullien «De praescriptione haereticorum»* – ReSR 59 (1985) 12-32

5130 PETITMENGIN, PIERRE *Recherches sur les citations d'Isaïe chez Tertullien.* In: *Recherches sur l'histoire de la Bible latine* (cf. 1985-87, 336) 21-41

5131 POUPON, G. *Tertullien et le privilège de Pierre. Note sur De pudicitia 21,9-10* – REA 32 (1986) 142-144

5132 PUENTE SANTIDRIAN, PABLO *La terminología de la resurrección en Tertuliano. Con un excursus comparativo de esta con la correspondiente en Minucio Felix* [Publicaciones de la Facultad de Teología del Norte de España. Sede de Burgos 54]. Burgos: Ediciones Aldecoa 1987. 392 pp.

5133 RADITSA, L. *The appearance of women and contact. Tertullian's De habitu feminarum* – AtPavia 63 (1985) 297-326

5134 RAMBAUX, C. *Observations sur la portée de l'Apologeticum de Tertullien* – VL 1985 N° 97 2-27

5135 RAOSS, M. *I censimenti di P. Sulpicio Quirinio in Siria e in Giudea al tempo di Cristo.* Pres. di S. ACCAME [Studi pubbl. dall'Ist. ital. per la storia ant. 18]. Roma 1985. XI, 117 pp.

5136 SAAVEDRA GUERRERO, MARIA DARIA *La mujer como inductora de un fenómeno económico, la inflacción, según Tertuliano.* In: *La mujer en el mundo antiguo* (cf. 1985-87, 312) 307-313

5137 SINISCALCO, PAOLO *Appunti sulla terminologia esegetica di Tertulliano.* In: *La terminologia esegetica nell'antichità* (cf. 1985-87, 369) 103-122

5138 TOKI, S. *The author of the De pallio* [in japanischer Sprache mit englischer Zusammenfassung] – JCS 34 (1986) 93-103

5139 UGLIONE, RENATO *La gradualità della rivelazione in Tertulliano.* In: *Crescita dell'uomo nella catechesi dei Padri* (cf. 1985-87, 247) 133-144

5140 VERWILGHEN, ALBERT *Ph 2,6-8 dans l'oeuvre de Tertullien* [mit Zusammenfassung in englischer und italienischer Sprache] – Salesianum 47 (1985) 433-465

5141 VICIANO, A. *Cristo Salvador y Liberador del Hombre. Estudio sobre la soteriología de Tertuliano* [Pamplona, Univ. de Navarra, Diss. 1984]. Pamplona: Eunsa 1986. 450 pp.

III.2. Pseudo-Tertullianus

5142 *[Pseudo-Tertullianus] Pseudo-Tertullian: Mod alle kætterier.* Oversættelse og bemærkninger ved LEIF GRANE – Fønix 11 (1987) 164-175

III.2. Thalassius Abbas

5143 *[Thalassius Abbas] Thalassius l'Africain: Sur l'amour, la tempérance et la conduite de l'intelligence. – Jean Damascène: Discours utile à l'âme. – Abbé Philémon. Sur l'abbé Philémon. Discours très utile; Théognoste, Sur l'action et la contemplation, et sur le sacerdoce; Philothée, Quarante chapitres neptiques; Elie l'Ecdicos, Florilège de sentences, De la connaissance.* Introd. et trad. par JACQUES TOURAILLE [Pholocalie des Pères neptiques fasc. 7]. Bégrolles-en-Mauges: Abbaye de Bellefontaine 1986. 176 pp.

III.2. Theodoretus Cyrensis

5144 *[Theodoretus Cyrensis] Teodoreto. Storia dei monaci della Siria.* A cura di SALVATORE DI MEGLIO [Scritti monastici N.S. 6]. Padova: Edizioni Messaggero 1986. 254 pp.

5145 *[Theodoretus Cyrensis] Theodoret of Cyrrhus: A History of the Monks of Syria.* Tr. with introd. and notes by R.M. PRICE [CSC 88]. Kalamazoo, Mich.: Cistercian Publications 1985. XXXVII, 226 pp.

5146 BAUCHMANN CLAYTON, P. *Theodoret, Bishop of Cyrus, and the mystery of the incarnation in late Antiochene Christianity* [Diss.]. New York: Union Theological Seminary 1985. 590 pp. [cf. DissAbstr 46 (1986) 1978A-1979A]

5147 FERNANDEZ MARCOS, N. *Teodoreto de Ciro y la lengua Hebrea* – Henoch (Torino) 9 (1987) 39-54

5148 GUINOT, JEAN-NOEL *Théodoret imitateur d'Eusèbe. L'exégèse de la prophétie des «soixante-dix semaines» (Dan. 9,24-27)* – Orpheus 8 (1987) 283-309

5149 GUINOT, J.-N. *La christologie de Théodoret de Cyr dans son Commentaire sur le Cantique* – VigChr 39 (1985) 256-272

5150 LEE, A.D. *Dating a fifth-century Persian war in Theodoret* – Byzan 57 (1987) 187-190

5151 LEROY-MOLINGHEN, A. *Naissance et enfance de Théodoret.* In: *L'enfant dans les civilisations orientales.* Edd. A. THÉODO-RIDES; P. NASTER; J. RIES [Acta Orientalia Belgica 2]. Louvain: Peeters (1980) [1985] 153-158

5152 MCCULLOUGH, THOMAS C. *Theodoret of Cyrus as biblical interpreter and the presence of Judaism in the later Roman Empire.* In: *Studia Patristica 18,1* (cf. 1985-87, 360) 327-334

5153 SIMONETTI, M. *La tecnica esegetica di Teodoreto nel Commento ai Salmi* – VetChr 23 (1986) 81-116

5154 SPADAVECCHIA, C. *The rhetorical tradition in the letters of Theodoret of Cyrus.* In: *From Late Antiquity to Early Byzantium* (cf. 1985-87, 266) 249-252

III.2. Theodorus Bar Kōnī

5155 GERÖ, S. *Ophite Gnosticism According to Theodore Bar Koni's Liber Scholiorum.* In: *IV Symposium Syriacum* (cf. 1985-87, 367) 265-274

III.2. Theodorus Mopsuestenus

5156 FERRARO, GIUSEPPE *L'esposizione dei testi pneumatologici nel commento di Teodoro di Mopsuestia al Quarto Vangelo* – Greg 67 (1986) 265-296

5157 LONGEAT, J.P. *Les rites du baptême dans les homélies catéché-tiques de Théodore de Mopsueste* – QL 66 (1985) 193-202

5158 PETIT, FRANÇOISE *L'homme créé «à l'image» de Dieu. Quelques fragments grecs inédits de Théodore de Mopsueste* – Mu 100 (1987) 269-281

5159 ROMPAY, LUCAS VAN *Quelques remarques sur la tradition syriaque de l'œuvre exégétique de Théodore de Mopsueste.* In: *IV Symposium Syriacum* (cf. 1985-87, 367) 33-43

5160 SARTORE, DOMENICO *Il sangue di Cristo nelle Omelie catechetiche di Teodoro di Mopsuestia.* In: *Sangue e antropologia, V* (cf. 1985-87, 346) II 953-970

III.2. Theodorus Scythopolitanus

5161 IRMSCHER, JOHANNES *Teodoro Scitopolitano: de vita et scriptis* – PBR 4 (1985) 196-201 = AugR 26 (1986) 185-190

III.2. Theodotus

5162 *[Theodotus] Theodotus.* In: *Joods-hellenistische poëzie.* Vertaald, ingeleid en toegelicht door P.W. VAN DER HORST [Na de Schriften 3]. Kampen: Kok (1987) 58-67

III.2. Pseudo-Theodotus Ancyranus

5163 TAPKOVA-ZAIMOVA, VASILKA *Logos en l'honneur de S. Démétrius par Pseudo-Théodote, évêque d'Ancyre* – Byzantina 13 (1985) 709-717

III.2. Theodotus Antiochenus

5164 GEERARD, M. *An Unknown Letter of Theodotus Antiochenus?* In: *After Chalcedon* (cf. 1985-87, 194) 181-185

III.2. Theognosiae Dissertatio

5165 *Anonymi auctoris Theognosiae dissertatio contra Iudaeos.* Cuius editionem principem curavit M. HOSTENS [CChr Series Graeca 14]. Turnhout: Brepols 1986. LXXX, 313 pp.

III.2. Theophilus Alexandrinus

5166 CHRISTODOULOU, G.A. *Θεοφίλου Ἀντιοχείας Πρὸς Αὐτόλυκον.* In: *Σύμμικτα κριτικά.* Athenai (1986) 200-210
5167 MARTIN, JOSÉ PABLO *La presencia de Filón en el Hexameron de Teófilo de Antioquía* – Salmant 33 (1986) 177
5168 ORLANDI, T. *Theophilus of Alexandria in Coptic Literature.* In: *Studia Patristica 16* (cf. 1985-87, 359) 100-104

III.2. Theophilus Antiochenus

5169 MORALES ESCOBAR, DANIEL *Los tres libros a Autólico de Teófilo de Antioquía y la actitud política de los cristianos en el siglo II* – StHHA 2-3 (1984/85) 193-198

III.2. Theophanes Confessor

5170 KARLIN-HAYTER, PATRICIA *La forme primitive des ῎Ακτα διὰ Καλαπόδιον.* In: *Texte und Textkritik* (cf. 1985-87, 372) 287-294
5171 LJUBARSKIJ, JAKOV N. *Theophanes Continuatus und Gensios* – Byslav 48 (1987) 12-27
5172 ROCHOW, ILSE *Beiträge der Chronik des Theophanes zum mittelgriechischen Wortschatz* – Klio 69 (1987) 567-572

5173 ROCHOW, ILSE *Zwei mißverstandene Termini in der Chronik des Theophanes* – Byslav 47 (1986) 25-27

III.2. Timotheus Aelurus

5174 ABRAMOWSKI, LUISE *Ein Text des Johannes Chrysostomus über die Auferstehung in den Belegsammlungen des Timotheus Aelurus*. In: *After Chalcedon* (cf. 1985-87, 194) 1-10

5175 EBIED, R.Y.; WICKHAM, L.R. *Timothy Aelurus: Against the Definition of the Council of Chalcedon*. In: *After Chalcedon* (cf. 1985-87, 194) 115-166

5176 HAILE, GETATCHEW *An Ethiopic Letter of Timothy II of Alexandria concerning the death of children* – JThS 38 (1987) 34-53

III.2. Tyconius

5177 ROMERO POSE, EUGENIO *Sancti Beati a Liebana Commentarius in Apocalypsin rec.* 1-2 [Scriptores Graeci et Latini consilio Academiae Lynceorum editi]. Romae: 1985. XXII, 672; 548 pp.

5178 ROMERO POSE, EUGENIO *Ticonio y San Agustín* – Salmant 34 (1987) 5-16

5179 ROMERO POSE, EUGENIO *Ticonio y su Comentario al Apocalipsis* – Salmant 32 (1985) 35-48

5180 STEINHAUSER, KENNETH B. *The Apocalypse Commentary of Tyconius: a History of Its Reception and Influence* [EHTheol 301]. Frankfurt a.M.; Bern; New York: Lang 1987. XV, 430 pp.

III.2. Ulfilas

5181 BELARDI, WALTER *Lat. «mensa», got. «mes»*. In: *Studi linguistici e filologici per Carlo Alberto Mastrelli*. Pisa: Pacini Editore (1985) 65-76

5182 FERNANDEZ HERNANDEZ, G. *Wulfila y el sínodo de Constantinopla del año 360*. In: *Los Visigodos* (cf. 1985-87, 377) 47-51

5183 KOLAROVSKY, PAVEL *Wulfila* – Cirkevné Listy (Bratislava) 98 [109] (1985) 56-58

5184 LÜHR, ROSEMARIE *Zur Deklination griechischer und lateinischer Wörter in Wulfilas gotischer Bibelübersetzung* – MüStSpr 46 (1985) 139-155

5185 PEETERS, CHRISTIAN *Was Bishop Wulfila a Good Translator?* In: *Communiquer et traduire. Hommages à Jean Dierichkx*. Edd. G. DEBUSSCHER; J.P. VAN NOPPEN. Bruxelles : Editions de l'Université de Bruxelles (1985) 75-77

5186 SWIGGERS, PIERRE *Gothic «siponeis»* – ZVSp 98 (1985) 109-110

III.2. Valerianus Cemeliensis

5187 WEISS, J.P. *La prédication pascale de Valérien de Cimiez* – AFLNice (1985) Nr. 50, 415-422

III.2. Valerius Bergidensis

5188 COLLINS, ROGER *The «autobiographical» works of Valerius of Bierzo. Their structure and purpose.* In: *Los Visigodos* (cf. 1985-87, 377) 425-442

III.2. Venantius Fortunatus

5189 *[Venantius Fortunatus] Venanzio Fortunato: Vita di San Martino di Tours.* Trad., introd. e note a cura di GIOVANNI PALERMO [CTP 52]. Roma: Città Nuova Ed. 1985. 170 pp.
5190 BAIESI, PAOLO *L'uso di sanguis nell'opera di Venanzio Fortunato.* In: *Sangue e antropologia,* V (cf. 1985-87, 346) II 1213-1220
5191 BLOMGREN, S. *De verborum supellectili Venantii Fortunati* – Eranos 83 (1985) 23-32
5192 BRENNAN, BRIAN *The career of Venantius Fortunatus* – Tr 41 (1985) 49-78
5193 GEORGE, J.W. *Portraits of Two Merovingian Bishops in the Poetry of Venantius Fortunatus* – JMH 13 (1987) 189-205
5194 MACCHIARULO, LOUIS A. *The Life and Times of Venantius Fortunatus* [Diss.]. Bronx, N.Y.: Fordham Univ. 1986. 182 pp. [microfilm; cf. DissAbstr 47 (1986) 1711A]
5195 VAZQUEZ BUJAN, M.E. *«Vernat amoenus ager». Sobre las descripciones de la naturaleza en la poesía de Venancio Fortunato* – Euphrosyne 13 (1985) 95-109
5196 WAREMAN, P. *Nablis* – NPh 69 (1985) 474-475
5197 WAREMAN, P. *Theudechildis regina* – CM 37 (1986) 199-201

III.2. Victorinus Poetovionensis

5198 DULAEY, M. *Victorin de Poetovio est-il l'auteur de l'opuscule sur l'Antéchrist publié par A.C. Vega?* – RSLR 21 (1985) 258-261

III.2. Vigilantius Calagurritanus

5199 CROUZEL, HENRI, SJ *Un «hérétique» commingeois aux IVième et Vième siècles: Vigilance de Calagurris, 16e série* – Mémoire de l'Académie des Inscriptions et Belles-Lettres (Paris) 6 (1985) 163-174

III.2. Vigilius Papa

5200 BASTIAENSEN, A.A.R. *Un formulaire de messe du Sacramentaire de Vérone et la fin du siège de Rome par les Goths (537-538)* – RBen 95 (1985) 39-43

III.2. Vigilius Tridentinus

5201 CARCIONE, FILIPPO *Vigilio nelle controverse cristologiche del suo tempo: i rapporti con Giustiniano dagli anni dell'apocrisariato al secondo editto imperiale sui tre capitoli (533-551)* – StROC 10 (1987) 37-51
5202 MENESTO, E. *Le lettere di S. Vigilio* – AARov 25 (1985) A 383-388
5203 MENESTO, E. *Le lettere di S. Vigilio.* In: *I martiri della Val di Non* (cf. 1985-87, 300) 151-170
5204 ROGGER, I. *Problemi filologici relativi alle due lettere di S. Vigilio.* In: *I martiri della Val di Non* (cf. 1985-87, 300) 149-150

III.2. Vincentius Lerinensis

5205 RUPPERT, GODEHARD *Das Traditionsprinzip des Vincentius von Lerinum* – ThGl 75 (1985) 446-450

III.2. Zeno Veronensis

5206 *[Zeno Veronensis] I discorsi.* Testo a cura di BENGT LÖFSTEDT, introd., trad., note e indici di GABRIELE BANTERLE [Scittori dell'area Santambrosiana 1. Complementi all'ed. di tutte le opere di Sant'Ambrogio. Ed. bilingue]. Milano: Biblioteca Ambrosiana 1987. 329 pp.
5207 BANTERLE, GABRIELE *La nuova traduzione dei Sermoni di san Zeno* – AMAV 38 (1986/87) 406-511
5208 DOLBEAU, F. *Zenoniana. Recherches sur le texte et la tradition de Zénon de Vérone* – RechAug 20 (1985) 3-34
5209 JEANES, GORDON *Early Latin Parallels to the Roman Canon? Possible References to a Eucharistic Prayer in Zeno of Verona* – JThS 37 (1986) 427-431
5210 PIAZZI, ALBERTO *Presentazione della pubblicazione S. Zenone di Verona, I Discorsi* – AMAV 38 (1986/87) 401-404

III.3. Hagiographica

III.3.a) Generalia

5211 *Atti e passioni dei martiri.* Introduzione di A.A.R. BASTIAENSEN.
Testo critico e commento a cura di A.A.R. BASTIAENSEN, A.
HILHORST, G.A.A. KORTEKAAS, A. ORBAN, M.M. VAN
ASSENDELFT. Traduzioni di G. CHIARINI, G.A.A. KORTE-
KAAS, G. LANATA, S. RONCHEY [FLVSGL]. Milano: Arnoldo
Mondadori Editore 1987. XLIX, 615 pp.

5212 *Atti dei martiri.* Introd., trad. e note a cura di G. CALDARELLI.
2a ed. [LCO Testi 14]. Roma: Ed. Paoline 1985. 782 pp.

5213 BENTLEY, JAMES *A Calendar of Saints: The Lives of the*
Principal Saints of the Christian Year. London: Orbis 1986. 256
pp.

5214 BERSCHIN, W. *Biographie und Epochenstil im lateinischen Mittel-*
alter, Bd. 1: Von der Passio Perpetuae zu den Dialogi Gregors des
Großen [Quellen und Untersuchungen zur Lateinischen Philologie
des Mittelalters 8]. Stuttgart: Hiersemann 1986. XII, 358 pp.

5215 BIRGE VITZ, E. *Traditions orales et écrites dans les histoires des*
saints – Poétique. Revue de théorie et d'analyse littéraires (Paris)
72 (1987) 387-402

5216 BOEFT, J. DEN; BREMMER, J. *Notiunculae martyriologicae III:*
Some observations on the martyria of Polycarp and Pionius –
VigChr 39 (1985) 110-130

5217 BOESCH GAJANO, SOFIA *Dai leggendari medioevali agli «Acta*
Sanctorum». Forme di trasmissione e nuove funzioni dell'agiogra-
fia – RSLR 21 (1985) 219-244

5218 BURON, TAURINO *Fragmento visigótico de la «Passio Fructuosi,*
Auguri et Eulogii» – ArLeón 39 (1985) 373-374 (lámina)

5219 BUTLER, ALBAN *Butler's Lives of patron saints.* Ed. and with
additional material by MICHAEL WALSH. Foreword by Cardinal
BASIL HUME. San Francisco, Calif.: Harper and Row 1987. XVI,
476 pp.

5220 CANART, PAUL; PINTAUDI, ROSARIO *Le palimpseste hagio-*
graphique grec du Laurentianus 74,17 et la Passion de S. Panso-
phius d'Alexandrie – AB 104 (1986) 5-16

5221 CARLÉ, BIRTE *Jomfru-fortællingen: et bidrag til genrehistorien*
[Odense University Studies in Scandinavian languages and literature 12]. Odense: Odense Universitetsforlag 1985. 227 pp.

5222 CATAFYGIOTON TOPPING, EVA *Heroines and Haloes* –
GrOrthThR 32 (1987) 131-142

5223 CHIESA, P. *Nota su un'antica raccolta agiografica veronese*
(Verona, Bibl. Capitolare, ms. XCV) – StMe 28 (1987) 123-153

5224 CONCA, F. *La narrazione nell'agiografia tardo greca*. In: *Le trasformazioni della cultura* (cf. 1985-87, 375) II 647-661

5225 DELÉANI-NIGOUL, SIMONE *Les exempla bibliques du martyre*. In: *Le monde latin antique et la Bible* (cf. 1985-87, 309) 243-260

5226 DELÉANI-NIGOUL, SIMONE *L'utilisation des modèles bibliques du martyre par les écrivains du IIIe siècle*. In: *Le monde latin antique et la Bible* (cf. 1985-87, 309) 315-338

5227 DETORAKIS, T.E. *Βυζάντιο καί Εὐρώπη. Ἁγιολογικές σχέσεις (527-1453)* – Byzantio kai Evrope (Athenai) (1987) 85-99

5228 DETORAKIS, T.E. *Εἰσαγωγή στή σπουδή τῶν ἁγιολογικῶν κειμένων*. Univ. Kreta: Phil. Fak. Rethymno 1985. 103 pp.

5229 DEVOS, PAUL *Relectures* – AB 105 (1987) 153-158

5230 DEVOS, PAUL *Saints, garants de la foi jurée. André, Ménas, Nicolas* – AB 104 (1986) 315-326

5231 DOLBEAU, FRANÇOIS; HEINZELMANN, MARTIN; POULIN, JOSEPH-CLAUDE *Les sources hagiographiques narratives composées en Gaule avant l'an mil (SHG). Inventaire, examen critique, datation (avec annexe)* – Francia 15 (1987) 701-731

5232 DUBOIS, J. *Les sources orientales des martyrologes latins*. In: *Saints et sainteté dans la liturgie* (cf. 1985-87, 345) 93-104

5233 ELLIOTT, ALISON GODDARD *Roads to Paradise. Reading the Lives of the Early Saints*. Ed. CHARLES SEGAL. Hanover, N.H.: Univ. Pr. of New England for Brown Univ. Pr. 1987. XVI, 244 pp.

5234 ESBROECK, MICHEL VAN *Iberica* – AB 105 (1987) 201-204

5235 FANGER, CLAIRE *The dynamics of holy power as reflected in narrative structure in the lives of St Martin and St Anthony* – Florilegium 9 (1987) 35-51

5236 FARMER, DAVID HUGH *Hagiographie I. Alte Kirche* – TRE 14 (1985) 360-364

5237 FARMER, DAVID HUGH *The Oxford Dictionary of Saints*. Oxford: Oxford Univ. Pr. 1987. XXVIII, 478 pp.

5238 FÉVRIER, PAUL-ALBERT *Les saints évêques de la fin de l'Antiquité et du haut Moyen Age dans le sud-est de la Gaule (genèse et développement de leur culte)* – Mémoires de l'Acad. de Vaucluse (Avignon) 6 (1985) 17-40

5239 FINK, WALTER *«Geburtshilfe» in Byzanz. Zwei Beispiele aus dem frühen 5. Jahrhundert* – JÖB 36 (1986) 27-37

5240 FRANQUESA, ADALBERT *Testimonios litúrgicos en las «Actas de los Mártires»* – Phase 26 (1986) 247-260

5241 FREND, W.H.C. *Fragments of an Acta Martyrum from Q'asr Ibrim (with plates 1/3)* – JAC 29 (1986) 66-70

5242 GRÉGOIRE, RÉGINALD *Manuale di agiologia. Introduzione alla letteratura agiografica* [Bibliotheca Montisfani 12]. Fabriano: Monastero San Silvestro Abate 1987. XIL, 455 pp.

5243 HÄGG, TOMAS *Grekiska romaner och egyptiska martyrakter.* In: *Idékonfrontation under senantiken* (cf. 1985-87, 285) 147-161

5244 *Hagiologie byzantine.* Textes inédits publiés en grec et traduits en français par FRANÇOIS HALKIN [SHG 71]. Bruxelles: Société des Bollandistes 1986. 222 pp.

5245 HALKIN, F. *Deux Passions inédites des saints Eutrope, Cléonique et Basilisque* – AB 104 (1986) 17-54

5246 HALKIN, FRANÇOIS *Hagiologie byzantine* – AB 104 (1986) 130-131

5247 HALKIN, FRANÇOIS *Le mois de janvier du «Ménologe impérial» byzantin.* In: *Le ménologe impérial de Baltimore* (cf. 1985-87, 5272) 7-18

5248 HAMPL, FRANZ *Antikes Erbe in der Welt der christlichen Legenden und Kulte.* In: *Mythos. Deutung und Bedeutung. Vorträge gehalten am Dies philologicus Aeniponatanus am 11. April 1986 anläßlich der Nachfeier des 70. Geburtstages von Robert Muth* [IBK Dies philologicus Aeniponatanus 5]. Innsbruck: Institut für Sprachwissenschaft der Universität (1987) 35-66

5249 HANNICK, CHRISTIAN *Hagiographie III. Orthodoxe Kirchen* – TRE 14 (1985) 371-377

5250 HANS, J.-M. *Les céphalophores leuquois. Sait Elophe et Sainte Libaire, enfants de Baccius* – Bulletin de la Société de mythologie française (Paris) 143 (1986) 11-34

5251 HARISSIADIS, C. *La reconnaissance des saints dans l'Eglise Orthodoxe selon la procédure du Patriarcat oecuménique.* In: *Saints et sainteté dans la liturgie* (cf. 1985-87, 345) 119-127

5252 HAUSBERGER, KARL *Hagiographie II. Römisch-katholische Kirche* – TRE 14 (1985) 365-371

5253 HENKEN, ELISA R. *Traditions of the Welsh Saints.* Woodbridge: Boydell & Brewer 1987. VII, 368 pp.

5254 HISARD-MARTIN, BERNADETTE *Les «treize saints pères». Formation et évolution d'une tradition hagiographique géorgienne (VIe-XIIe siècles)* (Première partie) – Revue des Études Géorgiennes et Caucasiennes (Paris) 1 (1985) 141-168

5255 *Histoire des saints et de la sainteté chrétienne. 1. La nuée des témoins.* Sous la direction de FRANCESCO CHIOVARO. Paris: Hachette 1986. 312 pp.

5256 *Histoire des saints et de la sainteté Chrétienne. 2. La semence des martyrs, 33-313.* Sous la direction d'ANDRÉ MANDOUZE. Paris: Hachette 1987. 288 pp.

5257   *Histoire des saints et de la sainteté Chrétienne. 3. Desévêques et des moines reconnus par le peuple, 314-604.* Sous la direction d'ANDRÉ MANDOUZE. Paris: Hachette 1987. 296 pp.

5258   *Histoire des saints et de la sainteté Chrétienne, 4. Les voies nouvelles de la sainteté: 605-814.* Sous la direction de PIERRE RICHÉ. Paris: Hachette 1986. 288 pp.

5259   HOLBÖCK, FERDINAND *Geführt von Maria: marianische Heilige aus allen Jahrhunderten der Kirchengeschichte.* Stein am Rhein; Salzburg: Christiana-Verlag 1987. 640 pp.

5260   HORN, JÜRGEN *Studien zu den Märtyrern des nördlichen Oberägypten. 1. Märtyrerverehrung und Märtyrerlegende im Werk des Schenute* [GöO 4,15]. Wiesbaden: Harrassowitz 1986. XIII, 130 pp.

5261   HOŠEK, R. *Acta martyrum a Vitae martyrum jako pramen pro proznání sociálních dějin Balkánu (= Die Acta martyrum und Vitae martyrum als Erkenntnisquelle für die Sozialgeschichte der Balkanländer)* [mit deutscher Zusammenfassung]. In: *Problémy Křesťanství* (cf. 1985-87, 334) 119-125

5262   KARLINGER, FELIX *Legendenforschung. Aufgaben und Ergebnisse.* Darmstadt: Wissenschaftliche Buchgesellschaft 1986. X, 126 pp.

5263   KISLINGER, E. *How reliable is Early Byzantine hagiography as an indicator of diet?* – Dipt 4 (1986/87) 5-11

5264   KÖTTING, B. *Vielverehrte Heilige. Traditionen, Legenden, Bilder.* Münster: Aschendorff 1985. 119 pp.; 15 tabb.

5265   *Lateinische Märtyrerakten und Märtyrerbriefe.* Ausgew., eingeleitet und kommentiert von H.J. DAHM. Münster: Aschendorff 1986. VIII, 103 pp.

5266   LAZZARIN, PIERO *Il libro dei santi: piccola enciclopedia.* Padova: Edizioni Messaggero 1987. 587 pp.

5267   MARTIN-HISARD, BERNADETTE *Le «Dit des miracles de saint Shio», moine géorgien du VIe siècle* – VetChr 23 (1986) 283-328

5268   MARTIN-HISARD, BERNADETTE *Les «treize saints pères». Formation et évolution d'une tradition hagiographique géorgienne (VIe-XIIe siècles)* [Appendice de la première partie] – Revue des Études Georgiennes et Caucasiennes (Paris) 2 (1986) 75-111

5269   *Martiri sotto processo. Scelta di testi autentici tradotti e commentati.* A cura di GIUSEPPE DEGLI AGOSTI. Milano: Istituto Propaganda Libraria 1986. 188 pp.

5270   MATHISEN, RALPH W. *Some hagiographical addenda to P.L.R.E.* – Historia 36 (1987) 448-461

5271   MCNAMARA, J.A. *A Legacy of Miracles: Hagiography and Nunneries in Merovingian Gaul.* In: *Women of the medieval world* (cf. 1985-87, 380) 36-52

5272 *Le ménologe impérial de Baltimore.* Textes grecs publiés et traduits par FRANÇOIS HALKIN [SHG 69]. Bruxelles: Société des Bollandistes 1985. 365 pp.

5273 MERTENS, C. *Les premiers martyrs et leurs rêves. Cohésion de l'histoire et des rêves dans quelques «Passions» latines de l'Afrique du Nord* – RHE 81 (1986) 5-46

5274 MIGLIORANZA, C. *Actas de los mártires* [Orígenes cristianos 5]. Buenos Aires: Ediciones Paulinas 1986. 245 pp.

5275 MIQUEL, PIERRE *Le diable dans les «Vies» des saints moines* – ColCist 49 (1987) 246-259

5276 NIERO, A. *Santi aquileiesi e veneti in Dalmazia* – AnAl 26 (1985) 261-288

5277 NIERO, A. *Santi di Torcello e di Eraclea tra storia e leggenda.* In: *Le origini della Chiesa di Venezia.* Venezia: Edizioni per lo Studium cattolico veneziano (1987) 31-76

5278 O RIAIN, P. *Corpus genealogiarum sanctorum Hiberniae.* Dublin: Institute for Advanced Studies 1985. LXXVIII, 347 pp.

5279 ORLANDI, TITO *Giustificazioni dell'encratismo nei testi monastici copti del IV-V secolo.* In: *La tradizione dell'enkrateia* (cf. 1985-87, 374) 341-361

5280 OURY, GUY-MARIE *Les saints de Touraine.* Chambray: C.L.D. 1985. 217 pp.

5281 PICARD, JEAN-MICHEL *Structural Patterns in Early Hiberno-Latin Hagiography* – Peritia 4 (1985) 67-82

5282 POURRAT, HENRI *Saints de France.* 3. éd. Grez-en-Bouère: Morin 1987. 219 pp.

5283 PRETE, S. *Vie romane ed alcuni casi di «agiografia itinerante» nelle Marche.* In: *Le strade nelle Marche. Il problema del tempo. Atti del convegno. Fano, Fabriano, Pesaro, Ancona, 11-14 ottobre 1984.* Ancona: Deputazione di storia patria per le Marche (1987) II 843-857

5284 PRICE, R.M. *Holy Men's Letters of Rebuke.* In: *Studia Patristica* 16 (cf. 1985-87, 359) 50-53

5285 RYDÉN, LENNART *New Forms of Hagiography: Heroes and Saints.* In: *The 17th International Byzantine Congress. Major Papers* (cf. 1985-87, 244) 537-554

5286 *Saints de Byzance et du Proche-Orient. Seize textes grecs inédits: dix vies ou passions sans nom d'auteur et six discours de Nicétas de Paphlagonie.* Éd. et trad. par F. HALKIN [COr 13]. Genève: Patrick Cramer 1986. 170 pp.

5287 SAMIR, K. *Les dossiers arabe et copte de Théodore d'Antioche* – Mu 99 (1986) 171-180

5288　SAXER, VICTOR *Bible et hagiographie: textes et thèmes bibliques dans les actes des martyrs authentiques des premiers siècles.* Bern; Frankfurt a.M.; New York: Lang 1986. 293 pp.

5289　SEGALA, F. *Catalogus sanctorum Ecclesiae Veronensis* [Studi e documenti di storia e liturgia 4]. Verona: Archivio storico Curia vescovile 1986. 80 pp.

5290　SINISCALCO, P. *Un versetto biblico frequentemente citato negli Acta e nelle Passiones martyrum: Esodo 20,11; Salmo 145(146),6; Atti degli Apostoli 4,24 e 14,15* – CCC 6 (1985) 521-539

5291　*Six inédits d'hagiologie byzantine.* Publiés par FRANÇOIS HALKIN [SHG 74]. Bruxelles: Société des Bollandistes 1987. 197 pp.

5292　UYTFANGHE, M. VAN *L'hagiographie et son public à l'époque mérovingienne.* In: *Studia Patristica 16* (cf. 1985-87, 359) 54-62

5293　UYTFANGHE, MARC VAN *Heiligenverehrung II (Hagiographie).* Übers. von HEINZGERD BRAKMANN – RAC 14 (1987) Lief. 105/106, 150-183

5294　UYTFANGHE, MARC VAN *L'empreinte biblique sur la plus ancienne hagiographie occidentale.* In: *Le monde latin antique et la Bible* (cf. 1985-87, 309) 565-611

5295　UYTFANGHE, MARC VAN *Stylisation biblique et condition humaine dans l'hagiographie mérovingienne (600-750)* [Verhandelingen van de Koninklijke Academie voor Wetenschappen, Letteren en Schone Kunsten van België. Klasse der Letteren (Jg. 49) Nr. 120]. Brussel: Paleis der Akademiën 1987. 286 pp.

5296　WHATLEY, G. *North American Research in Medieval Hagiography. A Handlist* – AB 105 (1987) 425-444

III.3.b) Sancti singuli (in ordine alphabetico sanctorum)

III.3.b) Abibus

5297　HALKIN, F. *Translation du chef de S. Abibus, un des trois confesseurs d'Edesse. BHG 740 m* – AB 104 (1986) 287-297

III.3.b) Acacius mon. in Asia

5298　HALKIN, F. *Éloge du moine Acace (BHG 2010)* – ByZ 79 (1986) 282-290

5299　HALKIN, F. *Le moine saint Acacius* – AB 104 (1986) 220

III.3.b) Adelphus ep. Mettensis

5300　PHILIPPART, G. *La vie anonyme de s. Adelphe de Metz plagiat de la vie de s. Arnoul* – AB 104 (1986) 185-186

III.3.b) Aemilianus

5301 HALKIN, F. *Les recensions de la Passion de saint Émilien.* In: *Texte und Textkritik* (cf. 1985-87, 372) 223-229

III.3.b) Agnes

5302 ASSENDELFT, MARION M. VAN *Aurelii Prudentii Clementis Peristephanon hymnus XIV Passio Agnetis.* Traduzione di GIO-ACHINO CHIARINI. In: *Atti e passioni* (cf. 1985-87, 5211) 353-367; 584-597

III.3.b) Ambrosius Mediolanensis

5303 PASINI, C. *Testi innografici bizantini in onore di sant'Ambrogio di Milano* – BBGG 39 (1985) 113-179

III.3.b) Anastasia

5304 HEYER, F. *Hagia Anastasia.* In: *Theologische Brosamen für Lothar Steiger.* Zu seinem 75. Geburtstag gesammelt von GER-HARD FREUND [u.a.]. Heidelberg: Dielheimer Blätter zum Alten Testament und seiner Rezeption in der Alten Kirche, Beiheft 5 (1985) 171-181

5305 *The Life and Martyrdom of Saint Anastasia and Those Who were Martyred With Her.* Commemorated on December 22. Translated from the Greek by Holy Transfiguration Monastery. Seattle, Wash.: St. Nectarios Press 1987. VI, 30 pp.

III.3.b) Andreas Apostolus

5306 BAUMLER, ELLEN B. *Andrew in the City of the Cannibals: A Comparative Study of the Latin, Greek, and Old English Texts* [Diss.]. Univ. of Kansas 1985. 148 pp. [cf. DissAbstr 47,2 (1986) 525A]

III.3.b) Antonius Eremita

5307 BARNES, T.D. *Angel of light or mystic initiate? The problem of the Life of Antony* – JThS 37 (1986) 353-368

5308 DEMOUSTIER, A. *L'entreprise de saint Antoine au désert* – Christus 32 (1985) 345-358

5309 LELOIR, LOUIS *Le prophétisme ecclésial d'Antoine.* In: *After Chalcedon* (cf. 1985-87, 194) 217-231

5310 LUIBHÉID, C. *Antony and the Renunciation of Society* – ITQ 52 (1986) 304-314

5311   O MURCHU, DIARMUID *St. Anthony of Egypt: the man and the myth* – CistStud 20 (1985) 88 ss.

5312   RUBENSON, SAMUEL *The Antonian Material in the Library of the Monastery of St. Antony* – Journal of Arab Christian Studies (1987)

5313   RYDÉN, LENNART *Pythagoraslegend och Antoniuslegend. Från övermänniska till gudsmänniska.* In: *Idékonfrontation under senantiken* (cf. 1985-87, 285) 133-145

5314   ZINNHOBLER, RUDOLF *Das alternative Leben des Mönchvaters Antonius* – TPQS 135 (1987) 49-51

III.3.b) Apollinaris ep. Ravennas

5315   ORIOLI, G. *La Vita Sancti Apolenaris di Ravenna e gli antecedenti storici dell'Organizzazione ecclesiastica ravennate* – Apollinaris 59 (1986) 251-267

III.3.b) Aquilina v.m. Bybli in Phoenici

5316   HALKIN, F. *Passion acéphale de sainte Aquiline (BHG 163b)* – Mu 99 (1986) 343-356

III.3.b) Artemius

5317   RYDÉN, LENNART *Kyrkan som sjukhus. Om den heliga Artemios' mirakler (Die Kirche als Krankenhaus. Über die Mirakel des hl. Artemios)* – ROB 44 (1985) [1987] 3-16

III.3.b) Aurelius Augustinus

5318   BASTIAENSEN, A. *The inaccuracies in the Vita Augustini of Possidius.* In: *Studia Patristica 16* (cf. 1985-87, 359) 480-486

5319   COLLEDGE, EDMUND, OSA *James of Voragine's «Legenda sancti Augustini» and its Sources* – Augustiniana 35 (1985) 281-314

III.3.b) Auxibius ep. Soliorum in Cypro

5320   NORET, J. *L'expédition canadienne à Soli et ses résultats pour l'intelligence et la datation de la Vie de S. Auxibe* – AB 104 (1986) 445-452

III.3.b) Barlaam et Josaphat

5321   ALMOND, PHILIP *The Buddha of Christendom: A Review of The Legend of Barlaam and Josaphat* – RelStud 23 (1987) 391-406

5322 GRÉGOIRE, R. *La légende de Barlaam et Joasaf: une apologie du monachisme au VIIIe siècle*. In: *Monachisme d'Orient et d'Occident* (cf. 1985-87, 308) 19-51

III.3.b) Bavo conf. Gandavi

5323 VERHULST, A.E. *De heilige Bavo en de oorsprong van Gent* – Academiae Analecta, Klasse der Letteren (Brüssel) 75-90
5324 VERHULST, A.E. *Saint-Bavon et les origines de Gand* – RN 69 (1986) 455-470

III.3.b) Benedictus Nursinus

5325 HALLINGER, KASSIUS *Development of the cult of and devotion to St. Benedict* – AmBenR 36 (1985) 195-214
5326 LECLERCQ, J. *La Vita di San Benedetto come fonte di gioia* – Studium 82 (1986) 260-264
5327 VOGÜÉ, A. DE *The Mention of the «Regula Monachorum» at the End of the Life of Benedict: Its Literary and Spiritual Function* – CistStud 20 (1985) 3-13

III.3.b) Brandanus ab. Clonfertensis

5328 BRAY, DOROTHY ANN *A note on the life of St. Brendan* – CistStud 20 (1985) 14 ss.
5329 GERRITSON, W.P.; EDEL, D.; KREEK, M. DE *De wereld van St. Brandaan*. Utrecht: HES Uitg. 1986. 132 pp.

III.3.b) Brigida

5330 BARING-GOULD, S. *The Life of Brigid of Kildare* – VBen 3 (1986) 7-19

III.3.b) Carpus, Papylus, Agathonica

5331 ORBAN, A. *Martyrium Carpi, Papyli et Agathonicae*. Traduzione di SILVIA RONCHEY. In: *Atti e passioni* (cf. 1985-87, 5211) 32-45; 384-390

III.3.b) Christophorus m. in Lycia

5332 HAUDRY, J. *Saint Christophe, saint Julien l'Hospitalier et la «traversée de l'eau de la ténèbre hivernale»* – Etudes indo-européennes (Lyon) 14 (1985) 25-31

III.3.b) Conon m. in Isauria

5333 HALKIN, FRANÇOIS *Vie de S. Conon d'Isaurie* – AB 103 (1985) 5-34

III.3.b) Constantinus Imperator

5334 AVENARIUS, ALEXANDER *Die Ideologie der Byzantiner und ihre Widerspiegelung in der Vita Constantini* – Byslav 46 (1985) 25-32
5335 MCKINNEY, L.E. *Pious prince, divine father. Notes on two numismatic references in Eusebius' Life of Constantine* – Journal of the Society of ancient Numismatics (Santa Monica, Calif.) 16 (1985) 11-13
5336 PETROVIČ, IVANKA *I frammenti della Vita Constantini nei testi croati e russi* – Byslav 46 (1985) 5-24
5337 WINKELMANN, F. *Die älteste erhaltene griechische hagiographische Vita Konstantins und Helenas (BHG Nr. 365z, 366, 366a).* In: *Texte und Textkritik* (cf. 1985-87, 372) 623-638

III.3.b) Cosmas et Damianus

5338 HARSTAD, MICHAEL J. *Saints, drugs and surgery. Byzantine therapeutics for breast diseases* – Pharmacy in history (Madison, Wisc.) 28 (1986) 175-180
5339 *Saint Côme et saint Damien: culte et iconographie. Colloque, Mendrisio 29-30 IX 1985.* Éd. par PIERRE JULIEN et FRANÇOIS LEDERMANN [Veröffentl. der Schweizer Ges. f. Gesch. der Pharmazie 5]. Zürich: Juris-Verlag 1985. 127 pp.

III.3.b) Cyprianus Carthaginiensis

5340 BASTIAENSEN, A.A.R. *Acta Cypriani.* Traduzione di GIO-ACHINO CHIARINI. In: *Atti e passioni* (cf. 1985-87, 5211) 193-231; 478-490

III.3.b) Cyriacus m. Romae

5341 BRILLANTE, C.; GALEAZZI, O. *San Ciro, patrono dei medici, San Ciriaco (o San Quirino), patrono di Ancona* – Antiqua 11 (1986) Nr.6, 6-8

III.3.b) Demetrius

5342 ANGELATOS, P. *Κανόνες ἀνέκδοτοι εἰς τὸν Ἅγιον Δημήτριον* – Byzantina 13 (1985) 1371-1476

5343 BREZEANU, S. «*Romains*» *et* «*barbares*» *dans les Balkans au VIIe siècle à la lumière des* «*Miracles de Saint Démétrius*». *Comment on peut devenir l'*»*autre*» – RESE 24 (1986) 127-131

5344 GRIGORIOU IOANNIDOU, MARTHA *Une remarque sur le récit des Miracles de Saint Démétrius* [Comité National Grec des Études du Sud-Est Européen. Centre d'Études du Sud-Est Européen 20] Athen: 1987. 15 pp.

5345 KODER, J. *Anmerkungen zu den Miracula Sancti Demetrii*. In: *BYZANTION* (cf. 1985-87, 228) II 523-538

5346 TAPKOVA-ZAIMOVA, VASILKA *Le culte de saint Démétrius à Byzance et aux Balkans (Problèmes d'histoire et de culture)*. In: *Christentum in Bulgarien* (cf. 1985-87, 237) 139-146

III.3.b) Domitianus ep. Traiectensis

5347 GEORGE, PHILIPPE *Vies et miracles de Saint Domitien, évêque de Tongres-Maastricht (535-549)* – AB 103 (1985) 305-351

III.3.b) Domninus

5348 LAURINI, G. *S. Donnino Martire e la sua città (Memorie storiche)*. Fidenza: Arte grafica 1986. 154 pp.

III.3.b) Ethbinus

5349 VALLERIE, E. *Saint Idunet et le monastère de Tauracus* – ECelt 24 (1987) 315-317

III.3.b) Eugenius m. Trapezunte

5350 ROSENKVIST, J.O. *Die Texte über Eugenios von Trapezunt* [in schwedischer Sprache] – Svenska kommitén för bysantinska studier. Bulletin (Uppsala) 3 (1985) 38-40

III.3.b) Euphemia

5351 *Intorno la vita, il martirio ed il culto della vergine calcedonese santa Eufemia della quale il sacro corpo si conserva e si venera nell'insigne collegiata di Rovignano (Istria)*. Commentario edito per cura di un religioso dei Minori Riformati della stessa città. Trieste: Tabographis 1987. 118 pp.

5352 KUNTURA-GALAKE, ELEONORA S. Ἡ Ἁγία Εὐφημία στὶς σχέσεις παπῶν καὶ αὐτοκρατόρων [mit französischer Zusammenfassung] – Symmeikta (Athenai) 7 (1987) 59-75

III.3.b) Euthymius Abbas

5353   NORET, J. *A propos des Vies de saint Euthyme, abbé (+473)* –
AB 104 (1986) 453-455

III.3.b) Eutychius Constantinopolitanus

5354   WILSON, ANNA M. *Biblical Imagery in the Preface to Eustratios'
Life of Eutychios.* In: *Studia Patristica 18,1* (cf. 1985-87, 360)
303-309

III.3.b) Exuperantius Cingulanus ep.

5355   PRETE, S. *Sulla «Vita sancti Exuperantii» (ms. 708 [Archivio
storico die Cingoli] Archivio die Stato di Macerata* – StPic 51
(1986) 5-30

III.3.b) Exuperius

5356   CROUZEL, HENRI, SJ *Saint Exupère, évêque de Toulouse, et
trois membres de son clergé selon les témoignages anciens, 16e
serie* – Mémoires de l'Académie des Sciences, Insciptions et Belles
Lettres (Paris) 8 (1987) 177-193

III.3.b) Faustinus und Iovita

5357   FAPPANI, A. *I santi Faustino e Giovita.* Brescia: La voce del
popolo 1985. 150 pp.

III.3.b) Felicitas cum septem filiis m.

5358   LEONARDI, C. *Felicita, Quirico e Giulitta nell'innario umbro-
romano.* In: *Filologia e forme letterarie* (cf. 1985-87, 263) V
305-317
5359   VOGT, G. *Felizitas, Martyrium und Verherrlichung der römischen
Blutzeugin.* Münsterschwarzach: Vier-Türme-Verlag 1984. 172
pp.

III.3.b) Florianus

5360   ZINNHOBLER, RUDOLF *Das Martyrium des hl. Florian* –
TPQS 135 (1987) 166-167

III.3.b) Fructuosus Bracarensis

5361   CODOÑER, CARMEN *Sobre la Vita Fructuosi.* In: *Athlon.
Satura grammatica in honorem Francisci Rodríguez Adrados, II*
(cf. 1985-87, 211) 183-190

III.3.b) Furseus ab. Latiniacensis

5362 *Le visioni di s. Fursa.* Ed. M.P. CICCARESE – RomBarb 8 (1984/85) 231-306

5363 O RIAIN, P. *Les Vies de saint Fursy: les sources irlandaises* – RN 69 (1986) 405-413

III.3.b) Gallicanus

5364 BUNDY, DAVID D. *The Acts of Saint Gallicanus. A study of the structural relations* – Byzan 57 (1987) 12-31

III.3.b) Gaugericus ep. Cameracensis

5365 ROUCHE, MICHEL *Vie de saint Géry écrite par un clerc de la basilique de Cambrai entre 645-650 et 700* – Revue du Nord (Paris) 68 (1986) 281-288

III.3.b) Genovefa Parisiensis

5366 COLTRI, ELEONORA *Per una nuova edizione della «Vita Genovefae virginis Parisiensis». Note all'edizione Krusch* – Acme 38 (1985) 31-47

5367 HEINZELMANN, M. *Zum Stand der Genovefa-Forschung* – DA 41 (1985) 532-548

5368 HEINZELMANN, MARTIN; POULIN, JOSEPH-CLAUDE *Les vies anciennes de sainte Geneviève de Paris. Etudes critiques.* Praef. M. FLEURY [Bibl. de l'Ecole des Hautes Etudes. Sect. 4. Sciences historiques et philosophiques. T. 329]. Paris; Genève: Champion; Slatkine 1986. VIII, 200 pp.

III.3.b) Gervasius et Protasius m.

5369 BERNACCHIA, R. *San Gervasio: una figura di santo contadino?* – StPic 50 (1985) 139-156

III.3.b) Gordianus et Epimachus m.

5370 *Légende grecque de saint Gordien.* Ed. F. HALKIN – RöHM 28 (1986) 97-101

III.3.b) Gorgonius

5371 BOULHOL, P. *Ricerche sul culto di S. Gorgonio in Occidente fino al X secolo* – RiAC 63 (1987) 107-166

5372 DOLBEAU, FRANÇOIS *Un panégyrique anonyme, prononcé à Minden pour le fête de Saint Gorgon* – AB 103 (1985) 35-59

III.3.b) Gregorius Magnus

5373 *The Earliest Life of Gregory the Great, by an Anonymous Monk of Whitby.* Text, transl. and notes by BERTRAM COLGRAVE. Cambridge: Univ. Pr. 1985. XI, 180 pp.

5374 JOUNEL, P. *Le culte de saint Grégoire le Grand.* In: *Grégoire le Grand* (cf. 1985-87, 275) 671-680 = EcclOra 2 (1985) 194-209

5375 ROSE, MARIANO DELLE *Crudis leguminibus pascebantur. Cellae Novae e S. Saba, fonti e riscontri archeologici* – RomBarb 9 (1986/87) 65-113

III.3.b) Gregorius Nazianzenus

5376 LEQUEUX, XAVIER *Deux feuillets du ms. Ottobonianus Graecus 424 (IXe s.) retrouvés à Leipzig* – Mu 100 (1987) 235-241

III.3.b) Gregorius Thaumaturgus

5377 DUCHAMBLO, RICHARD *Vie et culte de Saint Grégoire. Evêque de Grande Arménie, patron titulaire de Tallard.* Éd. originale impr. en 1953. Paris: Ophrys 1985. 115 pp.

III.3.b) Helena Imperatrix

5378 KLEIN, RICHARD *Helena, II (Kaiserin)* – RAC 14 (1987) Lief. 107, 355-375

III.3.b) Heraclides

5379 ESBROECK, MICHEL VAN *Les actes arméniens de Saint Héraclide de Chypre* – AB 103 (1985) 115-162

III.3.b) Hermes m. Romae

5380 HALKIN, F. *Un trio factice* – RöHM 27 (1985) 51-52

III.3.b) Hippolytus Romanus

5381 BERTONIERE, G. *The Cult Center of the Martyr Hippolytus on the Via Tiburtina.* Oxford: B.A.R. 1985. XV, 212 pp.

III.3.b) Hypatius heg. Rufinianensis

5382 MERENDINO, ERASMO *Noterella testuale alla «Vita di S. Ipazio»* – Orpheus 6 (1985) 153-155

5383 WÖLFLE, EUGEN *Der Abt Hypatios von Ruphinianai und der Akoimete Alexander* – ByZ 79 (1986) 302-309

5384 WÖLFLE, EUGEN *Hypatios. Leben und Bedeutung des Abtes von Rufiniane* [EHTheol 288]. Frankfurt a.M.; Bern; New York: Lang 1986. 207 pp.

III.3.b) Iacobus maior

5385 PRATSCHER, WILHELM *Der Herrenbruder Jakobus und die Jakobustradition* [FRLANT 139]. Göttingen: Vandenhoeck und Ruprecht 1987. 315 pp.

III.3.b) Iacobus minor

5386 BARAS, ZVI *The Testimonium Flavianum and the Martyrdom of James.* In: *Josephus, Judaism, and Christianity* (cf. 1985-87, 290) 338-348

III.3.b) Ignatius Antiochenus

5387 SMITHIES, ANDREW *Nicetas Paphlago's Life of Ignatius. A critical edition with translation* [Diss.]. State Univ. of New York at Buffalo 1987. 193 pp. [microfilm; cf. summary in DissAbstr 48 (1987) 384A]

III.3.b) Iohannes Baptista

5388 ALLEN, PAULINE *A Homily on John the Baptist attributed to Aetius, Presbyter of Constantinople.* Introduction, edition and translation – AB 104 (1986) 383-402

III.3.b) Iohannes Chrysostomus

5389 ROUSSOUDAN, GUARAMIA *Versions géorgiennes anciennes de la Vie de Saint Jean Chrysostome* – Mu 99 (1986) 295-308

III.3.b) Iohannes Evangelista

5390 SAFFREY, H.D. *Le témoignage des Pères sur le martyre de S. Jean l'Évangéliste* – RSPhTh 69 (1985) 265-272

III.3.b) Iuliana v. m. Nicomediae

5391 GEITH, KARL-ERNST *Die Juliana-Legende in der Abbreviatio in Gestis et Miraculis Sanctorum von Jean de Mailly* – AB 103 (1985) 95-104

III.3.b) Iulianus Brivate in Arvernia m.

5392   *Saint Julien de Brioude, martyr.* Trad. P. CUBIZOLLES. Brioude: Watel 1987. 96 pp.

III.3.b) Iustinus

5393   HILHORST, A. *Acta Iustini.* Traduzione di SILVIA RONCHEY. In: *Atti e passioni* (cf. 1985-87, 5211) 47-57; 391-396

III.3.b) Iuvenalis Narniensis ep.

5394   LEONARDI, C. *«Sic nonis martyr Iuvenalis bella fatigat».* Giovenale di Narni nell'innario umbro-romano. In: *Kontinuität und Wandel* (cf. 1985-87, 293) 347-363

III.3.b) Kentigernus ep. Glascuensis

5395   MACQUARRIE, A. *The career of Saint Kentigern of Glasgow: Vitae, Lectiones and Glimpses of Fact* – The Innes Review (Glasgow) 37 (1986) 3-24

III.3.b) Laurentius, Xystus, Hippolytus

5396   FOLLIERI, ENRICA *L'Epitome della Passio greca di Sisto, Lorenzo ed Ippolito BHG 977d. Storia di un testo dal menologio al Sinassario.* In: BYZANTION (cf. 1985-87, 228) I 399-423
5397   RAMSEY, B. *Saint Lawrence and His Book in the Mausoleum of Galla Placidia.* In: *Diakonia* (cf. 1985-87, 252) 308-316

III.3.b) Leobinus ep. Carnotensis

5398   ROBREAU, B. *Les saints carnutes du VIième siècle. Recherches sur la christianisation du calendrier* – MSAEure 30 (1986) 207-230
5399   ROBREAU, B. *Saint Lubin. Un personnage entre l'histoire et la légende* – Bulletin de la Société archéologique d'Eure-et-Loire 129 (1985) 10-18

III.3.b) Lucius Cyrenensis

5400   HALKIN, FRANÇOIS *Saint Lucius de Cyrène en Libye* – AB 103 (1985) 231-232

III.3.b) Macarius Magnus

5401   DEVOS, PAUL *Saint Macaire le Grand et saint François d'Assise* – AB 104 (1986) 221-231

III.3.b) Macrina

5402 MOMIGLIANO, A. *Macrina, una santa aristocratica vista dal fratello*. In: *Le donne in Grecia*. A cura di G. ARRIGONI. Bari: Laterza (1985) 331-344

5403 MOMIGLIANO, A. *The Life of St. Macrina by Gregory of Nyssa*. In: *Essays in honour of Chester G. Starr*. Edd. J. W. EADIE; J. OBER. Lanham, Md.: Univ. Press of America (1985) 443-485

5404 WOLFSKEEL, CORNELIA W. *Makrina*. In: *A History of Women Philosophers, I: Ancient Women Philosophers 600 B.C. – 500 A.D.* Ed. MARY ELLEN WAITHE. Dordrecht; Boston; Lancaster: Martinus Nijhoff (1987) 139-168

III.3.b) Malachias Propheta

5405 HALKIN, FRANÇOIS *Notice du prophète Malachie (BHG 1014e)*. In: *Le ménologe impérial de Baltimore* (cf. 1985-87, 5272) 34-40

III.3.b) Marcus ep. Arethusanus

5406 HALKIN, FRANÇOIS *La Passion de S. Marc d'Aréthuse, BHG 2248* [Texte et traduction. En appendice: texte et traduction de l'Epitomé BHG 2250] – AB 103 (1985) 217-229

III.3.b) Marcianus

5407 TRAMONTIN, S. *Origini e sviluppi della legganda Marciana*. In: *Le origini della Chiesa di Venezia*. Venezia: Edizioni per lo Studium cattolico veneziano (1987) 167-186

III.3.b) Maria Magdalena

5408 *La vie de Marie Magdaleine par personnages, Bibliothèque Nationale de Paris, Réserve Yf 2914.* Edd. J. CHOCHEYRAS; G.A. RUNNALS [Textes littéraires français 342]. Genève: Droz 1986. 118 pp.

5409 HALKIN, FRANÇOIS *Une vie grecque de sainte Marie Madeleine. BHG 1161x* – AB 105 (1987) 5-23

5410 SAXER, VICTOR *Le culte et la tradition de sainte Marie Madeleine en Provence* – Mémoires de l'Acad. de Vaucluse (Avignon) 6 (1985) 41-55

III.3.b) Martinus Turonensis

5411 CORBETT, J.H. *Changing Perceptions in Late Antiquity: Martin of Tours* – Journal of Theology (Toronto) 3 (1987) 236-251

5412 KLAUS, BERNHARD *Sankt Martin, Ritter Christi und Bischof der Armen – der «Pelzmärtel» in Geschichte und Legende –* Zeitschrift für Bayerische Kirchengeschichte (Nürnberg) 56 (1987) 1-26

5413 NAHMER, DIETER VON DER *Martin von Tours: sein Mönchtum, seine Wirkung –* Francia 15 (1987) 1-41

5414 OURY, GUY-MARIE *Saint Martin de Tours: l'homme au manteau partagé.* Chambray-les-Tours: C.L.D. 1987. 151 pp.

5415 STRAETEN, J. VAN DER *Un miracle inédit de Saint Martin –* AB 104 (1986) 191-194

III.3.b) Martyres Lugdunenses

5416 LALLEMAND, A. *Le parfum des martyrs dans les Actes des martyrs de Lyon et le Martyre de Polycarpe.* In: *Studia Patristica 16* (cf. 1985-87, 359) 186-192

5417 ORBAN, A. *Martyrium Lugdunensium.* Traduzione di SILVIA RONCHEY. In: *Atti e passioni* (cf. 1985-87, 5211) 59-95; 397-404

III.3.b) Martyres Scilitani

5418 BASTIAENSEN, A.A.R. *Acta martyrum Scilitanorum.* Traduzione di GIOACHINO CHIARINI. In: *Atti e passioni* (cf. 1985-87, 5211) 96-105; 405-411

III.3.b) Mauritius et socii

5419 *Actes des martyres des Gaules. Faut-il lire les Actes des martyres des Gaules?* Praef. P. PASQUIER – Messager Orthodoxe (Paris) 101 (1986) 13-40

5420 GIRGIS, SAMIR F. *The Theban Legion in Switzerland* [St. Pachom's Publications 5]. Bülach: St. Pachom's Publ. 1985. 120 pp.

5421 ZUFFEREY, MAURICE *Der Mauritiuskult im Früh- und Hochmittelalter –* HJ 106 (1986) 23-58

III.3.b) Mauritius Agaunensis

5422 MICHELET, HENRI *Pierre de Rivaz, inventeur et historien (1711-1772). Sa vie et ses occupations professionelles. Ses recherches techniques. Ses travaux historiques –* Vallesia 42 (1987) 197-228

III.3.b) Maurus Afer m.

5423 CUSCITO, GIUSEPPE *I santi Mauro ed Eleuterio di Parenzo. L'identità, il culto e le reliquie* – Atti. Centro di ricerche storiche (Rovigno) 16 (1985-86) 33-59

III.3.b) Maximilianus

5424 BASTIAENSEN, A.A.R. *Acta Maximiliani.* Traduzione di GIO-ACHINO CHIARINI. In: *Atti e passioni* (cf. 1985-87, 5211) 233-245; 491-497

III.3.b) Maximus Confessor

5425 ALLEN, PAULINE *Blue-print for the Edition of Documenta ad Vitam Maximi Confessoris spectantia.* In: *After Chalcedon* (cf. 1985-87, 194) 11-21

III.3.b) Maximus et Domitius

5426 MEINARDUS, OTTO F.A. *Die Kaisersöhne der sketischen Wüste* – OrChr 70 (1986) 181-187

III.3.b) Melania Iunior

5427 GIARDINA, A. *Carità eversiva: le donazioni di Melania la Giovane e gli equilibri della società tardoromana.* In: *Hestíasis* (cf. 1985-87, 279) II 77-102
5428 SIRAGO, VITO *Funzioni di Serena nella Vita Melaniae* – VetChr 22 (1985) 381-386

III.3.b) Menas

5429 KAZHDAN, A. *The Noble Origin of St. Menas* – Byzantina 13 (1985) 667-671

III.3.b) Metro presbyter

5430 MÖLK, U. *Zur Vorgeschichte der Gregoriuslegende: Vita und Kult des hl. Metro von Verona* – NAG (1987) 30-54

III.3.b) Monica

5431 LARRINAGA, MANUEL *Santa Mónica* [Acanto. Colección de Espiritualidad 6]. Madrid: P.P.C. 1986. 160 pp.

III.3.b) Nazarius

5432 ZANETTI, UGO *Les passions grecques de saint Nazaire* – AB 105 (1987) 303-384

III.3.b) Nectarius Constantinopolitanus

5433 HALKIN, F. *L'éloge du patriarche S. Nectaire par Léon de Sicile (BHG 2284)* – RSB 22/23 (1985/86) 171-189
5434 HALKIN, RANÇOIS *Ménandre cité par un hagiographe* – AB 105 (1987) 86

III.3.b) Nicolaus ep. Myrensis

5435 CIOFFARI, GERARDO *S. Nicola nella critica storica.* Bari: Centro Studi Nicolaiani 1987. 362 pp.
5436 CLARE, EDWARD G. *St. Nicholas: his legends and iconography.* Firenze: Olschki 1985. 190 pp.
5437 OTRANTO, G. *San Nicola di Bari e la sua basilica. Culto, arte, tradizione.* Milano: 1987. 424 pp.
5438 PASCHOU, P.B. *Τὸ Τρίτο Διεθνὲς Συμπόσιο γιὰ τὸν ῞Αγιο Νικόλαο (᾽Αττάλεια Παμφυλίας Μύρα Λυκίας, 3-8 Δεκ. 1985)* – ThAthen 57 (1986) 244-250
5439 PASCHOU, P.B. *Saint Nicolas dans l'hymnographie byzantine* – ThAthen 57 (1986) 397-422
5440 SUTTNER, ERNST CHRISTOPH *Die Wahrheit der St.-Nikolaus-Legende.* In: *Ecclesia peregrinans. Josef Lenzenweger zum 70. Geburtstag.* Edd. KARL AMON et al. Wien: Verband der Wissenschaftlichen Gesellschaften Österreichs (1986) 17-25
5441 YAʿQŪB, ANTUWĀN *Al-Qiddīs Nīqūlāwus al-ʿAğāʾibī.* Melbourne: St. George Antiochian Orthodox Church 1986. 104 pp.

III.3.b) Pachomius Tabennensis

5442 BURROWS, MARK S. *On the Visibility of God in the Holy Man: A Reconsideration of the Role of the Apa in the Pachomian Vitae* – VigChr 41 (1987) 11-33

III.3.b) Palladius ep. Hibernorum

5443 O CROININ, DAIBHI *New Light on Palladius* – Peritia (Dublin) 5 (1986) 276-283

III.3.b) Pancratius Romanus

5444 DECLERCK, JOSÉ *Les recensions grecques de la passion de S. Pancrace, martyr à Rome (BHG 1408-1409)* – AB 105 (1987) 65-85

III.3.b) Paphnutius ep.

5445 WINKELMANN, F. *Die Problematik der Entstehung der Paphnutioslegende.* In: *Griechenland, Byzanz, Europa* (cf. 1985-87, 276) 32-42

III.3.b) Parthenope

5446 HÄGG, T. *The Oriental reception of Greek novels. A survey with some preliminary considerations* – SO 61 (1986) 99-131

III.3.b) Patricius ep. Hibernorum

5447 HANSON, RICHARD P.C. *St. Patrick: A Saint for all Traditions.* In: *Aksum-Thyateira* (cf. 1985-87, 199) 193-196
5448 HARVEY, A.J.R. *The Significance of 'Cothraige'* – Ériu 36 (1985) 1-9

III.3.b) Pelagia v. m. Antiochiae

5449 ŠALAMBERIDZE, N. *Pelagia Antiohᶜelis chovrebis kimenuri da metapᶜrasul redakᶜciatᶜa kᶜartᶜuli tᶜargmanebis urtᶜiertᶜ mimartᶜebis sogiertᶜi momentebi* – Mravaltᶜavi 11 (1985) 91-94

III.3.b) Pelagia Paenitens

5450 DOLBEAU, F.; TILLIETTE, J.-Y. *Vie métrique di sainte Pélagie attribuable à Geverhardus de Grafschaft.* In: *Pélagie la pénitente II* (cf. 1984, 2576) 129-144
5451 KUNZE, KONRAD *Von der Fahrt durchs Meer der Sünde. Literarisches Bild der heiligen Sünderin Pelagia in mittelalterlichen Männer- und Frauenorden* – WiWh 48 (1985) 228-232
5452 LAMBERT, P.-Y.; PETITMENGIN, P. *Les vies latines abrégées [de sainte Pélagie].* In: *Pélagie la pénitente* (cf. 1984, 2576) 145-163

III.3.b) Peregrinus Eremita

5453 DEVOS, PAUL *Voyage marin sur un manteau. S. Peregrinus eremita* – AB 104 (1986) 443-444

III.3.b) Perpetua

5454 MUSURILLO, H.R. *Women in the Early Church: St. Perpetua and St. Macrina.* In: *Medieval Women's Visionary Literature.* Ed. ELIZABETH AVILDA PETROFF. New York, N.Y.; Oxford: Oxford University Press (1986) 71-77

III.3.b) Perpetua et Felicitas

5455 BASTIAENSEN, A.A.R. *Passio Perpetuae et Felicitatis.* Traduzione di GIOACHINO CHIARINI. In: *Atti e passioni* (cf. 1985-87, 5211) 107-147; 412-452

5456 MENTXAKA, ROSA *La persécution du christianisme à l'époque de Septime Sévère. Considérations juridiques sur la Passion de Perpétue et Félicité.* In: *Église et pouvoir politique* (cf. 1985-87, 256) 63-82

5457 MUSURILLO, H.R. *The Passion of Ss. Perpetua and Felicitas.* In: *Medieval Women's Visionary Literature.* Ed. ELIZABETH AVILDA PETROFF. New York, N.Y.; Oxford: Oxford University Press (1986) 71-77

5458 PETTERSEN, ALVYN *Perpetua – Prisoner of Conscience –* VigChr 41 (1987) 139-153

III.3.b) Phileas

5459 KORTEKAAS, G.A.A.; LANATA, G. *Acta Phileae.* Traduzione di G.A.A. KORTEKAAS (versione Be-La) e di G. LANATA (versione Bo). In: *Atti e passioni* (cf. 1985-87, 5211) 247-337; 498-581

III.3.b) Philotheus

5460 HALKIN, FRANÇOIS *Histoire édifiante de Philothée injustement accusé par une femme et miraculeusement sauvé –* JÖB 37 (1987) 31-37

III.3.b) Pionius

5461 HILHORST, A. *Martyrium Pionii.* Traduzione di SILVIA RONCHEY. In: *Atti e passioni* (cf. 1985-87, 5211) 149-191; 453-477

III.3.b) Polycarpi Martyrium

5462 ORBAN, A. *Martyrium Polycarpi.* Traduzione di SILVIA RONCHEY. In: *Atti e passioni* (cf. 1985-87, 5211) 3-31; 371-383

III.3.b) Primus et Felicianus

5463 PASSIGLI, SUSANNA *Una questione di topografia cristiana. L'ubicazione della basilica dei SS. Primo e Feliciano sulla via Nomentana* – RiAC 61 (1985) 311-332

III.3.b) Processus et Martinianus

5464 VERRANDO, G.N. *Note sulle tradizioni agiografiche su Processo, Martiniano e Lucina* – VetChr 24 (1987) 353-373

III.3.b) Prosdocimus Patavinus ep.

5465 DANIELE, I. *San Prosdocimo vescovo di Padova nella leggenda, nel culto, nella storia* [Fonti e ricerche die storia ecclesiastica padovana 17] Padova: Istit. per la storia ecclesiastica padovana 1987. 265 pp.

III.3.b) Quadraginta martyres

5466 ORBAN, A. *Testamentum XL martyrum.* Traduzione di SILVIA RONCHEY. In: *Atti e passioni* (cf. 1985-87, 5211) 339-351; 582-583

III.3.b) Quattuor Coronati

5467 LANA, ITALO *La condizione degli artifices quadratarii nelle cave della Pannonia secondo la Passio SS. Quattuor coronatorum.* In: *Filologia e forme letterarie* (cf. 1985-87, 263) IV 321-326

III.3.b) Radegundis

5468 AIGRAIN, R. *Sainte Radegonde.* Paris: Les Trois Moutiers 1987. VI, 157 pp.
5469 AUBRUN, JEAN *Radegonde: reine, moniale et sainte.* Saint-Benoît: Abbaye Sainte-Croix 1986. 82 pp.
5470 BRENNAN, BRIAN *Saint Radegund and the Early Development of her Cult at Poitiers* – JRH 13 (1985) 340-354
5471 KNEEPKENS, C.H. «... *Radegundis ibi corpore requiescentis ...» Over de Vroege Geschiedenis van de Grafkerk van de Heilige Radegonde te Poitiers.* In: *Noctes Noviomagenses* (cf. 1985-87, 318) 91-104
5472 PASQUIER, P. *Vie de sainte Radegonde selon l'hagiographie et la chronique († 587, fêtée le 13 août)* – Messager Orthodoxe (Paris) 105 (1987) 31-65

III.3.b) Regina prope Alesiam m.

5473   LE GALL, J. *Alésia. Le siège de la forteresse gauloise par César. La ville gallo-romaine. Le culte de sainte Reine.* Paris: Ministère de la Culture 1985. 88 pp.; 59 tabb.

III.3.b) Restituta

5474   VERRANDO, G.N. *Agiografia sorana: passione di s. Restituta.* In: *Antichità paleocristiane e altomedioevali del Sorano. Atti del Convegno di studi (Sora, 1-2 dicembre 1984).* Cur. L. GULIA; A. QUACQUARELLI. Sora: Centro di Studi Sorano «V. Patriarca» (1985) 77-98

III.3.b) Rusticula seu Marcia

5475   SIMONETTI, A. *La «Vita» di Rusticola nell'agiografia merovingia* – SMed 27 (1986) 211-220

III.3.b) Servatius ep. Tungrensis

5476   BRENNECKE, HANNS CHRISTOF *Servatius von Tongern. Ein gallischer Bischof im arianischen Streit.* In: *Sint-Servatius, Bisschop van Tongeren-Maastricht. Het vroegste Christendom im het Maasland. Handelingen van het colloquium te Alden Biesen (Bilzen), Tongeren en Maastricht 1984.* Borgloon-Rijkel: Provinciale Dienst voor het Kunstpatrimonium (1986) 17-36

5477   GAUTHIER, NANCY *A-t-on conservé l'épitaphe de saint Servais de Tongres?* – RN 68 (1986) 499-510

5478   KOLDEWEIJ, ADRIANUS MARIA *Der gude Sente Servas. De Servatiuslegende en de Servatiana. Een onderzoek naar de beeldvorming rond een heilige in de middeleeuwen. La légende de Servais et les Servatiana. Recherches sur la création de l'image d'un saint au Moyen Age.* Assen, Maastricht: Van Gorcum 1985. IX, 356 pp.

5479   KOLDEWEIJ, A.M.; PESCH, P.N.G. *Het blokboek van sint Servaas. Facsimile met commentaar op het vijftiende-eeuwse blokboek. De Servaas-legende en de Maastrichtse reliekentoning* Utrecht-Zutphen-Maastricht: Clavis-De Walburg Pers-Algemene Boekhandel Veldeke 1984. 111 pp.; 20 tabb.

III.3.b) Severus ep. Neapolitanus

5480   RASSELLO, G. *S. Severo fuori le mura. Carme in prosa.* Napoli: Tip. F. Giannini 1985. 219 pp.

III.3.b) Silvester Papa

5481 ARONEN, J. *I misteri di Ecate sul Campidoglio? La versione apocrifa della leggenda di S. Silvestro e il drago riconsiderata* – StSR 9 (1985) 73-92

5482 HALKIN, FRANÇOIS *Vie de saint Silvestre (BHG 1632e)*. In: *Le ménologe impérial de Baltimore* (cf. 1985-87, 5272) 19-33

III.3.b) Sophia m. Romae

5483 GIRARDI, M. *Santa Sofia. Le origini del culto e la diffusione in Italia meridionale. La Puglia.* In: *Gioia, una città nella storia e civiltà della Puglia.* Ed. M. GIRARDI [Studi e testi gioiesi 1]. Fasano: Schena ed. (1986) 151-313

III.3.b) Stephanus Iunior

5484 *Simeone Metafraste, Vita di S. Stefano minore.* Introd., testo crit., trad. e note a cura di F. IADEVAIA. Messina: Sfameni 1984. 311 pp.

III.3.b) Stephanus Protomartyr

5485 BAUMEISTER, THEOFRIED *Das Stephanuspatrozinium der Kirche im ehemaligen Isis-Tempel von Philä* – RQ 81 (1986) 187-194

III.3.b) Sulpitius Pius ep. Bituricensis

5486 VOGÜÉ, ADALBERT DE *Échos de Philon dans la vie de Saint Sulpice de Bourges et dans la règle d'Abélard pour le paraclet* – AB 103 (1985) 359-365

III.3.b) Symeon Salus

5487 AERTS, W.J. *Emesa in der Vita Symeonis Sali von Leontios von Neapolis.* In: *From Late Antiquity to Early Byzantium* (cf. 1985-87, 266) 113-116

III.3.b) Symeon Stylita

5488 SODINI, JEAN-PIERRE *Nouvelles images de Syméon l'Alépin, le protostylite* – Rev. Soc. E. Renan (Paris) 36 (1986/87) 21-23

5489 VÖÖBUS, ARTHUR *Discovery of New Manuscript Sources for the Biography of Simeon the Stylite.* In: *After Chalcedon* (cf. 1985-87, 194) 479-484

III.3.b) Syrus ep. Ticinensis

5490 BILLANOVICH, M.P. *S. Siro. Falsificazioni, mito, storia* – IMU
29 (1986) 1-54

III.3.b) Thecla

5491 MACDONALD, DENNIS R.; SCRIMGEOUR, ANDREW D.
*Pseudo-Chrysostom's Panegyric to Thecla: The Heroine of the
Acts of Paul in Homily and Art* – Semeia 38 (1986) 151-159
5492 RORDORF, WILLY *La prière de Sainte Thècle pour une défunte
païenne et son importance oecuménique.* In: *Eschatologie et
liturgie* (cf. 1985-87, 259) 249-259

III.3.b) Theodorus Stratelates

5493 BAUMEISTER, THEOFRIED *Der heilige Theodor in Nubien.* In:
Nubische Studien (cf. 1985-87, 320) 211-217

III.3.b) Theodorus Tiro

5494 OIKONOMIDES, N. *Le dédoublement de saint Théodore et les
villes d' Euchaita et d' Euchaneia* – AB 104 (1986) 327-335

III.3.b) Therinus

5495 GUIDA, AUGUSTO *Una nota alla passione greca di San Terino di
Butroto* – AB 103 (1985) 112

III.3.b) Verena

5496 PHILIPPART, GUY *Le légendes latines de Sainte Verena. Pour une
histoire de leur diffusion* – AB 103 (1985) 253-302

III.3.b) Vigilius Tridentinus

5497 FORLIN PATRUCCO, M. *Agiografia nel Trentino altomedievale.
La Passio sancti Vigilii episcopi et martyris* – AARov 30A (1985)
155-165

III.3.b) Vincentius m. Aginnensis

5498 SALISBURY, JOYCE E. *The origin of the power of Vincent the
martyr* – PPMRC 8 (1985) 97-107

III.3.b) Wandregiselus

5499 BORIAS, ANDRÉ *Saint Wandrille et la crise monothélite* – RBen 97 (1987) 42-67

III.3.b) Winwaloeus ab. Landevenecensis

5500 SIMON, M.; CASTEL, Y.-P. *Présence de Guénolé* – CLand 41 (1985) 17-26

IV. Liturgica

IV.1. Generalia

5501 AGRELO, SANTIAGO, OFM «*Agnus*». *Uso del término en la eucología de la antigua liturgia romana* – Ant 60 (1985) 86-98

5502 ALDAZABAL, JOSÉ *Maria y la Iglesia en la liturgia hispánico-mozárabe* – Marianum 47 (1985) 13-36

5503 ANGENENDT, ARNOLD *Die Liturgie und die Organisation des kirchlichen Lebens auf dem Lande.* In: *Popoli e paesi* (cf. 1985-87, 330) 169-226

5504 ARRANZ, M. *La liturgia oriental* – Seminarium 27 (1987) 240-250

5505 BALDOVIN, JOHN F. *The Urban Character of Christian Worship. The Origins, Development, and Meaning of Stational Liturgy* [OCA 228]. Roma: Pont. Institutum Studiorum Orientalium 1987. 319 pp.

5506 BAROFFIO, BONIFACIO; ANTONELLI, CRISTIANA *Impegno liturgico e pedagogico nella vita musicale dei monasteri.* In: *Dall'eremio al cenobio* (cf. 1985-87, 258) 728-740

5507 BARTELINK, G.J.M. *Het voortleven van oude religieuze gebruiken in de christelijke wereld* – Hermeneus 58 (1986) 153-160

5508 BASTIANINI, G.; GALLAZZI, C. *P. Cair. 10395a: frammento liturgico* – ZPE 58 (1985) 99-102

5509 BASURKO, X.; GOENAGA, J.A. *El culto cristiano en la Iglesia del Imperio (a. 313-590).* In: *La celebración en la Iglesia, I: Liturgia y sacramentología fundamental.* Ed. DIONISIO BOROBIO [Lux Mundi 57]. Salamanca: Sígueme (1985) 89-106

5510 BASURKO, X.; GOENAGA, J.A. *La liturgia en la era de los mártires (siglos II y III).* In: *La celebración en la Iglesia, I: Liturgia y sacramentología fundamental.* Ed. DIONISIO BOROBIO [Lux Mundi 57]. Salamanca: Sígueme (1985) 71-87

5511 BECKWITH, ROGER T. *Daily and Weekly Worship: Jewish to Christian.* Bramcote: Grove Books 1987. 40 pp.

5512 BLAAUW, SIBLE LAMBERTUS DE *Cultus et decor. Liturgie en architectuur in laatantiek en middeleeuws Rome. Basilica Salvatoris, Sanctae Mariae, Sancti Petri.* Delft: Eburon 1987. XIV, 671 pp.

5513 BÖHNE, WINFRIED *Ein neuer Zeuge stadtrömischer Liturgie aus der Mitte des 7. Jahrhunderts. Das Evangeliar Malibu, CA, USA, Paul Getty-Museum, vormals Sammlung Ludwig, Katalog-Nr. IV,1* – ALW 27 (1985) 35-69

5514 BOTER, G.J. *A Christian liturgical ostracon* – ZPE 70 (1987) 119-122

5515 BOUHOT, J.-P. *L'homéliaire de Saint-Pierre du Vatican au milieu du VIIe siècle et sa postérité* – RechAug 20 (1985) 87-115

5516 BRADSHAW, PAUL *The Canons of Hippolytus*. Bramcote: Grove Books 1987. 39 pp.

5517 BRADSHAW, PAUL FREDERICK *The Search for the Origins of Christian Liturgy: some methodological Reflections* – StLit 17 (1987) 26-34

5518 BROCK, SEBASTIAN P. *An early maronite text on prayer* – ParOr 13 (1986) 79-94

5519 CABANISS, ALLEN *Pattern in early Christian worship*. Univ. Miss.: A. Cabaniss 1985. 103 pp.

5520 CABIÉ, R. *Chronique d'histoire de la liturgie* – BLE 87 (1986) 299-304

5521 CATTANEO, ENRICO *Liturgia e culto dei santi*. In: *Chiesa e sociatà* (cf. 1985-87, 235) 263-274

5522 CIBIEN, C. *Teatro e Liturgia* – EL 101 (1987) 215-228

5523 CLERCK, PAUL DE *L'absence de demandes eschatologiques dans la «Prière universelle» aux premiers siècles en Occident*. In: *Eschatologie et liturgie* (cf. 1985-87, 259) 75-88

5524 COLAFEMMINA, CESARE *Dal rito ebraico al rito cristiano*. In: *Segni e riti* (cf. 1985-87, 348) 63-104

5525 COMAN, VASILE *Askese und Spiritualität (Mystik) in der östlichen Liturgie des byzantinischen Ritus*. In: *Mystik in den Traditionen* (cf. 1985-87, 315) 44-56

5526 CONTRERAS, ENRIQUE, OSB *La liturgia en las reglas monásticas latinas anteriores a la Regla de San Benito (s. IV-VI)* – CuadMon 21 (1986) 247-300

5527 CORBIN, S. *La musica cristiana dalle origini al gregoriano*. Milano: Jaca Book 1987. XV, 246 pp.

5528 CUMING, GEOFFREY *The Missa Catechumenorum of the Liturgy of St James* – StLit 17 (1987) 62-71

5529 DALMAIS, I.-H. *Liturgies d'Orient*. Paris: Éd. du Cerf 1986. 188 pp.

5530 DESMET, S. *De Heilige Stoel, de Liturgie en ... de cathedra* – TLit 70 (1986) 250-261

5531 ENGELS, ODILO *Der Pontifikatsantritt und seine Zeichen*. In: *Segni e riti* (cf. 1985-87, 348) 707-766

5532 FERRARI, GIUSEPPE *Teologia e liturgia della confermazione in Oriente e Occidente* – Nicolaus 12 (1985) 295-316

5533 FÉVRIER, PAUL-ALBERT *La mort chrétienne.* In: *Segni e riti* (cf. 1985-87, 348) 881-942

5534 FISCHER, BALTHASAR *Liturgiegeschichte und Exegesegeschichte. Interdisziplinäre Zusammenhänge* – JAC 30 (1987) 5-13

5535 GALE, JOHN *The Divine Office – Aid and Hinderance to Penthos* – StMon 27 (1985) 13-30

5536 GAMBER, KLAUS *Liturgiegeschichtliche Bemerkungen zum Würzburger Papyrus Nr. 20.* In: *Miscellànea papirològica Ramon Roca-Puig* (cf. 1985-87, 306) 129-132

5537 GERARDI, RENZO *La liturgia aquileiese patriarchina* – Lateranum 53 (1987) 1-73

5538 GROSS, KARL *Menschenhand und Gotteshand in Antike und Christentum.* Ed. W. SPEYER. Stuttgart: Hiersemann 1985. XXX, 537 pp.

5539 GY, PIERRE-MARIE *Bulletin de liturgie* – RSPhTh 71 (1987) 115-122

5540 HÄUSSLING, A.A. *Literaturberichte. Liturgie in Arbeitsinstrumentarien und Sammelwerken* – ALW 26 (1984) 414-426

5541 HANI, J. *Le signe de croix.* In: *Le symbolisme dans le culte des grandes religions* (cf. 1985-87, 366) 315-329

5542 HENGEL, MARTIN *Das Christuslied im frühen Gottesdienst.* In: *Weisheit Gottes – Weisheit der Welt. Festschrift für Joseph Kardinal Ratzinger* (cf. 1985-87, 378) 357-404

5543 HOUSSIAU, A. *Le symbolisme dans la liturgie chrétienne.* In: *Le symbolisme dans le culte des grandes religions* (cf. 1985-87, 366) 239-246

5544 JANERAS, SEBASTIA *Note sur les lectures liturgiques du ms. Géorgien Tbilisi H-2065* – OrChrP 53 (1987) 435-437

5545 JANINI, J. *Vida lutúrgica en la Castilla primitiva* – Burgense 25 (1984) 393-406

5546 JANINI, JOSÉ *Las oraciones visigóticas de los formularios penitenciales del Reginensis 316* – HS 37 (1985) 191-204

5547 KILMARTIN, E.J. *Early African Legislation Concerning Liturgical Prayer* – EL 99 (1985) 105-127

5548 KLEINHEYER, BRUNO *Ausgießung des Geistes in frühchristlicher Initiationsfeier* – MThZ 37 (1986) 273-290

5549 KLEINHEYER, BRUNO *L'effusion de l'Esprit dans les cérémonies d'initiation protochrétiennes* – QL 67 (1986) 106-127

5550 KÖTTING, BERNHARD *Handwaschung* – RAC 13 (1985) Lief. 100, 575-585

5551 KRETSCHMAR, GEORG *Early Christian Liturgy in the Light of contemporary historical Research* – StLit 16,3-4 (1986/1987) 31-53

5552 LANG, O. *Psalmenfrömmigkeit und Feier des Paschamysteriums in der Psalmodie des Monastischen Stundenbuches* – SM 97 (1986) 381-412

5553 LEGARDIEN, L. *Comment les Chrétiens du IIe siècle passaient-ils le dimanche?* – QL 66 (1985) 38-40

5554 LÉGASSE, S. *La prière pour les chefs d'État. Antécédents judaiques et témoins chrétiens du premier siècle* – NovTest 29 (1987) 236-253

5555 LELOIR, L. *Symbolisme dans la liturgie syriaque primitive.* In: *Le symbolisme dans le culte des grandes religions* (cf. 1985-87, 366) 247-263

5556 LOPEZ PACHO, RICARDO *El culto a Santiago en el Antifonario Visigótico Mozárabe de la catedral de León (I)* – Compostellanum 30 (1985) 277-288

5557 MEIJER, J. *L'Esprit Saint dans la vie liturgique orientale* – QL 67 (1986) 128-142

5558 *Musik in Antike und Neuzeit.* Unter Mitarbeit zahlreicher Fachgelehrter hrsg. von MICHAEL VON ALBRECHT und WERNER SCHUBERT [Quellen und Studien zur Musikgesch. von der Antike bis in die Gegenwart 1]. New York; Bern; Frankfurt a.M.: P.Lang 1987. 348 pp.

5559 NAVONI, M. *Le antifone «ad crucem» dell'ufficiatura ambrosiana del tempo pasquale* – EL 99 (1985) 239-271

5560 *The New Westminster Dictionary of Liturgy and Worship.* Ed. J.G. DAVIES. Philadelphia, Penna.: Westminster Press 1986. XVI, 584 pp.

5561 OLIVAR, A. *Notas para el estudio de la interpendencia de textos litúrgicos y patrísticos* – EcclOra 2 (1985) 125-137

5562 PARYS, M. VAN *Le symbolisme dans la liturgie byzantine.* In: *Le symbolisme dans le culte des grandes religions* (cf. 1985-87, 366) 265-273

5563 PASQUATO, OTTORINO *Rapporto tra Catechesi e Liturgica nella tradizione biblica e patristica* – RiLit 72 (1985) 39-73

5564 PFAFF, MAURUS *Gregorianik I. Kirchenmusikalisch* – TRE 14 (1985) 191-196

5565 PIETRI, CHARLES *Histoire, culture et «réforme liturgique». L'exemple de l'Antiquité tardive (IVe-Ve s.)* – QuatFleuv (1985) 5-24

5566 PORAS, G. *Recherches sur les conditions du chant liturgique pendant le haut moyen âge* – Etudes grégoriennes (Solesmes) 21 (1986) 23-25

5567 RADDATZ, ALFRED *Insignien, kirchliche* – TRE 16 (1987) 196-202

5568 RENOUX, CHARLES *Le čačoc' arménien, typicon-lectionnaire. Origines et évolutions* – REArm N.S. 20 (1986/87) 123-151

5569 REYNOLDS, ROGER E. *Rites and signs of conciliar decisions in the early Middle Ages.* In: *Segni e riti* (cf. 1985-87, 348) 207-244

5570 RODRIGUEZ FERNANDEZ, C. *El Antifonario visigótico de León. Estudio literario de sus fórmulas sálmicas* [Fuentes y Estudios de historia leonesa 35]. León; Madrid: C.S.I.C. 1985. 389 pp.

5571 ROSE, A. *Le sens de ἅγιος et de ὅσιος dans les Psaumes selon la tradition chrétienne.* In: *Saints et sainteté dans la liturgie* (cf. 1985-87, 345) 305-323

5572 RUFFINI, E. *Commento alla letture della Liturgia delle Ore.* Milano: Ed. Paoline, Cinisello Balsamo 1986. 664 pp.

5573 SANTE, C. DI *La preghiera di Israele alle origini della liturgia cristiana.* Torino: Marietti 1985. XIV, 242 pp.

5574 SAUGET, J.-M. *Deux Panegyrika melkites pour la seconde partie de l'année liturgique: Jérusalem S. Anne 38 et Ḥarīṣā 37* [ST 320]. Città del Vaticano: Biblioteca Apostolica Vaticana 1986. 85 pp.

5575 SAXER, VICTOR *Bible et liturgie.* In: *Le monde latin antique et la Bible* (cf. 1985-87, 309) 157-188

5576 SAXER, VICTOR *Vie liturgique et quotidienne à Carthage vers le milieu du IIIe siècle. Le témoignage de Saint Cyprien et de ses contemporains d'Afrique.* 2. ed., avec complément bibliographique [SAC 29]. Roma; Città del Vaticano: Pontificio Istituto di Archeologia Cristiana 1984. XLII, 450 pp.

5577 SCHIRO, G. *I melodi del VII e VIII secolo, artefici dei ritmi della iconografia canonaria bizantina.* In: BYZANTION (cf. 1985-87, 228) II 631-647

5578 SCHLOSSER, J. *Chants et hymnes dans le Christianisme primitif* – Le monde de la Bible (Paris) 37 (1985) 26-29

5579 SCHULZ, HANS-JOACHIM *The Byzantine Liturgy: symbolic structure and faith expression.* Transl. MATTHEW J. O'CONNELL. New York: Pueblo 1986. XXIII, 284 pp.

5580 SCHUMANN, R. *Le fonti liturgiche dell'Italia settentrionale e l'»Oratio super populum» a Ravenna.* In: *Milano e i Milanesi prima del Mille (VIII-X secolo). Atti del 10° Congresso internazionale di studi sull'alto medioevo (Milano, 26-30 settembre 1983).* Spoleto: Centro italiano di studi sull'alto medioevo (1986) 493-498

5581 SCOTTO, DOMINIC F. *The liturgy of the hours: its history and its importance as the communal prayer of the Church after the liturgical reform of Vatican II.* Petersham, Mass.: St. Bede's Publications 1986. X, 213 pp.

5582 STUIBER, ALFRED (†) *Amen* – RAC Suppl.-Lief. 1/2;3 (1985) 310-323

5583 *Le synaxaire éthiopien. Mois de Maskaram.* Edition critique du texte éthiopien et traduction par G. COLIN [PO 43, fasc. 3 N°195]. Turnhout: Brepols 1986. 193 pp.

5584 TAFT, ROBERT *The Liturgy of the Hours in East and West. The Origins of the Divine Office and its Meaning for Today.* Collegeville, Minn.: The Liturgical Pr. 1986. XVII, 421 pp.

5585 THEODOROU, E. *Le féminisme des textes liturgiques orthodoxes.* In: *La Mère de Jésus-Christ* (cf. 1985-87, 302) 267-282

5586 THEODOROU, E. *Temps et éternité dans la liturgie orthodoxe.* In: *Eschatologie et liturgie* (cf. 1985-87, 259) 281-294

5587 THEODOROU, EVANGELOS *Das Priestertum nach dem Zeugnis der byzantinischen liturgischen Texte* – ThAthen 57 (1986) 155-172

5588 TRIACCA, A.M. *Presenza e azione dello Spirito Santo nell'assemblea liturgica* – EL 99 (1985) 349-382

5589 TRICHET, L. *Une costume clérical...Pourquoi? Réflexion à partir de la discipline en vigueur en France, des origines à nos jour* – L'Année canonique (Paris) 29 (1985/86) 261-280

5590 TRICHET, LOUIS *Le costume du clergé. Les origines et son évolution en France d'après les règlements de l'Église.* Paris: Éd. du Cerf 1986. 245 pp.

5591 VERHEUL, A. *Análisis histórico de la relación de las diversas formas de vida religiosa con la liturgia* – Phase 26 (1986) 297-316

5592 VOGEL, CYRIL *Medieval liturgy: an introduction to the sources.* Revised and translated by WILLIAM G. STOREY and NIELS RASMUSSEN, OP, with the assistance of JOHN K. BROOKS-LEONARD. Washington, D.C.: Pastoral Press 1986. XIX, 443 pp.

5593 VOGEL, CYRILLE (†) *Handauflegung I (liturgisch)* – RAC 13 (1985) Lief. 100, 482-493

5594 VOGÜÉ, A. DE *La lettura quotidiana nei monasteri.* In: *Ascolto della Parola e preghiera. La «lectio divina».* Cur. S.A. PANIMOLLE. Città del Vaticano: Libreria Editrice Vaticana (1987) 143-158

5595 WARREN, FREDERICK EDWARD *The Liturgy and Ritual of the Celtic Church.* Praef. JANE STEVENSON [Studies in Celtic History 9]. Woodbridge: Boydell 1987. CXXVIII, XIX, 291 pp.

5596 WEGMAN, HERMAN *Christian Worship in East and West: A Study Guide to Liturgical History.* Transl. from the Dutch by GORDON W. LATHROP. New York: Pueblo 1985. XVII, 390 pp.

5597 WINKLER, GABRIELE *Ungelöste Fragen im Zusammenhang mit den liturgischen Gebräuchen in Jerusalem* – HA 101 (1987) 303-315
5598 ZANETTI, U. *Apophtegmes et histoire édifiantes dans le Synaxaire arménien* – AB 105 (1987) 167-199
5599 ZANETTI, U. *Les lectionnaires coptes annuels: Basse-Égypte* [Publ. de l'Institut Orientaliste de Louvain 33]. Louvain-la-Neuve: Inst. Orientaliste de l'Université Catholique de Louvain 1985. XXIII, 384 pp.

IV.2. Missa, sacramenta, sacramentalia

5600 ADKIN, NEIL *A Problem in the Early Church: Noise during Sermon and Lesson* – Mn 38 (1985) 161-163
5601 ALIAGA GIRBÉS, EMILIO *La disciplina de comunión eucarística durante los siglos IV-VI en Occidente* – Phase 25 (1985) 301-321
5602 ALLA, WAHEED HASSAB *Le baptême des enfants dans la tradition de l'église copte d'Alexandrie.* Fribourg: Ed. Universitaires 1985. XI, 220 pp.
5603 ANDRONIKOF, C. *«Sancta sanctis»: Sacrements et sainteté.* In: *Saints et sainteté dans la liturgie* (cf. 1985-87, 345) 17-32
5604 ARRANZ, MIGUEL, SJ *Les Sacrements de l'ancien Euchologe constantinopolitain. IVème partie: L'Illumination de la nuit de Pâques. Ch. I-V* – OrChrP 51 (1985) 60-86; OrChrP 52 (1986) 145-178; OrChrP 53 (1987) 59-106
5605 AUXENTIOS, HIEROMONK; THORNTON, J. *Three Byzantine Commentaries on the Divine Liturgy: A Comparative Treatment* – GrOrthThR 32 (1987) 285-308
5606 BANDRÉS, J. *The Ethiopian Anaphora of the Apostles: historical considerations* – PrOrChr 36 (1986) 6-12
5607 BAVAUD, GEORGES *La doctrine des Pères de l'Eglise sur l'eucharistie. D'une controverse du XVIIe siècle au document de Lima* – NovaVet 60 (1985) 134-148
5608 BIANCHINI, MARIAGRAZIA *Disparità di culto e matrimonio. Orientamenti del pensiero cristiano e della legislazione imperiale nel IV secolo d.C.* In: *Serta historica antiqua* [Pubbl. dell'Ist. di storia ant. e scienze ausiliarie dell'Univ. degli studi di Genova 15]. Roma: Giorgio Bretschneider (1986) 233-246
5609 BOGUNIOWSKI, JOZEF *Domus Ecclesiae: der Ort der Eucharistiefeier in den ersten Jahrhunderten. Tatsachen und theologische Sicht und Folgerungen daraus für heute.* Roma; Kraków: SDS Salvator 1987. XXXVIII, 510 pp.

5610 BOROBIO, DIONISIO *La Liturgia Eucarística desde el siglo IV al Vaticano II.* Madrid: Ediciones SM 1986. 101 pp.

5611 BOUHOT, JEAN-PAUL *Le baptême et sa signification.* In: *Segni e riti* (cf. 1985-87, 348) 251-267

5612 BRADSHAW, PAUL FREDERICK *Gottesdienst IV. Alte Kirche –* TRE 14 (1985) 39-42

5613 BROCK, SEBASTIAN P. *An early Syriac commentary on the liturgy –* JThS 37 (1986) 387-403

5614 BURNISH, RAYMOND *The Meaning of Baptism. A comparison of the teaching and practice of the fourth century with the present day* [Alcuin Club Collections 67]. London: SPCK 1985. XV, 240 pp.

5615 BUX, NICOLA *Il prezzo della redenzione nelle liturgie d'Oriente e d'Occidente.* In: *Sangue e antropologia,* V (cf. 1985-87, 346) III 1349-1365

5616 CASTELLANO, JESUS *El Bautismo cristiano en los Padres (Experiencia espiritual y compromiso) –* REspir 46 (1987) 343-367

5617 CHAVASSE, ANTOINE *Les grands cadres de la célébration de l'Eucharistie à Rome In Urbe et Extra muros jusqu'au VIIIe s. –* RBen 96 (1986) 7-26

5618 COOMBS, S. *The Eucharistic Prayer in the Orthodox West. A Reappraisal of Its Ancient and Modern History, Peculiarities and Possibilities; With an Excursus: The Priscillian «Tractatus XI» an «Illatio».* Oxford: The Gregorian Club 1987. 79 pp.

5619 CORBON, J. *L'Office divin dans la liturgie byzantine: dimensions spirituelles, théologiques et ecclésiales –* PrOrChr 37 (1987) 226-250

5620 CRISTIANI, MARTA *Tempo rituale e tempo storico. Communione cristiana e sacrificio. Scelte antropologiche della cultura altomedievale.* In: *Segni e riti* (cf. 1985-87, 348) 439-500

5621 CUETO, CARMELO R. DEL *La presentación de ofrendas en la liturgia eucarística –* StLeg 28 (1987) 233-261

5622 DEKKERS, E. *Eucharistie en Agape vroeger en nu –* TLit 70 (1986) 398-405

5623 DEVOS, PAUL *Un témoin copte de la plus ancienne anaphore en grec –* AB 104 (1986) 126

5624 *Eucharystia pierwszych chrześcijan.* Ojcowje Kościoła nauczaja o Eucharystii [Ojcowie żywi 7]. Kraków: ZNAK 1987. 478 pp.

5625 EVDOKIMOV, PAUL *Das Gebet der Ostkirche. Mit der Liturgie des hl. Johannes Chrysostomos.* Graz; Wien; Köln: Verlag Styria 1986. 213 pp.

5626 FENWICK, JOHN *Fourth Century Anaphoral Construction Techniques.* Bramcote: Grove Books 1986. 37 pp.

5627 FERRARO, G. *Il mistero di Cristo nella liturgia della dedicazione dell'altare* – CC 137 (1986) 239-251

5628 FREND, W.H.C.; DRAGAS, GEORGE DION *A Eucharistic Sequence from Q'asr Ibrim* – JAC 30 (1987) 90-98

5629 GAMBER, K. *Die ältesten Meßformulare für Maria Verkündigung. Ein kleines Kapitel frühmittelalterlicher Sakramentargeschichte* – SE 29 (1986) 121-150

5630 GAMBER, K. *Teile einer Anaphora auf einem ägyptischen Papyrus-Amulett des 5. Jahrhunderts* – OstkiSt 34 (1985) 178-182

5631 GAMBER, KLAUS *Älteste Eucharistiegebete. 1. Die ostsyrische Anaphora der Apostel Addai und Mari. 2. Eine ägyptische Anaphora auf einem Papyrusfragment des 4./5. Jahrhunderts. 3. Das Eucharistiegebet im Papyrus von Der Balaisa* – HlD 39 (1985) 97-107; 155-159

5632 GAMBER, KLAUS *Älteste Eucharistiegebete. 4. Teile einer Anaphora auf einem ägyptischen Papyrusamulett des 5. Jahrhunderts. 5. «Qui formam sacrificii...» eine eucharistische Urformel in der altgallikanischen Liturgie* – HlD 40 (1986) 85-89; 181-187

5633 GAMBER, KLAUS *Älteste Eucharistiegebete: 6. Das Opfergebet (Prex mystica) in «De sacramentis». 7. Ein stadtrömisches Eucharistiegebet* – HlD 41 (1987) 92-107; 178-183

5634 GAMBER, KLAUS *Beracha: Eucharistiegebet und Eucharistiefeier in der Urkirche* [SPLi 16]. Regensburg: Pustet 1986. 124 pp.

5635 GESSEL, WILHELM *Taufe in frühchristlicher Zeit* – Lebendige Katechese (Würzburg) 9 (1987) 5-11

5636 GEYMONAT, M. *Un antico lezionario della chiesa di Alessandria.* In: *Laurea corona. Studies in honour of Edward Coleiro.* Ed. by ANTHONY BONANNO and H.C.R. VELLA. Amsterdam: Grüner (1987) 186-196

5637 GROS, MIQUEL DELS SANTS *Notes sobre les dues collectes «post secreta» del Sacramentari Gallicà München CLM 14429* – RCatT 10 (1985) 369-376

5638 HÄUSSLING, A.A.; NEUNHEUSER, B. *Der Gottesdienst in der Kirche* – ALW 29 (1987) 83-150

5639 HEGGELBACHER, O. *Entwicklungsphasen geistlicher Kleidung in frühchristlicher Zeit und ihre treibenden Kräfte.* In: *Kraft der Hoffnung* (cf. 1985-87, 294) 98-107

5640 HEISER, LOTHAR *Die Taufe in der orthodoxen Kirche. Geschichte, Spendung und Symbolik nach der Lehre der Väter* [Sophia. Quellen östlicher Theologie 25]. Trier: Paulinus-Verlag 1987. 353 pp.

5641 HOORNAERT, EDUARDO *O serviço nas comunidades cristãs dos dois primeiros séculos* – REBras 45 (1985) 274-295

5642 HOTZ, R. *Los sacramentos en nuevas perspectivas. La riqueza sacramental de Oriente y Occidente.* Salamanca: Sígueme 1987. 407 pp.

5643 HOUSSIAU, ALBERT *Les rites de l'initiation chrétienne.* In: *Les rites d'initiation. Actes du colloque de Liège et de Louvain-la-Neuve, 20-21 novembre 1984.* Éd. par JULIEN RIES, avec la collab. de HENRI LIMET et du Centre d'histoire des religions de l'Université de Liège [Homo religiosus 13]. Louvain-la-Neuve: Centre d'histoire des religions (1986) 415-429

5644 *Is iemand onder u ziek. Ziekensalving en viaticum in oud-christelijke geschriften. Een bloemlezing.* Samengest en ingel. door JO HERMANS [Kerkvaders en sacramenten 6]. Brugge: Tabor 1985. 198 pp.

5645 JANINI, J. *Influjos visigóticos en «Misas de Viajeros» del siglo VIII* – HS 39 (1987) 15-24

5646 JANINI, J. *La completuria de la antigua Misa hispana* – EscrVedat 15 (1985) 399-409

5647 KACZYNSKI, R. *Das Vorsteheramt im Gottesdienst nach dem Zeugnis der Ordinationsliturgie des Ostens und Westens* – LJ 35 (1985) 69-84

5648 KACZYNSKI, REINER *The Lima Text in the Light of Historical Research* – StLit 16,1-2 (1986) 22-39

5649 KELLY, HENRY ANSGAR *The devil at baptism: ritual, theology, and drama.* Ithaca, N.Y.: Cornell Univ. Pr. 1985. 301 pp.

5650 KLEINHEYER, BRUNO *Apg 1,24 im Kontext der Weiheliturgie. Zum Aufbau des Kapitels De ordinatione in Gegenwart und Geschichte* – ZKTh 107 (1985) 31-38

5651 KLEINHEYER, BRUNO *Geschicke eines Textes. Zur Struktur und Geschichte des altrömischen Gebetes zur Bischofsweihe.* In: *Weisheit Gottes* – *Weisheit der Welt. Festschrift für Joseph Kardinal Ratzinger* (cf. 1985-87, 378) 713-728

5652 KOEV, T. *Tainstvoto krŭštenie spored učenieto na pravoslavnata cŭrkva (=Das Sakrament der Taufe nach der Lehre der orthodoxen Kirche)* – DuchKult 65,4 (1985) 23-32

5653 KRAFT, SIGISBERT *Der Gottesdienst der Frühzeit* – Quatember (Kassel) 50 (1986) 220 ss.

5654 KÜPPERS, KURT *Wie neu sind die «neuen» Präfationen im Missale Romanum 1970 und im Deutschen Meßbuch 1974?* – LJ 36 (1986) 75-91

5655 LARRABE, J.L. *Dignidad de la vocación matrimonial y su sacramentalidad en virtud del bautismo (según san Agustín)* – RAgEsp 28 (1987) 3-28

5656 LAURANCE, J.D. *The Eucharist as the Imitation of Christ* – ThSt 47 (1986) 286-296

5657 LIES, LOTHAR *Origenes' Eucharistieauffassung zwischen den Konfessionen*. In: *Origeniana Quarta* (cf. 1985-87, 324) 471-483

5658 MACCARRONE, M. *L'unité du baptême et de la confirmation dans la liturgie romaine du IIIe au VIIe siècle* – Istina 31 (1986) 259-272

5659 MACCARRONE, MICHELE *L'unità del battesimo e della cresima nelle testimonianze della liturgia romana dal III al XVI secolo* – Lateranum 51 (1985) 88-152

5660 MADEY, J. *Die Anaphoren oder eucharistischen Hochgebete der orientalischen Kirchen und ihre Verwendung im Laufe des Kirchenjahres* – LJ 35 (1985) 119-128

5661 MAGNE, J. *L'anaphore nestorienne dite d'Addée et Marie et l' anaphore maronite dite de Pierre III* – OrChrP 53 (1987) 107-158

5662 MALDONADO, LUIS *La fracción del pan desde Pablo a Hipólito*. Madrid: Fundación Santa María 1986. 57 pp.

5663 MANNOORAMPARAMPIL, THOMAS *The anaphora and the post-anaphora of the Syro-Malabar Qurbana* [Kottayam: Oriental Institute of Religious Studies 78]. Paderborn: Ostkirchendienst 1984. XIII, 161 pp.

5664 MANNS, FRÉDÉRIC *«Ante Lucem» dans la lettre de Pline le Jeune à Trajan (Ep. X,96)* – Ant 62 (1987) 338-343

5665 MARTIMORT, A.G. *L'Église en prière. Introduction à la Liturgie. Vol. III. Les sacrements*. Edd. R. CABIÉ et al. Paris: Desclee De Brouwer 1984. 352 pp.

5666 MAZZA, E. *L'Eucaristia di 1 Corinzi 10,16-17 in rapporto a Didachè 9-10* – EL 100 (1986) 193-223

5667 MAZZA, E. *Una anafora incompleta? Il Papiro Strasbourg Gr. 254* – EL 99 (1985) 425-436

5668 MÉLIA, ELIE *Symboles et textes de la célébration du mariage dans la tradition patristique et liturgique en Orient*. In: *La celebrazione cristiana del matrimonio* (cf. 1985-87, 232) 29-49

5669 MEYENDORFF, J. *Le mariage dans la perspective orthodoxe*. Paris: YMCA-Press O.E.I.L. 1986. 169 pp.

5670 MOLDOVAN, T. *Relación entre anáfora y lecturas bíblicas en el domingo de la samaritana de la liturgia cuaresmal hispánica* – DialEc 22 (1987) 165-221

5671 MÜLLER, A.R. *Altes Testament und Liturgie* – ALW 29 (1987) 151-176

5672 MÜLLER, CASPAR DETLEF GUSTAV *Die Homilie über die zwei «Canones von Nikaia»: Analyse und Einordnung eines altnubischen Textes*. In: *Nubische Studien* (cf. 1985-87, 320) 341-346

5673 MYERS, E.P. *A study of baptism in the first three centuries* [Diss.]. Madison, N.J.: Drew Univ. 1985. 224 pp. [microfilm; cf. DissAbstr 46 (1986) 3759A]

5674 OLSZEWSKI, M. *Struktura dziekczynienia w anaforach Kościoła Starożytnego* [Die Danksagung in den Anaphoren der Alten Kirche] – StTBiał 3 (1985) 65-81

5675 *Ordination rites of the Coptic church (Text according to MS. 253 Lit., Coptic Museum)*. Translated and annotated by O.H.E. KHS-BURMESTER [Publications de la Société d'Archéologie Copte. Textes et Documents]. Le Caire: 1985. 153 pp.

5676 PANČOVSKI, I. *Svetata eucharistija v pravoslaven aspekt (= Die heilige Eucharistie vom Standpunkt der Orthodoxie)* – DuchKult 65,6 (1985) 17-28

5677 PAVERD, F. VAN DE *Testimonios del Oriente cristiano sobre la posibilidad de reconciliarse* – ConciliumM 23/1 (1987) 299-307

5678 PINELL I PONS, JORDI *La liturgia nupcial en el antiguo rito hispánico*. In: *La celebrazione cristiana del matrimonio* (cf. 1985-87, 232) 87-105

5679 QUACQUARELLI, A. *L'eucaristia e le scene iconografiche dei primi secoli* – CCC 6 (1985) 475-488

5680 RAMIS, GABRIEL *La bendición de las Vírgenes y de las Viudas en la Liturgía Céltica* – EL 101 (1987) 145-149

5681 RAMIS, GABRIEL *Otras Plegarias rituales de consagración de Vírgenes en la Liturgia Romana* – EL 101 (1987) 465-489

5682 RAMIS MIQUEL, GABRIEL *La Consagración de la mujer en las Liturgias Occidentales*. In: *Mujeres del absoluto* (cf. 1985-87, 313) 21-43

5683 RAMOS, MANUEL *Notas para una historia litúrgica de la unción de los enfermos* – Phase 27 (1987) 383-402

5684 RIZZINI, PIERGIORGIO *Comunicare al corpo e al sangue di Cristo. Un post-communio quaresimale*. In: *Sangue e antropologia, V* (cf. 1985-87, 346) III 1533-1541

5685 ROCA-PUIG, R. *L'epiclesi primera a l'Anàfora de Barcelona: P. Barc. Inv. n.155a, lin. 2-7*. Barcelona 1987.

5686 RORDORF, WILLY et al. *The Eucharist of the Early Christians*. Ed. by RAYMOND JOHANNY; tr. by MATTHEW J. O'CONNELL. New York: Pueblo 1986. X, 224 pp.

5687 ROUCHE, MICHEL *Des mariages païens au mariage chrétien. Sacré et sacrement*. In: *Segni e riti* (cf. 1985-87, 348) 835-873

5688 RUFFINI, ELISEO; LODI, E. *«Mysterion» e «sacramentum»: la sacramentalità negli scritti dei Padri e nei testi liturgici primitivi* [Nuovi saggi teologici 24]. Bologna: Ed. Dehoniane 1987. 318 pp.

5689 SALACHAS, D. *Les Sacrements de l'initiation chrétienne dans la tradition de l'Eglise orthodoxe* – Ang 63 (1986) 187-212

5690 SAUGET, JOSEPH-MARIE *Vestiges d'une célébration gréco-syriaque de l'Anaphore de Saint Jacques*. In: *After Chalcedon* (cf. 1985-87, 194) 309-345

5691 SAXER, VICTOR *L'initiation chrétienne du IIe au VIe siècle. Esquisse historique des rites et de leur signification.* In: *Segni e riti* (cf. 1985-87, 348) 173-196

5692 SCHULZ, F. *Die jüdischen Wurzeln des christlichen Gottesdienstes* – JLH 28 (1984) 39-55

5693 SHEERIN, DANIEL J. *The Eucharist* [MFCh 7]. Wilmington, Del.: Glazier 1986. 395 pp.

5694 STANDER, H.F. *Baptism and the interpretation of early Christian Art* – HervTSt 43 (1987) 316-324

5695 STEVENSON, K.W. *Eucharist and Offering.* New York: Pueblo 1986. XIII, 327 pp.

5696 STEVENSON, K.W. *Van Gennep and Marriage – Strange Bedfellows? A Fresh Look at the Rites of Marriage* – EL 100 (1986) 138-151

5697 STOCKMEIER, PETER *Frühchristliche Taufkatechese* – Lebendige Katechese (Würzburg) 9 (1987) 12-15

5698 STUDER, BASIL *Zur Hochzeitsfeier der Christen in den westlichen Kirchen der ersten Jahrhunderte.* In: *La celebrazione cristiana del matrimonio* (cf. 1985-87, 232) 51-85

5699 STUIBER, ALFRED (†) *Apophoreton* – RAC Suppl.-Lief. 4 (1986) 514-522

5700 TAFT, R. *The Dialogue before the Anaphora in the Byzantine Eucharistic Liturgy, I: The Opening Greeting* – OrChrP 52 (1986) 299-324

5701 TAFT, R. *Water into Wine. The Twice Mixed Chalice in the Byzantine Eucharist* – Mu 100 (1987) 323-342

5702 Ṭeksā da-ᶜmādā qadīšā. *The sacrament of holy Baptism. According to the ancient rite of the Syrian Orthodox Church of Antioch.* Transl. from the orig. Syriac by Deacon MURAD SALIBA BARSOM. Ed. and publ. by Metropolitan Mar ATHANASIUS YESHUE SAMUEL [Engl. u. syr.]. Damascus: 1974. 94 pp.

5703 TILLARD, J.M. *Bendición, sacramentalidad, epiclesis* – ConciliumM 198 (1985) 259-273

5704 TIROT, P. *La concélébration et la tradition de l'Eglise* – EL 101 (1987) 33-59; 182-214

5705 TRIACCA, A.M. *La commemorazione dei defunti nelle anaphore del IV secolo: testimonianza pregata della sopravvivenza. Dalla «lex credendi» e «lex orandi» alla «lex vivendi».* In: *Morte e immortalità* (cf. 1985-87, 311) 161-196

5706 USPENSKY, N. *Evening Worship in the Orthodox Church.* Translated from the Russian and ed. by P. LAZOR. Crestwood, N.Y.: St Vladimir's Seminary Press 1985. 248 pp.

5707 VERHEUL, AMBROSIUS *La Valeur consécratoire de la Prière eucharistique* – StLit 17 (1987) 221-231

5708 VOGÜÉ, A. DE *Eucharist and Monastic Life* – Worship 59 (1985) 498-510

5709 WALKER, JOAN HAZELDEN *Reflections on the earliest Vessels used for Transportation of the Reserved Sacrament* – StLit 16,3-4 (1986/1987) 93-103

5710 WENDEBOURG, DOROTHEA *Taufe und Oikonomia. Zur Frage der Wiedertaufe in der Orthodoxen Kirche.* In: *Kirchengemeinschaft – Anspruch und Wirklichkeit* (cf. 1985-87, 292) 93-116

5711 WINKLER, G. *La bendición del agua en las liturgias orientales* – ConciliumM 198 (1985) 217-225

5712 YOUSIF, PIERRE *La célébration du mariage dans le rite chaldéen.* In: *La celebrazione cristiana del matrimonio* (cf. 1985-87, 232) 217-259

5713 ZALESSKAJA, V.N. *Ampuly-evlogii iz Maloj Azii IV-VI vv. (Ampullen-Eulogien aus Kleinasien 4.-6. Jh.)* – ViVrem 47 (1986) 182-190

5714 ZWECK, HEINRICH *Osterlobpreis und Taufe. Studien zur Struktur und Theologie des Exsultet und anderer Osterpraeconien unter besonderer Berücksichtigung der Taufmotive* [Regensburger Studien zur Theologie 32]. Frankfurt a.M.; Bern; New York: P. Lang 1986. XXXV, 390 pp.

IV.3. Annus liturgicus

5715 ALTERMATT, ALBERICH MARTIN «*Weil der Sonntag als Gedenktag der österlichen Auferstehung gilt*». *Feier und Spiritualität des Sonntags nach der Magister- und Benediktsregel.* In: *Der Sonntag. Anspruch, Wirklichkeit, Gestalt. Festschrift für Jakob Baumgartner.* Edd. A.M. ALTERMATT; THADDÄUS A. SCHNITZER. Würzburg: Echter (1986) 44-81

5716 ANDRONIKOF, C. *Il senso della pasqua nella Liturgia Bizantina. Vol I: I giorni della preparazione e della passione. Vol II: I cinquanta giorni della festa.* Leumann: Elle Di Ci 1986. 326; 220 pp.

5717 BIANCHINI, MARIAGRAZIA *Cadenze liturgiche e calendario civile fra IV e V secolo. Alcune considerazioni.* In: *Atti dell'Accademia Romanistica Costantiniana* (cf. 1985-87, 212) 241-263

5718 BRAKMANN, HEINZGERD Σύναξις καθολική *in Alexandreia. Zur Verbreitung des christlichen Stationsgottesdienstes* – JAC 30 (1987) 74-89

5719 CUETO, CARMELO R. DEL *Sentido bautismal en la antigua cuaresma (Domingo V de Cuaresma en la liturgia romana de los siglos IV-VIII)* – StLeg 27 (1986) 195-214

5720 GUARDUCCI, MARGHERITA *Feste pagane e feste cristiane a Roma* – RPAA (1986/87) 119-125

5721 HÄUSSLING, A.A. *Conférence Saint-Serge: Semaines d'études liturgiques. Eine bibliographische Übersicht* – ALW 28 (1986) 256-259

5722 JANINI, J. *El oficio de Pentecostés del oracional visigótico y el breviario de Cisneros* – AST 57/58 (1984/85) 101-110

5723 MOOLAN, JOHN *The Period of Annunciation-Nativity in the East Syrian Calendar. Its Background and Place in the Liturgical Year.* Kottayam: Oriental Inst. of Religious Studies 1985. XXXIII, 297 pp.

5724 OLIVAR, ALEXANDRE *El Calendario y el Martirologio Romanos* – Phase 26 (1986) 199-210

5725 *Omelie pasquali dell'antichità cristiana.* Introd. e trad. di NAZARENO NOCILLI [Classici dello Spirito 29]. Padova: Edizioni Messaggero 1985. 311 pp.

5726 RODRIGUEZ VELASCO, J.J. *Exposición y análisis de los textos eucarísticos de las dos misas con que comenzaba el adviento hispánico* – Burgense 27 (1986) 239-265

5727 RODRIGUEZ VELASCO, J.J. *Exposición y análisis de los textos eucológicos dominicales de las dos tradiciones del adviento hispánico* – Burgense 26 (1985) 105-202

5728 RYAN, V., OSB *L'Avent. Ses origines et son développement* – QL 67 (1986) 203-213

5729 SCHMEMANN, A. *La Grande Quaresima. Ascesi e liturgia nella Chiesa Ortodossa.* Casale Monferrato: Casa Editrice Marietti 1986. XVIII, 124 pp.

5730 SCHMIDT-LAUBER, HANS-CHRISTOPH *Himmelfahrtsfest* – TRE 15 (1986) 341-344

5731 STEVENSON, K. *The Ceremonies of Light. Their Shape and Function in the Paschal Vigil Liturgy* – EL 99 (1985) 170-185

5732 TALLEY, THOMAS J. *Constantine and Christmas* – StLit 17 (1987) 191-197

5733 TALLEY, THOMAS J. *The origins of the liturgical year.* New York: Pueblo Publ. Comp. 1986. XII, 254 pp.

5734 TESTA, E. *La settimana santa dei giudeo-cristiani e i suoi influssi nella Pasqua della grande Chiesa* – StBibF 35 (1985) 163-202

5735 THODBERG, CHRISTIAN *Liturgihistorisk oversigt over 1. tekstrækkes oprindelse.* In: *Fra tekst til prædiken. Prædikenvejledning til 1. tekstrække.* Ed. NIELS JØRGEN CAPPELØRN. København: Gad (1986) 9-21

5736 VILLADSEN, HOLGER *Skrifternes segl. En oversigt over de bibelske læsninger i østkirkens gudstjeneste i 4.-8. århundrede.* In: *Patristica Nordica* 2 (cf. 1985-87, 325) 107-138

5737 WATHEN, A. *The Rites of the Holy Week according to the «Regula Magistri». «Sabbatum Paschae claudit tristitiae ieiunia et aperit laetitiae alleluia» (RM 28,44)* – ECI 3 (1986) 289-305

IV.4. Hymni

5738 BAUMEISTER, THEOFRIED *Heiligenverehrung I* – RAC 14 (1987) Lief. 105, 96-150

5739 BELTING-IHM, CHRISTA *Heiligenbild* – RAC 14 (1987) Lief. 105, 66-96

5740 BRASHEAR, W. *Ein byzantinischer christlicher Hymnus (P. Rainer Cent. 31, P. Louvre E 6581, P. Berol. 5478 und 21292)* – ZPE 59 (1985) 91-106

5741 BROCK, SEBASTIAN P. *Sogiatha: Syriac dialogue hymns.* [The Syrian churches series 11]. Kottayam: Vellian 1987. 35 pp.

5742 BROCK, SEBASTIAN P. *Syriac and Greek Hymnography: Problems of Origin.* In: *Studia Patristica* 16 (cf. 1985-87, 359) 77-81

5743 CLAIRE, J. *La musique de l'office de l'Avent.* In: *Grégoire le Grand* (cf. 1985-87, 275) 649-659

5744 DIAZ Y DIAZ, M.C. *Noticias históricas en dos himnos litúrgicos visigóticos.* In: *Los Visigodos* (cf. 1985-87, 377) 443-456

5745 FONTAINE, JACQUES *Les origines de l'hymnodie chrétienne latine d'Hilaire de Poitiers à Ambroise de Milan* – Revue de l'Institut Catholique de Paris 14 (1985) 15-51; MaisonDieu 161 (1985) 33-76

5746 HANNICK, CHRISTIAN *Hymnen II. Orthodoxe Kirche* – TRE 15 (1986) 762-770

5747 HUGLO, M. *L'antiphonaire, archétype ou répertoire original?* In: *Grégoire le Grand* (cf. 1985-87, 275) 661-669

5748 *Inni antichi della chiesa d'Occidente.* Introduzione e traduzione di SALVATORE DI MEGLIO [Classici dello Spirito, Sezione Patristica 28]. Padova: Edizioni Messaggero 1985. 206 pp.

5749 KIEDL, FRIEDERIKE *Schöpfungsgedächtnis und Menschenbild in Vesperhymnen des römischen Breviers.* In: *Anfänge der Theologie* (cf. 1985-87, 202) 295-310

5750 LAPIDGE, M. *Columbanus and the Antiphonary of Bangor* – Peritia 4 (1985) 104-116

5751 LIMBERIS, VASILIKI MARIE *Identities and Images of the Theotokos in the Akathistos Hymn* [Diss.]. Cambridge, Mass.: Harvard

Univ. 1987. 242 pp. [microfilm; cf. summary in DissAbstr 48 (1987) 1475A]

5752 LUCINI, L. *L'Inno Acatisto, una devozione Mariana dell'oriente bizantino* – RivCist 4 (1987) 21-27

5753 MAGNE, J. *«Carmina Christo» I Le «Sanctus» de la Messe latine* – EL 100 (1986) 3-27

5754 MAGNE, J. *«Carmina Christo» II Le «Te Deum»* – EL 100 (1986) 113-137

5755 MÉTRÉVÉLI, HÉLENE *Du nouveau sur l 'Hymne de Joasaph* – Mu 100 (1987) 251-258

5756 MITSAKIS, KARIOPHILOS *Βυζαντική ὑμνογραφία ἀπὸ την ἐποχή της Καινής Διαθήκης ἕως την εἰκονομαχία.* 2. éd. Athènes : Grigoris 1986. 592 pp.

5757 ROBERTSON, MARIAN *The reliability of the oral tradition in preserving Coptic music, II: A comparison of two recordings of the hymn TENOYWWT* – BulArchCopte 27 (1985) 73-85

5758 SCHALLER, D. *Der alkäische Hendekasyllabus im frühen Mittelalter* – MLatJB 19 (1985) 73-90

5759 SETON, BERNARD E. *Our heritage of hymns: a swift survey.* Berrien Springs, Mich.: Andrews University Press 1984. 152 pp.

5760 SZÖVÉRFFY, J. *A Concise History of Medieval Latin Hymnody. Religious Lyrics between Antiquity and Humanism* [Medieval Classics. Texts and Studies 19]. Leiden: Brill 1985. V, 170 pp.

5761 TONIOLO, E.M. *Numeri e simboli nell'»Inno Akathistos alla Madre di Dio»* – EL 101 (1987) 267-288

5762 WALSH, PATRICK GERARD *Hymnen I. Westliche Kirche* – TRE 15 (1986) 756-762

5763 WATT, J.J. *Antony of Tagrit as a Student of Syriac Poetry* – Mu 98 (1985) 261-279

IV.5. Cultus (hyper-)duliae, veneratio iconum reliquiarumque

5764 ANDALARO, MARIA *I mosaici parietali di Durazzo o dell'origine costantinopolitana del tema iconografico di Maria Regina.* In: *Studien zur spätantiken und byzantinischen Kunst* (cf. 1985-87, 362) III 103-112

5765 ANDRONIKOF, C. *La Théotokos médiatrice du salut dans la liturgie.* In: *La Mère de Jésus-Christ* (cf. 1985-87, 302) 29-44

5766 AVENARIUS, ALEXANDER *K charakteru byzantskej ikonodulie (= Zur Charakteristik der byzantinischen Ikonodulie)* – Brno: Studia Balkanica Bohemoslovaca 3 (1987) 57-62

5767 BAUMEISTER, T. *Poczatki kultu meczenników (=Die Anfänge der Märtyrerverehrung)* – PST 6 (1986) 261-270

5768 BERROCAL CAPARROS, M.C. *El culto a los santos en el S.E. hispano en época visigoda. Aproximación a un problema metodológico.* In: *Del Conventus Carthaginiensis a la Chora de Tudmir* (cf. 1985-87, 246) 365-368

5769 BESKOW, PER *Guds Moders lov i Bysans* – Svenska Forskningsinstitutet i Istanbul. Meddelanden 10 (1985) 5-12

5770 BINAZZI, GIANFRANCO *Orso, Cassiano e Apollinare. Appunti sulla diffusione di culti al seguito delle milizie* – RomBarb 9 (1986/87) 5-24

5771 BOESCH GAJANO, SOFIA; SEBASTIANI, LUCIA *Culto dei santi, istituzioni e classi sociali in età preindustriale* [Collana di studi storici]. L'Aquila; Roma: Japadre Edit. 1984. 995 pp.

5772 BONNEKE, G.J.M. *Het ontslapen van de Moeder Gods* – CO 38 (1986) 149-171

5773 CARILE, A. *L'iconoclasmo fra Bisanzio e l'Italia.* In: *Culto delle immagini* (cf. 1985-87, 251) 13-54

5774 CARLE, PAUL-LAURENT *Le Mystère de Dieu et le Culte des Images dans la Nouvelle Alliance. Les quelques données de l'Ecriture Sainte et de la Tradition* – DThP 88 (1985) 289-326

5775 CARROLL, MICHAEL P. *The Cult of the Virgin Mary: Psychological Origins.* Princeton, N.J.: Princeton University Pr. 1986. XV, 253 pp.

5776 CASARTELLI NOVELLI, SILVANA *Segno salutis e segno iconico. Dalla invenzione costantiniana ai codici astratti del primo altomedioevo.* In: *Segni e riti* (cf. 1985-87, 348) 105-172

5777 CORMACK, R. *Writing in Gold: Byzantine Society and its Icons.* London: Philip 1985. 270 pp.

5778 DALMAIS, I.-H. *Mémoire et vénération des saints dans les Eglises de traditions syriennes.* In: *Saints et sainteté dans la liturgie* (cf. 1985-87, 345) 79-91

5779 ESBROECK, MICHEL VAN *Une lettre de Dorothée comte de Palestine à Marcel et Mâri en 452* – AB 104 (1986) 145-159

5780 FÉVRIER, PAUL-ALBERT *Baptistères, martyrs et reliques* – RiAC 62 (1986) 109-138

5781 FORLIN PATRUCCO, MARCELLA *Alle origini della diffusione di un culto: i martiri d'Anaunia e la patristica coeva* – Civis, Suppl. (Erlangen) 2 (1986) 17-42

5782 GUARDUCCI, MARGHERITA *Il culto degli apostoli Pietro e Paolo sulla via Appia. Riflessioni vecchie e nuove* – MEFR 98 (1986) 811-842

5783 HAENDLER, G. *Der byzantinische Bilderstreit und das Abendland.* In: *Studien zum 8. und 9. Jahrhundert in Byzanz.* Cur. H. KÖPSTEIN; F. WINKELMANN [BBA 51]. Berlin: Akademie Verlag (1983) 159-162

5784 HARISSIADIS, C. *La Fête de la Source Vivificante.* In: *La Mère de Jésus-Christ* (cf. 1985-87, 302) 103-116

5785 HAUSBERGER, KARL *Heilige/Heiligenverehrung III. Anfänge der christlichen Heiligenverehrung* – TRE 14 (1985) 646-651

5786 HOEPS, R. *Bild und Ikonoklasmus. Zur theologisch-kunsttheoretischen Bedeutung des Bilderverbotes.* In: *Bildnis* (cf. 1985-87, 226) 185-203

5787 HOHLWEG, A. *Byzantinischer Bilderstreit und das 7. Ökumenische Konzil. Hintergründe und geschichtlicher Umriß* – Orthodoxes Forum 1 (1987) 191-208

5788 *Icon and Logos. Sources in Eighth-Century Iconoclasm. An Annotated Translation of the Sixth Session of the Seventh Ecumenical Council (Nicea 787). Containing the Definition of the Council of Constantinople (754) and its Refutation and the Definition of the Seventh Ecumenical Council.* Trans. with comm. by DANIEL J. SAHAS [Toronto Medieval Texts and Translations 4]. Toronto; Buffalo; London: University of Toronto Press 1986. XIV, 215 pp.

5789 IORIO, R. *Icona e linguaggio religioso a Bisanzio. Bari, 19-30 settembre 1984* – QM 19 (1985) 161-167

5790 IVANOV, V. *Grundsätze der orthodoxen Ikonenkunde* – OstkiSt 36 (1987) 105-122

5791 KARPINSKI, PETER *Annua dies dormitionis: Untersuchungen zum christlichen Jahresgedächtnis der Toten auf dem Hintergrund antiken Brauchtums* [EHTheol Bd. 300]. Frankfurt am Main; Bern; New York: Lang 1987. 314 pp.

5792 KNIAZEFF, A. *Les fêtes byzantines d'intercession de la Théotokos des 2 juillet et 31 août.* In: *La Mère de Jésus-Christ* (cf. 1985-87, 302) 135-148

5793 KNIAZEFF, ALEXIS *Eschatologie et mariologie liturgique byzantine.* In: *Eschatologie et liturgie* (cf. 1985-87, 259) 139-154

5794 KÖTTING, B. *Wallfahrten in den ersten christlichen Jahrhunderten* – Das Münster (München) 38 (1985) 1-10

5795 KRETSCHMAR, G. *Die Entscheidungen des VII. Ökumenischen Konzils und die Stellung der aus der Reformation hervorgegangenen Kirchen* – Orthodoxes Forum 1 (1987) 237-252

5796 LANNE, E. *Rome and Sacred Images* – One in Christ. Ecumenical Review Continuing the Eastern Churches Quarterly (London) 23 (1987) 1-21

5797 LANNE, E. *Rome et les images saintes* – Irénikon 59 (1986) 163-188

5798 LUISELLI, BRUNO *In margine al problema della traslazione delle ossa di Pietro e Paolo* – MEFR 98 (1986) 843-854

5799 MARAVAL, PIERRE *Lieux saints et pèlerinages d'Orient. Histoire et géographie. Des origines à la conquête arabe.* Préface de GILBERT DAGRON. Paris: Éd. du Cerf 1985. 447 pp.

5800 MARTIMORT, AIMÉ GEORGES *A propos des reliques de saint Pierre* – BLE 87 (1986) 92-111

5801 MOORHEAD, J. *Iconoclasm, the Cross and the Imperial Image* – Byzan 55 (1985) 165-179

5802 MOREU-REY, E. *La devoció popular a Sant Martí de Tours.* In: *Estudis de Literatura Catalana en honor de Josef Romeu i Figueras* [Biblioteca Abat Oliba 44/45]. Montserrat: Abadie de Montserrat (1986) 147-186

5803 MÜLLER, GERHARD LUDWIG *Gemeinschaft und Verehrung der Heiligen. Geschichtlich- systematische Grundlegung der Hagiologie.* Freiburg: Herder 1986. 368 pp.

5804 NAUERTH, CLAUDIA *Pilgerstätten am Garizim in frühchristlicher Zeit* – Dielheimer Blätter zum Alten Testament 20 (1984) 17-45

5805 NIKOLAOU, THEODOR *Die Entscheidungen des siebten Ökumenischen Konzils und die Stellung der Orthodoxen Kirche zu den Bildern* – Orthodoxes Forum 1 (1987) 209-223

5806 OSOLINE, N. *La funzione liturgica dell'icona e il suo rapporto con la parola.* In: *Culto delle immagini* (cf. 1985-87, 251) 127-152

5807 PAREDI, ANGELO *La dedicazione della basilica di Sant'Ambrogio a Milano nel giugno del 386* – RILSL 120 (1986) 69-74

5808 PARENTE, F. *La conoscenza della Terra Santa come esperienza religiosa dell'occidente cristiano dal IV secolo alle croziate.* In: *Popoli e paesi* (cf. 1985-87, 330) 231-316

5809 PHILIPPIDIS-BRAAT, ANNA *Note sur une acolouthie grecque des saints Paulin de Nole, Tryphon et Conon.* In: BYZANTION (cf. 1985-87, 228) II 619-629

5810 PIETRI, CHARLES; PIETRI, LUCE *Le pèlerinage en Occident à la fin de l'antiquité.* In: *Les chemins de Dieu. Histoire des pèlerinages chrétiens des origines à nos jours.* Éd. JEAN CHELINI et HENRY BRANTHOMME, préf. de FRANÇOIS MARTY. Paris: Hachette (1982) 79-118

5811 PROVERA, M. *Il culto delle immagini nella tradizione ebraica e cristiana* – BibbOr 29 (1987) 129-134

5812 PUMPHREY, CAROLYN W. *Promoting a Saint. Studies in the Patronage of Cults in Gaul, V-VII ad med.* [Diss.]. Durham, N.C.: Duke University 1985. 511 pp. [microfilm; cf. DissAbstr 47 (1986) 627A]

5813 RENOUX, C. *La Fête de l'Assomption dans le rite arménien.* In: *La Mère de Jésus-Christ* (cf. 1985-87, 302) 235-253

5814 RENOUX, C. *Les premières manifestations liturgiques du culte des saints en Arménie*. In: *Saints et sainteté dans la liturgie* (cf. 1985-87, 345) 291-303

5815 RESNICK, IRVEN M. *Icons and images: early definitions and controversies* – Sob 7,2 (1985) 35-51

5816 RESTLE, M. *Zur Entstehung der Bilder in der Alten Kirche* – Orthodoxes Forum 1 (1987) 181-190

5817 SAID, S. *Deux noms de l'image en grec ancien: Idole et icone* – CRAI 1987 309-330

5818 *Saints and Their Cults. Studies in Religious Sociology, Folklore and History.* Cur. S. WILSON. Cambridge: Cambridge University Press 1985. XII, 437 pp.

5819 SAUGET, J.-M. *Le caractère composite de l'homélie syriaque sur la Théotokos attribuée à Epiphane de Chypre* – Marianum 47 (1985) 507-516

5820 SAXER, VICTOR *Das Problem der Kultrezeption, illustriert am Beispiel des afrikanischen Reliquienkults zur Zeit des hl. Augustinus*. In: *Antikerezeption, Antikeverhältnis, Antikebegegnung in Vergangenheit und Gegenwart* (cf. 1985-87, 205) 101-112

5821 SCHAFFER, C. *Koimesis. Der Heimgang Mariens. Das Entschlafungsbild in seiner Abhängigkeit von Legende und Theologie* [mit einem Anhang über die Geschichte des Festes, von K. GAMBER; SPLi 15]. Regensburg: Pustet 1985. 189 pp.

5822 SCHAFFER, CHRISTA *Aufgenommen ist Maria in den Himmel: vom Heimgang der Gottesmutter in Legende, Theologie und liturgischer Kunst der Frühzeit* [Beiheft zu den SPLi 2]. Regensburg: Pustet 1985. 61 pp.

5823 SCHÖNBORN, CHRISTOPH *I presupposti teologici della controversia sulle immagini*. In: *Culto delle immagini* (cf. 1985-87, 251) 55-68

5824 SCHREINER, P. *Ikonoklazem: njegov pomen za Bizanc in njegove posledice na Zahodu (= Der Bilderstreit: seine Bedeutung für Byzanz und seine Auswirkungen auf den Westen)* [in slowenischer Sprache mit deutscher Zusammenfassung] – Zgodovinski časopis 41/3 (1987) 399-407

5825 SCIVOLETTO, N. *Natalis martyrum* – GiorFil 37 (1985) 201-222

5826 SEFTON, D.S. *The Popes and the Holy Images in the Eighth Century*. In: *Religion, Culture, and Society in the Early Middle Ages* (cf. 1985-87, 340) 117-130

5827 SIGNOROTTO, G. *Cercatori di reliquie* – RSLR 21 (1985) 383-418

5828 STEIN, D. *Biblische Exegese und kirchliche Lehre im Für und Wider des byzantinischen Bilderstreits.* In: *Bildnis* (cf. 1985-87, 226) 69-81

5829 STEPHENS, S.A. *A eulogy for Christian martyrs?* – BASP 22 (1985) 333-348

5830 STERNBERG, T. *«Vertrauter und leichter ist der Blick auf das Bild».* *Westliche Theologen des 4. bis 6. Jahrhunderts zur Bilderfrage.* In: *Bildnis* (cf. 1985-87, 226) 25-57

5831 STOCKMEIER, P. *Die Entscheidungen des 7. Ökumenischen Konzils und die Stellung der Römisch-Katholischen Kirche zu den Bildern* – Orthodoxes Forum 1 (1987) 225-236

5832 TESTA, EMMANUELE *Maria Terra Vergine. 1. I rapporti della Madre di Dio con la SS. Trinità (Sec. I-IX) 2. Il culto mariano palestinese (Sec. I-IX)* [StBibFCMaior 31]. Jerusalem: Franciscan Printing Pr. 1985.

5833 *La «Theotokos» nella dottrina e nell'iconografia delle Chiese Orientali (R.M.nn. 31-34)* – Seminarium n.s. 27 (1987) 541-549

5834 THORNTON, T.C.G. *The destruction of idols. Sinful or meritorious?* – JThS 37 (1986) 121-129

5835 TJÄDER, JAN-OLOF *Helgonkult i senantiken och ett märkligt dokument från Gregorius den Stores tid* – ROB 42/43 (1983/84) [1985] 3-21

5836 TOLOTTI, FRANCESCO *Il problema dell'altare e della tomba del martire in alcune opere di papa Damaso.* In: *Studien zur spätantiken und byzantinischen Kunst* (cf. 1985-87, 362) II 51-71

5837 TRIACCA, A.M. *La Vierge Marie, Mère de Dieu, dans la liturgie eucharistique Ambrosienne «Hinc egressa mysteria Salvatoris».* In: *La Mère de Jésus-Christ* (cf. 1985-87, 302) 283-332

5838 TSAFRIR, Y. *The maps used by Theodosius: on the pilgrim maps of the Holy Land and Jerusalem in the sixth century c.e.* – DumPap 40 (1986) 129-145

5839 VOGÜÉ, A. DE *Marie chez les vierges du sixième siècle: Césaire d'Arles et Grégoire le Grand* – Benedictina 33 (1986) 79-91

5840 WARE, K. *The Spirituality of the Icon.* In: *The Study of Spirituality* (cf. 1985-87, 364) 195-198

V. Iuridica, symbola

V.1. Generalia

5841 CECCHELLI, MARGHERITA Note sui «titoli» romani – Arch-Class 37 (1985) 293-305

5842 CUPANE, CAROLINA; KISLINGER, EWALD Bemerkungen zur Abtreibung in Byzanz – JÖB 35 (1985) 21-49

5843 DIAZ BAUTISTA, A. L'intervention des évêques dans la justice séculière d'après les Nouvelles de Justinien. In: Eglises et pouvoir politique (cf. 1985-87, 256) 83-89

5844 FORADO, S. Le bréviaire d'Alaric – Auta 506 (1985) 131-135

5845 GIOVANNI, LUCIO DE Il libro XVI del codice Teodosiano: alle origini della codificazione in tèma di rapporti chiesa-stato [Koinonia 12]. Napoli: D'Auria 1985. 184 pp.

5846 GIOVANNI, LUCIO DE Ortodossia, eresia, funzioni dei chierici. Aspetti e problemi della legislazione religiosa tra Teodosio I e Teodosio II. In: Atti dell'Accademia Romanistica Costantiniana (cf. 1985-87, 212) 59-76

5847 HARTMANN, WILFIIED Il vescovo come giudice. La giurisdizione ecclesiastica su crimini di laici nell'alto medioevo (secoli VI-XI) – RSCI 40 (1986) 320-341

5848 HARTMANN, WILFRIED Der Bischof als Richter. Zum geistlichen Gericht über kriminelle Vergehen von Laien im früheren Mittelalter (6.-11. Jahrhundert) – RöHM 28 (1986) 103-124

5849 JARELL, LYNN The Legal and Historical Context of Religious Life for Women – The Jurist (Washington, D.C.) 45 (1985) 419-437

5850 LÖHR, WINRICH ALFRIED Die Entstehung der homöischen und homöusianischen Kirchenparteien. Studien zur Synodalgeschichte des 4. Jahrhunderts [Bonner Beiträge zur Kirchen- und Theologiegeschichte 2]. Bonn: Verlag für Kultur und Wiss. 1986. X, 248 pp.

5851 Materiali per una palingenesi delle costituzioni tardo-imperiali I. Auctores latini et graeci tardae aetatis (saec. IV-VI a. D.). Curantibus R.B.B. SIOLA; S. GIGLIO; S. LAZZARINI. Milano: Giuffrè 1985. XV, 140 pp.

5852 RIEDINGER, RUDOLF; THURN, HANS *Die Didascalia CCCX-VIII patrum Nicaenorum und das Syntagma ad monachos im Codex Parisinus Graecus 1115 (a. 1276)* – JÖB 35 (1985) 75-92

5853 SALZMAN, M.R. *'Superstitio' in the Codex Theodosianus and the Persecution of Pagans* – VigChr 41 (1987) 172-188

5854 SARGENTI, M. *Contributi alla Palingenesi delle costituzioni tardo-imperiali. II. Momenti della normativa religiosa da Teodosio I a Teodosio II.* In: *Atti dell'Accademia Romanistica Costantiniana* (cf. 1985-87, 212) 341-362

5855 SCHINDLER, ALFRED *Häresie II. Kirchengeschichtlich* – TRE 14 (1985) 318-341

5856 STICKLER, ALFONSO *Teologia e diritto canonico nella storia* – Salesianum 47 (1985) 691-706

5857 SZIDAT, J. *Zum Sklavenhandel in der Spätantike (Aug. epist. 10*)* – Historia 34 (1985) 360-371

V.2. Concilia, acta conciliorum, canones

5858 ADAMS, J.D. *The Eighth Council of Toledo (653): Precursor of Medieval Parliaments?* In: *Religion, Culture, and Society in the Early Middle Ages* (cf. 1985-87, 340) 41-54

5859 ARIDA, ROBERT M. *Second Nicaea: The Vision of the New Man and New Creation in the Orthodox Icon* – GrOrthThR 32 (1987) 417-424

5860 BOON, RUDOLF *«Nicea» en «Chalcedon» – als uitdaging* – WLL 7 (1986/87) 31-35

5861 BRANDMÜLLER, WALTER *Die Lehre der Konzilien über die rechte Schriftinterpretation bis zum 1. Vatikanum* – AHC 19 (1987) 13-61

5862 BRANDMÜLLER, WALTER *Traditio Scripturae Interpres. Die Lehre der Konzilien über die rechte Schriftinterpretation bis zum Konzil von Trient.* In: *Kraft der Hoffnung* (cf. 1985-87, 294) 108-122

5863 CARLE, PAUL-LAURENT, OP *Le mystère de Dieu et la liturgie des images dans la Nouvelle Alliance. L'enseignement des Conciles: Nicée II* – DThP 89/90 (1986/87) 134-169

5864 CASTELL MAIQUES V. *El primer concilio valentino del año 546: revisión de algunos problemas.* In: *Studia historica et philologica in honorem M. Batllori.* Roma: Inst. Esp. de Cult. (1984) 143-161

5865 CONTRERAS, ENRIQUE, OSB *Las Actas del Tercer Concilio Bautismal de Cartago del año 256* – Teología 24 (1987) 29-57

5866 CONTRERAS, ENRIQUE, OSB *Sententiae episcoporum numero LXXXVII de haereticis baptizandis* – AugR 27 (1987) 407-421

5867 CRIMI, C. Le «chreseis» dei Padri cappadoci al secondo Concilio di Nicaea (787). In: Culto delle immagini (cf. 1985-87, 251) 69-92

5868 DAVIS, LEO D., SJ The First Seven Ecumenical Councils (325-787): Their History and Theology [Theology and Life 21]. Wilmington, Del.: Michael Glazier 1987. 342 pp.

5869 DUMEIGE, GERVAIS Nizäa II. Übers. von E. LABONTÉ und H. BACHT [Geschichte der ökumenischen Konzilien IV]. Mainz: Grünewald 1985. 366 pp.

5870 ESBROECK, MICHEL VAN Impact de l'Écriture sur le Concile de Dwin de 555 – AHC 18 (1986) 301-318

5871 FEDALTO, G. Jesolo nella storia cristiana tra Roma e Bisanzio. Rilettura di un passo del Chronicon Gradense – AnAl 27 (1985) 91-105

5872 FERRARO, G. Il concilio Niceno II nel suo XII centenario. Valore cristologico delle immagini – CC 138 (1987) 449-461

5873 FERREIRO, ALBERTO The Omission of St. Martin of Braga in John of Biclaro's Chronica and the Third Council of Toledo. In: Los Visigodos (cf. 1985-87, 377) 145-150

5874 FINGER, THOMAS N. The Way to Nicea: Some Reflections from a Mennonite Perspective – JES 24 (1987) 212-231

5875 FISCHER, J.A. Die Synode zu Alexandrien im Jahre 306 – AHC 19 (1987) 62-70

5876 FISCHER, JOSEPH A. Das kleine Konzil zu Cirta im Jahr 305 (?) – AHC 18 (1986) 281-292

5877 FISCHER, JOSEPH A. Die Synode zu Antiochien im Frühjahr 253 (?) – AHC 17 (1985) 243-251

5878 FISCHER, JOSEPH ANTON Die antiochenischen Synoden gegen Paul von Samosata – AHC 18 (1986) 9-30

5879 FRANQUESA, ADALBERT La conmemoración del duodécimo centenario del Concilio II de Nicea – Phase 27 (1987) 325-332

5880 GARCIA-JALON DE LA LAMA, S. Un dictamen de don Lope de Barrientos sobre la fórmula «ex iudaeis» del Cuarto Concilio de Toledo – Oliv 10 (1986) 39-71

5881 GAUDEMET, JEAN La Bible dans les conciles. In: Le monde latin antique et la Bible (cf. 1985-87, 309) 289-310

5882 GEERLINGS, W. Haeresis und Schisma in den Canones der nordafrikanischen Konzilien von 345-525. In: Ministerium Iustitiae. Festschrift für H. Heinemann. Essen: Ludgerus-Verlag (1985) 161-167

5883 GESSEL, WILHELM Das «Homoousios» als Testfall für die Frage nach der Geltung und dem Verhältnis von Schrift und Tradition auf dem Konzil von Nizäa – AHC 17 (1985) 1-7

5884 GESTEIRA GARZA, MANUEL *La Eucaristía, ¿imagen de Cristo?*. *Ante el 12° Centenario del Concilio 2° de Nicea* – RET 47 (1987) 281-339

5885 HAUBEN, HANS *La réordination du clergé mélitien imposée par le Concile de Nicée* – AncSoc 18 (1987) 203-207

5886 HENNEPHOF, H. *Nicaenum II: Een theologisch schijngefecht?* – CO 39 (1987) 141-155

5887 HORN, STEPHAN OTTO *Papsttum und Konzile von den Anfängen bis zu Leo I. (440-461)*. *Beobachtungen zum gleichnamigen Werk von Myron Wojtowytsch* – AHC 17 (1985) 9-18

5888 KALLINIKOS, K. Ἡ Δευτέρα Οἰκουμενικὴ ἐν Κωνσταντινουπόλῃ Σύνοδος (381). Ἡ κορωνὶς καὶ ἡ ἐπιτυχία τῶν ἀκαμάτων ἐνεργειῶν, προσπαθειῶν, ἀγωνῶν, τοῦ τῆς ζωῆς ἔργου καὶ τῆς Θεολογίας τοῦ Μ. Βασιλείου. In: *Aksum-Thyateira* (cf. 1985-87, 199) 591-614

5889 KONTOSTERGIU, D. Ἡ Πενθέκτη Οἰκουμενικὴ Σύνοδος τῆς Κωνσταντινουπόλεως 691/692 – EpThes 28 (1985) 487-525

5890 KUTTNER, STEPHAN *The Council of Carthage 535: A Supplementary Note* – ZSavK 104 (1987) 346-351

5891 LEMCIO, EUGENE E. *Ephesus and the New Testament canon* – BJRL 69 (1986/87) 210-234

5892 LIENHARD, J.T. *The Epistle of the Synod of Ancyra, 358. A reconsideration.* In: *Arianism* (cf. 1985-87, 209) 313-319

5893 LODS, MARC *L'an 787. Le second concile de Nicée* – PLu 35 (1987) 161-181

5894 LOSSKY, NICHOLAS V. *The Significance of Second Nicaea* – GrOrthThR 32 (1987) 335-340

5895 LUMPE, A. *Bibliographie [zur Konziliengeschichte]* – AHC 17 (1985) 485-491; 18 (1986) 487-493; 19 (1987) 232-240

5896 MACINA, R. *Pour éclairer le terme digamoi* – ReSR 61 (1987) 54-73

5897 MATHISEN, RALPH W. *A reconstruction of the list of subscriptions to the council of Orange (A.D. 441)* – AHC 19 (1987) 1-12

5898 MCKITTERICK, R. *Canon Law in the Frankish Kingdoms before A.D. 789: The Manuscript Evidence* – JThS 36 (1985) 97-117

5899 MELETIOS (METROPOLIT VON NIKOPOLIS) Ἡ Πέμπτη Οἰκουμενικὴ Σύνοδος (Εἰσαγωγή, Πρακτικά, Σχόλια). Athenai: ἔκδ. Ἰ. Μητροπόλεως Νικοπόλεως καὶ Πρεβέζης 1985. 663 pp.

5900 MORDEK, HUBERT *Libertas monachorum. Eine kleine Sammlung afrikanischer Konzilstexte des 6. Jahrhunderts* – ZSavK 103 (1986) 1-16

5901 MORDEK, HUBERT *Systematische Kanonessammlungen vor Gratian: Forschungsstand und neue Aufgaben.* In: *Proceedings of the Sixth International Congress of Medieval Canon Law. Berkeley, Calif., 28 July – 2 August 1980.* Cur. S. KUTTNER; K. PENNIGTON [Monumenta Iuris Canonici, Ser. C 7]. Città del Vaticano: Biblioteca Apostolica Vaticano (1985) 185-201

5902 NEUNHEUSER, B., OSB *«Cum altari adsistitur semper ad Patrem dirigatur oratio». Der canon 21 des Konzils von Hippo 393. Seine Bedeutung und Nachwirkung* – AugR 25 (1985) 105-119

5903 OPELT, ILONA *Die westliche Partei auf dem Konzil von Serdica.* In: *Spätantike und frühbyzantinische Kultur Bulgariens* (cf. 1985-87, 351) 85-92

5904 OPELT, ILONA *I dissidenti del concilio di Serdica* – AugR 25 (1985) 783-791

5905 ORLANDIS, JOSÉ *Abades y Concilios en la Hispania visigótica.* In: *Los Visigodos* (cf. 1985-87, 377) 221-233

5906 ORLANDIS, JOSÉ *Bible et Royauté dans les Conciles de l'Espagne wisigotho-catholique* – AHC 18 (1986) 51-57

5907 ORLANDIS, JOSÉ; RAMOS-LISSON, DOMINGO *Historia de los concilios de la España Romana y Visigoda* [Collección historia de la Iglesia 13]. Pamplona: Eunsa 1986. 536 pp.

5908 PAKTER, W. *Les esclaves chrétiens des Juifs. Troisième concile d'Orléans (538)* – Archives juives (Paris) 21 (1985) 3-4

5909 PAULOS (METROPOLIT) Ἡ ἐν Καρθαγένῃ Σύνοδος τοῦ 419. In: *Aksum-Thyateira* (cf. 1985-87, 199) 249-274

5910 PAULOS (METROPOLIT) Ἡ σύνοδος τῆς Σαρδικῆς (343 μ.Χ.). In: Ἐπιστ. Παρουσία Ἑστίας Θεολ. Χάλκης. Athenai (1987) I 187-209

5911 PERI, V. *I concili ecumenici come struttura portante della gerarchia ecclesiastica.* In: *The 17th International Byzantine Congress. Major Papers* (cf. 1985-87, 244) 59-81

5912 POIRIER, PAUL-HUBERT *La traduction française des Actes d'Éphèse et de Chalcédoine. Concordance des pièces* – Laval 41 (1985) 251-255

5913 PONTAL, ODETTE *Die Synoden im Merowingerreich* [Konziliengeschichte. Reihe A: Darstellungen]. Paderborn: Schöningh 1986. XXI, 346 pp.

5914 *Pyhien isien kaanonit.* Suom. JOHANNES SEPPÄLÄ. Pieksämäki: Ortodoksisen kirjallisuuden julkaisuneuvosto 1986. 100 pp.

5915 RAMOS-LISSON, DOMINGO *Communio et synodalité dans les conciles du royaume suève au VIe siècle.* In: *Studia Patristica 18,1* (cf. 1985-87, 360) 191-200

5916 RAMOS-LISSON, DOMINGO *Le rôle de la Bible dans les Conciles Bracariens du VIe siècle au Royaume Suève* – AHC 18 (1986) 41-50

5917 RICKEN, F. *L'homooúsios di Nicea como crisi del Platonismo cristiano antico.* In: *Storia della cristologia* (cf. 1985-87, 5929) 89-119

5918 RIEDINGER, RUDOLF *Die Lateranakten von 649 – ein Werk der Byzantiner um Maximos Homologetes* – Byzantina 13 (1985) 517-534

5919 ROGAN, E. *Synods and Catechesis in Ireland, c. 445-1962. A Juridico-Historical Study of Irish Synodal Activity, from the Early Days of Christianity in Ireland up to the Second Vatican Council, with Special Reference to Catechesis.* Roma: Appendix ad Diss. Univ. Gregor. 1987. XX, 159 pp.

5920 RUGGIERI, ENZO, SJ *Anthusa di Mantineon ed il canone XX del concilio di Nicea II (anno 787)* – JÖB 35 (1985) 131-142

5921 RUSSINOV, V. *The Canon of Serdica and the Balkan Clergy.* In: *Christentum in Bulgarien* (cf. 1985-87, 237) 211-214

5922 SCHÄFERDIEK, KNUT *Das sogenannte zweite Konzil von Arles und die älteste Kanonessammlung der arelatenser Kirche* – ZSavK 102 (1985) 1-19

5923 SCHULZ, H.-J. *1200 Jahre VII. Ökumenisches Konzil. Nizäa II (787), letztes Konzil der ungeteilten Christenheit* – Der christliche Osten (Würzburg) 42 (1987) 72-81

5924 SIEBEN, HERMANN-JOSEF *Dtn 17,8-13 als Beitrag des Alten Testamentes zur Theologie des Konzils* – AHC 18 (1986) 1-8

5925 SIEBEN, H.-J. *Das Nationalkonzil im frühen Selbstverständnis, in theologischer Tradition und in römischer Perspektive* – ThPh 62 (1987) 526-562

5926 SILVA Y VERASTEGUI, S. *Imagenes de los Africanos en los codices altomedievales hispanicos: los concilios de Cartago y el concilio Milevitano* – REA 32 (1986) 108-123

5927 SOPKO, ANDREW J. *Second Nicaea (787-1987) Eucharist, Image, and Priesthood* – GrOrthThR 32 (1987) 379-386

5928 STOCKMEIER, P. *Glaubenssymbol, Lehrschreiben und Dogma im Umfeld von Chalkedon.* In: *Weisheit Gottes – Weisheit der Welt. Festschrift für Joseph Kardinal Ratzinger* (cf. 1985-87, 378) 689-696

5929 *La storia della cristologia primitiva. Gli inizi biblici e la formula di Nicea.* A cura di BERNHARD WELTE [Studi Biblici 75]. Brescia: Paideia 1986. 142 pp.

5930 SUBERBIOLA MARTINEZ, JESUS *Nuevos concilios hispano-romanos de los siglos III y IV. La colección de Elvira.* Málaga: Universidad de Málaga 1987. 138 pp.

5931 TETZ, MARTIN *Ante omnia de sancta fide et de integritate veritatis. Glaubensfragen auf der Synode von Serdika (342)* – ZNW 76 (1985) 243-269

5932 ULLRICH, LOTHAR *Chalkedon als Ende und Anfang* – AnCra 17 (1985) 373-400
5933 VANDER SPEETEN, JOSEPH *Le dossier de Nicée dans la Quesnelliana* – SE 28 (1985) 383-450
5934 VANDER SPEETEN, JOSEPH *Quelques remarques sur la collection canonique de Weingarten* – SE 29 (1986) 25-118
5935 VERZONE, PAOLO *L'editto cunctos populos del 380 e la propagazione dei vescovadi in tutto l'impero*. In: *Studien zur spätantiken und byzantinischen Kunst* (cf. 1985-87, 362) III 149-162
5936 VOGT, HERMANN-JOSEF *Das bilderfreundliche Konzil von Nizäa 787* – USa 41 (1986) 178-186
5937 VOGT, HERMANN-JOSEF *Die Bibel auf dem Konzil von Ephesus* – AHC 18 (1986) 31-40
5938 VOLLRATH, HANNA *Die Synoden Englands bis 1066* [Konziliengeschichte. Reihe A: Darstellungen]. Paderborn: Schöningh 1985. XLII, 484 pp.
5939 WELTE, B. *La formula dottrinale di Nicea e la metafisica occidentale*. In: *Storia della cristologia* (cf. 1985-87, 5929) 121-142
5940 WILLERT, NIELS *«Religion» og «politik» omkring Kalkedonsynoden* – DTT 48 (1985) 81-107
5941 WINKELMANN, F. *Ein weiterer Band der neuen Konziliengeschichte* – Klio 68 (1986) 632-633
5942 WINKELMANN, F. *Neue Erkenntnisse über die sog. Synodus Lateranensis (a. 649)* – Klio 68 (1986) 629-632
5943 WOLINSKI, J. *Nicée et l'homoousion hier et aujourd'hui* – Revue de l'Institut catholique de Paris 1985 Nr. 16, 67-69
5944 YIANNIAS, J.J. *A Reexamination of the «Art Statute» in the Acts of Nicaea II* – ByZ 80 (1987) 348-359

V.3. Ius canonicum, hierarchia, disciplina ecclesiastica

5945 ABREU, JOAO PAULO *As Nomeações Episcopais nos Primórdios da Igreja* – HumTeol 7 (1986) 283-303
5946 ANNONI, A. *Giurisdizionalismo ed episcopalismo*. In: *Chiesa e società. Appunti per una storia delle diocesi lombarde* (cf. 1985-87, 235) 141-178
5947 APPEL, ANDREA *Möglichkeiten und Grenzen für ein Amt der Frau in frühchristlichen Gemeinden am Beispiel der Pastoralbriefe und der Thekla-Akten*. In: *Frauen in der Geschichte VII* (cf. 1985-87, 265) 244-256
5948 ARAT, KRISTIN *Die Diakonissen der armenischen Kirche in kanonischer Sicht* – HA 101 (1987) 153-191

5949 AUBERT, M.-J. *Les femmes diacres. Un nouveau chemin pour l'Eglise* [Collection Le Point Théologique 47]. Paris: Beauchesne 1987. 216 pp.

5950 AZKOUL, M. *Oikonomia and the Orthodox Church* – PBR 6 (1987) 65-79

5951 BAJO, F. *El sistema asistencial eclesiástico occidental durante el siglo IV* – StHHA 4-5 (1986/87) 189-194

5952 BARONE-ADESI, GIORGIO *Eresie «sociali» ed inquisizione teodosiana*. In: *Atti dell'Accademia Romanistica Costantiniana* (cf. 1985-87, 212) 119-166

5953 BISCARDI, ARNALDO *CTh 2.1.10 nel quadro della normativa giurisdizionale d'ispirazione religiosa*. In: *Atti dell'Accademia Romanistica Costantiniana* (cf. 1985-87, 212) 213-221

5954 BRANDMÜLLER, WALTER *Wortverkündigung und Weihe. Das Problem der Laienpredigt im Licht der Kirchengeschichte* – Forum kath. Theologie 3 (1987) 101-118

5955 BRANDMÜLLER, WALTER *Wortverkündigung und Weihe. Das Problem der Laienpredigt im Licht der Kirchen-, insbesondere der Konziliengeschichte* – AHC 18 (1986) 239-271

5956 BRASH, DONALD JAMES *Pastoral authority in the churches of the first and second centuries* [Diss.]. Madison, N.J.: Drew Univ. 1987. 242 pp. [microfilm; cf. summary in DissAbstr 48 (1988) 2903A]

5957 BRATOŽ, R. *Die Entwicklung der Kirchenorganisation in den Westhalkanprovinzen (4.-6. Jahrhundert)*. In: *Christentum in Bulgarien* (cf. 1985-87, 237) 149-196

5958 BRENNAN, BRIAN *«Episcopae»: Bishops' Wives Viewed in Sixth-Century Gaul* – ChH 54 (1985) 311-323

5959 BROCK, SEBASTIAN P. *The Priesthood of the Baptised: some Syriac Perspectives* – Sob 9,2 (1987) 14-22

5960 BROWN, CATHERINE A. *The primacy of Rome [in Christian religion]. A study of its origin and development* [Diss.]. Manchester: Manchester University Press 1987. 391 pp. [microfilm; cf. DissAbstr 49 (1989) 3057A]

5961 BUNDY, DAVID D. *Criteria for being in communione in the Early Syrian Church* – AugR 25 (1985) 597-608

5962 CARON, PIER GIOVANNI *Ne sanctum baptisma iteretur (CTh 16,6; CI 1,6)*. In: *Atti dell'Accademia Romanistica Costantiniana* (cf. 1985-87, 212) 166-178

5963 CROUZEL, HENRI, SJ *Sacerdoce et laïcat* – BLE 86 (1985) 309-313

5964 CRUTCHFIELD, LARRY V. *Ages and Dispensations in the Anti-Nicene Fathers* – BiblSacr 144 (1987) 377-401

5965 CUENA BOY, F.J. *La episcopalis audientia.* Valladolid: Universidad 1985. XV, 227 pp.

5966 CUNNINGHAM, AGNES *The Bishop in the Church: Patristic Texts on the Role of the Episkopos* [Theology and Life 13]. Wilmington, Del.: Michael Glazier 1985. 63 pp.

5967 DALEY, BRIAN E., SJ *The Ministry of Disciples: Historical Reflections on the Role of Religious Priests* – ThSt 48 (1987) 605-629

5968 DUPUY, B. *Les appels de l'Orient à Rome du concile de Nicée au concile de Chalcédoine* – Istina 32 (1987) 361-377

5969 ERDÖ, PETER *Quid significat «lex» in iure canico antiquitatis (Saeculis III-VII)* – Periodica de re morali canonica liturgica (Roma) 76 (1987) 381-412

5970 ESTRADA, JUAN A. *El episcopado en el Alto Medievo (siglos VI-X): Anotaciones históricas* – CD 200 (1987) 27-47 = EE 62 (1987) 27-47

5971 FAIVRE, ALEXANDRE *Aux origines du laïcat* – AnCan 29 (1985/86) 19-54

5972 FAIVRE, ALEXANDRE *Naissance d'un laïcat chrétien. Les enjeux d'un mot* – FZPT 33 (1986) 391-429

5973 FAIVRE, ALEXANDRE *Structures d'un clergé paléo-chrétien.* In: *Sanctuaires et clergé* [Univ. des Sc. hum. de Strasbourg Centre de rech. d'hist. des religions Études d'hist. des religions 4]. Paris: Geuthner (1985) 103-132

5974 FAIVRE, ALEXANDRE *The Laity in the First Centuries. Issues Revealed by Historical Research* – Lumenvitae 42 (1987) 129-139

5975 FAIVRE, ALEXANDRE *Théologiens «laïcs» et laïcs théologiens. Position des problèmes à l'époque paléochrétienne* – Irénikon 60 (1987) 193-217; 350-377

5976 FASIORI, I. *Storia della decima dall'editto di Milano (313) al secondo Concilio di Mâcon (585)* – VetChr 23 (1986) 39-61

5977 FOLLIET, GEORGES *Une collection anonyme «Pro causa iniustae excommunicationis» des VIIe-VIIIe siècles* – AugR 25 (1985) 295-309

5978 FROHNHOFEN, HERBERT *Diaconesse nella Chiesa Primitiva* – HumanitasBr 5 (1986) 677-690

5979 FROHNHOFEN, HERBERT *Weibliche Diakone in der frühen Kirche* – SZ 204 (1986) 269-278

5980 GARCIA GARCIA, L.M. *Doctrina matrimonial de ámbito italiano, desde fines del s. IV a mediados del s. IX* [Diss.]. Pamplona: Universidad de Navarra 1985.

5981 GARCIA GARCIA, L.M. *La significación matrimonial en los autores eclesiásticos de ámbito italiano desde finales del s. IV al s. VIII* – IC 25 (1985) 575-628

5982 GAUDEMET, JEAN *Le mariage en Occident. Les moeurs et le droit*. Paris: Ed. du Cerf 1987. 524 pp.

5983 GAUDEMET, JEAN *Les Sources du droit de l'Église en Occident, du IIe au VIIe siècle* [Initiations au christianisme ancien 1]. Paris: Éd. du Cerf; Centre National de la Recherche Scientifique 1985. 188 pp.

5984 GAUDEMET, JEAN *Ordre public et charité chrétienne. La loi du 27 juillet 398*. In: *Hestíasis* (cf. 1985-87, 279) I 245-264

5985 GAUDEMET, JEAN *Regards sur l'histoire du droit canonique antérieurement au décret de Gratien* – SDHI 51 (1985) 73-130

5986 GRÉGOIRE, RÉGINALD *L'ordine ed il suo significato. Utilitas e caritas*. In: *Segni e riti* (cf. 1985-87, 348) 639-697

5987 GROSSI, VITTORINO *Per una rilettura del «laico» nelle fonti cristiane antiche* – Lateranum 53 (1987) 281-293

5988 GUERRA GOMEZ, MANUEL *El laicado masculino y femenino (en los primeros siglos de la Iglesia)* [Publ. de la Fac. de teol. de la Univ. de Navarra Col. teológica 55]. Pamplona: Eunsa 1987. 307 pp.

5989 GUERRA GOMEZ, MANUEL *El sacerdocio femenino en las religiones greco-romanas y en el cristianismo de los primeros siglos*. Toledo: Instituto Teologico San Ildefonso 1987. 619 pp.

5990 GUERRA GOMEZ, MANUEL *¿Hubo laicos en los primeros siglos de la Iglesia? A propósito de unos estudios de Alexandre Faivre* – ScTh 19 (1987) 325-346

5991 HALLEUX, A. DE *Ministère et sacerdoce* – RThL 18 (1987) 425-453

5992 HARREITHER, R. *Die Bischöfe von Tomi/Constanta bis zum Konzil von Nikaia*. In: *Christentum in Bulgarien* (cf. 1985-87, 237) 197-210

5993 HENNESSEY, L.R. *Diakonia and Diakonoi in the Pre-Nicene Church*. In: *Diakonia* (cf. 1985-87, 252) 60-86

5994 HOFFMANN, P. *Kirchliches Amt unter der Herausforderung der Botschaft Jesu. Zur Entwicklung der Gemeindestrukturen im frühen Christentum*. In: *Kraft der Hoffnung* (cf. 1985-87, 294) 48-61

5995 HÜBNER, REINHARD M. *Die Anfänge von Diakonat, Presbyterat und Episkopat in der frühen Kirche*. In: *Das Priestertum in der Einen Kirche* (cf. 1985-87, 332) 45-89

5996 JACOBS, UWE KAI *Die juristische Wirkungsgeschichte der Regula Benedicti. Studie zu einer umfassenderen Darstellung* – RBS 14/15 (1985/86) 323-330

5997 KÖSTER, HEINRICH M. *Der tätige Anteil der Laien an der Theologie im ersten christlichen Jahrtausend*. In: *Mitverantwortung aller in der Kirche. Festschrift zum 150jährigen Bestehen der*

Gründung von Pallottis. 150 Jahre katholisches Apostolat des hl. Vinzenz Pallotti, 1835-1985. Edd. FRANZ COURTH; ALFONS WEISER [Glaube, Wissen, Wirken 9]. Limburg: Lahn-Verlag (1985) 191-217

5998 KRAFT, HEINRICH *Dalla «Chiesa» originaria all'Episcopato monarchico* – RSLR 22 (1986) 411-438

5999 KRAMM, THOMAS *Amt* – RAC Suppl.-Lief. 3 (1985) 350-401

6000 KRAŠTEV, A. *Bischofssitze in den bulgarischen Ländern bis zum IX. Jahrhundert.* In: *Christentum in Bulgarien* (cf. 1985-87, 237) 233-239

6001 LAURIA, MARIO *Iura Romana operta* [auf Italienisch mit Zusammenfassung in lateinischer Sprache] – SDHI 52 (1986) 302-352

6002 LIZZI, RITA *Il potere episcopale nell'Oriente romano: rappresentazione ideologica e realtà politica (IV-V sec. d. C.)* [Filologia e critica 53]. Roma: Ed. dell'Ateneo 1987. 139 pp.

6003 MALICH, BURKHARD *Ökonomisch und Ökumenisch. Eine Studie zum Fortleben griechischer Begriffe bis in die byzantinische Zeit* – WZHalle 36,3 (1987) 118-126

6004 MARTIMORT, AIMÉ GEORGES *Deaconesses, an historical study.* Transl. K.D. WHITEHEAD. San Francisco, Calif.: Ignatius Press 1987. 268 pp.

6005 MAXIMOS (AGHIORGOUSSIS, BISHOP) *The Parish Presbyter and his Bishop: A Review of the Pastoral Roles, Relationship and Authority* – StVlThQ 29 (1985) 29-62

6006 MORDEK, HUBERT *Das kirchliche Recht im Übergang von der Antike zum Mittelalter* – Ius commune (Frankfurt a.M.) 30 (1987) 455-467

6007 ORIOLI, G. *Gli arcivescovi maggiori: origine ed evoluzione storica fino al secolo settimo* – Apollinaris 58 (1985) 615-627

6008 PIELER, PETER E. *«Lex Christiana»* [in deutscher Sprache]. In: *Akten des 26. Deutschen Rechtshistorikertages, Frankfurt am Main, 22. bis 26. September 1986.* Ed. DIETER SIMON [Ius commune Sonderheft 30]. Frankfurt a.M.: Klostermann (1987) 485-503

6009 PIETRI, CHARLES *Clercs et serviteurs laïcs de l'Église romaine au temps de Grégoire romain.* In: *Grégoire le Grand* (cf. 1985-87, 275) 107-122

6010 PLATELLE, H. *L'évêque mérovingien d'après un ouvrage récent* – RHE 80 (1985) 454-467

6011 PLATTNER, MARTIN *Die Bischofswahl. Geschichte und Recht* [Diplomarbeit]. Innsbruck: Universität 1984. IV, 88 pp.

6012 RIMOLDI, A. *Gerarchia e cura pastorale dalle origini al concilio Lateranense IV.* In: *Chiesa e società. Appunti per una storia delle diocesi lombarde* (cf. 1985-87, 235) 203-214

6013 RODOPOULOS, P. *Oikonomia nach orthodoxem Kirchenrecht* – ÖAKR 36 (1986) 223-231

6014 ROSSANO, PIETRO *Il rapporto tra foedus e lex come fonte ispiratrice del diritto della Chiesa* – SDHI 53 (1987) 1-6

6015 SANZ SERRANO, R. *La excomunión como sanción política en el Reino visigodo de Toledo.* In: *Los Visigodos* (cf. 1985-87, 377) 289-300

6016 SCHILLEBEECKX, EDWARD *Christliche Identität und kirchliches Amt. Plädoyer für den Menschen in der Kirche.* Übersetzt von H. ZULAUF. Düsseldorf: Patmos 1985. 326 pp.

6017 SCHNACKENBURG, RUDOLF *Charisma und Amt in der Urkirche und heute* – MThZ 37 (1986) 233-248

6018 SCHÖLLGEN, GEORG *Monepiskopat und monarchischer Episkopat. Eine Bemerkung zur Terminologie* – ZNW 77 (1986) 146-151

6019 SCHULZ, HANS-JOACHIM *Das Priestertum nach dem Zeugnis der altkirchlichen Ordinationsliturgien.* In: *Das Priestertum in der Einen Kirche* (cf. 1985-87, 332) 93-109

6020 SILLI, P. *Testi costantiniani nelle fonti letterarie* [Accademia romanistica costantiniana. Materiali per una palingenesi delle costituzioni tardo-imperiali 3]. Mailand: Giuffrè 1987. XXXVII, 192 pp.

6021 STAATS, REINHART *Pastoralbrevens betydelse för den tidiga kyrkans ordning.* In: *Patristica Nordica* 2 (cf. 1985-87, 325) 85-105

6022 STOCKMEIER, PETER *Papsttum und Petrus-Dienst in der frühen Kirche* – MThZ 38 (1987) 19-30

6023 SZABO-BECHSTEIN, BRIGITTE *Libertas Ecclesiae. Ein Schlüsselbegriff des Investiturstreits und seine Vorgeschichte (4.-11. Jahrhundert)* [Studi Gregoriani 12]. Roma: LAS 1985. XXIV, 239 pp.

6024 THERMOS, B. *Τό αὐτοδιοίκητο τῆς Ἐκκλησίας κατά τούς ἁγίους Πατέρες* – Synaxe (Athenai) 23 (1987) 31-36

6025 TILLARD, J.M.R. *El obispo de Roma. Estudio sobre el papado* [Presencia Teológica 33]. Santander: Sal Terrae 1986. 244 pp.

6026 TRAPE, AGOSTINO *Il sacerdote, uomo di Dio al servizio della Chiesa: considerazioni patristiche.* 2a ed. aumentata. Roma: Città Nuova 1985. 223 pp.

6027 TRIPODI, G. *Autorità papale e deliberazioni conciliari nel medioevo (325-1439)* – RivCist 4 (1987) 29-63

6028 TROIANOS, SPYROS N. *Abtreibung nach dem Recht der östlichorthodoxen Kirche* [in griechischer Sprache]. Athen 1987. 53 pp.

6029 VANHOYE, ALBERT *Die Priester des Alten Testaments und der Hohepriester des Neuen Testaments.* In: *Das Priestertum in der Einen Kirche* (cf. 1985-87, 332) 13-29

6030 VANNUCCHI FORZIERI, O. *La risoluzione del matrimonio nel IV-V secolo. Legislazione imperiale e pensiero della Chiesa* – AMATosc 50 (1985) 65-172

6031 VOGEL, C. *Naissance d'un clergé. Le trinôme ministériel chrétien au début du IIIe s.* In: *Sanctuaires et clergé* [Univ. des Sc. hum. de Strasbourg Centre de rech. d'hist. des religions Études d'hist. des religions 4]. Paris: Geuthner (1985) 77-101

6032 VRIES, WILHELM DE *«Vicarius Petri». Der Primat des Bischofs von Rom im ersten Jahrtausend* – SZ 203 (1985) 507-533

V.4. Symbola

6033 BASDEKIS, ATHANASIOS *Das Glaubensbekenntnis von Nikäa-Konstantinopel* – ThAthen 57 (1986) 549-568

6034 *Bekenntnisse der Kirche.* Bekenntnistexte aus zwanzig Jahrhunderten. Hrsg. von HANS STEUBING in Zusammenarbeit mit J.F. GERHARD GOETERS, HEINRICH KARPP und ERWIN MÜLHAUPT. Wuppertal: R. Brockhaus 1985. 336 pp.

6035 BRENNECKE, HANNS CHRISTOF *Eine heilige apostolische Kirche* – Berliner Theologische Zeitschrift 4 (1987) 231-251

6036 BUNDY, DAVID D. *The Creed of Aithallah: A Study in the History of the Early Syriac Symbol* – EThL 63 (1987) 157-163

6037 *Le Credo de Nicée-Constantinople.* Expliqué et commenté par l'équipe de Catéchèse orthodoxe. Paris: Éd. du Cerf 1987. 182 pp.

6038 DAMASKINOS *Las confesiones de fe en la Iglesia antigua: su origen, función y recepción* – DialEc 20 (1985) 285-299

6039 FARRELL, T.J. *Early Christian Creeds and Controversies in the Light of the Orality-Literacy Hypothesis* – Oral Tradition 2 (1987) 132-149

6040 GARRIGUES, J.M. *El Espíritu que dice «Padre». El Espíritu Santo en la vida trinitaria y el problema del Filioque.* Traducción de S. DEL CURA [Koinonia 23]. Salamanca: Secretariado Trinitario 1985. 150 pp.

6041 GERHARDSSON, BIRGER; PERSSON, PER ERIK *Kyrkans bekännelsefråga.* Malmö: Liber Förlag 1985. 224 pp.

6042 GONZALEZ MONTES, A. *La fe apostólica. Nota para una lectura en contexto de la explicación ecuménica del Símbolo Niceno-Constantinopolitano por parte de la Asamblea de Fe y Constitución de Stavanger (1985)* – DialEc 22 (1987) 357-363

6043 HALLEUX, A. DE *La réception du symbole oecuménique de Nicée à Chalcédoine* – EThL 61 (1985) 5-47

6044 HANSON, RICHARD P.C. *A note on 'Like according to the Scriptures'* – ZKG 98 (1987) 230-232

6045 HAUFE, G. *Funktion und Interpretation urchristlicher Bekenntnissätze* – ThLZ 110 (1985) 785 ss.

6046 KEMMER, ALFONS *The Creed in the Gospel: the Historical Foundation of the Creed.* Mahwah, N.J.: Paulist Pr. 1986.

6047 LUDWIG, E. *Chalcedon and its Aftermath: Three Unresolved Crises* – Lau 27 (1986) 98-120

6048 ŁUKASZUK, TADEUSZ DIONIZY *Interpretationes theologicae modernae definitionis Chalcedonensis* – AnCra 17 (1985) 283-302

6049 MOTEL, HANS BEAT *Das Bekenntnis der Alten Kirche und unser Bekennen heute – aus freikirchlicher Sicht* – Cath 40 (1986) 28-38

6050 PAPANDREOU, DAMASKINOS *Der ekklesiologische Ort des altkirchlichen Bekenntnisses. Einige Überlegungen zur Bezeugung des alten Christusbekenntnisses in der orthodoxen Kirche* – USa 40 (1985) 15-20

6051 ROWELL, GEOFFREY *Die altkirchlichen Bekenntnisse in der klassischen anglikanischen Tradition* – USa 40 (1985) 21-37

6052 ROWELL, GEOFFREY *Las confesiones de fe de la Iglesia primitiva vistas desde la tradición clásica anglicana* – DialEc 20 (1985) 319-342

6053 SABUGAL, S. *Credo. La fe de la Iglesia. El símbolo de la fe. Historia e interpretación.* Zamora: Ediciones Monte Casino 1986. XVII, 1189 pp.

6054 SABUGAL, SANTOS *La actualidad del símbolo de la fe* – RAgEsp 26 (1985) 49-73

6055 STAATS, REINHART *Pontius Pilatus im Bekenntnis der frühen Kirche* – ZThK 84 (1987) 493 ss.

6056 STOCKMEIER, PETER *Anmerkungen zum in bzw. ex duabus naturis in der Formel von Chalkedon.* In: *Studia Patristica 18,1* (cf. 1985-87, 360) 213-220

6057 STYLIANOPOULOS, T. *The Filioque: Dogma, Theologoumenon or Error?* – GrOrthThR 31 (1986) 255-288

6058 URBAN, HANS JÖRG *Das Bekenntnis der Alten Kirche und unser Bekennen heute – aus katholischer Sicht* – Cath 40 (1986) 1-15

6059 VORSTER, HANS *Das Bekenntnis der Alten Kirche und unser Bekennen heute – aus evangelischer Sicht* – Cath 40 (1986) 16-27

VI. Doctrina auctorum et historia dogmatum

VI.1. Generalia

6060 ADAM, ALFRED *Lehrbuch der Dogmengeschichte, I: Die Zeit der Alten Kirche*. 5. Auflage. Gütersloh: Mohn 1985. 408 pp.

6061 ANGELOV, D. *Entstehung und Rolle der Häresien in der Spätantike und im frühen Mittelalter (4.-7. Jahrhundert)*. In: *Christentum in Bulgarien* (cf. 1985-87, 237) 31-37

6062 AZEVEDO, CARLOS A. MOREIRA *História e sentido do milagre de Caná na liturgia antiga* – Didaskalía 15 (1985) 267-304

6063 BAIRD, J. ARTHUR *The Holy Word. The History and Function of the Teachings of Jesus in the Theology and Praxis of the Early Church* – NTS 33 (1987) 585-599

6064 BALLING, JAKOB *Verden i en vanddråbe* – DTT 50 (1987) 259-271

6065 BONDI, ROBERTA C. *Christianity and cultural diversity, I: The spirituality of Syriac-speaking Christians*. In: *Christian Spirituality* (cf. 1985-87, 353) 152-161

6066 BRÄNDLE, R. *Rechtgläubigkeit, Ketzerei, Streit unter Brüdern – drei Exempla aus der Alten Kirche* – ThZ 42 (1986) 375-385

6067 BRENNECKE, HANNS CHRISTOF *Studien zur Geschichte der Homöer. Der Osten bis zum Ende der homöischen Reichskirche* [Hab.-Schr.]. Tübingen: Univ., Ev.-theol. Fak. 1986. 323 pp.

6068 BRUNNER, F. *De l'opposition prétendue entre la philosophie et la théologie* – ASSPh 45 (1986) 21-41

6069 BRUNNER, HELLMUT *Die Gerechtigkeit Gottes* – ZRGG 39 (1987) 210-225

6070 DAMME, DIRK VAN *Vorstufen der mystischen Theologie in der alten Kirche*. In: *Grundfragen christlicher Mystik* (cf. 1985-87, 277) 15-23

6071 DAMSHOLT, TORBEN *Menneskesyn og samfundssyn i den pelagianske strid*. In: *Människouppfatningen i den senare antiken* (cf. 1985-87, 298) 119-135

6072 DAVIES, W.D. *Canon and Christology*. In: *The glory of Christ in the New Testament* (cf. 1985-87, 273) 19-36

6073 FARANTOS, MEGAS Ἡ περί Θεοῦ ὀρθόδοξος διδασκαλία. Athenai: 1985. 593 pp.

6074 FIELD, LESTER L. *Liberty, dominion, and the two swords: on the origins of western political theology (180-398)* [Diss.]. Los Angeles, Calif.: Univ. of California 1985. IX, 678 pp. [microfilm; cf. DissAbstr 46 (1986) 2780A]

6075 FILORAMO, GIOVANNI *Dio e gli dei. La teologia giudaico-cristiana.* In: *Il sapere degli antichi.* Ed. M. VEGETTI. Torino: Boringhieri (1985) 319-328

6076 GEORGE, MARTIN *Das Erbe der mystischen Theologie der griechischen Kirchenväter in der Lehre Vladimir Solov'evs.* In: *Geist und Erkenntnis* (cf. 1985-87, 270) 149-174

6077 GRAMAGLIA, PIER ANGELO *Non uccidere e non violenza nel sec. IV.* In: *Sangue e antropologia, V* (cf. 1985-87, 346) III 1609-1699

6078 GRANT, ROBERT M. *Theological education at Alexandria.* In: *The Roots of Egyptian Christianity* (cf. 1985-87, 343) 178-189

6079 GRANT, ROBERT MCQUEEN *Gods and the One God* [Library of Early Christianity 1]. Philadelphia, Penna.: Westminster Pr. 1986. 216 pp.

6080 GREGG, R.C. *Die Ehe. Patristische und reformatorische Fragen* – ZKG 96 (1985) 1-12

6081 GRILLMEIER, ALOIS *La «Peste d'Origène». Soucis du patriarche d'Alexandrie dus à l'apparition d'origénistes en Haute Égypte (444-451).* In: *Alexandrina* (cf. 1985-87, 200) 221-237

6082 GROSSI, VITTORINO, OSA *A proposito della presenza di Origene in Praedestinatus. Il cristianesimo latino del sec. V tra Origene e Agostino* – AugR 26 (1986) 229-240

6083 HANSON, RICHARD P.C. *The Influence of Origen on the Arian Controversy.* In: *Origeniana Quarta* (cf. 1985-87, 324) 410-423

6084 JOHNSON, D.W. *Coptic Reactions to Gnosticism and Manichaeism* – Mu 100 (1987) 199-209

6085 JOLY, ROBERT *Origines et évolution de l'intolérance catholique* [Laïcité. Documents 3]. Bruxelles: Ed. de l'Université de Bruxelles 1987. 150 pp.

6086 KANNENGIESSER, CHARLES, SJ *The spiritual message of the great Fathers.* In: *Christian Spirituality* (cf. 1985-87, 353) 61-88

6087 KROLL, J.; BACHRACH, B. *Sin and the Etiology of Disease in Pre-Crusade Europe* – Journal of the History of Medicine and Allied Sciences (New Haven, Conn.) 41 (1986) 395-414

6088 LANGA, PEDRO *La noción de economía en los Santos Padres* – RC 31 (1985) 129-152

6089 LE BOULLUEC, ALAIN *La notion d'hérésie dans la littérature grecque IIe – IIIe siècles. I: De Justin à Irénée, II: Clément d'Alexandrie et Origène*. Paris: Études Augustiniennes 1985. 662 pp.

6090 LE BOULLUEC, ALAIN *L'École d'Alexandrie. De quelques aventures d'un concept historiographique*. In: *Alexandrina* (cf. 1985-87, 200) 403-417

6091 LE BOULLUEC, ALAIN *Patristique et histoire des dogmes* – AEHESR 95 (1986/87) 330-338

6092 LIENHARD, JOSEPH T., SJ *The «Arian» Controversy: Some Categories Reconsidered* – ThSt 48 (1987) 415-438

6093 LÜHRMANN, D. *Confesser sa foi à l'époque apostolique* – RThPh 117 (1985)

6094 LUPIERI, E. *Modelli scritturistici di comportamento ereticale. Alcuni esempi dei primi tre secoli* – MAL 28 (1984-86) 399-450

6095 MASSON, HERVÉ *Dictionnaire des hérésies dans l'Eglise catholique*. Paris: Sand 1986. 287 pp.

6096 MEYENDORFF, JOHN *Theological Education in the Patristic and Byzantine Eras and its Lessons for Today* – StVlThQ 31 (1987) 197-213

6097 MORESCHINI, CLAUDIO *Les Sources chrétiennes e la paideia antica*. In: *Alle sorgenti della cultura cristiana* (cf. 1985-87, 86) 47-75

6098 MUSCO, ALESSANDRO; MESSANA, VINCENZO *Le grandi eresie dell'età patristica*. In: *Grande antologia filosofica* (cf. 1985-87, 206) 479-492

6099 NEWIADOMSKI, JOZEF *Vom dogmatischen Gegner zum verhaßten Feind. Judenpolemik und Erlösungsglaube* – BL 58 (1985) 214-218

6100 NIKOLOV, J. *The Concept of Heresy – Its Origin and Development* – Annuaire de l'Université de Sofia. Faculté des Lettres (Sofia) 76 (1986) 179-210

6101 O'GRADY, JOAN *Heresy: heretical truth or orthodox error? A study of early Christian heresies*. Shaftesbury: Element Books 1985. 157 pp.

6102 ORBE, ANTONIO *Introducción a la Teología de los siglos II y III, I-II* [AG 248]. Roma: Pontificia Università Gregoriana 1987. XIX, 1053 pp.

6103 OZOLIN, N. *The Theology of the Icon* – StVlThQ 31 (1987) 297-308

6104 PANNENBERG, WOLFHART *Christentum und Platonismus. Die kritische Platonrezeption Augustins in ihrer Bedeutung für das gegenwärtige christliche Denken* – ZKG 96 (1985) 147-161

6105 PIETRAS, H. *Jedność wspónoty kościelnej jako owoc eucharystii* [L'unità della communità ecclesiale come frutto dell'eucaristia nell'insegnamento dei primi padri] – SSHT 19/20 (1986/87) 5-12

6106 PIETRI, CHARLES *L'hérésie et l'hérétique selon l'Église Romaine (IVe-Ve siècles)* – AugR 25 (1985) 867-887

6107 PRYSZMONT, J. *Geschichte der Moraltheologie* [in polnischer Sprache]. Warszawa: Akademia Teologii Katolickiej 1987. 396 pp.

6108 PRZEWOZNY, J.B. *Elements of a Catholic Doctrine of Humankind's Relation to the Environment* – MF 87 (1987) 223-255

6109 RICHÉ, PIERRE *Christianity and cultural diversity, II: Spirituality in Celtic and Germanic society.* In: *Christian Spirituality* (cf. 1985-87, 353) 163-176

6110 ROBINSON, T.A. *Orthodoxy and heresy in western Asia Minor in the first Christian century* [Diss.]. Hamilton, Ont.: McMaster Univ. 1985. [microfilm; cf. DissAbstr 46 (1986) 3753A]

6111 ROTTENWÖHRER, GERHARD *Unde malum?: Herkunft und Gestalt des Bösen nach heterodoxer Lehre von Markion bis zu den Katharern.* Bad Honnef: Bock und Herchen 1986. 599 pp.

6112 SKARSAUNE, OSKAR *Hvilket lys kaster NT's kanonhistorie over teologihistorien i det 1. århundre?* In: *Patristica Nordica* 2 (cf. 1985-87, 325) 63-83

6113 SONNEMANNS, H. *Hellenisierung des Christentums? Annäherung an den frühchristlichen Gottesgedanken als Paradigma theologischer Aufgaben* – Renovatio (Genova) 41 (1985) 169-182

6114 SPIDLIK, T., SJ *The Spirituality of the Christian East: a systematic handbook.* Trans. ANTHONY P. GYTHIEL [CSC 79]. Kalamazoo, Mich.: Cistercian Publications Inc. 1986. XII, 474 pp.

6115 STANILOAE, D. *Orthodoxe Dogmatik* [Ökumenische Theologie 12]. Zürich: Benziger; Gütersloh: Mohn 1985. 458 pp.

6116 TIBILETTI, CARLO *Rassegna di studi e testi sui «semipelagiani»* – AugR 25 (1985) 507-522

6117 TSIRPANLIS, C.N. *Greek Patristic Theology – Basic Doctrines in Eastern Church Fathers* [Monograph Series in Orthodox Theology and Civilization 7]. New York: EO Press 1987. 141 pp.

6118 VYCICHL, W. *Ptah-hotep, the father as sole author of procreation, a possible origin of Monophysitism* – Discussion in Egyptology (Oxford) 3 (1985) 61-63

6119 WRIGHT, DAVID F. *War in a Church-Historical Perspective* – EvangQ 57 (1985) 133-161

VI.2. Singula capita historiae dogmatum

VI.2.a) Religio, revelatio

6120 BALLING, JAKOB *Oldskirkelige gudsbilleder.* In: *Gudsbegrebet.* Ed. SIGFRED PEDERSEN. København: Gad (1985) 115-127

6121 DIHLE, ALBRECHT *Heilig* – RAC 14 (1987) Lief. 105, 1-63
6122 FEIL, ERNST *Religio. Die Geschichte eines neuzeitlichen Grundbegriffs vom Frühchristentum bis zur Reformation* [FKDG 36]. Göttingen: Vandenhoeck und Ruprecht 1986. 290 pp.

VI.2.b) Creatio, providentia

6123 AYAN CALVO, JUAN JOSÉ *La creación del Cosmo en S. Justino* – Compostellanum 32 (1987) 25-64
6124 BIANCHI, UGO *Théologie et théorie du mal aux premiers siècles de l'ère nouvelle* – Mu 100 (1987) 1-11
6125 DRAGAS, GEORGE DION *Patristic Perspectives on the Creation* – Kleronomia 19 (1987) 45-53
6126 HIGUERAS MALDONADO, JUAN *Concepto agustiniano de creación como superación del emanatismo neoplatónico* – CD 200 (1987) 333-364
6127 SALVO, LIETTA DE *Distribuzione geografica dei beni economici, provvidenza divina e commercio nel pensiero dei Padri.* In: *Studi di tarda anticà offerti a S. Calderone*, 2 [Studi tardoantichi 2]. Messina: Sicania (1986) 103-118
6128 WALSH, JAMES; WALSH, P.G. *Divine providence and human suffering* [MFCh 17]. Wilmington, Del.: Michael Glazier 1985. 272 pp.

VI.2.c) Trinitas

6129 ANASTOS, T.L. *Essence, Energies and Hypostasis: An Epistemological Analysis of the Eastern Orthodox Model of God* [Diss.]. New Haven, Conn.: Yale Univ. 1986. 290 pp. [cf. DissAbstr 47,8 (1987) 3079A]
6130 ARANDA, ANTONIO *Estudios de Pneumatología* [Colección Teológica 45]. Pamplona: Eunsa 1985. 284 pp.
6131 BELL, DAVID N. *Esse, vivere, intelligere. The noetic triad and the image of God* – RThAM 52 (1985) 5-43
6132 BENTIVEGNA, G. *L'effusione dello Spirito Santo nella tradizione patristica* – CC 136 (1985) 443-457
6133 CLARK, MARY T. *The Trinity in Latin Christianity.* In: *Christian Spirituality* (cf. 1985-87, 353) 276-290
6134 DECKER, MICHAEL *Die Monarchianer. Frühchristliche Theologie im Spannungsfeld zwischen Rom und Kleinasien* [Diss.]. Hamburg 1987. 223 pp.
6135 DESIMONE, R.J. *The Dialectical Development of Trinitarian Theology* – Ang 64 (1987) 453-475
6136 *La fede dei Padri: tematiche, testi e riflessioni desunte dai Padri pre-niceni relativamente ai trattati su Dio uno e trino.* A cura di D.

SPADA [Subsidia Urbaniana 15]. Roma: Pontificia Universitas Urbaniana 1985. 659 pp.

6137 GRANADA, CARMELO *El Espíritu Santo en la teología patrística* [Ichthys 4]. Salamanca: Sígueme 1987. 249 pp.

6138 GROH, DENNIS E. *New Directions in Arian Research* – AnglThR 68 (1986) 347 ss.

6139 HADDAD, R. *La Trinité divine chez les théologiens arabes (750-1050).* Paris: Beauchesne 1985. 275 pp.

6140 HALLEUX, A. DE *Personnalisme ou essentialisme trinitaire chez les Pères cappadociens? Une mauvaise controverse* – RThL 17 (1986) 129-155; 265-292

6141 *Handbuch der Dogmengeschichte, Bd. II. Der Trinitarische Gott – Die Schöpfung – Die Sünde.* Cur. M. SCHMAUS; L. SCHEFFCZYK; M. SEYBOLD. Freiburg; Basel; Wien: Herder 1985.

6142 HANSON, RICHARD P.C. *Who taught ἐξ οὐκ ὄντων?* In: *Arianism* (cf. 1985-87, 209) 79-83

6143 HOPKO, THOMAS *The Trinity in the Cappadocians.* In: *Christian Spirituality* (cf. 1985-87, 353) 260-276

6144 MEIJERING, E.P. *Die Diskussion über den Willen und das Wesen Gottes.* In: *L'Église et l'empire au IVe siècle* (cf. 1985-87, 255) 35-66

6145 MITRE FERNANDEZ, E. *El Cisma de Oriente y la Configuración del Dogma Trinitario* – Erytheia 7 (1986) 11-26

6146 O'DWYER, PETER *The Trinity in the early Irish church* – MonStud 17 (1986) 121-142

6147 PAPROCKI, H. *Le Saint-Esprit dans la théologie orthodoxe* – Istina 32 (1987) 214-224

6148 PEÑAMARIA, A. *Espíritu en la cristología de los Padres. Binitarismo o trinitarismo* – RechAug 21 (1986) 55-84

6149 ROEY, A. VAN *La controverse trithéiste jusqu'à l'excommunication de Conon et d'Eugène (557-569)* – OLP 16 (1985) 141-165

6150 SCHÜTZ, CHRISTIAN *Einführung in die Pneumatologie* [Die Theologie. Einführung in Gegenstand, Methode und Ergebnisse ihrer Disziplinen und Nachbarwissenschaften]. Darmstadt: Wissenschaftliche Buchgesellschaft 1985. 332 pp.

6151 SCHULTZE, B. *Zur Grundlage des Filioque bei Basilius (Adversus Eunomium), Augustinus (De Trinitate) und Didymus von Alexandrien (De Spiritu Sancto).* In: *Studi Albanologici, Balcanici, Bizantini e Orientali in onore di G. Valentini* [Studi e Testi 6]. Florenz: Leo S. Olschki Ed. (1986) 369-411

6152 SCHULTZE, BERNHARD, SJ *Das Filioque in der Patristik nach V. Rodzianko* – OstkiSt 34 (1985) 300-315

6153 SIMONETTI, M. *Conservazione e innovazione nel dibattito trinitario e cristologico dal IV al VII secolo* – Orpheus 6 (1985) 350-369

6154 SIMONETTI, MANLIO *Il problema dell'unità di Dio a Roma da Clemente a Dionigi* – RSLR 22 (1986) 439-474

6155 SIMONETTI, MANLIO *Il problema dell'unità di Dio da Giustino a Ireneo* – RSLR 22 (1986) 201-240

6156 TALATINIAN, B. *Spirito di Dio Padre e Figlio.* Jerusalem: Franciscan Printing Press 1986. 130 pp.

6157 THRAEDE, KLAUS *Hauch* – RAC 13 (1985) Lief. 101, 714-734

6158 TIMM, HERMANN *Phänomenologie des Heiligen Geistes, I: Elementarlehre. Das Weltquadrat. Eine religiöse Kosmologie.* Gütersloh: Mohn 1985. 195 pp.

6159 WITTSCHIER, STURMIUS M. *Kreuz, Trinität, Analogie. Trinitarische Ontologie unter dem Leitbild des Kreuzes, dargestellt als ästhetische Theologie* [Bonner dogmatische Studien 1]. Würzburg: Echter 1987. 347 pp.

6160 WYLLER, EGIL A. *Den hellige Ånd* – Kirke og Kultur (Oslo) 91 (1986) 42-53

VI.2.d) Christologia

6161 *Cristo en los Padres de la Iglesia. Las primeras generaciones cristianas ante Jesús. Antología de textos.* Ed. F. TRISOGLIO. Versión castellana de A. MARTINEZ RIU. Barcelona: Editorial Herder 1986. 335 pp.

6162 AGUIRRE MONASTERIO, RAFAEL *La reflexión de las primeras comunidades cristianas sobre la persón de Jesús.* 3a ed. [Curso de cristología 5]. Madrid: Cátedra de Teología Contemporánea, Colegio Mayor Chaminade 1984. 48 pp.

6163 BRECK, J. *The Relevance of Nicene Christology* – StVlThQ 31 (1987) 41-64

6164 BROCK, SEBASTIAN P. *A Monothelete Florilegium in Syriac.* In: *After Chalcedon* (cf. 1985-87, 194) 35-45

6165 BROCK, SEBASTIAN P. *The Christology of the Church of the East in the Synods of the fifth to early seventh Centuries: Preliminary Considerations and Materials.* In: *Aksum-Thyateira* (cf. 1985-87, 199) 125-142

6166 *Il Cristo, I. Testi teologici e spirituali dal I al IV secolo.* A cura di ANTONIO ORBE [FLVSGL]. Milano: Mondadori 1985. C, 440 pp.

6167 *Il Cristo, II. Testi teologici e spirituali in lingua greca dal IV al VII secolo.* A cura di MANLIO SIMONETTI [FLVSGL]. Milano: Mondadori 1986. 661 pp.

6168 DOUCET, MARCEL *La volonté humaine du Christ, spécialement en son agonie. Maxime le Confesseur, interprète de l'Écriture* – ScEs 37 (1985) 123-159

6169 DRIJVERS, HAN J.W. *Early Forms of Antiochene Christology.* In: *After Chalcedon* (cf. 1985-87, 194) 99-113

6170 FALLON, MICHAEL *Who is Jesus? Exploring the responses of the first Christian communities and the early Church Councils.* Sydney: Parish Ministry Publ. 1987. XXVI, 302 pp.

6171 FEDALTO, G. *Problemi cristologici nell'iconoclastia.* In: *La Cristologia nei Padri della Chiesa.* Roma: Herder (1985)

6172 FISCHER, BALTHASAR *Jesus, unsere Mutter. Neue englische Veröffentlichungen zu einem wiederentdeckten Motiv patristischer und mittelalterlicher Christusfrömmigkeit* – GeiLeb 58 (1985) 147 ss.

6173 GRANT, ROBERT M. *Conflict in Christology at Antioch.* In: *Studia Patristica 18,1* (cf. 1985-87, 360) 141-150

6174 GRILLMEIER, ALOIS *Christ in Christian Tradition II. From the Council of Chalcedon to Gregory the Great (590-604), 1: Reception and Contradiction. The Development of the Discussion about Chalcedon from 451 to the Beginning of the Reign of Justinian.* London; Oxford: Mowbray 1987. XXII, 340 pp.

6175 GRILLMEIER, ALOIS *Jesus der Christus im Glauben der Kirche. Bd. 2,1: Das Konzil von Chalcedon (451), Rezeption und Widerspruch (451-518).* Freiburg: Herder 1986. XXI, 383 pp.

6176 GRILLMEIER, ALOIS, SJ *Christ in Christian Tradition. Volume Two: From the Council of Chalcedon (451) to Gregory the Great (590-604). Part One: Reception and Contradiction: The Development of the Discussion about Chalcedon from 451 to the Beginning of the Reign of Justinian.* Translated by PAULINE ALLEN and JOHN CAWTE. Atlanta, Ga.: John Knox Press; Oxford: Mowbray 1987. XXI, 340 pp.

6177 HALLEUX, ANDRÉ DE *Le Mamlelā de «Ḥabbīb» contre Aksenāyā. Aspects textuels d'une polémique christologique dans l'Eglise syriaque de la première génération post-chalcédonienne.* In: *After Chalcedon* (cf. 1985-87, 194) 67-82

6178 HANSON, RICHARD P.C. *The Arian doctrine of the incarnation.* In: *Arianism* (cf. 1985-87, 209) 181-211

6179 HELLEMO, G. *Christus auf dem Kaiserthron. Eine Untersuchung über Apsisausschmückung und Katechesen des 4. Jh. mit besonderer Berücksichtigung des Eschatologieproblems* [in norwegischer Sprache; Diss.]. Oslo: Universität 1985. 487 pp. [Maschinenschrift]

6180 HELLEMO, GEIR *Transfigurasjonen og det kristologiske paradoks* – NTT 86 (1985) 65-78

6181 HONECKER, MARTIN *Christus medicus* – KuD 31 (1985) 307-323

6182 HÜBNER, JÖRG *Christus medicus. Ein Symbol des Erlösungsgeschehens und ein Modell ärztlichen Handelns* – KuD 31 (1985) 324-335

6183 IČA, I.I. *Die christologische Definition des sechsten ökumenischen Konzils und ihre dogmatisch-symbolische Bedeutung* – MitrArd 32 (1987) 22-56

6184 *Jesus in history and myth.* Edd. R. JOSEPH HOFFMANN; GERALD LARUE. Buffalo, N.Y.: Prometheus Books 1986. 217 pp.

6185 JOHNSON, E.A. *Jesus, the Wisdom of God. A biblical basis for non-androcentric christology* – EThL 61 (1985) 261-294

6186 KALOGERU, I. Χριστολογικὴ θεμελίωσις τῆς ὀρθοδόξου περὶ τῆς Θεοτόκου Μαρίας διδασκαλίας – Kleronomia 17 (1985) 5-37

6187 KARTSONIS, ANNA D. *Anastasis: the making of an image.* Princeton, N.J.: Princeton University Press 1986. XVIII, 264 pp.

6188 KASPER, WALTER «*Einer aus der Trinität...*». *Zur Neubegründung einer spirituellen Christologie in trinitätstheologischer Perspektive.* In: *Im Gespräch mit dem dreieinen Gott. Festschrift für Wilhelm Breuning* (cf. 1985-87, 271) 316-333

6189 KNAUER, PETER *Die chalzedonensische Christologie als Kriterium für jedes christliche Glaubensverständnis* – ThPh 60 (1985) 1-15

6190 LINDSEY, W.D. *Christology and Roman Primacy at Chalcedon* – Toronto Journal of Theology 1,1 (1985) 36-51

6191 MCGUCKIN, JOHN ANTHONY *The Transfiguration of Christ in Scripture and Tradition* [Studies in the Bible and early Christianity 9]. Lewiston, N.Y.: Edwin Mellen Press 1986. 333 pp.

6192 MELONI, P. *Christologia e impegno nella società alle origini del Cristianesimo* – Bessarione 5 (1986) 107-119

6193 MELONI, P. *Cristologia nel Cantico dei Cantici commentato dai Padri.* In: *La Cristologia nei Padri della Chiesa.* Roma: Herder (1985)

6194 MICAELLI, CLAUDIO *L'anima di Cristo nella teologia occidentale tra il quarto e il sesto secolo: Tracce della presenza di Origene* – AugR 26 (1986) 261-272

6195 MÖDE, ERWIN *Die Häresie des Doketismus aus psychopathologischer Perspektive* – Archiv für Religionspsychologie (Göttingen) 17 (1985) 112-118

6196 MOINGT, J. *Polymorphisme du corps du Christ* – Le temps de la réflexion (Paris) 7 (1986) 47-62

6197 MUSSNER, F. *Omologesi cristologica e vita di Gesù evangelica.* In: *Storia della cristologia* (cf. 1985-87, 5929) 71-88

6198 OLSTER, D. *Chalcedonian and Monophysite: The union of 616 –* BulArchCopte 27 (1985) 93-108

6199 ORBE, A. *En un rincón del mundo. Mutabilidad del Logos –* Compostellanum 30 (1985) 7-51

6200 ORBE, ANTONIO *En torno a la Encarnación* [Collectanea Scientifica Compostellana 3]. Santiago de Compostela: Instituto Teológico Compostelano 1985. 236 pp.

6201 PÖHLMANN, HORST G. *Himmelfahrt Christi II. Kirchengeschichtlich –* TRE 15 (1986) 334-341

6202 POKORNY, PETR *Die Entstehung der Christologie.* Stuttgart: Calwer Verlag 1985. 180 pp.

6203 QUACQUARELLI, A. *Retorica e temi cristologici nella poesia tardoantica.* In: *Le trasformazioni della cultura* (cf. 1985-87, 375) I 431-457

6204 SABOURIN, LÉOPOLD *La christologie à partir de textes* [Recherches N.S. 9]. Paris: Éd. du Cerf 1986. 227 pp.

6205 SCHLIER, H. *Gli inizi del credo cristologico.* In: *Storia della cristologia* (cf. 1985-87, 5929) 15-70

6206 SCHÖNBORN, CHRISTOPH *L'icône du Christ. Fondements théologiques.* 3e édition revue avec une nouvelle postface. Paris: Ed. du Cerf 1986. 254 pp.

6207 SESBOÜÉ, B. *Gesù Cristo nella tradizione della Chiesa.* Alba: Ed. Paoline 1987. 343 pp.

6208 SIDDALS, RUTH M. *Oneness and Difference in the Christology of Cyril of Alexandria.* In: *Studia Patristica* 18,1 (cf. 1985-87, 360) 207-211

6209 SIMONETTI, M. *La controversia cristologica da Apollinare a Giustiniano –* Bessarione 5 (1986) 23-55

6210 SKARSAUNE, OSKAR *Inkarnationen – myte eller faktum? Syv kapitler om den oldkirkelige kristologi.* Århus: Menighedsfakultetet i Århus 1986. 128 pp.

6211 SKARSAUNE, OSKAR *Oldkirkens kristologi og de jødiske frelsesforventningene.* In: *Judendom och kristendom under de första århundradena* (cf. 1985-87, 101) II 201-219

6212 UTHEMANN, K.-H. *Stephanos von Alexandrien und die Konversion des Jakobiten Probos, des späteren Metropoliten von Chalkedon. Ein Beitrag zur Rolle der Philosophie in der Kontroverstheologie des 6. Jahrhunderts.* In: *After Chalcedon* (cf. 1985-87, 194) 381-399

6213 WILES, MAURICE *Person or Personification? A Patristic Debate about Logos.* In: *The glory of Christ in the New Testament* (cf. 1985-87, 273) 281-289

6214 WILLIAMS, ROWAN *Jesus Christus II. Alte Kirche* – TRE 16 (1987) 726-744
6215 WINKELMANN, FRIEDHELM *Die Quellen zur Erforschung des monenergetisch-monotheletischen Streites* – Klio 69 (1987) 515-559

VI.2.e) Soteriologia

6216 AMUNDSEN, DARREL W.; FERNGREN, CARY B. *The Early Christian Tradition.* In: *Caring and Curing* (cf. 1985-87, 230) 40-64
6217 CHITARIN, LUIGI *La justificación según Agustín y Lutero* – RaComm 9 (1987) 68-74
6218 CROON, JOHAN HARM *Heilgötter (Heilheroen).* Übers. von ALOIS KEHL – RAC 13 (1986) Lief. 104, 1190-1232
6219 FRANSEN, PIET F. *Augustine, Pelagius and the Controversy on the Doctrine of Grace* – LSt 12 (1987) 172 ss.
6220 GEERLINGS, WILHELM *Römisches Recht und Gnadentheologie. Eine typologische Skizze.* In: *Homo spiritalis* (cf. 1985-87, 282) 357-377
6221 GRECO, ROSARIO *Tra ellenismo e giudaismo: la risurrezione di Cristo come messagio soteriologico* – Seia: quaderni dell'Istituto di storia antica dell'Università di Palermo (Palermo) 2 (1985)[1988] 63-76
6222 GROSSI, VITTORINO *Note al binomio sangue sparso e remissione dei peccati sino a S. Agostino.* In: *Sangue e antropologia, V* (cf. 1985-87, 346) II 1221-1231
6223 HALLONSTEN, GÖSTA *Kosmisk eller individuell frälsning? Ett försök att belysa uppkomsten av nådeläran* – SvTK 63 (1987) 162-173
6224 HARAKAS, STANLEY SAMUEL *The eastern orthodox tradition.* In: *Caring and Curing* (cf. 1985-87, 230) 146-172
6225 LODS, MARC *Satan pris au piège et dupé: Thème de rédemption chez les pères et chez Luther* – PLu 33 (1985) 145-164
6226 LOEWE, WILLIAM P. *Irenaeus' Soteriology: Christus Victor Revisited* – AnglThR 67 (1985) 1-16
6227 MARCHESI, G. *Perché Dio si è fatto uomo? Il significato salvifico della nascita di Cristo nei Padri della Chiesa* – CC 138 (1987) 529-542
6228 MCGRATH, ALISTER E. *Iustitia Dei: a History of the Christian Doctrine of Justification. Vol. 1: From the Beginnings to 1500.* Cambridge; New York: Cambridge University Press 1986. XIII, 252 pp.

6229 MEYENDORFF, JOHN *Christ as savior in the East.* In: *Christian Spirituality* (cf. 1985-87, 353) 231-251

6230 REUMANN, J. *The «Righteousness of God» and the «Economy of God»: Two great doctrinal Themes Historically compared.* In: *Aksum-Thyateira* (cf. 1985-87, 199) 615-637

6231 SALISBURY, J.C. *The bond of a common mind. A study of collective salvation from Cyprian to Augustine* – JRH 13 (1985) 235-247

6232 SCHWAGER, RAYMUND *Der wunderbare Tausch: zur Geschichte und Deutung der Erlösungslehre.* München: Kösel 1986. 327 pp.

6233 STUDER, B. *Dio salvatore nei Padri della Chiesa.* Rom: Borla 1986. 374 pp.

6234 STUDER, BASIL *Gott und unsere Erlösung im Glauben der Alten Kirche.* Düsseldorf: Patmos 1985. 311 pp.

6235 TORJESEN, KAREN JO *Pedagogical soteriology from Clement to Origen.* In: *Origeniana Quarta* (cf. 1985-87, 324) 370-378

VI.2.f) Ecclesiologia

6236 ALLEN, JOSEPH J. *The ministry of the Church. Image of pastoral care.* Crestwood, N.Y.: St. Vladimir's Seminary Pr. 1986. 232 pp.

6237 BERTHOLD, GEORGE C. *The Church as Mysterion: Diversity and Unity according to Maximus Confessor* – PBR 6 (1987) 20-29

6238 BRENT, ALLEN *Pseudonymity and Charisma in the Ministry of the Early Church* – AugR 27 (1987) 347-376

6239 CONGAR, YVES *Romanité et catholicité. Histoire de la conjonction changeante de deux dimensions de l'Église* – RSPhTh 71 (1987) 161-190

6240 ESTRADA, JUAN A. *Evolución del Papado y eclesiología medieval (siglos VI-X).* In: *Miscelánea Augusto Segovia* (cf. 1985-87, 304) 83-144

6241 HALTON, THOMAS *The church* [MFCh 4]. Wilmington, Del.: Michael Glazier 1985. 239 pp.

6242 HAUSCHILD, WOLF-DIETER *Die theologische Begründung der Kircheneinheit im frühen Christentum.* In: *Kirchengemeinschaft – Anspruch und Wirklichkeit* (cf. 1985-87, 292) 9-42

6243 KRAFT, HEINRICH *Die Entstehung von Gemeindeverbänden.* In: *Studien zum Text und zur Ethik des Neuen Testaments* (cf. 1985-87, 363) 217-241

6244 KRIKONIS, C.T. *Τὸ μυστήριον τῆς Ἐκκλήσιας. Πατερικαὶ ἀπόψεις* – Kleronomia 18 (1986) 5-93

6245 PACIOREK, A. *Kościół lokalny w nauczaniu starożytnych pis-arzy chrześcijańskich* [Die lokale Kirche in der Lehre der altkirchlichen Schriftsteller] – TST 10 (1987) 228-233

6246 QUACQUARELLI, ANTONIO *Cristo e la chiesa nella catechesi antica.* In: *Geist und Erkenntnis* (cf. 1985-87, 270) 21-40

6247 STIVAL, G. *La Chiesa «madre» nei padri dell'Italia settentrionale del IV-V secolo* – SacD 31 (1986) 29-35

6248 TILLARD, J.M.R. *Église d'églises. L'écclésiologie de communion.* Paris: Ed. du Cerf 1987. 422 pp.

6249 *Understandings of the Church.* Ed. E. GLENN HINSON [Sources of Early Christian Thought]. Philadelphia, Penna.: Fortress Pr. 1986. X, 116 pp.

VI.2.g) Mariologia

6250 *Alabanzas a nuestra Señora. De las Iglesias de Oriente y Occidente en el primer milenio.* Edd. C. BERSELLI; G. CHARIB. Madrid: Ediciones Narcea 1987. 157 pp.

6251 BEHR-SIGEL, ÉLISABETH *Marie, Mère de Dieu. Mariologie traditionelle et questions nouvelles* – Irénikon 59 (1986) 20-31

6252 BILLET, B. *Les 41es journées de la Societé Française d'Études Mariales. Marie et la fin des temps: études patristiques* – EphMariol 36 (1986) 157-159

6253 FALCAO, MIGUEL *A Maternidade Divina de Maria num Sermão de Santo Agostinho* – Lum 48 (1987) 502-508

6254 FERNANDEZ, DOMICIANO, CMF *El Corazón de María en los Santos Padres* – EphMariol 37 (1987) 81-140

6255 GAMBER, KLAUS *Maria – Ecclesia: die Gottesmutter im theologischen Verständnis und in den Bildern der frühen Kirche* [Beiheft zu den SPLi 19; Eikona 4]. Regensburg: Pustet 1987. 72, [16] pp.

6256 GAMBERO, L., SM *La Vergine Maria nella dottrina di sant'Agostino* – Marianum 48 (1986) 557-599

6257 GARRIDO BONAÑO, MANUEL *La Virgen María y la Santísima Trinidad en la liturgia romana* – ETrin 19 (1985) 284-314

6258 MATEO SECO, L.F. *María, Nueva Eva y su colaboración en la Redención, según los Padres* – EMaria 50 (1985) 51-69

6259 MELOTTI, M. *Maria, la Madre dei viventi. Compendio di mariologia.* Torino: Editrice Elle Di Ci 1986. 210 pp.

6260 MOLINA PRIETO, A. *María, Madre de la Reconciliación, en el himno Akathistos* – EMaria 50 (1985) 111-138

6261 PEDERSEN, ELSE MARIA WIBERG *Marias jomfruelighed.* In: *Maria – hver tid sit billede.* Edd. ANNA MARIA AAGAARD; ELSE MARIE WIBERG PEDERSEN. Århus: Anis (1986) 20-34

6262 SALGADO, JEAN-MARIE *Aux origines de la découverte des richesses du Coeur Immaculé de Marie: du IIIe au XIIe siècle –* Divinitas 31 (1987) 186-232

6263 SALGADO, JEAN-MARIE *La maternité spirituelle de la Sainte Vierge chez les Pères durant les quatre premiers siècles –* Divinitas 30 (1986) 53-77

6264 SALGADO, JEAN-MARIE *La maternité spirituelle de la Sainte Vierge chez les Pères du Vème au VIIIème siècle –* Divinitas 30 (1986) 120-160

6265 SAXER, VICTOR *Testimonianze mariane a Roma prima e dopo il concilio di Efeso nella letteratura e nel culto tardoantico –* AugR 27 (1987) 337-345

6266 TESTA, E. *Maria, terra vergine, icona della Chiesa e socia della Trinità –* Marianum 49 (1987) 87-106

VI.2.h) Anthropologia

6267 ALLEN, P. *The Concept of Woman. The Aristotelian Revolution 750 BC. – A.D. 1250.* Montréal; London: Eden Press 1985. VII, 577 pp.

6268 ASPEGREN, KERSTIN *Embryologi och filosofi. Om bakgrunden till fornkyrkans kvinnosyn –* SvTK 61 (1985) 106-114

6269 AURNHAMMER, ACHIM *Zum Hermaphroditen in der Sinnbildkunst der Alchemisten.* In: *Die Alchemie in der europäischen Kultur- und Wissenschaftsgeschichte.* Ed. CHRISTOPH MEINEL [Wolfenbütteler Forsch. 32]. Wiesbaden: Harrassowitz (1986) 179-200

6270 CAMPELO, MOISÉS MARIA *Los valores de la intimidad. Iniciación a una antropología agustiniana –* EAg 20 (1985) 181-225; 21 (1986) 149-181; 521-566

6271 CASTELLI, ELIZABETH *Virginity and its Meaning for Women's Sexuality in Early Christianity –* Journal of Feminist Stud. in Religion 2 (1986) 61-88

6272 CHRYSSAVGIS, JOHN *Soma-Sarx: The Body and the Flesh – An Insight into Patristic Anthropology –* Colloquium 18 (1985) 61-67

6273 CIPRIANI, DIEGO *Fonti patristiche dell'antropologia di Erasmo da Rotterdam –* Ant 62 (1987) 271-288

6274 EYBEN, E. *Geschlechtsreife und Ehe im griechisch-römischen Altertum und im frühen Christentum.* In: *Kindheit, Jugend, Familie, I: Geschlechtsreife und Legitimation zur Zeugung.* Hrsg. von E. W. MÜLLER [Historische Anthropologie 3]. Freiburg: Alber (1985) 403-478

6275 HAMMAN, ADALBERT G. *L'homme, image de Dieu. Essai d'une anthropologie chrétienne dans l'Eglise des cinq premiers siècles* [Relais-Études 2]. Paris: Desclée 1987. 348 pp.

6276 LAMIRANDE, E. *De l'âme des femmes. Autour d'un faux anniversaire* – ScEs 37 (1985) 335-352

6277 LETIZIA, F. *El hombre según san Agustín* – CuadMon 22 (1987) 51-60

6278 NELLAS, PANAGIOTIS *Deification in Christ. Orthodox Perspectives on the Nature of the Human Person.* Translated by NORMAN RUSSELL [Contemporary Greek Theologians 5]. Crestwood, N.Y.: St. Vladimir's Seminary Press 1987. 254 pp.

6279 PAPADEMETRIOU, G.C. *An Orthodox Christian View of Man* – ThAthen 57 (1986) 777-792

6280 ROMERO POSE, EUGENIO *Antropología y teología en la época patrística* – RAgEsp 27 (1986) 589-605

6281 SCHÖNBORN, CHRISTOPH *Über die richtige Fassung des dogmatischen Begriffs der Vergöttlichung des Menschen* [mit französischer Zusammenfassung] – FZPT 34 (1987) 3-47

6282 SEARS, ELIZABETH *The ages of man: medieval interpretations of the life cycle.* Princeton, N.J.: Princeton University Press 1986. XVIII, 235 pp.

6283 THUNBERG, LARS *The Human Person as Image of God, I: Eastern Christianity.* In: *Christian Spirituality* (cf. 1985-87, 353) 291-312

6284 VERBEKE, G. *A medieval debate between east and west about human dignity* – PPMRC 8 (1983) [1985] 1-23

6285 VOGT, K. *«Convertirse en varón». Aspecto de una antropología cristiana primitiva* – ConciliumM 202 (1985 II) 383-397

6286 VOGT, KARI *«Devenir mâle». Aspects d'une anthropologie chrétienne primitive* – ConciliumP 202 (1985) 103-109

6287 VOGT, KARI *«Mannliggjøring» som forutsetning for frelse – en gnostisk ide?* In: *Människouppfatningen i den senare antiken* (cf. 1985-87, 298) 103-118

6288 WOSCHITZ, K.M. *De homine. Existenzweisen, Spiegelungen, Konturen, Metamorphosen des antiken Menschenbildes.* Graz; Wien; Köln: Styria 1984. 336 pp.

VI.2.i) Vita christiana, monastica

6289 ADKIN, NEIL *The fathers on laughter* – Orpheus 6 (1985) 149-152

6290 ALBRECHT, RUTH *Das Leben der heiligen Makrina auf dem Hintergrund der Thekla-Traditionen. Studien zu den Ursprüngen des weiblichen Mönchtums im 4. Jahrhundert in Kleinasien* [FKDG 38]. Göttingen: Vandenhoeck und Ruprecht 1986. 473 pp.

6291 ALCOCK, A. *Two notes on Egyptian monasticism* – Aeg 67 (1987) 189-190

6292 ALESSIO, GIAN CARLO *La tradizione retorica.* In: *Dall'eremio al cenobio* (cf. 1985-87, 258) 321-327

6293 AMOS, T.L. *Monks and Pastoral Care in the Early Middle Ages.* In: *Religion, Culture, and Society in the Early Middle Ages* (cf. 1985-87, 340) 165-180

6294 ANAGNOSTOPULOS, B.N. Ἡ νηστεία κατά τούς πατέρας τῆς Ἐκκλησίας. In: Ἐπιστ. Παρουσία Ἑστίας Θεολ. Χάλκης. Athenai (1987) I 167-186

6295 ARRANZ GUZMAN, ANA *Los origenes del monacato oriental. Apuntes para una historia de las mentalidades* – Erytheia 7 (1986) 187-200

6296 BARTELINK, G.J.M. *Les rapports entre le monachisme égyptien et l'épiscopat d'Alexandrie (jusqu'en 450).* In: *Alexandrina* (cf. 1985-87, 200) 365-379

6297 BAYER, HANS *Vita in deserto. Kassians Askese der Einöde und die mittelalterliche Frauenmystik* – ZKG 98 (1987) 1-27

6298 BIARNE, JACQUES *La Bible dans la vie monastique.* In: *Le monde latin antique et la Bible* (cf. 1985-87, 309) 409-429

6299 BIARNE, JACQUES *La vie quotidienne des moines en Occident du IVe au VIe siècle* – ColCist 49 (1987) 3-19

6300 BIARNE, JACQUES *Le temps du moine d'après les premières règles monastiques d'Occident (IVe-VIe siècle).* In: *Le temps chrétiens de la fin de l'Antiquité au Moyen Age.* Éd. J.-M. LEROUX. Paris: CNRS (1984) 99-128

6301 BIARNE, JACQUES *Maître spirituel et règle cénobitique en Occident (IV-VIe s.).* In: *Sociabilité, pouvoirs et société. Actes du Colloque de Rouen 24-26 novembre 1983* [Publications de l'Université de Rouen 110]. Rouen: Université (1987) 223-233

6302 BILLANOVICH, G.; VILLA, C.; ALESSIO, G.C. *Tradizione classica e cultura letteraria.* In: *Dall'eremio al cenobio* (cf. 1985-87, 258) 277-327

6303 BITEL, LISA M. *Women's Monastic Enclosures in Early Ireland: A Study of Female Spirituality and Male Monastic Mentalities* – JMH 12 (1986) 15-36

6304 BONDI, ROBERTA C. *The Abba and Amma in Early Monasticism: The First Pastoral Counselor?* – JPastCare 40 (1986) 311-321

6305 BROWN, PETER *Società e corpo. Il significato sociale dell' ascetismo dalla tarda antichità all'inizio del medioevo* – MusPat 5 (1987) 81-88

6306 CAMELOT, P. *L'Évangile au désert?* – VS 140 (1986) 362-379

6307 CARDINI, F. *Spiritualità come esperienza del sacro.* In: *La spiritualità medievale: metodi, bilanci, prospettive* [Studi medievali 28]. Spoleto: Centro Italiano di Studi sull'Alto Medioevo (1987) 29-34

6308 CAWLEY, M. *Vegetarianism, Abstinence and Meatless Cuisine* – AmBenR 38 (1987) 320-338

6309 CECIRE, ROBERT C. *Encratism. An ascetic extremist movement within early Christianity* – ResPL 10 (1987) 47-50

6310 CECIRE, ROBERT C. *Encratism: Early Christian Ascetic Extremism* [Diss.]. Lawrence, Kans.: Univ. of Kansas 1985. 211 pp. [cf. DissAbstr 47,2 (1986) 557A]

6311 CHADWICK, HENRY *The Ascetic Ideal in the History of Church.* In: *Monks, Hermits and the Ascetic Tradition* (cf. 1985-87, 310) 1-24

6312 CHOLIJ, ROMAN M.T. *Married Clergy and Ecclesiastical Continence in Light of the Council in Trullo (691)* [Diss.] – AHC 19 (1987) 71-230; 241-299

6313 CHRESTOU, P. Ἀπὸ τὴν μοναχικὴ ζωὴ τῆς Αἰγυπτιακῆς Σκήτεως – Kleronomia 17 (1985) 249-285

6314 CILENTO, N. *Itinerario del monachesimo italogreco attraverso l'Italia meridionale langobarda fino a Grottaferrata* – BBGG 41 (1987) 89-100

6315 CLARK, ELISABETH A. *Authority and humility: a conflict of values in fourth-century female monasticism* – ByFo 9 (1985) 17-33

6316 CLARK, ELIZABETH A. *Ascetic piety and women's faith: essays on late ancient Christianity* [Studies in women and religion 20]. Lewiston, N.Y.: Edwin Mellen Pr. 1986. XV, 427 pp.

6317 CLAVEL-LÉVEQUE, MONIQUE; NOUAILHAT, RENÉ *Histoire sociale et normalisation du christianisme. La rénovation idéologique des moines de Lérins au Ve siècle* – La Pensée (Paris) N°257 87-95

6318 CLÉMENT, OLIVIER *Essai de synthèse des mouvements ascétiques au VIIe siècle dans l'Orient chrétien* – ColCist 49 (1987) 77-99

6319 COLLANGE, J.F. *La déroute de l'aveugle (Mc, 22-26): Ecriture et pratique chrétienne* – RHPhR 66 (1986) 21-28

6320 CONSTABLE, GILES *The Ceremonies and Symbolism of Entering Religious Life and Taking the Monastic Habit, from the Fourth to the Twelfth Century.* In: *Segni e riti* (cf. 1985-87, 348) 771-834

6321 CRACCO RUGGINI, LELLIA *Povertà e ricchezza nel cristianesimo antico* – AtPavia 65 (1987) 547-552

6322 CROUZEL, HENRI, SJ *Les sources bibliques de l'enkrateia chrétienne*. In: *La tradizione dell'enkrateia* (cf. 1985-87, 374) 505-526

6323 DALY, ROBERT J., SJ *Military Service and Early Christianity: A Methodological Approach*. In: *Studia Patristica 18,1* (cf. 1985-87, 360) 1-8

6324 DASSMANN, ERNST; SCHÖLLGEN, GEORG *Haus II (Hausgemeinschaft)* – RAC 13 (1986) Lief. 102, 801-905

6325 DAVRIL, ANSELME *La psalmodie chez les Pères du Désert* – ColCist 49 (1987) 132-139

6326 DEMBINSKA, M. *Diet. A comparison of food consumption between some eastern and western monasteries in the 4th-12th centuries* – Byzan 55 (1985) 431-462

6327 DEMBINSKA, M. *Il regime alimentare di astinenzea e di penitenza dei monaci nell'alto medioevo (secc. V-XI)* [in polnischer Sprache] – Kwartalnik Historii Kultury Materialnej (Warszawa) 33 (1985) 367-381

6328 DESEILLE, PLACIDE *L'évangile au désert: origines et développement de la spiritualité monastique*. Paris: YMCA Pr. 1985. 380 pp.

6329 DESEILLE, PLACIDO *El espíritu del monacato pacomiano* [Espiritualidad monástica 19]. Burgos: Monasterio de las Huelgas 1987. LXXVI, 150 pp.

6330 DESPREZ, V. *Saint Antoine et les débuts de l'anachorèse* – LL 237 (1986) Nr.3, 23-36; 238 (1986) Nr.4, 10-38

6331 DIAZ MARTINEZ, PABLO DE LA CRUZ *La estructura de la propiedad en la España tardoantigua: El ejemplo del Monasterio de Asan* – StZam (Hist) 6 (1985) 347-362

6332 DIAZ MARTINEZ, P.C. *Comunidades monásticas y comunidades campesinas en la España visigoda*. In: *Los Visigodos* (cf. 1985-87, 377) 189-195

6333 DREXHAGE, HANS-JOACHIM *Handel II (ethisch)* – RAC 13 (1985) Lief. 100, 561-574

6334 DUBOIS, M.-G. *Place du Christ dans la spiritualité bénédictine* – ColCist 49 (1987) 140-150

6335 DUPUIS, JACQUES *Lay people in Church and world. The contribution of recent literature to a synodal theme* – Greg 68 (1987) 347-390

6336 *Early Christian Spirituality*. Ed. by CHARLES KANNENGIESSER [Sources of early Christian thought]. Philadelphia, Penna.: Fortress Pr. 1986. VIII, 119 pp.

6337 FABRIS, RINALDO *La femme dans l'Église primitive*. Trad. par SYLVIE GAROCHE, préf. MONIQUE HÉBRARD [Coll. Racines]. Paris: Nouvelle cité 1987. 151 pp.

6338 FALKENHAUSEN, VERA VON *Il monachesimo greco in Sicilia.* In: *La Sicilia rupestre nel contesto delle civiltà mediterranee. Atti del VI Conv. Intern. di studio sulla Civiltà Rupestre Medioevale nel Mezzogiorno d'Italia.* Galatina: Congedo ed. (1986) 135-174

6339 FIEDLER, PETER *Haustafel* – RAC 13 (1986) Lief. 103, 1063-1073

6340 FRAZEE, C.A. *El monacato, don del Oriente* – Cistercium 39 (1987) 27-31

6341 FREND, W.H.C. *Saints and sinners in the early church. Differing and conflicting traditions in the first six centuries* [Theology and Life 11]. Wilmington, Del.: Michael Glazier; London: Darton, Longman and Todd 1985. 183 pp.

6342 GÄRTNER, MICHAEL *Die Familienerziehung in der alten Kirche. Eine Untersuchung über die ersten vier Jahrhunderte des Christentums mit einer Übersetzung und einem Kommentar zu der Schrift des Johannes Chrysostomus über Geltungssucht und Kindererziehung* [Kölner Veröffentlichungen zur Religionsgeschichte 7]. Köln; Wien: Böhlau 1985. VIII, 487 pp.

6343 GALILEA, SEGUNDO *El alba de nuestra espiritualidad. Vigencia de los Padres del desierto en la espiritualidad contemporánea.* Madrid: Ed. Narcea 1986. 91 pp.

6344 GARRIGUES, JUAN MIGUEL *El martirio cristiano frente a su perversión ideológica* – RaComm 9 (1987) 163-165

6345 GATIER, P.L. *Aspects de la vie religieuse des femmes dans l'Orient paléochrétien. Ascétisme et monachisme.* In: *La femme dans le monde méditerranéen, I: Antiquité* [Travaux de la Maison de l'Orient 10]. Lyon: Maison de l'Orient (1985) 165-183

6346 GIANNINI, P. *Il monachesimo basiliano in Italia* – BBGG 41 (1987) 5-18

6347 GIVE, B. DE *Rôle du monachisme dans le développement de la vie religieuse en Orient et en Occident* – ColCist 49 (1987) 190-192

6348 GNILKA, CHRISTIAN *Altersversorgung* – RAC Suppl.-Lief. 1/2 (1985) 266-289

6349 GOBERNA, MARIA REGINA *La Virginidad como riqueza del monacato femenino y fuente de vida espiritual.* In: *Mujeres del absoluto* (cf. 1985-87, 313) 341-364

6350 GOBRY, IVAN *Les moines en Occident, I: De saint Antoine à saint Basile. Les origines orientales; II: De saint Martin à saint Benoît. L'enracinement; III: De saint Colomban à saint Boniface. Le temps des conquêtes.* Paris: Fayard 1985/1987. 526; 478; 584 pp.

6351 GODFREY, A.W. *The rule of Tarn* – MonStud 17 (1986) 219-240

6352 GOEHRING, JAMES E. *New frontiers in Pachomian studies.* In: *The Roots of Egyptian Christianity* (cf. 1985-87, 343) 236-257

6353 GOUGH, MARY *Alahan: an early Christian monastery in southern Turkey* [STPIMS 73]. Toronto: Pontifical Institute of Mediaeval Studies 1985. XVIII, 260 pp.

6354 GRIBOMONT, JEAN *I generi letterari nel monachesimo primitivo* [mit Zusammenfassung in französischer Sprache] – KoinNapoli 10 (1986) 7-28

6355 GRIBOMONT, JEAN *Il monachesimo orientale.* In: *Dall'eremio al cenobio* (cf. 1985-87, 258) 125-152

6356 GRIBOMONT, JEAN *Monasticism and asceticism, I: Eastern Christianity.* In: *Christian Spirituality* (cf. 1985-87, 353) 89-112

6357 GRIBOMONT, JEAN *The Commentaries of Adalbert de Vogüé and the great monastic tradition* – AmBenR 36 (1985) 229-262

6358 GRIFFITHS, J.G. *A note on Monasticism and Nationalism in the Egypt of Athanasius.* In: *Studia Patristica 16* (cf. 1985-87, 359) 24-28

6359 GRILLMEIER, A., SJ *Das «Gebet zu Jesus» und das «Jesus-Gebet». Eine neue Quelle zum «Jesus-Gebet» aus dem Weissen Kloster.* In: *After Chalcedon* (cf. 1985-87, 194) 187-202

6360 GUILLAUME, A. *Prière, jeûne et charité. Des perspectives chrétiennes et une espérance pour notre temps.* Paris: S.O.S. 1985. 212 pp.

6361 GUILLAUMONT, ANTOINE *Le célibat monastique et l'idéal chrétien de la virginité ont-ils des motivations ontologiques et protologiques?* In: *La tradizione dell'enkrateia* (cf. 1985-87, 374) 83-98

6362 GUYON, J. *Première partie. D'Auguste à Charlemagne. La montée des interdits.* In: *Le fruit défendu. Les chrétiens et la sexualité de l'antiquité à nos jours.* Paris: Le Centurion (1985) 11-79

6363 HÄRDELIN, ALF *Monastische Theologie, eine «praktische» Theologie vor der Scholastik* – ZKTh 109 (1987) 400-415

6364 HAMMAN, ADALBERT G. *Les origines du monachisme chrétien au cours des deux premiers siècles.* In: *Homo spiritalis* (cf. 1985-87, 282) 311-326

6365 HANSEN, ELLEN M. *Kvinder: kvindens funktion i den kristne menighed i de 4 første århundreder af kirkens historie* [Arken-tryk 66]. København: Forl. Arken 1987. 26 pp.

6366 HAUSCHILD, WOLF-DIETER *Erziehung und Bildung als theologisches Problem der frühen Christenheit.* In: *Weisheit Gottes – Weisheit der Welt. Festschrift für Joseph Kardinal Ratzinger* (cf. 1985-87, 378) 615-636

6367 HEENE, KATRIEN *Le siège du chagrin et les blessures de l'âme. Le témoignage des épitaphes métriques latines* – Latomus 46 (1987) 704-719

6368 HELGELAND, JOHN; DALY, ROBERT J.; BURNS, J. PATOUT *Christians and the military. The early experience.* Philadelphia, Penna.: Fortress Pr. 1985. IX, 101 pp.

6369 HENGEL, MARTIN *Die Arbeit im frühen Christentum* – Theologische Beiträge (Wuppertal) 17 (1986) 174-212

6370 HERTER, HANS (†); HOHEISEL, KARL; BRAKMANN, HEINZ-GERD *Haus I (Hausgötter, Hausschutz)* – RAC 13 (1985) Lief. 101/102, 770-801

6371 HEUCLIN, J. *L'ermite et la mort durant le haut Moyen Age* – RN 69 (1986) 153-168

6372 HEYDEN, A. VAN DER *Klöster in der judäischen Wüste* – ariel (Jerusalem) 65 (1986) 77-90

6373 HICKEY, ANNE EWING *Women of the Roman aristocracy as Christian monastics* [Studies in religion 1]. Ann Arbor, Mich.: UMI Research Pr. 1987. 151 pp.

6374 HIRSCHFELD, Y.; SCHMUTZ, T. *Zur historisch-geographischen Entwicklung der mönchischen Bewegung in der Wüste Judäa* – AW 18 (1987) 38-48

6375 HOLTZ, L. *Geschichte des christlichen Ordenslebens.* Zürich; Einsiedeln; Köln: Benziger 1986. 405 pp.

6376 HORDEN, PEREGRINE *The death of ascetics: Sickness and monasticism in the early byzantine middle east.* In: *Monks, Hermits and the Ascetic Tradition* (cf. 1985-87, 310) 41-52

6377 HORSLEY, G.H.R. *Name Change as an Indication of Religious Conversion in Antiquity* – Numen 34 (1987) 1-17

6378 HORST, P.W. VAN DER *Het oorlogsvragstuk in het christendom van de eerste drie eeuwen* [mit Zusammenfassung in engl. Sprache] – Lampas 19 (1986) 405-420

6379 JANSSENS, JOS *Il cristiano di fronte al martirio imminente. Testimonianze e dottrina nella chiesa antica* – Greg 66 (1985) 405-427

6380 JONES, ALAN *Soul Making: The Desert Way of Spirituality.* San Francisco, Calif.: Harper and Row 1985. 222 pp.

6381 JONG, MAYKE DE *Kind en klooster in de vroege Middeleeuwen: Aspecten van de schenking van kinderen aan kloosters in het Frankische rijk (500-900).* Amsterdam: Historisch Seminarium, Univ. van Amsterdam 1986. XII, 281 pp.

6382 JÜTTNER, GUIDO *Heilmittel* – RAC 14 (1987) Lief. 106, 249-274

6383 KARAKOSTANOGLOU, J. *Le phénomène de l'extase dans le monde grec des trois premiers siècles de notre ère* [Thèse]. Paris: Sorbonne 1986. IX, 350 pp.

6384 KAZHDAN, A. *Perfect monk or perfect warrior? The commingling of the social ideals in Byzantium* – Dodone 15,1 (1986) 203-217

6385 KISLINGER, E. *Taverne, alberghi e filantropia ecclesiastica a Bisanzio* – AAT 120 (1986) 83-96

6386 KLAUCK, H.J. *Hausgemeinde und Hauskirche im frühen Christentum* – Theologisches Jahrbuch (Leibzig) (1985) 144-219

6387 KÖNIG, DOROTHEE *Amt und Askese. Priesteramt und Mönchtum bei den lateinischen Kirchenvätern in vorbenediktinischer Zeit* [RBS Supplementa 12]. St. Ottilien: EOS-Verlag 1985. XI, 423 pp.

6388 KRASENBRINK, JOSEF *Freundschaft als Verantwortung füreinander. Dargestellt am Werden des augustinischen Mönchsideals.* In: *Mitverantwortung aller in der Kirche. Festschrift zum 150jährigen Bestehen der Gründung von Pallottis. 150 Jahre katholisches Apostolat des hl. Vinzenz Pallotti, 1835-1985.* Edd. FRANZ COURTH; ALFONS WEISER [Glaube, Wissen, Wirken 9]. Limburg: Lahn-Verlag (1985) 218-229

6389 KRAUSE, M. *Die Beziehungen zwischen den beiden Phoibammon-Klöstern auf dem thebanischen Westufer* – BulArchCopte 27 (1985) 31-44

6390 KRAUSE, M. *Zur Möglichkeit von Besitz im apotaktischen Mönchtum Ägyptens.* In: *Acts of the Second Int. Congress of Coptic Studies* (cf. 1985-87, 193) 121-134

6391 KUDLIEN, FRIDOLF *Heilkunde* – RAC 14 (1987) Lief. 106, 223-249

6392 KYDD, RONALD A.N. *Charismatic gifts in the early church.* Peabody, Mass.: Hendrickson 1986. 112 pp.

6393 KYRRIS, C.P. *Cypriot Ascetics and the Christian Orient* [mit griechischer Zusammenfassung] – Byzantinos Domos 1 (1987) 95-108

6394 LAFONT, G. *The Eucharist in Monastic Life* – CistStud 19 (1984) 296-318

6395 *Il laicato nella Bibbia e nella storia.* A cura di P. VANZAN. Roma: AVE 1987. 216 pp.

6396 *Landévennec et le monachisme breton dans le haut Moyen Age. Actes du Colloque du 15e centenaire de l'abbaye de Landévennec, 25-26-27 avril 1985.* Landévennec: Publ. de l'Assoc. Landévennec 485-1985 1986. 335 pp.

6397 LANFRANCHI, L. *I documenti sui più antichi insediamenti monastici nella Laguna Veneziana.* In: *Le origini della Chiesa di*

Venezia. Venezia: Edizioni per lo Studium cattolico veneziano (1987) 143-149

6398 LARRABE, JOSÉ LUIS *El matrimonio «en Cristo» y «en la Iglesia» según San Agustín* – CD 200 (1987) 411-440

6399 LARRABE, JOSÉ LUIS *Espiritualidad y castidad matrimonial según san Agustín* – EAg 22 (1987) 235-259

6400 LAWLESS, GEORGE P. *The monastic legacy of Saint Augustine – its origins, growth and goals* [Diss.]. Roma: Pontificia Studiorum Universitas a S. Thoma de Aquinate in Urbe 1985. 149 pp.

6401 LE GOFF, J. *Le christianisme et les rêves (IIe-VIIe siècles)*. In: *I sogni nel medioevo. Seminario internazionale, Roma 2-4 ottobre 1983*. A cura di T. GREGORY [Lessico intellettuale europeo 35]. Roma: Ed. dell'Ateneo (1985) 171-218

6402 LECCISOTTI, T. *Monte Cassino*. Edited and translated into English by A.O. CITARELLA. Monte Cassino: Abbey of Monte Cassino 1987. 333 pp.

6403 LECLERCQ, J. *La spiritualità del Medioevo (VI-XII secolo). Da San Gregorio a San Bernardo*. 2a ed. Bologna: Dehoniane 1986. 352 pp.

6404 LECLERCQ, JEAN *Monasticism and asceticism, II: Western Christianity*. In: *Christian Spirituality* (cf. 1985-87, 353) 113-131

6405 LEONARDI, CLAUDIO *La spiritualità monastica dal IV al XIII secolo*. In: *Dall'eremio al cenobio* (cf. 1985-87, 258) 181-214

6406 LINAGE CONDE, A. *El monacato visigodo. Hacia la benedictización*. In: *Los Visigodos* (cf. 1985-87, 377) 235-259

6407 LOGISTER, W. *Spirituele dans op een dogmatisch koord. De ruimte en de grenzen van de christelijke spiritualiteit verkend tussen Nicea (325) en Constantinopel (681)*. In: *Je ziel niet verliezen. Momenten uit de geschiedenis van de spiritualiteit*. Nijmwegen: Gottmer (1985) 9-25

6408 LOUF, A. *Algunas trampas en psicologia monástica* – CuadMon 77 (1986) 193-205

6409 LYNCH, J.H. *«Spiritale vinculum»: The Vocabulary of Spiritual Kinship in Early Medieval Europe*. In: *Religion, Culture, and Society in the Early Middle Ages* (cf. 1985-87, 340) 181-204

6410 LYNCH, J.H. *Godparents and Kinship in Early Mediaeval Europe*. Princeton, N.J.: Princeton University Press 1986. XIV, 378 pp.

6411 MADSEN, HILDEGARD *Munkevæsenets oprindelse*. In: *Det europæiske klostervæsen* [Acta Jutlandica 59, Teologisk serie 13]. Århus: Det lærde Selskab, Aarhus Universitet (1985) 9-34

6412 MANNING, EUGENIO *La legislación monástica de san Agustín y la Regula Monasteriorum* – CuadMon 22 (1987) 103-114

6413 MARTINEZ CUESTA, ANGEL *El monacato de San Agustín y su influjo en la vida religiosa (siglos V-XII)* – Confer 26 (1987) 9-47

6414 *Il martirio: testimonianza e spiritualità nei primi secoli.* A cura di CELESTINO NOCE [La spiritualità cristiana. Storia e testi 1]. Roma: Ed. Studium 1987. 206 pp.

6415 MARTORELL, J. *La espiritualidad del desierto* – TEsp 30 (1986) 29-61

6416 MASOLIVER, ALEJANDRO *La clausura, ¿un elemento sustancial del monacato femenino?* In: *Mujeres del absoluto* (cf. 1985-87, 313) 219-238

6417 MATHIEU, JEAN-MARIE *Horreur du cadavre et philosophie dans le monde romain. Le cas de la patristique grecque au IVe siècle.* In: *La mort, les morts et l'au-delà dans le monde romain. Actes du colloque de Caen, 20-22 novembre 1985.* Publ. sous la dir. de FRANÇOIS HINARD. Caen: Centre des Publ. de l'Univ. (1987) 311-320

6418 MAYO, HOPE *The Sources of Female Monasticism in Merovingian Gaul.* In: *Studia Patristica 16* (cf. 1985-87, 359) 32-37

6419 MAZZA, M. *Aspetti economici del primo monachesimo orientale. Considerazioni preliminari.* In: *Hestíasis* (cf. 1985-87, 279) I 301-354

6420 MCGUCKIN, JOHN ANTHONY *Christian Asceticism and the Early School of Alexandria* – SCH 22 (1985) 25-40

6421 MCNAMARA, J.A. *The Ordeal of Community: Hagiography and Discipline in Merovingian Convents* – VBen 3 (1986) 293-326

6422 MCNAMARA, JO ANN *A new song: celibate women in the first three Christian centuries.* New York: Harrington Parks Press 1985. 154 pp.

6423 MEEKS, W.A. *Understanding early Christian ethics* – JBL 105 (1986) 3-11

6424 MEEKS, WAYNE A. *The Moral World of the First Christians* [Library of early Christianity 6]. Philadelphia, Penna.: Westminster Press 1986. 182 pp.

6425 MESSANA, VINCENZO *Il lavoro nella prospettiva pelagiana.* In: *Spiritualità* (cf. 1985-87, 352) 185-203

6426 MIQUEL, P. *La voie monastique* [Vie monastique 18]. Bégrolles-en-Mauges: Abbeye de Bellefontaine 1986. 416 pp.

6427 MIQUEL, PIERRE *Lexique du désert: étude de quelques mots-clés du vocabulaire monastique grec ancien* [Collection Spiritualité Orientale et vie monastique 44]. Bégrolles-en-Mauges: Abbaye de Bellefontaine 1986. 284 pp.

6428 *Morality and Ethics in Early Christianity.* Ed. JAN L. WOMER [Sources of Early Christian Thought]. Philadelphia, Penna.: Fortress Press 1987. VIII, 135 pp.

6429   MULLIN, REDMOND *The wealth of Christians*. Exeter: Paterno-
       ster Pr. 1983. 256 pp.

6430   MUNIER, CHARLES *Ehe und Ehelosigkeit in der Alten Kirche
       (1.-3. Jahrhundert)*. Aus dem Französischen ins Deutsche über-
       tragen von ANNEMARIE SPOERRI [TC 6]. Frankfurt a.M.; Bern;
       New York: P.Lang 1987. LXXI, 333 pp.

6431   MUNIER, CHARLES *Mariage et virginité dans l'Église ancienne
       (Ier-IIIe siècles)* [TC 6]. Frankfurt a.M.; Bern; New York: P.Lang
       1987. LXX, 333 pp.

6432   MURPHY, FRANCIS XAVIER *The Christian way of life* [MFCh
       18]. Wilmington, Del.: M. Glazier 1986. 224 pp.

6433   NATALI, ALAIN *Mariages chrétiens à Antioche au IVe siècle*. In:
       *Sociabilité, pouvoirs et société. Actes du Colloque de Rouen 24-26
       novembre 1983* [Publications de l'Université de Rouen 110].
       Rouen: Université (1987) 111-116

6434   NIEBERGALL, ALFRED *Ehe und Eheschliessung in der Bibel und
       in der Geschichte der alten Kirche*. Aus dem Nachlass hrsg. von
       A.M. RITTER [Marburger theol. Stud. 18]. Marburg: Elwert
       1985. XXI, 267 pp.

6435   NIKOLAOU, THEODOR *Das Mönchtum als Brücke zwischen
       der Ost- und der Westkirche* – EA 61 (1985) 113-124

6436   O MURCHU, DIARMUID *Early Christian Asceticism and its
       Relevance Today* – ITQ 50 (1983/84) 83-117

6437   OURSEL, R.; MOULIN, L.; GRÉGOIRE, R. *La civiltà dei mona-
       steri*. Milano: Jaca Book 1985.

6438   OURY, GUY-MARIE *Les moines* [Bibliothèque d'histoire du
       christianisme 13]. Paris: Desclée 1987. 199 pp.

6439   OVITT, G. *Manual Labor and Early Medieval Monasticism* – Via
       17 (1986) 1-18

6440   OVITT, GEORGE *The cultural context of Western technology.
       Early Christian attitudes toward manual labor* – Technology and
       Culture (Chicago, Ill.) 27 (1986) 477-500

6441   PAPADAKIS, A. *Byzantine monasticism reconsidered* – Byslav 47
       (1986) 34-46

6442   PAPADOPOULOS, N. *About the very early Christian Fasting* –
       DVM 16 (1987) 51-65

6443   PARDO FERNANDEZ, A. *La condición de viuda en el mundo
       visigodo a través de las actas conciliares*. In: *Los Visigodos* (cf.
       1985-87, 377) 209-219

6444   PASZTOR, EDITH *Il monachesimo femminile*. In: *Dall'eremio al
       cenobio* (cf. 1985-87, 258) 153-180

6445   PATRICH, J.; ARUBAS, B.; KALI, H. *The Monastic Cells (Kellia)
       of St. George's Monastery in Wadi Qelt* [in hebräischer Sprache

mit englischer Zusammenfassung] – Yearbook of Eretz Israel Mus. (Tel Aviv) 4 (1986-7) 179-196

6446 PEÑA, IGNACIO *La desconcertante vida de los monjes sirios, siglos IV-VI* [Colección «El peso de los días» 22]. Salamanca: Ediciones Sígueme 1985. 159 pp.

6447 PENCO, G. *Storia del monachesimo o storia dei monasteri?* – Benedictina 33 (1986) 519-525

6448 PICASSO, GIORGIO *Il monachesimo occidentale dalle origini al secolo XI.* In: *Dall'eremio al cenobio* (cf. 1985-87, 258) 3-63

6449 PRICOCO, S. *Aspetti culturali del primo monachesimo d'Occidente.* In: *Società romana e impero tardoantico* (cf. 1985-87, 350) IV 189-204

6450 PRINZ, F. *Das westliche Mönchtum zur Zeit Gregors des Großen.* In: *Grégoire le Grand* (cf. 1985-87, 275) 123-136

6451 PRINZ, F. *Italien, Gallien und das frühe Merowingerreich: ein Strukturvergleich zweier monastischer Landschaften.* In: *Atti del 7° Congresso internazionale di studi sull'alto medioevo* (cf. 1981/82, 163) 117-136

6452 PRINZ, FRIEDRICH *La presenza del monachesimo nella vita economica e sociale.* In: *Dall'eremio al cenobio* (cf. 1985-87, 258) 239-276

6453 PROCOPÉ, JOHN *Haß.* Übers. von ALOIS KEHL – RAC 13 (1985) Lief. 101, 677-714

6454 QUACQUARELLI, A. *La teologia del lavoro nell'antico monachesimo femminile prebenedettino* – VetChr 22 (1985) 233-258

6455 QUACQUARELLI, ANTONIO *Il battesimo di sangue.* In: *Sangue e antropologia, V* (cf. 1985-87, 346) II 1263-1275

6456 QUACQUARELLI, ANTONIO *L'educazione al lavoro, dall'antica comunità cristiana al monachesimo primitivo.* In: *Spiritualità* (cf. 1985-87, 352) 15-25

6457 RAMOS-LISSON, DOMINGO *El seguimiento de Cristo (En los orígenes de la espiritualidad de los primeros cristianos)* – TEsp 30 (1986) 3-27

6458 RANO, BALBINO *San Agustín y los orígenes de su Orden. Regla, Monasterio de Tagaste y «Sermones ad fratres in eremo»* – CD 200 (1987) 649-727

6459 RAPISARDA, CARMELO *Il teatro classico nel pensiero cristiano antico.* In: *Teatro e pubblico nell'antichità. Atti del Convegno nazionale, Trento 25-27 Aprile 1986.* A cura di L. DE FINIS. - Trento: Assoc. ital. di cultura class. Deleg. de Trento (1987) 94-113

6460 *Redovnička pravila: sveti Pahomije, sveti Bazilije, sveti Augustin, sveti Cezarije, sveti Benedikt, sveti Franjo.* Ed. H. BORAK [Biblioteka «Brat Franjo». Izvori 5-Kršcanski klasici 11. Biblioteka centra za koncilska istraživanja Dokumentaciju i informacije «Krščanska sadašnjost»]. Zagreb: Vijece franjevackih zajednica 1985. 359 pp.

6461 RESNICK, IRVEN M. *Risus monasticus. Laughter and medieval monastic culture* – RBen 97 (1987) 90-100

6462 RICHÉ, PIERRE *La formation des moines et des moniales au Moyen Age.* In: *Monachisme d'Orient et d'Occident* (cf. 1985-87, 308) 51-75

6463 RIGGI, CALOGERO *Il movimento messaliano da Epifanio di Salamina a Diadoco di Fotica* – AFLC 6 (1985) [1987] 183-205

6464 RITTER, ADOLF MARTIN *Einleitende Überlegungen zu Wesen und Geschichte christlicher Mystik.* In: *Mystik in den Traditionen* (cf. 1985-87, 315) 1-12

6465 RODLEY, LYN *Cave monasteries of byzantine Cappadocia.* New York: Cambridge University Press 1986. XVIII, 266 pp.

6466 ROLDANUS, J. *Tweerlei burgerschap van de christen. Vroegchristelijke modellen van tehouding en engagement t. o. v. de politieke gemeenschap* – KT 36 (1985) 265-283

6467 RUBENSON, SAMUEL *Självkännedom och frälsning. Huvudlinjer och spänningar i det tidiga munkväsendets människosyn (= Selbsterkenntnis und Erlösung. Hauptlinien und Spannungen im Menschenbegriff des frühen Mönchtums)* – SvTK 63 (1987) 49-58

6468 RUSSO, LAURA DI *Momenti e aspetti di storia Cassinese* – Lau 26 (1985) 174-184

6469 SANCHEZ CARAZO, ANTONIO *El Superior según la Regla de San Agustín* – Confer 26 (1987) 129-149

6470 SANSTERRE, JEAN-MARIE *Quelques aspects de la propagande monastique dans l'antiquité tardive* – Problèmes d'Histoire du Christianisme (Bruxelles) 17 (1987) 51-76

6471 SARGENTI, M. *Matrimonio cristiano e società pagana. Spunti per una ricerca* – SDHI 51 (1985) 367-391

6472 SCARNERA, A. *Il digiuno cristiano dalle origini al IV secolo. Storia e teologia* – Nicolaus 13 (1986) 153-158

6473 SCHNEIDER, M. *Die Bedeutung der frühen Mönchsväter für eine Spiritualität heute* [Schr. des Zentrums patr. Spiritualität Koinonia-Oriens im Erzbistum Köln 24]. Köln: Luthe 1987. 151 pp.

6474 SERNA, C. DE LA *La vida común en las reglas monásticas hispano-visigóticas* – Cistercium 37 (1985) 351-391

6475 SIJPESTEIJN, P.J. *The monastery of Abbas Andreas* – ZPE 70 (1987) 54-56

6476 SIRAGO, VITO ANTONIO *Cicadae noctium. Quando le donne furono monache e pellegrine* [Collana Scaffale universitario]. Soveria: Mannelli Rubbetino 1986. 133 pp.

6477 SOLER, JOSEP M. *Die geistliche Mutterschaft im frühen Mönchtum als Anfrage an unsere Zeit* – EA 63 (1987) 167-183

6478 SOLER, JOSEP M. *Las Madres del desierto y la Maternidad espiritual.* In: *Mujeres del absoluto* (cf. 1985-87, 313) 45-62

6479 SOLER, JOSEP M. *Les Mères du désert et la maternité spirituelle* – ColCist 48 (1986) 235-250

6480 SPADA, CONCETTA ALOE *Un'omelia greca anonima «sulla verginità» (Rev. Bén. 63 [1953]).* In: *La tradizione dell'enkrateia* (cf. 1985-87, 374) 603-621

6481 SPINELLI, G. *I primi insediamenti monastici lagunari nel contesto della storia politica e religiosa veneziana.* In: *Le origini della Chiesa di Venezia.* Venezia: Edizioni per lo Studium cattolico veneziano (1987) 151-166

6482 STAATS, REINHART *Hauptsünden* – RAC 13 (1985) Lief. 101, 734-770

6483 STÉPHANOS (MGR.) *Les origines de la vie cénobitique* – ColCist 49 (1987) 20-37

6484 STROBEL, A. *Zur Ortslage der Laura Heptastomos* – ZDPV 103 (1987) 169-177

6485 TALBOT, ALICE-MARY *An Introduction to Byzantine Monasticism* – IClSt 12 (1987) 229-241

6486 THISSEN, H.-J. *Koptische Kinderschenkungsurkunden. Zur Hierodulie im christlichen Ägypten* – Enchoria 14 (1986) 117-128

6487 TIBILETTI, CARLO *Ascetismo filosofico e ascetismo cristiano* – Orpheus 6 (1985) 422-431

6488 TIBILETTI, CARLO *Teologia pelagiana su celibato/matrimonio* – AugR 27 (1987) 487-507

6489 TRAINA, GIUSTO *L'espace des moines sauvages* – QC 9 (1987) 353-362

6490 TROMBLEY, F.R. *Monastic foundations in the sixth century-Anatolia and their role in the social and economic life of the countryside* – GrOrthThR 30 (1985) 45-59

6491 TRONCARELLI, FABIO *Una pietà più profonda. Scienza e medicina nella cultura monastica medievale italiana.* In: *Dall'eremio al cenobio* (cf. 1985-87, 258) 703-727

6492 TROUILLEZ, PIERRE *Kan en rijke gered worden? Stemmen over geloof en bezit uit de tijd van de kerkvaders* – TGL 42 (1986) 279-293

6493 TSIRPANLIS, C.N. *The Origin, Nature and Spirit of Christian Monasticism* – Orthodoxos Sképsis kai zoé (Kingston, N.Y.) 3 (1986) 81-95

6494 TURTAS, R. *Note sul monachesimo in Sardegna tra Fulgenzio e Gregorio Magno* – RSCI 41 (1987) 92-110

6495 VALERO, JUAN B. *Martirio y libertad en la primitiva Iglesia* – RaComm 9 (1987) 124-138

6496 VEILLEUX, ARMAND *Monachisme et Gnose. Deuxième Partie: Contacts littéraires et doctrinaux entre monachisme et gnose* – Laval 41 (1985) 3-24 – ColCist 47 (1985) 129-151

6497 VEISSMANN, F. *Biblia y Vida monástica en San Agustín* – Stromata 41 (1985) 87-96

6498 VIDAL CELURA, R. *Evolución histórica de la Institución de la Clausura en el monacato femenino* – Cistercium 38 (1986) 113-124

6499 VITOLO, G. *Caratteri del monachesimo nel Mezzogiorno altomedievale (secc. VI-IX).* Salerno: Laveglia 1984. 45 pp.

6500 VOGT, KARI *Kvinnelige asketer i Egypt i det 4. og 5. århundre. Sosial virkelighet og symbolspråk i monastisk litteratur* – KÅ (1985) 40-52

6501 VOGT, KARI *Ørkenmødrene og deres døtre.* In: *Kvinnenes kulturhistorie, vol. I.* Edd. K. VOGT et al. Oslo: Universitetsforlaget (1985) 61-66

6502 VOGÜÉ, A. DE *La Regula Cassiani. Sa destination et ses rapports avec le monachisme fructuosien* – RBen 95 (1985) 185-231

6503 VOGÜÉ, A. DE *Les règles monastiques anciennes (400-700)* [Typologie des sources du Moyen Age Occidental fasc. 46A III,1]. Paris: Brépols 1986. 62 pp.

6504 VOGÜÉ, ADALBERT DE *Eucharistie et vie monastique* – ColCist 48 (1986) 120-130

6505 VOGÜÉ, ADALBERT DE *Eucharistie und Mönchsleben* – EA 63 (1987) 83-94

6506 VOGÜÉ, ADALBERT DE *Priest and monastic community in antiquity* – CistStud 22 (1987) 17 ss.

6507 WARD, BENEDICTA *Harlots of the Desert: a Study of Repentance in Early Monastic Sources* [CSC 106]. Kalamazoo, Mich.: Cistercian Publ.; London: Mowbray 1987. IX, 113 pp.

6508 WEAVER, REBECCA H. *Wealth and Poverty in the Early Church* – Interp 41 (1987) 368-381

6509 WEMPLE, S.F. *Contributi culturali e spirituali delle comunità religiose femminili nel regno merovingio (500-750)* – BISIAM 91 (1984) 317-336

6510 WENDEBOURG, DOROTHEA *Das Martyrium in der Alten Kirche als ethisches Problem* – ZKG 98 (1987) 295-320

6511 WIPSZYCKA, EWA *Rola zródeł archeologicznych w badaniach nad najstarszym okresem dziejów monastycyzmu egipskiego (= The role of archeological sources in the studies of the oldest period of the History of Egyptian Monasticism)* – Balcanica Posnaniensia (Poznań) 3 (1985) 407-416

6512 ZELZER, K. *Cassiodoro, San Benedetto e la tradizione monastica.* In: *Settimana su Cassiodoro* (cf. 1985-87, 215) 378-391

6513 ZIAS, J. *Leprosy in the Byzantine Monasteries of the Judean Desert* – Koroth. A bulletin devoted to the history of medecine and science (Jerusalem, Israel Inst. of the History of medecine) 9 (1985) 242-248

VI.2.k) Angeli et daemones

6514 BARTELINK, G.J.M. *Tibi nomina mille (Vergilius, Aeneis 7,337). Een hoofdstuk uit de semantiek van het oudchristelijk grieks en latin* – Lampas 20 (1987) 292-304

6515 BAUCKHAM, R. *The fall of the angels as the source of philosophy in Hermias and Clement of Alexandria* – VigChr 39 (1985) 313-330

6516 CAREY, J. *Angelology in «Saltair na Rann»* – Celtica 19 (1987) 1-8

6517 CHRYSSAVGIS, JOHN *The monk and the demon. A study of demonology in early medieval literature* – Nicolaus 13 (1986) 265-279

6518 CHRYSSAVGIS, JOHN *The Monk and the Demon: The Demonology of the Byzantine Fathers* – ThAthen 57 (1986) 753-764

6519 RENNA, THOMAS *Angels and Spirituality: the Augustinian Tradition to Eckhardt* – AugSt 16 (1985) 29-37

6520 ROSENSTHIEL, JEAN-MARC *La chute de l'Ange. Origines et développement d'une légende. Ses attestations dans la littérature copte.* In: *Écritures et traditions dans la littérature copte* (cf. 1985-87, 254) 37-60

6521 ROSKOFF, G. *Geschichte des Teufels. Eine kulturhistorische Satanologie von den Anfängen bis ins 18. Jahrhundert.* Nördlingen: Greno 1987. II, 616 pp.

6522 RUSSELL, J.B. *Satana. Il Diavolo e l'Inferno tra il primo e il quinto secolo.* Milano: A. Mondadori Ed. 1986. 236 pp.

6523 SOLDAN, W.G.; HEPPE, H. *Geschichte der Hexenprozesse, Bd.1.* Neu bearbeitet von S. RIES. Essen: Magnus-Verlag 1986. 413 pp.

6524 TRONCARELLI, F. *Nuovi storici e antichi demoni* – QM 24 (1987) 101-118

VI.2.l) Novissima

6525 ALEXANDER, PAUL JULIUS *The Byzantine Apocalyptic Tradition.* Edited with an introduction by DOROTHY DE F. ABRAHAMSE. Berkeley; Los Angeles; London: Univ. of California Pr. 1985. VI, 239 pp.

6526   AMAT, JACQUELINE *Songes et visions. L'au-delà dans la littérature latine tardive.* Paris: Ét. augustiniennes 1985. 492 pp.

6527   ATWELL, R.R. *From Augustine to Gregory the Great: an Evaluation of the Emergence of the Doctrine of Purgatory* – JEcclH 38 (1987) 173-186

6528   CAROZZI, C. *La géographie de l'au-delà et sa signification pendant le Haut Moyen Age.* In: *Popoli e paesi* (cf. 1985-87, 330) 421-481

6529   COLLINS, ADELA YARBRO *Introduction: Early Christian Apocalypticism* – Semeia 38 (1986) 1-12

6530   CORNMAN, THOMAS *The Development of Third-Century Hermeneutical Views in Relation to Eschatological Systems* – JETS 30 (1987) 279-288

6531   DALEY, B.; SCHREINER, J. *Eschatologie in der Schrift und Patristik* [Handbuch der Dogmengeschichte, IV.79]. Freiburg i.Br.; Basel; Wien: Herder 1986. VIII, 248 pp.

6532   EDWARDS, G.R. *Purgatory: 'Birth' or Evolution* – JEcclH 36 (1985) 634-646

6533   ENO, ROBERT B. *The Fathers and the Cleansing Fire* – ITQ 53 (1987) 184-202

6534   GAUTHIER, NANCY *Les images de l'au-delà durant l'antiquité chrétienne* – REA 33 (1987) 3-22

6535   GEORGIEVSKIJ, A.I. *Das Dogma der Auferstehung im Zeitalter der ökumenischen Konzilien* [in russischer Sprache] – BogTr 25 (1984) 321-336

6536   GRESHAKE, GISBERT *«Seele» in der Geschichte der christlichen Eschatologie.* In: *Seele* (cf. 1985-87, 347) 107-158

6537   GRESHAKE, GISBERT; KREMER, JACOB *Resurrectio mortuorum. Zum theologischen Verständnis der leiblichen Auferstehung.* Darmstadt: Wissenschaftliche Buchgesellschaft 1986. XI, 399 pp.

6538   IRMSCHER, J. *Die christliche und die byzantinische Utopie* – SIF 3 (1985) 250-266

6539   JORGENSON, J. *The Debate over Patristic Texts on Purgatory at the Council of Ferrara-Florence, 1438* – StVlThQ 30 (1986) 309-344

6540   LE GOFF, J. *El nacimiento del purgatorio* [Ensayistas 251]. Madrid: Taurus 1985. 450 pp.

6541   LEA, THOMAS D. *A Survey of the Doctrine of the Return of Christ in the Ante-Nicene Fathers* – JETS 29 (1986) 163-178

6542   LIENHARD, M. *L'attente de la fin des temps à travers l'histoire* – PLu 33 (1985) 340-356

6543   LUCREZI, FRANCESCO *Daniele, la Sibilla, l'Impero.* In: *Popoli e spazio romano* (cf. 1985-87, 331) 25-35

6544 MARTIKAINEN, JUOKO *Die Lehre vom Seelenschlaf in der syrischen Theologie von Afrahat dem persischen Weisen bis zu dem Patriarchen Timotheos I.* In: *Theologia et cultura. Studia in honorem Gotthard Nygren.* Edd. FREDRIC CLEVE; HANS-OLOF KVIST [Meddelanden från Stiftelsens för Åbo Akademi forskningsinstitut 112]. Åbo: Åbo Akademi (1986) 121-129

6545 MAU, RUDOLF *Herrschaft Gottes/Reich Gottes V. Alte Kirche bis Reformationszeit* – TRE 15 (1986) 218-224

6546 MCWILLIAM DEWART, JOANNE E. *Death and resurrection* [MFCh 22]. Wilmington, Del.: M. Glazier 1986. 198 pp.

6547 MEES, MICHAEL *Paulus, Origenes und Methodius über die Auferstehung der Toten* – AugR 26 (1986) 103-113

6548 MÉGIER, E. *Deux exemples de «prépurgatoire» chez les historiens. A propos de La naissance du Purgatoire de Jacques Le Goff* – CCM 28 (1985) 45-62

6549 MORALDI, LUIGI *Nach dem Tode. Jenseitsvorstellungen von den Babyloniern bis zum Christentum.* Köln: Benziger 1987. 335 pp.

6550 MÜLLER, ULRICH B. *Apokalyptische Strömungen.* In: *Die Anfänge des Christentums* (cf. 1985-87, 201) 217-254

6551 MURPHY, FRANCIS X. *Conflagration: The Eschatological Perspective from Origen to John Chrysostom.* In: *Studia Patristica 18,1* (cf. 1985-87, 360) 179-185

6552 PANNENBERG, WOLFHART *Neuer Wein in alte Schläuche. Eschatologie und Geschichte im frühen Christentum.* In: *Epochenschwelle und Epochenbewußtsein.* Edd. REINHART HERZOG; REINHART KOSELLECK [Poetik und Hermeneutik 12]. München: Fink (1987) 571-579

6553 PIÑERO SAENZ, ANTONIO *Les conceptions de l'inspiration dans l'apocalyptique.* In: *Apocalypses et voyages dans l'au-delà* (cf. 1985-87, 207) 157-181

6554 PRICOCO, SALVATORE *Un oracolo di Apollo su Dio* – RSLR 23 (1987) 3-36

6555 REININK, G.J. *Die syrischen Wurzeln der mittelalterlichen Legende vom römischen Endkaiser.* In: *Non nova, sed nove. Mélanges de civilisation médiévale dédiés à Willem Noomen.* Cur. M. GOSMAN; J. VAN OS. Groningen: Bouma's Boekhuis (1984) 195-210

6556 SANDERS, G. *Oude woorden voor een nieuwe dood* – Hermeneus 58 (1986) 126-135

6557 SCHEFFCZYK, L. *Der Reinkarnationsgedanke in der altchristlichen Literatur* [SAM 1985,4]. München: Beck 1985. 39 pp.

6558 VERWEYEN, HANSJÜRGEN *Zum gegenwärtigen Diskussionsstand der Eschatologie.* In: *Seele* (cf. 1985-87, 347) 15-30

6559 WILKEN, ROBERT L. *Early Christian Chiliasm, Jewish Messia-nism, and the Idea of the Holy Land* – HThR 79 (1986) 298-307

6560 ZALESKI, C.G. *Otherworld Journeys: Accounts of Near-Death Experience in Medieval and Modern Times.* New York; Oxford: Oxford University Press 1987. X, 275 pp.

VII. Gnostica

6561 *Le apocalissi gnostiche. Apocalissi di Adamo, Pietro, Giacomo, Paolo.* A cura di LUIGI MORALDI. Milano: Adelphi 1987. XVIII, 253 pp.

6562 *La première Apocalypse de Jacques (NH V,3). La seconde Apocalypse de Jacques (NH V,4).* Texte établi et prés. par ARMAND VEILLEUX [BCNHT 17]. Québec: Pr. del'Univ. Laval 1986. X, 198 pp.

6563 *L'Apocalypse d'Adam (NH V,5).* Texte établi et présenté par FRANÇOISE MORARD [BCNHT 15]. Québec: Les Presses de l'Université Laval 1985. XVII, 145 pp.

6564 ARNOLD-DÖBEN, VICTORIA *Die Bildersprache der Gnosis* [Arbeitsmaterialien zur Religionsgeschichte 13]. Köln: Brill 1986. XXXVI, 221 pp.

6565 ATTRIDGE, HAROLD W. *The Gospel of Truth as an Exoteric Text.* In: *Nag Hammadi, Gnosticism, and Early Christianity* (cf. 1985-87, 316) 239-255

6566 BATAILLE, G. *Der niedere Materialismus und die Gnosis.* In: *Dokumente der Gnosis* (cf. 1985-87, 6596) 7-15

6567 BAUMEISTER, T. *Die Rolle des Petrus in gnostischen Texten.* In: *Acts of the Second Int. Congress of Coptic Studies* (cf. 1985-87, 193) 3-12

6568 BECK, ROGER *The anabibazontes in the Manichaean Kephalaia* – ZPE 69 (1987) 193-196

6569 BERCHEM, D. VAN *Des soldats chrétiens dans la garde impériale. Observations sur le texte de la Vision de Dorothéos (Papyrus Bodmer XXIX)* – StudClas 24 (1986) 155-163

6570 BERGMEIER, ROLAND *Die Gestalt des Simon Magus in Act 8 und in der simonianischen Gnosis. Aporien einer Gesamtdeutung* – ZNW 77 (1986) 267-275

6571 BETHGE, HANS-GEBHARD *Der «Brief des Petrus an Philippus». Ein neutestamentliches Apokryphon aus dem Fund von Nag Hammadi (NHC VIII,2).* Ausgabe, Übersetzung und Kommentar [Diss.]. Berlin: Humboldt-Universität 1985. 205 pp.

6572 BETZ, HANS DIETER *Paul in the Mani biography.* In: *Codex Manichaicus Coloniensis. Proceedings of the international Symposium ...* (cf. 1985-87, 240) 215-234

6573 BIANCHI, UGO *Osservazioni storico-religiose sul codice manicheo di Colonia.* In: *Codex Manichaicus Coloniensis. Proceedings of the international Symposium ...* (cf. 1985-87, 240) 17-35

6574 BIANCHI, UGO *Some observations on the typology of passage.* In: *Transition rites. Cosmic, social and individual order. Proceedings of the Finnish-Swedish-Italian seminar held at the University of Rome «La Sapienza» 24th-28th March 1984.* Ed. U. BIANCHI [Storia delle religioni 2]. Roma: L'Erma (1986) 45-61

6575 BIANCHI, UGO *The contribution of the Cologne Mani codex to the religio-historical study of Manichaeism* – Acta Iranica (Leiden) 25 (1985) 15-24

6576 BLATZ, B. *Studien zur gnostischen Erlösergestalt* [Diss.]. Bonn: 1985. VI, 141 pp.

6577 BÖHLIG, ALEXANDER *Denkformen hellenistischer Philosophie im Manichäismus* – PPh 12 (1986) 11-39

6578 BÖHLIG, ALEXANDER *Einheit und Zweiheit als metaphysische Voraussetzung für das Enkratieverständnis in der Gnosis.* In: *La tradizione dell'enkrateia* (cf. 1985-87, 374) 109-131

6579 BÖHLIG, ALEXANDER *Ja und Amen in manichäischer Deutung* – ZPE 58 (1985) 59-70

6580 BOVON, FRANÇOIS *Possession or Enchantment. The Institutions of Rome according to the Apocalypse of John* – CrSt 7 (1986) 221-238

6581 BROEK, ROELOF VAN DEN *De taal van de Gnosis. Gnostische teksten uit Nag Hammadi.* Baarn: Ambo 1986. 199 pp.

6582 BROEK, ROELOF VAN DEN *Jewish and Platonic speculations in early Alexandrian theology. Eugnostos, Philo, Valentinus and Origin.* In: *The Roots of Egyptian Christianity* (cf. 1985-87, 343) 190-203

6583 BROX, NORBERT *«Was befreit, ist die Gnosis». Die Reaktion der frühen Kirche auf eine esoterische Religion* – Diakonia 18 (1987) 235-241

6584 BRYDER, PETER *The Chinese transformation of Manichaeism. A Study of Chinese Manichaean terminology.* Lund: Plus ultra 1985. XII, 176 pp.

6585 BUCKLEY, JORUNN JACOBSEN *Female Fault and Fulfilment in Gnosticism* [Studies in Religion]. Chapel Hill; London: University of North Carolina Press 1986. XV, 180 pp.

6586 BUCKLEY, JORUNN JACOBSEN *Tools and Tasks: Elchasaite and Manichaean Purification Rituals* – JR 66 (1986) 399-411

6587 BÜCHLI, JÖRG *Der Poimandres – ein paganisiertes Evangelium. Sprachliche und begriffliche Untersuchungen zum ersten Traktat des Corpus Hermeticum* [WUNT 2,27]. Tübingen: Mohr 1987. XI, 232 pp.

6588 CAMPLANI, ALBERTO *Alcune note sul testo del VI codice di Nag Hammadi: La predizione di Hermes ad Asclepio* – AugR 26 (1986) 349-368

6589 CIRILLO, LUIGI *Elchasaiti e battisti di Mani. I limiti di un confronto delle fonti.* In: *Codex Manichaicus Coloniensis. Proceedings of the international Symposium* ... (cf. 1985-87, 240) 97-139

6590 CORRINGTON, GAIL PATERSON *The «divine man»: his origin and function in hellenistic popular religion* [American University Studies series 7: Theology and Religion 17]. New York: Peter Lang 1986. 328 pp.

6591 COSTA, G. *Principi ermeneutici gnostici della lettura di Paolo (Lettera ai Galati) secondo lo Adv. Haer. di Ireneo* – RiBi 34 (1986) 615-637

6592 COZBY, JAMES A. *Gnosis and the cross. The passion of Christ in Gnostic soteriology in the Nag Hammadi tractates* [Diss.]. Durham, N.C.: Duke Univ. 1985. 386 pp. [microfilm; cf. DissAbstr 47 (1986) 938A-939A]

6593 DAWSON, DAVID *The Gospel of Truth as Rhetorical Theology.* In: *Studia Patristica 18,1* (cf. 1985-87, 360) 241-245

6594 DESJARDINS, M. *The Sources for Valentinian Gnosticism. A Question of Methodology* – VigChr 40 (1986) 342-347

6595 DILL, ALEXANDER *Von der Entstehung von Mann und Frau. Der Mythos der Geschlechter im Codex von Nag Hammadi.* In: *Faszination des Mythos. Studien zu antiken und modernen Interpretationen.* Ed. R. SCHLESIER. Frankfurt a.M.: Strömfeld (1985) 229-243

6596 *Dokumente der Gnosis.* Hrsg. von W. SCHULTZ, erw. Auflage. Mit Aufsätzen von G. BATAILLE; H.-C. PUECH [Batterien 27]. München: Matthes und Seitz 1986. 83, 91, 241 pp.

6597 DUBOIS, JEAN-MICHEL *L'exégèse des gnostiques et l'histoire du canon des Écritures.* In: *Les règles de l'interprétation* (cf. 1985-87, 337) 89-97

6598 DUNAND, FRANÇOISE *Du séjour osirien des morts à l'au-delà chrétien: pratiques funéraires en Égypte tardive* – Ktèma 11 (1986) 29-37

6599 EDWARDS, MARK JULIAN *Plotinus and the Gnostics* [Diss.]. Oxford: University of Oxford 1987. 378 pp. [microfilm; cf. summary in DissAbstr 49 (1989) 2268A]

6600 *L'Épître apocryphe de Jacques (NH I,2). L'Acte de Pierre (BG 4).* Par DONALD ROULEAU et LOUISE ROY [BCNHT 18]. Québec: Pr. de l'Universié Laval 1987. XIII, 236 pp.

6601 *Das Evangelium der Pistis Sophia.* Bad Teinach-Zavelstein: Hermanes T. 1987. 267 pp.

6602 *L'exégèse de l'âme. Nag Hammadi Codex II,6.* Introduction, traduction et commentaire par MADDALENA SCOPELLO [Nag Hammadi Studies 25]. Leiden: Brill 1985. XIII, 206 pp.

6603 *L'Exposé valentinien. Les fragments sur le baptême et sur l'eucharistie (NH XI,2).* Texte établi et prés. par JACQUES E. MÉNARD [BCNHT 14]. Québec: Pr. Univ. Laval 1985. VIII, 106 pp.

6604 FANTUZZI, M. *La visione di Doroteo* – AteRo 30 (1985) 186-197

6605 FAUTH, WOLFGANG *Der Garten des Königs von Tyros bei Hesekiel vor dem Hintergrund vorderorientalischer und frühjüdischer Paradiesvorstellungen* – Kairos 29 (1987) 57-84

6606 FAUTH, WOLFGANG *Syzygos und Eikon. Manis himmlischer Doppelgänger vor dem Hintergrund der platonischen Urbild-Abbild-Theorie* – PPh 12 (1986) 41-68

6607 FELDMANN, ERICH *Die «Epistula fundamenti» der nordafrikanischen Manichäer: Versuch einer Rekonstruktion.* Altenberge: CIS-Verl. 1987. XI, 178 pp.

6608 FILORAMO, G. *Dal mito gnostico al mito manicheo. Metamorfosi di modelli culturali.* In: *Le trasformazioni della cultura* (cf. 1985-87, 375) II 491-507

6609 FILORAMO, GIOVANNI *L'attesa della fine: storia della gnosi* [Biblioteca universale Laterza 189]. Roma: Laterza 1987. XXIII, 322 pp.

6610 FILORAMO, GIOVANNI *Memoria e identità nella tradizione giudaico-cristiana e gnostica.* In: *Il tempo della memoria. La questione della verità nell'epoca della frammentazione. Atti del secondo Colloquio su Filosofia e religione, Macerata, 16-18 maggio 1985.* Torino: Marietti (1987) 49-81

6611 FOCARDI, S. *Anthropos ed eros nell'ideologia religiosa tardo-antica* – StSR 9 (1985) 43-71

6612 FOSSUM, J. *Gen. 1,26 and 2,7 in Judaism, Samaritanism, and Gnosticism* – JStJ 16 (1985) 202-239

6613 FOSSUM, J. *The Origin of the Gnostic Concept of the Demiurge* – EThL 61 (1985) 142-152

6614 FOSSUM, JARL; QUISPEL, GILLES *Helena, I (simonianisch)* – RAC 14 (1987) Lief. 107, 338-355

6615 FOSSUM, JARL E. *The name of God and the angel of the Lord. Samaritan and Jewish concepts of intermediation and the origin of gnosticism* [WUNT 36]. Tübingen: Mohr 1985. XIII, 378 pp.

6616 FOSSUM, JARL E. *The Simonian Sophia myth* – StSR 11 (1987) 185-197

6617 FOWDEN, GAITH *The Egyptian Hermes. A historical approach to late paganism.* Cambridge: Univ. Press 1986. XVII, 244 pp.

6618 FRANZMANN, MAJELLA *«Wipe the harlotry from your faces»: a brief note on Ode of Solomon 13,3* – ZNW 77 (1986) 282-283

6619 GAUTHIER, MADELEINE *Le problème de la définition sociologique de la gnose* – CRScR 7 (1986) 231-256

6620 GILHUS, INGVILD SAELID *The nature of the archons. A study in the soteriology of a gnostic treatise from Nag Hammadi (CG II,4)* [Studies in oriental religions 12]. Wiesbaden: Harrassowitz 1985. VI, 143 pp.

6621 GILHUS, INGVILD SAELID *The Tree of Life and the Tree of Death: a study of Gnostic Symbols* – Religion 17 (1986) 337-354

6622 GIUFFRE SCIBONA, CONCETTA *Gnosi e salvezza nel Codex Manichaicus Coloniensis.* In: *Codex Manichaicus Coloniensis. Proceedings of the international Symposium* ... (cf. 1985-87, 240) 355-370

6623 GIUFFRE SCIBONA, CONCETTA *Le motivazioni ontologiche e protologiche dell'enkrateia nel manicheismo occidentale.* In: *La tradizione dell'enkrateia* (cf. 1985-87, 374) 679-686

6624 GIVERSEN, S. *Gnostisk skriftforståelse.* In: *Judendom och kristendom under de första århundradena* (cf. 1985-87, 101) II 77-92

6625 GIVERSEN, S. *Some instances of Encratism with protological motivations in Gnostic texts.* In: *La tradizione dell'enkrateia* (cf. 1985-87, 374) 135-142

6626 GIVERSEN, S. *The inedited Chester Beatty Mani texts.* In: *Codex Manichaicus Coloniensis. Proceedings of the international Symposium* ... (cf. 1985-87, 240) 371-380

6627 *The Gnostic scriptures. A new translation.* With annotations and introductions by BENTLEY LAYTON. Garden City, N.Y.: Doubleday 1987. XLII, 526 pp.

6628 *Gnostische geschriften I: Het Evangelie naar Maria. Het Evangelie naar Filippus. De brief van Petrus aan Filippus.* Uit het Koptisch vertaald, ingeleid en toegelicht door G.P. LUTTIKHUIZEN [Na de Schriften 2]. Kampen: Kok 1986. 152 pp.

6629 GONNELLI, FABRIZIO *Visio Dorothei (P.Bodmer XXIX) v. 69* – ZPE 67 (1987) 79-81

6630 GOOD, DEIRDRE J. *Reconstructing the tradition of Sophia in Gnostic literature* [SBLMS 32]. Atlanta, Ga.: Scholars Pr. 1987. XXI, 103 pp.

6631 *The Gospel of Thomas (NH II,2).* Transl. by ROSS H. MCGREGOR. York: The Ebor Pr. 1987. V, 112 pp.

6632 GRANT, ROBERT M. *Carpocratians and Curriculum: Irenaeus's Reply* – HThR 79 (1986) 127-136

6633 GRANT, ROBERT M. *Gnostic spirituality.* In: *Christian Spirituality* (cf. 1985-87, 353) 44-60

6634 GREEN, HENRY A. *The Economic and Social Origins of Gnosticism* [SBLDS 77]. Atlanta, Ga.: Scholars Press 1985. XV, 304 pp.

6635 GUILLAUMONT, ANTOINE *Christianisme et gnoses dans l'Orient préislamique* – AnColFr 79 (1978/79) 395-402; 80 (1979/80) 467-474; 81 (1980/81) 407-413; 82 (1981/82) 425-434; 83 (1982/83) 475-483; 84 (1983/84) 511-518; 85 (1984/85) 491-498; 86 (1985/86) 491-500

6636 HANRATTY, GERALD *The Early Gnostics* – ITQ 51 (1985) 208-224; 289-299

6637 HEDRICK, CHARLES W. *Introduction: Nag Hammadi, Gnosticism, and Early Christianity – A Beginner's Guide.* In: *Nag Hammadi, Gnosticism, and Early Christianity* (cf. 1985-87, 316) 1-11

6638 HENRICHS, ALBERT *The timing of the supernatural events in the Cologne Mani codex.* In: *Codex Manichaicus Coloniensis. Proceedings of the international Symposium* ... (cf. 1985-87, 240) 183-204

6639 *Hermes Trismegisto. Obras completas. 1. Poimandres.* Version bilingüe [Biblioteca esotérica 21]. Barcelona: Muñoz Moya y Montraveta 1985. XVI, 82 pp.

6640 HOFRICHTER, P. *Im Anfang war der Johannesprolog. Das urchristliche Logosbekenntnis – die Basis neutestamentlicher und gnostischer Theologie* [Biblische Untersuchungen 17]. Regensburg: Pustet 1986. 481 pp.

6641 HOHEISEL, KARL *Christus und der philosophische Stein. Alchemie als über- und nichtchristlicher Heilsweg.* In: *Die Alchemie in der europäischen Kultur- und Wissenschaftsgeschichte.* Ed. CHRISTOPH MEINEL [Wolffenbütteler Forsch. 32]. Wiesbaden: Harrassowitz (1986) 61-84

6642 HORST, P.W. VAN DER; KESSELS, A.H.M. *Het visioen van Dorotheüs (Papyrus Bodmer XXIX)* – NedThT 40 (1986) 97-111

6643 JACKSON, HOWARD M. *The Lion Becomes Man. The Gnostic Leontomorphic Creator and the Platonic Tradition* [SBLDS 81]. Atlanta, Ga.: Scholars Press 1985. XXII, 234 pp.

6644 *Jeg, Mani – Jesu Kristi Apostel. Religionsstifteren Mani's selvbiografi.* Oversættelse, indledning og noter ved SØREN GIVERSEN. København: Museum Tusculanums Forlag 1987. 158 pp.

6645 KELLER, CARL A. *Gnostik als religionswissenschaftliches Problem* – ThZ 41 (1985) 59-73

6646 KELLER, CARL A. *Gnostik, Urform christlicher Mystik* – PPh 12 (1986) 95-127

6647 KESSELS, A.H.M.; HORST, P.W. VAN DER *The Vision of Dorotheus (Pap. Bodmer XXIX)* – VigChr 41 (1987) 313-359

6648 KLIJN, ALBERTUS *Alchasaios et CMC*. In: *Codex Manichaicus Coloniensis. Proceedings of the international Symposium* ... (cf. 1985-87, 240) 141-152

6649 *Der Kölner Mani-Codex*. Abbildungen und diplomatischer Text. Edd. L. KOENEN; CORNELIA RÖMER [PTA 35]. Bonn: Habelt 1985. XXIX, 348 pp.

6650 KOENEN, L.; RÖMER, CORNELIA *Corrigendum zu «Neue Lesungen im Kölner Mani-Kodex» ZPE 58, 1985, 47* – ZPE 62 (1986) 86

6651 KOENEN, L.; RÖMER, CORNELIA *Neue Lesungen im Kölner Mani-Codex* – ZPE 66 (1986) 265-268

6652 KOENEN, L.; RÖMER, CORNELIA *Neue Lesungen im Kölner Mani-Codex* – ZPE 58 (1985) 47-54

6653 KOENEN, LUDWIG *Manichaean apocalypticism at the crossroads of Iranian, Egyptian, Jewish and Christian thought*. In: *Codex Manichaicus Coloniensis. Proceedings of the international Symposium* ... (cf. 1985-87, 240) 285-332

6654 KOESTER, HELMUT *Gnostic Sayings and Controversy Traditions in Joh 8:12-59*. In: *Nag Hammadi, Gnosticism, and Early Christianity* (cf. 1985-87, 316) 97-110

6655 KOESTER, HELMUT *La tradition apostolique et les origines du gnosticisme* – RThPh 119 (1987) 1-16

6656 KOESTER, HELMUT *The history-of-religions school, gnosis and the gospel of John* – StTh 40 (1986) 115-136

6657 KOSLOWSKI, PETER *Über Totalismus. Metaphysik und Gnosis.* In: Οἰκείωσις. *Festschrift für Robert Spaemann.* Ed. REINHARD LOEW. Weinheim: Acta Humaniora VHC (1987) 101-111

6658 KUNTZMANN, R.; DUBOIS, J.-D. *Nag Hammadi, Evangile selon Thomas. Textes Gnostiques aux Origines du Christianisme.* Paris: Éd. du Cerf 1987. 180 pp.

6659 KUNTZMANN, RAYMOND *Citations et paraphrases dans le livre de Thomas l'Athlète (NH II,7)*. In: *Écritures et traditions dans la littérature copte* (cf. 1985-87, 254) 107-116

6660 LAYTON, BENTLEY *L'énigme du Tonnerre (Bronté, NHC VI,2). La fonction du paradoxe dans un texte gnostique de Nag Hammadi* – RThPh 119 (1987) 261-280

6661 LAYTON, BENTLEY *The Riddle of the Thunder (NHC VI,2): The Function of Paradox in a Gnostic Text from Nag Hammadi.* In: *Nag Hammadi, Gnosticism, and Early Christianity* (cf. 1985-87, 316) 37-54

6662 LEISEGANG, HANS *Die Gnosis.* Stuttgart: Kröner 5.Aufl. 1985.
      IX, 404 pp.

6663 LELOIR, LOUIS *Le baptême du roi Gundaphor* – Mu 100 (1987)
      225-233

6664 LELYVELD, MARGARETHA *Les Logia de la vie dans l'Évangile
      selon Thomas. A la recherche d'une tradition et d'une rédaction*
      [Nag Hammadi Studies 34]. Leiden: Brill 1987. X, 166 pp.

6665 LIEU, SAMUEL N.C. *Manichaeism in the later Roman Empire
      and medieval China: A historical survey.* Manchester: Manchester
      University Press 1985. XIII, 360 pp.

6666 *Le Livre de Thomas (NH II,7).* Texte établi et prés. par RAY-
      MOND KUNTZMANN [BCNHT 16]. Québec: Les Presses de
      l'Université Laval 1986. XVI, 201 pp.

6667 LUCCHESI, ENZO *Évangile selon Marie ou Évangile selon
      Marie-Madeleine?* – AB 103 (1985) 366

6668 LÜDEMANN, GERD *The Acts of the Apostles and the Beginnings
      of Simonian Gnosis* – NTS 33 (1987) 420-426

6669 MACDONALD, DENNIS R. *There is no Male and Female: the
      Fate of a Dominical Saying in Paul and Gnosticism* [Harvard
      dissertations in religion 20]. Philadelphia, Penna.: Fortress Press
      1987, XXIII, 132 pp.

6670 MACRAE, GEORGE W., SJ *Gnosticism and the Church of John's
      Gospel.* In: *Nag Hammadi, Gnosticism, and Early Christianity* (cf.
      1985-87, 316) 89-96

6671 MACRAE, GEORGE W., SJ *Studies in the New Testament and
      Gnosticism.* Selected and edited by DANIEL J. HARRINGTON,
      SJ, and STANLEY B. MARROW, SJ [Good News Studies 26].
      Wilmington, Del.: Michael Glazier 1987. 277 pp.

6672 MAHÉ, JEAN-PIERRE Ὁμολογία. *Témoignage et martyre dans
      le valentinisme et dans le Témoignage de Vérité (NH IX,3).* In:
      Écritures et traditions dans la littérature copte (cf. 1985-87, 254)
      126-139

6673 MAIER, JOHANN *Zum Problem der jüdischen Gemeinden Meso-
      potamiens im 2. und 3. Jh. nach Chr. im Blick auf den CMC.* In:
      *Codex Manichaicus Coloniensis. Proceedings of the international
      Symposium ...* (cf. 1985-87, 240) 37-67

6674 MAKRIS, NICOS *Hermès Trismégiste et l'Égypte* – EtPh 1987,
      169-178

6675 *The Manichaean Coptic papyri in the Chester Beatty Library I:
      Kephalaia; II: Homilies and varia.* Facsimile ed. SØREN GIVER-
      SEN [COr 14/15]. Genève: Patrick Cramer 1986. 26 pp; 354
      Tafeln; 10 pp.; 126 Tafeln

6676 MANTOVANI, GIANCARLO *La tradizione dell'enkrateia nei testi di Nag Hammadi e nell'ambiente monastico egiziano del IV secolo.* In: *La tradizione dell'enkrateia* (cf. 1985-87, 374) 561-599

6677 MARISTANY, JOAQUIN *Notas sobre gnosis, teología y filosofía. A propósito de la producción investigadora de Josep Montserrat* – Enrahonar 13 (1986) 87-98

6678 MCGUIRE, ANNE *Conversion and Gnosis in the «Gospel of Truth»* – NovTest 28 (1986) 338-355

6679 MCGUIRE, ANNE M. *Valentinus and the Gnōstikē Hairesis: Irenaeus, Haer. I.XI.1 and the Evidence of Nag Hammadi.* In: *Studia Patristica 18,1* (cf. 1985-87, 360) 247-252

6680 MEAD, GEORGE R.S. *The complete Echoes from the gnosis: all 11 volumes of the original series together with a concordance to the Chaldaean oracles.* Ed. by STEPHEN RONAN. 1. complete edition with additional material. London: Chthonios 1987. 259 pp.

6681 MÉNARD, JACQUES E. *De la Gnose au Manichéisme* [Gnostica 4]. Paris: Cariscript 1986. 106 pp.

6682 MÉNARD, JACQUES E. *La tradition synoptique et l'Évangile selon Thomas (NH II,2).* In: *Écritures et traditions dans la littérature copte* (cf. 1985-87, 254) 86-106

6683 MÉNARD, J.E. *L'Epître à Rhéginos (le De Resurrectione). Sa notion de résurrection.* In: *Acts of the Second Int. Congress of Coptic Studies* (cf. 1985-87, 193) 167-178

6684 MERKELBACH, REINHOLD *Ein manichäisches Motiv in Goethe's Westöstlichem Diwan* – ZPE 59 (1985) 37-39

6685 MERKELBACH, REINHOLD *Mani und sein Religionssystem* [RWAW-G CCLXXXI]. Opladen: Westdt. Verlag 1986. 58 pp.

6686 MERKELBACH, REINHOLD *Manichaica (5-6): Das Credo des Manichäers Fortunatus. Eine Stelle bei Serapion von Thmuis, Contra Manichaeos* – ZPE 58 (1985) 55-58

6687 MERKELBACH, REINHOLD *Manichaica (7): Ein Fragment aus der Epistula Fundamenti* – ZPE 63 (1986) 303-304

6688 MERKELBACH, REINHOLD *Manichaica (8): Weitere Beiträge zum Kölner Mani-Codex* – ZPE 64 (1986) 53-58

6689 MILLER, PATRICIA COX *In praise of nonsense.* In: *Classical Mediterranean spirituality. Egyptian, Greek, Roman.* Ed. A.H. ARMSTRONG [World spirituality 15]. London: Routledge; Paul Kegan (1986) 481-505

6690 MONTSERRAT I TORRENS, JOSEP *Sociología i metafísica de la gnosi* – Enrahonar 13 (1986) 43-56

6691 MONTSERRAT-TORRENTS, J. *La philosophie du Livre de Baruch de Justin.* In: *Studia Patristica 18,1* (cf. 1985-87, 360) 253-261

6692 MORESCHINI, C. *Dall'Asclepius al Crater Hermetis. Studi sull'er-metismo latino tardo-antico e rinascimentale* [Biblioteca di studi antichi 47]. Pisa: Giardini 1985. 293 pp.

6693 MYSZOR, WINCENTY *La paradis perdu et retrouve dans le «tractatus tripartitus» de Nag Hammadi.* In: *Studia biblica Alexio Klawek oblata* [folia orientalia 21]. Wroclaw: Zaklad Narodowy im. Ossolinskich (1981) 149-160

6694 *Nag Hammadi Codex I (The Jung Codex).* Introd., texts, transl., indices, notes by H.W. ATTRIDGE et al. [The Coptic Gnostic Library; Nag Hammadi Studies 22/23]. Leiden: Brill 1985. XXVIII, 444; V, 497 pp.

6695 OERTER, W.B. *Mani als Arzt? Zur Bedeutung eines manichäi-schen Bildes.* In: *From Late Antiquity to Early Byzantium* (cf. 1985-87, 266) 219-223

6696 PAGELS, ELAINE H. *Exegesis and Exposition of the Genesis Creation Accounts in Selected Texts from Nag Hammadi.* In: *Nag Hammadi, Gnosticism, and Early Christianity* (cf. 1985-87, 316) 257-285

6697 PAINCHAUD, L. *Deux citations vétéro-testamentaires dans l'E-crit sans Titre (NH II,5): Ps 22,7-92,13 et Is 41,25* – Mu 98 (1985) 83-94

6698 PAINCHAUD, L. *L'histoire du salut dans le Deuxième traité du Grand Seth (NH VII,2).* In: *Acts of the Second Int. Congress of Coptic Studies* (cf. 1985-87, 193) 235-244

6699 PAINCHAUD, LOUIS *Du Panarion à l'Informateur: L'Eglise et les gnostiques face à face* – CRScR 7 (1986) 181-200

6700 PAINCHAUD, LOUIS *L'Écrit sans Titre du Codex II de Nag Hammadi (II.5) et la Symphonia d'Épiphane (Pan. 40).* In: *Studia Patristica 18,1* (cf. 1985-87, 360) 263-271

6701 PARROTT, DOUGLAS M. *Gnostic and Orthodox Disciples in the Second and Third Centuries.* In: *Nag Hammadi, Gnosticism, and Early Christianity* (cf. 1985-87, 316) 193-219

6702 PARROTT, DOUGLAS M. *Gnosticism and Egyptian religion* – NovTest 29 (1987) 73-93

6703 PASQUIER, ANNE *Connaissance des gnostiques, de leur milieu culturel et religieux à travers quelques traités de la Bibliothèque copte de Nag Hammadi* – CRScR 7 (1986) 299 ss.

6704 PEARSON, BIRGER A. *Early Christianity and Gnosticism* – RelStR 13 (1987) 1-9

6705 PEARSON, BIRGER A. *The Problem of «Jewish Gnostic» Litera-ture.* In: *Nag Hammadi, Gnosticism, and Early Christianity* (cf. 1985-87, 316) 15-35

6706 PERKINS, P. *Ordering the Cosmos: Irenaeus and the Gnostics.* In: *Nag Hammadi, Gnosticism, and Early Christianity* (cf. 1985-87, 316) 221-238

6707 POIRIER, PAUL-HUBERT *La bibliothèque copte de Nag Hammadi: sa nature et son importance* – SR 15 (1986) 303-316

6708 POIRIER, PAUL-HUBERT *L'Hymne de la Perle et le manichéisme à la lumière du codex manichéen de Cologne.* In: *Codex Manichaicus Coloniensis. Proceedings of the international Symposium ...* (cf. 1985-87, 240) 235-248

6709 POKORNY, PETR *Píseň o perle: tajné knihy starověkych gnostiku.* Praha: Vyšehrad 1986. 278 pp.

6710 PUECH, H.-C. *Phänomenologie der Gnosis.* In: *Dokumente der Gnosis* (cf. 1985-87, 6596) 16-56

6711 RICHARD, JEAN *Le mythe de la chute dans le gnosticisme chrétien et chez Paul Tillich* – CRScR 7 (1986) 131-156

6712 RIES, J. *Gnosticisme, manichéisme, encratisme: découvertes récentes et recherches actuelles* – RThL 16 (1985) 122-126

6713 RIES, J. *Sacré, sainteté et salut gnostique dans la liturgie manichéenne copte.* In: *L'expression du sacré dans les grandes religions, III: Mazdéisme, cultes isiaques, religion grecque, manichéisme, Nouveau Testament et Vie de l'homo religiosus.* Avant-propos de J. RIES [Homo religiosus 3]. Louvain-la-Neuve: Centre d'histoire des religions (1986) 257-288

6714 RIES, JULIEN *Aux origines de la doctrine de Mani. L'apport du Codex Mani* – Mu 100 (1987) 283-295

6715 RIES, JULIEN *La doctrine de l'âme du monde et des trois sceaux dans la controverse de Mani avec les Elchasaïtes.* In: *Codex Manichaicus Coloniensis. Proceedings of the international Symposium ...* (cf. 1985-87, 240) 169-181

6716 RIES, JULIEN *L'enkrateia et les motivations dans les Kephalaia coptes de Medinet Madi.* In: *La tradizione dell'enkrateia* (cf. 1985-87, 374) 369-388

6717 RINSFELD, B. VAN *La version copte de l'Asclépius et la ville de l'âge d'or. A propos de Nag Hammadi VI,75,22-76, I.* In: *Textes et études de papyrologie grecque, démotique et copte (P.L. Bat. 23)* [Papyrologia Lugduno-Batava 23]. Leiden: Brill (1985) 233-242

6718 ROBERGE, M. *Anthropogonie et anthropologie dans la Paraphrase de Sem (NH VII,1)* – Mu 99 (1986) 229-248

6719 ROBILLARD, EDMOND *La gnose: une anti-religion* – CRScR 7 (1986) 157-166

6720 ROBINSON, JAMES M. *On Bridging the Gulf from Q to the Gospel of Thomas (or vice versa).* In: *Nag Hammadi, Gnosticism, and Early Christianity* (cf. 1985-87, 316) 127-175

6721 RÖMER, CORNELIA *Mani, der neue Urmensch. Eine neue Interpretation der p. 36 des Kölner Mani-Kodex.* In: *Codex Manichaicus Coloniensis. Proceedings of the international Symposium* ... (cf. 1985-87, 240) 333-344

6722 RUDOLPH, KURT *Die Nag Hammadi-Texte und ihre Bedeutung für die Gnosisforschung* – ThRu 50 (1985) 1-40

6723 RUDOLPH, KURT *Jüdische und christliche Täufertraditionen im Spiegel des CMC.* In: *Codex Manichaicus Coloniensis. Proceedings of the international Symposium* ... (cf. 1985-87, 240) 69-80

6724 RUDOLPH, KURT *Mani.* In: *Exempla historica VII* (cf. 1985-87, 261) 91-119

6725 ŠABUROV, N.V. *Les problèmes de la typologie des textes hermétiques.* In: *Les Balkans dans le contexte de la Méditerranée. Problèmes de la reconstitution des langues et des cultures* [in russischer Sprache]. Moskva: Inst. slav'anoved. i balkanist. (1986) 71-72

6726 ŠABUROV, N.V. *L'homme et la monde selon les croyances gnostiques* [in russischer Sprache]. In: *La philosophie hellénistique.* Ed. D.V. DŽOKHADZE [in russischer Sprache]. Moskva: Instit. filos. (1986) 84-103

6727 SAMUEL, A. *How many Gnostics?* – BASP 22 (1985) 297-322

6728 SANTIS, CARLA DE *Gli scritti ermetici del sesto codice di Nag Hammadi* – StSR 11 (1987) 57-65

6729 SCHENKE, HANS-MARTIN *Gnosis: Zum Forschungsstand unter besonderer Berücksichtigung der religionsgeschichtlichen Problematik* – VF 32,1 (1987) 2-21

6730 SCHENKE, HANS-MARTIN *The Function and Background of the Beloved Disciple in the Gospel of John.* In: *Nag Hammadi, Gnosticism, and Early Christianity* (cf. 1985-87, 316) 111-125

6731 SCHOLER, DAVID M. *Bibliographia Gnostica: Supplementum XIV* – NovTest 27 (1985) 349-378

6732 SCHOLER, DAVID M. *Bibliographia Gnostica: Supplementum XV* – NovTest 28 (1986) 356-380

6733 SCHOLER, DAVID M. *Bibliographia Gnostica: Supplementum XVI* – NovTest 29 (1987) 353-381

6734 SCHOLTEN, CLEMENS *Martyrium und Sophiamythos im Gnostizismus nach den Texten von Nag Hammadi* [JACE 14]. Münster: Aschendorff 1987. 316 pp.

6735 SCHULTZ, W. *Das Geschlechtliche in gnostischer Lehre und Übung.* In: *Dokumente der Gnosis* (cf. 1985-87, 6596) 57-83

6736 SCOPELLO, MADELEINE *Contes apocalyptiques et apocalypses philosophiques dans la bibliothèque de Nag Hammadi.* In: *Apocalypses et voyages dans l'au-delà* (cf. 1985-87, 207) 321-350

6737 SEGAL, R.A. *The Poimandres as myth. Scholarly theory and gnostic meaning* [Religion and reason 33]. Amsterdam: Mouton; Berlin: de Gruyter 1986. VIII, 214 pp.

6738 SEGAL, ROBERT A. *Jung and Gnosticism* – Religion 17 (1987) 301-336

6739 SELL, J. *«The Knowledge of the Truth» (CG II: 138, 13)*. In: Acts of the Second Int. Congress of Coptic Studies (cf. 1985-87, 193) 345-353

6740 SEVRIN, JEAN-MARIE *Le dossier baptismal séthien. Études sur le sacramentaire gnostique* [Bibliothèque copte de Nag Hammadi, Études 2]. Québec: Les Presses de l'Université Laval 1986. XX, 306 pp.

6741 SEVRIN, J.-M. *Vestiges d'une tradition liturgique baptismale dans des écrits du groupe Séthiens*. In: Acts of the Second Int. Congress of Coptic Studies (cf. 1985-87, 193) 355-366

6742 SFAMENI GASPARRO, GIULIA *Tradizione e nuova creazione religiosa nel manicheismo. Il syzygos e la missione profetica di Mani*. In: Codex Manichaicus Coloniensis. Proceedings of the international Symposium ... (cf. 1985-87, 240) 249-283

6743 SIDOROV, A.N. *La philosophie gnostique de l'histoire (les Caïnites, les Séthiens et les Archontiques chez Épiphane)* [in russischer Sprache mit französischer Zusammenfassung] – Palestinskij sbornik (Moskva) 29,92 (1987) 41-56

6744 STRECKER, GEORG *Das Judenchristentum und der Manikodex*. In: Codex Manichaicus Coloniensis. Proceedings of the international Symposium ... (cf. 1985-87, 240) 81-96

6745 STROUMSA, GEDALIAHU G. *Esotericism in Mani's thought and background*. In: Codex Manichaicus Coloniensis. Proceedings of the international Symposium ... (cf. 1985-87, 240) 153-168

6746 STROUMSA, GEDALIAHU G. *Gnostics and Manichaeans in Byzantine Palestine*. In: Studia Patristica 18,1 (cf. 1985-87, 360) 273-278

6747 STROUMSA, GEDALIAHU G. *The Manichaean challenge to Egyptian Christianity*. In: The Roots of Egyptian Christianity (cf. 1985-87, 343) 307-319

6748 SUNDERMANN, WERNER *Mani's revelations in the Cologne Mani codex and in other sources*. In: Codex Manichaicus Coloniensis. Proceedings of the international Symposium ... (cf. 1985-87, 240) 205-214

6749 SUNDERMANN, WERNER *Studien zur kirchengeschichtlichen Literatur der iranischen Manichäer* – Altorientalische Forschungen (Berlin) 13 (1986) 40-92; 239-317

6750 TARDIEU, MICHEL *Gnose et manichéisme* – AEHESR 95 (1986/87) 323-329

6751 TARDIEU, MICHEL *La naissance du ciel et de la terre selon la Paraphrase de Sem (NH VII,1)*. In: *La création dans l'Orient ancien. Congrès de l'ACFEB, Lille (1985)*. Prés. par FABIEN BLANQUART et publ. sous la dir. de LOUIS DEROUSSEAUX [Lectio divina 127]. Paris: Éd. du Cerf (1987) 409-425

6752 TARDIEU, MICHEL *Principes de l'exégèse manichéenne du Nouveau Testament*. In: *Les règles de l'interpretation* (cf. 1985-87, 337) 123-146

6753 TARDIEU, MICHEL; DUBOIS, JEAN-D. *Introduction à la littérature gnostique, I: Histoire du mot «gnostique». Instruments de travail. Collections retrouvées avant 1945* [Initiations au christianisme ancien]. Paris: Éd. du Cerf; Centre National de la Recherche Scientifique 1985. 152 pp.

6754 THOMAS, JOEL *Pour une Approche Renouvelée des Études Classiques: Gnose et Anthropologie* – Euphrosyne 13 (1985) 179-191

6755 TRIPP, DAVID H. *'Gnostic Worship': the State of the Question* – StLit 17 (1987) 210-220

6756 TRÖGER, KARL-WOLFGANG *Die Bibliothek von Nag Hammadi und ihre Bedeutung für die Religionsgeschichte*. In: *Der Vordere Orient in Antike und Mittelalter. Festgabe für Heinrich Simon anlässlich seines 65. Geburtstages* [Ber. der Humboldt-Universität zu Berlin VII,10]. Berlin (1987) 30-37

6757 TRÖGER, K.-W. *Gnózis, Ujszövetség, Egyház* – Theologiai Szemle (Budapest) 28 (1985) 82-85

6758 TROFIMOVA, M.K. *Prolog k Nag-Chammadi II,1*. In: *From Late Antiquity to Early Byzantium* (cf. 1985-87, 266) 213-218

6759 TROFIMOVA, M.K. *Un hymne hellénistique de la collection de Nag Hammadi II op. I* [in russischer Sprache]. In: *Die antike Zivilisation und die moderne Wissenschaft* (cf. 1985-87, 381) 75-78

6760 TUCKETT, CHRISTOPHER M. *Nag Hammadi and the Gospel Tradition: Synoptic Tradition in the Nag Hammadi Library*. Ed. by JOHN RICHES [Studies of the New Testament and its World]. Edinburgh: Clark 1986. XI,194 pp.

6761 TURNER, JOHN D. *Sethian Gnosticism: A Literary History*. In: *Nag Hammadi, Gnosticism, and Early Christianity* (cf. 1985-87, 316) 55-86

6762 VEILLEUX, ARMAND *Monasticism and gnosis in Egypt*. In: *The Roots of Egyptian Christianity* (cf. 1985-87, 343) 271-306

6763 VERGOTE, J. *L'expansion du manichéisme en Egypte*. In: *After Chalcedon* (cf. 1985-87, 194) 471-478

6764 VIAN, F. *A propos de la Vision de Dorothéos* – ZPE 60 (1985) 45-49

6765 VOGT, HERMANN-JOSEF *Die gnostischen Texte von Nag Hammadi* – ThQ 157 (1987) 216-222

6766 WIBERG, GUSTAV *Dualism och monism i traktaten Trimorfos Protennoia (NHC XIII,1)* [Diss.]. Lund: Univ., Theo. Fak. 1987. 224 pp.

6767 WILLIAMS, MICHAEL A. *The immovable race. A gnostic designation and the theme of stability in late antiquity* [Nag Hammadi Studies 29]. Leiden: Brill 1985. XII, 239 pp.

6768 WILLIAMS, MICHAEL ALLEN *The nature and origin of the Gnostic concept of stability* [Diss. Harvard Univ. 1977]. Cambridge, Mass.: Harvard Univ. Library Microreprod. Dept. 1985.

6769 WILSON, R.M. *Ethics and the Gnostics.* In: *Studien zum Text und zur Ethik des Neuen Testaments* (cf. 1985-87, 363) 440-449

6770 WILSON, ROBERT M. *Alimentary and sexual encratism in the Nag Hammadi tractates.* In: *La tradizione dell'enkrateia* (cf. 1985-87, 374) 317-332

6771 WISSE, FREDERIK *The Use of Early Christian Literature as Evidence for Inner Diversity and Conflict.* In: *Nag Hammadi, Gnosticism, and Early Christianity* (cf. 1985-87, 316) 177-190

6772 YAMAUCHI, E.M. *The Nag Hammadi Library* – Journal Library Hist. 22 (1987) 425-441

VIII. Patrum exegesis Veteris et Novi Testamenti

VIII.1. Generalia

6773 BASARAB, M. *Die Heilige Schrift und ihre Auslegung in der orthodoxen Tradition* – USa 42 (1987) 41-48

6774 BASEVI, CLAUDIO *La función hermenéutica de la tradición de la Iglesia* – ScTh 18 (1986) 159-174

6775 BECKWITH, ROGER *The Old Testament Canon of the New Testament Church and its Background in Early Judaism.* Grand Rapids, Mich.: Eerdmans; London: SPCK 1985. XIII, 528 pp.

6776 *Biblical Interpretation in the Early Church.* Ed. KARLFRIED FROEHLICH [Sources of Early Christian Thought 5]. Philadelphia, Penna.: Fortress Pr. 1985. VIII, 135 pp.

6777 *The church fathers on the Bible: selected readings.* Ed. FRANK SADOWSKI, SSP. Staten Island, N.Y.: Alba House 1987. XII, 306 pp.

6778 DORIVAL, GILLES *Le postérité littéraire des chaînes exégétiques grecques* – REB 43 (1985) 209-226

6779 EVANS, G.R. *The Language and Logic of the Bible: The Earlier Middle Ages.* Cambridge: Cambridge University Press 1984. XIX, 199 pp.

6780 HIDAL, STEN *Den antiokenska exegetikskolan och judisk skriftlärdom.* In: *Judendom och kristendom under de första århundradena* (cf. 1985-87, 101) II 190-200

6781 HYLDAHL, NIELS *Kampen om skriftforståelsen i det andet århundrede.* In: *Judendom och kristendom under de första århundradena* (cf. 1985-87, 101) II 65-76

6782 KANNENGIESSER, CHARLES, SJ *La Bible dans les controverses ariennes en Occident.* In: *Le monde latin antique et la Bible* (cf. 1985-87, 309) 543-564

6783 KUGEL, JAMES L.; GREER, ROWAN A. *Early Biblical interpretation.* Foreword by W.A. MEEKS [Libr. of Early Christianity 3]. Philadelphia, Penna.: Westminster Pr. 1986. 214 pp.

6784 MACINA, R. *L'énigme des prophéties et oracles à portée «Macchabéenne» et leur application ἐκ προσώπου selon l'exégèse antiochenne* – OrChr 70 (1986) 86-109

6785 MARTIN, JOSÉ PABLO *El cristiano y la espada. Variaciones hermenéuticas en los primeros siglos* – RaBi 49 (1987) 17-52

6786 MARTIN, JOSÉ PABLO *Sobre la historia de hermenéutica en el cristianismo. Discusión con Bertrand de Margerie* – RaBi 49 (1987) 215-232

6787 MCNALLY, ROBERT E. *The Bible in the early middle ages.* Orig. ed. 1959. Atlanta, Ga.: Scholars Press 1986.

6788 MOLINA PALMA, MARIO A. *La interpretación de la Escritura en el Espíritu. Estudio histórico y teológico de un principio hermenéutico de la Constitución «Dei Verbum», 12* – Burgense 27 (1986) 345-569

6789 PERSIC, A. *Esegesi biblica cristiana e desacralizzazione del cosmo. Origene e Giovanni Filopono precursori della concezione galileiana del rapporto fra scienza e rivelazione* – StPat 32 (1985) 89-100

6790 POTTERIE, I. DE LA *Die Lesung der Heiligen Schrift «im Geist». Ist die patristische Weise der Bibellesung heute möglich?* – IKaZ-Comm 15 (1986) 209-224

6791 POTTERIE, I. DE LA *La lettura della Sacra Scrittura «nello Spirito»: il modo patristico di leggere la Bibbia è possibile oggi?* – CC 137 (1986) 209-223

6792 POTTERIE, IGNACE DE LA *The Reading of the Sacred Scripture «in the Spirit». Is the patristic reading of the Bible possible?* – DVM 15 (1986) 23-39

6793 POTTERIE, IGNACE DE LA, SJ *Reading holy scripture in the spirit: is the patristic way of reading the bible still possible today?* – Communio (US) 13 (1986) 308-325

6794 QUACQUARELLI, A. *Recupero della numerologia per la metodica dell'esegesi patristica* – AnSEse 2 (1985) 235-249

6795 SIMONETTI, M. *Vecchio e nuovo nell'esegesi patristica greca del IV secolo.* In: *Le trasformazioni della cultura* (cf. 1985-87, 375) I 385-411

6796 SIMONETTI, MANLIO *Lettera e/o allegoria. Un contributo alla storia dell'esegesi patristica* [StEA 23]. Roma: Institutum Patristicum Augustinianum 1985. 385 pp.

6797 SIMONETTI, MANLIO *Sul significato di alcuni termini tecnici nella letteratura esegetica greca.* In: *La terminologia esegetica nell'antichità* (cf. 1985-87, 369) 23-58

6798 TERRA, J.E.M. *Releitura judaica e cristã de Biblia* – RaCultBib 43-44 (1987) 155-235

6799 TORJESEN, KAREN JO *«Body», «Soul», and «Spirit» in Origen's Theory of Exegesis* – AnglThR 67 (1985) 17-30

6800 VICIANO, A. *Principios de hermenéutica bíblica en el tratado «Adv. Iudaeos» de Tertuliano.* In: *Biblia y Hermenéutica. VII*

Simposio Internacional de Teología (Pamplona, 10-12 abril de 1985). Pamplona: Eunsa (1985) 637-644

6801 WEISMANN, F.J. *Principios de exégesis bíblica en el De Doctrina Christiana de San Agustín* – CuadMon 22 (1987) 61-73

6802 YOUSIF, PIERRE *Exégèse et typologie biblique chez S. Éphrem de Nisibe et chez S. Thomas d'Aquin* – ParOr 13 (1986) 31-50

VIII.2. Specialia in Vetus Testamentum

6803 *Le commentaire sur Genèse-Exodus 9,32 du manuscript (olim) Diyarbakir 22.* Edité et traduit par LUCAS VAN ROMPAY [CSCO 483/484: Scriptores Syri 205/206]. Leuven: Peeters 1986. X, 163 pp.; LXVIII, 218 pp.

6804 JUEL, DONALD *Messianic exegesis. Christological interpretation of the Old Testament in early christianity.* Philadelphia, Penna.: Fortress Pr. 1987. XII, 193 pp.

6805 NICKELSBURG, GEORGE W.E. *Aaron.* Übers. von JOSEF EN-GEMANN – RAC Suppl.-Lief. 1/2 (1985) 1-11

6806 *Il Salterio della Tradizione.* Ed. L. MORTARI. Gribaudi: 1983. 333 pp.

6807 SANDELIN, KARL-GUSTAV *Vishetens måltid.* In: *Judendom och kristendom under de första århundradena* (cf. 1985-87, 101) I 268-283

6808 SANDELIN, KARL-GUSTAV *Wisdom as Nourisher. A Study of an Old Testament Theme, its Development within Early Judaism and its Impact on Early Christianity* [AcAbo 64,3]. Åbo: Åbo Akademi 1986. 274 pp.

6809 SKARSAUNE, OSKAR *Da skriften ble åpnet. Den første kristne tolkning av Det gamle testamente.* Oslo: Den Norske Israelsmisjon; Nye Luther Forlag 1987. 151 pp.

6810 SKARSAUNE, OSKAR *Schriftbeweis und christologisches Kerygma in der ältesten kirchlichen Schriftauslegung.* In: *Schrift und Auslegung.* Ed. HEINRICH KRAFT [Veröffentlichungen der Luther-Akademie e.V. Ratzeburg 10]. Erlangen (1987) 45-54

6811 VILLADSEN, HOLGER *Philon og den oldkirkelige skriftfortolkning.* In: *Judendom och kristendom under de första århundradena* (cf. 1985-87, 101) II 93-112

Genesis

6812 FÉGHALI, PAUL *Un commentaire de la Genèse attribué à saint Éphrem.* In: *Actes du deuxième congrès international d'études arabes chrétiennes* (cf. 1985-87, 192) 159-175

6813 SAMIR, K. *Note sur l'auteur du commentaire de la Genèse et ses recensions.* In: *Actes du deuxième congrès international d'études arabes chrétiennes* (cf. 1985-87, 192) 177-182

Gen 1-3

6814 PAGELS, ELAINE *The Politics of Paradise. Augustine's Exegesis of Genesis 1-3 versus that of John Chrysostom* – HThR 78 (1985) 67-100

Gen 1,27

6815 BØRRESEN, KARI E. *Interaksjon mellom skriftgrunnlag og senantik antropologi: Kirkefedres tolkning av I Mos. 1,27 og I Kor. 11,7.* In: *Idékonfrontation under senantiken* (cf. 1985-87, 285) 117-132

6816 ZINCONE, S. *Il tema dell'uomo/ donna immagine di Dio nei Commenti paolini e a Gn di area antiochena (Diodoro, Crisostomo, Teodoro, Teodoreto)* – AnSEse 2 (1985) 103-113

Gen 3,21

6817 BEATRICE, PIER FRANCO *Le tuniche di pelle. Antiche letture di Gen. 3,21.* In: *La tradizione dell'enkrateia* (cf. 1985-87, 374) 433-482

Gen 7

6818 FROT, YVES *L'interprétation ecclésiologique de l'épisode du Déluge chez les Pères des trois premiers siècles* – AugR 26 (1986) 335-348

Gen 22,9

6819 BROCK, SEBASTIAN P. *Two Syriac Verse Homilies on the Binding of Isaac* – Mu 99 (1986) 61-129

6820 HARL, MARGUERITE *La «ligature» d'Isaac (Gen. 22,9) dans la Septante et chez les Pères grecs.* In: *Hellenica et Judaica* (cf. 1985-87, 278) 457-472

Gen 28,12

6821 PRICOCO, SALVATORE *La scala di Giacobbe. L'interpretazione ascetica di Gen. 28,12 da Filone a San Benedetto* – RBS 14/15 (1985/86) 41-58

Exodus

Ex 4,10

6822 HILHORST, A. *Ex 4,10: ¿una variante textual ignorada en Orígenes?* – EBib 45 (1987) 493-496

Ex 14

6823 BULAS, R. *Przeście przez Morze Czerwone w pismach Ojców Kościoła (=Der Auszug der Israeliten aus Ägypten in den Schriften der Kirchenväter)* – RoczTK 33 fasc. 4 (1986) 95-117

Ex 25-31;35-40

6824 SCHMOLZE, G. *Das biblische Symbol der Stiftshütte* – Symbolon 7 (1985) 27-66

Judices

Jud 6-13

6825 LÉGASSE, S. *Le cycle de Gédéon (Juges 6-13) commenté par les Pères de l'Église* – BLE 86 (1985) 163-197

1 Regum

1 Reg 28

6826 SCHMITT, J.-C. *Le spectre de Samuel et la sorcière d'En Dor. Avatars historiques d'un récit biblique: I Rois 28* – Etudes Rurales (Paris) 105-106 (1987)

Job

6827 HIDAL, STEN *Hjältedikt eller själens resa – synen på Jobs bok i fornkyrkan* – SvTK 62 (1986) 69-76
6828 O'HARA, M.L. *Truth in Spirit and Letter. Gregory the Great, Thomas Aquinas, and Maimonides on the book of Job.* In: *From Cloister to Classroom. Monastic and Scholastic Approaches to Truth. The Spirituality of Western Christendom III.* Cur. E. R. ELDER [Cistercian Studies Series 90]. Kalamazoo, Mich.: Cistercian Publications (1986) 47-79

Job 1,21

6829 GEYER, CARL-FRIEDRICH *Das Hiobbuch im christlichen und nachchristlichen Kontext. Anmerkungen zur Rezeptionsgeschichte* – Kairos 28 (1986) 174-195

6830 KERTSCH, MANFRED *Das Katenenfragment des Nicetas zu Ijob 1,21 und seine Dublette bei Chrysostomus. «Ad eos qui magni aestumant opes» (PG 64,456B-457D).* In: *Anfänge der Theologie* (cf. 1985-87, 202) 257-272

Psalmi

6831 BOGAERT, PIERRE-MAURICE *L'ancienne numérotation africaine des Psaumes et la signature davidique du Psautier (Ps 151)* – RBen 97 (1987) 153-162

6832 MIELGO, CONSTANTINO *Interpretación agustiniana de algunos salmos difíciles* – EAg 22 (1987) 262-281

6833 RONDEAU, MARIE JOSEPHE *Les commentaires patristiques du Psautier (IIIe-Ve siècles), II: Exégèse prosopologique et théologique* [OCA 220]. Roma: Pontif. Inst. stud. orient. 1985. 481 pp.

Ps 22 (23),5

6834 BOTTINO, ADRIANA *Rilettura cristiana del Sal 23(22),5.* In: *Sangue e antropologia,* V (cf. 1985-87, 346) II 653-682

Ps 68 (69)

6835 ORTLUND, R. *Psalm 68 in Ancient, Medieval and Modern Interpretation* [Diss.]. Aberdeen: Faculty of Divinity 1985.

Ps 88 (89),16

6836 CUMMINGS, J.T. *Jubilation or Ululation? Patristic Testimony for the Old Latin, especially Psalm 88:16.* In: *Studia Patristica 18,1* (cf. 1985-87, 360) 311-316

Ps 103 (104)

6837 COCCO, I. *Salmo 103: Benedici il Signore anima mia* – SacD 30 (1985) 248-306

Ps 146 (147)

6838 NORET, J. *Fragments palimpsestes d'un commentaire inconnu du psaume 146.* In: *Texte und Textkritik* (cf. 1985-87, 372) 457-468

Proverbia

Pr 8,26

6839 DELLAZARI, R. *Provérbios 8,26 e Colossenses 1,15b. A exegese de Ario e Atanásio. Proposta para uma crítica* – Teoc 75 (1987) 34-44; 76 (1987) 61-69; 77 (1987) 97-106; 78 (1987) 53-68

Canticum Canticorum

6840 BRÉSARD, LUC *Bernard et Origène. Le symbolisme nuptial dans leurs oeuvres sur le Cantique* – CîtNed 36 (1985) 129-151

6841 FRANK, KARL SUSO, OFM *Das Hohelied in der frühen Mönchsliteratur* – EA 61 (1985) 247-260

6842 HARL, MARGUERITE *Les trois livres de Salomon et les trois parties de la philosophie dans les Prologues des Commentaires sur le Cantique des Cantiques (d'Origène aux Chaînes exégétiques grecques)*. In: *Texte und Textkritik* (cf. 1985-87, 372) 249-269

6843 *Das Hohelied. Origenes und Gregor der Grosse.* Eingeleitet und übersetzt von K. SUSO FRANK [ChrM 29]. Einsiedeln: Johannes-Verlag 1987. 131 pp.

6844 KÖPF, ULRICH *Hoheliedauslegung als Quelle einer Theologie der Mystik.* In: *Grundfragen christlicher Mystik* (cf. 1985-87, 277) 50-72

6845 KÖPF, ULRICH *Hoheslied III/1. Auslegungsgeschichte im Christentum. Alte Kirche bis Herder* – TRE 15 (1986) 508-513

6846 MATTER, E.A. *Eulogium sponsi de sponsa: Canons, Monks and the Song of Songs* – Thom 49 (1985) 551-574

Cant 1,5-6

6847 GAETA, G. *Nera e bella. L'esegesi antica di Cantico 1,5-6* – AnSEse 2 (1985) 115-123

Cant 2,4b

6848 FRANK, KARL SUSO, OFM *Geordnete Liebe. Cant 2,4b in der patristischen Auslegung* – WiWh 49 (1986) 15-30

Amos

6849 DASSMANN, ERNST *Amos* – RAC Suppl.-Lief. 3 (1985) 333-350

Malachias

6850 HILHORST, A. *Malachias Angelus* – WSt 100 (1987) 175-184

Isaias

6851 GUINOT, JEAN-NOËL *L'Héritage origénien des commentateurs grecs du prophète Isaïe*. In: *Origeniana Quarta* (cf. 1985-87, 324) 379-389

Is 1,3

6852 OTRANTO, G. *Isai 1,3 tra esegesi patristica e iconografia* – AnSEse 2 (1985) 221-234

Is 2,1-5

6853 LOHFINK, GERHARD *«Schwerter zu Pflugscharen!»*. *Die Rezeption von Jes 2,1-5 par Mi 4,1-5 in der Alten Kirche und im Neuen Testament* – ThQ 166 (1986) 184-209

Is 6,3

6854 BROCK, SEBASTIAN P. *The thrice-holy hymn in the Liturgy* – Sob 7,2 (1985) 24-34

Jeremias

6855 LOMIENTO, GENNARO *«Pragma» und «lexis» in den Jeremiahomilien des Origenes* – ThQ 165 (1985) 118-131
6856 LOMIENTO, GENNARO *Pragma e lexis nelle Omelie su Geremia di Origene* – VetChr 22 (1985) 141-164

Ezechiel

6857 DASSMANN, ERNST *Trinitarische und christologische Auslegung der Thronvision Ezechiels in der patristischen Theologie*. In: *Im Gespräch mit dem dreieinen Gott. Festschrift für Wilhelm Breuning* (cf. 1985-87, 271) 159-174

Ezech 34

6858 POLLASTRI, ALESSANDRA *Rapporto tra Gv 10 ed Ez 34: l'interpretazione patristica del «pastore». Aspetti esegetici, storici, teologici* – AnSEse 2 (1985) 125-135

Daniel

6859 BODENMANN, REINHARD *Naissance d'une exégèse: Daniel dans l'église ancienne des 3 premiers siècles* [BGBE 28]. Tübingen: Mohr 1986. XVIII, 442 pp.

6860 BOER, S. DE *Rome, the «Translatio Imperii» and the Early Christian Interpretation of Daniel* – RSLR 21 (1985) 181-218
6861 GAMMIE, J.G. *A Journey through Danielic Spaces: The Book of Daniel in the Theology and Piety of the Christian Community* – Interp 39 (1985) 144-156

Daniel 2

6862 SIMONETTI, MANLIO *L'esegesi patristica di Daniele 2 et 7 nel II e III secolo.* In: *Popoli e spazio romano* (cf. 1985-87, 331) 37-47

VIII.3. *Specialia in Novum Testamentum*

6863 BROER, INGO *Die Seligpreisungen der Bergpredigt. Studien zu ihrer Überlieferung und Interpretation* [BBB 61]. Bonn: Hanstein 1986. 110 pp.
6864 CUENCA MOLINA, JUAN FERNANDO *El problema de la ley. Luchas antipaulinas en los dos primeros siglos de la Iglesia* [Universidad Pontificia de Comillas-Madrid. Pars dissertationis]. Murcia: 1985. 57 pp.
6865 DASSMANN, ERNST *Zum Paulusverständnis in der östlichen Kirche* – JAC 29 (1986) 27-39
6866 MARTIKAINEN, JUOKO *Nytestamentlig exeges hos de tidiga syriska fäderna.* In: *Patristica Nordica 2* (cf. 1985-87, 325) 49-61
6867 McGUCKIN, JOHN ANTHONY *The Patristic Exegesis of the Transfiguration.* In: *Studia Patristica 18,1* (cf. 1985-87, 360) 335-341
6868 *I padri vivi. Commenti patristici al vangelio domenicale, I-IV.* Ed. riv. e aum., a cura di MAREK STAROWIEYSKI. Roma: Città Nuova 1986. 331; 328; 326; 445 pp.
6869 SACHOT, MAURICE *Les homélies grecques sur la transfiguration. Tradition manuscrite* [Publ. de l'Inst. de rech. et d'hist. des textes]. Paris: Pr. du Centre National de la Recherche Scientifique 1987. 132 pp.

Evangelium Matthaei

6870 *L'Évangile selon Matthieu commenté par les Pères.* Textes choisis et introd. par A.G. HAMMAN, trad. par B. LANDRY [Les Pères dans la foi]. Paris: Desclée de Brouwer 1985. 176 pp.
6871 KÖHLER, WOLF-DIETRICH *Die Rezeption des Matthäusevangeliums in der Zeit vor Irenäus* [WUNT 2,24]. Tübingen: Mohr 1987. XVI, 605 pp.

6872 NEIRYNCK, F. *L'influence de l'évangile de Matthieu. A propos d'une réimpression* – EThL 62 (1986) 399-403

Mt 2,11

6873 SCORZA BARCELLONA, FRANCESCO «*Oro e incenso e mirra*» *(Mt 2,11). L'interpretazione cristologica dei tre doni e la fede dei magi* – AnSEse 2 (1985) 137-147

Mt 2,18

6874 GIANNARELLI, ELENA *Rachele e il pianto della madre nella tradizione cristiana antica* – AnSEse 3 (1986) 215-226

Mt 4,24

6875 REININK, G.J. *Der Dämon «Sohn des Daches» in der syrischen exegetischen Literatur.* In: *Studia Patristica 16* (cf. 1985-87, 359) 105-113

Mt 5,11-12

6876 LORENZI, LORENZO DE «*Godete ed esultate*» *(Mt 5,11-12). La gioia nelle tribolazioni per il regno secondo Origene.* In: *Testimonium Christi* (cf. 1985-87, 370) 151-176

Mt 5,45

6877 ZINCONE, S. *Essere simili a Dio: l'esegesi crisostomiana di Mt 5:45.* In: *Studia Patristica 18,1* (cf. 1985-87, 360) 353-358

Mt 6,9-13

6878 SABUGAL, S. *El Padrenuestro a lo largo de la historia* (2a. parte) – NM 29 (1985) 79-101
6879 SABUGAL, SANTOS *Abba. La Oración del Señor (Historia y exégesis teológica).* Madrid: La Editorial Católica 1985. 759 pp.
6880 SCHNURR, KLAUS BERNHARD *Hören und Handeln. Lateinische Auslegungen des Vaterunsers in der Alten Kirche bis zum 5. Jahrhundert* [FThSt 132]. Freiburg; Basel; Wien: Herder 1985. 290 pp.

Mt 10,28

6881 FERNANDEZ, AURELIO «*No temáis a los que mantan el cuerpo, pero no pueden matar el alma*». *Interpretación patrística de Mt 10,28* – Burgense 28 (1987) 85-108

Mt 13,23

6882 HEUBERGER, JOSEF *Samenkörner Christi des Sämanns auf griechischem Ackerboden. Zur patristischen Wirkungsgeschichte von Mt 13,23 parr.* In: *Anfänge der Theologie* (cf. 1985-87, 202) 155-174

Mt 19,16-26

6883 CESANA, FELICE *Rassegna della letteratura alessandrina ed egiziana del IV e V secolo.* In: *Per foramen acus* (cf. 1985-87, 327) 109-159

6884 COVOLO, ENRICO DAL *L'episodio del giovane ricco in Clemente e Origene.* In: *Per foramen acus* (cf. 1985-87, 327) 79-108

6885 PERSIC, ALESSIO *Basilio monaco e vescovo. Una sola chiamata per tutti i cristiani.* In: *Per foramen acus* (cf. 1985-87, 327) 160-207

6886 PERSIC, ALESSIO *La Chiesa di Siria e i 'gradi' della vita cristiana.* In: *Per foramen acus* (cf. 1985-87, 327) 208-263

6887 PIZZOLATO, LUIGI FRANCO *Una società cristiana alle prese con un testo radicale: l'esegesi della pericope nella Chiesa latina post-costantiniana.* In: *Per foramen acus* (cf. 1985-87, 327) 264-328

6888 SCAGLIONI, CARLO *«Guai a voi ricchi!» Pelagio e gli scritti pelagiani.* In: *Per foramen acus* (cf. 1985-87, 327) 361-398

6889 SCAGLIONI, CARLO *La proposta pastorale di san Giovanni Crisostomo tra rigore e condiscendenza.* In: *Per foramen acus* (cf. 1985-87, 327) 329-360

6890 SCAGLIONI, CARLO *Verso la beatitudine: l'esegesi di Agostino.* In: *Per foramen acus* (cf. 1985-87, 327) 399-528

6891 VISONA, GIUSEPPE *Povertà, sequela, carità. Orientamenti nel cristianesimo dei primi due secoli.* In: *Per foramen acus* (cf. 1985-87, 327) 3-78

Mt 21,28-31

6892 DOIGNON, JEAN *L'exégèse latine de la parabole des deux fils (Matth 21,28-31): Hilaire de Poitiers devant le problème de l'obéissance à Dieu* – RHPhR 65 (1985) 53-59

Mt 22,21

6893 BORI, PIER CESARE *Date a Cesare quel che è di Cesare ... (Mt 22,21). Linee di storia dell'interpretazione antica* – CrSt 7 (1986) 451-464

Mt 23,35

6894 COWLEY, ROGER W. *The 'Blood of Zechariah' (Mt 23.35) in Ethiopian Exegetical Tradition.* In: *Studia Patristica 18,1* (cf. 1985-87, 360) 293-302

Mt 27,51

6895 JONGE, M. DE *Matthew 27:51 in Early Christian Exegesis* – HThR 79 (1986) 67-79

Evangelium Marci

Mc 2,26

6896 EVANS, C.A. *Patristic Interpretation of Mark 2:26 «When Abiathar was High Priest»* – VigChr 40 (1986) 183-186

Evangelium Lucae

6897 *L'Évangile selon Luc commenté par les Pères.* Textes choisis, introd. par JACQUES D. BUTIN. Trad. de ANNETTE MAIGNAN et PATRICE SOLER [Les Pères dans la foi]. Paris: Desclée de Brouwer 1987. 176 pp.

Lc 15,11-32

6898 CATTANEO, ENRICO *L'interpretazione di Lc 15,11-32 nei Padri della Chiesa.* In: *Interpretazione e invenzione. La parabola del Figlio Prodigo tra interpretazioni scientifiche e invenzione artistiche. Atti dell'ottavo Colloquio sulla interpretazione (Macerata, 17-19 marzo 1986).* Ed. GIUSEPPE GALLI [Univ. degli studi di Macerata Pubbl. della Fac. di lettere e filos. 37. Atti di convegni 3]. Genova: Marietti (1987) 69-96

Lc 19,40

6899 RILLIET, FRÉDÉRIC *La louange des pierres et le tonnerre. Luc 19,40 chez Jacques de Saroug et dans la patristique syriaque* – RThPh 117 (1985) 293-304

Evangelium Joannis

6900 *L'Évangile selon saint Jean commenté par les Pères.* Textes choisis et trad. par SOLANGE BOUQUET, introd. par I. DE LA POTTERIE [Les Pères dans la foi]. Paris: Desclée de Brouwer 1985. 173 pp.

Jo 1

6901 TORIBIO, JOSÉ FERNANDO *El prólogo de San Juan en la obra de San Agustín. Uso exegético y teológico* – Mayeútica 12 (1986) 40-146

Jo 1,13

6902 VICENT CERNUDA, ANTONIO *La huella cristológica de Jn 1,13 en el siglo II y la insólita audacia de esta fórmula joanea* – EBib 43 (1985) 275-320

Jo 1,43-51

6903 STICHEL, R. *Nathanael unter dem Feigenbaum. Die Geschichte eines biblischen Erzählstoffes in Literatur und Kunst der byzantinischen Welt.* Wiesbaden: Steiner 1985. 131 pp.

Jo 4,48

6904 BELLE, G. VAN *Jn. 4, 48 et la foi du centurion* – EThL 61 (1985) 167-169

Jo 5,1-18

6905 MEES, M. *Die Heilung des Kranken vom Bethesdateich aus Joh 5.1-18 in frühchristlicher Sicht* – NTS 32 (1986) 596-608
6906 MEES, MICHAEL *Das Wunder am Bethesdateich Joh 5,1-18 und seine Folgen nach Zeugnissen der frühen Christenheit* – Lateranum 51 (1985) 181-192

Jo 5,19-30

6907 MEES, M. *Jesu Selbstzeugnis nach Joh 5,19-30 in frühchristlicher Sicht* – EThL 62 (1986) 102-117

Jo 8,32

6908 LOBATO, ABELARDO *Verdad y libertad. San Agustín y Santo Thomás exégetas de Juan 8,32* – DC 39 (1986) 329-338

Jo 10,7-9

6909 BOTTINO, ADRIANA *«Io sono la porta». Esegesi e storia dell'interpretazione di Gv. 10,7.9* [Diss.]. Roma: Pontificio Istituto Biblico 1985. 73 pp.

Jo 17,7-24

6910 SCOUTERIS, CONSTANTINE *The People of God – Its Unity and its Glory: A Discussion of John 17.7-24 in the Light of Patristic Thought* – GrOrthThR 30 (1985) 399-420

Jo 19,32-35

6911 MEEHAN, T.M. *John 19:32-35 and I John 5:6-8. A study in the history of interpretation* [Diss.]. Madison, N.J.: Drew Univ. 1985. 225 pp. [microfilm; cf. DissAbstr 46 (1986) 3753A]

Jo 21,24-25

6912 POTTERIE, I. DE LA *Le témoin qui démeure, le disciple que Jésus aimait* – Bibl 67 (1986) 343-359

Acta Apostolorum

Ac 16,1-3

6913 COHEN, S.J.D. *Was Timothy Jewish (Acts 16:1-3)? Patristic exegesis, rabbinic law and matrilineal descent* – JBL 105 (1986) 251-268

Epistula ad Romanos

Rom 1,18-32

6914 BASEVI, CLAUDIO *El hombre, Dios y la sociedad según Rom 1,18-32. Un ejemplo de exégesis cristiana de los primeros siglos* – ScTh 17 (1985) 193-212

Rom 1,26

6915 BROOTEN, BERNADETTE J. *Patristic Interpretations of Romans 1:26.* In: *Studia Patristica 18,1* (cf. 1985-87, 360) 287-291

Rom 5,12

6916 WEAVER, DAVID *The Exegesis of Romans 5:12 among the Greek Fathers and its Implications for the Doctrine of Original Sin: the 5th – 12th Centuries* – StVlThQ 29 (1985) 231-257

Epistulae ad Corinthios

6917 YOUNG, FRANCIS M. *John Chrysostom on First and Second Corinthians.* In: *Studia Patristica 18,1* (cf. 1985-87, 360) 349-352

1 Cor 7,32-34

6918 RAMOS-LISSON, D. *Exégesis de 1 Cor 7,32-34 en el «De habitu virginum» de San Cipriano.* In: *Biblia y Hermenéutica. VII Simposio Internacional de Teología (Pamplona, 10-12 abril de 1985).* Pamplona: Eunsa (1985) 645-654

1 Cor 11,28

6919 SANCHEZ CARO, JOSÉ MANUEL *«Probet autem seipsum homo» (1 Cor 11,28). Influjo de la praxis penitencial eclesiástica en la interpretación de un texto bíblico* – Salmant 32 (1985) 293-334

1 Cor 15

6920 KÖTTING, BERNHARD *Weizenkorn Gottes.* In: *Text – Etymologie. Untersuchungen zu Textkörper und Textinhalt. Festschrift für Heinrich Lausberg zum 75. Geburtstag.* Wiesbaden: Steiner (1987) 163-167

2 Cor 6,1-10

6921 MEES, MICHAEL *2 Co 6,1-10 und die Auferstehung der Toten nach Origenes und Methodius* – Lateranum 51 (1985) 153-163

Epistula ad Galatas

Gal 3,2

6922 GEWALT, D. *Die «fides ex auditu» und die Taubstummen. Zur Auslegungsgeschichte von Gal. 3,2 und Röm. 10,14-17* – LinBibl 58 (1986) 45-64

Epistula Jacobi

6923 *La Chaîne Arménienne sur les épîtres catholiques. 1. La chaîne sur l'épître de Jacques.* Ed. C. RENOUX [PO 43, fasc. 1 N°193]. Löwen: Peeters 1986. XII, 324 pp.

Jac 5,14-15

6924 KILMARTIN, E.J. *The Interpretation of James 5: 14-15 in the Armenian Catena on the Catholic Epistles: Scholium 82* – OrChrP 53 (1987) 335-364

Apocalypsis Joannis

6925 KRETSCHMAR, GEORG *Die Offenbarung des Johannes. Die Geschichte ihrer Auslegung im ersten Jahrtausend* [CThM R.B. 9]. Stuttgart: Calwer Verlag 1985. 164 pp.

Apoc 1-3

6926 WOSCHITZ, KARL MATTHÄUS *Erneuerung aus dem Ewigen. Denkweisen – Glaubensweisen in Antike und Christentum nach Offb. 1-3.* Wien; Freiburg; Basel: Herder 1987. 285 pp.

Apoc 2-3

6927 ROMERO POSE, EUGENIO *Interpretacíon patrística de los ángeles del Apocalipsis.* In: *Miscelánea Auriense en honor de Monseñor D. Angel Temiño Saiz, Obipso de Orense.* Orense: Disputacíon Provincial de Orense (1985) 115-127

Apoc 6,1-8

6928 RAPISARDA LO MENZO, GRAZIA *I quattro cavalieri (Apoc. 6,1-8) nell'interpretazione di alcuni commentatori latini (V-VIII sec.)* – Orpheus 6 (1985) 62-89

VERWEISEINTRÄGE

→ I. Generalia

→ I.1. Historia patrologiae

[4826] ANGLADA, ANGEL: Pacianus
[2071] BARNARD, L.W.: Athanasius Alexandrinus
[4172] DEUN, P. VAN: Iohannes Chrysostomus
[3257] DUCKWORTH, COLIN; OSBORN, ERIC: Clemens Alexandrinus
[1423] Novum Testamentum
[146] ERBA, A.: Bibliographica
[2435] GRANADO, CARMELO: Aurelius Augustinus
[4635] GRIBOMONT, J.: Nilus Ancyranus
[6357] GRIBOMONT, JEAN: Vita christiana, monastica
[303] Migne et le renouveau des études patristiques: Collectanea et miscellanea
[175] POGGI, V., SJ: Bibliographica
[4041] RICE JR., EUGENE F.: Hieronymus
[6152] SCHULTZE, BERNHARD, SJ: Trinitas
[5933] VANDER SPEETEN, JOSEPH: Concilia, acta conciliorum, canones
[1089] WHITE, L. MICHAEL: Opera ad historiam ...

→ I.3. Bibliographica

[5211] Hagiographica
[206] Grande antologia filosofica, XXXII: Collectanea et miscellanea
[3895] Gregorius Nyssenus
[11] Historia patrologiae
[4706] CROUZEL, HENRY, SJ; BOULARAND, E.: Origenes
[30] GLÉNISSON J.; VIELLIARD (†), JEANNE: Historia patrologiae
[5540] HÄUSSLING, A.A.: Liturgica
[4915] LOPEZ PEREIRA, J.E.: Priscillianus
[2532] LUIS VIZCAINO, PIO DE: Aurelius Augustinus
[5895] LUMPE, A.: Concilia, acta conciliorum, canones
[2564] MASSONE, JUAN ANTONIO: Aurelius Augustinus
[57] MONTEVERDE, FRANCO: Historia patrologiae
[2591] MUSCO, ALESSANDRO; MESSANA, VINCENZO: Aurelius Augustinus
[77] ROMILLY, JACQUELINE DE: Historia patrologiae
[6731] SCHOLER, DAVID M.: Gnostica
[6732] SCHOLER, DAVID M.: Gnostica
[6733] SCHOLER, DAVID M.: Gnostica

[3801] VERBRAKEN, P.P.: Gregorius Magnus
[2816] VERHEIJEN, LUC M.J., OSA: Aurelius Augustinus
[4464] WARTELLE, A.: Iustinus Martyr

→ I.4. Series editionum et versionum

→ I.4 Ancient Christian Writers (ACW)

[3336] Voll. 44/46: Cyprianus Carthaginiensis
[4831] Vol. 45: Palladius Helenopolitanus

→ I.4 Biblioteca de Autores Cristianos (BAC)

[2157] Vol. 462: Aurelius Augustinus
[4127] Vol. 466: Ildefonsus Toletanus
[2158] Vol. 470: Aurelius Augustinus
[4053] Vol. 481: Hilarius Pictaviensis
[2156] Vol. 487: Aurelius Augustinus

→ I.4 Biblioteca de Patrística

[4675] Vol. 1: Origenes
[3815] Vol. 2: Gregorius Nazianzenus

→ I.4 Biblioteca Patristica (BPatr)

[3247] Vol. 4: Clemens Alexandrinus
[1556] Vol. 5: Apocrypha
[5097] Vol. 6: Tertullianus
 [758] Vol. 7: Opera ad historiam ...
[1654] Vol. 8: Auctores
[1702] Vol. 9: Auctores
[4074] Vol. 10: Hippolytus Romanus

→ I.4 Collana di Testi Patristici (CTP)

[5098] Vol. 12: Tertullianus
[3482] Vol. 48: Egeria
[3667] Vol. 49: Germanus I Constantinopolitanus
[4674] Vol. 51: Origenes
[5189] Vol. 52: Venantius Fortunatus
[4630] Vol. 53: Nicetas Remesianensis
[3655] Vol. 57: Fulgentius Ruspensis
[1659] Vol. 59: Auctores
[3353] Vol. 60: Cyrillus Alexandrinus
[1990] Vol. 61: Pseudo-Ambrosius Mediolanensis

[3812] Vol. 62: Gregorius Nazianzenus
[2003] Vol. 63: Andreas Cretensis
[4421] Vol. 64: Iulianus Pomerius
[3648] Vol. 65: Pseudo-Ferrandus Carthaginiensis
[4496] Vol. 66: Leander Hispalensis
[4673] Vol. 67: Origenes

→ I.4 Corpus Christianorum (CChr)

→ I.4 CChr Series Apocryphorum

[1563] Vol. 3: Apocrypha

→ I.4 CChr Series Latina

[2015] Vol. 19: Aponius
[2148] Vol. 49: Aurelius Augustinus
[1643] Vol. 64: Evagrius Monachus/Foebadius Aginnensis/Leporius Monachus/Ruricius Lemovicensis/Victricius Rotomagensis/ Vincentius Lerinensis
[4914] Vol. 92: Primasius Hadrumetinus
[1717] Vol. 108D: Auctores
[3694] Vol. 143B: Gregorius Magnus

→ I.4 CChr Series Graeca

[2000] Vol. 12: Anastasius Sinaita
[1639] Vol. 15: Auctores
[4512] Vol. 17: Leontius pr. Constantinopolitanus

→ I.4 Corpus Scriptorum Christianorum Orientalium (CSCO)

[4738] Vol. 466: Origenes
[4602] Voll. 467/468: Mešīḥāʾ-Zeḫāʾ
[3505] Voll. 469/470: Elijā
[3513] Voll. 473/474: Ephraem Syrus
[4998] Vol. 475 Subs. 74: Romanus Melodus
[2023] Voll. 476/477: Apophthegmata Patrum
[4564] Voll. 478/479: Maximus Confessor
[6803] Voll. 483/484: Specialia in Vetus Testamentum
[5061] Voll. 486/487: Spelunca Thesaurorum
[3423] Voll. 488/489: Pseudo-Dionysius Areopagita
[2037] Vol. 495 Subs. 78: Apophthegmata Patrum
[1552] Vol. 496 Subs. 79: Novum Testamentum

→ I.4 Corpus Scriptorum Ecclesiasticorum Latinorum (CSEL)

[4555] Vol. 83: Marius Victorinus
[2899] Vol. 86: Basilius Caesariensis
[2160] Vol. 89: Aurelius Augustinus

→ I.4 Ἕλληνες Πατέρες τῆς Ἐκκλησίας (EP)

[3420] Vol. Φ 3: Pseudo-Dionysius Areopagita
[4533] Vol. Φ 7: Macarius/Symeon
[4561] Vol. Φ 14: Maximus Confessor
[3819] Vol. 73: Gregorius Nazianzenus
[3820] Vol. 74: Gregorius Nazianzenus
[4151] Vol. 75: Iohannes Chrysostomus
[4435] Vol. 77: Iustinus Martyr
[4146] Vol. 78: Iohannes Chrysostomus
[3821] Vol. 80: Gregorius Nazianzenus
[4149] Vol. 81: Iohannes Chrysostomus
[3822] Vol. 82: Gregorius Nazianzenus
[3823] Vol. 84: Gregorius Nazianzenus
[4150] Vol. 85: Iohannes Chrysostomus
[4147] Vol. 86: Iohannes Chrysostomus
[4145] Vol. 89: Iohannes Chrysostomus
[4148] Vol. 90: Iohannes Chrysostomus
[3881] Vol. 91: Gregorius Nyssenus
[3882] Vol. 91: Gregorius Nyssenus

→ I.4 Fathers of the Church (FaCh)

[4158] Vol. 73: Iohannes Chrysostomus
[4159] Vol. 74: Iohannes Chrysostomus
[3817] Vol. 75: Gregorius Nazianzenus
[3355] Vol. 76: Cyrillus Alexandrinus
[3356] Vol. 77: Cyrillus Alexandrinus
[4298] Vol. 78: Irenaeus Lugdunensis

→ I.4 Griechische Christliche Schriftsteller (GCS)

[3248] Vol. 52: Clemens Alexandrinus
[3543] Vol. 37: Epiphanius Constantiensis
[3299] Pseudo-Clemens Romanus

→ I.4 Letture Cristiane delle Origini (LCO)

→ I.4 LCO Testi

[5212] Vol. 14: Hagiographica
[3249] Vol. 20: Clemens Alexandrinus
[2126] Vol. 26: Aurelius Augustinus

→ I.4 LCO Antologie

[1650] Vol. 9: Auctores
[3334] Vol. 10: Cyprianus Carthaginiensis

→ I.4 Os Padres da Igreja

[1648] Vol. 6: Basilius Caesariensis/Gregorius Nazianzenus/Gregorius Nyssenus/Iohannes Chrysostomus

→ I.4 Patristische Texte u. Studien (PTS)

[4075] Vol. 25: Hippolytus Romanus
[1996] Vol. 27: Ammon Episcopus
[4792] Vol. 28: Origenes

→ I.4 Patrologia Orientalis (PO)

[4103] Vol. 43, fasc. 4: Iacobus Sarugensis
[6923] Vol. 43, fasc. 1: Epistula Jacobi
[5583] Vol. 43, fasc. 3: Liturgica

→ I.4 Pisma Starochrześcijańskich Pisarzy (PSP)

[3563] Vol. 32: Eugippius
[2020] Vol. 33: Apophthegmata Patrum
[1951] Vol. 35: Ambrosius Mediolanensis
[4677] Vol. 36: Origenes
[2165] Voll. 37-42: Aurelius Augustinus
[4944] Vol. 43: Prudentius

→ I.4 Schriften der Kirchenväter (SK)

[4668] Vol. 6: Origenes
[2169] Vol. 7: Aurelius Augustinus

→ I.4 Sources Chrétiennes (SC)

[2067] Vol. 56,2: Athanasius Alexandrinus
[3573] Vol. 73: Eusebius Caesariensis

[2070] Vol. 317: Athanasius Alexandrinus
[3813] Vol. 318: Gregorius Nazianzenus
[5100] Vol. 319: Tertullianus
[3325] Vol. 320: Constitutiones Apostolorum
[4672] Vol. 321: Origenes
[3354] Vol. 322: Cyrillus Alexandrinus
[3990] Vol. 323: Hieronymus
[4476] Vol. 326: Lactantius
[3692] Vol. 327: Gregorius Magnus
[4669] Vol. 328: Origenes
[3326] Vol. 329: Constitutiones Apostolorum
[3129] Vol. 330: Caesarius Arelatensis
[5099] Vol. 332: Tertullianus
[3572] Vol. 333: Eusebius Caesariensis
[4052] Vol. 334: Hilarius Pictaviensis
[4475] Vol. 335: Lactantius
[3327] Vol. 336: Constitutiones Apostolorum
[4477] Vol. 337: Lactantius
[3574] Vol. 338: Eusebius Caesariensis
[3624] Vol. 340: Evagrius Ponticus

→ I.4 Sources gnostiques et manichéennes (SGM)

[1946] Vol. 2: Alexander Lycopolitanus

→ I.4 Studi e Testi

[4990] Vol. 1: Romanus Melodus

→ I.5. Collectanea et miscellanea

[4264] Iohannes Philoponus
[3579] CURTI, CARMELO: Eusebius Caesariensis
[3378] David Invictus
[6596] Gnostica
[1466] FISCHER, B.: Novum Testamentum
[1470] FISCHER, BONIFATIUS: Novum Testamentum
[4643] GIGLI PICCARDI, DARIA: Nonnus Panopolitanus
[2527] LUCA, GIUSEPPE DE: Aurelius Augustinus
[3373] Damasus Papa
[5818] Cultus
[5929] Concilia, acta conciliorum, canones

→ I.6. Methodologica

[5215] BIRGE VITZ, E.: Hagiographica

→ I.7. Subsidia

→ I.8. Opera ad historiam ecclesiasticam sive saecularem spectantia

[5868] DAVIS, LEO D., SJ: Concilia, acta conciliorum, canones
[2321] DECRET, F.: Aurelius Augustinus
[3726] DEMOUGEOT, E.: Gregorius Magnus
[4439] DENNING-BOLLE, SARA: Iustinus Martyr
[6332] DIAZ MARTINEZ, P.C.: Vita christiana, monastica
[5744] DIAZ Y DIAZ, M.C.: Hymni
[3663] DIETEN, J.L. VAN: Georgius Pisida
[4058] DOIGNON, JEAN: Hilarius Pictaviensis
[3833] DOSTALOVA, R.: Gregorius Nazianzenus
 [258] Dall'eremio al cenobio. La civiltà monastica in Italia …: Collectanea et miscellanea
[4901] ESBROECK, MICHEL VAN: Petrus Hierosolymitanus
[6337] FABRIS, RINALDO: Vita christiana, monastica
[4902] FERNANDEZ HERNANDEZ, G.: Philostorgius
[5239] FINK, WALTER: Hagiographica
[5877] FISCHER, JOSEPH A.: Concilia, acta conciliorum, canones
 [433] FISCHER-WOLLPERT, RUDOLF: Subsidia
 [264] FONTAINE, JACQUES: Collectanea et miscellanea
 [266] From Late Antiquity to Early Byzantium: Collectanea et miscellanea
 [267] GAMBER, KLAUS: Collectanea et miscellanea
[4571] GARRIGUES, JUAN MIGUEL: Maximus Confessor
[4572] GARRIGUES, JUAN MIGUEL: Maximus Confessor
[4113] GASTON, LLOYD: Ignatius Antiochenus
[5193] GEORGE, J.W.: Venantius Fortunatus
[2429] GONZALEZ, GABRIEL: Aurelius Augustinus
[4961] GONZALEZ BLANCO, ANTONINO: Prudentius
 [436] GORMAN, G.E.; GORMAN, LYN: Subsidia
[2995] GOUTAGNY, E.: Benedictus Nursinus
[6358] GRIFFITHS, J.G.: Vita christiana, monastica
[4015] GRILLI, A.: Hieronymus
[3743] HEITZ, C.: Gregorius Magnus
[3595] HOORNAERT, E.: Eusebius Caesariensis
[5261] HOŠEK, R.: Hagiographica
[4293] IORDACHE, R.: Iordanes
[3747] JENAL, G.: Gregorius Magnus
[2115] JONES, C.P.: Athenagoras
 [443] KELLY, JOHN NORMAN DAVIDSON: Subsidia
[4853] KELLY, JOSEPH F.T.: Patricius ep. Hibernorum
[3676] KERLOUÉGAN, F.: Gildas Sapiens
[6386] KLAUCK, H.J.: Vita christiana, monastica
[3133] KLINGSHIRN, WILLIAM E.: Caesarius Arelatensis
[3134] KLINGSHIRN, WILLIAM E.: Caesarius Arelatensis
[4484] KÖNIG, INGEMAR: Lactantius

[3034] ROLLASON, D.W.: Benedictus Nursinus
[343] The Roots of Egyptian Christianity: Collectanea et Miscellanea
[5082] ROQUES, D.: Synesius Cyrenensis
[3361] ROUGÉ, JEAN: Cyrillus Alexandrinus
[5136] SAAVEDRA GUERRERO, MARIA DARIA: Tertullianus
[3965] SAITTA, B.: Gregorius Turonensis
[3966] SAITTA, BIAGIO: Gregorius Turonensis
[5853] SALZMAN, M.R.: Iuridica, symbola
[6015] SANZ SERRANO, R.: Ius canonicum, hierarchia, disciplina ecclesiastica
[3127] SCHÄFERDIEK, KNUT: Bonosus Naissenus
[5922] SCHÄFERDIEK, KNUT: Concilia, acta conciliorum, canones
[4433] SCHMITZ, W.: Iustinianus Imperator
[3393] SCHÖLLGEN, GEORG: Didache
[3183] SIRAGO, VITO ANTONIO: Cassiodorus
[4120] SMITH, JAMES D.: Ignatius Antiochenus
[6523] SOLDAN, W.G.; HEPPE, H.: Angeli et daemones
[2750] SORDI, MARTA: Aurelius Augustinus
[6747] STROUMSA, GEDALIAHU G.: Gnostica
[5732] TALLEY, THOMAS J.: Annus liturgicus
[476] TIMM, S.: Subsidia
[1905] TIMPE, D.: Auctores
[6490] TROMBLEY, F.R.: Vita christiana, monastica
[6212] UTHEMANN, K.-H.: Christologia
[6762] VEILLEUX, ARMAND: Gnostica
[6763] VERGOTE, J.: Gnostica
[5323] VERHULST, A.E.: Bavo conf. Gandavi
[5324] VERHULST, A.E.: Bavo conf. Gandavi
[377] Los Visigodos: Collectanea et miscellanea
[379] WENDLAND, P.: Collectanea et miscellanea
[1091] WIESINGER, PETER: Philologia patristica
[5940] WILLERT, NIELS: Concilia, acta conciliorum, canones
[1252] WINKLER, GABRIELE: Philologia patristica

→ I.9. Philosophica

[4613] ALBRECHT, MICHAEL VON: Minucius Felix
[2174] ALEGRE, ATANASIO: Aurelius Augustinus
[6267] ALLEN, P.: Anthropologia
[2179] ALVAREZ TURIENZO, SATURNIO: Aurelius Augustinus
[2180] ALVAREZ TURIENZO, SATURNIO: Aurelius Augustinus
[2181] ALVAREZ TURIENZO, SATURNIO: Aurelius Augustinus
[2182] ALVAREZ TURIENZO, SATURNIO: Aurelius Augustinus
[3376] ANASTOS, M.V.: David Invictus

[3068] ANDREWS, ROBERT: Boethius
[2189] ARANGO, JOSÉ DAVID: Aurelius Augustinus
 [392] Subsidia
 [210] Aristoteles, Werk und Wirkung: Collectanea et miscellanea
[6268] ASPEGREN, KERSTIN: Anthropologia
[3643] BALTES, M.: Evodius Uzaliensis
[1258] BEIERWALTES, WERNER: ἕν
[6131] BELL, DAVID N.: Trinitas
[1670] BERGADA, M.M.: Auctores
[2226] BLAZQUEZ, NICETO: Aurelius Augustinus
[4267] BLUMENTHAL, H.J.: Iohannes Philoponus
[4268] BLUMENTHAL, H.J.: Iohannes Philoponus
[6577] BÖHLIG, ALEXANDER: Gnostica
[2236] BOOTH, E.G.T., OP: Aurelius Augustinus
[2237] BORDON, NELLIBE J.: Aurelius Augustinus
[1682] BRANCACCI, ALDO: Auctores
[3377] BRUTJAN, G.A.: David Invictus
[2245] BUBACZ, BRUCE S.: Aurelius Augustinus
[4393] CANDAU MORON, JOSÉ Maria: Iulianus Imperator
[4394] CANDAU MORON, JOSÉ MARIA: Iulianus Imperator
[4617] CAPPELLETTI, A.: Minucius Felix
[2908] CAVALCANTI, ELENA: Basilius Caesariensis
[2293] CLARK, MARY T.: Aurelius Augustinus
[3256] CRIMI, CARMELO: Clemens Alexandrinus
[2316] CROUSE, ROBERT D.: Aurelius Augustinus
[4703] CROUZEL, HENRI, SJ: Origenes
[4704] CROUZEL, HENRI, SJ: Origenes
[3078] CURLEY, THOMAS F.: Boethius
[2330] DIÉGUEZ MUÑOZ, MANUEL: Aurelius Augustinus
[2337] DOIGNON, JEAN: Aurelius Augustinus
[2342] DOMINGO MORATALLA, AGUSTIN: Aurelius Augustinus
[2345] D'ONOFRIO, G.: Aurelius Augustinus
[2348] DOULL, F.A.: Aurelius Augustinus
[1216] DYCK, A.R.: Philologia patristica
[6599] EDWARDS, MARK JULIAN:
[4235] FAUCON, P.: Iohannes Damascenus
[6606] FAUTH, WOLFGANG: Gnostica
 [657] FERNANDEZ, GONZALO: Opera ad historiam …
[2374] FERWERDA, R.: Aurelius Augustinus
 [662] FILOSI, S.: Opera ad historiam …
[2376] FISCHER, NORBERT: Aurelius Augustinus
[2382] FLOREZ MIGUEL, CIRILO: Aurelius Augustinus
[2391] FRIBERG, HANS DANIEL: Aurelius Augustinus
[2056] GAISER, K.: Arnobius Maior

[2601] NIARCHOS, C.G.: Aurelius Augustinus
[2609] O'BRIEN, D.: Aurelius Augustinus
[4764] O'CLEIRIGH, PADRAIG M.: Origenes
[2614] O'DALY, G.J.P.: Aurelius Augustinus
[6828] O'HARA, M.L.: Patrum Exegesis Veteris Testamenti
[3860] OOSTHOUT, HENRI F.: Gregorius Nazianzenus
[2625] OROZ RETA, J.: Aurelius Augustinus
[3273] OSBORN, E.: Clemens Alexandrinus
[4766] OSBORN, ERIC: Origenes
[4086] OSBORNE, CATHERINE: Hippolytus Romanus
[6104] PANNENBERG, WOLFHART: Doctrina auctorum
[2934] PAPADOPOULOS, K.: Basilius Caesariensis
[2640] PEGUEROLES, JUAN: Aurelius Augustinus
[2642] PEGUEROLES, JUAN: Aurelius Augustinus
[2643] PEGUEROLES, JUAN: Aurelius Augustinus
 [326] PÉPIN, JEAN: Collectanea et miscellanea
[2650] PÉREZ RUIZ, FRANCISCO: Aurelius Augustinus
 [1377] PISCOPO, MERCEDES: Palaeographica atque manuscripta
[3113] PIZZANI, UBALDO: Boethius
[2667] RADERMACHER, H.: Aurelius Augustinus
[2671] RAMIREZ RUIZ, ESTEBAN: Aurelius Augustinus
[2688] RIGBY, PAUL: Aurelius Augustinus
 [342] RIST, JOHN M.: Collectanea et miscellanea
[2693] RIVERA DE VENTOSA, E.: Aurelius Augustinus
[2695] RIVERA DE VENTOSA, ENRIQUE: Aurelius Augustinus
[4495] RUNCHINA, GIOVANNI: Lactantius
[2711] SANABRIA, JOSÉ RUBEN: Aurelius Augustinus
[3114] SEIDL, H.: Boethius
[1891] STEAD, CHRISTOPHER: Auctores
[3118] STUMP, ELEONORE: Boethius
[3385] TERIAN, A.: David Invictus
[2774] TESKE, R.J.: Aurelius Augustinus
[3455] THIVIERGE, G.-R.: Pseudo-Dionysius Areopagita
[2895] THOMAS, LÉON: Basilides
[6487] TIBILETTI, CARLO: Vita christiana, monastica
[3124] UKOLOVA, V.I.: Boethius
[6212] UTHEMANN, K.-H.: Christologia
[2805] VEGA, JOSÉ: Aurelius Augustinus
[4284] VERBEKE, G.: Iohannes Philoponus
[5084] VOLLENWEIDER, SAMUEL: Synesius Cyrenensis
[2836] WASZINK, J.H.: Aurelius Augustinus
[3937] WATSON, GERARD: Gregorius Nyssenus
[4465] WINDEN, J.C.M. VAN: Iustinus Martyr
[6159] WITTSCHIER, STURMIUS M.: Trinitas

[3407] WOODRUFF, P.: Didymus Alexandrinus
[3287] ZOUMPOS, A.N.: Clemens Alexandrinus

→ I.10. Philologia patristica (lexicalia atque linguistica)

→ I.10.a) Generalia

[5094] Tertullianus
[4826] ANGLADA, ANGEL: Pacianus
[5102] AZZALI BERNARDELLI, GIOVANNA: Tertullianus
[4126] BALLEROS MATEOS, JUANA: Ildefonsus Toletanus
[3699] BARTELINK, G.J.M.: Gregorius Magnus
[3487] BASEVI, CLAUDIO: Egeria
[3515] BECK, EDMUND: Ephraem Syrus
[400] BEESON, C.H.: Subsidia
[5214] BERSCHIN, W.: Hagiographica
[2221] BEUCHOT, MAURICIO: Aurelius Augustinus
[405] BLAISE, ALBERT: Subsidia
[2225] BLANCO, DESIDERIO: Aurelius Augustinus
[407] BRUNSCH, W.: Subsidia
[408] CARREZ, MAURICE; MOREL, FRANÇOIS: Subsidia
[2273] CENACCHI, GIUSEPPE: Aurelius Augustinus
[413] Subsidia
[415] COPPENS, CYPRIANUS: Subsidia
[2005] DETORAKIS, THEOCHARIS: Andreas Cretensis
[4531] DIERCKS, G.F.: Lucifer Calaritanus
[3081] DONOGHUE, D.: Boethius
[431] ÉVRARD, ÉTIENNE: Subsidia
[3493] FREIRE, JOSÉ GERALDES: Egeria
[4957] GNILKA, C.: Prudentius
[6354] GRIBOMONT, JEAN: Vita christiana, monastica
[2447] HALL, R.G.; OBERHELMAN, S.M.: Aurelius Augustinus
[3496] HINOJO ANDRÉS, GREGORIO: Egeria
[439] HOFFMANN, ERNST G.; SIEBENTHAL, HEINRICH VON: Subsidia
[5123] HOPPE, HEINRICH: Tertullianus
[1758] KENNEDY, G.A.: Auctores
[3909] KLOCK, CHRISTOPH: Gregorius Nyssenus
[3404] KRAMER, BÄRBEL; KRAMER, JOHANNES: Didymus Caecus
[296] Latin vulgaire-Latin tardif: Collectanea et miscellanea
[3958] LE PENNEC-HENRY, M.: Gregorius Turonensis
[3759] LEOTTA, R.: Gregorius Magnus
[1971] MARIN, MARCELLO: Ambrosius Mediolanensis
[447] MINASSIAN, MARTIROS: Subsidia

→ I.10.b) Voces

→ ἅγιος

→ ἁγνός

→ ἀθυμία

→ ἀκολουθία

→ ἀλλοτρίωσις

→ ἀποκατάστασις

→ ἀποστολή

[3560] PIGNANI, ADRIANA: Eudocia

→ ἄσκησις

[26] FORCE, P.: Historia patrologiae

→ ἐξομολογέομαι

[3293] WILHELM-HOOIJBERGH, A.E.: Clemens Romanus

→ εὐδοκία

[3560] PIGNANI, ADRIANA: Eudocia

→ εὐχαριστία

[4735] LAPORTE, JEAN: Origenes

→ ἱερὰ νόσος

[1681] BRAKMANN, HEINZGERD: Auctores

→ λέξις

[6855] LOMIENTO, GENNARO: Jeremias
[6856] LOMIENTO, GENNARO: Jeremias

→ λόγος/λογικός

[3846] KONDOTHRA, G.: Gregorius Nazianzenus

→ μεταμέλεια

[3554] RIGGI, CALOGERO, SDB: Epiphanius Constantiensis

→ μεταμελέσθαι

[3977] CARLINI, ANTONIO: Hermae Pastor

→ μετανοεῖν

[3977] CARLINI, ANTONIO: Hermae Pastor

→ μετάνοια

[3554] RIGGI, CALOGERO, SDB: Epiphanius Constantiensis

→ μετενσωμάτωσις
[4688] BIANCHI, UGO: Origenes

→ μονογενής
[4727] HOFRICHTER, PETER: Origenes

→ νόησις
[3642] WARE, KALLISTOS: Evagrius Ponticus

→ νοῦς
[3642] WARE, KALLISTOS: Evagrius Ponticus

→ ξενιτεία
[2962] BÖCKMANN, AQUINATA: Benedictus Nursinus

→ ὁμίχλη
[4644] GIGLI PICCARDI, DARIA: Nonnus Panopolitanus

→ ὁμοούσιος
[2081] DRAGAS, GEORGE DION: Athanasius Alexandrinus
[2896] STEENSON, J.N.: Basilius Ancyranus

→ ὅσιος
[5571] ROSE, A.: Liturgica

→ παῖς
[759] ISON, DAVID: Opera ad historiam …

→ παρρησία
[4166] BARTELINK, G.J.M.: Iohannes Chrysostomus

→ πίστις
[3410] GILMOUR, CALUM: Ad Diognetum

→ πλήρωμα
[6582] BROEK, ROELOF VAN DEN: Gnostica

→ πρᾶγμα

[6855] LOMIENTO, GENNARO: Jeremias
[6856] LOMIENTO, GENNARO: Jeremias

→ σάρξ

[3514] BECK, EDMUND: Ephraem Syrus
[4115] LONA, HORACIO E., SDB: Ignatius Antiochenus

→ σεληνιάζεσθαι

[6875] REININK, G.J.: Mt 4,24

→ σύμβουλος

[1833] PÉPIN, JEAN: Auctores

→ σῶμα

[3514] BECK, EDMUND: Ephraem Syrus

→ ὑπακοή

[3560] PIGNANI, ADRIANA: Eudocia

→ ὑποστάσις

[2944] TROIANO, MARINA SILVIA: Basilius Caesariensis

→ φάρμακον

[6382] JÜTTNER, GUIDO: Vita christiana, monastica

→ φιλοξενία

[2962] BÖCKMANN, AQUINATA: Benedictus Nursinus

→ χορεύειν

[4651] VIAN, F.: Nonnus Panopolitanus

→ ψαλμός

[1716] FERGUSON, E.: Auctores

→ agnus

[5501] AGRELO, SANTIAGO, OFM: Liturgica

→ deus

[1142] GERSH, S.: Philosophica

→ dispensatio

[4066] LADARIA, LUIS F.: Hilarius Pictaviensis

→ diversorium

[2311] COYLE, J. KEVIN: Aurelius Augustinus

→ exemplum

[2766] STUDER, B., OSB: Aurelius Augustinus

→ fas

[6121] DIHLE, ALBRECHT: Religio, revelatio

→ fragilitas humana

[3994] BARTELINK, GERARD: Hieronymus

→ gloria

[2807] VELASQUEZ, JORGE OSCAR: Aurelius Augustinus

→ hactenus

[4295] IORDACHE, ROXANA: Iordanes

→ hymnus

[1193] BASTIAENSEN, A.A.R.: Philologia patristica

→ lex

[2999] HAGEMEYER, O.: Benedictus Nursinus

→ littera

[2480] KELLY, L.G.: Aurelius Augustinus

→ materia

[3804] VOGÜÉ, ADALBERT DE: Gregorius Magnus

→ memoria
[2585] MIYATANI, YOSHISHIKA: Aurelius Augustinus

→ mens
[1142] GERSH, S.: Philosophica
[6367] HEENE, KATRIEN: Vita christiana, monastica

→ meritum
[5120] HALLONSTEN, GÖSTA: Tertullianus

→ monachus
[2311] COYLE, J. KEVIN: Aurelius Augustinus

→ monasterium
[2311] COYLE, J. KEVIN: Aurelius Augustinus

→ natura
[1142] GERSH, S.: Philosophica

→ occurrere
[3495] GETE CARPIO, OLGA: Egeria

→ parochia
[1243] POSCH, SEBASTIAN: Philologia patristica

→ parochus
[1243] POSCH, SEBASTIAN: Philologia patristica

→ peccatum
[2384] FOLLIET, GEORGES: Aurelius Augustinus

→ persona
[2351] DROBNER, HUBERTUS R.: Aurelius Augustinus

→ philosophia
[4192] QUANTIN, J.L.: Iohannes Chrysostomus

→ pius

[6121] DIHLE, ALBRECHT: Religio, revelatio

→ pondus

[2542] MAGNAVACA, S.: Aurelius Augustinus

→ potestas

[1280] STÜRNER, W.: Peccatum

→ praedestinatio

[2440] GROSSI, VITTORINO: Aurelius Augustinus

→ prior/prioratus

[1282] BAUTIER, A.M.: prepositus

→ propositum

[2296] COLLEDGE, EDMUND, OSA: Aurelius Augustinus

→ protinus

[4295] IORDACHE, ROXANA: Iordanes

→ psalmus

[1193] BASTIAENSEN, A.A.R.: Philologia patristica

→ quatenus

[4295] IORDACHE, ROXANA: Iordanes

→ rectitudo

[3766] MOREL, C.: Gregorius Magnus

→ religio

[6122] FEIL, ERNST: Religio, revelatio
 [987] SACHOT, M.: Opera ad historiam …

→ Romanus

[1882] SINISCALCO, P.: Auctores
[1883] SINISCALCO, PAOLO: Auctores

→ sacer

[6121] DIHLE, ALBRECHT: Religio, revelatio

→ sacramentum

[2766] STUDER, B., OSB: Aurelius Augustinus

→ saeculum

[2519] LETTIERI, GAETANO: Aurelius Augustinus

→ sanctus/sanctitas

[5111] BRAY, G.L.: Tertullianus
[6121] DIHLE, ALBRECHT: Religio, revelatio

→ sanguis

[5190] BAIESI, PAOLO: Venantius Fortunatus

→ substantia

[2774] TESKE, R.J.: Aurelius Augustinus

→ superstitio

 [828] LÜHRMANN, DIETER: Opera ad historiam...
 [987] SACHOT, M.: Opera ad historiam …
 [997] SANTOS YANGUAS, NARCISO: Opera ad historiam …

→ tenus

[4295] IORDACHE, ROXANA: Iordanes
[3213] IORDACHE, ROXANA: Claudianus Mamertus

→ veritas

[4616] BUCHHEIT, VINZENZ: Minucius Felix
[2402] GALLICET, E.: Aurelius Augustinus

→ vox

[2480] KELLY, L.G.: Aurelius Augustinus

→ I.11. Palaeographica atque manuscripta

[2022] Apophthegmata Patrum
[4637] ACCORINTI, DOMENICO: Nonnus Panopolitanus

[3369] ESBROECK, MICHEL VAN: Cyrillus Scythopolitanus
[3834] ESBROECK, MICHEL VAN: Gregorius Nazianzenus
[4401] FILIPPO, A.: Iulianus Imperator
[4889] FLEURIOT, LÉON: Pelagius
[4091] FRICKEL, JOSEF: Pseudo-Hippolytus Romanus
[5536] GAMBER, KLAUS: Liturgica
[2407] GARCIA DE LA FUENTE, O.; POLENTINOS, V.: Aurelius
    Augustinus
[4939] GARZYA, A.: Procopius Gazaeus
[3955] GERBERDING, RICHARD A.: Gregorius Turonensis
[3838] GERTZ, N.: Gregorius Nazianzenus
[5636] GEYMONAT, M.: Missa, sacramenta, sacramentalia
  [30] GLÉNISSON J.; VIELLIARD (†), JEANNE: Historia patrologiae
[1996] GOEHRING, JAMES E.: Ammon Episcopus
[2434] GORMAN, M.M.: Aurelius Augustinus
[3840] GRAND'HENRY, JACQUES: Gregorius Nazianzenus
[3841] GRAND'HENRY, JACQUES: Gregorius Nazianzenus
[3842] GRAND'HENRY, JACQUES: Gregorius Nazianzenus
[3591] GRANT, ROBERT M.: Eusebius Caesariensis
[4635] GRIBOMONT, J.: Nilus Ancyranus
[3636] GUILLAUMONT, CLAIRE: Evagrius Ponticus
[4592] HALL, S.G.: Melito Sardensis
[3161] HALPORN, J.W.: Cassiodorus
[3162] HALPORN, J.W.: Cassiodorus
[3844] HÖLLGER, WINFRIED: Gregorius Nazianzenus
[3567] JACOBSEN, O.L.: Eugippius
[5544] JANERAS, SEBASTIA: Liturgica
[4941] JEUDY, COLETTE: Prosper Aquitanus
[5170] KARLIN-HAYTER, PATRICIA: Theophanes Confessor
 [441] Subsidia
 [445] KUTTNER, S.; ELZE, R.: Subsidia
[4081] LABATE, A.: Hippolytus Romanus
[4363] LAGORIO, VALERIE M.: Isidorus Hispalensis
[2032] LELOIR, L.: Apophthegmata Patrum
[3529] LELOIR, LOUIS, OSB: Ephraem Syrus
[3758] LEONARDI, C.: Gregorius Magnus
[1496] Novum Testamentum
[4593] LUCCHESI, ENZO: Melito Sardensis
[4026] MADAS, EDIT: Hieronymus
[4185] MALINGREY, ANNE-MARIE: Iohannes Chrysostomus
[4084] MARCOVICH, MIROSLAV: Hippolytus Romanus
[5011] MARTI, H.: Rufinus Aquileiensis
[1501] MCCONAUGHY, DANIEL L.: Novum Testamentum
[3268] MEES, MICHAEL: Clemens Alexandrinus

[4745] MÉHAT, A.: Origenes
 [306] Miscellànea papirològica Ramon Roca-Puig ...: Collectanea et miscellanea
[4486] MONAT, PIERRE: Lactantius
[3854] MOSSAY, JUSTIN: Gregorius Nazianzenus
[3855] MOSSAY, JUSTIN: Gregorius Nazianzenus
[3551] MOUTSOULAS, E.: Epiphanius Constantiensis
[4260] MUNITIZ, JOSEPH A.: Vita christiana, monastica
[3769] NASCIMENTO, A.A.: Gregorius Magnus
[4036] NEES, LAWRENCE: Hieronymus
[3110] NOEL, G.: Boethius
[6838] NORET, J.: Ps 146(147)
[4900] OLIVAR, A.: Petrus Chrysologus
[4038] PALLA, ROBERTO: Hieronymus
 [67] PERARNAU I ESPELT, J.: Historia patrologiae
[5158] PETIT, FRANÇOISE: Theodorus Mopsuestenus
[1622] PIÑERO SAENZ, A.: Apocrypha
[2878] PRETE, SERAFINO: Ausonius
[2879] PRETE, SESTO: Ausonius
[1846] PRICOCO, S.: Auctores
[1529] RICE, GEORGE E.: Novum Testamentum
 [75] RIETBERGEN, PETER J.A.N.: Historia patrologiae
[3415] RIGGI, C.: Ad Diognetum
[5685] ROCA-PUIG, R.: Missa, sacramenta, sacramentalia
[3653] ROOIJ, MARC VAN: Fulgentius Mythographus
[5312] RUBENSON, SAMUEL: Antonius Eremita
[3300] SALVADORI, L.: Pseudo-Clemens Romanus
[5690] SAUGET, JOSEPH-MARIE: Missa, sacramenta, sacramentalia
[4384] SCHMEJA, HANS: Itinerarium Anonymi Placentini
[4047] SCOURFIELD, J.H.D.: Hieronymus
[6475] SIJPESTEIJN, P.J.: Vita christiana, monastica
[4071] SMULDERS, PIETER: Hilarius Pictaviensis
[4434] SORRENTI, L.: Iustinianus Imperator
[4197] SOTIROUDIS, P.: Iohannes Chrysostomus
[2779] THURN, HANS: Aurelius Augustinus
[4336] TREU, KURT: Isaac Ninivita
[3189] TRONCARELLI, F.: Cassiodorus
[2945] ULUHOGIAN, GABRIELLA: Basilius Caesariensis
[3570] VAGGIONE, RICHARD PAUL: Eunomius Cyzicenus
[4203] VANDER MEIREN, W.: Iohannes Chrysostomus
[5934] VANDER SPEETEN, JOSEPH: Concilia, acta conciliorum, canones
[2818] VERHEIJEN, LUC M.J., OSA: Aurelius Augustinus
[3987] VEZZONI, ANNA: Hermae Pastor

→ II. Novum Testamentum atque Apocrypha

→ II.1. Novum Testamentum

→ II.1.a) Editiones textus Novi Testamenti aut partium eius

→ II.1.a)bb) Editiones versionum antiquarum

[222] La Bibbia Vulgata dalle origini ai nostri giorni: Collectanea et miscellanea
[5089] ELLIOTT, J.K.: Tatianus Syrus

→ II.1.b) Quaestiones et dissertationes ad textum eiusque traditionem pertinentes

[5002] BAMMEL, CAROLINE P. HAMMOND: Rufinus Aquileiensis
[3995] BAUER, JOHANNES B.: Hieronymus
[5181] BELARDI, WALTER: Novum Testamentum
[402] Subsidia
[3978] CARLINI, ANTONIO: Hermae Pastor
[1422] COMFORT, P.W.: Novum Testamentum
[413] Subsidia
[414] Subsidia
[5088] EDWARDS, O.C.: Tatianus Syrus
[3400] EHRMAN, BART D.: Didymus Alexandrinus
[429] ELLIOTT, JAMES K.: Subsidia
[3152] FISCHER, BONIFATIUS: Cassiodorus
[5636] GEYMONAT, M.: Missa, sacramenta, sacramentalia
[3742] GRIBOMONT, J.: Gregorius Magnus
[1330] GRYSON, R.; OSBORNE, T.P.: Palaeographica atque manuscripta
[5090] HIGGINS, A.J.B.: Tatianus Syrus
[440] JANIS, NORMAN: Subsidia
[6871] KÖHLER, WOLF-DIETRICH: Evangelium Matthaei
[5184] LÜHR, ROSEMARIE: Ulfilas
[299] The Majority Text: Collectanea et miscellanea
[6906] MEES, MICHAEL: Jo 5,1-18
[448] MINASSIAN, MARTIROS: Subsidia
[449] MINASSIAN, MARTIROS: Subsidia
[309] Le monde latin antique et la Bible: Collectanea et miscellanea
[1235] NERSOYAN, H.J.: Philologia patristica
[1369] OLIVER, J.: Palaeographica atque manuscripta
[1238] PARKER, D.C.: Philologia patristica
[1374] PETITMENGIN, PIERRE: Palaeographica atque manuscripta
[1375] PIETERSMA, A.: Palaeographica atque manuscripta

→ II.2. Apocrypha

→ II.2.a) Editiones textus originalis

→ II.2.b) Versiones modernae

→ II.2.c) Quaestiones et dissertationes

[6709] POKORNY, PETR: Gnostica
[4789] SPADA, CONCETTA ALOE: Origenes
[1418] WRIGHT, DAVID F.: Palaeographica atque manuscripta
[1419] WRIGHT, DAVID F.: Palaeographica atque manuscripta

→ III. Auctores (editiones, quaestiones, dissertationes, commentarii)

→ III.1. Generalia

[170] MUSCO, ALESSANDRO; MESSANO, VINCENZO: Bibliographica
[454] NORDEN, EDUARD: Subsidia
[5561] OLIVAR, A.: Liturgica
[5725] Annus liturgicus
[6102] ORBE, ANTONIO: Doctrina auctorum
[6868] Specialia in Novum Testamentum
[105] Opera ad patrologiam …
[106] PETERS, G.: Opera ad patrologiam …
[1978] PIREDDA, A.M.: Ambrosius Mediolanensis
[107] RAMSEY, BONIFACE: Opera ad patrologiam …
[5688] RUFFINI, ELISEO; Lodi, E.: Missa, sacramenta, sacramentalia
[6806] Specialia in Vetus Testamentum
[6154] SIMONETTI, MANLIO: Trinitas
[6155] SIMONETTI, MANLIO: Trinitas
[1247] SMOLAK, K.: Philologia patristica
[1248] SPIRA, ANDREAS: Philologia patristica
[353] Christian Spirituality: Collectanea et miscellanea
[357] STRAUB, J.: Collectanea et miscellanea
[1404] TREU, KURT: Palaeographica atque manuscripta

→ III.2. Auctores singuli (in ordine alphabetico auctorum)

→ III.2. Abercius

[3988] VIOLANTE, MARIA: Hermae Pastor

→ III.2. Aetius Presbyter

[5388] ALLEN, PAULINE: Iohannes Baptista

→ III.2. Ambrosius Mediolanensis

[566] BRUGGISSER, PHILIPPE: Opera ad historiam …
[5745] FONTAINE, JACQUES: Hymni
[703] GOTTLIEB, G.: Opera ad historiam …
[1227] LUISELLI, BRUNO: Philologia patristica
[2576] MENAUT, LÉON: Aurelius Augustinus
[878] MIRABELLA ROBERTI, MARIO: Opera ad historiam ecclesiastica …
[326] PÉPIN, JEAN: Collectanea et miscellanea
[962] REBENICH, S.: Opera ad historiam …
[1852] REYDELLET, MARC: Auctores
[4374] ROBLES SIERRA, ADOLFO: Isidorus Hispalensis
[999] SANTOVITO, F.: Opera ad historiam …

[1394] SMOLAK, K.: Palaeographica atque manuscripta
[1280] STÜRNER, W.: Peccatum
[2804] VANNIER, MARIE-ANNE: Aurelius Augustinus
[5935] VERZONE, PAOLO: Concilia, acta conciliorum, canones
[1421] ZELZER, MICHAELA: Palaeographica atque manuscripta

→ III.2. Anastasius Apocrisiarius

[4089] SIMONETTI, MANLIO: Hippolytus Romanus

→ III.2. Anonymus (Antonius Placentinus)

[4384] SCHMEJA, HANS: Itinerarium Anonymi Placentini

→ III.2. Ammonas

[1646] Auctores

→ III.2. Aphraates

[511] BARNES, T.D.: Opera ad historiam ...

→ III.2. Apollinarius Laodicensis

[2109] DRAGAS, GEORGE DION: Pseudo-Athanasius Alexandrinus
[2111] HÜBNER, REINHARD M.: Pseudo-Athanasius Alexandrinus
[4540] HÜBNER, REINHARD M.: Marcellus Ancyranus

→ III.2. Aponius

[1206] Philologia patristica

→ III.2. Apophthegmata Patrum

[500] AVERINCEV, SERGEJ SERGEEVIČ: Opera ad historiam ...
[6408] LOUF, A.: Vita christiana, monastica

→ III.2. Arator

[885] MOORHEAD, J.: Opera ad historiam ...
[1915] VIARRE, SIMONE: Auctores
[1414] WIELAND, G.R.: Palaeographica atque manuscripta

→ III.2. Arius

[6839] DELLAZARI, R.: Pr 8,26
[2085] HALL, S.G.: Athanasius Alexandrinus
[6142] HANSON, RICHARD P.C.: Trinitas

[2092] KANNENGIESSER, CHARLES, SJ: Athanasius Alexandrinus

→ III.2. Arnobius Maior

[3265] MARCOVICH, MIROSLAV: Clemens Alexandrinus

→ III.2. Arnobius Minor

[1528] RALLO FRENI, R.A.: Novum Testamentum

→ III.2. Arsenius anachoreta

[1646] Auctores

→ III.2. Athanasius Alexandrinus

[5307] BARNES, T.D.: Antonius Eremita
[3583] CURTI, CARMELO: Eusebius Caesariensis
[6839] DELLAZARI, R.: Pr 8,26
 [636] DRAKE, H.A.: Opera ad historiam ...
[4527] FERNANDEZ, G.: Liberius Papa
[4902] FERNANDEZ HERNANDEZ, G.: Philostorgius
 [26] FORCE, P.: Historia patrologiae
[6358] GRIFFITHS, J.G.: Vita christiana, monastica
[2048] KANNENGIESSER, CHARLES, SJ: Arius
 [159] KANNENGIESSER, CHARLES, SJ: Bibliographica
[1164] MEREDITH, A., SJ: Philosophica
[1802] MILLER, PATRICIA COX: Auctores
[5275] MIQUEL, PIERRE: Hagiographica
[5313] RYDÉN, LENNART: Antonius Eremita
[6232] SCHWAGER, RAYMUND: Soteriologia
[2050] STEAD, C.: Arius

→ III.2. Pseudo-Athanasius Alexandrinus

[2926] LIENHARD, J.T.: Basilius Caesariensis
[5852] RIEDINGER, RUDOLF; THURN, HANS: Iuridica, symbola

→ III.2. Athenagoras

[1638] Auctores
[1653] Auctores
[1823] PAGELS, ELAINE: Auctores

→ III.2. Aurelius Augustinus

 [195] Agostino e la conversione cristiana: Collectanea et miscellanea

[196] Agostino e Lutero: Collectanea et Miscellanea
[197] San Agustín y la liberación: Collectanea et miscellanea
[198] San Agustín: Collectanea et miscellanea
[1269] AMORY, F.: ὑπόκρισις
[217] Augustiniana Traiectina: Collectanea et miscellanea
[399] Subsidia
[6120] BALLING, JAKOB: Religio, revelatio
[3643] BALTES, M.: Evodius Uzaliensis
[522] BERROUARD, MARIE-FRANÇOIS: Opera ad historiam ...
[1293] BERSCHIN, W.: Palaeographica atque manuscripta
[6815] BØRRESEN, KARI E.: Gen 1,27
[227] BONNER, GERALD: Collectanea et miscellanea
[543] BOULOUIS, AGNES: Opera ad historiam ...
[6066] BRÄNDLE, R.: Doctrina auctorum
[3999] BRAUN, RENÉ: Hieronymus
[6068] BRUNNER, F.: Doctrina auctorum et historia dogmatum
[134] Bibliographica
[135] Bibliographica
[136] Bibliographica
[3072] BURROWS, MARK S.: Boethius
[1117] CAMPELO, MOISÉS MARIA: Philosophica
[6270] CAMPELO, MOISÉS MARIA: Anthropologia
[10] CAMPOS Y FERNANDEZ DE SEVILLA, F.J.: Historia patrologiae
[1198] Philologia patristica
[1199] Philologia patristica
[6217] CHITARIN, LUIGI: Soteriologia
[6133] CLARK, MARY T.: Trinitas
[4556] CLARK, MARY T.: Marius Victorinus
[1119] Philosophica
[245] Congesso Internazionale su San Agostino: Collectanea et Miscellanea
[1207] Philologia patristica
[600] CORTE, FRANCESCO DELLA: Opera ad historiam ...
[3720] CRACCO RUGGINI, LELLIA: Gregorius Magnus
[3309] DAM, RAYMOND VAN: Consentius Balearicus
[4981] DESIMONE, RUSSELL J.: Quodvultdeus
[1710] DUVAL, YVES-MARIE: Auctores
[3150] ELIA, FRANCESCO D': Cassiodorus
[1320] ÉTAIX, R.: Palaeographica atque manuscripta
[1712] ÉTAIX, RAYMOND: Auctores
[6779] EVANS, G.R.: Patrum exegesis
[6253] FALCAO, MIGUEL: Mariologia

[262] Fede e sapere nella conversione di Agostino: Collectanea et miscellanea
[5977] FOLLIET, GEORGES: Ius canonicum, hierarchia, disciplina ecclesiastica
[3736] FONTAINE, JACQUES: Gregorius Magnus
[1132] FORMENT GIRALT, EUDALDO: Philosophica
[3566] FRANSEN, PAUL-IRÉNÉE: Eugippius
[6219] FRANSEN, PIET F.: Soteriologia
[148] FUERTES LANERO, M.: Bibliographica
[1136] GAJDENKO, P.P.: Philosophica
[29] GALLICET, E.: Historia patrologiae
[6256] GAMBERO, L., SM: Mariologia
[1138] GARNCEV, M.A.: Philosophica
[1141] GATTI, G.: Philosophica
[6922] GEWALT, D.: Gal 3,2
[1327] GORMAN, M.M.: Palaeographica atque manuscripta
[6080] GREGG, R.C.: Doctrina auctorum
[1144] HADOT, I.: Philosophica
[1966] HAENDLER, G.: Ambrosius Mediolanensis
[1272] HAMMAN, ADALBERT G.: agape
[6126] HIGUERAS MALDONADO, JUAN: Creatio, providentia
[1150] INSA TEU, VICENTE: Philosophica
[6538] IRMSCHER, J.: Novissima
[6388] KRASENBRINK, JOSEF: Vita christiana, monastica
[798] LANCEL, S.: Opera ad historiam ...
[40] LANGE VAN RAVENSWAAY, JAN MARIUS JACOB: Historia patrologiae
[5655] LARRABE, J.L.: Missa, sacramenta, sacramentalia
[6398] LARRABE, JOSÉ LUIS: Vita christiana, monastica
[6399] LARRABE, JOSÉ LUIS: Vita christiana, monastica
[6400] LAWLESS, GEORGE P.: Vita christiana, monastica
[6277] LETIZIA, F.: Anthropologia
[6908] LOBATO, ABELARDO: Jo 8,32
[1284] LOPEZ GONZALEZ, PEDRO: res et sacramentum
[47] LUCIANI, EVELYNE: Historia patrologiae
[6093] LÜHRMANN, D.: Doctrina auctorum
[1227] LUISELLI, BRUNO: Philologia patristica
[1163] MANN, W.E.: Philosophica
[6412] MANNING, EUGENIO: Vita christiana, monastica
[3656] MAPWAR, B.: Fulgentius Ruspensis
[3167] MARCO, M. DI: Cassiodorus
[1228] MARIN, MARCELLO: Philologia patristica
[6413] MARTINEZ CUESTA, ANGEL: Vita christiana, monastica
[862] MERDINGER, J.E.: Opera ad historiam ...

[3139] ZUREK, A.: Caesarius Arelatensis

→ III.2. Pseudo-Aurelius Augustinus

[1292] BECKER, P.J.; BRANDIS, T.: Palaeographica atque manuscripta
[2448] HAMMAN, ADALBERT G.: Aurelius Augustinus

→ III.2. Ausonius

 [431] ÉVRARD, ÉTIENNE: Subsidia
[4871] MAYER, M.: Paulinus Nolanus
[1410] UNTERKIRCHER, FRANZ: Palaeographica atque manuscripta

→ III.2. Avitus Viennensis

[4946] BEIKIRCHER, HUGO: Prudentius
[1915] VIARRE, SIMONE: Auctores

→ III.2. Pseudo-Bardesanes

[2890] THOMAS, L.: Bardesanes

→ III.2. Basilides

[3568] GOOD, D.: Eugnostus Gnosticus

→ III.2. Basilius Caesariensis

[1648] Auctores
[4680] Origenes
  [1] BACKUS, IRENA: Historia patrologiae
[5525] COMAN, VASILE: Liturgica
 [617] DAM, RAYMOND VAN: Opera ad historiam ...
 [28] GAIN, B.: Historia patrologiae
 [679] GAIN, BENOÎT: Opera ad historiam ...
[2111] HÜBNER, REINHARD M.: Pseudo-Athanasius Alexandrinus
[1338] JANERAS, SEBASTIA: Palaeographica atque manuscripta
[1340] JORDAN, L.; WOOL, S.: Palaeographica atque manuscripta
[5888] KALLINIKOS, K.: Concilia, acta conciliorum, canones
[3439] LOLAŠVILI, I.A.: Pseudo-Dionysius Areopagita
[1270] MAŁUNOWICZ (†), LEOKADIA: φιλία
[5011] MARTI, H.: Rufinus Aquileiensis
[1373] PERRIA, LIDIA: Palaeographica atque manuscripta
[6885] PERSIC, ALESSIO: Mt 19,16-26
 [342] RIST, JOHN M.: Collectanea et miscellanea
[6151] SCHULTZE, B.: Trinitas
[1267] STLOUKALOVA, K.: παιδεία

[89] VAGGIONE, RICHARD PAUL: Historia patrologiae
[1926] WILSON, N.: Auctores

→ III.2. Pseudo-Basilius Caesariensis

[1330] GRYSON, R.; OSBORNE, T.P.: Palaeographica atque manuscripta

→ III.2. Benedictus Nursinus

[5715] ALTERMATT, ALBERICH MARTIN: Annus liturgicus
[220] Basilius Steidle 1903-1982: Collectanea et miscellanea
[124] Bibliographica
[6308] CAWLEY, M.: Vita christiana, monastica
[417] DALMAN, BERNABÉ: Subsidia
[1275] DEKKERS, ELOI: discretio
[6334] DUBOIS, M.-G.: Vita christiana, monastica
[2422] GIGLIO, P. DE: Aurelius Augustinus
[4986] GRÉGOIRE, R.: Regula Magistri
[5996] JACOBS, UWE KAI: Ius canonicum, hierarchia, disciplina ecclesiastica
[1341] KER, N.R.: Palaeographica atque manuscripta
[162] LEDOYEN, HENRI: Bibliographica
[44] LINAGE CONDE, ANTONIO: Historia patrologiae
[6408] LOUF, A.: Vita christiana, monastica
[1354] Palaeographica atque manuscripta
[3768] NAHMER, DIETER VON DER: Gregorius Magnus
[4987] PENCO, G.: Regula Magistri
[6821] PRICOCO, SALVATORE: Gen 28,12
[339] Fünfter Internationaler Regula Benedicti-Kongreß: Collectanea et miscellanea
[4378] SERNA GONZALEZ, C. DE LA: Isidorus Hispalensis
[3305] VOGÜÉ, ADALBERT DE: Columbanus Abbas Bobiensis
[5737] WATHEN, A.: Annus liturgicus
[6512] ZELZER, K.: Vita christiana, monastica
[3196] ZELZER, KLAUS: Cassiodorus
[3197] ZELZER, KLAUS: Cassiodorus

→ III.2. Boethius

[1111] BEUCHOT, MAURICIO: Philosophica
[2394] FROVA, C.: Aurelius Augustinus
[3158] GUILLAUMIN, J.Y.: Cassiodorus
[3379] KHATCHADOURIAN, H.: David Invictus
[1161] Philosophica

[4692] CALIANDRO, DOMENICO: Origenes
[4755] MOSETTO, FRANCESCO: Origenes et Celsus

→ III.2. Chromatius Aquileiensis

[1910] TRUZZI, CARLO: Auctores

→ III.2. Claudius Claudianus

[4479] CALLEJAS BERDONÉS, M.T.: Lactantius
[2483] KLEIN, R.: Aurelius Augustinus
[4882] WHITBY, M.: Paulus Silentiarius

→ III.2. Clemens Alexandrinus

[6515] BAUCKHAM, R.: Angeli et daemones
 [534] BOEFT, J. DEN: Opera ad historiam ...
[6884] COVOLO, ENRICO DAL: Mt 19,16-26
[1216] DYCK, A.R.: Philologia patristica
[4620] GRAZIA BIANCO, M.: Minucius Felix
[6089] LE BOULLUEC, ALAIN: Doctrina Auctorum
[6093] LÜHRMANN, D.: Doctrina auctorum
[3982] MAIER, HARRY OTTO: Hermae Pastor
[1823] PAGELS, ELAINE: Auctores
 [326] PÉPIN, JEAN: Collectanea et miscellanea
[6235] TORJESEN, KAREN JO: Soteriologia
[6285] VOGT, K.: Anthropologia

→ III.2. Clemens Romanus

[5554] LÉGASSE, S.: Liturgica
[1616] MODA, ALDO: Apocrypha
[1925] WILLS, LAWRENCE: Auctores

→ III.2. Pseudo-Clemens Romanus

[6635] GUILLAUMONT, ANTOINE: Gnostica
[1595] HÄGG, TOMAS: Apocrypha
[5012] MEES, MICHAEL: Rufinus Aquileiensis
[2890] THOMAS, L.: Bardesanes

→ III.2. Columbanus Abbas Bobiensis

 [523] BERSCHIN, W.: Opera ad historiam ...
[4853] KELLY, JOSEPH F.T.: Patricius ep. Hibernorum
[5750] LAPIDGE, M.: Hymni

→ III.2. Conon Tarsius

[6149] ROEY, A. VAN: Trinitas

→ III.2. Constantinus Imperator

[529] BLACHOPOULOS, P.T.: Opera ad historiam ...
[776] KERESZTES, PAUL: Opera ad historiam ...
[6020] SILLI, P.: Ius canonicum, hierarchia, disciplina ecclesiastica

→ III.2. Cosmas Indicopleustes

[1231] MORANI, M.: Philologia patristica

→ III.2. Cyprianus Carthaginiensis

[131] BRAUN, RENÉ; DELÉANI, S.; DOLBEAU, F.; FREDOUILLE, J.-C.; PETITMENGIN, P.: Bibliographica
[140] Bibliographica
[5866] CONTRERAS, ENRIQUE, OSB: Concilia, acta conciliorum, canones
[5226] DELÉANI-NIGOUL, SIMONE: Hagiographica
[1960] FATTORINI, V.; PICENARDI, G.: Ambrosius Mediolanensis
[1747] HECK, EBERHARD: Auctores
[2481] KELLY, NEIL: Aurelius Augustinus
[2545] MARA, MARIA GRAZIA: Aurelius Augustinus
[884] MONTGOMERY, HUGO: Opera ad historiam ...
[6918] RAMOS-LISSON, D.: 1 Cor 7,32-34
[6231] SALISBURY, J.C.: Soteriologia
[1867] SAXER, VICTOR: Auctores
[5576] SAXER, VICTOR: Liturgica
[1249] STEPHENS, LAURENCE D.: Philologia patristica
[1042] STRITZKY, MARIA-BARBARA VON: Opera ad historiam ...

→ III.2. Cyrillus Alexandrinus

[4918] AUBINEAU, MICHEL: Proclus Constantinopolitanus
[6208] SIDDALS, RUTH M.: Christologia
[4798] VOGT, HERMANN-JOSEF: Origenes
[1921] WESCHE, KEN: Auctores
[1926] WILSON, N.: Auctores

→ III.2. Cyrillus Hierosolymitanus

[402] Subsidia
[1259] MOROZIUK, R.P.: καθολικός

→ III.2. David Invictus

[3456] TWARADZE, R.: Pseudo-Dionysius Areopagita

→ III.2. Damasus Papa

[5798] LUISELLI, BRUNO: Cultus
[5836] TOLOTTI, FRANCESCO: Cultus

→ III.2. Diadochus Photicensis

[1640] Auctores

→ III.2. Didache

[5666] MAZZA, E.: Missa, sacramenta, sacramentalia

→ III.2. Didymus Alexandrinus

[4004] DOUTRELEAU, LOUIS: Hieronymus
[6151] SCHULTZE, B.: Trinitas
[1400] Palaeographica atque manuscripta

→ III.2. Diodorus Tarsensis

[2936] POUCHET, JEAN-ROBERT: Basilius Caesariensis

→ III.2. Ad Diognetum

[1638] Auctores

→ III.2. Pseudo-Dionysius Areopagita

[5605] AUXENTIOS, HIEROMONK; THORNTON, J.: Missa, sacramenta, sacramentalia
[6516] CAREY, J.: Angeli et daemones
[2082] ESBROECK, MICHEL VAN: Athanasius Alexandrinus
[4235] FAUCON, P.: Iohannes Damascenus
 [872] MILLER, JAMES: Opera ad historiam …
  [54] MOFFITT WATTS, PAULINE: Historia patrologiae
  [56] MONFASANI, J.: Historia patrologiae
 [342] RIST, JOHN M.: Collectanea et miscellanea

→ III.2. Egeria

  [64] OROZ RETA, JOSÉ: Historia patrologiae
[3606] SCHWARTZ, JOSHUA: Eusebius Caesariensis
[1278] WEBER, C.: habere

→ III.2. Ennodius

[885] MOORHEAD, J.: Opera ad historiam …
[5758] SCHALLER, D.: Hymni
[1915] VIARRE, SIMONE: Auctores

→ III.2. Ephraem Syrus

[500] AVERINCEV, SERGEJ SERGEEVIČ: Opera ad historiam …
[1293] BERSCHIN, W.: Palaeographica atque manuscripta
[6065] BONDI, ROBERTA C.: Doctrina auctorum et historia dogmatum
[5961] BUNDY, DAVID D.: Ius canonicum, hierarchia, disciplina ecclesiastica
[4398] Iulianus Imperator
[6812] FÉGHALI, PAUL: Genesis
[6099] NEWIADOMSKI, JOZEF: Doctrina auctorum
[4998] PETERSEN, WILLIAM L.: Romanus Melodus
[4999] PETERSEN, W.L.: Romanus Melodus
[1068] TUBACH, J.: Opera ad historiam …

→ III.2. Epiphanius Constantiensis

[402] Subsidia
[3618] DECHOW, JON F.: Eustathius Antiochenus
[4356] DOLBEAU, FRANÇOIS: Isidorus Hispalensis
[6700] PAINCHAUD, LOUIS: Gnostica
[4608] RIGGI, C.: Methodius Olympius
[5819] SAUGET, J.-M.: Cultus

→ III.2. Eucherius Lugdunensis

[6297] BAYER, HANS: Vita christiana, monastica

→ III.2. Eugenius ep. Seleuciae

[6149] ROEY, A. VAN: Trinitas

→ III.2. Eugippius

[5044] NEWBOLD, R.F.: Sidonius Apollinaris

→ III.2. Eugnostus Gnosticus

[6582] BROEK, ROELOF VAN DEN: Gnostica

→ III.2. Eunomius Cyzicenus

[3301] TARDIEU, MICHEL: Pseudo-Clemens Romanus

→ III.2. Eusebius Caesariensis

[5334] AVENARIUS, ALEXANDER: Constantinus Imperator
[5386] BARAS, ZVI: Iacobus minor
 [402] Subsidia
[3310] DRAKE, H.A.: Constantinus Imperator
[5148] GUINOT, JEAN-NOEL: Theodoretus Cyrensis
[5059] HARRIES, JILL: Sozomenus
[5335] MCKINNEY, L.E.: Constantinus Imperator
[5336] PETROVIČ, IVANKA: Constantinus Imperator
[2101] SANSBURY, C.J.: Athanasius Alexandrinus
[5153] SIMONETTI, M.: Theodoretus Cyrensis
[1028] SNEE, R.: Opera ad historiam ...
[1280] STÜRNER, W.: Peccatum
  [90] WINKELMANN, F.: Historia patrologiae

→ III.2. Eusebius Vercellensis

[1994] SPELLER, LYDIA A.: Pseudo-Ambrosius Mediolanensis

→ III.2. Eustathius Sebastenus

[2917] HAYKIN, MICHAEL A.G.: Basilius Caesariensis

→ III.2. Eustratius Constantinopolitanus

[5354] WILSON, ANNA M.: Eutychius Constantinopolitanus

→ III.2. Eutychius Constantinopolitanus

[3731] DUVAL, YVES-MARIE: Gregorius Magnus

→ III.2. Evagrius Antiochenus

[3575] ALLEN, PAULINE: Eusebius Caesariensis
[5235] FANGER, CLAIRE: Hagiographica

→ III.2. Evagrius Monachus

[1643] Auctores
[1211] Philologia patristica

→ III.2. Evagrius Ponticus

[1640] Auctores
[4701] CROUZEL, HENRI, SJ: Origenes
[6082] GROSSI, VITTORIO, OSA: Doctrina auctorum
[6635] GUILLAUMONT, ANTOINE: Gnostica
[3261] GUILLAUMONT, ANTOINE: Clemens Alexandrinus
[4143] VOGÜÉ, A. DE: Iohannes Cassianus

→ III.2. Faustus Reiensis

[3167] MARCO, M. DI: Cassiodorus
[3658] TIBILETTI, CARLO: Fulgentius Ruspensis

→ III.2. Firmicus Maternus

[1064] TREU, K.: Opera ad historiam …

→ III.2. Foebadius Aginnensis

[1643] Auctores
[1211] Philologia patristica

→ III.2. Fructuosus Bracarensis

[6502] VOGÜÉ, A. DE: Vita christiana, monastica

→ III.2. Fulgentius Ruspensis

[1366] NEWHAUSER, RICHARD: Palaeographica atque manuscripta
[6494] TURTAS, R.: Vita christiana, monastica

→ III.2. Gaudentius Brixensis

[4006] DUVAL, YVES-MARIE: Hieronymus
[4031] MEYVAERT, P.: Hieronymus
[1910] TRUZZI, CARLO: Auctores

→ III.2. Gerontius

[5428] SIRAGO, VITO: Melania Iunior

→ III.2. Gildas

[1090] WHITTOCK, M.J.: Opera ad historiam …

→ III.2. Gregorius Magnus

[1269] AMORY, F.: ὑπόκρισις

→ III.2. Gregorius Nazianzenus

[1280] STÜRNER, W.: Peccatum
[1921] WESCHE, KEN: Auctores

→ III.2. Pseudo-Gregorius Nazianzenus

[4859] CATTANEO, ENRICO: Paulinus Nolanus

→ III.2. Gregorius Nyssenus

[1648] Auctores
[6290] ALBRECHT, RUTH: Vita christiana, monastica
[6140] HALLEUX, A. DE: Trinitas
[3619] MARAVAL, PIERRE: Eustratius Constantinopolitanus
[5402] MOMIGLIANO, A.: Macrina
[5403] MOMIGLIANO, A.: Macrina
[2935] PAVERD, F. VAN DE: Basilius Caesariensis
[1373] PERRIA, LIDIA: Palaeographica atque manuscripta
[6232] SCHWAGER, RAYMUND: Soteriologia

→ III.2. Gregorius Thaumaturgus

[1135] FROHNHOFEN, HERBERT: Philosophica

→ III.2. Gregorius Turonensis

[5192] BRENNAN, BRIAN: Venantius Fortunatus
[6528] CAROZZI, C.: Novissima
[3131] GUREVIČ, A.J.: Caesarius Arelatensis
[1226] HELTTULA, ANNE: Philologia patristica
[6410] LYNCH, J.H.: Vita christiana, monastica
[5413] NAHMER, DIETER VON DER: Martinus Turonensis

→ III.2. Heracleon Gnosticus

[4317] ORBE, ANTONIO: Irenaeus Lugdunensis
[4769] POFFET, J.M.: Origenes

→ III.2. Hermae Pastor

[1691] CARLINI, ANTONIO: Auctores

→ III.2. Hermias

[6515] BAUCKHAM, R.: Angeli et daemones

→ III.2. Hierocles Alexandrinus

[1937] AUJOULAT, NOËL: Aeneas Gazaeus

→ III.2. Hieronymus

[5600] ADKIN, NEIL: Missa, sacramenta, sacramentalia
[6289] ADKIN, NEIL: Vita christiana, monastica
[1269] AMORY, F.: ὑπόκρισις
[1292] BECKER, P.J.; BRANDIS, T.: Palaeographica atque manuscripta
   [5] BERG, C.H.W. VAN DEN: Historia patrologiae
[1293] BERSCHIN, W.: Palaeographica atque manuscripta
[1958] CASTRÉN, PAAVO: Ambrosius Mediolanensis
[1696] CHIESA, PAOLO: Auctores
[1205] Philologia patristica
[3149] DUVAL, YVES-MARIE: Cassiodorus
[2055] DUVAL, YVES-MARIE: Arnobius Maior
[1711] ESTIN, COLETTE: Auctores
[6896] EVANS, C.A.: Mc 2,26
[6080] GREGG, R.C.: Doctrina auctorum
[2466] JAMIESON, KATHLEEN: Aurelius Augustinus
[1759] KERTSCH, MANFRED: Auctores
[1497] LÖFSTEDT, B.: Novum Testamentum
[1498] LÖFSTEDT, B.: Novum Testamentum
[1784] Auctores
[4754] MORESCHINI, CLAUDIO: Origenes
[4601] NAUDÉ, C.P.T.: Merobaudes
[3602] NEMIROVSKIJ, A.I.: Eusebius Caesariensis
[1237] PANAGL, O.: Philologia patristica
[4783] SFΛMENI GASPARRO, GIULIA: Origenes
[1247] SMOLAK, K.: Philologia patristica
  [87] THOMPSON, CRAIG R.: Historia patrologiae
[3556] THORNTON, T.C.G.: Epiphanius Constantiensis
[4799] VOGT, HERMANN-JOSEF: Origenes

→ III.2. Hilarius Pictaviensis

[2264] CANÉVET, MARIETTE: Aurelius Augustinus
[6892] DOIGNON, JEAN: Mt 21,28-31
[1227] LUISELLI, BRUNO: Philologia patristica

→ III.2. Hippolytus Romanus

[5662] MALDONADO, LUIS: Missa, sacramenta, sacramentalia

→ III.2. Honorius Papa

[5028] CARCIONE, FILIPPO: Sergius Constantinopolitanus
[5029] CARCIONE, FILIPPO: Sergius Constantinopolitanus

→ III.2. Hydatius Lemicensis

[820] LOPEZ PEREIRA, JOSÉ EDUARDO: Opera ad historiam …

→ III.2. Iacobus Sarugensis

[111] ALWAN, P. KHALIL: Bibliographica
[6899] RILLIET, FRÉDÉRIC: Lc 19,40

→ III.2. Ignatius Antiochenus

[6238] BRENT, ALLEN: Ecclesiologia
[727] HANN, ROBERT R.: Opera ad historiam …
[3982] MAIER, HARRY OTTO: Hermae Pastor
[4849] PAULSEN, H.: Patres Apostolici
[1381] RIUS-CAMPS, JOSEP: Palaeographica atque manuscripta
[4910] SCHOEDEL, WILLIAM R.: Polycarpus Smyrnensis

→ III.2. Iohannes Biclarensis

[5873] FERREIRO, ALBERTO: Concilia, acta conciliorum, canones
[918] PAPAMATHOPOULOS, M.: Opera ad historiam …

→ III.2. Iohannes Cassianus

[6297] BAYER, HANS: Vita christiana, monastica
[4708] DAHAN, G.: Origenes
[1133] FOUCAULT, MICHEL: Philosophica
[1759] KERTSCH, MANFRED: Auctores
[3167] MARCO, M. DI: Cassiodorus
[6502] VOGÜÉ, A. DE: Vita christiana, monastica

→ III.2. Iohannes Chrysostomus

[1648] Auctores
[5174] ABRAMOWSKI, LUISE: Timotheus Aelurus
[1287] AGATI, MARIA LUISA: Palaeographica atque manuscripta
[1288] AGATI, MARIA LUISA; VOICU, S.J.: Palaeographica atque manuscripta
[6066] BRÄNDLE, R.: Doctrina auctorum
[5613] BROCK, SEBASTIAN P.: Missa, sacramenta, sacramentalia
[1308] CATALDI PALAU, ANNACLARA: Palaeographica atque manuscripta
[15] COLLETT, BARRY: Historia patrologiae
[5525] COMAN, VASILE: Liturgica
[1316] DEUN, P. VAN: Palaeographica atque manuscripta
[4398] Iulianus Imperator

[6896] EVANS, C.A.: Mc 2,26
[6342] GÄRTNER, MICHAEL: Vita christiana, monastica
[3403] HAGEDORN, DIETER; HAGEDORN, URSULA: Didymus Alexandrinus
[6140] HALLEUX, A. DE: Trinitas
[39] LACKNER, WOLFGANG: Historia patrologiae
[1352] MALINGREY, ANNE-MARIE: Palaeographica atque manuscripta
[1270] MAŁUNOWICZ (†), LEOKADIA: φιλία
[1784] Auctores
[1356] MAZAL, OTTO: Palaeographica atque manuscripta
[4746] MÉHAT, ANDRÉ: Origenes
[2576] MENAUT, LÉON: Aurelius Augustinus
[6099] NEWIADOMSKI, JOZEF: Doctrina auctorum
[6814] PAGELS, ELAINE: Gen 1-3
[920] PASQUATO, OTTORINO, SDB: Opera ad historiam …
[6461] RESNICK, IRVEN M.: Vita christiana, monastica
[999] SANTOVITO, F.: Opera ad historiam …
[6889] SCAGLIONI, CARLO: Mt 19,16-26
[1395] SOTIROUDIS, P.: Palaeographica atque manuscripta
[1280] STÜRNER, W.: Peccatum
[4463] WAEGEMAN, M.: Iustinus Martyr
[6917] YOUNG, FRANCIS M.: Epistulae ad Corinthios
[6877] ZINCONE, S.: Mt 5,45

→ III.2. Pseudo-Iohannes Chrysostomus

[1303] BROWNE, GERALD M.: Palaeographica atque manuscripta
[620] DATEMA, CORNELIS: Opera ad historiam …
[4513] DATEMA, CORNELIS; ALLEN, PAULINE: Leontius pr. Constantinopolitanus
[6830] KERTSCH, MANFRED: Iob 1,21
[5491] MACDONALD, DENNIS R.; SCRIMGEOUR, ANDREW D.: Thecla
[4740] MALI, FRANZ: Origenes
[5819] SAUGET, J.-M.: Cultus
[5031] VOICU, SEVER J.: Severinus Gabalensis

→ III.2. Iohannes Damascenus

[5143] Thalassius Abbas
[2] BACKUS, IRENA: Historia patrologiae
[4903] MARKOPOULOS, A.: Philostorgius

→ III.2. Iohannes Malalas

[4112] ESSIG, K.-G.: Ignatius Antiochenus

→ III.2. Iohannes Moschos

[500] AVERINCEV, SERGEJ SERGEEVIČ: Opera ad historiam ...

→ III.2. Iohannes Philoponus

[1160] LLOYD, GEOFFREY E.R.: Philosophica
[1161] Philosophica
[3466] MACCOULL, LESLIE S.B.: Dioscorus Aphroditopolitanus
[1167] MONTOYA SAEZ, J.: Philosophica
[6789] PERSIC, A.: Patrum exegesis
[1241] PINES, S.: Philologia patristica
[186] SORABJI, RICHARD: Bibliographica

→ III.2. Iohannes Scythopolitauns

[3452] SUCHLA, BEATE REGINA: Pseudo-Dionysius Areopagita

→ III.2. Iohannes I Thessalon.

[5344] GRIGORIOU IOANNIDOU, MARTHA: Demetrius
[5345] KODER, J.: Demetrius

→ III.2. Irenaeus Lugdunensis

[6068] BRUNNER, F.: Doctrina auctorum et historia dogmatum
[6591] COSTA, G.: Gnostica
[6597] DUBOIS, JEAN-MICHEL: Gnostica
[6616] FOSSUM, JARL E.: Gnostica
[3568] GOOD, D.: Eugnostus Gnosticus
[6632] GRANT, ROBERT M.: Gnostica
[1599] JONGE, M. DE: Apocrypha
[6089] LE BOULLUEC, ALAIN: Doctrina Auctorum
[4737] LE BOULLUEC, ALAIN: Origenes
[6226] LOEWE, WILLIAM P.: Soteriologia
[6093] LÜHRMANN, D.: Doctrina auctorum
[4085] MARTIMORT, AIMÉ-GEORGES: Hippolytus Romanus
[6679] MCGUIRE, ANNE M.: Gnostica
[6706] PERKINS, P.: Gnostica
[6232] SCHWAGER, RAYMUND: Soteriologia
[4461] VERWEYEN, HANSJÜRGEN: Iustinus Martyr

→ III.2. Iordanes

[1226] HELTTULA, ANNE: Philologia patristica
[1107] ZECCHINI, G.: Opera ad historiam ...

→ III.2. Isaac Ninivita

[500] AVERINCEV, SERGEJ SERGEEVIČ: Opera ad historiam ...

→ III.2. Isaias Gazaeus

[1328] GRIBOMONT, JEAN: Palaeographica atque manuscripta

→ III.2. Isidorus Hispalensis

[1214] CURLETTO, S.: Philologia patristica
[3736] FONTAINE, JACQUES: Gregorius Magnus
[3153] FONTAINE, JACQUES: Cassiodorus
[264] FONTAINE, JACQUES: Collectanea et miscellanea
[1144] HADOT, I.: Philosophica
[1340] JORDAN, L.; WOOL, S.: Palaeographica atque manuscripta
[3759] LEOTTA, R.: Gregorius Magnus
[5413] NAHMER, DIETER VON DER: Martinus Turonensis
[1391] SCHUBA, L.: Palaeographica atque manuscripta
[4296] TRAINA, G.: Iordanes
[4801] VOGÜÉ, ADALBERT DE: Origenes

→ III.2. Isidorus Pelusiota

[1939] FROHNE, R.: Agapetus Diaconus

→ III.2. Iulianus Aeclanensis

[2494] LAMBERIGTS, M.: Aurelius Augustinus
[2825] VILLALMONTE, ALEJANDRO DE: Aurelius Augustinus

→ III.2. Iulianus Imperator

[3830] CRISCUOLO, UGO: Gregorius Nazianzenus
[1213] CRISCUOLO, UGO: Philologia patristica
[272] Giuliano Imperatore: Collectanea et miscellanea
[872] MILLER, JAMES: Opera ad historiam ...
[889] MOSSAY, JUSTIN: Opera ad historiam ...
[71] PRATO, C.: Historia patrologiae
[3207] RUBEŠOVA, K.: Celsus Philosophus

→ III.2. Iulius Sextus Africanus

[4255] HUXLEY, GEORGE: Iohannes Malalas

→ III.2. Iustinianus Imperator

[849] MARKUS, R.A.: Opera ad historiam …
[1023] SIMONETTI, M.: Opera ad historiam …

→ III.2. Iustinus Martyr

[1653] Auctores
[6123] AYAN CALVO, JUAN JOSÉ: Creatio, providentia
[3201] BURKE, GARY T.: Celsus Philosophus
[6616] FOSSUM, JARL E.: Gnostica
[4848] HAGNER, DONALD A.: Patres Apostolici
[1599] JONGE, M. DE: Apocrypha
[6089] LE BOULLUEC, ALAIN: Doctrina Auctorum
[1823] PAGELS, ELAINE: Auctores
[326] PÉPIN, JEAN: Collectanea et miscellanea
[1376] PILHOFER, PETER: Palaeographica atque manuscripta
[4330] VICIANO, ALBERTO: Irenaeus Lugdunensis

→ III.2. Lactantius

[6297] BAYER, HANS: Vita christiana, monastica
[2333] DOIGNON, J.: Aurelius Augustinus
[1959] DOIGNON, JEAN: Ambrosius Mediolanensis
[2055] DUVAL, YVES-MARIE: Arnobius Maior
[25] FELD, M.D.: Historia patrologiae
[1747] HECK, EBERHARD: Auctores
[6554] PRICOCO, SALVATORE: Novissima
[1280] STÜRNER, W.: Peccatum

→ III.2. Leo Magnus

[1209] Philologia patristica
[1210] Philologia patristica
[6360] GUILLAUME, A.: Vita christiana, monastica
[1979] RAMIS MIQUEL, G.: Ambrosius Mediolanensis
[5928] STOCKMEIER, P.: Concilia, acta conciliorum, canones

→ III.2. Leontius Neapolitanus

[5487] AERTS, W.J.: Symeon Salus

→ III.2. Leporius Monachus

[1643] Auctores
[1211] Philologia patristica

→ III.2. Macarius/Symeon

[3641] TUGWELL, S.: Evagrius Ponticus

→ III.2. Marcellus Ancyranus

[2101] SANSBURY, C.J.: Athanasius Alexandrinus

→ III.2. Marcion

[1465] FARMER, WILLIAM R.: Novum Testamentum
[4909] NIELSEN, CHARLES M.: Polycarpus Smyrnensis
[6111] ROTTENWÖHRER, GERHARD: Doctrina auctorum
[6232] SCHWAGER, RAYMUND: Soteriologia

→ III.2. Marcus Diaconus

[618] DAM, RAYMOND VAN: Opera ad historiam ...

→ III.2. Marius Mercator

[1696] CHIESA, PAOLO: Auctores

→ III.2. Marius Victorinus

[6131] BELL, DAVID N.: Trinitas
[1111] BEUCHOT, MAURICIO: Philosophica
[6133] CLARK, MARY T.: Trinitas
[1780] MALSBARY, GERALD: Auctores

→ III.2. Martinus Bracarensis

[5873] FERREIRO, ALBERTO: Concilia, acta conciliorum, canones
[5413] NAHMER, DIETER VON DER: Martinus Turonensis

→ III.2. Maximus Confessor

[5425] ALLEN, PAULINE: Maximus Confessor
[5605] AUXENTIOS, HIEROMONK; THORNTON, J.: Missa, sacramenta, sacramentalia
[3628] BERTHOLD, GEORGE C.: Evagrius Ponticus
[6237] BERTHOLD, GEORGE C.: Ecclesiologia
[1299] BRACKE, RAPHAEL: Palaeographica atque manuscripta

[6168] DOUCET, MARCEL: Christologia
 [149] GATTI PERER, MARIA LUISA: Bibliographica
[5918] RIEDINGER, RUDOLF: Concilia, acta conciliorum, canones

→ III.2. Melito Sardensis

[4859] CATTANEO, ENRICO: Paulinus Nolanus
[4869] LEANZA, SANDRO: Paulinus Nolanus

→ III.2. Methodius Olympius

[6921] MEES, MICHAEL: 2 Cor 6,1-10
[6547] MEES, MICHAEL: Novissima
 [326] PÉPIN, JEAN: Collectanea et miscellanea
[6487] TIBILETTI, CARLO: Vita christiana, monastica

→ III.2. Pseudo-Methodios

[1788] MARTINEZ, F.J.: Auctores
[1244] PRINZ, OTTO: Philologia patristica

→ III.2. Minucius Felix

[1823] PAGELS, ELAINE: Auctores
[5132] PUENTE SANTIDRIAN, PABLO: Tertullianus
 [987] SACHOT, M.: Opera ad historiam ...
[1868] SCHÄUBLIN, C.: Auctores
[1249] STEPHENS, LAURENCE D.: Philologia patristica

→ III.2. Moses Chorenensis

[3922] MURADYAN, K.M.: Gregorius Nyssenus

→ III.2. Nestorius

[4232] ČANTLADZE, A.T.: Iohannes Damascenus

→ III.2. Nicetas Remesianensis

[1293] BERSCHIN, W.: Palaeographica atque manuscripta
[4867] KIRSCH, W.: Paulinus Nolanus

→ III.2. Nilus Ancyranus

[1640] Auctores

→ III.2. Nonnus Panopolitanus

[5044] NEWBOLD, R.F.: Sidonius Apollinaris
[3238] NEWBOLD, R.F.: Claudius Claudianus

→ III.2. Pseudo-Nonnus Panopolitanus

[3857] NIMMO SMITH, JENNIFER: Gregorius Nazianzenus

→ III.2. Olympiodorus Diaconus

[3403] HAGEDORN, DIETER; HAGEDORN, URSULA: Didymus
        Alexandrinus

→ III.2. Opus imperfectum in Matthaeum

[4740] MALI, FRANZ: Origenes

→ III.2. Oracula Sibyllina

[6543] LUCREZI, FRANCESCO: Novissima

→ III.2. Origenes

[5002] BAMMEL, CAROLINE P. HAMMOND: Rufinus Aquileiensis
[5386] BARAS, ZVI: Iacobus minor
[4839] BIENERT, WOLFGANG A.: Pamphilus Caesariensis
[3417] BIENERT, WOLFGANG A.: Dionysius Alexandrinus
[6840] BRÉSARD, LUC: Canticum Canticorum
[6582] BROEK, ROELOF VAN DEN: Gnostica
[1306] BRUNNER, T.F.: Palaeographica atque manuscripta
[3202] BURKE, GARY T.: Celsus Philosophus
[1691] CARLINI, ANTONIO: Auctores
[6884] COVOLO, ENRICO DAL: Mt 19,16-26
  [18] CROUZEL, HENRI, SJ: Historia patrologiae
[5006] CROUZEL, HENRI, SJ: Rufinus Aquileiensis
[3582] CURTI, CARMELO: Eusebius Caesariensis
[3618] DECHOW, JON F.: Eustathius Antiochenus
[4059] DOIGNON, JEAN: Hilarius Pictaviensis
[3203] EDSMAN, CARL-MARTIN: Celsus Philosophus
[5009] ERA, ANTONIO DELL': Rufinus Aquileiensis
[6078] GRANT, ROBERT M.: Doctrina auctorum
[6082] GROSSI, VITTORIO, OSA: Doctrina auctorum
[6851] GUINOT, JEAN-NOËL: Isaias
[6083] HANSON, RICHARD P.C.: Doctrina auctorum
[6822] HILHORST, A.: Ex 4,10
[3262] HOEK, ANNEWIES VAN DEN: Clemens Alexandrinus

[6843] Canticum Canticorum
[4837] JUNOD, ERIC: Pamphilus Berytensis
[3637] KLINE, FRANCIS: Evagrius Ponticus
[6844] KÖPF, ULRICH: Canticum Canticorum
[6089] LE BOULLUEC, ALAIN: Doctrina Auctorum
[5657] LIES, LOTHAR: Missa, sacramenta, sacramentalia
  [41] LIES, LOTHAR: Historia patrologiae
[6855] LOMIENTO, GENNARO: Jeremias
[6856] LOMIENTO, GENNARO: Jeremias
[6876] LORENZI, LORENZO DE: Mt 5,11-12
[6093] LÜHRMANN, D.: Doctrina auctorum
[3600] LYMAN, J.R.: Eusebius Caesariensis
  [48] MARA, MARIA GRAZIA: Historia patrologiae
[1228] MARIN, MARCELLO: Philologia patristica
[6921] MEES, MICHAEL: 2 Cor 6,1-10
[6547] MEES, MICHAEL: Novissima
[6194] MICAELLI, CLAUDIO: Christologia
[1802] MILLER, PATRICIA COX: Auctores
[4606] MONTSERRAT-TORRENTS, J.: Methodius Olympius
[4034] MORESCHINI, CLAUDIO: Hieronymus
[2014] MÜHLENBERG, EKKEHARD: Apollinarius Laodicensis
[5014] MURPHY, F.X.: Rufinus Aquileiensis
[3638] O'LAUGHLIN, MICHAEL WALLACE: Evagrius Ponticus
[4037] OPELT, ILONA: Hieronymus
  [323] Origeniana Tertia: Collectanea et miscellanea
  [324] Origeniana Quarta: Collectanea et miscellanea
[4040] PERI, I.: Hieronymus
[6789] PERSIC, A.: Patrum exegesis
[3781] PETERSEN, JOAN M.: Gregorius Magnus
[1257] PIETRAS, H.: ἀγάπη
[3924] PIETRELLA, EGIDIO: Gregorius Nyssenus
[5015] PIZZANI, UBALDO: Rufinus Aquileiensis
[4838] REYMOND, ANTOINE: Pamphilus Berytensis
[3553] RIGGI, CALOGERO: Epiphanius Constantiniensis
  [342] RIST, JOHN M.: Collectanea et miscellanea
[4042] RIUS-CAMPS, JOSEP: Hieronymus
[3607] SIMONETTI, MANLIO: Eusebius Caesariensis
[6799] TORJESEN, KAREN JO: Patrum exegesis
[6235] TORJESEN, KAREN JO: Soteriologia
[2791] TRAPE, AGOSTINO: Aurelius Augustinus
[1407] TREU, KURT: Palaeographica atque manuscripta
[6285] VOGT, K.: Anthropologia
[4215] VOICU, SEVER J.: Pseudo-Iohannes Chrysostomus
[1554] WRIGHT, BENJAMIN G.: Novum Testamentum

→ III.2. Orosius

[2148] Aurelius Augustinus
[2242] BRIZZI, GIOVANNI: Aurelius Augustinus
[1207] Philologia patristica
[1340] JORDAN, L.; WOOL, S.: Palaeographica atque manuscripta
 [820] LOPEZ PEREIRA, JOSÉ EDUARDO: Opera ad historiam ...
 [931] PÉREZ SANCHEZ, DIONISIO: Opera ad historiam ...
[3685] WRIGHT, N.: Gildas Sapiens

→ III.2. Ossius Cordubiensis

[5931] TETZ, MARTIN: Concilia, acta conciliorum, canones

→ III.2. Pachomius Tabennensis

[6329] DESEILLE, PLACIDO: Vita christiana, monastica
[6352] GOEHRING, JAMES E.: Vita christiana, monastica
[2007] ROUSSEAU, P.: Antonius Eremita

→ III.2. Palladius Helenopolitanus

[1328] GRIBOMONT, JEAN: Palaeographica atque manuscripta

→ III.2. Pamphilus Caesariensis

[5009] ERA, ANTONIO DELL': Rufinus Aquileiensis

→ III.2. Patres Apostolici

[5462] ORBAN, A.: Polycarpi Martyrium
[2893] SCHUKSTER, MARTIN; RICHARDSON, PETER: Barnabae
       Epistula

→ III.2. Patricius ep. Hibernorum

 [225] BIELER, LUDWIG: Collectanea et miscellanea
[1097] WILSON, P.A.: Opera ad historiam ...

→ III.2. Paulinus Nolanus

[2864] CUTOLO, PAOLO: Ausonius
 [253] Disce Paulinum: Collectanea et Miscellanea
[1285] MUSSO, OLIMPIO: sentinaculum
  [79] RUGGIERO, ANDREA: Historia Patrologiae

→ III.2. Paulus Samosatensis

[5878] FISCHER, JOSEPH ANTON: Concilia, acta conciliorum, canones

→ III.2. Pelagius

[2227] BOEFT, JAN DEN: Aurelius Augustinus
[6219] FRANSEN, PIET F.: Soteriologia
[2439] GROSSI, VITTORINO: Aurelius Augustinus
[4034] MORESCHINI, CLAUDIO: Hieronymus
[4128] O CROININ, D.: Iohannes IV. papa
[6888] SCAGLIONI, CARLO: Mt 19,16-26

→ III.2. Petrus Iberus

[3438] LOLAŠVILI, I.A.: Pseudo-Dionysius Areopagita

→ III.2. Phileas Thmuitanus

[1375] PIETERSMA, A.: Palaeographica atque manuscripta

→ III.2. Philostorgius

[576] CALTABIANO, M.: Opera ad historiam …

→ III.2. Philoxenus Mabuggensis

[6177] HALLEUX, ANDRÉ DE: Christologia

→ III.2. Polycarpus Smyrnensis

[4849] PAULSEN, H.: Patres Apostolici

→ III.2. Possidius

[5318] BASTIAENSEN, A.: Aurelius Augustinus

→ III.2. Primasius ep. Hadrumetinus

[1212] Philologia patristica
[6928] RAPISARDA LO MENZO, GRAZIA: Apoc 6,1-8

→ III.2. Priscillianus

[5618] COOMBS, S.: Missa, sacramenta, sacramentalia

→ III.2. Proba

[1862] SALANITRO, GIOVANNI: Auctores

→ III.2. Proclus Constantinopolitanus

[4207] AUBINEAU, MICHEL; LEMARIÉ, J.: Pseudo-Iohannes Chrysostomus
[1183] STEEL, CARLOS: Philosophica

→ III.2. Procopius Caesariensis

[4289] ALONSO-NUÑEZ, JOSÉ MIGUEL: Iordanes
[4257] SCOTT, R.D.: Iohannes Malalas

→ III.2. Prosper Aquitanus

[2440] GROSSI, VITTORINO: Aurelius Augustinus

→ III.2. Prudentius

[5302] ASSENDELFT, MARION M. VAN: Agnes
[1955] BUCHHEIT, VINZENZ: Ambrosius Mediolanensis
[2483] KLEIN, R.: Aurelius Augustinus
[3235] KLEIN, R.: Claudius Claudianus
[1969] KLEIN, RICHARD: Ambrosius Mediolanensis
[1064] TREU, K.: Opera ad historiam …
[1414] WIELAND, G.R.: Palaeographica atque manuscripta

→ III.2. Regula Magistri

[5715] ALTERMATT, ALBERICH MARTIN: Annus liturgicus
[2964] BORIAS, ANDRÉ: Benedictus Nursinus
[2991] GANTOY, ROBERT: Benedictus Nursinus
[3021] LINAGE CONDE, ANTONIO: Benedictus Nursinus

→ III.2. Rufinus Aquileiensis

[2899] Basilius Caesariensis
 [506] BALDINI, A.: Opera ad historiam …
[4683] BAMMEL, CAROLINE P. HAMMOND: Origenes
[1696] CHIESA, PAOLO: Auctores
 [616] CUSCITO, GIUSEPPE: Opera ad historiam …
[4708] DAHAN, G.: Origenes
[4006] DUVAL, YVES-MARIE: Hieronymus
 [923] PAVAN, M.: Opera ad historiam …
[3661] SCHAMP, JACQUES: Gelasius Caesariensis

[4783] SFAMENI GASPARRO, GIULIA: Origenes
[4801] VOGÜÉ, ADALBERT DE: Origenes

→ III.2. Ruricius Lemovicensis

[1643] Auctores
[1211] Philologia patristica

→ III.2. Sedulius

[4469] COSTANZA, S.: Iuvencus
[4470] RATKOWITSCH, CHRISTINE: Iuvencus

→ III.2. Serapion Thmuitanus

[1646] Auctores
[6686] MERKELBACH, REINHOLD: Gnostica

→ III.2. Severianus Gabalensis

[3364] AUBINEAU, MICHEL: Cyrillus Hierosolymitanus

→ III.2. Severus Antiochenus

[4163] AUBINEAU, MICHEL; SÉD, N.: Iohannes Chrysostomus

→ III.2. Sexti Sententiae

[1691] CARLINI, ANTONIO: Auctores
[5005] CORTE, FRANCESCO DELLA: Rufinus Aquileiensis

→ III.2. Sinuthius

[6359] GRILLMEIER, A., SJ: Vita christiana, monastica
[5260] HORN, JÜRGEN: Hagiographica

→ III.2. Socrates Scholasticus

[3575] ALLEN, PAULINE: Eusebius Caesariensis
 [576] CALTABIANO, M.: Opera ad historiam ...

→ III.2. Sozomenus

[3575] ALLEN, PAULINE: Eusebius Caesariensis
 [576] CALTABIANO, M.: Opera ad historiam ...
[5054] NOBBS, A.E.: Socrates Scholasticus
[5055] TSIRPANLIS, CONSTANTINE N.: Socrates Scholasticus

→ III.2. Sulpicius Severus

[5235] FANGER, CLAIRE: Hagiographica
[5275] MIQUEL, PIERRE: Hagiographica
[5413] NAHMER, DIETER VON DER: Martinus Turonensis

→ III.2. Synesius Cyrenensis

[4467] Pseudo-Iustinus Martyr
[4170] CAMERON, ALAN: Iohannes Chrysostomus
[3845] IPPOLITO, G. D': Gregorius Nazianzenus

→ III.2. Tatianus Syrus

[1638] Auctores
[1444] BAARDA, T.: Novum Testamentum
[1445] BAARDA, T.: Novum Testamentum
[5961] BUNDY, DAVID D.: Ius canonicum, hierarchia, disciplina eccle-
        siastica
[3529] LELOIR, LOUIS, OSB: Ephraem Syrus
[2116] MARCOVICH, MIROSLAV: Athenagoras Atheniensis
[1512] MUST, HILDEGARD: Novum Testamentum
[4998] PETERSEN, WILLIAM L.: Romanus Melodus
[4466] YOUNG, M.O.: Iustinus Martyr

→ III.2. Tertullianus

[1447] BAUER, JOHANNES B.: Novum Testamentum
 [131] BRAUN, RENÉ; DELÉANI, S.; DOLBEAU, F.; FREDOUILLE,
        J.-C.; PETITMENGIN, P.: Bibliographica
 [132] BRAUN, RENÉ; FREDOUILLE, JEAN-CLAUDE; PETIT-
        MENGIN, PIERRE: Bibliographica
[6068] BRUNNER, F.: Doctrina auctorum et historia dogmatum
 [140] Bibliographica
[1589] DAVIES, S. L.: Apocrypha
[4057] DOIGNON, JEAN: Hilarius Pictaviensis
  [27] FREDOUILLE, JEAN-CLAUDE: Historia patrologiae
[1272] HAMMAN, ADALBERT G.: agape
[1747] HECK, EBERHARD: Auctores
[6093] LÜHRMANN, D.: Doctrina auctorum
[1228] MARIN, MARCELLO: Philologia patristica
 [852] MARTELLI, F.: Opera ad historiam …
[4486] MONAT, PIERRE: Lactantius
[1823] PAGELS, ELAINE: Auctores
[4653] PELLAND, G.: Novatianus
 [987] SACHOT, M.: Opera ad historiam …

[6800] VICIANO, A.: Patrum exegesis

→ III.2. Theodoretus Cyrensis

[3575] ALLEN, PAULINE: Eusebius Caesariensis
[6065] BONDI, ROBERTA C.: Doctrina auctorum et historia dogmatum
[5054] NOBBS, A.E.: Socrates Scholasticus
[1280] STÜRNER, W.: Peccatum
[5055] TSIRPANLIS, CONSTANTINE N.: Socrates Scholasticus
[4799] VOGT, HERMANN-JOSEF: Origenes
[1926] WILSON, N.: Auctores

→ III.2. Theodorus Mopsuestenus

[4405] GUIDA, A.: Iulianus Imperator

→ III.2. Theodorus Tabennensis

[220] Basilius Steidle 1903-1982: Collectanea et miscellanea
[4819] VOGÜÉ, A. DE: Orsiesius

→ III.2. Theophilus Alexandrinus

[4701] CROUZEL, HENRI, SJ: Origenes

→ III.2. Theophilus Antiochenus

[1638] Auctores
[4487] NICHOLSON, O.P.: Lactantius

→ III.2. Timotheus Aelurus

[656] FERNANDEZ, G.: Opera ad historiam ...

→ III.2. Timotheus Alexandrinus

[5003] BATLLE, COLUMBA M.: Rufinus Aquileiensis

→ III.2. Ulfilas

[1504] MEID, WOLFGANG: Novum Testamentum

→ III.2. Valentinus Gnosticus

[6582] BROEK, ROELOF VAN DEN: Gnostica
[6594] DESJARDINS, M.: Gnostica

→ III.2. Venantius Fortunatus

[3950] ANTON, HANS HUBERT: Gregorius Turonensis
[1410] UNTERKIRCHER, FRANZ: Palaeographica atque manuscripta
[1915] VIARRE, SIMONE: Auctores
[1088] WERNER, K.F.: Opera ad historiam …

→ III.2. Victor ep. Capuae

[1467] FISCHER, BONIFATIUS: Novum Testamentum

→ III.2. Victor Tunnunensis

[4943] MUHLBERGER, S.: Prosper Aquitanius

→ III.2. Victorinus Poetovionensis

[6928] RAPISARDA LO MENZO, GRAZIA: Apoc 6,1-8

→ III.2. Victricius Rotomagensis

[1643] Auctores
[1211] Philologia patristica

→ III.2. Vigilius Papa

[885] MOORHEAD, J.: Opera ad historiam …

→ III.2. Vincentius Lerinensis

[1643] Auctores
[1211] Philologia patristica

→ III.2. Zacharias Rhetor

[1936] AUJOULAT, NOËL: Aeneas Gazaeus

→ III.2. Zeno Veronensis

[1910] TRUZZI, CARLO: Auctores

→ III.3 Hagiographica

→ III.3.a) Generalia

[3945] Gregorius Turonensis
[3947] Gregorius Turonensis
[4342] Isidorus Hispalensis
[4832] Palladius Helenopolitanus

[4833] Palladius Helenopolitanus
[5603] ANDRONIKOF, C.: Missa, sacramenta, sacramentalia
 [219] BALBONI, DANTE: Collectanea et miscellanea
[5739] BELTING-IHM, CHRISTA: Hymni
 [403] Subsidia
 [404] Subsidia
 [527] BISBEE, GARY ALLEN: Opera ad historiam ...
 [137] Bibliographica
[3954] CORBETT, JOHN H.: Gregorius Turonensis
[1315] CURTI, CARMELO: Palaeographica atque manuscripta
 [434] FOLZ, ROBERT: Subsidia
[1332] HALKIN, F.: Palaeographica atque manuscripta
[4600] HEIM,FRANÇOIS: Menander Laodicensis
 [442] KELLER, H.L.: Subsidia
[1764] LANATA, G.: Auctores
 [300] I martiri della Val di Non: Collectanea et miscellanea
[6421] MCNAMARA, J.A.: Vita christiana, monastica
[5724] OLIVAR, ALEXANDRE: Annus liturgicus
 [63] OMMESLAEGHE, F. VAN: Historia patrologiae
[1372] PELLEGRIN, E.: Palaeographica atque manuscripta
[4970] PETRUCIONE, J.F.: Prudentius
[2939] RIGGI, C.: Basilius Caesariensis
 [986] RYCKMANS, J.: Opera ad historiam ...
 [345] Saints et sainteté dans la liturgie: Collectanea et miscellanea
[3374] SAXER, V.: Damasus Papa
 [83] SAXER, VICTOR: Historia patrologiae
 [84] SINISCALCO, P.: Historia patrologiae
[5583] Liturgica

→ III.3.b) Sancti singuli (in ordine alphabetico sanctorum)

→ III.3.b) Amandus ep. Traiectensis

 [629] DIERKENS, A.: Opera ad historiam ecclesiasticam ...

→ III.3.b) Ambrosius Mediolanensis

[5294] UYTFANGHE, MARC VAN: Hagiographica

→ III.3.b) Antonius Eremita

[2068] Athanasius Alexandrinus
[2072] BARTELINK, G.J.M.: Athanasius Alexandrinus
[2076] BRENNAN, BRIAN: Athanasius Alexandrinus
[6330] DESPREZ, V.: Vita christiana, monastica

[5235] FANGER, CLAIRE: Hagiographica
[26] FORCE, P.: Historia patrologiae
[6358] GRIFFITHS, J.G.: Vita christiana, monastica

→ III.3.b) Arnulfus ep. Mettensis

[5300] PHILIPPART, G.: Adelphus ep. Mettensis

→ III.3.b) Aurelius Augustinus

[4911] GRÉGOIRE, RÉGINALD, OSB: Possidius
[4912] KARDONG, TERRENCE G.: Possidius
[165] MEIJER, A. DE: Bibliographica

→ III.3.b) Basiliscus

[5245] HALKIN, F.: Hagiographica

→ III.3.b) Basilius Caesariensis

[3934] STAATS, R.: Gregorius Nyssenus

→ III.3.b) Columba Abbas Hiensis

[1933] ENRIGHT, M.J.: Adomnanus Abbas Hiensis
[1934] HARVEY, A.J.R.: Adomnanus Abbas Hiensis
[1935] MACDONALD, A.D.S.: Adomnanus Abbas Hiensis

→ III.3.b) Cyprianus Carthaginiensis

[5294] UYTFANGHE, MARC VAN: Hagiographica

→ III.3.b) Demetrius

[5163] TAPKOVA-ZAIMOVA, VASILKA: Pseudo-Theodotus Ancyranus

→ III.3.b) Eutropius

[5245] HALKIN, F.: Hagiographica

→ III.3.b) Finnianus

[3673] DUMVILLE, D.N.: Gildas Sapiens

→ III.3.b) Fulgentius Ruspensis

[3648] Pseudo-Ferrandus Carthaginiensis
[3649] ISOLA, A.: Pseudo-Ferrandus Carthaginiensis

→ III.3.b) Gervasius et Protasius

[2463] ISOLA, A.: Aurelius Augustinus

→ III.3.b) Helena

[5337] WINKELMANN, F.: Constantinus Imperator

→ III.3.b) Iacobus Maior

[5556] LOPEZ PACHO, RICARDO: Liturgica

→ III.3.b) Iohannes Chrysostomus

[4831] Vol. 45: Palladius Helenopolitanus

→ III.3.b) Iohannes Evangelista

[4597] SCHÄFERDIEK, KNUT: Melito Sardensis

→ III.3.b) Iosephus Sponsus

[2746] SOLA, F. DE P.: Aurelius Augustinus

→ III.3.b) Lazarus

[2948] Basilius Seleuciensis

→ III.3.b) Macrina

[3888] Gregorius Nyssenus
[6290] ALBRECHT, RUTH: Vita christiana, monastica
[3899] CALLAHAN, V.W.: Gregorius Nyssenus
[3619] MARAVAL, PIERRE: Eustratius Constantinopolitanus
[5454] MUSURILLO, H.R.: Perpetua

→ III.3.b) Malchus

[3991] Hieronymus

→ III.3.b) Martinus Turonensis

[5189] Venantius Fortunatus
[4881] DAM, RAYMOND VAN: Paulinus Petricordiensis
[5235] FANGER, CLAIRE: Hagiographica
[5802] MOREU-REY, E.: Cultus
[5065] STANCLIFFE, C.: Sulpicius Severus
[5294] UYTFANGHE, MARC VAN: Hagiographica
[3969] WOOD, I.N.: Gregorius Turonensis

→ III.3.b) Meletius Antiochenus

[3922] MURADYAN, K.M.: Gregorius Nyssenus

→ III.3.b) Monica

[166] MEIJER, A. DE: Bibliographica

→ III.3.b) Moyses Aethiops

[4137] DEVOS, PAUL: Iohannes Cassianus

→ III.3.b) Patricius ep. Hibernorum

[225] BIELER, LUDWIG: Collectanea et miscellanea
[5413] NAHMER, DIETER VON DER: Martinus Turonensis

→ III.3.b) Pelagia Paenitens

[4647] LIVREA, ENRICO: Nonnus Panopolitanus

→ III.3.b) Perpetua et Felicitas

[1802] MILLER, PATRICIA COX: Auctores

→ III.3.b) Petrus Alexandrinus

[4896] VIVIAN, TIM: Petrus Alexandrinus

→ III.3.b) Pionius

[5216] BOEFT, J. DEN; BREMMER, J.: Hagiographica

→ III.3.b) Polycarpi Martyrium

[5416] LALLEMAND, A.: Martyres Lugdunenses

→ III.3.b) Polycarpus Smyrnensis

[5216] BOEFT, J. DEN; BREMMER, J.: Hagiographica

→ III.3.b) Pachomius Tabennensis

[1996] GOEHRING, JAMES E.: Ammon Episcopus

→ III.3.b) Porphyrius Gazaeus

[618] DAM, RAYMOND VAN: Opera ad historiam ...

→ III.3.b) Sebastianus

[5798] LUISELLI, BRUNO: Cultus

→ III.3.b) Senas

[3465] MACCOULL, LESLIE S.B.: Dioscorus Aphroditopolitanus

→ III.3.b) Severinus

[3562] Eugippius
[3563] Eugippius
[3564] Eugippius
[3565] Vita Sancti Severini: Eugippius

→ III.3.b) Stephanus Iunior

[5777] CORMACK, R.: Cultus

→ III.3.b) Thecla

[6290] ALBRECHT, RUTH: Vita christiana, monastica
[5947] APPEL, ANDREA: Ius canonicum, hierarchia, disciplina ecclesia-
         stica
[1595] HÄGG, TOMAS: Apocrypha
[1624] RORDORF, W.: Apocrypha
[1625] RORDORF, WILLY: Apocrypha

→ III.3.b) Theodorus Syceota

[5777] CORMACK, R.: Cultus

→ III.3.b) Theodorus Tabennensis

[1996] GOEHRING, JAMES E.: Ammon Episcopus

→ III.3.b) Vigilius ep. Tridentinus

 [977] ROGGER, I.: Opera ad historiam ...

→ IV. Liturgica

→ IV.1. Generalia

→ IV.2. Missa, sacramenta, sacramentalia

[4437] AGRELO, SANTIAGO, OFM: Iustinus Martyr
[5200] BASTIAENSEN, A.A.R.: Vigilius Papa
[5106] BENEDEN, PIERRE VAN: Tertullianus
[1301] BRAKMANN, HEINZGERD: Palaeographica atque manuscripta
[3646] CARLE, PAUL-LAURENT, OP: Faustus Reiensis
[232] La celebrazione cristiana del matrimonio: Collectanea et miscellanea
[3577] CHAVASSE, ANTOINE: Eusebius Caesariensis
[1323] GAMBER, KLAUS: Palaeographica atque manuscripta
[2410] GAUDOIN-PARKER, MICHAEL L.: Aurelius Augustinus
[5884] GESTEIRA GARZA, MANUEL: Concilia, acta conciliorum, canones
[4078] GUTIERREZ DE RUCANDIO, ARSENIO: Hippolytus Romanus
[4178] HALTON, T.: Iohannes Chrysostomus
[5209] JEANES, GORDON: Zeno Veronensis
[2475] JULIO B., HOMERO: Aurelius Augustinus
[1606] KRUSE, HEINZ, SJ: Apocrypha
[4735] LAPORTE, JEAN: Origenes
[6663] LELOIR, LOUIS: Gnostica
[41] LIES, LOTHAR: Historia patrologiae
[5157] LONGEAT, J.P.: Theodorus Mopsuestenus
[1284] LOPEZ GONZALEZ, PEDRO: res et sacramentum
[6409] LYNCH, J.H.: Vita christiana, monastica
[6410] LYNCH, J.H.: Vita christiana, monastica
[1354] Palaeographica atque manuscripta
[5125] MATTEI, PAUL: Tertullianus
[2659] POQUE, SUZANNE: Aurelius Augustinus
[2697] ROBLES, GABRIEL: Aurelius Augustinus
[3392] SALVARANI, B.: Didache
[3606] SCHWARTZ, JOSHUA: Eusebius Caesariensis
[6741] SEVRIN, J.-M.: Gnostica
[4199] STEVENSON, KENNETH W.: Iohannes Chrysostomus
[4200] TAFT, R.: Iohannes Chrysostomus
[6157] THRAEDE, KLAUS: Trinitas
[2787] TRAETS, COR: Aurelius Augustinus
[4093] VISONA, G.: Pseudo-Hippolytus Romanus
[4125] WEHR, LOTHAR: Ignatius Antiochenus

→ IV.3. Annus liturgicus

[1641] Auctores

[4587] Maximus Taurinensis
[4207] AUBINEAU, MICHEL; LEMARIÉ, J.: Pseudo-Iohannes Chrysostomus
[3735] FISCHER, B.: Gregorius Magnus
[2990] FRANQUESA, ADALBERT: Benedictus Nursinus
[5629] GAMBER, K.: Missa, sacramenta, sacramentalia
[6187] KARTSONIS, ANNA D.: Christologia
[1342] Palaeographica atque manuscripta
[2562] MARTINHO, AVELINO: Aurelius Augustinus
[5559] NAVONI, M.: Liturgica
[5684] RIZZINI, PIERGIORGIO: Missa, sacramenta, sacramentalia
[5398] ROBREAU, B.: Annus Liturgicus
[3535] ROUWHORST, G.A.M.: Ephraem Syrus
[3536] ROUWHORST, G.A.M.: Ephraem Syrus
[3537] ROUWHORST, G.A.M.: Ephraem Syrus
[2717] SANTOS, F.J.A.: Aurelius Augustinus
[3039] SERNA GONZALEZ, CLEMENTE DE LA: Benedictus Nursinus
[3615] TRIACCA, ACHILLE M.: Eusebius Emesenus
[5187] WEISS, J.P.: Valerianus Cemeliensis
[4598] WIILSON, S.G.: Melito Sardensis
[5714] ZWECK, HEINRICH: Missa, sacramenta, sacramentalia

→ IV.4. Hymni

[4991] BARKHUIZEN, J.H.: Romanus Melodus
[6854] BROCK, SEBASTIAN P.: Is 6,3
[4949] BUCHHEIT, VINZENZ: Prudentius
[4993] BUSSAGLI, MARCO: Romanus Melodus
[4994] BUSSAGLI, MARCO: Romanus Melodus
[4233] CESARETTI, PAOLO: Iohannes Damascenus
[1694] CHARLET, JEAN-LOUIS: Auctores
[1317] DIETHART, JOHANNES M.; NIEDERWIMMER, KURT: Palaeographica atque manuscripta
[1351] MACCOULL, LESLIE S.B.: Palaeographica atque manuscripta
[3530] MARTINEZ F., F.J.: Ephraem Syrus
[1972] MERKELBACH, REINHOLD: Ambrosius Mediolanensis
[4965] MICAELLI, C.: Prudentius
[6260] MOLINA PRIETO, A.: Mariologia
[5439] PASCHOU, P.B.: Nicolaus ep. Myrensis
[3535] ROUWHORST, G.A.M.: Ephraem Syrus
[3536] ROUWHORST, G.A.M.: Ephraem Syrus
[5578] SCHLOSSER, J.: Liturgica
[5027] SPRINGER, C.P.E.: Sedulius

→ IV.5. Cultus (hyper-)duliae, veneratio iconum reliquiarumque

→ V. Iuridica, symbola

→ V.1. Generalia

[2262] CAMPO DEL PO, FERNANDO: Aurelius Augustinus
 [579] CARCIONE, FILIPPO: Opera ad historiam ...
 [580] CARCIONE, FILIPPO: Opera ad historiam ...
[3157] GUARINO, A.: Cassiodorus
 [445] KUTTNER, S.; ELZE, R.: Subsidia
[4365] LEISCHING, P.: Isidorus Hispalensis
[3799] TUILIER, A.: Gregorius Magnus
[1986] VISMARA, GIULIO: Ambrosius Mediolanensis

→ V.2. Concilia, acta conciliorum, canones

 [524] BESCHAOUCH, A.: Opera ad historiam ...
[5955] BRANDMÜLLER, WALTER: Ius canonicum, hierarchia, disci-
       plina ecclesiastica
[5954] BRANDMÜLLER, WALTER: Ius canonicum, hierarchia, disci-
       plina ecclesiastica
[4346] CAZIER, P.: Isidorus Hispalensis
[6312] CHOLIJ, ROMAN M.T.: Vita christiana, monastica
 [640] DUVAL, YVES-MARIE: Opera ad historiam ...
[5175] EBIED, R.Y.; WICKHAM, L.R.: Timotheus Aelurus
[5182] FERNANDEZ HERNANDEZ, G.: Ulfilas
 [658] FERNANDEZ HERNANDEZ, GONZALO: Opera ad histo-
       riam ...
[6174] GRILLMEIER, ALOIS: Christologia
[6175] GRILLMEIER, ALOIS: Christologia
[5787] HOHLWEG, A.: Cultus
[6183] IČA, I.I.: Christologia
[6189] KNAUER, PETER: Christologia
 [444] KÖBLER, G.: Subsidia
[5795] KRETSCHMAR, G.: Cultus
[6190] LINDSEY, W.D.: Christologia
 [314] MUNIER, CHARLES: Collectanea et miscellanea
 [317] Nicée II, 787-1987: Collectanea et miscellanea
[5805] NIKOLAOU, THEODOR: Cultus
[6443] PARDO FERNANDEZ, A.: Vita christiana, monastica
 [938] PETIT, C.: Opera ad historiam ...
 [985] RUGGIERI, VINCENZO, SJ; NETHERCOTT, F.: Opera ad
       historiam ...
[5831] STOCKMEIER, P.: Cultus

→ V.3. Ius canonicum, hierarchia, disciplina ecclesiastica

[2243] BRUNS, BERNHARD: Aurelius Augustinus
[5113] CARDMAN, F.: Tertullianus
[6312] CHOLIJ, ROMAN M.T.: Vita christiana, monastica
[6240] ESTRADA, JUAN A.: Ecclesiologia
[2915] HALLEUX, A. DE: Basilius Caesariensis
[2916] HALLEUX, A. DE: Basilius Caesariensis
[1272] HAMMAN, ADALBERT G.: agape
[6365] HANSEN, ELLEN M.: Vita christiana, monastica
 [757] IDE, ARTHUR F.: Opera ad historiam …
[3005] JACOBS, UWE KAI: Benedictus Nursinus
 [765] JIMENEZ GARNICA, ANA MARIA: Opera ad historiam …
[6190] LINDSEY, W.D.: Christologia
[4740] MALI, FRANZ: Origenes
[1787] MARTIN, ANNIK: Auctores
[5125] MATTEI, PAUL: Tertullianus
[4835] MEYER, R.T.: Palladius Helenopolitanus
[5900] MORDEK, HUBERT: Concilia, acta conciliorum, canones
 [314] MUNIER, CHARLES: Collectanea et miscellanea
[6434] NIEBERGALL, ALFRED: Vita christiana, monastica
[5911] PERI, V.: Concilia, acta conciliorum, canones
[2656] PINTARD, J.: Aurelius Augustinus
 [332] Das Priestertum in der Einen Kirche: Collectanea et miscellanea
[2684] RESINES, LUIS: Aurelius Augustinus
[6919] SANCHEZ CARO, JOSÉ MANUEL: 1 Cor 11,28
[1002] SCHIEFFER, R.: Opera ad historiam …
[2785] TORIBIO, J.F.: Aurelius Augustinus
[2941] TORRES PRIETO, J.M.: Basilius Caesariensis
[4851] TROBAJO DIAZ, ANTONIO: Patres Apostolici

→ V.4. Symbola

[6183] IČA, I.I.: Christologia
[5788] Cultus
[4319] ORBE, ANTONIO: Irenaeus Lugdunensis
[2659] POQUE, SUZANNE: Aurelius Augustinus
[1945] SKARSAUNE, OSKAR: Alexander Alexandrinus
[2811] VERBRAKEN, PIERRE PATRICK: Aurelius Augustinus

→ VI. Doctrina auctorum et historia dogmatum

→ VI.1. Generalia

→ VI.2. Singula capita historiae dogmatum

→ VI.2.a) Religio, revelatio

→ VI.2.b) Creatio, providentia

[6141] Trinitas
[4724] HARL, MARGUERITE: Origenes
[2608] OBERTELLO, LUCA: Aurelius Augustinus
[6789] PERSIC, A.: Patrum exegesis
[2738] SINISCALCO, PAOLO: Aurelius Augustinus
[2803] VANNIER, MARIE-ANNE: Aurelius Augustinus
[2804] VANNIER, MARIE-ANNE: Aurelius Augustinus

→ VI.2.c) Trinitas

[3068] ANDREWS, ROBERT: Boethius
[4302] BALWIERZ, MARIAN: Irenaeus Lugdunensis
[4565] BERTHOLD, GEORGE C.: Maximus Confessor
[3545] BERTRAND, DANIEL A.: Epiphanius Constantiensis
[4689] BLANC, CÉCILE: Origenes
[2967] BORIAS, ANDRÉ: Benedictus Nursinus
[4055] BRÉSARD, LUC: Hilarius Pictaviensis
[2316] CROUSE, ROBERT D.: Aurelius Augustinus
[6857] DASSMANN, ERNST: Ezechiel
[4061] DOIGNON, JEAN: Hilarius Pictaviensis
[4063] DOIGNON, JEAN: Hilarius Pictaviensis
[4173] ESTRADA BARBIER, B.: Iohannes Chrysostomus
[2370] FERRARO, GIUSEPPE: Aurelius Augustinus
[2373] FERREIRA, J.M. DOS SANTOS: Aurelius Augustinus
[4091] FRICKEL, JOSEF: Pseudo-Hippolytus Romanus
[2393] FROHNHOFEN, HERBERT: Aurelius Augustinus
[6257] GARRIDO BONAÑO, MANUEL: Mariologia
[6040] GARRIGUES, J.M.: Symbola
[2418] GENN, FELIX: Aurelius Augustinus
[5883] GESSEL, WILHELM: Concilia, acta conciliorum, canones
[4591] GROSSI, VITTORINO, OSA: Melito Sardensis
[5121] HILBERATH, BERND JOCHEN: Tertullianus
[6782] KANNENGIESSER, CHARLES, SJ: Patrum exegesis
[3910] KRIVOCHEINE, B.: Gregorius Nyssenus
[3912] LATORRE, R.J.A.: Gregorius Nyssenus
[2925] LAVATORI, RENZO: Basilius Caesariensis
[4739] LOGAN, ALASTAIR H.B.: Origenes
[4485] MCGUCKIN, JOHN ANTHONY: Lactantius
[2580] MICAELLI, C.: Aurelius Augustinus
[2588] MPASI LONDI, BOKA DI: Aurelius Augustinus
[456] O'CARROLL, M.: Subsidia
[3925] PLANTINGA, CORNELIUS: Gregorius Nyssenus
[4774] RIUS-CAMPS, JOSEP: Origenes
[4776] ROWE, J. NIGEL: Origenes

[4779] SCHADEL, ERWIN: Origenes
[4780] SCHADEL, ERWIN: Origenes
[3555] SCHULTZE, B., SJ: Epiphanius Constantiensis
[1945] SKARSAUNE, OSKAR: Alexander Alexandrinus
[2757] SQUIRE, A.K., OP: Aurelius Augustinus
[2050] STEAD, C.: Arius
[2761] STEFANO, FRANCES: Aurelius Augustinus
[4509] STOCKMEIER, PETER: Leo Magnus
[6057] STYLIANOPOULOS, T.: Symbola
[2774] TESKE, R.J.: Aurelius Augustinus
[1998] THIERRY, J.J.: Amphilochius Iconiensis
[2822] VERWILGHEN, ALBERT: Aurelius Augustinus
[4804] WILLIAMS, ROWAN D.: Origenes
[5943] WOLINSKI, J.: Concilia, acta conciliorum, canones

→ VI.2.d) Christologia

[4503] Leo Magnus
[1286] ABRAMOWSKI, LUISE: Palaeographica atque manuscripta
[2054] AMATA, BIAGIO: Arnobius Maior
[5146] BAUCHMANN CLAYTON, P.: Theodoretus Cyrensis
[1686] BUBY, B.: Auctores
[5028] CARCIONE, FILIPPO: Sergius Constantinopolitanus
[236] Christ in East and West: Collectanea et miscellanea
[2288] CILLERUELO, LOPE: Aurelius Augustinus
[249] La cristologia nei Padri della Chiesa: Collectanea et miscellanea
[2318] CUENCA COLOMA, JUAN M.: Aurelius Augustinus
[6857] DASSMANN, ERNST: Ezechiel
[6072] DAVIES, W.D.: Doctrina auctorum et historia dogmatum
[4061] DOIGNON, JEAN: Hilarius Pictaviensis
[2080] DRAGAS, GEORGE DION: Athanasius Alexandrinus
[2351] DROBNER, HUBERTUS R.: Aurelius Augustinus
[4553] DURAND, GEORGES-MATTHIEU DE, OP: Marcus Eremita
[5175] EBIED, R.Y.; WICKHAM, L.R.: Timotheus Aelurus
[1713] ETTLINGER, GERARD H., SJ: Auctores
[5872] FERRARO, G.: Concilia, acta conciliorum, canones
[4955] FONTANIER, JEAN MICHEL: Prudentius
[2912] GAMBERO, L.: Basilius Caesariensis
[273] The glory of Christ in the New Testament: Collectanea et miscellanea
[4105] GRILL (†), S.M.: Iakobus Sarugensis
[4591] GROSSI, VITTORINO, OSA: Melito Sardensis
[5149] GUINOT, J.-N.: Theodoretus Cyrensis
[4723] HANSON, RICHARD P.C.: Origenes

[4727] HOFRICHTER, PETER: Origenes
[3637] KLINE, FRANCIS: Evagrius Ponticus
[2058] LAURENTI, RENATO: Arnobius Maior
[4182] LAWRENZ, MELVIN EDWARD: Iohannes Chrysostomus
[4736] LE BOULLUEC, ALAIN: Origenes
[2093] LOUTH, A.: Athanasius Alexandrinus
[3916] MARAVAL, PIERRE: Gregorius Nyssenus
[2928] MAZZANTI, G.: Basilius Caesariensis
[4744] MCGUCKIN, JOHN ANTHONY: Origenes
[6229] MEYENDORFF, JOHN: Soteriologia
[4966] MICAELLI, C.: Prudentius
[3657] MICAELLI, CLAUDIO: Fulgentius Ruspensis
[3983] NIJENDIJK, LAMBARTUS WILHELMUS: Hermae Pastor
[4629] O'KEEFE, JOHN JAMES: Nestorius
[4548] ORBE, ANTONIO: Marcion
[6148] PEÑAMARIA, A.: Trinitas
[4092] PETIT CARO, ADOLFO JOSÉ: Pseudo-Hippolytus Romanus
[2097] PETTERSEN, A.L.: Athanasius Alexandrinus
[3786] RECCHIA, V.: Gregorius Magnus
[1379] RENOUX, CHARLES: Palaeographica atque manuscripta
[1859] ROHLING, JOSEPH H.: Auctores
[4921] ROMPAY, LUCAS VAN: Proclus Constantinopolitanus
[3127] SCHÄFERDIEK, KNUT: Bonosus Naissenus
[4781] SCOGNAMIGLIO, ROSARIO: Origenes
[6873] SCORZA BARCELLONA, FRANCESCO: Specialia in Novum
Testamentum
[3362] SIDDALS, RUTH M.: Cyrillus Alexandrinus
[6153] SIMONETTI, M.: Trinitas
[4247] SIMONNET, A.: Iohannes Damascenus
[6810] SKARSAUNE, OSKAR: Specialia in Vetus Testamentum
[3042] STANDAERT, B.: Benedictus Nursinus
[5929] Concilia, acta conciliorum, canones
[4511] STUDER, BASIL, OSB: Leo Magnus
[4582] THUNBERG, LARS: Maximus Confessor
[2106] TORJESEN, K.J.: Athanasius Alexandrinus
[1912] TUILIER, A.: Auctores
[5140] VERWILGHEN, ALBERT: Tertullianus
[6902] VICENT CERNUDA, ANTONIO: Jo 1,13
[2840] WEISMANN, F.J.: Aurelius Augustinus
[2843] WELSCH, P.J.: Aurelius Augustinus
[4518] WESCHE, K.W.: Leontius Hierosolymitanus
[1101] WINKLER, GABRIELE: Opera ad historiam …
[3808] ZIMDARS-SWARTZ, S.: Gregorius Magnus

→ VI.2.e) Soteriologia

[4299] ANDIA, YSABEL DE: Irenaeus Lugdunensis
[5103] BALFOUR, I.L.S.: Tertullianus
[4887] BASEVI, CLAUDIO: Pelagius
[3896] BLANK, D.L.: Gregorius Nyssenus
[4616] BUCHHEIT, VINZENZ: Minucius Felix
[2247] BURNS, J. PATOUT: Aurelius Augustinus
[2248] BURNS, J. PATOUT: Aurelius Augustinus
[5615] BUX, NICOLA: Missa, sacramenta, sacramentalia
[4981] DESIMONE, RUSSELL J.: Quodvultdeus
[1713] ETTLINGER, GERARD H., SJ: Auctores
[1962] FELICI, LEA: Ambrosius Mediolanensis
[2428] GONZALEZ, CARLOS IGNACIO: Aurelius Augustinus
[2430] GONZALEZ DE CARDEDAL, OLEGARIO: Aurelius Augustinus
[2440] GROSSI, VITTORINO: Aurelius Augustinus
[6187] KARTSONIS, ANNA D.: Christologia
[4312] LOEWE, WILLIAM: Irenaeus Lugdunensis
[6258] MATEO SECO, L.F.: Mariologia
[2608] OBERTELLO, LUCA: Aurelius Augustinus
[4067] ORAZZO, ANTONIO: Hilarius Pictaviensis
[4092] PETIT CARO, ADOLFO JOSÉ: Pseudo-Hippolytus Romanus
[4633] RIGGI, CALOGERO: Nicetas Remesianensis
[2716] SANTIAGO OTERO, HORACIO: Aurelius Augustinus
[6211] SKARSAUNE, OSKAR: Christologia
[4509] STOCKMEIER, PETER: Leo Magnus
[2104] STRANGE, C.R.: Athanasius Alexandrinus
[2766] STUDER, B., OSB: Aurelius Augustinus
[3866] TELEPNEFF, GREGORY: Gregorius Nazianzenus
[4582] THUNBERG, LARS: Maximus Confessor
[4422] TIBILETTI, CARLO: Iulianus Pomerius
[5141] VICIANO, A.: Tertullianus
[2829] VIÑAS ROMAN, TEOFILO: Aurelius Augustinus
[2855] ZUMKELLER, ADOLAR, OSA: Pseudo-Aurelius Augustinus

→ VI.2.f) Ecclesiologia

[5502] ALDAZABAL, JOSÉ: Liturgica
[5101] AZZALI BERNARDELII, GIOVANNA: Tertullianus
[4302] BALWIERZ, MARIAN: Irenaeus Lugdunensis
[3700] BATANY, J.: Gregorius Magnus
[3702] BÉLANGER, RODRIGUE: Gregorius Magnus
[3290] BOWE, BARBARA E.: Clemens Romanus
[5109] BRAUN, RENÉ: Tertullianus

[5959] BROCK, SEBASTIAN P.: Ius canonicum, hierarchia, disciplina ecclesiastica
[1685] BROX, NORBERT: Auctores
[3520] DARLING, R.A.: Ephraem Syrus
[625] DESCY, SERGE: Opera ad historiam ...
[4981] DESIMONE, RUSSELL J.: Quodvultdeus
[4569] DRAGAS, GEORGE DION: Maximus Confessor
[144] DULLES, AVERY; GRANFIELD, PATRICK: Bibliographica
[5010] FEDALTO, GIORGIO: Rufinus Aquileiensis
[2017] FRANK, KARL SUSO, OFM: Aponius
[6341] FREND, W.H.C.: Vita christiana, monastica
[6818] FROT, YVES: Gen 7
[2418] GENN, FELIX: Aurelius Augustinus
[3690] GRANADO BELLIDO, CARMELO: Gregorius Illiberitanus
[2442] GROSSI, VITTORINO: Aurelius Augustinus
[4505] HUDON, GERMAIN, OMI: Leo Magnus
[3344] LOSADA, JOAQUIN: Cyprianus Carthaginiensis
[4314] MAY, GERHARD: Irenaeus Lugdunensis
[4743] MCGUCKIN, JOHN ANTHONY: Origenes
[1800] MEZOUGHI, NOUREDDINE: Auctores
[1260] MOROZIUK, RUSSELL P.: καθολικός
[2649] PÉREZ DE GUEREÑU, GREGORIO: Aurelius Augustinus
[2656] PINTARD, J.: Aurelius Augustinus
[3929] SALMONA, BRUNO: Gregorius Nyssenus
[2722] SCHINDLER, ALFRED: Aurelius Augustinus
[1884] SMITH, TERENCE V.: Auctores
[4122] STAATS, REINHART: Ignatius Antiochenus

→ VI.2.g) Mariologia

[2147] Aurelius Augustinus
[5502] ALDAZABAL, JOSÉ: Liturgica
[4126] BALLEROS MATEOS, JUANA: Ildefonsus Toletanus
[1953] BASTERO DE ELEIZALDE, J.-L.: Ambrosius Mediolanensis
[1686] BUBY, B.: Auctores
[5775] CARROLL, MICHAEL P.: Cultus
[4919] ESBROECK, MICHEL VAN: Proclus Constantinopolitanus
[2427] GONZALEZ, CARLOS IGNACIO: Aurelius Augustinus
[4237] GONZALEZ, C.I.: Iohannes Damascenus
[6186] KALOGERU, I.: Christologia
[4315] MENVIELLE, LOUIS: Irenaeus Lugdunensis
[4966] MICAELLI, C.: Prudentius
[455] Subsidia
[5821] SCHAFFER, C.: Cultus

[5822] SCHAFFER, CHRISTA: Cultus
[5000] SZÖVÉRFFY, J.: Romanus Melodus
[5832] TESTA, EMMANUELE: Cultus
[5833] Cultus

→ VI.2.h) Anthropologia

[2171] ABRANCHES DE SOVERAL, EDUARDO: Aurelius Augustinus
[4104] ALWAN, P. KHALIL: Iacobus Sarugensis
[3890] APOSTOLOPOULOU, G.: Gregorius Nyssenus
[1937] AUJOULAT, NOËL: Aeneas Gazaeus
[4521] AVETA, M.: Liber graduum
[4681] AVETA, MICAELA: Origenes
[5103] BALFOUR, I.L.S.: Tertullianus
[3994] BARTELINK, GERARD: Hieronymus
[3701] BÉLANGER, RODRIGUE: Gregorius Magnus
[4478] BÉLIS, A.: Lactantius
[4687] BIANCHI, UGO: Origenes
[4688] BIANCHI, UGO: Origenes
[2228] BØRRESEN, KARI ELISABETH: Aurelius Augustinus
[2229] BØRRESEN, KARI ELISABETH: Aurelius Augustinus
[4055] BRÉSARD, LUC: Hilarius Pictaviensis
[3255] CONDE GUERRI, ELENA: Clemens Alexandrinus
[5620] CRISTIANI, MARTA: Missa, sacramenta, sacramentalia
[3974] DEVOTI, D.: Heracleon Gnosticus
[3835] ETTLINGER, G.H., SJ: Gregorius Nazianzenus
[2360] EVANS, G.R.: Aurelius Augustinus
[4304] FANTINO, J.: Irenaeus Lugdunensis
[5115] FELBER, ANNELIESE: Tertullianus
[2367] FERNANDEZ AGUADO, ALBERTO: Aurelius Augustinus
[6611] FOCARDI, S.: Gnostica
[4715] FRÜCHTEL, E.: Origenes
[2396] GALENDE, F.: Aurelius Augustinus
[2439] GROSSI, VITTORINO: Aurelius Augustinus
[6141] Trinitas
[4724] HARL, MARGUERITE: Origenes
[2456] HÖLSCHER, LUDGER: Aurelius Augustinus
[1149] HOLTE, RAGNAR: Philosophica
[5749] KIEDL, FRIEDERIKE: Hymni
[3908] KIROV, D.: Gregorius Nyssenus
[4028] MARCOS SANCHEZ, MARIA DEL MAR: Hieronymus
[3923] OESTERLE, H.J.: Gregorius Nyssenus
[3638] O'LAUGHLIN, MICHAEL WALLACE: Evagrius Ponticus
[2937] PRIVITERA, S.: Basilius Caesariensis

[3926] RADUCA, V.: Gregorius Nyssenus
[2688] RIGBY, PAUL: Aurelius Augustinus
[6467] RUBENSON, SAMUEL: Vita christiana, monastica
[4579] SFAMENI GASPARRO, GIULIA: Maximus Confessor
[2738] SINISCALCO, PAOLO: Aurelius Augustinus
[4557] STEFANI, MASSIMO: Marius Victorinus
[3406] SWENSSON, GERD I.: Didymus Alexandrinus
[4583] THUNBERG, LARS: Maximus Confessor
[2790] TRAPE, AGOSTINO: Aurelius Augustinus
[2797] TURRADO, ARGIMIRO: Aurelius Augustinus
[6916] WEAVER, DAVID: Rom 5,12
[1931] ZIEGLER, I.: Auctores
[3879] ZINCONE, S.: Gregorius Nazianzenus

→ VI.2.i) Vita christiana, monastica

[1647] Auctores
[1652] Auctores
[2175] ALESANCO, TIRSO: Aurelius Augustinus
[5715] ALTERMATT, ALBERICH MARTIN: Annus liturgicus
[1656] AMATA, BIAGIO: Auctores
[4162] ANDRÉN, OLOF: Iohannes Chrysostomus
 [488] ANTON, A.: Opera ad historiam …
 [216] L'attitude des premiers chrétiens face au service militaire: Collec-
        tanea et miscellanea
[2200] BADER, F.: Aurelius Augustinus
 [220] Basilius Steidle 1903-1982: Collectanea et miscellanea
[1282] BAUTIER, A.M.: prepositus
[4111] BERGAMELLI, F.: Ignatius Antiochenus
[4634] BIRKEL, MICHAEL L.: Nilus Ancyranus
[2959] BÖCKMANN, AQUINATA: Benedictus Nursinus
[2960] BÖCKMANN, AQUINATA: Benedictus Nursinus
[2961] BÖCKMANN, AQUINATA: Benedictus Nursinus
[2962] BÖCKMANN, AQUINATA: Benedictus Nursinus
[1678] BOUYER, LOUIS: Auctores
[3253] BUILES U., M.A.: Clemens Alexandrinus
[4000] BYRNE, RICHARD, OCSO: Hieronymus
[1698] CHRYSOSTOMOS (ARCHIMANDRITE); WILLIAMS, THEO-
        DORE MARTIN; PAULA (SISTER): Auctores
 [15] COLLETT, BARRY: Historia patrologiae
[5525] COMAN, VASILE: Liturgica
[5526] CONTRERAS, ENRIQUE, OSB: Liturgica
[2311] COYLE, J. KEVIN: Aurelius Augustinus
[4707] CZESZ, B.: Origenes

[2537] MADEC, GOULVEN: Aurelius Augustinus
[6676] MANTOVANI, GIANCARLO: Gnostica
[5271] MCNAMARA, J.A.: Hagiographica
[5668] MÉLIA, ELIE: Missa, sacramenta, sacramentalia
[4141] MESSANA, VINCENZO: Iohannes Cassianus
 [872] MILLER, JAMES: Opera ad historiam ...
 [310] Monks, Hermits and the Ascetic Tradition: Collectanea et miscel-
        lanea
[4033] MORENO, F.: Hieronymus
 [313] Mujeres del absoluto: Collectanea et miscellanea
[5558] Liturgica
[1232] NAHMER, DIETER VON DER: Philologia patristica
[4757] NALDINI, MARIO: Origenes
[3136] NOLTE, CORDULA: Caesarius Arelatensis
[5279] ORLANDI, TITO: Hagiographica
[2624] OROZ RETA, J.: Aurelius Augustinus
[3030] PARYS, M. VAN: Benedictus Nursinus
[4261] PASINI, G.: Iohannes Moschus
[1841] PISI, PAOLA: Auctores
[4875] PRETE, SERAFINO: Paulinus Nolanus
  [73] QUISPEL, GILLES: Historia patrologiae
[5680] RAMIS, GABRIEL: Missa, sacramenta, sacramentalia
[5681] RAMIS, GABRIEL: Missa, sacramenta, sacramentalia
[5682] RAMIS MIQUEL, GABRIEL: Missa, sacramenta, sacramentalia
[5852] RIEDINGER, RUDOLF; THURN, HANS: Iuridica, symbola
[4823] ROUSSEAU, PHILIP: Pachomius Tabennensis
[2713] SANCHEZ CARAZO, ANTONIO: Aurelius Augustinus
[3036] SCHÜTZEICHEL, HARALD: Benedictus Nursinus
[4378] SERNA GONZALEZ, C. DE LA: Isidorus Hispalensis
[2733] SFAMENI GASPARRO, GIULIA: Aurelius Augustinus
[2749] SOLIGNAC, AIMÉ: Aurelius Augustinus
[3933] ŠPIDLIK, T., SJ: Gregorius Nyssenus
[3934] STAATS, R.: Gregorius Nyssenus
[5698] STUDER, BASIL: Missa, sacramenta, sacramentalia
[2040] TAFT, ROBERT FRANCIS, SJ: Apophthegmata Patrum
[4609] TIBILETTI, CARLO: Methodius Olympus
 [374] La tradizione dell'enkrateia: Collectanea et miscellanea
[5020] TRETTEL, GIULIO: Rufinus Aquileiensis
[2805] VEGA, JOSÉ: Aurelius Augustinus
[6762] VEILLEUX, ARMAND: Gnostica
[2813] VERHEIJEN, L.M.J., OSA: Aurelius Augustinus
[2814] VERHEIJEN, L.M.J., OSA: Aurelius Augustinus
[2815] VERHEIJEN, LUC M.J., OSA: Aurelius Augustinus
[2816] VERHEIJEN, LUC M.J., OSA: Aurelius Augustinus

[2817] VERHEIJEN, LUC M.J., OSA: Aurelius Augustinus
[5591] VERHEUL, A.: Liturgica
[2822] VERWILGHEN, ALBERT: Aurelius Augustinus
[4094] VISONA, G.: Pseudo-Hippolytus Romanus
[6285] VOGT, K.: Anthropologia
[4836] VOGT, KARI: Palladius Helenopolitanus
[3045] VOGÜÉ, A. DE: Benedictus Nursinus
[3137] VOGÜÉ, A. DE: Caesarius Arelatensis
[5708] VOGÜÉ, A. DE: Missa, sacramenta, sacramentalia
[3046] VOGÜÉ, A. DE: Benedictus Nursinus
[4819] VOGÜÉ, A. DE: Orsiesius
[3047] VOGÜÉ, A. DE: Benedictus Nursinus
[3048] VOGÜÉ, ADALBERT DE: Benedictus Nursinus
[4144] VOGÜÉ, ADALBERT DE: Iohannes Cassianus
[2834] VOGÜÉ, ADALBERT DE: Aurelius Augustinus
[3805] VOGÜÉ, ADALBERT DE: Gregorius Magnus
[3806] VOGÜÉ, ADALBERT DE: Gregorius Magnus
[2041] WARD, BENEDICTA, SLG: Apophthegmata Patrum
[3388] WARE, K.: Diadochus Photicensis
[4501] YELO TEMPLADO, ANTONIO: Leander Hispalensis
[3196] ZELZER, KLAUS: Cassiodorus
[3197] ZELZER, KLAUS: Cassiodorus
[3139] ZUREK, A.: Caesarius Arelatensis

→ VI.2.k) Angeli et daemones

[3713] CAZIER, P.: Gregorius Magnus
[2324] DEMOUGEOT, ÉMILIENNE: Aurelius Augustinus
 [435] FUCHS, ALBERT: Subsidia
[2426] GOETZ, ROLAND: Aurelius Augustinus
[5649] KELLY, HENRY ANSGAR: Missa, sacramenta, sacramentalia
[5275] MIQUEL, PIERRE: Hagiographica
[1823] PAGELS, ELAINE: Auctores
[3206] PUIGGALI, JACQUES: Celsus Philosophus

→ VI.2.l) Novissima

[1654] Auctores
[4074] Hippolytus Romanus
[5174] ABRAMOWSKI, LUISE: Timotheus Aelurus
[4906] ALEXANDRE, M.: Physiologus
[2176] ALFECHE, M., OSA: Aurelius Augustinus
[2177] ALFECHE, M., OSA: Aurelius Augustinus
[2053] AMATA, BIAGIO: Arnobius Maior
[3889] APOSTOLOPOULOS, C.: Gregorius Nyssenus

[492]   ARMSTRONG, ARTHUR HILARY: Opera ad historiam ...
[3992] BAIESI, P.: Hieronymus
[5103] BALFOUR, I.L.S.: Tertullianus
[6252] BILLET, B.: Mariologia
[5108] BRAUN, RENÉ: Tertullianus
[4948] BUCHHEIT, VINZENZ: Prudentius
[4223] CHRYSSAVGIS, JOHN: Iohannes Climacus
[2312] COYLE, J. KEVIN: Aurelius Augustinus
[3718] CRACCO, G.: Gregorius Magnus
[4697] CROUZEL, HENRI, SJ: Origenes
[4701] CROUZEL, HENRI, SJ: Origenes
[4057] DOIGNON, JEAN: Hilarius Pictaviensis
[4713] DORIVAL, GILLES: Origenes
[5198] DULAEY, M.: Victorinus Poetovionensis
[4064] DURST, MICHAEL: Hilarius Pictaviensis
[4065] DURST, MICHAEL: Hilarius Pictaviensis
[3731] DUVAL, YVES-MARIE: Gregorius Magnus
[259]   Eschatologie et liturgie: Collectanea et miscellanea
[3002] HEIN, KENNETH: Benedictus Nursinus
[6179] HELLEMO, G.: Christologia
[5793] KNIAZEFF, ALEXIS: Cultus
[4309] LANNE, E.: Irenaeus Lugdunensis
[2549] MARA, MARIA GRAZIA: Aurelius Augustinus
[4605] MAZZUCCO, CLEMENTINA: Methodius Olympius
[4492] PERRIN, M.: Lactantius
[4493] PERRIN, MICHAEL: Lactantius
[5132] PUENTE SANTIDRIAN, PABLO: Tertullianus
[3785] RAPISARDA LO MENZO, GRAZIA: Gregorius Magnus
[4608] RIGGI, C.: Methodius Olympius
[5492] RORDORF, WILLY: Thecla
[2701] ROWLAND, T.J.: Aurelius Augustinus
[3793] SAVON, H.: Gregorius Magnus
[2720] SCHARR, PETER: Aurelius Augustinus
[347]   Seele: Collectanea et miscellanea
[3040] SEVERUS, E. VON: Benedictus Nursinus
[1898] SUERMANN, HARALD: Auctores
[5586] THEODOROU, E.: Liturgica
[3609] THIELMAN, FRANK S.: Eusebius Caesariensis
[4793] TREVIJANO ETCHEVERRIA, RAMON: Origenes
[3802] VOGEL, C.: Gregorius Magnus
[4466] YOUNG, M.O.: Iustinus Martyr

[1973] NAUROY, G.: Ambrosius Mediolanensis
[5906] ORLANDIS, JOSÉ: Concilia, acta conciliorum, canones
[4451] OTRANTO, GIORGIO: Iustinus Martyr
[4768] PISI, PAOLA: Origenes
[4607] PRINZIVALLI, EMANUELA: Methodius Olympius
[5916] RAMOS-LISSON, DOMINGO: Concilia, acta conciliorum, canones
[3788] RECCHIA, VINCENZO: Gregorius Magnus
[5159] ROMPAY, LUCAS VAN: Theodorus Mopsuestenus
[5288] SAXER, VICTOR: Hagiographica
[1867] SAXER, VICTOR: Auctores
[4778] SCALISE, CHARLES J.: Origenes
[5017] SIMONETTI, MANLIO: Rufinus Aquileiensis
[5137] SINISCALCO, PAOLO: Tertullianus
 [369] La terminologia esegetica nell'antichità: Collectanea et miscellanea
[4792] TORJESEN, KAREN J.: Origenes
[6497] VEISSMANN, F.: Vita christiana, monastica

→ VIII.2. Specialia in Vetus Testamentum

[3202] BURKE, GARY T.: Celsus Philosophus
[4005] DUVAL, YVES-MARIE: Hieronymus
[3691] SIMONETTI, MANLIO: Gregorius Illiberitanus
[2736] SIMONETTI, MANLIO: Aurelius Augustinus
[2846] WISLØFF CARL F.: Aurelius Augustinus

→ Genesis

[1639] Vol. 15: Auctores
[2198] BABCOCK, ROBERT G.: Aurelius Augustinus
[2386] FONTAN, PIERRE: Aurelius Augustinus
[3406] SWENSSON, GERD I.: Didymus Alexandrinus
[2771] TAYLOR, J.H.: Aurelius Augustinus
[2842] WEISMANN, F.J.: Aurelius Augustinus

→ Gen 1,1-2,4

[3525] FÉGHALI, PAUL: Ephraem Syrus

→ Gen 1-3

[5115] FELBER, ANNELIESE: Tertullianus

→ Gen 1-17

[4159] Vol. 74: Iohannes Chrysostomus

→ Gen 1,14

[4719] GRONEWALD, MICHAEL: Origenes

→ Gen 1,26-2,3

[5158] PETIT, FRANÇOISE: Theodorus Mopsuestenus
[2738] SINISCALCO, PAOLO: Aurelius Augustinus

→ Gen 1,27

[2229] BØRRESEN, KARI ELISABETH: Aurelius Augustinus

→ Gen 2,8-14

[4946] BEIKIRCHER, HUGO: Prudentius

→ Gen 3,24

[1655] ALEXANDRE, MONIQUE: Auctores

→ Gen 49,8-10

[3524] FÉGHALI, PAUL: Ephraem Syrus

→ Exodus

[1639] Auctores
[4672] Origenes

→ Ex 3,1-14

[3729] DOUCET, M.: Gregorius Magnus

→ Ex 4,24-26

[1770] LE BOULLUEC, ALAIN: Auctores

→ Ex 15,26

[6216] AMUNDSEN, DARREL W.; FERNGREN, CARY B.: Soteriologia
[6224] HARAKAS, STANLEY SAMUEL: Soteriologia

→ Leviticus

[4674] Origenes

→ Numeri

[4797] VIGNE, D.: Origenes

→ Deuteronomium

→ Dt 15,9

[2906] BROCK, SEBASTIAN P.: Basilius Caesariensis

→ Dt 17,8-13

[5924] SIEBEN, HERMANN-JOSEF: Concilia, acta conciliorum ...

→ Judices

[4676] Origenes

→ Jud 6,36-40

[1976] NAZZARO, A.V.: Ambrosius Mediolanensis

→ 1 Regum

[4669] Origenes
[4027] MAGGIULLI, GIGLIOLA: Hieronymus
[3804] VOGÜÉ, ADALBERT DE: Gregorius Magnus
[4801] VOGÜÉ, ADALBERT DE: Origenes
[3806] VOGÜÉ ADALBERT DE: Gregorius Magnus

→ Job

[3694] Gregorius Magnus
[3130] FERREIRO, ALBERTO: Caesarius Arelatensis
[3402] HAGEDORN, DIETER; HAGEDORN, URSULA: Didymus Alexandrinus
[3403] HAGEDORN, DIETER; HAGEDORN, URSULA: Didymus Alexandrinus
[3787] RECCHIA, V.: Gregorius Magnus

→ Job 12-16,8

[3397] Didymus Alexandrinus

→ Job 14,4-5a

[1931] ZIEGLER, I.: Auctores

→ Psalmi

[2126] Aurelius Augustinus
[2165] Aurelius Augustinus
[3399] ADORNO, FRANCESCO: Didymus Caecus
[2185] ANOZ, JOSÉ: Aurelius Augustinus
[2188] APARICIO, M.: Aurelius Augustinus
[3580] CURTI, CARMELO: Eusebius Caesariensis
[3148] CURTI, CARMELO: Cassiodorus
[3582] CURTI, CARMELO: Eusebius Caesariensis
[4061] DOIGNON, JEAN: Hilarius Pictaviensis
[4063] DOIGNON, JEAN: Hilarius Pictaviensis
[1709] DORIVAL, GILLES: Auctores
[2083] FERGUSON, E.: Athanasius Alexandrinus
[1716] FERGUSON, E.: Auctores
[5534] FISCHER, BALTHASAR: Liturgica
[3913] LE BOULLUEC, ALAIN: Gregorius Nyssenus
[4185] MALINGREY, ANNE-MARIE: Iohannes Chrysostomus
[4756] MÜHLENBERG, E.: Origenes
[4067] ORAZZO, ANTONIO: Hilarius Pictaviensis
[5153] SIMONETTI, M.: Theodoretus Cyrensis
[2103] STEAD, G.C.: Athanasius Alexandrinus

→ Ps 6

[3920] MCCAMBLEY, CASIMIR, OCSO: Gregorius Nyssenus

→ Ps 44(45)

[2014] MÜHLENBERG, EKKEHARD: Apollinarius Laodicensis

→ Ps 50(51)

[2187] ANOZ, JOSÉ: Aurelius Augustinus
[2663] POQUE, SUZANNE: Aurelius Augustinus

→ Ps 51(52)

[2375] FISCHER, BALTHASAR: Aurelius Augustinus

→ Ps 66 (67),3

[2464] JACKSON, M.G.ST.A.: Aurelius Augustinus

→ Ps 92(93)

[4513] DATEMA, CORNELIS; ALLEN, PAULINE: Leontius pr. Constantinopolitanus

→ Ps 118(119)

[1947] Ambrosius Mediolanensis

→ Ps 132(133)

[2749] SOLIGNAC, AIMÉ: Aurelius Augustinus

→ Ps 132(133),3

[3583] CURTI, CARMELO: Eusebius Caesariensis

→ Ps 145(146),8

[4062] DOIGNON, JEAN: Hilarius Pictaviensis

→ Proverbia

[3624] Vol. 340: Evagrius Ponticus

→ Pr 9,1

[2545] MARA, MARIA GRAZIA: Aurelius Augustinus

→ Ecclesiastes

[3884] Gregorius Nyssenus
[3688] ETTLINGER, GERARD H., SJ: Gregorius Agrigentinus
[4022] LEANZA, S.: Hieronymus
[3419] LEANZA, SANDRO: Dionysius Alexandrinus
[3689] LEANZA, SANDRO: Gregorius Agrigentinus
[3944] VINEL, FRANÇOISE: Gregorius Thaumaturgos

→ Eccl 1,3; 4,9-12

[3418] LEANZA, SANDRO: Dionysius Alexandrinus

→ Canticum Canticorum

[2015] Aponius
[3885] Gregorius Nyssenus
[3887] Gregorius Nyssenus
[4675] Origenes
[3701] BÉLANGER, RODRIGUE: Gregorius Magnus

[1206] Philologia patristica
[2016] DIDONE, M.: Aponius
[4059] DOIGNON, JEAN: Hilarius Pictaviensis
[2017] FRANK, KARL SUSO, OFM: Aponius
[5149] GUINOT, J.-N.: Theodoretus Cyrensis
[4741] MATTER, E.A.: Origenes
[6193] MELONI, P.: Christologia
[4751] MILLER, PATRICIA COX: Origenes
[3781] PETERSEN, JOAN M.: Gregorius Magnus
[5015] PIZZANI, UBALDO: Rufinus Aquileiensis
[4785] SICLARI, A.: Origenes
[1408] TRONCARELLI, FABIO: Palaeographica atque manuscripta

→ Ecclesiasticus

[4010] GILBERT, MAURICE: Hieronymus

→ Michaeas

→ Mich 4,1-5

[6853] LOHFINK, GERHARD: Is 2,1-5

→ Jonas

[3990] Vol. 323: Hieronymus

→ Jon 4,6-7

[4043] ROBINSON, BERNARD P.: Hieronymus

→ Aggaeus

[4714] DUVAL, YVES-MARIE: Origenes

→ Isaias

[2185] ANOZ, JOSÉ: Aurelius Augustinus
[1330] GRYSON, R.; OSBORNE, T.P.: Palaeographica atque manuscripta
[4019] JAY, PIERRE: Hieronymus
[4040] PERI, I.: Hieronymus
[5130] PETITMENGIN, PIERRE: Tertullianus

→ Is 1-8

[4152] Iohannes Chrysostomus

→ Is 6

[4021] KLIJN, A.F.J.: Hieronymus

→ Is 7,9b

[2417] GEERLINGS, WILHELM: Aurelius Augustinus

→ Is 52,13-53,12

[4539] REININK, G.J.: Mar Abā II.

→ Jeremias

[4017] HAYWARD, C.T.R.: Hieronymus

→ Jer 31,15

[6874] GIANNARELLI, ELENA: Mt 2,18

→ Ezechiel

[4673] Origenes

→ Ezech 1

[3692] Gregorius Magnus
[1964] GORI, FRANCO: Ambrosius Mediolanensis
[3766] MOREL, C.: Gregorius Magnus

→ Daniel

→ Dan 2

[1706] DELCOR, MATHIAS: Auctores
[1830] PAVAN, MASSIMILIANO: Auctores
[1844] PODSKALSKY, GERHARD: Auctores

→ Dan 3

[3254] CALLEJA, JOSEPH: Clemens Alexandrinus

→ Dan 7

[1706] DELCOR, MATHIAS: Auctores
[6543] LUCREZI, FRANCESCO: Novissima
[1830] PAVAN, MASSIMILIANO: Auctores
[1844] PODSKALSKY, GERHARD: Auctores
[6862] SIMONETTI, MANLIO: Daniel 2

→ Dan 9,24-27

[5148] GUINOT, JEAN-NOËL: Theodoretus Cyrensis

→ Dan 11,14

[4009] GERA, D.: Hieronymus

→ VIII.3. Specialia in Novum Testamentum

[1991] CHAPA, J.: Pseudo-Ambrosius Mediolanensis
[3720] CRACCO RUGGINI, LELLIA: Gregorius Magnus
[6168] DOUCET, MARCEL: Christologia
[4755] MOSETTO, FRANCESCO: Origenes et Celsus

→ Evangelium Matthaei

[4060] DOIGNON, JEAN: Hilarius Pictaviensis
[4847] GIVERSEN, S.: Patres Apostolici
[1791] MASSAUX, ÉDOUARD: Auctores
[4890] SCHLATTER, FREDERIC W.: Pelagius
[4069] SMULDERS, PIETER: Hilarius Pictaviensis

→ Mt 5,3-10

[1985] TSCHANG, IN-SAN BERNHARD: Ambrosius Mediolanensis

→ Mt 5,17

[2450] HEBBLETHWAITE, P.: Aurelius Augustinus

→ Mt 6,9-13

[2810] VERBRAKEN, PIERRE PATRICK: Aurelius Augustinus

→ Mt 13,52

[4788] SIMONETTI, MANLIO: Origenes

→ Mt 17,15

[6875] REININK, G.J.: Mt 4,24

→ Mt 19,3-11

[4740] MALI, FRANZ: Origenes

→ Mt 22,39

[2265] CANNING, R.: Aurelius Augustinus
[2266] CANNING, R.: Aurelius Augustinus

→ Mt 25,14

[4781] SCOGNAMIGLIO, ROSARIO: Origenes

→ Mt 25,31-46

[2388] FRAHIER, LOUIS JEAN: Aurelius Augustinus

→ Evangelium Marci

[1784] Auctores

→ Evangelium Lucae

[4677] Origenes
[3357] AUBINEAU, MICHEL: Cyrillus Alexandrinus

→ Lc 2,7

[1268] THEOCHARIS, A.K.: πρωτότοκος

→ Lc 2,21

[4918] AUBINEAU, MICHEL: Proclus Constantinopolitanus

→ Lc 11,2-4

[4542] AMPHOUX, CHRISTIAN-BERNARD: Marcion
[6878] SABUGAL, S.: Mt 6,9-13
[6879] SABUGAL, SANTOS: Mt 6,9-13
[6880] SCHNURR, KLAUS BERNHARD: Mt 6,9-13

→ Lc 15,1-10

[3779] PETERSEN, J.M.: Gregorius Magnus

→ Lc 15,22

[1978] PIREDDA, A.M.: Ambrosius Mediolanensis

→ Lc 18,2-7

[4798] VOGT, HERMANN-JOSEF: Origenes

→ Evangelium Joannis

[2218] BERROUARD, MARIE-FRANÇOIS: Aurelius Augustinus
[2219] BERROUARD, MARIE-FRANÇOIS: Aurelius Augustinus
[4174] FERRARO, G.: Iohannes Chrysostomus
[5156] FERRARO, GIUSEPPE: Theodorus Mopsuestenus
[2371] FERRARO, GIUSEPPE, SJ: Aurelius Augustinus
[2372] FERRARO, GIUSEPPE, SJ: Aurelius Augustinus
[3359] GEBREMEDHIN, EZRA: Cyrillus Alexandrinus
[2427] GONZALEZ, CARLOS IGNACIO: Aurelius Augustinus
[4726] HEINE, R.E.: Origenes
[4760] NAUTIN, P.: Origenes
[2742] SMALBRUGGE, M.A.: Aurelius Augustinus
[2761] STEFANO, FRANCES: Aurelius Augustinus
[4796] ULLMANN, W.: Origenes
[2841] WEISMANN, F.J.: Aurelius Augustinus

→ Jo 1,12-13

[1503] MEES, MICHAEL: Novum Testamentum

→ Jo 2,1-12

[6062] AZEVEDO, CARLOS A. MOREIRA: Doctrina auctorum

→ Jo 3

[1797] MEES, M.: Auctores

→ Jo 4,1-42

[3398] Didymus Alexandrinus

→ Jo 6,3-33

[4769] POFFET, J.M.: Origenes

→ Jo 10

[6858] POLLASTRI, ALESSANDRA: Ezech. 34

→ Jo 13,34

[2265] CANNING, R.: Aurelius Augustinus
[2266] CANNING, R.: Aurelius Augustinus

→ Jo 18,4-7

[4646] LIVREA, E.: Nonnus Panopolitanus

→ Jo 19,34

[4093] VISONA, G.: Pseudo-Hippolytus Romanus

→ Jo 20,16-17

[3294] BAARDA, TJITZE: Pseudo-Clemens Romanus

→ Jo 21,1-14

[2681] RECCHIA, VINCENZO: Aurelius Augustinus

→ Acta Apostolorum

[2042] Arator
[4176] GIGNAC, F.T.: Iohannes Chrysostomus
[187] STUEHRENBERG, P.F.: Bibliographica

→ Ac 4,32a

[2217] BERROUARD, MARIE-FRANÇOIS: Aurelius Augustinus

→ Epistula ad Romanos

[4148] Iohannes Chrysostomus
[4151] Iohannes Chrysostomus
[4665] Origenes
[4683] BAMMEL, CAROLINE P. HAMMOND: Origenes
[4887] BASEVI, CLAUDIO: Pelagius
[2547] MARA, MARIA GRAZIA: Aurelius Augustinus
[2548] MARA, MARIA GRAZIA: Aurelius Augustinus
[4750] MICAELLI, CLAUDIO: Origenes

→ Rom 3,19-22

[4775] ROUKEMA, RIEMER: Origenes

→ Rom 5

[2682] REID, MARTY LEATHERMAN: Aurelius Augustinus

→ Rom 9

[2199] BABCOCK, WILLIAM S.: Aurelius Augustinus

→ Rom 10,14-17

[6922] GEWALT, D.: Gal 3,2

→ Epistulae ad Corinthios 1, 2

[4149] Iohannes Chrysostomus
[1992] FATICA, L.: Pseudo-Ambrosius Mediolanensis

→ 1 Cor 7,4

[2243] BRUNS, BERNHARD: Aurelius Augustinus

→ 1 Cor 7,39

[5110] BRAUN, RENÉ: Tertullianus

→ 1 Cor 10,2

[2917] HAYKIN, MICHAEL A.G.: Basilius Caesariensis

→ 1 Cor 11,7

[6815] BØRRESEN, KARI E.: Gen 1,27
[2229] BØRRESEN, KARI ELISABETH: Aurelius Augustinus

→ 1 Cor 12

[4187] MÉHAT, ANDRÉ: Iohannes Chrysostomus

→ 1 Cor 14

[4187] MÉHAT, ANDRÉ: Iohannes Chrysostomus

→ 1 Cor 15

[2177] ALFECHE, M., OSA: Aurelius Augustinus
[4653] PELLAND, G.: Novatianus

→ Epistula ad Galatas

→ Gal 2,9

[2545] MARA, MARIA GRAZIA: Aurelius Augustinus

→ Gal 2,13-14

[1269] AMORY, F.: ὑπόκρισις

→ Gal 4,24

[2553] MARIN, MARCELLO: Aurelius Augustinus

→ Epistula ad Ephesios

[4002] CLARK, ELIZABETH A.: Hieronymus
[2638] PASSOT, CHANTAL: Aurelius Augustinus

→ Eph 5,19

[1193] BASTIAENSEN, A.A.R.: Philologia patristica

→ Epistula ad Philippenses

→ Phil 2,5-11

[2822] VERWILGHEN, ALBERT: Aurelius Augustinus
[3349] VERWILGHEN, ALBERT: Cyprianus Carthaginiensis

→ Phil 2,6-8

[5140] VERWILGHEN, ALBERT: Tertullianus

→ Epistula ad Colossenses

→ Col 1,15b

[6839] DELLAZARI, R.: Pr 8,26

→ Col 3,16

[1193] BASTIAENSEN, A.A.R.: Philologia patristica

→ Epistulae ad Thessalonicenses 1,2

[4150] Iohannes Chrysostomus

→ Epistulae ad Timotheum 1,2

[4150] Iohannes Chrysostomus

→ Epistulae Joannis 1-3

→ 1 Jo

[2122] Aurelius Augustinus
[2149] Aurelius Augustinus

→ 1 Jo 5,6-8

[6911] MEEHAN, T.M.: Jo 19,32-35

→ Apocalypsis Joannis

[4914] Primasius Hadrumetinus
[1212] Philologia patristica
[4731] KELLY, JOSEPH F.T.: Origenes
[3785] RAPISARDA LO MENZO, GRAZIA: Gregorius Magnus
[5177] ROMERO POSE, EUGENIO: Tyconius
[5179] ROMERO POSE, EUGENIO: Tyconius
[5180] STEINHAUSER, KENNETH B.: Tyconius

→ Apoc 6,1-8

[3179] RAPISARDA LO MENZO, G.: Cassiodorus

IX. RECENSIONES

R 1 AALDERS, W. (1985/87, 479): NAKG 66 (1986) 96 = Jonge, M. de

R 2 ABRAMOWSKI, L. (1981/82, 150): ThLZ 110 (1985) 835-836 = Winkelmann, F. – NedThT 41 (1987) 159-160 = Broek, R. van den

R 3 ACERBI, A. (1984, 714): AB 103 (1985) 399-400 = Halkin, F. – RSCI 39 (1985) 299 = Tagliabue, M. – Orpheus 7 (1986) 474-477 = Mazzucco, C.

R 4 *Acta conciliorum oecumenicorum. Ser. 2. Vol. 1: Concilium Lateranense a 649 celebratum* ed. R. RIEDINGER (1984, 2787): REB 43 (1985) 277-278 = Darrouzès, J. – OrChrP 51 (1985) 205-209 = Capizzi, C. – Byzan 55 (1985) 596-597 = Sansterre, J.-M. – ThPh 60 (1985) 289-293 = Grillmeier, A. – ThPh 60 (1985) 336-338 = Biedermann – AHC 18 (1986) 223-224 = Berschin, W. – Klio 68 (1986) 629-632 = Winkelmann, F. – RHE 81 (1986) 228-229 = Halleux, A. de – DA 43 (1987) 231 = Kreuzer, G. – JEcclH 38 (1987) 448-449 = Chadwick, H. – AB 105 (1987) 456 = Halkin, F.

R 5 *Acta conciliorum oecumenicorum, IV, 3: Index generalis tomorum I-IV, pars 2: Index prosopographicus* ed. R. SCHIEFFER (1983, 2169): RHE 80 (1985) 544 = Halleux, A. de – ThLZ 110 (1985) 201-202 = Rogge, J. – NRTh 107 (1985) 463-464 = Roisel, V. – DA 41 (1985) 236-237 = R.S. – REB 43 (1985) 278-279 = Darrouzès, J. – ClPh 81 (1986) 98-103 = Cameron, A. – AHC 18 (1986) 220-222 = Riedinger, R.

R 6 *Acta conciliorum oecumenicorum, IV, 3: Index generalis tomorum I-IV, pars 3: Index topographicus* ed. R. SCHIEFFER (1984, 2789): AB 103 (1985) 206 = Halkin, F. – REG 98 (1985) 218 = Nautin, P. – JEcclH 36 (1985) 672-673 = Chadwick, H. – ThLZ 111 (1986) 439 = Rogge – AHC 18 (1986) 220-222 = Riedinger, R.

R 7 *Acta Iohannis* edd. E. JUNOD; J.-D. KAESTLI (1983, 601): ZKG 96 (1985) 422-424 = Schäferdiek, K. – BiZ 29 (1985) 135-137 = Klauck, H.-J. – EtThR 60 (1985) 464 = Dubois, J.-D. – ThRe 81 (1985) 28-31 = Brox, N. – REB 43 (1985)

267-268 = Darrouzès, J. – VigChr 39 (1985) 92-94 = Klijn, A.F.J. – ThSt 46 (1985) 132-133 = Brown, R.E. – BLE 86 (1985) 231-232 = Crouzel, H. – BijFTh 46 (1985) 317-318 = Delobel, J. – RBen 95 (1985) 348-350 = Bogaert, P.-M. – RelStR 11 (1985) 405 = Pearson, B.A. – EThL 61 (1985) 200-202 = Ncyrinck, F. – RHR 203 (1986) 88 = Nautin, P. – ByZ 79 (1986) 357-361 = Plümacher, E. – ThZ 42 (1986) 440-441 = Brändle, R. – Laval 42 (1986) 278-280 = Poirier, P.H. – RSLR 22 (1986) 358-371 = Schneemelcher – ThLZ 111 (1986) 778-782 = Haendler, G. – Latomus 46 (1987) 917-918 = Simon

R 8 *Les Actes apocryphes des Apôtres* edd. F. BOVON et al. (1981/82, 152): ThLZ 110 (1985) 191-193 = Broek, R. van den – Istina 31 (1986) 331-333 = Dupuy, B. – RelStR 12 (1986) 165 = Cartlidge, D.R.

R 9 *Les actes apocryphes de Jean et de Thomas* ed. A.-J. FESTU-GIERE (1983, 603): RelStR 10 (1984) 399 = Pearson, B.A. – ThRe 81 (1985) 470-471 = Bauer, J.B. – RSLR 21 (1985) 348 = Junod, E. – RHR 203 (1986) 89 = Nautin, P. – OrChr 70 (1986) 196 = Gessel, W. – Laval 42 (1986) 123-124 = Poirier, P.H. – RBi 93 (1986) 630 = Pierre, M.-J.

R 10 *Actes du concile de Chalcédoine. Sessions III-VI* ed. A.J. FESTU-GIERE (1983, 2170): REB 42 (1984) 355 = N.N. – SecCent 5 (1985/86) 60-62 = Babcock, W.S.

R 11 *Aetheria (Egeria)* edd. P. MARAVAL; M.C. DIAZ Y DIAZ (1981/82, 958): Helmántica 36 (1985) 325-327 = Marcos Casquero, M.A. – ETrin 19 (1985) 250-251 = Sanz, S. – Gn 57 (1985) 184-186 = Önnerfors, A. – MSR 42 (1985) 101 = Platelle – RHR 202 (1985) 446 = Nautin – BLE 86 (1985) 66-67 = Crouzel – Euphrosyne 13 (1985) 268-270 = Nascimento – Salesianum 47 (1985) 589 = Casa, della – AAPh 19 (1985) 251-253 = Väänänen, V. – Mn 39 (1986) 211-214 = Orbán, A.P. – RPh 60 (1986) 336-339 = Rondeau, M.J. – RBPh 65 (1987) 175-176 = Savon, H.

R 12 *L'Afrique romaine* ed. C.M. WELLS (1983, 75): Libyan Studies (London, Society for Libyan Studies) 16 (1985) 123-124 = Mattingly

R 13 *After Chalcedon* edd. C. LAGA; J.A. MUNITIZ; L. VAN ROMPAY (1985/87, 194): Irénikon 59 (1986) 144-145 = M.G. – JThS 37 (1986) 610-612 = Louth, A. – CrSt 7 (1986) 614-616 = Gribomont, J. – BijFTh 47 (1986) 339 = Parmentier, M.

R 14 *Age of Spirituality* ed. K. WEITZMANN (1981/82, 154): Arch-Class 36 (1984) 389-390 = Episcopo

R 15 *Aksum-Thyateira* ed. G.D. DRAGAS (1985/87, 199): OrChrP 53 (1987) 491-492 = Farrugia, E.G.

R 16 ALAND, K.; ALAND, B. (1981/82, 748): Bibl 66 (1985) 265-266 = Pisano

R 17 ALAND, K.; ALAND, B. (1985/87, 1443): PerkinsJ 40,4 (1987) 41 = Furnish, V.P.

R 18 ALBERT, G. (1984, 249): ByZ 78 (1985) 379-380 = Lippold, A. – MH 42 (1985) 370 = Paschoud, F. – HistPolB 33 (1985) 344 = Jäschke, K.-U. – JAC 29 (1986) 209-213 = Noethlichs, K.L. – CR 36 (1986) 157-158 = Liebeschuetz, J.H.W.G. – AHR 91 (1986) 368-369 = Kaegi Jr., W.E. – REB 44 (1986) 331 = N.N. – LEC 54 (1986) 329 = Coulie, B. – Klio 68 (1986) 635-637 = Winkelmann, F. – Gy 93 (1986) 325-327 = Herz – HZ 242 (1986) 401-403 = Wolfram – LEC 54 (1986) 329 = Coulie – DLZ 108 (1987) 95-96 = Diesner – AtPavia 65 (1987) 264-265 = Marcone, A. – REAnc 89 (1987) 126-127 = Duval, Y.-M.

R 19 ALBRECHT, R. (1985/87, 6290): RHPhR 67 (1987) 313 = Maraval – ThRe 83 (1987) 471-473 = Hauschild

R 20 ALCOCK, A. (1984, 2586): JThS 36 (1985) 237-240 = Drescher, J. – Sp 61 (1986) 938-940 = MacCoull, L.S.B. – Orientalia 55 (1986) 354-357 = Quecke, H.

R 21 ALEXANDER, P.J. (1985/87, 6525): ChH 55 (1986) 222-223 = McGinn, B. – JEcclH 38 (1987) 273-275 = Angold, M. – CHR 73 (1987) 271-272 = Hanawalt, E.A. – JR 67 (1987) 94 = Kaegi, W.E. – ByZ 80 (1987) 97 = Ceresa-Gastaldo, A. – REB 45 (1987) 241-242 = Congourdeau, Marie-Hélène – RelStud 13 (1987) 76 = Darling, R.A. – JÖB 37 (1987) 366-367 = Podskalsky, G.

R 22 *Alexander Lycopolitanus* ed. A. VILLEY (1985/87, 1946): ScTh 18 (1985) 292-294 = Merino, M. – RHPhR 65 (1985) 330 = Prigent – ThLZ 111 (1986) 439-440 = Holtz – VigChr 40 (1986) 198-201 = Quispel – RThPh 119 (1987) 394 = Junod – JAC 30 (1987) 213-217 = Schenke, H.-M. – Greg 68 (1987) 427 = Orbe, A. – JThS 38 (1987) 526-527 = Stead, C.

R 23 *Alexandrina* (1985/87, 200): PrOrChr 37 (1987) 388-389 = P.T.

R 24 ALLA, W.H. (1985/87, 5602): OrChrP 51 (1985) 442-443 = Samir, K. – FZPT 33 (1986) 276 = Bavaud, G. – OstkiSt 36 (1987) 213-214 = Plank, B. – Salesianum 49 (1987) 584-585 = Triacca, A.M.

R 25 ALLEN, P. (1981/82, 1930): JThS 36 (1985) 495-497 = Wickham, L.R. – Byslav 47 (1986) 51-52 = Thümmel, H.G.

R 26 ALTANER, B.; STUIBER, A. (1977/78, 41): ThLZ 110 (1985) 821-822 = Haendler, G.

R 27 AMAND DE MENDIETA, E.; RUDBERG, S.Y. (1979/80, 1044): JÖB 35 (1985) 300-301 = Eleuteri, P.

R 28 AMAT, J. (1985/87, 6526): REA 32 (1986) 345-346 = Bouhot, J.-P.

R 29 AMATA, B. (1984, 975): SelLib 22 (1985) 323-324 = Vives, J. – NatGrac 32 (1985) 81-82 = Villalmonte, A. – ArGran 48 (1985) 362-363 = Segovia, A. – ThLZ 111 (1986) 454-455 = Studer – Augustinus 31 (1986) 417-418 = Villalmonte – REL 65 (1987) 394-395 = Fontaine

R 30 *Ambrosius Mediolanensis* ed. G. BANTERLE (1985/87, 1949): Salesianum 48 (1986) 371 = Casa, della – Paideia 41 (1986) 259-261 = Traina

R 31 *Ambrosius Mediolanensis* ed. M. TESTARD (1984, 908): Helmántica 36 (1985) 470-471 = Guillén, J. – MH 43 (1986) 275-276 = Paschoud – Euphrosyne 14 (1986) 251-252 = Nascimento – CR 36 (1986) 138-139 = McLynn – ACl 55 (1986) 475 = Verheijen – RHPhR 66 (1986) 346 = Doignon, J. – Gn 58 (1986) 449-451 = Testard – REA 33 (1987) 188-192 = Savon – Latomus 46 (1987) 626-628 = Savon – NRTh 109 (1987) 105-106 = Martin – EThL 62 (1987) 439-440 = Dehandschutter – RPh 61 (1987) 150-151 = Reydellet

R 32 *Ambrosius Mediolanensis* ed. M. ZELZER (1981/82, 964): REA 32 (1986) 249-254 = Savon, H. – ZKTh 109 (1987) 222 = Lies

R 33 AMELOTTI, M.; MIGLIARDI ZINGALE, L. (1985/87, 4424): CE 61 (1986) 166-167 = Gascou – RHD 54 (1986) 402-403 = Wal, Van der – ZSavR 103 (1986) 620 = Fögen

R 34 AMENGUAL I BATLE, J. (1985/87, 485): ATCA 5 (1986) 625

R 35 AMERSFOORT, J. VAN (1984, 715): NedThT 40 (1986) 344 = Dehandschutter, B. – BijFTh 48 (1987) 209-210 = Lelyveld, K.

R 36 AMIET, R. (1984, 2522): AB 104 (1986) 250-251 = Fros, H.

R 37 *Anastasius Sinaita* ed. K.H. UTHEMANN (1981/82, 1010): ThLZ 110 (1985) 47-49 = Winkelmann, F. – ThQ 165 (1985) 150-151 = Vogt, H.J. – OstkiSt 35 (1986) 344-345 = Fenster – JThS 38 (1987) 545-546 = Chadwick

R 38 *Anastasius Sinaita* ed. K.H. UTHEMANN (1985/87, 2000): REG 98 (1985) 434 = Nautin, P. – REB 44 (1986) 300-301 = Darrouzès, J. – ThSt 47 (1986) 748 = Ettlinger, G.H. – NRTh 108 (1986) 771 = Roisel – JThS 38 (1987) 545-546 = Chadwick – Byzan 57 (1987) 285-292 = Declerck, J.

R 39 ANDIA, Y. DE (1985/87, 4299): OrChrP 53 (1987) 238-239 = Cattaneo, E. – ThSt 48 (1987) 557-558 = Donovan, M.A. – Irénikon 59 (1986) 579 = Lanne, E. – ThPh 62 (1987) 592-593 = Sieben – CRAI 1987 108-109 = Guillaumont – BLE 88 (1987) 146-147 = Crouzel – REA 33 (1987) 182-184 = Le

Boulluec – ArGran 50 (1987) 469-470 = Granado, C. – Compostellanum 32 (1987) 342-343 = Romero Pose, E.

R 40   ANDRESEN, C.; DENZLER, G. (1981/82, 303): Augustinus 31 (1986) 428-429 = Anoz, J.

R 41   ANDRONIKOF, C. (1985/87, 5716): EL 100 (1986) 483-484 = Triacca, A.M.

R 42   ANGLADA, A. (1983, 1769): Helmántica 37 (1986) 409-410 = Fernández Vallina, E.

R 43   *Antichità paleocristiane e altomedioevali del Sorano* edd. L. GULIA; A. QUACQUARELLI (1985/87, 203): RSCI 41 (1987) 646 = Raspa, G.

R 44   *ANTIΔΩPON I* Hommage à Maurits Geerard (1984, 101): ThLZ 110 (1985) 261-262 = Haendler, G. – NRTh 107 (1985) 269-270 = Martin, C. – JThS 36 (1985) 494-495 = Wickham, L.R. – Mu 98 (1985) 231-232 = Coulie, B. – RHE 80 (1985) 124-127 = Roey, A. van – ArGran 50 (1987) 470-471 = Segovia, A.

R 45   *Anti-Judaism in Early Christianity II* ed. S.G. WILSON (1985/87, 204): ExpT 98 (1987) 350 = Thrall, M.E.

R 46   AONO, T. (1979/80, 2063): JThS 36 (1985) 472-473 = Trevett

R 47   *L'Apocalypse d'Adam (NH V,5)* ed. F. MORARD (1985/87, 6563): EThL 62 (1986) 436-437 = Halleux, A. de – RHPhR 66 (1986) 340-341 = Bertrand, D.A. – ExpT 98 (1987) 215 = Best, E. – EgliseTh 18 (1987) 242-243 = Coyle, J.K. – ThQ 167 (1987) 216-220 = Vogt, H.J. – JThS 38 (1987) 191-193 = Wilson, R.M. – Mu 100 (1987) 427-428 = Janssens – OrChr 71 (1987) 238-240 = Schulz – RelStud 13 (1987) 168 = Pearson, B.A. – OrChrP 53 (1987) 470-471 = Poggi, V.

R 48   *Apocalypticism in the Mediterranean World and the Near East* ed. D. HELLHOLM (1983, 78): JBL 104 (1985) 564-565 = Furnish – CR 35 (1985) 203 = Seaford – HistReli 25 (1985) 93-95 = Anne – BiZ 29 (1985) 137-141 = Dobeler – NTT 86 (1985) 56-58 = Ottosson, M. – RHPhR 65 (1985) 482-483 = Prigent, P. – ThLZ 111 (1986) 591-594 = Holtz, T. – NedThT 41 (1987) 71-72 = Kooij, A. van der – JAOS 107 (1987) 799-800 = Hanson – ThRe 83 (1987) 24 = Berger, K.

R 49   *Apokriefen van het Nieuwe Testament, I: Agrapha* ed. A.F.J. KLIJN (1984, 708): BijFTh 47 (1986) 70 = Koet, B.J. – NedThT 41 (1987) 78-79 = Horst, P.W. van der – BijFTh 48 (1987) 79 = Koet, B.-J.

R 50   *Apokriefen van het Nieuwe Testament, II* ed. A.F.J. KLIJN (1985/87, 1560): GTT 86 (1986) 245 = Mulder, H. – BijFTh 48 (1987) 79 = Koet, B.-J. – NedThT 41 (1987) 78-79 = Horst, P.W. van der

R 51 *Apologeti greci* ed. C. BURINI (1985/87, 1659): Discorsi 7 (1987) 357-362 = Sorge

R 52 *Aponius* edd. B. DE VREGILLE; L. NEYRAND (1985/87, 2015): REL 65 (1987) 314-316 = Fontaine – AugR 27 (1987) 635-639 = Studer, B. – REA 33 (1987) 186-187 = Bouhot, J.-P.

R 53 *Apophthegmata Patrum* (1985/87, 2021): ScTh 18 (1986) 714 = Merino, M.

R 54 *Apophthegmata Patrum* ed. L. CREMASCHI (1985/87, 2022): ColCist 48 (1986) 52-53 = Y.R.

R 55 *Apophthegmata Patrum* ed. L. REGNAULT (1985/87, 2024): ColCist 48 (1986) 51-52 = Y.R. – StMon 28 (1986) 396 = Martínez, J. – AB 104 (1986) 241-243 = Fros, H. – Irénikon 59 (1986) 144 = E.L. – NRTh 108 (1986) 466-467 = A.H. – OrChrP 53 (1987) 254 = Cattaneo, E.

R 56 *Apophthegmata Patrum* ed. M. STAROWIEYSKI (1985/87, 2020): ColCist 48 (1986) [54] = Vogüé, A. de – ThLZ 112 (1987) 678-679 = Lerle, E.

R 57 APOSTOLOPOULOS, C. (1985/87, 3889): ThRe 83 (1987) 112-113 = Gessel – VigChr 41 (1987) 191-197 = Winden, J.C.M. van – Orthodoxes Forum (München) 1,1 (1987) 111-112 = Savvides, K.

R 58 *The Aramaic New Testament* (1983, 547): BijFTh 48 (1987) 207 = Parmentier, M.

R 59 ARANDA, A. (1985/87, 6130): Mayeútica 12 (1986) 285-286 = González, F.J. – ETrin 20 (1986) 404-405 = Silanes, N. – EphMariol 37 (1987) 516-517 = Fernández, D. – SVict 34 (1987) 221-222 = Iturrate, A. – EE 62 (1987) 107-108 = Granado, C. – ScTh 19 (1987) 492-495 = Viciano, A. – EThL 63 (1987) 176-177 = Halleux, A. de

R 60 ARANDA PEREZ, G. (1984, 660): Salmant 32 (1985) 230-231 = Trevijano Etcheverría, R. – ScTh 18 (1986) 276-277 = Guerra, M.

R 61 ARCE MARTINEZ, J. (1984, 253): Gn 57 (1985) 525-528 = Barceló, P.A. – CR 36 (1986) 156-157 = Browning, R. – Faventia 8 (1986,1) 171-173 = Carrasco Serrano – Emérita 55 (1987) 382-384 = Candau Morón, J.M.

R 62 ARENS, H. (1981/82, 2314): ThRe 81 (1985) 473-474 = Stockmeier – ThQ 165 (1985) 60-61 = Vogt, H.J. – OrChrP 51 (1985) 224-226 = Poggi, V. – ThLZ 111 (1986) 514-516 = Winkelmann, F.

R 63 *Arianism* ed. R. GREGG (1985/87, 209): BijFTh 47 (1986) 445-446 = Parmentier, M. – AnglThR 68 (1986) 347-355 = Groh, D.E. – JThS 38 (1987) 199-205 = Stead, C.

R 64 *Classical Armenian Culture* ed. T.J. SAMUELIAN (1984, 103):
JStJ 15 (1984) 198-199 = Weitenberg, J.J.S. – AB 103 (1985)
203-204 = Esbroeck, M. van – Sp 60 (1985) 1061-1062 = N.N.

R 65 *Medieval Armenian Culture* edd. T.J. SAMUELIAN; M.E.
STONE (1984, 104): AB 103 (1985) 203-204 = Esbroeck, M.
van – Journ. Jewish Stud. 36 (1985) 139 = Brock, S.P.

R 66 *Arnobius Maior* ed. H. LE BONNIEC (1981/82, 1042): Maia 36
(1984) 278-279 = Ceresa-Gastaldo, A. – Cr 35 (1985) 192-193
= Harries, J. – RBPh 63 (1985) 136-139 = Schamp, J.

R 67 ARTHUR, R.H. (1984, 3128): CBQ 48 (1986) 733-734 =
Davies, S.L.

R 68 *Aspetti di Hermann Usener, filologo della religione* (1983, 81):
Gn 58 (1986) 69-70 = Kany, R. – Mn 39 (1986) 561-564 =
Bremmer, J.N.

R 69 *Athanasius Alexandrinus* ed. E. Cattaneo (1985/87, 2066):
RechSR 74 (1986) 596-597 = Kannengiesser, C.

R 70 *Athanasius Alexandrinus* ed. L. CREMASCHI (1984, 982): CC
30 (1985) 442 = Cattaneo, E. – ColCist 49 (1987) 170-171 =
R., Y.

R 71 *Athanasius Alexandrinus* ed. R. LORENZ (1985/87, 2069):
RechSR 74 (1986) 602-604 = Kannengiesser, C. – ExpT 98
(1987) 184 = Hall, S.G. – ThLZ 112 (1987) 899-900 = Strobel,
A. – RHE 82 (1987) 342-343 = Halleux, A. de

R 72 *Athanasius Alexandrinus* edd. A. MARTIN; M. ALBERT
(1985/87, 2070): PrOrChr 35 (1985) 411-413 = Ternant, P. –
RCatT 10 (1985) 453-454 = Gros, M.S. – Irénikon 58 (1985)
143 = Lanne, E. – OrChrP 51 (1985) 469-471 = Lavenant, R.
-RHPhR 65 (1985) 331 = Maraval, P. – ThPh 61 (1986)
576-577 = Sieben – JThS 37 (1986) 576-589 = Barnes – BLE
87 (1986) 313-314 = Crouzel, H. – ReSR 60 (1986) 117 =
Canévet, M. – NRTh 108 (1986) 766-767 = Roisel – RechSR
74 (1986) 594-596 = Kannengiesser, C. – ACl 56 (1987)
399-400 = Joly, R. – Greg 68 (1987) 430 = Orbe, A. – ScEs 38
(1986) 403-404 = Pelland, G.

R 73 *Athanasius Alexandrinus* ed. E.P. MEIJERING (1984, 979):
JThS 36 (1985) 477-479 = Louth, A. – Studium 26 (1986)
149-150 = Villacorta, M.F. de – CrSt 7 (1986) 183 = Kannengiesser, C. – Gerión 4 (1986) 365-367 = Fernández – RHR 204
(1987) 451-452 = Nautin

R 74 *Pseudo-Athanasius Alexandrinus* ed. E. CAVALCANTI (1983,
778): Benedictina 31 (1984) 259-261 = Lorenzi, L. de – RHE 80
(1985) 633 = Halleux, A. de – Paideia 40 (1985) 84-86 =
Colonna, A. – StSR 9 (1985) 380-381 = Troiano, M.S. –
Compostellanum 30 (1985) 221 = Romero Pose, E.

R 75 ATHANASSIADI-FOWDEN, P. (1981/82, 2272): REB 42 (1984) 314 = Failler, A. – Mn 38 (1985) 218-220 = Horst, P.W. van der

R 76 *Atti del 7° Congresso internazionale di studi sull'alto medioevo* (1981/82, 163): RSCI 39 (1985) 254 – DA 42 (1986) 314-317 = Schneider, H.

R 77 *Atti del XVII Congresso internazionale di papirologia* (1984, 106): REG 98 (1985) 410-414 = Cauderlier – Paideia 41 (1986) 138-140 = Daris – Orpheus 7 (1986) 199-203 = Capasso – AtPavia 64 (1986) 275 = Frassinetti – DLZ 107 (1986) 837-839 = Luppe, W.

R 78 *Atti del Congresso internazionale su Basilio di Cesarea* (1983, 82): RSCI 39 (1985) 601

R 79 *Atti del convegno nazionale di studi su La città ideale nella tradizione classica e biblico-cristiana, Torino 2-3-4 maggio 1985* ed. R. UGLIONE (1985/87, 214): BStudLat 17 (1987) 208-209 = Cupaiuolo – PPol 20 (1987) 428-430 = Tedeschi

R 80 *Atti del I° seminario di ricerca su «Storia dell'esegesi giudaica e cristiana antica»* (1984, 107): Orpheus 6 (1985) 493-496 = Verme, M. del

R 81 *Atti della settimana di studi su Cassiodoro (Cosenza-Squillace)* ed. S. LEANZA (1985/87, 215): KoinNapoli 10 (1986) 217 – BStudLat 17 (1987) 161-163 = Piscitelli Carpino – Maia 39 (1987) 246-247 = Gatti, P.

R 82 *Atti dell'Accademia romanistica costantiniana. VI Convegno internazionale* (1985/87, 212): BIDR 89 (1986) 511-517 = Talamanca

R 83 AUBINEAU, M. (1983, 1854): EtPh (1985) 251-255 = Goulet, R. – VigChr 39 (1985) 97-99 = Bartelink, G.J.M. – RHE 80 (1985) 141-144 = Halleux, A. de – JThS 36 (1985) 235-236 = Wickham, L.R. – ChH 54 (1985) 148-149 = Bell, A.A. – REB 43 (1985) 260 = Failler, A. – RHR 202 (1985) 194-196 = Savon, H. – RelStR 11 (1985) 77 = Stroumsa, G.G. – ThSt 46 (1985) 175-176 = Ettlinger, G.H. – RSLR 22 (1986) 160-162 = Dalmais, R.H. – Aevum 60 (1986) 179-180 = Persic, A. – ThLZ 111 (1986) 759-760 = Winkelmann, F. – JÖB 37 (1987) 365-366 = Lackner, W.

R 84 AUF DER MAUR, H.J. (1984, 2714): Salmant 32 (1985) 124-125 = Borobio, D.

R 85 *Aufstieg und Niedergang der römischen Welt II, 17. 4* ed. W. HAASE (1984, 108): Gy 92 (1985) 372-375 = Bömer, F. – LEC 53 (1985) 511-512 = Wankenne – Latomus 44 (1985) 693-695 = Debergh – ACl 54 (1985) 454-455 = Raepsaet – ZSavR 103 (1986) 621-628 = Nörr – AnzAlt 40 (1987) 254-256 = Radke

R 86　*Aufstieg und Niedergang der römischen Welt II, 21. 1* ed. W.
HAASE (1984, 109): ZKG 96 (1985) 222-224 = Neudorfer –
RHR 202 (1985) 217-218 = Nautin – RHPhR 65 (1985)
486-487 = Philonenko – ZSavR 103 (1986) 621-628 = Nörr –
RHR 203 (1986) 107-109 = Nautin – AtPavia 64 (1986)
262-264 = Troiani – REJ 145 (1986) 137-141 = Petit – AnzAlt
40 (1987) 257-259 = Schubert

R 87　*Aufstieg und Niedergang der römischen Welt II, 21. 2* ed. W.
HAASE (1984, 110): ZKG 96 (1985) 418-420 = Neudorfer –
Gy 92 (1985) 372-375 = Bömer – RHPhR 65 (1985) 486-487 =
Philonenko – RHR 202 (1985) 217-218 = Nautin – RHR 203
(1986) 107-109 = Nautin – ZSavR 103 (1986) 621-628 =
Nörr – AtPavia 64 (1986) 262-264 = Troiani – VigChr 40
(1986) 202-204 = Winden, van

R 88　*Zum Augustin-Gespräch der Gegenwart, II* ed. C. ANDRESEN
(1981/82, 168): RBS 13 (1984) 157 = Jaspert, B. – EA 61
(1985) 151 = Eymann, H.S.

R 89　*Augustinus. I principi della dialettica* ed. M. BALDASSARI
(1985/87, 2123): CR 37 (1987) 311-312 = Barnes

R 90　*Augustinus-Lexikon* edd. C. MAYER et al. (1985/87, 399): REL
64 (1986) 236-237 = Fredouille – RBen 97 (1987) 314-319 =
Verbraken, P.-P. – ThQ 167 (1987) 150-152 = Vogt – ThLZ
112 (1987) 730-734 = Delius – GGA 234 (1987) 155-188 =
Hübner – JThS 38 (1987) 541-543 = Jackson – ArchPhilos 50
(1987) 687-689 = Solignac – MH 44 (1987) 292 = Schäublin

R 91　AUNE, D.E. (1983, 234): BijFTh 46 (1985) 320 = Parmentier,
M. – JBL 104 (1985) 728-730 = Michaels – JEcclH 36 (1985)
670 = Gardiner – JThS 37 (1986) 543-548 = Houston – CrSt 7
(1986) 382-389 = Dautzenberg – SWJTh 29,1 (1986) 55-56=
Schatzmann, S.S. – EvangQ 59 (1987) 351-355 = Gruden, W.E.

R 92　*Aurelius Augustinus* ed. L. ARIAS (1985/87, 2157-2158)
Mayeútica 12 (1986) 280-281 = Villalobos, O.

R 93　*Aurelius Augustinus* ed. H.U. VON BALTHASAR (1985/87,
2129): ThPh 61 (1986) 577 = Haeffner

R 94　*Aurelius Augustinus* ed. T. VAN BAVEL (1985/87, 2134):
VetChr 23 (1986) 436 = Desantis

R 95　*Aurelius Augustinus* ed. H.A. BIEDERMANN (1985/87, 2122):
TPQS 135 (1987) 402 = Leinsle, U.G.

R 96　*Aurelius Augustinus* ed. L. BOROS (1981/82, 1088): ZKTh 108
(1986) 211-213 = Lies

R 97　*Aurelius Augustinus* ed. A. CACCIARI (1981/82, 1105): Augustinus 30 (1985) 397-398 = Oroz Reta, J.

R 98　*Aurelius Augustinus* ed. V. CAPANAGA (1981/82, 1109):
Augustinus 30 (1985) 398-400 = Oroz Reta, J.

R 99 *Aurelius Augustinus* edd. L. CILLERUELO; A. DEL FUEYO; P. DE LUIS et al. (1983, 793-795): Augustinus 30 (1985) 404-405 = Calco, T.

R 100 *Aurelius Augustinus* ed. M.T. CLARK (1984, 1029): ChH 54 (1985) 384-385 = Bell – Augustinus 31 (1986) 404 = Orosio – StLukeJ 30 (1986) 64-66 = Angelo, M.R. d' – CHR 73 (1987) 249-250 = Eno, R.B. – StVlThQ 31 (1987) 181-183 = Paffhausen, J. – QR (Methodist) 7 (1987) 84 = TeSelle, E. – TSF Bulletin (Madison, Wis.) 10,3 (1987) 44 = Webber, R.E.

R 101 *Aurelius Augustinus* ed. K.D. DAUR (1985/87, 2148): JThS 37 (1986) 593-595 = Chadwick – NRTh 108 (1986) 770 = Roisel – RBen 96 (1986) 117 = Verbraken, P.-P. – REA 32 (1986) 287-288 = Bouhot, J.-P. – Sc 41 (1987) 7-8 Bouhot, J.-P.

R 102 *Aurelius Augustinus* ed. J. DIVJAK (1981/82, 1079): ACl 54 (1985) 421-422 = Verheijen

R 103 *Aurelius Augustinus* ed. J. DOIGNON (1985/87, 2145): RBen 97 (1987) 127-128 = Wankenne – Paideia 42 (1987) 302-304 = Mastandrea – MH 44 (1987) 293 = Schäublin

R 104 *Aurelius Augustinus* ed. P. FREDERIKSEN LANDES (1981/82, 1090): ThLZ 110 (1985) 49 = Diesner – SecCent 5 (1985/86) 54-55 = Babcock, W.S.

R 105 *Aurelius Augustinus* ed. H. HUNGER (1984, 1024): REA 31 (1985) 320-321 = Madec, G. – REB 43 (1985) 266-267 = Congourdeau, M.-H. – CR 35 (1985) 428-429 = Nicol, D.M. – RPh 59 (1985) 131-132 = Places, E. des – ByZ 79 (1986) 64-65 = Tinnefeld, F. – OstkiSt 35 (1986) 216 = Tretter – Mu 99 (1986) 198-199 = Mossay, J. – OrChrP 52 (1986) 498 = Cattaneo, E. – RESE 24 (1986) 103-104 = Mihaescu – Sp 61 (1986) 238-239 = Kazhdan, A. – MIÖGF 94 (1986) 270 = Pferschy, B. – JÖB 37 (1987) 392-393 = Lackner, W.

R 106 *Aurelius Augustinus* ed. L. JANSSEN (1984, 1033): TGL 41 (1985) 444 = Peerlinck, F.

R 107 *Aurelius Augustinus* edd. A. LAMACCHIA; P. PORRO (1985/87, 2136): RPFE 176 (1986) 496 = Adam

R 108 *Aurelius Augustinus* ed. PIO DE LUIS (1985/87, 2156): ScTh (1987) 477-480 = Viciano, A. – ArGran 50 (1987) 469 = Segovia, A.

R 109 *Aurelius Augustinus* edd. L. MONDADON; A. MANDOUZE (1981/82, 1093): RThPh 117 (1985) 66 = Ravenel

R 110 *Aurelius Augustinus* ed. A. MUTZENBECHER (1984, 1012): RBen 95 (1985) 351-352 = Verbraken – RHE 80 (1985) 761-763 = Gryson – JThS 37 (1986) 226-228 = Chadwick – LEC 54 (1986) 325 = Philippart – ThLZ 111 (1986) 778-782 = Haendler, G.

R 111 *Aurelius Augustinus* ed. A.S. PINHERO (1985/87, 2164): Hum-Teol 8 (1987) 123 = Ferreira, J. Torgal

R 112 *Aurelius Augustinus* comm. L.F. PIZZOLATO et al. (1984, 1004): Communio 18 (1985) 419-420 = Lobato, A. – REL 63 (1985) 417-420 = Fontaine – ThPh 61 (1986) 578 = Sieben – ArchPhilos 49 (1986) 646-647 = Solignac – AugR 26 (1986) 593 = Miccoli, P. – RSCI 41 (1987) 176-178 = Paronetto

R 113 *Aurelius Augustinus* edd. I. DE LA POTTERIE; A.-G. HAMMAN (1985/87, 2149): Augustinus 33 (1986) 236 = Oroz Reta, J. – RThPh 119 (1987) 522 = Junod

R 114 *Aurelius Augustinus* comm. J. RIES et al. (1984, 1005): REL 63 (1985) 417-420 = Fontaine – ThPh 61 (1986) 578 = Sieben – ArchPhilos 49 (1986) 646-647 = Solignac – AugR 26 (1986) 583 = Miccoli, P. – RSCI 41 (1987) 176-178 = Paronetto

R 115 *Aurelius Augustinus* edd. J.M. RODRIGUEZ et al. (1985/87, 2141): REL 63 (1985) 417-420 = Fontaine – ThPh 61 (1986) 578 = Sieben – ArchPhilos 49 (1986) 646-647 = Solignac – RSCI 41 (1987) 176-178 = Paronetto

R 116 *Aurelius Augustinus* edd. A. TURRADO; T.C. MADRID; L. ARIAS ALVAREZ (1984, 1027): NatGrac 32 (1985) 301 = Villalmonte, A. – NetV 10 (1985) 185 = Heras, M. de las – ETrin 19 (1985) 425-426 = Silanes, N. – CT 113 (1986) 149-150 = Bandera, A.

R 117 *Aurelius Augustinus* ed. B. ULANOV (1984, 1032): QR (Methodist) 7 (1987) 85-86 = TeSelle, E.

R 118 *Aurelius Augustinus* ed. F. VROMEN (1985/87, 2143): TLit 69 (1985) 316 = Verheul, A.A.

R 119 *Aurelius Augustinus* ed. G. WIJDEVELD (1983, 787): NedThT 39 (1985) 63-65 = Oort, J. van – TF 48 (1986) 125-126 = Steel

R 120 *Aurelius Augustinus* ed. G. WIJDEVELD (1985/87, 2124): KT 37 (1986) 76 = Ru, G. de – TGL 43 (1987) 660 = Thomas, A.H.

R 121 *L'aveu. Antiquité et Moyen Age* (1985/87, 218): Aevum 61 (1987) 435-439 = Pezzini, D. – Annales (ESC) 42 (1987) 631-632 = Gauvard, C. – QM 23 (1987) 253-255 = Corsi, P.

R 122 AVILA, C. (1983, 2362): RelStR 11 (1985) 296 = Countryman, L.W. – QR (Methodist) 7 (1987) 89-90 = TeSelle, E. – HeythropJ 28 (1987) 502-503 = M.J.W.

R 123 *Avitus Viennensis* ed. D.J. NODES (1985/87, 2885): Manuscripta 30 (1986) 225

R 124 BAARDA, T. (1983, 552): JBL 105 (1986) 175-176 = Epp

R 125 BAASTEN, M. (1985/87, 3697): RHE 82 (1987) 673-674 = Verbraken, P.-P.

R 126 BACHT, H. (1983, 1762): StMon 27 (1985) 174-175 = Olivar, A. – OstkiSt 34 (1985) 212-213 = Ruppert, F. – RBen 95

(1985) 351 = P.V. – ThPh 60 (1985) 587-589 = Hübner – RBS
14/15 (1985/86) 333 = Jaspert – ColCist 48 (1986) 48-49 =
A.V. – ReSR 74 (1986) 592-593 = Kannengiesser, C. – RelStR
12 (1986) 71 = Skeffington, J. – Orientalia 56 (1987) 118-121 =
Quecke, H.

R 127 BACHT, H. (1984, 3019): EA 61 (1985) 444-455 = Tschacher,
E.

R 128 BALBONI, D. pref. di P. POUPARD e premessa di A. FERRUA
(1985/87, 219): RiAC 63 (1987) 457-459 = Recio Veganzones

R 129 BAMBERG, C. (1979/80, 1172): RBS 10/11 (1981/82) [1984]
231* = Jaspert, B.

R 130 BAMMEL, C.P. HAMMOND (1985/87, 5002): ZKTh 108
(1986) 352-354 = Lies – NRTh 108 (1986) 755 = Jacques –
RHE 82 (1987) 60-61 = Bogaert, P.M. – JThS 38 (1987)
197-199 = Kilpatrick, G.D. – CBQ 49 (1987) 327-328 = Silva,
M. – ThLZ 112 (1987) 173-176 = Thiele, W. – ThRe 83
(1987) 111 = Lona

R 131 BARNES, T.D. (1981/82, 1895): CrSt 6 (1985) 409-411 = Forlin
Patrucco, M. – RHE 80 (1985) 585-586 = Gryson, R. –
GrOrthThR 30 (1985) 381-383 = Williams, J.D. – REG 98
(1985) 217 = Nautin, P. – AtPavia 63 (1985) 553-555 =
Marcone, A. – TLS 84 (1985) 379-380 = Chadwick – RHR
203 (1986) 207-209 = Turcan, R. – Mn 39 (1986) 218-221 =
Broek, R. van den

R 132 BARNES, T.D. (1981/82, 360): AtPavia 63 (1985) 553-555 =
Marcone, A.

R 133 BARNES, T.D. (1984, 114): RHE 80 (1985) 616 = Hockey, F. –
Phoenix 40 (1986) 247-248 = Clarke – RSLR 23 (1987)
183-184 = Forlin Patrucco, M.

R 134 BARTLETT, J.R. (1985/87, 4656): LEC 54 (1986) 327 =
Leclercq – JStJ 17 (1986) 92-93 = García Martínez – ZAW 98
(1986) 459 = Schmitt – GR 33 (1986) 221 = Walcot

R 135 *Basilio di Cesarea. Atti del congresso internazionale (Messina,
3-6 dic. 1979). 2 voll.* (1983, 82; 1984, 115): GiorFil 38 (1986)
155-159 = Cavalcanti, E. – WSt 20 N.F. = 99 (1986) 302 =
Zelzer, K. – SMed 10 (1986) 163-164 = Bisanti, A. – Orpheus
7 (1986) 424-430 = Crimi, C. – VigChr 40 (1986) 414-415 =
N.N. – RHE 81 (1986) 535-539 = Gain, B. – REG 99 (1986)
220-221 = Nautin – RBen 96 (1986) 372-373 = Wankenne,
L. – Aevum 61 (1987) 286-288 = Potestà – StPat 34 (1987)
437-439 = Corsato, C. – ColCist 49 (1987) 174 = Baudry, E.

R 136 *Basilius Caesariensis* ed. M. FORLIN PATRUCCO (1983,
1022): ETrin 19 (1985) 424-425 = Silanes, N. – Benedictina 31
(1984) 257-259 = Gribomont, J. – ColCist 47 (1985) 507-508 =

Baudry, E. – CrSt 6 (1985) 158-161 = Fedwick, P.J. – Aevum
60 (1986) 164-166 = Scaglioni, C.

R 137 *Basilius Caesariensis* ed. K.S. FRANK (1981/82, 1445): RBS 12
(1983, ersch. 1985) 213 = Jaspert, B. – ThRe 81 (1985) 381 =
Cramer, W.

R 138 *Basilius Caesariensis* ed. K.M. MOURADJAN (1984, 1296):
REArm N.S. 20 (1986-87) 585-586 = Mahé

R 139 *Basilius Caesariensis* ed. M. NALDINI (1984, 1293): RHPhR 65
(1985) 330-331 = Maraval, P. – StMe 26 (1985) 517-519 =
Gregorio, L. di – VetChr 22 (1985) 415-423 = Santorelli, P. –
Padeia 40 (1985) 82-84 = Colonna, A. – VigChr 39 (1985) 411
= Winden, J.C.M. van – CR 36 (1986) 132-133 = Frend,
W.H.C. – Orpheus 7 (1986) 187-193 = Palmieri, V. – CrSt 7
(1986) 389-390 = Henke, R. – RFC 114 (1986) 218-219 =
Ciccarese – Greg 67 (1986) 168-172 = Cavalcanti – ThPh 62
(1987) 273 = Sieben – Maia 39 (1987) 161 = Ceresa Gastaldo

R 140 *Basilius Caesariensis* edd. U. NERI; M.B. ARTIOLI (1979/80,
1026): ColCist 48 (1986) 61-62 = Baudry, E.

R 141 *Basilius Caesariensis* edd. B. SESBOÜÉ ; G.-M. DE DURAND;
L. DOUTRELEAU (1981/82, 1447; 1983, 1019): ScTh 17
(1985) 330-332 = Viciano, A. – RHEF 71 (1985) 159-160 =
Carrias, M. – RThL 16 (1985) 72-75 = Halleux, A. de – BLE
86 (1985) 63-65 = Crouzel, H. – RThPh 117 (1985) 63 =
Junod, E. – NRTh 107 (1985) 126-127 = Martin, C. – RHR
202 (1985) 97-99; 190-192 = Le Boulluec, A. – RBPh 63 (1985)
126-129 = Schamp, J. – ThRe 82 (1986) 36-38 = Hauschild,
W.-D. – JEcclH 37 (1986) 483-484 = Wickham, L.R. – Bij FTh
47 (1986) 332-333 = Declerck, J. – RAgEsp 27 (1986) 633-634
= Langa, P.

R 142 *Basilius Caesariensis* edd. A. STEGMANN; T. WOLBERGS
(1984, 1294): TTZ 95 (1986) 163-164 = Sauser, E.

R 143 *Basilius Caesariensis* ed. KLAUS ZELZER (1985/87, 2899):
RBS 14-15 (1985-86) 334 = Jaspert – REL 64 (1986) 256-258 =
Fontaine

R 144 BAUER, G. (1973/74, 2485): RBS 12 (1983) [1985] 232-233 =
Jaspert, B.

R 145 BAUER, J.B. (1984, 3021): Protest 42 (1987) 49-50 = Moda,
A.A.

R 146 BAUER, J.B.; FELBER, A. (1983, 205): RPh 59 (1985) 129 =
Pourkier, A.

R 147 BAVEL, T.J. VAN (1985/87, 2209): TGL 43 (1987) 429-430 =
Wagenaar, C.

R 148 *Die Bayern und ihre Nachbarn I* edd. H. WOLFRAM; A. SCHWARZ (1985/87, 221): DA 42 (1986) 689-691 = Reindel, K.

R 149 BEATRICE, P.F. (1983, 2131): RCatT 11 (1986) 466 = Gros i Pujol, M.S.

R 150 BEATRICE, P.F. (1985/87, 1668): RThom 37 (1987) 700-701 = Lauzière, M.-E.

R 151 BECK, H.-G. (1985/87, 1669): ByZ 80 (1987) 371-374 = Albini, U.

R 152 BECK, H.-G. (1985/87, 4924): Rechtshistorisches Journal (Frankfurt a.M.) 5 (1986) 247-248 = Fögen

R 153 BECKER, A. (1984, 1045): ETrin 19 (1985) 231-232 = Silanes, N. – MSR 43 (1986) 116-117 = Huftier, M. – RSPhTh 70 (1986) 491-492 = Tilliette, X. – Augustinus 31 (1986) 391-392 = Rivera de Ventosa, E.

R 154 BECKER, P.J.; BRANDIS, T. (1985/87, 1292): ThLZ 112 (1987) 579-581 = Karpp, G.

R 155 BECKWITH, R. (1985/87, 6775): Revue de Qumran (Paris) 12 (1986) 449-453 = Carmignac, J. – King's Theological Review (London) 9,2 (1986) 61-62 = Ross, J.M. – Evangelical Journal (Myerstown, Penna.) 4,2 (1986) 95-96 = Sailer, W.S. – SWJTh 29 (1986) 55 = Smith, R.L. – EvangQ 59 (1987) 259-261 = Alexander, T.D. – Theology 90 (1987) 63-65 = Barton, J. – ThSt 48 (1987) = Clifford, R.J. – Bibl 68 (1987) 286-289 = Grech, P. – ThT 44 (1987) 131-134 = Sanders, J.A. – Books and Religion (Durham, N.C.) 15, 3-4 (1987) 6 = Smith, D.M. – ChrCent 104, 19 (1987) 560 = Kingsbury, J.D.

R 156 BEIERWALTES, W. (1981/82, 1125): ACl 54 (1985) 423-424 = Verheijen

R 157 BELANGER, R. (1981/82, 1966): BTAM 13 (1985) 755 = Bascour, H.

R 158 BELLE, G. VAN (1985/87, 1448): StPat 32 (1985) 642-643 = Segalla – LEC 54 (1986) 198 = Jacques – JThS 37 (1986) 534-537 = Elliott

R 159 BENDER, A. (1983, 1634): Helmántica 36 (1985) 153 = Amigo, L. – Gn 57 (1985) 650-652 = Heck, E. – ThLZ 111 (1986) 612-613 = Haendler – LEC 54 (1986) 324 = Coulie – REA 32 (1986) 178-179 = Ingremeau – Latomus 45 (1986) 193-194 = Monat

R 160 *Benedictus Nursinus* (1984, 1343): RBen 95 (1985) 19*

R 161 *Benedictus Nursinus* ed. J. CHAMBERLIN (1981/82, 1536): BTAM 13 (1985) 753 = Mathon, G. Scriptorium 39* (1985) 124 = Braekman, M.-F.

R 162 *Benedictus Nursinus* ed. M. COUNE (1985/87, 2949): ColCist 49 (1987) 212 = Louf, A.

R 163 *Benedictus Nursinus* ed. T. FRY (1981/82, 1537): RBS 10-11 (1981-1982 ersch. 1984) 323*-324* = Jaspert, B. – RBen 95 (1985) 18 = Ledoyen, H.

R 164 *Benedictus Nursinus* ed. I. GARGANO (1985/87, 2952): ColCist 49 (1987) 211-212 = Ghislain, G. – StMon 29 (1987) 157 = Amengual, F.

R 165 *Benedictus Nursinus* ed. E.M. HEUFELDER (1979/80, 1166): RBS 10/11 (1981/82) [1984] 223* = Jaspert, B.

R 166 *Benedictus Nursinus* ed. D. PARRY (1979/80, 1162): RBS 10/11 (1981/82) [1984] 279* = Jaspert, B.

R 167 *Benedictus Nursinus* ed. D. PARRY (1984, 1341): ColCist 47 (1985) [542]

R 168 *Benedictus Nursinus* ed. B. PROBST (1983, 1081): ThRe 81 (1985) 33 = Jaspert, B. – RSLR 21 (1985) 482-484 = Gribomont, J. – ColCist 47 (1985) [523] = Vogüé, A. de

R 169 *Benedictus Nursinus* ed. P. SCHMITZ (1985/87, 2951): StMon 29 (1987) 157 = Amengual, F. – RBen 97 (1987) 128-129 = Misonne, D. – ColCist 49 (1987) 210-211 = Ghislain, G. – NRTh 109 (1987) Harvengt, A.

R 170 *Benedictus Nursinus* ed. G.A. SIMON (1981/82, 1629): RBen 95 (1985) 24

R 171 BENKO, S. (1984, 264): ChH 54 (1985) 382-383 = Ettlinger – TLS 05/07/1985, 755 = Frend, W.H.C. – Fides et Historia (Manhattan, Kans.) 18 (1986) 65-71 = Ferngren, G.B. – JBL 105 (1986) 743-745 = White, L.M. – AJ 143 (1986) 387 = Henig – CR 36 (1986) 333-334 = Hanson – JRS 76 (1986) 302-304 = Wasserstein – GR 33 (1986) 105 = Walcot – AHR41 (1986) 639-640 = Lamirande – CW 79 (1986) 348 = Corrington – HZ 242 (1986) 394-395 = Klein – ThSt 47 (1986) 189-190 = Wilken, R.L. – Augustinus 31 (1986) 438 = Oroz, J. – History 72 (1987) 154-155 = Liebeschuetz, W. – CHR 73 (1987) 126-127 = Keresztes, P. – SecCent 6 (1987/88) 114-115 = Lane, E.N. – RSCI 41 (1987) 508-511 = Barzanò

R 172 BENTLEY, J. (1985/87, 1449): British Book News 8 (1986) p.3*

R 173 BENTLEY, J. (1985/87, 5213): Horizons 13 (1986) 415-416 = Angelo, M.R. d'

R 174 BERCHMAN, R.M. (1984, 504): ExpT 98 (1986-87) 90 = Drewery, B. – JAAR 54 (1986) 764-765 = Gallagher, E.V. – JThS 37 (1986) 557-559 = Meredith – SecCent 6 (1987/1988) 253-254 = Tobin

R 175 BERNAL, J.M. (1984, 2716): Salmant 32 (1985) 410-411 = Borobio, D. – AnVal 11 (1985) 158-159 = Sancho, J.

R 176 BERNHARD, M. (1979/80, 1250): MLatJB 20 (1985) 282-284 = Hüschen

R 177 BERSCHIN, W. (1979/80, 2473): Byslav 45 (1984) 231-232 = Schmalzbauer – Kratylos. Kritisches Berichts- und Rezensionsorgan für indogermanische und allgemeine Sprachwissenschaft (Wiesbaden) 29 (1984) 178-180 = Hannick – Romance Philology (Berkeley, Calif.) 38 (1984/1985) 531-536 = Dronke, P. – ASI 143 (1985) 129 = Baronti, G. – CCM 28 (1985) 63-64 = Le Bourdellès, H. – MLatJB 20 (1985) 265 = Jeauneau, E. – AHC 18 (1986) 222-223 = Roberg, B.

R 178 BERSCHIN, W. (1985/87, 5214): AB 104 (1986) 483 – REL 64 (1986) 380-381 = Duval, Y.-M. – ZRPh 103 (1987) 602-603 = Baldinger, K. – Vivarium 25 (1987) 79-80 = Bartelink, G.J.M. – RBen 97 (1987) 143-144 = Wankenne, L. – REA 33 (1987) Dolbeau, F.

R 179 BERTHOUZOZ, R. (1981/82, 2213): Laval 38 (1982) 323-324 = Roberge

R 180 BERTONIERE, G. (1985/87, 5381): AB 103 (1985) 400 = Halkin, F.

R 181 BETZ, J. (1979/80, 2366): ZKTh 108 (1986) 94-95 = Felderer, J.

R 182 BEULAY, R. (1985/87, 1673): ColCist 49 (1987) 200-201 = C.,G. – OstkiSt 36 (1987) 330-331 = Bunge, G. – OrChrP 53 (1987) 483-484 = Poggi, V.

R 183 BEYSCHLAG, K. (1981/82, 3159): Salesianum 47 (1985) 330-331 = Stella, P.T.

R 184 *Biblia patristica* (1985/87, 402): RHPhR 67 (1987) 338 = Maraval – Irénikon 60 (1987) 575 = L.,E.

R 185 *Biblical Interpretations in the Early Church* ed. KARLFRIED FROEHLICH (1985/87, 6776): Crux (Vancouver, British Columbia) 23 (1987) 29-30 = Evans, C.A. – PrincBul 7 (1986) 292-293 = Gillespie, T.W.

R 186 *The Biographical Works of Gregory of Nyssa. Proceedings of the Fifth International Colloquium on Gregory of Nyssa (Mainz, 6-10 September 1982)* ed. A. SPIRA (1984, 116): WSt 100 (1987) 339-341 = Weber, D. – Salesianum 49 (1987) 161 = Triacca, A.M.

R 187 *Bibliotheca hagiographica Latina* ed. H. FROS (1985/87, 403): AB 104 (1986) 456-457 = Fros, H.

R 188 *Bibliotheca Palatina* edd. E. MITTLER et al. (1985/87, 223): Sc 41 (1987) 158-162 = Heinzer, F.

R 189 *Bibliotheca Trinitariorum* ed. E. SCHADEL (1984, 73): REA 31 (1985) 315-316 = Madec, G. – EThL 61 (1985) 402-403 = Halleux, A. de – AugR 26 (1986) 595-597 = Studer, B.

R 190 BIEDENKOPF-ZIEHNER, A. (1983, 481): BulArchCopte 27 (1985) 109-110 = MacCoull, L.S.B. – ArPap 31 (1985) 56-57 = Beltz

R 191 BIELER, L. (1985/87, 225): RHE 82 (1987) 180 = Hockey, F. – DA 43 (1987) 630 = Sigali, G.

R 192 BIONDI, A. (1983, 483): ArPap 31 (1985) 71 = Treu – BibbOr 27 (1985) 188-189 = Passoni dell'Acqua – VT 36 (1986) 371-372 = Horbury, W. – BASP 23 (1986) 65-67 = McNamee

R 193 BISCHOFF, B. (1985/87, 1296): ZRPh 103 (1987) 601 = Städtler

R 194 BISCHOFF, B. (1985/87, 1297): Francia 13 (1985) 929 – REL 63 (1985) 265-269 = Fontaine, J. – RBen 96 (1986) 198 = Misonne, D. – RH 275 (1986) 479-481 = Poulle, E. – RThAM 53 (1986) 205-206 = Silvestre, H. – Sc 40 (1986) 301-303 = Garand, M.C. – BEC 144 (1986) 387-390 = Guyotjeannin, O. – Paideia 41 (1986) 72 = Ballaira, G.

R 195 BISHKO, C.J. (1984, 117): JEcclH 37 (1986) 487-488 = Linehan, P. – DA 42 (1986) 358 = Schneider, H.

R 196 BLAAUW, S.L. DE (1985/87, 5512): RiAC 63 (1987) 407-416 = Saxer

R 197 BLAIR, H. (1985/87, 3251): Faith and Freedom (Oxford) 39 (1986) = Mottram, G. – ExpT 98 (1987) 186 = Young, F.M.

R 198 BLASZCZAK, G.R. (1985/87, 1577): ThLZ 112 (1987) 183-185 = Lattke, M. – JThS 38 (1987) 176-177 = Southwell, P.J.M.

R 199 BLAZQUEZ, N. (1984, 1051): Communio 18 (1985) 426-427 = Lobato, A. – ScTh 18 (1986) 289-292 = Viciano, A. – Augustinus 31 (1986) 393-394 = Rivera de Ventosa, E.

R 200 BODENMANN, R. (1985/87, 6859): AugR 27 (1987) 333 = Grech, P.

R 201 BÖCKMANN, A. (1985/87, 2960): BTAM 14 (1988) 455 = Michiels, G. – ColCist 48 (1986) 85-87 = Vogüé, A. de

R 202 BÖHLIG, A. (1981/82, 3371): VigChr 40 (1986) 399-408 = Colpe, C.

R 203 BÖHM, S. (1984, 1054): Augustinus 31 (1986) 396-397 = Rivera de Ventosa, E. – ArchPhilos 49 (1986) 483 = Solignac

R 204 BÖHNE, W. (1985/87, 5513): Sc 41 (1987) 16 = Huglo, M.

R 205 BOESCH GAJANO, S.; SEBASTIANI, L. (1985/87, 5771): ZKG 98 (1987) 433 = Meuthen, E. – Aevum 61 (1987) 487-488 = Tomea, P – Annales (ESC) 42 (1987) 143-146 = Boureau, A.

R 206 BOESE, H. (1981/82, 3541): REL 62 (1984) 454 = Duval, Y.-M. – ThLZ 110 (1985) 296 = Selge, K.-V.

R 207 BOESPFLUG, F.; LOSSKY, N. (1985/87, 317): CaAr 37 (1987) 182-183 = Velmans, T. – RHE 82 (1987) 414

R 208 *Boethius* ed. L. BIELER (1984, 1384): Répertoire bibliographique de philosophie 37 (1985) 220

R 209 *Boethius* edd. A. CARETTA; L. SAMARITI (1985/87, 3065): StMe 28 (1987) 1017-1018 = Cremascoli, G.

R 210 *Boethius* edd. M. FUHRMANN; J. GRUBER (1984, 118): RBS 13 (1984) 166 = Jaspert, B. – NTT 86 (1985) 246-247 =Norderval, Ø. – AugR 26 (1986) 597-598 = Studer, B. – Gy 93 (1986) 386-388 = Hofmann, H. – LFilol 109 (1986) 59 = Vidmanová – SZG 36 (1986) 90 = Marti – ScTh 18 (1986) 722-723 = Saranyana, J.I. – JThS 37 (1986) 228 = Chadwick, H. – CV 29 (1986) 179 = Brož, L. – StMon 28 (1986) 420 = Martínez, A. – ACl 56 (1987) 404-405 = Savon, H. – JEcclH 38 (1987) 329-330 = Gibson, M. – TPQS 135 (1987) 186 = Zinnhobler, R. – RBPh 65 (1987) 178 = Schamp, J.

R 211 BOISMARD, M.-E.; LAMOUILLE, A. (1984, 662): NRTh 108 (1986) 432-433 = Jacques – Bibl 67 (1986) 410-414 = Amphoux, C.B. – RBi 93 (1986) 598-601 = Murphy-O'Connor, J. – EtThR 62 (1987) 121-123 = Amphoux, C.B. – NovTest 29 (1987) 285-288 = Elliott, J.K. – BiZ 31 (1987) 138-144 = Schneider, G. – Eternity (Philadelphia, Penna.) 38, 9 (1987) 53 = Hardwick, M.G. – BijFTh 48 (1987) 208 = Parmentier, M.

R 212 BOLGIANI, F. (1984, 266): ArSR 31 (1986) 232-233 = Durand, J.D.

R 213 BONAMENTE, G. (1985/87, 4390): StRo 35 (1987) 106-107 = Malavolta

R 214 BONATO, A. (1984, 1549): Salesianum 48 (1986) 434-435 = Triacca, A.M.

R 215 BONNER, G. (1985/87, 2234): JEH 38 (1987) 488 = Stead – AugSt 18 (1987) 201-206 = Quinn

R 216 BORI, P.C. (1983, 2271): AKG 68 (1986) 237 = Marcheselli-Casale

R 217 BOULEY, A. (1981/82, 2907): VigChr 40 (1986) 192-193 = Wegman, H.

R 218 BOUYER, L.; DATTRINO, L. (1984, 799): Salesianum 47 (1985) 878 = Triacca, A.M. – Benedictina 33 (1986) 238-240 = Burini, C.

R 219 BRADSHAW, P.F. (1983, 2032): Worship 60 (1986) 558-559 = Talley, T.J.

R 220 BRATOŽ, R. (1983, 2011): DA 41 (1985) 271-272 = Reindel,
       K. – AArchHung 37 (1985) 462-465 = Bóna – GB 14 (1987)
       333-334 = Grassl, H.

R 221 BRATOŽ, R. (1985/87, 551): Zgodvinski časopis 40/3 (1986)
       341-342 = Granda, S. – RHE 81 (1986) 809 = Pillinger, R.

R 222 BRAY, G.L. (1984, 2859): CalTJ 20 (1985) 128-132 = Klooster,
       F. – EvangQ 58 (1986) 180-181 = Bayer, H.

R 223 BREENGAARD, C. (1985/87, 554): Religionshistorisk Tids-
       skrift (København) 9 (1986) 93-104 = Bilde, P. – DTT 50
       (1987) 67-68 = Hallbäck, G. – Fønix 11 (1987) 121-125 =
       Damsholt, T.

R 224 BREGMAN, J. (1981/82, 2640): CHR 71 (1985) 590 = Evans,
       J.A.S. – ClPh 80 (1985) 281-285 = Fowden – AncPhil 5 (1985)
       127-133 = McClelland, R.T.

R 225 BRENNECKE, H.C. (1984, 1866): ArGran 48 (1985) 363 =
       Segovia, A. – RHE 80 (1985) 441-454 = Doignon, J. – JAC 29
       (1986) 194-200 = Durst, M. – ThRe 82 (1986) 125-128 =
       Figura, M. – Gy 93 (1986) 381-384 = Klein – HZ 242 (1986)
       663-667 = Rosen – REA 32 (1986) 195-197 = Duval – RechSR
       74 (1986) 600-601 = Kannengiesser, C. – Gn 59 (1987)
       178-179 = Doignon

R 226 BRESARD, L. (1983, 2535): MSR 42 (1985) 47-51 = Messier –
       MA 91 (1985) 504-505 = Barrois – REA 31 (1985) 189-192 =
       Sagot, S. – RMAL 42 (1986) 43-45 = Chatillon – RechSR 74
       (1986) 254, 303 = Ruello, F. – RThPh 119 (1987) 400 = Junod

R 227 BREYDY, M. (1985/87, 1683): OrChrP 51 (1985) 452 = Poggi,
       V. – OstkiSt 36 (1987) 337 = Plank, B.

R 228 BROCK, S. (1985/87, 3518): BijFTh 48 (1987) 85-86 = Parmen-
       tier, M.

R 229 BROCK, S.P. (1984, 119): Mu 98 (1985) 388-389 = Halleux, A.
       de – JÖB 35 (1985) 296-298 = Selb, W. – RelStR 12 (1986) 72
       = Griffith, S.H. – JThS 38 (1987) 220-221 = Murray, R.P.R.

R 230 BROCKAERT, J.D. (1979/80, 37): RBS 10/11 (1981/82) [1984]
       236*-238* = Jaspert, B.

R 231 BROOKS, N. (1984, 271): EHR 100 (1985) 618-619) = Law-
       rence, C.H. – JEcclH 36 (1985) 484-486 = McKitterick – Sp 60
       (1985) 950-952 = Frankforter, A.D. – JThS 38 (1987) 227-229
       = Gibson, M.

R 232 BROSSE, O. DE LA (1985/87, 406): RSPhTh 71 (1987) 674 =
       Jossua, J.P.

R 233 BROWN, H.O.J. (1984, 2948): AHP 23 (1985) 440 – ThSt 46
       (1985) 141-142 = Galvin, J.P. – Evangelical Review of Theo-
       logy 11 (1987) 277-280 = James, F.A., III.

R 234 BROWN, P. (1981/82, 2999): Salesianum 46 (1984) 835 = Bergamelli, F. – EtThR 60 (1985) 455-456 = Dubois, J.-D. – DA 41 (1985) 287 = Schneider, H. – RHEF 71 (1985) 383-384 = Carrias, M. – RHPhR 65 (1985) 321-322 = Maraval, P. – RN 67 (1985) 875-878 = Rouche, M. – BTAM 14 (1986) 9-10 = Daly, P.H. – RThPh 38 (1986) 84-85 = Junod, E.

R 235 BROWN, P. (1981/82, 379): Gerión 3 (1985) 430-437 = Fernández, G. – RHE 80 (1985) 944-945 = Halleux, A. de – HeythropJ 26 (1985) = Price, R.

R 236 BROWN, P. (1984, 272): LEC 53 (1985) 305 = Wankenne – RHPhR 65 (1985) 317 = Maraval

R 237 BROWN, P. (1984, 2756): MSR 41 (1984) 173 = Platelle, H. – RN 67 (1985) 875-878 = Rouche – NRTh 107 (1985) 261 = Wankenne, A. – EtThR 60 (1985) 456 = Dubois, J.-D. – Salesianum 47 (1985) 621-622 = Cervini, R.M. – RHPhR 65 (1985) 321-322 = Maraval, P. – RThPh 118 (1986) 83-84 = Junod, E. – RHE 81 (1986) 532-535 = Aubert, R. – ETrin 20 (1986) 209-210 = López Martín, J. – CT 114 (1987) 185-186 = Fernández, P.

R 238 BROWN, P. (1984, 2757): RSCI 41 (1987) 259 = Motta, G.

R 239 BROWN, P. (1985/87, 560): ZKG 98 (1987) 405-406 = Klein, R.

R 240 BROWNE, G.M. (1983, 485): JThS 36 (1985) 492-493 = Plumley, J.M. – BiblOr 43 (1986) 103-107 = Satzinger, H.

R 241 BROX, N. (1983, 249): TTh 25 (1985) 104 = Goosen, L.

R 242 BRUN, P. DE; HERBERT, M. (1985/87, 1305): Éigse (Dublin) 22 (1987) 142-144 = Breathnach, P.A. – RHE 82 (1987) 173 = Hockey, F.

R 243 BUBACZ, B. (1981/82, 1144): Augustinus 31 (1986) 397-398 = Rivera de Ventosa, E.

R 244 BUCHWALD, W.; HOHLWEG, A.; PRINZ, O. (1984, 215): RPh 58 (1984) 358-359 = Flobert, P. – DLZ 106 (1985) 344 = Irmscher, J. – MLatJb 20 (1985) 252 = Wagner – Sp 61 (1986) 480-481 = Tarrant, R.J.

R 245 BUCKLEY, J.J. (1985/87, 6585): HistReli 27 (1987) 224 = Aune, D.E.

R 246 BÜCHLER, B. (1979/80, 2563): OrChr 70 (1986) 220-221 = Müller, C.D.G.

R 247 BULTMANN, R. (1984, 2420): EA 61 (1985) 231-232 = Hogg, T. – ThPh 61 (1986) 578-579 = Sieben, H.-J. – RThPh 119 (1987) 112-113 = Rordorf, W. – RBS 14/15 (1985/86) 347-348 = Jaspert

R 248 BUNGE, G. (1984, 1690): ColCist 47 (1985) 509 = G.C.

R 249 BURGESS, S.M. (1984, 2931): SecCent 6 (1987/88) 60-61 = Weaver, R.H.

R 250 BURNISH, R. (1985/87, 5614): ExpT 98 (1987) 123 = Clements, K.W. – SJTh 40 (1987) 472-473 = Levack, J.G. – BaptQ 32 (1987) 45-46 = Walker, M.

R 251 BURNS, J.P.; FAGIN, G.M. (1984, 2932): ETrin 19 (1985) 231 = Silanes, N. – Clergy 71 (1986) 191-192 = McGuckin, J.

R 252 BURNS, T.S. (1984, 280): Francia 13 (1985) 719-724 = Kuhoff, W. – AHR 90 (1985) 914-915 = Goffart, W. – DLZ 106 (1985) 294-297 = Diesner, H.-J. – History 70 (1985) 275-276 = Markus, R.A. – ByZ 79 (1986) 71-75 = Wirth, G. – Germania (Mainz) 64 (1986) 657-660 = Ionita – Gn 58 (1986) 757-760 = Krautschick – HZ 242 (1986) 399-401 = Castritius – CR 36 (1986) 158-159 = Liebeschuetz – AntJ 66 (1986) 176 = Todd – MA 92 (1986) 297-299 = Riché, P. – DA 42 (1986) 687-688 = Schieffer, R. – The Historian (Allentown, Penna.) 48 (1985/86) 573-574 = Drake, H.A. – Sp 62 (1987) 112-115 = Bachrach, B.S. – MIÖGF 95 (1987) 138-139 = Schwarcz, A.

R 253 BURROW, J.A. (1985/87, 1688): Manuscripta 30 (1986) 227

R 254 BYČKOV, V.V. (1981/82, 565): DLZ 107 (1986) 1-3 = Thümmel

R 255 BYČKOV, V.V. (1984, 1068): VopFilos 1986,1 168-171 = Sokolov, V.

R 256 BYZANTIOS edd. W. HÖRANDNER et al. (1984, 120): Irénikon 58 (1985) 145-146 = Lanne, E. – WSt 19 N.F. = 98 (1985) 258-259 = Zelzer, K. – Salesianum 47 (1985) 592-593 = Amata, B. – Mu 99 (1986) 204-205 = Mossay, J. – REB 44 (1986) 303-304 = Darrouzès, J. – JÖB 36 (1986) 317-320 = Kazhdan, A. – OstkiSt 35 (1986) 51-55 = Konstantinou, E. – Hell 36 (1986) 379-387 = Stauridu-Zaphraka, A. – RESE 25 (1987) 85-88 = Barnea, I.

R 257 Byzantium ed. D.J. GEANAKOPLOS (1984, 281): ChH 54 (1985) 385-386 = Boojamra, J.L. – PBR 4 (1985) 117-118 = Rexine, J.E. – Aevum 59 (1985) 414 = Mazzucchi, C.M. – CHR 71 (1985) 593-594 = Dennis, G.T. – EkTh 6 (1985) 930-932 = Methodios (Phugias), Arch. – Sp 61 (1986) 653-654 = Hanawalt, E.A. – JEcclH 37 (1986) 148-149 = Nicol, D.M. – Renaissance Quarterly (New York) 38 (1985) 712-714 = Rexine – HeythropJ 28 (1987) 352-353 = Munitiz, J.A.

R 258 Byzanz in der europäischen Staatenwelt edd. J. DUMMER; J. IRMSCHER (1983, 88): DA 42 (1986) 362-363 = Weiss, G.

R 259 Caesarius Arelatensis ed. M.J. DELAGE (1985/87, 3129): AB 104 (1986) 464-465 = Fenoyl, R. de – Irénikon 59 (1986) 582 = C.P. – REA 33 (1987) 193 = Longère, J. – NRTh 109 (1987)

451 = Harvengt, A. – RBen 97 (1987) 129 = Wankenne, L. – BTAM 14 (1987) 245 = Silvestre, H. – StMon 29 (1987) 398 = Olivar, A.

R 260 Calahorra: bimilenario de su fundación (1984, 121): Gerión 3 (1985) 452-455 = Arce

R 261 CALLAN, T. (1985/87, 575): Review of Religious Research (New York) 29 (1987) 78 = Blasi, A.J. – ThSt 48 (1987) 580-581 = Harrington, D.J.

R 262 CAMERON, A. (1985/87, 229): JThS 37 (1986) 307 = Armstrong, A.H. – JÖB 37 (1987) 409 = Hörandner, W.

R 263 CAMERON, A. (1985/87, 4926): TLS 13/12/1985, 1422 = Mango, C. – Svenska Dagbladet 04/06/1986, 12 = Linnér, S. – AHR 91 (1986) 894 = Cherf, W.J. – CR 36 (1986) 219-220 = McCail, R. – HistoryT 25 (1986) 220-221 = Cameron – Gn 58 (1986) 603-608 = Demougeot, É. – Phoenix 40 (1986) 365-367 = Baldwin, B. – CW 80 (1987) 329-330 = Bagnall, R.S. – CJ 82 (1987) 342-344 = Maas, M. – JHS 107 (1987) 260-262 = Liebeschuetz, J. – Sp 62 (1987) 394-396 = Barker, J.W. – Byslav 48 (1987) 210-214 = Ivanov – CHR 73 (1987) 252-254 = Evans – Storia della storiografia (Milano) (1987) N°11 156-161 = Cesa

R 264 CAMERON, R. (1984, 722): JBL 105 (1986) 741-743 = Hedrick, C.W. – Greg 67 (1986) 785 = Orbe, A. – JAAR 54 (1986) 371-372 = Robinson, S.E. – Salmant 34 (1987) 411-413 = Trevijano Etcheverría, R.

R 265 CAMPELO, M.M. (1983, 819): Augustinus 30 (1985) 199 = Calvo, T.

R 266 CAMPENHAUSEN, H. VON (1985/87, 1690): TPQS 135 (1987) 401 = Zinnhobler, R.

R 267 CANEVET, M. (1983, 1409): ScTh 17 (1985) 954-959 = Viciano, A. – ReSR 59 (1985) 266-267 = N.N. – ThAthen 56 (1985) 953-957 = Mutsulas, E.D. – SMed 8 (1985) 154-156 = Diquattro, D. – JThS 37 (1986) 223-226 = Stead, C. – ThLZ 111 (1986) 839-841 = Treu, K. – RechSR 74 (1986) 587-591 = Kannengiesser, C. – Salesianum 48 (1986) 987 = Fontana – RHR 204 (1987) 175-178 = Le Boulluec

R 268 CARCIONE, F. (1985/87, 5029): AHP 24 (1986) 468 – OrChrP 53 (1987) 220 = Poggi, V. – RHE 82 (1987) 450-451 = Mossay, J.

R 269 CARPIN, A. (1984, 2046): NRTh 107 (1985) 264 = Renwart, L. – Salmant 33 (1986) 139-141 = Borobio, D. – ETrin 30 (1986) 208 = López Martín, J. – ArGran 48 (1985) 364-365 = Segovia, A. – BTAM 14 (1986) 35 = Winandy, J.

R 270 CARROLL, T.K. (1984, 804): ChH 56 (1987) 519-520 = Volz

R 271 CASTANOS MOLLOR, M.I. (1985/87, 1692): Burgense 27
(1986) 597-599 = Guerra, M. – REDC 43 (1986) 658-659 =
Olmos, M.E.

R 272 CASURELLA, A. (1983, 2550): CrSt 6 (1985) 402-404 =
Beatrice, P.F. – CBQ 48 (1986) 738-739 = Brown, R.E. –
EvangQ 58 (1986) 172-173 = Bauckham, R. – HeythropJ 27
(1986) 449-450 = Meredith, A.

R 273 *Catalogus Tanslationum et Commentariorum, vol. 5* edd. F.E.
CRANZ; P.O. KRISTELLER (1984, 218): Renaissance Quarterly (New York) 38 (1985) 721-722 = Kennedy

R 274 *Catechesi battesimale e riconciliazione nei Padri del IV secolo*
ed. S. FELICI (1984, 122): NatGrac 32 (1985) 84-85 = Villalmonte, A. – EphMariol 35 (1985) 255 = Fernández, D. – CT
112 (1985) 622 = Fernández, P. – ArGran 48 (1985) 365 =
Granado, C. – StPat 32 (1985) 65-67 = Pasquato, O. – ScTh 17
(1985) 949-952 = Merino, M. – ETrin 20 (1986) 207-208 =
López Martín, J.

R 275 *Catena Trium Patrum* ed. S. LUCA (1983, 1175): HeythropJ 27
(1986) 89-91 = Munitiz, J.A. – KoinNapoli 10 (1986) 99-100 =
Garzya

R 276 *Catenae Graecae in Genesim et in Exodum, II: Collectio Coisli-
niana in Genesim* ed. FRANÇOISE PETIT (1985/87, 1639):
NRTh 109 (1987) 902-903 = Roisel – Mu 100 (1987) 421-426
= Zeegers-Vander Vorst, N. – VigChr 41 (1987) 197-199 =
Winden, J.C.M. van – RBen 97 (1987) 325-326 = Bogaert,
P.M. – RHE 82 (1987) 352-353 = Halleux, A. de

R 277 CATRY, P. (1984, 1729): Salesianum 47 (1985) 333 = Amata

R 278 CATTANEO, E. (1981/82, 1023): RThAM 53 (1986) 195-196
= Michiels

R 279 CATTANEO, E. (1984, 123): ZKTh 108 (1986) 363 = Meyer

R 280 CATTANEO, E. (1984, 2607): ZKTh 108 (1986) 362 = Meyer

R 281 CAVALCANTI, E. (1984, 1306): CC 30 (1985) 442 = Ferrua,
E. – OrChrP 52 (1986) 238-239 =Špidlík, T. – Salesianum 48
(1986) 169 = Felici, S. – StSR 11 (1987) 128-129 = Zincone

R 282 *La celebrazione cristana del matrimonio* ed. G. FARNEDI
(1985/87, 232): EThL 63 (1987) 12

R 283 *Centro Studi Sanguis Christi. I* ed. F. VATTIONI (1983, 89): BL
60 (1987) 60-61 = Hofrichter, P.

R 284 *Centro Studi Sanguis Christi. II* (1983, 90): StMon 27 (1985)
173-174 = Olivar, A. – Augustinus 30 (1985) BL 407 = Anoz,
J. – 60 (1987) 60-61 = Hofrichter, P.

R 285 *Centro Studi Sanguis Christi. III* ed. F. VATTIONI (1983, 91):
Augustinus 30 (1985) 407-409 = Anoz, J. – BL 60 (1987) 60-61
= Hofrichter, P.

R 286 *Centro Studi Sanguis Christi. IV* (1984, 124): StMon 27 (1985) 173-174 = Olivar, A. – SMed 10 (1986) 232-233 = Messana, V. – OrChrP 52 (1986) 491-492 = Yousif, P. – BL 60 (1987) 60-61 = Hofrichter, P.

R 287 CERUTTI, M.V. (1981/82, 3393): OLZ 80 (1985) 35-37 = Macuch, R.

R 288 ČEŠKA, J. (1984, 284): Euhemer 28 (1984) Nr. 3 156-159 = Ceran, W. – Klio 67 (1985) 374 = Guenther, R. – LFilol 108 (1985) 58-59 = Janousek – Eos 73 (1985) 221-223 = Ilski – Eirene 22 (1985) 157-159 = Burian – Gn 58 (1986) 560-563 = Hoffmann – SPFFBU E 31 (1986) 195-196 = Kudrna

R 289 CHADWICK, H. (1981/82, 1658): Studies in Medieval Thought 26 (1984) 163-168 = Ishii, M. – ClPh 80 (1985) 285-287 = McGinn, B. – JHPh 23 (1985) 101-103 = Weisheipl, J.A. – BTAM 14 (1986) 29 = Daly, P.H.

R 290 CHADWICK, H. (1981/82, 177): OrChrP 52 (1986) 239 = Poggi, V.

R 291 CHADWICK, H. (1985/87, 2279): CRAI (1987) 164-166 = Fontaine, J. – REL 65 (1987) 399 = Zehnacker

R 292 CHADWICK, H. (1985/87, 2281): TLS 85 (1986) 896 = Markus – Clergy 71 (1986) 460-461 = McGuckin, J. – ChH 56 (1987) 108-109 = Babcock, W.S. – SWJT 29,3 (1987) 63 = Garrett, J.L. – Theology 90 (1987) 70-71 = Louth, A. – ThSt 48 (1987) 587-588 = Marceau, W. – AnglThR 69 (1987) 91-93 = Miles, M.R. – IPhQ 27 (1987) 111-112 = O'Connell, R.J. – Interp 41 (1987) 438 = Weaver, R.H. – ConcorThQ 51 (1987) 216 = Weinrich, W.C. – ExpT 98 (1987) 317 = N.N. – JThS 38 (1987) 297 = Wiles – Sp 62 (1987) 1020-1021 = Allard – ThPh 62 (1987) 274 = Sieben – StMon 29 (1987) 156 = Martínez – JEcclH 38 (1987) 627-628 = Bonner – VigChr 41 (1987) 411 = Meijering, E.P.

R 293 CHADWICK, H. (1985/87, 3074): Nuncius (Firenze) 1 (1986) 189 = Caroti, S.

R 294 CHADWICK, O. (1985/87, 4135): TGL 42 (1986) 100 = Bloemendael, V.B. van

R 295 *La Chaîne arménienne sur les épîtres catholiques, I* ed. C. RENOUX (1985/87, 6923): BijFTh 48 (1987) 214 = Parmentier, M. – OrChrP 53 (1987) 449-450 = Kilmartin, E.J.

R 296 CHARALAMPIDIS, K. (1984, 2455): AB 103 (1985) 194-195 = Halkin, F. – REB 44 (1986) 304-305 = Flusin, B. – JÖB 37 (1987) 413 = Czerwenka-Papadopoulos

R 297 CHARLESWORTH, J.H. (1985/87, 171): ExpT 99 (1987) 90-91 = Wilson, R.M.

R 298 CHARLET, J.L. (1981/82, 2580): ACl 54 (1985) 427-429 =
Savon – Gy 92 (1985) 557-559 = Gruber – Mn 39 (1986)
206-208 = Assendelft, van – Emérita 54 (1986) 347-348 =
Ramírez de Verger – Klio 68 (1986) 251-255 = Treu, K. – Gn
59 (1987) 299-310

R 299 CHÂTILLON, J. (1985/87, 233): DA 42 (1986) 374-375 =
Silagi, G. – REA 33 (1987) 197-199 = Bouhot, J.-P.

R 300 CHEDEVILLE, A.; GUILLOTEL, H. (1984, 4112): AB 104
(1986) 254-255 = Straeten, J. van der

R 301 CHERCHI, L. (1983, 260): RSCI 39 (1985) 665 = Corbellini, C.

R 302 CHESNUT, G.F. (1977/78, 1545): PerRelSt 14 (1987) 91-92 =
Yarbrough, S.

R 303 CHESNUT, G.F. (1984, 2951): ThSt 46 (1985) 551-552 =
Fagin, G.M.

R 304 CHICOTEAU, M. (1984, 2517): AB 103 (1985) 425 – Sp 61
(1986) 910-911 = Schatkin, M.A. – JEcclH 37 (1986) 142 =
Bonner – JRH 14 (1986) 225 = Thomas – SZG 36 (1986)
257-258 = Schnyder – DA 42 (1986) 262-263 = Wanner, K.

R 305 *La chiesa antica* edd. V. GROSSI; A. DI BERARDINO (1984,
2980): ScTh 17 (1985) 325-327 = Ramos-Lissón, D. – JThS 36
(1985) 281 = Chadwick, H. – RHE 80 (1985) 471-473 = Gain,
B. – AugR 26 (1986) 585-586 = Peretto, E.

R 306 *Dalla Chiesa antica alla Chiesa moderna* edd. M. FOIS; V.
MONACHINO; F. LITVA (1985/87, 234): RSCI 41 (1987) 596

R 307 *Chiesa e società* edd. A. CAPRIOLI; A. RIMOLDI; L. VAC-
CARO (1985/87, 235): RSCI 41 (1987) 296 = Picasso, G.

R 308 CHISHOLM, J.E. (1979/80, 997): Sp 60 (1985) 474-475 =
Babcock, W.S.

R 309 CHOLIJ, R.M. (1985/87, 6312): AHP 25 (1987) 500

R 310 CHRESTOU, P.K. (1985/87, 94): Platon 39 (1987) = Georgountzos

R 311 CHRISTENSEN, T. (1981/82, 390): ZKTh 109 (1987) 223 =
Lies, L.

R 312 *Christentum und römische Welt* ed. K. SMOLAK (1984, 776):
Gy 92 (1985) 538-539 = Nickel, R. – RHE 81 (1986) 652 =
Pillinger, R.

R 313 *Christian spirituality* edd. B. MCGINN et al. (1985/87, 353):
JES 23 (1986) 695 = Gros, J. – ReExp 83 (1986) 640 = Hinson,
E.G. – ExpT 98,3 (1986) 93-94 = Louth, A. – JThS 38 (1987)
217-218 = Louth, A. – Worship 60 (1986) 551-553 = Seasoltz,
R.K. – Parabola (New York) 12 (1987) 104-108 = Norris,
R.A. – Horizons 14 (1987) 170-171 = Conn, J.W. – JR 67
(1987) 547-549 = Kaufman, P.I. – RHE 82 (1987) 180-181 =
Hockey, F.

R 314 *Christianity and paganism 350-750* ed. J.N. HILLGARTH (1985/87, 589): JHI 47 (1986) 332 – RH 277 (1987) 213-214 = Pacaut, M. – ChH 56 (1987) 268-269 = Carpe, W.D.

R 315 *«To See Ourselves as Others See Us»: Christians, Jews, «others» in late antiquity* edd. J. NEUSNER; E.S. FRERICHS (1985/87, 238): JAAR 54 (1986) 790-791 = Murphy, F.J. – CBQ 49 (1987) 688-690 = Aune, D.E. – Horizons 14 (1987) 149-150 = Greeley, D.

R 316 CHRYSOSTOMOS, BISHOP OF OREOI (1985/87, 1697): GrOrthThR 31 (1986) 440-442 = Brecht, T.

R 317 CIOFFARI, G. (1985/87, 5435): AB 105 (1987) 243 = Halkin, F.

R 318 CIPRIANI, N. (1984, 1080): EE 62 (1987) 91-92 = Granado, C.

R 319 CLARK, E.A. (1979/80, 1661): Horizons 14 (1987) 150-152 = Quitslund, S.A.

R 320 CLARK, F. (1985/87, 3811): Sc 43 (1986) 36*-37* = Godding – TLS (1987) 754 – RBen 97 (1987) 352

R 321 *Classical texts and their traditions* edd. D.F. BRIGHT; E.S. RAMAGE (1984, 127): AClass 56 (1987) 572-573 = Knecht

R 322 *Claudius Claudianus* ed. W. BARR (1981/82, 1735): Gy 92 (1985) 560-562 = Hofmann, H. – Maia 37 (1985) 290-291 = Gualandri, I. – Gn 57 (1985) 654-655 = Döpp – Mn 40 (1987) 449-451 = Heus

R 323 *Claudius Claudianus* ed. F.E. CONSOLINO (1985/87, 3217): CR 36 (1986) 238-239 = Hall – BStudLat 16 (1986) 132-134 = Fo, A. – REL 64 (1986) 265-266 = Charlet – AteRo 32 (1987) 183-185 = Ricci

R 324 *Claudius Claudianus* ed. J.B. HALL (1985/87, 3215): Platon 38, H. 75-76 (1986) 207-208 = Kutrumpas, D.E. – LEC 54 (1986) 207 = Wankenne, A. – Euphrosyne 15 (1987) 457-458 = Rosado Fernandes – CR 37 (1987) 183-184 = Green – BulBudé (1987) 314-316 = Charlet – REL 64 (1987) = Charlet – ACl 56 (1987) 392-394 = Savon

R 325 *Claudius Claudianus* ed. W.E. HEUS (1984, 1458): Mn 39 (1986) 193-200 = Hofmann

R 326 *Claudius Claudianus* ed. M.L. RICCI (1981/82, 1734): RFC 114 (1986) 342-346 = Gualandri – REAnc 89 (1987) 134-135 = Charlet, J.-L.

R 327 *Clemens Alexandrinus* edd. A. LE BOULLUEC; P. VOULET (1981/82, 1748): BijFTh 47 (1986) 214 = Declerck, J.

R 328 *Clemens Alexandrinus: Estratti profetici. Eclogae propheticae* ed. C. NARDI (1985/87, 3247): VetChr 24 (1987) 457 = Desantis – RHPhR 67 (1987) 301 = Maraval – Aevum 61

(1987) 283 = Scaglioni – Sandalion 10-11 (1987-88) 207-208 = Rizzerio

R 329 *Clemens Alexandrinus* a cura di G.PINI (1985/87, 3249): VetChr 23 (1986) 434 = Desantis

R 330 *Clemens Alexandrinus* edd. O. STÄHLIN; L. FRÜCHTEL (1985/87, 3248): JThS 37 (1986) 572 = Chadwick

R 331 *Clemens Alexandrinus* edd. O. STÄHLIN; M. WACHT (1983, 1187): ThRe 82 (1986) 128 = Gessel

R 332 CLEMENT, O. (1981/82, 1015): RHR 201 (1984) 215 = Dalmais, I.-H.

R 333 CLEMENT, O. (1985/87, 1699): VyV 45 (1987) 492 = Ortega, V.T.

R 334 COCHINI, C. (1983, 3109): JThS 36 (1985) 505 = Moreton, M.

R 335 *Codex Manichaicus Coloniensis, Concordanze* edd. L. CIRILLO; A. CONCOLINO MANCINI; A. ROSELLI (1985/87, 1201): EW 36 (1986) 315 = Gnoli – Orpheus 8 (1987) 217-218 = Gallicò

R 336 *Codex Manichaicus Coloniensis. Proceedings of the international Symposium* ed. L. CIRILLO (1985/87, 240): EW 36 (1986) 316-320 = Gnoli – OrChrP 53 (1987) 474 = Poggi, V. – VetChr 23 (1986) 432-434 = Desantis

R 337 *Codices Chrysostomici Graeci V* descr. R.E. CARTER (1983, 1524): ZKG 96 (1985) 228-229 = Brändle, R. – ThPh 60 (1985) 590 = Sieben – VigChr 39 (1985) 204-205 = Datema, C. – BLE 86 (1985) 233 = Crouzel, H. – RHE 81 (1986) 298-299 = Zeegers-Vander Vorst, N.

R 338 *Codices Vaticani Graeci, 2162-2254* (1985/87, 1313): JThS 38 (1987) 185 = Chadwick, H. – RHE 82 (1987) 69-70 = Deun, P. van

R 339 *La colección canónica hispana III* edd. G. MARTINEZ DIEZ; F. RODRIGUEZ (1983, 2182): Mayeútica 12 (1986) 272-279 = Marcilla, F.S.

R 340 *La colección canónica hispana IV* edd. G. MARTINEZ DIEZ; F. RODRIGUEZ (1984, 2790): ScTh 17 (1985) 380-382 = Ramos Lissón, D. – IC 26 (1986) 436-438 = Ramos-Lissón, D.

R 341 COLIN, G. (1985/87, 5583): OrChrP 53 (1987) 443 = Poggi, V.

R 342 COLISH, M.L. (1984, 1082): JEcclH 36 (1985) 305-306 = Luscombe, D. – JThS 36 (1985) 284 = Evans, G.R.

R 343 COLISH, M.L. (1985/87, 1121): REA 32 (1986) 269-270 = Fredouille, J.-C.; 334-335 = Le Boeuf, P. – NAKG 66 (1986) 96-97 = Meijering, E.P. – JEcclH 38 (1987) 271-273 = Schofield, M. – JThS 38 (1987) 186-189 = Rist, J.M.

R 344 *Colloque international sur les textes de Nag Hammadi (Québec, 1978)* ed. B. BARC (1981/82, 180): ThRe 82 (1986) 377-380 = Baumeister, T. – ThLZ 112 (1987) 109-113 = Schenke, H.-M.

R 345 COLOMBAS, G.M. (1984, 291): CC 4 (1984) 510-511 = Capizzi, C. – Salesianum 47 (1985) 587-588 = Cervini, R.M. – SMed 8 (1985) 111-119 = Ferrari, G. – ArSR 31 (1986) 250-251 = Séguy, J. -

R 346 COMAN, I.G. (1985/87, 95): Romanian Orthodox Church News, Quarterly Bulletin 16,2 (1986) 93-96 = Alexe, S.

R 347 *Il Combattimento di Adamo* edd. A. BATTISTA; B. BAGATTI (1984, 704): Mu 97 (1984) 324-326 = Grand'Henry, J.

R 348 COMPOSTA, D. (1985/87, 1122): Ang 63 (1985) 138-140 = Pizzorni, R.

R 349 *La comunidad en San Agustín* (1984, 1084): RAgEsp 27 (1986) 625-626 = Domínguez, J.

R 350 *Le concept de Notre Grande Puissance (CG VI,4)* ed. P. CHERIX (1983, 2413): Enchoria 13 (1985) 233-242 = Schenke – Laval 42 (1986) 274 = Veilleux, A. – CE 61 (1986) 177-180 = Cannuyer, C. – VigChr 41 (1987) 303-304 = Broek, R. van den

R 351 *Concordantia in Ausonium* edd. L. BOLCHAZY; J.A.M. SWEENEY (1981/82, 1424): Latomus 44 (1985) 643-647 = Evrard

R 352 *Constitutiones Apostolorum* ed. M. METZGER (1985/87, 3325): PrOrChr 36 (1986) 184-185 = Ternant, P. -RBen 96 (1986) 173-174 = Bogaert – RHPhR 66 (1986) 347 = Maraval – ZKG 97 (1986) 272-275 = Schöllgen, G. – ThPh 61 (1986) 576 = Sieben – NRTh 108 (1986) 768 = Roisel – BLE 87 (1986) 311 = Crouzel – Compostellanum 32 (1987) 335-336 = Romero Pose, E. – ZKTh 109 (1987) 224 = Meyer, H.B. – Bibl 68 (1987) 139-140 = Places, E. des – RThPh 119 (1987) 397-398 = Junod – RSLR 23 (1987) 343-344 = Gribomont – JThS 38 (1987) 208-211 = Kopeček, T.A. – ChH 56 (1987) 267 = Lewis, G. – REB 45 (1987) 235-236 = Darrouzès – VigChr 41 (1987) 100-101 = Winden, J.C.M. van – OrChrP 53 (1987) 243 = Pelland, G. – RBen 97 (1987) 125-126 = W.L. – ACl 56 (1987) 400-401 = Joly, R. – PrOrChr 37 (1987) 389 = Ternant, P. – RHDFE 65 (1987) 641-642 = Gaudemet, J.

R 353 *Constitutiones Apostolorum* ed. M. METZGER (1985/87, 3326): RBen 96 (1986) 173-174 = Bogaert, P.-M. – ThPh 61 (1986) 576 = Sieben, H. – Irénikon 59 (1986) 440 = L.,E. – ZKTh 109 (1987) 363-364 = Meyer, H.B. – RHPhR 67 (1987) 302-303 = Maraval – Bibl 16 (1987) 139-140 = Places, des – RThPh 119 (1987) 397-398 = Junod – RSLR 23 (1987) 344 =

Trisoglio – RBen 97 (1987) 125-126 = Wankenne – REB 45 (1987) 235-236 = Darrouzès – OrChrP 53 (1987) 243 = Pelland, G. – PrOrChr 37 (1987) 389 = Ternant, P. – RHE 82 (1987) 399-400 = Halleux, A. de – ChH 80 (1987) 267 = Lewis, G.

R 354 *Constitutiones Apostolorum* ed. M.METZGER (1985/87, 3327): RThPh 119 (1987) 521 = Junod, E. – Irénikon 60 (1987) 576-577 = L.,E. – PrOrChr 37 (1987) 389 = Ternant, P.

R 355 *La contemplación en San Agustín* (1984, 130): RAgEsp 27 (1986) 626-627 = Domínguez, J.

R 356 *Conventus Carthaginiensis* (1985/87, 246): REAnc 89 (1987) 120-121 = Fontaine, J.

R 357 CONZELMANN, H. (1981/82, 902): CrSt 6 (1985) 606-608 = Beatrice, P.F.

R 358 CORCORAN, G. (1985/87, 2305): JEcclH 37 (1986) 647-648 = Markus, R.A. – CHR 73 (1987) 144 = Babcock, W.S.

R 359 CORMACK, R. (1985/87, 5777): JAAR 55 (1987) 139-140 = Miller, D.A. – JR 67 (1987) 371-372 = Nelson, R.S.

R 360 COSI, D.M. (1985/87, 4395): Mu 99 (1986) 384-385 = Ries, J. – REL 64 (1986) 323-325 = Fontaine – Orpheus 8 (1987) 470-472 = Basso, del

R 361 COULIE, B. (1985/87, 3828): Byzan 56 (1986) 504-505 = Sansterre, J.-M. – REB 45 (1987) 248 = Darrouzès, J. – RHE 82 (1987) 63-67 = Halleux, A. de – OrChrP 53 (1987) 240 = Hambye, E.R. – JÖB 37 (1987) 363-365 = Kertsch, M. – RHE 82 (1987) 63-67 = Halleux, A de – Mu 100 (1987) 441-443 = Sicherl – VigChr 41 (1987) 304-306 = Bartelink, G.J.M.

R 362 COUNE, M. (1985/87, 1644): REB 44 (1986) 292-293 = Darrouzès, J. – QL 67 (1986) 278 = A.V.

R 363 COUNE, M. (1985/87, 2973): EThL 61 (1985) 356 – ColCist 49 (1987) 215 = Louf, A.

R 364 COUNTRYMAN, L.W. (1979/80, 291): RechSR 73 (1985) 625 = Kannengiesser, C.

R 365 COURCELLE, P. (1984, 131): BTAM 14 (1987) 246 = Silvestre, H.

R 366 COURCELLE, P. (1984, 813): ACl 55 (1986) 448-450 = Tordeur, P. – ATCA 5 (1986) 365 = Perarnau i Espelt, J. – REA 32 (1986) 319 = Bouhot, J.P. – BijFTh 48 (1987) 210-211 = Parmentier, M. – Paideia 42 (1987) 300-301 = Doignon

R 367 COWLEY, R.W. (1983, 2557): JRAS (1985) 70-71 = Irvine, A.K.

R 368 COX, C.E. (1985/87, 4694): ZAW 99 (1987) 286 = Schmitt

R 369 COX, P. (1983, 675): JBL 104 (1985) 373-375 = Gallagher – CB 61 (1985) 41-42 = Scarborough – AHR 90 (1985) 394-395

= Sage, M.M. – CR 35 (1985) 197-198 = Barnes, T.D. – CHR 71 (1985) 581-582 = Drake, H.A. – LEC 54 (1986) 321-322 = Coulie, B.

R 370 CRANENBURGH, H. VAN (1983, 1763): ColCist 48 (1986) 48 = Veilleux, A.

R 371 *Das gemeinsame Credo* edd. T. PIFFL-PERČEVIČ; A. STIRNI-MANN (1983, 2184): CO 38 (1986) 222 = Krijnsen, C.

R 372 *Crise et redressement ...* ed. E. FRÉZOULS (1983, 96): Latomus 44 (1985) 690-692 = Jacques – AtPavia 63 (1985) 548 = Marcone – RSA 15 (1985) 309-316 = Baldini – Gn 58 (1986) 752-753 = Pekáry

R 373 CRISTIANO, C. (1981/82, 3298): Augustinus 30 (1985) 419 = Oroz, J.

R 374 *Il Cristo, I* ed. A. ORBE (1985/87, 6166): VetChr 23 (1986) 419-423 = Isola – Compostellanum 32 (1987) 339-340 = Romero Pose, E.

R 375 *Cristo en los Padres* ed. F. TRISOGLIO (1985/87, 6161): EAg 21 (1986) 644 = Luis, P.de – ScTh 18 (1986) 716-717 = Bastero, J.L. – TyV 28 (1987) 260 = Bentué, A.

R 376 *Il Cristo II* ed. M. SIMONETTI (1985/87, 6167): Compostellanum 32 (1987) 340-341 = Romero Pose, E. – VetChr 24 (1987) 211-216 = Isola

R 377 *Cristologia e catechesi patristica. I* ed. S. FELICI (1979/80, 103): StPat 32 (1985) 59-60 = Pasquato, O. – Augustinus 31 (1986) 419-420 = Anoz, J.

R 378 *Cristologia e catechesi patristica. II* ed. S. FELICI (1981/82, 3231): StPat 32 (1985) 61 = Pasquato, O. – Augustinus 31 (1986) 419-420 = Anoz, J.

R 379 *La Cristologia nei Padri della Chiesa* (1984, 134): SMed 8 (1985) 162 = Messana

R 380 *La Cristologia nei Padri della Chiesa* (1985/87, 249): MF 85 (1985) 995-998 = Iammarrone, L.

R 381 *La critica dei testi latini medievali e umanistici* ed. A. D'AGOSTINO (1985/87, 250): Aevum 59 (1985) 424 = Fumagalli, E.

R 382 CROKE, B.; HARRIES, J. (1981/82, 396): GR 32 (1985) 94-95 = Paterson, J.J. – Prudentia 17 (1985) 50-51 = Gilmour, C.

R 383 CROSSAN, J.D. (1985/87, 1588): ExpT 97 (1985-1986) 87-88 = Houlden, J.L. – EgliseTh 17 (1986) 237-238 = Vogels, W. – JAAR 55 (1987) 142-144 = Duling, D.C. – JRelPsychRes 10 (1987) 56-58 = Wirt, E. – Them 12 (1987) 56-60 = Wright, D.F. – Salmant 34 (1987) 409-411 = Trevijano Etcheverría, R.

R 384 CROUZEL, H. (1981/82, 2448): NTT 86 (1985) 41-42 = Norderval, Ø.

R 385 CROUZEL, H. (1985/87, 4701): OrChr 70 (1986) 197 = Gessel, W. – Greg 67 (1986) 200 – LEC 54 (1986) 200 = Wankenne – EThL 62 (1986) 443-447 = Halleux, A. de – NRTh 108 (1986) 583 = Gilbert – EE 61 (1986) 436-438 = Granado, C. – Compostellanum 31 (1986) 288-289 = Romero Pose, E. – RSPhTh 70 (1986) 606-608 = Durand, G.-M. de – ThSt 47 (1986) 747-748 = Ettlinger, G.H. – ZKG 97 (1986) 276-277 = Hanson, R.P.C. – ChH 55 (1986) 503-504 = Trigg, J.W. – RHE 82 (1987) 55-59 = Camelot, P.T. – RThPh 119 (1987) 112 = Junod, E. – RSLR 23 (1987) 467-472 = Monaci Castagno – RThL 18 (1987) 224-227 = Halleux, A. de – REA 33 (1987) 185-186 = Le Boulluec – RHPhR 67 (1987) 311-312 = Bertrand

R 386 *Culto delle immagini e crisi iconoclasta* (1985/87, 251): Orpheus 8 (1986) 482-483 = Fazzo, V. – Benedictina 34 (1987) 319 = Tuccimei, E. – EThL 63 (1987) 440-441 = Halleux, A. de

R 387 CUOQ, J. (1984, 296): Et 362 (1985) 279 = Vallin, P. – REA 31 (1985) 338 = Bouhot, J.-P.

R 388 CURRAN, M. (1984, 2611): Ang 62 (1985) 341-343 = Fuente, G.- NRTh 107 (1985) 294 = Volpe, L. – REA 31 (1985) 113 = Guerreiro, R. – EThL 61 (1985) 432 = McGinn, B. – JThs 37 (1986) 237-239 = McKitterick, R. – CHR 73 (1987) 270-271 = Sanderlin, S. – Peritia 5 (1986) 430-437 = Stevenson, J.

R 389 CUSCITO, G. (1979/80, 294): BMm 144 (1986) 161-165 = Duval, N.

R 390 CUSCITO, G. (1985/87, 612): AMSI 35 (1987) 327-330 = Rosseti Favento

R 391 *Cyprianus Carthaginiensis* ed. G.W. CLARKE (1984, 1511): CR 35 (1985) 394-395 = Hanson – CHR 71 (1985) 450-451 Frend – ThRe 82 (1986) 34-36 = Schöllgen – VigChr 40 (1986) 408-410 = Boeft, J. den – JRS 77 (1987) 261-263 = Lenox-Conyngham – NRTh 109 (1987) 452 = Harvengt

R 392 *Cyprianus Carthaginiensis* ed. G.W. CLARKE (1984, 1512): ThRe 82 (1986) 34-36 = Schöllgen – SvTK 62 (1986) 123-124 = Kronholm, T. – ChH 56 (1987) 378-379 = Ettlinger, G.H. – Prudentia 19,2 (1987) 57-59 = Rousseau

R 393 *Cyprianus Carthaginiensis* ed. G.W. CLARKE (1985/87, 3336): ChH 56 (1987) 378-379 = Ettlinger, G.H.

R 394 *Cyprianus Carthaginiensis* ed. J. MOLAGER (1981/82, 1786): RBPh 63 (1985) 135-136 = Savon – RHR 202 (1985) 96-97 = Braun – Helmántica 36 (1985) 144-145 = Oroz Reta, J.

R 395 *Cyprien, Traités. Concordance. Documentation lexicale et grammaticale* edd. P. BOUET et al. (1985/87, 3335): REL 64 (1986) 235-236 = Deléani – WSt 20 N.F. = 99 (1986) 300 = Zelzer,

M. – ThLZ 112 (1987) 353 = Haendler, G. – ThPh 62 (1987) 593-594 = Sieben – JThS 38 (1987) 295 = Wiles – REA 33 (1987) 181-182 = Doignon – CRAI (1987) 164-165 = Fontaine – RBen 97 (1987) 126-127 = Wankenne – VigChr 41 (1987) 311-312 = Winden, J.C.M. van

R 396 *Cyrillonas* ed. D. CERBELAUD (1984, 1536): Sob 7,1 (1985) 59-60 = Brock, S.P. – RHR 203 (1986) 213 = Dalmais, I.H.

R 397 *Cyrillus Alexandrinus* edd. O. BARDENHEWER; B.M. WEISCHER (1984, 1537): TTZ 95 (1986) 164 = Sauser, E.

R 398 *Cyrillus Alexandrinus* edd. P. BURGUIERE; P. EVIEUX (1985/87, 3354): PrOrChr 36 (1986) 191-192 = Ternant, P. – NRTh 108 (1986) 769 = Harvengt – LEC 54 (1986) 413 – OrChrP 52 (1986) 497 = Pelland, G. – RHPhR 66 (1986) 348 = Maraval, P. – JThS 38 (1987) 215-216 = Chadwick, H. – ThLZ 112 (1987) 315-318 = Haendler, G. – Compostellanum 32 (1987) 332-333 = Romero Pose, E. – RThPh 109 (1987) 394-395 = Junod – BLE 88 (1987) 147-148 = Crouzel – RSLR 23 (1987) 342-343 = Trisoglio – ChH 56 (1987) 318 = Trigg – RPh 61 (1987) 316-317 = Places, des – REAnc 87 (1985; ersch.1987) 378 = Bouffartique, J. – ACl 56 (1987) 400 = Joly, R. – Laval 43 (1987) 422-423 = Poirier

R 399 *Cyrillus Alexandrinus* trad. di A. CATALDO (1985/87, 3353): StROC 10 (1987) 59-60 = Carcione, F.

R 400 *Cyrillus Alexandrinus* ed. R.P. SMITH (1983, 1239): RelStR 11 (1985) 297 = Wilken, R.L.

R 401 *Cyrillus Alexandrinus* ed. L.R. WICKHAM (1983, 1240): ChH 54 (1985) 148 = Bebis, G.S. – RHR 202 (1985) 192-194 = Le Boulluec, A. – RelStR 11 (1985) 297 = Slusser, M. – HeythropJ 27 (1986) 316-317 = Farrell, J.E. – ThLZ 111 (1986) 129-130 = Winkelmann, F. – SJTh 40 (1987) 317-319 = Torrance, T.F. – GrOrthThR 32 (1987) 203-206 = Proussis, C.M.

R 402 *Cyrillus Hierosolymitanus* ed. L.H. RIVAS (1985/87, 3363): CuadMon 21 (1986) 307-308 = Alonso, M.D.

R 403 DAGRON, G. (1984, 135): RHE 80 (1985) 320 = Hockey, F. – REB 43 (1985) 285 = Failler, A. – JEcclH 37 (1986) 147-148 = Cameron, A. – Mu 99 (1986) 197-198 = Mossay, J. – JRS 77 (1987) 201-203 = Scott – ViVrem 48 (1987) 211-212 = Ivanov

R 404 DALMAIS, I.-H. (1985/87, 5529): QL 68 (1987) 68-69 = M., E.

R 405 DALMAN, B. (1985/87, 417): StMon 29 (1987) 383-384 = Linage Conde

R 406 DAM, R. VAN (1985/87, 619): RBen 96 (1986) 184-185 = Misonne, D. – JRS 76 (1986) 290-291 = Harries – AHR 91 (1986) 367-368 = Benko, S. – Francia 14 (1986) 683-685 =

Pietri – Sp 62 (1987) 999-1002 = Adams – ClPh 82 (1987) 371-377 = Mathisen

R 407 DASSMANN, E. (1979/80, 2742): SecCent 5 (1985/86) 243-244 = Gorday, P.J. – ScTh 18 (1986) 712-713 = Ramos-Lissón, D.

R 408 DATTRINO, L. (1983, 39): Salesianum 48 (1986) 712 = Felici, S.

R 409 DATTRINO, L. (1984, 3034): VetChr 22 (1985) 439-441 = Campione – RHE 80 (1985) 634 = Verbraken, P.-P. – JEcclH 36 (1985) 673 = Frend, W.H.C. – ColCist 47 (1985) 491-492 = Fassetta, R. – RThL 17 (1986) 93 = Halleux, A. de – Protest 42 (1987) 108-109 = Ricco, E.B.

R 410 DAVIDS, A. (1983, 1623): REA 32 (1986) 138-141 = Wartelle, A.

R 411 DAVIES, S.L. (1983, 615): SecCent 5 (1985/86) 177-180 = Turner, J.D.

R 412 DECARREAUX, J. (1984, 300): PrOrChr 34 (1984) 354-355 = Ternant, P. – NovaVet 61 (1986) 160-161 = Laubier, P. de – ScEs 38 (1986) 142 = Pelland, G.

R 413 DEKKERS, E.; BARTELINK, G. (1985/87, 3724): TGL 43 (1987) 92-93 = Cranenburgh, H. van – RBen 97 (1987) 144 = Verbraken – ColCist 49 (1987) 224-225 = Vessum, B. van

R 414 DELIUS, H.U. (1984, 1093): ThLZ 110 (1985) 900-902 = Diesner, Hans-Joachim – ZKG 98 (1987) 117-123 = Maier, P. – DTT 50 (1987) 69-70 = Lausten, M.S.

R 415 DESCOEUDRES, G. (1983, 2039): OrChrP 50 (1984) 473-475 = Taft, R. – REB 42 (1984) 340 = Failler, A. – JÖB 35 (1985) 326-327 = Restle, M. – RelStR 11 (1985) 299 = Amar, J.P. – ByZ 80 (1987) 390-396 = Pallas, D.I. – QL 68 (1987) 69 = L., L.

R 416 DESCY, S. (1985/87, 625): OrChrP 53 (1987) 221 = Poggi, V.

R 417 DESEILLE, P. (1985/87, 6328): ColCist 48 (1986) 15-16 = Louf, A. – NRTh 108 (1986) 627 = Toubeau, A. – OstkiSt 35 (1986) 210-211 = Tretter, Hannelore – Sob 9 (1987) 75-77 = Russell, N.

R 418 DEUSE, W. (1981/82, 572): CR 35 (1985) 80-82 = Dillon – GGA 237 (1985) 197-213 = Baltes – ACl 54 (1985) 439-440 = Joly

R 419 *Le Deuxième traité du Grand Seth (NH VII,2)* ed. L. PAIN-CHAUD (1981/82, 3370): Orientalia 54 (1985) 447-452 = Quecke, H. – SecCent 5 (1985/86) 175-177 = Williams, F.E. – CE 61 (1986) 175-177 = Lucchesi, E. – ThRe 82 (1986) 377-380 = Baumeister, T.

R 420 *Diadochus Photicensis* ed. K.S. FRANK (1981/82, 1820): ThRe
81 (1985) 381 = Cramer, W.

R 421 DIAZ Y DIAZ, M.C. (1983, 493): StMe 25 (1984) 762-765 =
Zamponi

R 422 *Dictionnaire de spiritualité ascétique et mystique, XII, fasc.*
78-79 (1984, 222): NRTh 107 (1985) 314 = Renard, L.J. –
ThLZ 111 (1986) 378-381 = Völker, Walter

R 423 *Dictionnaire de spiritualité ascétique et mystique, XII, fasc.*
80-82 (1985/87, 426): RHPhR 66 (1986) 460-461 = Chevallier

R 424 *Didymus Alexandrinus* ed. G. BINDER (1984, 1564): NRTh
107 (1985) 609-610 = Martin, C. – ZKG 96 (1985) 425-429 =
Bienert, W.A.

R 425 *Didymus Alexandrinus: Kommentar zu Hiob (Tura-Papyrus),*
IV,I edd. U. HAGEDORN; D. HAGEDORN; L. KOENEN
(1985/87, 3397): ZKG 98 (1987) 409-410 = Bienert

R 426 *Ad Diognetum* ed. B. LORENZ (1981/82, 1834): ThRe 81
(1985) 472 = Cramer

R 427 *Pseudo-Dionysius Areopagita* ed. V. KEIL (1985/87, 3422):
TGL 42 (1986) 666-667 = Cranenburgh, H. van

R 428 *Disce Paulinum* ed. S. PRETE et. al. (1985/87, 253): BStudLat
16 (1986) 138-139 = Magazzù – VetChr 23 (1986) 423-425 =
Paisio

R 429 *Nuovo dizionario di liturgia* edd. D. SARTORE; A.M.
TRIACCA (1984, 223): EL 98 (1984) 532-534 = Braga, C. –
CC 10 (1985) 306-307 = Caprile, G. – ZKTh 107 (1985) 470 =
Meyer – Salesianum 47 (1985) 636 = Olivarez, V.M.

R 430 *Dizionario patristico e di antichità cristiane, Vol. I* ed. A. DI
BERARDINO (1983, 211): ScCat 113 (1985) 608-609 = Pasini,
C. – Teología 22 (1986) 202-203 = Weissmann, F.J. – StPat 33
(1986) 456-457 = Corsato, C.

R 431 *Dizionario patristico e di antichità cristiane, Vol. II* ed. A. DI
BERARDINO (1984, 224): ScCat 113 (1985) 608-609 = Pasini,
C. – RFN 77 (1985) 524-525 = Belletti – NRTh 107 (1985)
462-463 = Harvengt, A. – Salesianum 47 (1985) 859 = Casa, R.
della – StPat 33 (1986) 456-457 = Corsato, C. – Teología 23
(1986) 98 = Veismann

R 432 *Doctrina Patrum de Incarnatione Verbi* edd. B. PHANOURGA-
KIS; E. CHRYSOS (1981/82, 877): BijFTh 48 (1987) 215 =
Parmentier, M.

R 433 DODDS, E.R. (1985/87, 630): PhLit 40 (1987) 135-136 =
Müller

R 434 DÖPP, S. (1979/80, 1296): CR 35 (1985) 291-293 = Hall, J.B.

R 435 DOMINGUEZ DEL VAL, U. (1981/82, 2312): REA 31 (1985) 105-106 = Guerreiro, R. – BTAM 14 (1987) 250-251 = Mews, C.

R 436 DORIVAL, G. (1985/87, 1709): RBen 97 (1987) 326-327 = Bogaert, P.M.

R 437 *Dorotheus Gazaeus* (1985/87, 3469): TGL 43 (1987) 92 = Cranenburgh, H. van

R 438 *Dracontius* edd. C. MOUSSY; C. CAMUS (1985/87, 3471): BulBedé 44 (1985) 414 = Moussy – AteRo 32 (1987) 185-187 = Stella – ACl 56 (1987) 394-395 = Knecht

R 439 DRAGAS, G.D. (1985/87, 2109): GrOrthThR 32 (1987) 208-212 = Saward, J.N.

R 440 *Die Dreigestaltige Protennoia (Nag-Hammadi-Codex XIII)* ed. G. SCHENKE (1984, 3119): BiZ 30 (1986) 263-264 = Schnakkenburg, R. – JThS 37 (1986) 568-570 = Wilson – ThLZ 112 (1987) 911-912 = Janssens

R 441 DRIJVERS, H.J.W. (1984, 137): RHE 80 (1985) 617 = Hockey, F. – Mu 98 (1985) 388-389 = Halleux, A. de – OrChrP 51 (1985) 233-234 = Poggi, V. – RelStR 12 (1986) 71 = Griffith, S.H. – JThS 38 (1987) 218-219 = Abramowski, L.

R 442 DRONKE, P. (1984, 2578): BTAM 13 (1985) 714-718 = Silvestre, H. – DA 42 (1986) 374 = Silagi, G. – Sp 62 (1987) 131-133 = Hexter, R.

R 443 DUBOIS, J.; BEAUMONT-MAILLET, L. (1984, 2524): AB 103 (1985) 404-405 = Fros, H.

R 444 DULLES, A.; GRANFIELD, P. (1985/87, 144): GrOrthThR 32 (1987) 440-441 = Papademetriou, G.C.

R 445 DUMEIGE, G. (1985/87, 5869): ThLZ 112 (1987) 679-682 = Thümmel, H.G.

R 446 DURST, M. (1985/87, 4065): RQ 82 (1987) 283-284 = Kötting – REL 65 (1987) 396 = Duval

R 447 DUVAL, Y. (1981/82, 3003): JAC 27/28 (1984/85) 243-246 = Frend, W.H.C. – BijFTh 46 (1985) 319 = Parmentier, M. – BMm 143 (1985) 288-289 = Caillet, J.-P. – RiAC 61 (1985) 211-219 = Testini, P. – BJ 185 (1985) 645-646 = Gauthier, N. – RHR 203 (1986) 85-87 = Savon, H. – RSLR 23 (1987) 156-161 = Gramaglia – RA (1987/1) 191-194 = Picard, J.-C. – REAnc 89 (1987) 168-169 = Bonnet, C.

R 448 *The Earliest Life of Gregory the Great* ed. B. COLGRAVE (1985/87, 5373): MA 92 (1986) 528 – ChH 56 (1987) 239-240 = Pfaff – Manuscripta 31 (1987) 59

R 449 *East of Byzantium* edd. N.G. GARSOIAN; T.F. MATHEWS; R.W. THOMSON (1984, 138): RHE 80 (1985) 281-284 = Lafontaine-Dosogne, J. – BijFTh 47 (1985) 319-320 = Parmentier, M. – AB 103 (1985) 202-204 = Esbroeck, M. van – CO 38 (1986) 142 = Aalst, A.J. van der

R 450 *Ecclesiologia e catechesi patristica* ed. S. FELICI (1981/82, 196): StPat 32 (1985) 62-63 = Pasquato, O. – Augustinus 31 (1986) 418-419 = Ortall, J.

R 451 *Ecrits apocryphes sur les Apôtres* ed. L. LELOIR (1985/87, 1563): EThL 62 (1986) 432-433 = Neirynck – ThLZ 112 (1987) 448-449 = Schäferdiek, K. – VigChr 41 (1987) 405-406 = Klijn, A.F.J. – AugR 27 (1987) 634-635 = Rilliet, F. – REAug 33 (1987) 179-180 = Le Boulluec, A. – Mu 100 (1987) 429-430 = Janssens, Yvonne – EThR 62 (1987) 291-292 = Ellul, D.

R 452 *Écrits gnostiques. Codex de Berlin* ed. M. TARDIEU (1984, 3120): RSLR 21 (1985) 539-542 = Gianotto, C. – EE 60 (1985) 362-363 = Granado, C. – ScTh 17 (1985) 703-705 = Merino, M. – BijFTh 46 (1985) 92-93 = Parmentier, M. – RThPh 117 (1985) 61-62 = Junod, E. – NRTh 107 (1985) 608-609 = Jacques, X. – EtThR 60 (1985) 464-466 = Dubois, J.-D. – ETrin 19 (1985) 441 = Aurrecoechea, J.L. – AB 103 (1985) 366 = Lucchesi, E. – RSLR 22 (1986) 152-160 = Gianotto – ByZ 79 (1986) 65-67 = Böhlig, A.

R 453 *Egeria* ed. S. JANERAS (1985/87, 3484): OrChrP 53 (1987) 241-242 = Poggi, V. – Helmántica 38 (1987) 437-438 = Oroz Reta, J. – RHPhR 67 (1987) 302 = Maraval – AB 105 (1987) 159-164 = Devos, P.

R 454 *Egeria* edd. P. SINISCALCO; L. SCARAMPI (1985/87, 3482): Teresianum (Roma) 37 (1986) 508-509

R 455 EHRMAN, B.D. (1985/87, 3400): ExpT 99 (1987-1988) 25 = Muddiman, J.

R 456 *Elisaeus* ed. R.W. THOMSON (1984, 1609): HeythropJ 26 (1985) 79-80 = Brock, S.P.

R 457 ELLVERSON, A.-S. (1981/82, 1994): Irénikon 58 (1985) 278 = Gimenez, M. – RelStR 11 (1985) 197 = Bussanich, J.

R 458 *The Emperor Julian* ed. S.N.C. LIEU (1985/87, 4398): CR 37 (1987) 303-304 = Browning – GR 34 (1987) 224 = Paterson

R 459 *The end of strife* ed. D. LOADES (1984, 139): DA 42 (1986) 370 = Mayer, H.E. – EHR 102 (1987) 466-467 = Jones, M.

R 460 ENO, R.B. (1984, 2879): ChH 56 (1987) 519-520 = Volz

R 461 *Die Entwicklung des Traditionsbegriffs in der alten Kirche* edd. W. RORDORF; A. SCHNEIDER (1983, 2275): ThLZ 110 (1985) 41-42 = Haendler, G. – ThPh 60 (1985) 284-285 = Sieben, H.-J. – WSt 20 N.F. = 99 (1986) 307 = Zelzer, K.

R 462 *Éphèse et Chalcédoine. Actes des conciles* ed. A.J. FESTUGIERE (1981/82, 3023): BLE 86 (1985) 75-76 = Crouzel, H. – EtThR

60 (1985) 307-308 = Dubois, J.-D. – StMe 26 (1985) 501 = Foiani, P.

R 463 *Ephraem Syrus* ed. S. BROCK (1983, 1279): OrChr 69 (1985) 225-226 = Schmidt, M.

R 464 *Ephraem Syrus* edd. S. EURINGER et al. (1984, 1614): ArGran 48 (1985) 366 = Segovia, A. – ThRe 82 (1986) 129-130 = Kampling, R.

R 465 *Epiphanius Constantiensis* edd. K. HOLL; J. DUMMER (1985/87, 3543): ThLZ 112 (1987) 195-196 = Haendler, G. – RHR 204 (1987) 308 = Nautin, P.

R 466 *Pseudo-Epiphanius Constantiensis* ed. S. SEBASTIAN (1985/87, 3558): BSEAA 52 (1986) 548-549 = Redondo, M.J.

R 467 *Epistolario apocrifo di Seneca e San Paolo* ed. L. BOCCIOLINI PALAGI (1985/87, 1556): RHPhR 66 (1986) 344 = Maraval – VetChr 24 (1987) 457 = Desantis

R 468 ERA, A. DELL' (1984, 2239): BStudLat 15 (1985) 152 = Viparelli Santangelo, V.

R 469 *Eschatologie et liturgie* edd. M.A. TRIACCA; A. PISTOIA (1985/87, 259): RiLit 73 (1986) 763-768 = Raffa, V.

R 470 ESPER, M.N. (1979/80, 1612): WSt 20 N.F. = 99 (1986) 301 = Weber, D.

R 471 ESTIN, C. (1984, 1854): JThS 36 (1985) 488-492 = Sparks – Sc 39 (1985) 171-172 = Dahan – ReSR 60 (1986) 116 = Renaud – REA 32 (1986) 197-199 = Duval – JStJ 17 (1986) 245-248 = Hilhorst, A. – WSt 20 N.F. = 99 (1986) 302-303 = Zelzer, M. – RHR 204 (1987) 305-306 = Doignon

R 472 *Eugippius* ed. K. OLBRYCKI (1985/87, 3563): ColCist 48 (1986) 80 = Vogüé, A. de – BTAM 14 (1987) 245 = Michiels, G.

R 473 *Eugippius* ed. T. NÜSSLEIN (1985/87, 3565): VoxLat 22 (1986) 291-292 = Eichenseer, C. – TPQS 134 (1986) 209 = Zinnhobler, R. – ThLZ 112 (1987) 280-281 = Haendler, G. – Biblos 36 (1987) 54 = Wieser, W.G. – Salesianum 49 (1987) 146-147 = Amata, B. – Unsere Heimat. Monatsblatt des Vereins für Landeskunde von Niederösterreich und Wien (Wien) 58 (1987) 54 = Petrin, S. – RHE 82 (1987) 107 Pillinger, R.

R 474 *Eunomius* ed. R.P. VAGGIONE (1985/87, 3569): ArGran 50 (1987) 472-473 = Segovia, A.

R 475 *Det europaeiske klostervaesen* (1985/87, 651): ThLZ 112 (1987) 603-604 = Kilström

R 476 *Eusebius Caesariensis* edd. R. HELM; U. TREU (1984, 1658): ACl 54 (1985) 410 = Joly, R. – ZKG 96 (1985) 227-228 = Bienert, W.A.

R 477 *Eusebius Caesariensis* edd. K. MRAS; E. DES PLACES (1983, 1311): ZKG 96 (1985) 227 = Bienert, W.A.

R 478 *Eusebius Caesariensis* ed. E. DES PLACES (1979/80, 1476): RechSR 72 (1984) 616 = Kannengiesser, C. – ThLZ 110 (1985) 119-121 = Kraft, H.

R 479 *Eusebius Caesariensis* ed. E. DES PLACES (1983, 1312): PrOrChr 34 (1984) 379 = Ternant, P. – EE 60 (1985) 364-365 = Granado, C. – ThLZ 110 (1985) 121-122 = Kraft, H. – BLE 86 (1985) 228 = Crouzel, H. – RAgEsp 26 (1985) 227 = Langa, P. – ThAthen 56 (1985) 651-652 = Mutsulas, E.D. – Augustinus 30 (1985) 413 = Orosio, P. – OrChrP 51 (1985) 468 = Gargano, G.I. – NRTh 107 (1985) 124-125 = Martin, C. – ACl 54 (1985) 411 = Joly, R. – REB 44 (1986) 293 = Wolinski, J. – RHR 203 (1986) 321-322 = Le Boulluec, A. – BijFTh 47 (1986) 333-334 = Declerck, J. – MSR 74 (1987) 39 = Liébaert, J. – RThPh 119 (1987) 393 = Junod

R 480 *Eusebius Caesariensis* ed. E. DES PLACES (1985/87, 3572): CRAI (1987) 404 = Irigoin – PrOrChr 37 (1987) 223 = Ternant, P.

R 481 *Eusebius Caesariensis* edd. E. DES PLACES; G. FAVRELLE (1981/82, 1894): ThLZ 110 (1985) 121-122 = Kraft, H. – ArchPhilos 48 (1985) 477 = Solignac – RThPh 119 (1987) 393 = Junod – MSR 44 (1987) = Liébard

R 482 *Eusebius Caesariensis* ed. L. TARTAGLIA (1984, 1662): REG 98 (1985) 217 = Nautin, P. – ByZ 79 (1986) 57-58 = Winkelmann, F.

R 483 *Eusebius Caesariensis* edd. O. ZINK; E. DES PLACES (1979/80, 1475): RechSR 72 (1984) 616 = Kannengiesser, C. – ThLZ 110 (1985) 119-121 = Kraft, H.

R 484 *Evagrius Ponticus* ed. G. BUNGE (1985/87, 3625): Mu 99 (1986) 366-369 = Halleux, A. de – ZKG 98 (1987) 410 = Blum – RHE 82 (1987) 292-296 = Vogüé, de – ColCist 49 (1987) 193-195 = C.,G.

R 485 *L'Evangile selon Jean commenté par les Pères* edd. S. BOUQUET; I. DE LA POTTERIE (1985/87, 6900): BLE 87 (1986) 309-310 = Crouzel, H. – REA 32 (1986) 291 = Bouhot, J.-P.

R 486 *L'Évangile selon Marie* ed. A. PASQUIER (1983, 2414): EphMariol 35 (1985) 259 = Rivera, A. – RelStR 11 (1985) 194 = Pearson, B.A. – RHPhR 65 (1985) 325-326 = Bertrand, D.A.

R 487 *L'Evangile selon Matthieu commenté par les Pères* edd. A.-G. HAMMAN; B. LANDRY (1985/87, 6870): BLE 87 (1986) 309-310 = Crouzel, H.

R 488 *Évangiles apocryphes* ed. F. QUÉRÉ (1983, 607): EtThR 60 (1985) 462 = Dubois, J.-D.

R 489 EVANS, G.R. (1981/82, 1210): RelStud 21 (1985) 95-97 =
Williams – SecCent 5 (1985/86) 52-54 = Babcock, W.S. –
Augustinus 30 (1985) 395-397 = Oroz Reta, J. – JR 65 (1985)
543-544 = Ness, van – HeythropJ 27 (1986) 209-210 = Brink-
man, B.R.

R 490 EVANS, G.R. (1985/87, 3733): British Book News (1986) 394 =
Price, R.M. – ExpT 98 (1987) 184-185 = Lieu, S.N.C. – JEcclH
38 (1987) 118-121 = Meyvaert, P. – RHE 82 (1987) 697-698 =
Tylor, M. – Nyt fra historien 36 (1987) 153 = M.L. – New
Blackfriars (Oxford) 68 (1987) 463-464 = John, E. – History of
European Ideas (Oxford) 8 (1987) 774-775 = Weakland, J.E.

R 491 EVANS, G.R. (1985/87, 6779): Sp 62 (1987) 414-416 = Kelly,
J.F.

R 492 *L'exégèse de l'âme* ed. M. SCOPELLO (1985/87, 6602): EThL
62 (1986) 435-436 = Dehandschutter, B. – JThS 38 (1987)
293-294 = Wilson – RHPhR 67 (1987) 300 = Bertrand –
VigChr 41 (1987) 199-200 = Quispel, G. – BiblOr 44 (1987)
694-698 = Schenke, H.-M. – RelStud 13 (1987) 168 = Majercik, Ruth – Greg 68 (1987) 427-428 = Orbe, A.

R 493 *Exegetisches Wörterbuch zum Neuen Testament* edd. H.
BALTZ; G. SCHNEIDER (1984, 226;227): ThLZ 112 (1987)
664-665 = Noack

R 494 *Existence païenne au début du christianisme* edd. R. KIEFFER;
L. RYDBECK (1984, 778): ThZ 42 (1986) 436-437 = Reicke,
B. – ThRe 81 (1985) 380 = Stockmeier – RThPh 117 (1985) 61
= Junod

R 495 *L'Exposé valentinien: Les fragments sur le baptême et sur
l'eucharistie (NH XI,2)* ed. J.É. MÉNARD (1985/87, 6603):
CodMan 11 (1985) 78-79 = Depuydt, L. – RHPhR 66 (1986)
340 = Bertrand, D.A. – Mu 99 (1986) 213 = Janssens, Y. –
EThL 62 (1986) 436-437 = Halleux, A. de – ThRe 82 (1986)
463-464 = Klauck, H.-J. – RelStR 12 (1986) 297 = Oearson,
B.A. – JThS 37 (1986) 566-567 = Wilson – OrChr 71 (1987)
240-243 = Schulz – Greg 68 (1987) 428-429 = Orbe, A. –
OrChrP 53 (1987) 243= Poggi, V. – ThLZ 112 (1987) 109-113
= Schenke, H.M. – ThQ 167 (1987) 216-220 = Vogt, H.J. –
RBi 94 (1987) 472 = Couroyer, B.

R 496 EYMANN, H.S. (1985/87, 3622): ALW 28 (1986) 273-274 =
Neunheuser, B.

R 497 *The Facsimile Edition of the Nag Hammadi Codices. Introduction* edd. S. FARID; G. GARITTE et al. (1984, 3121): Mu 98
(1985) 391-392 = Janssens, Y. – JThS 37 (1986) 303 = Wilson,
R.M. – RelStR 12 (1986) 165 = Rudolph, K. – OLZ 81 (1986)

551-554 = Funk, W.-P. – RBi 94 (1987) 471-472 = Couroyer, B.

R 498 FAIVRE, A. (1984, 2983): RDC 35 (1985) 188-189 = Werckmeister, J. – Salmant 32 (1985) 413-416 = Borobio, D. – RechSR 73 (1985) 624-625 = Kannengiesser, C. – BLE 86 (1985) 309-313 = Crouzel, H. – RH 274 (1985) 225-226 = Simon, M. – RHPhR 65 (1985) 321 = Maraval – REA 32 (1986) 180 = Doignon – EgliseTh 17 (1986) 242-244 = Coyle, J.K. – EtThR 61 (1986) 470-471 = Kaempf, B. – ArSR 31 (1986) 269 = Poulat, É. – RAgEsp 27 (1986) 635-636 = Langa, P. – REDC 43 (1986) 673-674 = Olmos, M.E. – BijFTh 47 (1986) 74-75 = Parmentier, M. – RHEF 72 (1986) 154-155 = Carrias, M. – Greg 68 (1987) 348-352 = Dupuis, J. – RThPh 119 (1987) 108 = Junod, E. – JAC 31 (1987) 192-195 = Schöllgen, G. – ScTh 19 (1987) 325-346 = Guerra, M. – TTZ 96 (1987) 242 = Sauser, E.

R 499 FALCHINI, C. (1985/87, 2985): ColCist 49 (1987) 212-213 = Fracheboud, A.

R 500 FANTINO, J. (1985/87, 4304): ThLZ 112 (1987) 286-287 = Brox, N. – JThS 38 (1987) 295 = Minns

R 501 FAPPANI, A. (1985/87, 5357): RSCI 41 (1987) 298 = Pozzi, A.

R 502 FARMER, D.H. (1985/87, 5237): RBen 97 (1987) 349 = Wankenne, L. – CF 57 (1987) 139-141 = Schmucki, O. – AB 105 (1987) 445 = Straeten, J. van der – RHE 82 (1987) 426-427 = Tylor, M.

R 503 FARMER, W.R.; FARKASFALVY, D.M. (1983, 576): JBL 105 (1986) 168-169 = Gamble

R 504 FAUST, U. (1983, 729): ThLZ 110 (1985) 750-752 = Haendler, G. – StMon 27 (1985) 230 Olivar, A.

R 505 FEDALTO, G. (1983, 283): Irénikon 57 (1984) 289 = Th.Bt. – SMed 11 (1986) 435-437 = Merendino, E. – QC 9 (1987) 253-255 = Merendino – CC 138 (1987) 99-100 = Ferrua, A.

R 506 *Fede s sapere nella conversione di Agostino* ed. A. CERESA GASTALDO (1985/87, 262): VetChr 24 (1987) 445-448 = Nazzaro

R 507 FEDWICK, P.J. (1979/80, 1076): GrOrthThR 30 (1985) 369-373 = Bebis, G.S.

R 508 FEIL, E. (1985/87, 6122): REA 33 (1987) 385 = Geerlings, W.

R 509 FEISSEL, D. (1983, 497): JÖB 35 (1985) 293-294 = Diethart, J.

R 510 FELDMANN, E. (1975/76, 1070): VigChr 40 (1986) 399-408 = Colpe, C.

R 511 FELDMANN, E. (1985/87, 6607): ThRe 83 (1987) 381 = Kötting

R 512   FENWICK, J. (1985/87, 5626): Theology 90 (1987) 413-415 = Stevenson, K.

R 513   *Festschrift für Fairy von Lilienfeld zum 65. Geburtstag* edd. A. REXHEUSER; K.H. RUFFMANN (1983, 103): OrChrP 50 (1984) 254-255 = Špidlík, T.

R 514   *Festschrift zum 100jährigen Bestehen der Papyrussammlung der Österreichischen Nationalbibliothek* (1983, 102): ArPap 31 (1985) 49-52 = Poethke – REG 98 (1985) 179-180 = Blanchard – Aeg 65 (1985) 227-230 = Balconi – JÖB 36 (1986) 339-342 = Rom, B. – ZSavR 103 (1986) 499-506 = Rupprecht – Enchoria 15 (1987) 219-222

R 515   FIENSY, D.A. (1985/87, 3328): JThS 37 (1986) 589-591 = Kopecek

R 516   FIGURA, M. (1984, 1871): Salesianum 48 (1986) 170 = Amata, B. – JAC 29 (1986) 200-209 = Durst, M. – ThLZ 112 (1987) 365-367 = Haendler, G. – ThRe 83 (1987) 31-34 = Camelot, P.T. – TTZ 96 (1987) 241 = Sauser, E.

R 517   FILL, H. (1984, 619): ZBW 99 (1985) 514-515 = Winter

R 518   FILORAMO, G. (1983, 2436): Ant 60 (1985) 192-193 = Nobile – RelStR 11 (1985) 404 = Pearson, B.A. – HistReli 25 (1986) 282-284 = Duchesne-Guillemin, J. – StPat 34 (1987) 435-436 = Moda, A.

R 519   FINK-DENDORFER, E. (1985/87, 663): ThRe 83 (1987) 111 = Gessel

R 520   *Firmicus Maternus* ed. R. TURCAN (1981/82, 1938): Gy 92 (1985) 556-557 = Gruber, J. – CR 35 (1985) 50-51 = Harries, J. – Latomus 44 (1985) 180-182 = Verdière, R. – RPh 59 (1985) 322-324 = Reydellet, M. – Emérita 54 (1986) 156-157 = Fontán – Mn 39 (1986) 191-193 = Bastiaensen, A.A.R. – Klio 68 (1986) 251-255 = Treu, K.

R 521   FISCHER, B. hrsg. von A. HEINZ (1984, 143): ThLZ 111 (1986) 211-212 = Hauschild, Wolf-Dieter

R 522   FISCHER, B. (1985/87, 1466): REL 64 (1986) 244-245 = Duval, Y.M. – RHE 82 (1987) 61-63 = Bogaert, P.M. – JThS 38 (1987) 467-468 = Kilpatrick, G.D.

R 523   FISCHER, B. (1985/87, 1470): ThLZ 111 (1986) 897-898 = Haendler, G. – RHE 81 (1986) 542-543 = Bogaert – JThS 37 (1986) 554-555 = Kilpatrick, G.D. – NRTh 106 (1986) 122-123 = Jacques, X. – RBen 96 (1986) 199* = Bogaert, P.M. – ReSR 60 (1986) 272 = Munier, C. – REL 64 (1986) 243-244 = Bourgain, P. – Latomus 46 (1987) 656 Dierkens, A.

R 524   FISCHER, K.M. (1985/87, 664): ZKG 98 (1987) 402-405 = Wengst

R 525 FISCHER-WOLLPERT, R. (1985/87, 433): ThRe 83 (1986) 201 = Bäumer

R 526 FITZGERALD, J.T.; WHITE, L.M. (1983, 424): AncPhil 4 (1984) 106-108 = Strange – CR 35 (1985) 387-388 = Trapp – Mn 39 (1986) 484-486 = Mansfeld

R 527 FLASCH, K. (1983, 870): RFN 77 (1985) 668-670 = Clerici – Augustinus 31 (1986) 394-395 = Rivera de Ventosa, E.

R 528 FLASCH, K. (1985/87, 1130): REA 33 (1987) 401 = Madec, G. – BTAM 14 (1987) 228 = Hissette, R. – DA 43 (1987) 706-706 = Hartmann, W.

R 529 FLUSIN, B. (1983, 1248): RelStR 11 (1985) 300 = Wilken, R.L. – CR 35 (1985) 185 = Pattenden, P. – Sp 60 (1985) 396-398 = Abrahamse, D. de F. – RechSr 74 (1986) 610-612 = Kannengiesser, C.

R 530 *Foebadius, Victricius, Leporius, Vincentius Lerinensis, Euagrius, Ruricius* ed. R. DEMEULENAERE (1985/87, 1643): RHE 80 (1985) 763-764 = Gryson – REL 63 (1985) 287-289 = Fontaine – AugR 26 (1986) 595 = Studer, B. – CRAI (1986) 389-390 = Fontaine – ThRe 82 (1986) 287-289 = Bartelink, G.J.M. – RBen 96 (1986) 178-179 = Wankenne – RHPhR 67 (1987) 304-305 = Doignon – VigChr 41 (1987) 202-205 = Bastianensen, A.A.R.

R 531 FOLZ, R. (1985/87, 434): RHEF 72 (1986) 179-181 = Sot, M. – HZ 243 (1986) 409-411 = Heinzelmann, M. – MA 93 (1987) 267-269 = Kupper, J.-L.

R 532 FONTAINE, J. (1979/80, 114): Emérita 54 (1986) 37-43 = Mariner Bigorra, S.

R 533 FONTAINE, J. (1981/82, 906): Le Moyen Age (Paris) 91 (1985) 97 = Riché, P. – RBPh 63 (1985) 142-143 = Munk Olsen – Augustinus 30 (1985) 421-422 = Oroz – Emérita 54 (1986) 177-178 = Codoñer

R 534 FONTAINE, J. (1983, 1595; 1596): BTAM 13 (1985) 758 = Mathon, G. – RBen 95 (1985) 160-161 = Verbraken, P. – REA 31 (1985) 99 Fontaine, J. – RHE 80 (1985) 148-149 = Testard – AB 103 (1985) 204-205 = Esbroeck, van – MH 42 (1985) 365 = Paschoud – JThS 36 (1985) 498-500 = Hillgarth – ThLZ 111 (1986) 200-201; 907-908 = Diesner, H. – REA 32 (1986) 188-189 = Riché, P. – MA 92 (1986) 124-126 = Toubert, P.

R 535 FOSSUM, J.E. (1985/87, 6615): ExpT 97 (1986) 214-215 = Wilson, R.M. – ThLZ 111 (1986) 815-817 = Bergmeier, R. – HistReli 26 (1986) 435-436 = Culianu, I.P. – NTT 87 (1986) 125-126 = Leivestad, R. – Salmant 34 (1987) 415-418 = Trevijano Etcheverría, R.

R 536 FOUQUET, C. (1985/87, 4402): Augustinus 31 (1986) 452-453 = Ortall, J. – Latomus 46 (1987) 243-245 = Pack, E.

R 537 FOWDEN, G. (1985/87, 6617): AAPh 21 (1987) 217-218 = Aronen – REG 100 (1987) 178 = Vernière

R 538 FOX, R.L. (1985/87, 667): DR 105 (1987) 224-231 = Frend, W.H.C. – Wilson Quarterly (Washington D.C.: Wilson Int. Center for Scholars) 11 (1987) 143-144 – NYRB 34,4 (1987) 24-27 = Brown, P. – Commonweal: A Review of Public Affairs, Religion, Literature and the Arts (New York: Commonweal Foundation) 114 (1987) 388-390 = Clark, E.A. – Theology 90 (1987) 317-318 = Louth, A. – ChrCent 104 (1987) 475-476 = Patterson, D. – London Review of Books 9,3 (1987) 20-21 = Roberts, C.H. – New York Times Book Review 92,5 (1987) 26 = Wilken, R.L. – ChH 56 (1987) 379-381 = Grant, R.M.

R 539 FOX, R.L. (1985/87, 667): ChH 56 (1987) 379-381 = Grant – Antiquity 61 (1987) 500-501 = Todd – DR 105 (1987) 224-231 = Frend, W.H.C. – TLS 86 (1987) 179 = Beard

R 540 FRACEA, I. (1984, 2111): RHE 81 (1986) 139-143 = Halleux, A. de

R 541 FRANK, K.S. (1984, 319): Salesianum 46 (1984) 838-839 = Lepinsky, W. – NTT 86 (1985) 53-54 = Norderval, Ø. – VigChr 39 (1985) 207 = Winden, J.C.M. van – TTh 25 (1985) 197-198 = Davids, A. – StMo 27 (1985) 173 = Olivar, A. – BibbOr 27 (1985) 187 = F.M. – AHC 17 (1985) 231 = Gessel, W. – Ökumenische Rundschau (Stuttgart) 34 (1985) 110 = Krüger, H. – JEcclH 37 (1986) 140 = Hall, S.G. – EA 61 (1985) 234 = Tschacher, E. – BLE 87 (1986) 223 = Crouzel, H. – DTT 49 (1986) 304-305 = Lausten, M.S. – DTT 49 (1986) 304-305 = Schwarz, M. – ThRE 82 (1986) 202-204 = Hauschild, W.-D.

R 542 *Frauen in der Geschichte, VII* edd. W. AFFELDT; A. KUHN (1985/87, 265): BWG 10 (1987) 97 = Bäumer

R 543 FREDE, H.J. (1981/82, 319): StMe 26 (1985) 501 = Revelli, F.

R 544 FREDE, H.J. (1984, 228): VigChr 40 (1986) 311-312 = Verheijen, L.M.J. – Sc 41 (1987) 141 = Philippart, G.

R 545 FREND, W.H.C. (1984, 321): RHPhR 66 (1986) 354-355 = Maraval, P. – ArSR 31 (1986) 273 = Dubois, J.D. – JR 67 (1987) 608 = Grant, R.M. – UnitUnivChr 42 (1987) 47-48 = Kaufman, P.I.

R 546 FREND, W.H.C. (1984, 324): TLS 84 (1985) 380 = Garnsey – ChH 54 (1985) 380-382 = Clark, E.A. – VigChr 39 (1985) 82-86 = Quispel, G. – RHE 80 (1985) 786-788 = Hockey, F. – RHPhR 65 (1985) 315 = Maraval, P. – CalTJ 20 (1985) 343 = Bierma, L.D. – ExpT 97 (1985-1986) 200-202 = Siddals

R.M. – SecCent 5 (1985/86) 250-252 = Babcock, W.S. –
JEcclH 37 (1986) 351 = Gaudemet, J. – PBR 5 (1986) 79-80 =
Ashanin, C.B. – JETS 29 (1986) 224-225 = Jeffers, J.S. – DR
104 (1986) 44-46 = Louth, A. – JAAR 54 (1986) 337-342 =
Smith, D.M. – Worship 60 (1986) 559-560 = Stewart, C. –
CSR 16 (1986) 66-70 = Yamauchi, E.M. – AntJ 66 (1986)
176-178 = Hanson – JRS 76 (1986) 301-302 = Hunt – JR 66
(1986) 431-436 = Griffiths, S.H. – KÅ 1986 (1987) 123-124 =
Montgomery, H. – CW 80 (1987) 465 = Cohen – Enc 48
(1987) 330-331 = Ashanin, C.B. – RestQ 29 (1987) 121-123 =
Ferguson, E. – CHR 73 (1987) 124-125 = O'Donnell, J.J. –
Theology 90 (1987) 398-400 = Richardson, J. – Trinity Seminary Review 9 (1987) 49 = Schaaf, J.L. – Greg 68 (1987)
761-763 = Chappin

R 547 FREND, W.H.C. (1985/87, 6341): TLS 08/11/1985, 1271 =
Chadwick, H. – ExpT 97 (1985-1986) 312-313 = Young, F. –
JEcclH 37 (1986) 484 = Stead, C. – ThSt 47 (1986) 190 =
Schatkin, M.A. – PBR 5 (1986) 67-69 = Tsirpanlis, C.N. –
RHE 81 (1986) 329-330 = F.H. – SJTh 40 (1987) 319-320 =
Bebawi, G. – TSF Bulletin (Madison, Wis.) 10,4 (1987) 47 =
Webber, R.E.

R 548 FRICKEL, J. (1984, 3148): VigChr 39 (1985) 196-199 =
Quispel, G. – Salmant 34 (1987) 102-104 = Trevijano
Etcheverría, R. – SecCent 6 (1987/88) 53-55 = Desjardins, M.

R 549 FROHNE, R. (1985/87, 1939): AB 103 (1985) 206-207 =
Halkin, F.

R 550 *From late antiquity to early Byzantium* ed. V. VAVRINEK
(1985/87, 266): BJ 187 (1987) 840-841 = Schreiner, P. – RH
278 (1987) 389-390 = Morrisson – Sp 62 (1987) 1038-1039 =
Kaegi Jr., W.E. – JÖB 37 (1987) 409 = Hörandner, W.

R 551 *Frühkatholizismus im Ökumenischen Gespräch* edd. J. ROGGE;
G. SCHILLE (1984, 145): ThPh 60 (1985) 614-616 = Müller –
JES 23 (1986) 690-691 = TeSelle, E. – Protest 42 (1987)
118-119 = Subilia, V.

R 552 FUENTE, A.G. (1983, 2083): BL 58 (1985) 40 = Emminghaus,
J.H.

R 553 *Byzantinische Fürstenspiegel* ed. W. BLUM (1983, 719): Byzan
54 (1984) 716-717 = Waha, M. de – ByZ 78 (1985) 365-366 =
Koder, J. – Sp 62 (1987) 649-651 = Kianka, F.

R 554 FUHRMANN, H. (1984, 326): QFIAB 65 (1985) 452 = Goldbrunner, H.M.

R 555 *Fulgentius Ruspensis* ed. M.G. BIANCO (1985/87, 3655):
BTAM 14 (1987) 243-244 = Michiels, G.

R 556 *Fulgentius Ruspensis* ed. A. ISOLA (1983, 1341): VigChr 40
(1986) 93-96 = Boeft, J. den – Aevum 60 (1986) 178-179 =
Scaglioni – Emérita 55 (1987) 155-157 = Díaz de Bustamante,
J.M. – BTAM 14 (1987) 243-244 = Mathon, G.

R 557 GÄRTNER, M. (1985/87, 6342): ThRe 82 (1986) 376-377 =
Stritzky, von – JEcclH 38 (1987) 328-329 = Chadwick, H. –
ZKG 98 (1987) 406-408 = Henke, R. – RHE 82 (1987)
341-342 = Halleux, A. de – HistPolB 35 (1987) 134-135 =
Köpf, U. – BLE 88 (1987) 152-153 = Crouzel, H.

R 558 GAGER, J.G. (1983, 289): JEcclH 36 (1985) 111-114 = Lange,
de – PPol 18 (1985) 287-289 = Stroumsa – RelStR 11 (1985)
335-346 = Goldenberg, R.; Zaas, P.S.; Darling, R.A.

R 559 GAHBAUER, F.R. (1984, 2953): REB 43 (1985) 287-288 =
Congourdeau, M.-H. – RHE 80 (1985) 864-865 = Halleux, A.
de – JEcclH 37 (1986) 143 = Hall, S.G. – ByZ 79 (1986) 67-69
= Hauschild, W.-D. – RSPhTh 70 (1986) 600-604 = Durand,
G.-M. de – VigChr 40 (1986) 310-311 = Frohnhofen, H. –
ThPh 61 (1986) 261-263 = Höhn, H.J. – ZKG 97 (1986)
275-276 = Mühlenberg, E. – REA 32 (1986) 354 = Le Boeuf,
P. – ThSt 47 (1986) 320-322 = Slusser, M. – Salesianum 48
(1986) 171 = B.A. – ThLZ 112 (1987) 127-128 = Winkelmann,
F. – JAC 30 (1987) 191-193 = Abramowski, L.

R 560 GAIN, B. (1985/87, 679): ArGran 49 (1986) 402 = Segovia,
A. – EE 61 (1986) 483-486 = Colombás, G.M. – OrChrP 52
(1986) 477-478 = Paverd, F. van de – ColCist 48 (1986) 62-63
= Desprez, V. – REB 45 (1987) 251-252 = Darrouzès, J. – CHR
73 (1987) 248-249 = Fedwick, P.J. – JThS 38 (1987) 206-208 =
Dam, R. Van – RHPhR 67 (1987) 312 = Maraval – ThPh 62
(1987) 271-272 = Sieben – REAnc 89 (1987) 130-131 = Duval,
Y.-M. – Byzan 57 (1987) 283-285 = Coulie, B. – JEcclH 38
(1987) 487 = Frend

R 561 GALILEA, S. (1985/87, 6343): Communio 20 (1987) 119-120 =
Ansede, V.J. – VyV 45 (1987) 493-494 = Ortega, V.T.

R 562 GALLAGHER, E.V. (1981/82, 2458): ThLZ 110 (1985)
678-679 = Thümmel – CrSt 6 (1985) 164-166 = Pazzini

R 563 GALLONI, M. (1985/87, 3260): OrChrP 53 (1987) 242 =
Špidlík, T. – RThL 18 (1987) 248 = Halleux, A. de – REA 23
(1987) 184-185 = Le Boulluec

R 564 GAMBER, K. (1984, 2614): OrChrP 50 (1984) 505 = Taft, R. –
OstkiSt 33 (1984) 223 = H.T. – BL 58 (1985) 42 = Prokschi, R.

R 565 GAMBER, K. (1984, 2615): OstkiSt 34 (1985): 210-211 =
Plank, B.

R 566 GAMBER, K. (1984, 2676): RBen 95 (1985) 167

R 567 GAMBER, K. (1984, 2677): RBen 95 (1985) 166

R 568 GAMBER, K. (1985/87, 5634): OstkiSt 36 (1987) 336 = Plank

R 569 GAMBLE, H.Y. (1985/87, 1729): ThRe 82 (1986) 284-286 = Söding – CBQ 48 (1986) 746-747 = Marrow, S.B. – PerkinsJ 40 (1987) Wood, C.M. – SecCent 6 (1987/88) 123-125 = Farmer, W.R.

R 570 GARCIA GARCIA, L.M. (1985/87, 5980): EThL 63 (1987) 459

R 571 GARCIA MORENO, L.A. (1985/87, 680): ThBraga 20 (1985) 338 = Marques, J.A.

R 572 GARRIGUES, J.M. (1985/87, 6040): SelLib 23 (1986) 240 = Vives, J.

R 573 GARSOIAN, N.G. (1985/87, 268): Mu 99 (1986) 190-191 = Coulie, B. – OrChrP 52 (1986) 447-448 = Poggi, V.

R 574 GARZYA, A. (1985/87, 669): GiorFil 38 (1986) 146-147 = Grandolini – REG 99 (1986) 398-400 = Pernot, L. – Byslav 48 (1987) 214-215 = Stloukalová, Karla

R 575 GASPAROTTO, G. (1983, 1598): Orpheus 6 (1985) 512 = Perrelli, R. – Helmántica 37 (1986) 408-409 = Oroz Reta, J. – Latomus 45 (1986) 216-217 = Santini, C.

R 576 GAUDEMET, J. (1985/87, 5983): The Jurist (Washington, D.C.) 45 (1985) 669-670 = Lynch, J.E. – CaHist 30 (1985) 345-346 = Rougé, J. – RHPhR 66 (1985) 350 = Voeltzel, R. – RHDFE 63 (1985) 190-191 = Imbert, J. – MH 42 (1985) 371 = Paschoud, F. – RiAC 61 (1985) 415-416 = Maria, L. de – REL 63 (1985) 412 = Houlou, A. – RBen 95 (1985) 358 = Verbraken, P. – Apollinaris 58 (1985) 405-407 = Bucci, O. – BTAM 14 (1986) 5-6 = Mathon, G. – ReSR 60 (1986) 119 = Metzger, M. – JThS 37 (1986) 304 = Ombres, R. – Greg 67 (1986) 787-788 = Dortel-Claudot, M. – ArSR 31 (1986) 259 = Faivre, A. – JAC 29 (1986) 191-192 = Metzger, M. – WSt 20 N.F. = 99 (1986) 308 = Zelzer, K. – RHE 81 (1986) 530-532 = Lejeune, M. – REA 32 (1986) 180-182 = Munier, C. – BLE 87 (1986) 307 = Crouzel – NRTh 108 (1986) 604 = Volpe, L. – Francia 14 (1986) 685-687 = Hartmann, W. – StBuc 38,6 (1986) 105-107 = Dura, N.V. – AHDE 56 (1986) 1129 = García y García, A. – Sp 62 (1987) 501 = Brown, J. – Gn 59 (1987) 375 = Frank – Orpheus 8 (1987) 216-217 = Elia, S. d' – EE 62 (1987) 249 = Borrás i Feliú, A. – IC 27 (1987) 791-793 = Tejero, E. – MA 93 (1987) 256-258 = Fransen, G.

R 577 GAUTHIER, N. (1981/82,419): Gn 58 (1986) 278-279 = Heinen, H.

R 578 *Gebete aus der Orthodoxen Kirche* ed. R. HOTZ (1981/82, 2837): TTZ 93 (1984) 322-323 = Sauser, E. – ThAthen 55 (1984) 315 = Theodoru, E.D.

R 579 GEERARD, M. (1983, 213): ScTh 17 (1985) 324-325 = Merino,
       M. – ThLZ 110 (1985) 261-262 = Haendler, G. – JÖB 36
       (1986) 325-326 = Lackner, W. – RThPh 119 (1987) 386-387 =
       Rilliet

R 580 GENN, F. (1985/87, 2418): Greg 68 (1987) 414-415 = O'Don-
       nell, J.J. – ArGran 50 (1987) 473-474 = Segovia, A. – ThRe 83
       (1987) 303-306 = Mayer

R 581 GERHARDS, A. (1984, 2678): TLit 69 (1985) 199 = Vander
       Speeten, J. – EA 61 (1985) 399 = Tschacher, E. – EL 99 (1985)
       309-310 = Triacca, A.M. – Salesianum 47 (1985) 628-629 =
       Triacca, A.M. – RelStR 11 (1985) 297-298 = Rorem, P. –
       BijFTh 47 (1986) 343 = Rouwhorst, G. – JThS 37 (1986)
       304-305 = Stevenson, K. – Irénikon 59 (1986) 142-143 =
       E.L. – VigChr 40 (1986) 304-305 = Wegmann, H. – ZKTh 108
       (1986) 339-341 = Meyer, H.B. – OstkiSt 35 (1986) 197-199 =
       Biedermann, H.M. – ThLZ 112 (1987) 460-462 = Schmidt-
       Lauber, H.C. – HeythropJ 28 (1987) 461-462 = Hall, S.G. –
       QL 68 (1987) 69-70 = M., E.

R 582 *Germanus Constantinopolitanus* ed. V. FAZZO (1985/87,
       3667): Marianum 48 (1986) 319-321 = Dattrino, L. – EphMa-
       riol 36 (1986) 181 = Rivera, A.

R 583 GERSH, S. (1985/87, 1142): JHI 48 (1987) 177 – REA 33
       (1987) 374 = Madec, G.

R 584 GERTZ, N. (1985/87, 3838): Mu 99 (1986) 378-380 = Mos-
       say – MH 44 (1987) 284-285 = Jungck – AB 105 (1987) 211 =
       Halkin, F.

R 585 *Gestalten der Kirchengeschichte, I* ed. M. GRESCHAT (1984,
       147): ZKG 96 (1985) 73-75 = Weitlauff, M. – ThRe 81 (1985)
       285 = Tremblay – Ökumenische Rundschau (Stuttgart) 34
       (1985) 110-111 = Krüger, H. – ThLZ 110 (1985) 672-674 =
       Haendler, G. – TPQS 134 (1986) 89-91 = Zinnhobler, R. –
       ThRe 82 (1986) 123 = Stritzky, von – Rottenburger Jahrbuch
       für Kirchengeschichte (Sigmaringen) 5 (1986) 399 = Frank,
       K.S. – KT 38 (1987) 338-339 = Nijenhuis, W.

R 586 *Gestalten der Kirchengeschichte, II* ed. M. GRESCHAT (1984,
       148): ZKG 96 (1985) 73-75 = Weitlauff, M. – Ökumenische
       Rundschau (Stuttgart) 34 (1985) 110-111 = Krüger, H. – ThLZ
       110 (1985) 672-674 = Haendler, G. – TPQS 134 (1986) 89-91;
       290-295 = Zinnhobler, R. – ThRe 82 (1986) 123 = Stritzky,
       M.B. von – Rottenburger Jahrbuch für Kirchengeschichte (Sig-
       maringen) 5 (1986) 399 = Frank, K.S. – ThGl 76 (1986)
       138-139 = Gerwing, M. – DA 42 (1986) 290-291 = Hartmann,
       W. – RQ 81 (1986) 138-139 = Gatz, E. – ZKG 98 (1987)
       103-106 = Weitlauff, M.

R 587 *Gestalten der Kirchengeschichte, III: Mittelalter* ed. M. GRE-
SCHAT (1984, 149): RBS 13 (1984) 153-154 = Jaspert, B. -
ZKG 96 (1985) 73-75 = Weitlauff, M. - TPQS 134 (1986)
89-91 = Zinnhobler, R.

R 588 *Gestalten der Kirchengeschichte, XI: Das Papsttum, I* ed. M.
GRESCHAT (1984, 150): EA 61 (1985) 156 = Engelmann, U. -
ThGl 76 (1986) 138-139 = Gerwing, M. - DA 42 (1986)
290-291 = Hartmann, W. - ThRe 82 (1986) 124 = Bäumer -
ThLZ 112 (1987) 114-115 = Haendler, G. - ZKG 98 (1987)
103-106 = Weitlauff, M. - DLZ 108 (1987) 583-585 = Töpfer,
B.

R 589 GHIZZONI, F. (1983, 1876): VigChr 39 (1985) 308-310 =
Boeft, J. den - BStudLat 16 (1986) 135-136 = Piscitelli Carpino,
T. - LEC 54 (1986) 107 = Straus - Aevum 60 (1986) 166-168
= Scaglioni - BStudLat 16 (1986) 135-138 = Cova, P.V. - Gn
59 (1987) 420-424 = Fontaine - CR 37 (1987) 102 = Stancliffe

R 590 GIANNETTO, N. (1985/87, 3085): SMed 11 (1986) 439-440 =
Oliva, C.

R 591 GIANOTTO, C. (1984, 3251): CBQ 48 (1986) 747-749 =
Kealy, S.P. - RThPh 118 (1986) 421 = Morard, F. - Bibl 67
(1986) 435-437 = Sweetnam, J. - CrSt 7 (1986) 606-607 =
Pearson

R 592 GIBSON, M. (1981/82, 1671): CCM 28 (1985) 98-99 = N.N. -
TG 98 (1985) 585-586 = Crespo, R. - StMe 26 (1985) 503-504
= Crespo, R. - Gn 58 (1986) 453-455 = Gruber, J.

R 593 GIGLI PICCARDI, D. (1985/87, 4643): GiorFil 38 (1986)
147-148 = Chiodo - Maia 39 (1987) 76-77 = Valgiglio

R 594 *Gildas: New Approaches* edd. M. LAPIDGE; D. DUMVILLE
(1984, 1718): Peritia 4 (1985) 380-383 = Kerlouégan, F. -
RBen 95 (1985) 163 = Verbraken - AB 103 (1985) 405-407 =
Esbroeck, van - AHR 91 (1986) 641-642 = Chaney, W.A. -
CMCS 12 (1986) 115-120 = Charles-Edwards, T.M. - Britan-
nia 17 (1986) 462-463 = Hanson - JThS 37 (1986) 603-610 =
Stancliffe, C. - Gn 58 (1986) 760-761 = Diesner, H.-J. - ECelt
23 (1986) 332-336 =Kerlouégan, F. - JEcclH 37 (1986)
485-486 = Harvey, A. - RHE 81 (1986) 330 = Hockey, F. -
NMS 30 (1986) 101-105 = James, E. - DA 43 (1987) 619-620 =
Reuter, T.

R 595 GINGRICH, F.W. (1983, 214): ConcorJ 13 (1987) 279 =
Hoerber, R.G.

R 596 GIRAUDO, C. (1981/82, 2923): OrChr 70 (1986) 197-199 =
Winkler, G.

R 597 *Il Giuliano l'Apostata di Augusto Rostagni* ed. I. LANA (1983,
108): AAPH 18 (1984) 173-174 = Riikonen, H. - HZ 241

(1985) 145 = Lippold, A. – RPh 59 (1985) 335-336 = Braun, R. – AnzAlt 40 (1987) 75-79 = Klein

R 598 GIURISTA, G. (1985/87, 2993): ColCist 49 (1987) 213-214 = Petit, Y.

R 599 *Glaubensbekenntnis und Kirchengemeinschaft* edd. K. LEHMANN; W. PANNENBERG (1981/82, 3053): Salesianum 47 (1985) 340 = Fontana, E.

R 600 GNILKA, C. (1984, 830): ZKG 96 (1985) 416-418 = Erdt, W. – RFC 113 (1985) 255 = Sacconi – RHE 80 (1985) 544-545 = Halleux, A. de – CrSt 6 (1985) 610-612 = Beatrice, P.F. – NRTh 107 (1985) 263-264 = Toubeau, A. – Salesianum 47 (1985) 671-672 = Zilio, R. dal – WSt 19 N.F. = 98 (1985) 255-256 = Zelzer, K. – TPQS 134 (1986) 91 = Speigl, J. – HeythropJ 27 (1986) 192-193 = Meredith, A. – Mu 99 (1986) 196-197 = Mossay, J. – ZKTh 108 (1986) 220-221 = Meyer, H.-B. – LEC 54 (1986) 199-200 = Coulie, B. – ByZ 79 (1986) 59-61 = Winkelmann, F. – RHPhR 66 (1986) 352-353 = Doignon, J. – Anthropos 81 (1986) 720-724 = Golzio, K.H. – ZMRW 70 (1986) 315-316 = Waldenfels, H. – ThGl 76 (1986) 133-137 = Gigon, O. – REA 32 (1986) 176-177 = Fontaine, J. – EA 62 (1986) 312-313 = Eymann – Mitteilungsblatt des deutschen Altphilologenverbandes (Bamberg) 29 (1986) 25-26 = Nickel – ThRe 83 (1987) 198 = Stockmeier – Latomus 46 (1987) 918-919 = Joly – ThPh 62 (1987) 269-271 = Sieben – Missionalia 15 (1987) 50 = Bosch, D.J. – NedThT 41 (1987) 247-248 = Broek, R. van den – Euhemer 62 (1987) 145 = Spindler

R 601 *Gnosis and Gnosticism* ed. M. KRAUSE (1981/82, 212): RHPhR 64 (1984) 286 = Bertrand, D.A. – Salesianum 46 (1984) 844-845 = Farina, R.

R 602 *The gnostic treatise on resurrection from Nag Hammadi* ed. B. LAYTON (1979/80, 2592): OLZ 81 (1986) 361-363 = Weiß, H.-F.

R 603 GOBRY, I. (1985/87, 6350): RH 275 (1986) 519 = Pacaut, M. – RThL 17 (1986) 461 = Bogaert, P.-M.

R 604 GOBRY, I. (1985/87, 6350): RHPhR 65 (1985) 322-323 = Maraval, P. – ColCist 48 (1986) [43-45] = Baudry, E. – RThL 17 (1986) 94-95 = Halleux, A. de – NRTh 109 (1987) 113-114 = Plumat, N. – RH 275 (1986) 519 = Pacaut

R 605 GODIN, A. (1981/82, 21): VigChr 40 (1986) 193-198 = Jonge, H.J.de

R 606 GOEHRING, J.E. (1985/87, 1996): AB 104 (1986) 247-248 = Halkin, F. – ArGran 49 (1986) 402-403 = Segovia, A. – RSPhTh 70 (1986) 616-618 = Durand, G.-M. de – Platon 38

(1986) 249-251 = Georgountzos – ExpT 98 (1986-1987) 85-86 = Ray, J.D. – NRTh 109 (1987) 453 = Renard – ChH 56 (1987) 381-382 = Clark, E.A. – EE 62 (1987) 113-114 = Valero, J.B. – BijFTh 48 (1987) 211-212 = Cranenburgh, H. van – RBen 97 (1987) 135-136 = Wankenne – RBen 97 (1987) 135-136 = L.W.

R 607 GOETZ, H.W. (1979/80, 2047): WSt 20 N.F. = 99 (1986) 304-305 = Weber, D.

R 608 GONZALES CUENCA, J. (1983, 1599): REA 31 (1985) 103-104 = Guerreiro, R.

R 609 GOODSPEED, E.J. (1984, 780): ThLZ 111 (1986) 125 = Haendler

R 610 GOPPELT, L. (1985/87, 701): Paideia 42 (1987) 343-345 = Corsani

R 611 GORDAY, P. (1983, 2553): JThS 36 (1985) 484-487 = Young, F.M. – ChH 54 (1985) 91-92 = Trigg – SecCent 5 (1985/86) 248-250 = Pagels, E. – JBL 105 (1986) 166-168 = Kelly – VigChr 41 (1987) 293-296 = Boeft, J. den

R 612 GRABAR, A. (1985/87, 704): Byzan 57 (1987) 270-271 = Delvoye, C.

R 613 *Grandi monaci del primo millennio* ed. M. DONADEO (1983, 1947): HumanitasBr 1 (1984) 153-154 = Dalmasso, A. – ColCist 47 (1985) 491 = Fassetta, R. – Mayeútica 11 (1985) 124 = Panedas, P.

R 614 GRANT, R.M. (1983, 109): JThS 36 (1985) 278-279 = Barnes – RechSR 73 (1985) 623-624 = Kannengiesser, C. – ZKG 96 (1985) 76-78 = Mühlenberg, E.

R 615 GRANT, R.M. (1985/87, 6079): ThSt 48 (1987) 173-175 = Slusser – NECN 15,2 (1987) 37-38 = Bennett

R 616 *Greek and Latin Authors on Jews and Judaism* ed. M. Stern (1985/87, 4467): ThLZ 110 (1985) 728-729 = Delling, G. – Journal of Jewish Studies (London) 37 (1986) 251-252 = Kamesar, A.

R 617 GREEN, H.A. (1985/87, 6634): ZAW 98 (1986) 466-467 = Schmitt, H.C. – EThL 62 (1986) 438-439 = Halleux, A. de – Journal for the Study of the Pseudepigrapha (Sheffield) 1 (1987) 116-119 = Adler, W. – Review of Religious Research (New York) 29 (1987) 84-85 = Blasi, A.J. – ThLZ 112 (1987) 332-334 = Schmithals, W. – Salmant 34 (1987) 418-421 = Trevijano Etcheverría, R.

R 618 GREEN-PEDERSEN, N.J. (1984, 1402): Vivarium 23 (1985) 160

R 619 GREER, R.A. (1985/87, 1739): Theology 90 (1987) 229-231 = Hall, S.G. – ThSt 48 (1987) 374-375 = Lienhard, J.T. – Interp

41 (1987) 216-218 = Weaver, R.H. – ChH 56 (1987) 107-108 = Winslow, D.F. – VigChr 41 (1987) 402-405 = Boer, W. den

R 620 GREGOIRE, R. (1985/87, 5242): CF 57 (1987) 351-352 = Mariano d'Alatri – RSCI 41 (1987) 275-276 = Picasso, G.; 514-522 = Saxer, V.

R 621 *Grégoire le Grand* edd. J. FONTAINE; R. GILLET; S. PELLISTRANDI (1985/87, 257): StMon 29 (1987) 157-159 = Olivar, A. – ColCist 49 (1987) 226-228 = Ghislain, G. – RSPhTh 71 (1987) 115-117 = Gy, P.-M. – RBen 97 (1987) 347-348 = Wankenne, L. – REA 33 (1987) 319 = Deléani; 402 = Bouhot, J.-P.

R 622 *Gregorius Magnus* ed. M. ADRIAEN (1985/87, 3694): DA 42 (1986) 664-665 = Silagi, G.

R 623 *Gregorius Magnus* ed. R. BÉLANGER (1984, 1721): ColCist 47 (1985) [534-535] = Ghislain, G. – NRTh 107 (1985) 302-303 = Harvengt, A. – RechSR 73 (1985) 604, 615-616 = Kannengiesser, C. – EE 60 (1985) 369 = Granado, C. – StMon 27 (1985) 177 = Olivar, A. – RBen 95 (1985) 147-148 = Verbraken – ZKG 96 (1985) 433 = Leeuwen, van – BTAM 14 (1986) 32-3 = Winandy, J. – JThS 37 (1986) 600-603 = Straw, C. – RAgEsp 27 (1986) 637 = Langa, P. – Irénikon 59 (1986) 294 = Gimenez, M. – RHR 203 (1986) 442-443 = Doignon, J. – RThPh 119 (1987) 114-115 = Junod, E.

R 624 *Gregorius Magnus* ed. G. BÜRKE (1983, 1347): AHP 23 (1985) 457

R 625 *Gregorius Magnus* ed. G. KUBIS (1985/87, 3693): TPQS 135 (1987) 391-392 = Zinnhobler, R.

R 626 *Gregorius Magnus* ed. C. MOREL (1985/87, 3692): ColCist 48 (1986) 89-90 = Ghislain, G. – RBen 96 (1986) 358-359 = Wankenne, L. – StMon 28 (1986) 394-395 = Olivar, A. – AB 104 (1986) 464 = Fenoyl, R. de – Irénikon 59 (1986) 441 = Gimenez, M. – ThLZ 112 (1987) 679 = Haendler, G. – RThPh 119 (1987) 115 = Junod, E. – Compostellanum 32 (1987) 338 = Romero Pose, E. – EThL 63 (1987) 172 = Lust – NRTh 109 (1987) 451-452 = Harvengt, A. – BLE 88 (1987) 147-150 = Crouzel, H. – Vet Chr 24 (1987) 450-451 = Girardi, M. – JThS 38 (1987) 543-544 = Straw, C. – VigChr 41 (1987) 412-414 = Bartelink, G.J.M. – Esprit 97 (1987) 220-221 = Duval, Y.M.

R 627 *Gregorius Magnus* ed. D. NORBERG (1981/82, 1958; 1984, 1722): NRTh 107 (1985) 127-128 = Martin, C.

R 628 *Gregorius Magnus* ed. D. NORBERG (1984, 1722): NRTh 107 (1985) 127 = Martin – RHE 80 (1985) 767-768 = Gryson

R 629 *Gregorius Magnus* edd. A. de VOGÜE; P. ANTIN (1979/80, 1540): RechSR 73 (1985) 604, 614-615 = Kannengiesser, C.

R 630 *Gregorius Magnus* edd. A. DE VOGÜE; P. ANTIN (1981/82, 1962): RBen 95 (1985) 5*

R 631 *Gregorius Nazianzenus* ed. J. BERNARDI (1983, 1365): EE 60 (1985) 366-367 = Granado, C. – PrOrChr 34 (1984) 379 = Ternant, P. – RelStR 11 (1985) 297 = Wilken, R.L. – ACl 54 (1985) 412 = Joly, R. – RPh 59 (1985) 131 = Places, E. des – VigChr 39 (1985) 200-201 = Winden, J.C.M. van – NRTh 107 (1985) 125-126 = Martin, C. – BijFTh 47 (1986) 334 = Declerck, J. – RAgEsp 27 (1986) 636-637 = Langa, P. – JThS 37 (1986) 592-593 = Sykes, D.A. – REB 45 (1987) 224 = Darrouzès, J. – Laval 43 (1987) 117 = Poirier, P.H. – ThLZ 112 (1987) 449-450 = Winkelmann, F. – REAnc 87 (1985;ersch.1987) 376-378 = Bouffartique, J.

R 632 *Gregorius Nazianzenus* edd. P. HAEUSER; M. KERTSCH (1983, 1366): TTZ 95 (1986) 77-78 = Sauser, E.

R 633 *Gregorius Nazianzenus* ed. J.A. MCGUCKIN (1985/87, 3818): Chrysostom 7 (1986) 95-96 = N.N. – Platon 38 (1986) 230 = Tsirpanlis – PBR 5 (1986) 76-77 = Tsirpanlis, C.N. – Sob 8,2 (1986) 75-76 = Gendle, N. – PaP 1 (1987) 249 = Saward, J.

R 634 *Gregorius Nazianzenus* trad. C. MORESCHINI (1983, 1367): Salesianum 49 (1987) 198-199 = Felici, S.

R 635 *Gregorius Nazianzenus* ed. C. MORESCHINI (1985/87, 3813): RPh 55 (1986) 309-310 = Places, des – NRTh 108 (1986) 767 = Roisel – LEC 54 (1986) 321 = L.R. – RHPhR 66 (1986) 344 = Maraval, P. – ThLZ 112 (1987) 450-451 = Winkelmann, F. – Orpheus 8 (1987) 170-172 = Trisoglio – RPhTh 119 (1987) 395-396 = Junod – REB 45 (1987) 224 = Darrouzès – VigChr 41 (1987) 101-102 = Winden, J.C.M. van

R 636 *Gregorius Nazianzenus* trad., intr. e note C. MORESCHINI (1985/87, 3816): CC 3 (1987) 536-537 = Ferrua, A.

R 637 *Gregorius Nazianzenus* edd. J. MOSSAY; G. LAFONTAINE (1979/80, 1580); (1981/82, 1985): ETrin 19 (1985) 238-240 = Silanes, N.

R 638 *Gregorius Nazianzenus* edd. R. PALLA; M. KERTSCH (1985/87, 3814): REG 99 (1986) 219 = Nautin – ArGran 49 (1986) 403-404 = Segovia, A. – ThLZ 111 (1986) 536 = Haendler, G. – EThL 63 (1987) 180 = Halleux, A. de

R 639 *Gregorius Nazianzenus* ed. M. WITTIG (1981/82, 1986): ThQ 166 (1986) 59-61 = Hünermann, P.

R 640 *Gregorius Nyssenus* (1985/87, 3885): TGL 42 (1986) 666 = Wagenaar, C.

R 641 *Gregorius Nyssenus* ed. R. CRISCUOLO (1981/82, 2012): Orpheus 6 (1985) 216-217 = Crimi, C.

R 642   *Gregorius Nyssenus* tradd. J.Y. GUILLAUMIN (1981/82, 2010): RHR 204 (1987) 95 = Nautin, P.

R 643   *Gregorius Nyssenus* ed. C. MCCAMBLEY (1984, 1791): CistStud 22 (1987) 116-117 = Bamberger, J.

R 644   *Gregorius Nyssenus* ed. M. PÉDEN-GODEFROI (1983, 1405): RHR 202 (1985) 192 = Le Boulluec, A. – REA 32 (1986) 184 = Canévet, M.

R 645   *Gregorius Nyssenus* ed. M. SIMONETTI (1984, 1786): ScCat 113 (1985) 213-214 = Orto, U. dell' – SMed 10 (1986) 196-197 = Roccaro, C. – BLE 87 (1986) 312 = Crouzel, H. – Greg 68 (1987) 429 = Orbe, A.

R 646   *Gregorius Nyssenus* edd. A. SPIRA; C. KLOCK (1981/82, 2009): HeythropJ 27 (1986) 88-89 = McGuckin, J.

R 647   *Gregorius Turonensis* edd. H.-L. BORDIER; P. PASQUIER (1985/87, 3945): NRTh 108 (1986) 467 = Harvengt, A. – BijFTh 48 (1987) 88 = Parmentier, M.

R 648   *Gregorius Turonensis* ed. E. JAMES (1985/87, 3947): ChH 54 (1985) 512-513 = Keefe – StMe 26 (1985) 509-510 = Lazzeri, L. – JThS 37 (1986) 306 = Stancliffe, C.E. – JEcclH 37 (1986) 146-147 = Collins – RH 278 (1987) 253 = Piétri – BijFTh 48 (1987) 88 = Parmentier, M. – Manuscripta 31 (1987) 129-130

R 649   GRESHAKE, G.; KREMER, J. (1985/87, 6537): ThRe 83 (1987) 313-316 = Verweyen – ThLZ 112 (1987) 917-919 = Becker

R 650   GRIBOMONT, J.; BIANCHI, E. (1984, 1313): RSPhTh 69 (1985) 586-588 = Durand, G.-M. de – Irénikon 58 (1985) 143-144 = Lanne, E. – OrChrP 51 (1985) 226-227 = Poggi, V. – AB 103 (1985) 181 = Halkin, F. – Salesianum 47 (1985) 293 = Amata, B. – ColCist 47 (1985) 506-507 = Y.R. – CrSt 8 (1987) 245-246 = Beatrice

R 651   GRILLMEIER, A. (1979/80, 2528): NatGrac 33 (1986) 576-577 = Villalmonte, A.

R 652   GRILLMEIER, A. (1983, 2317): CrSt 6 (1985) 167-169 = Gribomont, J. – Helmántica 36 (1985) 174-176 = Amigo, L.

R 653   GRILLMEIER, A. (1985/87, 6174): NRTh 109 (1987) 799

R 654   GRILLMEIER, A. (1985/87, 6175): AHP 24 (1986) 466 – ThLZ 112 (1987) 367-369 = Lohse – ThRe 83 (1987) 125-129 = Studer, B. – RSPhTh 71 (1987) 587-589 = Durand, G.-M. de – Salesianum 49 (1987) 183-185 = Amato, A. – Theologie der Gegenwart in Auswahl (Bergen-Enkheim) 30 (1987) 143-144 = Schmied, A.

R 655   GROSS, K. (1985/87, 5538): ThQ 166 (1986) 233-234 = Vogt – ThPh 61 (1986) 581-582 = Grillmeier, A. – NRTh 108 (1986) 586-587 = Roisel, V. – RHE 82 (1987) 54-55 = Came-

lot, P.T. – ThRe 83 (1987) 297-299 = Gessel – REL 65 (1987)
391 = Fredouille – BLE 88 (1987) 152 = Crouzel, H.

R 656 *Große Mystiker. Leben und Wirken* edd. G. RUHBACH; J.
SUDBRACK (1984, 153): ThRe 81 (1985) 336 = Jaspert, B. –
ThSt 47 (1986) 163-165 = Egan, H.D. – OrChrP 52 (1986)
227-228 = Farrugia, E. – ThAthen 56 (1986) 239-240 = Theo-
doru, E.D. – ThLZ 111 (1986) 459-460 = Heidrich, P. –
RelStR 12 (1986) 166 = Wiseman, J.A. – ZKTh 108 (1986) 487
= Jorissen – StMon 29 (1987) 174-175 = Ferrer, A.

R 657 *Grundfragen christlicher Mystik* edd. M. SCHMIDT; D.R.
BAUER (1985/87, 277): StMon 29 (1987) 392 = Montmany,
A. – CF 57 (1987) 348-349 = Bernardino de Armellada

R 658 GRYSON, R. (1979/80, 605): Computers and the Humanities
(Flushing, N.Y.) 19 (1985) = Roberge

R 659 GRYSON, R. (1981/82, 692): BLE 86 (1985) 69-70 = Crouzel,
H. – RThL 16 (1985) 220-222 = Halleux, A. de – RBPh 64
(1986) 139-140 = Schamp, H.

R 660 GRYSON, R. (1983, 215): BLE 86 (1985) 69-70 = Crouzel, H.

R 661 GRYSON, R. (1983, 216): RThL 16 (1985) 220-222 = Halleux,
A. de – BLE 86 (1985) 69-70 = Crouzel, H.

R 662 GUERRA GOMEZ, M. (1981/82, 3116): EE 60 (1985) 486-487
= Borrás, A. – EThL 61 (1985) 203-205 = Wielockx – Helmántica 36 (1986) 173-174 = Amigo, L.

R 663 GUILLAUME, A. (1985/87, 6360): NRTh 108 (1986) 470 =
Toubeau, A.

R 664 GUILLOUX, P. (1985/87, 2446): ScTh 18 (1986) 715 = Viciano,
A. – VyV 45 (1987) 310 = Cervera, D. – AnFil 20/1 (1987)
240-241 = Gándara, I.

R 665 GUIRGUIS, F. (1985/87, 714): CHR 73 (1987) 147 = Johnson,
D.W.

R 666 GUREVIČ, A.J. (1985/87, 3131): Lau 28 (1987) 444-447 =
Paciocco, R.

R 667 HADDAD, R. (1985/87, 6139): PrOrChr 36 (1986) 372-374 =
Ternant, P. – ReSR 61 (1987) 96 = Menard, J.E. – RHR 204
(1987) 311-312 = Dalmais, I.H. – ThRe 83 (1987) 335-336 =
Khoury, A.Th

R 668 HADOT, I. (1985/87, 1144): REAnc 89 (1987) 214-215 =
Moreau, J. – EtPh (1987) 541-544 = Guérard, C.

R 669 HÄLLSTRÖM, G. AF (1984, 2203): ArGran 48 (1985) 366-367
= Segovia, A. – JEcclH 36 (1985) 322-323 = Lange, de –
RHPhR 65 (1985) 323 = Maraval – ThLZ 111 (1986) 125-126
= Kraft – JThS 37 (1986) 574-575 = Frend

R 670 HAENDLER, G. (1983, 305): ZKG 96 (1985) 229-230 =
Barton, P.F. – DLZ 107 (1986) 663-665 = Diesner, H.-J.

R 671 HAGENDAHL, H. (1983, 682): RBen 95 (1985) 158-159 = Verbraken, P. – MH 42 (1985) 364-365 = Schäublin – VoxLat 21 (1985) 306 = Viscido, L. – ACl 44 (1985) 419-420 = Savon – RPh 59 (1985) 325-327 = Reydellet – REA 31 (1985) 175-179 = Fontaine, J. – Eos 73 (1985) 216-220 = Ilski, K. – Gy 93 (1986) 209-210 = Glei, R. – ClPh 81 (1986) 179-183 = Albrecht, M. v. – Mn 39 (1986) 210-211 = Thierry, J.J. – Gn 58 (1986) 620-623 = Marti, H. – Emérita 55 (1987) 373 = Anglada, A. – Arctos 21 (1987) 214-215 = Pitkäranta, R.

R 672 *Hagiographie, cultures et sociétés (IVe – XIIe siècles). Actes du Colloque organisé à Nanterre et à Paris (2-5 Mai 1979)* (1981/82, 213): DA 40 (1984) 271-273 = G.S.

R 673 *Hagiologie byzantine* ed. F. HALKIN (1985/87, 5244): AB 104 (1986) 130 = Halkin, F. – REB 45 (1987) 227-228 = Congourdeau, M.-H. – OrChrP 53 (1987) 214-215 = Dennis, G.T. – RHE 82 (1987) 353 = Yannopoulos, P.A.

R 674 HALKIN, F. (1983, 503): REB 43 (1985) 266 = Failler, A. – DA 41 (1985) 578 = Silagi, G.

R 675 HALKIN, F. (1984, 230): REB 43 (1985) 266 = Flusin, B. – ScCat 113 (1985) 130-132 = Pasini, C.

R 676 HALKIN, F. (1985/87, 5272): AB 103 (1985) 177 = Halkin, F. – Byzan 56 (1986) 514-515 = Noret, J.

R 677 HALKIN, F.; FESTUGIERE, A.-J. (1984, 2449): REG 98 (1985) 228 = Nautin, P. – JThS 36 (1985) 501-503 = Nicol, D.M. – JÖB 35 (1985) 307 = Hunger, H. – Mu 99 (1986) 201-202 = Mossay, J. – REB 44 (1986) 294-295 = Failler, A. – JHS 106 (1986) 268-269 = Munitiz, J.A. – Sp 62 (1987) 238-239 = Abrahamse, D. de F. – ByZ 80 (1987) 397-398 = Capizzi, C.

R 678 HALL, J.B. (1985/87, 3232): MH 44 (1987) 291-292 = Billerbeck – REL 64 (1986) 251-252 = Charlet

R 679 HALLONSTEN, G. (1984, 2387): SvTK 61 (1985) 176-178 = Schindler, A. – ThRe 81 (1985) 204-205 = Stritzky, M.-B. von – ChH 54 (1985) 512 = Brackett – ReSR 59 (1985) 274-275 = Munier – Gn 58 (1986) 128-133 = Quispel, G. – EThL 62 (1986) 440-441 = Jonckheere – JThS 37 (1986) 212-214 = Hall – ArGran 49 (1986) 404 = Segovia, A. – SecCent 6 (1987/88) 49-52 = Cox, C. – JEcclH 38 (1987) 486 = Lenox-Conyngham

R 680 HALLONSTEN, G. (1985/87, 5120): ThLZ 111 (1986) 682-683 = Haendler – ChH 56 (1987) 103 = Eno, R.B. – JEcclH 38 (1987) 145-146 = Hanson, R.P.C. – ThRe 83 (1987) 380 = Stritzky, von

R 681 HAMEL, C.F.H. DE (1984, 687): Sc 39 (1985) 321-324 = Garand, M.-C. – CCM 30 (1987) 162-163 = Evans, G.R. –

EHR 102 (1987) 1011-1112 = Barker-Benfield, B.C. – Sp 62 (1987) 408-409 = Cahn, W.

R 682 HAMMAN, A.G. (1979/80, 332): ScTh 17 (1985) 943-945 = Viciano, A. – RAgEsp 27 (1986) 629-630 = Rodríguez, F.

R 683 HAMMAN, A.G. (1983, 2278): RThPh 117 (1985) 64 = Junod – BLE 87 (1986) 306 = Crouzel, H.

R 684 HAMMAN, A.G. (1983, 883): REA 31 (1985) 275-277 = Verbraken, P.

R 685 HAMMAN, A.G. (1984, 231): EThL 61 (1985) 406-407 = Halleux, A. de – Salesianum 48 (1986) 139 = Felici, S.

R 686 HAMMAN, A.G. (1985/87, 1225): REL 63 (1985) 264-265 = Bourgain, P. – RHPhR 65 (1985) 319 = Maraval – ZKTh 108 (1986) 222 = Meyer – REA 32 (1986) 308-309 = Bouhot, J.-P. – RH 275 (1986) 259-260 = Barbier, F.

R 687 HAMMAN, A.G. (1985/87, 6275): ReSR 61 (1987) 244 = Winling – REA 33 (1987) 390-391 = Bouhot, J.-P.

R 688 HAMMAN, A.G. (1985/87, 722): Christian Orient (Kottayam, Kerala, India) 8 (1987) 49 = Madey, J.

R 689 *Handbuch der Dogmengeschichte und Theologiegeschichte, I* ed. C. ANDRESEN (1981/82, 3171): RelStR 11 (1985) 295-296 = Wilken, R.L. – KT 36 (1985) 69-70 = Nijenhuis, W. – Salesianum 48 (1986) 171-172 = Stella, P.T. – ZKTh 108 (1986) 96-98 = Lies – ZRGG 38 (1986) 72-73 = Heiligenthal – TTK 58 (1987) 72-73 = Skarsaune, O. – ZKG 98 (1987) 392-395 = Hage, W.

R 690 *Handbuch der Kirchengeschichte* ed. H. JEDIN (1985/87, 726): EA 61 (1985) 488-489 = Tschacher, E. – HistPolB 34 (1986) 69-70 = Franz, G.

R 691 *Handbuch der Marienkunde* edd. W. BEINERT; H. PETRI (1984, 232): CF 56 (1986) 131 = Bérubé, C. – Marianum 48 (1986) 332-337 = Gambero, L.

R 692 *Handbuch der Ostkirchenkunde* Edd. W.NYSSEN; H.-J.SCHULZ; P.WIERTZ (1985/87, 437): TTZ 96 (1987) 242-243 = Sauser, E. – ThRe 83 (1987) 52-54 = Garijo-Guembe, M.

R 693 *Handbuch der Dogmengeschichte II* cur. M. SCHMAUS; A. GRILLMEIER; L. SCHEFFCZYK; M. SEYBOLD (1985/87, 6141): EThL 63 (1987) 183-184 = Halleux, A. de

R 694 *Handschriften uit de abdij van Sint-Truiden* (1985/87, 1334): RBen 97 (1987) 323-324 = Verbraken, P. – RThAM 54 (1987) 270-271 = Reynhaut, L.

R 695 HANSON, R.P.C. (1983, 1781): ITQ 50 (1983-1984) 276-280 = O'Raifeartaigh, T. – Sp 59 (1984) 652-653 = Kelly, J.F.T. –

IHS 24 (1984/85) 398-399 = O Cróinín, D. – DA 41 (1985) 610 = Silagi, G.

R 696 HANSON, R.P.C. (1985/87, 728): CR 36 (1986) 359-360 = Frend – Theology (1986) 481-483 = Louth, A. – JSS 31 (1987) 262 = Bruce, F.F. – King's Theological Review (London) 10 (1987) 33-34 = Lieu, S.N.C. – JEcclH 38 (1987) 144-145 = Osborne, C. – ExpT 98 (1987) 119-120 = Siddals, R.M. – TTh 27 (1987) 109-110 = Paverd, F. van de – RHE 82 (1987) 427 = Daly, P.H.

R 697 HAREN, M. (1985/87, 1146): JThS 37 (1986) 235-237 = Markus – BTAM 14 (1986) 1-2 = McEnvoy, J. – JEcclH 38 (1987) 326 = Burnett, C.S.F. – Sp 62 (1987) 505-506 = Contreni, J.J.

R 698 HARRISON, E.F. (1985/87, 730): ChH 55 (1986) 356-357 = Helgeland

R 699 HAUSHERR, I. (1981/82, 3175): HeythropJ 27 (1986) = McGuckin, J.

R 700 HEINE, S. (1985/87, 736): EtThR 62 (1987) 291 = Schoenhals, H. – ThLZ 112 (1987) 751 = Theissen

R 701 HEINE, S. (1985/87, 737): ExpT 99 (1987) 66-68 = Rodd, C.S.

R 702 HEINEMEYER, K. (1979/80, 334): AKG 67 (1985) 493-495 = Kaiser, R.

R 703 HEINZELMANN, M.; POULIN, J.-C. (1985/87, 5368): Francia 13 (1985) 929 – REAnc 87 (1985) 390-392 = Fontaine, J. – CRAI (1986) 390 = Fontaine, J. – ECelt 24 (1987) 345-346 = Fleuriot, L.

R 704 HEINZER, F. (1979/80, 1961): ThPh 60 (1985) 285-286 = Höhn

R 705 HELDERMAN, J. (1984, 3157): VigChr 39 (1985) 394-397 = Quispel, G. – CBQ 48 (1986) 749-750 = Attridge, H.W. – NedThT 40 (1986) 343-344 = Dehandschutter, B. – Salmant 34 (1987) 104-106 = Trevijano Etcheverría, R.

R 706 HELGELAND, J.; DALY, R.J.; BURNS, J.P. (1985/87, 6368): Books and Religion (Durham, N.C.) 15,3-4 (1987) 14-15 = Cartwright, M.G. – Horizons 14 (1987) 153-154 = Grau, J.A. – CHR 73 (1987) 147-148 = Swift, L.J. – ModCh 29,3 (1987) 62 = Wilby, T.D.

R 707 HEMPELMANN, L.D. (1984, 1738): DissAbstr 45 (1984/5) 1789 – EThL 61 (1985) 336*

R 708 HENGEL, M. (1985/87, 1748): Orpheus 7 (1986) 468-469 = Astarita – REL 64 (1986) 373-374 = Duval – RThL 18 (1987) 242-243 = Focant

R 709 HENKE, R. (1983, 1824): Helmántica 36 (1985) 481-482 = Amigo, L. – RPh 59 (1985) 327 = Callu – RHE 81 (1986) 539-541 = Evenepoel – Latomus 46 (1987) 447-449 = Savon

R 710 HENSELLEK, W. (1981/82, 1249): Emérita 53 (1985) 174-175 = Anglada – ACL 54 (1985) 422-423 = Savon – Mn 38 (1985) 241-242 = Boeft, J. den

R 711 *Hermès en Haute-Égypte* ed. J.-P. MAHÉ (1983, 2416): RHPhR 65 (1985) 327 = Bertrand, D.A. – RBi 92 (1985) 132-140 = Couroyer, B. – VigChr 39 (1985) 403-406 = Broek, R. van den – RHR 202 (1985) 312-313 = Doignon, J. – BiblOr 42 (1985) 104-108 = Mussies, G. – JThS 37 (1986) 560-566 = Siegert

R 712 HERRMANN, E. (1983, 307): Gn 58 (1986) 74-76 = Martin, J.

R 713 HERWEGEN, L. (1979/80, 1199): RBS 10/11 (1981/82) [1984] 200; 258*-259* = Jaspert, B.

R 714 *Hesychius Hierosolymitanus* ed. M. AUBINEAU (1977/78, 1671): ThLZ 109 (1984) 617-618 = Haendler, G. – ByZ 78 (1985) 109 = Follieri, E. – Marianum 48 (1986) 316-319 = Dattrino, L.

R 715 *Hesychius Hierosolymitanus* ed. M. AUBINEAU (1979/80, 1645): ThLZ 109 (1984) 617-618 = Haendler, G. – ByZ 78 (1985) 109 = Follieri, E.

R 716 *Hesychius Hierosolymitanus* edd. C. RENOUX; C. MERCIER (1983, 1446): NRTh 107 (1985) 610-611 = Roisel, V. – BLE 86 (1985) 233-234 = Crouzel, H. – BijFTh 47 (1985) 321 = Parmentier, M.

R 717 HEYER, F. (1984, 358): PrOrChr 35 (1985) 221-222 = Gruber, F. – CrSt 7 (1986) 141-165 = Perrone, L. – HJ 106 (1986) 139-140 = Dickerhof, H.

R 718 *Hieronymus* ed. G.J.M. BARTELINK (1979/80, 1652): Gn 58 (1986) 222-225 = Zonetti

R 719 *Hieronymus* ed. Y.-M. DUVAL (1985/87, 3990): REL 63 (1985) 285-287 = Fontaine – Sc 40 (1986) 127 – NRTh 108 (1986) 768 = Harvengt – RHPhR 66 (1986) 345 = Bertrand – RBen 96 (1986) 175 = Wankenne – JEcclH 37 (1986) 647 = Sparks, H.F.D. – ThLZ 112 (1987) 315-318 = Haendler, G. – RHR 204 (1987) 304-305 = Nautin – BLE 88 (1987) 147-149 = Crouzel – JThS 38 (1987) 539-541 = Barr – RThPh 119 (1987) 396 = Junod – Laval 43 (1987) 419-420 = Poirier, P.H. – Sc 41 (1987) 54-55 = Garand, M.-C.

R 720 *Hieronymus* ed. P. LARDET (1983, 1450): VigChr 39 (1985) 300-304 = Boeft, J. den – REA 31 (1985) 183-184 = Duval, Y.-M.

R 721 *Hieronymus* ed. P. LARDET (1983, 1451): Gy 92 (1985)
232-233 = Pillinger, R. – REA 31 (1985) 184-187 = Jay –
VigChr 39 (1985) 300-304 = Boeft, J. den – RSLR 21 (1985)
486-487 = Gribomont – JEcclH 36 (1985) 140-141 = Kelly –
JThS 37 (1986) 594-596 = Chadwick – Mn 39 (1986) 525-527
= Bartelink, G.J.M. – RThPh 119 (1987) 521-522 = Junod –
Latomus 46 (1987) 220-221 = Doignon – Laval 43 (1987)
117-118 = Poirier, P.H.

R 722 *Hieronymus* edd. L. SCHADE; J.B. BAUER (1983, 1452): ThRe
82 (1986) 129 = Kampling

R 723 *Hieronymus* edd. M.H. STEBE; M.O. GOUDET et al. (1985/87,
1784): Burgense 28 (1987) 579-580 = Pérez Herrero, F. –
Salesianum 49 (1987) 171 = Amata, B.

R 724 *Hilarius Pictaviensis* ed. J. DOIGNON (1977/78, 1705):
Helmántica 36 (1985) 469-470 = Oroz Reta, J.

R 725 *Hilarius Pictaviensis* ed. L. LADARIA (1985/87, 4053): Compostellanum 32 (1987) 334 = Romero Pose, E. – VyV 45 (1987)
112-113 = Cervera, D. – ArGran 50 (1987) 474 = Segovia, A.

R 726 *Hilarius Pictaviensis* ed. L. LONGOBARDO (1984, 1865):
StPat 33 (1986) 462 = Corsato

R 727 *Hilarius Pictaviensis* ed. E.P. MEIJERING (1981/82, 2089):
RHR 202 (1985) 444 = Nautin

R 728 *Hilarius Pictaviensis* par A. ROCHER (1985/87, 4052): REL 65
(1987) 313-314 = Duval

R 729 HILLER, H. (1985/87, 743): AHP 24 (1986) 433

R 730 HILLGARTH, J.N. (1985/87, 280): DA 41 (1985) 569 = Silagi,
G. – JEcclH 37 (1986) 145-146 = Collins, R. – RHE 81 (1986)
332 = Hockey, F. – Hispania 47 (1987) 371-372 = Cantera
Montenegro, M.

R 731 HIMMELFARB, M. (1983, 2411): RelStR 11 (1985) 185 =
Mueller, J.R. – SecCent 5 (1985/86) 187/188 = Halperin, D.J. –
RHR 203 (1986) 71-73 = Paul, A. – ThT 42 (1986) 526-527 =
Vanderkam, J.C. – JBL 105 (1986) 147-149 = Collins – JEcclH
37 (1986) 350-351 = Hayman – Journ. Jewish Studies 37
(1986) 120-123 = White, R. – JES 23 (1986) 686-687 = Adler,
W. – Greg 68 (1987) 431 = Orbe, A. – JR 67 (1987) 542-543 =
Murphy

R 732 *Hippolytus Romanus* (1985/87, 4073): ScTh 18 (1986) 713-714
= Merino, M.

R 733 *Hippolytus Romanus* ed. M. MARCOVICH (1985/87, 4075):
Platon 38 (1986) 251-254 = Georgountzos – Irénikon 59
(1986) 580 = Lanne, E. – ExpT 98 (1987) 184 = Hall, S.G. –
EE 62 (1987) 111-113 = Valero, J.B. – ArGran 50 (1987) 475 =
Segovia, A. – NRTh 109 (1987) 757-759 = Jacques – LEC 55

(1987) 438 – OrChr 71 (1987) 228 = Gessel – RBen 97 (1987) 125 = Wankenne – AugR 27 (1987) 631-634 = Simonetti, M.

R 734 *Hippolytus Romanus* ed. E. NORELLI (1985/87, 4074): VetChr 24 (1987) 460 = Desantis

R 735 *Histoire de saints et de la sainteté chrétienne* 4 ed. P. RICHÉ (1985/87, 5258): Francia 14 (1986) 875-876

R 736 *Historia de la Teología Española I* ed. M. ANDRÉS (1983, 37): RCatT 10 (1985) 447-448 = Vilanova, E. – Compostellanum 31 (1986) 292 = Romero Pose, E. – ATCA 6 (1987) 383-384 = Perarnau i Espelt, J.

R 737 *History and Historians in Late Antiquity* edd. B. CROKE; A. EMMETT (1983, 113): CR 35 (1985) 398-399 = Barnes, T.D. – LEC 53 (1985) 306 = Tzavellas-Bonnet, C. – HZ 241 (1985) 663-664 = Guyot, P. – ChH 54 (1985) 384-385 = Bell Jr., A.A. – History 71 (1986) 491-492 = King, P.D. – REAnc 89 (1987) 160 = Chastagnol, A. – JThS 38 (1987) 197 = Chadwick, H. – CW 80 (1987) Penella, R.J. – SecCent 6 (1987/88) 115-117 = Martin, T.R.

R 738 HÖLLGER, W. (1985/87, 3844): AB 103 (1985) 421 = Halkin, F. – RPh 60 (1986) 309 = Places, E. des – Mu 99 (1986) 378-380 = Mossay, J. – ArGran 49 (1986) 405 = Segovia, A. – REB 44 (1986) 310 = Flusin, B. – JÖB 37 (1987) 362-363 = Lackner, W. – ArGran 50 (1987) 475-476 = Segovia, A. – MH 44 (1987) 284-285 = Jungck, C.

R 739 HÖLSCHER, L. (1985/87, 2456): CD 200 (1987) 153 = Uña, A.

R 740 HOFFMANN, E.G.; SIEBENTHAL, H. VON (1985/87, 439): BiZ 31 (1987) 276-280 = Reiser, M.

R 741 HOFFMANN, R.J. (1984, 2131): ChH 54 (1985) 230 = Lewis – ZKTh 108 (1986) 210 = Lies – JBL 105 (1986) 343-346 = Clabeaux – ThRu 51 (1986) 404-413 = May, G. – PerkinsJ 40 (1987) 52-53 = Farmer, W.R. – CrSt 8 (1987) 609-631 = Norelli, E.

R 742 HOFRICHTER, P. (1985/87, 6640): JAC 30 (1987) 195-200 = Schenke, H.-M.

R 743 HOLLANDER, H.W.; JONGE, M. DE (1985/87, 1634): JStJ 17 (1986) 252-255 = Hilhorst, A. – VT 37 (1987) 116 = Emerton, J.A. – WestThJ 49 (1987) 225-226 = Silva, M. – CBQ 49 (1987) 669-671 = Vanderkam, J.C. – Salesianum 49 (1987) 545 = Vicent, R. – NedThT 41 (1987) 243-244 = Horst, P.W. van der

R 744 HOLTZ, L. (1981/82, 215): Emerita 53 (1985) 162-164 = Anglada, A. – Sc 39 (1985) 46*-47* = Contreni, J.J.

R 745 HOLTZ, L. (1985/87, 6375): RHE 82 (1987) 743 = Vogüé, A. de

R 746 HOLUM, K.G. (1981/82, 442): CR 35 (1985) 146-147 = Liebeschuetz, J.H.W.G. – Gn 57 (1985) 487-489 = Demandt, A. – CHR 71 (1985) 591-592 = Bregman, J. – Latomus 45 (1986) 466-467 = Chastagnol

R 747 *Homélies anonymes du VIe siècle* ed. F. GRAFFIN (1984, 781): BijFTh 47 (1986) 329-330 = Parmentier, M.

R 748 HOMMEL, H. (1983, 117; 1984, 154): BiZ 29 (1985) 273-274 = Heiligenthal – ThLZ 111 (1986) 575-577 = Walter, N. – Augustinus 31 (1986) 448-449 = Oroz, J.

R 749 *Homo spiritalis* edd. C. MAYER; K.H. CHELIUS (1985/87, 282): ArGran 50 (1987) 535 = Segovia, A.

R 750 HOPPE, H. (1985/87, 5123): RFC 113 (1985) 359-361 = Traina – Aevum 60 (1986) 160-162 = Gramaglia – Salesianum 48 (1986) 484-485 = Gottlieb – MusPat 4 (1986) 391-392 = Marangoni – Sileno 12 (1986) 169 Quartarone Sileno – BStud-Lat 16 (1986) 127 = Piscitelli Carpino – Maia 38 (1986) 277 = Giovannini – REL 64 (1986) 374 = Fredouille – AteRo 32 (1987) 68-70 = Giannarelli – RPh 61 (1987) 333-334 = Braun

R 751 HORMAECHE BASAURI, J.M. (1983, 1513): REA 31 (1985) 108-109 = Guerreiro, R. – CT 112 (1985) 625 = Salado, D.

R 752 HORN, S.O. (1983, 2200): JEcclH 36 (1985) 141-142 = Markus, R.A. – TTh 25 (1985) 105-106 = Goosen, L. – OstkiSt 34 (1985) 336-338 = Biedermann, H.M. – ThQ 165 (1985) 58-59 = Vogt, H.J. – CO 38 (1986) 292 = Burg, A. – ZKTh 108 (1986) 358 = Schwager, R. – JThS 38 (1987) 216-217 = Chadwick, H. – KÅ (1987) 180-181 = Ekenberg, A.

R 753 HORSLEY, G.H.R. (1981/82, 697): EvangQ 57 (1985) 67-69 = Edwards, R.B. – SecCent 5 (1985/86) 59 = Furnish, V.P. – ThLZ 112 (1987) 113-114 = Holtz, T. – Numen 34 (1987) 281-282 = Stroumsa

R 754 HORSLEY, G.H.R. (1983, 504): CrSt 6 (1985) 400-402 = Beatrice – Gn 58 (1986) 448-449 = Stockmeier – SecCent 5 (1985/86) 59 = Furnish – ThLZ 112 (1987) 113-114 = Holtz, T. – Numen 34 (1987) 281-282 = Stroumsa

R 755 HORSLEY, G.H.R. (1983, 505): Gn 58 (1986) 448-449 = Stockmeier – JRS 76 (1986) 302-304 = Wasserstein – RBi 93 (1986) 309-312 = Murphy-O'Connor – ThLZ 112 (1987) 113-114 = Holtz, T. – EtThR 62 (1987) 432-433 = Carrez, M. – Numen 34 (1987) 281-282 = Stroumsa

R 756 HORST, E. (1984, 359): HistPolB 33 (1985) 99 = Köhne, K.E.

R 757 HUBER, P. (1975/76, 1402): BTAM 13 (1985) 753 = Mathon, G.

R 758 HÜBNER, W. (1983, 686): ZWG 69 (1985) 101 = Hilger – Salesianum 47 (1985) 294-295 = Casa, della – Archives internationales d'Histoire des Sciences (Roma) 35 (1985) 482-483 = Jones – Gn 58 (1986) 67-69 = Stemberger – Gy 93 (1986) 199 = Lackner

R 759 HULTGARD, A. (1984, 737): Henoch 8 (1986) 96-97 = Moda, A.

R 760 HUNGER, H.; KRESTEN, O. (1984, 626): AB 103 (1985) 395 = Halkin, F. – BBGG 39 (1985) 243-244 = M.P. – Aevum 60 (1986) 180 = Porro, A. – REB 44 (1986) 295 = Darrouzès, J. – ByZ 79 (1986) 56-57 = Irigoin, J. – Hell 37 (1986) 201-203 = Sotiroudi – CodMan 12 (1986) 145-146 = Mazal – OrChrP 53 (1987) 217-218 = Baggarly, J.

R 761 HUNT, E.D. (1983, 2377): HeythropJ 26 (1985) 75-76 = Liebeschuetz, W. – Helmántica 36 (1985) 162 = Oroz Reta, J. – EtThR 60 (1985) 458-459 = Dubois, J.-D. – ClPh 80 (1985) 377-380 = Holum, K.G. – AntJ 65 (1985) 182 = Bammel, C.P.H. – CHR 71 (1985) 452 = Drake, H.A. – RHR 202 (1985) 310 = Nautin, P. – Byslav 47 (1986) 226-228 = Ceran, W.

R 762 HUSSEY, J.M. (1985/87, 756): ChH 55 (1986) 510-511 = Dennis – Sob 8,2 (1986) 73-75 = Balfour, D. – ExpT 98 (1987) 185 = McHardy, A.K. – ZKG 98 (1987) 412-414 = Nikolaou, T. – EHR 102 (1987) 650-651 = Runciman, S. – History 72 (1987) 313-314 = Angold, M. – JEcclH 38 (1987) 116-118 = Nicol, D.M. – TLS 16.1.1987,68 = Fowden, G. – REB 45 (1987) 253-254 = Failler, A. – RHE 82 (1987) 587-589 = Hockey, D.F. – ThSt 48 (1987) 375-377 = Meyendorff – OrChrP 53 (1987) 352-354 = Koder, J.

R 763 *Hydatius Lemicensis* ed. J. CAMPOS (1984, 1884): Helmántica 36 (1985) 327-328 = Oroz Reta, J. – REL 65 (1987) 321-323 Reydellet

R 764 *L'Hymne de la perle des Actes de Thomas* ed. P.H. POIRIER (1981/82, 808): SecCent 6 (1987/88) 110-112 = Perkins, P.

R 765 *L'Hypostase des archontes* edd. B. BARC; M. ROBERGE (1981/82, 3372): RHR 202 (1985) 312 = Nautin, P.

R 766 *Icon and Logos* ed. D.J. SAHAS (1985/87, 5788): Irénikon 59 (1986) 441-442 = E. L. – REB 45 (1987) 239 = Congourdeau, M.-H. – OrChrP 53 (1987) 222-223 = Farrugia, E.G. – Manuscripta 31 (1987) 201-203 = Norris – Sob 9 (1987) 53-55 = Gendle, N. – RelStud 13 (1987) 77 = Wilken, R.L. – AHP 25 (1987) 507

R 767 *Index verborum Homiliarum festalium Hesychii Hierosolymitani* ed. M. AUBINEAU (1983, 1449): RHPhR 64 (1984) 148 = Maraval, P. – VigChr 39 (1985) 99-100 = Bartelink, G.J.M.

R 768 *The Inheritance of Historiography 350-900* edd. C. HOLDS-
       WORTH; P.P. WISEMAN (1985/87, 286): JEcclH 38 (1987)
       647-648 = Collins, R.

R 769 *Inni antichi della chiesa d'Occidente* ed. S. DI MEGLIO
       (1985/87, 5748): StPat 33 (1986) 461 = Pajola – RiLit 73
       (1986) 739-740 = Maritano, M.

R 770 *Insular Latin Studies* ed. M.W. HERREN (1981/82, 217):
       Aevum 59 (1985) 400-405 = Orlandi

R 771 *Intorno la vita, il martirio ed il culto della vergine calcedonese
       santa Eufemia* (1985/87, 5351): RSCI 41 (1987) 637 = Niero, A.

R 772 *Iohannes Apamensis* ed. R. LAVENANT (1984, 1903):
       PrOrChr 35 (1985) 411-413 = Ternant, P. – ThLZ 110 (1985)
       127-128 = Haendler, G. – BijFTh 47 (1985) 196 = Parmentier,
       M. – JThS 36 (1985) 497-498 = Wickham, L.R. – JÖB 35
       (1985) 332 = Selb, W. – OrChrP 51 (1985) 228-229 = Yousif,
       P. – REB 43 (1985) 270 = Flusin, B. – Mu 98 (1985) 238-239 =
       Halleux, A. de – EThL 61 (1985) 410 = Dehandschutter, B. –
       MSR 42 (1985) 102-103 = Liébaert, J. – Sob 7,1 (1985) 59-60 =
       Brock, S.P. – RAgEsp 27 (1986) 634-635 = Langa, P. – BLE 87
       (1986) 79 = Crouzel – NRTh 108 (1986) 276 = Martin –
       OstkiSt 36 (1987) 331 = Bunge – OLZ 82 (1987) 566-567 =
       Kawerau – RThPh 119 (1987) 114 = Rilliet, F.

R 773 *Iohannes Cassianus* ed. C. LUIBHÉID (1985/87, 4133): ThSt 47
       (1986) 559 = Kelly, J.F. – StMy 9,4 (1986) 68-72 = Riley, M. –
       JEcclH 38 (1987) 146 = Bonner, G. – ExpT 98 (1987) 153 =
       Ward, B.

R 774 *Iohannes Cassianus* ed. J. VANBRABANT (1984, 1908): TGL
       42 (1986) 213 = Cranenburgh, H. van

R 775 *Iohannes Chrysostomus* (1984, 1921): CuadMon 21 (1986)
       311-312 = Alonso, M.D.

R 776 *Iohannes Chrysostomus* ed. L.H. RIVAS (1985/87, 4156): Cuad-
       Mon 21 (1986) 311-312 = Alonso, M.D.

R 777 *Iohannes Chrysostomus* ed. ROBERT C. HILL (1985/87, 4159):
       ScTh 18 (1986) 970 = Merino, M.

R 778 *Iohannes Chrysostomus* edd. J. DUMORTIER; A. LIEFOOGHE
       (1983, 1515): PrOrChr 34 (1984) 374-377 = Ternant, P. – BLE
       86 (1985) 68-69 = Crouzel, H. – RHR 202 (1985) 444-446 =
       Savon, H. – BijFTh 47 (1986) 217-218 = Declerck, J.

R 779 *Iohannes Chrysostomus* ed. P.W. HARKINS (1984, 1920):
       RelStR 11 (1985) 337-341 = Zaas, P.S. – NRTh 107 (1985)
       147-148 = V.R. – AB 103 (1985) 206 = Halkin, F. – ThSt 46
       (1985) 174 = Murphy – ChH 55 (1986) 358-359 = Ettlinger,
       G.H. – SecCent 6 (1987/88) 117-118 = Roberts, L. – JThS 38
       (1987) 534-536 = Young, F.M.

R 780 *Iohannes Chrysostomus* edd. M. JOURJON; P. SOLER (1979/80, 1763): RHPhR 66 (1986) 346-347 = Benoît, A.

R 781 *Iohannes Chrysostomus* edd. V. KARAYIANNIS; B. BOBRINS-KOY (1985/87, 4154): PrOrChr 37 (1987) 222-223 = Ternant, P.

R 782 *Iohannes Chrysostomus* descripsit W. LACKNER (1981/82, 2165a): CodMan 13 (1987) 106-107 = Mazal

R 783 *Iohannes Chrysostomus* ed. G. DI NOLA (1984, 1923): Sapienza 38 (1985) 242-244 = Stancati, T.

R 784 *Iohannes Chrysostomus* ed. A. PIÉDAGNEL (1981/82, 2152): StSR 8 (1984) 205 = Simonetti, M. – PrOrChr 34 (1984) 366 = Ternant, P. – RAgEsp 26 (1985) 491 = Sabugal, S. – RHR 202 (1985) 316-317 = Le Boulluec, A. – BLE 86 (1985) 67-68 = Crouzel, H. – ReSR 59 (1985) 67-68 = Canévet, M. – BijFTh 47 (1986) 216-217 = Declerck, J.

R 785 *Iohannes Chrysostomus* edd. M.A. SCHATKIN; P.W. HARKINS (1985/87, 4158): AB 103 (1985) 423 = Halkin, F. – NRTh 108 (1986) 276 = Harvengt, A. – ThSt 47 (1986) 558-559 = Cunningham, A. – EThL 62 (1986) 447 = Halleux, A. de – PrincBul 8,1 (1987) 88-89 = Ettlinger, G.H. – JThS 38 (1987) 534-536 = Young – RelStud 13 (1987) 76 = Wilken, R.L. – GrOrthThR 32 (1987) 216-219 = Bebis, G.S.

R 786 *Iohannes Chrysostomus* ed. S.R. SHORE (1983, 1516): ChH 54 (1985) 93-94 = Gorday, P.J.

R 787 *Iohannes Chrysostomus* edd. S.R. SHORE; E. CLARK (1984, 1922): RelStR 11 (1985) 197 = Hunter, D.G.

R 788 *Iohannes Chrysostomus* trad. P. SOLLERS et D. ELLUL (1981/82, 882): RHR 204 (1987) 95-96 = Nautin, P.

R 789 *Iohannes Chrysostomus* edd. N.M. VAPORIS et al. (1985/87, 4161): PBR 5 (1986) 64-65 = Rexine, J.E.

R 790 *Pseudo-Iohannes Chrysostomus* ed. G.M. BROWNE (1984, 1964): JThS 36 (1985) 493 = Plumley, J.M. – OrChrP 51 (1985) 210 = Poggi, V. – EThL 61 (1985) 409 = Halleux, A. de – BSOAS 48 (1985) 613 = Brock, S.P. – Mu 99 (1986) 186-187 = Janssens, Y. – BiblOr 43 (1986) 104-109 = Satzinger, H.

R 791 *Iohannes Climacus* edd. C. LUIBHÉID; N. RUSSELL (1981/82, 2198): TAik 4 (1984) 321 = Teinonen, S.A. – SJTh 38 (1985) 268-270 = Lash, S. – HeythropJ 27 (1986) 317-318 = Munitiz, J.A.

R 792 *Iohannes Damascenus* ed. L. SADNIK (1981/82, 2204; 1984, 1982-1984): Byslav 47 (1986) 47-51 = Bláhová, E.

R 793 *Iohannes Damascenus* ed. G. RICHTER (1984, 2205): ThQ 166 (1986) 59-61 = Hünermann, P. – ZKTh 108 (1986) 354 = Lies, L.

R 794 *Iohannes Damascenus* ed. M. SPINELLI (1979/80, 1812): Marianum 46 (1984) 491-492 = Dattrino, L.

R 795 *Iohannes Moschus* ed. R. MAISANO (1981/82, 2218): Byzan 56 (1986) 505-506 = Sansterre, J.-M.

R 796 *Iohannes Philoponus* ed. L.W. DALY (1983, 1563): AtPavia 63 (1985) 242-244 = Montanari, F. – Sp 60 (1985) 418-420 = Baldwin, B. – ByZ 79 (1986) 348-351 = Theodoridis, C. – CR 36 (1986) 150 = Cunningham, I.C. – REG 100 (1987) 530-531 = Schneider

R 797 *Iohannes Philoponus* ed. C. WILDBERG (1985/87, 4263): Renaissance Quarterly (New York) 40 (1987) 413

R 798 *Ireland and Europe* edd. P. NI CHATHAIN; M. RICHTER (1984, 157): KH 92 (1985) 938-944 = Strzelczyk, J. – ZKG 96 (1985) 36-37 = Hennig, J. – ECelt 23 (1986) 350-353 = Lambert, P.-Y. – HJ 106 (1986) 443-445 = Herbers, K. – DA 42 (1986) 295-296 = Schieffer, R. – HZ 243 (1986) 170-171 = Staab, F. – Rottenburger Jahrbuch für Kirchengeschichte (Sigmaringen) 5 (1986) 400-401 = Eberl, I. – ZRGG 38 (1986) 277-279 = Kluxen, K.

R 799 *Die Iren und Europa im frühen Mittelalter* ed. H. LÖWE (1981/82, 218): Peritia 5 (1986) 445-452 = O Cróinín, D.

R 800 *Irenaeus Lugdunensis* edd. A. ROUSSEAU; L. DOUTRELEAU (1979/80, 1826.1827): ETrin 19 (1985) 237-238 = Silanes, N.

R 801 *Irenaeus Lugdunensis* edd. A. ROUSSEAU; L. DOUTRELEAU (1981/82, 2227): ThLZ 110 (1985) 836-837 = Winkelmann – RBPh 63 (1985) 125-126 = Evenepoel – ACl 54 (1985) 418-419 = Verheijen – Latomus 45 (1986) 452-453 = Duval

R 802 *Irenaeus Lugdunensis* ed. H.U. VON BALTHASAR (1981/82, 2226): ZKTh 108 (1986) 211 = Lies

R 803 *Irenaeus Lugdunensis* ed. E. PERETTO (1981/82, 2228): ZKTh 108 (1986) 211 = Lies

R 804 *Irenaeus Lugdunensis* ed. A. ROUSSEAU (1984, 2017): NRTh 108 (1986) 274 = Martin

R 805 *Irland und die Christenheit* cur. P. NI CHATHAIN; M. RICHTER (1985/87, 289): Seanchas Ard Mhacha (Maynooth, Irland) 12,2 (1987) 271 = O Muirí, R.

R 806 *Isaac Ninivita* (1984, 2037): PBR 5 (1986) 66-67 = Tsirpanlis, C.N. – CHR 73 (1987) 254-255 = Tsirpanlis, C.N. – ColCist 49 (1987) 201-202 = Allchin, A.M.

R 807 *Isaac Ninivita* ed. P. BETTIOLO (1985/87, 4332): Mu 99 (1986) 208-209 = Halleux, A. de

R 808 *Isaac Ninivita* edd. M. GALLO; P. BETTIOLO (1984, 2036): OrChrP 51 (1985) 193 = Poggi, V. – Irénikon 59 (1986) 295 = Lanne, E.

R 809 *Isaac Ninivita* ed. J. TOURAILLE (1981/82, 2251): RPL 82 (1984) 270-271 = Deschepper, J.-P.

R 810 *Isaia* ed. M. PESCE (1983, 624): RSLR 22 (1986) 532-539 = Cirillo – RThL 18 (1987) 497 = Denis

R 811 *Isaïe expliqué par les Pères* edd. J. MILLET; J. LEGÉE et al. (1983, 2538): RThPh 117 (1985) 64 = Junod

R 812 *Iscrizioni cristiane a Roma – Testimonianze di vita cristiana (secoli III-VII)* ed. C. CARLETTI (1985/87, 758): AB 105 (1987) 451-452 = Halkin, F.

R 813 *Isidorus Hispalensis* ed. J. ANDRÉ (1981/82, 2253): ZRPh 101 (1985) 519 = Baldinger – Euphrosyne 14 (1986) 260-261 = Nascimento, A.A.

R 814 *Isidorus Hispalensis* ed. J. ANDRÉ (1985/87, 4341): StMon 28 (1986) 395 = Olivar, A. – MH 44 (1987) 293 = Paschoud – Euphrosyne 15 (1987) 380-381 = Nascimento – BStudLat 17 (1987) 164 = Salemme, C. – Anthropozoologica 7 (1987) 17-19 = Bodson, L.

R 815 *Isidorus Hispalensis* ed. P. CAZIER (1984, 2043): REA 31 (1985) 383

R 816 *Isidorus Hispalensis* ed. C. CHAPARRO GOMEZ (1985/87, 4342): Euphrosyne 14 (1986) 252-253 = Nascimento, A.A. – Helmántica 37 (1986) 407-408 = Ortall – BStudLat 16 (1986) 142-143 = Salemme, C. – NRTh 108 (1986) 624 = Roisel, V. – REL 64 (1986) 258-260 = Cazier, P. – Gn 59 (1987) 275-276 = Bouhot – REA 33 (1987) 195-197 = Dolbeau, F.

R 817 *Isidorus Hispalensis* ed. P.K. MARSHALL (1984, 2041): REL 62 (1984) 454-457 = Holtz, L. – DA 41 (1985) 617-618 = Silagi, G. – QM 19 (1985) 261 = Carella, M. – REA 31 (1985) 104-105 = Cazier, P. – MH 42 (1985) 365 = Paschoud – StMon 27 (1985) 177 = Olivar, A. – RH 274 (1985) 567-568 = Tilliette – Euphrosyne 14 (1986) 260-261 = Nascimento, A.A.

R 818 *Isidorus Hispalensis* edd. J. OROZ RETA; M.A. MARCOS CASQUERO; M.C. DIAZ Y DIAZ (1981/82, 2254; 1983, 1586): RBS 12 (1983) [1985] 219-220 = Linage Conde, A. – StMon 27 (1985) 177-178 = Olivar, A. – BTAM 13 (1985) 757 = Silvestre, H. – REA 31 (1985) 100-103 = Fontaine, J. – Helmántica 36 (1985) 476-477 = Ortall, J. – EJos 39 (1985) 122 = Carrasco, A. – BLE 86 (1985) 71-73 = Crouzel, H. – Augustinus 30 (1985) 204-205 = Merino – Paideia 42 (1987) 296-300 = Grilli – AnzAlt 40 (1987) 52-53 = Bauer, J.B.

R 819 *Isidorus Hispalensis* ed. M. REYDELLET (1984, 2042): REA 31 (1985) 105 = Cazier, P. – Euphrosyne 14 (1986) 260-261 = Nascimento, A.A. – Helmántica 38 (1986) 407 = Ortall – AtPavia 64 (1986) 284-285 = Gasti, F. – Gn 59 (1987) 163-165 = Bouhot, J.-P. – RPh 61 (1987) = Flobert

R 820 *Iulianus Imperator* edd. C. PRATO; A. FORNARO (1985/87, 4388): Emérita 55 (1987) 356-357 = Fernández

R 821 *Iulianus Imperator* edd. C. PRATO; A. MARCONE (1985/87, 4387): RSCI 41 (1987) 511-514 = Penati Bernardini

R 822 JACKSON, H.M. (1985/87, 6643): Salmant 34 (1987) 99-102 = Trevijano Etcheverría, R. – EThL 63 (1987) 403 = Lust

R 823 JACOBS, M. (1985/87, 760): ThRe 83 (1987) 466-468 = Gessel

R 824 JACOBS, U.K. (1985/87, 3005): SDHI 53 (1987) 467-471 = Frezza – RBen 97 (1987) 353

R 825 JANINI, J. (1979/80, 512): Euphrosyne 13 (1985) 272 = Nascimento, A.A.

R 826 JANVIER, Y. (1981/82, 2518): ACl 54 (1985) 429-430 = Dierkens – CR 35 (1985) 193 = Alonso-Núñez, J.M. – Helmántica 36 (1985) 335-336 = Oroz Reta, J. – Latomus 44 (1985) 440-441 = Godefroid, P. – AnzAlt 40 (1987) 50-52 = Parroni – RBPh 65 (1987) 176-178 = Savon, H.

R 827 JASPERT, B. (1981/82, 3315): ZKG 96 (1985) 408-412 = Mohr

R 828 JASPERT, B. (1983, 1092): ZKG 96 (1985) 137 = Haacke, H. – NRTh 107 (1985) 150 = Renard, L.J. – RBen 95 (1985) 16* = Ledoyen, H. – RSCI 39 (1985) 581 = Paravicini Bagliani, A. – BTAM 14 (1986) 32 = Sonneville, H. – Benedictina 34 (1987) 300-301 = Lorenzi, L. de

R 829 JAY, P. (1985/87, 4019): ChH 55 (1986) 359-360 = Eno – FZPT 33 (1986) 269-275 = Barthélemy, D. – RSPhTh 70 (1986) 611-613 = Durand, G.-M. de – JEcclH 37 (1986) 485 = Markus, R.A. – ArGran 49 (1986) 406 = Segovia, A. – RSLR 23 (1987) 482-486 = Simonetti – RBen 97 (1987) 142-143 = Bogaert – VigChr 41 (1987) 293-296 = Boeft, J.den – REL 65 (1987) 397-399 = Savon

R 830 *Jenseitsvorstellungen in Antike und Christentum. Gedenkschrift für Alfred Stuiber.* edd. T. KLAUSER; E. DASSMANN; K. THRAEDE (1981/82, 219): CHR 71 (1985) 444-445 = Eno, R.B. – Gn 59 (1987) 749-750 = Buchheit

R 831 JERPHAGNON, L. (1984, 519): RThPh 117 (1985) 65 = Junod, E. – RBPh 63 (1985) 199-200 = Lambrechts, M.-C.

R 832 JERPHAGNON, L. (1985/87, 4406): RHPhR 66 (1986) 355 = Chalaye, F. – BulBudé (1986) 314 = Bouffartique, J. – Diotima 14 (1986) 202-203 = Goula-Mitacou – LEC 55 (1987) 232 = Wankenne, A. – ArSR 32 (1987) 257 = Dubois, J.D. – RHR

204 (1987) 296-297 = Turcan – KoinNapoli 11 (1987) 138-139 = Criscuolo – RThPh 119 (1987) 396-397 = Junod – REAnc 89 (1987) 125-126 = Schouler, B.

R 833 *Jewish and Christian self-definition, III* edd. B.F. MEYER; E.P. SANDERS (1983, 135): JBL 104 (1985) 746-747 = Furnish – JThS 36 (1985) 470-471 = Armstrong, A.H. – RelStR 11 (1985) 411 = Gager, J.G. – HeythropJ 26 (1985) 436-437 = Hall, S.G.

R 834 JIMENEZ GARNICA, A.M. (1983, 311): AHDE 55 (1985) 894-895 = Bravo Lira – Klio 68 (1986) 255-262 = Reimer, H.

R 835 JOLY, R. (1985/87, 6085): REA 33 (1987) 384-385 = Madec, G.

R 836 JONG, M. DE (1985/87, 6381): ArSR 31 (1986) 258-259 = Frijhoff, W. – RHE 82 (1987) 478-479 = Daly, P.H. – BTAM 14 (1987) 244 = Daly, P.H.

R 837 JUNDZIŁŁ, J. (1984, 836): Revue Numismatique (Paris) 27 (1985) 231 = Callu – Eos 74 (1986) 159-163 = Pankiewicz

R 838 JUNOD, E.; KAESTLI, J.-D. (1981/82, 838): REA 30 (1984) 146-147 = Monat, P. – REB 42 (1984) 320-321 = Darrouzès, J. – EtThR 60 (1985) 463 = Dubois, J.-D. – BijFTh 46 (1985) 93 = Tison, J.-M. – JEcclH 36 (1985) 672 = Hall, S.G. – SecCent 5 (1985/86) 245-247 = MacDonald, D.R. – ThRe 82 (1986) 121-122 = Brox, N.

R 839 JUST, C.M.; COLOMBAS, G.M. (1983, 1093): RBS 10-11 (1981-1982 ersch. 1984) 329 = Jaspert, B.

R 840 KAISER, P. (1981/82, 3238): ThPh 60 (1985) 598-599 = Höhn

R 841 KAMPLING, R. (1984, 3287): RHPhR 66 (1986) 352-353 = Doignon, J. – JES 23 (1986) 682-683 = Wyschogrod, M. – Salesianum 47 (1985) 322 = Vicent – ZKG 98 (1987) 441-442 = Hauschild

R 842 KANNENGIESSER, C. (1983, 769): SelLib 22 (1985) 127-128 = Vives, J. – EE 60 (1985) 365-366 = Granado, C. – RHE 80 (1985) 297-298 = Halleux, A. de – Salmant 31 (1985) 370-372 = Trevijano, R. – JThS 36 (1985) 220-229 = Stead, C. – ThSt 46 (1985) 144-146 = Slusser, M. – CrSt 6 (1985) 405-408 = Mühlenberg, E. – BLE 86 (1985) 229 = Crouzel, H. – RThPh 117 (1985) 232-233 = Morard – ByZ 79 (1986) 58-59 = Stockmeier, P.

R 843 KARAYANNOPOULOS, J.; WEISS, G. (1984, 233): HZ 240 (1985) 151-153 = Schreiner, P. – JÖB 35 (1985) 281-285 = Koder, J. – RESE 23 (1985) 268-270 = Mihăescu – Klio 68 (1986) 625-629 = Brandes, W. – RHR 203 (1986) 444-446 = Cazacu, M.

R 844 KARDONG, T. (1984, 1360): StMon 28 (1986) 198-199 = Soler, J.M.

R 845   KARPP, H. (1983, 118): BLE 86 (1985) 225-226 = Crouzel

R 846   KASCH, E. (1979/80, 477): RBS 10/11 (1981/82) [1984] 211* = Jaspert, B.

R 847   KATAKA, L. (1985/87, 2477): REL 65 (1987) 399-400 = Doignon

R 848   KAWERAU, P. (1983, 313): Orpheus 6 (1985) 209-211 = Martorana, S.

R 849   KEE, A. (1981/82, 456): HeythropJ 26 (1985) 77-78 = Cameron, A.

R 850   KEE, H.C. (1983, 201): GrOrthThR 29 (1984) 421-424 = Rexine, J. – CR 35 (1985) 202-203 = Beard, M. – JRS 75 (1985) 267-268 = Wood, I.N. – The Historian (Toldeo, O.) 48 (1985) 91-92 = Russell, J.B. – JEcclH 36 (1985) 114-115 = Wardman – Gn 57 (1985) 367-369 = Wischmeyer – Bibl 66 (1985) 267-269 = Brenk – JR 65 (1985) 449 = Grant – JBL 105 (1986) 150-152 = Elliott – CrSt 7 (1986) 608-609 = Brox, N. – Mn 40 (1987) 467-469 = Horst, van der – LEC 55 (1987) 448-449 = Jacques – HeythropJ 28 (1987) 222-223 = Hall, S.G.

R 851   KELLY, H.A. (1985/87, 5649): OrChr 71 (1987) 230-232 = Winkler – OrChrP 53 (1987) 232-233 = Winkler, G. – JThS 38 (1987) 221-223 = Yarnold, E.J. – JEcclH 38 (1987) 327 = Moreton, M.

R 852   KELLY, J.N.D. (1985/87, 442): DA 43 (1987) 211 = Fuhrmann, H. – RHE 82 (1987) 179 = McQuillan, G. – New Blackfriars (Oxford) 68 (1987) Nichols, A.

R 853   KEMPF, F. (1985/87, 775): AHP 24 (1986) 471

R 854   KENDALL, B.; THOMSON, R.W. (1984, 1554): Mu 99 (1986) 214-216 = Coulie, B.

R 855   KENNEDY, G. (1983, 316): AncPhil 4 (1984) 254-255 = Barnes – PhRh 18 (1985) 123-127 = Murphy, J.J. – ClPh 80 (1985) 381-385 = Kustas, G.L. – CHR 71 (1985) 578-579 = Halton, T. – QJS 71 (1985) 501-503 = Volpe – ResPL 9 (1986) 268-271 = Milazzo – HeythropJ 27 (1986) 315-316 = Meredith, A. – JHS 106 (1986) 270-271 = Cunningham, M.B.

R 856   KER, N.R. (1985/87, 1343): Review of English Studies (Oxford) 38 (1987) 235-236 Ogilvie-Thomason, S.J. – Sc 41 (1987) 162-166 = Garand, M.-C.

R 857   KERESZTES, P. (1981/82, 459): Mn 39 (1986) 221-223 = Broek, R. van den

R 858   KERLOUEGAN, F. (1985/87, 3676): REL 65 (1987) 407-409 = Duval, Y.-M.

R 859   KIEFER, R. (1984, 3311): ThLZ 110 (1985) 289-290 = Schenk

R 860   KILPATRICK, G.D. (1983, 2102): BiZ 29 (1985) 148 = Klauck – NovTest 28 (1986) 94-95 = Elliott

R 861 *Aus Kirche und Reich* ed. H. MORDEK (1983, 119): HistPolB
32 (1984) 293-294 = Schwaiger, G. – AHP 22 (1984) 407-410
= Rabikauskas, P. – RBen 95 (1985) 360-361 = P.V. – OrChrP
51 (1985) 216-218 = Vries, W. de – ChH 54 (1985) 231-232 =
Morissey, T.E. – RHE 80 (1985) 490-492 = Platelle, H. – DA
41 (1985) 564-568 = Jasper, D. – Francia 13 (1985) 702-705 =
Seibert, H. – RSCI 40 (1986) 611; 616-618; 675-676 = Mazzu-
coni, D. – DLZ 107 (1986) 410-413 = Töpfer, B. – BLE 87
(1986) 151-152 = Legasse, S. – JEcclH 38 (1987) 149 = Reuter,
T.

R 862 *Klassiker der Theologie* edd. H. FRIES; G. KRETSCHMAR
(1981/82, 222): ThLZ 110 (1985) 607-609 = Koch, E. – EtThR
60 (1985) 309-310 = Klein, J.L. – ZRGG 39 (1987) 91-92 =
Kantzenbach, F.W.

R 863 KLAUSER, T. (1981/82, 40): QL 66 (1985) 96-98 = Doren, R.
van

R 864 KLEIN, R. (1977/78, 390): Helmántica 36 (1985) 128-129 =
Amigo, L. – Gn 58 (1986) 184-185 = Martin, J.

R 865 KLEINER, S. (1985/87, 3014): StMon 27 (1985) 417 = Badia, B.

R 866 KLINGSHIRN, W.E. (1985/87, 3133): DissAbstr 46 (1986)
3831 A

R 867 KLOCK, C. (1985/87, 3909): WSt 100 (1987) 338-339 =
Weber, D.

R 868 KO HA FONG, M. (1984, 3279): ThRe 81 (1985) 471 =
Geerlings – JEcclH 37 (1986) 482-483 = Bonner, G. – RSPhTh
70 (1986) 603-604 = Durand, G.-M. de – VigChr 40 (1986)
307-309 = Reijners, G.Q. – EE 61 (1986) 444-445 = Granado
Bellido, C.

R 869 KOCH-PETERS, D. (1984, 2232): BJ 185 (1985) 633-636 =
Lippold, A. – Gn 57 (1985) 390-392 = Goetz, H.-W. – LEC 55
(1987) 233 = Alonso-Núñez, J.M.

R 870 *Der Kölner Mani-Kodex* edd. L. KOENEN; C. ROEMER
(1985/87, 6649): CE 62 (1987) 258-259

R 871 KÖNIG, D. (1985/87, 6387): ColCist 49 (1987) 178-180 =
Vogüé, A. de – ThLZ 112 (1987) 278-279 = Haendler, G.

R 872 KÖRTNER, U.H.J. (1983, 1774): ThRe 81 (1985) 378-379 =
Baumeister – NTT 86 (1985) 42-43 = Norderval, Ø. – JAC 29
(1986) 192-194 = Lampe, P. – Salmant 33 (1986) 129-131 =
Trevijano Etcheverría, R. – SelLib 23 (1986) 260-261 = Boada,
J. – ThLZ 112 (1987) 275-278 = Rohde, J.

R 873 KOLDEWEIJ, A.M. (1985/87, 5478): ArSR 31 (1986) 277-278
= Frijhoff, W.

R 874 KOLTA, K.S. (1985/87, 786): OrChr 70 (1986) 223-224 =
Kessler, D. – OstkiSt 35 (1986) 207 = Tretter

R 875 *Vollständige Konkordanz zum griechischen Neuen Testament,*
Lief. 13-14 ed. K. ALAND (1983, 219): RBen 96 (1986) 356 =
Poswick

R 876 KORAKIDES, A. (1984, 2504): AB 103 (1985) 205-206 =
Halkin, F.

R 877 KRAFT, H. (1981/82, 467): SEÅ 50 (1985) 172-175 = Larsson,
E.

R 878 KRAMER, G.H. (1983, 734): TG 98 (1985) 79-80 = Smulders,
P. – Gn 57 (1985) 23-26 = Kraft, H.

R 879 KRAUTHEIMER, R. (1983, 325): ArchN 13 (1984) 89-91 =
Roessel – AHR 90 (1985) 399 = Armstrong, G.T. – RelStR 11
(1985) 195-196 = Countryman, L.W. – CHR 71 (1985)
584-587 = Kleinbauer, W.E. – Erytheia 8 (1987) 336-338 =
Fernández, G.

R 880 KRAUTSCHICK, S. (1983, 1168): MIÖGF 93 (1985) 151-153
= Weißensteiner, J. – Sp 60 (1985) 989-991 = Goffart, W. –
ByZ 78 (1985) 380-383 = Hermann-Otto, E. – Gn 58 (1986)
374-376 = O'Donnell, J.J. – Gy 93 (1986) 329-330 = Klein –
Latomus 45 (1986) 675-676 = Barnish, S.J.B.

R 881 KRETSCHMAR, G. (1985/87, 6925): ThLZ 111 (1986)
608-609 = Maier

R 882 KRIEGBAUM, B. (1985/87, 789): RiAC 62 (1986) 377-381 =
Saxer – ThSt 48 (1987) 586-587 = Eno, R.B. – ZKTh 109
(1987) 224 = Kern, W. – JThS 38 (1987) 527-530 = Frend –
Greg 68 (1987) 462-463 – RQ 82 (1987) 272-274 = Frohnhofen

R 883 KRUPP, R.A. (1984, 1942): GrOrthThR 29 (1984) 426-427 =
Papademetriou, G.C. – JETS 29 (1986) 226-227 = Dunbar,
D.G.

R 884 KÜNZLE, B.O. (1984, 663): BijFTh 47 (1986) 329 = Parmentier, M. – JThS 38 (1987) 178-184 = Cowe, S.P.

R 885 KÜRZINGER, J. (1983, 1775): SEÅ 50 (1985) 179-180 =
Ekenberg, A. – ThRe 81 (1985) 27 = Knoch – OrChrP 51
(1985) 471-472 = Esbroeck, van – CrSt 7 (1986) 553-563 =
Cirillo, L.

R 886 KUGEL, J.L.; GREER, R.A. (1985/87, 6783): ReExp 83 (1986)
632-633 = Hinson, E.G. – Cross 36 (1986) 230-233 = Perkins,
P. – ChH 56 (1987) 102 = Armstrong, G.T. – JAAR 55 (1987)
605-607 = Black, C.C. – CBQ 49 (1987) 508-509 = Danker,
F.W. – ThT 43 (1987) 600-601 = Metzger, B.M. – Interp 41
(1987) 310 = Murphy, R.E. – JR 67 (1987) 538-539 = New-
som, C.A. – Currents in Theology and Mission (Chicago, Ill.)
14 (1987) 63-64 = Rorem, P. – ThSt 48 (1987) 537-538 =
Wilken, R.L.

R 887 *Kultura Vizantii ... (= Die Kultur von Byzanz ...)* ed. Z.V.
UDAL'COVA (1984, 159): VopIst 1985,10 132-135 = Kar-
pov – JÖB 36 (1986) 344-347 = Tinnefeld, F. – StaroLit 19
(1986) 140-144 = Velkovska, Elena

R 888 KUNTZMANN, R.; DUBOIS, J.D. (1985/87, 6658): ThQ 167
(1987) 216-222 = Vogt, H.J.

R 889 KURZ, R. (1979/80, 884): BTAM 13 (1985) 736-737 = Silvestre, H.

R 890 KUTTNER, S.; ELZE, R. (1985/87, 444): RHDFE 65 (1987)
257-258 = Gaudemet, J.

R 891 *Lactantius* ed. J.L. CREED (1984, 2088): LCM 10,6 (1985)
85-89 = Nixon, C.E.V. – JThS 36 (1985) 476-477 = Winterbottom, M. – GR 32 (1985) 229 = Walcot, P. – BijFTh 47 (1986)
75 = Parmentier, M. – WSt 20 N.F. = 99 (1986) 300 = Zelzer,
M. – CR 36 (1986) 246-247 = Nicholson – Ha 140 (1986)
88-89 = Finan – ACl 55 (1986) 475 = Verheijen – Gn 59
(1987) 162-163 = Ehlers – Latomus 46 (1987) 625-626 =
Verdière

R 892 *Lactantius* ed. C. INGREMEAU (1981/82, 2296): PrOrChr 34
(1984) 196 = Ternant, P. – Helmántica 36 (1985) 145-146 =
Oroz Reta, J. – Gn 57 (1985) 145-148 = Heck, E. – ACl 54
(1985) 420-421 = Verheijen – Maia 37 (1985) 90-91 = Giovannini – RBPh 63 (1985) 187-188 = Testard – Laval 41 (1985)
266-267 = Poirier, P.H.

R 893 *Lactantius* ed. P. MONAT (1985/87, 4476): Irénikon 59 (1986)
439 = Lanne, E. – MSR 43 (1986) 168-170 = Spanneut, M. –
Compostellanum 32 (1987) 336-337 = Romero Pose, E. – AB
104 (1986) 460 = Fenoyl, de – VetChr 24 (1987) 448-449 =
Girardi – NRTh 109 (1987) 450-451 = Harvengt – RHPhR 67
(1987) 301-302 = Maraval

R 894 LÄPPLE, A. (1985/87, 795): AHP 25 (1987) 465

R 895 LAFONTAINE, G.; COULIE, B. (1983, 1385): Mu 98 (1985)
234-237 = Halleux, A. de

R 896 *Il laicato nella Bibbia e nella storia* ed. P. VANZAN (1985/87,
3695): CC 3 (1987) 90-91 = Giachi, G.

R 897 LAMIRANDE, E. (1983, 1784): EE 60 (1985) 497-498 =
Borrás – RThPh 117 (1985) 66 = Junod, E. – EtThR 60 (1985)
457 = Dubois, J.-D. – SR 14 (1985) 248-250 = Boglioni, P. –
RSCI 39 (1985) 534-537 = Polverini, L. – CrSt 7 (1986)
396-398 = Giannarelli, E. – ArSR 31 (1986) 278-279 = Dubois,
J.-D. –

R 898 LAMPE, P. (1985/87, 797): AugR 27 (1987) 641-643 = Grech,
P.

R 899 LAMPSIDIS, O. (1984, 2512): REB 43 (1985) 268-269 = Darrouzès, J.

R 900 *Landévennec et le monachisme breton dans le haut Moyen Age* (1985/87, 6396): ECelt 24 (1987) 346-347 = Fleuriot, L.

R 901 LANGA, P. (1984, 1149): EAgEsp 20 (1985) 153-154 = Cilleruelo, L. – Teología 22 (1985) 199 = Glinka, L. – ScTh 17 (1985) 952-956 = Ramos-Lissón, D. – Salesianum 48 (1986) 172-173 = Amata – Augustinus 31 (1986) 405-407 = Fiestas – NRTh 108 (1986) 607 = Roisel – Salmant 33 (1986) 137-139 = Aznar, F.R. – Burgense 27 (1986) 575-576 = Martín, T. – REDC 43 (1986) 318-320 = Aznar, F.R. – StudiumM 26 (1986) 548 = Martí, J.M. – StLeg 27 (1986) 281-282 = Trobajo, A. – Compostellanum 31 (1986) 290-291 = Romero Pose, E. – CD 102 (1986) 147 = Alvarez Turienzo, S. – CT 113 (1986) 154-155 = Bandera, A. – Stromata 42 (1986) 272-273 = Weismann, F.J.

R 902 LAPIDGE, M.; SHARPE, R. (1985/87, 160): Peritia 5 (1986) 422-427 = Herren, M. – CMCS 12 (1986) 122-124 = Breatnach, P.A. – ECelt 24 (1987) 347-348 = Fleuriot, L. – Sc 41 (1987) 175-177 = Silvestre, H.

R 903 LAPORTE, J. (1981/82, 473): JEcclH 36 (1985) 139-140 = Bonner, G. – SecCent 5 (1985/86) 55-57 = Angelo, M.R. D'

R 904 LAPORTE, J. (1983, 462): ThSt 46 (1985) 389 = Kilmartin

R 905 LARDREAU, G. (1985/87, 4905): RSPhTh 70 (1986) 620-623 = Durand, G.-M. de – OrChrP 53 (1987) 485-487 = Albert, Micheline

R 906 *Later Greek Literature* edd. J.J. WINKLER; G. WILLIAMS (1981/82, 224): ACl 54 (1985) 371 = Nachtergael, G.

R 907 LATHAM, J.E. (1983, 691): Augustinus 30 (1985) 414-415 = Anoz – ThRe 82 (1986) 372-373 = Bauer

R 908 *Latin vulgaire – Latin tardif* ed. J. HERMAN (1985/87, 296): StMe 28 (1987) 1066-167

R 909 LAURANCE, J.D. (1984, 1526): ExpT 96 (1984-1985) 350 = Young, F.M. – Salesianum 48 (1986) 730-732 = Triacca – HeythropJ 28 (1987) 324-325 = McGuckin, J.

R 910 LAVAGNINI, B. (1984, 841): Byzan 55 (1985) 594 = Devriendt

R 911 LAWLESS, G. (1985/87, 2508): StMon 29 (1987) 384 = Badia

R 912 LE BOULLUEC, A. (1985/87, 6089): Mu 99 (1986) 362-366 = Halleux, A. de – ChH 55 (1986) 505-506 = Grant, R.M. – RSPhTh 70 (1986) 592-596 = Durand, G.-M. de – ThLZ 112 (1987) 364-365 = Diesner, H.J. – ThPh 62 (1987) 266-269 = Sieben – ThRe 83 (1987) 199-204 = Brox – RThPh 119 (1987) 390 = Morard

R 913 LE GOFF, J. (1984, 3110): JEcclH 36 (1985) 634-646 = Edwards, G.R. – RelStR 11 (1985) 407 = Engen, J. van – Canadian Journal of History (Saskatoon) 20 (1985) 410-411 = Callam, D. – MAev 56 (1987) 115-116 = Murray, A. – HeythropJ 28 (1987) 353-355 = Tanner, N.P.

R 914 LE GOFF, J. (1984, 3111): DA 41 (1985) 327-328 = Hartmann, W. – ThRe 82 (1986) 38-41 = Angenendt, A. – ThLZ 112 (1987) 50-52 = Koch, E.

R 915 LE GOFF, J. (1985/87, 6540): Communio 20 (1987) 254 = González Gómez, A.

R 916 LEANEY, A.R.C. (1985/87, 802): ExpT 96 (1985) 163-164 = Fairweather, I.C.M.; McDonald, I.H. – LEC 53 (1985) 516 = Leclercq, H. – Month 247 (1985) 278-279 = King, N. – New Blackfriars (London) 66 (1985) 552 = Pamment, M. – NRTh 107 (1985) 605-606 = Jacques, X. – RHR 203 (1986) 431-432 = Caquot – JAOS 107 (1987) 836-837 = Satran – ChH 55 (1986) 355-356 = Czerwinski

R 917 *Les leçons de Silvanos (NH VII,4)* ed. Y. JANSSENS (1983, 2417): RBi 92 (1985) 634-635 = Couroyer, B. – VigChr 39 (1985) 400-403 = Broek, R. van den – JThS 36 (1985) 460-462 = Wilson, R.M. – RHPhR 65 (1985) 328 = Bertrand, D.A. – Mu 99 (1986) 183-186 = Poirier, P.-H. – Greg 67 (1986) 569 = Orbe, A. – RHR 203 (1986) 439-440 = Nautin, P. – ThLZ 112 (1987) 109-113 = Schenke, H.-M.

R 918 LECOUTEUX, C. (1985/87, 3757): Annales (ESC) 42 (1987) 632-634 = Schmitt, J.-C.

R 919 LECUYER, J. (1983, 2103): Salmant 32 (1985) 119-120 = Blásquez, R.

R 920 LEE, T.-S. (1984, 524): LEC 54 (1986) 196 = Bodéus, R.

R 921 LEHNER, J. (1984, 1464): GR 32 (1985) 215 = Robertson, F. – MH 42 (1985) 364 = Paschoud – REL 63 (1985) 423 = L'Huillier – Gy 93 (1986) 555-556 = Heus – HZ 242 (1986) 133 = Schuller – AJPh 107 (1986) 445-446 = Rodgers – AtPavia 64 (1986) 541-542 = Marcone – CR 37 (1987) 184-186 = Hall

R 922 LEMERLE, P. (1985/87, 804): CR 37 (1987) 121 = Wilson, N.G.

R 923 LEPELLEY, C. I (1981/82, 476); II (1981/82, 392): RSLR 21 (1985) 137-141 = Roda

R 924 LERER, S. (1984, 1406): BStudLat 16 (1986) 275 – AJPh 108 (1987) 544-547 = Arieti – MHum 15 (1987) 189-192 = Witke

R 925 LETIZIA, F. (1984, 525): Augustinus 31 (1986) 395-396 = Rivera de Ventosa, E.

R 926 *Lettres des pères du désert* edd. B. OUTTIER et al. (1985/87, 1646): ColCist 48 (1986) 50-51 = G.C. – Mu 99 (1986) 369-370 = Fosse, M.-P. – OrChrP 52 (1986) 240-241 = Cattaneo, E. – NRTh 108 (1986) 466 = A.H. – REB 44 (1986) 292-293 = Darrouzès, J. – StMon 28 (1986) 195 = Badia

R 927 *Lexicon errorum interpretum Latinorum* ed. S. LUNDSTRÖM (1983, 221): ThLZ 110 (1985) 122-123 = Haendler, G. – ACl 55 (1986) 487 = Dubuisson – Latomus 45 (1986) 460-461 = Bartelink, G.J.M.

R 928 LEYSER, H. (1985/87, 808): ColCist 49 (1987) 229-230 = Clayton, M. – Welsh Historical Review (Cardiff) 13 (1986/87) 106-108 = Moore, R.I. – EHR 102 (1987) 701-702 = Holdsworth, C.

R 929 LIEBAERT, J. (1985/87, 1771): RHPhR 67 (1987) 307-308 = Maraval – RThom 37 (1987) 700-701 = Lauzière, M.-E. – REA 33 (1987) 306 = Fredouille, J.-C.

R 930 LIES, L. (1984, 2214): ThLZ 111 (1986) 374-376 = Kandler

R 931 LIES, L. (1985/87, 41): ThLZ 111 (1986) 609-612 = Kandler – ThRe 82 (1986) 396-398 = Feld – EThL 62 (1986) 441-443 = Halleux, A. de – ALW 28 (1986) 285-286 = Neunheuser, B.

R 932 LIEU, S.N.C. (1985/87, 6665): JRAS (1985) 311-312 = Wu-Shu, L. – Heresis 6 (1986) 80-81 = Duvernoy, J. – RelStR 12 (1986) 162 = TeSelle, E. – JEcclH 37 (1986) 622-623 = Frend, W.H.C. – King's Theological Review 9 (1986) 69-71 = Gardner, I. – Numen 33 (1986) 241-269 = Werblowski, R.J.Z. – JRS 76 (1986) 305-306 = Markus – ZRGG 38 (1986) 370-372 = Klimkeit, H.-J. – CR 37 (1987) 95-97 = Stroumsa, G.A.G. – JThS 38 (1987) 524-526 = Fox – BijFTh 48 (1987) 87 = Parmentier, W. – Vig Chr 41 (1987) 399-402 = Drijvers, H.J.W.

R 933 *The Life of Melania the Younger* ed. E.A. CLARK (1984, 2561): ChH 55 (1986) 87-88 = Frankforter, A.D. – ThSt 47 (1986) 190-191 = Callam, D. – JEcclH 37 (1987) 488-489 = Chadwick, H.

R 934 *The Life of Saint Nicholas of Sion* edd. I. ŠEVČENKO; N. PATTERSON ŠEVČENKO (1984, 2570): AB 103 (1985) 400 = Halkin – GrOrthThR 30 (1985) 489-492 = Chrysostomos, A. – Sob 8,2 (1986) 77-78 = Cunningham, M.B. – ThAthen 57 (1986) 691 = Paschos, P.B. – ChH 55 (1986) 361-362 = George – ByZ 80 (1987) 100 = Geerard, M. – StVlThQ 31 (1987) 261-263 = Rexine, J.E.

R 935 LILIENFELD, F. VON (1983, 123): ThLZ 110 (1985) 42-43 = Thümmel, H.G. – OrChrP 51 (1985) 194 = Špidlík, T. – ZKG 96 (1985) 220-221 = Rordorf, W.

R 936 LINAGE CONDE, A. (1975/76, 2837): RBS 10/11 (1981/82) [1984] 194-195 = Jaspert, B.

R 937 LINDESKOG, G. (1985/87, 812): SvTK 63 (1987) 75 = Johnson, B.

R 938 *Liturgie und Dichtung* 2 voll. edd. H. BECKER; R. KACZYNSKI (1983, 125): HlD 39 (1985) 92-93 = Faust, U. – Salesianum 47 (1985) 616-619 = Triacca, A.M.

R 939 *Liturgie, spiritualité, cultures* edd. A.M. TRIACCA; A. PISTOIA (1983, 127): Irénikon 58 (1985) 149-150 = P.V.

R 940 *The Lives of the Desert Fathers. The Historia monachorum in Aegypto* edd. N. RUSSELL; B. WARD (1981/82, 2121): RelStR 11 (1985) 297 = Wilken, R.L.

R 941 *Le Livre de Thomas (NH II,7)* ed. R. KUNTZMANN (1985/87, 6666): Mu 100 (1987) 428-429 = Janssens – ThQ 167 (1987) 216-222 = Vogt, H.J. – RPhTh 71 (1987) 570-573 = Durand, G.-M. de – OrChrP 53 (1987) 469-470 = Poggi, V. – VetChr 24 (1987) 453-454 = Desantis

R 942 LOI, V. (1984, 385): AugR 26 (1986) 584 = Peretto, E.

R 943 LOPEZ MARTIN, J. (1984, 2625): NatGrac 32 (1985) 89-90 = García, M. – ETrin 19 (1985) 249-250 = Miguel, J.M. de

R 944 LOPEZ MARTIN, J. (1984, 2729): ReBras 45 (1985) 643-644 = Silva, J.A. de – ETrin (1985) 249-250 = Miguel, M. de – AnVal 11 (1985) 161-162 = Sancho, J. – CT 114 (1987) 188-189 = Fernández, P.

R 945 LOUTH, A. (1981/82, 596): CHR 71 (1985) 449-450 = Dreyer, E.

R 946 LOZANO, S. (1979/80, 2382): BTAM 14 (1986) 11-12 = Verbruggen, D.

R 947 LOZANO SEBASTIAN, F.J. (1983, 1601): REA 31 (1985) 99-100 = Fontaine, J.

R 948 LUCIANI, E. (1981/82, 1284): Augustinus 31 (1986) 412-413 = Oroz Reta, J.

R 949 *Lucifer Calaritanus* ed. L. FERRERES (1981/82, 2323): Helmántica 36 (1985) 149-150 = Oroz Reta, J. – BStudLat 16 (1986) 147-148 = Polara, G. – Latomus 46 (1987) 896-897 = Bartelink, G.J.M. – ACl 56 (1987) 403-404 = Crahay, R.

R 950 LUDOVICI, E.S. (1979/80, 899): Gn 57 (1985) 284-285 = Andresen

R 951 LUDWIG, D.L. (1984, 2278): REA 33 (1987) 128-131 = Mutzenbecher, A.

R 952 LUIBHEID, C. (1983, 2208): RHE 80 (1985) 316 = Halleux, A. de

R 953 LUIS VIZCAINO, P. DE (1983, 908): Augustinus 31 (1986) 404-405 = Ortall

R 954 *Lukas-Kommentare aus der frühen Kirche* ed. J. REUSS (1984,
       3288): AC1 55 (1986) 474 = Joly – ThRe 83 (1987) 31 =
       Kilpatrick, G.D. – RHR 204 (1987) 91-93 = Le Boulluec, A.
R 955 LUNDSTRÖM, S. (1985/87, 4313): Sc 40 (1985) 138 – RBen
       96 (1986) 174-175 = Bogaert – Gn 58 (1986) 623-626 =
       Weissengruber – VigChr 40 (1986) 412-414 = Quispel, G. –
       REL 64 (1986) 241-243 = Fontaine, J. – AtPavia 65 (1987) 291
       = Frassinetti – RPh 61 (1987) 153-154 = Braun – AC1 56
       (1987) 399 = Joly, R.
R 956 LUTTIKHUIZEN, G.P. (1985/87, 1610): StSR 9 (1985)
       377-380 = Culianu – JStJ 17 (1986) 257-259 = Baumgarten –
       AugR 26 (1986) 580-581 = Peretto, E.
R 957 LYNCH, J.H. (1985/87, 6410): ZKG 98 (1987) 422-423 =
       Hanson, R.P.C. – Annales (ESC) 42 (1987) 705-707 – AHR 92
       (1987) 394-395 = Brindage, J.A. – Journal of the History of
       Medicine and Allied Sciences (New Haven, Conn.) 13 (1987) 80
R 958 LYONS, J.A. (1981/82, 2480): RHPhR 65 (1985) 324 = Bert-
       rand – RHR 203 (1986) 316-317 = Nautin
R 959 *Macarius/Symeon* ed. P. DESEILLE (1984, 2122): Irénikon 58
       (1985) 278-279 = M.G. – ColCist 47 (1985) 509-510 = Y.R.
R 960 *Macarius/Symeon* ed. R. STAATS (1984, 2121): Salesianum 46
       (1984) 849-850 = Riggi, C. – JThS 36 (1985) 229-230 =
       Chadwick, H. – RHE 81 (1986) 224-225 = Halleux, A. de –
       NRTh 108 (1986) 275 = Roisel, V. – BijFTh 47 (1986) 330-331
       = Parmentier, M. – ColCist 48 (1986) 65-66 = Desprez, V. –
       HeythropJ 28 (1987) 349-351 = Meredith, A.
R 961 *Macarius/Symeon* ed. J. TOURAILLE (1984, 2123): NRTh 107
       (1985) 634-635 = A.H. – ColCist 47 (1985) 510-511 = Y.R.
R 962 MACCORMACK, S.G. (1981/82, 482): AJPh 105 (1984)
       494-498 = McCormick, M. – REA 30 (1984) 163-165 =
       Dufraigne, P. – ClPh 79 (1984) 259-264 = Shelton, K.J. – CJ
       80 (1985) 366-368 = Woloch, G.M.
R 963 MACDONALD, D.R. (1984, 388): CrSt 6 (1985) 148-151 =
       Rordorf – ChH 54 (1985) 552 = Countryman
R 964 MACKIN, T. (1984, 2846): ThLZ 111 (1986) 616-619 = Stein
R 965 MACMULLEN, R. (1983, 329): JR 65 (1985) 448 = Grant,
       R.M. – Augustinus 31 (1986) 463-464 = Oroz, J.
R 966 MACMULLEN, R. (1984, 389): CHR 71 (1985) 448-449 =
       Frend, W.H.C. – GR 32 (1985) 228-229 = Walcot, P. – LEC
       53 (1985) 517-518 = F.-L.L. – CR 35 (1985) 335-337 =
       Hanson, R.P.C. – HistRevNB 13, 4 (1985) 84 = Rexine, J.E. –
       GrOrthThR 30 (1985) 91-92 = Rexine, J.E. – EMC 29 (1985)
       495-496 = Barnes – TLS 84 (1985) 379-380 = Chadwick –
       HistoryT 35 (1985) July 58 = McCulloch, K. – HZ 242 (1986)

392-393 = Klein – Phoenix 40 (1986) 235-238 = Elliott – JR 66 (1986) 363 = Hunter – History 71 (1986) 130 = Wright, D.F. – JAAR 54 (1986) 596-598 = Groh, D.E. – Sociological Analysis (Chicago) 47 (1986) 267-270 = Mueller, G.E. – Trinity Seminary Review 8 (1986) 102-103 = Schaaf, J.L. – ChH 55 (1986) 84-85 = Williams, R.L. – Fides et Historia (Manhattan, Kans.) 18 (1986) 65-71 = Ferngren, G.B. – CW 79 (1986) 277 = Corrington, G.P. – Nyt fra historien 35 (1986) 86 = C., E. – DR 105 (1987) 60-61 = Frend, W.H.C. – TSF Bulletin (Madison, Wis.) 10,5 (1987) 27-29 = Haas, C. – PrincBul 8,1 (1987) 86-88 = Kutcher, B.J. – ClPh 82 (1987) 81-85 = Drake – CJ 82 (1987) 162-163 = O'Brien

R 967 MAGAZZU, C. (1983, 1929): SMed 8 (1985) 123-127 = Messana, V.

R 968 MAGHERI CATALUCCIO, E. (1984, 2238): ByZ 78 (1985) 389-390 = Sansterre, J.-M. – PrOrChr 35 (1985) 223-224 = Ternant, P. – ColCist 47 (1985) 511-512 = Claire-Agnès, Sr. – JEcclH 36 (1985) 671-672 = Hall, S.G. – RHE 80 (1985) 634 = Halleux, A. de – StMon 27 (1985) 176 = Casajoana, J. – RThL 17 (1986) 92-93 = Halleux, A. de

R 969 MAGRIS, A. (1985/87, 1162): StSR 10 (1986) 330-333 = Procesi Xella, L. – RPL 85 (1987) 239-244 = Bodéus, R.

R 970 MAHE, J.-P. (1977/78, 2811): VigChr 39 (1985) 403-406 = Broek, R. van den – ThRe 82 (1986) 377-380 = Baumeister, T.

R 971 MAIER, G. (1981/82, 3581): AugR 26 (1986) 306-307 = Grech, P.

R 972 MAIER, J. (1981/82, 486): FS 67 (1985) 362-363 = Baumeister, T. – SvTK 62 (1986) 77-79 = Kronholm, T. – REJ 145 (1986) 188-189 = Hayoun

R 973 *Makarios-Symposion über das Böse* ed. W. STROTHMANN (1983, 130): OrChrP 50 (1984) 242 = Esbroeck, M. van – RSPhTh 69 (1985) 588-590 = Durand, G.-M. de – BijFTh 45 (1985) 94 = Parmentier, M.

R 974 MALASPINA, E. (1984, 2253): StSR 9 (1985) 167 = Navarra – BStudLat 15 (1985) 149-151 = Piscitelli Carpino, T. – Orpheus 6 (1985) 511-512 = Polara, G. – CR 36 (1986) 159 = Winterbottom, M. – Peritia 5 (1986) 419-422 = Hanson, R.P.C. – QM 23 (1987) 256-257 = Matrella, M.R.

R 975 MALASPINA, E. (1985/87, 4855): Peritia 5 (1986) 419-422 = Hanson, R.P.C.

R 976 MALHERBE, A.J. (1983, 330): Prudentia 17 (1985) 48-50 = Gilmour – ThEv 19 (1986) 78 = Roberts, J.H.

R 977 MALLARDO, D. (1985/87, 836): Rassegna stor. Salernit. 4 (1987) 275-276 = Amoretti, V.

R 978 MALLET, J.; THIBAUT, A. (1984, 635): RSCI 39 (1985)
       537-540 = Saxer – Orpheus 6 (1985) 221-222 = Ballaira, G. –
       Aevum 59 (1985) 414-416 = Ferrari – VigChr 39 (1985)
       203-204 = Dekkers – JEcclH 36 (1985) 487-488 = Reynolds –
       RHE 81 (1986) 147-152 = Nocent, A. – MLatJB 21 (1986) 265
       = Silagi

R 979 MALNORY, A. (1977/78, 1324): BTAM 13 (1985) 753 =
       Mathon, G.

R 980 *Der Mandäismus* ed. G. WIDENGREN (1983, 131): Mu 99
       (1986) 383 = Ries, J. – Numen 33 (1986) 241-269 = Werblow-
       ski, R.J.Z. – BLE 87 (1986) 233 = Dartigues, A.

R 981 MANDOUZE, A. (1981/82, 329): Gn 57 (1985) 719-725 = Eck,
       W. – RAgEsp 27 (1986) 638-640 = Langa, P.

R 982 MANGO, C. (1985/87, 841): JÖB 36 (1986) 347-349 = Hunger,
       H. – JHS 106 (1986) 265-266 = Cameron, A. – BMm 145
       (1987) 326 = Speiser, J.-M. – Erytheia 8 (1987) 339-340 =
       Ochoa Anadón, J.A.

R 983 MANNO, A.G. (1985/87, 3443): Filos 37 (1986) 269-270 =
       Capuano – MF 87 (1987) 442

R 984 MAPWAR, B. (1985/87, 3656): EThL 63 (1987) 39

R 985 MARAFIOTI, D. (1983, 910): JThS 36 (1985) 487-488 =
       Chadwick – Orpheus 6 (1985) 314-216 = Ferraro – EThL 61
       (1985) 202-203 = Etienne – ThPh 60 (1985) 592-594 = Sala –
       ArchPhilos 48 (1985) 479-480 = Solignac – Salmant 23 (1986)
       133-135 = Trevijano Etcheverría, R. – RAgEsp 27 (1986)
       631-632 = Langa, P. – Aevum 60 (1986) 177-178 = Scaglioni –
       Augustinus 31 (1986) 398-399 = Rivera de Ventosa, E. –
       ThXaver 36 (1986) 119 = Arenas, A. – BLE 87 (1986) 80 =
       Crouzel, H. – VigChr 40 (1986) 201-202 = Verheijen, L.M.J. –
       HeythropJ 28 (1987) 465-468 = Brinkman, B.R.

R 986 MARAVAL, P. (1985/87, 5799): BijFTh 47 (1985) 323-324 =
       Parmentier, M. – Irénikon 58 (1985) 437 = M.G. – OrChrP 51
       (1985) 444-445 = Esbroeck, M. van – ReSR 59 (1985) 273 =
       Munier – ByZ 79 (1985) 81-82 = Poggi, V. – RH 274 (1985)
       226-227 = Simon, M. – AB 103 (1985) 400-403 = Devos, P. –
       RThPh 118 (1986) 84-85 = Junod, E. – JThS 37 (1986)
       232-235 = Fowden, G. – ZKG 97 (1986) 281-282 = Blum,
       G.G. – ArSR 31 (1986) 299-300 = Dubois, J.D. – JEcclH 37
       (1986) 481-482 = Mayer, H.E. – ETrin 20 (1986) 210-211 =
       López Martín, J. – JÖB 36 (1986) 343-344 = Kislinger, E. –
       ThPh 61 (1986) 579-581 = Sieben – CRAI (1986) 59-60 =
       Guillaumont – BLE 87 (1986) 308-309 = Crouzel – StMe 27
       (1986) 163-170 = Perrone – Greg 67 (1986) 573-574 = Jans-
       sens, J. – RHE 82 (1987) 577-580 = Cangh, J.M. van – EThL

63 (1987) 177-178 = Halleux, A. de – CO 39 (1987) 270-271 = Burg, A. – Laval 43 (1987) 421-422 = Poirier – Memorie Domenicane (Firenze) 18 (1987) 431-432 = Bartolomei, M.

R 987 MARCONE, A. (1985/87, 845): Labeo 30 (1984) 105 = Pascale, de – APh 20 (1986) 260 = Solin – BStudLat 17 (1987) 157-159 = Salvo, de

R 988 MARCOTTE, J. (1984, 234): REA 31 (1985) 293 = Petit-mengin, P.

R 989 *Marcus Eremita* ed. O. HESSE (1985/87, 4550): RSPhTH 70 (1986) 618-620 = Durand, G.-M. de – BLE 88 (1987) 150-151 = Crouzel, H.

R 990 *Marcus Eremita* ed. K.T. WARE (1985/87, 4551): RSPhTh 70 (1986) 618-620 = Durand, G.-M. de – OrChrP 52 (1986) 226-227 = Poggi, V. – Irénikon 59 (1986) 143-144 = M.G. – REB 44 (1986) 292-293 = Darrouzès, J. – ColCist 48 (1986) 91-92 = N.G. – StMon 28 (1986) 198 = Martínez – BLE 88 (1987) 150-151 = Crouzel, H.

R 991 *Marcus Eremita* ed. F. DI ROSSI (1985/87, 4552): Orpheus 8 (1987) 475 = Romano

R 992 MARENBON, J. (1983, 429): Sp 60 (1985) 436-438 = Stengren, G.L. – TG 98 (1985) 80-81 = Bredero, A.H. – JHPh 23 (1985) 426-427 = Martinich, A.P. – ASI 143, no. 524 (1985) 315-316 = Caroti, S. – ChH 54 (1985) 386-387 = Monti, D.V. – TF 47 (1985) 662 = Delfgaauw, B. – RelStR 11 (1985) 299 = Gersh, S.

R 993 MARGERIE, B. DE (1981/82, 3509): REA 31 (1985) 173-174 = Duval, Y.-M. – EtThR 60 (1985) 308-309 = Dubois, J.D. – Augustinus 30 (1985) 401-404 = Anoz, J. – RThom 86 (1986) 496-499 = Leroy, M.-V.

R 994 MARGERIE, B. DE (1983, 2504; 2505): JThS 36 (1985) 231 = Evans – ThSt 46 (1985) 143-144 = Ettlinger – Salesianum 47 (1985) 318 = Fontana – BLE 86 (1985) 73 = Crouzel – Augustinus 30 (1985) 401-404 = Anoz – SelLib 22 (1985) 127 = Vergés, S. – Laval 42 (1986) 283 = Poitier

R 995 MARIN, M. (1981/82, 1296): CrSt 7 (1986) 609-611 = Scaglioni

R 996 *Marius Victorinus* ed. F. GORI (1981/82, 2335): Orpheus 7 (1986) 230-232 = Gallico

R 997 MARKUS, R.A. (1983, 132): ChH 55 (1986) 88-89 = Gallatin, H.K. – JÖB 36 (1986) 383-384 = Divjak, J.

R 998 MARROU, H.I. (1979/80, 358a): EF 86 (1985) 404-408 = Guerra Huertas, E.M.

R 999 MARROU, H.I. (1985/87, 850): Hispania 47 (1987) 1095-1096 = Domínguez Monedero, A.J.

R 1000 MARROU, H.I. (1985/87, 851): AHP 24 (1986) 456

R 1001 MARTIKAINEN, J. (1981/82, 3180): ZKTh 109 (1987) 104-105 = Lies, L.

R 1002 MARTIMORT, A.G. (1983, 2247): MaisonDieu 161 (1985) 154-156 = Evenou, J. – RHR 202 (1985) 319 = Dalmais, I.-H.

R 1003 MARTIMORT, A.-G. (1984, 2627): EL 99 (1985) 99-101 = Braga, C.

R 1004 MARTIMORT, A.G. (1985/87, 5665): ZKTh 108 (1986) 360-362 = Meyer, H.B.

R 1005 *I martiri della Val di Non...* edd. A. QUACQUARELLI; I. ROGGER (1985/87, 300): ScTh 18 (1986) 717-718 = Ramos-Lissón, D. – RBen 96 (1986) 364-365 = Wankenne – Aevum 61 (1987) 283-285 = Bernardini – Salesianum 49 (1987) 160 = Amata, B. – RHE 82 (1987) 469 = Gryson, R. – AB 105 (1987) 210 = Halkin, F.

R 1006 *Martiri sotto processo* ed. G. DEGLI AGOSTI (1985/87, 5269): Orpheus 8 (1987) 208-209 = Gallico

R 1007 MARTORELL, J. (1983, 1650): ThPh 60 (1985) 594 = Sieben – EThL 61 (1985) 409 = Halleux, A. de – ScTh 17 (1985) 336-337 = Viciano, A. – AugR 26 (1986) 597 = Studer, B.

R 1008 MASI, M. (1983, 1140): CW 78 (1984) 53-54 = Wiltshire, S.F. – RPFE 174 (1984) 459-460 = Reix, A. – Sp 60 (1985) 946-948 = Knorr, W. – CR 35 (1985) 86-87 = Bulmer-Thomas – CB 61 (1985) 87-89 = Scarborough, J.

R 1009 MASSAUX, E. (1985/87, 1791): EThL 62 (1986) 399-403 = Neirynck, F. – RThL 18 (1987) 383-384 = Ponthot

R 1010 MASTANDREA, P. (1985/87, 2565): Orpheus 7 (1986) 430-431 = Nazzaro, A.V. – GiorFil 38 (1986) 149 = Carratello – RFC 114 (1986) 346-349 = Bettini – BStudLat 16 (1986) 131-132 = Piscitelli Carpino, T.

R 1011 *Materiali per una palingenesi ...* edd. R.B.B. SIOLA; S. GIGLIO; S. LAZZARINI (1985/87, 5851): NAKG 67 (1987) 402 = Gaudemet, J.

R 1012 MATTIOLI, U. (1984, 849): AtPavia 63 (1985) 569-570 = Scuderi – Paideia 41 (1986) 123-127 = Paganelli – Maia 37 (1985) 193-194 = Fasce – Latomus 45 (1986) 443-444 = Deléani – LEC 54 (1986) 312 = Jacques

R 1013 *Max Webers Sicht des antiken Christentums* hrsg. von W. SCHLUCHTER (1985/87, 50): Nyt fra historien 36 (1987) 148 = C.E.

R 1014 *Maximus Confessor. Actes du Symposium sur ...* edd. F. HEIN-ZER; C. SCHÖNBORN (1981/82, 227): ViVrem 45 (1984) 263-268 = Sidorov, A.I. – ThPh 60 (1985) 286-287 = Höhn, H.-J. – SMed 8 (1985) 184-185 = Messana, V.

R 1015 *Maximus Confessor* ed. G.C. BERTHOLD (1985/87, 4563): PBR 4 (1985) 227 = Tsirpanlis, C.N. – JEcclH 37 (1986) 648-649 = Shepard, J. – NRTh 108 (1986) 624 = V.R. – Sob 8,1 (1986) 60-61 = Russell, N. – ChH 55 (1986) 223-224 = Abrahamse, D. de F. – StMy 10,2 (1987) 72-75 = Lovitt, W.

R 1016 *Maximus Confessor* ed. J.H. DECLERK (1983, 1665): JThS 38 (1987) 225-227 = Williams, R.

R 1017 *Maximus Confessor* ed. M.-J. VAN ESBROECK (1985/87, 4564): AB 105 (1987) 250

R 1018 *Maximus Confessor* ed. J. STEAD (1981/82, 2343): GrOrthThR 32 (1987) 95-96 = Bebis, G.S.

R 1019 *Maximus Confessor* ed. J. TOURAILLE (1985/87, 4562): Irénikon 59 (1986) 145 = E.L. – NRTh 108 (1986) 623-624 = Harvengt, A. – StMon 28 (1986) 397 = Martinez, J. – OrChrP 53 (1987) 215-216 = Cattaneo, E.

R 1020 MCCULLOUGH, W.S. (1981/82, 498): CHR 71 (1985) 453-454 = Griffith, S.H. – PBR 4 (1985) 64-65 = Tsirpanlis, C.N. – EgliseTh 18 (1987) 139-140 = Coyle, J.K.

R 1021 MCGRATH, A. (1985/87, 6228): ExpT 99 (1987) 26 = Gunton, C.E. – CF 57 (1987) 448

R 1022 MCKINNON, J. (1985/87, 1796): RHE 82 (1987) 427 = Hockey, F.

R 1023 MCWILLIAM DEWART, J.E. (1985/87, 6546): GrOrthThR 32 (1987) 212-215 = Bebis, G.S.

R 1024 MEEKS, W.A. (1985/87, 6424): QR (Methodist) 6 (1986) 13-30 = Hays, R.B. – PerkinsJ 40 (1987) 57-58 = Bassler, J.M. – ChrCent 104 (1987) 1066-1067 = Clark, E.A. – SWJTh 29,3 (1987) 50-51 = Ellis, E.E. – JRelEthics 15 (1987) 132 = Johnson, J.T. – ThSt 48 (1987) 541-543 = Johnson, L.T. – ExpT 99 (1987) 34-35 = Rodd, C.S. – The Reformed Journal 37 (1987) 27-28 = Verhey, A. – NECN 15,3 (1987) 45-47 = Wigtil

R 1025 MEIJERING, E.P. (1983, 26): DTT 50 (1987) 70 = Lausten, M.S.

R 1026 MEIJERING, E.P. (1985/87, 52): ZKTh 108 (1986) 333-336 = Neufeld, K.H. – NedThT 41 (1987) 246-247 = Broek, R. van den

R 1027 MEIMARIS, Y.E. (1985/87, 859): RPh 61 (1987) 131 = Places, des

R 1028 MELETIOS, METROPOLIT (1985/87, 5899): Kleronomia 17 (1985) 191-193 = Chr.

R 1029 MELOTTI, L. (1985/87, 6259): Marianum 48 (1986) 324-327 = Sotgiu, Maria Teresa

R 1030 *Mémorial André-Jean Festugière* edd. E. LUCCHESI; H.D. SAFFREY (1984, 163): RBi 92 (1985) 611-612 = N.N. – RHE

80 (1985) 666-668 = Halleux, A. de – RHPhR 65 (1985) 318-319 = Maraval, P. – REG 98 (1985) 436-439 = Nautin, P. – Mu 99 (1986) 199-201 = Mossay, J. – JThS 37 (1986) 209-211 = Louth, A. – NRTh 108 (1986) 452 = Toubeau, A. – REB 44 (1986) 312-313 = Congourdeau, M.-H. – ThPh 61 (1986) 571-576 = Grillmeier, A. – Orpheus 7 (1986) 440-443 = Anastasi, R. – ThLZ 112 (1987) 581-582 = Haendler, G.

R 1031 MENARD, J. (1985/87, 6681): EThL 73 (1987) 173-174 = Halleux, A. de – NRTh 109 (1987) 445-446 = Jacques – OrChr 71 (1987) 244 = Gessel, W. – OrChrP 53 (1987) 475 = Farrugia, E.G.

R 1032 MENVIELLE, L. (1985/87, 4315): RThL 18 (1987) 515-516 = Houdart

R 1033 MESSANA, V. (1985/87, 4141): VetChr 23 (1986) 193-196 = Quacquarelli – Salesianum 48 (1986) 759-760 = Bergamelli

R 1034 MESSINA, N. (1984, 1652): REA 31 (1985) 106-108 = Fontaine, J.

R 1035 METZGER, B.M. (1981/82, 709): BiblSacr 142 (1985) 281-282 = Hodges, Z.C. – ArPap 31 (1985) 70-71 = Treu, K.

R 1036 MEYENDORFF, J. (1985/87, 5669): Irénikon 60 (1987) 144-145 = N., S.

R 1037 MIETHE, T.L. (1981/82, 1310): Augustinus 30 (1985) 393-394 = Oroz

R 1038 *Migne et le renouveau des études patristiques* edd. A. MANDOUZE; J. FOUILHERON (1985/87, 303): RHEF 72 (1986) 368-369 Carrias, M. – ScTh 18 (1986) 692-695 = Merino, M. – ArGran 49 (1986) 407-408 = Segovia, A. – ThRe 82 (1986) 465-467 = Bauer, J.B. – AB 104 (1986) 271-272 = Fenoyl, R. de – NRTh 108 (1986) 585-586 = Roisel, V. – ArSR 31 (1986) 298-299 = Dubois, J.D. – ThSt 48 (1987) 590-591 = Fahey, M.A. – ChH 56 (1987) 105-106 = Grimes, D.J. – RThL 18 (1987) 86-87 = Halleux, A. de – TTh 27 (1987) 112 = Laarhoven, J. van – RHE 82 (1987) 421-422 = Halleux, A. de – BSProtF 133 (1987) 149-150 = Germain, P.

R 1039 MIKAT, P. (1985/87, 869): ZKG 96 (1985) 140 = Schäferdiek, K.

R 1040 MILANO, A. (1984, 598): EThL 61 (1985) 403-406 = Halleux, A. de – ThRe 82 (1986) 483-487 = Drobner – ThPh 61 (1986) 260-261 = Höhn, H.J. – RHPhR 66 (1986) 351 = Moda, A.A. – Ang 63 (1986) 136-138 = Grasso, G. – Mu 99 (1986) 376-377 = Mossay, J. – Byzan 56 (1986) 502-503 = Mossay, H. – LEC 54 (1986) 311-312 = Jacques, X. – REA 32 (1986) 349-350 = Bouhot, J.-P. – RechSR 75 (1987) 451-458 = Sesboüé – RThL 18 (1987) 510-511 = Wattiaux, H.

R 1041 MILITELLO, C. (1985/87, 4188): Irénikon 59 (1986) 293-294
= Lanne, E. – REB 45 (1987) 270-271 = N.N. – StSR 11 (1987)
130-132 = Zincone, S. – RThL 18 (1987) 89-90 = Halleux, A.
de

R 1042 MILLER, W.T. (1984, 3253): JThS 37 (1986) 222-223 = Brock,
S.P.

R 1043 *Minucius Felix* ed. B. KYTZLER (1981/82, 2393): Helmántica
36 (1985) 325 = Guillén, J. – Augustinus 30 (1985) 221 =
Orosio – Latomus 45 (1986) 411-413 = Verdière – AAPh 20
(1986) 258-259 = Solin – RPh 60 (1986) 333-334 = Reydellet

R 1044 MIQUEL, P. (1985/87, 6426): ColCist 48 (1986) 33 = Delesalle,
J. – NRTh 109 (1987) 613-614 Toubeau, A.

R 1045 MIQUEL, P. (1985/87, 6427): StMon 24 (1987) 155 = Martínez – OrChrP 53 (1987) 252-253 = Lavenant, R. – ColCist 49
(1987) 169 = G.C.

R 1046 *Der Mittelplatonismus* ed. C. ZINTZEN (1984, 165): PhRu 32
(1985) 277-288 = Gombocz – ZKTh 107 (1985) 455 = Oberforcher

R 1047 MOES, R. (1981/82, 629): Latomus 44 (1985) 226 = Ham-
blenne, P.

R 1048 MOLINERO, L.M. (1979/80, 1220): RBen 95 (1985) 5*

R 1049 *Monachisme d'Orient et d'Occident. La vie monastique en
Occident* (1985/87, 308): ColCist 49 (1987) 205-206 = Irénée
Timadeuc, fr. – NRTh 109 (1987) 784-785 = Renard, L.J.

R 1050 *Monastica II* (1984, 167a): Sp 61 (1986) 968-971 = Franklin,
C.V.

R 1051 MONAT, P. (1981/82, 2306): Latomus 44 (1985) 414-416 =
Braun, R. – REA 32 (1986) 22-40 = Perrin, M.

R 1052 *Le Monde grec ancien et la Bible* ed. C. MONDÉSERT (1984,
169): ArGran 48 (1985) 346-347 = Segovia, A. – StMon 27
(1985) 434-435 = Olivar, A. – RHE 80 (1985) 788-790 =
Bogaert, P.-M. – Irénikon 58 (1985) 276-277 = M.G. – Greg
67 (1986) 150-152 = Janssens – RSLR 22 (1986) 151-152 =
Gribomont -SR 15 (1986) 117-118 = Lamirande – BLE 88
(1986) 305 = Crouzel – ThSt 47 (1986) 146-147 = Lienhard,
J.T. – Compostellanum 31 (1986) 278-279 = Romero Pose,
E. – ChH 55 (1986) 85-86 = Grimes, D.J. – JEcclH 37 (1986)
448-450 = Bonner, G. – EgliseTh 17 (1986) 395-396 = Laberge,
L. – JBL 106 (1987) 305-308 = Babcock, W.S. – CrSt 8 (1987)
186-187 = Bori, P.C. – RThL 18 (1987) 494-495 = Haelewyck – CHR 73 (1987) 430 = Halton, T. – RelStud 13 (1987)
75 = Wilken, R.L. – REJ 146 (1987) 166-167 = Dorival, G.

R 1053 *Le Monde latin antique et la Bible* edd. J. FONTAINE; C.
PIETRI (1985/87, 309): REL 64 (1986) 377-380 = Zehnacker,

H. – RHE 81 (1986) 528-530 = Bogaert, P.-M. – NRTh 108 (1986) 584-585 = Roisel – JBL 106 (1987) 305-308 = Babcock, W.S. – BEC 145 (1987) 260-261 = Hasenhor, G. – RThL 18 (1987) 493-495 = Haelewyck, J.C.

R 1054 MONDET, J.-P. (1985/87, 4189): RThL 18 (1987) 138-139

R 1055 MONDIN, B. (1985/87, 1166): Ang 63 (1986) 138-140 = Pizzorni, R. – NRTh 108 (1986) 775-776 = Escol, R.

R 1056 *Monks, Hermits and the Ascetic Tradition* ed. W.J. SHEILS (1985/87, 310): DA 42 (1986) 302 = Mayer, H.E. – RHE 81 (1986) 751-752 = Hockey, F. – JEcclH 37 (1986) 620-622 = Nuttall, G.F. – RelStR 12 (1986) 166 = Golden, R.M. – ChH 56 (1987) 106-107 = Lackner, B.K. – KA 1986 (1987) 124-126 = Härdelin, A. – REA 33 (1987) 172 = Jocqué, L. – Renaissance Quarterly (New York) 40 (1987) 517-519 = Bachrach, B.S.

R 1057 MONTSERRAT TORRENS, J. (1983, 2462): RHR 202 (1985) 311 = Le Boulluec, A.

R 1058 MOOLAN, J. (1985/87, 5723): Mu 99 (1986) 205-208 = Halleux, A. de – OrChrP 53 (1987) 234-236 = Winkler, Gabriele – OrChr 71 (1987) 229-230 = Winkler, G.

R 1059 MOOSA, M. (1985/87, 887): Middle East Studies Association Bulletin (New York) 21 (1987) 43-44 = Haddad, R.M.

R 1060 *Moral exhortation. A Greco-Roman sourcebook* ed. A.J. MAL-HERBE, praef. W.A. MEEKS (1985/87, 1647): ThSt 48 (1987) 737-739 = Mitchell – NECN 15,3 (1987) 45-47 = Wigtil

R 1061 MORESCHINI, C. (1985/87, 6692): REL 64 (1986) 393-394 = Chomarat – BStudLat 17 (1987) 168-170 = Fera – ACl 56 (1987) 402-403 = Crahay

R 1062 *Morte e immortalità nella catechesi dei Padri del III-IV secolo* ed. S. FELICI (1985/87, 311): ArGran 49 (1986) 408 = Segovia, A. – NatGrac 33 (1986) 185 = Villalmonte, A. – StPat 33 (1986) 460-461 = Pasquato, O. – Greg 67 (1986) 566-567 = Janssens, J. – NRTh 108 (1986) 582 = Roisel, V. – EgliseTh 18 (1987) 245-248 = Hudson, G. – EThL 63 (1987) 182-183 = Halleux, A. de

R 1063 MOSETTO, F. (1985/87, 4755): Bibl 68 (1987) 443 = Places, des – EThL 63 (1987) 438-439 = Halleux, A. de – NRTh 109 (1987) 456-457 = Roisel

R 1064 MOSSHAMMER, A.A. (1979/80, 1499): Gn 58 (1986) 237-240 = Compernolle, van R.

R 1065 MÜLLER, G.L. (1985/87, 5803): EL 101 (1987) 76-78 = Traccia, A.M.

R 1066 *Mujeres del absoluto* ed. C. DE LA SERNA GONZALEZ (1985/87, 313): Communio 19 (1986) 104-105 = Sánchez

Sánchez, M. – Burgense 27 (1986) 324-325 = Rebollo, A. – RHE 81 (1986) 288-289 = Moral, T. – StMon 28 (1986) 215 = Badia, B. – RHE 82 (1987) 148-149 = Vogüé, A. de

R 1067 MUNIER, C. (1979/80, 2427a): AugR 26 (1986) 586-588 = Studer, B.

R 1068 MURPHY, J.J. (1984, 1174): ASI 143 (1985) 713-714 = Bartolini, L. – GiorFil 37 (1985) 148-149 = Leotta, R. – QM 21 (1986) 298-299 = Mastronardi, M.A.

R 1069 MUZERELLE, D. (1985/87, 1363): RThAM 53 (1986) 192 = Silvestre, H.

R 1070 NADEAU, M.-T. (1985/87, 1277): REA 33 (1987) 393

R 1071 *Nag Hammadi Codex I* ed. H.W. ATTRIDGE (1985/87, 6694): VigChr 41 (1987) 88-92 = Quispel, G. – RelStud 13 (1987) 168 = Majercik, Ruth

R 1072 *Nag Hammadi Codex III, 5* ed. S. EMMEL (1984, 3122): SecCent 5 (1985/86) 252-254 = Cameron, R. – Enchoria 14 (1986) 175-187 = Schenke, H.-M. – RHPhR 66 (1986) 341 = Bertrand, D.A.

R 1073 *Nag Hammadi Codices IX and X* edd. J.W.B. BARNS; G.M. BROWNE; J.C. SHELTON (1981/82, 3375): OLZ 79 (1984) 137-140 = Schenke, H.-M.

R 1074 *Nag Hammadi Codices IX and X* ed. B.A. PEARSON (1981/82, 3374): OLZ 79 (1984) 246-249 = Schenke, H.-M.

R 1075 *Nag Hammadi Gnosticism and Early Christianity* edd. C.W. HEDRICK; R. HODGSON (1985/87, 316): ExpT 99 (1987) 91 = Tuckett, C.

R 1076 NARDI, C. (1984, 1480): Greg 66 (1985) 579 = Orbe – RPh 59 (1985) 300 = Places, des – Salesianum 48 (1986) 445-446 = Triacca – RSPhTh 70 (1986) 604-605 = Durand, G.-M. de

R 1077 *Narses* ed. E.P. SIMAN (1984, 2159): ThLZ 112 (1987) 527 = Barnhardt, K.H. – OrChrP 53 (1987) 249 = Yousif, P.

R 1078 NASH, R.H. (1985/87, 895): ExpT 97 (1986) 214 = Williamson, R. – SecCent 5 (1985/86) 183-185 = Jansen

R 1079 NAVARRA, L. (1985/87, 4500): VetChr 24 (1987) 469-470 = Quacquarelli, A. – BStudLat 17 (1987) 164 = Angrisani Sanfilippo, M.L. – StMon 29 (1987) 385-386 = Olivar, A. – QC 9 (1987) 469-471 = Crimi, C. – AugR 27 (1987) 640-641 = Grossi, V.

R 1080 *Neoplatonism and Christian Thought* ed. D.J. O'MEARA (1983, 141): Ang 64 (1987) 183-184 = Wilder, A.

R 1081 *Neoplatonism and Early Christian Thought* edd. H.J. BLUMENTHAL; R.A. MARKUS (1981/82, 239): Emérita 53 (1985) 183 = Anglada, A.

R 1082 NERI, V. (1985/87, 898): RSCI 40 (1986) 164-166 = Grottarola – KoinNapoli 10 (1986) 93-95 = Polara – Gy 93 (1986)
384-386 = Klein – Gn 58 (1986) 644-647 = Szidat – Orpheus 8
(1987) 218-219 = Elia, S. d' – AtPavia 65 (1987) 592-593 =
Marcone – ByZ 80 (1987) 100-101 = Browning, R. – CR 37
(1987) 103-104 = Alonso-Núñez, J.M. – VigChr 41 (1987)
296-300 = Boeft, J. den – Salesianum 49 (1987) 156-157 =
Amata, B.

R 1083 NERSESSIAN, V. (1985/87, 899): PrOrChr 37 (1987) 391-392

R 1084 *Das Neue Testament auf Papyrus I: Epistolae catholicae. Die
katholischen Briefe* edd. K. JUNACK et al. (1985/87, 1430):
EThL 72 (1986) 433-434 = Neirynck, F. – ThRe 83 (1987) 283
= Becker – Bibl 68 (1987) 441-442 = O' Callaghan

R 1085 *Das Neue Testament in syrischer Überlieferung, I* edd. B.
ALAND; A. JUCKEL (1985/87, 1437): OrChrP 53 (1987)
248-249 = Lavenant, R.

R 1086 NEUMANN, W.M. (1985/87, 2600): Augustiniana 37 (1987)
253-254 = Auda, J. – ThRe 83 (1987) 129-131 = Ernst – ZKTh
109 (1987) 336 = Kern – AugSt 18 (1987) 212-214 = Booth, E.

R 1087 *The New Testament and Gnosis* edd. A.H.B. LOGAN; A.J.M.
WEDDERBURN (1983, 143): SelLib 22 (1985) 96-97 = Tuñí,
J.O. – BijFTh 46 (1985) 316-317 = Parmentier, M. – BSOAS
48 (1985) 544-545 = Wansbrough, J. – BiblOr 43 (1986)
254-256 = Helderman, F. – JR 67 (1987) Meyer, M.W.

R 1088 *The New Testament in Greek, III* (1984, 656): EThL 61 (1985)
196-199 = Neyrinck

R 1089 *New Testament Vocabulary* edd. F. NEIRYNCK et al. (1984,
236): EThL 61 (1985) 391-393 = Tuckett

R 1090 NIE, G. DE (1985/87, 3960): TLS (1987) 778 – Gn 59 (1987)
Bibl. Beilage 121

R 1091 NIELSEN, H.K. (1985/87, 1815): SvTK 63 (1987) 180-182 =
Gerhardsson, B.

R 1092 NIGG, W.; LOOSE, H.N. (1979/80, 1223): RBS 10/11
(1981/82) [1984] 277* = Jaspert, B.

R 1093 NIKOLAOU, T. (1981/82, 1764): JÖB 35 (1985) 331 = Lackner, W.

R 1094 *Nilus Ancyranus* ed. P. BETTIOLO (1983, 1691): RSLR 21
(1985) 487-489 = Gribomont – RelStR 11 (1986) 298 =
Mathews Jr., E.G.

R 1095 *Nilus Ancyranus* ed. F. CONCA (1983, 1690): BulBudé
(1985,3) 308 = Irigoin, J.

R 1096 *Nilus Ancyranus* trad. di C. RIGGI (1983, 1692): Salesianum 49
(1987) 198-199 = Felici, S.

R 1097 NOLL, R. (1981/82, 1887): RBS 10/11 (1981/82) [1984] 320*-321* = Jaspert, B.

R 1098 *Nonnus Panopolitanus* ed. G. CHRÉTIEN (1984, 2165): BulBudé (1985) 86 = Vian – LEC 54 (1986) 96 = Wankenne, A. – Euphrosyne 14 (1986) 298 = Jabouille – CR 36 (1986) 210-211 = West, M.L. – REG 100 (1987) 175-177 = Meillier – RPh 61 (1987) 127-128 = Schiavi

R 1099 *Nonnus Panopolitanus* ed. D. EBENER (1985/87, 4636): AteRo 31 (1986) 215 = Bo, F. – ACl 56 (1987) 356-357 = Looy, van

R 1100 NORBERG, D. (1981/82, 1977): Emérita 54 (1986) 332-333 = Fontán

R 1101 NORONHA GALVAO, H. DE (1981/82, 1325): RaPortFilos 41 (1985) 330-331 = Vila-Chã, J.

R 1102 NOS MURO, L. (1985/87, 2606): Augustinus 31 (1986) 410-411 = Merino, P.

R 1103 *Novum Testamentum Graece (Nestle-Aland)* edd. K. ALAND et al. (1984, 657): ThRu 52 (1987) 1-58 = Borger, R.

R 1104 *Nuovo Dizionario di Mariologia* edd. S. DE FIORES; S. MEO (1985/87, 455): CC 137, Nr. 3261 (1986) 301-302 = Caporale, V. – Marianum 48 (1986) 337-342 = Lorenzi, L. de – CF 56 (1986) 130 = Kafel, S.

R 1105 O RIAIN, P. (1985/87, 5278): AB 104 (1986) 284

R 1106 O'CARROLL, M. (1985/87, 456): AB 105 (1987) 248

R 1107 O'CONNELL, R.J. (1984, 1180): Augustinus 31 (1986) 392 = Rivera de Ventosa, E.

R 1108 O'CONNELL, R.J. (1985/87, 2610): ModS 65 (1987) 71-72 = Mulligan – ThSt 48 (1987) 399 = Marceau

R 1109 O'DONNELL, J.J. (1985/87, 2616): Sp 62 (1987) 1020-1021 = Allard – CW 81 (1987) 66 = Tripolitis – CHR 73 (1987) 250-251 = Eno, R.B.

R 1110 OLIVER, J. (1985/87, 1369): CCM 30 (1987) 191 = Roda, J.-C. – Sc 41 (1987) 83 = Dogaer, G.

R 1111 OLIVIER, J.-M.; MONEGIER DU SORBIER, M.-A. (1984, 639): SMed 6-7 (1984) 260 = Ciccarelli, D. – Aevum 59 (1985) 416-417 = Porro, A. – Byslav 46 (1985) 183-184 = Hlaváček, I. – CR 35 (1985) 175-176 = Wilson – Gn 58 (1986) 548-549 = Eleuteri – ByZ 79 (1986) 351-354 = Litsas, E. – JÖB 36 (1986) 367-368 = Trapp, E. – Sp 62 (1987) 709-711 = Allison, R.W.

R 1112 *Olympiodorus Diaconus* edd. U. HAGEDORN; D. HAGE-DORN (1984, 2176): ArGran 48 (1985) 347-348 = Segovia, A. – ThPh 60 (1985) 595-596 = Sieben – ACl 54 (1985) 412-413 = Joly, R. – ByZ 79 (1986) 63 = Riedinger, R. – BiblOr 43 (1986) 465-466 = Allen, P. – SecCent 6 (1987/88) 62-63 = Vaggione, R.P.

R 1113 *Omelie copte* ed. T. ORLANDI (1981/82, 883): CE 61 (1986) 180-182 = Zanetti, U.

R 1114 *Omelie pasquali dell'antichità cristiana* ed. N. NOCILLI (1985/87, 5725): Benedictina 33 (1986) 240-241 = Tuccimei, E. – StPat 33 (1986) 458-459 = Corsato, C.

R 1115 ONASCH, K. (1981/82, 2875): TTZ 93 (1984) 327-328 = Sauser, E. – ViVrem 45 (1984) 279-280 = Serikov, N.

R 1116 OPITZ, H. (1983, 344): ThLZ 110 (1985) 610-612 = Pitters, H.

R 1117 ORAZZO, A. (1985/87, 4067): VetChr 23 (1986) 435 = Desantis – BStudLat 16 (1986) 130-131 = Piscitelli Carpino – OrChrP 53 (1987) 243-244 = Farrugia, E.

R 1118 ORBE, A. (1985/87, 4322): Compostellanum 31 (1986) 285-286 = Romero Pose, E. – EThL 42 (1986) 439-440 = Halleux, A. de – JThS 38 (1987) 193-195 = Minns, D. – ArGran 50 (1987) 478 = Segovia, A. – VyV 45 (1987) 112 = Alvarez A., J. – NatGrac 34 (1987) 123-124 = Villalmonte, A. – ThRe 83 (1987) 299-301 = Jaschke – Teresianum (Roma) 38 (1987) 474-475 = Sánchez, M.D.

R 1119 ORBE, A. (1985/87, 4323): Compostellanum 32 (1987) 341-342 = Romero Pose, E. – EThL 63 (1987) 436-437 = Halleux, A.de

R 1120 ORBE, A. (1985/87, 6200): Compostellanum 31 (1986) 282-285 = Ferro, M.

R 1121 *Origène. Grégoire d'Elvire. Saint Bernard: Le Cantique des Cantiques* edd. R. WINLING et al. (1983, 662): RThPh 117 (1985) 64 = Junod

R 1122 *Origenes* ed. N. ANTONIONO (1985/87, 4667): Maia 38 (1986) 102 = Ceresa-Gastaldo – ThZ 42 (1986) 441 = Rordorf, W.

R 1123 *Origenes* ed. H.U. VON BALTHASAR (1984, 2184): EThL 61 (1985) 408-409 = Halleux, A. de – ThSt 46 (1985) 751-752 = Ettlinger – HeythropJ 28 (1987) 317-318 = Meredith, A.

R 1124 *Origenes* ed. C. BLANC (1981/82, 2427): Laval 41 (1985) 268 = Poirier – RHR 202 (1985) 95 = Le Boulluec – NRTh 107 (1985) 124 = Martin – MSR 42 (1985) 47-51 = Messier – Helmántica 36 (1985) 455-456 = Amigo, L.

R 1125 *Origenes* ed. M. BORRET (1981/82, 2428): ScTh 17 (1985) 327-330 = Merino, M. – BijFTh 47 (1986) 215 = Declerck, J.

R 1126 *Origenes* ed. M. BORRET (1985/87, 4672): NRTH 108 (1986) 765 = Roisel – RHPhR 66 (1986) 342-343 = Bertrand, D.A. – ChH 55 (1986) 504-505 = Grant, R.M. – OrChrP 52 (1986) 481-482 = Pelland, G. – ThLZ 112 (1987) 315-318 = Haendler, G. – RThPh 119 (1987) 111 = Junod, E. – VigChr 41 (1987) 97-98 = Winden, J.C.M. van – Laval 43 (1987) 422 = Poirier

R 1127 *Origenes* ed. F. COCCHINI (1985/87, 4665): RFN 77 (1985) 526 = Belletti – SMSR 10 (1986) 173-175 = Navarra – NRThPh 119 (1987) 110-111 = Junod, E. – Protest 42 (1987) 48-49 = Landi, A.

R 1128 *Origenes* ed. H. CROUZEL (1977/78, 2034.2035): ScTh 17 (1985) 705-707 = Viciano, A.

R 1129 *Origenes* edd. H. CROUZEL; M. SIMONETTI (1979/80, 1999;2000): ScTh 17 (1985) 705-707 = Viciano, A.

R 1130 *Origenes* edd. H. CROUZEL; M. SIMONETTI (1984, 2181): EE 60 (1985) 364-365 = Granado, C. – ScTh 17 (1985) 705-707 = Viciano, A. – ChH 54 (1985) 439 = Grant – JThS 35 (1985) 560 = Chadwick – MSR 42 (1985) 47-51 = Messier – RHPhR 65 (1985) 329 = Bertrand – ACl 55 (1986) 474 = Joly – RBi 93 (1986) 631 = Pierre – ThLZ 111 (1986) 126-127 = Winkelmann – RThPh 119 (1987) 111 = Junod, E.

R 1131 *Origenes* edd. M. HARL; N. DE LANGE (1983, 1707): ChH 54 (1985) 89-90 = Ettlinger – MSR 42 (1985) 47-51 = Messier – OrChrP 51 (1985) 231 = Cattaneo – RThPh 117 (1985) 62-63 = Junod – RHR 203 (1986) 74-76 = Le Boulluec – BijFTh 47 (1986) 215-216 = Declerck, J.

R 1132 *Origenes* edd. S. KALINOWSKI; E. STANULA (1984, 2182): ThLZ 112 (1987) 288-290 = Rohde, J.

R 1133 *Origenes* edd. E. KLOSTERMANN; P. NAUTIN (1983, 1705): ThLZ 111 (1986) 212-213 = Kraft – ThRe 82 (1986) 462-463 = Hübner

R 1134 *Origenes* edd. P. NAUTIN; M.T. NAUTIN (1985/87, 4669): Irénikon 59 (1986) 580-581 = Gimenez, M. – ChH 56 (1987) 267 = Grant, R.M. – MSR 44 (1987) 39-40 = Messier, M. – RThPh 119 (1987) 519-520 = Junod – NRTh 109 (1987) 450 = Roisel – VigChr 41 (1987) 190-191 = Winden, J.C.M. van

R 1135 *Origenes* ed. C. NOCE (1985/87, 4660): Greg 67 (1986) 782-784 = Janssens, J. – RThL 18 (1987) 88-89 = Halleux, A. de

R 1136 *Origenes* edd. M. SIMONETTI; A. VELASCO (1985/87, 4675): ScTh 18 (1986) 968 = Ramos-Lissón, D.

R 1137 *Origenes* ed. H.-J. VOGT (1983, 1706): NTT 86 (1985) 244-245 = Norderval, Ø. – Greg 66 (1985) 768-769 = Orbe – JAC 30 (1987) 209-213 = Gögler, R.

R 1138 ORLANDIS, J. (1984, 412): EF 86 (1985) 401-404 = Guerra Huertas, E.M.

R 1139 ORLANDIS, J. (1984, 413): ScTh 17 (1985) 339-341 = Lluch-Baixauli, M.

R 1140 ORLANDIS, J. (1985/87, 915): ThBraga 20 (1985) 339 = Marques, J.A.

R 1141 ORLANDIS, J.; RANIS-LISSON, D. (1981/82, 3073): Burgense
26 (1985) 295-296 = Rodríguez, F. – SMed 8 (1985) 191-192 =
Messana, V. – Klio 68 (1986) 632-633 = Winkelmann, F. – HJ
106 (1986) 152-153 = Vones, L.

R 1142 ORLANDIS, J.; RANIS-LISSON, D. (1985/87, 5907): ThBraga
20 (1985) 325-326 = Aveiro, J. – HS 79 (1987) 377-378 = Goñi
Gaztambide, J. – RHE 82 (1987) 143-144 = Moral, T.

R 1143 *Orosius* ed. E. GALLEGO-BLANCO (1983, 1755): Vox Roma-
nica (Bern) 45 (1986) 223 = Wittlin

R 1144 *Orosius* ed. A. LIPPOLD (1985/87, 4806): SZG 36 (1986)
273-274 = Marti

R 1145 *Orosius* ed. A. LIPPOLD (1985/87, 4807): SZG 37 (1987) 454 =
Marti

R 1146 OROZ RETA, J. (1985/87, 2628): NatGrac 34 (1987) 453-454
= Rivera de Ventosa, E. – CSF 14 (1987) 432 = Rivera de
Ventosa, E.

R 1147 ORTEGA MUNOZ, J.F. (1981/82, 1339): RAgEsp 26 (1985)
224-225 = Díaz, C. – Augustinus 31 (1986) 399-400 = Rivera
de Ventosa, E.

R 1148 ORTLUND, R. (1985/87, 6835): EThL 63 (1987) 178

R 1149 OSBORN, E. (1981/82, 604): RHR 202 (1985) 314 = Nautin, P.

R 1150 OSBORN, E. (1984, 3071): RBen 95 (1985) 367-368 = Verbraken – NRTh 108 (1986) 581 = Volpe – BLE 87 (1986) 306 =
Crouzel – RThPh 119 (1987) 388-389 = Junod – Aevum 61
(1987) 282-283 = Scaglioni

R 1151 OSIEK, C. (1983, 1444): SEÅ 50 (1985) 181 = Kvalbein, H. –
JThS 36 (1985) 279-280 = Trevett – SecCent 5 (1985/86)
180-181 = Countryman, L.W.

R 1152 OSSAWA, T. (1983, 1233): CO 39 (1987) 204-205 = Davids, A.

R 1153 *The other gospels* ed. R. CAMERON (1981/82, 806): SecCent 5
(1985-86) 49-51 = Yamauchi, E.

R 1154 OWENS, R.J. (1983, 753): OLZ 81 (1986) 493-496 = Macuch,
R. – RBi 93 (1986) 632-634 = Pierre, M.-J.

R 1155 *Pachomius Tabennensis* edd. F. HALKIN; A.-J. FESTUGIERE
(1981/82, 2522): RHR 202 (1985) 82-85 = Coquin, R.-G.

R 1156 *Pachomius Tabennensis* ed. A. VEILLEUX (1981/82, 2521):
ColCist 47 (1985) 503-504 = G.C. – CHR 71 (1985) 577-578 =
Slusser, M.

R 1157 PACK, E. (1985/87, 4412): REL 64 (1986) 311-312 = Delmaire – AtPavia 65 (1987) 590-592 = Marcone – Gy 94 (1987)
464-466 = Klein

R 1158 PADOVESE, L. (1984, 859): Augustinus 31 (1986) 425 = Rivera
de Ventosa, E.

R 1159 *Os Padres da Igreja e a Questão Social* edd. I.C. DE AN-DRADE; F.A. FIGUEIREDO (1985/87, 1648): Itinerarium 33 (1987) 490-491 = Trincheiras, H.

R 1160 *Pagan and Christian Anxiety* edd. R.C. SMITH; J. LOUNIBOS (1984, 171): JRS 76 (1986) 304-305 = Fox, R.L. – JThS 38 (1987) 292-293 = O'Daly, G.J.P. – SecCent 6 (1987/88) 112-113 = Weaver, R.H.

R 1161 *I pagani di fronte al cristianesimo* ed. P. CARRARA (1984, 782): KoinNapoli 9 (1985) 91 = Santorelli – Greg 67 (1986) 168-172 = Cavalcanti – ScTh 19 (1987) 989 = Viciano, A. – Sileno 13 (1987) 266 = Quartarone Salanitro – VetChr 24 (1987) 456 = Desantis

R 1162 *Palladius Helenopolitanus* ed. R.T. MEYER (1985/87, 4831): ThSt 47 (1986) 538-540 = Harkins, P.W. – ChH 56 (1987) = 382-383 = Trigg, J.W. – Patristics 15,2 (1987) 6 = Schatkin, M.A.

R 1163 PAREDI, A. (1985/87, 1977): BLE 87 (1986) 216-217 = Marti-mort, A.-G. – CC 137, Nr. 3261 (1986) 300-301 = Ferrua, A.

R 1164 PARONETTO, V. (1985/87, 2636): TPQS 135 (1987) 402 = Leinsle, U.G.

R 1165 PARONETTO, V. (1985/87, 3777): SMed 11 (1986) 460-461 = Roccaro, C.- RBen 96 (1986) 179 = B.B. – Salesianum 48 (1986) 400-401 = Pasquato, O. – VetChr 23 (1986) 196-199 = Quacquarelli, A. – JEcclH 37 (1986) 486-487 = Markus, R.A. – AugR 26 (1986) 608-609 = Navarra, L. – Studium 82 (1986) = Siniscalco, P. – ThLZ 112 (1987) 671 = Irmscher, J. – RSCI 41 (1987) 522-523 = Zecchini, G. – REAnc 89 (1987) 138 = Riché, P. – RHE 82 (1987) 450 = Verbraken, P.-P. – ReSR 61 (1987) 94 = Munier, C. – StPat 34 (1987) 441-442 = Corsato, C.

R 1166 *Patres apostolici* ed. H.U. VON BALTHASAR (1984, 2244): ZKTh 108 (1986) 207-208 = Lies

R 1167 *Patres Apostolici* edd. E. BAASLAND; R. HVALVIK (1984, 2246): SEÅ 50 (1985) 180-181 = Andrén, O.

R 1168 *Patres Apostolici* ed. A. QUACQUARELLI (1985/87, 4846): Discorsi 7 (1987) 357-362 = Sorge

R 1169 *Patrology, IV* ed. A. DI BERARDINO (1985/87, 105): AugSt 18 (1987) 206-212 = Gavigan, J.J.

R 1170 *Paulinus Nolanus* trad. ANTONIO ESPOSITO (1985/87, 4872): Orpheus 8 (1987) 472-473 = Piscitelli Carpino

R 1171 PAULSEN, H. (1985/87, 4849): ThLZ 111 (1986) 758-759 = Strecker, G. – Salesianum 48 (1986) 446-447 = Bergamelli – ThPh 61 (1986) 258-259 = Sieben – ThRe 82 (1986) 461-462 = Fischer – AugR 26 (1986) 307 = Grech, P.

R 1172 *Pauluskommentare aus der griechischen Kirche* ed. K. STAAB (1984, 3302): JThS 36 (1985) 561-562 = Wickham – ThRe 81 (1985) 202 = Kampling, R. – RHR 203 (1986) 440 = Le Boulluec, A. – Salesianum 48 (1986) 426 = Bissoli, C. – RThPh 119 (1987) 109 = Junod, E.

R 1173 PAZZINI, D. (1983, 1742): JThS 36 (1985) 473-474 = Hanson – RThPh 117 (1985) 314 = Petraglio – ThLZ 111 (1986) 127-129 = Ullmann, W.

R 1174 *Le pécheur et la pénitence dans l'Église ancienne* ed. C. VOGEL (1983, 2281): RThL 18 (1987) 513 = Houdart, M.-A.

R 1175 PEGUEROLES, J. (1985/87, 2643): Greg 68 (1987) 436-437 = Pastor, F.A. – ArchPhilos 50 (1987) 478-479 = Solignac

R 1176 *Pélagie la Pénitente* edd. P. PETITMENGIN; B. FLUSIN; J. PARAMELLE; F. DOLBEAU et al. (1984, 2576): ByZ 78 (1985) 377-378 = Riedinger, R. – Mu 98 (1985) 244-245 = Halleux, A. de – REB 43 (1985) 273-274 = Failler, A. – RHE 80 (1985) 488-490 = Leloir, L. – RechSR 73 (1985) 627 = Kannengiesser, C. – Sp 60 (1985) 1013-1016 = Meyvaert, P. – OrChrP 51 (1985) 445-446 = Esbroeck, M. van – Sc 40 (1986) 151* = Philippart, G.

R 1177 PELIKAN, J.J. (1985/87, 2646): CHR 73 (1987) 251-252 = Eno, R.B. – ThSt 48 (1987) 588 = TeSelle, E.

R 1178 PENA, I. (1985/87, 6446): CD 199 (1986) 331 = Gutiérrez, J. – NatGrac 33 (1986) 347 = Rodríguez, G. – Greg 68 (1987) 440 = Pastor, F.A. – EE 62 (1987) 114 = Valero, J.B. – VyV 45 (1987) 309 = Cervera, D.

R 1179 PENA, I.; CASTELLANA, P.; FERNANDEZ, R. (1983, 2389): JÖB 35 (1985) 336 = Restle, M.

R 1180 PENAMARIA DE LLANO, A. (1981/82, 2104): HeythropJ 26 (1985) 325-326 = Yarnold, E.

R 1181 PENCO, G. (1983, 352): RSCI 39 (1985) 242-243 = Comolli, R.B. – SM 96 (1985) 431-432 = Engelbert, P. – ASI 143, no. 523 (1985) 143-144 = Nero, V. del – ColCist 47 (1985) 484-485 = Maria-Francesca, Sr. – ArSR 31 (1986) 311 = Séguy, J. – REDC 43 (1986) 671-672 = Linage Conde, A.

R 1182 PERI, V. (1981/82, 518): StPat 32 (1985) 176-177 = Pasquato, O. – Salesianum 47 (1985) 349-350 = Pasquato, O.

R 1183 PERRIN, M. (1981/82, 2307): Greg 65 (1984) 186 = Orbe, A. – REA 31 (1985) 179-181 = Braun, R. – Gn 57 (1985) 513-516 = Heck, E.

R 1184 PERRONE, L. (1981/82, 519): Byslav 46 (1985) 189-191 = Thümmel, H.G.

R 1185 PERRONE, L. (1984, 1584): ByZ 78 (1985) 377 = Ceresa-
Gastaldo, A. – PrOrChr 35 (1985) 223 = Ternant, P. – RHE 80
(1985) 339 = Halleux, A. de

R 1186 PETERS, E. (1979/80, 229): CCM 30 (1987) 191-192 = Pon, G.

R 1187 PETERS, E. (1984, 424): BijFTh 48 (1987) 88 = Parmentier, M.

R 1188 PETERS, F.E. (1985/87, 1836): StMon 28 (1986) 221-222 =
Mendoza, A. – NYRB 33,6 (1986) 42-44 = Smail – JEcclH 38
(1987) 325 = DeLange

R 1189 PETERS, G. (1984, 68): StPat 33 (1986) 455-456 = Corsato, C.

R 1190 PETERS, G. (1985/87, 106): AHP 24 (1986) 461

R 1191 PETERSEN, J.M. (1984, 1743): Manuscripta 29 (1985) 136 –
ArGran 48 (1985) 367-368 = Granado, C. – RHE 80 (1985)
905 = Verbraken, P.-P. – Mu 98 (1985) 249-250 = Yannopoulos, P.A. – Sp 61 (1986) 984-986 Straw, C. – JEcclH 37 (1986)
112-114 = Meyvaert, P. – CrSt 7 (1986) 393-396 = Vogüé, A.
de – RHEF 72 (1986) 302-303 = Paul, J. – DA 42 (1986) 659 =
Silagi, G. – JThS 37 (1986) 230-232 = Markus, R.A. – Aevum
60 (1986) 309-317 = Conte, P. – AHR 92 (1987) 110-111 =
Dam, R. van – REA 33 (1987) 193-195 = Fontaine, J. –
ColCist 49 (1987) 225 = Vogüé, A. de

R 1192 PETERSEN, W.L. (1984, 2317): RelStR 11 (1985) 299 =
Wilken, R.L. -REB 44 (1986) 317-318 = Mahé, J.-P. – RBi 93
(1986) 634-635 = Pierre, M.-J. – REAnc 87 (1985; ersch.'1987)
378-380 = Mahé, J.-P.

R 1193 PETRA, B. (1983, 1053): StVlThQ 29 (1985) 80-81 = Fedwick,
P.J. – StMon 27 (1985) 175-176 = Olivar, A.

R 1194 PETREMENT, S. (1984, 3189): EAgEsp 20 (1985) 346-347 =
Luis, P. de – ScTh 17 (1985) 699-703 = Merino, M. – ArGran
48 (1985) 455-456 = Segovia, A. – Mayeútica 11 (1985)
114-115 = Sánchez Carazo, A. – Mu 98 (1985) 393-394 =
Janssens, Y. – VS 140 (1986) 425-426 = Dalmais, I.-H. –
RHPhR 66 (1986) 349-350 = Maraval, P. – Greg 67 (1986)
784-785 = Orbe, A. – HistReli 25 (1986) 282-284 = Duchesne-
Guillemin, J. – RThPh 118 (1986) 81-82 = Morard – RMM 91
(1986) 424-427 = Ramnoux – RHR 204 (1987) 97-99 =
Brisson – ByZ 80 (1987) 97-99 = Böhlig, A. – RelStR 13
(1987) = Pearson, B.A. – Salmant 34 (1987) 95-97 = Trevijano
Etcheverría, R. – CrSt 8 (1987) 638-639 = Culianu, I.P. –
Salesianum 49 (1987) 548-549 = Stella, P.T.

R 1195 *Petrus Callinicus* edd. R.Y. EBIED; A. VAN ROEY; L.R.
WICKHAM (1981/82, 2550): OrChr 69 (1985) 227 = Cramer,
W. – BijFTh 47 (1986) 338-339 = Parmentier, M. – SJTh 40
(1987) 317-319 = Torrance, T.F.

R 1196 *Petrus Chrysologus* ed. A. OLIVAR (1975, 2208); (1981/82, 2551.2552): RCatT 11 (1986) 461-462 = Fabregas i Baqué, J.

R 1197 PHAN, P.C. (1984, 3074): GrOrthThR 31 (1986) 213-214 = Papademetriou, G.C. – SecCent 6 (1987/88) 52-53 = O'Cleirigh, P.M.

R 1198 *Phileas Thmuitanus* ed. A. PIETERSMA (1984, 2583): MSR 42 (1985) 100-101 = Liébaert, J. – JThS 36 (1985) 474-475 = Roberts, C.H. – Aeg 65 (1985) 245-246 = Daris, S. – VigChr 40 (1986) 92-93 = Kilpatrick, G.D. – RHPhR 66 (1986) 343 = Maraval, P. – MH 43 (1986) 272 = Lukinovitch – Mu 99 (1986) 195-196 = Mossay – RSLR 22 (1986) 542-547 = Bolgiani – NRTh 109 (1987) 453-454 = Roisel, V.

R 1199 *Philokalia* edd. G.E.H. PALMER; P. SHERRARD; K. WARE (1981/82, 885): Sob 7,1 (1985) 61-62 = Gendle, N.

R 1200 *Philoponus and the rejection of Aristotelian science* ed. by R. SORABJI (1985/87, 4264): ReMet 41 (1987/1988) 635-637 = Bole

R 1201 *Philosophies non chrétiennes et christianisme* ed. L. COULOU-BARITSIS (1984, 173): RHPhR 65 (1985) 319 = Maraval

R 1202 *Philostorgius* edd. J. BIDEZ; F. WINKELMANN (1981/82, 2557): ThLZ 109 (1984) 276-277 = Haendler, G.

R 1203 *Philoxenia* ed. A. KALLIS (1979/80, 148): Irénikon 60 (1987) 319-320 = E.L.

R 1204 *Der Physiologus* ed. O. SEEL (1985/87, 4907): Rechtshistorisches Journal (Frankfurt a.M.) 6 (1987) 250-252 = Fögen, M.T.

R 1205 *Pietas. Festschrift für Bernhard Kötting* edd. E. DASSMANN; K.S. FRANK (1979/80, 149): RPh 59 (1985) 350-351 = Rondeau, M.-J.

R 1206 PIETRI, L. (1983, 358): ABret 92 (1985) 425-429 = Martin – RSLR 21 (1985) 312-315 = Boesch Gajano, S. – SZG 35 (1985) 330-331 = Morard – DA 42 (1986) 728-729 = Schröder, I. – Francia 14 (1986) 691-692 = Scheibelreiter, G. – MA 92 (1986) 126-128 = Kaiser, R. – BijFTh 47 (1986) 337 = Parmentier, M. – Sp 61 (1986) 988-991 = Goffart, W. – ChH 56 (1987) 109-110 = Keefe, S.A. – EHR 102 (1987) 172-173 = Jones, M.

R 1207 PIJUAN, J. (1981/82, 2947): Ant 59 (1984) 314-315 = Colombotti, T. – RCatT 10 (1985) 225-226 = Gros i Pujol, M.S.

R 1208 PILLINGER, R. (1979/80, 2132): Kairos 29 (1987) 123 = Schubert, K.

R 1209 PINCHERLE, A. (1984, 1192): Augustinus 31 (1986) 403-404 = Oroz Reta, J.

R 1210 PINCKAERS, S. (1985/87, 1176): EThL 63 (1987) 204-206 = Etienne, J.

R 1211 PINES, S. (1985/87, 1241): RMM 92 (1987) 553-554 = Brague

R 1212 PINTARIC, D. (1983, 941): ZKTh 109 (1987) 350-351 = Lies

R 1213 PIRET, P. (1983, 1672): Irénikon 57 (1984) 285-286 = M.G. –
Greg 66 (1985) 168-170 = Ferraro, G. – RThL 16 (1985)
467-469 = Halleux, A. de – RSPhTh 69 (1985) 606-609 =
Durand, G.-M. de – SR 14 (1985) 271-272 = Lamirande –
RechSR 74 (1986) 612-613 = Kannengiesser, C.

R 1214 PISTONI, G. (1984, 2521): AB 103 (1985) 182 = Halkin, F. –
RSCI 39 (1985) 290 = Golinelli, P.

R 1215 PLACES, E. DES (1981/82, 1912): Augustinus 30 (1985)
412-413 = Anoz, J. – CrSt 7 (1986) 182-183 = Moreschini,
C. – RHR 203 (1986) 320-321 = Nautin, P.

R 1216 *Platonismus und Christentum* edd. H. BLUME; F. MANN
(1983, 153): RelStR 11 (1985) 195 = Lyman, J.R. – ThRe 81
(1985) 288-290 = Hauschild, W.-D. – ZKTh 108 (1986) 213 =
Lies, L. – RHR 203 (1986) 210-211 = Nautin, P. – ArchPhilos
49 (1986) 309-311 = Solignac

R 1217 *Plotinus amid Gnostics and Christians* ed. D.T. RUNIA (1984,
174): RSF 3 (1985) 605-606 = Barelli, U. – Maia 37 (1985)
199-200 = Barelli – ACl 55 (1986) 493 = Joly – AncPhil 7
(1987) 253-256 = Gersh, S. – REAnc 89 (1987) 127-128 = Le
Boulluec, A.

R 1218 PLÜMACHER, E. (1985/87, 946): RQ 82 (1987) 270-272 =
Klein

R 1219 *La poesia tardoantica tra retorica, teologia e politica* (1984,
175): BStudLat 15 (1985) 145-149 = Piscitelli Carpino, T. –
REL 63 (1985) 420-423 = Poinsotte, J.-M. – Sandalion 8-9
(1985-1986) 434-439 = Placanica, A. – WSt N.F. 20 (1986) 301
= Zelzer, K. – RFC 114 (1986) 125 = Nonno, M. de – VetChr
23 (1986) 20 = Desantis, G.A. – SMed 10 (1986) 163-164 =
Bisanti, A. – RBen 96 (1986) 374-375 = Wankenne, L. – QM
22 (1986) = Bartolomucci, N. – KoinNapoli 11 (1987) 140-143
= Santorelli – Aevum 61 (1987) 271-272 = Zecchini; 272-273 =
Milanese

R 1220 POFFET, J.-M. (1985/87, 4769): JThS 37 (1986) 573-574 =
Torjesen – AugR 26 (1986) 308-311 = Peretto, E. – RSPhTh 70
(1986) 609-611 = Durand, G.-M. de – RThPh 119 (1987)
109-110 = Junod, E. – ThLZ 112 (1987) 128-130 = Thümmel,
H.G. – RThL 18 (1987) 247-248 = Halleux, de – JBL 106
(1987) 746-748 = Clark

R 1221 POIRIER, P.-H. (1984, 706): RHE 80 (1985) 473-474 = Leloir,
L. – RBen 95 (1985) 350 = Bogaert, P.-M. – RelStR 12 (1986)
165-166 = Schoedel, W.R.

R 1222 POKORNY, P. (1985/87, 6709): CV 30 (1987) 276-277 =
Molnár, A.

R 1223 PONTAL, O. (1985/87, 5913): AHP 24 (1986) 472 – ThLZ
        112 (1987) 441-442 = Haendler, G. – ChH 56 (1987) 384-385
        = Rosenberg, H. – REDC 44 (1987) 325-326 = García y García,
        A. – DA 43 (1987) 268 = R.S. – MThZ 38 (1987) 191 =
        Stockmeier, P. – RHDFE 65 (1987) 258-259 = Gaudemet, J. –
        AHDE 57 (1987) 1083-1084 = García y García, A.

R 1224 *Popoli e paesi* (1985/87, 330): DA 42 (1986) 282-284 =
        Hartmann, W.

R 1225 POQUE, S. (1984, 1195): SMed 8 (1985) 199-200 = Diquat-
        tro – RBen 95 (1985) 159-160 = Verbraken – ThPh 60 (1985)
        590-592 = Sieben – BLE 87 (1986) 153 = Crouzel, H. – RHR
        203 (1986) 322-323 = Doignon – Salesianum 48 (1986)
        402-403 = Amata

R 1226 PORTIER, L. (1984, 865): EThL 61 (1985) 413 = Halleux, A.
        de – BTAM 14 (1986) 4-5 = Abeele, B. van den – RHE 81
        (1986) 305 = Abeele, B. van den – Sc 40 (1986) 62* = Abeele, B.
        van den – QL 68 (1987) 74 = L.L.

R 1227 POTZ, E. (1985/87, 3241): CR 36 (1986) 239-241 = Hall –
        Faventia 8 (1986,1) 155-157 = Calderó Cabré – ŽA 37 (1987)
        44-45 = Gantar

R 1228 *Praesentia Christi* ed. L. LIES (1984, 176): ALW 28 (1986)
        261-262 = Häussling, A.A.

R 1229 *Pratiques de la confession* (1983, 2111): ZKG 96 (1985) 412 =
        Bäumer, R. – EE 60 (1985) 239 = Franco, R. – Irénikon 60
        (1987) 140-141 = M.G. – Zeitschrift für schweizerische Kirchen-
        geschichte (Fribourg) 81 (1987) 257-259 = Andenmatten, B.

R 1230 *Premiers temps chrétiens en Gaule méridionale* edd. P.A. FE-
        VRIER; F. LEYGE (1985/87, 950): BMm 146 (1987) 225-226 =
        Baritel, F. – RHEF 73 (1987) 324 = Carrias, M. – REL 64
        (1986) 381-382 = Charlet, J.L.

R 1231 PRESS, G.A. (1984, 534): JHPh 24 (1986) 551-554 = Scarbo-
        rough, J.

R 1232 PRETE, S. (1985/87, 4875): BStudLat 17 (1987) 156-157 =
        Piscitelli Carpino

R 1233 PREUS, M.C. (1985/87, 2664): ThSt 48 (1987) 210 = O'Con-
        nell, R.J.

R 1234 PRICE, S.R.F. (1984, 433): Gn 58 (1986) 38-43 = Herz, P. –
        HeythropJ 28 (1987) 347-348 = Cameron, A. – ClPh 82 (1987)
        174-178 = Grant, R.M.

R 1235 *Primasius Hadrumetinus* ed. A.W. ADAMS (1985/87, 4914):
        RHE 80 (1985) 764-766 = Gryson, R. – VigChr 41 (1987)
        308-309 = Kilpatrick, G.D. – Compostellanum 31 (1986)
        279-280 = Romero Pose, E.

R 1236 PRINZ, F. (1979/80, 380): RBS 10/11 (1981/82) [1984]
196-197 = Hagemeyer, O. – RBS 10-11 (1981/82) [1984]
280*-281* = Jaspert, B.

R 1237 PRINZIVALLI, E. (1985/87, 4607): AugR 26 (1986) 311 =
Voicu, S.J. – Orpheus 7 (1986) 420-424 = Mazzucco – Greg 68
(1987) 431-432 = Orbe, A. – EThL 63 (1987) 174-176 =
Bundy – RSLR 23 (1987) 341-342 = Monaci Castagno

R 1238 PROBST, B. (1979/80, 1228): RBS 10/11 (1981/82) [1984]
219* = Jaspert, B.

R 1239 *Proceedings of the XVIth International Congress of Papyrology*
edd. R.S. BAGNALL et al. (1981/82, 253): BiblOr 41 (1984)
113-114 = Parassoglu, G.M. – ArPap 30 (1984) 107-113 =
Poethke, G.

R 1240 *Prudentius* edd. A. ORTEGA; I. RODRIGUEZ (1981/82, 2575):
EJos 39 (1985) 271-272 = Carrasco, J.A.

R 1241 *Prudentius* ed. R. PALLA (1981/82, 2576): ACl 54 (1985) 424 =
Verheijen – VigChr 39 (1985) 397-400 = Boeft, J. den –
Latomus 44 (1985) 218-219 = Tordeur, P. – Gy 92 (1985)
559-560 = Gruber, J. – Emérita 53 (1985) 365 = Ramírez de
Verger, A. – Gn 58 (1986) 30-34 = Gnilka, C.

R 1242 PRYSZMONT, J. (1985/87, 6107): CF 57 (1987) 346 = Cygan,
J.

R 1243 PRZYWARA, E. (1984, 1199): ScTh 17 (1985) 333-336 =
Viciano, A. – Stromata 41 (1985) 452 = Veismann, F.J.

R 1244 PRZYWARA, E. (1985/87, 2665): EThL 63 (1987) 445 =
Brito – RPFE 177 (1987) 246-247 = Reix

R 1245 QUACQUARELLI, A. (1981/82, 3338): RiAC 60 (1984)
177-178 = Perraymond, M. – Salesianum 46 (1984) 853 =
Felici, S. – ColCist 47 (1985) 495-496 = G.C. – BLE 86 (1985)
74-75 = Crouzel, H. – RechSR 73 (1985) 613 = Kannengiesser,
C. – NRTh 108 (1986) 617 = Godding, R. – Studi ecumenici
(Verona) 5 (1987) 313 = T.V. – Benedictina 34 (1987) 298-300
= Lorenzi, L. de

R 1246 QUACQUARELLI, A. (1981/82, 607): RHE 80 (1985) 338 =
Halleux, A. de – BLE 86 (1985) 74-75 = Crouzel, H.

R 1247 QUACQUARELLI, A. (1985/87, 957): EAg 21 (1986) 430 =
Luis, P. de – RBen 96 (1986) 373 = Wankenne, L. – BStudLat
16 (1986) 134-135 = Piscitelli Carpino – StMon 28 (1986)
393-394 = Olivar, A. – ArGran 49 (1986) 410 = Segovia, A. –
RSPhTh 70 (1986) 615-616 = Durand, G.-M. de – EtThR 61
(1986) 593-594 = Tommasone, L. – Mu 99 (1986) 384 = Ries,
J. – OrChrP 52 (1986) 241 = Podskalsky, G. – EE 62 (1987)
90-91 = Franco, R. – Irénikon 60 (1987) 137-138 = Gimenez,
M. – ThLZ 112 (1987) 194-195 = Winkelmann, F. – Salmant

34 (1987) 106-107 = Martín Hernández, F. – Maia 39 (1987) 259-260 = Piredda – Salesianum 49 (1987) 845-846 = Felici, S. – REL 65 (1987) 404 = Callu

R 1248 Quaere Paulum (1981/82, 254): ThXaver 36 (1986) 120-121 = Pongutá, S.

R 1249 QUASTEN, J. (1983, 2074): Reformed Liturgy and Music (Louisville) 21 (1987) 192-193 = Langston, P.

R 1250 Quattro omelie copte edd. A. MARESCA et al. (1977/78, 2158): OLZ 81 (1986) 141-142 = Funk, W.-P.

R 1251 QUECKE, H. (1984, 666): Bibl 67 (1986) 407-409 = Johnson, D.

R 1252 Quellen geistlichen Lebens: die Zeit der Väter edd. W. GEERLINGS; G. GRESHAKE (1979/80, 233): FS 68 (1986) 406-407 = Lehmann, L.

R 1253 Quellenbuch zur Geschichte der orthodoxen Kirche ed. N. THON (1983, 362): OstkiSt 34 (1985) 66-68 = Plank, P. – ZKTh 107 (1985) 223 = Lies – ByZ 78 (1985) 387-388 = Capizzi, C. – TTh 25 (1985) 106 = Aalst, A.J. van der – ThLZ 110 (1985) 684-686 = Döpmann, H.-D. – TTZ 95 (1986) 78 = Sauser, E. – Kirche im Osten (Münster) 29 (1986) 221-223 = Hannick, C. – CO 39 (1987) 205-206 = Davids, A.

R 1254 RACE, W.H. (1981/82, 1692): Gy 92 (1985) 241-242 = Hofmann – Mn 39 (1986) 143-144 = Schreiner

R 1255 RADDING, C.M. (1985/87, 1180): AHR 91 (1986) 901-902 = Drew, K.F.

R 1256 RAMSEY, B. (1985/87, 107): Churchman: Journal of Anglican Theology 100 (1986) 165-166 = Bray, G.L. – Military Chaplains' Review 15,2 (1986) 97-98 = Marshall, L.G. – ChH 55 (1986) 507-508 = TeSelle, E. – Them 13 (1987) 30 = Norris, F.W. – Clergy 72 (1987) 38-39 = McGuckin, J.

R 1257 Reclams Lexikon der Heiligen und der biblischen Gestalten ed. H.L. KELLER (1984, 241): BijFTh 47 (1986) 337 = Hahn, J.G.

R 1258 Redovnička pravila ed. H. BORAK (1985/87, 6460): CF 56 (1986) 113 = Cygan, G.

R 1259 Les Règles des saints Pères, I ed. A. DE VOGÜÉ (1981/82, 887): PrOrChr 34 (1984) 200-201 = Ternant, P. – StSR 8 (1984) 376-377 = Mara, M.G. – AB 103 (1985) 181-182 = Fenoyl, R. de – Augustinus 30 (1985) 413-414 = Orosio, P. – RechSR 73 (1985) 613-614 = Kannengiesser, C. – RBPh 63 (1985) 144-146 = Schamp, J.

R 1260 Les Règles des saints Pères, II ed. A. DE VOGÜÉ (1981/82, 888): PrOrChr 34 (1984) 200-201 = Ternant, P. – StSR 8 (1984) 376-377 = Mara, M.G. – AB 103 (1985) 181-182 = Fenoyl, R. de – RechSR 73 (1985) 613-614 = Kannengiesser,

C. – RBPh 63 (1985) 144-146 = Schamp, J. – REAnc 87 (1985; ersch.1987) 389-390 = Biarne, J.

R 1261 *Les règles de l'interprétation* ed. M. TARDIEU (1985/87, 337): REJ 146 (1987) 438-439 = Hayoun

R 1262 REGNAULT, L. (1985/87, 2036): ColCist 49 (1987) 175-176 = Y.R. – AB 105 (1987) 212-213 = Devos, P.

R 1263 *Vierter Internationaler Regula Benedicti-Kongreß* (1985/87, 338): DA 43 (1987) 230-231 = Schieffer, R. – RThL 18 (1987) 112-113 = Bogaert, P.-M.

R 1264 *Regulae Benedicti Studia* (1984, 177): ThLZ 110 (1985) 609-610 = Haendler, G.

R 1265 REIJNERS, G.Q. (1983, 1745): NTT 86 (1985) 244 = Norderval, Ø.

R 1266 REISER, M. (1984, 2001): BiZ 29 (1985) 144-146 = Klauck – EThL 61 (1985) 193-196 = Neirynck – Salesianum 47 (1985) 614-615 = Bracchi – JBL 106 (1987) 138-139 = Mowery, R.L.

R 1267 *Religionstheorie und Politische Theologie, I* ed. J. TAUBES (1983, 158): ZRGG 37 (1985) 173 = Stark – ThPh 60 (1985) 627-628 = Brieskorn – Istina 31 (1986) Dupuy, B.

R 1268 *Religionstheorie und Politische Theologie, II* ed. J. TAUBES (1984, 178): ArSR 31 (1986) 322 = Löwy, M. – ByZ 80 (1987) 389-390 = Böhlig, A.

R 1269 REMUS, H. (1983, 699): ChH 54 (1985) 89 = Hinson – JBL 104 (1985) 371-373 = Kee – JThS 36 (1985) 465-467 = Meredith – SR 14 (1985) 124-125 = Poirier – JEcclI I 36 (1985) 670-671 = Cameron – BLE 85 (1985) 226-227 = Crouzel – SecCent 5 (1985/86) 57-58 = Kee, H.C. – RHR 204 (1987) 449-450 = Nautin – HeythropJ 28 (1987) 222-223 = Hall, S.G.

R 1270 *Research on Tropes* ed. G. IVERSEN (1983, 159): Revue de musicologie, Paris 70 (1984) 277-278 = Sevestre, N. – RSPhTh 69 (1985) 313-314 = Guy, P.M. – StMe 26 (1985) 1037-1039 = Menestò, E. – Sp 60 (1985) 684-685 = Atkinson, C.M.

R 1271 *Retto uso delle ricchezze nella tradizione patristica* edd. M. TODDE; A. PIERI (1985/87, 1650): Rivista Internazionale di Filosofia del Diritto (Milano) 63 (1986) 631-632 = N.N.

R 1272 REYDELLET, M. (1981/82, 940): EHR 99 (1984) 370-374 = Collins, R.J.H. – Augustinus 30 (1985) 427-428 = Oroz Reta, J. – RPh 59 (1985) 155-157 = Banniard, M. – AKG 68 (1986) 246-248 = Nonn – Sp 62 (1987) 984-985 = Wood, I.N. – BJ 187 (1987) 845-852 = Wirth, G.

R 1273 RI, H.-U.S. (1984, 1372): ColCist 48 (1986) [87-88] = Vogüé, A. de

R 1274 RICE, E.F. (1985/87, 4041): Manuscripta 30 (1986) 162 – Sixteenth Century Journal (Kirksville, Mo.) 17 (1986) 519-520

= Manschreck, C.L.; Gosselin, E.A. – JAAR 55 (1987) 175-176 = Barr, J. – CrSt 8 (1987) 204-205 = Bell, R.M. – Sp 62 (1987) 175-177 = Murphy, F.X. – Fides et Historia (Manhattan, Kans.) 19,2 (1987) 92-94 = Terpstra, N.

R 1275 RICHARDS, J. (1983, 1363): ThPh 60 (1985) 287-289 = Schatz, K. – DA 41 (1985) 272 = Jasper, D. – TPQS 133 (1985) 84-85 = Zinnhobler, R. – TTZ 95 (1986) 79-80 Sauser, E.

R 1276 RICHARDS, J. (1984, 1747): SMed 8 (1985) 202 = Roccaro, C. – VetChr 23 (1986) 199-206 = Cali, R.S.

R 1277 RICHARDS, J. (1984, 1747): ZGesch 32 (1984) 1123 = Werner, E. – RQ 79 (1984) 274 = Moll, H. – ThPh 60 (1985) 287 = Schatz, K. – VetChr 23 (1986) 199-206 = Calì, R.S.

R 1278 RICHTER, C. (1984, 2491): ZKTh 107 (1985) 506 = Schermann

R 1279 RIEDWEG, C. (1985/87, 3279): ZAW 99 (1987) 471 = Kaiser

R 1280 RIGGI, C. (1985/87, 341): ScTh 18 (1986) 971-972 = Merino, M. – EThL 63 (1987) 181-182 = Halleux, A. de – JThS 38 (1987) 296 = Hall, S.G.

R 1281 RIGHI, G. (1984, 1420): RFN 77 (1985) 187-188 = Belletti – StMe 27 (1986) 516 = Maierù

R 1282 RIST, J.M. (1985/87, 342): ThPh 61 (1986) 415 = Ricken, F. – RHE 81 (1986) 740-741 = Hockey, F. – JThS 37 (1986) 703 = Wiles

R 1283 RITZER, K. (1981/82, 2949): ThQ 167 (1987) 157 = Puza, R.

R 1284 RIUS-CAMPS, J. (1985/87, 4771): ScTh 18 (1986) 928-929 = Saranyana, J.I.

R 1285 RIVERA RECIO, J.F. (1985/87, 4127): ScTh 18 (1986) 718-719 = Ramos-Lissón, D.

R 1286 ROBERTS, C.H.; SKEAT, T.C. (1983, 526): The Library (London) 7 (1985) 360-363 = McKitterick, R. – Sc 39 (1985) 150-158 = McCormick, M. – SIF III s. 3 (1985) 118-121 = Cavallo, G. – ChH 54 (1985) 438-439 = Grant, R.M. – Sp 60 (1985) 1059-1060 = Williman, D. – RHE 81 (1986) 327-328 = Silvestre, H. – JBL 105 (1986) 359-361 = Epp – CR 37 (1987) 82-84 = Parsons, P.J.

R 1287 ROBERTS, M. (1985/87, 1857): REL 63 (1985) 424-425 = Charlet, J.-L. – Gn 58 (1986) 740-742 = Wissemann – ACl 56 (1987) 401-402 = Verheijen, L.

R 1288 ROBERTSON, R.G. (1985/87, 974): OrChrP 53 (1987) 254-255 = Farrugia, E.G.

R 1289 RODRIGUEZ FERNANDEZ, C. (1985/87, 5570): Compostellanum 31 (1986) 293-296 = Millán González-Pardo, I. – StMon 29 (1987) 182-183 = Olivar, A.

R 1290 RODRIGUEZ HERRERA, I. (1981/82, 2592): Emérita 53 (1985) 385-387 = Díaz de Bustamente

R 1291 RODRIGUEZ HERRERA, I. (1983, 160): Carthaginensia 1 (1985) 197 = Gómez, F.

R 1292 ROKEAH, D. (1981/82, 524): HistReli 24 (1985) 286 = Neusner, J. – CrSt 6 (1985) 608-610 = Forlin Patrucco, M. – RHR 202 (1985) 321 = Schwarzfuchs, S.

R 1293 *Roma, Costantinopoli, Mosca* (1983, 162): Rechtshistorisches Journal (Frankfurt a.M.) 4 (1985) 41 = Simon, D. – RHE 80 (1985) 134-137 = Peri, V. – RechSR 73 (1985) 626 = Kannengiesser, C. – CCM 29 (1986) 174-175 = Arrignon, J.-P.

R 1294 *Romanitas – Christianitas. Untersuchungen zur Geschichte und Literatur der Kaiserzeit. Johannes Straub zum 70. Geburtstag* edd. G. WIRTH; K.-H. SCHWARTE; J. HEINRICHS (1981/82, 266): Latomus 44 (1985) 713-714 = Martin, A. – ZSavR 102 (1985) 719-729 = Huchthausen, L. – AnzAlt 40 (1987) 3-6 = Lippold – Nyt fra historien 36 (1987) 148 = C.E.

R 1295 *Romanus Melodus* ed. G. GHARIB (1981/82, 2603): Marianum 46 (1984) 492-494 = Dattrino, L.

R 1296 *Romanus Melodus* ed. J. GROSDIDIER DE MATONS (1981/82, 2602): QL 66 (1985) 249 = A.V. – JÖB 35 (1985) 301-302 = Koder, J. – BijFTh 47 (1986) 331-332 = Declerck, J.

R 1297 *Romanus Melodus* ed. R. SCOGNAMIGLIO (1985/87, 4990): Nicolaus 12 (1985) 241-242 = Corsi

R 1298 RONCAGLIA, M. (1985/87, 978): OrChrP 53 (1987) 221-222 = Poggi, V.

R 1299 RONDEAU, M.J. (1983, 2527): ThLZ 110 (1985) 202-203= Treu, K. – RHR 202 (1985) 175-176 = Guillaumont, A. – BLE 86 (1985) 61-62 = Crouzel, H. – ReSR 60 (1986) 268-270 = Canévet, M. – NRTh 108 (1986) 582-583 = Roisel – RThL 18 (1987) 375-377 = Haelewyck – VigChr 41 (1987) 293-296 = Boeft, J. den – RThh 119 (1987) 520 = Junod, E. – JTHS 38 (1987) 537-539 = Parvis, P.M.

R 1300 RONDEAU, M.J. (1985/87, 6833): ReSR 60 (1986) 268-270 = Canévet, M. – RSPhTh 70 (1986) 596-599 = Durand, G.-M. de – ThLZ 111 (1986) 827-828 = Treu, K. – NRTh 108 (1986) 582-583 = Roisel, V. – RechSR 74 (1986) 581-583 = Kannengiesser, C. – JThS 37 (1987) 537-539 = Parvis – RHR 204 (1987) 436-438 = Guillaumont – BLE 88 (1987) 61-62 = Crouzel, H. – RThL 18 (1987) 375-377 = Haelewyck – RThPh 119 (1987) 520 = Junod – RPh 61 (1987) 332-333 = Irigoin – VigChr 41 (1987) 293-296 = Boeft, J. den

R 1301 *The Roots of Egyptian Christianity* edd. B.A. PEARSON; J.E. GOEHRING (1985/87, 343): ExpT 98 (1986) 85-86 = Ray,

J.D. – JEcclH 38 (1987) 327-328 = Frend, W.H.C. – ThLZ 112 (1987) 351-353 = Löhr, W.A.

R 1302   *The roots of our common faith* ed. H.-G. LINK (1984, 179): RThPh 117 (1985) 168-169 = Mottu – DialEc 22 (1987) 152-154 = Sánchez Caro, J.M.

R 1303   ROQUES, R. (1983, 1272): NRTh 107 (1985) 477 = Roisel, V. – StMe 26 (1985) 817-823 = Vasoli – HumTeol 6 (1985) 118-119 = Monteiro, J. – JEcclH 36 (1985) 143-144 = Marenbon, J. – StMon 27 (1985) 192-193 = Villanova, E. – Laval 42 (1986) 283-284 = Poirier, P.H. – RechSR 74 (1986) 610 = Kannengiesser, C. – ZKG 97 (1986) 161 = Abramowski, L. – RThPh 119 (1987) 392 = Junod

R 1304   RORDORF, W. (1985/87, 344): ArGran 49 (1986) 411 = Segovia, A. – Irénikon 59 (1986) 290-291 = Lanne, E. – EL 100 (1986) 344 = Pistoia, A. – NRTh 109 (1987) 140-141 = A.H. – RThPh 119 (1987) 388 = Morard – RHPhR 67 (1987) 313-314 = Maraval – VetChr 24 (1987) 224-225 = Colafemmina – ZKTh 109 (1987) 363 = Meyer – QL 68 (1987) 291 = Michiels, G. – RiAC 63 (1987) 420-421 = Saxer, V. – Salesianum 49 (1987) 193 = Triacca, A.M. – TTh 27 (1987) 110 = Wegman, H.

R 1305   RORDORF, W. (1985/87, 5686): Currents in Theology and Mission (Chicago, Ill.) 14 (1987) 218-219 = Rochelle, J.C.

R 1306   ROREM, P. (1984, 1585): ArGran 48 (1985) 352-353 = Segovia, A. – RHE 80 (1985) 571-572 = Halleux, A. de – OrChrP 51 (1985) 232-233 = Sabourin, L. – StVlThQ 29 (1985) 364-365 = Meyendorff, J. – JThS 37 (1986) 228-230 = Louth, A. – ByZ 79 (1986) 61-62 = Riedinger, R. – Sp 62 (1987) 178-182 = Tomasic, T.M. – ThLZ 111 (1986) 365-367 = Mühlenberg – RelStud 13 (1987) 76 = Wilken, R.L.

R 1307   ROSENQVIST, J.O. (1981/82, 2833): Emérita 53 (1985) 175-176 = Crespo, E. – ACl 54 (1985) 413-414 = Leroy, M.

R 1308   ROSKOFF, G. (1985/87, 6521): AHP 25 (1987) 484

R 1309   ROTTENWÖHRER, G. (1985/87, 6111): Heresis (Villegly) 8 (1987) 57-58 = Duvernoy, J.

R 1310   ROUSSEAU, P. (1985/87, 4823): BijFTh 47 (1986) 446-447 = Cranenburgh, H. van – RHE 81 (1986) 701-702 = Halleux, A. de – Manuscripta 30 (1986) 138-139 = Constable, G. – PBR 5 (1986) 70-72 = Tsirpanlis, C.N. – GR 33 (1986) 221 = Rees – TLS (1986) No 4363, 1288 = Chadwick, H. – Sp 62 (1987) 469-471 = Abrahamse, D. de F. – ChH 56 (1987) 268 = Carpe, W.D. – CHR 73 (1987) 130-131 = Johnson, D. – StMy 10,3 (1987) 74-77 = Riley, M. – JRS 77 (1987) 216-218 = Lieu – AHR 92 (1987) 1186-1187 = Sullivan, R.E.

R 1311 ROUSSELLE, A. (1983, 2399): EtThR 60 (1985) 460-461 = Dubois, J.-D.

R 1312 ROUWHORST, G.A.M. (1985/87, 3536): TLit 71 (1987) 192-193 = Vander Speeten, J.

R 1313 ROWLAND, C. (1985/87, 981): JThS 37 (1986) 159-161 = Lieu

R 1314 RUDOLPH, K. (1983, 2473): SJTh 38 (1985) 264-266 = Lieu, S.N.C. – TLS 23/08/1985, 930 = Chadwick, H. – BSOAS 48 (1985) 544-545 = Wansbrough, J. – SecCent 5 (1985/86) 47-49 = McGuire, A. – HistReli 25 (1986) 282-284 = Duchesne-Guillemin, J. – JThS 37 (1986) 202-206 = Williams, R. – ArSR 31 (1986) 312-313 = Dubois, J.D. – BiblOr 43 (1986) 109 = Helderman, J. – JRH 14 (1986) 101-103 = Ward, J.O. – EvangQ 59 (1987) 179-181 = Drane, J.W. – RelStR 13 (1987) 7-8 = Pearson, B.A.

R 1315 *Rufinus Aquileiensis* ed. C.M. Batlle (1985/87, 5001): StMon 29 (1987) 384 = Beltran

R 1316 RUSSELL, J.B. (1981/82, 3358): JR 65 (1985) 275-276 = Revard, S.P. – JR 67 (1987) 518-528 = Kelly, H.A. – Commentary 83 (1987) 63-66 = Pelikan, J.J. – JAAR 55 (1987) 410-411 = Smith, M.

R 1317 RUSSELL, J.B. (1984, 3101): ReSR 59 (1985) 279 = Munier, C. – AHR 91 (1986) 93-94 = Kieckhefer, R. – StMon 28 (1986) 196 = Montmany, A. – RelStR 12 (1986) 167 = Contreni, J.J. – Sp 61 (1986) 994-997 = Bernstein, A.E. – CHR 73 (1987) 266-267 = Emmerson, R.K. – JAAR 55 (1987) 179-181 = Feng, H.C. – JR 67 (1987) 518-528 = Kelly, H.A. – Commentary 83 (1987) 63-66 = Pelikan, J.J. – TG 100 (1987) 96-97 = Herwaarden, J.van – ZKG 98 (1987) 426-428 = Greshake, G.

R 1318 RUSSELL, J.B. (1985/87, 6522): Salesianum 49 (1987) 193-194 = Amata, B.

R 1319 SABUGAL, S. (1981/82, 2883): TyV 26 (1985) 308 = Meiss, A.

R 1320 SABUGAL, S. (1985/87, 6053): Compostellanum 32 (1987) 345 = Romero Pose, E. – CD 200 (1987) 134-135 = Ozaeta, J.M.

R 1321 SABUGAL, S. (1985/87, 6879): AugR 26 (1986) 582-584 = Grech, P. – ArGran 50 (1987) 463 = Segovia, A. – CD 200 (1987) 117-118 = Gutiérrez, J. – RBi 94 (1987) 135-137 = Pérez Fernández, M.

R 1322 *Sacramentarium Gregorianum* ed. J. DESHUSSES (1981/82, 2900): ALW 26 (1984) 52 = Neunheuser, B. – DA 41 (1985) 604-605 = Schneider, H.

R 1323 *Saecularia Damasiana. Atti del Convegno internazionale per il XVI centenario della morte di papa Damaso I* (1985/87, 3373): CC 3 (1986) 547 = Ferrua, A. – RQ 82 (1987) 282 = Saxer –

Studi Romani. Rivista bimestrale dell'Istituto di Studi Romani (Roma) 35 (1987) 117-122 = Ermini Pani

R 1324 SAENZ, A. (1983, 1674): Espíritu 34 (1985) 188-189 = Solà, F. de P. – ScTh 17 (1985) 337-339 = Viciano, A.

R 1325 SAENZ, A. (1984, 2107): Espíritu 35 (1986) 75-77 = Forment, E.

R 1326 SAENZ DE ARGANDOÑA, P.M. (1981/82, 2569): ScTh 18 (1986) 717 = Ramos-Lissón, D. – NatGrac 33 (1986) 197-198 = Villalmonte, A. – EF 87 (1986) 317-318 = Villalmonte, A. – EE 61 (1986) 474-476 = Iturriaga, J. – ExpT 98 (1986-1987) 122 = Knowles, G.W.S. – RaBi 49 (1987) 250-252 = Martín, J.P. – LEC 55 (1987) 224-225 = Filée – EThL 68 (1987) 179-180 = Halleux, A. de

R 1327 *Saint Augustin et la Bible* ed. A.-M. LA BONNARDIERE (1985/87, 2195): Irénikon 59 (1986) 581-582 = Lanne, E. – ScTh 18 (1986) 970-971 = Viciano, A. – Augustiniana 37 (1987) 359-369 = Bruning, B. – ArGran 50 (1987) 471-472 = Segovia, A. – NRTh 109 (1987) 908-909 = Roisel – MSR 44 (1987) 42 = Huftier – RThL 18 (1987) 493-495 = Haelewyck – AugR 27 (1987) 335-336 = Zocca, E.

R 1328 *Saint Côme et saint Damien, culte et iconographie* edd. P. JULIEN; F. LEDERMANN (1985/87, 5339): Pharmacy in History (Madison, Wisc. Amer. Inst. of the Hist. of Pharmacy) 28 (1986) 59 = Fehlmann

R 1329 *Saints de Byzance et du Proche-Orient* ed. F. HALKIN (1985/87, 5286): Irénikon 59 (1986) 583-584 = E.L. – MH 44 (1987) 285 = Lucchesi – Hell 38 (1987) 412-415 = Kotzampase, Sophia – NRTh 109 (1987) 455 = Roisel, V.

R 1330 *Les saints et les stars* ed. J.-C. SCHMITT (1983, 1959): RBPh 65 (1987) 947-949 = Dierkens, A.

R 1331 SAKO, L. (1985/87, 991): OrChrP 53 (1987) 250-251 = Poggi, V.

R 1332 SALDANHA, C. (1984, 871): NatGrac 32 (1985) 93-94 = Villalmonte, A. – ExpT 97 (1985-1986) 219-220 = Davies, J.G. – JThS 37 (1986) 303-304 = Wiles, M. – ThSt 47 (1986) 191-192 = Podgorski, F.R. – Salmant 33 (1986) 132-133 = Trevijano Etcheverría, R. – SelLib 23 (1986) 263 = Vives, J. – JES 23 (1986) 154-155 = Noone, B. – ITQ 53 (1987) 78-80 = McNamara, B. – HeythropJ 28 (1987) 472-474 = Laurance, J.

R 1333 SALISBURY, J.E. (1985/87, 992): History 71 (1986) 486 = Wood, I.N. – ChH 55 (1986) 81 = Williams, R.L. – JRH 14 (1986) 100-101 = Cremin, A. – JAAR 54 (1986) 798-799 = Miller, D.A. – AHR 91 (1986) 641 = Colbert – JEcclH 38 (1987) 113-114 = Bishko, C.J.

R 1334 *Il Salterio della Tradizione* ed. L. MORTARI (1985/87, 6806): ScTh 17 (1985) 316-321 = García Moreno, A.

R 1335 *Salvianus Massiliensis* edd. A. MAYER; N. BROX (1983, 1848): ThPh 60 (1985) 594 = Sieben – ZKG 96 (1985) 432 = Kraft – ThRe 82 (1986) 128 = Gessel – ThLZ 112 (1987) 508-509 = Burchard, C.

R 1336 SANCHEZ CARO, J.M. (1983, 2114): PrOrChr 34 (1984) 370-371 = Ternant, P. – ZKTh 107 (1985) 439-441 = Meyer – Mu 98 (1985) 239-240 = Halleux, A. de – JThS 36 (1985) 237 = Stevenson, K. – ByZ 79 (1986) 361-362 = Escribano-Alberca, I.

R 1337 SANCHO ANDREU, J. (1981/82, 2950): RCatT 12 (1987) 254-255 = Gros i Pujol, M.S.

R 1338 SANGUINETTI MONTERO, A. (1983, 962): ArchPhilos 48 (1985) 479-480 = Solignac

R 1339 SANSTERRE, J.M. (1983, 376): RSCI 39 (1985) 296 = Cattana, V. – OstkiSt 34 (1985) 55-56 = Bayer, M. – RHE 80 (1985) 144-146 = Yannopoulos, P.A. – DA 41 (1985) 287-288 = Schieffer, R. – CO 37 (1985) 295-296 = Burg, A. – StRo 33 (1985) 125 = Pani Ermini, L. – Revue Belge d'Archéologie et de l'Histoire de l'Art (Anvers) 54 (1985) 97-98 = Lafontaine-Dosogne – BBGG 39 (1985) 102-105 = Agati, M.L. – Orpheus 7 (1986) 479-482 = Crimi, C. – RiAC 62 (1986) 388-391 = Pani Ermini – CrSt 8 (1987) 640 = Alonso-Núnez, J.M. – AB 105 (1987) 454-456 = Ommeslaeghe, F. van

R 1340 SANTE, C. DI (1985/87, 5573): StPat 33 (1986) 432-434 = Salzano

R 1341 SANTOS OTERO, A. DE (1981/82, 860): RHR 201 (1984) 80-81 = Cazacu, M.

R 1342 SARTORY, G.; SARTORY, T. (1981/82, 1623): RBS 10/11 (1981/82) [1984] 338*-339* = Jaspert, B.

R 1343 SAUER, E.F. (1981/82, 1624): RBS 10/11 (1981/82) [1984] 289* = Jaspert, B.

R 1344 SAUGET, J.-M. (1985/87, 5574): Mu 100 (1987) 446-447 = Grand'Henry, J. – RHE 82 (1987) 460 = Halleux, A. de

R 1345 SAXER, V. (1979/80, 395): EL 98 (1984) 530 = Braga, C. – EtThR 60 (1985) 457-458 = Dubois, J.-D.

R 1346 SAXER, V. (1985/87, 5288): REL 66 (1986) 375-377 = Fontaine – ReSR 61 (1987) 93-94 = Munier

R 1347 SCHAFFER, C. (1985/87, 5821): OstkiSt 35 (1986) 49 = Biedermann – EL 100 (1986) 613-614 = Triacca, A.M.

R 1348 SCHEIBELREITER, G. (1983, 2253): AHR 89 (1984) 1317 = Blumenthal, U.-R. – DA 41 (1985) 635 = Schröder, I. – RHE

80 (1985) 454-467 = Platelle, H. – CrSt 7 (1986) 616-618 = Consolino, F.E. – StMe 27 (1986) 1047-1048 = Tabacco, G.

R 1349 SCHILLEBEECKX, E. (1985/87, 6016): AugR 26 (1986) 602-605 = Studer, B.

R 1350 SCHIMMELPFENNIG, B. (1984, 451): Francia 13 (1985) 707-708 = Milis, L. – Sc 39 (1985) 176* = Silvestre, H. – LEC 53 (1985) 464-465 = Plumat, N. – GS Sect. 1 19 (1986) 78 = Hehl, E.-D. – ZGesch 34 (1986) 850 = Mohr, H. – DA 42 (1986) 686-687 = Hartmann, W. – JEcclH 38 (1987) 325-326 = Morris, C. – Zeitschrift für Historische Forschung (Berlin) 14 (1987) 225-227 = Schwarz, B.

R 1351 SCHMID, W. (1984, 180): RPh 61 (1987) 325-326 = Novara

R 1352 SCHMID, W. (1984, 539): RThPh 119 (1987) 101-102 = Moda, A.A. – Orpheus 6 (1985) 501-503 = Carpino, F. – Giornale filologico ferrarese (Ferrara) 10 (1987) 151 = Citti

R 1353 SCHMIDT, E.A. (1985/87, 2724): Gy 94 (1987) 467-468 = Klein – LEC 55 (1987) 112-113

R 1354 SCHMITHALS, W. (1984, 3198): VigChr 39 (1985) 393-394 = Quispel, G. – Eirene 23 (1986) 164-165 = Schenke – Numen 33 (1986) 170-171 = Stroumsa – ArSR 31 (1986) 313-314 = Dubois, J.D.

R 1355 SCHMITT, E. (1983, 966): Salesianum 47 (1985) 352-353 = Stella – NRTh 108 (1986) 608 = Roisel – Salmant 33 (1986) 135-137 = Aznar, F.R.

R 1356 SCHNURR, K.B. (1985/87, 6880): ThLZ 111 (1986) 529-530 = Haendler – ThRe 82 (1986) 467 = Geerlings – TPQS 134 (1986) 414-415 = Brox, N. – ThPh 62 (1987) 274 = Sieben – RThPh 119 (1987) 391 = Rordorf

R 1357 SCHNUSENBERG, C. (1981/82, 943): Benedictina 31 (1984) 291-293 = Leclercq, J. – JEcclH 36 (1985) 323 = McKitterick, R.

R 1358 SCHOEDEL, W.R.; KOESTER, H. (1985/87, 4118): ExpT 97 (1985-1986) 249 = Hall, S.G. – ThRe 82 (1986) 460-462 = Fischer – Bibl 67 (1986) 592-595 = Joly – ThSt 47 (1986) 715-716 = Ettlinger, G.H. – The Asbury Seminarian (Wilmore, Ky.) 42 (1987) 98-100 = Bundy, D. – Them 12 (1987) 62-63 = Hemer, C.J. – JETS 30 (1987) 243-244 = Holmes, M.W. – Dial 26 (1987) 153 = Kraabel, A.T. – ThLZ 112 (1987) 272-275 = Lindemann, A. – PerkinsJ 40 (1987) 58-59 = Lovering, E.H. – CBQ 49 (1987) = Quinn, J.D. – ArGran 50 (1987) 478-479 = Segovia, A. – JBL 106 (1987) 734-736 = Clark – DurhamUni 49 (1987) 168-169 = Arnold – SecCent 6 (1987/88) 46-49 = Greer, R.A.

R 1359 SCHÖLLGEN, G. (1984, 455): ThSt 46 (1985) 727-728 = Eno – Salesianum 47 (1985) 885-886 = Amata, B. – ThLZ 110 (1985) 822-823 = Haendler – REL 63 (1985) 412-416 = Fontaine – RiAC 62 (1986) 373-377 = Saxer – ZKTh 108 (1986) 218 = Meyer – ThRe 82 (1986) 289-292 = Feldmann – Gn 58 (1986) 244-249 = Huss – HZ 242 (1986) 395-398 = Wischmeyer – RQ 81 (1986) 125-128 = Klein, R. – VigChr 40 (1986) 83-86 = Winden, J.C.M. van – MThZ 37 (1986) 140-141 = Frohnhofen, H. – JThS 37 (1986) 214-216 = Frend, W.H.C. – NRTh 108 (1986) 453-454 = Plumat, N. – ChH 55 (1986) 220-221 = Grant – Mu 100 (1987) 444-445 = Mossay, J.

R 1360 SCHÖNBORN, C. VON (1984, 2967): ThPh 60 (1985) 597-598 = Bacht – Orpheus 7 (1986) 482-484 = Crimi, C. – ThLZ 111 (1986) 134-136 = Onasch, K.

R 1361 SCHÖNBORN, C. VON (1985/87, 6206): REB 45 (1987) 257-258 = Congourdeau, M.-H. – EThL 63 (1987) 183 = Halleux, A. de – EL 101 (1987) 261-262 = Triacca, A.M.

R 1362 SCHOENEN, H.G. (1983, 1970): AB 103 (1985) 207 = Straeten, J. Van der

R 1363 *Schools of Thought in the Christian Tradition* ed. P. Henry (1984, 181): SecCent 5 (1985/86) 62 = Attridge, H.W.

R 1364 SCHOUWINK, W. (1985/87, 1871): DA 42 (1986) 734-735 = Koller, W.

R 1365 SCHRECKENBERG, H. (1981/82, 944): JES 21 (1984) 557 = Osterreicher, J.M. – REA 31 (1985) 311-312 = Petitmengin, P. – Judaica 41 (1985) 118-120 = Maser, P. – Kairos 29 (1987) 253-254 = Schubert, K.

R 1366 SCHREIBER, H. (1985/87, 1011): AHP 23 (1985) 426

R 1367 SCHREINER, P. (1985/87, 1013): ZGesch 35 (1987) 642-643 = Winkelmann – Nyt fra historien 36 (1987) 150 = L., M.

R 1368 *Schriften des Urchristentums* ed. K. WENGST (1984, 2247): ArGran 48 (1985) 356 = Segovia, A. – EA 61 (1985) 152 = Eymann, H.S. – ThRe 81 (1985) 31-33 = Lorenz – ZKTh 108 (1986) 208-210 = Lies – NRTh 108 (1986) 272 = Martin – BijFTh 48 (1987) 84-85 = Dehandschutter, B.

R 1369 SCHUBART, W. (1984, 456): AHP 23 (1985) 452

R 1370 SCHÜTZ, C. (1985/87, 6150): AugR 26 (1986) 598-602 = Studer, B. – TTh 26 (1986) 426 = Cornelissen, R.

R 1371 SCHÜTZ, W. (1984, 2226): ArGran 48 (1985) 368-369 = Segovia, A. – VigChr 39 (1985) 207-208 = Winden, J.C.M. van – ThLZ 111 (1986) 73-74 = Thümmel – ZRGG 38 (1986) 276 = Kantzenbach – RQ 82 (1987) 135-136 = Frohnhofen – CrSt 8 (1987) 188-189 = Pazzini, D.

R 1372 SCHWAGER, R. (1985/87, 6232): ThLZ 111 (1986) 853-855 =
        Wenz, Gunther – ThRe 83 (1987) 319-321 = Werbick

R 1373 SCHWÖBEL, H. (1981/82, 536): REDC 43 (1986) 302-303 =
        García y García, A. – StMe 27 (1986) 519-520 = García y
        García – HJ 106 (1986) 153 = Engels, O.

R 1374 *Scripta Arriana Latina, I* ed. R. GRYSON (1981/82, 878): Sc 39
        (1985) 185 = Silvestre, H. – DA 41 (1985) 608-609 = Silagi,
        G. – BLE 86 (1985) 69-70 = Crouzel, H. – LEC 53 (1985) 493
        = Philippart, G. – RThL 16 (1985) 220-222 = Halleux, A. de –
        RBPh 64 (1986) 138-139 = Savon, H.

R 1375 SEGAL, A.F. (1985/87, 1018): SR 16 (1987) 498 = Richard-
        son – JStJ 43 (1987) 252-254 = Pérez-Fernández – ThSt 48
        (1987) 347-348 = O'Toole

R 1376 SEGAL, R.A. (1985/87, 6737): StSR 11 (1987) 124-128 =
        Desantis – Numen 34 (1987) 285-286 = Stroumsa

R 1377 SEGALA, F. (1985/87, 5289): AB 105 (1987) 208 = Halkin,
        F. – RSCI 41 (1987) 685 = Motta, G.

R 1378 *Segni e riti nella Chiesa altomedievale* (1985/87, 348): AHP 25
        (1987) 675

R 1379 SELGE, K.-V. (1981/82, 537): ChH 54 (1985) 438 = Penzel,
        K. – DTT 49 (1986) 159-160 = Schwarz, M.

R 1380 SENDLER, E. (1984, 2768): Benedictina 33 (1986) 586-589 =
        Tuccimei, E.

R 1381 *Les Sentences de Sextus; Fragments; Fragment de la République
        de Platon (NH XII,1; XII,3)* edd. P.-H. POIRIER; L. PAIN-
        CHAUD (1983, 2418): RHPhR 65 (1985) 326 = Bertrand,
        D.A. – RelStR 11 (1985) 195 = Pearson, B.A.

R 1382 SERENTHA, L. (1981/82, 1979): ALW 28 (1986) 274 =
        Neunheuser, B.

R 1383 *Series episcoporum ecclesiae catholicae occidentalis ab initio
        usque ad annum 1198* edd. S. WEINFURTER; O. ENGELS
        (1984, 243): AHDE 54 (1984) 764 = García y García, A. – BEC
        143 (1985) 453-454 = Guyotjeannin, O. – NRTh 107 (1985)
        778-780 = Plumat, N. – ZSavK 71 (1985) 344-347 = Semmler,
        J. – AHDE 56 (1986) 1136-1137 = García y García, A. –
        JEcclH 38 (1987) 111-113 = Leyser, K.

R 1384 SERNA GONZALEZ, C. DE LA (1985/87, 3039): ColCist 47
        (1985) [530] = Vogüé, A. de

R 1385 SESTON, W. (1979/80, 158): Augustinus 30 (1985) 426-427 =
        Oroz, J.

R 1386 ŠEVČENKO, I. (1981/82, 273): OrChrP 52 (1986) 459-460 =
        Capizzi, C.

R 1387 ŠEVČENKO, N.P. (1983, 1998): JÖB 35 (1985) 327-328 =
        Buschhausen, H.

R 1388 SEVERUS, E. VON (1984, 274): RBS 10/11 (1981/82) [1984] 343*-344* = Jaspert, B.

R 1389 SEVRIN, J.-M. (1985/87, 6740): RThL 17 (1986) 345-346 = Bogaert – ExpT 98 (1987) 215 = Best, E. – ThQ 167 (1987) 220-221 = Vogt, H.J. – JThS 38 (1987) 191-193 = Wilson, R.M.

R 1390 SFAMENI GASPARRO, G. (1981/82, 3476): RechSR 74 (1986) 605 = Kannengiesser, C.

R 1391 SFAMENI GASPARRO, G. (1984, 2227): JThS 36 (1985) 560-561 = Hanson – RHR 204 (1987) 198-199 = Doignon

R 1392 SFAMENI GASPARRO, G. (1984, 3011): ArGran 48 (1985) 457-458 = Segovia, A. – EThL 61 (1985) 407-408 = Halleux, A. de – VetChr 22 (1985) 427 = Fasiori – RThL 17 (1986) 215-218 = Børresen – Orpheus 8 (1987) 213-216 = Moreschini – JEcclH 38 (1987) 144 = Hall, S.G. – CrSt 8 (1987) 184-186 = Junod, E. – JThS 38 (1987) 294 = Chadwick, H.

R 1393 SGHERRI, G. (1981/82, 2507): RSLR 21 (1985) 134-137 = Monaci Castagno – CrSt 6 (1985) 161-164 = Pazzini – ThLZ 111 (1986) 455-457 = Ullmann – AtPavia 64 (1986) 285-289 = Scaglioni – VigChr 41 (1987) 300-302 = Horbury, W.

R 1394 SIDER, R.D. (1983, 2284): ChH 56 (1987) 519-520 = Volz

R 1395 SIEBEN, H.J. (1979/80, 236): ZKTh 109 (1987) 219-220 = Lies, L.

R 1396 SIEBEN, H.J. (1979/80, 2453): ThQ 165 (1985) 62 = Vogt, H.J.

R 1397 SIEBEN, H.J. (1983, 65): ZKTh 107 (1985) 209 = Stock – ThLZ 110 (1985) 128 = Haendler, G. – ThPh 60 (1985) 282 = Baumert, N. – RHR 203 (1986) 87-88 = Doignon, J. – ZKG 98 (1987) 284 = Schneemelcher, W.

R 1398 SILLI, P. (1981/82, 649): Gn 57 (1985) 297-299 = Noethlichs – ZSavR 102 (1985) 644-648 = Waldstein – StRo 33 (1985) 289-290 = Cimma, M.R.

R 1399 SIMON, M. (1981/82, 538): CrSt 6 (1985) 599-603 = Sfameni Gasparro, G.

R 1400 SIMONETTI, M. (1981/82, 3517): RechSR 73 (1985) 620 = Kannengiesser, C.

R 1401 SIMONETTI, M. (1984, 460): StPat 31 (1984) 455-456) = Segalla, G. – ScCat 112 (1984) 496-498 = Pasini, C. – Benedictina 31 (1984) 288-291 = Burini, C. – Salesianum 46 (1984) 853-854 = Felici, S. – RFN 77 (1985) 187 = Belletti

R 1402 SIMONETTI, M. (1985/87, 1880): REL 65 (1987) 405-407 = Fontaine

R 1403 SIMONETTI, M. (1985/87, 6796): ArGran 49 (1986) 412 = Segovia, A. – AugR 26 (1986) 607 = Braun, R. – Compostellanum 32 (1987) 343-344 = Romero Pose, E. – Greg 68 (1987) 760-761 = Orbe

R 1404 SINISCALCO, P. (1983, 387): Aevum 59 (1985) 140-143 = Barzanò – VetChr 22 (1985) 434-435 = Campione – RHE 80 (1985) 338 = Gryson, R. – RechSR 73 (1985) 620-621 = Kannengiesser, C. – REA 31 (1985) 172 = Braun, R. – ScTh 18 (1986) 972 = Ramos-Lissón, D. – Salesianum 48 (1986) 155-156 = Farina, R. – StPat 34 (1987) 433-434 = Moda, A.

R 1405 SMITH, T.V. (1985/87, 1884): ArGran 48 (1985) 357 = Muñoz, A.S. – ExpT 97 (1986) 180 = Lieu, J. – RHPhR 66 (1986) 237-238 = Grappe, C. – AugR 26 (1986) 579-580 = Peretto, E. – NRTh 108 (1986) 758-759 = Jacques – Greg 68 (1987) 432-433 = Orbe – ZKTh 109 (1987) 204 = Stock

R 1406 SMITH, W.T. (1979/80, 969): QR (Methodist) 7 (1987) 82 = TeSelle, E.

R 1407 SMYTH, A.P. (1984, 462): JRH 13 (1985) 306-308 = Loyn – Medieval archaeology (London) 29 (1985) 239-240 = Alcock, L. – EHR 102 (1987) 173-175 = Henderson, I. – MAev 56 (1987) 152 = Smith

R 1408 SNYDER, G.F. (1985/87, 1029): CHR 73 (1987) 128-129 = Ramsey, B. – DurhamUni 56 (1987) 375-376 = Finney – SecCent 6 (1987/88) 44-46 = Kraabel, A.T.

R 1409 SÖRRIES, R. (1983, 2308): RelStR 11 (1985) 299 = Wilken, R.L. – ByZ 78 (1985) 122-124 = Nikolaou, T. – RSLR 21 (1985) 141-145 = Simonetti, M. – JAC 29 (1986) 222-228 = Clauss-Thomassen, E.J. – ThRe 82 (1986) 204-206 = Gessel

R 1410 SONNEMANS, H. (1984, 3012): ThPh 61 (1986) 294-296 = Müller, G.L.

R 1411 SORDI, M. (1984, 464): Aevum 59 (1985) 144-145 = Barzanò – Humanitas n.s. 1 (1986) 150-151 = Morandini, M. – HistoryT 37 (1987) July 61 = Markus, R.A.

R 1412 SORDI, M. (1985/87, 1031): JEcclH 38 (1987) 625-626 = Crook

R 1413 *Sozomenus* edd. J. BIDEZ; B. GRILLET; G. SABBAH; A.J. FESTUGIERE (1983, 1873): PrOrChr 34 (1984) 378 = Ternant, P. – EE 60 (1985) 367-368 = Granado, C. – SR 14 (1985) 272 = Poirier – ReSR 59 (1985) 277 = N.N. – ThAthen 56 (1985) 650-651 = Mutsulas, E.D. – BLE 86 (1985) 230-231 = Crouzel, H. – VigChr 39 (1985) 201-203 = Allen, P. – NRTh 107 (1985) 611-612 = Plumat, N. – JThS 36 (1985) 281-282 = Chadwick, H. – JEcclH 36 (1985) 141 = Barnes, T.D. – ACl 54 (1985) 411-412 = Joly, R. – REB 44 (1986) 294 = Wolinski, J. – RechSR 74 (1986) 593-594 = Kannengiesser, C. – RelStR 12 (1986) 166 = Norris, F.W. – RThPh 119 (1987) 398 =

Junod – RSLR 23 (1987) 163-165 = Forlin Patrucco – REA 33 (1987) 192-193 = Fry

R 1414 SPADA, D. (1985/87, 6136): AugR 26 (1986) 312 = Simone, R.J. de

R 1415 *Spätantike und frühbyzantinische Kultur Bulgariens zwischen Orient und Okzident* ed. R. PILLINGER (1985/87, 351): WSt 20 N.F. = 99 (1986) 310 = Smolak, K.

R 1416 *Spätantike und frühes Christentum* edd. H. BECK; P.C. BOL (1983, 170): ACl 56 (1987) 570-571 = Delvoye

R 1417 SPECK, P. (1981/82, 539): DLZ 105 (1984) 273-276 = Köpstein, H. – Hell 36 (1985) 393-394 = Kaegi Jr., W.E. – OstkiSt 35 (1986) 214-215 = Tretter, H.

R 1418 SPEYER, W. (1984, 467): Gn 57 (1985) 285-286 = Cavallo, G. – ThPh 61 (1986) 582-584 = Grillmeier, A.

R 1419 ŠPIDLIK, T. (1985/87, 6114): AnglThR 69 (1987) 95-97 = Jones, A.

R 1420 ŠPIDLIK, T.; GARGANO, I. (1984, 877): Augustinus 30 (1985) 418 = Ayape, E.

R 1421 SPIESER, J.-M. (1985/87, 1036): ByZ 79 (1986) 369-371 = Gratziou, O.

R 1422 *Spirito Santo e catechesi patristica* ed. S. FELICI (1983, 171): StPat 32 (1985) 63-65 = Pasquato, O. – RAgEsp 26 (1985) 226 = Langa, P.

R 1423 *Spiritualità del lavoro nella catechesi dei Padri del III-IV secolo* ed. S. FELICI (1985/87, 352): RBen 97 (1987) 141 = Wankenne – NRTh 109 (1987) 457 = Roisel, V. – JThS 38 (1987) 296 = Hall, S.G. – Salesianum 49 (1987) 238-239 = Covolo, E. dal

R 1424 *Spiritus. IV° Colloquio internazionale, Roma, 7-9 gennaio 1983. Atti* edd. M. FATTORI; M. BIANCHI (1984, 184): AGPh 69 (1987) 340-344 = Pagnoni-Sturlese – Revue informatique et statistique dans les sciences humaines (Liège) 23 (1987) 231-238 = Evrard

R 1425 SQUITIERI, G. (1985/87, 1037): AHP 24 (1986) 434

R 1426 STADLER, H. (1983, 224): ZKTh 107 (1985) 238 = Wrba – ThRe 82 (1986) 201 = Bäumer

R 1427 STANCLIFFE, C. (1983, 1877): ChH 54 (1985) 92-93 = Pfaff, R.W. – JThS 36 (1985) 231-234 = Hunt, E.D. – JRS 75 (1985) 267-268 = Wood, I.N. – AHR 90 (1985) 913-914 = Wilker – VigChr 39 (1985) 304-308 = Boeft, J. den – CHR 71 (1985) 582-584 = Babcock – Peritia 4 (1985) 371-377 = Fontaine, J. – REAnc 87 (1985) 384-385 = Pietry, L. – SecCent 5 (1985/86) 247-248 = Penella, R.J. – The Historian (Allentown, Penna.) 49 (1986) 85-86 = Morrison, C.F.

R 1428 STANILOAE, D. (1985/87, 6115): CO 38 (1986) 57 = Aalst, A.J. van der – ThRe 82 (1986) 399-403 = Seigfried, A. – ZKG 97 (1986) 262-265 = Nikolaou, T.

R 1429 STEAD, G. (1985/87, 355): ChH 55 (1986) 506-507 = Grant, R.M. – RHE 81 (1986) 328-329 = F.H. – JThS 37 (1986) 703 = Wiles

R 1430 *Basilius Steidle 1903-1982* ed. U. ENGELMANN (1985/87, 220): EA 61 (1985) 321-322 = Engelmann, U. – ColCist 48 (1986) 42-43 = Vogüé, A. de – ThLZ 112 (1987) 197 = Haendler, G. – StMon 29 (1987) 155-156 = Olivar, A. – VigChr 41 (1987) 312 = N.N. – Sc 41 (1987) 179 = Manning, E.

R 1431 STEINHAUSER, K.B. (1985/87, 5180): RBen 97 (1987) 330-331 = Wankenne, L.

R 1432 STEINMETZ, P. (1984, 880): ACl 54 (1985) 401-402 = Knecht – Orpheus 7 (1986) 184-187 = Astarita, M.L. – Emérita 54 (1986) 176-177 = Ramírez de Verger

R 1433 STEPHENS, S.A. (1985/87, 1397): VigChr 41 (1987) 306-308 = Kilpatrick, G.D.

R 1434 STEPPAT, M.P. (1981/82, 1381): ChH 54 (1985) 149 = Johnson – JThS 37 (1986) 305 = Chadwick

R 1435 STEVENSON, J. (1985/87, 1039): SecCent 6 (1987/88) 43 = Snyder, G.F.

R 1436 STEVENSON, K.W. (1985/87, 5695): JThS 38 (1987) 605-609 = Spinks, B.

R 1437 STEWART, C. (1985/87, 2039): ColCist 48 (1986) 53-54 = Y.R. – Sob 9,1 (1987) 75-77 = Russell, N. – CopticChurchR 8 (1987) 30-31 = Watson, J. – PaP 1 (1987) 255 = McGuckin, J.

R 1438 STICHEL, R. (1985/87, 6903): AB 103 (1985) 399 = Esbroeck, M. van – Salesianum 47 (1985) 601-602 = Amata, B. – RiAC 62 (1986) 223-224 = Saxer, V. – Mu 99 (1986) 203-204 = Mossay, J. – Byslav 48 (1987) 78-79 = Thümmel, H.G. – JÖB 37 (1987) 408 = Hannick, C.

R 1439 STOCKMEIER, P. (1983, 172): TTh 25 (1985) 103-104 = Loveren, A. van – ThRe 81 (1985) 379-380 = Kötting, B. – TTZ 95 (1986) 69-70 = Sauser, E. – ZKTh 108 (1986) 214-215 = Oberforcher, R. – StMon 28 (1986) 225 = Prieto, A. – Rottenburger Jahrbuch für Kirchengeschichte (Sigmaringen) 5 (1986) 397-399 = Hönle, A.

R 1440 STÖTZEL, A. (1984, 1959): RSPhTh 69 (1985) 590-592 = Durand, G.-M. de – RHE 80 (1985) 865-866 = Halleux, A. de – OrChrP 51 (1985) 472-474 = Paverd, F. van de – VigChr 40 (1986) 309-310 = Frohnhofen, H.

R 1441 *Storia del Cristianesimo* ed. H.-C. PUECH (1984, 185): CC 136 (1985) 411-412 = Capizzi, C.

R 1442 *La storiografia ecclesiastica nella tarda antichità* ed. S. CALDE-RONE (1979/80, 160): Byzan 55 (1985) 383-384 = Remacle, E. – CrSt 6 (1985) 166 = Alonso-Núñez, J.M.

R 1443 STOWERS, S.K. (1985/87, 1895): SWJTh 29,3 (1987) 50-51 = Ellis, E.E. – Chicago Theological Seminary Register 77,3 (1987) 47 = Snyder, G.F.

R 1444 STROBEL, A. (1984, 2738): ThLZ 110 (1985) 613-614 = Schäferdiek, K. – VigChr 39 (1985) 94-97 = Dekkers, E. – TTh 25 (1985) Paverd, F. van de – EL 99 (1985) 311-312 = Triacca, A.M. – EThL 61 (1985) 433-434 = Smet, S. de – Salesianum 47 (1985) 602 = Triacca, A.M. – RelStR 11 (1985) 405 = Wilken, R.L. – Worship 61 (1987) 89-90 = Talley, T.J. – HeythropJ 28 (1987) 351 = Hall, S.G.

R 1445 STROUMSA, G.A.G. (1984, 3205): NovTest 27 (1985) 278 = Klijn, A.F.J. – RelStR 11 (1985) 404 = Majercik, R. – StSR 9 (1985) 367-372 = Laurentiis, A. de – VigChr 40 (1986) 96-101 = Quispel, G. – JThS 37 (1986) 206-208 = Wilson, R.M. – RHPhR 66 (1986) 353-354 = Bertrand, D.A. – Religion 16 (1986) 394-395 = Gilhus, I.S. – RelStR 12 (1986) 166 = Good, D. – BiblOr 43 (1986) 423-425 = Helderman, J. – RMM 91 (1986) 560 = Despilho – JBL 106 (1987) 351-352 = Turner, J.D. – RBi 94 (1987) 608-613 = Layton, B. – Salmant 34 (1987) 98-99 = Trevijano Etcheverría, R.

R 1446 STUDER, B. (1985/87, 6233): EAg 22 (1987) 495 = Luis, P. de

R 1447 STUDER, B. (1985/87, 6234): AugR 26 (1986) 588-591 = Simonetti, M. – EcclOra 3 (1986) 114-116 = Salmann, E. – OrChrP 52 (1986) 482-483 = Farrugia, E.G. – ALW 28 (1986) 271-272 = Neunheuser, B.G. – ZKTh 108 (1986) 354-355 = Lies, L. – ThRe 82 (1986) 467-470 = Hauschild, W.-D. -Greg 68 (1987) 433 = Pastor, F.A. – JThS 38 (1987) 523-524 = Louth

R 1448 *Studia Patristica 15* ed. E.A. LIVINGSTONE (1984, 186): ThLZ 110 (1985) 748-750 = Karpp, H. – ZKG 97 (1986) 269-271 = Schneemelcher, W. – ThRe 82 (1986) 289 = Cramer, W. – RHR 203 (1986) 109-111 = Doignon – AHP 23 (1985) 626 – ACl 56 (1987) 397-398 = Joly

R 1449 *Studia Patristica 16* ed. E.A. LIVINGSTONE (1985/87, 359): ZKG 97 (1986) 269-271 = Schneemelcher, W. – RHR 203 (1986) 109-111 = Doignon, J. – ThLZ 111 (1986) 457-459 = Karpp, H. – REA 32 (1986) 377 = Le Boeuf, P. – ACl 56 (1987) 397-398 = Joly

R 1450 *Studia Patristica 17* ed. E.A. LIVINGSTONE (1981/82, 283b): ColCist 47 (1985) 515

R 1451 *Studia Patristica 18* ed. E.A. LIVINGSTONE (1985/87, 360): AHP 24 (1986) 654 – RBen 96 (1986) 371-372 = Verbraken, P. – Irénikon 59 (1986) 292 = P.C. – EgliseTH 18 (1987) 243-245 = Coyle, J.K. – OrChrP 53 (1987) 244-245 = Hambye, E.R. – RThPh 119 (1987) 387-388 = Morard – JThS 38 (1987) 621-622 = Hall, S.G. – RHE 82 (1987) 389 = Halleux, A. de – StMon 29 (1987) 395-396 = Olivar, A.

R 1452 *Studien zur mittelalterlichen Geistesgeschichte und ihren Quellen* ed. A. ZIMMERMANN (1983, 179): TF 47 (1985) 119-120 = Pattin

R 1453 *Studien zur spätantiken und frühchristlichen Kunst und Kultur des Orients* ed. G. KOCH (1981/82, 284): BiblOr 42 (1985) 108-110 = Lafontaine-Dosogne, J.

R 1454 *Studies in gnosticism and Hellenistic religions presented to Gilles Quispel on the occasion of his 65th birthday* edd. R. VAN DEN BROEK; M.J. VERMASEREN (1981/82, 285): OLZ 81 (1986) 357-361 = Weiß, H.-F.

R 1455 STURZ, H.A. (1984, 698): TrinityJ 7 (1986) 225-228 = Holmes – NovTest 28 (1986) 282-284 = Elliott – WestThJ 48 (1986) 187-190 = Silva, M.

R 1456 SUERMANN, H. (1985/87, 1898): AB 104 (1986) 252-253 = Esbroeck, M. van – BiblOr 44 (1987) 813-816 = Brock, S.P. – BijFTh 48 (1987) 89 = Parmentier, M. – NedThT 41 (1987) 249-250 = Reinink, G.J.

R 1457 SUGANO, K. (1983, 1469): Gn 57 (1985) 652-653 = Hiltbrunner, O. – CrSt 6 (1985) 614-617 = Fry, G. – REA 31 (1985) 200-202 = Duval, Y.-M. – MLatJB 20 (1985) 281-282 = Eisenhut – AB 104 (1986) 248-249 = Devos – LEC 54 (1986) 201-202 = Coulie, B.

R 1458 SWIFT, L.J. (1983, 2403): Divinitas 28 (1984) 296-297 = Petino, C. – RelStR 11 (1985) 296 = Schmidt, D.D. – Sob 8,1 (1986) 59 = Bray, G. – QR (Methodist) 7,3 (1987) 88-89 = TeSelle, E.

R 1459 *2. Symposium Nazianzenum* ed. J. MOSSAY (1983, 182): ThRe 81 (1985) 110-112 = Stritzky, M.-B. von – CrSt 7 (1986) 390-393 = Paparozzi, M.

R 1460 *3. Symposium Syriacum 1980* ed. R. LAVENANT (1983, 183): BijFTh 46 (1985) 323 = Parmentier, M. – Mu 98 (1985) 382-385 = Halleux, A. de – Irénikon 60 (1987) 138-139 = Lanne, E. – RSLR 23 (1987) 184-186 = Borbone, P.G.

R 1461 *Le Synaxaire éthiopien* ed. G. COLIN (1985/87, 5583): OrChrP 53 (1987) 443 = Poggi, V.

R 1462 *Synesius Cyrenensis* ed. A. GARZYA (1979/80, 2171): ByZ 79 (1986) 347-348 = Hansen, G.C. – VigChr 40 (1986) 86-91 = Runia, D.T.

R 1463 *Synesius Cyrenensis* ed. G.H. KENDAL (1985/87, 5066): EMC 31 (1987) 392-395 = Baldwin

R 1464 *Synopsis van de eerste drie evangeliën* edd. A. DENAUX; M. VERVENNE (1985/87, 1433): EThL 72 (1986) 141-154 = Neirynck, F. – NRTh 108 (1986) 749-750 = Jacques

R 1465 *Synopsis Quattuor Evangeliorum* ed. K. ALAND (1985/87, 1435): EThL 72 (1986) 141-154 = Neirynck, F.

R 1466 SZABO-BECHSTEIN, B. (1985/87, 6023): RBen 96 (1986) 184 = Verbraken, P. – MIÖGF 95 (1987) 332-333 = Zimmermann, H. – HZ 244 (1987) 157-158 = Fried, J. – Sp 62 (1987) 998-999 = Morrison, K.F.

R 1467 SZÖVERFFY, J. (1979/80, 48; 1981/82, 145): RelStR 11 (1985) 76 = Conomos, D.

R 1468 SZÖVERFFY, J. (1985/87, 5000): DA 42 (1986) 662 = Silagi, G.

R 1469 TAFT, R. (1984, 2641): OrChrP 51 (1985) 447-449 = Fahey, M.A. – Irénikon 58 (1985) 443 = M.G. – LJ 36 (1986) 65-66 = Gerhards, A. – QL 68 (1987) 71-72 = L.,L. – HeythropJ 28 (1987) 325-326 = Munitiz, J.A.

R 1470 TAFT, R. (1984, 2642): RCatT 10 (1985) 451-452 = Janeras, S. – Irénikon 57 (1984) 440-441 = M.G. – OrChrP 51 (1985) 449-452 = Quecke, H. – Mu 99 (1986) 194-195 = Mossay, J. – Irénikon 59 (1986) 291-292 = E.L. – OrChr 70 (1986) 199-202 = Winkler, G.

R 1471 TAFT, R. (1985/87, 5584): OrChrP 52 (1986) 473-475 = Bradshaw, P.F. – ZKTh 109 (1987) 362 = Meyer – ZKG 98 (1987) 395-400 = Dürig, W. – ChH 56 (1987) 383-384 = Menard – RHE 82 (1987) 383 = Daly, P.H.

R 1472 TARABOCHIA CANAVERO, A. (1981/82, 3528): BTAM 14 (1986) 3-4 = Silvestre, H.

R 1473 TARDIEU, M.; DUBOIS, J.D. (1985/87, 6753): StBuc 28 (1986) 112-120 = Baconsky, T. – East and West (Roma) 36 (1986) 320-321 = Gnoli – ArSR 31 (1986) 325 = Faivre, A. – RSLR 22 (1986) 539-542 = Gianotto – RThPh 119 (1987) 389-390 = Morard – RHPhR 67 (1987) 310 = Bertrand – Laval 43 (1987) 280-282 = Poirier – Salesianum 49 (1987) 161-162 = Amata, B.

R 1474 *Tatianus Syrus* ed. M. WHITTAKER (1981/82, 2643): HeythropJ 26 (1985) 324-325 = Hall, S.G. – Helmántica (1985) 126 = Amigo, L. – Mn 38 (1985) 220-222 = Thierry

R 1475 TAX, P.W. (1985/87, 3119): ThLZ 112 (1987) 353-354 = Schreyer-Kochmann, B.

R 1476 TEILLET, S. (1984, 883): CRAI (1985) 693-695 = Fontaine, J. – Salesianum 47 (1985) 866-867 = Casa, R. della – MH 42 (1985) 370-371 = Borle – LEC 53 (1985) 518 = Overbeke, van – Francia 13 (1985) 724-726 = Wolfram, H. – Euphrosyne 14 (1986) 274-275 = López Pereira, J.E. – Gy 93 (1986) 327-328 = Herz – SZG 36 (1986) 92 = Paravicini Bagliani, A. – RHSpir 36 (1986) 92 = Paravicini Bagliani, A. – CaHist 31 (1986) 182-184 = Rougé, J. – REA 32 (1986) 188-189 = Riché, P. – Hispania 47 (1987) 369-370 = Alvargonzález, I. – BLE 88 (1987) 128-144 = Demougeot, E. – RBPh 65 (1987) 194-198 = Chevallier, R. – Sp 62 (1987) 209-211 = Burns, T.S.

R 1477 TEITLER, H.C. (1983, 397): ByZ 78 (1985) 114-116 = Brokkaar, W.G.

R 1478 *Le temps chrétien de la fin de l'Antiquité au Moyen Âge* ed. J.-M. LEROUX (1984, 187): NRTh 107 (1984) 753-754 = Escol, R. – REA 31 (1985) 355-356 = Bouhot, J.-P. – ColCist 47 (1985) 521-522 – StMon 27 (1985) 437 = Mendoza, A. – RSF (1987) 199-200 = Bianchi, L.

R 1479 *Tertullianus* ed. P.A. GRAMAGLIA (1983, 1888): RAgEsp 26 (1985) 228-229 = Langa, P.

R 1480 *Tertullianus* ed. C. TIBILETTI (1984, 2372): Greg 67 (1986) 168-172 = Cavalcanti – ScTh 19 (1987) 987 = Viciano, A. – KoinNapoli 10 (1986) 91-93 = Santorelli

R 1481 *Tertullianus* ed. P.A. GRAMAGLIA (1984, 2373): StPat 33 (1986) 459-460 = Corsato – AugR 26 (1986) 591-593 = Børresen, K.E.

R 1482 *Tertullianus* ed. J.C. FREDOUILLE (1984, 2369): EE 60 (1985) 363 = Granado, C. – Helmántica 36 (1985) 468-469 = Oroz Reta, J. – BLE 86 (1985) 227-228 = Crouzel – JThS 36 (1985) 219-220 = Winterbottom – RThPh 117 (1985) 65-66 = Junod – MSR 42 (1985) 97-100 = Spanneut – ReSR 59 (1985) 275 – RHPhR 65 (1985) 329 = Bertrand – NRTh 108 (1986) 274 = Martin – ThLZ 111 (1986) 681-682 = Haendler – Orpheus 7 (1986) 229-230 = Gallico, A. – VigChr 40 (1986) 102-104 = Quispel, G. – RPh 60 (1986) 334-335 = Reydellet – RHR 204 (1987) 93-94 = Nautin, P. – RSLR 22 (1986) 149-153 = Gramaglia – Gn 59 (1987) 555-557 = Opelt – Laval 43 (1987) 283-284 = Poirier

R 1483 *Tertullianus* ed. S. ISETTA (1985/87, 5097): VetChr 24 (1987) 458 = Desantis – RSLR 23 (1987) 514-515 = Trisoglio – BStudLat 17 (1987) 152-154 = Piscitelli Carpino, T.

R 1484 *Tertullianus* edd. C. MORESCHINI; J.-C. FREDOUILLE (1985/87, 5100): REL 63 (1985) 283-285 = Fontaine – BLE 87 (1986) 310 = Crouzel – JThS 37 (1986) 211-212 = Winterbot-

tom – Orpheus 7 (1986) 472-474 = Gallico – NRTh 108
(1986) 765 = Roisel – VigChr 40 (1986) 305-307 = Winden,
J.C.M. van – ThLZ 112 (1987) 315-318 = Haendler, G. –
Helmántica 38 (1987) 436-437 = Guillén, J. – RThPh 119
(1987) 391-392 = Junod – RHPhR 67 (1987) 300-301 =
Bertrand – RHR 204 (1987) 302-303 = Nautin – RSLR 23
(1987) 303-311 = Gramaglia – RPh 61 (1987) 148-150 =
Reydellet – Laval 43 (1987) 383-384 = Poirier

R 1485 *Tertullianus* edd. C. MORESCHINI; L. RUSCA; C. MICAELLI
(1984, 2374): SMed 8 (1985) 137-145 = Bisanti

R 1486 *Tertullianus* ed. C. MUNIER (1984, 2370): ETrin 19 (1985) 251
= Sanz, S. – RHPhR 66 (1986) 342 = Bertrand, D.A. – RHR
204 (1987) 94-95 = Doignon, J. – RThPh 119 (1987) = 391-392
= Junod – Laval 43 (1987) 283-284 = Poirier

R 1487 *Tertullianus* ed. G. SCARPAT (1985/87, 5098): Maia 38 (1986)
276 = Ceresa-Gastaldo – ScTh 18 (1986) 689-692 = Viciano,
A. – ArGran 49 (1986) 413 = Segovia, A. – Salesianum 48
(1986) 448-449 = Bergamelli – BStudLat 16 (1986) 127-130 =
Piscitelli Carpino – Gn 54 (1987) 652-653 = Opelt – RSLR 23
(1987) 472-482 = Gramaglia – LEC 55 (1987) 110-111 =
Filée – Greg 58 (1987) 758-759 = Orbe – REL 65 (1987) 321 =
Fredouille

R 1488 *Tertullianus* ed. M. TURCAN (1985/87, 5099): Irénikon 59
(1986) 579-580 = Lanne, E. – RThPh 119 (1987) 518-519 =
Junod – VetChr 24 (1987) 451-453 = Desantis – NRTh 109
(1987) 449 = Harvengt – JThS 38 (1987) 520-521 = Winterbottom – REL 65 (1987) 311-313 = Braun

R 1489 *Tertullianus* ed. J.H. WASZINK; J.C.M. VAN WINDEN
(1985/87, 5095): CRAI 1987 474-475 = Waszink

R 1490 TESTA, E. (1984, 3001): Salesianum 48 (1986) 449-451 =
Bertetto, D.

R 1491 *Testamentum Domini éthiopien* ed. R. BEYLOT (1984, 707):
Mu 98 (1985) 250-252 = Leloir, L. – Irénikon 59 (1986)
141-142 = M.G.

R 1492 TESTARD, M. (1981/82, 549): ASI 143 no. 523 (1985) 137 =
Bartoli, A.

R 1493 *Testi gnostici* ed. L. MORALDI (1983, 2421): RSLR 22 (1986)
152-160 = Gianotto

R 1494 *Text, Wort, Glaube* ed. M. BRECHT (1979/80, 171): Salesianum 47 (1985) 604 = Heriban, J.

R 1495 THEE, F.C.R. (1984, 2070): ArGran 48 (1985) 419-420 =
Segovia, A. – RHPhR 65 (1985) 323 = Maraval

R 1496 THELAMON, F. (1981/82, 2610): REA 31 (1985) 181-183 = Lepelley, C. – ACl 54 (1985) 425-426 = Verheijen, L. – Annales (ESC) 41 (1986) 840-842 = Gauthier

R 1497 *Les thèmes bibliques* edd. A.-G. HAMMAN et al. (1984, 786): RThPh 117 (1985) 64 = Junod – REA 31 (1985) 323-324 = Bouhot, J.-P.

R 1498 *Theodoretus Cyrensis* ed. S. DI MEGLIO (1985/87, 5144): Orpheus 8 (1987) 474-475 = Crimi

R 1499 *Theodoretus Cyrensis* edd. N. FERNANDEZ MARCOS; J.R. BUSTO SAIZ (1984, 2408): MCom 43 (1985) 449-450 = Busto Saiz, J.R. – EE 60 (1985) 237-238 = Ortega Monasterio, M.T. – Helmántica 36 (1985) 308 = Carrete Parrondo – VT 35 (1985) 122 = Emerton, J.A. – REB 43 (1985) 264 = Darrouzès, J. – REG 98 (1985) 215-216 = Le Boulluec, A. – Mu 99 (1986) 182-183 = Haelewyck, J.-C. – JThS 37 (1986) 596-598 = Parvis, P.M. – VigChr 40 (1986) 396-397 = Kilpatrick, G.D. – RBi 93 (1986) 632 = Pierre, M.-J. – Emérita 55 (1987) 357-358 = Spottorno

R 1500 *Theodoretus Cyrensis* ed. J.-N. GUINOT (1979/80, 2235): ReSR 59 (1985) 68 = Canévet – RelStR 11 (1985) 298-299 = Wilken, R.L. – ThLZ 111 (1986) 214 = Winkelmann, F.

R 1501 *Theodoretus Cyrensis* ed. J.N. GUINOT (1981/82, 2678): PrOrChr 34 (1984) 199 = Ternant, P. – ReSR 59 (1985) 68 = Canévet, M. – RHE 80 (1985) 595 = Gryson, R. – BLE 86 (1985) 70-71 = Crouzel, H. – RelStR 11 (1985) 298-299 = Wilken, R.L. – ThLZ 111 (1986) 214 = Winkelmann, F. – BijFTh 47 (1986) 214-215 = Declerck, J. – JThS 37 (1986) 598-600 = Parvis, P.M. – RechSR 74 (1986) 591 = Kannengiesser, C. – BLE 87 (1986) 313-314 = Crouzel, H. – Greg 67 (1986) 568-569 = Orbe, A. – RHR 203 (1986) 441-442 = Nautin, P.

R 1502 *Theodoretus Cyrensis* ed. J.-N. GUINOT (1984, 2407): PrOrChr 35 (1985) 411-413 = Ternant, P. – EE 60 (1985) 368 = Granado, C. – Irénikon 58 (1985) 144 = Lanne, E. – REG 98 (1985) 214-215 = Le Boulluec, A. – Bibl 66 (1985) 441-442 = Places, E. des – RelStR 11 (1985) 298-299 = Wilken, R.L. – ThLZ 111 (1986) 214 = Winkelmann, F. – ReSR 60 (1986) 117-118 = Canévet, M. – JThS 37 (1986) 598-600 = Parvis, P.M. – RechSr 74 (1986) 591 = Kannengiesser, C. – BLE 87 (1986) 313-314 = Crouzel, H. – Greg 67 (1986) 568-569 = Orbe, A. – RHR 203 (1986) 441-442 = Nautin, P. – RBi 93 (1986) 632 = Pierre

R 1503 *Theodoretus Cyrensis* tr. R.M. PRICE (1985/87, 5145): ColCist 48 (1986) 67-68 = Y.R. – StMon 28 (1986) 396 = Badia, B. – OrChrP 53 (1987) 216-217 = Poggi, V.

R 1504 *Theologische Realenzyklopädie X* (1981/82, 338): ZKTh 108 (1986) 99 = Lies – DLZ 106 (1985) 208-211 = Wendelborn

R 1505 *Theologische Realenzyklopädie XI* (1983, 226): RHPhR 65 (1985) 67 = Chevallier – NRTh 107 (1985) 122-124 = Martin – BibHR 47 (1985) 491-493 = Hazlett – ThRu 52 (1987) 432-436 = Grässer

R 1506 *Theologische Realenzyklopädie XII* (1984, 245): ThLZ 110 (1985) 257-259 = Amberg – ThRe 81 (1985) 189-191 = Bäumer – BibHR 47 (1985) 491-493 = Hazlett – NRTh 107 (1985) 122-124 = Martin – ThRu 52 (1987) 432-436 = Grässer – REA 33 (1987) 158

R 1507 *Theologische Realenzyklopädie XIII* (1984, 246): ThRe 81 (1985) 450-452 = Bäumer – ThLZ 111 (1986) 881-884 = Amberg – ThRu 52 (1987) 432-436 = Grässer

R 1508 *Theologische Realenzyklopädie XIV* (1985/87, 473): ZKTh 109 (1987) 193-194 = Lies – ThRe 82 (1986) 273-274 = Bäumer

R 1509 *Theologische Realenzyklopädie XV* (1985/87, 474): DLZ 108 (1987) 843-846 = Wendelborn – ThRe 83 (1987) 369-370 = Bäumer – REA 33 (1987) 158

R 1510 THIEDE, C.P. (1985/87, 1544): ThLZ 112 (1987) 513-514 = Holtz, T. -Bibl 68 (1987) 431-433 = Daris

R 1511 THIVIERGE, G.-R. (1985/87, 3455): EThL 63 (1987) 45

R 1512 THOMAS, C. (1981/82, 550): Ancient Society (North Ryde Macquarie Ancient Hist. Assoc.) 15 (1985) 55-57 = Clarke

R 1513 THOMPSON, E.A. (1981/82, 551): ClPh 80 (1985) 192-196 = Mathiesen – JRS 75 (1985) 252-254 = Markus – RBPh 64 (1986) 309-311 = Wood

R 1514 THOMPSON, E.A. (1984, 2528): Peritia 4 (1985) 377-379 = Hanson, R.P.C. – AB 103 (1985) 405-407 = Esbroeck, van – TLS 84 (1985) 97 = Thomas, C. – NMS 29 (1985) 115-122 = Markus, R.A. – AHR 90 (1985) 1174-1175 = Webster – History 70 (1985) 490-491 = McGurk – Studia Celtica (Cardiff) 20/21 (1985/86) 282-283 = Kirby, D.P. – CR 36 (1986) 160 = Brooke – Britannia 17 (1986) 458-460 = Myres – JRS 76 (1986) 315-316 = Harries – JThS 37 (1986) 603-610 = Stancliffe, C. – GR 33 (1986) 95 = Paterson – RBPh 64 (1986) 311-313 = Wood, I.N. – DA 42 (1986) 659 = Silagi, G. – Sp 61 (1986) 213-214 = Goffart, W. – CW 80 (1987) 323 = Barrett – ECelt 24 (1987) 350-351 = Fleuriot, L. – BijFTh 48 (1987) 87-88 = Parmentier, M.

R 1515 THOMPSON, E.A. (1985/87, 4858): RHE 81 (1986) 313* –
        HZ 244 (1986) 155 = Richter, M. – ChH 56 (1987) 237-238 =
        Foley, W.T. – JEcclH 38 (1987) 114-115 = Sharpe, R. –
        Britannia 18 (1987) 379-381 = O Cróinín – NMS 31 (1987)
        125-132 = Stancliffe, C.E. – History 72 (1987) 156-157 =
        Flanagan – AHR 92 (1987) 641 = Chibnall, M.

R 1516 THUNBERG, L. (1984, 2146): Irénikon 59 (1986) 582-583 =
        M.G. – Sob 8,2 (1986) 78-79 = Russell, N. – ChH 56 (1987)
        238-239 = Tripolitis, A. – OrChrP 53 (1987) 480-481 =
        Farrugia, E.G.

R 1517 TIBILETTI, C. (1983, 188): OrChrP 52 (1986) 242 = Cattaneo,
        E. – Latomus 46 (1987) 467-468 = Deléani

R 1518 TIGCHELER, J. (1977/78, 1474): ZKG 96 (1985) 427-432 =
        Bienert

R 1519 TIMM, H. (1985/87, 6158): GS Sect. 1 20 (1987) 42-43 =
        Nicklis

R 1520 TIMM, S. (1985/87, 476): ByZ 80 (1987) 403-405 = Heinen, H.

R 1521 *Topographie chrétienne des cités de la Gaule, des origines au
        milieu du VIIIe s., vol. I* edd. N. GAUTHIER et al. (1985/87,
        1059): RQ 82 (1987) 277-279 = Saxer – BEC 145 (1987)
        485-488 = Moyse – REAnc 89 (1987) 121-123 = Fontaine, J.

R 1522 *Topographie chrétienne des cités de la Gaule, des origines au
        milieu du VIIIe s., vol. II* edd. N. GAUTHIER et al. (1985/87,
        1060): RQ 82 (1987) 277-279 = Saxer – BEC 145 (1987)
        485-488 = Moyse – REAnc 89 (1987) 121-123 = Fontaine, J.

R 1523 *Topographie chrétienne des cités de la Gaule, des origines au
        milieu du VIIIe s., vol. III* edd. N. GAUTHIER et al. (1985/87,
        1061): RQ 82 (1987) 277-279 = Saxer – BEC 145 (1987)
        485-488 = Moyse – REAnc 89 (1987) 121-123 = Fontaine, J.

R 1524 TORJESEN, K.J. (1985/87, 4792): Platon 38 (1986) 254-258 =
        Fratseas – ArGran 49 (1986) 413-414 = Segovia, A. – RSPhTh
        70 (1986) 608-609 = Durand, G.-M. de – JThS 38 (1987)
        195-197 = Hanson, R.P.C. – ChH 56 (1987) 377-378 = John-
        son, A.E. – ThPh 62 (1987) 594-596 = Sieben – NRTh 109
        (1987) 455-456 = Pelletier – OrChr 71 (1987) 228 = Gessel

R 1525 TORRES, C. (1977/78, 473): HumanitasCoim 37-38 (1986)
        349-351 = Freire, J.G.

R 1526 TORRES RODRIGUEZ, C. (1985/87, 4818): Compostellanum
        31 (1986) 293 = Romero Pose, E.

R 1527 *Tradition and Re-Interpretation in Jewish and Early Christian
        Literature* edd. J.W. VAN HENTEN et al. (1985/87, 373):
        BijFTh 48 (1987) 80-81 = Beentjes, P.C.

R 1528 *La tradizione dell'enkrateia* ed. U. BIANCHI (1985/87, 374):
        ThLZ 111 (1986) 828 = Haendler, G. – OrChrP 52 (1986)

478-479 = Pelland, G. – HistReli 27 (1987) 223-224 = Culianu, I.P. – Greg 68 (1987) 443-445 = Janssens, J. – Numen 34 (1987) 135-136 = Stroumsa, G.A.G. – RHE 82 (1987) 731-732 = Halleux, A. de – RThL 18 (1987) 386-387 = Halleux, A. de – Aevum 61 (1987) 267-269 = Galbiati – ACl 56 (1987) 424 = Joly – RSPhTh 71 (1987) 567-570 = Durand, G.-M. de – Salesianum 49 (1987) 886-887 = Covolo, E. dal – Arctos 21 (1987) 219 = Thesleff, H.

R 1529 *Le Traité sur la résurrection (NH I,4)* ed. J.E. MÉNARD (1983, 2420): RHPhR 65 (1985) 327-328 = Bertrand, D.A. – RSPhTh 69 (1985) 582-586 = Durand, G.-M. de – RBi 92 (1985) 633-634 = Couroyer, B. – JThS 36 (1985) 460-462 = Wilson, R.M. – RelStR 11 (1985) 195 = Pearson, B.A. – NRTh 197 (1985) 607-608 = Jacques, X. – ThLZ 112 (1987) 109-113 = Schenke, H.M. – ThQ 167 (1987) 216-220 = Vogt, H.J. – BiblOr 44 (1987) 455-462 = Zandée, J.

R 1530 TRAPE, A. (1985/87, 2792): RIFD 44 (1987) 748-749

R 1531 *A Tribute to Arthur Vööbus* ed. R.H. FISCHER (1977/78, 196): OrChr 70 (1986) 211-212 = Kaufhold, H.

R 1532 TRICHET, L. (1985/87, 5590): ZKTh 109 (1987) 225-226 = Meyer

R 1533 TRIGG, J.W. (1983, 1751): ChH 54 (1985) 90-91 = Clark – GR 32 (1985) 105 = Walcot – ThSt 46 (1985) 174-175 = Kelly – CHR 71 (1985) 576-577 = Patterson – JThS 37 (1986) 217-220 = Young – RSPhTh 70 (1986) 605-606 = Durand, G.-M. de – Clergy 71 (1986) 37-38 = McGuckin, J. – JR 67 (1987) 93 = Torjesen, K.J.

R 1534 TRIPOLITIS, A. (1985/87, 4794): ChH 55 (1986) 86-87 = Gorday

R 1535 TRUZZI, C. (1985/87, 1910): VetChr 22 (1985) 436 = Campione – ZKTh 108 (1986) 219 = Meyer – RBen 96 (1986) 195 = Wankenne – REA 32 (1986) 182-184 = Dolbeau, F. – SMed 10 (1986) 487-488 = Mara, G. di – Salesianum 48 (1986) 466 = Amata – StPat 33 (1986) 707-708 = Corsato – RSPhTh 70 (1986) 613-615 = Durand, G.-M. de – RSCI 41 (1987) 178-180 = Grottarola – JThS 38 (1987)211-213 = Jeanes – NRTh 109 (1987) 110-111 = Roisel – NAKG 67 (1987) 80-81 = Hilhorst, A.

R 1536 TSCHUDY, J.F.; RENNER, F. (1979/80, 1243): RBS 10/11 (1981/82) [1984] 205; 223*-224* = Jaspert, B.

R 1537 TSIRPANLIS, C.N. (1984, 2916): EkTh 6 (1985) 927-929 = Azkoul, M. – PBR 4 (1985) 59-61 = Azkoul, M.

R 1538 TUCKETT, C.M. ed. J. RICHES (1985/87, 6760): JThS 38 (1987) 514-516 = Lieu

R 1539 TWOMEY, V. (1981/82, 3133): AHC 17 (1985) 475 = Gott-
        lieb – RHE 80 (1985) 130-134 = Halleux, A. de – CrSt 6
        (1985) 613-614 = Cattaneo, E. – RHR 202 (1985) 315-316 =
        Nautin, P. – Mu 98 (1985) 378-381 = Halleux, A. de – KÅ
        (1985) 130-132 = Ekenberg, A. – ThQ 165 (1985) 56-58 =
        Vogt, H.J. – ThRe 81 (1985) 286-288 = Gessel, W. – CHR 71
        (1985) 580-581 = McCue, J.F. – JThS 37 (1986) 220-222 =
        Chadwick, H. – CO 38 (1986) 291-292 = Burg, A. – ThLZ 111
        (1986) 679-681 = Winkelmann, F. – RechSR 74 (1986)
        597-599 = Kannengiesser, C.

R 1540 *Tyconius* ed. E. ROMERO POSE (1985/87, 5177): EMind 2
        (1986) 538-539 = García y García, A.

R 1541 *Typus, Symbol, Allegorie bei den östlichen Vätern* ... edd. M.
        SCHMIDT; C.F. GEYER (1981/82, 290): ParOr 12 (1984/85)
        292-294 = Hatem, J. – RechSR 73 (1985) 616, 626-627 =
        Kannengiesser, C. – Mu 98 (1985) 385-388 = Halleux, A. de –
        SelLib 23 (1986) 264 = Boada, J. – DA 42 (1986) 736-737 =
        Schneider, H.

R 1542 *Überlieferungsgeschichtliche Untersuchungen* ed. F. Paschke
        (1981/82, 291): RBS 10/11 (1981/82) [1984] 352-353 = Jaspert,
        B. – Sc 39 (1985) 107*-108* = Winter, V.

R 1543 ULLMANN, W. (1981/82, 1946): ThLZ 110 (1985) 43-44 =
        Diesner, H.-J. – ThQ 165 (1985) 59-60 = Vogt, H.J. – RHE 80
        (1985) 137-141 = Halleux, A. de – Salesianum 47 (1985) 312 =
        Pasquato, O. – AKG 69 (1987) 231-236 = Semmler – Gy 94
        (1987) 231-236 = Semmler, J.

R 1544 UNNIK, W.C. VAN (1983, 192): ThLZ 110 (1985) 369-370 =
        H.,T. – SecCent 6 (1987/88) 125-127 = Hedrick, C.W.

R 1545 USPENSKY, N. ed. P. LAZOR (1985/87, 5706): RHR 204
        (1987) 312-313 = Dalmais, I.-H.

R 1546 VÄÄNÄNEN, V. (1985/87, 3504): REL 65 (1987) 289-292 =
        Biville – AB 105 (1987) 414-420 = Devos, P. – Verba. Anuario
        galego de Filología (Santiago de Compostela) 14 (1987) 546-549
        = López Pereira, J.E.

R 1547 VAGANAY, L. (1985/87, 1546): EThL 62 (1986) 426-427 =
        Neirynck

R 1548 VALERO, J.B. (1979/80, 2095): Augustinus 30 (1985) 205-206
        = Legarra, I. – SelLib 22 (1985) 326 = Solà, F. de P.

R 1549 VALGIGLIO, E. (1985/87, 1547): Maia 38 (1986) 192-193 =
        Ceresa-Gastaldo – Orpheus 7 (1986) 471-472 = Nazzaro –
        Aevum 60 (1986) 158-160 = Morani – AugR 27 (1987)
        629-630 = Mallet, J.

R 1550 VALLEE, G. (1981/82, 3493): ThLZ 110 (1985) 838-839 = Kraft, H. – ZKG 96 (1985) 221-222 = Bienert – JR 65 (1985) 143 = Grant

R 1551 VALLIN, P. (1985/87, 1071): ZKG 98 (1987) 400-402 = Schmid, J.

R 1552 *Valori attuali della catechesi patristica* ed. S. FELICI (1981/82, 293): StPat 32 (1985) 58-59 = Pasquato, O.

R 1553 *I vangeli gnostici* ed. L. MORALDI (1984, 3125): VigChr 40 (1986) 101-102 = Quispel, G. – Greg 67 (1986) 569-570 = Orbe, A. – ScTh 19 (1987) 521 = Chapa, J. – AtPavia 65 (1987) 565-567 = Jucci

R 1554 VANTINI, G. (1985/87, 1072): OrChrP 53 (1987) 203-204 = Poggi, V.

R 1555 VARADY, L. (1985/87, 476): Klio 68 (1986) 276-278 = Maas, H./Kunde, H. – BJ 187 (1987) 839-840 = Schwarcz, A.

R 1556 *Venantius Fortunatus* ed. G. PALERMO (1985/87, 5189): Teresianum (Roma) 37 (1986) 509-510 = Sánchez, M.D.

R 1557 VERBRAKEN, P.P. (1984, 479): NRTh 107 (1985) 626 = Plumat, N. – RBen 95 (1985) = Misonne, D. – REA 31 (1985) 338 = Amedei, M.-L. – EcclOra 2 (1985) 102 = M.N. – StMe 26 (1985) 299-303= Cremascoli, G. – RSLR 22 (1986) 577-578 = Maggiorotti, D. – Irénikon 58 (1985) 277-278 = I.P. – JEcclH 36 (1985) 500 = Markus, R.A. – EThL 61 (1985) 406 = Halleux, A. de – EgliseTh 16 (1985) 221 = Lamirande, É. – ArSR 31 (1986) 333 = Dubuis, J.D. – BLE 87 (1986) 222-223 = Crouzel, H. – Salesianum 49 (1987) 163-164 = Triacca, A.M.

R 1558 *Verecundus Iuncensis* ed. M.G. BIANCO (1984, 2441): CCC 6 (1985) 223 – REL 63 (1985) 301-303 = Fontaine – Orpheus 7 (1986) 478-479 = Santorelli

R 1559 VERHEUL, A. (1984, 2713): ZKTh 107 (1985) 471 = Meyer

R 1560 VERWILGHEN, A. (1985/87, 2822): REL 63 (1985) 416-417 = Duval – RBen 95 (1985) 368-369 = Verbraken – Compostellanum 31 (1986) 286-287 = Romero Pose, E. – ArGran 49 (1986) 415-416 = Segovia, A. – MSR 43 (1986) 170-171 = Huftier, M. – Salesianum 48 (1986) 179 = N.N. – AB 104 (1986) 249-250 = Fenoyl, de – AugR 26 (1986) 311-312 = Simone, R.J. de – RAgEsp 27 (1986) 632 = Rubio, P. – ThSt 47 (1986) 322-323 = Marceau – RHR 204 (1987) 306-307 = Doignon

R 1561 *Vetus Latina XXV, Pars* 2 ed. J. FREDE (1983, 550): ZKTh 107 (1985) 210 = Stock – ThLZ 110 (1985) 29 = Haendler – VigChr 39 (1985) 299 = Verheijen, L.M.J. – Sc 40 (1986) 169* = Philippart, G.

R 1562 VICIANO, A. (1985/87, 5141): ScTh 19 (1987) 472-475 = Ramos-Lissón, D. – REL 65 (1987) 391-394 = Fontaine

R 1563 VIDEN, G. (1984, 564): REL 63 (1985) 410-411 = Ducos, M. – BStudLat 15 (1985) 151-152 = Polara, G. – Gn 58 (1986) 659-660 = Löfstedt, B. – CR 36 (1986) 324-325 = Honoré, T. – Emérita 55 (1987) 384-385 = Fernández, G.

R 1564 *La vie de saint Pachôme selon la tradition copte* ed. A. VEIL-LEUX (1984, 2571): NRTh 107 (1985) 629-630 = A.H. – ColCist 47 (1985) 503-504 = G.C. – Laval 42 (1986) 282 = Poirier, P.-H. – Irénikon 59 (1986) 439-440 = L.B.

R 1565 VILANOVA, E. (1984, 480): ScTh 17 (1985) 707-709 = Saranyana, J.I. – RCatT 10 (1985) 443-446 = Sala, R. – EF 87 (1986) 318-326 = Maristany del Rayo, J. – CrSt 8 (1987) 165-176 = Maristany del Rayo, J. – Phase 27 (1987) 71-72 = Llopis, E. – ATCA 6 (1987) 384-385 = Perarnau i Espelt, J.

R 1566 VILLALOBOS, J. (1981/82, 1402): Augustinus 30 (1985) 200-201 = Madrid, T.C.

R 1567 VINEL, A. (1985/87, 2830): RThL 18 (1987) 139-140

R 1568 VISCIDO, L. (1985/87, 3192): Vichiana 16 (1987) 334-335 = Scuotto, E.

R 1569 *Vision de Dorothéos* edd. A. HURST et al. (1984, 3126): CR 35 (1985) 384-385 = Birdsall – Sc 39 (1985) 332-334 = Irigoin – ZPE 60 (1985) 45-49 = Vian, F. – Gn 58 (1986) 687-711 = Livrea – RThPh 118 (1986) 82-83 = Junod, E. – JHS 106 (1986) 264-265 = Berchem, D. van

R 1570 *Vision de Dorothéos* edd. A HURST et al. (1984, 3126): Gn 58 (1986) 687-711 = Livrea, E.

R 1571 *Visioni dell'aldilà in Occidente. Fonti, modelli, testi* ed. MARIA PIA CICCARESE (1985/87, 1654): VetChr 24 (1987) 459 = Desantis, G.A.

R 1572 *Vita di S. Filippo d'Argira attribuita al Monaco Eusebio* ed. C. PASINI (1981/82, 2815): RiAC 60 (1984) 359 = Saxer, V.

R 1573 *Vite di monaci copti* edd. A. CAMPAGNANO; T. ORLANDI (1984, 2450): OrChrP 51 (1985) 443-444 = Poggi, V. – ColCist 48 (1986) 64-65 = G.C.

R 1574 VITOLO, G. (1985/87, 6499): Benedictina 33 (1986) 248 = Tuccimei, E. – RSCI 40 (1986) 248 = Ambrasi, D.

R 1575 *Vivarium. Festschrift Theodor Klauser zum 90. Geburtstag* edd. E. DASSMANN; K. THRAEDE (1984, 191): ArGran 48 (1985) 461-462 = Segovia, A. – ZKTh 107 (1985) 234-236 = Meyer – TLit 69 (1985) 199-200 = Vander Speeten, J. – ThRe 81 (1985) 282-285 = Baumeister, T. – RHE 80 (1985) 873-874 = Gryson, R. – NRTh 107 (1985) 270-271 = Roisel, V. – ThRu 52 (1987) 212-217 = Mühlenberg, E.

R 1576 VOGLER, W. (1983, 657): ThLZ 110 (1985) 814-816 = Strecker

R 1577 VOGT, G. (1985/87, 5359): AB 103 (1985) 180 = Halkin, F.
R 1578 VOGT, J. (1985/87, 5083): KoinNapoli 11 (1987) 139-140 = Garzya
R 1579 VOGÜE, A. DE (1979/80, 1245): RBS 10/11 (1981/82) [1984] 226* = Jaspert, B.
R 1580 VOGÜE, A. DE (1981/82, 1639): RBen 95 (1985) 9* = Ledoyen, H. – RBS 10/11 (1981/82) [1984] 350* = Jaspert, B.
R 1581 VOGÜE, A. DE (1983, 1080): RBS 10-11 (1981-1982 ersch. 1984) 348* = Jaspert, B. – DA 41 (1985) 587 = Schieffer, R.
R 1582 VOGÜE, A. DE (1983, 1107): ThLZ 110 (1985) 372 = Haendler – SM 97 (1986) 509-510 = Engelmann, V.
R 1583 VOGÜE, A. DE (1984, 1381): RSLR 21 (1985) 536-537 = Penco, G.
R 1584 VOGÜE, A. DE (1984, 192): ColCist 47 (1985) [524-525] = Delesalle, J. – StMon 27 (1985) 415-417 = Badía, B. – Cuad-Mon 21 (1986) 141-142 = Elizalde, M. de – RBen 96 (1986) 179 = Ledoyen, H. – RSCI 41 (1987) 598 = Tagliabue, M.
R 1585 VOGÜE, A. DE (1985/87, 3047): ColCist 49 (1987) 213
R 1586 VOGÜE, A. DE (1985/87, 6503): Bulletin critique du livre français (Paris) (1986) 1640 – ColCist 48 (1986) [76-77] = Rondeau, Y. – JThS 38 (1987) 299 = Evans, G.R.
R 1587 VOLLENWEIDER, S. (1985/87, 5084): KoinNapoli 9 (1985) 75-79 = Lacombrade, C. – RSPhTh 69 (1985) 595-597 = Durand, G.-M. de – RHE 81 (1986) 227 = Halleux, A. de – SelLib 23 (1986) 264-265 = Boada, J. – CrSt 7 (1986) 181-182 = Places, E. des – ZKG 97 (1986) 279-281 = Blum, G.G. – JThS 38 (1987) 213-215 = Louth, A. – ByZ 80 (1987) 82-83 = Treu, K. – JAC 30 (1987) 217-219 = Elsas, C. – RSLR 23 (1987) 311-314 = Cavalcanti
R 1588 VOLLRATH, H. (1985/87, 5938): AHP 24 (1986) 439 – ThLZ 112 (1987) 279-280 = Haendler, G. – ChH 56 (1987) 388-389 = Pfaff, R.W. – DA 43 (1987) 272 = Hartmann, W.
R 1589 VORNICESCU, N. (1984, 56): OstkiSt 34 (1985) 350-352 = Suttner, E.C.
R 1590 VORNICESCU, N. (1984, 57): RHE 80 (1985) 662-663 = Halleux, A. de – REB 43 (1985) 303-304 = Darrouzès, J. – Irénikon 58 (1985) 280-281 = Gimenez, M. – Istina 31 (1986) 333 = Goia, J. – HZ 243 (1986) 663 = Armbruster – Sc 41 (1987) 185 = Mârza, I.
R 1591 VOUGA, F. (1985/87, 1078): RHPhR 66 (1986) 381 = Vouga
R 1592 VYCICHL, W. (1984, 247): Bull. Soc. d'Egyptol. Genève 11 (1987) 139-140 = Bickel, S.
R 1593 WAAL, E. DE (1985/87, 3054): RBen 96 (1986) 377 – ColCist 49 (1987) 214 = Dumont, C.

R 1594 WAAL, E. DE (1985/87, 3056): ColCist 49 (1987) 214 = Dumont, C.

R 1595 WAKEFIELD, G.S. (1985/87, 4204): ThPh 62 (1987) 261 = Beutler

R 1596 WALLACE-HADRILL, D.S. (1983, 712): VetChr 22 (1985) 428 = Desantis – EHR 100 (1985) 124-127 = Markus, R.A. – HeythropJ 26 (1985) 328-330 = Meeks, W.A. – CO 37 (1985) 221 = Burg, A.

R 1597 WALLACE-HADRILL, J.M. (1984, 487): Francia 12 (1984; ersch. 1985) 779-782 = Scheibelreiter, G. – JThS 36 (1985) 507-510 = McKitterick, R. – AHR 90 (1985) 659-660 = Noble, T.F.X. – Manuscripta 29 (1985) 118-120 = Blumenthal, R. – ThLZ 110 (1985) 614-616 = Diesner, H.J. – ThSt 46 (1985) 148-148 = Kelly, J.F.T. – CHR 71 (1985) 595-596 = Contreni, J.J. – NRTh 108 (1986) 452-453 = Godding, R. – JEcclH 37 (1986) 322-328 = Nelson, J.L. – CCM 29 (1986) 295-296 = Sot, M. – JR 67 (1987) 546-547 = Amos, T.L. – Sp 62 (1987) 490-492 = McCulloch, J.M.

R 1598 WALTER, C. (1981/82, 2895): JThS 35 (1984) 258-259 = Shepard, J. – OrChrP 50 (1984) 223-224 = Taft, R. – REB 42 (1984) 347-349 = Thierry, N. – ArBu 66 (1984) 155-157 = Mathews, T.F. – Sp 59 (1984) 210-212 = Maguire, H. – JÖB 35 (1985) 328-329 = Trapp

R 1599 WARD, B. (1985/87, 2026): OrChrP 53 (1987) 255 = Hambye, E.R.

R 1600 WEGMAN, H.A.J. (1979/80, 2359): BLE 86 (1985) 151 = Cabié, R.

R 1601 WEGMAN, H.A.J. trad. G.W. LATHROP (1985/87, 5596): ThSt 47 (1986) 535-537 = Kilmartin, E.J. – RelStud 13 (1987) 149-150 = Puglisi, J.F.

R 1602 WEHR, G. (1985/87, 2839): TPQS 135 (1987) 401-402 = Leinsle, U.G.

R 1603 WEIDEMANN, M. (1983, 1438): ThRe 83 (1987) 34-37 = Angenendt, A.; Jussen, B. – GGA 239 (1987) 78-83 = Roth

R 1604 WEIDEMANN, M. (1985/87, 1083): Francia 14 (1986) 876-877 – DA 43 (1987) 611 = Schieffer, R.

R 1605 WEITZMANN, K. (1981/82, 2896): BSEB 8.11.12. (1981.1984.1985; ersch.1986) 435-437 = Cutler, A.

R 1606 WELSCH, P.J. (1985/87, 2843): RThL 17 (1986) 469-470 = N.N.

R 1607 WENDEBOURG, D. (1981/82, 3194): REB 42 (1984) 361-361 = N.N. – OstkiSt 33 (1984) 339-340 = Plank, P.

R 1608 WENDLAND, P. (1985/87, 379): Paideia 17 (1987) 325-329 = Grilli

R 1609 WHITTAKER, J. (1984, 195): RHE 80 (1985) 617 = Hockey, F. – JThS 36 (1985) 467-470 = Meredith, A. – Phoenix 39 (1985) 420-422 = Dillon – REG 99 (1986) 207-208 = Schneider – RPh 60 (1986) 122-123 = Louis – Sc 41 (1987) 187* = Steel

R 1610 WHITTAKER, M. (1984, 891): ExpT 96 (1984-1985) 163-164 = Fairweather, I.C.M.; McDonald, I.H. – GR 32 (1985) 228 = Walcot – LEC 53 (1985) 51 = Leclercq – Journ. Jewish Stud. 37 (1986) 120 = Goodman, M. – JThS 37 (1986) 491-492 = Rowland – Paideia 41 (1986) 132-133 = Firpo – JStJ 17 (1986) 92-93 = García Martínez – ChH 55 (1986) 508-510 = Grant, R.M. – ReExp 83 (1986) 654 = Jones, J.E. – NedThT 41 (1987) 81-82 = Horst, P.W. van der – REG 100 (1987) 526-527 = Le Boulluec

R 1611 WIELAND, G.R. (1983, 542): SMed 8 (1985) 212-213 = Lendinara – Latomus 44 (1985) 436-437 = Tordeur, P. – RMAL 42 (1986) 41-43 = Chatillon, F. – CCM 30 (1987) 100-102 = Marti, B.M.

R 1612 WILKEN, R.L. (1983, 1540): Numen 32 (1985) 287-289 = Stroumsa – CHR 71 (1985) 588-589 = Finn – RelStR 11 (1985) 337-347 = Zaas, P.S.; Darling, R.A. – CHR 71 (1985) 588-589 = Finn, T.M. – JEcclH 36 (1985) 140 = Lange, N.R.M. de – JThS 36 (1985) 483-484 = Kelly, J.N.D. – GrOrthThR 31 (1986) 437-440 = Papademetriou, G.C. – JR 67 (1987) 541-542 = Droge, A.J.

R 1613 WILKEN, R.L. (1984, 892): TLS 84 (1985) 379-380 = Chadwick – ZKG 96 (1985) 225-226 = Frend, W.H.C. – AnglThR 67 (1985) 187-190 = Groh, D.E. – HZ 241 (1985) 391-392 = Molthagen, J. – LEC 53 (1985) 517 = Leclercq, H. – CW 79 (1985) 58-59 = Antczak, R.A. – JThS 36 (1985) 481-483 = Garnsey, P. – CHR 71 (1985) 445-447 = Ormsby, E.L. – JR 65 (1985) 449 = Kaster, R.A. – RechSR 73 (1985) 621-622 = Kannengiesser, C. – VigChr 39 (1985) 86-90 = Boer, W. den – ThSt 46 (1985) 171 = Lienhard, J.T. – NTT 86 (1985) 39-41 = Norderval, Ø. – History 70 (1985) 274-275 = Liebeschuetz, J.H.W.G. – TTK 57 (1986) 150-152 = Skarsaune, O. – Fides et Historia (Manhattan, Kans.) 18 (1986) 65-71 = Ferngren, G.B. – RBi 93 (1986) 310-311 = Murphy-O'Connor, J. – JEcclH 37 (1986) 140 = Crook, J.A. – JETS 29 (1986) 226 = Herron, R.W. – Sociological Analysis (Chicago) 47 (1986) 267-270 = Mueller, G.H. – JRS 76 (1986) 302-304 = Wasserstein, A. – The Historian (Toledo, O.) 48 (1986) 431-432 = Holum, K.G. – CR 37 (1987) 124 = Frend, W.H.C. – TSF Bulletin (Madison, Wis.) 10,5 (1987) 27-29 = Haas, C. – JRH

14 (1987) 327-328 = Thomas, G. – HeythropJ 28 (1987) Cameron, A.

R 1614 WILKEN, R.L. (1985/87, 1092): JR 65 (1985) 449 = Kaster – RQ 82 (1987) 136-138 = Klein, R. – ZKG 98 (1987) 408 = Klein, R. – CR 37 (1987) 124 = Frend, W.H.C.

R 1615 WILLIAMS, M.A. (1985/87, 6767): JThS 37 (1986) 570-572 = Wilson – RHPhR 66 (1986) 354 = Bertrand, D.A. – VigChr 40 (1986) 411-412 = Quispel, G. – JStJ 18 (1987) 106 = Gedendorp, P.F. – Laval 43 (1987) 284-285 = Poirier

R 1616 WILLIAMS, S. (1985/87, 1095): HistoryT 35 (1985) 52-54 = Gray, R. – TLS 84 (1985) 755 = Barnes – History 71 (1986) 490-491 = Bowman

R 1617 WILSON, S. (1985/87, 5818): HTK 107 (1987) 582-588 = Fröjmark, A.

R 1618 WIMMER, O.; MELZER; HARTMANN (1984, 248): AB 103 (1985) 199-200 = Straeten, J. Van der

R 1619 WINKLER, G. (1981/82, 2963): Journal of the Society for Armenian Studies 2 (195-1986) 190-192 = Thomson, R.W.

R 1620 WOJTOWYTSCH, M. (1981/82, 3103): AHP 23 (1985) 372-380 = Monachino, V. – AKG 67 (1985) 489-493 = Vogt, H.J. – AHC 17 (1985) 9-17 = Horn, S.O. – HJ 105 (1985) 228 = Pauler, R.

R 1621 WOSCHITZ, K.M. (1985/87, 6288): ThLZ 111 (1986) 847-850 = Hegermann – ThRe 82 (1986) 399 = Hauser

R 1622 WYRWA, D. (1983, 1204): Orpheus 6 (1985) 195-199 = Crimi – VigChr 39 (1985) 310-311 = Winden, van – RSLR 21 (1985) 131-134 = Le Boulluec – ThRe 81 (1985) 203-204 = Stritzky, von – ThLZ 111 (1986) 530-531 = Thümmel – Greg 67 (1986) 173-174 = Orbe – Sandalion 10-11 (1987-88) 204-206 = Rizzerio

R 1623 YANNARAS, C. (1981/82, 620): EA 61 (1985) 76 = Eymann, H.S. – OstkiSt 34 (1985) 198-199 = Köpcke-Duttler, A.

R 1624 YOUNG, F.M. (1979/80, 2512): EtThR 60 (1985) 306-307 = Dubois, J.D.

R 1625 YOUNG, F.M. (1983, 714): CHR 71 (1985) 455-456 = Kannengiesser, C. – ScTh 18 (1986) 288-289 = Mateo-Seco, L.F. – CrSt 7 (1986) 611-614 = Patrucco, M.F. – HeythropJ 28 (1987) 80-81 = Meredith, A. – RET 47 (1987) 363 = Gesteira, M.

R 1626 YOUSIF, P. (1984, 1639): PrOrChr 35 (1985) 414-415 = Ternant, P. – ArGran 48 (1985) 369-370 = Segovia, A. – NRTh 108 (1986) 915 = Roisel – RelStR 12 (1986) 263-264 = Mathews Jr., E.G. – Mu 99 (1986) 209-212 = Halleux, A. de – JThS 38 (1987) 224-225 = Brock, S.P. – Orthodox Thought and Life (Kingston, N.Y.) 4 (1987) 47-49 = Bundy, D. – Worship 61

(1987) 374-375 = Cody, A. – BijFTh 48 (1987) 86 = Rouwhorst, G. – QL 68 (1987) 283 = Michiels, G. – Salesianum 49
(1987) 890 = Pasquato, O.

R 1627 ZANETTI, U. (1985/87, 1420): ByZ 81 (1988) 62-63 = Esbroeck, M. van

R 1628 ZANI, A. (1984, 1883): ArGran 48 (1985) 370 = Segovia, A. –
Compostellanum 30 (1985) 221-222 = Romero Pose, E. – REA
31 (1985) 179 = Doignon, J. – ThPh 61 (1986) 259-260 =
Höhn, H.J. – BLE 87 (1986) 152 = Crouzel – Paideia 41 (1986)
121-123 = Siclari – AugR 26 (1986) 308 = Prinzivalli, E. –
ThRe 83 (1987) 301-303 = Tremblay – RSLR 23 (1987)
515-516 = Beatrice – JThS 38 (1987) 521-523 = Butterworth –
RThPh 119 (1987) 393 = Junod – RHR 204 (1987) 303-304 =
Nautin

R 1629 ZECCHINI, G. (1984, 498): Aevum 59 (1985) 145-146 =
Paschoud – BStudLat 15 (1985) 159-160 = Viparelli Santangelo, V. – Emérita 54 (1986) 351 = Plácido – Tyche 2 (1987)
280 = Weber – Arctos 21 (1987) 232 = Solin, H.

R 1630 ZIMMERMANN, H. (1983, 410): HTK 84 (1984) 342 =
Nyberg, T. – DLZ 107 (1986) 97-98 = Eggert, W.

R 1631 ZINNHOBLER, R. (1981/82, 2829): ThRe 82 (1986) 380-382
= Uytfanghe, van

R 1632 ZWECK, H. (1985/87, 5714): TLit 70 (1986) 273-274 = Vander
Speeten, J.

R 1633 ZWIERLEIN, O. (1984, 1468): Latomus 46 (1987) 228-229 =
Billerbeck, M.

AUTORENREGISTER

REZENSENTENREGISTER

Gauvard, C.   R 121
Gavigan, J.J.   R 1169
Gedendorp, P.F.   R 1615
Geerard, M.   R 934
Geerlings   R 868, R 1356
Geerlings, W.   R 508
Gendle, N.   R 633, R 766, R 1199
George   R 934
Georgountzos   R 310, R 606, R 733
Gerhards, A.   R 1469
Gerhardsson, B.   R 1091
Germain, P.   R 1038
Gersh, S.   R 992, R 1217
Gerwing, M.   R 586, R 588
Gessel   R 57, R 331, R 519, R 655, R 733, R 823, R 1335, R 1409, R 1524
Gessel, W.   R 9, R 385, R 541, R 1031, R 1539
Gesteira, M.   R 1625
Ghislain, G.   R 164, R 169, R 621, R 623, R 626
Giachi, G.   R 896
Giannarelli   R 750
Giannarelli, E.   R 897
Gianotto   R 452, R 1473, R 1493
Gianotto, C.   R 452
Gibson, M.   R 210, R 231
Gigon, O.   R 600
Gilbert   R 385
Gilhus, I.S.   R 1445
Gillespie, T.W.   R 185
Gilmour   R 976
Gilmour, C.   R 382
Gimenez, M.   R 457, R 623, R 626, R 1134, R 1247, R 1590
Giovannini   R 750, R 892
Girardi   R 893
Girardi, M.   R 626
Glei, R.   R 671
Glinka, L.   R 901
Gnilka, C.   R 1241
Gnoli   R 335, R 336, R 1473
Godding   R 320
Godding, R.   R 1245, R 1597
Godefroid, P.   R 826
Goetz, H.-W.   R 869

Goffart, W.   R 252, R 880, R 1206, R 1514
Goia, J.   R 1590
Goldbrunner, H.M.   R 554
Golden, R.M.   R 1056
Goldenberg, R.   R 558
Golinelli, P.   R 1214
Golzio, K.H.   R 600
Gombocz   R 1046
Gómez, F.   R 1291
Goñi Gaztambide, J.   R 1142
González, F.J.   R 59
González Gómez, A.   R 915
Good, D.   R 1445
Goodman, M.   R 1610
Goosen, L.   R 241, R 752
Gorday   R 1534
Gorday, P.J.   R 407, R 786
Gosselin, E.A.   R 1274
Gottlieb   R 750, R 1539
Goula-Mitacou   R 832
Goulet, R.   R 83
Grässer   R 1505, R 1506, R 1507
Gramaglia   R 447, R 750, R 1482, R 1484, R 1487
Granado, C.   R 39, R 59, R 274, R 318, R 385, R 452, R 479, R 623, R 631, R 842, R 1130, R 1191, R 1413, R 1482, R 1502
Granado Bellido, C.   R 868
Granda, S.   R 221
Grand'Henry, J.   R 347, R 1344
Grandolini   R 574
Grant   R 539, R 850, R 1130, R 1359, R 1550
Grant, R.M.   R 538, R 545, R 912, R 965, R 1126, R 1134, R 1234, R 1286, R 1429, R 1610
Grappe, C.   R 1405
Grassl, H.   R 220
Grasso, G.   R 1040
Gratziou, O.   R 1421
Grau, J.A.   R 706
Gray, R.   R 1616
Grech, P.   R 155, R 200, R 898, R 971, R 1171, R 1321
Greeley, D.   R 315
Green   R 324

Greer, R.A. R 1358
Gregorio, L. di R 139
Greshake, G. R 1317
Gribomont R 352, R 721, R 1052, R 1094
Gribomont, J. R 13, R 136, R 168, R 652
Griffith, S.H. R 229, R 441, R 1020
Griffiths, S.H. R 546
Grilli R 818, R 1608
Grillmeier, A. R 4, R 655, R 1030, R 1418
Grimes, D.J. R 1038, R 1052
Groh, D.E. R 63, R 966, R 1613
Gros, J. R 313
Gros, M.S. R 72
Gros i Pujol, M.S. R 149, R 1207, R 1337
Grossi R 1079
Grottarola R 1082, R 1535
Gruber R 298
Gruber, F. R 717
Gruber, J. R 520, R 592, R 1241
Gruden, W.E. R 91
Gryson R 110, R 530, R 628
Gryson, R. R 131, R 1005, R 1235, R 1404, R 1501, R 1575
Gualandri R 326
Gualandri, I. R 322
Guenther, R. R 288
Guérard, C. R 668
Guerra, M. R 60, R 271, R 498
Guerra Huertas, E.M. R 998, R 1138
Guerreiro, R. R 388, R 435, R 608, R 751
Guillaumont R 39, R 986, R 1300
Guillaumont, A. R 1299
Guillén, J. R 31, R 1043, R 1484
Gunton, C.E. R 1021
Gutiérrez, J. R 1178, R 1321
Guy, P.M. R 1270
Guyot, P. R 737
Guyotjeannin, O. R 194, R 1383
Gy, P.-M. R 621

Haacke, H. R 828

Haas, C. R 966, R 1613
Haddad, R.M. R 1059
Haeffner R 93
Haelewyck R 1052, R 1299, R 1300, R 1327
Haelewyck, J.C. R 1053, R 1499
Haendler R 110, R 159, R 609, R 680, R 1356, R 1359, R 1482, R 1561, R 1582
Haendler, G. R 7, R 26, R 44, R 395, R 398, R 461, R 465, R 473, R 504, R 516, R 523, R 579, R 585, R 586, R 588, R 626, R 638, R 714, R 715, R 719, R 772, R 871, R 927, R 1030, R 1126, R 1202, R 1223, R 1264, R 1397, R 1430, R 1484, R 1528, R 1588
Härdelin, A. R 1056
Häussling, A.A. R 1228
Hage, W. R 689
Hagemeyer, O. R 1236
Hahn, J.G. R 1257
Halkin R 934
Halkin, F. R 3, R 4, R 6, R 180, R 296, R 317, R 549, R 584, R 606, R 650, R 673, R 676, R 738, R 760, R 779, R 785, R 812, R 876, R 1005, R 1214, R 1377, R 1577
Hall R 323, R 679, R 921, R 1227
Hall, J.B. R 434
Hall, S.G. R 71, R 541, R 559, R 581, R 619, R 733, R 833, R 838, R 850, R 968, R 1269, R 1280, R 1358, R 1358, R 1392, R 1423, R 1444, R 1451, R 1474
Hallbäck, G. R 223
Halleux, A. de R 4, R 5, R 47, R 59, R 71, R 74, R 83, R 141, R 189, R 229, R 235, R 276, R 353, R 361, R 361, R 385, R 385, R 386, R 409, R 441, R 484, R 495, R 540, R 557, R 559, R 563, R 600, R 604, R 617, R 638, R 659, R 661, R 685, R 693, R 772, R 785,

TRE Theologische Realenzyklopädie

Studienausgabe Teil I

Bände 1 (Aaron) — 17 (Katechismuspredigt) und Registerband

In Gemeinschaft mit Horst Robert Balz, James K. Cameron, Wilfried Härle, Stuart G. Hall, Brian L. Hebblethwaite, Richard Hentschke, Wolfgang Janke, Hans-Joachim Klimkeit, Joachim Mehlhausen, Knut Schäferdiek, Henning Schröer, Gottfried Seebaß, Clemens Thoma herausgegeben von Gerhard Müller

20,5 × 13,5 cm. 17 Bände, 1 Index-Band. Etwa 800 Seiten je Band.
Kartoniert DM 1.200,— ISBN 3-11-013898-0 (de Gruyter Studienbuch)

Die TRE-Studienausgabe Teil I umfaßt die Bände 1 bis 17 der THEOLOGISCHEN REAL-ENZYKLOPÄDIE. Erschlossen wird die Studienausgabe durch einen entsprechenden Registerband, der auch Erwähnungen der Stichworte nachweist, die alphabetisch nach den Lemmata „Aaron" bis „Katechismuspredigt" angesiedelt sind (z. B. Zwingli). Die TRE-Studienausgabe Teil I ist damit schon jetzt ein vollwertiges Arbeitsmittel für jeden Theologen.

Um weitesten Kreisen die TRE zugänglich zu machen, wird die Studienausgabe zu einem wirklich günstigen Preis angeboten: DM 1.200,— für 17 Bände plus Register.* Das sind über 13 000 Seiten solidester wissenschaftlich-theologischer Forschung.

Selbstverständlich wird die TRE-Studienausgabe zu einem späteren Zeitpunkt eine entsprechende Fortsetzung finden. In etwa sieben bis acht Jahren wird es von seiten des Verlages ein analoges Angebot geben.

* Die Bände der Studienausgabe entsprechen im Grundsatz denen der Originalausgabe, bei allerdings verkleinertem Satzspiegel. Außerdem mußte aus Kostengründen auf Tafeln und Faltkarten verzichtet werden.

The TRE-Studienausgabe, Part I, contains volumes 1—17 of the THEOLOGISCHE REAL-ENZYKLOPÄDIE. The Studienausgabe is made accessible by means of an index volume, which also points to where the key-words are mentioned. These are arranged alphabetically and go even beyond the headings "Aaron" to "Katechismuspredigt" (catechism sermon) to include, for example, Zwingli. The TRE Study Edition, Part I, is thus already now a high quality working tool for every theologian.

The TRE-Studienausgabe will, of course, be continued in a similar manner at a later time. The publishers plan to present an analogous offer in about seven to eight years.

The volumes of the Studienausgabe basically correspond to those of the original edition. The area of print, however, is reduced. For reasons of cost, tables and folding maps had to be left out.

Preisänderungen vorbehalten

Walter de Gruyter Berlin · New York